주석 민법

[총칙 1]

(제5판)

§ 1 ~ § 96

편집대표

김 용 덕

韓國司法行政學會

머리말(제 5 판)

주석민법이 처음으로 발간된 지 어느덧 반세기가 지났습니다. 그동안 주석민법은 세 차례에 걸쳐 개정되면서 민법을 비롯한 관련 법령의 개정 현황, 새롭게 축적된 판례, 그리고 학계의 다양한 논의 내용을 독자 여러분들에게 충실하게 전달하는 지침서의 역할을 담당하여 왔고, 이를 통하여 법학자들과 실무가들에게 늘 곁에 두고 참고하여야 하는 기본 서적으로 자리 잡았다고 감히 자부합니다.

하지만 급변하는 현대 사회에서 법률적 분쟁의 양상은 날로 복잡해지고 있고, 전에 없던 새로운 형태의 법률적 분쟁이 생겨나고 있습니다. 그럼에도 주석민법에서 다루는 내용이 전통적인 논의 범위에서 크게 벗어나지 못하면서 학계와 실무계의 실제 요구를 제대로 반영하지 못한다는 비판이 있었던 것도 사실입니다. 또 주석민법이 현실로 존재하는 법률적 분쟁과는 동떨어진 지극히 이론적인 사항에 관하여 불필요하게 큰 비중을 두어서 실무적인 면에서 활용도가 높지 않다는 뼈아픈 지적도 있었습니다.

주석민법 총칙편/물권편 제 5 판은 이와 같은 학계와 실무계의 비판을 겸허하게 수용하여 기존 주석민법의 내용에 구애받지 않고 새로운 주석서의 체제를 갖춤으로써 유용한 실무 자료가 될 수 있도록 하였습니다. 우선 풍부한 실무 경험과 실력을 갖춘 실무가들과 현재 왕성한 연구 실적을 거두고 있는 법학자들을 중심으로 집필진을 재편하여 실무적 관점과 이론적 관점이 적절한 조화와 균형을 이룰 수 있도록 하였습니다. 주석의 내용에서도 최신 판례에서 다루어지거나 실무상 자주 제기되는 법률적 쟁점과 학계에서 새롭게 제기되는 주요 논점이 빠짐없이 포함될 수 있도록 하였고, 국내 또는 외국의 학설 중 최근의 논의 상황에 맞지 않거나 실무에서의 활용도가 극히 낮은 부분은 과감하게 제외하였습니다. 또 주석민법이 독자들에게 온라인을 통한 전자책의 형태로도 제공되는 점을 감안하여, 원칙적으로 각주는 참조 판례나 문헌을 특정하기 위한 용도로만 사용하는 등 가독성을 높이기 위해서도 노력하였습니다. 아직도 미흡하고 개선이 필요한 부분이 남아 있겠습니다만, 아무쪼록 이번에 발간하는 주석민법 총칙편/물권편 제 5 판이 학계와 실무계가 나아갈 올바른 방향을 제시하는 믿음직한 '길라잡이' 역할을 할 수 있다면 더 바랄 나위가 없겠습니다.

주석민법 총칙편/물권편 제 5 판의 발간은 귀한 시간을 내어 옥고를 작성하여 주신 집필자들의 헌신과 노고가 있었기에 가능하였습니다. 아울러 바쁘신 중에도 기획업무 등을 기꺼이 맡아주신 한승 전주지방법원 법원장과 손철우 서울고등법원 고법판사, 그리고 발간 과정에서의 온갖 궂은일을 도맡아 주신 이형한 기획부장을 비롯한 한국사법행정학회 편집부 직원 여러분들에게 마음 깊은 감사의 말씀을 드립니다.

2019. 5.

편집대표 김 용 덕

머리말(제 4 판)

주석민법은 지난 1972 년 김증한 선생님을 편집대표로 하여 학설판례 주석민법이라는 이름으로 처음 발간되었습니다. 이는 우리나라 주석서의 효시로서, 2002 년 간행이 완료된 제 3 판에 이르기까지 학자들의 연구와 실무가들의 업무에 필수 불가결한 동행자가 되었습니다. 제 3 판이 간행된 후 2004 년 국회에 민법개정안이 제출되어 심의가 시작되자, 한국사법행정학회는 개정된 민법에 대한 새로운 주석서를 갈망할 학계 및 실무계의 바람을 예상하고 이에 부응코자 개정된 민법이 시행될 무렵에 맞추어 개정된 민법에 대한 주석서를 발간할 수 있도록 제 4 판의 발간작업에 착수하였습니다. 하지만 국회에서 민법개정안에 대한 심의가 제대로 진척되지 않아 잠시 유보 상태에 있을 수밖에 없었습니다. 그러던 중 제 3 판이 간행된 후 많은 판례가 집적되고 법령의 변화도 많게 되자 이를 반영하기 위해 민법 개정 전이라도 제 4 판의 발간을 재개하게 되었습니다.

이 제 4 판은 제 3 판에 대한 학계 및 실무계의 여러 비판과 건의 등을 수용하여 내용을 혁신한다는 생각에서 제 3 판에 대한 개정판이라기보다는 완전히 새로운 주석서를 편집, 발간한다는 마음가짐으로 작업을 시작하였습니다. 다른 한편으로는 종래와 마찬가지로 학자와 실무가에게 다 같이 도움을 줄 수 있어야 한다는 것을 목표로 하여, 이론과 실무· 판례와의 균형을 맞추도록 노력하였으며, 장황한 서술이나 외국법의 인용도 되도록 피하고자 하는 것이 편집 방침이었습니다. 집필진의 구성에서도 실력을 갖춘 학자와 실무가를 선정하였습니다. 그 과정에서 중진뿐만 아니라 신진기예의 연구자들도 많이 참여하였습니다.

이제까지와 마찬가지로 주석민법 시리즈는 한국의 민법학의 현재를 반영하고 있는 높은 수준의 학문적 노작입니다. 현재 법무부에서 주관하고 있는 민법개정작업이 진행 중이기는 하지만, 이 주석민법 제 4 판은 여전히 유용성을 가지리라 믿습니다.

이 작업에 참여하여 주신 집필자 여러분과, 집필의 전체 구도를 마련하여 주신 편집위원들에게 깊이 감사드립니다. 아울러 이해타산을 따지지 않고 주석민법 개정판의 발행을 제안하여 주신 한국사법행정학회 이종균 회장님과, 출판에 따르는 귀찮은 일을 맡아 주신 이형한 부장 이하 한국사법행정학회 편집부 직원 여러분에게도 감사의 뜻을 전하는 바입니다.

2010. 1.

편집대표 김 용 담

머리말(제 3 판)

우리 民法이 제정되어 1960 년부터 시행됨에 따라 우리나라에서도 체계적인 民法註釋書의 필요성이 요청되었습니다. 이에 法律註釋書 전문출판사인 한국사법행정학회에서 1972 년에 學說·判例 註釋 民法 (上)(下)를 발간하였고, 1979 년부터는 이를 증보하여 10 권으로 된 註釋 民法 시리즈 제 2 판을 발간하여 왔습니다. 이 註釋書들은 그 동안 이렇다 할만한 民法 지침서가 없었던 우리나라의 학계와 실무계에 나름대로 훌륭한 길잡이가 되어 왔습니다.

그러나 그 동안의 사회경제적인 발전으로 말미암아, 民事法律關係도 더욱 복잡 다양해져 왔고, 또 부단한 입법상의 변천이 있었으므로, 註釋 民法 시리즈의 내용도 그와 같은 상황변화에 부응하여 이룩한 학계의 연구 및 실무계의 성과를 반영할 필요성이 시급히 요청되었습니다.

그리하여 한국사법행정학회의 간곡한 제의로 1996 년에 제가 새로이 발간할 註釋 民法 시리즈 제 3 판의 編輯代表를 맡게 되었고, 실무계로는 제가 회장으로 있던 民事實務研究會의 회원들과 학계로는 연세대학교 김상용 교수를 통하여 韓國民事法學會의 회원들의 도움을 얻기로 하여 간행위원회를 구성하였으며, 간행위원들의 헌신적인 노력으로 집필자의 동의를 얻어 방대한 註釋 民法의 발간을 기획하게 되었습니다.

이 註釋 民法 시리즈는 당초 총 10 권으로 하여 순차적으로 간행할 계획이었으나, 분량이 늘어나 부득이 권수를 더 늘렸고 발간 가능한 책부터 선보이게 될 것입니다. 이 시리즈는 각 분야별로 학계와 실무계의 최고전문가를 지정하여 집필하도록 하였으므로 그 동안의 학계와 실무계의 성과를 최대한 집대성하였을 뿐 아니라, 앞으로의 연구나 실무의 방향을 제시해 주는 지침서로서 흠잡을 데 없는 역할을 할 수 있을 것으로 확신합니다.

그 동안 註釋 民法 시리즈의 간행에 힘써 주신 간행위원회 위원 및 집필자 여러분, 그리고 출판과정상의 궂은일을 도맡아 주신 한국사법행정학회 편집부 직원 여러분의 노고에 깊이 감사드립니다.

1999. 8. 1.

編輯代表 朴 駿 緒

머리말(제 2 판)

學說·判例 註釋民法 (上)·(下)가 나온 지 6 年 餘의 歲月이 흘렀다. 이 註釋民法은 學界와 實務界로부터 豫想外의 歡迎을 받았다.

그러나 版이 커서 간편하게 찾아보는 데에는 약간 不便하였다. 그 後 많은 判例가 나와서 우리나라의 判例法이 점차로 確立되어가고 있다. 그리고 그 동안에 著書·論文이 發表된 것도 많다. 그 결과 이제는 前에 나온 것은 이미 時代에 맞지 않는 점이 적지 않게 생기게 되었다.

한편 前에 註釋民法을 냈을 때보다도 매우 便利하게 되었다고 생각되는 事情으로는, 첫째로 大法院判決集이 상당히 規則的으로 刊行되고 있는 外에, 大法院判決要旨集이 刊行되었고, 이어서 高等法院判例集도 刊行되었으며, 「법원공보」를 비롯하여 法律新聞과 判例月報가 新判例를 迅速하게 紹介하고 있고, 法曹와 大韓辯護士會誌가 每號마다 新判例를 紹介하고 있다. 그밖에 語文閣의 判例集이 中斷된 것은 遺憾이지만, 青林閣의 判例總攬은 지금도 꾸준히 追錄을 내고 있다. 民法이 施行된 直後에는 判例를 얻어 보기가 極難했던 때를 回想하니 실로 今昔之感이 있다.

그리고 民法이 施行된지 19 年이 經過하는 동안에 어떠한 規定이 많이 活用되며 반대로 거의 活用되지 않는가도 드러나게 되었다. 또 어떠한 問題에 들어가서 外國의 理論이 導入될 수 있는 可能性이 많고 적음도 나타나게 되었다. 外國의 理論이 導入될 수 있는 可能性이 없는 部分은 그만큼 우리 自體의 理論이 開拓되어야 한다고 하는 것을 뜻하는 것이다.

이번에는 日本 有斐閣의 註釋民法을 본보기로 하여 註釋民法을 크라운板으로 5 권 이상으로 刊行하기로 하였으며, 우선 總則編을 34 人의 방대한 筆陣이 動員되어 1 年餘에 걸쳐 執筆한 끝에 이번에 出刊을 보게 되었는데 總則編은 第 1 章 總則부터 第 4 章 物件까지를 上卷으로, 第 5 章 法律行爲부터 第 7 章 消滅時效까지를 下卷으로 分册하게 되었다.

執筆方針은 前의 것과 크게 다르지 않다. 즉 參考文獻과 判例를 最大限으로 引用하고, 學說은 客觀的으로 通說을 취하는 것을 原則으로 하였다. 그러나 執筆者의 主見을 바꾸기를 强要한 것은 아니고, 執筆者의 主見을 내세우는 경우에도 다른 學說로 어떠한 것이 있는가를 忠實히 紹介함으로써 되도록 客觀性을 維持하도록 힘썼다.

執筆者는 學界와 實務界의 新進을 많이 拔擢하도록 하였으며, 뒤로 갈수록 新進을 더욱 많이 起用하려고 한다.

이 책이 이만큼 빠른 時日內에 나올 수 있게 된 것은 執筆者들이 모두 매우 바쁜 분들인데도 不拘하고 모두 다른 일을 뒤로 미루고 이 책의 原稿를 最優先的으로 서둘러 주셨기 때문인 것이고, 특히 偏執幹事인 李英俊部長判事의 獻身的인 努力이 없었더라면 이 책의 출판이 훨씬 늦어졌으리라고 생각된다. 먼저 그분들의 勞苦에 대하여 깊이 敬意와 感謝를 表한다. 또 前의 것과 마찬가지로 法書의 出版이 全般的으로 沈滯되어 있는 狀況下에서 우리나라의 法律文化의 向上에 貢獻하려는 一念을 가지고 이 책을 出刊해 주시는 李鍾均 社長에게 깊은 感謝를 드린다.

1979 年 歲暮에

偏執代表 朱 宰 璜

金 曾 漢

머리말(제 1 판)

우리나라가 해방된 지 四半世紀 以上이 지났고, 解放後 계속하여 效力을 유지하였던 日政時代의 法令들, 그리고 解放後 軍政時代에 나왔던 법령들, 이러한 이른바 『舊法令』이 1961年末로써 完全히 整理된지도 꼭 10年이 지났다.

그 동안에 法의 各分野에 걸쳐서 많은 著書와 약간의 論文集이 發刊되었고, 各種定期刊行物에 많은 論說이 發表되엇다. 또 靑丘文化社와 法文社는 각각 法律學辭典을 發刊하였다.

그러나 民法典이 施行된지 滿 12年이 되려고 하는 지금에 와서 보니, 여러 가지 問題에 관하여 상당한 學說의 對立이 있다. 또 한 가지 大部分의 著書가 判例, 특히 우리 大法院의 判例를 引用하고 있는 것이 매우 적다.

이러한 事情 밑에서 客觀的으로 通說·多數說·小數說을 網羅하여 出典을 밝히고 그 論據가 무엇인가를 提示하는 同時에, 그 동안의 大法院判例를 最大限으로 引用하고 下級審判決도 可能한데까지 引用함으로써, 讀者가 어떤 問題에 관해서든지 安心하고 信賴할 수 있는 책을 엮어 보려는 意圖를 가지고, 國內 여러 大學에서 民法講義를 擔當하고 있는 教授들과 實務에 從事하고 있는 判事를 包含하여 이 『學說·判例民法콤멘타르』를 내는 것이다.

獨逸·瑞西, 그리고 日本에서는 各種의 콤멘타르가 나와 있다. 우리나라에서는 위에 말한 바와 같이 많은 著書들이 나와 있지만 각각 主張이 같지 않은 점이 많아서 한 권의 책만으로 모든 것을 網羅的·客觀的으로 설명하고 있는 것이 아직 없다. 더구나 判例에 이르러서는 法律學教授들도 어떤 判例가 있는지를 찾아보기가 매우 힘든 形便이다. 이러한 實情이기 때문에 한권으로써 모든 學說과 判例를 알 수 있게 하자는 것이 執筆委員들의 意圖이다.

學說의 引用은, 國內의 學說은 모든 著書를 빠짐없이 引用하고, 각종 刊行物에 發表된 論說도 最大限으로 引用하는 것은 물론, 外國의 文獻도 日本의 것뿐만 아니라 獨逸과 多少는 英美의 것까지도 引用하였다.

판례는 大法院判決은 빠짐없이 引用하도록 힘썼고, 下級審判決도 重要한 意義를 가진 것은 引用하였다. 外國의 判例는, 日本의 것은 특히 現在 우리나라에서도 參考로 삼을 만한 價値가 있는 것은 되도록 많이 引用하였고, 그 중에서도 最

新의 判例에 대하여는 特別한 觀心을 가지고 引用 與否를 定하였다. 獨逸·美國 등의 判例는 특히 引用할 價値가 있는 것에 限해서 引用하기로 하였다.

本書의 執筆委員들 중에는 本人보다 先輩되시는 분들도 계시는데, 다른 委員들께서 本人을 執筆委員代表로 하신 까닭은, 아마 釜山避難時節에 青丘文化史 刊行의 法律學辭典이 대체로 本人의 집에서 執筆編輯되었고, 1964 年에 法文社에서 刊行된 法律學辭典이 그 原稿作成의 初半은 本人의 直接指揮下에 이루어졌기 때문이 아닌가 생각한다. 그리고 韓國司法行政學會는 그 創立 當時부터 本人이 關與하였고, 月刊『司法行政』도 그 初期에는 本人이 編輯計劃을 擔當하였던 事情도 있고 해서 韓國司法行政學會로서도 本人이 代表를 맡기를 願한듯 싶다.

執筆委員들이 모두 自身의 일이 바쁘신 분들이고 또 地方에 계시는 분도 있어서 全員이 자주 會同하지는 못하였지만, 參考文獻의 引用, 判例의 選定과 取扱態度 등, 一般的方針에 관해서는 步調를 맞추도록 努力하였으며 體裁 등에 관해서는 本人이 全體를 살펴보았다.

本書는 처음에는 單券으로 내려고 計劃하였던 것이지만, 原稿가 들어온 것을 組版해 보니 面數가 豫想했던 것보다 많아졌기 때문에, 두 권으로 나누어서 上卷에 總則·物權 및 附則을, 下卷에 債權·親族·相續을 넣기로 하였다. 獨逸에서 Ermann 의 Handkommentar 가 두 권으로 되어 있으니까 外國에 例가 없는 것도 아니다.

本書의 執筆이 상당히 많은 隘路를 지니고 있는 일임에도 不拘하고 比較的 短時日內에 脫稿를 보게 된 것은 全的으로 여러 委員들께서 獻身的으로 힘을 기울여 주셨기 때문이다. 도 本書가 이와 같이 出刊 되게 된 것은 法書의 出版이 全般的으로 沈滯되어 있는 現狀況下에서 收支打算을 超越하여 우리나라의 法律文化의 向上과 學界 및 實務界를 爲하여 奉仕하려는 一念에서 全力을 다하고 계시는 韓國司法行政學會의 李鍾均 專務의 熱誠的인 督勵가 있었기 때문임을 特記하지 않으면 안 된다. 이에 위의 여러분에 대하여 衷心으로 뜨거운 感謝를 드린다.

委員會의 執筆의 分擔은 다음과 같다.

總　　則	高麗大學校敎授	玄 勝 鍾
物　　權	서울大學校敎授	金 曾 漢
	서울民事地方法院判事	李 英 俊
債權總則	延世大學校敎授	金 顯 泰
債權各論	慶熙大學校敎授	安 二 濬
	慶北大學校敎授	金 容 圭
親　　族	慶熙大學校敎授	金 疇 洙
相　　續	延世大學校敎授	李 根 植
附　　則	高麗大學校敎授	玄 勝 鍾

1971年 12月

編輯代表 金 曾 漢

주석 민법 [총칙] 집필자

권순민 특허법원 고법판사
권영준 서울대학교 법학전문대학원 교수
김문관 부산고등법원 부장판사
김상훈 서울중앙지방법원 부장판사
김종기 서울고등법원 고법판사
김형두 서울고등법원 부장판사
남성민 광주고등법원 전주재판부 부장판사
문영화 성균관대학교 법학전문대학원 교수
송호영 한양대학교 법학전문대학원 교수
신숙희 서울고등법원 고법판사
윤강열 부산고등법원 부장판사
이균용 서울고등법원 부장판사
이동진 서울대학교 법학전문대학원 교수
이연갑 연세대학교 법학전문대학원 교수
이원범 서울고등법원 부장판사
전원열 서울대학교 법학전문대학원 교수
차영민 수원지방법원 부장판사

(2019. 5. 31. 현재)

[범 례]

Ⅰ. 서술방식

1. 원고는 횡서체로 하고 한글 전용을 원칙으로 한다. 다만 법령명이나 의미 전달에 혼란이 있는 경우 한자를 괄호안에 병기하였다.

2. 타이틀은 다음과 같이 구분하였다.

Ⅰ.

1.

가.

1)

가)

(1)

(가)

①

㉮

3. 조문은 집필당시의 개정법률을 근거로 하며 그 내용은 종합법률정보(http://glaw.scourt.go.kr)에 수록된 법령에 준하였다.

4. 조문 하단에는 집필하려는 조문과 관련된 관련조문이나 비교조문을 나열하였고, 해당 조문의 목차를 두었다.

5. 각 조문별로 주석을 서술하였고 별면으로 처리하였다. 각주의 일련번호는 각 편, 장, 절, 관, 조문별로 새롭게 번호를 부여하였다.

Ⅱ. 법령 표기

1. 법령의 인용시에는 원칙적으로 약어를 사용하지 않았다.

2. 본문속에 법령을 표기할 때에는 본문의 법령인용은 원문 그대로 사용하며 제○조 제○항 제○호 등으로 기재하였다.

※ 예) ① 본문의 경우

민사소송법 제476조 제1항

② ( )안의 경우

(민사소송법 제479조 제2항 제1호)

3. 해당 법률의 주석서를 집필하는 경우 해당법률은 "본법"이라고 표기하였다.

※ 예) 주석 민법 집필시 민법의 표기

본법 제142조 또는 (본법 제142조)

Ⅲ. 판례 표기

1. 판례의 표기는 다음과 같은 방법에 따른다.

▷ 대법원 1996. 4. 26. 선고 96다1078 판결.

▷ 대법원 1992. 5. 26. 선고 92다84 판결, 대법원 1993. 10. 26. 선고 93다6409 판결, 대법원 1996. 6. 14. 선고 96다46374 판결.

▷ 대법원 1996. 11. 16.자 95마252 결정.

▷ 대법원 1995. 11. 16. 선고 94다56852, 56853 전원합의체 판결.

☞ 사건번호는 병합, 반소, 참가 사건 구분 없이 '94다56852, 56853'과 같이 나열하였다.

▷ 부산지방법원 동부지원 2000. 1. 18. 선고 2000가합10574 판결.

▷ 헌법재판소 1994. 7. 29. 선고 92헌바49, 52 결정.

2. 외국 판결은 그 나라의 표준적인 표시방법에 따라 표시할 수 있다. 다만, 일본

판결의 경우에 선고일자는 서기연도로 기재하며, 일본연호는 사용하지 않았다.

▷ 일본대심원 대정 9년 12월 20일 판결

☞ 日大判 1920. 12. 20.

▷ 일본최고재판소 소화 34년 6월 19일 판결

☞ 日最判 1959. 6. 19.

3. 판례 출처는 검색이 가능한 판례의 경우는 출처를 밝히지 않았다. 하지만 그 외의 경우는 출처를 밝히기 위한 약어는 다음과 같다. 약어로 표기된 출처는 괄호(공1988, 623)안에 넣어 표기한다.

▷ 법원공보 1988년 4월 15일 제822호 623면 → 공1988, 623

▷ 법원공보 1993년 7월 15일 제948호 1697면 → 공1993하, 1697

☞ 법원공보가 상, 하로 분리된 1993년부터는 상, 하를 구분하여 표시하였다.

▷ 판례공보 1996년 2월 1일 제3호 461면 → 공1996상, 461

▷ 대법원판례집 제43권 2집 민사편 230면 → 집43-2, 230

☞ 다만, 대법원판례집 제31권 6집까지는 편별로 면수가 독립되어 있으므로 '집31-6, 민149'와 같이 편별 표시를 하였다.

▷ 대법원판결요지집 민사·상사편 Ⅰ-2집 680-2면 65번 판결 → 요민Ⅰ-2, 680- 2(65)

☞ 형사 · 군사편은 '요형', 특별편은 '요특'으로 표시하였다.

▷ 각급법원(제1,2심) 판결공보 2005년 2월 10일 제18호 215면 → 각공18, 215

▷ 고등법원판례집 1970년 형사·특별편 20면 → 고집1970, 형특20

▷ 하급심판결집 1984년 제2권 229면 → 하집1984-2, 229

▷ 헌법재판소판례집 제3권 569면 → 헌집3, 569

▷ 헌법재판소공보 제3호 255면 → 헌공3, 255

▷ 사법논집 제25집 311면 → 사법논집(25), 311

▷ 사법연구자료 제21집 153면 → 사법연구(21), 153

▷ 재판자료 제61집 364면 → 재판자료(61), 364

▷ 대법원판례해설 1995 하반기(통권 제24호) 151면 → 판례해설(24), 151

Ⅳ. 기타 인용 표기

1. 판결, 문헌 인용시 약어는 사용하지 않으며 해당 페이지에 대한 "면", "쪽" 등의 글자 표시는 생략하였다.

2. 참고문헌의 표기는 다음과 같이 하였다.

▷ 이시윤, 민사소송법(신정보판), 박영사(1995), 232.

▷ 주석 민법, 물권편(2)(제4판), 한국사법행정학회(2011), 98(박삼봉)

▷ 민법주해 Ⅷ, 채권(1), 박영사(1995), 159(송덕수)

3. 저자가 2명 이상인 경우 '/ '를 사용하여 2명의 이름을 모두 밝히되, 3명 이상인 경우에는 '○○○ 외 2인' 등으로 표기하였다.

4. 논문이나 단행본, 월간지, 기타 논문집의 인용은 다음과 같이 하였다.

▷ 김기정, "집합건물의 집행을 둘러싼 몇 가지 법률문제에 대한 고찰", 사법논집(27), 5.

▷ 윤진수, "토지 임차인의 매수청구권 행사와 법원의 석명의무", 인권과 정의 236호(1996. 4.), 133-139.

5. 외국 문헌은 그 나라의 인용례에 따르는 것을 원칙으로 하되, 책 이름에 이탤릭체나 밑줄 등을 사용하지 아니하고 논문 제목에 "　　" 표시를 하였다.

▷ Walter E. May, "International Equipment Leasing: The UNIDROIT Draft Convention," 105 Harv. L. Rev. 80(1991).

▷ 植田勝博, "ユ-ザ-からみた リ-ス契約の 問題點", 金融法務事情 1101號(1985. 10.), 24.

▷ 南部二三雄, リ-スの 實務, 東京: 東洋經濟新報社(1973), 178.

6. 인터넷 자료는 다음과 같이 표기하였다.

▷ 저자명, 자료제목(2009. 9. 1. 방문), <http://www.scourt.go.kr/seminar/ d-3.htm>

[목 차]

[찾아보기]

제1편 총칙

제1편 총칙

[총설][1]

[참고문헌] 강명옥, "민법전의 제정경과보고", 법률신문 286호(1958.3.3.).; 국사편찬위 자료 중추원래문(규17788); 국회도서관 편, 한말근대법령자료집 I(1970); 吉田, "朝鮮に於ける慣習と民事法規との係", 朝鮮司法協會雜誌 2-4(1923), 28頁.; 吉田平次, "朝鮮に於ける慣習と民事法規との係", 朝鮮司法協會雜誌 2-4(1923)5·11頁.; 大友·柿原 외, 朝鮮司法界の往事を語る座談會, 조선사법협회잡지19권10=11호(1940); 大村敦志, 민법총론, 암파서점(2001); 로빙기어, "일본민법개정사안", 법정 2권 2호(1947); 梅謙次 韓國の法律制度に就て(下) 동경경제잡지1514호(명 42년 10월)796혈.; 梅謙次 韓國の合邦論と立法事業 국제법잡지8권9호(명 43)740혈.; 민법안소위원장 명의의 '서' 민법안심의록(국회사무처, 1957년); 민의원 법제사법위원회 민법안심의소위원회, "공청회기록", 민법안심의자료집(1957); 박병호, "개화기의 법제", 정범석박사화갑기념논집(1977), 204; 김효전, 법관양성소의 실제운용(1)(2)(3), 근대한국의 법제와 법학, 세종출판사, 2006); 백태승, 민법총칙(제7판), 집현제(2016), "민법(재산법)개정시안의 주요내용(Ⅰ)", 고시계(2014.6); 백태승, 민법총칙(제7판), 집현제(2016), "민법(채권법)개정시안의주요내용(Ⅲ)", 고시계(2014.9); 法典調査會理由書 民法成立過程研究會 明治民法の制定と穗積文書 (有斐閣, 1956年)114頁.; 北川善太, "日本民法とドイツ法－比較法の視点から", 民商131卷4·5号(2005); 北川善太, 日本法學の歷史と理論, 日本評論社(1968); 司法法規制定に就きて法曹雜誌4卷7·8合併號(民事法典制定記念號), [康德 4]·8(1937); 成宮嘉造 民事法 上海東亞同文書院支那研究部編 現代支那講座第二講政治·法制·外交(1939); 星野英一, 일본민법전(1), 법학교실 4(1981.1); 星野英一, 日本民法典に與えたフランス民法の影響 , 일불법학 3호(1965); 穗積陳重, 法窓夜話(1980), 岩波書店; 신우철, 비교헌법사 : 대한민국입헌주의의 연원, 현문사(2008); 我妻榮, 滿洲國民法所感, 法學協會雜誌民事法典制定記念號49.; 我妻榮, 滿洲國民法典の公布, 法學協會雜誌55卷8号(1938); 양창수, "민법안의 성립과정에 관한 소고", 법학(서울대) 30권 3/4호(통권 79/80호)(1989. 12); 양창수, 우리나라 최초의 헌법재판 논의 , 민법연구 제6권(2001); 奧田昌道, 日本における外國法の攝取—ドイツ法, 伊藤正己編, 外國法と日本法, 岩波現代法14(1966); 윤대성, 미군정시대(1945-1948)의 한국민법편찬사업과 로빈기어의 한국민법전개혁, 한국민법의 역사와 해석, 창원민사법연구회편(2008); 윤철홍, '알기 쉬운 민법' 개정작업의 경과와 주요내용, 법조712(2016) 165-195; 이상욱, "일제하 전통가족법의 왜곡", 박병호화갑기념 한국법사학논총(1991); 이진기, "2018년 「'알기쉬운 민법'개정안」에 관한 의견", 2018년 민법일부개정법률[알기쉬운 민법]안에 관한 민법학자의견서, 유원북스(2018); 장경근, "민법안심사보고서", 29회 국회정기회의속기록; 장경근, "친족상속법입법방침급요강사안", 법정, 3권9호(1949.9); 전삼편의회제출이유설명초고, 민법성립과정연구회＝복도정부편, 明治民法典の制定と穗積文書(1956); 前田達明 資料民法典, 成文堂(2004); 前田達明, 資料民法典, 成文堂(2004); 前田達明＝松岡久和＝平田健治 <史料>債權 則(1) 民商法雜誌81卷3号100頁以下, 前田達明 資料民法典 (成文堂, 2004); 정광현, 한국가족법연구(1967), 서울대학교출판부, 서

[1] 이 부분은 민법전 성립의 연혁과 경위 등을 주된 대상으로 하므로 구판[주석 민법, 총칙(1)(제4판), 한국사법행정학회(2010), 33-68(정종휴)]의 기술 내용을 전반적으로 유지하고 구판 발간 이후에 전개된 입법 상황과 관련 판례를 추가하였다.

울대학교 출판부, 부록; 정종휴 梅謙次 と近代韓國立法事業 법률시보70권7호(1998); 정종휴, "일본민법전의 편찬", 법사학연구 36호; 정종휴, "한국 민사소송법안", 법사학연구 10호(1989); 정종휴, "한국민법전의 비교법제적 분석", 행정논집(전남대 행정대학원) 제2집(1986); 정종휴, "한국민법전의 제정과정", 민법학논총(곽윤직 기념논문집)(1985); 정종휴, "한국에서의 일본민법의 변용", 전남대학교논문집(법/행정학편) 제30집(1985); 정종휴, "한말의 서구법계수", 전남대학교논문집 법행정학편(1987); 정종휴, 역사속의 민법, 교육과학사(1994), 182.; 조선 총독부 관습조사보고서(한국법제연구원, 2000).정긍식 편역, 개역판.; 淺見倫太, 朝鮮法制史稿(1922), 395頁.; 한국법무부, 2004년 법무부 민법개정안, 총칙·물권편, 법무부(2013), 참조.; 한국법무부, 2013년 법무부민법개정시안, 물권편, 법무부(2013), 참조.; 한국법무부, 2013년 법무부민법개정시안, 채권편 上, 법무부(2013), 참조.; 한국법무부, 2013년 법무부민법개정시안, 채권편 下, 법무부(2013), 참조.; 한국법무부, 2013년 법무부민법개정시안, 총칙편, 법무부(2013), 참조.; "민법안심사보고서", 26회 국회정기회의속기록 "조선법제편찬위원회기초요강(3)", 법정 3권 8호(1948); 26회 국회정기회의속기록 29호; 26회 국회정기회의속기록 42호 부록(1957. 11. 21.); 26회 국회정기회의속기록 62호

Charles Lobingier, Proposed Civil Code for Korea, LAW Korea 7 Lobi 1949(Library of Congress)

Hozumi, N., The New Japanese Civil Code as a Material of the Study of Comparative Jurisprudence(1912); Jonghyu Jeong, Die Umformung des Japanischen Zivilrechts in Korea, in:H. Leser, T. Isomura(Hrg.)Wege zum Japanischen Rechts, Festschrift für Zentaro Kitagawa, Dunker & Humblot(1991).; Koschaker, P., Europa und das R mische Recht, 3. Aufl., 1958, S. 132, Anm. 1.

Wang Tze-chien, Die Aufnahme des europ ischen Rechts in China, AcP Bd. 166, (1966)

"사회 있는 곳에 법이 있다." 그 가운데 '민법'은 재산관계와 가족관계를 규율하는 "사회생활의 기본법"이다. 민법은 따라서 언제 어디서나 어떤 형식으로건 반드시 존재할 수밖에 없었다고 해야 하겠지만, 민법이 민법전이라는 형태로 정리된 역사는 반드시 오래된 것만은 아니다. 그러한 의미에서 "사회생활의 기본법"을 "민법전"으로 묶어낸 법기술은 인류의 지혜의 소산이라 할 수 있다. 민법전이라는 거대한 법률을 갖고 있는 국가의 "주석민법"의 총설도 민법전을 중심으로 기술되어야 할 것으로 여겨진다.

Ⅰ. 한국 민법전의 제정[2]

1. 미군정기의 편찬 움직임

우리 민법전의 편찬은 1945년 8월 해방 후 미군정의 실시와 더불어 기획되었다. 1~2년 동안 잦은 변화가 있었다. 크게는 상반된 두 줄기였다.

하나는, 정부수립전의 군정청 법전기초국에 의한 법전기초이다. 미국인 고문관 주석[3]은 일본법에 근거하지 않은 '조선자체의 민법'을 제정해야 한다고 했다.[4] 그는 법전이 갖추어야 할 '현대적 수준'으로 '완전성 또는 통괄성'을 갖고, '논리성과 과학성을 갖춘 편리한 구성과 배치', 그리고 '명백하고 간단한 용어법'을 들고 방대한 민법전 '사안(私案)'[5]까지 만들었다.

다른 하나는 같은 군정시절(남조선 과도정부)에 만들어진 한국법조인들로만 구성된 '법제편찬위원회'[6]의 민법분과위원회에 의한 민법 제정이다. 내용적으로는 오히려 미국측의 입장과는 반대되는 것이었다. 그들이 마련한, '조선임시민법전편찬요강'에 따르면 "조선 임시민법을 제정함에 있어서는 대륙법계의 시스템을 취하며 주로 독일민법에 의거한 현행민법의 규정을 기초로 하되 현하 세계문명각국의 입법례와 학설을 참작하고 우리나라 실정에 감하여 우선 필요한 한도에 있어서" "개정 또는 신설"하기로 하였다.[7]

1948년 8월 정부수립으로 한국인들만의 편찬 조직만 남아 민법전 편찬작업은 진행되었으니, '법제편찬위원회민법분과위'의 설치 및 이에 의한 임시민법전 편찬요강이야말로 한국민법전 편찬의 출발점이라 할 만한 것이었다.

2 양창수, "민법안의 성립과정에 관한 소고", 법학(서울대) 30권 3/4호(통권 79/80호)(1989. 12), 186 이하; 정종휴, "한국민법전의 제정과정", 민법학논총(곽윤직 기념논문집)(1985), 1 이하.

3 일찍이 미국 지배하의 필리핀에서 "법전위원회의 부위원장"을 역임한 바 있는 로빙기어(Dr.Charles Lobingier)를 말한다.

4 로빙기어, "일본민법개정사안", 법정2권2호(1947), 4 이하.

5 Charles Lobingier, Proposed Civil Code for Korea, LAW Korea 7 Lobi 1949(Library of Congress). 이에 관하여는 윤대성, 미군정시대(1945-1948)의 한국민법편찬사업과 로빈기어의 한국민법전개혁, 한국민법의 역사와 해석, 창원민사법연구회편(2008), 191 이하.

6 1947년 6월 30일 설치된 '법전편찬위원회'가 개칭된 것으로, 인적 구성 등에 관하여 자세히는 정종휴, "한국민법전의 제정과정", 민법학논총(곽윤직 기념논문집)(1985), 7.

7 "조선법제편찬위원회기초요강(3)", 법정 3권 8호(1948), 41.

2. 정부수립후의 초안 작성

가. 법전편찬위원회의 수립과 민법전 편찬의 자세

정부수립후 바로 '법전편찬위원회 직제'(1948.9.15 대통령령 제4호)가 공포됨으로써 민법전 편찬은 급물살을 타게 된다. 당시의 대법원장 김병로가 법전편찬위원회(이하 '법전위')의 위원장에 위촉된다. '민법분과위원회'는 총칙, 물권, 채권, 친족, 상속의 5편으로 나뉘어 각편마다 책임위원과 일반위원이 임명되었다. 대부분 앞 시대에 법관 또는 변호사로 일한 경험을 가진 실무가들이었다.[8]

민법전 기초는 1948년 12월 15일부터 시작된 것으로 확인된다. 처음에는 재산편에 한정된 101항목의 '민법전 편찬요강'[9]이 작성되었다. 내용적으로 군정시대 법제편찬위원회의 조선임시민법전편찬요강에서 선언한 민법전 기초의 골격을 재확인하는 것이었다. 이듬해 6월 11일부터 개시된 가족법의 기초는 '민법 친족상속법 편찬요강'에 바탕을 두고 이루어졌다. 친족편 42항목, 상속편 7항목으로 구성되었다. 요강기초자가 밝힌 입법방침의 요지는 "고래의 순풍미속은 유지조장"하나 "비문화적, 비합법적이며" "우리 민족이 세계 진운에 병진하는 데 장애를 이루는 폐풍은 포기"한다는 것으로서 고유의 관습이 바탕이 될 것임이 예정되고 있었다.[10]

나. 법전편찬위원회의 궤멸, 민법안의 기초, 정부안의 성립

민법전의 제정사업은 1950년 한국전쟁이라는 미증유의 전쟁으로 7명의 민법전 기초 책임위원, 일반위원, 또는 보조위원이 납북되었다.[11] 전시중의 개각으로 가족법 책임위원은 기초위원직을 물러나야 했다.[12] 그때까지 준비했던 입법자료가 전부라 할 만큼 소실되어 버렸다.[13] 민법전의 기초작업은 사실상 완전한 중단상태를 맞았다.

이제 민법전 기초는 법전위원장 김병로 한 몸에 맡겨지다시피 했다.[14] 편찬요강에 입각하여 마련된 김병로의 초안은 법전위의 총회를 거쳐 1953년 7월 4일 법전위의 공식 법안이 된 것으로 보인다. 재산편의 초안은 편찬요강에 충실한 것이

8 자세히는 정종휴, "한국민법전의 제정과정", 민법학논총(곽윤직 기념논문집)(1985), 7.
9 민의원 법제사법위원회 민법안심의소위원회, "공청회기록", 민법안심의자료집(1957), 75.
10 장경근, "친족상속법입법방침급요강사안", 법정, 3권9호(1949.9), 26.
11 민의원 법제사법위원회 민법안심의소위원회, "공청회기록", 민법안심의자료집(1957), 75.
12 정광현, 한국가족법연구(1967), 서울대학교출판부, 서울대학교출판부, 334.
13 강명옥, "민법전의 제정경과보고", 법률신문 286호(1958.3.3).
14 국회 본회의에서의 법전편찬위원장 김병로의 발언. 제26회국회정기회의속기록 30권(1957), 4.

었음에 비해, 가족편 초안은 본래의 요강에 구애되지 않는 것이었다.[15]

법전위 공식초안은 '용어의 통일 기타 조문 정리 정도'의 '심사'를 거쳐 1954년 9월 30일 국무위원회를 통과했다. 민법전 초안은 같은 해 10월 13일 대통령의 재가를 얻어 같은 날짜로 국회에 제출되었다. 제출당시의 초안은 본문 1118조, 부칙 32조로 되어 있었으며, 초안에는 제안이유서나 기초이유서 등 참고자료는 전혀 딸려 있지 않았다.[16]

3. 민법개정안연구회

1956년 9월 재산편에 대한 민법안소위의 심의결과와 수정안이 발표되자 민법교수들에 의한 민법안 공동연구가 시작되었다. 민법교수들은 9월 25일 '민법초안연구회'[17]를 결성하여 민법안과 그 수정안에 대한 연구와 검토를 위해 총칙, 물권, 채권, 신분의 4분과로 나누어 같은 해 11월 9일까지 예비토의를 한 후, 다음 해 1월 19일까지는 전체회의를 통해 재검토를 행한 후 그 성과를 그 해 3월 민법안의 견서라는 이름으로 공표하였다.[18] 총168개의 의견은 ① 정부초안 또는 국회 수정안을 찬성하는 것, ② 초안 또는 수정안에 반대하고, 오히려 일본민법의 규정을 지지하는 것, ③ 초안 또는 수정안을 반대하면서 '대안'을 내는 것, ④ 초안이나 수정안 어느 쪽에도 들어 있지 않은 새로운 내용의 신설을 주장하는 것으로 나눌 수 있다.[19] 실무가들의 입장에 대한 신진 학자들의 의견이 집약된 셈이다. 학자들의 의견들 가운데 '특히 중요한 것'은 현석호(의원외 19명) 수정안으로 국회 본회의에 제안되었으나, 채용된 것은 소수에 그친다.[20]

4. 민법안 국회심의·가결

가. 민법안심의소위원회의 심의 경과

정부가 제출한 민법안은 1954년 10월 28일 국회의 법제사법위원회에 회부된다. 민법안 소위는 심의에 있어 세 가지 기본방침[21]을 정하였다. 첫째는, "민법안

15 정광현, 한국가족법연구(1967), 서울대학교출판부, 335 이하.
16 장경근, "민법안심사보고서", 29회 국회정기회의속기록, 691.
17 서울에 소재하는 여러 대학의 민법, 상법, 국제사법 교수 24명으로 조직된 것으로 오늘날 사단법인 한국민사법학회의 전신이라 할 수 있다.
18 국판, 본문 201쪽에 이르는 의견서 외에, 재산편의 민법안과 그에 대응하는 국회법제사법위원회 수정안을 부록으로 실었다. 1957년, 서울 일조각 발행.
19 자세히는 정종휴, "한국민법전의 제정과정", 민법학논총(곽윤직 기념논문집)(1985), 18-19.
20 정광현, 한국가족법연구(1967), 서울대학교출판부 부록, 158 이하에 그 전문이 실려 있다.
21 민법안소위원장 명의의 '서' 민법안심의록(국회사무처, 1957년), 6.

각 조문을 축차적으로 빠짐없이 기초자에 대신하여 검토"하는 동시에 조문마다 "외국입법제와 판례 학설을 조사 검토"하고 "현행법과 우리나라의 현사회실정과의 부합성 등을 비교 고찰"하는 것이었다. 둘째는 "민법안을 일응 시인"하는 것이었다. 따라서 특히 수정을 가하여야 할 적극적인 이유가 없는 한 소위원회는 가급적 수정을 하는 것을 피하기로 한 것이다. 셋째는 심의의 방법인데, 민법안의 각 조문에 일본민법의 해당조문, 판례와 학설, 외국입법례, 국내입법의견, 이들 각항에 대한 비판, 심의 결과, 결론의 순으로 심의해 가리기로 하고, 이러한 심의 결과를 기록으로 남기기로 하였다.

민법안소위는 원칙적으로 매주 2회의 정례회의를 열고, 전기간중 2회의 임시 합숙회의를 통해 민법안을 심의하였다. 총칙편, 물권편, 채권편에 대한 축조심의에 2년이 걸렸다. 친족편 상속편은 수정안 작성에 이르지 못했다. 민법안 소위의 심의결과는 322개 항목에 이르는 수정안으로, 재산편과 가족편이 동수였다. 민법안 소위의 수정안은 1957년 10월 11일 법제사법위원회 본회의에 상정되어 무수정 통과되었다.[22]

나. 각종의 수정안

정부가 제출한 민법안에 대하여는 법제사법위원회 수정안 외에 6종의 수정안[23]이 제출되었고 중요한 것은 두 가지이다.

1) 현석호(의원외 19명) 수정안[24] : '민법안의견서'라는 학계의 의견을 바탕으로 한 재산편 개정안으로서 37개 항목으로 되어 있었다.

2) 정일형(의원외 33명) 수정안[25] : 한국여성단체 연합회 및 여성문제연구원의 건의, 그리고 학계의 입법의견을 수렴한 가족편 수정안으로서 헌법의 남녀평등 이념에 입각한 것이라 했다. 57개 항목 중 정부안을 지지한 것도, 법제사법위원회 안을 지지한 것도 있어 순수 수정안은 50개항이었다.

다. 의결과 공포

1) 국회본회의에서의 의결

1957년 11월 이제 정부안은 법제사법위원회 수정안과 나란히 제26회 국회본

22 "민법안심사보고서", 26회 국회정기회의속기록, 696.
23 자세히는 정종휴, "한국민법전의 제정과정", 민법학논총(곽윤직 기념논문집)(1985), 14 이하.
24 26회 국회정기회의속기록 42호 부록(1957. 11. 21.), 102 이하.
25 26회 국회정기회의속기록 42호 부록, 105 이하.

회의에 상정된다. 제1독회가 시작되자마자 법제사법위원회 위원장에 의한 '심사보고'에 이어 민법안소위원장에 의한 '민법안 심의결과'가 보고된 후, 법무부 차관에 의한 '정부측 제안설명'이 행해졌다. 법전위원장도 요청에 따라 기초취지와 내용을 설명하였다. 질의가 개시되고, 전체 토론이 뒤따랐다. 관심의 대상은 물권변동 등 재산편에 속한 사항도 있었으나 태반은 가족편 문제, 특히 동성금혼제에 집중되었다. 가족편에 대한 의견이 집약되지 않자 가족편만 따로 차기국회에서 심의해야 한다는 의견도 나왔다.[26]

11월 21일부터 11월 28일까지는 민법안 제2독회가 열렸다. 12월 19일 민법안에 대한 정부안과 기타 수정안에 대한 제2독회가 모두 끝났다.

심의결과를 보면 법제사법위원회 수정안은 정부원안 대신 채택되었다. 민사법연구회라는 학계의 의견을 대변한 현석호 수정안은 법제사법위원회의 반대에 부딪치지 않는 범위에서 채택되었다. 여성단체의 입장을 살린 정일형 수정안은 실질적으로 거의 부정되었다.[27]

당시에는 법안의 의결에 필요했던 제3독회(헌법 제5조)는 민법안의 심의에 관한 한 생략하기로 했기 때문에 제2독회가 끝난 12월 19일 민법안의 심의는 종료되었다.

2) 공포

민법전은 제2독회의 마지막 날에 결정된 대로 법제사법위원회에서 '자구수정, 각조문의 표제를 붙이는 것, 또 조문의 배열, 정리'[28]등의 절차를 거쳐, 1958년 2월 7일 정부에 이송되었다. 정부는 이를 2월 22일 '법률 제471호 민법'으로 공포하였다.

정부가 제출한 민법안은 부칙을 포함하여 1150조였으나, 국회 본회의에서 심의되는 가운데 그 중 285조문이 수정을 받았고, 35조문이 삭제되었다. 이렇게 하여 본문 1111조와 부칙 28조, 총 1139조의 한국민법전이 제정된 것이다. 한국민법전은 판덱텐 체계를 따른 것이면서도, 독일 민법전과도 달리 1863년 작센 민법전처럼 물권편이 채권편에 앞서 규정된다. 조문수도 제정 당시의 독일민법전이 2385조였던 것에 비해 훨씬 적다. 정의 규정도 별로 없고, 세밀한 규정을 피하였

26 한국일보 1957. 11. 25 사설.
27 정광현, 한국가족법연구(1967), 서울대학교출판부 부록, 158 이하에 전문이 수록되어 있다.
28 26회 국회정기회의속기록 62호, 11.

다. 이것이 정부수립후의 움직임부터 세더라도 11년에 걸친 민법전 편찬작업의 결과였다. 민법전은 그 부칙 제28조에 의하여 공포로부터 약 2년 후인 1960년 1월 1일[29]부터 시행되어 오늘에 이른다.

5. 제정과정의 특징

이제 한국민법전과 밀접 불가분의 관계에 있는 일본민법전의 경우를 염두에 두면서, 한국민법전의 제정과정에 나타난 몇 가지 특징을 들어 보기로 하겠다.[30]

첫째, 민법전의 '제정'에 대한 의식이 박약하였다. 법전위의 '민법개정요강'은 "우리나라의 실정에 감하여 우선 필요한 한도에 있어서 개정 또는 신설"할 것이 명시되어 있었다는 것, 입법자료 등에는 '제정', '편찬'과 더불어 '개정'이라는 표현이 쓰였고, 당시 아직 적용중인 일본민법전에 들어 있지 않는 제도를 규정하려 할 경우 '신설'이라고 표기되는 일이 있었음은 기초자들에게 민법 제정 의식이 반드시 강한 것은 아니었음을 나타낸다.

둘째, 민법전의 제정과정에서 볼 수 있는 견해의 대립은 주로 가족편상의 제도에 관한 것이었다. 주로 학계 일반에 의해 촉발되어 재산편에 관한 견해의 대립도 또 가족편의 제정 연기론도 없지 않았으나 태반은 '순풍미속'과 '전통'을 강조하는 쪽과 '민주이념', '세계의 입법추세', '반봉건'을 내세우는 쪽 사이에서 생긴 의견의 대립이었다. 민법안이 정부에서 국회로 회부되었을 때 비로소 알려졌기 때문에 학리적인 논의가 발생할 가능성이 차단된 점도 없지 않다.

셋째, 입법자료의 빈약이다. '민법전 편찬요강'외에 민법안의 기초이유서나 제안서 등의 기본자료가 작성되지 않았다. 그러다 보니 '민법전 편찬요강'이라는 근본 사료와 국회 속기록, 그리고 국회 법제사법위원회 민법안소위의 '민법안심의록'이 민법전의 편찬과정을 말해주는 가장 중요한 자료들이 되고 있다. 하지만 정작 '민법안심의록'에는 각 조문에 대한 '심의'라 할 만한 기술이 그렇게 많지 않다.[31]

넷째, 민법전에 어울리지 않을 만큼 서둘러 제정되었다. 1948년 9월 법전위가 발족해서부터 1957년 12월 국회의결까지의 9년 중에는 우선 3년간의 전쟁기간이

29 국회 법제사법위원회에서는 민법전의 시행일을 처음에는 1959년 8월 15일로 예정하고 있었던 것으로 보인다. 정종휴, "한국민법전의 제정과정", 민법학논총(곽윤직 기념논문집)(1985), 27.

30 정종휴, "한국민법전의 제정과정", 민법학논총(곽윤직 기념논문집)(1985), 29 이하.

31 민법안심의록은 정부가 제출한 민법안의 조문마다 ① 제안이유, ② 현행법 및 판례/학설, ③ 외국입법례, ④ 국내입법의견, ⑤ 비판, ⑥ 심의경과, ⑦ 결론의 순으로 심의한 기록이다. 내용을 자세히 살펴보면 ①④⑤⑥은 거의 공백 상태이며, ②는 관련된 일본민법의 조문을 나타냄에 그치는 경우가 태반이다.

들어 있다. 민법안은 법전위원장 1인의 손에 의해 이유서도 없이 마무리되었다는 것 말고도, 본회의에서의 심의과정은 졸속하기 그지없는 것이었다.

다섯째, 민법전은 실무가에 의해 기초되었다. 학계의 의견이 민법안의 기초나 정부안의 결정 과정에 반영되는 길은 처음부터 봉쇄되어 있었다. 학계의 의견은 '민법안의견서'라는 방식으로 공식적으로 집약되었으나 수정안이 되어 채택된 것은 소수였고, 가족법의 경우 기초자가 학계 일반의 의견과는 다른입장에서 기초했기 때문에 제정 직후부터 개정의 요구에 시달려야 했다.

여섯째, 민법전 제정의 동기이다. 한국민법전의 제정에 관하여 예상할 수 있는 온갖 동기의 근원을 이루는 주명제는 한국인의 손에 의한 법률에 대한 강렬한 국민적 동경이었다. 해방 후 국민들 사이에 "국정에 맞는 최상의 민법전을 만들자는 염원"[32]이 있었음은 당연한 일이었다. 무엇보다 당시 적용되던 일본민법상의 제도·습속이 현시대에 적합하지 않는 때문이었고, 또 헌법의 민주주의, 남녀평등주의에 입각한 민법전의 제정이 시급히 요청되기 때문이었다. 그러나 여기에 점증하는 민족주의적 경향에서 오는 반일감정이 가세되어, 이러한 국민적 열망을 증폭시켰다.

Ⅱ. 민법전 제정 전의 역사

한국민법전 제정 과정과 그 특징은 위에서 본 바와 같다. 그럼 왜 이러한 과정과 특징을 겪어야 했던가? 모든 일에는 배경이 있기 마련이다. 한국민법전의 성립과 그 후의 발전에 대한 이해에는 당연히 그에 어울리는 오랜 전사(前史)가 있다.

1. 한국과 서구 민법의 조우(1876~1910)

가. 전통사회에서의 민법의 법원

1876년 한국은 일본과의 불평등조약으로 국가의 문을 열었고, 이것은 근대 민법과의 만남을 뜻하는 것이었다. 그때까지 한국은 성문법국가였으면서도 사법전은 알지 못하였다. 경국대전, 대전통편 등 중국의 율령체계의 영향을 받은 다수의 법전은 모두가 공법전으로 그 안에 사법적 규정을 단편적으로 두고 있었을 뿐

32 국회본회의에서의 정부측의 민법안 제안 설명, 26회 국회정기회의속기록 29호, 14. 자세히는 정종휴, "한국민법전의 제정과정", 민법학논총(곽윤직 기념논문집)(1985), 34 이하.

이었다. 그러므로 민사분쟁의 해결 규범은 각 지방의 관습과 지방행정관의 재량이었다고 할 수 있다.

나. 최초의 '민법제정'의 필요성

한국에서 민법전 제정의 필요성은 1894년 이른바 이노우에 카오루(井上 馨)라는 서울 주재 일본공사가 한국 정부에 내민 이른바 "내정개혁강령"(이하 "이노우에 개혁안")에서 처음으로 거론된 것으로 보인다. 이노우에 개혁안은 "민법 등의 법률을 제정하는 일이 필요하지만, 민법 제정은 대사업인즉 하루 아침에 이루어지지 않는다"고 민법 제정의 필요성과 곤란성을 언급하였다.[33] 한국에서 '민법'이라는 용어가 처음 쓰인 것도 이 이노우에 개혁안에서였다. 민법이란 "동산, 부동산, 인민 상호간의 권리 의무 등에 관하여, 인민 상호간 또는 정부에 대하여 왕실에 대한 대차 등의 사항을 규정하는 법률"[34]로 설명되었다. 가족법을 배제한 것이 재산법 제정의 시급성을 엿보게 한다. 민법전 편찬은 그 해 12월 정상개혁안에 따라 만들어진 홍범십사조[35]에 포함됨으로써 시급한 국정과제가 된다.

그러나 그 후 10여 년 동안 민법 편찬을 위한 두 번의 조직개편에도 불구하고 민법안의 기초가 개시된 흔적은 거의 찾을 수 없다.[36]

다. 민법전 제정을 향하여

1) 관습조사와 민상2법 통일 법전 구상

한국에서의 민법전 편찬은 한반도를 둘러싼 국제 정세, 특히 일본의 정치적 영향력의 크기의 변화에 따라 좌우되었다. 일본의 배타적 정치적 지배가 노골화됨과 더불어 민법 제정은 활기를 띤다. 1908년 1월 1일자로 내각총리대신의 감독을 받는 "법전조사국" 은 "민법, 형법, 민사소송법, 형사소송법 및 부속법령의 기초"를 맡기 위해 설치되었다. 일찍이 프랑스 유학에서 돌아와 일본민법전의 기초에도 참여했던 梅謙次(우메 켄지로)가 고문으로 영입되었다.[37]

우메(梅)는 민법과 상법 및 민사소송법[38]을 직접 기초하기로 하였다. 대대적

33 외무성편, 일본외교문서 27권지2(1953), 111-115.
34 외무성편, 일본외교문서 27권지2, 100.
35 신우철, 비교헌법사 : 대한민국입헌주의의 연원, 현문사(2008), 61 이하.
36 정종휴, "한말의 서구법계수", 전남대학교논문집 법행정학편(1987), 108 이하.
37 정종휴 梅謙次 と近代韓國立法事業 법률시보 70권7호(1998), 57 이하.
38 우메의 자필에 의한 전577조의 한국의 원고가 일본 법정대학 지하서고에 소장되어 있다. 정종휴, 한국 민사소송법안 , 법사학연구 10호(1989), 231 이하에 풀이와 영인이 실려 있다.

인 민사관습의 조사[39]가 전국적으로 행해졌다. 민법과 상법을 "합하여 일법전으로 만드는" 것,[40] 즉 민상2법 통일법전이 구상되었다. "새로 기초할 민법은 완전히 한인만을 위해 하는 것"[41]이라 한 우메의 말에서 일본에서는 이미 시행중인 일본 민법전과는 상당히 다른 민법전이 구상되었음을 알 수 있다.

2) 중추원의 민법 제정 건의

1907년(5월 7일) 내각의 자문기관 중추원에서는 내각(의정부)의 참정대신 앞으로 민법의 제정을 요구하였다.[42] 중요사안에 관해 조례를 갖추어 단행 법률로 먼저 시행하자는 것, 그리고 민법전 제정시 이를 편입하자는 것이었다. 그들이 단행 법률로라도 우선 규율해야 한다고 주장한 사항은 미성년자의 권리능력, 무능력자 제도, 공유지 균형권,[43] 선취특권, 손해배상, 보증, 중혼금지, 친권자/후견인, 상속 재산 취득이었다.

라. 민법의 보급

'솔양에 관한 건', '조혼을 금하는 건', '과부의 재혼을 허하는 건', '외국인토지 소유권 취득관련 법' 등 몇 가지 민법에 포함되는 입법조치[44]와 더불어, 재판소에서는 단행 법률과 일본 민법전의 형태로 소개된 서구 근대민법 이론이 바탕이 되어 재판이 행해졌다.[45] 법관양성소[46] 등 관학에서는 물론 일본법을 의식한 법학 교육이 행해졌으려니와, 보성전문학교와 양정의숙 등 사학에서도 일본법에 바탕을 둔 민법총칙, 물권법, 채권법, 채권각론, 상속법 등의 교재가 편찬되어 법학교육에 쓰였다. 1876년~1910년까지 한국은 이처럼 입법, 사법, 교육을 통한 서구민법의 계수를 경험하였다.

39 조선 총독부 관습조사보고서(한국법제연구원, 2000). 우리말 번역본도 출간되었다. 정긍식 편역, 개역판.

40 梅謙次 韓國の合邦論と立法事業 국제법잡지8권9호(명 43)740頁.

41 梅謙次 韓國の法律制度に就て(下) 동경경제잡지1514호(명 42년10월)796頁.

42 국사편찬위 자료 중추원래문(규17788).

43 취지는 다음과 같다. 우리나라 관습에 지방 인민이 일정한 산림이나 원야를 공동 수익하여 그 수목이나 낙엽, 마른 가지 등을 채취하거나 잡초를 베거나 목축을 하는 권리 를 말한다. 이들 땅에 대하여는 특별한 전유권을 갖는 자가 없다. 그렇다고 무주지나 황무지가 아니며, 확실한 공유권의 성질이 있다. 일본 민법상의 입회권처럼 우리나라도 공유지균형권을 인정하는 법규를 제정해야 한다.

44 국회도서관 편, 한말근대법령자료집 I(1970). 15에 수록.

45 특히 통감부시대에 그러하였다. 大友·柿原 외, 朝鮮司法界の往事を語る座談會, 조선사법협회잡지19권10 = 11호(1940), 49.

46 박병호, 개화기의 법제 , 정범석박사화갑기념논집(1977), 204; 김효전, 법관양성소의 실제운용(1)(2)(3), 근대한국의 법제와 법학, 세종출판사, 2006), 209 이하.

2. 일제 강점기 (1910~1945)

가. 조선민사령에 의한 일본민법의 강제 이식

1910년부터 1945년까지는 이른바 "조선총독의 명령"으로 "법률을 요하는 사항"이 정해졌고, 이러한 조선총독의 명령을 '제령'이라 하였다. 1912년 3월 18일 제령7호로 '조선민사령'이 발포되었다.[47]

조선민사령은 그 제1조에서 한국인의 "민사에 관한 사항은 본령 기타의 법령에 특별한 규정이 있는 경우를 제외하고 왼쪽(좌)의 법률에 의한다"고 하여, '왼쪽(좌)의 법률'로서 일본의 '민법, 민법시행법, 상법' 등 23종의 법령을 열거하였다. 일본민법의 강제 이식이 시작된 것이다. 종래 일제 강점기에 적용된 일본민법을 '의용민법'이라 했던 것은 이처럼 조선민사령에 '의하여 쓰이게(의용) 된' 민법이라는 의미에서였다.[48]

나. 조선부동산증명령과 그 밖의 민사법령

일본민법의 부속법령도 조선민사령의 발포와 함께 또는 그 후에 나온 제령에 의해 이식되었다. 예컨대, "부동산에 관한 물권의 득상 및 변경에 관하여 조선부동산등기령 또는 조선부동산 증명령에 있어서 등기 또는 증명의 규정을 설치한 것은 그 등기 또는 증명을 받지 아니하면 이를 제삼자에 대항할 수 없다"고 한 조선민사령 제13조에 따라 '조선부동산등기령'(1912.3.18., 제령 9호)과 '조선부동산증명령'(1912.3.22. 제령 15호)이 공포되었다. 부동산에 관한 권리의 등기를 규율한 것은 일본의 '부동산등기법'(1899.2.24., 법률 24호)이었다.

다. 일본민법전의 제정과 전개

이제 일본민법전을 간단히 살펴야 할 단계이다. 한국민법전의 형식과 내용형성의 이해에 절대적인 의미를 갖기 때문이다.

1) 일본민법전의 제정[49]

가) 보아소나드 민법전과 메이지민법전(明治民法典)

일본에서의 민법 제정의 역사는 19세기 중엽부터 시작된다. 서세동점의 여파로 구미 각국과 맺은 조약은 일본정부에 관세의 자주적 결정권을 부인하는 한편

47 정종휴, "한국에서의 일본민법의 변용", 전남대학교논문집(법/행정학편) 제30집(1985), 75 이하.
48 정종휴, "한국에서의 일본민법의 변용", 전남대학교논문집(법/행정학편) 제30집(1985), 82.
49 자세히는 정종휴, "일본민법전의 편찬", 법사학연구 36호, 101 이하.

외국인에게는 치외법권을 인정하는 불평등한 것이었다. 조약 개정에는 서구식 법전의 정비가 불가결하였다.[50] 민법전의 편찬은 당시 파리대학 교수 보아소나드(Gustave E. Boissonade, 1825~1910)의 초빙과 더불어 궤도에 오른다.

보아소나드는 프랑스 민법전을 기초로 하면서 독차적인 내용을 가미한 재산법 부분의 민법초안을 기초했고('보아소나드 초안'), 일본정부는 여기에 일본인이 기초한 가족법 부분을 더하여 1890년 단일 민법전으로 공포했다(보아소나드 민법전). 그러나 이것으로는 일본 고래의 가족법 제도가 붕괴되고 말리라는 반발이 법전논쟁[51]으로 비화하여, 공포된 민법전은 시행이 연기된 채 새로 호즈미 노부시게(穂積陳重), 토미이 마사아키라(富井政章), 우메 켄지로(梅謙次郎)라는 3인의 일본인 법학자를 기초위원으로 임명하여, 민법전을 '근본적으로 개수'[52]한다는 명분 아래 새로운 민법전을 기초하기에 이르렀다. 형식과 내용면에서 독일민법에 영향을 받은 새로운 민법전이 1898년 공포되었다('메이지 민법전'). 그러나 겉보기와는 달리 제도와 규정을 자세히 보면 반 정도는 프랑스민법의 영향을 받은 것이었다.[53] 보아소나드 민법전을 실질적으로 일본 민법전 제1초안이라 부를 수 있다면,[54] 제1초안과는 근본적으로 다른 민법전이 탄생한 것이다.

나) 메이지민법전의 형식과 내용적 골격

일본민법전의 제정과정에서 한국민법전의 이해와 관련하여 우리의 주목을 끄는 것은 실질적 제1초안인 보아소나드 민법전에서 새로 마련된 메이지민법으로의 이행과정상의 방향전환이다. 왜 판덱텐 방식이 채용되었으며 그것도 물권편이 채권편 앞에 오게 되었는가? 왜 조문수는 그 정도가 되었으며, 조문표시방식은 그렇게 되었는가? "근본적인 개수"를 위해 설치된 법전조사회의 규정과 그 "법전조사규정이유서"에 기하여 살펴본다.

(1) 판덱텐 방식

보아소나드민법전이 인스티투치오네스 방식임이 비해, 메이지민법전은 총칙을 두고, 물권과 채권을 준별하는 판덱텐방식을 취한다. 기초를 맡은 호즈미에 따르면, "로마의 옛 방식 인스티투치온 시스템은 점차 폐지되어 근세 로마 법학자가

50 星野英一, 일본민법전(1), 법학교실 4(1981.1), 22.
51 자세히는 정종휴, "일본민법전의 편찬", 법사학연구 36호, 114 이하.
52 穂積陳重, 法窓夜話(1980), 岩波書店, 360.
53 星野英一, 日本民法典に與えたフランス民法の影響, 일불법학 3호(1965), 1 이하.
54 大村敦志, 민법총론, 암파서점(2001), 24 참조.

채용하는 판덱텐 시스템이라는 것이 행해지게 이르렀기 때문이다."[55]

"원래 채권법은 그 목적이 주로 물권의 득상 행사에 관한 것이 많으므로 물권을 먼저 하고 인권(채권이라는 뜻이다. 물권이 물건에 대한 권리임에 반해 채권은 사람에 대한 권리라는 뜻에서 처음에는 인권이라 하였다)을 그 다음으로 함이 순서가 된다고 믿는다."(법전조사규정이유서 제2조)는 호즈미의 신념은 판덱텐 방식에서도 특히 '작센민법' 방식, 즉 총칙, 물권, 채권, 친족, 상속편의 편별을 취하게 했다.

(2) 조문수와 조문 표시 방식

(가) 세밀한 규정의 회피

법전은 사회의 변천에 따를 수 없는 폐단이 있다. 이를 면하려면 되도록 조문은 "원칙을 제시하는 데 그치고 세칙을 두어서는 안 된다". 세밀한 규칙을 두다 보면 사회의 사소한 변동에도 바로 개정의 필요를 낳기 때문에, "되도록 세밀한 규정을 생략하기로" 하였다(법전조사규정이유서 제14조). 그 결과 프랑스 법적인 동종 반복을 피하고, 독일법학 특유의 논리적 체계성을 높인 것이 되었다. 보아소나드 민법전 1762개 조문에 비해 메이지민법전은 1146개조였다. 특히 재산법 부분은 1319개조에서 724개조로 거의 반감되었다.[56] 민법의 일반적 추상도가 높아짐으로써 해석의 탄력성이 강화되었다.

(나) 정의 규정의 회피

이와 더불어 '정의, 해설, 기타 교과서 같은 규정'도 모두 버리고 입법적 해석을 요하는 문장용어에만 풀이를 두기로 하였다(법전조사회규정 제16조).

(다) 조문 표시방식

처음에는 보아소나드 민법전처럼 각편마다 조문이 새로 시작하도록 하였다(법전조사규정이유서 제13조)가, 중간에 '일련번호'로 바뀌었다.[57]

(3) 각론의 짜임새

보아소나드 민법전이 민법 전부에 적용해야 할 통칙을 각편속에 산발적으로 두는 것은 "법전의 체계를 얻은 것이 아니므로", "특히 총칙편을 두어 민법 전부에 적용해야 할 통칙"(법전조사규정이유서 제3조)으로서 총칙편에 '사권의 주체, 목적, 득상 및 행사 등에 관한 통칙'을 두기로 했다(법전조사회규정 제3조).

55 法典調査會理由書 民法成立過程研究會 明治民法の制定と穂積文書 (有斐閣, 1956年)114頁.

56 전삼편의회제출이유설명초고, 민법성립과정연구회=복도정부편, 明治民法典の制定と穂積文書(1956), 129.

57 자세히는 정종휴, "일본민법전의 편찬", 법사학연구 36호, 116.

물권편에 '물권 및 그 득상, 행사 및 물상담보 등에 관한 규칙'을 두기로 했다(법전조사회규정 제4조). 보아소나드 민법전이 "재산편 첫머리에 재산권을 물권과 채권으로 대별하면서도 이를 재산법 분류의 기초로 삼지 않았기에", "물권에 관한 모든 법규", 예컨대 선점, 첨부, 물상담보 등 다른 편에 배치되었던 물권관계 규정은 모두 물권편에 두기로 하였다. 취득시효도 처음에는 물권편에 넣기로 했다가 총칙편으로 배치되었다(법전조사규정이유서 제4조).

채권편에는 '채권 및 그 득상, 행사 및 대인담보 등에 관한 규칙'을 두었다(법전조사회규정 제5조). 보아소나드 민법전중 여러 곳에 분산 규정되던 채권에 관한 규칙을 모두 한 곳으로 모았다.

친족편에 '가족 및 친족의 사법적 권리관계에 관한 규칙'을 두었다. 권리의 주체에 관한 규정을 모두 규정하는 보아소나드 민법전 방식과는 달리, 친족편에서는 오직 "친족간의 관계만을 규정"하기로 했다(법전조사규정이유서 제6조). 친족간의 사법적 권리관계는 "사회의 변천시 세상의 진보에 따라 늘 그 변을 낳는 것이기 때문에" 따로 묶어 규정함으로써 "장래 사회의 진보"에 대응할 것을 노렸고, 일본의 가족 관계는 "목하 변천시대에 있어" 구관을 중시하면서도 "장래의 진보에 적응할 수 있는 규정"을 두어야 할 필요에서 친족편을 따로 둔 것이다(법전조사규정이유서 제6조). 그리고 상속편에는 '가독상속 및 유산상속에 관한 규칙'을 두기로 했다(법전조사회규정 제7조).

(4) 한국민법전과의 상관성

한국민법전이 판덱텐 체계를 따르게 된 것, 물권이 채권에 앞서 규정된 것, 정의 규정이 없는 것 등은 모조리 이러한 일본민법 편찬과정상의 방향전환에 기인한다.

2) 일본민법전의 전개

제정 이후의 일본민법전의 전개는 일제 강점기를 벗어나 제정된 한국민법전에 영향을 미치지 않을 수 없었다. 특히 두 가지 사태가 중요하다.

가) 학설계수(Theorien-Rezeption)와 민법의 이중구조

첫째는, 일본민법전은 시행 이후 급속한 독일 법학설의 압도적인 영향으로 재구성되었다는 것이다. 일본민법전은 '비교법의 산물'(a fruit of comparative jurisprudence)[58]이다. 독일민법은 물론이지만 어쩌면 이에 못지 않게 프랑스민법의

58 Hozumi, N., The New Japanese Civil Code as a Material of the Study of Comparative Jurisprudence, 1912, p.22.

영향이 컸고, 그밖에 영미법의 영향도 없지 않다.[59] 그럼에도 독일법학은 거의 압도적으로 일본 법학자들의 사고를 지배하여 독일의 법해석학 이론은 거의 기계적으로 일본법의 해석에 차용되었다.[60] 이때 스위스 민법·채무법이 함께 밀려왔다.

이러한 '학설계수'[61]의 영향으로 일본민법전 속의 독일민법에 유래한 제도 규정은 독일식으로 더욱 정밀화되었을 뿐만 아니라, 일본민법에 없던 제도도 독일민법에 따라 새로 구성되었으며, 프랑스민법이나 영미법 등 비독일적 제도 규정마저 독일식으로 풀이하기에 이르렀다. 학설계수는 일본 민법학의 사고 패턴을 독일법학류로 전환시켰다. 그 결과 민법의 '이중구조', 즉 일본의 민법전과 민법학 간에 괴리가 발생한 것이다.[62]

나) 중화민국민법전과 만주국민법전

독일법학 이론의 광범한 유입이 진행되는 가운데 일본의 직간접의 영향 아래 두 민법전이 제정되었다.

(1) 중화민국민법전

중화민국 건국과 더불어 불평등조약의 철회를 촉진하기 위해 민법전의 제정이 서둘러졌다.[63] 중국인 법학자들에 의한 민법기초위원회가 발족되었다. 1929년 5월 '중화민국 민법 제1편 총칙'(152개조)이 공포되어 10월부터 시행되었다. 같은 해 11월 '중화민국 민법 제2편 채'(604개조)와 '제3편 물권'(210개조)이 공포되어 이듬 해 5월부터 시행되었다. 친속편(171개조)과 계승편(182개조)은 1931년 1월 공포와 동시에 시행에 들어갔다. 이것이 전5편 1325조로 이루어진 중화민국민법전이다. 대륙에서는 1948년 공산정권 성립시까지 적용되었고, 그간 몇 차례의 개정을 거쳐 현재도 타이완에서는 이 민법전이 시행중이다.[64]

59 前田達明＝松岡久和＝平田健治 <史料>債權 則(1) 民商法雜誌81卷3号100頁以下, 前田達明 資料民法典(成文堂, 2004) 1118頁.

60 한 저명한 로마법학자는 이와 같은 일본민법학의 상황을 독일의 법적 보일러속의 압력 변화를 독일에서 의식하기 보다 빨리 표시하는 압력계라 평하였다. Koschaker, P., Europa und das Römische Recht, 3. Aufl., 1958, S. 132, Anm. 1.

61 北川善太, 日本法學の歴史と理論, 日本評論社(1968) 25-26; 北川善太, "日本民法とドイツ法－比較法の視点から", 民商131卷4·5号(2005), 540.

62 北川善太, 日本法學の歴史と理論, 日本評論社(1968), 285 이하.

63 成宮嘉造 民事法 上海東亞同文書院支那硏究部編 現代支那講座第二講政治·法制·外交(1939)166頁以下.

64 前田達明 資料民法典, 成文堂(2004), 1480 이하.

형식면에서 제2편 채(권)편은 민상이법통일법론이 받아들여진 것으로 스위스 채무법의 영향을 받았다. 내용적으로 중화민국 민법전은 "일본민법전과 공통하는 점이 가장 많다"고 이야기되는 한편, 전조문의 95%는 "독일민법전 및 스위스 민법·채무법전으로부터 그대로 또는 수정을 가한 형태로 받아들여졌다"[65]고 주장되기도 한다. 예외적으로 보일 수 있는 허다한 점에도 불구하고 학설계수 직후의 일본민법학의 수준이 대폭 입법화 된 것이라 할 수 있다.[66]

(2) 만주국민법전

1932년 일본의 대륙 침략의 결과 만들어진 이른바 '만주제국'에서는 국가의 면목을 위해서나 치외법권의 철폐를 위해서나 기본법령의 정비가 시급하였다. 민법전의 편찬에는 참사관이라는 직명의 일본인 실무가와 '심핵'[67]이라는 직명의 법제제정 고문을 맡은 민법학자, 특히 아처 영의 역할이 중요하였다. 만주국민법전은 1937년 6월 "민법 제1편, 제2편, 제3편"이라는 이름으로 우선 재산편만 공포되어 그해 12월부터 시행되었다. 총칙(175개조), 물권(184개조), 채권(396개조)의 순으로 총 755조문으로 이루어진 것이다.[68]

편별과 장별에서 만주국민법전은 일본민법전과 큰 차이가 없으며, "그 내용에서도 근본적인 차이는 없다. 그러나 개개의 점에는 이론적으로나 실제적으로나 상당한 차이를 갖는다."[69] 이러한 차이란 대체로 학설계수후의 일본의 판례와 학설을 조문화시켰다는 뜻이다. 만주국 민법전은 "일본의 판례 학설의 오늘날의 이론의 최고수준을 규정화했음에 그친다. 따라서 신민법을 운용하려는 자는 괜히 유럽의 학리 탐구를 서두르지 말고 먼저 일본의 학설 특히 판례의 진상의 연구에 전념해야 할 것이다"[70]고 이야기 되었다.

다) 한국민법전과의 상관성

중화민국민법전 및 만주국민법전 속의 모든 제도 규정이 한국민법전에 그대로 조문화된 것은 물론 절대 아니다. 공동소유, 소비대차 등 자세히 보면 볼수록 한국민법전에는 입법 관계자들의 고민이 응축된 부분이 드러난다. 이러한 점에서

65 Wang Tze-chien, Die Aufnahme des europäischen Rechts in China, AcP Bd. 166, 1966, S.343.

66 훗날 만주국민법전 제정에 깊이 간여한 我妻榮도 스스로 中華民國民法總則, 日本評論社(1946)를 지었다.

67 司法法規制定に就きて 法曹雜誌4卷7·8合併號(民事法典制定記念號), [康德 4]·8(1937), 1058.

68 前田達明, 資料民法典, 成文堂(2004)

69 我妻榮, 滿洲國民法典の公布, 法學協會雜誌55巻8号(1938), 93.

70 我妻榮, 滿洲國民法所感, 法學協會雜誌民事法典制定記念號49.

한국민법전의 조문은 모두가 '입법자들의 자주적인 취사선택의 결과'[71]라 할 수 있다. 비교법적으로 보아 한국민법전이 매개계수이자 혼합계수의 산물이라는 평가를 받을 수 있게 된 것은 형식적으로는 일본민법전과 그 강제 적용, 내용적으로는 그 기간 중의 학설계수 및 그 입법적 구체화로서의 중국민법전과 만주국민법전이라는 배경 없이는 설명할 수 없기 때문에, 한국민법전의 이해에는 이들에 대한 일정한 이해가 요청되는 것이다.

라. 전통 관습법의 행방과 법률용어

1) 관습법의 운명

가) 조선민사령 제10조~제12조

한국의 전통 관습법은 일제 강점 36년 동안 어떤 길을 걸었던가?[72] 그 실마리를 보여주는 것이 조선민사령이다.[73] 조선민사령은 제10조에서 제12조까지 한국의 민사관습을 일정 부분 용인함을 규정한다. 첫째는, 조선인 상호간의 법률행위에 관하여는 법령중 공공의 질서와 무관한 관습이라면 이를 적용한다(제10조). 둘째는, 강제 이식된 민법 등 일본 법률 중 "능력, 친족 및 상속에 관한 규정은 조선인에게는 적용하지 않는다."(제11조) 그리고 셋째, 부동산에 관한 물권의 종류 및 효력에 관한 관습법도 허용한다(제12조)는 것이 그것이다. 어떻든 한국의 민사관습은 한정된 범위에서나마 인정되게 되었다.

나) 조선민사령 제11조의 개정

그러나 식민정책이 악랄해짐에 따라 관습법은 갖가지 방식으로 점차 한국인의 법생활에서 배제되고, 그 때마다 일본 민법의 적용범위가 넓어졌다. 한국의 친족과 상속에 관한 관습법을 허용하는 상기 조선민사령 제11조는 3차례에 걸친 개정을 겪어, 친족 상속에 관한 한국의 전통법중 어떤 부분이 적용되는지 불투명할 정도로 상처를 입었다.[74]

다) 조선민사령 제10조와 제12조

법률행위에 관한 관습을 적용토록 한 제10조와 제12조는 늘 학설의 공격 대

71 정종휴, 역사속의 민법, 교육과학사(1994), 182.

72 정종휴, "한국에서의 일본민법의 변용", 전남대학교논문집(법/행정학편) 제30집(1985), 10 이하.

73 Jonghyu Jeong, Die Umformung des Japanischen Zivilrechts in Korea, in:H. Leser, T. Isomura(Hrg.)Wege zum Japanischen Rechts, Festschrift für Zentaro Kitagawa, Dunker & Humblot(1991).

74 자세히는 정종휴, "한국에서의 일본민법의 변용", 전남대학교논문집(법/행정학편) 제30집(1985), 13.

상이었다. 예컨대, 제10조는 "관념상 매우 광범"하므로 어서 폐지해야 한다[75]고, 제12조는 "마음대로 물권을 창설할 기회를 얻게 할 것"[76]이므로 "조만간 이를 폐지하는 것이 적당하다[77]"는 식으로 공격되었다.

라) 민사관습의 조사

사정이 이러할진대 민사관습도 온전할 리 없었다. 민사관습은 식민지 당국에 의해 식민지 통치에 참고 자료가 되는 범위에서만 조사되었다. 조사된 관습이 관습법으로서의 법적인 유효성을 가지려면 '구관심사위원회'니 '구관급제도조사위원회' 같은 식민지 당국의 심의에 의한 인정을 받거나, 당국의 통첩·회답에 의한 확인을 받아야 했다. 이러한 과정에서 전통적인 민사관습은 식민지 정책의 편의에 따라 조사 단계, 심의 단계, 재판상 적용 단계에서 부인되거나 왜곡되는 일이 없지 않았다. 종중, 특수소작, 상속유형, 입양관습, 상속순위, 자녀균분상속 등은 그간의 조사로 드러난 예일 뿐이다.[78] 1948년 제정된 헌법 제100조가 "현행 법령은 이 헌법에 저촉하지 않는 한 효력을 갖는다"고 규정할 때, 여기서의 "법령"에는 성문법만이 아니라 관습법도 포함되는 것으로 이해된 것은 바로 그 때문이었다.

2) 법률용어

구한말 서구식 법제도와의 만남을 통해 수많은 법률용어가 생겨났다. 강요되는 일본식 법률용어의 홍수 속에서도 한국인의 언어 감각에 맞는 법률용어를 만들어내려는 노력도 있었다(예컨대, "작소", "양여", "변상", "전치", "세대차"가 각기 "취소", "양도", "변제", "인도", "임대차"를 나타내는 토착화 용어였다).[79] 한자일망정 일본어인 채로는 아무도 못 알아들었기 때문이다. 그렇지만 일제강점기 동안 이상과 같은 '자가 법률용어'는 흔적도 없이 사라지고, 일본식 법률용어는 완전히 법 생활에 정착을 강요당했다. 그 결과 오늘날까지 일본에서는 훈독을 전제로 만들어진 법률용어가 한국에서는 음독인 채로 남아 있고(예, '취소'), 동일한 개념을 나타내는 다른 표현이 반성 없이 그대로 쓰이고 있다[예컨대, 일본어에서는 "팔고 사기", 즉 파는 게 먼저 사는 게 나중이라 이를 매매로 나타내는데, 한국어에서는 "사고 팔기", 즉 내가 먼저 남의 것을 사주고 내것을 남에게 판다는 언어감각이다. 그래서 경국대전 같은 전통법에서는

75 吉田平次, "朝鮮に於ける慣習と民事法規との係", 朝鮮司法協會雜誌 2-4(1923)5·11頁.
76 淺見倫太, 朝鮮法制史稿(1922), 395頁.
77 吉田, "朝鮮に於ける慣習と民事法規との係", 朝鮮司法協會雜誌 2-4(1923), 28頁.
78 예컨대, 이상욱, "일제하 전통가족법의 왜곡", 박병호화갑기념 한국법사학논총(1991), 371 이하.
79 자세히는 정종휴, "한말의 서구법계수", 전남대학교논문집 법행정학편(1987), 141 이하.

이를 매매(買賣)라 했던 것인데, 민법전에서는 일본식으로 "賣買" 가 되어 있는 것이다].

3. 한국민법에서의 일본민법의 그림자

판덱텐 체계를 따르면서도 일본민법전이 제법 "프랑스법의 체격"을 갖고 있음[80]에 대하여 한국민법전은 "일본민법전과는 비할 수 없을 만큼 분명한 독일법의 체격"을 갖고 있다. 또 한국민법전 속에 적어도 재산편에서는 전래의 관습법의 제도·조문화를 그다지 찾을 수 없다.[81] 그리고 법률용어를 보아도 자발적으로 창출된 것은 거의 없고 태반이 타율적 강제의 산물이다. 각국이 서로 고유한 스타일로 법문화의 발전을 도모해야 할 20세기 전반이라는 다시 없이 소중한 시기를 한국은 일본법의 강제적 적용으로 빼앗겼다는 것은 씻을 수 없는 비극이 아닐 수 없다. 한국 민법과 민법학은 일본 민법이라는 굴레를 늘 의식하여야 하는 것이다.

Ⅲ. 민법전의 발전

1. 민법전의 개정

민법전은 1960년 1월 1일 시행이래 지금까지 약 60년에 걸쳐 부칙 개정을 포함 30회 정도 개정되었다. 재산편에서는 1984년의 개정 및 2015년의 개정을 제외하고는 사소한 손질이나 특별법의 제정이 있었을 뿐, 대부분의 개정은 가족법과 부칙에 관한 것이었다. 민법전의 비중과 민법전이 감당해야 할 사회의 변화를 보자면 재산법의 개정은 상대적으로 미비했고, 가족법의 개정은 비교적 잦았던 측면이 있다.

가. 총칙편의 개정

특별실종기간이 3년에서 1년으로 단축되었다. 특별실종사유에 항공기의 추락이 추가되었다(제27조 제2항). 법인의 직무대행자 권한 규정이 신설되어(제60조의2), 이사의 직무집행을 정지하거나 직무 대행자를 선임하는 경우에는 이를 등기하도록 했다. 주5일 근무제의 확산에 따라 기간의 말일이 토요일인 경우에도 그 기간은 익일로 만료하도록 되었다(제161조).

나. 물권편의 개정

구분지상권이 신설되었다(제289조의2, 제290조 제2항). 전세권에 우선변제권을

80 奧田昌道, 日本における外國法の攝取―ドイツ法, 伊藤正己編, 外國法と日本法, 岩波現代法14(1966), 233 이하는 "일본민법전을 프랑스민법의 몸매에 독일민법의 의상을 걸치고 있다"고 표현한다.
81 정종휴, "한국민법전의 비교법제적 분석", 행정논집(전남대 행정대학원) 제2집(1986), 22 이하.

인정하는 규정이 신설(제303조 제1항 단서)되었고, 건물전세권 최단 존속기간이 1년으로 변경되었으며(제312조 제2항), 건물전세권의 법정갱신제도가 신설(제312조 제4항)됨과 함께, 당사자에게 전세금 증감청구권이 부여되었다(제312조의1). 부칙의 개정으로 부동산 등기의 기한을 연장했다(부칙 제10조 제1항).

한편, 특별법으로 '집합건물의 소유 및 관리에 관한 법률'(1984)이 제정되었고, '가등기담보 등에 관한 법률'(1983년)의 제정은 담보물권편의 규율영역의 확대를 가져왔다. '부동산실권리자명의 등기에 관한 법률'(1995년)이 제정되어 명의신탁에 의한 소유권의 명의와 실질의 분열에 강력한 제동이 걸렸다.

다. 채권편의 개정

채권편에 대한 민법전 자체의 개정은 2015년 이전에는 없었다[☞ 아래 Ⅲ. 1. 마. 6) 참조]. 특별법으로 '주택임대차보호법'(1981년), '상가건물 임대차보호법'(2002년), '농지법'(1996년), 그리고 '약관 규제에 관한 법률'(1986년)의 제정으로 계약관계에 관한 현실의 입법요청을 수용하였다. 불법행위법에서는 책임 요건과 관련하여 '자동차손해배상보장법', '원자력 손해배상법', '환경정책기본법' 등 다수의 특별법의 제정을 보았다. 1998년 외환 위기 때 폐지된 '이자제한법'이 새로 제정되었고(2007년), '보증인 보호를 위한 특별법'도 나타났다(2008년).

라. 가족법(친족·상속법)

1962년, 1977년, 1990년, 2005년, 2007년, 아래에서 보는 것과 같은 2011년 6차례에 걸쳐, 특히 1990년, 2005년, 2011년의 개정으로 엄청난 변화를 겪었다. 현재의 가족법을 보는 것만으로는 제정당시의 가족법을 상상할 수 없을 만큼 내용과 규모면에서 변화되었다. 애당초 실효성이 없었던 호주상속은 임의적인 "호주승계제"라는 형해화(1990년)를 거쳐 완전히 폐지되었다(2005년). 가족의 범위, 혼인, 부부, 이혼, 양자, 부양, 상속(종류, 범위, 상속분, 유류분), 후견면에서 완전히 바뀌었다. 남녀 평등 이데올로기, 사회의 기초단위로서 가족의 해체, 가족법의 재산법화 등이 조문에 반영되었다.

마. 2011년 이후 민법의 주요 개정의 내용[82]

1) 일부개정 2011. 3. 7. 법률 제10429호, 시행 2013. 7. 1.

① 성년 연령의 하향(제4조), ② 성년후견 · 한정후견 · 특정후견제도의 도입

82 구판 [주석민법, 총칙(1)(제4판), 한국사법행정학회(2010), 33-68 (정종휴)] 이후의 법 개정 상황을 정리해 보았다.

(제9조 및 제12조, 제14조의2 신설), 기존 금치산 · 한정치산 선고의 청구권자에 '후견감독인'과 '지방자치단체의 장'을 추가, ③ 제한능력자 능력의 확대(제10조 및 제13조), ④ 후견을 받는 사람의 복리, 치료행위, 주거의 자유 등에 관한 신상보호 규정의 도입(제947조, 제947조의2 신설), ⑤ 복수 · 법인 후견 도입 및 가정법원이 피후견인의 의사 등을 고려하여 후견인과 그 대리권 · 동의권의 범위 등을 개별적으로 결정(제930조 및 제938조, 제959조의4 및 제959조의11 신설), ⑥ 친족회 폐지 및 후견감독인제도의 도입(제940조의2부터 제940조의7까지, 제959조의5 및 제959조의10 신설), ⑦ 후견계약 제도의 도입(제959조의14부터 제959조의20까지 신설), ⑧ 제3자 보호를 위하여 성년후견 등기를 통하여 공시(제959조의15, 제959조의19, 제959조의20 신설)

2) 일부개정 2011. 5. 19. 법률 제10645호, 시행 2013. 7. 1.

① 단독 친권자의 사망, 입양 취소, 파양 또는 양모부의 사망의 경우 친권자로 정해지지 않았던 부모의 다른 일방이 당연히 친권자가 되지 않고, 가정법원에 의한 미성년자 법정대리인의 선임(제909조의2 신설), ② 가정법원 친권자 지정의 기준(제912조 제2항 신설), ③ 단독 친권자에게 친권 상실, 소재불명 등 친권을 행사할 수 없는 중대한 사유가 있는 경우 가정법원에 의한 미성년자 법정대리인의 선임(제927조의2 신설), ④ 단독 친권자가 유언으로 미성년자의 후견인을 지정한 경우라도, 가정법원이 필요한 경우 친권자를 지정할 수 있도록 함(제931조 제2항 신설)

3) 일부개정 2012. 2. 10. 법률 11300호, 시행 2013. 7. 1.

① 미성년자 입양에 대한 가정법원의 허가제 도입 등(제867조 신설 및 제898조), ② 부모의 동의 없이 양자가 될 수 있는 방안 마련(제870조, 제871조 및 제908조의2 제2항), ③ 친양자 입양 가능 연령 완화(제908조의2 제1항 제2호)

4) 일부개정 2013. 4. 5. 법률 11728호, 시행 2013. 7. 1.

유실물의 소유권이 습득자에게 귀속되는 기간을 1년에서 6개월로 단축(제253조)

5) 일부개정 2014. 10. 15. 법률 12777호, 시행 2015. 10. 16.

친권자의 동의를 갈음하는 법원의 재판 제도(제922조의2), 친권의 일시 정지 제도(제924조), 친권의 일부 제한 제도(제924조의2) 등의 도입

6) 일부개정 2015. 2. 3. 법률 13125호, 시행 2016. 2. 4.

일반 보증인을 보호하기 위하여 보증 방식 및 근보증에 관한 규정 등을 마련

하고(제428조의2 및 제428조의3 신설), 채권자의 정보제공의무와 통지의무(제436조의2), 여행계약의 의의, 해제 · 해지, 담보책임에 관한 사항 등 여행계약에 관한 기본적인 사항을 규정(제3편 제2장, 제9절의2, 제674조의2부터 제674조의9까지 여행계약 신설)

7) 일부개정 2016. 1. 6. 법률 13710호, 시행 2016. 1. 6.

임대차존속기간에 관한 제651조 헌법재판소의 제651조 제1항 위헌결정(헌법재판소 2013. 12. 26. 선고 2011헌바234 결정)으로 삭제

8) 일부개정 2016. 12. 2. 법률 14278호, 시행 2017. 6. 3.

조부모의 면접교섭권을 인정(제837조의2)

9) 일부개정 2016. 12. 20. 법률 14409호, 시행 2016. 12. 20.

피후견인의 직계비속은 그 직계혈족이 피후견인을 상대로 소송을 하였거나 하고 있더라도(재판상 이혼을 청구한 자의 자녀 등) 후견인 결격사유에 해당되지 않도록 개정(제937조)

10) 일부개정 2017. 10. 31. 법률 14965호, 시행 2018. 2. 1.

민법 제844조 제2항 중 혼인관계종료의 날부터 300일 이내에 출생한 자는 혼인중에 포태한 것으로 추정하는 부분에 대한 헌법재판소의 헌법불합치결정(헌법재판소 2015. 4. 30. 선고 2013헌마623 결정)의 취지를 반영하여 혼인관계가 종료된 날부터 300일 이내에 출생한 자녀에 대하여 어머니와 어머니의 전 남편은 친생부인의 허가 청구(제854조의2 신설)를, 생부는 인지의 허가 청구(제855조의2 신설)를 할 수 있도록 하여 친생부인의 소보다 간이한 방법으로 친생추정을 배제할 수 있도록 함

2. 판례의 발달

한국사회는 농경사회, 산업사회를 거쳐 정보사회로 변천했고, 대가족사회에서 핵가족사회로 이행하였다. 조문의 변경 없이 민법이 사회생활의 기본법일 수 있었던 것은 판례의 역할이 크다. 재산편에 관하여는 예컨대 다음과 같은 판례가 있다.

① 여성의 종중원 자격(대법원 2005. 7. 21. 선고 2002다1178 판결)

② 재단법인에의 출연재산 귀속시기(대법원 1979. 12. 11. 선고 78다481 판결)

③ 교회분열과 재산관계(대법원 2006. 4. 20. 선고 2004다37775 판결)

④ 법률행위에 의한 등기청구권의 소멸시효(대법원 1976. 11. 6. 선고 76다148 판결)

⑤ 진정명의 회복을 위한 소유권 이전 등기와 기판력(대법원 2001. 9. 20. 선고 1999다37894 판결)

⑥ 무단점유와 자주점유의 추정(대법원 1997. 8. 21. 선고 1995다28625 판결)

⑦ 공동저당과 변제자 대위(대법원 1994. 5. 10. 선고 1993다25417 판결)

⑧ 집합동산의 이중 양도담보(대법원 2004. 12. 24. 선고 2004다45943 판결)

⑨ 토지건물의 공동저당권에서 건물이 재건축된 경우의 법정지상권의 성립(대법원 2003. 12. 18. 선고 1998다43601 판결)

⑩ 사해행위후에 성립한 채권을 위한 채권자취소권(대법원 1997. 10. 10. 선고 1997다8687 판결)

⑪ 허가없는 토지매매계약 유동효(대법원 1991. 12. 24. 선고 90다12243 판결)

⑫ 급부부당이득(대법원 2003. 12. 26. 선고 2001다46730 판결)

⑬ 상당인과관계의 판단기준으로서의 규범목적(대법원 1994. 4. 15. 선고 92다25885 판결)

⑭ 의료소송에서의 설명의무와 인과관계의 추정(대법원 1995. 2. 10. 선고 93다52402 판결)

⑮ 부진정연대채무자 중 1인이 한 상계 내지 상계계약의 효력의 절대적 효력(대법원 2010. 9. 16. 선고 2008다97218 판결)

⑯ 소유권 상실 후 물권적 청구권의 이행불능을 이유로 한 전보배상청구권 불성립(대법원 2012. 5. 17. 선고 2010다28604 판결)

⑰ 공동 명의로 가등기를 마친 채권자들의 매매예약완결권의 귀속형태(대법원 2012. 2. 16. 선고 2010다82530 판결)

⑱ 강제경매의 목적이 된 토지 또는 그 지상 건물의 소유권이 강제경매로 인하여 그 절차상 매수인에게 이전된 경우, 건물 소유를 위한 관습상 법정지상권의 성립 요건인 '토지와 그 지상 건물이 동일인 소유에 속하였는지'를 판단하는 기준 시기(대법원 2012. 10. 18. 선고 2010다52140 판결), 강제경매를 위한 압류나 그 압류에 선행한 가압류가 있기 이전에 저당권이 설정되어 있다가 강제경매로 저당권이 소멸한 경우 판단 기준 시기(대법원 2013. 4. 11. 선고 2009다62059 판결)

⑲ 채권자대위권행사 통지 후에 채무자의 채무불이행을 이유로 통지 전 체결된 약정에 따라 계약이 자동 해제되거나 제3채무자가 계약을 해제한 경우, 제3채무자가 계약해제로써 채권자에게 대항할 수 있는지 여부(대법원

2012. 5. 17. 선고 2011다87235 판결)

⑳ 공동수급체의 법적 성격과 그 채권의 귀속형태(대법원 2012. 5. 17. 선고 2009다105406 판결)

㉑ 채무자 소유의 부동산에 관하여 이미 선행저당권이 설정되어 있는 상태에서 채권자의 상사유치권이 성립한 경우, 상사유치권자가 선행저당권자 또는 선행저당권에 기한 임의경매절차에서 부동산을 취득한 매수인에 대한 관계에서 상사유치권으로 대항할 수 있는지 여부(대법원 2013. 2. 28. 선고 2010다57350 판결), 체납처분압류가 되어 있는 부동산에 대하여 경매절차가 개시되기 전에 민사유치권을 취득한 유치권자가 경매절차의 매수인에게 유치권을 행사할 수 있는지 여부(대법원 2014. 3. 20. 선고 2009다60336 판결)

㉒ 사해행위 판단 시, 수 개의 부동산에 공동저당권이 설정되어 있는 경우 책임재산을 산정함에 있어 각 부동산이 부담하는 피담보채권액은 각 부동산의 가액에 비례하여 공동저당권의 피담보채권액을 안분한 금액(대법원 2013. 7. 18. 선고 2012다5643 판결)

㉓ 임대차존속기간 민법 제651조 제1항에 대한 헌법재판소의 헌법불합치결정(헌법재판소 2013. 12. 26. 선고 2011헌바234 결정)

㉔ 물상보증인이 채무를 변제하거나 담보권의 실행으로 소유권을 잃은 경우, 채무자로부터 담보부동산을 취득한 제3자에 대하여 채권자를 대위할 수 있는 범위 및 채무자로부터 담보부동산을 취득한 제3자가 채무를 변제하거나 담보권의 실행으로 소유권을 잃은 경우, 물상보증인에 대하여 채권자를 대위할 수 있는지 여부(대법원 2014. 12. 18. 선고 2011다50233 판결)

㉕ 가등기 이전의 부기등기와 채권자취소소송의 상대방(대법원 2015. 5. 21. 선고 2012다952 판결)

㉖ 주채무에 대한 소멸시효가 완성된 경우, 보증채무의 부종성에 따라 보증채무 역시 당연히 소멸하는지 여부/이때 예외적으로 보증채무의 부종성을 부정하기 위한 요건 및 보증인이 주채무의 시효소멸에 원인을 제공하였다는 것만으로 보증채무의 부종성을 부정할 수 있는지 여부(대법원 2018. 5. 15. 선고 2016다211620 판결)

㉗ 확정판결에 의한 채권의 소멸시효기간이 10년의 경과가 임박한 경우, 시효중단을 위한 재소에 소의 이익이 있는지 여부 및 이 때 후소법원이 그 확정된 권리를 주장할 수 있는 모든 요건이 구비되어 있는지에 관하여 다

시 심리할 수 있는지 여부(대법원 2018. 7. 19. 선고 2018다22008 전원합의체 판결)

㉘ 양도담보 설정자가 채권을 담보하기 위하여 그 소유의 동산을 채권자에게 양도한 경우, 담보목적물인 동산의 사용·수익권의 귀속자 및 그 동산이 일정한 토지 위에 설치되어 있어 토지의 점유·사용이 문제 된 경우, 양도담보 설정자가 토지를 점유·사용하고 있는 것으로 보아야 하는지 여부(대법원 2018. 5. 30. 선고 2018다201429 판결)

㉙ 금액이 다른 채무가 서로 부진정연대 관계에 있을 때 다액채무자가 일부 변제를 하는 경우, 변제로 먼저 소멸하는 부분(대법원 2018. 3. 22. 선고 2012다74236 전원합의체 판결)

㉚ 정보주체의 동의를 얻지 아니하고 개인의 위치정보를 수집한 경우, 손해배상책임이 인정되는지 판단하는 기준(대법원 2018. 5. 30. 선고 2015다251539, 251546, 251553, 251560, 251577 판결)

㉛ 이른바 '기사형 광고'를 게제하는 경우에 부담하는 주의의무의 내용 및 그 기사를 보도기사로 신뢰한 독자가 광고주와 상거래를 하는 등 피해를 입은 경우, 신문사 등이 방조에 의한 공동불법행위책임을 부담하는지 여부(대법원 2018. 1. 25. 선고 2015다210231 판결)

가족법 분야에는 가족법의 성격을 바꾸고 가족법의 개정을 유도한 다수의 대법원 판례와 헌법재판소 결정이 있다.

① 처의 무능력 제한(1947년 대법원 판결). 아직 헌법이 존재하지 않는 상태에서 의용민법의 규정을 우리 사회 상태에 적합하지 않음을 들어 부인한 내용.[83]

② 친생부인의 소의 제소기간[헌법재판소 1997. 3. 27. 선고 95헌가14, 96헌가7(병합) 결정]

③ 동성동본 금혼규정(헌법재판소 1997. 7. 16. 선고 95헌가6 내지 13 결정)

④ 상속의 단순승인 의제[헌법재판소 1998. 8. 27. 선고 96헌가22, 97헌가2, 3, 9, 96헌바24, 25(병합) 결정]

⑤ 상속회복청구권의 제척기간(헌법재판소 2001. 7. 19. 선고 99헌바9 등 결정)

⑥ 부당이득금반환(대법원 1997. 3. 25. 선고 96다38933 판결)

83 양창수, 우리나라 최초의 헌법재판 논의 , 민법연구 제6권, 박영사(2001), 37 이하.

⑦ 혼인무효확인청구(대법원 1973. 1. 16. 선고 72므25 판결)
⑧ 양육자 지정과 과거의 양육비 청구(대법원 1994. 5. 13. 선고 92스21 판결)
⑨ 유책배우자의 이혼청구(대법원 1987. 4. 14, 선고 86므28 판결)
⑩ 허위친생자출생신고의 입양 성립(대법원 1977. 7. 26. 선고 77다492 판결)
⑪ 상속재산에 관하여 한정승인자로부터 담보권을 취득한 고유채권자와 상속채권자의 우열관계(대법원 2010. 3. 18. 선고 2007다77781 판결)
⑫ 상속포기의 사해행위취소의 대상여부(대법원 2011. 6. 9. 선고 2011다29307 판결)
⑬ 과거양육비청구권과 소멸시효진행(대법원 2011. 7. 29. 선고 2008스67 판결)
⑭ 혼인 중이거나 미성년 자녀가 있는 성전환자에 대한 성별정정(대법원 2011. 9. 2. 선고 2009스117 판결)
⑮ 이혼시 친권자와 양육권자를 다르게 정할 수 있는지, 공동친권자로 정할 수 있는지(대법원 2012. 4. 13. 선고 2011므4719 판결)
⑯ 부부간의 상호부양의무와 부모의 성년 자녀에 대한 부양의무의 우선순위 및 2차 부양의무자의 1차 부양의무자에 대한 상환청구 가능 여부(대법원 2012. 12. 27. 선고 2011다96932 판결)
⑰ 부부가 이혼할 때 쌍방의 소극재산 총액이 적극재산 총액을 초과하여 재산분할을 한 결과가 결국 채무의 분담을 정하는 것이 되는 경우에도 재산분할 청구를 받아들일 수 있는지 여부 및 이 경우 채무를 분담하게 할지 여부와 분담의 방법 등을 정하는 기준(대법원 2013. 6. 20. 선고 2010므4071, 4088 판결)
⑱ 부부 일방이 이혼 당시 아직 퇴직하지 아니한 채 직장에 근무하고 있는 경우, 퇴직급여채권이 재산분할의 대상에 포함되는지 여부 및 그 대상 채권의 범위(대법원 2014. 7. 16. 선고 2013므2250 판결)
⑲ 동성애자의 입양 무효 여부(대법원 2014. 7. 24. 선고 2012므806 판결)
⑳ 부부가 아직 이혼하지 아니하였지만 실질적으로 부부공동생활이 파탄되어 회복할 수 없을 정도의 상태에 이른 경우, 제3자가 부부의 일방과 한 성적인 행위가 배우자에 대하여 불법행위를 구성하는지 여부(대법원 2014. 11. 20. 선고 2011므2997 판결)
㉑ 친생부인의 소 원고적격이 있는 부, 처는 자의 생모에 한정되고, 법률상

부와 재혼한 처는 불포함(대법원 2014. 12. 11. 선고 2013므4591 판결)

㉒ 민법 제844조제2항 중 혼인관계종료의 날부터 300일 이내에 출생한 자는 혼인중에 포태한 것으로 추정하는 부분에 대한 헌법재판소의 헌법불합치 결정(헌법재판소 2015. 4. 30. 선고 2013헌마623 결정)

㉓ 피상속인의 배우자와 자녀 중 자녀 전부가 상속을 포기한 경우, 배우자와 피상속인의 손자녀(또는 직계존속)이 공동 상속인(대법원 2015. 5. 14. 선고 2013다48852 판결)

㉔ 기여분과 유류분의 관계(대법원 2015. 10. 29. 선고 2013다60753 판결)

㉕ 한정승인자의 고유채권자는 상속재산에 강제집행 불가(대법원 2016. 5. 24. 선고 2015다250574 판결)

㉖ 북한주민의 상속회복청구권의 제척기간(대법원 2016. 10. 19. 선고 2014다46648 판결)

㉗ 상속포기 신고 후 수리심판 전 상속재산처분한 경우 단순승인 간주(대법원 2016. 12. 29. 선고 2013다73520 판결)

㉘ 상속포기 효력이 대습상속에 미치는지 여부(대법원 2017. 1. 12. 선고 2014다39824 판결)

판례는 구체적인 사건에 관하여 법규범을 적용하여 판단하므로 민법전을 한국의 사회 현실에 맞추어 법형성을 해 왔다고 할 수 있다. 성문법 국가에서 판례는 제정법보다 사회의 실태를 반영하는 경우가 많다. 따라서 살아 있는 민법을 알려면 판례를 알아야 한다. 그러나 민법의 해석과 적용에는 한계도 있고 또 좀처럼 소송이 되지 않는 문제도 있다. 또 판례의 처리방식이 적당하지 않다고 생각되는 경우도 있다. 판례는 "현재 있는 법"이기는 하지만, 반드시 "현재 있어야 할 법"을 가리키지는 않는다. 판례 비평은 말할 것도 없고 판례의 배경이 되는 이념 내지 사상에 관한 치열한 논쟁이 필요한 까닭은 여기에 있다.

판례의 발달에는 당연히 학설의 영향이 컸다. 학설은 판례의 분석과 정리를 한다. 학설은 판례를 비판하고, 있어야 할 해석·보충을 제언한다. 판례의 드러나지 않은 문제를 찾아 그에 대하여 일정한 해결제안을 한다.

3. 2004년 민법 개정안

법무부는 1999. 2. 5. 민법 분야에 조예가 깊은 법조계와 학계의 전문가 13명으로 "민법개정특별분과위원회"를 구성하여 민법재산법개정작업을 시작하였다. 위

작업은 2004년 5월 29일로 종료되었고 그 후 정부안으로 확정(이하 '2004년 민법 개정안'이라 한다)되어, 국회에 제출되었으나 결국 심의도 제대로 못 거치고 회기 종료로 자동폐기 되었다.[84] 2004년 민법 개정안의 주요 내용은 다음과 같다.

총칙편

① 사적자치의 원칙, 인격권 규정(안 제1조의2)

② 미성년자의 성년인하(안 제4조)

③ 특별실종기간 단축(안 제27조 제2항)

④ 법인설립기준 완화(안 제32조)

⑤ 무권리자처분에 대한 규정 신설(안 제139조의2)

물권편

① 가등기의 실체법적 효력 규정(제187조의2)

② 경계침범 건축물에 대한 철거청구 제한(안 제242조의2)

③ 관습법상의 법정 지상권 명문화(안 제279의2)

④ 근저당제도의 정비(안 제357조의2 ~ 안 제357조의12)

채권편

① 손해배상 방법으로서의 원상회복 청구 등 추가(안 제394조)

② 보증계약의 요식성(안 제428조의2 및 안 제436조의2 신설)

③ 근보증 신설(안 제448조의2 ~ 제448조의5)

④ 계약해제규정 정비(안 제544조의2)

⑤ 사정변경으로 인한 계약해제/해지권 발생(안 제544조의4)

⑥ 여행계약(안 제674조의2 ~ 제674조의9)

⑦ 중개계약(안 제692조의2 ~ 제692조의5)

⑧ 미성년자 감독자의 책임 범위 조정(안 제755조)

4. 2014년 민법개정시안

2009년 2월 민법개정을 위하여 법무부는 1999년에 이어 새로이 제1기 민법 개정위원회를 학계·실무계를 망라하여 총 37명으로 구성, 발족하였다. 6개 분과위원회로 나누어 운영되었던 제1기 민법개정위원회가 활동 중 개정안을 일부 완성시킨 것도 있었으나 대부분 이어서 검토할 필요가 있어 법무부는 2010년 2월 제2

84 한국법무부, 2004년 법무부 민법개정안, 총칙·물권편, 법무부(2013), 참조.

기 민법개정위원회의를 출범시켰다. 이어 2011년 2월 제3기 민법개정위원회, 2012년 2월 제4기 민법개정위원회가 구성되어 운영되었고, 2014년 2월 말 회의를 마지막으로 민법 재산법 전반에 대한 개정시안이 마무리되었다.[85]

그 중에는 다음과 같은 중대한 내용이 들어 있었다.[86] [87]

총칙편

① 비영리법인 설립에 관한 입법주의를 허가주의에서 인가주의로 전환(안 제32조)

② 법인 아닌 사단과 재단에 관한 규정 신설(안 제39조의2)

③ 재단법인 출연재산귀속시기를 물권변동 원칙에 맞게 개정(안 제48조)

④ 비영리법인의 합병·분할 제도 도입(안 제96조의2부터 제96조의15)

⑤ 일부무효의 효과를 원칙적 잔부유효로 개정(안 제137조)

⑥ 무권리자 처분행위의 효력에 관한 규정의 신설(안 제139조의2)

⑦ 일부취소에 관한 규정의 신설(안 제141조 제2항)

⑧ 채권의 일반소멸시효 기간을 10년에서 5년으로 단축하고 기산점을 권리를 행사할 수 있다는 사실 및 채무자를 안 때로 조정하되, 채권자 인식과 상관없이 10년 경과하면 소멸시효 완성되도록 하는 최장기간 도입(안 제162조)

⑨ 단기시효소멸제도 폐지(현행 제163조, 제164조 삭제)

⑩ 시효장애사유를 정지, 정지 및 완성유예, 완성유예, 재개시, 정지 및 재개시 등으로 세분화하고 각 효력을 명확히 규정(안 제168~제178조, 안 제178조의2 신설)

물권편

① 자주점유 추정 폐지 및 부동산 점유취득시효 요건으로 선의·무과실 요건 추가(안 제197조 제1항 및 제245조 제1항)

② 부동산 유치권을 폐지하고, 미등기 부동산에 대해서만 잠정적 유치권 인정하는 것으로 개정(안 제320조)

③ 유치권자의 저당권 설정 청구권 조항 신설(안 제327조의2, 3)

④ 질권 물상대위의 요건으로 규정된 압류요건을 삭제하고 물상대위의 목적물로 보험금을 명시적으로 추가하였으며, 지급의무자의 담보권설정자에

85 백태승, 민법총칙(제7판), 집현제(2016), "민법(재산법)개정시안의 주요내용(Ⅰ)", 고시계(2014. 6) 참조.
86 아래에서 소개하는 민법개정안은 법무부의 민법개정위원회 차원에서 확정된 개정안이다.
87 상세한 것은 한국법무부, 2013년 법무부민법개정시안, 총칙편, 물권편, 채권편 上,下, 법무부(2013), 참조.

대한 변제의 효력 및 담보권자의 지위에 대해 규정(안 제342조)

⑤ 채권질권 설정에 채권증서를 요구하는 민법 제347조 삭제

⑥ 근저당권 관련 규정 정비(안 제357조의2~12 신설)

⑦ 저당권 방해제거 및 예방청구권 신설(안 제362조의2)

⑧ 법정지상권이 공동저당 설정 건물의 개축 또는 재축시에는 성립하지 않도록 하는 규정 신설(안 제366조 제2항)

⑨ 일괄경매청구권의 범위 확대 및 설정자나 제3자의 보호를 위해 건물에 법정지상권이 성립된 때에는 일괄경매 할 수 없도록 하는 조항 신설(안 제365조 제1항 개정 및 제2항 신설)

채권편[88]

① 법정이율을 연 5푼에서 대통령령에 위임하는 것으로 개정(안 제379조)

② 추완청구권의 신설(안 제388조의2)

③ 지출비용배상에 관한 규정을 신설(안 제392조의2)

④ 대상청구권의 명문화(안 제399조의2)

⑤ 채권자대위시 채권자의 선관주의의무를 명시하고 직접 자기에게 이행할 수 있도록 규정 및 비용상환청구권에 대한 규정 신설(안 제404조의2)

⑥ 채권자취소에서 무상행위의 경우 채무자 및 수익자의 악의를 요하지 않는 특칙 규정 신설(안 제406조의2) 및 채권자가 채권자취소권을 행사하여 수익자를 상대로 금전이나 그 밖의 동산의 반환을 청구하는 경우에는 상계를 일정기간 제한하는 규정 신설(안 제407조의4)

⑦ 연대채권 규정 신설(안 제412조의2)

⑧ 보증인의 서면에 의한 보증의사 확인제도 신설(안 제428조의2), 취소할 수 있는 채무의 보증 규정(제436조) 삭제, 보증채권자의 정보제공의무, 통지의무에 대한 규정 신설(제436조의2), 근보증 규정에 관한 규정 신설(안 제448조의2)

⑨ 채권양도금지특약의 효력을 양수인이 악의인 경우에 한하여 인정하는 것으로 개정(안 제449조의2), 양수인의 채권양도 통지권 인정하는 것으로 개정(안 제450조, 제451조), 채권의 순차양도에 관한 규정 신설(안 제450조의2), 채무자의 상계권에 관한 규정 신설(안 제451조의2)

88 백태승, 민법총칙(제7판), 집현제(2016), "민법(채권법)개정시안의 주요내용(Ⅲ)", 고시계(2014. 9) 참조

⑩ 제462조(특정물의 현상인도) 삭제
⑪ 제482조 제2항 제5호의 경우 보증인과 물상보증인을 겸한 자를 어떻게 취급할 것인가에 관하여 제6호 추가 규정
⑫ 계약의 성립 및 효력에 관한 규정 개정(안 제527조~제534조)
⑬ 원시적 불능을 목적으로 하는 계약의 효력을 유효로 규정(안 제535조)
⑭ 사정변경의 원칙을 명문화하고 효과로서 당사자에게 계약수정권 또는 해제·해지권을 인정(안 제538조의2)
⑮ 훼손 등으로 인한 해제권 소멸에 관한 규정(제553조) 삭제
⑯ 증여계약의 해제사유가 되는 배신행위의 범죄행위를 확대하고 제척기간을 1년으로 연장 등 증여관련 규정 개정(안 제556조 등)
⑰ 관습법상 법정지상권 규정을 임차권으로 간주하는 규정(안 제622조의2), 제305조의 삭제
⑱ 임차보증금의 반환 시기 및 반환 범위에 대한 규정 신설(안 제647조의2)
⑲ 고용계약에서 사용자의 안전배려의무에 관한 규정 신설(안 제655조의2)
⑳ 도급계약에서 도급인의 해제권 조항(제668조) 단서 삭제
㉑ 여행계약 신설(제9절의2, 안 제674조의2~9)
㉒ 중개계약 신설(제11절의2, 안 제692조의2~5)
㉓ 무자력 조합원의 채무에 대해서 조합채권자가 조합원의 손실부담의 비율을 안 경우에는 그 비율을 따르도록 한다는 단서 신설(안 제713조 단서)
㉔ 사무관리에 관해 무과실책임을 규정하고 있는 민법 제734조 제3항을 고의 또는 중대한 과실 없으면 배상 책임 없는 것으로 개정
㉕ 미성년자에 대한 부모의 책임에 대하여 일반적으로 증명책임을 전환시키는 것으로 개정(안 제755조)
㉖ 사용자책임 규정에서 면책가능성을 삭제하고 구상권 제한(안 제756조)
㉗ 공작물책임의 주체(점유자, 소유자)를 단계적 귀속에서 병존적 귀속으로 개정하고, 책임 원인물의 상태를 '설치(재식) 또는 보존의 하자'에서 '안전성을 결여함'으로 개정하며 책임자가 여럿인 경우 및 불명인 경우의 연대책임에 관한 규정 신설(안 제758조)
㉘ 공동의 의사 유무에 따라 '공동의 불법행위'를 분리하여 규율하는 것으로 개정하고, 구상권 규정 신설(안 제760조)

㉙ 정당방위에서 전가형 정당방위는 제외하는 것으로 규정(안 제761조), 긴급 피난을 별도로 규정하고 자초위난에 관한 근거규정 및 피침해자의 보상 청구권을 신설(안 제761조의2), 위법성조각사유(자력구제, 피해자의 승낙, 명예 훼손의 위법성조각사유)에 관한 명문 규정 신설(안 제761조의3, 4, 5)

㉚ 불법행위로 인한 손해배상청구권에서 기산점을 현행대로 두되 미성년자를 상대로 한 성적침해의 손해배상청구권은 피해자가 미성년인 동안에는 소멸시효가 정지되도록 특칙 신설(안 제766조 제3항)[89]

㉛ 불법행위 금지청구권에 관한 규정 신설(안 제766조의2)

2014년 민법개정시안 중 위에서 본 채권편 중 ⑧ 보증인의 서면에 의한 보증의사 확인제도 신설(안 제428조의2), 취소할 수 있는 채무의 보증 규정(제436조) 삭제, 보증채권자의 정보제공의무, 통지의무에 대한 규정 신설(제436조의2), 근보증 규정에 관한 규정 신설(안 제448조의2) 내용 및 ㉑ 여행계약 신설(제9절의2, 안 제674조의2~9) 내용은 2015. 2. 3. 법률 제13125호 일부개정되고 2016. 2. 4.부터 시행된 민법에 반영되었다.[90]

그 외에도 채권편 중 ① 법정이율 변동제 도입 ㉚ 특정 성범죄로 인한 손해배상청구권 소멸시효 정지 규정 신설 등이 반영된 민법 개정안이 최근 국회에 발의되어 있다.

5. 민법전 현대어화를 위한 개정작업

법무부에서는 우리 민법의 난해성과 일본식의 한자어와 표현방식 등에 문제가 있다는 인식하에 2007년에 '알기 쉬운 민법'의 개정작업을 장기의 과제로 삼아 개정방안에 대한 용역을 발주하였다. 앞서 기술한 2009년 2월부터 시작된 민법개정위원회에서도 장기과제로 용역을 발주하는 한편 민법(재산법편) 개정작업에서도 한글화와 알기 쉬운 민법조문에 대한 문제의식 하에 개정 작업을 진행하였다. 이

89 당초 불법행위로 인한 손해배상청구권의 소멸시효 규정에서 기산점을 단기의 경우 현행 '피해자나 그 법정대리인이 그 손해 및 가해자를 안 날부터 3년'에서 '5년'으로, 장기의 경우 현행 '불법행위를 한 날부터 10년'에서 '불법행위로 인한 손해가 발생한 날부터 20년'으로 각각 연장하는 개정시안을 마련하였으나 그 후 논의에서 현행대로 두기로 하고 다만 미성년자에 대한 성적침해의 손해배상청구권의 경우 소멸시효가 정지되도록 특칙을 신설하는 것으로 최종 확정되었다.

90 보증의 방식(안 제428조의2는 조문 위치 그대로 반영), 근보증에 관한 규정(안 제448조의2는 민법 제428조의3으로 위치 변경되어 반영), 취소할 수 있는 채무의 보증 규정은 개정시안에서와 같이 삭제, 보증채권자의 정보제공의무와 통지의무(안 제436조의2는 조문 위치 그대로 반영), 여행계약(제9절의 2, 안 제674조의2~9 조문 위치 그대로 반영).

러한 과정에서 2013년 6월 한국의 모든 법제정을 총괄하고 있는 법제처에서도 이러한 우리 민법상의 일제잔재와 난해성 등을 심각하게 인식하고 '민법 알기 쉽게 쓰기 자문위원회'를 구성하여 2013년 10월까지 13회 회의를 통해 정비 초안을 마련하였다. 이후 법무부에서는 이 정비초안을 자체적으로 검토하여 법제처의 정비초안 이외에도 법무부검토안을 마련하였다. 이렇게 마련된 두 가지 안이 '법무부 알기 쉬운 민법 개정위원회'에 송부되어 검토되면서, 구체적인 '알기 쉬운 민법' 개정 작업이 진행되었다. 총 31회에 걸친 위원회 회의를 통해 완성된 안은 민법 전반의 체계완결성과 통일성 등을 검토한 다음, 국립국어원의 감수를 받아 최종 개정안으로 확정되었다.[91] 그러나 확정된 개정안은 2015년 10월 19대 국회에 제출됐다가 2016년 5월 국회 임기만료로 폐기됐다.

이후 법무부는 2017년 '알기 쉬운 민법 개정 태스크포스(TF)'를 운영하여 추가 개정을 포함하여 총 1118개 조문 중 12개 조문(제127조, 제428조의2, 제674조의6, 제717조, 제877조, 제922조의2, 제924조의2, 제928조, 제940조의2, 제940조의5, 제959조의8, 제1063조)을 제외한 나머지 조문을 개정하는 새 개정안을 마련하여 2018. 2. 28. "민법일부개정법률[알기 쉬운 민법]안"을 입법예고하였다. 위 알기 쉬운 민법 개정안은 2018. 6. 8. 공청회를 거쳤고, 8월 국회에 제출될 예정이다. 이와 같이 민법의 용어와 문장을 순화하기 위한 민법일부개정법률안은 국민들이 알기 쉽고 이해하기 편하도록 원칙적으로 현행 민법의 표기를 한글화하되, 한글만으로 이해하기 어렵거나 다른 단어와 그 뜻이 혼동될 우려가 있는 단어가 있는 경우 괄호로 한자를 병기하여 혼란을 방지하였다. 한편 개정으로 인한 혼란을 막기 위해 학계와 실무계에서 이미 확립되었거나 대체가 어려운 법률용어(예: 선의/악의, 하자, 공작물, 유류분, 참칭상속인)들은 개정대상에서 제외하였다. 알기 쉬운 민법 만들기 사업 취지에 맞추어 내용의 개정은 없도록 하였다.[92] 구체적으로 ① 민법의 한글화, ② 일본식 표현의 우리말화, ③ 어려운 한자어의 우리말화, ④ 복잡한 법률규정의 정리 그리고 ⑤ 문법에 맞는 문체의 정립을 제시하였다.[93]

91 윤철홍, '알기 쉬운 민법' 개정작업의 경과와 주요내용, 법조712(2016) 165-195, p.173.

92 http://www.moj.go.kr/HP/COM/bbs_04/BoardList.do?strOrgGbnCd==100000&strRtnURL=MOJ_40203000&strFilePath=moj/&strNbodCd=foru0002 제862호 내지 제865호 참조.

93 이진기, "2018년 「'알기 쉬운 민법' 개정안」에 관한 의견", 2018년 민법일부개정법률 [알기 쉬운 민법] 안에 관한 민법학자 의견서, 유원북스(2018), 31.

[이원범]

제1장 통칙

[총설]

민법은 제1편 총칙의 제1장 통칙이라는 표제 아래, 제1조에서는 법원이 재판을 함에 있어서 그 기준이 되는 법의 존재형식인 법원과 각 법원의 적용순서에 관하여 규정하고, 제2조에서는 법률관계의 당사자가 상대방의 이익을 배려하여 형평에 어긋나거나 신뢰를 저버리는 내용 또는 방법으로 권리를 행사하거나 의무를 이행하여서는 아니 된다는 추상적 규범으로서 신의성실의 원칙을 규정하였다.[1]

법관의 재판에서의 기준이 되는 법원에 판례가 포함되는지 여부에 대하여는 이를 부정하는 견해가 학계에서는 다수인 것으로 보이나, 이를 부정하는 견해에서도 판례가 사실상 법규범이자 살아있는 법이라는 점을 부인하기는 쉽지 않아 보인다. 즉, 판례 그 자체로서의 구속력은 없다고 하더라도 재판실무에서는 법관 등이 법규칙을 해석하는 데 있어서 선행 판례 특히 대법원 판례를 중요하게 참조하는 현실에 비추어, 판례가 법관의 재판에서의 주요한 준거로서 기능하고 있음은 분명하다. 또한 최고법원이 형성하는 대법원 판례는 그 법원성과는 별개로 강학상으로나 실무상으로는 해당 판시 법리가 유효하게 작동하는 법적 분쟁 내지 사안의 범위가 어디까지인지가 늘 문제된다.

신의성실의 원칙은 법관 등 법적용자의 법감정 내지 윤리감각에 호소하여 법규칙을 원래의 모습대로 적용하는 것을 제한 또는 배제하는 하나의 법적 장치로 기능하고 있으나,[2] 신의성실의 원칙은 추상적 규범이고 일반조항의 남용 또는 일반조항으로의 도피는 경계하여야 하므로 이는 보충적으로 고려하여야 한다고 본다. 실제로 신의성실의 원칙이 성취하고자 하는 법이념은 이미 개별적인 실정법조항 속에 상당한 정도로 내포되어 있는 것으로 보이므로,[3] 신의성실의 원칙이 기초가 되어 개별적인 법리가 형성되어 있는 경우에는 그 개별 법리가 우선하여 적용되어야 한다는 것이 대체적인 견해이다. 한편 신의성실의 원칙과 사적 자치는 서로 충돌하는 가치를 추구하고 있는 것으로 볼 여지도 있으나, 신의성실의 원칙은 계약 당사자의 합리적 기대를 보호함으로써, 계약의 일방 당사자가 아닌 양 당

1 대법원 2013. 12. 18. 선고 2012다89399 전원합의체 판결 참조.
2 대법원 2010. 5. 27. 선고 2009다44327 판결 참조.
3 권영준, "소멸시효와 신의칙", 재산법연구 26권 1호(2009), 6.

사자의 의사가 완전하게 발현되어 진정한 의미의 사적 자치가 가능하도록 하는 역할을 하여서, 양자는 오히려 상호 보완적 관계에 있다고 보는 것이 타당한 이해라고 생각된다.

위에서 본 바와 같이 민법의 통칙에 있는 조문은 2개에 불과하지만, 민사재판과 관련해서는 가장 중요한 원칙을 명언하고 있다.

제1조 [법원]

민사에 관하여 법률에 규정이 없으면 관습법에 의하고 관습법이 없으면 조리에 의한다.

[관련조문] 민법 제2조(신의성실), 제103조(반사회질서의 법률행위), 제105조(임의규정), 제106조(사실인 관습), 민사소송법 제202조, 국제사법 제5조

[참고문헌] 강신웅, 관습법상 법정지상권에 관한 연구, 법학연구 31집(2008); 곽윤직, 부동산물권변동의 연구, 박영사(1968), 부동산물권변동의 연구, 박영사(1968), 246-51; 관습실태조사(I)·호적과태료분석, 재판자료 7집(1980); 관습실태조사(2)-과태료분석, 재판자료 11집(1981); 형사양형기준의 조사분석·관습실태조사(3), 재판자료 12집(1982).; 권재문, "관습법상 법정지상권의 인정근거와 필요성에 관한 비판적 고찰", 법사학연구 37(2008); 김도영, "발행지의 기재가 흠결된 어음의 효력", 민법판례연구회 21(1999); 김성태, "개정상법 부칙 제2조 제1항의 의미", 신문 제2447호 (1995. 10. 16.자); 김대휘, "법관의 법발견의 3단계", 사법연구자료 13집(1986); 김승대, 헌법관습의 법규범성에 대한 고찰 , 헌법논총 15집(2004); 김시철,"우리위헌법률심판제도와헌법재판소결정의효력",저스티스(2006.4); 김영환, "형법해석의 한계-허용된 해석과 금지된 유추와의 상관관계" 신동운 외, 법률해석의 한계(2000); 김영환, 법철학의 근본문제(2006); 김욱곤, "관습법에 관한 연구: 특히 우리 민법의 해석을 중심으로", 민법학의 기본문제(2005); 김욱곤, "법률행위의 착오에 관한 연혁적 고찰", 민법학의 기본문제(2005); 김주수, 친족상속법 (제6전정증보판), 법문사(2005), 친족상속법,제6전정증보판(2005); 김학태, "법률해석의 한계 : 판례에서 나타난 법해석방법론에 대한 비판적 고찰", 외법논집 22집(2006); 김형석, "유류분의 반환과 부당이득", 민법판례연구회 XXIX(2007); 남기윤, "현대 미국에서의 제정법 해석 방법논쟁과 방법론의 새로운 전개", 저스티스 통권 제100호(2007. 10); 문준영, "미군정 법령체제와 국방경비법", 민주법학 34(2007); 문흥안, "송이버섯 채취 관행에 관한 법리적 연구", 일감법학 6권(2001); 문흥안, "한국에서의 양봉 관행에 관한 법리적 연구", 비교사법 8권 2호(2001); 박기갑, "조약의 자기집행력: 프랑스의 이론 및 판례를 중심으로", 판례실무연구 [III](1999); 박동진, "전통적 의미의 법해석방법론에 관한 일고찰", 사법행정(1997. 7); 박문승, "관습법상의 양도담보", 재판자료 11집(1981); 박세민, "민법시행 이전에 개시된 상속과 상속회복청구권의 제척기간", 가족법연구 21권 3호(2007); 박인환, 사망에 의한 사실혼의 해소와 재산분할의 유추, 가족법연구 21권 3호(2007); 박정훈,행정법의법원,행정법연구4호(1999),44이하참조.; 박찬주, "대법원에 의한 관습법의 폐지", 법조 (2006. 7); 박찬주, 불문법의 법원성에 대한 새로운 이해(상), 법조(2007. 9); 박철, "법률의 문언을 넘는 해석과 법률의 문언에 반하는 해석의 정당성", 민사재판의 제문제 11(2002); 박철, "사법재량론", 사법논집 제34집(2000); 방승주,"수도가서울이라는사실이과연관습헌법인가?",공법학연구6권1호(2005); 배병일, "산삼채취인 — 심메마니— 의 관습에 관한 법사회학적 연구", 비교사법 창간호(1995); 배병일· 김선길, "송이채취에 관한 관습조사", 인권과 정의(2003. 12); 서광민, "관습법과 사실인 관습", 고시계(1991. 8); 서민, "지명채권양도계약의 해제와 양수인의 지위", 민법판례연구회 2(1980); 석광현, "외환허가를 받지 아니한 국제보증과 관련한 국제사법상의 문제점",법조(1994. 12); 손지열, "국가배상에 있어서의 위법성과 인과관계", 민법판례연구회 16(1994); 송덕수, 민법총칙, 박영사(2016),"경매담당법관의배당표작성상잘못과 국가배상책임",법학논집6권2(2001); 송덕수, 민법총칙, 박영사(2016), 착오론(1991); 송옥렬, 상법강의(제5판); 신동운 외, 법률해석의 한계(2000); 신동운, "형벌법규의 흠결과 해석에 의한 보정의 한계"; 심헌섭,

[이원범]

"법철학적 법학방법론", 서울대학교 법학 24권 1호(1983); 심희기, "일제강점 초기 식민지관습법 의 형성", 법사학연구 28호(2003); 양선숙,"수도-서울명제의관습헌법성립에대한비판적검토",법철학연구9권2호; 양천수, "형법해석의 한계", 인권과 정의(2008. 3); 오세혁, "관습법의 현대적 의미", 한국법철학회(2006); 오세혁, "사법부의 해석방법론에 대한 비판", 법과 사회 27호(2004); 오세혁, "한국에서의 법령해석 - 우리나라 법원의 해석방법론에 대한 비판적 고찰", 법철학연구 제6권 2호(2003); 윤일영, "판례의 기능", 민법판례연구회 1(1979); 윤진수 헌법재판소 위헌결정의 소급효, 재판자료 75집(1997); 윤진수, "고씨 문중의 송사를 통해 본 전통 상속법의 변천", 가족법연구 19권 2호(2005); 윤진수, "독일법상 판례 의 의미", 법조(2002.1); 윤진수, "민법시행 전에 이성양자가 허용되었는지 여부 및 민법 시행 전 입양의 요건에 대한 민법의 소급적용", 판례월보(1996. 11); 윤진수, "법의 해석과 적용에서 경제적 효율의 고려는 가능한가?", 서울대학교 법학 제50권 1호(2009); 윤진수, "변화하는 사회와 종중에 관한 관습", 사법 창간호(2007); 윤진수, "부동산의 이중양도에 관한 연구", 서울대학교 법학박사학위 논문(1993); 윤진수, "상속의 단순승인 의제규정에 대한 헌법부합치 결정의 소급효가 미치는 범위", 가족법연구 16권 2호(2002); 윤진수, "상속회복청구권의 소멸시효에 관한 구관습의 위헌 여부 및 판례의 소급효", 비교사법 11권 2호(2004); 윤진수, "여성차별철폐협약과 한국가족법", 서울대학교 법학 제46권 3호(2005); 윤진수, "특별한정승인의 규정이 소급적용되어야 하는 범위", 민법판례연구회 27(2005); 윤진수, 사실혼배우자 일방이 사망한 경우의 재산문제, 저스티스(2007. 10); 윤진수, 상속회복청구권의 연구 서울대 법학 41권 1호(2000); 윤진수, 소멸시효 완성의 효과, 민법논고 II(2008); 이강국,"위헌법률의효력",행정판례연구2집(1996); 이광범, "판례의 의미와 구속력에 관한 소고", 판례실무연구 4권(2003); 이광범, "화물하차작업중 화물고정용 밧줄에 오토바이가 걸려 넘어진 경우 자동차손해배상보장법 제3조에서 말하는 '자동차의 운행으로 말미암은' 사고에 해당하는지 여부 및 상법 부칙(1991. 12. 31) 제2조 제1항의 의미", 대법원판례해설(1996. 상); 이기용,"부동산이이전등기없이양도된경우의등기청구권과소멸시효",성균관법학13권1호(2001); 이상욱, "일제하 전통가족법의 왜곡", 박병호교수환갑기념(II)(1991); 이승일, "조선총독부의 법제정책에 대한 연구", 한양대학교 문학박사논문(2003); 이영동, "개정된 하도급거래공정화에관한법률 제14조의 규정이 그 개정 전 체결된 하도급계약의 하도급거래에 관하여도 적용되는지 여부", 판례연구 15집(2004); 이완근, "어촌공동체의 법률관계에 관한 연구-가거도 어촌공동체의 관습을 중심으로", 전남대 박사논문(1990); 이인복, "소급입법에 의한 형사처벌 및 재산권박탈금지 원칙", 재판자료 76집(1997); 이재성, "민법시행전의 법률행위로 인한 부동산 소유권말소등기청구", 이재성판례평석집 7(1988); 이주성, "우리 판례가 인정하는 관습상의 법정지상권과 그 양도에 관한 고찰", 사법논집 7집 (2004); 이창희,"세법의헌법적기초에관한시론",조세법연구(6)(2000); 이호정, "임의규정, 관습법과 사실인 관습", 서울대 법학 37권 2호(1996); 임성권, "탈북자의 이혼 청구에 있어서의 국제사법적 문제", 국제사법연구 10호(2004); 장석조, "민사재판과 헌법적 판단", 법조(2007. 7); 전광석, "수도이전특별법 위헌결정에 대한 헌법이론적 검토", 공법연구 33집 2호(2005); 정귀호, "친생자의 추정과 친생부인의 소", 민법판례연구회 6(1984); 정긍식 편역, 관습조사보고서, 2000; 친족상속에 관한 구관습, 재판자료 29집(1985) 등.; 정긍식, "종중의 성격에 대한 비판적 검토", 민법판례연구회 29(2007); 정상규, "탈북자 이혼사건에 관한 연구", 사법논집 38집(2004); 정선주, "법관에 의한 법의 형성발전과 그 한계", 민사소송II(1999); 정종섭, "법률의 변경에 있어서 신뢰의 보호", 헌법연구3(2001)

정종휴, "관습법과 사실인 관습", 이영준기념논문집(1999); 조병훈, "위헌법률심판제청의 요건", 재판자료 76(1997); 최경옥, "미군정하의 국방경비법의 유래와 변천", 공법연구 35-2(2006); 최봉경, "법률의 흠", 연세법학연구 10권 1집(2003); 최봉경, "편집상의 오류", 서울대학교 법학 제48권 1호(2007); 최봉철, 현대법철학(2007); 최봉철, "문언중심적 법해석론 비판", 한국법철학회(1999); 최성경, "동시사망 추정과 배우자 대습상속", 가족법연구 19권 1호(2005); 최영헌, "법률개정 과정에서 오류가 있었음이 명백한 경우 문언과 달리 해석할 수 있는지 여부", 대법원판례해설 통권 제60호(2006); 최준선, "책임보험에 있어서의 피해자의 직접청구권", 판례월보(1996. 2.); 최흥섭, 국제물품매매계약에 관한 유엔협약 해설, 2005 참조.; 한삼인, "가족관습에 관한 연구 -제주도를 중심으로", 김용한 화갑기념(1990); 한수웅, "재산권의 내용을 새로이 형성하는 법규정의 헌법적 문제", 저스티스 32권 2호(1999); 허규·노종상·이태훈,종중·종중재산에관한 제고찰—연혁적·실무적—,사법논집4집(1973).; 홍양희, "식민지시기 친족관습의 창출과 일본민법", 정신문화연구 28권 3호(2005); 홍일표, "판례위반을 이유로 한 권리상고와 영미법에 있어서의 선례구속의 원칙", 민법판례연구회 6(1984); 홍준형, "공무원 개인의 손해배상책임에 대한 고찰", 판례월보(1996.12); 황우여, "소급입법에 관한 소고", 행정판례연구 2집(1996)

A. Vonkilch, Das Intertemporale Privatrecht(1999); Arthur Kaufmann, Analogie und Natur der Sache, 2. Aufl.(1982).; B. Hess, Intertemporales Privatrecht(1998); A. Vonkilch, Das Intertemporale Privatrecht(1999); Barak, Purposive Interpretation in Law(2005); Bydlinski, ber prinzipiell-systematische Rechtsfindung im Privatrecht(1995); Canaris, Die Festsellung von L cken im Gesetz, 2. Aufl.(1983); Dworkin, Taking Rights Seriously(1977); Eidenm ller, Effizienz als Rechtsprinzip, 3. Aufl.(2005); Engisch, Einf hrung in das juristische Denken, 9. Aufl(1997); Eskridge, Frickey, Garret, Legislation and Statutory Interpretation, 2nd ed.(2006); Franz Bydlinski, Juristische Methodenlehre und Rechtsbegriff, 2.Aufl.(1991); J rg Neuner, Die Rechtsfindung contra legem, 2. Aufl.(2005); Jan Kropholler, Internationales Privatrecht, 5. Aufl.(2004); Jinsu Yune, The Role of the Courts in the Protection of Transsexuals Human Rights: A Comparison of Korea with Germany and the UK , Lebendiges Familienrecht, Festschrift f r Rainer Frank(2008); K hler, Strukurernund Methoden der Rechtsprechungs nderung(2003); K. Larenz, Methodenlehre der Rechtswissenschaft, 6. Aufl.(1991); Kegel/Schurig, Internationales Privatrecht, 9. Aufl(2004); Kramer, Juristische Methodenlehre, 2. Aufl(2005); Langenbucher, Die Entwicklung und Auslegung von Richterrecht(1996); Larenz/Wolf, Allgemeiner Teil des B rgerlichen Rechts, 9. Aufl.(2004); Lieth, Die konomische Analyse des Rechts im Spiegelbild klassischer Argumentationsrestriktionen des Rechts und seiner Methodenlehre(2007); M nchKomm/Mayer-Maly/Busche, §157 Rdnr. 15; Staudinger/Roth; Patrick Melin, Gesetzesauslegung in den USA und in Deutschland.(2005); Ph. Heck, Gesetzesauslegung und Interessenjurisprudenz, AcP Bd. 112, T bingen, 1914, S.173; Franz Bydlinski, Juristische Methodenlehre und Rechtsbegriff, 2.Aufl.(1991); Richard A. Epstein, Simple Rules for a Complex World(1995); Samford, Retrospectivity and the Rule of Law(2006); Sch nemann, Die Gesetzesinterpretation im Schnittfeld von Sprachphilosophie, Staatsverfassung und juristische Methodenlehre, in: Festschrifr f. U. KLug(1983); Schwimann/Posch, ABGB, Praxiskommentar, 3. Aufl.(2005); Staudinger/Sturm/Sturm, Dreizehnte Bearbeitung (1996), Einl. zum IPR; V. Krey, Studien zum Gesetzesvorbehalt im Strafrecht(1976); Vogenauer, Die Auslegung von Gesetzen in England und auf dem Kontinent, Bd. I(2001)

[이원범]

Ⅰ. 개관[1]

1. 법원의 개념

본조는 "법원" 이라는 표제 하에 법률, 관습법 및 조리를 민사의 법원으로 열거하고 있다. 법원(Rechtsquelle, Source of Law)이라는 개념은 매우 다양하게 사용되고 있으나,[2] 본조에서 사용하고 있는 법원의 개념은 재판의 기준이 되는 법의 존재형식 내지 현상형태를 의미한다고 보는 것이 일반적인 견해이다.[3] 그런데 이와는 달리 본조의 법원을 법의 인식근거, 즉 무엇이 법인가를 인식하기 위하여 동원되는 자료라고 하는 견해가 있다.[4] 그러나 본조는 재판의 기준을 규정한 것으로서, 재판의 기준이 되는 것은 그러한 인식근거에 의하여 밝혀진 것이지, 인식근거 자체가 재판의 기준이 될 수는 없다.

1 이하 Ⅵ. 판례의 법원성 까지는 구판 내용[주석 민법, 총칙(1) (제4판), 한국사법행정학회(2010), 69-128 (윤진수) 참조]을 전체적으로 유지하고 새로운 입법, 판례를 추가하였다.
2 김대휘, "법원론에 관한 연구", 서울대학교 박사학위논문(1992), 7 이하.
3 주석 민법, 총칙(1)(제3판), 한국사법행정학회(2002), 132(한봉희); 곽윤직, 부동산물권변동의 연구, 박영사(1968), 12 등.
4 민법주해 I, 총칙(1), 박영사(1992), 27, 35(최병조); 이은영, 민법총칙, 박영사(2009), 27.

2. 본조의 연혁 및 비교법

본조 자체는 스위스 민법 제1조의 규정[5]과 유사하지만, 직접적으로는 일본 메이지 8년(1875)의 태정관포고 제103호에서 유래하였다고 한다.[6] 그 외에도 오스트리아 민법 제1조~제14조가 법원에 관하여 비교적 상세한 규정을 두고 있다.

3. 본조에서 다룰 내용

본조는 민법의 법원으로서 법률, 관습법 및 조리를 열거하고 있다. 이하에서는 이들 내용에 대하여 순차로 기술한다. 그런데 민법은 법률의 해석 방법에 관하여 별도로 규정하고 있지는 않으므로 이 문제에 관하여도 법원으로서의 법률과 관련하여 다루기로 한다. 나아가 판례의 법원성 문제에 관해서도 살펴본다.

Ⅱ. 법률

본조에서 말하는 법률이란 국회에서 제정되는 형식적 의미의 법률뿐만 아니라 실질적 의미의 법률, 즉 형식적 의미의 법률 외에 헌법, 명령, 조약 등과 같은 성문법규범을 모두 포괄한다.

1. 헌법

헌법도 민사에 관한 법원이 된다. 물론 제1차적으로 국민과 공권력의 관계를 규율하는 헌법이 사법관계에 직접 적용되는 경우는 많지 않을 것이다. 그러나 헌법이 민사에 대하여 가지는 법원으로서의 중요성을 과소평가할 수는 없다.[7] 우선 민사관계의 법규도 그것이 헌법에 합치하지 않을 때에는 적용될수 없다.[8] 뿐만 아니라 법원이나 헌법재판소는 법규범을 해석함에 있어서 이른바 헌법합치적 해

5 스위스 민법 제1조: ① 법률은 그 문언이나 해석에 의하여 규정을 가지고 있는 모든 법률문제에 적용된다. ② 법률로부터 조항을 도출할 수 없으면 법원은 관습법에 따라 재판하여야 하고, 관습법도 존재하지 않으면 법원이 입법자로서 수립하였을 규칙에 따라 재판하여야 한다. ③ 법원은 확립된 이론과 전통에 따라야 한다.

6 민법주해 I, 총칙(1), 박영사(1992), 28(최병조) 참조.

7 장석조, "민사재판과 헌법적 판단", 법조(2007. 7), 5 이하 참조.

8 헌법재판소가 민사법 규정이 헌법에 합치하지 않는다고 선고한 중요한 예로서는 헌법재판소 1991. 4. 1. 선고 89헌마160 결정(사죄광고), 헌법재판소 1997. 3. 27. 선고 95헌가14 결정(친생부인의 소의 제소기간), 헌법재판소 1997. 7. 16. 선고 95헌가6 등 결정(동성동본금혼), 헌법재판소 1998. 8. 27. 선고 96헌가22 결정(상속의 법정단순승인), 헌법재판소 2001. 7. 19. 선고 99헌바9 결정(상속회복청구권의 행사기간), 헌법재판소 2005. 2. 3. 선고 2001헌가9 결정(호주제), 헌법재판소 2005. 12. 22. 선고 2003헌가5 결정(부성주의), 헌법재판소 2007. 8. 30. 선고 2004헌가25 결정(실화책임에 관한 법률) 등이 있다.

[이원범]

석(verfassungskonforme Auslegung)을 하여야 한다. 즉 법률이나 다른 법규범이 헌법에 합치하는 것으로 해석할 수도 있고, 그렇지 않은 것으로 해석할 수도 있을 때에는 헌법에 합치되도록 해석하여야 하는 것이다.[9] 이러한 헌법합치적 법률해석은 국가의 최고규범인 헌법을 법률해석의 기준으로 삼아 법질서의 통일을 기하여야 한다는 법원리에 그 기초를 두고 있다.[10] 나아가 헌법이 민사관계에 직접 적용되지는 않더라도, 제103조와 같은 일반조항의 해석을 통하여 간접적으로 적용될 수 있는 것이다.[11] 그러나 민사관계에서는 사적 자치가 존중되어야 할 기본적인 원리이므로 헌법을 사법 문제에 직접 끌어들이는 데에는 신중할 필요가 있다.[12]

2. 법률[13]

입법기관이 제정한 형식적 의미의 법률이 민사관계의 법원이 될 수 있음은 당연하다. 민사관계 법률로서는 형식적 의미의 민법(민법전) 외에도 매우 많고, 이를 일일이 열거하는 것은 큰 의미가 없으나, 중요한 것을 들어보면 다음과 같다.

> 공익법인의 설립·운영에 관한 법률, 법인의 등기사항에 관한 특례법, 부동산등기법, 집합건물의 소유 및 관리에 관한 법률, 공장 및 광업재단 저당법, 자산유동화에 관한 법률, 가등기담보 등에 관한 법률, 이자제한법, 보증인 보호를 위한 특별법, 동산·채권 등의 담보에 관한 법률, 신원보증법, 약관의 규제에 관한 법률, 방문판매 등에 관한 법률, 할부거래에 관한 법률, 주택임대차보호법, 상가건물 임대차보호법, 국가배상법, 자동차손해배상 보장법, 제조물 책임법, 가족관계의 등록 등에 관한 법률, 입양특례법 등

나아가 원래의 의미에서는 민사에 관한 법률이 아니라 하더라도 민사에 관한 법규정을 포함하고 있는 법률들은 매우 많다. 그리고 근래에는 사법과 공법의 구별이 점점 어려워지고 있을 뿐만 아니라, 직접적으로는 민사에 관한 사항이 아니라 하더라도 많은 법률들은 민사에 관하여 판단함에 있어서 고려하여야 한다. 예컨대 행정법규가 어떤 행위를 금지하고 있을 때 그 금지된 행위를 하는 것이 민

9 헌법재판소 1989. 7. 14. 선고 88헌가5 결정, 대법원 1992. 5. 8.자 91부8 등 결정.

10 대법원 2006. 6. 22.자 2004스42 전원합의체 결정에서의 김지형 대법관의 보충의견 참조.

11 ☞ 이에 대하여는 본법 제103조의 주석 참조.

12 장석조, "민사재판과 헌법적 판단", 법조(2007. 7), 5 이하 참조.

13 성문법의 존재 자체가 불분명한 경우는 거의 없지만, 1948. 7. 5. 제정되었다고 하는 미군정법령인 국방경비법에 관하여는 그것이 유효한 법령으로 성립되었는지에 관하여 다툼이 있다. 헌법재판소 2001. 4. 26. 선고 98헌바79 등 결정은 이를 긍정하였다. 최경옥, "미군정하의 국방경비법의 유래와 변천", 공법연구 35-2(2006), 267 이하; 문준영, "미군정 법령체제와 국방경비법", 민주법학 34(2007), 97 이하 등 참조.

[이원범]

사상 유효한가 하는 점을 판단함에 있어서는 그 법규의 입법취지 내지 입법목적을 고려하여야 한다.[14] 그리고 공무원이 직무상 의무를 위반하여 다른 사람이 손해를 입은 경우에 그 의무 위반과 손해 사이의 상당인과관계의 유무를 판단함에 있어서는 그 직무상 의무를 부과하는 법령 기타 행동규범의 목적의 내용이 사회구성원 개인의 안전과 이익을 보호하기 위하여 설정된 것인지 여부를 따져 보아야 하는 것이다.[15] 이 경우 공무원에게 직무상 의무를 부과하는 규범은 대부분 행정법규인데, 민사상 손해배상책임 유무를 판단하기 위하여는 이러한 행정법규의 목적을 따져보지 않을 수 없다.

3. 대통령 긴급명령

대통령은 헌법 제76조에 근거하여 긴급재정경제명령 및 긴급명령을 발할 수 있다. 이러한 명령들은 법률의 효력을 가진다. 그 실례로는 금융실명거래 및 비밀보장에 관한 긴급재정경제명령(1993. 8. 12.)을 들 수 있다.

4. 명령, 대법원규칙

입법기관에서 제정한 형식적 의미의 법률 이외에 명령, 즉 대통령령이나 총리령, 부령 등과 같은 행정입법도 본조에서 말하는 법률에 포함된다. 훈령 등과 같은 이른바 행정규칙이 법규성을 가지는가에 관하여 행정법 분야에서는 논란이 많으나, 민사상으로는 그다지 문제되지 않는다.

대법원규칙도 명령과 같은 효력을 가진다. 다만 대통령령은 법률에서 구체적으로 범위를 정하여 위임받은 사항과 법률을 집행하기 위하여 필요한 사항에 관하여만 가능하고, 총리령 및 부령은 법률이나 대통령령의 위임에 의하여 또는 직권에 의하여 발령할 수 있는 반면(헌법 제75조, 제95조), 대법원규칙은 법률에 저촉되지 않는 범위 내에서 소송에 관한 절차, 법원의 내부규율과 사무처리에 관한 사항에 관하여 제정될 수 있다(헌법 제108조). 민사실체법에 관하여는 부동산등기규칙, 가족관계의 등록 등에 관한 규칙과 같은 것이 중요하다.

5. 조례·규칙

지방자치단체가 제정하는 조례 및 지방자치단체의 장이 제정하는 규칙도 법

14 대법원 1985. 11. 26. 선고 85다카122 전원합의체 판결 등.

15 대법원 1993. 2. 12. 선고 91다43466 판결 등 다수. 손지열, "국가배상에 있어서의 위법성과 인과관계", 민법판례연구회 16(1994), 202 이하 참조.

원이 될 수 있다(헌법 제117조 제1항, 지방자치법 제15조, 제16조).

6. 조약

헌법 제6조 제1항은 헌법에 의하여 체결·공포된 조약은 국내법과 같은 효력을 가진다고 규정하고 있다(유의할 것은 근래에는 조약을 자기집행적인 것과 그렇지 않은 것으로 구별하여야 한다는 주장이 일반화되고 있다는 점이다. 조약의 자기집행력 또는 직접적용이란, 조약이 국내법으로서의 효력을 가지는 경우에 국내적 실시를 위한 별도의 입법적 조치가 없이도 바로 국내에서 적용될 수 있고, 법원도 이를 재판규범으로서 원용할 수 있는 것을 말한다).[16] 민사에 관한 조약 가운데 특히 중요한 것으로는 우리나라에 2004년 3월 1일부터 발효된 "국제물품매매계약에 관한 국제연합협약 (United Nations Convention on Contracts for the International Sale of Goods, 약칭 CISG)" 이 있다. 이 협약은 국제적인 동산(물품)의 매매계약에 관하여 적용되는 것으로서, 우리 민법의 규정과는 다소 차이가 있다.[17]

7. 헌법재판소의 결정

논자에 따라서는 헌법재판소의 결정을 법원의 하나로 든다. 즉 헌법재판소의 결정은 법률과 동일한 효력을 가지므로 그 결정 내용이 민사에 관한 것일 때에는 민법의 법원이 된다는 것이다.[18] 그러나 이 견해에는 찬성하기 어렵다. 우선 헌법재판소의 결정이 법률과 동일한 효력을 가진다는 법규정은 존재하지 않는다. 다만 헌법재판소의 위헌결정이 있으면 위헌으로 결정된 법률조항은 효력을 상실하며, 일반 법원의 재판이 재판의 당사자만을 기속하는 것과는 달리 위헌결정은 국가와 지방자치단체도 기속한다는 면에서 법률과 유사한 점이 없지는 않으나, 일반 국민을 기속하는 것은 아니다. 기본적으로 헌법재판소에 의한 위헌법률심사는 헌법을 해석하고 적용하는 사법작용으로 보아야할 것이므로, 헌법재판소의 위헌결정이라 하더라도 법률과 동일하게 볼 수는 없다.(☞ 본법 제1조 8. 마. 주석 참조)

16 대법원 1999. 3. 26. 선고 96다55877 판결; 박기갑, "조약의 자기집행력: 프랑스의 이론 및 판례를 중심으로", 판례실무연구 [III] (1999), 174 이하; 윤진수, "여성차별철폐협약과 한국가족법", 서울대학교 법학 제46권 3호(2005), 81 이하 등 참조.

17 최흥섭, 국제물품매매계약에 관한 유엔협약 해설, 2005 참조.

18 김상용, 민법총칙(제3판), 화산미디어(2014), 15-16; 민법주해 I, 총칙(1), 박영사(1992), 41(최병조) 등. 송덕수, 민법총칙, 박영사(2016), 16; 강태성, 민법총칙, 대명출판사(2017), 20-21은 법률의 위헌결정은 법률을 법원에서 제외시키는 소극적인 의미에서 법원으로 된다고 한다.

8. 시제사법

가. 시제사법의 개념

사법의 변경이 있는 경우에 전후의 법 중 어느 것이 적용될 것인가를 정하는 것이 시제사법(intertemporales Privatrecht)이다.[19] 많은 경우에는 개정법이 경과규정(Übergangsrecht)을 둠으로써 이 문제를 해결한다. 그러나 경과규정 자체가 없는 경우도 있고, 있더라도 그 내용이 반드시 명확하지 않을 수도 있으며, 또한 신법의 소급적용은 제한적으로 인정된다.

나. 소급입법의 제한

헌법 제13조 제2항에 따르면 형사상 소급입법에 의한 처벌은 금지될 뿐만 아니라 민사에 관하여도 소급입법에 의한 재산권의 박탈을 금지하고 있다. 헌법재판소 1996. 12. 26. 선고 93헌바67 결정은 민법 시행일 전의 법률행위로 인한 부동산에 관한 물권의 득실변경은 본법 시행일로부터 6년 내에 등기하지 아니하면 그 효력을 잃는다고 규정하고 있는 제정민법 부칙 제10조 제1항은 위헌이 아니라고 하였다.[20] 또한 헌법재판소 2001. 5. 31. 선고 99헌가18 등 결정은 부동산 실권리자명의 등기에 관한 법률 제11조 제1항 본문, 제12조 제1항이 그 법 시행 전의 기존 명의신탁에 대하여 실명등기의무를 부과하고 이를 이행하지 않은 경우에 명의신탁 약정 등을 무효로 하고 있는 것이 소급입법에 의한 재산권 박탈이 아니라고 하였다.[21]

그러나 이처럼 헌법에 명문 규정이 없는 경우에도 헌법재판소와 대법원의 판례는 이른바 진정소급효(echte Rückwirkung)를 가지는 입법(진정소급입법)은 원칙적으로 허용되지 않으며, 부진정소급효(unechte Rückwirkung)를 가지는 입법(부진정소

19 B. Hess, Intertemporales Privatrecht(1998); A. Vonkilch, Das Intertemporale Privatrecht(1999) 참조.

20 같은 취지, 민법주해 III, 총칙(3), 박영사(1992), 422 이하(윤진수); 이인복, "소급입법에 의한 형사처벌 및 재산권박탈금지 원칙", 재판자료 76집(1997), 661 주 89) ; 이기용, "부동산이 이전등기없이 양도된 경우의 등기청구권과 소멸시효", 성균관법학 13권 1호(2001), 257 주 3) 등. 위헌설: 곽윤직, 부동산물권변동의 연구, 박영사(1968), 불동산물권변동의 연구(1968), 246-51; 이재성, "민법시행전의 법률행위로 인한 부동산 소유권말소등기청구", 이재성판례평석집 7(1988), 425.

21 헌법재판소 2007. 4. 26. 선고 2004헌바60 결정; 대법원 2007. 5. 31. 선고 2004두8521 판결은 사후양자제도 폐지 전에 이미 사후양자의 지위를 취득한 자가 1991. 12. 27. 개정된 구 국가유공자예우 등에 관한 법률 시행일 이전에 유족등록을 하지 아니한 경우, 국가유공자의 유족이 될 수 없도록 한 것이 소급입법에 의한 재산권 박탈이 아니라고 하였다.

급입법)도 신뢰보호의 관점에서 제한될 수 있다고 본다. 여기서 진정소급입법이란 새로운 법이 이미 과거에 완성된 사실 또는 법률관계를 규율의 대상으로 하는 경우이고, 부진정 소급입법이란 과거에 시작하였으나 아직 완성되지 아니하고 진행과정에 있는 사실 또는 법률관계를 규율의 대상으로 하는 경우이다.[22] 헌법재판소는, 진정소급입법은 헌법적으로 허용되지 아니하는 것이 원칙이고, 다만 일반적으로 국민이 소급입법을 예상할 수 있었거나, 법적상태가 불확실하고 혼란스러웠거나 하여 보호할만한 신뢰의 이익이 적은 경우와 소급입법에 의한 당사자의 손실이 없거나 아주 경미한 경우 그리고 신뢰보호의 요청에 우선하는 심히 중대한 공익상의 사유가 소급입법을 정당화하는 경우에는 진정소급입법이 허용된다고 한다.[23] 반면 부진정소급입법은 원칙적으로 허용되지만, 소급효를 요구하는 공익상의 사유와 신뢰보호의 요청 사이의 교량과정에서 신뢰보호의 관점이 입법자의 형성권에 제한을 가하게 되며, 신뢰보호원칙의 위배 여부를 판단하기 위하여는 한편으로는 침해받은 이익의 보호가치, 침해의 중한 정도, 신뢰가 손상된 정도, 신뢰침해의 방법 등과 다른 한편으로는 새 입법을 통해 실현하고자 하는 공익적 목적을 종합적으로 비교·형량하여야 한다고 판시하고 있다.[24]

그리하여 헌법재판소 2001. 5. 31. 선고 99헌가18 등 결정은, 부동산 실권리자명의 등기에 관한 법률 제11조, 제12조가 이 법 시행 전의 명의신탁에 대하여 이 법 시행일부터 1년 내에 실명등기를 하지 않으면 이를 무효로 하도록 규정하고 있는 것은 부진정소급입법으로 보아 위헌이 아니라고 하였다.[25]

22 헌법재판소 1989. 3. 17. 선고 88헌마1 결정, 대법원 1989. 7. 11. 선고 87누1123 판결; 황우여, "소급입법에 관한 소고", 행정판례연구 2집(1996), 65 이하 등.

23 헌법재판소 1998. 9. 30. 선고 97헌바38 결정은 가담법 부칙 제2항이 가담법 시행 전에 성립한 담보계약에 대하여는 가담법을 적용하지 아니한다고 규정한 것은 진정소급입법금지원칙에 합치되는 것으로서 정당하다고 한다. 또한 헌법재판소 1999. 7. 22. 선고 97헌바76 등 결정, 헌법재판소 2001. 5. 31. 선고 99헌가18 등 결정.

24 헌법재판소 1995. 10. 26. 선고 94헌바12 결정. 같은 취지, 대법원 2006. 11. 16. 선고 2003두12899 전원합의체 판결, 대법원 2007. 10. 29. 선고 2005두4649 판결. 다만 위 2003두12899 판결의 반대의견에 대한 보충의견(김용담)은, 어떤 제도의 창설이나 유지·변경 또는 폐지 그 자체에 대한 기대 또는 신뢰가 헌법상의 기대 또는 신뢰로서 보호되려면, 그 제도의 창설이나 유지·변경 또는 폐지가 헌법으로부터 직접적으로 기대되고 신뢰되어야 할 것이라고 한다.

25 한수웅, "재산권의 내용을 새로이 형성하는 법규정의 헌법적 문제", 저스티스 32권 2호(1999), 43은 입법자는 재산권의 내용을 새로이 형성하는 규정에 적절한 경과규정을 삽입함으로써 법률의 위헌성을 피할 수 있는데, 경과규정의 형태로는 적정한 경과(유예)기간을 부여하는 방법, 구법을 한시적으로 또는 일정 집단에게만 예외적으로 적용케 함으로써 신법으로의 단계적인 전환을 허용하는 방법, 재산권의 사회적 제약의 범위를 넘는 가혹한 부담을 완화하기 위하여 보상을 제공하는 방법 등이 있다고 한다.

[이원범]

그러나 이처럼 진정소급입법과 부진정소급입법을 구별하는 것에 대하여는 실제로 그 구별이 쉽지 않고, 부진정소급입법의 경우에도 이미 경과한 기간에 대하여는 진정소급입법과 마찬가지라고 하는 등의 비판이 많다.[26] 기본적으로는 소급입법 그 자체가 허용될 수 있는가 없는가보다는 소급입법을 허용하여야 할 공익과 그로 인하여 당사자의 신뢰가 침해되는 불이익을 비교 형량하여 결정하여야 할 문제라고 생각된다.[27] 그렇지만 진정소급입법과 부진정소급입법의 구별 자체가 의미 없는 것은 아니고, 이러한 구별에 대한 확실한 대안도 제시되어 있지 않으므로 아직까지는 이러한 구분이 통용되고 있다.[28] 다만 법이 소급 적용 여부에 관하여 명시적인 규정을 두고 있지 않을 때에는 그 법은 소급적용되지 않는 것으로 봄이 상당할 것이다.[29]

다. 민법 부칙

민법에 관하여 시제사법에 관한 규정으로 중요한 것은 민법부칙이다.

1) 일반원칙

민법은 1958년 제정된 후 여러 차례 개정되었는데 그 중 제정민법과 1977년, 1984년, 1990년, 2002년 및 2005년 개정된 민법이 각 부칙에서 경과규정을 두고

26 황우여, "소급입법에 관한 소고", 행정판례연구 2집(1996), 65 이하 참조.

27 이창희, "세법의 헌법적 기초에 관한 시론", 조세법연구(6)(2000), 119 참조. 독일의 학설은 이 문제를 기본적으로 법치국가의 원리에서 도출되는 신뢰보호(Vertrauensschutz)의 관점에서 해결하고자 한다. Hess(주 18), 294 ff. 참조. 오스트리아 민법 제5조는 법률이 소급적용되지 않음을 명시하고 있는데, 학설은 이는 헌법상의 원칙은 아니고, 다만 기본권에 관한 규정에 의하여 소급입법이 제한될 수 있다고 설명한다. Schwimann/Posch, ABGB, Praxiskommentar, 3. Aufl.(2005), §5 Rdnr. 1; A. Vonkilch, Das Intertemporale Privatrecht(1999), 106 ff.는 소급입법 제한의 근거를 신뢰보호에서 찾고 있다. 그리고 Samford, Retrospectivity and the Rule of Law, 2006, 65 이하도 소급입법(retrospective legislation)이 절대적으로 금지되는 것은 아니며, 다만 법이 당사자에게 지침(guidance)을 주어야 하므로, 소급입법은 매우 제한된 경우에만 정당화될 수 있다고 한다.

28 헌법재판소 1995. 10. 26. 선고 94헌바12 결정; 정종섭, "법률의 변경에 있어서 신뢰의 보호", 헌법연구 3(2001), 144 이하 등.

29 Schwimann/Posch, ABGB, Praxiskommentar, 3. Aufl.(2005), §5 Rdnr. 2 참조. 대법원 2002. 11. 22. 선고 2001다35785 판결은 1999. 2. 5. 법률 제5816호로 개정된 하도급거래공정화에관한법률 부칙에서 제14조에 관하여 이미 체결된 계약에 대하여도 소급적용한다는 등의 특별한 규정이 없는 이상, 그 개정 후의 하도급거래공정화에관한법률 시행 당시에 이미 계약이 체결된 하도급계약의 하도급거래에 관하여는 그 개정 전의 하도급거래공정화에관한법률이 적용되어야 한다고 판시하였다. 지지평석: 이영동, 개정된 하도급거래공정화에관한법률 제14조의 규정이 그 개정 전 체결된 하도급계약의 하도급거래에 관하여도 적용되는지 여부, 판례연구 15집(2004), 1 이하. 그러나 대법원 2006. 3. 23. 선고 2005다69199 판결은 수급사업자와 원사업자 사이의 하도급계약이 구법 시행 당시에 체결되었다 하더라도 수급사업자로 하여금 발주자에 대하여 하도급대금을 직접 청구할 수 있게 하는 직불합의가 신법 시행 당시에 성립되었다면, 직불합의의 요건이 구비되었는지 여부에 대해서는 행위시의 법률인 신 하도급거래 공정화에 관한 법률이 적용되어야 한다고 한다.

있다. 이들 부칙은 기본적으로는 개정법을 소급적용하면서, 다만 종전의 규정에 의하여 생긴 효력에 영향을 미치지 않는다는 태도를 취하고 있다.[30] 여기서 종전의 규정에 의하여 생긴 효력이 무엇을 의미하는가가 문제되는데, 이는 진정소급효에서 말하는 이미 과거에 완성된 사실 또는 법률관계[31]를 의미한다고 해석된다.[32] 따라서 민법 시행 전인 1959년 9월 14일 경에 피고가 건축허가 절차를 밟아 현실적으로 공사에 착수한 경우에는 본법 제242조 제1항에 의하여 0.5미터의 거리를 둘 필요는 없고,[33] 민법 시행 전의 무권대리가 민법에 의하여 유효로 되는 것은 아니다.[34] [35]

그러나 법률의 변경 전과 변경 후에 걸쳐 있는 계속적 법률관계의 경우에는 변경 전의 법률관계에 대하여는 전의 법률을, 변경 후의 법률관계에 대하여는 후의 법률을 적용하여야 한다.[36] 그러므로 1991년 1월 1일부터 개정된 민법이 시행되면서 이혼한 모의 친권제한에 관한 개정 전 민법 제909조 제5항이 삭제되었으면 개정 전에 후견이 개시된 경우에도 개정된 민법의 시행일부터는 모의 친권이 부활되어 모가 전혼인 중의 자에 대하여 친권자로 되고 후견인의 임무는 종료된다.[37] 그러나 계속적 법률관계라 하더라도 일단 유효하게 성립한 법률관계가 사후

30 1958년 법 부칙 제2조, 1977년 부칙 제2항, 1984년 부칙 제2항, 1990년 부칙 제2조, 2002년 부칙 제2항, 2005년 부칙 제2조.

31 Staudinger/Sturm/Sturm, Dreizehnte Bearbeitung (1996), Einl. zum IPR, Rdnr. 509는 과거에 실현된 요건(in der Vergangenheit verwirklichte Tatbestände) 에는 종전의 법이 적용되어야 한다고 한다. 또한 Jan Kropholler, Internationales Privatrecht, 5. Aufl.(2004), 187 참조.

32 대법원 1995. 7. 27. 선고 94다52911 판결은, 제3자의 책임보험의 보험자에 대한 직접청구권을 인정하고 있는 1991. 12. 31. 개정된 상법 제724조 제2항 본문에 관하여, 보험사고인 교통사고가 개정상법 시행 이전에 발생하였다고 하더라도 피해자는 보험회사에 대하여 직접 보상을 청구할 수 있다고 하면서, "그러나 종전의 규정에 의하여 발생한 효력에는 영향을 미치지 아니한다"라고 규정한 개정 상법 부칙 제2조 제1항 단서의 규정이 이와 같은 해석을 방해하는 것은 아니라고 하였다. 금성태, "개정상법 부칙 제2조 제1항의 의미", 신문 제2447호 (1995. 10. 16.자), 14, 15; 최준선, "책임보험에 있어서의 피해자의 직접청구권", 판례월보(1996. 2.) 37 이하 참조.

33 대법원 1962. 4. 12. 선고 4294민상871 판결. 같은 취지, 대법원 1962. 11. 1. 선고 62다567 판결.

34 대법원 1961. 12. 28. 선고 4294민상376, 377 판결.

35 대법원 1996. 5. 31. 선고 95다19232 판결은 1991. 12. 31. 개정된 상법 부칙 제2조 제1항은 "이 법 제4편의 규정은 이 법 시행 전에 성립한 보험계약에도 이를 적용한다. 그러나 종전의 규정에 의하여 생긴 효력에는 영향을 미치지 아니한다" 고 규정하고 있으므로, 위 개정 상법 시행 전에 성립한 보험계약이 개정 상법에 의하면 무효가 되는 경우라 하더라도 개정 전의 상법에 의하면 효력이 있는 경우에는 위 부칙 제2조 제1항 단서에 따라 그 효력에 영향이 없다고 한다.

36 Schwimann/Posch, ABGB, Praxiskommentar, 3. Aufl.(2005), §5 Rdnr. 4 참조.

37 대법원 1994. 4. 29. 선고 94다1302 판결. 물론 1990년 개정민법 부칙 제8항이 이와 같이 규정하고 있다.

[이원범]

에 법이 바뀌었다고 하여 무효로 되는 것은 아니다.[38]

2) **소멸시효 및 제척기간**

1958년 제정 민법 부칙 제8조 제1항은 "본법 시행 당시에 구법의 규정에 의한 시효기간을 경과한 권리는 본법의 규정에 의하여 취득 또는 소멸한 것으로 본다 고 규정하고, 제2항은 본법 시행 당시에 구법에 의한 소멸시효의 기간을 경과하지 아니한 권리에는 본법의 시효에 관한 규정을 적용한다"고 규정하며, 제4항은 "제1항과 제2항의 규정은 시효기간이 아닌 법정기간에 이를 준용한다"고 규정하고 있다. 제8조 제2항, 제4항의 취지는, 민법 시행 당시에 소멸시효나 제척기간이 아직 완성하지 않은 권리에 대하여는 그 소멸시효 기간이나 효과 등은 민법이 규정한 바에 따른다는 것이다. 제2항 및 제4항에 따라 민법의 규정이 소급적용되는 경우에는 그 기산점이 언제인가가 문제되는데, 원칙적으로는 원래의 기산점이 그대로 기산점이 되어 이미 경과한 시효기간도 통산하여야 하지만, 소멸시효기간이 단축된 때에는 현행민법 시행일을 기산점으로 하여 단축된 새로운 소멸시효기간이 진행하되 구법하에서라면 소멸시효가 완성하였을 시점을 넘지는 못한다고 해석하여야 할 것이다.[39]

또한 대법원 1964. 3. 31. 선고 63다214 판결은 강박에 의한 의사표시의 취소권이 5년의 소멸시효에 걸리던 것이 현행민법에 의하여 3년의 제척기간에 걸리는 것으로 바뀐 경우에 관하여 부칙 제8조 제2항, 제4항은 적용되지 아니하고 이때에는 신민법 시행일인 1960년 1월 1일부터 3년까지는 취소권을 행사할 수 있다고 하였다.[40]

그리고 판례[41]는 민법 시행 전 개시된 상속회복청구권의 소멸시효 내지 제척기간은 민법 시행 전에 개시된 상속에 관하여는 구법의 규정을 적용한다고 하는

38 대법원 1994. 5. 24. 선고 93므119 전원합의체 판결은, 민법 시행일 전에 신고된 입양에 무효나 취소의 원인이 되는 사유가 있는지의 여부는 원칙적으로 민법의 규정에 의하여 판단하되, 다만 이미 구법에 의하여 입양의 효력이 생긴 경우에는 부칙 제2조 단서에 따라 그 효력에 영향을 미치지 아니하는 것으로 해석된다고 한다. 윤진수, "민법시행 전에 이성양자가 허용되었는지 여부 및 민법 시행 전 입양의 요건에 대한 민법의 소급적용", 판례월보(1996. 11), 15 참조. 또한 대법원 1996. 5. 31. 선고 95다19232 판결은 구법하에서는 유효한 보험계약이 신법에서는 무효인 경우 신법에 따라 무효로 되지는 않는다고 한다. 이광범, "화물하차작업중 화물고정용 밧줄에 오토바이가 걸려 넘어진 경우 자동차손해배상보장법 제3조에서 말하는 '자동차의 운행으로 말미암은' 사고에 해당하는지 여부 및 상법 부칙(1991. 12. 31) 제2조 제1항의 의미", 대법원판례해설 1996년 상반기, 329 이하 참조.

39 민법주해 III, 총칙(3), 박영사(1992), 395-6(윤진수).

40 위 판결에 대한 비판으로 상세한 것은 민법주해 III, 총칙(3), 박영사(1992), 396(윤진수).

41 대법원 1962. 6. 21. 선고 62다196 판결, 대법원 2007. 4. 26. 선고 2004다5570 판결.

민법 부칙 제25조 제1항에 의하여 구법 규정의 적용을 받는다고 하여 상속회복청구권의 소멸시효에 관한 구 관습을 적용하였다.[42] 그러나 상속인의 범위, 상속분 또는 상속회복청구권의 인정 여부 등에 관하여는 민법 부칙 제25조가 적용되어야 하지만, 일단 발생한 상속회복청구권의 소멸시효 내지 제척기간에 관하여는 제8조가 소멸시효 및 제척기간에 관한 특별규정으로서 제25조보다 우선적으로 적용되어야 한다고 생각된다.[43]

3) 물권변동

제정민법 부칙 제10조는 민법 시행 전의 법률행위로 인한 부동산 물권의 득실변경과 시효 완성으로 인한 물권취득은 민법 시행일로부터 6년 내에 등기하지 않으면 그 효력을 잃는다고 규정한다.[44] 판례는 이 규정에 대하여, 원고의 민법 시행 전의 법률행위로 인한 부동산에 관한 소유권이전등기청구권이나 취득시효 완성으로 인한 소유권이전등기청구권은 종전에는 소멸시효의 대상이 될 수 없었으나 민법 부칙 제10조 제1항에 의하여 1966. 1. 1.부터 소멸시효의 대상이 되어 그 날부터 시효기간이 진행된다고 할 것이라고 판시하고 있다.[45] 이러한 판례는 종전의 물권적인 권리관계가 부칙 제10조에 의하여 완전히 소멸하는 것이 아니라 채권적인 권리관계로 바뀌는 것이라는 해석에 의하여 설명할 수 있을 것이다.[46]

4) 혼인, 입양의 무효, 취소

제정민법 부칙 제18조는 민법 시행 전의 혼인 또는 입양이 민법에 의하여 무효로 되는 경우에는 이는 무효이고, 민법에 의한 취소사유인 경우에는 취소할 수 있으나 취소기간은 민법 시행일로부터 기산하고, 민법 시행 전에 취소 사유가 민법에 의하여는 취소사유가 되지 못할 때에는 취소하지 못한다고 규정하고 있다.

이 규정의 취지는 구법하에서의 입양에 관하여 신법상 무효, 취소의 사유가 있을 때에는 신법에 의하여야 한다는 것뿐만 아니라 신법상 무효, 취소의 사유가

42 대법원 2003. 7. 24. 선고 2001다48781 전원합의체 판결도 이를 전제로 하고 있다.

43 윤진수, “상속회복청구권의 소멸시효에 관한 구관습의 위헌 여부 및 판례의 소급효”, 비교사법 11권 2호, 한국비교사법학회(2004), 290; 박세민, “민법시행 이전에 개시된 상속과 상속회복청구권의 제척기간”, 가족법연구 21권 3호(2007), 338 이하.

44 ☞ 이 규정이 위헌이 아니라는 점에 대하여는 위 제1조 Ⅱ. 8. 나. 및 그 주석 참조.

45 법률행위로 인한 경우: 대법원 1966. 9. 20. 선고 66다1151 판결. 취득시효 완성으로 인한 경우: 대법원 1966. 11. 22. 선고 66다1864 판결. 그러나 대법원 1990. 11. 13. 선고 90다카25352 판결은 취득시효 완성을 원인으로 하는 소유권이전등기청구권은 점유자가 그 점유를 계속하는 한 소멸시효가 진행하지 않는 것이라고 한다.

46 민법주해 III, 총칙(3), 박영사(1992), 422-425(윤진수) 참조.

있을 때에만 무효, 취소가 되고 신법상 무효, 취소의 사유가 없을 때에 는 구법상은 무효, 취소의 사유가 있었더라도 무효, 취소는 아닌 것으로 보라는 의미도 아울러 포함하는 취지라고 해석된다.[47] 판례는, 민법 시행 전의 관습법상 혼인무효사유가 있었어도 그 사유가 민법이 정한 무효사유에 해당하지 아니하는 이상 그 혼인은 민법 부칙 제2조 본문의 규정에 의하여 민법시행 후에는 유효하다고 하고,[48] 민법 시행 전의 입양에 관하여 무효 사유가 있었더라도 민법의 규정에 의하면 무효사유가 아닌 경우에는 무효인 입양이 소급하여 효력을 가진 것으로 전환되고, 다만 민법에 의한 취소사유가 있는 때에는 민법의 규정에 의하여 이를 취소할 수 있을 뿐이나 그 취소기간은 민법시행일로부터 기산한다고 한다.[49]

5) 실종선고와 상속

민법의 상속에 관한 규정은 여러 번 개정되었는데, 각 개정 당시에 그 부칙은 개정 법 시행 전에 개시된 상속에 대하여는 종전의 규정을 적용한다고 하면서도,[50] 실종선고로 인하여 상속이 개시되는 경우에는 그 실종기간이 구법당시에 만료되는 경우에도 신법을 적용한다고 규정한다.[51] 이처럼 실종선고의 경우에 예외를 인정하는 것은, 실종선고가 있으면 실종선고 기간이 만료한 때에 사망하는 것으로 보는 것 자체가 의제에 불과하다는 점을 고려한 것으로 여겨진다.

6) 2002년 개정법 부칙 제3항

헌법재판소 1998. 8. 27. 선고 96헌가22 결정은, 상속인이 귀책사유 없이 상속채무가 적극재산을 초과하는 사실을 알지 못하여 상속개시 있음을 안 날로부터 3월내에 한정승인 또는 포기를 하지 못한 경우에도 단순승인을 한 것으로 보는 민법 제1026조 제2호는 위헌이라고 하여 헌법불합치결정을 하였고, 그에 따라 2002년 개정된 민법 제1019조 제3항은 상속인이 상속채무가 상속재산을 초과하는 사실을 알지 못하고 단순승인을 한 경우에는 그 사실을 안 날부터 3월내에 한정승인(특별한정승인)을 할 수 있다는 규정을 신설하였다. 그런데 위 개정법 부칙 제3항은, 1998년 5월 27일(위 헌법재판소 결정 3월 전)부터 이 법 시행 전까지 상속개

47 윤진수, "민법시행 전에 이성양자가 허용되었는지 여부 및 민법 시행 전 입양의 요건에 대한 민법의 소급적용", 판례월보(1996. 11), 15 참조.

48 대법원 1980. 1. 29. 선고 79므11 판결.

49 대법원 1994. 5. 24. 선고 93므119 전원합의체 판결.

50 제정민법 부칙 제25조 제1항, 1977년 민법 부칙 제5항, 1990년 법 부칙 제12조 제1항 등. 제정민법 부칙 제25조 제1항과 제8조와의 관계에 관하여는 위 제1조 Ⅱ. 8. 다. 2) 참조.

51 제정민법 부칙 제25조 제2항, 1977년법 부칙 제6항, 1990년 법 부칙 제12조 제2항 등.

시가 있음을 안 자 중 상속채무가 상속재산을 초과하는 사실을 중대한 과실 없이 알지 못한 자는 이 법 시행일부터 3월 내에 개정규정에 의한 한정승인을 할 수 있다고 규정하였다. 그러나 이 규정이 1998년 5월 27일 전에 상속 개시 사실은 알았으나 상속채무가 상속 재산을 초과한다는 사실을 피고들이 알게 된 것은 위 날짜 이후인 사람들을 개정규정에 의한 특별한정승인을 할 수 있는 자로부터 배제한 것은 위헌이라는 주장이 있었고,[52] 헌법재판소 2004. 1. 29. 선고 2002헌가22 등 결정은 위와 같은 사람들을 배제한 것은 위헌이라고 하여 헌법불합치결정을 선고하였다.[53] 그리하여 2005년 12월 29일 신설된 부칙 제4항은 이러한 사람도 한정승인을 할 수 있도록 하였다.

7) 친족법 개정

친족법의 규정은 여러 번 개정이 되었는데, 각 개정마다 시행일은 다르지만, 앞서 본 민법부칙의 일반원칙 대로 원칙적으로는 종전의 규정에 따라 생긴 효력에 영향을 미치지 않는다는 태도를 취하고 있다. 이 법 시행 전에 종전의 규정에 따라 신고하거나 가정법원에 청구한 사안 및 시행 당시 가정법원에 진행 중인 사건에 대해서는 종전의 규정에 따르도록 하고 있다.

다만 예외적으로 ① 피후견인을 상대로 소송을 하였거나 하고 있는 사람의 직계혈족이라고 하더라도, 피후견인의 직계비속이라면 후견인 결격사유에 해당하지 않도록 하는 본법 제937조 제9호의 개정규정은 이 법 시행 당시 법원에 계속 중인 사건에도 적용하도록 하였고, ② 남편의 친생자 추정에 관한 개정규정(본법 제854조의2 및 제855조의2)은 이 법 시행 전에 발생한 부모와 자녀의 관계에 대해서도 적용하되 시행 전에 판결에 따른 효력에만 영향을 미치지 않도록 하였다.

라. 구 주택임대차보호법

구 주택임대차보호법(1989. 12. 30. 개정전) 제8조는 보증금이 일정금액 이하의 소액임차인에게는 그 전액에 대하여 우선변제권을 인정하고 있었다. 그런데 1989. 12. 30. 개정된 위 법 제8조는 우선변제권이 인정되는 소액임차인의 기준과 우선변제권이 인정되는 소액보증금의 범위를 구별하여, 소액임차인의 보증금 중 일정

52 윤진수, "상속의 단순승인 의제규정에 대한 헌법불합치 결정의 소급효가 미치는 범위", 가족법연구 16권 2호(2002), 261 이하 참조.

53 윤진수, "특별한정승인의 규정이 소급적용되어야 하는 범위", 민법판례연구회 27(2005), 573 이하 참조.

금액에 대하여만 우선변제권을 인정하고 그 범위는 대통령령으로 정하기로 하였는데, 위 대통령령은 1990년 2월 19일 개정되었다. 대법원 2002. 3. 29. 선고 2001다84824 판결은, 개정법 부칙 제3항에 의하면 이 법 시행 전에 임대주택에 대하여 담보물권을 취득한 자에 대하여는 종전의 규정에 의한다고 규정하고 있는데, 근저당권이 설정될 당시인 1990년 2월 9일에는 새로운 대통령령이 아직 시행되기 전이었으므로, 이 경우 종전 시행령은 신법인 개정법의 취지에 반하지 않는 범위 내에서 새로운 대통령령이 시행될 때까지 여전히 그 효력을 유지하고, 그 이후 1990년 2월 19일부터 시행된 개정 시행령의 규정이 막바로 개정법의 시행시점으로 소급하여 위 근저당권에 대하여 적용될 수는 없다고 하였다.[54]

마. 위헌결정된 법률의 경우

헌법재판소가 위헌이라고 선언한 법률 또는 법률의 조항이 위헌결정 후에도 계속 적용될 수 있는가? 헌법재판소법 제47조는 위헌결정의 효력에 관하여 아래와 같이 규정하고 있다.

② 위헌으로 결정된 법률 또는 법률의 조항은 그 결정이 있는 날부터 효력을 상실한다.

③ 제2항에도 불구하고 형벌에 관한 법률 또는 법률의 조항은 소급하여 그 효력을 상실한다. 다만, 해당 법률 또는 법률의 조항에 대하여 종전에 합헌으로 결정한 사건이 있는 경우에는 그 결정이 있는 날의 다음 날로 소급하여 효력을 상실한다.

따라서 형벌법규를 제외하고는 위헌결정은 원칙적으로는 소급효가 없다고 할 것이다.

한편, 헌법재판소는 구 헌법재판소법 제47조 제2항(2014. 5. 20. 법률 제12597호로 일부 개정되기 전의 것, 이하 '구 헌법재판소법'이라 한다)[55]의 위헌여부에 관하여 위헌으로 결정된 법률 또는 법률의 조항이 제정당시로 소급하여 효력을 상실하는지 아니면 장래에 향하여 효력을 상실하는지의 문제는 입법정책의 문제이고, 입법자가 구 헌법재판소법 제47조 제2항 본문의 규정을 통해 형벌법규를 제외하고는 법

54 해설: 박경호, 주택임대차보호법이 개정, 시행된 후 대통령령이 개정되기 전에 근저당권이 설정된 경우, 소액임차인 해당 여부의 기준시행령, 대법원판례해설 40호(2002 상반기), 562 이하. 헌법재판소 2004. 9. 23. 선고 2003헌바3 결정도 이러한 대법원의 판단을 받아들였다.

55 ② 위헌으로 결정된 법률 또는 법률의 조항은 그 결정이 있는 날로부터 효력을 상실한다. 다만, 형벌에 관한 법률 또는 법률의 조항은 소급하여 그 효력을 상실한다.

적 안정성을 더 중시하는 방안을 채택한 것이 위헌이라고 볼 수 없다고 판단하였다. 다만 위헌결정의 특수성 때문에 ① 법률의 위헌결정을 위한 계기를 부여한 당해 사건, ② 위헌결정이 있기 전에 헌법재판소에 위헌제청을 하였거나 법원에 위헌제청신청을 한 경우의 당해 사건 그리고 ③ 당해 법률 또는 법률의 조항이 재판의 전제가 되어 법원에 계속 중인 사건 등에 대하여는 예외적으로 소급효를 인정하여야 한다고 보았다.[56]

9. 외국법

외국의 사법은 그 자체로는 본조에서 말하는 법률에 포함되지 않고, 따라서 바로 법원이 되는 것은 아니다. 외국의 사법이 국내에서 적용될 수 있는 것은 국제사법이 이를 인정하고 있기 때문이다. 국제사법 자체의 적용에 관하여는 이곳에서 다룰 성질의 것은 아니다. 다만 외국법의 적용에 관한 일반적인 문제 몇 가지만을 언급한다.

첫째, 국제법 또는 공법상으로는 승인되지 않은 국가의 법률이라 하더라도 사법관계에서는 적용될 수 있다. 실제로 국가와 같이 행동하는 집단이 국제법이나 공법상으로는 국가로 인정받지 못한다고 하더라도, 그 집단이 지배하는 지역 내의 주민은 사법상의 생활관계를 그 집단의 법규범에 따라서 영위할 것이므로, 이를 무시한다는 것은 실제에 부합하지 않기 때문이다.[57] 따라서 북한이 헌법적으로는 대한민국의 일부라고 해도, 북한에서 북한법에 따라 이루어진 혼인은 대한민국의 법상으로도 유효한 혼인이라고 보아 남한에서의 이혼을 허용해야 한다.[58]

둘째, 국제사법에 의하여 외국법을 적용하여야 할 경우에는 이에 관하여 당사자의 주장이 없더라도 법원이 직권으로 고려하여야 하고,[59] 그 조사방법에 관하여는 법원이 합리적이라고 판단하는 방법에 의하여 조사하면 충분하다.[60] 한편

56 헌법재판소 1993. 5. 13. 선고 92헌가10 등 결정 참조.

57 Jan Kropholler, Internationales Privatrecht, 5. Aufl.(2004), 54; Kegel/Schurig, Internationales Privatrecht, 9. Aufl., 2004, 21 등 참조.

58 임성권, “탈북자의 이혼 청구에 있어서의 국제사법적 문제”, 국제사법연구 10호(2004), 424. 서울가정법원 2004. 2. 6. 선고 2003드단58877 판결은 그 근거로서 북한이탈주민의 보호 및 정착지원에 관한 법률 제12조 및 제19조를 근거로 제시하고 있고, 정상규, “탈북자 이혼사건에 관한 연구”, 사법논집 38집(2004), 636 이하도 같은 취지이나 그 외에 헌법 제3조와 제4조의 해석에 의하여 이러한 결론을 정당화한다. 현재는 2007. 1. 26. 신설된 북한이탈주민의 보호 및 정착지원에 관한 법률 제19조의 2가 그 실정법적인 근거라고 할 수 있다.

59 국제사법 제5조 참조.

60 대법원 1990. 4. 10. 선고 89다카20252 판결.

준거법인 외국법이 불분명한 경우에는 법원에 관한 민사상의 대원칙에 따라 외국 관습법에 의할 것이고, 외국 관습법도 그 내용의 확인이 불가능하면 조리에 의하여 재판할 수밖에 없는데, 그러한 조리의 내용은 가능하면 원래 적용되어야 할 외국법에 의한 해결과 가장 가까운 해결 방법을 취하기 위해서 그 외국법의 전체계적인 질서에 의해 보충 유추되어야 하고, 그러한 의미에서 그 외국법과 가장 유사하다고 생각되는 법이 조리의 내용으로 유추될 수도 있으며,[61] 또 외국법의 확인이 불가능한 경우에는 한국법과 일반 법원리를 토대로 법을 해석하여야 한다.[62]

셋째, 이러한 외국법의 적용은 실체법에 국한되고, 절차법에 관하여는 법정지법(lex fori)인 국내법이 적용된다.[63]

Ⅲ. 법률의 해석 방법

1. 개관

다른 나라의 경우에는 법률의 해석 방법에 관하여 성문법에 규정을 두는 경우가 있으나,[64] 우리 민법이나 기타 다른 법률에는 이러한 해석 방법에 관한 규정이 없다.

법률의 규정은 많은 경우에 그 의미가 불분명하여 어느 규정이 어떤 사안에 적용될 수 있는지가 명확하지 않다. 예컨대 본법 제187조는 '판결'에 의한 부동산에 관한 물권의 취득은 등기를 요하지 않는다고 규정하는데, 여기서 말하는 판결은 모든 종류의 판결을 의미하는가? 대법원 1998. 7. 28. 선고 96다50025 판결 등 일련의 판례는, 민법 제187조의 판결은 판결 자체에 의하여 부동산 물권 취득의 효력이 발생하는 경우를 말하는 것이고, 당사자 사이의 법률행위를 원인으로 하여 부동산 소유권이전등기절차의 이행을 명하는 것과 같은 판결은 이에 포함되지

61 대법원 2000. 6. 9. 선고 98다35037 판결.

62 대법원 2001. 12. 24. 선고 2001다30469 판결.

63 대법원 1988. 12. 13. 선고 87다카1112 판결, 대법원 1994. 6. 28.자 93마1474 결정, 대법원 1997. 5. 9. 선고 95다34385 판결은 소송촉진 등에 관한 특례법 제3조 제1항 소정의 법정이율에 관한 규정은 절차법적인 성격을 가지는 것이라고만 볼 수 없으므로, 신용장에 따른 대금지급의무의 지체에 대한 지연손해금의 지급에 관하여는 위 법이 아니라 원본채권의 준거법을 적용하여야 한다고 판시한다. 반대설: 석광현, "외환허가를 받지 아니한 국제보증과 관련한 국제사법상의 문제점", 법조(1994. 12), 168 이하.

64 예컨대 오스트리아 민법 제6조는, 법률에 대하여는 말의 그 연관에 있어서의 원래의 의미와 입법자의 명확한 의도에서 나오는 것 외의 다른 의미를 부여하여서는 안 된다고 규정한다.

아니한다고 한다.

종래 법규정의 해석 방법에 관하여, Savigny 이래로,[65] 문리해석(grammatische Auslegung), 체계적 해석(systematische Auslegung), 역사적 해석(historische Auslegung), 목적론적 해석(teleologische Auslegung)의 4가지가 일반적으로 인정되고 있다.[66] [67]

대법원 2009. 4. 23. 선고 2006다81035 판결은 법 해석의 목표는 어디까지나 법적 안정성을 저해하지 않는 범위 내에서 구체적 타당성을 찾는 데에 두어야 하고, 그 과정에서 가능한 한 법률에 사용된 문언의 통상적인 의미에 충실하게 해석하는 것을 원칙으로 하며, 나아가 법률의 입법 취지와 목적, 그 제·개정 연혁, 법질서 전체와의 조화, 다른 법령과의 관계 등을 고려하는 체계적·논리적 해석방법을 추가적으로 동원하여야 한다고 한다. 그런데 법률의 문언 자체가 비교적 명확한 개념으로 구성되어 있다면 원칙적으로 더 이상 다른 해석방법은 활용할 필요가 없거나 제한될 수밖에 없고, 어떠한 법률의 규정에서 사용된 용어에 관하여 그 법률 및 규정의 입법 취지와 목적을 중시하여 문언의 통상적 의미와 다르게 해석

65 Savigny의 해석 방법론에 대하여는 K. Larenz, Methodenlehre der Rechtswissenschaft, 6. Aufl.(1991), 11 ff.; Patrick Melin, Gesetzesauslegung in den USA und in Deutschland.(2005), 186 ff. 참조. 다만 Savigny는 목적론적 해석을 별도의 해석 방법으로 인정하지 않고, 대신 논리적 해석(logische Auslegung)을 들고 있으나, 오늘날 이는 일반적으로 체계적 해석의 일종으로 다루어진다. Franz Bydlinski, Juristische Methodenlehre und Rechtsbegriff, 2.Aufl.(1991), 442 등.

66 이에 관한 국내의 주요한 문헌으로는 심헌섭, "법철학적 법학방법론", 서울대학교 법학 24권 1호(1983), 1 이하; 박동진, "전통적 의미의 법해석방법론에 관한 일고찰", 사법행정(1997. 7), 29 이하; 오세혁, "한국에서의 법령해석 - 우리나라 법원의 해석방법론에 대한 비판적 고찰", 법철학연구 제6권 2호(2003), 119 이하; 오세혁, "사법부의 해석방법론에 대한 비판", 법과 사회 27호(2004), 185 이하; 김영환, 법철학의 근본문제(제3판), 홍문사(2006) 244 이하; 김학태, "법률해석의 한계 : 판례에서 나타난 법해석방법론에 대한 비판적 고찰", 외법논집 22집(2006), 177 이하 등 참조. 또한 Vogenauer, Die Auslegung von Gesetzen in England und auf dem Kontinent, Bd. I(2001), 28 ff.; Bd. II(2001), 1254 ff. 참조. MacCormick/Summers, Interpretation and Justification , in: MacCormick/Summers ed., Interpreting Statutes(1991), 511 ff.는 법해석의 방법을 언어적 논증(Linguistic Argument), 체계적 논증(Systemic Argument), 목적적/평가적 논증(Teleological/Evaluative Argument) 및 의도적 논증(Argument from Intention)으로 분류한다.

67 미국에서 말하는 문언중심적 법해석방법론은 문리해석에, 의도중심적 법해석방법론은 역사적 해석에, 합리적 법해석방법론은 목적론적 해석에 대응한다고 할 수 있다. 최봉철, 현대법철학(2007), 261 이하; 최봉철, "문언중심적 법해석론 비판", 한국법철학회(1999), 신동운 외, 법률해석의 한계(2000), 149 이하 참조. Eskridge, Frickey, Garret, Legislation and Statutory Interpretation, 2nd ed.(2006), 219 ff.는 의도주의 이론(Intentionalist Theories), 문언주의 이론(Textualist Theories), 동적 이론(Dyanamic Theories)로 분류하고, Melin, Gesetzesauslegung in den USA und in Deutschland(2005), 16 ff.는 의도주의(Intentionalism), 목적주의(Purpotivism), 신문언주의(New textualsim), 동적 법규 해석(Dynamic statutory interpretation)으로 분류한다. 또한 남기윤, 현대 미국에서의 제정법 해석 방법논쟁과 방법론의 새로운 전개 , 저스티스 통권 제100호(2007. 10), 40 이하 참조.

하려 하더라도 당해 법률 내의 다른 규정들 및 다른 법률과의 체계적 관련성 내지 전체 법체계와의 조화를 무시할 수 없으므로, 거기에는 일정한 한계가 있을 수밖에 없다고 한다. 이 판결은 법률 해석의 방법으로서 문언해석과 체계적·논리적 해석방법만을 들고 있으나 여기서 말하는 체계적·논리적 해석방법에는 역사적 해석 및 목적론적 해석도 포함되어 있는 것으로 이해된다.[68]

이러한 해석 방법은 당해 사안에 적용 가능한 성문법이 존재하는 경우에 관한 것이지만, 그러한 성문법이 존재하지 않는 경우, 즉 이른바 법률의 흠결이 있는 경우에도 법원은 유추 등의 방법에 의하여 문제를 해결한다. 유추는 엄밀한 의미에서는 해석은 아니지만, 해석과 유사한 면을 가지고 있다.

2. 문리해석

가. 문리해석의 원칙

법률 해석은 기본적으로 그 문언으로부터 출발하여야 한다. 따라서 명백하게 그 문언에 어긋나는 해석은 다른 특별한 사정이 없는 한 받아들일 수 없다. 대법원 1994. 8. 12. 선고 93다52808 판결은, 민사법의 실정법 조항의 문리해석 또는 논리해석만으로는 현실적인 법률적 분쟁을 해결할 수 없거나 사회적 정의관념에 현저히 반하게 되는 결과가 초래되는 경우에 있어서는 법원이 실정법의 입법정신을 살려 법률적 분쟁을 합리적으로 해결하고 정의관념에 적합한 결과를 도출할 수 있도록 유추해석이나 확장해석을 할 수 있지만, 민법 제496조의 경우에 고의의 불법행위에 인한 손해배상채권에 대한 상계금지를 중과실의 불법행위에 인한 손해배상채권에까지 유추 또는 확장 적용하여야 할 필요성이 있다고 할 수 없다고 한다.[69]

68 위 판결의 원심인 대전고등법원 2006. 11. 1. 선고 2006나1846 판결은, 임대차계약상 임차인으로 표시되지는 않았지만 임대차계약의 목적과 재정적 부담과 실제 거주자라는 실질적 측면에서 사회적 통념상 임차인으로 충분히 관념될 수 있는 사람은 구 임대주택법(2005. 7. 13. 법률 제7598호로 일부 개정되고, 2008. 3. 21. 법률 제8966호로 일부 개정되기 전의 것) 제15조 제1항이 규정하고 있는 임차인에 해당한다고 보았다 이는 아래에서 설명할 목적론적 확장을 시도한 것으로 이해할 수 있다. 그러나 대법원은 문리해석을 중요시하여, 위 법조항에서 규정하는 '임차인'이란 어디까지나 위 법률이 정한 요건과 절차에 따라 임대주택에 관하여 임대사업자와 임대차계약을 체결한 당사자 본인으로서의 임차인을 의미한다고 할 수밖에 없고, 이와 달리 당사자 일방의 계약목적, 경제적 부담이나 실제 거주사실 등을 고려한 '실질적 의미의 임차인' 까지 포함한다고 변경, 확장 해석하는 것은 앞서 본 법률해석의 원칙과 기준에 어긋나는 것이라고 하였다.

69 또한 대법원 1974. 2. 26. 선고 72다1739 판결은, 상속개시후의 인지 등에 의하여 공동상속인이 된 자의 다른 공동상속인에 대한 상속분상당가액지급청구권을 규정한 민법 제1014조에 관하여, 후순위 상속인에게 민법 제1014조를 적용하기는 문리상 안될 것이 분명하다고 한다.

그러나 다른 한편 판례상 법률의 문언에 특정한 경우가 포함되는가 하는 점에 대하여 다툼이 있는 경우도 많다. 예컨대 헌법재판소 2006. 2. 23. 선고 2004헌마675, 981, 1022 결정의 다수의견은, 헌법 제32조 제6항의 "국가유공자·상이군경 및 전몰군경의 유가족은 법률이 정하는 바에 의하여 우선적으로 근로의 기회를 부여 받는다"는 조항의 대상자는 "국가유공자", "상이군경", 그리고 "전몰군경의 유가족"이라고 본 반면,[70] 위 결정의 반대의견은 "국가유공자와 상이군경" 가운데에는 그 본인뿐만 아니라 그 가족이 포함된다고 주장한다.[71]

그러므로 결국 문리해석이 기능을 발휘하는 경우는 주로 "문언의 가능한 의미(möglicher Wortsinn)"를 넘어서는 해석을 배제하는 데 있다고 할 수 있다.[72]

나. 예외

그런데 이러한 문리해석의 원칙과는 달리 법문에 어긋나는 해석도 정당화될 수 있다고 주장되는 경우가 몇 가지 있다. 그 하나는 이른바 편집상의 과오 또는 오류(Redaktionsversehen, Redaktionsfehler)의 경우이고, 다른 하나는 목적론적 축소(teleologische Reduktion)이며, 마지막으로는 이른바 법원에 의한 법률정정 또는 법률의 문언에 어긋나는 법형성(Rechtsfortbildung contra legem)이 허용될 수 있는가 하는 점이다. 목적론적 축소에 관하여는 아래의 목적론적 해석과 관련하여 따로 살펴보고, 여기서는 나머지 두 경우에 관하여만 다룬다.

70 다수의견은 문리해석만을 근거로 한 것은 아니고, 오늘날 가산점의 대상이 되는 국가유공자와 그 가족의 수가 과거에 비하여 비약적으로 증가하고 있는 현실과, 취업보호대상자에서 가족이 차지하는 비율, 공무원시험의 경쟁이 갈수록 치열해지는 상황을 고려할 때, 위 조항의 폭넓은 해석은 필연적으로 일반 응시자의 공무담임의 기회를 제약하게 되는 결과가 될 수 있으므로 위 조항은 엄격하게 해석할 필요가 있다고 하는 점을 근거로 들고 있다.

71 이처럼 어느 대상이 법에서 사용하고 있는 개념에 해당한다는 것이 명백한 경우를 Philip Heck는 개념의 핵(Begriffskern)이라고 부르고, 반면 그에 해당하는지 여부가 명백하지 않은 경우를 개념의 뜰(Begriffshof)이라고 부른다. Ph. Heck, Gesetzesauslegung und Interessenjurisprudenz, AcP Bd. 112, Tübingen, 1914, S.173; Franz Bydlinski, Juristische Methodenlehre und Rechtsbegriff, 2.Aufl.(1991), 118 f. 참조.

72 상세한 것은 김영환, "형법해석의 한계-허용된 해석과 금지된 유추와의 상관관계" 신동운 외, 법률해석의 한계(2000), 28 이하; 양천수, "형법해석의 한계", 인권과 정의(2008. 3), 155 이하 참조. 또한 박동진, "전통적 의미의 법해석방법론에 관한 일고찰", 사법행정(1997. 7), 34; 김영환, 법철학의 근본문제(제3판), 홍문사(2006) 251-2; 김학태, "법률해석의 한계 : 판례에서 나타난 법해석방법론에 대한 비판적 고찰", 외법논집 22집(2006), 182; K. Larenz, Methodenlehre der Rechtswissenschaft, 6. Aufl.(1991), 322; Patrick Melin, Gesetzesauslegung in den USA und in Deutschland.(2005), 255 등. 대법원 1997. 3. 20. 선고 96도1167 전원합의체 판결은, 형벌법규의 해석에 있어서 법규정 문언의 가능한 의미를 벗어나는 경우에는 유추해석으로서 죄형법정주의에 위반하게 된다고 한다.

[이원범]

1) 편집상의 과오

이는 입법과정에서 단순한 표기상의 오류로 인해 의도와는 다른 표현이 선택되거나 방치된 경우를 말한다.[73] 예컨대 구 신용협동조합법 제89조가 2003. 7. 30. 법률 제6957호로 개정되면서 제5항을 신설하고 구법 제89조 제5항 및 제6항을 제6항 및 제7항으로 내용은 변경하지 않은 채 항만 변경한 결과, 개정된 법 제89조 제7항에서 인용하는 제5항이 신설된 제5항을 지칭하는 것이 되었는데, 이는 입법과정에 비추어 볼 때 개정된 법 제7항에서 종전의 '제5항'을 '제6항' 이라고 고쳤어야 함에도 불구하고 착오로 고치지 않은 것이 명백한 경우이다. 대법원 2006. 2. 23. 선고 2005다60949 판결은, 이는 법률 개정상의 실수에서 비롯된 것임이 분명하므로, 현행 법 제89조 제7항이 인용하고 있는 '제5항'을 '제6항'으로 바로잡아 적용한다고 하더라도 이것이 법규정의 가능한 의미를 벗어나 법형성이나 법창조행위에 이른 것이라고는 할 수 없다고 한다.[74]

이러한 편집상의 과오의 경우에 법원이 그 문언에도 불구하고 과오를 바로잡을 수 있다는 것은 일반적으로 인정되고 있다.[75] 다시 말하여 입법자의 진정한 의

73 최봉경, "편집상의 오류", 서울대학교 법학 제48권 1호(2007), 346. 영미에서는 이를 scrivener's error(서기의 실수)라고 표현한다. 독일의 경우 편집상의 과오 라는 개념은 다음과 같은 세가지 유형으로 나뉘어진다. 첫째 인쇄상의 과오(Druckfehler)로서 명백히 입법자의 의사를 그르친 오기를 의미하고, 둘째는 단순 표기상의 오류로 인해 입법자의 의도와는 다른 표현이 선택된 경우, 셋째는 입법자가 장래에 발생하게 될 사례를 예견하지 못한 결과 적절한 표현방식을 선택하지 못한 것(이차적인 편집상의 과오)이다. 대부분의 학설은 첫째와 둘째는 해석에 의해 보정을 할 수 있다고 하지만 셋째의 경우 그것을 허용하지 않는다. Engisch, Einführung in das juristische Denken, 9. Aufl., 1997, S. 224 f. 참조. 그리고 둘째 경우도 편집상의 과오는 역사적인 해석에 의해 반드시 입법자의 의사를 증명(nachweisen)해야지 단순히 주장(postulieren)되어서는 안된다고 한다. Schünemann, Die Gesetzesinterpretation im Schnittfeld von Sprachphilosophie, Staatsverfassung und juristische Methodenlehre, in: Festschrifr f. U. KLug, 1983, S. 183 참조. 그러나 관건이 되는 것은 입법자의 의사가 아니라 그것이 표시된 것이기 때문에 둘째 경우조차 해석에 의한 보정을 허용하지 않는 견해도 있다. V. Krey, Studien zum Gesetzesvorbehalt im Strafrecht, 1976, S. 168ff. 참조.

74 또한 대법원 2004. 11. 26. 선고 2004두10333도 판결. 참조. 1990. 1. 13. 신설된 민법 제1057조의2가 "제1056조의 기간내에 상속권을 주장하는 자가 없는 때"라고 규정한 것은 제1057조를 제1056조로 잘못 표시한 명백한 편집상의 과오이다. 김주수, 친족상속법 (제6전정증보판), 법문사(2005), 650 참조. 2005. 3. 31. 개정된 민법 제1057조의2 제1항, 제2항은 '제1056조' 를 '제1057조'로 바로잡았다.

75 최봉경, "편집상의 오류", 서울대학교 법학 제48권 1호(2007); 최영헌, "법률개정 과정에서 오류가 있었음이 명백한 경우 문언과 달리 해석할 수 있는지 여부", 대법원판례해설 통권 제60호(2006), 341 이하; 신동운, "형벌법규의 흠결과 해석에 의한 보정의 한계", 신동운 외, 법률해석의 한계(2000), 6 이하, 특히 15 이하; 박철, "법률의 문언을 넘는 해석과 법률의 문언에 반하는 해석의 정당성", 민사재판의 제문제 11(2002), 89 이하 참조. 비교법적인 설명은 Vogenauer, Die Auslegung von Gesetzen in England und auf dem Kontinent, Bd. II(2001), 1267 참조.

사가 명확하게 밝혀지고(역사적 해석), 목적론적 해석의 관점에서도 정당하다고 보일 때에는 문리해석에는 어긋나더라도 법원이 오류를 바로잡을 수 있는 것이다.[76]

2) 법원에 의한 법률정정

이러한 편집상의 과오가 아님에도 불구하고 법률의 문언에 정면으로 반하는 재판이 허용될 수 있는지가 문제된다. 어음법과 수표법은 각각 어음과 수표의 발행지의 기재를 어음 수표의 요건의 하나로 규정하고, 이를 기재하지 않은 어음이나 수표는 무효라고 규정하고 있다(어음법 제1조 제7호, 제2조 본문, 수표법 제1조 제5호, 제2조 본문). 과거 판례는 위 점에 주목하여, 발행지를 기재하지 않은 어음이나 수표는 무효로 보았다. 그러나 대법원은 판례를 변경하여, 국내어음의 경우에는 발행지가 기재되지 않은 어음도 유효하다고 하여, 어음법의 명문 규정을 부정하는 해석을 하였고(대법원 1998. 4. 23. 선고 95다36466 전원합의체 판결), 이어서 수표에도 마찬가지 입장을 취하였다(대법원 1999. 8. 19. 선고 99다23383 전원합의체 판결). 판례에 따르면 발행지의 기재가 없더라도 그 자체로 유효하기 때문에, 어음법 제2조 제3호, 제76조 제3호, 수표법 제2조 제3호와 같은 보충규정은 국내어음에 관한 한 무의미하게 되었다.[77]

학설상으로는 사회적 요청(법적 거래의 요구)에 따른 법형성이 요구되는 경우와, '사물의 본성(Natur der Sache)'이나 '법윤리적 원칙'을 고려한 법형성의 경우에는 이러한 법률수정적 법해석이 가능하다고 하는 견해가 있다.[78] 그러나 이러한 주장은 그대로는 받아들이기 어렵다. 우선 학설상의 위와 같은 설명은 Larenz가 법률초월적 법형성(gesetzesübersteigende Rechtsfortbildung)의 근거로서 제시한 것인데,[79] 이러한 법률초월적 법형성은 법률의 흠결이 있는 경우에 이루어지는 것으로서, 법원에 의한 법률정정과는 구별되는 개념이다.[80] 뿐만 아니라 이처럼 광범위하게 법원

76 Kramer, Juristische Methodenlehre, 2. Aufl(2005), 127; Franz Bydlinski, Juristische Methodenlehre und Rechtsbegriff, 2.Aufl.(1991), 393; K. Larenz, Methodenlehre der Rechtswissenschaft, 6. Aufl.(1991), 400; Barak, Purposive Interpretation in Law(2005), 77 ff.(다만 Barak은 이를 해석과는 다른 것으로 설명한다) 등 참조. 그런데 박철, "사법재량론", 사법논집 제34집(2000), 886 이하는 의회가 입법으로 채택한 정책이 반영되지 않은 부당한 결과가 주변적인 상황에서만 발생하면 실수가 아니고 부당한 결과가 핵심적인 상황에서 발생한 경우에는 입법상의 실수(숨은 실수)라고 하며, 최봉경, "편집상의 오류", 서울대학교 법학 제48권 1호(2007), 355는 편집상의 오류 가 명확한 입법자료에 의해 논증가능한 경우에 국한되는 것은 아니라고 주장하나, 찬성하기 어렵다.

77 송옥렬, 상법강의(제5판), 홍문사(2015), 530.

78 김대휘, "법관의 법발견의 3단계", 사법연구자료 13집(1986), 28 이하.

79 K. Larenz, Methodenlehre der Rechtswissenschaft, 6. Aufl.(1991), 413 ff. 참조.

80 K. Larenz, Methodenlehre der Rechtswissenschaft, 6. Aufl.(1991), 428은 법률과 법에 구속되는 법관은 원칙적으로 법률에 반하는 재판을 할 권한을 가지지 않는다고 한다.

에 의한 법률정정을 인정한다면 헌법상 권력 분립의 원칙에 어긋나게 된다.[81]

다만 이와 관련하여 논의될 수 있는 것이, "법의 목적이 사라지면 법률은 스스로 효력을 잃는다(cessate ratione legis cessat lex ipsa)"라는 법언을 적용하여, 상황의 변화에 따라 법원이 법률과 다르게 재판할 수 있는가 하는 점이다. 외국의 학설상으로는 제한된 범위 내에서 이를 인정하려는 주장이 있다.[82] 위 95다36466 판결의 다수의견에 대한 보충의견은, 법률에 명문의 규정이 있는 경우에도 시대가 바뀌고 사회가 달라짐에 따라 법과 실제 생활과의 사이에 불가피하게 간격이 생길 수 있는 경우에는 법원은 형식적인 자구 해석에만 얽매일 것이 아니라 필요한 한도 내에서 명문규정의 의미를 확대하거나 또는 축소·제한함으로써 실질적인 법형성적 기능을 발휘하여야 할 것이라고 주장하고 있다. 그러나 법 자체가 한시법임을 규정하고 있지 않는 한 법률이 상황의 변화에 따라 더 이상 적용되어서는 안 되는가 하는 점은 입법자가 판단할 사항이고, 법원이 판단할 수 있는 문제는 아니다.[83]

다만 법률의 문언을 적용할 때에는 명백히 불합리한 결과가 나오거나 실현불가능한 경우에는 법률의 문언과 달리 재판할 수 있는 것이 아닌가 생각해 볼 수 있다. 다른 나라에서도 이와 같은 경우에는 문리해석에 대한 예외로서 법률의 수정을 인정하는 것으로 보인다.[84]

예컨대 대법원 2000. 9. 29. 선고 2000다29240 판결은, 신청의 흠결이 보정

81 그러나 Jörg Neuner, Die Rechtsfindung contra legem, 2. Aufl., 2005, 139 ff.는 국민주권의 원리도 인간의 존엄, 인간과 자연의 법칙성, 무모순성의 요청 등에 의하여 한계지워진다고 하여, 실제의 규범상황이 변화하거나, 전체 법질서가 변화하는 경우 등에는 예외적으로 법률의 문언에 반하는 재판이 허용된다고 한다. 그렇지만 Neuner는 contra legem의 의미를, 역사적 입법자의 의도는 무시되지만, 그러한 재판이 법규범의 가능한 문언과는 여전히 합치될 수 있거나 유추 또는 축소의 방법에 의하여 관철될 수 있는 것으로 파악하고 있으므로(위 책 132), 법률의 문언에 반하는 경우 일반에 관하여 이러한 설명이 적용될 수는 없을 것이다.

82 Franz Bydlinski, Juristische Methodenlehre und Rechtsbegriff, 2.Aufl.(1991), 588 f.는 역사적으로 규범의 근본이 되었던 목적이 현재의 법질서에서 아무런 대상 없이 사라졌다면 그 규범은 특별한 실효조치가 없더라도 적용가능성을 상실한다고 하고, K. Larenz, Methodenlehre der Rechtswissenschaft, 6. Aufl.(1991), 351은 규범이 특정한, 일시적으로만 존재하는 상황을 염두에 두고 제정되었으나 그러한 상황이 더 이상 존재하지 않는 경우에는 법의 목적이 사라지면 법률은 스스로 효력을 잃는다 라는 법언이 적용될 수 있다고 한다.

83 Kramer, Juristische Methodenlehre, 2. Aufl(2005), 200 f. 참조.

84 Franz Bydlinski, Juristische Methodenlehre und Rechtsbegriff, 2.Aufl.(1991), 498; Kramer, Juristische Methodenlehre, 2. Aufl(2005), 201 f.; Vogenauer, Die Auslegung von Gesetzen in England und auf dem Kontinent, Bd. II(2001), 1267 등 참조. 영미법에서도 불합리한 결과의 원칙(absurd result rule) 에 의하여 이와 같은 결론을 인정한다. 이에 대하여는 박철, "법률의 문언을 넘는 해석과 법률의 문언에 반하는 해석의 정당성", 민사재판의 제문제 11(2002), 93 이하; 금도영, "발행지의 기재가 흠결된 어음의 효력", 민법판례연구회 21(1999), 474 이하 등 참조.

될 수 있는 경우에 신청인이 "즉일" 이를 보정하였을 때에는 등기공무원이 신청을 각하 하지 않는다고 규정하고 있는 1996. 12. 30. 법률 제5205호로 개정되기 전의 구 부동산등기법 제55조 단서에 관하여, 문리상으로는 등기신청서가 제출된 바로 그 날을 말하는 것으로 볼 수 있으나, 등기소의 인적·물적 시설이 한정되어 있는데다가 복잡사건, 집단사건 등이 빈발하고 있는 등기실무의 현황에 비추어 볼 때, 등기소에 신청된 모든 등기사건을 예외 없이 신청된 그 날에 처리한다는 것은 현실적으로 불가능할 뿐만 아니라, 등기관에게 그와 같이 물리적으로 불가능한 등기업무를 처리할 것을 요구할 수도 없으므로, 결국 위에서 말하는 즉일의 의미는 등기신청에 대한 조사가 완료되어 보정할 사항이 명확하게 된 날이라고 해석함이 상당하다고 하였다.

그러나 발행지가 결여된 어음과 수표가 유효하다는 결론은 입법론으로는 몰라도 해석론으로는 도저히 채용할 수 없다는 비판[85]도 충분히 경청할만하다. 일반 어음거래에 있어서의 관행을 반영한 것으로 보이나, 위 결론이 법률의 문언에 명백히 반하기 때문이다.[86]

3. 체계적 해석

체계적 해석이란 어느 법규정의 의미를 그 자체로서 파악하는 것이 아니라, 다른 법규정 내지 전체 법질서와의 체계적 연관 하에서 파악하는 것을 말한다. 이러한 체계적 해석이 인정되는 이유는, 법질서는 하나의 모순 없는 통일체를 이루고 있다고 보아, 다른 법규정과의 연관을 고려함으로써 그 법규정이 가지는 위치를 제대로 파악할 수 있을 뿐만 아니라, 그렇게 함으로써 평가모순(Wertungswiderspruch) 내지 일관성이 없는 해석을 방지할 수 있기 때문이다.[87] 판례[88]는 형벌법규의 해석에 있어서도 가능한 문언의 의미 내에서 당해 규정의 입법 취지와 목적 등을 고려한 법률체계적 연관성에 따라 그 문언의 논리적 의미를 분명히 밝히는 체계적·논리적 해석방법은 그 규정의 본질적 내용에 가장 접근한 해석을 위한 것으로서 죄형법정주의의 원칙에 부합한다고 판시한다.

또한 판례는 죄형법정주의에서 파생되는 명확성의 원칙과 관련하여, 처벌규

85 주석 민법, 총칙(1)(제4판), 한국사법행정학회(2010), 92(윤진수) 참조.
86 송옥렬, 상법강의(제5판), 홍문사(2015), 530 참조.
87 Kramer, Juristische Methodenlehre, 2. Aufl(2005), 76 ff. 참조.
88 대법원 2007. 6. 14. 선고 2007도2162 판결.

정에 대한 예측가능성 유무를 판단할 때는 당해 특정조항 하나만을 가지고 판단할 것이 아니고, 관련 법조항 전체를 유기적·체계적으로 종합하여 판단하여야 한다고 하고,[89] 위임명령의 구체성과 관련하여, 위임명령에 규정될 내용 및 범위의 기본사항이 구체적으로 규정되어 있어서 누구라도 당해 법률이나 상위명령으로부터 위임명령에 규정될 내용의 대강을 예측할 수 있어야 하나, 이 경우 그 예측가능성의 유무는 당해 위임조항 하나만을 가지고 판단할 것이 아니라 그 위임조항이 속한 법률이나 상위명령의 전반적인 체계와 취지·목적, 당해 위임조항의 규정형식과 내용 및 관련 법규를 유기적·체계적으로 종합 판단하여야 한다고 한다.[90]

이러한 체계적 해석에서 고려하여야 할 체계로서 외적 체계(äußeres System)와 내적 체계(inneres System)를 구분할 필요가 있다. 외적 체계란, 법의 형식적인 구조, 즉 관련 규정이 어떤 제목으로 규범화되었는가, 혹은 어떤 장 또는 어떤 법에 포함되었는가, 혹은 법률이 어떤 구조로 만들어졌는가 하는 점을 말한다.[91]

예컨대 임차인의 임차권(본법 제628조 제1항 등)은 채권편에 규정되어 있으므로 물권이 아닌 채권에 해당하고, 본법 제762조가 규정하는 태아의 손해배상청구권은 불법행위에 관한 장에 규정되어 있으므로, 채무불이행 아닌 불법행위로 인한 손해배상청구권을 의미한다. 대법원 2003. 11. 14. 선고 2003도3600 판결은, 농업협동조합법 제171조는 제7장 벌칙 등의 장에 들어 있는 처벌조항 중의 하나인데, 이러한 제7장 중 벌칙 규정들의 체계적인 위치나 그 입법 목적 내지 취지에 비추어 보면, 제7장 중 벌칙 규정들은 같은 법 제6장까지에서 규정하고 있는 내용의 준수를 담보하기 위해 그에 위반하는 경우를 처벌하는 조항이고, 따라서 감독기관의 인가 또는 승인을 얻어야 할 사항에 관하여 인가를 받지 않거나 승인을 얻지 아니한 때에 처벌하도록 되어 있는 위 법 제171조 제1호의 규정을 다른 법에 규정되어 있는 '감독기관의 인가 또는 승인을 얻어야 할 사항'에 대하여 적용할 수 없다고 한다.

또한 이러한 외적 체계는 증명책임의 분배에 관하여도 의미를 가진다고 볼 수 있다. 가령 법률은 많은 경우에 본문과 단서, 또는 원칙규정과 예외규정의 형태로 규정되어 있는데, 이러한 경우에 본문 또는 원칙규정에 들어 있는 요건은 이

89 헌법재판소 2004. 11. 25. 선고 2004헌바35 결정. 같은 취지, 대법원 2006. 5. 11. 선고 2006도920 등 판결.

90 대법원 2002. 8. 23. 선고 2001두5651 판결.

91 김영환, 법철학의 근본문제(제3판), 홍문사(2006), 253.

른바 권리발생근거요건이고, 단서 또는 예외규정에 들어 있는 요건은 권리발생장애요건으로서, 어떤 권리를 주장하는 사람은 본문 또는 원칙 규정에 들어 있는 권리발생근거요건을 증명하면 되고, 그러한 권리발생근거요건이 증명되면 권리의 부존재를 주장하는 사람은 단서 또는 예외규정에 들어 있는 권리발생장애요건을 증명하여야 한다. 예컨대 본법 제390조는 "채무자가 채무의 내용에 좇은 이행을 하지 아니한 때에는 채권자는 손해배상을 청구할 수 있다. 그러나 채무자의 고의나 과실없이 이행할 수 없게 된 때에는 그러하지 아니하다" 고 규정하고 있는데, 채권자가 채무불이행책임을 묻기 위하여는 본문에 규정된 채무자가 채무의 내용에 좇은 이행을 하지 아니하였다는 사실만을 증명하면 되고, 채무자가 채무불이행책임을 면하기 위하여는 단서에 의하여 자신에게 고의나 과실이 없음을 증명하여야 하는 것이다.[92] 물론 이러한 법률의 규정 체계가 증명책임의 분배에 관하여 반드시 결정적인 것은 아니다.

다른 한편 내적 체계란 한 규범의 내용과 다른 규범의 내용 사이의 관계 내지 의미연관(Bedeutungszusammenhang)을 말한다. 이들 사이에는 원칙적으로 모순이 없어야 하고, 모순이 있는 것처럼 보일 때에는 모순이 없는 방향으로 해석하여야 하는 것이다. 가령 대법원 1974. 2. 26. 선고 72다1739 판결은, 후순위 상속인을 인지의 소급효가 미치지 않는 민법 제860조 단서의 제3자에 포함시킬 수 없는 이유로서, 그렇게 된다면 민법 제1014조와의 관계에서 상속순위에서 뒤떨어지는 후순위 상속인이 그보다 순위에 있어 상위에 놓인 공동상속인보다 후하게 보호되는 결과가 되어 균형을 크게 잃는 불합리를 가져오게 된다는 점을 든다. 또한 대법원 2006. 3. 24. 선고 2005두15595 판결은, 사실혼관계가 일방 당사자의 사망으로 인하여 종료된 경우에 그 상대방에게 재산분할청구권이 인정될 수 없는 이유로서, 법률상 혼인관계가 일방 당사자의 사망으로 인하여 종료된 경우에도 생존배우자에게 재산분할청구권이 인정되지 아니하고 단지 상속에 관한 법률 규정에 따라서 망인의 재산에 대한 상속권만이 인정된다는 점을 들고 있는데, 이 또한 내적 체계를 고려한 것이라고 할 수 있다.[93]

그리고 어느 규범이 상위 규범에 어긋나게 해석할 가능성도 있지만 그렇지

92 대법원 1997. 10. 10. 선고 96다47302 판결 등 참조.

93 이 점에 대하여는 윤진수,"사실혼배우자 일방이 사망한 경우의 재산문제", 저스티스(2007. 10), 31 이하, 특히 33 참조. 반대: 박인환, 사망에 의한 사실혼의 해소와 재산분할의 유추, 가족법연구 21권 3호(2007), 161 이하.

않게 해석될 가능성이 있는 경우에 이를 상위 규범에 어긋나지 않게 해석하여야 한다는 헌법합치적 해석[94] [95]과 같은 상위규범 합치적 해석의 원칙[96] 또한 이러한 체계적 해석의 일종이라고 할 수 있다.[97] 이러한 상위규범합치적 해석 가운데 가장 중요한 것은 헌법합치적 해석(Verfassungskonforme Auslegung)이다.

4. 역사적 해석

역사적 해석은 입법자의 의사를 해석의 기준으로 삼는다. 이처럼 입법자의 의사가 해석의 기준으로서 고려될 수 있다는 데 대하여는 오늘날 큰 이견이 없다.[98] 그런데 누구를 입법자로 볼 것인가 하는 점이 문제로 된다. 국회에서 제정된 법의 경우에는 일단 국회가 입법자이지만, 국회의 의결에 관여한 개별 국회의원들의 의사를 탐구한다는 것은 거의 의미가 없다. 이 때에는 법안의 제안자의 의사를 입법자의 의사로 볼 수 있다. 나아가 입법의 연혁이나, 입법 당시의 학설이나 판례도 입법자의 의사를 탐구하는 데 도움이 된다. 특히 외국의 법을 계수한 경우에는 계수된 외국법의 입법자의 의사나 외국의 학설, 판례 등도 참조할 수 있다.

94 헌법재판소 1989. 7. 14. 선고 88헌가5, 8, 89헌가44 결정은 법률의 합헌적 해석은 헌법의 최고규범성에서 나오는 법질서의 통일성에 바탕을 두고, 법률이 헌법에 조화하여 해석될 수 있는 경우에는 위헌으로 판단하여서는 아니된다는 것을 뜻하는 것으로서 권력분립과 입법권을 존중하는 정신에 그 뿌리를 두고 있지만, 그러한 해석에는 법의 문구와 목적에 따른 한계가 있다고 하였다. 또한 대법원 1992. 5. 8.자 91부8 결정 참조.

95 대법원 2006. 6. 22.자 2004스42 전원합의체 결정은 호적법 제120조의 해석상 성전환자의 호적상 성별 정정이 가능하다고 하였는데, 김지형 대법관의 다수의견에 대한 보충의견은 이를 헌법합치적 해석으로 설명하고 있다. 그러나 이는 해석이라기보다는 반대의견이 지적하는 것처럼 유추로 보아야 할 것이다. 아래 주 141) 참조.

96 대법원 2001. 8. 24. 선고 2000두2716 판결은, 어느 시행령의 규정이 모법에 저촉되는지의 여부가 명백하지 않은 경우에는 모법에 합치된다는 해석도 가능한 경우라면 그 규정을 모법위반으로 무효라고 선언하여서는 안 된다고 하면서 그 근거로서 국가의 법체계는 그 자체 통일체를 이루고 있는 것이므로 상·하규범 사이의 충돌은 최대한 배제되어야 한다는 점을 들고 있다. 또한 대법원 1999. 12. 16. 선고 97누9864 전원합의체 판결 참조.

97 김영환, 법철학의 근본문제(제3판), 홍문사(2006) 254; Kramer, Juristische Methodenlehre, 2. Aufl(2005), 89 ff. 참조. 그러나 Franz Bydlinski, Juristische Methodenlehre und Rechtsbegriff, 2.Aufl.(1991), 455 ff.는 헌법합치적 해석을 목적론적 해석의 일종인 체계적-목적론적 해석(teleologischesystematische Auslegung)으로 다루고, K. Larenz, Methodenlehre der Rechtswissenschaft, 6. Aufl.(1991), 339 ff.는 이를 독립된 별개의 해석방법으로 다룬다.

98 영국 귀족원(House of Lords)은 1992년의 Pepper v. Hart 판결, [1993] A.C. 593에서, 법률을 해석함에 있어서 입법과정에서의 의회의 자료를 참조할 수 없다는 종래의 판례를 변경하여, 입법이 애매하거나 불명확하거나 그 문자적 의미가 모순을 가져올 때에는, 의회의 자료가 법안을 제안한 장관이나 그 밖의 제안자의 진술이고, 그것이 명확한 한 이를 참조할 수 있다고 판시하였다.

[이원범]

판례는 이러한 입법자의 의사를 많이 고려하고 있다. 예컨대 대법원 1978. 6. 13. 선고 78다468 판결은, 양도인의 채권양도의 통지는 양수인의 동의가 없으면 철회하지 못한다는 민법 제452조 제2항의 해석과 관련하여, 채권양도인과 양수인과의 채권양도 계약이 해제되었고 채권양도인이 채무자에게 양도철회통지를 하였다고 하더라도 채무자는 이것을 채권양수인에게 대항할 수는 없다고 하면서, 그 근거로서, 민법 제452조 제2항은 구민법하의 판례가 있었던 것을 성문화한 조항이라는 점을 들고 있다.[99] 이외에도 판례는 입법의 연혁을 중요한 것으로 고려하고 있다.[100]

그리고 이른바 동기의 착오가 본법 제109조에 의한 취소사유가 되는가에 관하여 종래 논쟁이 있었는데, 이 점에 관하여는 입법 당시의 학설과 판례가 중요한 의미를 가진다. 종래 이에 대한 부정설은, 주로 우리 민법 제109조 제1항과 그 표현이 유사한 독일 민법 제1초안과 일본 민법의 제정과정에서 동기의 착오를 고려되는 착오에서 배제하였음을 근거로 하여, 동기의 착오를 고려하지 않는 것이 민법의 근본결단이라고 한다.[101] 그러나 일본민법 제정자의 의사를 우리 민법 제정자의 의사와 동일시할 수는 없고, 오히려 우리 민법 제정자의 의사는 동기의 착오도 일정한 경우에는 취소사유가 된다고 보고 있던 당시의 일본민법상의 통설과 판례를 전제로 하여, 이를 받아들이려고 했던 것으로 볼 수 있다.[102]

그러나 이러한 입법자의 의사가 확인된다고 하여 이를 절대적인 것으로 받아들일 필요는 없다.[103] 입법자의 의사가 법문과 명백히 모순되는 경우에는 편집상의 과오에 해당하지 않는 한 입법자의 의사가 구속력이 있다고 하기 어려울 뿐만 아니라,[104] 입법자의 의사가 잘못된 전제에 입각하고 있는 경우에도 입법자의 의

99 이 판결에 대한 비판은 서민, "지명채권양도계약의 해제와 양수인의 지위", 민법판례연구회 2(1980), 57 이하 참조.

100 예컨대 대법원 2004. 12. 10. 선고 2003다41715 판결. 또한 대법원 1995. 4. 25. 선고 94재다260 전원합의체 판결 참조.

101 송덕수, 민법총칙, 박영사(2016), 착오론(1991), 63 이하.

102 김욱곤, "법률행위의 착오에 관한 연혁적 고찰", 민법학의 기본문제(2005), 125 이하 참조.

103 Kramer, Juristische Methodenlehre, 2. Aufl(2005), 119 ff.

104 이강국, "위헌법률의 효력", 행정판례연구 2집(1996) 333 이하는, 위헌으로 결정된 법률 또는 법률의 조항은 그 결정이 있은 날로부터 효력을 상실한다. 다만 형벌에 관한 법률 또는 법률의 조항은 소급하여 그 효력을 상실한다 고 규정되어 있는 헌법재판소법 제47조 제2항에 관하여, 그 문언으로만 보면 소위 장래효주의를 규정한 것으로 해석될 수 있는 여지가 없지 않지만, 입법에 관여하였던 필자 등의 의사는, 위헌결정의 장래효를 규정하려던 것이 아니었고, 독일과 같이 위헌법률은 당연무효임을 전제로 하여 소급효를 인정하려는 것이었다고 주장한다. 그러나 이러한 주장은 헌법재판소에 의하여 받아들여지지 않고 있다. 상세한 것은 윤진수 헌법재판소 위헌결정의 소급효, 재판자료 75집(1997), 621 이하 참조.

사에 구속력을 인정할 필요는 없다.[105]

5. 목적론적 해석

위에서 본 해석 방법만으로는 의문의 여지가 없는 명확한 결론을 도출할 수 없는 경우에는, 객관적으로 인정되는 법규의 목적(ratio legis)을 확정하고 그에 따라 해석하여야 한다. 이러한 법규의 목적은 역사적인 입법자가 가졌던 구체적인 목적이 아니라,[106] 객관적으로 인정되는 합리적인 목적을 말한다.[107]

법규의 목적을 확정하기 위하여는 다른 유사한 법규정이 추구하고 있는 목적을 고려하거나,[108] 일반적인 법원리(Rechtsprinzipien)의 도움을 받을 필요가 있다.[109] 또한 문제되는 사건의 성질에 부합하는 해석을 하는 것도 목적론적 해석의 일종으로 볼 수 있다. 나아가 경제적 효율(economic efficiency)도 목적론적 해석의 요소로서 고려될 수 있다.[110] 이와 관련이 있는 것이, 해석의 결과를 고려하여 부

105 우리 민법상 소멸시효 완성의 효과에 관하여 입법자의 의사는 이른바 절대적 소멸설을 채택하려는 것이었다고 추측되지만, 이는 소멸시효의 항변을 단순한 소송상 공격방어방법으로 보더라도, 시효의 이익을 받을 자가 이를 원용하지 않으면 변론주의의 원칙상 법원이 소멸시효의 완성을 직권으로 고려할 수 없다는 점을 전제로 한 것이었다. 그러나 변론주의의 원칙으로부터는 이러한 결론을 이끌어 낼 수 없으므로 입법자의 의사는 잘못된 전제에 선것이라고 하지 않을 수 없다. 상세한 것은 윤진수, 소멸시효 완성의 효과, 민법논고 II, 박영사(2008), 255 이하 참조.

106 주관적-목적론적 해석(subjektiv-teleologische Auslegung)이라는 용어가 쓰이기도 하지만, 이는 역사적 해석에 포함시킬 수 있다. Patrick Melin, Gesetzesauslegung in den USA und in Deutschland.(2005), 267 참조. Barak, Purposive Interpretation in Law(2005)은 목적론적 해석에 주관적 요소와 객관적 요소를 포함시킨다.

107 입법자의 의사가 확인되는 경우에도 그와는 다른 목적론적 해석이 허용되는가에 관하여는 아래에서 살펴보는 것처럼 논란이 있다.

108 Franz Bydlinski, Juristische Methodenlehre und Rechtsbegriff, 2.Aufl.(1991), 454 참조. 이 점에서는 체계적 해석과 공통점이 있다.

109 K. Larenz, Methodenlehre der Rechtswissenschaft, 6. Aufl.(1991), 333 ff. 참조. 그러나 Vogenauer, Die Auslegung von Gesetzen in England und auf dem Kontinent, Bd. I(2001), 34 f.는 이를 체계적 해석의 일종으로 취급하고, Larenz/Wolf, Allgemeiner Teil des B rgerlichen Rechts, 9. Aufl., 2004, 84 f.는 일반적 법원리에 따른 해석을 별도의 독립적인 해석 원리로서 설명한다.

110 Lieth, Dieökonomische Analyse des Rechts im Spiegelbild klassischer Argumentationsrestriktionen des Rechts und seiner Methodenlehre, 2007, 96 ff.는 법의 경제적 분석이 법률의 객관적-목적론적 해석에서 고려될 수 있다고 하고, 143 ff.는 효율을 법이념(Rechtsidee)의 일부인 합목적성(Zweckm ßigkeit)에 포함될 수 있다고 한다. 대법원 2007. 10. 25. 선고 2006다44791 판결은, 채권의 준점유자에 대한 변제에 있어서 변제자인 은행 직원의 무과실을 판단하는 요소의 하나로서, 금융기관에게 추가적인 확인의무를 부과하는 것보다는 예금자에게 비밀번호 등의 관리를 철저히 하도록 요구하는 것이 사회 전체적인 거래비용을 줄일 수 있다는 점을 들고 있다. 그러나 Eidenmüller, Effizienz als Rechtsprinzip, 3. Aufl.(2005), 489 ff. 등은 법의 경제적 분석(ökonomische Analyse des Rechts)은 입법론으로서는 의미가 있지만, 법의 해석과 적용에 있어서는 제한된 의미만을 가진다고 한다. 이 문제를 좀더 상세히 다룬 것으로는 윤진수, "법의 해석과 적용에서 경제적 효율의 고려는 가능한가?", 서울대학교 법학 제50권 1호(2009), 39이하가 있다.

당한 결과를 낳는 해석을 회피하는 것이다.[111] 나아가 외국법 내지 비교법적 연구 또한 목적을 확인하는 데 도움이 된다.[112] 그러나 이러한 목적의 확정에는 항상 해석자 자신의 가치판단이 개입하여 자의적인 결정이 될 수 있는 위험이 존재한다.[113]

판례는 입법취지라는 관점에서 이러한 목적론적 해석을 즐겨 사용한다.[114] 예컨대 대법원 2000. 10. 13. 선고 99두3201 판결은, 입찰참가자격제한사유를 규정한 구 국가를 당사자로 하는 계약에 관한 법률 시행령 제76조 제1항 제8호 소정의 '입찰의 참가자격에 관한 서류 기타 계약에 관한 서류를 위조 또는 변조한 자'에 자신의 명의로 허위의 내용을 기재한 서류를 작성하는 행위(무형위조)도 포함되는지 여부에 관하여 다음과 같은 이유로 이를 긍정하였다. 즉 위 법률 제27조 제1항이나 위 법률 시행령 제76조 제1항 각 호의 규정의 입법취지가 경쟁의 공정한 집행 또는 계약의 적정한 이행을 확보하기 위하여 이를 해하는 행위를 한 자에 대하여 일정기간 동안 입찰참가자격을 제한하려는 데 있으므로, 시행령 제76조 제1항 제8호가 정하는 서류위조의 의미를 해석함에 있어서도 가능한 한 이러한 입법취지를 존중하여 그에 부합되도록 새겨야 한다고 하여, 서류를 허위로 작성한 행위도 서류를 위조한 경우에 해당하는 것으로 해석함이 상당하다고 한다.

또한 대법원 2003. 1. 10. 선고 2002도2363 판결은, 형벌법규는 문언에 따라 엄격하게 해석·적용하여야 하고 피고인에게 불리한 방향으로 지나치게 확장해석하거나 유추해석하여서는 안 되지만, 형벌법규의 해석에서도 법률문언의 통상적

111 Franz Bydlinski, Juristische Methodenlehre und Rechtsbegriff, 2.Aufl.(1991), 457 ff.; Kramer, Juristische Methodenlehre, 2. Aufl(2005), 145 ff. 그러나 Vogenauer, Die Auslegung von Gesetzen in England und auf dem Kontinent, Bd. I(2001), 44 ff.는 이를 법외적 평가척도에 따르는 것으로 설명한다.

112 Franz Bydlinski, Juristische Methodenlehre und Rechtsbegriff, 2.Aufl.(1991), 461 ff. 그러나 Vogenauer, Die Auslegung von Gesetzen in England und auf dem Kontinent, Bd. II(2001), 43은 이를 체계적 해석의 일종으로 설명한다. 대법원 2006. 6. 22.자 2004스42 전원합의체 결정에서의 김지형 대법관의 다수의견에 대한 보충의견은 성전환자의 성 변경을 허용하여야 한다는 근거로서 외국 여러 나라의 예를 들고 있다.

113 Kramer, Juristische Methodenlehre, 2. Aufl(2005), 134; Patrick Melin, Gesetzesauslegung in den USA und in Deutschland.(2005), 131 f, 271 f. 참조. 오세혁, "한국에서의 법령해석 – 우리나라 법원의 해석방법론에 대한 비판적 고찰", 법철학연구 제6권 2호(2003), 135는 법관마다 같은 법, 같은 법규정을 두고 입법취지나 입법목적을 다르게 파악하는 것은 문제라고 한다.

114 오세혁, "한국에서의 법령해석 – 우리나라 법원의 해석방법론에 대한 비판적 고찰", 법철학연구 제6권 2호(2003), 134 f.는 우리나라 법원은 그 어떤 해석방법보다도 입법목적(ratio legis)을 강조하는 목적적 해석을 자주 사용한다고 한다.

인 의미를 벗어나지 않는 한 그 법률의 입법취지와 목적, 입법연혁 등을 고려한 목적론적 해석이 배제되는 것은 아니라고 한다.

그리고 판례는 법령에 위반되는 행정처분의 하자가 중대하고도 객관적으로 명백하여 당연무효로 되는가,[115] 법령에 위반한 행위와 손해 사이에 상당인과관계가 인정되는가,[116] 어느 법규정에 위반한 법률행위가 무효로 되는가[117]하는 점을 판단함에 있어서 당해 법규의 목적을 고려하고 있다.

목적론적 축소(teleologische Reduktion)도 목적론적 해석의 일종이라고 할 수 있다. 이는 어느 법규정이 문언대로라면 특정 사례에 적용될 수 있는 것처럼 보이지만, 이러한 결과가 그 법규정의 목적에 비추어 부당하다고 판단될 때[118] 법규정이 그러한 경우에는 적용되지 않는 것으로 제한하여 해석하는 것을 말한다.[119] 그 적절한 예로서 대법원 1981. 6. 23. 선고 80다1351 판결을 들 수 있다.

이 판결은, 국가배상법이 신체의 침해로 인한 치료비 청구권의 압류를 금지하는 취지는 이를 금지함으로써 피해자로 하여금 그 상해를 치료하기 위한 치료비 채권을 확보할 수 있게 하여 피해의 구제에 만전을 기하려는 것이므로, 그 상해를 치료한 의료인이 피해자에 대한 그 치료비 청구권에 기하여 피해자의 국가에 대한 치료비 청구권을 압류하는 경우에도 이것이 금지되는 것은 아니고, 그렇지 않다면 의료인이 국가에 대한 압류 또는 채권자대위권행사에 의하여 치료비채권을 만족시킬 수 있는 길이 막히므로 오히려 자력 없는 피해자가 상해를 치료받을 수 있는 기회를 봉쇄하는 것이 된다고 판시하였다.

또한 대법원 1997. 8. 21. 선고 95다28625 전원합의체 판결의 다수의견은, 점유자가 점유 개시 당시 소유권 취득의 원인이 될 수 있는 법률행위 기타 법률요건 없이 그와 같은 법률요건이 없다는 사실을 알면서 타인 소유의 부동산을 무단점유한 경우, 자주점유의 추정이 깨어진다고 판시하였는데, 이는 누구도 자신의 위법한

115 대법원 1965. 10. 19. 선고 65누83 판결 등 다수.

116 대법원 1993. 2. 12. 선고 91다43466; 1995. 1. 12. 선고 94다21320 판결 등.

117 대법원 1985. 11. 26. 선고 85다카122 전원합의체 판결 등.

118 이를 규율되어야 할 사태가 규율되지 않고 있는 경우(공개된 흠결, offene Lücke)와 대비하여, 은폐된 흠결(verdeckte Lücke) 또는 예외적 흠결(Ausnahmelücke) 이라고 부른다. K. Larenz, Methodenlehre der Rechtswissenschaft, 6. Aufl.(1991), 391; Kramer, Juristische Methodenlehre, 2. Aufl(2005), 170 등 참조.

119 김대휘, "법관의 법발견의 3단계", 사법연구자료 13집(1986), 23; 김영환, 법철학의 근본문제(제3판), 홍문사(2006), 295 등 참조.

행위로 인하여 이득을 얻어서는 안 된다는 법원리[120]에 따라 자주점유의 추정에 관한 본법 제197조 제1항을 목적론적으로 축소한 것으로 볼 수 있다.[121] [122]

다른 한편 이와 반대되는 것이 목적론적 확장(teleologische Extension)이다. 이 경우에는 법의 문언을 법의 목적에 부합하게 확장하여 원래의 문언에는 포함될 수 없는 사례에까지 적용하는 것을 말한다. 대법원 2006. 10. 26. 선고 2004다27082 판결은 운송물에 관한 손해가 운송인 자신의 고의 또는 그 손해가 생길 염려가 있음을 인식하면서 무모하게 한 작위 또는 부작위로 인하여 생긴 것인 때에는 이러한 책임의 제한을 허용하지 않고 있는 상법 제789조의2 제1항 단서의 '운송인 자신'은 위 조항의 문언 및 입법연혁에 비추어 운송인 본인을 말하지만, 그와 같이 한정하게 된다면 위 단서조항의 배제사유는 사실상 사문화되고 당해 법인이 책임제한의 이익을 부당하게 향유할 염려가 있으므로, 법인의 내부적 업무분장에 따라 당해 법인의 관리 업무의 전부 또는 특정 부분에 관하여 사실상 회사의 의사결정 등 모든 권한을 행사하는 자가 있다면 그의 행위를 운송인인 회사자신의 행위로 봄이 상당하다고 하였다.

또 다른 예로서는 대습상속에 관한 대법원 2001. 3. 9. 선고 99다13157 판결을 들 수 있다. 본법 제1001조는 대습상속에 관하여, 상속인이 될 직계비속 또는 형제자매가 "상속개시전"에 사망하거나 결격자가 된 경우에 상속인이 될 자의 직계비속이 대습상속을 하는 것으로 규정하고 있는데, 이에 따른다면 상속인이 될 자(피대습자)가 피상속인과 동시에 사망한 경우에는 이에 해당하지 않게 된다. 그

120 이에 대하여는 박철, "법률의 문언을 넘는 해석과 법률의 문언에 반하는 해석의 정당성", 민사재판의 제문제 11(2002), 88-89 참조.

121 Richard A. Epstein, Simple Rules for a Complex World(1995), 64는 취득시효(Adverse Possession) 제도를 누구도 자신의 위법행위로부터 이득을 얻어서는 안 된다는 원칙에 대한 예외로 설명한다.

122 대법원 1997. 3. 20. 선고 96도1167 판결의 반대의견은, 자수를 형의 필요적 면제사유로 규정하고 있는 공직선거 및 선거부정방지법 제262조의 자수를 범행발각 전의 자진출두 로 제한하는 것은 목적론적 축소해석에 불과하므로 죄형법정주의의 파생원칙인 유추해석금지의 원칙에 위반되지 않는다고 한다. 그리고 대법원 1983. 7. 12. 선고 82므59 전원합의체 판결(동서의 결여로 처가 부의 자를 포태할 수 없는 것이 외관상 명백한 사정이 있는 경우에는 친생추정이 미치지 않는다); 대법원 1996. 2. 15. 선고 95다38677 전원합의체 판결(헌법 제29조 제1항 단서는 공무원에게 경과실뿐인 경우에는 공무원 개인은 손해배상책임을 부담하지 아니한다는 의미이다); 대법원 2001. 4. 24. 선고 2000다16114 판결(법관의 잘못으로 인한 국가배상책임이 인정되려면 법관이 그에게 부여된 권한의 취지에 명백히 어긋나게 이를 행사하였다고 인정할 만한 특별한 사정이 있어야 한다) 등도 목적론적 축소해석의 예이다. 그러나 이들에 대하여는 해석의 범위를 넘어선 것이라는 논란이 있다. 정귀호, "친생자의 추정과 친생부인의 소", 민법판례연구회 6(1984), 185 이하; 홍준형, "공무원 개인의 손해배상책임에 대한 고찰", 판례월보(1996.12), 47 이하; 송덕수, 민법총칙, 박영사(2016), "경매담당 법관의 배당표 작성상 잘못과 국가배상책임", 법학논집 6권 2(2001), 201 이하 등 참조.

러나 이렇게 되면 피대습자의 직계비속 또는 배우자는 피대습자가 상속개시 전에 사망한 경우에는 대습상속을 하고, 피대습자가 상속개시 후에 사망한 경우에는 피대습자를 거쳐 피상속인의 재산을 본위상속을 하므로 두 경우 모두 상속을 하는데, 피상속인과 상속인이 될 자가 동시에 사망한 경우에만 그 직계비속 또는 배우자가 본위상속과 대습상속의 어느 쪽도 하지 못하게 되는 불합리한 결과가 된다. 그리하여 대법원 2001. 3. 9. 선고 99다13157 판결은 민법 제1001조의 '상속인이 될 직계비속이 상속개시 전에 사망한 경우'에는 '상속인이 될 직계비속이 상속개시와 동시에 사망한 것으로 추정되는 경우'도 포함하는 것으로 합목적적으로 해석함이 상당하다고 하였다. 이는 불합리한 결과(absurdresult)를 피하기 위하여 법원이 법의 문언을 목적론적으로 확장한 것으로 이해할 수 있다.[123]

그런데 이러한 목적론적 확장은 유추와 매우 유사하고,[124] 이를 유추와 구별할 필요가 없다는 견해도 있으나,[125] 이를 구별하는 견해는, 목적론적 확장은 유추와는 달리 법이 규율하고 있는 경우와 규율하지 않고 있는 경우 사이에 유사성이 존재하지 않지만, 법의 목적에 비추어 볼 때 후자도 법에 포섭되어야 하는 경우라고 설명한다.[126]

6. 각 해석방법 사이의 순위관계

이러한 각 해석방법 사이에는 어떤 것이 우선하는가? 일반적으로는 우선 문리해석에서 출발하고, 법문의 의미는 체계해석의 도움을 받아 확정할 수 있으며, 그럼에도 불구하고 여러 가지 해석이 가능할 때에는 입법자의 의사를 탐구하는 역사적 해석에 의존하고, 그러한 입법자의 의사를 탐구할 수 없으면 목적론적 해석에 의한다고 말할 수 있다.[127] 그러나 이러한 순서가 반드시 절대적인 것은 아니다.

123 최성경, "동시사망 추정과 배우자 대습상속", 가족법연구 19권 1호(2005), 451 이하는 이러한 결과를 유추의 관점에서 설명한다.

124 Kramer, Juristische Methodenlehre, 2. Aufl(2005), 177 Fn. 528.

125 Franz Bydlinski, Juristische Methodenlehre und Rechtsbegriff, 2.Aufl.(1991), 475.

126 Canaris, Die Festsellung von L cken im Gesetz, 2. Aufl., 1983, 90; K. Larenz, Methodenlehre der Rechtswissenschaft, 6. Aufl.(1991), 398; 최봉경, "법률의 흠", 연세법학연구 10권 1집(2003), 48.

127 심헌섭, "법철학적 법학방법론", 서울대학교 법학 24권 1호(1983), 7-8; K. Larenz, Methodenlehre der Rechtswissenschaft, 6. Aufl.(1991), 343 ff. Franz Bydlinski, Juristische Methodenlehre und Rechtsbegriff, 2.Aufl.(1991), 556 f.는 경제적인 원칙(konomisches Prinzip) 에 따라 더 단순한 방법부터 먼저 추구해야 하는데, 이러한 단순성의 기준은 정의와 법적 안정성 또는 균등성과 예견가능성에 의하여 뒷받침되는 것이라고 설명한다.

예컨대 앞에서 언급한 것처럼 문리해석도 편집과오의 경우나 명백히 부당한 결과를 가져오는 경우에는 다른 해석방법에 양보하여야 한다. 편집과오의 경우는 역사적 해석이 문리해석보다 우선하는 경우이고, 명백히 부당한 결과를 가져오는 경우나 목적론적 축소는 목적론적 해석이 문리해석보다 우선하는 경우이다.

가장 문제가 되는 것은 역사적 해석, 즉 입법자의 의사와 목적론적 해석이 충돌하는 경우이다. 이를 일반적으로 주관적 해석과 객관적 해석 중 어느 것을 선택할 것의 문제로 파악한다. 오늘날은 주관적 해석론과 객관적 해석론 중 어느 하나가 절대적으로 우선한다는 견해는 별로 주장되지 않고, 대체로 양자를 절충하면서도 객관적 해석(목적론적 해석)에 좀더 중점을 두는 입장이 지지되고 있는 것으로 보인다.

7. 유추

유추(Analogie)는 엄밀한 의미에서 법의 해석에는 속하지 않는다.[128] 그러나 유추해석이라는 용어는 흔히 사용되고 있다. 이는 어떤 사례에 대하여 적용될 법규정이 존재하지 않는, 법률의 흠결이 존재할 때, 그 흠결을 보충하는 방법으로 해당 사례에 대해 그와 유사한 사례에 대한 법률의 규정을 적용하는 것을 말한다. 여기서 법률의 흠결(Gesetzeslücke)이란 일반적으로 입법자의 의도나 계획에 따르면 규율되었어야 함에도 불구하고 규율이 존재하지 않는 경우, 이른바 "계획에 어긋난 불완전(planwidrige Unvollständigkeit)"을 의미한다.[129] 입법자의 의도나 계획은 앞에서 살펴본 법률의 해석방법에 따라 탐구되어야 한다. 이러한 법률의 흠결은 입법자의 판단이 잘못되어 개선을 필요로 하는 경우와는 구별되어야 한다.

이러한 유추가 허용되는 근거는 헌법상의 평등원칙(헌법 제11조)에서 찾을 수

128 그러나 근래에는 해석과 유추를 서로 구별할 수 없다는 견해가 독일에서 주장된다. 왜냐하면 이 두 경우 모두 법적용자는 사안의 비슷한 속성을 찾아 추론을 하기 때문이라는 것이다. 그러나 형법상 유추금지는 중요하기 때문에 그것을 표현하기 위해 허용되지 않은 유추와 허용되는 유추로 구별한다. Arthur Kaufmann, Analogie und Natur der Sache, 2. Aufl., 1982. 또한 김학태, "법률해석의 한계 : 판례에서 나타난 법해석방법론에 대한 비판적 고찰", 외법논집 22집(2006), 182 이하의 소개 참조.

129 K. Larenz, Methodenlehre der Rechtswissenschaft, 6. Aufl.(1991), 373; Canaris, Die Festsellung von L cken im Gesetz, 2. Aufl., 1983, 90; K. Larenz, Methodenlehre der Rechtswissenschaft, 6. Aufl.(1991), 31 ff.; 최봉경, "법률의 흠", 연세법학연구 10권 1집(2003), 30.

[이원범]

있다. 즉 동일한 것은 동일하게 다루어야 하는 것이다.[130] 반면 형법에서는 죄형법정주의의 원칙 때문에 행위자에게 불리한 유추는 허용되지 않는다.[131]

유추와 대립하는 개념으로서 반대해석 또는 반대추론(Umkehrschluss, argumentume contrario)이 있다. 이는 일정한 사항에 관하여 적용될 법이 있는 경우에는 이 법이 규정하고 있지 않는 사항에 대하여는 입법자가 이 법을 적용하지 않을 의사였다고 보아 법이 적용되지 않는다고 해석하는 것이다. 예컨대, 상표법 제119조 제1항은 상표등록의 취소사유로서 제1호에서 제9호까지의 사유를 열거하면서, 제4항에서는 "제1항(같은 항 제4호 및 제6호는 제외한다)에 해당하는 것을 사유로 취소심판을 청구한 후 그 심판청구사유에 해당하는 사실이 없어진 경우에도 취소사유에 영향이 미치지 아니한다."고 규정하고 있으므로 여기에 열거된 것 이외의 사유로 상표등록취소심판을 청구한 후에 그 사유가 없어진 경우에는 제4항의 반대해석으로서 그 취소를 청구할 수 없는 것이다.[132] 그러나 어떤 경우에 유추가 허용되고, 어떤 경우에 반대해석에 의하여야 하는가는 일의적으로 결정할 수 없고, 그 입법의 목적을 탐구하여 결정하여야 한다.[133]

이론적으로는 유추 가운데 개별유추(Einzelanalogie)와 전체유추(Gesamtanalogie)를 구별할 필요가 있다. 전자는 법률유추(Gesetzanalogie)라고도 불리우는 것으로, 특정 법규범을 그에 의하여 규율되지 않고 있는 다른 사실관계에 대하여도 준용하는 것이다. 반면 후자는 법유추(Rechtsanalogie)라고도 불리우는 것으로서, 서로 상이한 구성요건에 대하여 동일한 법률효과를 규정하고 있는 몇 개의 법률 규정으로부터 일반적인 법원칙(allgemeiner Rechtsgrundsatz)을 도출하여 이를 법률에 규정되어 있지 않은 다른 구성요건에 적용하는 것이다.[134] 그런데 법원으로서는 전체유추

130 K. Larenz, Methodenlehre der Rechtswissenschaft, 6. Aufl.(1991), 381; Kramer, Juristische Methodenlehre, 2. Aufl(2005), 176; Canaris, Die Festsellung von L cken im Gesetz, 2. Aufl., 1983, 90; K. Larenz, Methodenlehre der Rechtswissenschaft, 6. Aufl.(1991), 71 ff 등.

131 대법원 1992. 10. 13. 선고 92도1428 전원합의체 판결 등.

132 대법원 1999. 12. 28. 선고 97후2750, 2767, 2774 판결.

133 K. Larenz, Methodenlehre der Rechtswissenschaft, 6. Aufl.(1991), 391; Franz Bydlinski, Juristische Methodenlehre und Rechtsbegriff, 2.Aufl.(1991), 476 f.; Kramer, Juristische Methodenlehre, 2. Aufl(2005), 182 ff 등.

134 K. Larenz, Methodenlehre der Rechtswissenschaft, 6. Aufl.(1991), 383 ff.; Franz Bydlinski, Juristische Methodenlehre und Rechtsbegriff, 2.Aufl.(1991), 477 f; Kramer, Juristische Methodenlehre, 2. Aufl(2005), 178 ff 등.

에 의하여 발견된 일반적 법원리의 전체적인 적용범위를 파악하기 어려우므로, 전체유추가 가능한 것으로 보이는 경우에도 1차적으로는 개별유추에 의함이 안전하다.[135]

판례가 유추를 사용하고 있는 경우는 매우 많다. 이는 대부분 개별유추에 해당한다. 예컨대 대리권 남용 행위에 대하여는 비진의표시에 관한 본법 제107조 제1항 단서가 유추적용되고,[136] 대리인이 본인임을 사칭하고 본인을 가장하여 법률행위를 한 경우에 권한을 넘은 표현대리의 법리를 유추적용할 수 있으며,[137] 법인 아닌 사단에 대하여는 사단법인에 관한 민법규정 가운데서 법인격을 전제로 하는 것을 제외하고는 이를 유추적용하여야 한다.[138] [139]

반면 국내에서는 전체유추에 관하여는 그다지 많이 논의되고 있지 않다. 다만 대법원 1992. 5. 12. 선고 92다4581, 4598 판결 이래 판례가 인정하고 있는 대상청구권, 즉 채무가 이행불능으로 된 경우에, 채권자가 채무자에 대하여 채무자가 이행의 목적물에 갈음하여 취득한 이익(대상)을 양도하여 줄 것을 청구할 수 있는 권리의 근거에 관하여, 우리 민법상 이른바 대위법리 내지 대상법리에 근거한 규정(유증에 관한 민법 제1083조, 손해배상자의 대위에 관한 민법 제399조, 변제자대위에 관한 민법 제480조, 물상대위에 관한 민법 제342, 제370조)의 규정을 유추하여 인정된다는 견해가 주장되고 있는데,[140] 이는 전체유추를 주장하는 것으로 볼 수 있다.

다른 한편 우리 민법은 손해배상의 방법으로서 금전배상을 원칙으로 하고, 원상회복은 예외적으로만 인정하고 있지만, 이처럼 예외적으로 원상회복을 인정하는 법규정들을 전체적으로 유추하면, 채권자의 입장에서 볼 때에는 금전배상이 명백히 불충분한 반면, 채무자의 입장에서는 원상회복에 의하더라도 특별

135 K. Larenz, Methodenlehre der Rechtswissenschaft, 6. Aufl.(1991), 386.

136 대법원 1987. 11. 10. 선고 86다카371 판결.

137 대법원 1988. 2. 9. 선고 87다카273 판결.

138 대법원 1992. 10. 9. 선고 92다23087 판결 등. 정부가 제17대 국회에 제출한 민법개정안 제39조의2는 이 점을 명문으로 규정하고 있다.

139 대법원 2006. 6. 22.자 2004스42 전원합의체 결정은 구 호적법 제120조의 호적정정사유를 호적 기재 당시부터 존재하는 잘못을 시정하기 위한 것으로 한정할 이유는 없고, 성전환자에 해당함이 명백하다고 증명되는 경우에는 구 호적법 제120조의 절차에 따라 그 전환된 성과 호적의 성별란 기재를 일치시킴으로써 호적기재가 진정한 신분관계를 반영할 수 있도록 하여야 한다고 판시하였다. 그러나 이는 해석의 차원을 떠난 유추에 해당한다고 설명하는 것이 정확할 것이다. Jinsu Yune, The Role of the Courts in the Protection of Transsexuals Human Rights: A Comparison of Korea with Germany and the UK , Lebendiges Familienrecht, Festschrift für Rainer Frank, 2008, 409 ff. 참조.

140 민법주해 IX, 채권(2), 박영사(1995), 289 이하(양창수) 등.

히 가혹하지 않으며 나아가서는 그 집행에 있어서도 금전집행의 경우보다 편리한 경우에는 원상회복에 의한 손해배상을 인정할 여지가 있다.[141] [142]

Ⅳ. 관습법

1. 의의

관습법이란 사회의 거듭된 관행으로 생성한 사회생활규범이 사회의 법적 확신과 인식에 의하여 법적 규범으로 승인·강행되기에 이른 것을 말하고, 그러한 관습법은 바로 법원으로서 법령과 같은 효력을 가져 법령에 저촉되지 아니하는 한 법칙으로서의 효력이 있는 것이다.[143] 과거 성문법이 발달하지 않았을 때에는 관습법이 중요한 법원으로서 기능하였으나, 거의 모든 법률문제가 성문법에 의하여 규율되고 있는 현재에는 관습법의 법원으로서의 의의는 감소되었다. 그렇다고 하여도 관습법의 법원으로서의 의미를 경시할 수는 없다. 법원으로서 관습법을 인정하지 않는 나라는 찾아보기 어렵다.[144]

우리나라에서는 서구법을 계수하였기 때문에 이러한 계수법이 적용되지 않는 영역에서는 관습법이 문제되는 경우가 비교적 많다. 특히 민법 시행 전에는 친족상속법에 관하여는 관습법에 의하여 규율되었다. 그 외에도 관습법에 의하여 규율되는 문제가 꽤 있다. 특히 근래에는 헌법과 행정법 영역에서도 관습법의 적용

141 윤진수, "부동산의 이중양도에 관한 연구", 서울대학교 법학박사학위 논문(1993), 216 이하; 민법주해 Ⅸ, 채권(2), 박영사(1995), 596 이하(양삼승).

142 김형석, "유류분의 반환과 부당이득", 민법판례연구회 ⅩⅩⅨ(2007), 162는 유류분반환청구권의 법적 성질을 형성권으로 보면서, 이 경우 선의의 전득자 보호는 민법의 선의의 제3자 보호 규정을 전체유추하여 가능하다고 한다. 그러나 우리 민법의 입법자는 유류분 규정을 신설할 때 일본민법을 참고로 하면서도, 일본 민법상의 선의자 보호 규정을 들여오지 않았다. 이는 입법자의 의도적인 선택으로 보아야 할 것이므로 선의의 전득자 보호 규정을 두지 않은 것을 법률의 흠결로 보기는 어렵다. 뿐만 아니라 민법상 선의의 제3자 보호 규정은 예외에 해당하는데, 이러한 예외규정을 근거로 하여 전체유추를 주장하는 것은 매우 신중해야 할 것이다(singularia non sunt extendenda). 선의의 전득자 보호는 유류분반환청구권의 성질을 청구권으로 파악할 때 쉽게 설명할 수 있다.

143 대법원 1983. 6. 14. 선고 80다3231 판결, 대법원 2003. 7. 24. 선고 2001다48781 전원합의체 판결, 대법원 2005. 7. 21. 선고 2002다1178 전원합의체 판결 등. 관습헌법에 관한 헌법재판소 2004. 10. 21. 선고 2004헌마554·566 결정도 참조.

144 오스트리아 민법 제10조는 관습(Gewohnheit)은 법률이 이를 원용하고 있는 경우에만 고려될 수 있다고 규정하고 있으나, 오늘날 오스트리아의 일반적인 견해는, 현재로서는 관습법은 성문법과 동등한 법원이며, 따라서 이를 오스트리아 민법 제10조와 같은 방법으로 제한할 수는 없다고 본다. Schwimann/Posch, ABGB, Praxiskommentar, 3. Aufl.(2005), §10 Rdnr. 2; Rummel/Bydlinski, ABGB, Kommentar, 3. Aufl., 2000, §10 Rdnr. 2.

이 문제되고 있다(☞ 본법 제1조 Ⅳ. 4. 다., 라. 주석 참조). 이외에 헌법 제6조가 규정하고 있는 "일반적으로 승인된 국제법규"는 국제관습법을 의미한다고 해석된다.[145]

2. 관습법의 성립요건

일반적으로 관습법의 성립요건으로서는 첫째, 거듭된 관행(usus)이 있어야 하고, 둘째, 그에 대한 사회의 법적 확신(opinio juris, opinio necessitatis)이 있어야 한다는 점을 든다.[146] 그런데 관습법이 이러한 요건을 갖추면 바로 성립하는지, 아니면 법원에 의한 승인이 있어야만 비로소 관습법이 성립하는지에 관하여는 견해의 대립이 있다. 후자의 입장을 지지하는 견해는 오늘날 법을 정립하고 집행하는 것은 국가뿐이라는 점을 근거로 내세우면서, 선량한 풍속 기타 사회질서에 반하는 어떤 관습이 있는 경우에는 아무리 관습의 관행성이 강하고 어쩌다 법적 확신 비슷한 관념까지 수반되어 있더라도 이것이 관습법으로서 인정되기 어렵다고 한다.[147] 그러나 반대의 견해에서는 이러한 견해는 국가만이 법을 정립할 수 있다고 하는 법실증주의적 이론으로서, 법원의 승인 이전에 이미 자생적인 관습법이 존재한다고 한다.[148]

이 문제는 다소 애매한 측면이 있다. 즉 이론적으로는 관습법은 법원의 판결을 기다리지 않고 법적 확신이 있는 때에 성립한다고 보더라도 실제 문제로서는 법원이 관습법이 존재한다고 선언하여야만 그러한 관습법의 존재가 확인되게 된

145 민법주해 I, 총칙(1), 박영사(1992), 42-43(최병조)은 일반적으로 승인된 국제법규란 국제관습법과 문명국에 의하여 일반적으로 인정된 법의 일반원칙을 아울러 지칭하는 것으로 이해된다고 한다.

146 대법원 1983. 6. 14. 선고 80다3231 판결, 대법원 2003. 7. 24. 선고 2001다48781 전원합의체 판결, 대법원 2005. 7. 21. 선고 2002다1178 전원합의체 판결 등. 관습헌법에 관한 헌법재판소 2004. 10. 21. 선고 2004헌마554·566 결정도 참조; 민법주해 I, 총칙(1), 박영사(1992), 43(최병조); 곽윤직, 부동산물권변동의 연구, 박영사(1968), 17 등. 헌법재판소 2004. 9. 23. 선고 2000헌라2 결정은 행정관습법이 성립하기 위해서는 특정한 행위를 통한 행정관행이 존재하고, 이러한 행정관행이 오랜 기간 동안 반복하여 존재하며, 이러한 행정관행에 대한 행정기관과 일반국민들의 법적 확신이 존재해야 한다고 설명한다.

147 서광민, "관습법과 사실인 관습", 고시계(1991. 8), 113 이하; 김대휘, "법원론에 관한 연구", 서울대학교 박사학위논문(1992), 222 이하 참조. 대법원 2003. 7. 24. 선고 2001다48781 전원합의체 판결.에서의 조무제 대법관의 반대의견에 대한 보충의견은, 관습법이 법원으로서 성립, 존속하기 위하여는 법적 확신의 구체적 표현 방법으로서의 법원의 판결이 필수적인 요건이 된다고 한다.

148 민법주해 I, 총칙(1), 박영사(1992), 47-48(최병조); 이은영, 민법총칙, 박영사(2009), 40-41; 박찬주, 불문법의 법원성에 대한 새로운 이해(상), 법조(2007. 9), 48 이하 등. 이것이 통설이다. "김욱곤, 관습법에 관한 연구: 특히 우리 민법의 해석을 중심으로", 민법학의 기본문제(2005), 48은 법적용기관과 관습법규범의 관계는 법적용기관과 성문법률과의 관계와 전연 동일하다고 한다.

[이원범]

다.[149] 그렇지만 이론적으로는 관습법의 성립 시기와 그러한 관습법에 대한 법원의 사후적 심사 내지 승인을 구별하여야 한다. 본조는 관습법 그 자체로서 구속력이 있다고 규정한 것이지 법원의 승인이 있어야만 관습법으로서 성립한다고 규정한 것은 아니다. 뿐만 아니라 법원의 승인이 있어야 관습법이 성립한다면, 법원의 승인에 의한 관습법의 성립 시기는 그 관습법이 적용되어야 하는 사안보다 나중이 될 수밖에 없으므로 결국 이러한 이론은 법원에 의한 소급입법을 허용하는 것이 되어, 일반적으로 소급입법을 허용하지 않는 법의 기본체계에 맞지 않는다.[150] [151]

다른 한편 법적 확신설에 의하면서도 관습법의 성립요건으로서의 법적 확신을 우리 민법의 기초이념 내지 정당성으로 이해하여, 그러한 기초이념에 부합하지 않거나 정당성이 없는 관습은 관습법으로서 승인될 수 없다고 하는 견해가 있다.[152] 그러나 법적 확신의 문제는 그 공동체 구성원들이 어떻게 생각하는가 하는 주관적인 문제로서, 그러한 관습법의 내용이 객관적으로 타당한 것인가 하는 문제와는 구별되어야 한다.[153]

3. 관습법의 효력

가. 법으로서의 효력

일단 관습법이라고 인정되면 이는 법원의 하나로서 재판규범이 될 수 있다. 따라서 관습법의 존재 및 내용은 성문법과 마찬가지로 당사자의 주장증명을 기다

149 곽윤직, 부동산물권변동의 연구, 박영사(1968), 18 참조.

150 윤진수, "상속회복청구권의 소멸시효에 관한 구관습의 위헌 여부 및 판례의 소급효", 비교사법 11권 2호, 한국비교사법학회(2004), 292-294; 오세혁, "관습법의 현대적 의미", 한국법철학회(2006), 151 이하 참조.

151 그런데 박찬주, 불문법의 법원성에 대한 새로운 이해(상), 법조(2007. 9), 52; 오세혁, "관습법의 현대적 의미", 한국법철학회(2006), 160-161 등은 근래의 대법원 2003. 7. 24. 선고 2001다48781 전원합의체 판결; 대법원 2005. 7. 21. 선고 2002다1178 전원합의체 판결 등이 관습법의 요건으로서 정당성과 합리성을 들고 있는 점 등을 근거로 하여 판례가 형식적으로는 법적 확신설을 따르고 있는 것처럼 보이지만 실제적으로는 승인설을 따르는 것이라고 한다. 그러나 이러한 판례는 이 판례 스스로가 밝히고 있는 것처럼 관습법이 효력을 잃게 되는 것이 헌법을 최상위 규범으로 하는 전체 법질서에 어긋난다는 데 있는 것으로서, 관습법에 대한 일종의 위헌심사를 한 것으로 보아야 할 것이다. 윤진수, "상속회복청구권의 소멸시효에 관한 구관습의 위헌 여부 및 판례의 소급효", 비교사법 11권 2호, 한국비교사법학회(2004), 297 이하 참조.

152 이영준, 민법총칙, 박영사(2007), 23; 이은영, 민법총칙, 박영사(2009), 40-41.

153 윤진수, "상속회복청구권의 소멸시효에 관한 구관습의 위헌 여부 및 판례의 소급효", 비교사법 11권 2호, 한국비교사법학회(2004), 295. 또한 박찬주, 불문법의 법원성에 대한 새로운 이해(상), 법조(2007. 9), 50-51 참조.

림이 없이 법원이 직권으로 이를 확정하여야 한다.[154]

그런데 종래부터 논의가 많았던 것은 관습법과 성문법과의 우열관계이다. 본조는 법률에 규정이 없으면 관습법에 의한다고 규정하고 있기 때문에, 문리상으로는 관습법은 법률에 규정이 없는 경우에 한하여 적용될 수 있는 것으로 해석된다(이른바 보충적 효력설).[155] 그러나 학설상으로는 관습법에 대하여 성문법과 동등한 효력을 인정하고, 나아가 관습법이 성문법을 변경하는 효력도 있다는 주장(대등적 효력설 또는 변경적 효력설)도 유력하게 제기되고 있다.[156]

대등적 효력설의 중요한 근거는, 성문법만으로는 사회변화에 적응할 수 없다는 점 및 국가권력의 원천인 국민이 직접적으로 정립한 법이 그의 대표기관을 통하여 간접적으로 정립한 법보다 언제나 열위에 서야 한다는 것은 명백한 모순이라는 점이다. 그러나 관습법의 존재를 확인한다는 것은 기본적으로 어려운 일이므로, 사회변화에 따라 성문법에 어긋나는 관습법의 효력을 인정하여 재판한다는 것은 법적 안정성 면에서 문제가 있다. 현실적으로는 관습법이 존재하는가 여부를 결정하는 것은 종국적으로 법원이므로, 만일 관습법이 성문법과 대등한 효력을 가진다고 본다면 결과적으로 법원에게 성문법을 개폐하는 권한을 주는 것과 다를 바가 없다. 결국 관습법에 대하여는 다른 규정이 없는 한 보충적인 효력만을 인정할 수밖에 없다. 판례도 관습법에 대하여는 법원으로서의 보충적 효력을 인정하고 있다.[157] 대등적 효력설의 입장에서는 판례상 관습법의 변경적 효력이 인정되고 있다고 하면서, 그 예로서 양도담보, 사실혼 등을 드나, 이러한 것들이 성문법과 모순되는 것이라고는 할 수 없으므로, 관습법의 변경적 효력의 예에 해당한다고 볼 수는 없다.[158]

그러나 이러한 논의는 관습법과 강행규정 사이에서 문제되는 것이고, 관습법과 임의규정 사이에서는 실제로 문제되지 않는다(☞ 아래의 제1조 Ⅳ. 3. 나. 주석 참조).

154 대법원 1983. 6. 14. 선고 80다3231 판결.

155 강태성, 민법총칙, 대명출판사(2017), 17-18; 곽윤직, 부동산물권변동의 연구, 박영사(1968), 19: 명순구, 민법총칙, 법문사(2007), 22-23; 이영준, 민법총칙, 박영사(2007), 24-25; 이은영, 민법총칙, 박영사(2009), 44-45; 민법주해 I, 총칙(1), 박영사(1992), 47-48 (최병조), 48 이하; "김욱곤, 관습법에 관한 연구: 특히 우리 민법의 해석을 중심으로", 민법학의 기본문제(2005), 64 이하 등.

156 고상용, 민법총칙(제3판), 법문사(2005), 376; 김주수, 친족상속법 (제6전정증보판), 법문사(2005), 친족상속법 (제6전정증보판), 법문사(2005), 45; 김증한/김학동, 민법총칙(제9판), 박영사(2013), 14; 백태승, 민법총칙(제7판), 집현제(2016), 민법총칙(제7판), 집현제(2016), 19; 박찬주, 불문법의 법원성에 대한 새로운 이해(상), 법조(2007. 9), 67 이하 등.

157 대법원 1983. 6. 14. 선고 80다3231 판결.

158 민법주해 I, 총칙(1), 박영사(1992), 51(최병조).

다른 한편 상법 제1조는 상관습법에 대하여는 상법보다는 보충적 효력을 인정하지만, 민법보다는 우선하는 것으로 규정하고 있다. 그리고 본법 제185조는 법률 외에도 관습법에 의한 물권의 창설을 인정하고 있는데, 이것이 본조와는 달리 관습법에 대등적 또는 변경적 효력을 인정하는 것인가, 아니면 물권법정주의의 예외일 뿐 본조와 마찬가지로 보충적 효력만을 인정하는 것인가에 관하여는 의견이 대립하지만, 법률이 규정하고 있는 물권과 다른 물권을 관습법상 인정하는 것은 허용되지 않고, 다만 특별히 규정을 두고 있지 않은 종류나 내용의 물권만이 관습법상 인정된다는 것으로 해석하는 보충적 효력설이 타당하다.[159]

나. 관습법과 사실인 관습

본법 제106조는 당사자의 의사가 명확하지 아니한 때에는 임의규정과 다른 관습이 있는 경우에는 그 관습에 의한다고 규정하고 있다. 이 규정과 본조와의 관계를 둘러싸고 관습법은 법률에 규정이 없는 경우에 적용되는 반면(보충적 효력설), 그보다는 법규범성이 약하다고 보아야 할 사실인 관습은 임의규정에 우선한다는 것은 모순이 아닌가 하는 의문이 제기되고 있다. 이에 관하여는 여러 가지의 견해가 있다.[160] 대법원 1983. 6. 14. 선고 80다3231 판결은, 관습법이란 사회의 법적 확신과 인식에 의하여 법적 규범으로 승인·강행되기에 이른 것이고, 사실인 관습은 사회의 법적 확신이나 인식에 의하여 법적 규범으로서 승인된 정도에 이르지 않은 것을 말한다고 한다.

그러나 관습법과 사실인 관습 사이에 그 적용 순서에 관하여 모순이 있는 것은 아니다. 본법 제106조의 사실인 관습은 그것이 법규범으로서 적용되는 것이 아니고,[161] 의사표시의 해석 기준일 뿐이기 때문이다.[162] 사실인 관습으로서

159 민법주해 I, 총칙(1), 박영사(1992), 50-51(최병조); 민법주해 IV, 물권(1), 박영사(1992), 120-121(김황식) 참조.

160 상세한 논의는 정종휴, "관습법과 사실인 관습", 이영준기념논문집(1999), 3 이하 참조.

161 독일의 학설은 독민 제157조가 계약 해석의 기준으로 제시하고 있는 거래관행(Verkehrssitte)은 법적 구속력이 있는 법규범이 아니라는 점에서 관습법과 구별된다고 한다. MünchKomm/Mayer-Maly/Busche, §157 Rdnr. 15; Staudinger/Roth, §133 Rdnr. 66 참조. 반대: 강태성, 민법총칙, 대명출판사(2017),503; 이은영, 민법총칙, 박영사(2009), 432.

162 이영준, 민법총칙, 박영사(2007), 340 이하; 명순구, 민법총칙, 법문사(2007), 367; 백태승, 민법총칙(제7판), 집현제(2016), 378; 김상용, 민법총칙(제3판), 화산미디어(2014), 441; 민법주해 I, 총칙(1), 박영사(1992), 49-50(최병조); 이호정, "임의규정, 관습법과 사실인 관습", 서울대 법학 37권 2호(1996), 20 이하 등.

의사표시의 해석 기준이 되기 위하여는 사회의 거듭된 관행인 것으로 충분하고, 그것이 법적 확신에 의하여 뒷받침되는가 여부는 문제되지 않는다. 임의규정은 당사자의 의사에 의하여 배제할 수 있는데, 사실인 관습은 당사자의 의사를 확정하는 기능을 하는 것이므로, 결과적으로 사실인 관습에 의하여 임의규정이 배제될 수 있는 것이다. 따라서 동일한 법률행위에 관하여 사실인 관습은 임의규정에 앞서 적용되는 반면, 관습법은 임의규정보다 나중에 적용된다는 일은 생기지 않는다.

이다만 이러한 결과를 설명하기 위하여 관습법도 사실인 관습과 마찬가지로 임의규정보다 앞서서 적용되는가,[163] 사실인 관습에 관습법도 포함되는가,[164] 아니면 관습법은 성문법의 규정이 없을 때에 인정되는 것이므로 임의규정에 반하는 관습법은 있을 수 없기 때문인가[165] 하는 점들은 이론상 내지 어의상의 문제일 뿐이고, 실제상의 별다른 차이는 없지만,[166] 마지막의 견해가 비교적 민법의 규정체계에 부합한다.

다. 관습법의 효력 상실

관습법도 그것이 강행법규나 기타 상위의 다른 법규범과 저촉될 때에는 효력이 인정될 수 없다. 이 점에 관하여는 상위의 다른 법규범과 저촉되는 관습법은 처음부터 성립될 수 없다고 하는 견해도 있을 수 있으나, 그와 같이 보기보다는 그러한 관습법도 그 존재 자체는 인정할 수 있고, 다만 상위의 법규범에 저촉되기 때문에 효력이 부정된다고 하는 것이 보다 실제적인 설명이 될 것이다. 주로 문제되는 것은 헌법에 위반되는 경우인데, 이때에는 성문의 법률의 헌법 위반 여부에 대하여 헌법재판소가 판단권을 가지는 것과는 달리 법원, 최종적으로는 대법원이

163 이영준, 민법총칙, 박영사(2007), 341; 서광민, "관습법과 사실인 관습", 고시계(1991. 8), 122 이하. "김욱곤, 관습법에 관한 연구: 특히 우리 민법의 해석을 중심으로", 민법학의 기본문제(2005), 66, 74 등은 임의법규적인 내용의 사항에 관하여 관습법이 있으면 당사자는 관습법에 따를 묵시적 의사를 가졌다고 추정되고, 사적 자치가 인정되는 범위에서 실제에 있어서는 입증책임의 문제를 제외하고는 관습법과 사실인 관습을 구별할 실익이 없다고 한다.

164 명순구, 민법총칙, 법문사(2007), 367-368.

165 백태승, 민법총칙(제7판), 집현제(2016), 378; 이호정, "임의규정, 관습법과 사실인 관습", 서울대 법학 37권 2호(1996), 26-27.

166 다만 대법원 1983. 6. 14. 선고 80다3231 판결은 관습법은 당사자의 주장 입증을 기다림이 없이 법원이 직권으로 이를 확정하여야 하고, 사실인 관습은 그 존재를 당사자가 주장 입증하여야 한다고 한다. 그러나 위 판결도 법원이 관습법을 알 수 없는 경우 결국은 당사자가 이를 주장입증할 필요가 있다고 한다. 다른 한편 대법원 1977. 4. 12. 선고 76다1124 판결은 사실인 관습은 일종의 경험칙이므로 직권판단 사항에 속한다고 한다.

판단권을 가진다.[167] 법률의 경우에는 삼권분립의 원칙상 국회의 입법권을 존중하기 위하여 법원 아닌 헌법재판소에 위헌 여부의 판단 권한을 준 것이지만, 관습법의 경우에는 삼권분립의 원칙과는 관계가 없기 때문이다.

그러나 일단 유효하게 법적 확신에 의하여 뒷받침되는 관습법이라면 법원이 그 내용이 불합리하다는 이유만으로 그 구속력을 배제하는 것은 허용될 수 없다. 이는 관습법에 법원으로서의 효력을 인정하는 것과는 상치된다.[168]

대법원 2003. 7. 24. 선고 2001다48781 전원합의체 판결은 제정 민법이 시행되기 전에 존재하던 관습 중 "상속회복청구권은 상속이 개시된 날부터 20년이 경과하면 소멸한다"는 내용의 관습은 헌법을 최상위 규범으로 하는 법질서 전체의 이념에도 부합하지 아니하여 정당성이 없으므로, 위 관습에 법적 규범인 관습법으로서의 효력을 인정할 수 없다고 하나, 이는 실질적으로 위 관습법이 헌법에 어긋난다는 판단을 한 것으로 이해된다.[169]

그리고 대법원 2005. 7. 21. 선고 2002다1178 전원합의체 판결은 공동선조의 후손 중 성년 남자만을 종중의 구성원으로 하고 여성은 종중의 구성원이 될 수 없다는 종래의 관습법은, 변화된 우리의 전체 법질서에 부합하지 아니하여 정당성과 합리성이 있다고 할 수 없으므로, 더 이상 법적 효력을 가질 수 없게 되었다고 한다. 그러나 종래의 관습 가운데 종중원은 성년 남자로 한정되고, 어느 종중이 여자를 종중원으로 인정하는 것은 허용되지 않는다는 것[170]은 그 자체 국가가 누구를 종중원으로 받아들일 것인가 하는 점에 관한 종중의 결사의 자유와, 여성 종중원의 결사의 자유 및 남녀평등의 자유를 침해하는 것이 되어 위헌이고, 종중이 여성을 종중원으로 인정하지 않는 것은 그 자체 위헌은 아니지만, 이것이 공서양속 위반인가 하는 점을 검토하여야 하는데, 이를 판단함에 있어서는 남녀평등과 같은 헌법 이념을 고려하여야 한다(이른바 간접적 효력설).[171]

167 윤진수, "상속회복청구권의 소멸시효에 관한 구관습의 위헌 여부 및 판례의 소급효", 비교사법 11권 2호, 한국비교사법학회(2004), 298; 조병훈, "위헌법률심판제청의 요건", 재판자료 76(1997), 204; 김시철, "우리 위헌법률심판제도와 헌법재판소 결정의 효력", 저스티스(2006. 4), 17 등. 반대: 박찬주, "대법원에 의한 관습법의 폐지", 법조 (2006. 7), 50 이하.

168 윤진수, "상속회복청구권의 소멸시효에 관한 구관습의 위헌 여부 및 판례의 소급효", 비교사법 11권 2호, 한국비교사법학회(2004), 294, 민법주해 I, 총칙(1), 박영사(1992), 47(최병조) 등 참조.

169 윤진수, "상속회복청구권의 소멸시효에 관한 구관습의 위헌 여부 및 판례의 소급효", 비교사법 11권 2호, 한국비교사법학회(2004), 298 참조.

170 예컨대 대법원 1992. 12. 11. 선고 92다30153 판결.

171 윤진수, "변화하는 사회와 종중에 관한 관습", 사법 창간호, 사법연구지원재단(2007), 17 이하.

한편 유효하게 성립한 관습법이라 하여도 사회 구성원들이 그러한 관행의 법적 구속력에 대하여 확신을 갖지 않게 되었다면 법적 규범으로서의 효력이 상실된다.[172] 그리고 성문법에 의하여 관습법의 효력을 상실시키거나 바꾸는 것도 가능하다.[173]

4. 관습법의 예

가. 관습법의 조사

실제로 관습법이 존재하는가를 확인하는 것은 쉽지 않다. 관행의 존재 그 자체는 실지 조사를 거쳐 확인할 수 있다고 해도, 과연 그에 대한 법적 확신이 있는가를 판단하기는 어렵다. 근래에 관습법 또는 관습에 관한 체계적인 조사는 드물고,[174] 학자들에 의한 연구[175]도 많지 않다. 현재 판례가 인정하고 있는 대부분의 관습법은 일제시대에 일본인들이 조사한 관습인 경우가 많다.[176] 이러한 일본인들에 의한 관습조사에 대하여는 일본법에의 동화를 위하여 한국의 전통적인 관습을 왜곡한 것이었다는 비판이 많으나,[177] 근래에는 사회변동에 따른 관습의 변화에 대하여 신관습을 법원화하려는 것이었다는 견해[178]나, 식민지 권력이 유도한 식민지 관습법의 형성이었다는 견해[179] 등도 주장되고 있다. 이러한 주장의 타당성 여부는 별론으로 하더라도, 일본 사람들이 인정한 관습법이 반드시 정확한 것이었는가는 의심스럽다.[180]

172 대법원 2005. 7. 21. 선고 2002다1178 전원합의체 판결.

173 반대: 박찬주, 불문법의 법원성에 대한 새로운 이해(상), 법조(2007. 9), 75-76.

174 법원행정처에 의한 관습실태조사의 예가 있다. 관습실태조사(I)·호적과태료분석, 재판자료 7집(1980); 관습실태조사(2)-과태료분석, 재판자료 11집(1981); 형사양형기준의 조사분석·관습실태조사(3), 재판자료 12집(1982).

175 이완근, "어촌공동체의 법률관계에 관한 연구-가거도 어촌공동체의 관습을 중심으로", 전남대 박사논문(1990); 한삼인, "가족관습에 관한 연구 -제주도를 중심으로", 김용한 화갑기념(1990), 587 이하; 배병일, "산삼채취인 — 심메마니— 의 관습에 관한 법사회학적 연구", 비교사법 창간호, 한국비교사법학회(1995), 397 이하; 문홍안, "한국에서의 양봉 관행에 관한 법리적 연구", 비교사법 8권 2호, 한국비교사법학회(2001), 317 이하 ; 문홍안, "송이버섯 채취 관행에 관한 법리적 연구", 일감법학 6권, 건국대법학연구소(2001), 75 이하; 배병일· 김선길, "송이채취에 관한 관습조사", 인권과 정의, 이경출판사(2003. 12), 104 이하 등.

176 예컨대 정긍식 편역, 관습조사보고서, 2000; 친족상속에 관한 구관습, 재판자료 29집(1985) 등.

177 예컨대 이상욱, "일제하 전통가족법의 왜곡", 박병호교수환갑기념(II)(1991), 371 이하; 윤진수, "고씨 문중의 송사를 통해 본 전통 상속법의 변천", 가족법연구 19권 2호(2005), 327 이하.

178 이승일, "조선총독부의 법제정책에 대한 연구", 한양대학교 문학박사 논문(2003), 81 이하, 151 이하 등.

179 심희기, "일제강점 초기 식민지관습법 의 형성", 법사학연구 28호(2003), 25 이하; 홍양희, "식민지시기 친족관습의 창출과 일본민법", 정신문화연구 28권 3호(2005), 125.

180 예컨대 朝高判(聯合部) 1935. 7. 30(錄 22, 302)은 상속회복청구권은 관습상 상속인 또는 그 법정대리인이 상속권을 침해당한 사실을 안 때에는 상속개시의 때로부터 각각 상당한 기간 내에 한하여 행사할 수 있다고 하였으나, 실제로 그러한 관습은 존재하지 않았고, 조선고등법원이 관습의 이름을 빌어 새로운 법을 창조한 것이다. 상세한 것은 윤진수, 상속회복청구권의 연구 서울대 법학 41권 1호(2000), 196 이하 참조.

나. 민사관습법

민사에 관한 관습법의 예로서는 우선 종중에 관한 관습법을 들 수 있다.[181] 그러나 종전의 판례 중 예컨대 종중이 공동선조의 사망과 동시에 그 자손에 의하여 성립되는 것으로서 종중의 성립을 위하여 특별한 조직행위를 필요로 하는 것이 아니라고 보고 있는 것[182]에 대하여는, 종중도 조직행위가 있어야 성립한다는 비판이 많다.[183] 또한 근래의 판례[184]가 종원의 자격을 성년 남자로만 제한하고 여성에게는 종원의 자격을 부여하지 않는 종래의 관습에 대하여 그 효력을 부정한 점에 유의하여야 한다.

그리고 관습법상의 물권으로는 관습법상의 법정지상권과 분묘기지권이 인정되고 있다. 그러나 관습법상의 법정지상권에 대하여는, 실제로 그러한 관습이 있었는지 의문일 뿐만 아니라, 오늘날의 현실에는 맞지 않는다는 비판이 있다.[185]

판례상 많이 문제되는 것은 친족·상속에 관한 관습이다. 일제 식민지시대의 조선민사령 제11조는 친족·상속에 관한 일본법의 규정은 조선인에게는 적용하지 않고 관습에 의한다고 규정하였기 때문에, 민법 시행 전까지는 친족·상속에 관하여는 관습법이 적용되었다. 이는 지금까지도 재판상 자주 문제된다.[186]

다. 관습헌법의 문제

헌법재판소 2004. 10. 21. 선고 2004헌마554, 566 결정은 관습헌법이라는 개념을 인정하면서 서울이 수도라는 것은 관습헌법이라고 하였다. 이 결정은 관습헌법의 성립요건으로서, 다음의 5가지를 들고 있다. 첫째, 기본적 헌법사항에 관하여 어떠한 관행 내지 관례가 존재하고, 둘째, 그 관행은 국민이 그 존재를 인식하고 사라지지 않을 관행이라고 인정할 만큼 충분한 기간 동안 반복 내지 계속되어야 하며(반복·계속성), 셋째, 관행은 지속성을 가져야 하는 것으로서 그 중간에

181 가령 허 규·노종상·이태훈, 종중·종중재산에 관한 제고찰 —연혁적·실무적— , 사법논집 4집(1973).

182 예컨대 대법원 2005. 7. 21. 선고 2002다1178 전원합의체 판결 등.

183 상세한 것은 정긍식, "종중의 성격에 대한 비판적 검토", 민법판례연구회 29(2007), 495 이하 참조.

184 대법원 2005. 7. 21. 선고 2002다1178 전원합의체 판결.

185 이주성, "우리 판례가 인정하는 관습상의 법정지상권과 그 양도에 관한 고찰", 사법논집 7집 (2004) 79 이하; 강신웅, 관습법상 법정지상권에 관한 연구, 법학연구 31집(2008), 97 이하 등 참조. 그러나 권재문, "관습법상 법정지상권의 인정근거와 필요성에 관한 비판적 고찰", 법사학연구 37(2008), 99 이하는 조선고등법원이 이를 인정하였던 1916년 당시에는 그러한 관습이 존재하였지만, 대법원이 이를 처음으로 인정한 1960년에는 이러한 관습이 소멸하였다고 주장한다.

186 대법원 2007. 1. 25. 선고 2005다26284 판결은 차남이하의 중자가 호주인 장남에 대하여 가지는 관습법상의 분재청구권은 일반적인 민사채권과 같이 권리자가 분가한 날부터 10년이 경과하면 소멸시효가 완성된다고 한다.

반대되는 관행이 이루어져서는 아니 되고(항상성), 넷째, 관행은 여러 가지 해석이 가능할 정도로 모호한 것이 아닌 명확한 내용을 가진 것이어야 한다(명료성). 또한 다섯째, 이러한 관행이 헌법관습으로서 국민들의 승인 내지 확신 또는 폭넓은 컨센서스를 얻어 국민이 강제력을 가진다고 믿고 있어야 한다(국민적 합의).

학설상으로는 관습헌법[187]이라는 개념을 부정하는 견해도 있기는 하지만,[188]성문헌법 자체가 흠결이 없는 완전한 것이라고 단정할 수는 없으므로, 관습헌법의 개념 자체를 부정할 수는 없을 것이다.[189] 예컨대 대한민국의 국어가 한국어라는 사실은 관습헌법에 해당한다고 할 수 있다.[190] 그렇지만 서울이 수도라고 하는 것은 헌법재판소 자신이 들고 있는 관습헌법의 성립요건에도 해당하지 않는다. 이는 서울이 오랫동안 수도였다는 사실로부터 서울이 헌법상 수도여야 한다는 결론을 이끌어낸 것일 뿐이다.[191]

라. 기타

헌법재판소는 국립지리원이 간행한 지형도상의 해상경계선을 행정관습법상 해상경계선으로 인정하였다가,[192] 후에 국가기본도상의 해상경계선은 국토지리정보원이 국가기본도상 도서 등의 소속을 명시할 필요가 있는 경우 해당 행정구역과 관련하여 표시한 선으로서, 여러 도서 사이의 적당한 위치에 각 소속이 인지될 수 있도록 실지측량 없이 표시한 것에 불과하므로, 이 해상경계선을 공유수면에 대한 불문법상 행정구역의 경계로 인정해 온 종전의 결정을 변경하였다.[193] 대법원은 국제관습법에 의하면 국가의 주권적 행위는 다른 국가의 재판권으로부터 면제되는 것이 원칙이지만, 국가의 사법적(사법적) 행위까지 다른 국가의 재판권으로부터 면제된다는 것이 오늘날의 국제법이나 국제관례라고 할 수 없다고 한다.[194]

187 관습헌법이라는 용어 외에 불문헌법, 헌법관습법 등의 용어도 사용되나, 이들이 반드시 같은 개념인지에 관하여는 논란이 있다.

188 전광석, "수도이전특별법 위헌결정에 대한 헌법이론적 검토", 공법연구 33집 2호, 한국공법학회(2005), 123 이하.

189 방승주, "수도가 서울이라는 사실이 과연 관습헌법인가?", 공법학연구 6권 1호, 한국비교공법학회(2005), 156 이하 등 참조.

190 방승주, "수도가 서울이라는 사실이 과연 관습헌법인가?", 공법학연구 6권 1호, 한국비교공법학회(2005), 162 주 20)은 대한민국의 공용어를 한글로 한다는 것은 헌법이 한글로 규정되어 있는 점에서 당연한 것이라고 하나, 한국어와 한글이 동일한 것은 아니다.

191 양선숙, "수도-서울 명제의 관습헌법 성립에 대한 비판적 검토", 법철학연구 9권 2호 231 이하, 세창출판사(2006) 등. 학설상으로도 헌법재판소의 결정에 찬성하는 의견은 김승대, 헌법관습의 법규범성에 대한 고찰 , 헌법논총 15집, 2004, 133 이하 정도이고 대부분 이에 반대한다.

192 헌법재판소 2004. 9. 23. 선고 2000헌라2 결정.

193 헌법재판소 2015. 7. 30. 선고 2010헌라2 결정.

194 대법원 1998. 12. 17. 선고 97다39216 판결.

[이원범]

V. 조리

1. 조리의 개념

법률에 흠결이 있는 경우에는 이는 제1차적으로는 유추에 의하여 보충될 수 있고, 또 그에 관한 관습법이 있으면 관습법이 적용될 것이다. 그러나 이러한 방법에 의하여 흠결이 보충될 수 없는 경우에 마지막으로 적용될 수 있는 수단이 조리이다. 조리는 사물의 본성, 사물 자연의 이치, 사물의 본질적 법칙, 사물의 도리, 사람의 이성에 기하여 생각되는 규범 등과 같이 여러 가지로 정의되지만,[195] 기본적으로는 법의 일반원칙을 의미하는 것으로 이해되어야 한다.[196] [197] 조리를 이와 같이 이해한다면 조리는 단순히 법률의 흠결이 있을 때에만 적용되는 것이 아니고, 법률의 해석 또는 유추의 경우에도 그 지도원리가 될 수 있다.[198]

이러한 의미에서 조리에 해당하는 것으로는, 가령 신뢰보호의 원칙, 평등의 원칙,[199] 또는 비례의 원칙,[200] 헌법상의 기본권 등을 들 수 있다. 이들은 헌법적

195 이영준, 민법총칙, 박영사(2007), 29; 대법원 2007. 5. 17. 선고 2006다19054 전원합의체 판결의 다수의견에 대한 보충의견 등. 이은영, 민법총칙, 박영사(2009), 49는 어떤 사회에서 구성원들이 일반적으로 정의롭다고 여기는 규범을 말한다고 한다.

196 민법주해 I, 총칙(1), 박영사(1992), 54(최병조)는 문명국에 의하여 승인된 법의 일반원칙 혹은 원리라고 한다. 행정법상으로도 조리를 이와 같이 이해하는 견해가 유력한 것으로 보인다. 박정훈, 행정법의 법원, 행정법연구 4호, 상원서적(1999), 44 이하 참조. 이은영, 민법총칙, 박영사(2009), 54 이하는 법률의 역사, 비교법적 고찰, 사회통념, 법정책적 배려 등을 조리의 내용으로 열거하고 있는데, 법률의 역사나 비교법적 고찰 등은 법의 인식근거는 될 수 있어도 법의 존재형식으로서의 법원에 해당한다고 할 수는 없고, 사회통념이나 법정책적 배려는 그것이 법원리에 의하여 뒷받침되지 않는 한 조리가 될 수 없다.

197 Franz Bydlinski, Juristische Methodenlehre und Rechtsbegriff, 2.Aufl.(1991), 485 ff.는 오스트리아 민법 제7조가 규정하는 자연적 법원칙(natürliche Rechtsgrunds tze)에 대하여, 현행법규범으로부터 귀납적으로 그 기본이 되는 일반적인 평가와 원칙에 거슬러 올라가서 이를 직접 규율되고 있지 않은 사례에 적용하려고 하는 방법과, 입법기관이나 법원과는 관계없이 특정한 생활관계의 당사자들 사이에 형성된 사회규범으로부터 찾으려는 방법이 있는데, 이 두 가지 방법이 모두 필요하다고 한다.

198 Franz Bydlinski, Juristische Methodenlehre und Rechtsbegriff, 2.Aufl.(1991), 481.

199 대법원 2005. 7. 21. 선고 2002다1178 전원합의체 판결은 공동선조와 성과 본을 같이 하는 후손은 성별의 구별없이 성년이 되면 당연히 종중의 구성원이 된다고 보는 것이 조리에 합당하다고 한다.

200 대법원 2007. 5. 17. 선고 2006다19054 전원합의체 판결의 다수의견에 대한 보충의견은 임시이사에 의한 정식이사의 선임은 임시이사가 선임됨으로써 한시적·잠정적으로 제한되었던 학교법인의 사학운영의 자유가 영구적·확정적으로 제한되는 것을 의미하게 되므로 비례의 원칙에 반할 우려가 크다고 하면서, 구 사립학교법상 임시이사가 파견된 사립학교의 정상화방안에 대하여 법률에 흠결이 있는 셈이고, 이 때 관계 법령인 구 사립학교법의 규정 취지와 함께 관련된 사물의 본성, 즉 학교법인이나 이사 제도의 본질에서 그 해답을 찾고자 하는 것은 보충적 법원으로서 조리를 원용하는 것과 다름없다고 한다.

인 근거를 가질 수도 있고, 민법상 신의성실의 원칙(제2조)에 근거를 찾을 수도 있을 것이다. 그러나 헌법이 사인관계에 직접 적용되는 것은 아니므로, 헌법상의 원칙도 민사상으로는 조리에 해당할 수 있고, 또 신의성실의 원칙과 조리는 그 내용에 있어서 별다른 차이가 없다.[201] [202]

2. 조리의 법원성

종래부터 조리가 법원인가에 대하여 견해의 대립이 있었다. 이를 긍정하는 견해는 주로 본조에 의하여 조리가 재판규범이 된다는 점을 든다.[203] 반면 이를 부정하는 견해는, 조리를 재판의 준칙으로 인정하는 것은 그것이 법이기 때문이 아니라 성문법주의 하에서 법의 흠결이 불가피한데다가, 법관은 재판을 거부할 수 없다는 사실에 기인한다고 설명한다.[204]

어떤 견해를 따르느냐에 따라 실제에 있어 큰 차이가 있는 것은 아니다. 그러나 이론적으로는 조리의 법원성을 긍정하여야 한다. 조리가 본조에 의하여 재판의 준칙이 될 수 있는데, 굳이 재판의 규범이 아니라고 할 이유는 없을 뿐만 아니라, 이념적으로 보더라도 조리의 법원성을 인정하여야만 조리에 의한 재판의 정당성이 인정될 수 있고,[205] 아래에서 설명하는 것처럼 조리가 법원에 의한 법형성의 근거가 된다면, 조리에 의하여 창설된 것은 법이지만, 조리 자체는 법이 아니라고 할 이유는 없다. 법원 부정설이 그와 같이 보는 근거는 조리가 구체적인 규칙(rule)이 아니어서 실정성이 결여되었다는 점에 있지만,[206] 법은 이러한 명확한 형태의 규칙뿐만 아니라 구체화를 필요로 하는 원리(principle)도 포함하는 것이다.[207] 판례도 소송과정에서 적용될 외국법규 내용의 확인이 불가능한 경우 법원으로서는 법원에 관한 민사상의 대원칙에 따라 외국 관습법에 의할 것이고, 외국

201 박찬주, 불문법의 법원성에 대한 새로운 이해(하), 법조(2007. 10), 349 이하. Franz Bydlinski, Juristische Methodenlehre und Rechtsbegriff, 2.Aufl.(1991), 482는 신의성실의 원칙을 규정하고 있는 독일 민법 제242조가 자연적 법원칙에 의한 재판을 인정하는 오스트리아 민법 제7조와 유사한 기능을 수행한다고 한다.

202 나아가 경제적 효율(economic efficiency)도 이러한 의미에서는 조리에 해당할 수 있다. 위 주 111)의 본문 참조. 신뢰보호의 원리도 이러한 관점에서 설명될 수 있다.

203 이은영, 민법총칙, 박영사(2009), 52 이하가 대표적이다.

204 곽윤직, 부동산물권변동의 연구, 박영사(1968), 23 등.

205 이은영, 민법총칙, 박영사(2009), 53.

206 민법주해 I, 총칙(1), 박영사(1992), 55(최병조).

207 Dworkin, Taking Rights Seriously(1977)는 이러한 점을 역설한다. 같은 취지의 독일의 문헌으로는 Bydlinski,über prinzipiell-systematische Rechtsfindung im Privatrecht(1995), 9 ff. 및 위 책 10 Fn. 17)에서 인용하고 있는 문헌들 참조.

관습법도 그 내용의 확인이 불가능하면 조리에 의하여 재판할 수밖에 없다고 하여,[208] 조리를 법원으로 인정하는 것으로 보인다.

3. 판례상 나타난 조리의 예

판례상으로는 조리를 언급한 예가 적지 않으나, 많은 경우에는 단순한 방론으로 조리를 언급한 것에 지나지 않는다.[209] 그러나 직접 조리를 적용하여 재판한 경우도 적지 않다. 이 중 주요한 몇 가지 경우를 들어 본다.

[판례] 대법원 1989. 12. 26. 선고 88다카3991 판결
외국법인이 우리나라 법원에 민사소송법상의 보전명령이나 임의경매를 신청한 이상 국제민사소송의 재판관할에 관한 조리에 비추어 신청채권에 관계된 소송에 관하여는 우리나라의 법원이 재판권을 가진다.[210]

[판례] 대법원 2000. 6. 9. 선고 98다35037 판결
소송과정에서 적용될 외국법규의 내용의 확인이 불가능한 경우 법원으로서는 외국관습법에 의할 것이고, 외국 관습법도 그 내용의 확인이 불가능하면 조리에 의하여 재판할 수밖에 없다.[211]

[판례] 대법원 2005. 7. 21. 선고 2002다1178 전원합의체 판결
공동선조와 성과 본을 같이 하는 후손은 성별의 구별 없이 성년이 되면 당연히 종중의 구성원이 된다고 보는 것이 조리에 합당하다.[212]

[판례] 대법원 2007. 6. 1. 선고 2005다5812, 5829, 5836 판결
부동산 거래에 있어 거래 상대방이 일정한 사정에 관한 고지를 받았더라면 그 거래를 하지 않았을 것임이 경험칙상 명백한 경우에는 신의성실의 원칙상 사전에 상대방에게 그와 같은 사정을 고지할 의무가 있으며, 그와 같은 고지의무의 대상이

208 대법원 2000. 6. 9. 선고 98다35037 판결, 대법원 2003. 1. 10. 선고 2000다70064 판결 등.

209 대법원 1995. 5. 23.자 94마2218 결정은 사법상의 권리로서의 환경권이 인정되려면 그에 관한 명문의 법률규정이 있거나 관계 법령의 규정취지나 조리에 비추어 권리의 주체, 대상, 내용, 행사방법 등이 구체적으로 정립될 수 있어야 한다고 하여, 당해 사건에서 환경권을 인정하지 않았다.

210 대법원 1992. 7. 28. 선고 91다41897 판결은 섭외사건에 관한 외국 법원의 재판관할권 유무는 당사자간의 공평, 재판의 적정, 신속을 기한다는 기본이념에 따라 조리에 의하여 결정함이 상당하다고 한다.

211 이 판결은, 환어음 인수인의 어음법상 의무에 관한 준거법이 환어음 지급지 소재지인 중국의 법이지만 환어음이 지급제시되고 인수될 당시 중국에 어음관계를 규율하는 법이 존재하지 않았던 경우, 그 후 시행된 중국의 어음수표법을 유추적용하는 것이 조리에 부합한다고 하였다.

212 이에 대하여는 제1조 주 172)의 본문 참조.

되는 것은 직접적인 법령의 규정뿐 아니라 널리 계약상, 관습상 또는 조리상의 일반원칙에 의하여도 인정될 수 있다.[213] [214]

[판례] 대법원 2008. 11. 20. 선고 2007다27670 전원합의체 판결
누가 제사주재자가 되는지에 관하여는 법률에 아무런 규정이 없고, 제사주재자에 관한 종래의 관습 내지 판례법이 그 효력을 유지할 수 없게 된 현재의 상황에서는, 민법의 일반원리와 아울러 민법 제1008조의3의 입법 목적, 제사가 가지는 역사적·사회적 의미 등을 종합적으로 고려하여 조리에 의해 제사주재자의 결정방법을 정해야 하는데, 통상 하나의 법률관계에서 여러 이해당사자들의 견해가 대립될 경우에는 일단 협의에 의하는 것이 가장 조리에 부합한다고 볼 수 있으므로, 공동상속인들이 있는 경우에는 그 공동상속인들 사이의 협의에 의해 제사주재자가 정해져야 한다고 봄이 상당하다.

이외에 행정법에 관하여 판례는, 행정청이 국민의 신청에 대하여 한 거부행위가 항고소송의 대상이 되는 행정처분이 된다고 하기 위하여는 국민이 그 신청에 따른 행정행위를 하여 줄 것을 요구할 수 있는 법규상 또는 조리상의 권리가 있어야 하고, 이러한 신청권이 없는 국민의 신청을 행정청이 받아들이지 아니하고 거부한 경우에는 그 거부행위는 항고소송의 대상이 되는 행정처분이라 할 수 없다고 한다.[215] 그리고 형사사건에 관하여 판례는, 조리에 의하여 범죄 성립의 조건인 의무가 인정될 수 있다고 보고 있다.[216] 최근 중간생략등기형 명의신탁에서 명의수탁자가 신탁부동산을 임의처분한 경우 횡령죄가 성립하는지 여부에 관한 전원합의체[217]에서도 "횡령죄에서 보관이란 위탁관계에 의하여 재물을 점유하

213 같은 취지, 대법원 2006. 10. 12. 선고 2004다48515 판결.

214 이외에 조리를 언급한 것으로 대법원 1965. 8. 31. 선고 65다1156 판결, 대법원 1966. 3. 22. 선고 66다68 판결 등이 있다. 한편 대법원 2007. 5. 17. 선고 2006다19054 전원합의체 판결의 다수의견에 대한 보충의견은, 임시이사에 의한 정식이사의 선임 권한이 없다고 보는 것은 관계 법령인 구 사립학교법의 규정취지와 함께 관련된 사물의 본성, 즉 학교법인이나 이사 제도의 본질에서 나오는 보충적 법원으로서 조리를 원용하는 것과 다름없다고 한다.

215 대법원 1993. 1. 15. 선고 92누8712 판결 등 다수. 조리상의 신청권을 인정한 예: 대법원 1997. 4. 25. 선고 96누7151 판결, 대법원 1998. 2. 27. 선고 97누1105 판결, 대법원 2003. 4. 11, 선고 2001두9929 판결, 대법원 2004. 4. 22. 선고 2000두7735 전원합의체 판결 등.

216 대법원 1961. 1. 18. 선고 4293형상859 판결, 대법원 1997. 3. 14. 선고 96도1639 판결, 대법원 2006. 4. 28. 선고 2003도4128 판결 등.

217 대법원 2016. 5. 19. 선고 2014도6992 전원합의체 판결: 다만 횡령죄 성립을 위한 사무관리·관습·조리·신의칙에 기초한 위탁신임관계가 인정되지 않고, 사실상의 위탁관계가 있더라도 이는 부동산실명법에 위반한 불법적인 관계로 형법상 보호할 만한 가치 있는 것이라고 볼 수 없어서 위탁신임관계를 인정할 수 없다는 이유로 횡령죄가 성립하지 않는다는 취지로 판시하였다.

[이원범]

는 것을 뜻하므로 횡령죄가 성립하기 위하여는 재물의 보관자와 재물의 소유자(또는 기타의 본권자) 사이에 법률상 또는 사실상의 위탁신임관계가 존재하여야 한다. 이러한 위탁신임관계는 사용대차·임대차·위임 등의 계약에 의하여서뿐만 아니라 사무관리·관습·조리·신의칙 등에 의해서도 성립될 수 있다"고 판시한 바 있다.

VI. 판례의 법원성

1. 판례의 개념

법률적으로 판례가 무엇인지가 문제되는 경우가 있다.[218] 그러므로 판례의 개념을 법률적으로 확정할 필요가 있다. 일반적으로 판례 가운데 주론(ratiodecidendi)과 방론(obiter dictum)을 구별한다.[219] 주론이란 결론에 이르는 데 필수불가결한 부분으로서, 그 부분을 제외하면 재판이 내적인 이해성과 논리를 결여하는 것이고, 방론은 판례 가운데 주론을 제외한 부분이라고 할 수 있다. 이 경우 문제의 판시부분이 아닌 그 재판에는 나타나 있지 않은 다른 이유로 위 재판과 동일한 결과에 도달할 수 있었다고 하여 그 판시부분이 주론이 아니라고 할 수는 없다.[220] [221] 법률상 문제되는 판례는 엄밀한 의미에서는 주론만을 말한다. 방론도 그것이 최고법원의 판례일 때에는 사실상 하급법원에 영향을 미친다는 점을 부인할 수는 없으

218 예컨대 판례변경(법원조직법 제7조 제1항 제3호); 상고이유(소액사건심판법 제3조 제2호, 상고심절차에 관한 특례법 제4조 제3호, 제4호) 등. 대법원 2000. 5. 18. 선고 95재다199 전원합의체 판결에서는 재심대상 판결인 대법원 1995. 4. 7. 선고 94다4332 판결이 대법원 1991. 7. 23. 선고 91다12820 판결을 전원합의체에 의하지 않고 변경한 것인가에 관하여 다수의견과 소수의견이 대립하였다. 또한 대법원 2001. 2. 15. 선고 96다42420 전원합의체 판결에서의 다수의견 및 보충의견과 반대의견 참조. 이에 대하여는 윤진수, "독일법상 판례의 의미", 법조(2002.1), 106 이하 참조.

219 윤일영, "판례의 기능", 민법판례연구회 1(1979), 380 이하; 윤진수, "독일법상 판례의 의미", 법조(2002.1), 80 이하 등. 이광범, "판례의 의미와 구속력에 관한 소고", 판례실무연구 4권(2003), 243은 주론만을 판례라고 불러서 방론과 구별한다. 양자를 구별할 필요가 없다는 견해: 홍일표, 판례위반을 이유로 한 권리상고와 영미법에 있어서의 선례구속의 원칙 , 민법판례연구회 6(1984), 227.

220 윤진수, "독일법상 판례의 의미", 법조(2002.1), 87, 103 이하 등. 그러나 이광범, "판례의 의미와 구속력에 관한 소고", 판례실무연구 4권(2003), 244 이하는 이와는 달리, 법원의 판단을 결론명제와 이유명제로 구분하고, 당해 사건의 구체적 사실, 그 중에서도 중요한 사실(material facts)을 전제로 하여 그 법률적 효과를 설시하는 형태의 명제인 결론명제만이 판례이며, 그 외의 이유명제는 그것이 다른 경우에도 적용될 수 있는 일반화된 법명제라 하여도 이는 판례, 즉 주론이 아니라고 한다.

221 대법원 2004. 5. 13. 선고 2004다6979, 6986 판결은 소액사건심판법 제3조 제2호에 규정된 대법원의 판례를 구체적인 당해 사건에 적용될 법령의 해석에 관하여 대법원이 내린 판단이라고 하면서, 이는 구체적인 당해 사건의 사안에 적용될 법령조항의 전부 또는 일부에 관한 정의적(定義的) 해석을 한 판례의 판단을 말한다고 한다.

나, 법률적인 의미에서는 판례가 아닌 것이다.[222] 대법원이나 헌법재판소와 같은 최고의 사법기관 아닌 하급심 법원의 재판도 판례에 포함되지만, 보통은 대법원 또는 헌법재판소의 재판례를 판례라고 한다.

2. 판례의 법형성적 기능

오늘날 판례가 법률을 해석하고, 법률의 흠결을 보충하는 외에, 법률을 초월하는 법형성적 기능(gesetzesübersteigende Rechtsfortbildung), 즉 입법자는 전혀 고려하지 않았던 새로운 제도를 창설하는 기능을 수행하고 있다는 것은 일반적으로 인정되고 있다.[223] 그러나 그러한 법형성의 근거에 대하여는 논란이 있다.

우선 조리(일반적 법원리)에 근거한 법형성은 인정될 수 있다.[224] 우리 판례상 직접 이를 인정한 것은 쉽게 찾기 어려운데, 판례는 본조의 조리보다는 신의성실의 원칙에 법형성의 근거를 구하고 있는 경우가 많기 때문이다.[225]

그러나 예컨대 인격권 침해에 대하여 예방적 구제수단으로 침해행위 정지·방지 등의 금지청구권을 인정하는 판례[226]는 인격권이 가지는 헌법상의 지위(헌법 제10조)[227]에 의하여 근거를 찾을 수 있을 것이다.[228]

그러면 이 외에 법률초월적 법형성의 근거가 있는가? 라렌쯔는 이 점에 대하여 거래의 필요(Bedürfnisse des Rechtsverkehrs)를 들면서, 양도담보, 추심목적의 채권양도, 기대권 등이 그 예라고 한다.[229] 그러나 이러한 거래의 필요가 있다는 것

222 대법원 1963. 6. 20. 선고 63다262 판결은 파기환송판결의 기속력은 방론에는 미치지 않는다고 한다.

223 K. Larenz, Methodenlehre der Rechtswissenschaft, 6. Aufl.(1991), 413 ff.; 정선주, "법관에 의한 법의 형성발전과 그 한계", 민사소송II(1999), 62 이하 등. 독일연방헌법재판소 판례(BVerfGE 34, 269)는 이른바 Soraya 판결에서 일반적 인격권과 관련하여 법원의 법형성 권한을 명시적으로 인정하였다. 그러나 흠결의 보충과 법률초월적 법형성을 명확하게 구분하는 것은 쉽지 않다. Kramer, Juristische Methodenlehre, 2. Aufl(2005),157 f. 참조.

224 K. Larenz, Methodenlehre der Rechtswissenschaft, 6. Aufl.(1991), 421 ff. 여기서는 법윤리적 원칙(rechtsethisches Prinzip)에 의한 법률초월적 법형성의 예로서 계약체결상의 과실과 일반적 인격권을 들고 있다. 또한 예컨대 Langenbucher, Die Entwicklung und Auslegung von Richterrecht, 1996, 37 ff. 등 참조.

225 예컨대 실효의 법리(대법원 1992. 1. 21. 선고 91다30118 판결 등); 계약 교섭의 부당파기로 인한 손해배상(대법원 2003. 4. 11. 선고 2001다53059 판결); 사정변경으로 인한 계약 해제(대법원 2007. 3. 29. 선고 2004다31302 판결) 등.

226 대법원 1996. 4. 12. 선고 93다40614, 40621 판결.

227 헌법재판소 2001. 7. 19. 선고 2000헌마546 결정 등 참조.

228 물론 물권적 청구권의 유추적용이라는 설명도 가능하다.

229 K. Larenz, Methodenlehre der Rechtswissenschaft, 6. Aufl.(1991), 414 ff. Larenz는 사물의 본성(Natur der Sache)도 그 근거로 드나, 이는 조리에 포함시킬 수 있다.

[이원범]

만으로 법률초월적 법형성이 정당화될 수 있는지는 의문이다. 오히려 우리나라의 판례가 인정하는 양도담보와 같은 경우에는 거래의 필요상 관습법이 형성된 것으로 보아야 하고, 판례가 독자적으로 법을 형성하였다고 할 수는 없을 것이다.[230]

나아가 판례의 법형성적 기능을 인정한다고 하더라도 이에는 삼권분립의 원칙이나 민주국가의 원칙 또는 법률구속의 원칙 등에 의하여 그어지는 엄격한 한계가 있다.[231] 즉 문제되는 결정을 법적 고려만으로는 근거지울 수 없고 합목적성을 지향하는 정치적 결정이 요구될 때에는, 이는 입법자에게 맡겨야 한다는 것이다.

3. 판례의 법원성

판례, 그 중에서도 최고법원이나 헌법재판소의 판례가 현실적으로 가지는 중요성은 의문의 여지가 없다. 판례는 사실상 법규범과 다르지 않고, '살아있는 법(lebendes Recht)'이라고 말할 수 있다. 그러면 규범적으로도 판례가 법원이라고 할 수 있는가?

이를 긍정하는 견해는 다음과 같은 점을 근거로 든다. 첫째, 판례는 법형성 내지 법창조적 기능을 가진다. 둘째, 판례는 사실상 일반적인 구속력을 가진다. 셋째, 판례는 법인식원(Rechtserkenntnisquelle)이다. 넷째, 판례가 일반인의 법적 확신을 획득하면 법원이 된다. 다섯째, 법적 안정성 때문에 판례의 법원성을 인정하여야 한다.[232]

이를 부정하는 견해[233]는 다음과 같은 점에서 판례의 법원성을 부정한다. 첫째, 상급심의 재판은 당해 사건에 관하여는 하급심 법원을 기속하지만(법원조직법 제8조), 그 외에 일반적으로 하급심 법원이나 일반 국민에 대하여 기속력을 가지지 않는다. 둘째, 판례가 구속력을 가진다고 하는 경우에도 엄밀히 말한다면 판례 그 자체가 구속력을 가지는 것이 아니라 판례가 해석하거나 또는 판례에 의하여 보충된 법규범이 구속력을 가지는 것이다.

230 박문승, "관습법상의 양도담보", 재판자료 11집(1981), 74 이하; 근강행치, 양도담보관습, 토지법학 17호(2001) 245 이하; Franz Bydlinski, Juristische Methodenlehre und Rechtsbegriff, 2.Aufl.(1991), 637 등 참조.

231 정선주, "법관에 의한 법의 형성발전과 그 한계", 민사소송II(1999), 77 이하; K. Larenz, Methodenlehre der Rechtswissenschaft, 6. Aufl.(1991), 426 ff.; Kramer, Juristische Methodenlehre, 2. Aufl(2005), 258 ff.

232 Kramer, Juristische Methodenlehre, 2. Aufl(2005), 213 ff.는 판례의 사실상의 중요성을 근거로 하여, 확고한 판례를 규범적으로도 법률을 보충하는 법원으로, 즉 독자적인 종류(sui generis)의 법원으로 인정하여야 한다고 본다. 그리고 Franz Bydlinski, Juristische Methodenlehre und Rechtsbegriff, 2.Aufl.(1991), 501 ff.는 판례는 법률보다는 명백히 약한, 보충적인 법원이 된다고 한다.

233 상세한 것은 주석민법, 총칙(1)(제4판), 한국사법행정학회(2010), 123-124(윤진수) 참조.

4. 판례 변경의 문제

가. 판례 변경이 허용되는 범위

판례가 사실상의 구속력을 가진다고 하더라도 이러한 판례가 잘못되었다면, 그것이 관습법의 차원으로까지 격상된 것이 아닌 한 변경될 수 있다. 그러나 이러한 판례의 변경은 법적 안정성을 손상시킨다. 즉 이제까지 판례를 믿고 그에 따라 행동하였던 사람들의 신뢰가 침해되는 것이다. 그러므로 판례의 변경은 재판을 하는 법관이 종전 판례가 잘못되었다고 판단하는 경우에 모두 가능하다고 할 수는 없고, 판례를 변경하지 않으면 안 될 특별한 사정이 있는 경우에만 허용될 수 있다는 주장이 제기되고 있다.

독일연방대법원 대재판부(Großer Senat)의 판례[234]는, 오래된 법규정에 대하여 시간이 지나면서 확립된 최고법원의 판례에 의하여 이루어진 해석이 있는 경우에는 법적 안정성과 신뢰보호라는 법적 가치가 더 중요하고, 일반적으로는 이미 선택된 법 발전을 고수하는 것이 요구되며, 판례의 계속성으로부터의 이탈은 명백히 더 우세하거나 또는 절대적으로 필연적인 이유가 있는 경우에만 예외적으로 받아들여질 수 있다고 판시하였다.

그리고 미국 연방대법원의 Planned Parenthood of Southeastern Pennsylvania v. Casey, 505 U.S. 833, 854 ff.(1992)는, 판례 변경을 함에 있어서 고려하여야 할 사유로서 다음과 같은 4가지를 들고 있다. 첫째, 과거의 판례가 실제적인 작업 가능성이 없어서 감내할 수 없게 되었는가. 둘째 종전 판례를 번복하는 결과가 특별히 가혹함을 가져올 정도로 신뢰의 대상이 되었고, 불공평을 가중시키는가. 셋째, 연관된 법의 원칙이 종전의 판례를 이미 포기한 이론의 잔재로 만들 정도로 발전되었는가. 넷째, 사실관계가 종전의 규칙으로부터 의미 있는 적용이나 정당화를 박탈할 정도로 바뀌었거나 또는 달리 보이게 되었는가.[235] [236]

234 1982. 10. 4. 결정(BGHZ 85, 64, 66).

235 또한 Dickerson v. U.S., 530 U.S. 428(2000)에서의 Rehnquist 대법원장의 법정의견(530U.S. 428) 참조. 미국법상 선례구속의 원칙에 관하여는 김시철, "헌법해석에 관한 결정이유와 선례구속의 원칙", 헌법논총 17집(2006), 35 이하 참조.

236 Probst, Die Änderung der Rechtsprechung(1993), 653은 이 문제를 비교법적으로 언급하면서, (1) 종전의 판례에 부정적인 근거와, (2) 새로운 판례에 긍정적인 근거가 (3) 새로운 판례로 변경함으로써 생기는 불이익보다 커야 한다고 주장한다. 그러나 Kähler, Strukurernund Methoden der Rechtsprechungsänderung(2003), 276 ff., 339 f.는 판례 변경에 특별한 이유가 필요한 것은 아니라고 한다.

대법원 1999. 7. 15. 선고 95도2870 전원합의체 판결의 반대의견은, 대법원판례가 구 건축법의 양벌규정이 행위자 처벌의 근거 규정이 될 수 없다고 일관되게 해석하여 옴으로써 국민의 법의식상 그러한 해석이 사실상 구속력이 있는 법률해석으로 자리잡게 되었다고 할 수 있음에도 불구하고 다수의견이 단지 다른 법률의 양벌규정과 해석을 같이 하려는 취지에서 국민에게 불이익한 방향으로 그 해석을 변경하고 그에 따라 위와 같은 대법원판례들을 소급적으로 변경하려는 것은 형사법에서 국민에게 법적안정성과 예측가능성을 보장하기 위하여 소급입법 금지의 원칙을 선언하고 있는 헌법의 정신과 상용될 수 없다고 한다.

나. 판례 변경의 소급효

일단 판례가 변경되었을 경우에 새로운 판례가 그 판례가 나오기 이전의 사안에 대하여도 소급적으로 적용되는가 하는, 이른바 판례 변경의 소급효 문제가 근래에 논의되고 있다.

과거의 판례는 판례 변경의 소급효를 당연한 것으로 보았다. 즉 대법원 1999. 7. 15. 선고 95도2870 전원합의체 판결, 대법원 1999. 9. 17. 선고 97도3349 판결은, 행위 당시의 판례에 의하면 처벌대상이 되지 아니하는 것으로 해석되었던 행위를 판례의 변경에 따라 확인된 내용의 형법 조항에 근거하여 처벌한다고 하여 그것이 헌법상 평등의 원칙과 형벌불소급의 원칙에 반한다고 할 수는 없다고 하였다.

그런데 대법원 2003. 7. 24. 선고 2001다48781 전원합의체 판결에서 조무제 대법관의 반대의견에 대한 보충의견은, "상속회복청구권은 상속이 개시된 날로부터 20년이 경과되면 소멸한다."는 관습을 인정하던 판결들이 소급적으로 변경된다면 그 법적 안정성 내지 신뢰보호의 원칙을 해치게 되므로, 그 관습에 위헌적 요소가 있음이 확인된다고 하더라도 향후로는 그에게 법적 확신을 부여하지 아니하기로 판단하는 것만으로도 다수의견이 의도하는 바의 그 관습법에 관한 법적 처리는 달성되고, 더 나아가 그 관습법을 생성시킨 그 판결들의 효력을 모조리 상실시켜 종래의 그 관습법의 성립근거를 소급적으로 박탈하는 결과까지 낳게 하여서는 안된다고 하여, 이른바 장래적 판례 변경(prospective overruling)의 문제에 관하여 언급하였다.

이어서 대법원 2005. 7. 21. 선고 2002다1178 전원합의체 판결은 정면으로 판례 변경의 장래효를 인정하였다. 즉 이 판결은, 종원의 자격을 성년 남자로만 제한하였던 종래의 판례를 변경하여, 공동선조와 성과 본을 같이 하는 후손은 성별의 구별 없이 성년이 되면 당연히 그 구성원이 된다고 하면서, 위와 같이 변경된 견해를 소급하여 적용한다면 종래 대법원판례를 신뢰하여 형성된 수많은 법률관계의 효력을 일시에 좌우하게 되고, 이는 당사자의 신뢰보호를 내용으로 하는 법치주의의 원리에도 반하게 되는 것이므로, 위와 같이 변경된 대법원의 견해는 이 판결 선고 이후에 새로이 성립되는 법률관계에 대하여만 적용되고, 다만 원고들이 피고 종회의 종원 지위의 확인을 구하는 이 사건 청구에 한하여는 위와 같이 변경된 견해가 소급하여 적용되어야 한다고 하여, 이른바 선택적 장래효(selective prospectivity)를 정면으로 인정하였다.[237]

그러나 이처럼 판례를 장래에 향하여 변경하는 것에 대하여 문제를 제기하는 견해도 있다. 이 견해의 주요 내용은 다음과 같다.[238]

원래 재판이란 과거에 일어난 사건을 대상으로 하는 것이므로, 판례에 대하여 장래효만을 인정한다는 것은 사법의 본질과는 맞지 않을 뿐만 아니라, 판례의 변경을 이끌어낸 당해 사건의 당사자마저도 새로운 판례의 혜택을 입지 못하게 되는 불합리가 있다. 이러한 결과를 회피하기 위하여 판례변경의 장래효만을 인정하면서 당해 사건의 당사자에 대하여만 소급효를 인정하는 선택적 장래효는 평등의 원칙에 어긋난다. 따라서 일반적으로 판례 변경이 있으면 그러한 판례는 그 판례 변경이 있기 전에 일어난 사건에 대하여도 적용되어야 한다. 다만 이렇게 되면 종전의 판례를 신뢰하고 그에 따라 행동하였던 당사자에게는 불측의 손해를 입힐 우려가 있게 되므로, 이러한 당사자의 신뢰를 보호하기 위한 방법을 모색할 필요가 있다. 이를 위하여 생각할 수 있는 것은 예컨대 형사사건에 있어서는 금지착오(형법 제16조)의 이론, 민사사건이나 노동사건에 있어서는 신의성실의 원칙 내지 권리남용의 이론 등을 들 수 있다.

Ⅶ. 판례와 법리 및 실무

규범적으로 판례의 법원성을 긍정하든 부정하든, 판례는 결국 법리의 실무적 적용과정이자 그 결과물이다. 따라서 민사재판에 있어서 법리는 그 결론을 도출

237 또한 제사주재자가 누구인가에 관하여 종전 판례를 변경한 대법원 2008. 11. 20. 선고 2007다27670 전원합의체 판결도 같은 취지이다.

238 상세한 것은 주석민법, 총칙(1)(제4판), 한국사법행정학회(2010), 126-128(윤진수) 참조.

하는 대전제가 되는 매우 중요한 역할을 수행한다.

법리, 실무 등의 관계와 상호작용을 분석한 논문으로 권영준 교수의 "민사재판에 있어서 이론, 법리, 실무(2008)"[239]가 참고가 된다. 그 내용 중 본 주석서의 해당 부분과 관련하여 실무가들이 특별히 경청할 만하다고 생각되는 내용을 인용하여 요약하면 다음과 같다.

법리는 법적 안정성을 증진하고, 행위지침을 제공한다. 이러한 법리의 순기능을 위해서 법리는 어느 정도 고정성을 확보하여야 한다. 따라서 법리의 실질적 내용을 변경할 만한 정당성이 있는지를 엄밀하게 검증하는 작업을 게을리 할 수 없는 것이다.

한편 법리에는 유연성도 요구된다. 법리는 고정적인 실정법에 기반하는 것이지만, 그 틀을 깨지 않는 범위 내에서는 그 배후의 이론적, 가치적 문제나 현실 전면에 드러나는 재판실무상 문제와 연동하는 유연성을 가져야 한다.

이러한 법리의 유연성 확보는 재판실무가 수행하여야 할 중요한 기능 중 하나이다. 이에 관하여 염두에 두어야 할 두 가지 점은 다음과 같다.

우선 외국 법리의 수입에 관한 것이다. 우리나라의 법은 대륙법계의 강한 영향을 받았다. 이러한 모습은 전통적인 민사법 영역에서 더욱 강하게 드러난다. 따라서 이러한 영역의 법리형성에 있어서 독일(주로 학계)이나 일본(주로 실무계)의 영향으로부터 자유로울 수 없다. 실제로 독일이나 일본 등의 주석서를 참고하면 우리가 문제삼는 바에 대한 자료를 비교적 쉽게 구할 수 있고, 법체계 내에서의 위치나 의미도 비슷하여 우리의 문제에 바로 대입하기도 편리하다. 따라서 자칫 잘못하면 우리의 법리를 형성해 나감에 있어서 몇몇 특정한 국가들의 법리에 지나치게 의존하는 경향이 생겨날 우려가 있다. 하지만 법리가 이론 또는 실무의 차원과 가지는 유기성을 감안한다면, 외국의 가치나 의식, 또는 외국의 실무에서 고려되는 실정을 충분히 염두에 두지 않은 채 법리만을 수입하여 이를 기계적으로 적용하는 것은 바람직하지 않다.

다음으로 특히 대법원 판결에서 설시되는 법리의 적용범위에 관한 것이다. 어떤 법리는 특수한 사실관계의 범위 내에서만 타당할 수도 있고, 어떤 법리는 일정한 유형의 사건에 보편적으로 적용될 수 있다. 이러한 적용범위의 차별성을 무

239 간략히 하면 "안정화(법리)⇒최적화(실무)⇒정당화(이론)"로 정리할 수 있다.

시한 채 법리의 적용이 남용되는 것은 바람직하지 않다. 그런데 수많은 사건들을 단기간 내에 처리해야 하는 하급심의 업무환경 속에서는 아무래도 손쉽게 대법원 판례에 외견상 나타나는 판단의 틀에 기대는 경향이 나타나기 쉽다. 선례의 존중은 두말할 것 없이 가치 있는 태도이지만, 그 선례의 적용범위에 관한 판단의 신중성도 중요하다.

[이원범]

제 2 조 [신의성실]

① 권리의 행사와 의무의 이행은 신의에 좇아 성실히 하여야 한다.
② 권리는 남용하지 못한다.

[참고문헌] 강태성, 신판 민법총칙, 법문사(2006).; 고상용, 민법총칙, 법문사(2003).; 고영남, "통상임금 노사합의의 효력", 민주법학 54호(2014. 3).; 곽윤직 편, 민법주해(Ⅰ), 박영사(1992).; 곽윤직 편, 민법주해(Ⅱ), 박영사(1992).; 곽윤직 편, 민법주해(Ⅵ), 박영사(1992); 곽윤직 편, 민법주해(XI), 박영사(1992).; 곽윤직 편, 민법주해(XⅢ), 박영사(1992).; 곽윤직, 민법총칙(제7판), 박영사(2002).; 곽윤직/김재형, 민법총칙(제9판), 박영사(2013).; 곽윤직/김재형, 물권법, 박영사(2014).; 권영준, 2014년 법무부 민법개정시안해설 - 민법총칙·물권편, 법무부(2017).; 권영준, "한국 민법과 사적 자치", 청헌 김증한 교수 추모기념논문집, 법문사(2018).; 김기환, 상계, 경인문화사(2018).; 김상용, 민법총칙, 화산미디어(2009).; 김용담 편, 주석 민법, 총칙(1)(제4판), 한국사법행정학회(2010).; 김용담 편, 주석 민법, 총칙(2)(제4판), 한국사법행정학회(2010).; 김용담 편, 주석 민법, 총칙(3)(제4판), 한국사법행정학회(2010).; 김용담 편, 주석 민법, 물권(3)(제4판), 한국사법행정학회(2011).; 김용담 편, 주석 민법, 채권각칙(3)(제4판), 한국사법행정학회(2016).; 김용담 편, 주석 민법, 채권각칙(8)(제4판), 한국사법행정학회(2016).; 김용한, 민법총칙론(전정판), 박영사(1986).; 김원준, 특허법원론, 박영사(2009).; 김증한/김학동, 민법총칙(제10판), 박영사(2013).; 김증한/안이준, 신민법(Ⅰ), 법문사(1958).; 김주수, 민법총칙(제5판), 삼영사(2002).; 김천수, "권리남용과 권리행사상 신의칙", 민사판례연구 22권, 박영사(2010).; 김홍엽, 민사소송법(제5판), 박영사(2014).; 명순구, 민법총칙, 법문사(2005).; 명순구, 실록 대한민국 민법 1, 법문사(2008).; 명순구, 실록 대한민국 민법 3, 법문사(2010).; 민일영/김내환 편, 주석 민사소송법(I)(제7판), 한국사법행정학회(2012).; 박상언, "강행규정에 위배된 합의의 무효 주장과 신의성실의 원칙", 민사판례연구 37권, 박영사(2015).; 박준/한민, 금융거래와 법, 박영사(2018).; 박준석, "특허권 등 지적재산권의 남용을 긍정한 우리 판례들의 논리분석", 민사판례연구 34권, 박영사(2014).; 박찬익, "소멸시효에 있어서의 신의성실의 원칙", 민사판례연구 29권, 박영사(2007).; 백태승, 민법총칙(제4판), 법문사(2009).; 손지열, "대표권의 남용", 민사판례연구 11권, 박영사(1989).; 송덕수, 민법총칙, 박영사(2018).; 송영복, "유치권의 남용에 대한 대처-신의칙 적용 유형화와 고려요소 분석, 그 대안으로 채권자취소권 적용 시도-", 민사판례연구 38권, 박영사(2016).; 송영식 외 2 공저, 지적소유권법(상)(제9판), 육법사(2005).; 송옥렬, 상법강의(제8판), 홍문사(2017).; 안춘수, "채무불이행체계의 재검토", 한국민법이론의 발전(Ⅱ)(이영준박사화갑기념논문), 박영사(2001).; 양창수, 민법입문(초판), 박영사(1991).; 양창수, "민법안의 성립과정에 관한 소고", 민법연구 제1권, 박영사(1991).; 양창수, "유치권의 성립요건으로서의 「채권과 물건 간의 견련관계」", 민법연구 1권, 박영사(1991).; 양창수, "계속적 보증에서 보증인의 해지권과 책임제한", 민법연구 제6권, 박영사(2007).; 양창수/김재형, 계약법(민법 Ⅰ)(제2판), 박영사(2015).; 양창수/권영준, 권리의 변동과 구제(민법 Ⅱ)(제3판), 박영사(2017).; 양창수/김형석, 권리의 보전과 담보(민법 Ⅲ)(제3판), 박영사(2018).; 양창수, 독일민법전, 박영사(2018).; 윤선희, 지적재산권법(11정판), 세창출판사(2010).; 윤진수, "권리남용 금지의 경제적 분석", 민법논고Ⅰ, 박영사(2007).; 윤진수, 친족상속법 강의(제2판), 박영사(2018).; 이승규, "유치권자와 경매절차에서의 매수인의 대항관계", 민사판례연구 36권, 박영사(2014).

[권영준]

이영섭/이재철, 신민법총칙, 박영사(1961).; 이영준, 민법총칙 [민법강의 I], 박영사(1987).; 이영준, 민법총칙[한국민법론 I], 박영사(2005).; 이영준, 물권법, 박영사(2009).; 이은영, 민법총칙(제5판), 박영사(2009).; 이태준/유민상 편저, 주석 신민법, 일조각(1958).; 임종률, 노동법(제16판), 박영사(2018).; 장경학, 민법총칙, 법문사(1986).; 지원림, 민법강의(15판), 홍문사(2017).; 홍성재, 민법총칙(전정판), 대영문화사(2010).

강명수, "특허권의 행사와 공정거래법의 관계", 인권과 정의 431호(2013. 2).; 강우찬, "국가배상소송에서 국가의 소멸시효 완성주장에 대한 기산점 인정 및 신의칙 위반여부에 관한 검토", 법조 55권 2호(2006. 2).; 권순호, "일반 공중의 통행에 제공된 토지에 관한 배타적 사용·수익권 행사 제한과 신의성실의 원칙", 대법원판례해설 제97호 하(2014).; 권영준, "배타적 사용수익권 포기 법리에 관한 비판적 검토", 서울대학교 법학 47권 4호(2006. 12).; 권영준, "소멸시효와 신의칙", 재산법연구 26권 1호(2009).; 권영준, "위험배분의 관점에서 본 사정변경의 원칙", 민사법학 51호(2010. 12).; 권영준, "유럽사법(私法)통합의 현황과 시사점 - 유럽의 공통참조기준초안(Draft Common Frame of Reference)에 관한 논쟁을 관찰하며-", 비교사법 18권 1호(2011. 3).; 권영준, "계약법의 사상적 기초와 그 시사점 - 자율과 후견의 관점에서 -", 저스티스 통권 124호(2011. 6).; 권영준, "계약관계에 있어서 신뢰보호", 서울대학교 法學 52권 4호(2011. 12).; 권영준, "특허권 남용의 법리와 그 관련 문제", 산업재산권 36호(2011. 12).; 권영준, "민법학, 개인과 공동체, 그리고 법원", 비교사법 22권 4호(2015. 11).; 권영준, "유치권에 관한 민법 개정안 소개와 분석", 서울대학교 법학 57권 2호(2016. 6).; 권영준, "2017년 민법 판례 동향", 서울대학교 법학 59권 1호(2018. 3).; 권창환, "특허출원인에게 불리한 특허결정에 대한 구제방법에 대하여", Law & Technology 4권 3호(2008).; 권혁재, "판결의 집행에 있어서 권리남용 법리의 적용요건", 인권과 정의 431호(2013. 2).; 김기창, "보증채무의 부종성과 독립성", 민사법학 29권(2005. 9).; 김상중, "채무불이행법 체계의 새로운 이해를 위한 시도- 채무구조론과 '요건적 유형론'의 극복을 통하여 -", 비교사법 16권 2호(2009. 5).; 김선국, "독립적 은행보증의 법리", 재산법연구 25권 1호(2008. 6).; 김성수, "프랑스 민법전의 독립적 채무보증", 민사법학 49권 2호(2010).; 김영기, "근보증", 재판자료 32집(1986).; 김영신, "보증채무 및 보증인지위의 상속", 가족법연구 24권 3호(2010).; 김영환, "법의 계수의 결과현상들: 개념법학적인 사유형태와 일반조항에로의 도피", 법철학연구 4권 1호(2001. 5).; 김정호, "유럽의 독립적 은행보증제도에 대한 법적 연구", 경영법률 9집(1999. 2).; 김재완, "현대 계약법상 신의칙의 법규범성과 그 적용의 확장에 관한 고찰", 외법논집 35권 2호(2011. 5).; 김재형, "부동산 유치권의 개선방안 - 2011년 민법개정시안을 중심으로 -", 민사법학 55호(2011. 9).; 김진오, "독립적 은행보증에 있어 권리남용 법리의 적용범위와 한계", 사법 33호(2015. 9).; 김차동, "손해배상의 범위 중 책임제한의 원리와 관련하여", 한양대학교 법학논총 27권 1호(2010. 3).; 김학동, "독일에서의 실효의 원칙-그 형성과정을 중심으로 하여-", 서울시립대논문집 16집(1982).; 김학동, "토지소유자의 방해제거청구권과 권리남용 - 판례를 중심으로 -", 부동산법학의 제문제(석하김기수교수화갑기념)(1992).; 김희중, "악의의 주식양수인이 '진술 및 보증조항' 위반을 이유로 손해배상청구를 할 수 있는지 여부 - 대상판결 : 대법원 2015. 10. 15. 선고 2012다64253 판결(공2015하, 1641)-", BFL 76호(2016. 3).; 도재형,"통상임금 전원합의체 판결의 검토", 노동법연구 36호(2014).; 류승훈, "민사소송절차에서의 신의칙의 적용", 재산법연구 28권 3호(2011. 11).; 민의원 법제사법위원회 민법안심의소위원회, 민법안심의록, 상권(1957).; 박동진, "신의칙과 권리남용금지원칙의 가족법관계에의 적용", 가족법연구 19권 1호(2005).; 박병대, "계속적 보증에 관한 고찰", 사법논집 18집(1987).; 박상훈, "해고무효확인소송과 신의칙", 노동판례비평 1호(1997).; 박준석, "무효사유 있는 특허권에 기한 권리행사와 권리남용", Law & Technology 9권 3호(2013. 5).; 박찬주, "손해경감조치의무의 법리", 법조 36권 6호(1987. 6).; 박찬주, "권리남용금지와 권리자의 주관적 요건", 인권과 정의 386호(2008).; 박혜웅/남기범, "부동산 법원경매에서 유치권이 감정가와 매각가 차이에 미친 영향분석", 한국정책연구 11권 3호(2011).; 서경환, "배타적 사용수익권 포기 법리의 문제점과 그 대안으로서의 통행지역권", 사법논집 54집(2012).; 서종희, "해제시 원상회복과 과실상계, 신의성실의 원칙 - 대법원 2014. 3. 13. 선고 2013다34143 판결을 계기로 -", 법학논총(조선대학교) 24권 2호(2017. 8).; 양경승, "계속적 보증채무의 확정과 보증인의 책임", 사법논집 50집(2011).; 양창수, "한국 민법학 50년의 성과와 앞으로의 과제", 저스티스 통권 제92호(2006. 6.).; 양형우, "재산법과 신의성실의 원칙", 법학연구(연세대학교) 8집 1권(2001).; 오영준, "가. 음반의 제명(題名)이 자타상품의 식별표지로서 인정되는 경우, 나. 음반의 제명(題名)에 화체된 업무상의 신용이나 고객흡인력의 귀속 주체, 다. 등록상표권자의 상표권의 행사가 권리남용에 해당하기 위한 요건", 대법원판례해설 69호 상(2007).; 위계찬, "고의에 의한 불법행위와 과실상계", 법학논총(한양대학교) 25집 1호(2008. 3).; 유대종, "상표무효사유와 상표권 남용에 관한 소고", 산업재산권 30호(2009).; 윤진수, "상속회복청구권의 성질과 그 제척기간의 기산점", 재판의 한 길 : 김용준 헌법재판소장 화갑기념논문집(1998).; 윤진수, "점유를 상실한 부동산매수인의 등기청구권의 소멸시효", 인권과 정의 261호(1998. 5).; 윤진수, "유치권 및 저당권설정청구권에 관한 민법개정안", 민사법학 63-1호(2013. 6).; 윤진수/현소혜, "부모의 자녀 치료거부 문제 해결을 위한 입법론", 법조 통권 680호(2013).; 윤진수, "미국 계약법상 Good Faith 원칙", 서울대학교 법학 44권 4호(2003. 12).; 윤진수, "이용훈 대법원의 민법판례", 이용훈대법원장재임기념 정의로운 사법(2011).; 윤진수, "독립적 은행보증의 경제적 합리성과 권리남용의 법리", 법조 통권 692호(2014. 5); 윤태식, "상표법상 상표의 유사 여부 판단에 관한 연구", 사법논집 59집(2015).; 이계정, "체납처분압류와 유치권의 효력", 서울대학교 법학 56권 1호(2015. 3).; 이동형, "권리남용에 있어서 주관적 요건의 필요성", 저스티스 통권 107호(2008. 10).; 이미선, "통상임금", 사법 27호(2014. 3).; 이영준, "사정변경의 원칙", 민사법학 82호(2018. 2).; 이정민/이점인, "허위·가장 유치권 문제와 유치권 등기의 필요성에 대한 검토", 민사법이론과 실무 18권 1호(2014).; 이주현, "채권자의 권리행사가 객관적으로 불가능한 사실상의 장애사유가 있음에 불과한 경우 채무자의 소멸시효 항변이 신의칙에 반한다는 이유로 허용하지 않을 수 있는지 여부", 대법원판례해설 42호 하(2002).; 이준현, "임대인의 지위의 양도와 임차인의 동의 또는 승락", 인권과 정의 329호(2004. 1).; 이준현, "계약인수와 임차권의 양도", 저스티스 89호(2006. 2).; 이중기, "'사정변경'에 대한 사적자치와 법원의 역할 : 재협상 유도를 위한 법원의 계약보충의무", 비교사법 20권 2호(2013. 5).; 이춘원, "Common Law에서 신의성실의 원칙", 비교사법 23권 3호(2016. 8).; 임한흠, "도로부지로 된 토지에 대한 종전 소유자의 사용수익권의 포기와 그 특정승계인의 부당이득반환청구", 민사재판의 제문제 10권(2000).; 장덕조/김태선, "보증보험과 청구보증통일규칙", 비교사법 25권 3호(2018. 8).; 장보은, "계속적 계약의 종료와 그 제한가능성", 비교사법 25권 1호(2018. 2).; 장석천, "사용자책임에 있어서 구상권 제한의 법리", 한양법학 39집(2012. 8).; 정상조, "소프트웨어 특허의 현황과 과제", Law & Technology 3권 6호(2007).; 정영환, "민사소송에 있어서 신의성실의 원칙", 민사재판의 제문제 13권(2004. 12).; 정태호/김혁중, "특허침해소송에서의 권리남용의 적용에 대한 비판적 고찰", 한양대학교 법학논총 29권 4호(2012).; 조효정, "부동산에 가압류등기가 경료된 후에 채무자의 점유이전으로 제3자가 유치권을 취득하는 경우, 가압류의 처분금지효에 저촉되는지 여부", 재판실무연구(수원지방법원)(2013).; 천경훈 편저, 우호적 M&A의 이론과 실무(제2권) - M&A 계약의 주요 조항, BFL 총서 13권(2017).; 채동헌, "독립적 은행보증에서 권리남용에 대한 기준", 국제거래법연구 26권 2호(2017. 12); 최성준, "무효사유가 있는 것이 명백한 특허권의 행사가 권리남용에 해당하는지 여부", 지적재산권 8호(2005).; 한강현, "소멸시효의 주장이 권리남용에 해당하는가", 민사재판의 제문제 9권(1997).; 한상곤, "민사집행절차에서 본 유치권의 개정안에 대한 고찰", 경희법학 50권 1호(2015).

高部 眞規子, "無效理由が存在することが明らかな特許權に基づく差止め等の請求と權理の濫用", Jurist 增刊, 最高裁時の判例 Ⅲ, 私法編(2), 有斐閣(2004).; 我妻 榮 外, 我妻·有泉, コメンタール 民法 (總則·物權·債權) (第4版), 日本評論社(2016).; 半田吉信, "消滅時效の援用と信義則", ジュリスト No. 872(1986).; Christian von Bar 외 10인 편저, 안태용 역, 유럽 민사법의 공통 기준안 총칙·계약편, 법무부(2009).; J.W. Hedemann 저, 윤철홍 역주, "일반조항으로 도피 – 법과 국가에 대한 하나의 위험 –", 법원사(2018).; Zweigert/Kötz 저, 양창수 역, 비교사법제도론, 대광문화사(1991).; Farnsworth, Contracts, 4th ed., Aspen(2004).; Horst-Eberhard Henke, Die Bewältigung des Mitverschuldens – eine anspruchvolle juristische Technik, JuS(1991).; K. Larenz, Methodenlehre der Rechtswissenschaft, 2. Auflage(1992).

Münchener Kommentar zum BGB, 7. Auflage(2016).; Irmtraud Lienesch, Internationale Bankgarantien und die UN-Konvention über unabhängige Garantien und Stand-by Letters of Credit, Walter de Gruyter(1999).; James Gordley, Foundations of Private Law, Oxford University Press(2006).; James Gordley, "Impossibility and Changed and Unforeseen Circumstances", 52 Am. J. Comp. L. 513 (2004).; Jauernig BGB, 15 neuberarbeitete Auflage(2014).; J. von Staudingers Kommentar zum Bürgerlichen Gesetzbuch, Neubearbeitung(2014).; Fikentscher/Heinemann, Schuldrecht, 10 Auflage(2016).; Ole Lando and Hugh Beale(ed.), Principles of European Contract Law, Part Ⅰ and Ⅱ (2000).; Ole Lando, Eric Clive, Andre Prum & Reinhard Zimmermann (ed.), Principles of European Contract Law, Part Ⅲ (2003).; Palandt/Ellenberger, Bürgerliches Gesetzbuch, 76. Auflage(2017).; Reinhard Zimmermann, The Law of Obligations: Roman Foundations of the Civilian Tradition, Clarendon Press(1990).; Robert S. Summers, "The General Duty of Good Faith – Its Recognition and Copnceptualization", 67 Cornell L. Rev. 810 (1982); Steven J. Burton, "Breach of Contract and the Common Law Duty to Perform Good Faith", 94 Harv. L. Rev. 369 (1980); Zimmermann & Whittaker (eds), Good Faith in European Contract Law, Cambridge University Press(2000).

Ⅰ. 신의성실의 원칙 일반론

1. 일반조항으로서 신의성실의 원칙

본법 제2조는 "신의성실"이라는 표제 아래 제1항에서 "권리의 행사와 의무의 이행은 신의에 좇아 성실히 하여야 한다."라고 규정함으로써 신의성실의 원칙을 선언하고 있다. 본법 제1조는 법원(法源)에 관한 조항이므로, 본법 제2조는 사인(私人) 간의 권리관계의무를 다루는 첫 번째 조항인 셈이다. 이는 신의성실의 원칙이 우리 민법에서 가지는 무게를 상징적으로 보여준다. 신의성실의 원칙은, 법률관계의 당사자는 상대방의 이익을 배려하여 형평에 어긋나거나 신뢰를 저버리는 내용 또는 방법으로 권리를 행사하거나 의무를 이행해서는 안 된다는 원칙이다.[1] 신의칙이라고 줄여서 부르기도 한다.[2]

한편 본법 제2조 제2항은 "권리는 남용하지 못한다."라고 규정함으로써 권리남용금지의 원칙을 선언하고 있다. 역사적으로 보면 권리남용금지의 원칙은 신의성실의 원칙과 별도의 법 원칙으로서 발전하여 왔다. 그러나 권리남용금지의 원칙은 권리 행사의 국면에서 나타나는 신의성실의 원칙의 한 발현이라고 볼 수 있다. 그렇다면 본법 제2조 전체가 신의성실의 원칙에 대한 규정이라고 말할 수 있다.

본법 제2조는 일반조항의 성격을 띤다. 일반조항은 조항의 내용을 포괄적으로 정함으로써 다양한 사례에 유연하게 적용될 수 있도록 만들어진 조항이다.[3] 본법 제2조 외에도 공서양속에 관한 본법 제103조, 불법행위에 관한 본법 제750조 등이 이러한 일반조항에 해당한다. 일반법과 특별법의 관계에서 일반법의 역할이 그러하듯이, 어떤 법률관계를 규율하는 개별조항이 있다면 일반조항은 한 걸음 뒤로 물러나고 개별조항이 우선적으로 적용되어야 한다. 반면 개별조항만으로는 어떤 법률관계를 규율하기 어렵고, 그렇다고 새로운 입법이 이루어질 때까지 그 법률관계를 방치할 수 없는 때에는 일반조항이 한 걸음 앞으로 나아와 그 법률관

1 대법원 1996. 5. 10. 선고 95다12217 판결, 대법원 2001. 5. 15. 선고 99다53490 판결, 대법원 2002. 3. 15. 선고 2001다67126 판결 등 다수.

2 "신의"와 "성실"은 사실상 같은 의미를 지니는 것으로 이해된다. Roth/Schubert, Münchener Kommentar zum BGB, 7. Auflage(2016), §242, Rn. 9; Looschelders/Olzen, J. von Staudingers Kommentar zum Bürgerlichen Gesetzbuch, Neubearbeitung, 2014, §242, Rn. 141. 이를 굳이 구별하지 않고 "good faith"라고 부르거나 "신의칙"이라고 부르는 것도 양자의 의미를 굳이 구별하지 않는 태도의 연장선상에 있다.

3 일반조항은 제왕조항 또는 백지조항이라고도 일컫는다. 곽윤직/김재형, 민법총칙(제9판), 박영사(2013), 76.

계를 직접 규율하는 역할을 수행한다.

일반조항은 규범의 세계와 현실의 세계 사이의 괴리를 좁혀주어 법이 '살아 있는 법'으로 기능하도록 한다. 일반조항인 본법 제2조는 법의 논리적인 적용과 사회구성원들이 공유하는 정의 관념 사이의 격차를 메우는 요긴한 수단이다. 이러한 격차는 사회구성원들에게 일반적으로 받아들여지는 정의 관념[4]이 법의 개별조항에 미처 세세하게 반영되지 못하기 때문에 발생한다.[5] 이러한 격차가 큰 경우에는 법관이 개별조항의 법률요건을 적용하여 논리적으로 도출한 법률효과가 당사자 뿐 아니라 사회구성원들에게 "도저히 받아들일 수 없는 가혹한 결과"[6]로 인식될 수 있다. 법원이 이러한 결과를 승인하는 것은 그 이유가 어떠하건 사법부에 대한 신뢰 저하, 법에 대한 불신으로 이어질 우려가 있다.

가령 교통사고로 인한 보험금지급청구권의 소멸시효 진행과 완성을 떠올려 보자. 보험금청구권의 소멸시효에 관한 상법 제662조, 시효기간의 기산점에 관한 본법 제166조 제1항에 규정된 각각의 법률요건을 적용하면, 보험금청구권자가 그 권리를 행사할 수 있는 때(위 사안의 경우 교통사고 발생일)로부터 2년이 경과하면 보험금청구권이 시효 완성으로 소멸한다는 결론에 이르게 된다. 그런데 보험금청구권자가 그 교통사고로 식물인간이 되어 그 권리를 사실상 행사할 수 없었고, 보험자도 그러한 사실을 잘 알고 있었던 경우에 위와 같은 결론은 보험금청구권자에게 지나치게 가혹한 것일 수 있다.[7] 이처럼 개별조항의 논리적인 적용 결과가 "법감정 내지 윤리감각"에 반하여 도저히 받아들일 수 없는 부정의(不正義)로 여겨질 때 이를 그대로 받아들일 것인가? 이를 그대로 받아들이는 것은 정의의 실현이라는 목표를 위해 생명을 부여 받은 법규범이 스스로 그 존재 근거를 말살하는 자살행위가 아닌가? 그렇다면 법의 이름 아래 자행되는 부정의의 실현을 막을 수단이 필요하지 않은가?

4 이러한 정의 관념안에는 윤리 관념도 포함되어 있다. Looschelders/Olzen, J. von Staudingers Kommentar zum Bürgerlichen Gesetzbuch, Neubearbeitung, 2014, §242, Rn. 143.

5 이러한 이유로 우리 대법원 판결(대법원 2002. 3. 15. 선고 2000다13856 판결, 대법원 2001. 5. 15. 선고 99다53490 판결, 대법원 2001. 3. 13. 선고 2000다48517, 48531 판결, 대법원 1997. 1. 24. 선고 95다30314 판결)들은 "법률관계의 한쪽 당사자가 상대방에게 신의를 주었다거나 객관적으로 보아 상대방이 신의를 가짐이 정당한 상태에 있음에도, 이러한 상대방의 신의에 반하여 권리를 행사하는 것이 정의관념에 비추어 용인될 수 없는 상태에 이르는 경우"에 신의성실의 원칙에 반한다고 판시함으로써 "정의관념"을 신의성실의 원칙 위반의 논거로 자주 사용한다.

6 대법원 2010. 5. 27. 선고 2009다44327 판결.

7 대법원 2010. 5. 27. 선고 2009다44327 판결이 이러한 문제를 다루고 있다.

또한 딸이 자기 소유 건물에서 살고 있는 아버지와 남동생을 상대로 건물인도 및 퇴거를 구하는 경우를 떠올려 보자. 딸은 아버지나 남동생과는 구별되는 인격을 가진 권리 주체이므로, 자신의 소유권이 정당한 권원 없이 가족에 의해 방해되고 있다면 소유권에 기해 위와 같은 청구를 할 수 있다. 그러나 딸은 외국에 이민을 가 있어 그 주택에 입주하지 않으면 안 될 급박한 사정이 없는 반면, 아버지는 고령과 지병으로 고통을 겪고 있는 상태에서 달리 마땅한 거처도 없고, 남동생은 자녀로서의 책임감 때문에 홀로 아버지를 부양하면서 그와 동거하고 있다면 어떠한가? 아버지를 부양해야 마땅할 딸이 오히려 아버지의 유일한 거처를 소유권의 이름 아래 빼앗아버리는 청구는 인륜에 반하는 행위로서 권리남용에 해당하지는 않는가?[8]

본법 제2조는 바로 이러한 장면에 등장하여 법의 이름 아래 자행되는 부정의를 제거하고 법의 생명력을 보존하는 역할을 수행한다. 대법원의 표현에 따르면 신의성실의 원칙은 "엄격한 법적용의 가혹함을 완화함에 있어서 중요한 역할을 수행"하고, "당사자로 하여금 어떠한 법규칙에서 법률요건 등으로 수용되지 아니한 사정을 법관 등 법적용자에게 제시하면서 그러한 사정 아래서 법규칙을 그대로 적용하게 되면 도저히 받아들일 수 없는 가혹한 결과가 됨을 법적용자의 법감정 내지 윤리감각에 호소하여 법규칙을 원래의 모습대로 적용하는 것을 제한 또는 배제하게 하는 하나의 법적 장치로서 기능하는 것"이다.[9] 이를 통해 신의성실의 원칙은 법관이 자신의 결론을 우선 스스로에게 납득시키고 나아가 국민들을 설득하기 위한 중요한 도구로 기능하게 된다.

2. 일반조항으로서 신의성실의 원칙의 한계

대법원이 여러 판결에서 반복하여 언급한 것처럼, 신의성실의 원칙은 "추상적 규범"이다.[10] 그렇기에 신의성실의 원칙은 포괄적이고 탄력적이며 유연하다. 신의성실의 원칙은 법관이 이를 개별 사안에 적용하는 과정에서 비로소 그 내용이 구체화된다.[11] 그 과정에서 법관의 이익형량과 가치충전(價値充塡) 작업이 이루

8 대법원 1998. 6. 12. 선고 96다52670 판결이 이러한 문제를 다루고 있다.

9 대법원 2010. 5. 27. 선고 2009다44327 판결.

10 대법원 1996. 5. 10. 선고 95다12217 판결, 대법원 2001. 5. 15. 선고 99다53490 판결, 대법원 2002. 3. 15. 선고 2001다67126 판결 외 다수.

11 이는 "신의칙의 실천적 규범으로서의 구체화"라고도 표현할 수 있다. 김재완, "현대 계약법상 신의칙의 법규범성과 그 적용의 확장에 관한 고찰", 외법논집 35권 2호(2011. 5), 145.

어진다.[12] 이러한 작업은 일반조항이 구체적 내용을 획득해 나가는 과정에서 반드시 필요하다. 그러나 그 작업 와중에 '정의'라는 이름 아래 법관의 '자의'가 개입될 위험도 있다. 그렇기 때문에 한편으로는 일반조항의 일반적 가치와 효용을 인정하고 필요한 경우에는 이를 적극적으로 활용하여 정의를 도모하되, 다른 한편으로는 손쉽게 여기에 기대어 결론을 정당화해 버리는 일반조항의 남용 또는 일반조항으로의 도피[13]는 경계하여야 한다.[14]

20세기 초 독일 법학자인 헤데만(Hedemann)의 설명에 따르면, 일반조항의 위험성은 유약화(Verweichlichung), 불안정성(Unsicherheit), 자의성(Willkür)으로 요약될 수 있다.[15] 헤데만은 일반조항으로의 도피 위험에 대해 다음과 같이 설명한다. 일반조항에 쉽게 기대면 철두철미하게 행해야 하는 어려운 작업은 점점 더 기피될 수 있다.[16] 확고한 법규범이 법관의 주관적 감정으로 대체되고, 법과 도덕과의 경계가 혼미해질 수 있다.[17] 이러한 경고는 일반조항의 대표격인 신의성실의 원칙 조항에도 그대로 적용된다. 실제로 일반조항으로서의 신의성실의 원칙 규정은 어느 법률가에 의해 "한 국가가 빠질 수 있는 가장 잔혹스럽고 광기에 찬 개념의 왜곡"이라는 과도한 비판을 받기도 하였다.[18]

그러므로 법관은 일반조항에 기대기에 앞서 법 정신이 더 구체적인 형태로 구현된 개별 법리들을 활용하여 문제를 해결하도록 노력해야 한다. 실제로 신의

12 권영준, "민법학, 개인과 공동체, 그리고 법원", 비교사법 22권 4호(2015. 11), 1418. 이러한 가치충전 작업에는 법 규범뿐만 아니라 법 외부 또는 법을 넘어서는 원리도 동원될 수 있다. Roth/Schubert, Münchener Kommentar zum BGB, 7. Auflage(2016), §242, Rn. 11.

13 이른바 '일반조항으로의 도피(Flucht zur allgemeinen klauseln)'의 위험은 일찍이 다음 책에서 언급된 바 있다. Hedemann, Die Flucht in die Generalklauseln, 1933; Fikentscher/Heinemann, Schuldrecht, 10 Auflage(2006), S. 114에서 재인용. 국내 문헌으로는 이영준, 민법총칙(개정증보판), 박영사(2007), 64 이하; 형법에 관한 것으로 김영환, "법의 계수의 결과현상들: 개념법학적인 사유형태와 일반조항에로의 도피", 법철학연구 4권 1호(2001. 5).

14 대법원 2018. 5. 17. 선고 2016다35833 전원합의체 판결의 반대의견은 이러한 '일반조항으로의 도피'를 구체적 사안에서 법원이 분명한 이유를 대기 어려운 어떤 결론을 정당화하기 위한 일반조항의 편의적인 적용이라고 설명한다.

15 J.W. Hedemann 저, 윤철홍 역주, "일반조항으로 도피 - 법과 국가에 대한 하나의 위험 -", 법원사(2018), 86. 원저는 Hedemann, Die Flucht in die Generalklauseln, 1933.

16 J.W. Hedemann 저, 윤철홍 역주, "일반조항으로 도피 - 법과 국가에 대한 하나의 위험 -", 법원사(2018), 86. 원저는 Hedemann, Die Flucht in die Generalklauseln, 1933.

17 J.W. Hedemann 저, 윤철홍 역주, "일반조항으로 도피 - 법과 국가에 대한 하나의 위험 -", 법원사(2018), 88-89. 원저는 Hedemann, Die Flucht in die Generalklauseln, 1933.

18 1932년 초에 개최된 대규모 산업단체 회의에서 내빈으로 참석했던 독일변호사협회 회장이 청중들에게 한 말이다. J.W. Hedemann 저, 윤철홍 역주, "일반조항으로 도피 - 법과 국가에 대한 하나의 위험 -", 법원사(2018), 91 참조.

성실의 원칙이나 권리남용금지원칙이 성취하고자 하는 법이념은 이미 개별적인 실정법 조항 속에 상당한 정도로 내포되어 있는 경우가 많다.[19] 예컨대 본법 제400조 내지 제403조에 규정된 채권자지체책임은 채권자가 수령을 지체할 경우 신의칙 또는 공평의 관념에 입각하여 그에게 일정한 불이익을 부과하기 위한 것이다. 본법 제536조가 규정하는 동시이행 항변권이나 불안의 항변권은 쌍무계약의 대가관계에서 비롯된 것이지만, 동시에 신의와 공평의 관념이 고려된 제도이기도 하다.[20] 본법 제746조가 규정하는 불법원인급여자의 반환청구 금지 역시 스스로 불법에 관여한 자에게 법적 보호를 부여하는 것이 법적 정의로 표현되는 신의성실의 원칙에 반한다는 이념에 기초한 것이다.[21] 신원보증법 제6조에서 법원이 신원보증인의 손해배상액을 산정하는 경우 피용자의 감독에 관한 사용자의 과실 유무, 신원보증을 하게 된 사유 및 이를 할 때 주의를 한 정도, 피용자의 업무 또는 신원의 변화, 그 밖의 사정을 고려하여야 한다고 규정하는 것도 신의성실의 원칙을 고려한 결과이다.

이처럼 신의성실의 원칙을 자양분으로 삼아 개별적인 법리가 형성되어 있는 경우에는 마치 특별법 우선의 원칙처럼 개별 법리가 우선하여 적용되어야 한다. 이러한 노력을 기울이지 않은 채 일반조항이나 일반원리를 선뜻 동원하는 것에는 신중해야 한다. 대법원이 판시하였듯이 "실정의 법제도는 오랜 세월의 정련된 사고와 구체적인 적용 및 이에 대한 반성을 거쳐 신중하게 마련된 것으로서, 실제로는 내용이 막연한 신의칙 등보다 더욱 현명하고 '공평'한 것"이기 때문이다.[22]

대법원 2010. 9. 9. 선고 2008다15865 판결은 이 점을 분명히 하였다. 이 판결은 국가의 소멸시효 완성 주장이 신의성실의 원칙에 반하여 권리남용에 해당하는지를 다루었는데, "실정법에 정하여진 개별 법제도의 구체적 내용에 좇아 판단되는 바를 신의칙과 같은 법원칙을 들어 말하자면 당해 법제도의 외부로부터 배제 또는 제한하는 것은 법의 해석·적용에서 구현되어야 할 기본적으로 중요한 법가치의 하나인 법적 안정성을 후퇴시킬 우려가 없지 않다"고 하여 법 적용 주체가 개별 법제도를 끝까지 생각하지 아니한 채로 쉽사리 일반조항에 기대는 태도를 경계하고 있다. 이러한 태도는 "일단 유효하게 성립한 계약상의 책임을 공평의

19 권영준, "소멸시효와 신의칙", 재산법연구 26권 1호(2009), 6.
20 대법원 1992. 5. 22. 선고 91다43220, 43237 판결.
21 대법원 1994. 12. 22. 선고 93다55234 판결.
22 대법원 2014. 3. 13. 선고 2013다34143 판결.

이념 및 신의칙과 같은 일반원칙에 의하여 제한하는 것은 자칫하면 사적 자치의 원칙이나 법적 안정성에 대한 중대한 위협이 될 수 있으므로 신중을 기하여 극히 예외적으로 인정하여야 한다."라고 한 대법원 2015. 10. 15. 선고 2012다64253 판결에서도 나타난다.[23]

신의성실의 원칙을 동원하지 않고 개별 법리로 해결할 수 있었던 한 가지 예를 들어본다. 대법원 1985. 4. 9. 선고 84다카1131 전원합의체 판결은 법정지상권을 가진 건물소유자로부터 건물을 양수하면서 지상권까지 양도받았으나 아직 지상권 이전등기를 마치지 못한 자를 상대로 대지소유자가 건물철거청구를 할 수 있는지를 다루었다. 대법원은 건물 양수인(피고)이 전 건물소유자 및 대지소유자(원고)에 대하여 채권자대위 법리에 따라 차례로 지상권설정절차의 이행을 구할 수 있다는 점을 지적하였다. 그러면서 "이 사건 대지에 대한 법정지상권을 취득할 지위에 있는 위 피고에 대하여 원고가 대지소유권에 기하여 건물철거를 구함은 지상권의 부담을 용인하고 또한 그 설정등기절차를 이행할 의무있는 자가 그 권리자를 상대로 한 청구라 할 것이어서 신의성실의 원칙상 허용될 수 없다 할 것이다."라고 판시하였다. 그런데 굳이 신의성실의 원칙을 동원하지 않더라도 피고에게 본법 제213조의 "점유할 권리"가 있다고 해석함으로써 동일한 결론에 도달할 수 있었을 것이다.[24]

신의성실의 원칙을 구체화하려고 했던 한 가지 예도 들어본다. 신의성실의 원칙은 무정형한 것이나, 이를 그저 공허한 정식(定式)으로 내버려 두지 않고 그 내용을 무언가 구체적인 것으로 채워야 한다. 물론 이때 사회통념이나 형평의 이념 등 추상적인 이념을 동원할 수도 있지만, 가급적 실정법의 개별 규정과 같은 구체적인 내용을 참조할 필요가 있다. 즉 신의성실의 원칙의 내용을 구체화하는 과정에서도 개별 규정을 참조하거나 유추 적용하는 것이 바람직하다. 예컨대 소멸시효 남용 법리에서 권리를 행사할 수 있는 상황이 되면 신의성실의 원칙상 상당한 기간 내에 권리를 행사하여야 한다. 대법원 2013. 5. 16. 선고 2012다202819 전원합의체 판결은 권리행사의 '상당한 기간'의 길이는 여러 사정을 종합적으로 고려하여 판단해야 한다고 하면서도, 특별한 사정이 없는 한 민법상 시효정지의 경우에 준하여 단기간으로 제한되어야 한다고 판시하였다. 신의칙에 의해 부여된

23 일반 보증책임에 관한 같은 취지의 판결로 대법원 2004. 1. 27. 선고 2003다45410 판결 참조.
24 민법주해 Ⅰ, 총칙(1), 박영사(1992), 141-142(양창수).

'상당한 기간'의 내용을 구체화하는 과정에서 시효정지에 관한 개별 규정을 참조한 예이다.

3. 신의성실의 원칙과 사적 자치[25]

신의성실의 원칙과 사적 자치는 서로 대립되는 이념을 담고 있는 것처럼 보인다. 사적 자치는 자율의 신장이라는 기치(旗幟) 아래 법률관계 당사자가 스스로의 의사에 기하여 법률관계를 형성하도록 하는 반면, 신의성실의 원칙은 그러한 법률관계에 법원이 후견적으로 개입할 여지를 열어두기 때문이다. 이 점에서 신의성실의 원칙은 자율과 후견의 중요한 분기점이 되기도 한다.[26] 법관이 신의성실의 원칙을 적극적으로 활용하면 후견적 관여의 폭이 넓어진다. 반대로 법관이 신의성실의 원칙을 적용하지 않고 당사자가 계약에서 정한 바에 따라 판단하면 후견적 관여의 폭은 좁아진다.[27] 사적 자치는 당사자의 '의사'를 중시하고, 신의성실의 원칙은 당사자의 '신뢰'에 무게를 둔다. 이 점에서도 신의성실의 원칙과 사적 자치는 서로 반대되는 경향을 보인다. 신의성실의 원칙은 당사자의 자유로운 의사보다 상대방의 신뢰를 존중하고자 한다. 당사자의 내면에 머무르는 의사보다 그의 외부로 표현된 언행, 그에 기초하여 형성된 상대방의 신뢰를 중요하게 여긴다. 사적 자치가 계약 당사자 '개인'의 주관적 의사를 끝까지 밀고 나가려는 경향성을 대표한다면, 신의성실의 원칙은 계약공동체의 객관적이고 합리적인 규율을 도모하는 경향성을 대표한다. 논의의 범위를 조금 더 넓히면, 사적 자치는 개인의 자유를 강조하는 자유주의적 관점과, 신의성실의 원칙은 공동체적 관점과 각각 맞닿아 있다고도 볼 수 있다.[28]

민법학에서도 신의성실의 원칙과 사적 자치의 상관관계는 민법의 기본원리가 무엇인가의 문제에서 중차대한 역할을 수행한다.[29] 우리 민법 제정 과정에서는 사적 자치의 극단적 확대에 대한 경계심과 신의성실의 원칙의 강조를 통해 그 부작용을 최소화하려는 생각이 중요하게 작용하였다. 1957년 11월 5일 배영호 당시

25 이 부분은 권영준, "한국 민법과 사적 자치", 청헌 김증한 교수 추모기념논문집, 법문사(2018), 107-157; 권영준, "계약법의 사상적 기초와 그 시사점 - 자율과 후견의 관점에서 -", 저스티스 통권 124호(2011. 6), 169-203의 해당 부분에 의거하여 작성한 것이다.

26 권영준, "민법학, 개인과 공동체, 그리고 법원", 비교사법 22권 4호(2015. 11), 1418.

27 권영준, "민법학, 개인과 공동체, 그리고 법원", 비교사법 22권 4호(2015. 11), 1418.

28 권영준, "계약관계에 있어서 신뢰보호", 서울대학교 법학 52권 4호(2011. 12), 222.

29 한국 민법학에서 사적 자치 논의의 흐름에 관해서는 권영준, "한국 민법과 사적 자치", 청헌 김증한 교수 추모기념논문집, 법문사(2018), 117-126 참조.

법무부차관이 국회에서 행한 민법 원안 제안 설명에 따르면, 정부의 민법 초안을 뒷받침하는 기본 원칙은 "세계 법률사조에 입각하여 개인주의를 지양·발전시키고 공공복리라는 국민의 경제도의에 적응시킴"이다.[30] 독일에서는 20세기 초반에 민법학에서도 공동체주의적 성향이 강조되었고, 일본 역시 이러한 영향 아래 1937년 6월 17일에 공포한 만주 민법 제2조에 신의성실의 원칙에 관하여 규정하였고, 일본 민법 자체도 1947년 개정을 통해 원래는 존재하지 않던 신의성실의 원칙과 권리남용 금지의 원칙을 제1조 제2항, 제3항에서 명문으로 규정하였다. 배영호 당시 법무부차관이 언급한 "세계 법률사조"는 아마도 이러한 흐름을 염두에 둔 표현일 것이다. 학계에서도 민법 제정에 즈음하여 자유주의적인 민법의 극복 필요성과 사회 본위 법률사상에 대한 강조가 지속적으로 이루어졌고,[31] 신의성실의 원칙은 바로 그 선두에 서 있었다. 그러나 1980년대부터 사적 자치에 대한 재조명이 이루어지고,[32] 신의성실의 원칙이 사적 자치에 대한 제2의 이념이자 소극적·제한적 이념임을 지적하는 견해[33]가 부각되면서 신의성실의 원칙의 체계적 위치는 다시 조정되었다.

대법원 2018. 5. 17. 선고 2016다35833 전원합의체 판결은 신의성실의 원칙과 사적 자치의 상호관계에 관한 관점 차이를 잘 드러낸다. 위 판결에서 대법원은 변호사의 소송위임사무에 관한 약정 보수액이 부당하게 과다한 경우 예외적으로 적당하다고 인정되는 범위 내의 보수액만을 청구할 수 있다고 판단하였다. 다만 이러한 보수청구의 제한은 어디까지나 계약자유의 원칙에 대한 예외를 인정하는 것이므로 법원은 그에 관한 합리적인 근거를 명확히 밝혀야 한다는 점을 부가하였다. 그런데 별개의견은 민법 제2조의 신의성실의 원칙 또는 민법에 규정되어 있지도 않은 형평의 관념은 당사자 사이에 체결된 계약을 무효로 선언할 수 있는 근거가 될 수 없고, 이러한 일반 원칙에 의해 개별 약정의 효력을 제약하려고 시도하는 것은 사적 자치의 원칙, 자유민주적 기본질서, 시장경제질서 등 헌법적 가

30 제26회 국회정기회의속기록 제29호, 국회사무처, 1957. 11. 5., 1 이하. 명순구, 실록 대한민국 민법 3, 법문사(2010), 29-30에서 재인용.

31 김증한/안이준, 신민법(Ⅰ), 법문사(1958), 24-27; 이태준/유민상 편저, 주석 신민법, 일조각(1958), 2-4; 이영섭/이재철, 신민법총칙, 박영사(1961), 24-28.

32 이영준, 민법총칙 [민법강의 Ⅰ], 박영사(1987), 16-17. 이 입장에서는 신의칙과 권리남용금지의 원칙은 법률관계나 권리의 속성으로부터 당연히 도출되는 것이므로 이 원칙들을 정당화하기 위해 공공복리를 강조할 필요가 없다고 한다.

33 예컨대 양창수, 민법입문(초판), 박영사(1991), 315-318.

치에 정면으로 반한다는 입장을 취하였다. 다수의견은 신의성실의 원칙에 따른 사적 자치의 수정 가능성을 조심스럽게 승인한 반면, 별개의견은 이러한 신의성실의 원칙의 관여가 사적 자치에 정면으로 반한다고 본 것이다. 이는 신의성실의 원칙과 사적 자치의 갈등 관계를 잘 드러내 주는 판결이다.

신의성실의 원칙의 역할이 강조될수록 후견적 개입의 폭이 넓어지고 공동체적 관점이 강하게 나타난다는 언명은 일단 타당하다. 그러나 신의성실의 원칙이 자율과 완전히 무관한 개념인 것은 아니다. 신의성실의 원칙은 오로지 공공의 복리를 위하여 사적 자치를 제한하는 후견주의적 국가관에서 도출되는 것이 아니다. 신의성실의 원칙은 법률관계의 당사자가 상대방에 대하여 가지는 합리적 기대와 밀접한 관련을 가진다. 모든 계약에는 각 당사자가 상대방 당사자의 합리적 기대를 벗어나서 손해를 입히거나 이익을 침해해서는 안 된다는 묵시적인 약속이 있다고 이해한다면, 신의성실의 원칙은 바로 이러한 약속 내지 합리적 기대를 표현한 것으로도 볼 수 있다.[34] 그렇게 본다면 신의성실의 원칙은 계약법 원리의 자연스러운 발현이지 계약법에서 배척되어야 할 이질적인 존재가 아니다. 이러한 이해는 계약법을 객관화하는 입장, 계약법이 주관적 합의보다 객관적인 합리성을 추구하는 규범이라고 보는 시각과도 연결된다.[35]

요컨대 신의성실의 원칙과 사적 자치가 언제나 서로 대립되는 개념은 아니다. 오히려 신의성실의 원칙과 사적 자치는 인간의 존엄성과 자율성을 고양시킨다는 공통의 목표 아래 서로를 건강하게 보완하는 관계에 있다.[36] 신의성실의 원칙은 계약 당사자의 합리적 기대를 보호함으로써 당사자의 자율을 더욱 온전하고 책임 있는 것으로 만드는 역할을 할 수 있다. 이러한 생각은 대법원 판결에서도 발견된다. 가령 대법원 2007. 11. 22. 선고 2002두8626 전원합의체 판결은 계약의 자유에 대한 제한 내지 규제가 계약 자유의 원칙을 부정하는 것이 아니라, 계약 자유의 원칙이 가지는 결함을 교정하여 그 본래의 기능을 회복시키는 역할을 한다고 밝히고 있다. 이러한 이해에 기초하여 보면 신의성실의 원칙과 사적 자치는 상호 대립적 관계에 있다기보다는 오히려 상호 보완적 관계에 있다.

34 권영준, "한국 민법과 사적 자치", 청헌 김증한 교수 추모기념논문집, 법문사(2018), 125.

35 Jay M. Feinman, "Good Faith and Reasonable Expectations" (April 4, 2013) (2018. 9. 29. 방문), http://ssrn.com/abstract=2245144> 또는 <http://dx.doi.org/10.2139/ssrn.2245144>.

36 송덕수, 민법총칙, 박영사(2018), 64도 같은 취지이다.

4. 신의성실의 원칙의 연혁과 비교법적 동향

가. 신의성실의 원칙의 뿌리

신의성실의 원칙의 역사적 뿌리는 로마법에서 찾을 수 있다.[37] 로마법에서는 오로지 타인을 해할 의사로(즉 "악의로") 권리를 행사하는 경우 이를 저지할 수 있는 이른바 "일반적 악의의 항변(exceptio doli generalis)"이 인정되고 있었다. 그 대표적 예가 우리나라에서도 논의되고 있는[38] "매각되어 인도된 물건의 항변(exceptio rei ven ditae et traditae)"이다.[39] 또한 로마법은 성의소송(indicia boane fidei, 誠意訴訟)을 인정하였다. 엄격소송(indicia stricti juris, 嚴格訴訟)과 달리 성의소송에서는 당해 사건의 개별적이고 구체적인 사정을 망라하여 심판하는 것이 가능하였다. 로마법에서의 신의성실(bona fides)은 "선량한 사람의 행실과 도리를 지키는 것, 거래관행을 고려하여 신의와 성실을 지키는 것"을 의미하였다.[40] 이러한 일련의 제도들은 법무관이 형평(aequitas) 또는 선함과 형평(bonum et aequum)에 의거하여 창조해낸 것들로서,[41] 엄격법의 형식성을 완화하는 형평법으로서의 의미를 가지는 것이었다.[42] 이는 형식적인 절차에 정의가 함몰되는 것을 막기 위한 처사이기도 했다.[43] 그 이후 신의성실은 유스티니아누스 시대에 이르러 형평법(ius aequum)의 강조 내지는 우위와 발맞추어 실체법적 이념이 되었고, 후대의 주석학파나 주해학파에서도 마찬가지였다.[44] 이후 신의성실의 원칙의 역사적 발전은 중세를 넘어 근대로 이어졌다.

나. 근대 민법과 신의성실의 원칙

신의성실의 원칙을 처음 규정한 근대 민법전은 프랑스 민법이다. 프랑스 민

37 Roth/Schubert, Münchener Kommentar zum BGB, 7. Auflage(2016), §242, Rn. 10, 17.

38 곽윤직, "exceptio rei venditae et traditae의 현대적 관용", 법학 9-1호(1967), 135 이하, 민법주해 Ⅰ, 총칙(1), 박영사(1992), 76(양창수)에서 재인용.

39 민법주해 Ⅰ, 총칙(1), 박영사(1992), 76(양창수). 매도인의 재산권이전의무 내지 목적물인도의무로부터 매수인의 점유할 권리를 도출한 뒤, 매수인이 매도인의 반환청구 등 소유권 행사에 대해 항변할 수 있다는 결론을 이끌어 내는 이론이다. 매수인은 매매계약에 따른 급부보유력을 가지고 있으므로 이로써 매도인에게 대항할 수 있다는 관점에서도 설명할 수 있다.

40 Fritz Schultz, Prinzipien des rőmischen Rechts(1934), 154-5, 민법주해 Ⅰ, 총칙(1), 박영사(1992), 75-76(양창수)에서 재인용.

41 Roth/Schubert, Münchener Kommentar zum BGB, 7. Auflage(2016), §242, Rn. 11.

42 민법주해 Ⅰ, 총칙(1), 박영사(1992), 76(양창수).

43 Schermaier, "Bona Fides in Roman Contract Law", in Zimmermann & Whittaker (eds), Good Faith in European Contract Law, Cambridge University Press (2000), 65.

44 민법주해 Ⅰ, 총칙(1), 박영사(1992), 76(양창수).

법 제1134조는 "계약은 신의에 따라서 이행하여야 한다."라고 규정하고 있다. 즉 계약 이행의 지도이념으로 신의성실의 원칙을 선언한 것이다. 그러나 프랑스 민법에서는 신의성실의 원칙이 계약자유의 원칙과 대등한 지위를 누리지는 못하였다. 독일 민법 제242조에서도 "신의성실에 따른 이행(Leistung nach Treu und Glauben)"이라는 표제 아래 "채무자는 거래상의 관행을 고려하여 요구하는 대로 급부를 이행할 의무를 부담한다"라고 규정하고, 제226조에서는 권리행사의 대원칙으로서 "권리의 행사가 타인에게 손해를 가하는 것만을 목적으로 하는 경우에는 이는 허용되지 아니한다"라고 규정하였다.[45] 본래 독일 민법 제242조에서 규정한 신의성실의 원칙은 주로 법률행위의 해석과 채무의 이행에 관한 원칙이었다. 그런데 자본주의와 시장경제의 폐해가 드러나고 자유지상주의에 대한 의구심이 커지면서 신의성실의 원칙이 차지하는 비중이 커지고 적용 범위도 넓어지기 시작하였다.[46] 스위스는 1907년 민법 제2조 제1항에 "모든 사람은 권리의 행사와 의무의 이행에 있어서 신의성실에 따라 하여야 한다"라고 규정함으로써, 신의성실의 원칙의 적용 범위를 계약법 영역에 한정하지 않고 민법 전체로 확장하였다. 일본은 1898년 제정된 민법 제1조 제1항에 "사권은 공공의 복지에 적합하여야 한다"는 규정을 두었다. 더 나아가 일본이 사실상 제정한 1937년 만주 민법도 스위스 민법과 마찬가지로 민법 전체의 기본원리로서 신의성실의 원칙에 관한 규정을 두었고, 일본 민법도 1947년 개정 시 제1조 제2항과 제3항에서 신의성실의 원칙과 권리남용 금지의 원칙을 명문으로 규정하기에 이르렀다.[47]

한편 잉글랜드와 아일랜드 등 영미법계 국가들은 신의성실의 원칙을 일반 법원칙으로 인정하기보다는 개별 법리, 특히 형평법상 개별 법리들을 통해 신의성실의 원칙의 목적을 달성하여 왔다.[48] 신의성실의 원칙과 같은 일반 원칙이 계약관계의 확실성과 예측 가능성을 저해할 수 있다는 우려 때문이다. 그에 따라 영국법은 계약 조항의 불공정성 문제에 대해 개별적인 해결을 도모하는 태도를 취해왔다.[49] 다만 영국에서도 신의성실의 원칙이 당사자가 체결한 계약의 묵시적 전

45 번역은 양창수, 독일민법전, 박영사(2018), 97 및 105.

46 곽윤직/김재형, 민법총칙(제9판), 박영사(2013), 75.

47 이 조항이 신설되기 전에도 일본에서는 신의성실의 원칙이 채권관계를 지배하는 원칙으로 승인되어 왔다. 日大判 1934. 12. 18. 참조.

48 이춘원, "Common Law에서 신의성실의 원칙", 비교사법 23권 3호(2016. 8), 954.

49 Interfoto Picture Library Ltd v Stiletto Visual Programmes Ltd [1989] QB 433.

제로 편입될 수는 있다고 본다.[50] 미국에서 신의성실의 원칙은 일반 법 원칙으로 다루어지지 않았으나,[51] 초기 판례에서 간헐적으로 이를 적용하다가[52] 통일상법전(Uniform Commercial Code, UCC)에서 이를 일반적인 법 원칙으로 수용하였으며,[53] 1970년대 이후 본격적으로 판례와 학설에 의해 수용되었다.[54] 1979년 채택된 미국의 제2차 계약 리스테이트먼트(The Second Restatement of Contracts) 제205조도 "모든 계약은 각 당사자에게 그 이행과 집행에 있어서 신의성실과 공정한 거래의 의무를 부과한다."라고 규정하고 있다. 신의성실의 원칙이 미국 계약법의 핵심 원칙의 하나로 자리 잡았음을 상징적으로 보여주는 일이다.[55]

다. 우리 민법과 신의성실의 원칙

우리 민법의 제정 작업은 해방 직후인 1948년 9월 15일 정부가 '법전편찬위원회직제'(대통령령 제4호)를 공포함으로써 시작되었다. 이 직제에 따라 구성된 법전편찬위원회의 민법분과위원회가 민법안 기초작업을 담당하였다. 법전기초위원회 민법분과위원회가 작성한 민법전편찬요강[56]은 "권리의 행사에 관하여 권리남용의 법리를 성문화하며, 동시에 의무의 이행에 관하여 신의성실의 원칙을 일반적으로 선명하는 규정을 세운다."라는 방침을 정하고 있었다.[57] 법전편찬위원회는 1953년 9월 30일 정부에 신의성실의 원칙에 관한 내용을 담은 민법전 초안을 제출하였고, 정부는 법제실의 내부 검토를 거쳐 1954년 9월 30일 국무회의에서 민법전 정부안을 확정한 뒤 1954년 10월 26일 민법전 정부 초안을 국회에 제출하였다. 정부의 민

50 Yam Seng Pte Ltd v International Trade Corporation Ltd, [2013] EWHC 111 (QB). 하지만 그 적용범위를 좁힌 판결로 Mid Essex Hospital Services NHS Trust v Compass Group UK and Ireland Ltd. [2013] EWCA Civ 200 참조.

51 미국의 1932년 제1차 계약 리스테이트먼트(The First Restatement of Contracts)에서는 신의성실의 원칙에 관한 조항을 별도로 두지 않았다.

52 Wood v. Lucy, Lady Duff-Gordon 222 N.Y. 88, 118 N.E.214 (1917); Kirke La Shelle Co. v. Paul Armstrong Co. 263 N.Y. 79, 188 N.E.163 (1933).

53 예컨대 일반규정인 제1-203조, 제1-201조(19) 및 매매에 관한 규정인 제2-13조(1)(b) 참조.

54 Steven J. Burton, "Breach of Contract and the Common Law Duty to Perform in Good Faith", 94 Harv. L. Rev. 369 (1980); 윤진수, "미국 계약법상 Good Faith 원칙", 서울대학교 법학 44권 4호(2003. 12), 40.

55 Robert S. Summers, "The General Duty of Good Faith - Its Recognition and Copnceptualization", 67 Cornell L. Rev. 810, 811 (1982)은 제2차 계약 리스테이트먼트에 신의성실의 원칙에 관한 규정을 둔 것이 미국 계약법의 중요한 발전이라고 평가하면서, 이러한 변화는 정의의 추구라는 법제의 근본적 목적에 대한 헌신을 상징한다고 한다.

56 민법전편찬요강에 대한 일반적인 설명으로는 양창수, "민법안의 성립과정에 관한 소고", 민법연구 제1권, 박영사(1991), 64-74 참조.

57 조선법제편찬위원회기초요강(3), 법정 3-8(1948. 8), 41; 명순구, 실록 대한민국 민법 1, 법문사(2008), 71.

법전 초안 제2조는 "권리의 행사와 의무의 이행은 신의에 좇아 성실히 하여야 한다. 권리는 남용하지 못한다."라고 규정하고 있었다. 이는 항을 나누지 않았다는 점만 빼면 현행 민법 제2조와 같은 내용이었다. 국회는 1954년 10월 28일 그 안을 법제사법위원회에 회부하였고, 그 이후 1957년 12월 17일에 이르기까지 이를 심의하였다. 그 과정에서 내용은 그대로 유지하되 현행 민법 제2조처럼 제1항과 제2항을 나누게 되었다. 한편 한국민사법학회의 전신(前身)인 민사법연구회가 제출한 '민법안의견서'에서는 원안 제1항 앞에 "사권은 공공의 복리에 따른다"라는 항을 신설하고, 원안 제2항을 "권리의 남용은 이를 허하지 아니한다"라고 수정할 것을 제안하였다.[58] 이러한 제안은 현석호 의원의 수정안에 포함되지 못하여 국회에서 논의될 기회가 없었다.[59] 결국 국회를 통과한 민법은 1958년 2월 22일 법률 제471호로 공포되어 1960년 1월 1일부터 시행되었다. 그에 따라 민법 제2조는 현행 민법 제2조와 같은 모습으로 통과되어 그 이후 개정 없이 지금에 이르고 있다.

라. 국제규범에 나타난 신의성실의 원칙

1) CISG

국제물품매매계약에 관한 국제연합 협약(United Nations Convention on Contracts for the International Sale of Goods, 이하 CISG라고 한다)은 국제물품매매계약에 적용되는 다자간 조약으로서 우리나라에서는 2005. 3. 1.부터 발효되었다. 그에 따라 CISG는 우리나라 법질서의 일부를 구성하게 되었다. CISG 제7조 제1항은 "이 협약의 해석에는 그 국제적 성격 및 적용상의 통일과 국제거래상의 신의 준수를 증진할 필요성을 고려하여야 한다."라고 규정한다. 권리 행사와 의무 이행에 일반적으로 적용되는 원칙이 아니라 협약 해석에 적용되는 원칙으로 규정한 것이 특징이다. 신의성실의 원칙을 협약의 일반 원칙으로 격상시키려는 입장과 이에 반대하는 입장 사이의 타협적 산물로서 대륙법계 국가와 영미법계 국가의 입장을 절충한 것이다.[60]

2) PECL

유럽계약법원칙(Principles of European Contract Law, 이하 "PECL"이라고 한다)은

58 명순구, 실록 대한민국 민법 1, 법문사(2008), 72.

59 참고로 '민법안의견서'의 내용 중 상당 부분은 현석호 의원의 수정안에 반영되어 국회의 민법안 심의에서 다루어진 바 있다. 명순구, 실록 대한민국 민법 1, 법문사(2008), 10면.

60 Farnsworth, Contracts, 4th ed., Aspen(2004), 489.

덴마크 코펜하겐 대학의 Ole Lando 교수가 이끄는 유럽계약법위원회(Commission on European Contract Law)가 1982년 이후의 연구성과를 토대로 하여 순차적으로 발간한 모델법이다.[61] PECL은 유럽 내 영미법계와 대륙법계의 전통을 모두 아울러 유럽에 일반적으로 통용되거나 통용되어야 할 계약법의 원칙들을 규범 형태로 제시하고 있다. PECL은 모델법에 불과하므로 법적 구속력을 가지지 않는다. 그러나 실정법을 해석하거나 실정법을 제정 또는 개정할 때 요긴하게 참조할 수 있는 국제규범이다. PECL은 아래에서 설명할 DCFR에도 큰 영향을 미쳤다.

PECL은 '제1장 일반규정 - 제1절 유럽계약법원칙'의 적용범위에 포함된 제1:102조 제1항 본문에서 "당사자들은 계약을 체결하고 그 내용을 결정할 자유가 있다."라고 선언하면서, 바로 뒤이어 같은 조항의 단서에서 "다만 신의성실과 공정거래의 요구, 그리고 유럽계약법원칙에 의하여 정하여진 강행규정에 따라야 한다."라고 부가하고 있다. 계약의 자유가 신의성실의 원칙에 따라 제한될 수 있다는 점을 명시한 것이다. 아울러 '제1장 일반규정 - 제2절 일반적 의무'의 첫째 조항인 제1:201조에서는 "신의성실과 공정거래"라는 표제 아래 "각 당사자는 신의성실과 공정거래에 따라 행위하여야 한다(제1항)", "당사자들은 이러한 의무를 배제하거나 제한할 수 없다(제2항)."라고 규정하고 있다. 이처럼 PECL이 계약 당사자의 의무에 관한 첫 번째 실체적 조항에서 신의성실의 원칙을 규정하는 것은 PECL에서 신의성실의 원칙이 차지하는 비중을 상징적으로 보여준다.

3) DCFR

공통참조기준초안(Draft Comon Frame of Reference, 이하 "DCFR"이라고 한다)은 유럽위원회(European Commission)의 위탁에 따라 두 개의 연구 그룹이 유럽사법(私法)의 내용을 기본원리, 개념 및 모델규칙의 형태로 작성한 연구결과물이다. DCFR 중간판(Interim Outline Edition)은 2007년 12월 유럽위원회에 제출되어 2008년 2월 출판되었고, DCFR 최종판(Outline Edition)은 2008년 12월 유럽위원회에 제출되어 2009년 2월 출판되었으며, 조문별 해설과 비교법적 검토결과까지 담은 DCFR 종합판(Full Edition)이 2009년 9월에 출판되면서 DCFR의 작성은 일단락되었다. 이 역시 PECL과 마찬가지로 모델법에 불과하여 법적 구속력을 가지지는

61 Ole Lando and Hugh Beale(ed.), Principles of European Contract Law, Part Ⅰ and Ⅱ (2000); Ole Lando, Eric Clive, Andre Prum & Reinhard Zimmermann (ed.), Principles of European Contract Law, Part Ⅲ (2003).

않는다. 하지만 유럽 각국의 민법전과 그 해석론을 토대로 만들어진 일종의 유럽 모델 민법전이라는 점에서 의미를 가진다.[62]

DCFR I.-1:103조는 "신의성실(Good faith and fair dealing)"이라는 표제 아래 신의성실의 원칙의 내용을 매우 구체적으로 표현하고 있다. I.-1:103조 제1항에 따르면 "신의성실"은 "정직, 투명성 및 문제된 거래 또는 관계의 상대방의 이익의 고려에 의하여 특징지어지는 행위기준"을 의미한다. 또한 같은 조 제2항은 "상대방이 불이익을 감수하면서 일방의 종전의 진술 또는 행동에 합리적으로 의지한 경우 그 일방이 이러한 진술 또는 행동과 일관되지 않는 행위를 하는 것은 특히 신의성실에 위반된다"라고 하여 영미법상 이른바 "손실적 신뢰(detrimental reliance)" 이론을 신의성실의 원칙의 한 측면으로 받아들이고 있다.[63] 이처럼 신의성실의 개념 정의를 시도하고 그 내용을 명문으로 구체화하였다는 점에서 DCFR은 신의성실의 원칙에 관하여 매우 적극적인 태도를 취한 것으로 볼 수 있다.

4) PICC

국제상사계약에 관한 일반원칙(Unidroit Principles of International Commercial Contracts, 이하 PICC라고 한다)은 UNIDROIT(International Institute of the Unification of Private Law)가 국제상사계약 분야에 대한 일반원칙을 모델법 형태로 담아놓은 것이다. 1994년에 초판이 발표되었고, 2004년 제2판, 2010년 제3판이 각각 발표되었다. PICC도 신의성실(Good faith and fair dealing)에 관한 명문의 조항을 두고 있다. PICC 1.7조는 "계약 당사자는 국제거래상의 신의성실에 따라 행위하여야 한다."라는 원칙을 선언하고(제1항), "계약 당사자는 신의성실 의무를 배제하거나 제한할 수 없다."라고 하여(제2항) 신의성실 원칙의 강행규정성을 명확히 하고 있다. PICC상 신의성실의 원칙은 교섭 과정을 포함하여 계약의 전 생애에 걸쳐 적용되는 것으로 여겨진다.[64] PICC 1.7조 제1항은 "국제거래상의 신의성실"에 따라야 한다고 규정하므로, 특정 국가의 법제에서만 인정되는 신의성실의 내용이나 국제거래의 특수성이 충분히 반영되지 못한 신의성실의 내용은 PICC상 신의성실에 포

62 DCFR의 의미와 한계에 대해서는 권영준, "유럽사법(私法)통합의 현황과 시사점 - 유럽의 공통참조기준초안(Draft Common Frame of Reference)에 관한 논쟁을 관찰하며-", 비교사법 18권 1호(2011. 3) 참조.

63 Christian von Bar 외 10인 편저, 안태용 역, 유럽 민사법의 공통 기준안 총칙·계약편, 법무부(2009), 48-49.

64 Art. 1.7 UNIDROIT Principles 2016, P. 18.

함될 수 없다.[65]

5. 신의성실의 원칙의 적용 범위

신의성실의 원칙은 민법에만 적용되는 원리가 아니다. 민사특별법에 해당하는 여러 법률들에서는 신의성실의 원칙을 명문으로 규정하여, 민사특별법이 적용되는 법률관계에도 신의성실의 원칙이 적용된다는 점을 명확히 하고 있다. 약관의 규제에 관한 법률 제5조 및 제6조, 전자상거래 등에서의 소비자보호에 관한 법률 제13조, 방문판매 등에 관한 법률 제7조 등, 소비자 보호를 주된 목적으로 하는 민사특별법들은 신의성실의 원칙을 명문으로 규정하고 있는 경우가 많다. 하도급거래 공정화에 관한 법률 제21조, 가맹사업거래의 공정화에 관한 법률 제4조, 대규모유통업에서의 거래 공정화에 관한 법률 제5조 등, 거래의 공정성 확보를 주된 목적으로 하는 민사특별법들도 대부분 신의성실의 원칙을 명문으로 규정하고 있다. 또한 신의성실의 원칙은 민사법의 영역을 널리 지배하는 원리로서, 실체법뿐 아니라 절차법에도 적용된다. 민사소송법 제1조는 "민사소송의 이상과 신의성실의 원칙"이라는 표제 아래 제2항에서 "당사자와 소송관계인은 신의에 따라 성실하게 소송을 수행하여야 한다."라고 정한다. 이 조항은 당사자와 소송관계인 사이의 소송행위뿐 아니라 당사자와 법원 사이의 소송행위에도 적용되는 것으로 이해된다.[66] 여기에서의 소송관계인은 당사자 외에 소송대리인, 보조참가인, 증인, 감정인, 조사송부촉탁을 받은 사람, 문서송부촉탁을 받은 사람 등을 포함한다.

신의성실의 원칙은 민사법의 영역에만 머무르지 않고, 다양한 법 영역에서 당사자가 마땅히 지켜야 할 대원칙으로 기능한다. 가령 세법의 영역에 속하는 개별 법령들은 납세자와 세무공무원의 신의성실 의무를 규정하고 있다. 국세기본법 제15조, 지방세기본법 제18조, 관세법 제6조 등이 그것이다. 또한 신의성실의 원칙은 권한을 위임 받거나 업무를 위탁 받은 사람이 널리 지켜야 할 의무로 규정되어 있기도 하다.[67] 특히 타인의 재산을 운용하는 지위에 있는 사람의 신의성실 의무를 규정한 것으로는 국민연금법 제102조, 자본시장과 금융투자업에 관한 법률 제37조, 같은 법 시행령 제75조 및 제118조의14 등을 들 수 있다. 감정평가 및 감

65 Art. 1.7 UNIDROIT Principles 2016, PP. 19-20.

66 주석 민사소송법(I)(제7판), 한국사법행정학회(2012), 104(김상준). 다만 이에 대해서는 이견이 있다. 예컨대 김홍엽, 민사소송법(제5판), 박영사(2014), 20.

67 서민의 금융생활 지원에 관한 법률 제79조, 지역신용보증재단법 제40조, 문화유산과 자연환경자산에 관한 국민신탁법 제10조, 주택법 제11조의2, 화물자동차 운수사업법 제40조 등.

정평가사에 관한 법률 제25조, 공인중개사법 제29조, 공인노무사법 제12조 등과 같이 특정한 업무에 종사하는 사람의 신의성실 의무를 규정한 법령도 적지 않다.

이처럼 신의성실의 원칙이 민법을 넘어 사법(私法) 전체, 때로는 공법의 영역에까지 적용되는 것은 신의성실의 원칙이 헌법 이념과 밀접한 관련을 맺고 있기 때문이기도 하다. 우리 헌법은 자유민주주의를 최고이념 내지 기본원리로 삼고 있으며,[68] 헌법 제10조의 "인간의 존엄과 가치"는 기본권의 최고이념으로 여겨지고 있다.[69] 헌법은 국가의 기본적 가치질서에 관한 국민적 합의를 담고 있는 최고규범으로서, 법령 해석과 입법의 지침이 된다.[70] 그러므로 민법을 포함한 모든 법령은 헌법의 최고이념인 자유민주적 질서,[71] 인간의 존엄과 가치를 구현하는 방향으로 제·개정되고 해석되어야 한다. 그런데 헌법의 기본권 조항들은 원칙적으로 개인과 국가의 관계에 적용되는 것이므로, 개인이 다른 개인에 대하여도 자신의 기본권을 주장하고 관철시킬 수 있는가 하는 문제가 제기된다. 그 다른 개인 역시 기본권 주체로서 인간의 존엄과 가치를 누려 마땅하기 때문이다. 이러한 문제는 헌법학에서 "기본권의 대사인효" 문제로 다루어져 왔다. 기본권의 대사인효에 대해서는 ① 기본권은 국가에 대해서만 효력을 가질 뿐 사인에 대해서는 효력을 가지지 않는다는 부정설, ② 기본권은 사인 사이에서도 효력을 가질 수 있다는 긍정설이 있고, 긍정설은 다시 ① 사인에게 직접 효력이 미친다는 직접효력설, ② 법률 조항, 특히 일반조항을 매개로 사인에게 효력이 미친다는 간접효력설로 나뉜다. 통설인 간접효력설에 따르면 헌법의 기본권 규정은 사인 간에 직접 적용될 수 없고, 사법(私法) 조항의 프리즘을 통하여 비로소 반영된다고 한다. 그 대표적인 조항이 바로 신의성실의 원칙(본법 제2조 제1항)이나 반사회적 법률행위금지의 원칙(본법 제103조) 등 일반조항들이다. 그렇다면 신의성실의 원칙이 민법뿐 아니

68 헌법재판소 1991. 3. 11. 선고 91헌마21 결정, 헌법재판소 2001. 9. 27. 선고 2000헌마238 결정 등, 헌법재판소 2009. 2. 26. 선고 2006헌마626 결정 외 다수.

69 헌법재판소 2004. 12. 16. 선고 2003헌가12 결정, 헌법재판소 2011. 8. 30. 선고 2008헌가22 결정 등(재판관 이강국, 송두환의 한정위헌의견), 헌법재판소 2009. 12. 29. 선고 2006헌바20 결정 등(재판관 이공현, 조대현, 김종대, 송두환의 반대의견), 헌법재판소 2011. 8. 30. 선고 2006헌마788 결정 외 다수.

70 헌법재판소 2005. 2. 3. 선고 2001헌가9 결정 등, 헌법재판소 2011. 8. 30. 선고 2006헌마788 결정(재판관 이강국, 민형기, 이동흡의 반대의견), 헌법재판소 2013. 2. 28. 선고 2009헌바129 결정 외 다수.

71 그러나 민법의 기본원리와 관련하여 더욱 중요한 것은 우리 법질서 전체의 뼈대를 이루는 자유민주적 기본질서의 일부로서의 사법질서가 어떠한 내용을 가져야 하는가, 어떠한 내용의 사법질서가 보다 더 잘 헌법의 이념을 실현할 것인가 하는 점이다. 양창수, "한국 민법학 50년의 성과와 앞으로의 과제", 저스티스 통권 제92호(2006. 6.), 207.

[권영준]

라 다른 법 영역에도 널리 적용되는 것은 당연한 일인지도 모른다.

6. 신의성실의 원칙 위반의 효과

신의성실의 원칙 위반의 효과는 신의성실의 원칙이 적용되는 국면에 따라 달라진다. 신의성실의 원칙이 법률행위 해석의 기준이 되는 경우 법률행위는 신의성실의 원칙이 지시하는 바에 따라 해석된다. 신의성실의 원칙이 의무이행 기준이 되는 경우 신의성실의 원칙에 위반한 의무 이행은 비록 의무이행의 외관을 갖추고 있더라도 적법한 의무이행으로 평가되지 못한다.[72] 그 결과 의무자는 의무불이행에 따른 책임을 지게 된다. 조건 성취로 불이익을 받을 당사자가 신의성실의 원칙에 반하여 조건 성취를 방해하는 행위를 한 경우 상대방은 그 조건이 성취한 것으로 주장할 수 있고, 조건 성취로 인하여 이익을 받을 당사자가 신의성실의 원칙에 반하여 조건을 성취시킨 경우 상대방은 그 조건이 성취되지 아니한 것으로 주장할 수 있다(본법 제150조).

신의성실의 원칙에 위반되는 권리행사는 나중에 설명하는 권리남용에 해당한다.[73] 권리행사가 권리남용에 해당하면 그 권리행사에 따라 발생할 수 있는 법률효과가 발생하지 않는다.[74] 청구권을 남용하는 경우 법이나 법원은 그 청구권의 실현에 조력하지 않는다. 선행행위에 모순되는 행위(venire contra factum proprium)나 실효의 원칙에 걸리는 권리행사, 의무자가 오히려 권리자에게 신의성실의 원칙에 반하여 권리를 행사하는 경우에도 마찬가지이다. 동시이행의 항변권이나 소멸시효의 항변권과 같이 항변권의 행사가 신의성실의 원칙에 위반되는 경우에는 그 항변권의 행사가 허용되지 않는다. 형성권을 남용하는 경우에는 형성권을 행사할 때 발생하는 본래의 법률효과가 발생하지 않는다. 물론 어떤 권리행사가 권리남용에 해당하더라도 권리 자체가 박탈되거나 소멸되는 것은 아니다. 따라서 권리행사가 권리남용에 해당하여 그 행사에 따른 법률효과가 발생하지 않았더라도 그 이후 권리남용 요소가 제거되었다면 권리자는 다시 권리행사를 하여 법률효과를 발생시킬 수 있다. 다만 법률의 규정이 있는 경우에는 권리남용이 권리 박탈로 이어질 수 있다. 예컨대 친권을 남용하여 친권의 상실선고가 내려진 경우에는 친권이 박탈된다(본법 제924조). 한편 권리남용의 결

72 곽윤직/김재형, 민법총칙(제9판), 박영사(2013), 77.
73 곽윤직/김재형, 민법총칙(제9판), 박영사(2013), 77.
74 주석 민법, 총칙(1)(제4판), 한국사법행정학회(2010), 230-231(백태승).

과 타인에게 손해를 주었다면, 권리자는 그 위법한 행위로 인하여 손해배상의 책임을 부담하게 된다. 이 경우 행사의 정지·장래의 예방·손해배상의 담보 청구도 가능하다.[75]

신의성실의 원칙에 반하는 행위나 권리남용에 해당하는 행위가 불법행위의 요건을 갖춘 때에는 불법행위를 구성할 수 있음은 물론이다.[76] 예컨대 신의성실의 원칙상 고지의무를 부담하는 당사자가 그 고지의무를 이행하지 않은 경우에는 불법행위책임을 부담할 수 있다.[77] 또한 확정판결에 기한 집행이 권리남용으로서 허용되지 않는 경우에는 그 집행 자체가 불법행위가 되어 불법행위책임이 성립할 수 있다.[78]

신의성실의 원칙에 관한 민법 제2조는 강행규정이다.[79] 한편 신의성실의 원칙 위반의 소송법상 효과로서 법원은 당사자의 주장이 없더라도 권리남용 여부에 대해 판단할 수 있다. 즉 신의성실의 원칙 위반 또는 권리남용은 강행규정에 위배되는 것이므로, 당사자의 주장이 없더라도 법원은 직권으로 판단할 수 있다.[80]

Ⅱ. 신의성실의 원칙에 따른 법률관계 구체화

1. 개관

법률관계는 법령 또는 법률행위로부터 발생한다. 따라서 법률관계의 내용을 확정하려면 법령 또는 법률행위의 내용을 확정해야 한다. 이는 법령이나 법률행위의 해석을 통해 이루어진다. 신의성실의 원칙은 그러한 해석 기준 중 하나이다. 즉 여러 가지 해석이 가능할 때에는 신의성실의 원칙에 부합하는 방향의 해석을 따라야 한다. 한편 법률행위로 인하여 발생하는 법률관계가 신의성실의 원칙에 의해 확장되는 경우도 있다. 이를 통해 법률행위의 목적을 더욱 충실히 달성하기 위함이다. 신의성실의 원칙에 의해 법률관계의 내용을 확정하고, 필요한 경우에는

75 곽윤직/김재형, 민법총칙(제9판), 박영사(2013), 87.

76 대법원 2007. 1. 11. 선고 2005다56940 판결은 일반론으로서 "신의성실의 원칙 위반에 의한 불법행위"의 가능성을 인정하고 있다.

77 대법원 2009. 8. 20. 선고 2009다19355 판결, 대법원 2009. 8. 20 선고 2008다51120, 51137, 51144, 51151 판결.

78 대법원 2001. 11. 13. 선고 99다32899 판결 등.

79 백태승, 민법총칙(제4판), 법문사(2009), 90; 김증한/김학동, 민법총칙(제10판), 박영사(2013), 75; 송덕수, 민법총칙(제4판), 박영사(2018), 66.

80 대법원 1995. 12. 22. 선고 94다42129 판결, 대법원 1998. 8. 21. 선고 97다37821 판결.

이를 확장하는 일련의 모습은 '법률관계의 구체화'라고 표현할 수 있다.[81] 아래에서는 신의성실의 원칙에 따른 법률관계 구체화라는 표제 아래 법률행위를 중심으로 하여 이를 나누어 살펴보기로 한다.

2. 법률행위에 따른 법률관계 확정

가. 법률행위 해석 기준으로서의 신의성실의 원칙

법률행위 해석은 법률행위의 내용을 확정함으로써 그 법률행위에 기초한 법률관계를 확정하는 작업이다. 이때 신의성실의 원칙은 법률행위 해석 기준의 하나로 작동한다.[82] 이를 신의성실의 원칙의 법률관계 확정 기능이라고 말할 수 있다.

법률행위 해석은 ① 자연적 해석, ② 규범적 해석, ③ 보충적 해석의 세 가지 유형으로 나눌 수 있다.[83] 자연적 해석은 당사자가 가지는 내심의 진정한 의사에 따라 계약을 해석하는 방법이다. 이와 관련하여 대법원은 "일반적으로 계약의 해석에 있어서는 형식적인 문구에만 얽매여서는 아니되고 쌍방당사자의 진정한 의사가 무엇인가를 탐구하여야 하는 것"이라고 판시한 바 있다.[84] 이처럼 당사자의 자연적 의사 합치에 따라 계약을 해석하는 과정에서는 신의성실의 원칙이 관여할 여지가 크지 않다. 반면 규범적 해석이나 보충적 해석은 신의성실의 원칙과 깊은 관련을 가진다.

규범적 해석은 합리적인 상대방의 관점에서 의사표시의 객관적 의미에 따라 계약을 해석하는 방법이다. 대부분의 계약 해석 분쟁은 한 쪽 당사자가 어떤 실제적인 의사를 가지고 의사표시를 하였는데, 다른 쪽 당사자가 그 의사표시를 다른 의미로 이해하고 받아들였기 때문에 발생한다. 이러한 경우에는 누구를 기준으로 의사표시의 내용을 확정할 것인가가 문제된다. 규범적 해석은 이를 의사표시자의 관점이 아니라 그 의사표시를 받아들이는 합리적인 상대방의 관점에서 의사표시의 내용을 확정하는 해석 방법이다. 여기에서 중요한 것은 상대방이 실제로 생각

81 Roth/Schubert, Münchener Kommentar zum BGB, 7. Auflage(2016), §242, Rn. 83.

82 독일 민법 제157조는 계약은 거래관념을 고려한 신의성실에 의해 요구되는 바에 따라 계약이 해석되어야 한다고 하여 이 점을 명시하고 있다. 이탈리아 민법 제1366조 역시 계약은 신의성실에 맞게 해석된다고 규정하여 마찬가지 입장을 취한다. 일본에서도 신의성실은 계약해석의 기준 중 하나로 언급된다. 我妻 榮 外, 我妻·有泉, コメンタ-ル 民法 (總則·物權·債權) (第4版), 日本評論社(2016), 54.

83 양창수/김재형, 계약법(민법 Ⅰ)(제2판), 박영사(2015), 109, 110.

84 대법원 1993. 10. 26. 선고 93다2629, 2636 판결.

한 바가 아니라 그가 합리적인 사람이라면 그 상황에서 받아들였을 바에 따라 의사표시의 내용을 확정한다는 점이다.

이와 관련하여 대법원은 "법률행위의 해석은 당사자가 그 표시행위에 부여한 객관적인 의미를 명백하게 확정하는 것으로서, 사용된 문언에만 구애받는 것은 아니지만, 어디까지나 당사자의 내심의 의사가 어떤지에 관계없이 그 문언의 내용에 의하여 당사자가 그 표시행위에 부여한 객관적 의미를 합리적으로 해석하여야 한다."라고 판시하였다.[85] 이때에 무엇이 표시행위에 부여한 객관적 의미의 합리적 해석인가, 또한 합리적 사람이라면 받아들였을 의사표시의 내용이 무엇인가를 판단하는 과정에서는 신의성실의 원칙에 입각한 고려가 행해져야 한다. 합리적인 사람이라면 일반적으로 신의성실의 원칙에 입각한 권리의무관계의 창설과 이행을 희망할 것이기 때문이다.

보충적 해석은 계약 당사자가 계약에서 다루지 않은 사항에 관하여 규율이 필요할 때에 법원이 계약 당사자들이 계약 체결 당시에 가졌을 가정적 의사를 탐구하여 그 공백을 메우는 해석방법이다. 이러한 해석방법은 법원이 사후에 후견적으로 계약 내용의 일부를 보충하는 실질을 가지고 있으므로 계약자유의 원칙에 비추어 예외적인 해석방법이라고 할 수 있다. 그러므로 보충적 해석은 자연적 해석이나 규범적 해석으로도 메울 수 없는 계약상의 공백이 있을 때 보충적으로 적용되는 방법이다. 이와 관련하여 대법원은 "계약당사자 쌍방이 계약의 전제나 기초가 되는 사항에 관하여 같은 내용으로 착오가 있고 이로 인하여 그에 관한 구체적 약정을 하지 아니하였다면, 당사자가 그러한 착오가 없을 때에 약정하였을 것으로 보이는 내용으로 당사자의 의사를 보충하여 계약을 해석"할 수 있다고 한 뒤, 여기서 보충되는 당사자의 의사는 "당사자의 실제 의사 또는 주관적 의사가 아니라 계약의 목적, 거래관행, 적용법규, 신의성실의 원칙 등에 비추어 객관적으로 추인되는 정당한 이익조정 의사"라고 판시하였다.[86] 신의성실의 원칙이 당사자의 의사를 보충하는 근거 중의 하나로 명시된 것이다.

이른바 예문해석도 신의성실의 원칙과 관련이 있다. 대법원은 일정한 경우에 계약서의 포괄적 기재는 부동문자로 인쇄된 일반거래약관의 예문에 불과한 것으로 보아 그 구속력을 배제하는 것이 타당하다는 예문해석의 법리를 발전시켜 왔

85 대법원 2009. 5. 14. 선고 2008다90095, 90101 판결.
86 대법원 2006. 11. 23. 선고 2005다13288 판결.

다.[87] 예컨대 근저당권의 피담보채무의 범위가 문제된 사안에서는, "근저당설정계약 체결의 경위, 대출 관행, 각 채무액과 그 근저당권의 채권최고액과의 관계, 다른 채무액에 대한 별도의 담보확보 여부 등 여러 사정"을 두루 살펴야 한다고 판시하였다.[88] 자연적·규범적·보충적 해석의 체계에서 예문해석은 자연적 해석이 적용된 결과라고 볼 여지가 있다. 당사자가 부동문자로 인쇄된 내용을 의도하지 않았다고 해석하는 것이다. 그러나 다른 한편으로, 예문해석은 규범적 해석이 적용된 결과라고 볼 수도 있다. 부동문자로 인쇄된 내용에 관하여 당사자의 의사가 일치하지 않았을 가능성도 있기 때문이다. 그렇게 본다면 예문해석은 신의성실의 원칙이 작동한 결과이기도 하다. 그 예문으로 인하여 이익을 얻게 되는 당사자는 부동문자로 인쇄된 그 예문의 내용을 계약의 내용으로 삼으려고 하였을 가능성이 크다. 그러므로 자연적 해석이라는 이름 아래 그러한 당사자의 실제 의사를 무시하는 것은 다소 인위적이다. 결국 예문해석은 그 예문의 내용을 계약의 내용에 포함시켰을 때 발생하는 부당한 결과를 막기 위해, 신의성실의 원칙을 동원하여 계약의 내용을 합목적적으로 확정하는 해석 방법이라고 평가할 수 있다.

나. 의무이행 기준으로서의 신의성실의 원칙

법률관계의 일방이 상대방에게 부담하는 의무이행 기준을 확정하는 과정에서도 신의성실의 원칙이 적용된다. 법률관계의 당사자가 의무를 어떻게 이행해야 하는가는 넓게 보면 법률행위 해석에 포함되는 문제이기는 하다. 하지만 의무의 확정과 확정된 의무의 실제 이행은 개념적으로 구분될 수 있다. 확정된 의무를 언제 어디에서 어떤 방법에 따라 이행할 것인가의 문제는 주로 권리의무관계의 확정에 초점을 맞추는 일반적인 법률행위 해석 문제와 다른 차원에서 검토될 필요가 있다.[89]

의무이행 시기, 즉 이행기는 법률 또는 법률행위에 정한 바에 따른다. 한편 채무자가 이행기 전에 자신의 이행의 이익을 포기하고 의무를 이행하는 것은 원칙적으로 허용된다. 기한은 채무자의 이익을 위한 것으로 추정하고(본법 제153조 제1항), 채무자는 기한의 이익을 포기할 수 있기 때문이다(본법 제153조 제2항). 그러

87 대법원 1979. 11. 27. 선고 79다1141 판결. 그 외에도 대법원 1997. 5. 28. 선고 96다9508 판결, 대법원 2001. 9. 18. 선고 2001다36962 판결, 대법원 2005. 7. 28. 선고 2005다22565 판결 등.

88 대법원 2005. 7. 28. 선고 2005다22565 판결 등.

89 참고로 독일 민법 제242조는 채무자가 거래관행에 의해 요구되는 바에 따라 신의성실에 의거하여 급부를 이행할 의무를 부담한다고 규정하고 있다.

나 채권자가 이행을 수령할 준비가 전혀 되어 있지 않은 상황에서 채무자가 갑자기 다량의 물건을 인도하는 등 채무의 이행을 제공하여 채권자를 수령지체에 빠뜨리는 것은 신의성실의 원칙상 허용되지 않을 수 있다.[90] 다만 본법 제153조 제2항은 기한의 이익 포기로 상대방의 이익을 해치지 못한다고 규정한다. 그러므로 신의성실의 원칙을 동원하지 않고도 본법 제153조 제2항을 통해 상대방, 즉 채권자의 이익을 보호할 수 있는 경우가 대부분일 것이다.[91] 이러한 채권자의 이익 보호는 기한의 이익 포기를 허용하되 채권자가 입은 손해를 배상하는 형태로 이루어질 수 있다.[92] 또한 상법 제63조는 "법령 또는 관습에 의하여 영업시간이 정하여져 있는 때에는 채무의 이행 또는 이행의 청구는 그 시간내에 하여야 한다."라고 규정한다. 반대해석상 법령 또는 관습에 의하여 영업시간이 정하여져 있지 않는 때에는 언제라도 채무의 이행 또는 이행의 청구를 할 수 있다. 그러나 이 경우에도 신의성실의 원칙에 따른 제한이 적용된다.[93] 따라서 채무의 속성 또는 이행의 필요성에 비추어 그렇게 할 필요가 없는데도 심야에 잠자고 있는 사람을 깨워서 그에게 이행제공 또는 이행청구를 하는 것은 허용되기 어렵다.[94] 또한 채권자가 그러한 이행제공의 수령을 거절하였다고 하더라도 채권자지체가 성립하지 않는다.[95]

의무이행 장소에 관하여도 신의성실의 원칙이 적용될 수 있다. 채무이행의 장소는 채권자의 현주소가 되는 것이 원칙이다(본법 제467조 제2항). 그러나 지참채무의 원칙에 따라 정한 채권자의 주소 내지 영업소에서 채무자가 채무를 이행하는 것이 불가능하거나 현저히 곤란한 사정이 있다면 신의성실의 원칙에 따라 채무자가 적절한 장소에서 채무를 이행할 수 있다.[96] 이러한 장소의 변경이 채권자에게 큰 부담을 초래하지 않는 사소한 것으로 여겨질 때 비로소 채권자에게 신의성실의 원칙상 이를 감수하도록 요구할 수 있는 것은 물론이다.

의무이행 방법에 관하여도 신의성실의 원칙이 적용될 수 있다. 전형적인 예로는 100만 원을 차용한 채무자가 정당한 이유 없이 100원 짜리 동전만으로 100

90 민법주해 Ⅰ, 총칙(1), 박영사(1992), 111(양창수).
91 민법주해 Ⅰ, 총칙(1), 박영사(1992), 111(양창수).
92 주석 민법, 총칙(3)(제4판), 한국사법행정학회(2010), 457(최성준).
93 민법주해 Ⅰ, 총칙(1), 박영사(1992), 112(양창수).
94 민법주해 Ⅰ, 총칙(1), 박영사(1992), 112(양창수).
95 주석 민법, 총칙(1)(제4판), 한국사법행정학회(2010), 138(백태승).
96 주석 민법, 총칙(1)(제4판), 한국사법행정학회(2010), 138(백태승).

만 원을 준비하여 변제하는 경우이다.[97] 또 다른 예로는 가령 채무자가 목적물을 자신의 발 위에 올려놓고 받을 것을 요구하는 등 채권자에게 모욕적인 방법으로 채무를 이행하는 경우이다.[98] 이러한 채무이행은 신의성실의 원칙에 어긋나므로 채권자는 그러한 채무이행을 거절할 수 있다. 학교법인 채권단과 특정인 사이에 이루어진 학교법인 양도양수에 관한 계약에서 채권단이 그 특정인을 재단의 관선 이사회에 양수인으로 추천할 의무를 부담하는 경우, 채권단이 제3자와 동일한 학교법인에 대한 양도양수계약을 체결하는 등 위와 같은 추천의무와 배치되는 행위를 하였다면 신의성실의 원칙에 비추어 위 특정인과의 계약에 따른 채무를 이행하였다고 보기 어렵다는 판례도 있다.[99]

그 외에 이행제공의 정도 역시 신의성실의 원칙의 적용을 받는다. 쌍무계약에서 한 당사자가 상대방을 이행지체에 빠뜨리려면 먼저 자신의 채무를 이행제공해야 한다. 또한 이러한 이행제공 상태는 계속되어야 하고, 그 상태가 중단되면 상대방의 이행지체 상태도 중단된다. 그런데 그 이행제공의 정도는 시기와 구체적인 상황에 따라 신의성실의 원칙에 어긋나지 않게 합리적으로 정해진다. 가령 부동산 매매의 경우 특별한 사정이 없으면 이행장소로 정한 법무사 사무실에 그 서류 등을 계속 보관시키면서 언제든지 잔대금과 상환으로 그 서류들을 수령할 수 있음을 통지하고 신의성실의 원칙상 요구되는 상당한 시간 간격을 두고 거듭 수령을 최고하면 이행의 제공을 다한 것이 되고, 그러한 상태가 계속된 기간 동안 매수인은 이행지체에 빠진 것이 된다.[100] 또한 금전채무의 이행제공은 금전을 이행장소에 지참하여 언제든지 지급할 수 있는 준비를 한 뒤 수령을 최고하는 것으로 충분하고, 그 금전을 꼭 채권자의 눈앞에 제시할 필요는 없다.

3. 법률관계 확장

신의성실의 원칙은 법률행위에 따른 법률관계의 내용을 확정하는 데에 그치지 않고, 법률행위의 해석만으로는 포섭되지 않는 영역으로 법률관계를 확장하는 기능도 수행한다. 이를 법률관계 확장 기능이라고 말할 수 있다. 신의성실의 원칙의 법률관계 확장 기능은 주로 계약으로부터 직접 발생하는 의무 외에도 신의성

97 주석 민법, 총칙(1)(제4판), 한국사법행정학회(2010), 138(백태승).
98 민법주해 Ⅰ, 총칙(1), 박영사(1992), 112(양창수).
99 대법원 1991. 9. 10. 선고 91다20630 판결.
100 대법원 2001. 5. 8. 선고 2001다6053, 6060, 6077 판결.

실의 원칙에 기초한 부수적 의무 또는 보호의무를 창설하여 의무의 폭을 확장하는 모습으로 발현되어 왔다.

이는 법률행위에 따른 채무를 어떻게 유형화할 것인가 하는 논의와 밀접한 관련이 있다.[101] 우리 민법학에서는 독일 민법학의 영향 아래 채무를 주된 급부의무와 부수적 의무, 보호의무로 유형화하는 입장이 일반적이다.[102] 주된 급부의무는 계약의 주된 내용을 구성하는 것으로서 해당 채권관계의 유형 및 특징을 결정지우는 의무이다. 예컨대 매매계약에서 주된 급부의무는 매도인의 소유권이전의무(인도가 필요한 경우에는 인도의무도 포함)와 매수인의 대금지급의무이다. 임대차계약에서 주된 급부의무는 임대인의 사용·수익 상태 실현 의무와 임차인의 차임지급의무이다. 부수적 의무는 이러한 주된 급부의무가 채권관계의 내용에 따라 적합하게 실현될 수 있도록 채무자가 행해야 할 제반의 행위의무이다. 예컨대 매매계약에서 매도인이 매매 목적물의 용법에 대해 설명하거나 그 설명이 담긴 문서를 건네줄 의무는 매매 목적물의 소유권이전의무라는 주된 급부가 제대로 실현될 수 있도록 돕기 위한 의무로서 부수적 의무에 해당한다. 보호의무는 채권관계 실현 과정에서 당사자의 기존 법익에 대한 현상유지 내지 완전성이익의 침해금지를 내용으로 하는 의무이다.[103] 예컨대 매도인이 매수인에게 매매목적물을 인도하는 과정에서 매수인의 가구를 상하게 하는 등 다른 재산에 손해를 끼치지 않을 의무가 이에 해당한다. 부수적 의무와 보호의무는 그 의무를 통하여 실현하고자 하는 이익이 본래의 채권관계의 범위 내에 있는지, 아니면 그 채권관계의 범위를 벗어난 것인지에 따라 구별된다. 하지만 계약의 목적을 달성하는데 직접적으로 요구되는 주된 급부의무 외의 의무를 모두 부수적 의무라고 표현할 수도 있다. 부수적 의무를 이렇게 넓게 파악하면 보호의무도 결국 부수적 의무의 일종이라고 해도 무방할 것이다.

이러한 부수적 의무는 법령이나 계약에서 도출되기도 하지만, 신의성실의 원

101 이러한 논의에 대한 전반적 내용으로는 우선 안춘수, "채무불이행체계의 재검토", 한국민법이론의 발전(Ⅱ)(이영준박사화갑기념논문), 박영사(2001), 477 이하 및 김상중, "채무불이행법 체계의 새로운 이해를 위한 시도- 채무구조론과 '요건적 유형론'의 극복을 통하여 -", 비교사법 16권 2호(2009. 5), 4 이하 참조.

102 이하 설명은 김상중, "채무불이행법 체계의 새로운 이해를 위한 시도- 채무구조론과 '요건적 유형론'의 극복을 통하여 -", 비교사법 16권 2호(2009. 5), 4-5 참조.

103 채권관계에서는 이러한 보호의무를 인정할 필요가 없다는 견해도 있다. 민법주해(XI), 박영사(1992), 217-221(양창수).

칙에서 도출되는 경우도 많다. 일반적으로 당사자 간 신뢰관계와 접촉의 정도가 높을수록 부수적 의무의 범위도 확장된다. 이처럼 신의성실의 원칙에 기해 부수적 의무를 인정하는 이유는 계약의 목적 달성에 필요하지만 법률 또는 계약으로 미처 해결하지 못한 틈을 메꾸기 위해서이다. 신의성실의 원칙의 확장적 기능이라고 말할 수 있다.

가. 신의성실의 원칙과 보호의무 등

대법원은 숙박업자에게 신의성실의 원칙상 부수의무로서 고객의 안전을 배려하여야 할 보호의무를 인정하였고,[104] 고용계약,[105] 여행계약,[106] 증권거래계약[107] 등 다른 유형의 계약에서도 이를 인정하였다. 이처럼 신의성실의 원칙이라는 통로를 이용하여 당사자의 계약상 의무를 도출하고, 그 의무를 위반하였을 때에 책임을 지우는 것은 계약 그 자체가 명시적으로 의도한 권리의무의 범위를 신의성실의 원칙의 이름 아래 넓힘으로써 법관이 계약에 후견적으로 관여할 길을 열어놓는 하나의 방법이다.[108]

숙박계약은 임대차계약의 일종이지만, 숙박업자는 단순히 숙박시설을 제공하여 고객으로 하여금 이를 사용·수익하게 하는 것 이상의 의무를 부담한다. 즉 숙박업자는 고객에게 위험이 없는 안전하고 편안한 숙박시설을 제공함으로써 고객의 안전을 배려하여야 할 신의성실의 원칙상 보호의무를 부담한다.[109]

고용계약은 피용자가 사용자에게 노무를 제공하고, 사용자는 피용자에게 이에 대한 보수를 지급하는 것을 내용으로 하는 계약이다. 사용자에게는 이러한 보수지급의무 외에 피용자의 생명, 건강, 신체의 안전을 보장할 의무, 즉 보호의무 또는 안전배려의무가 인정된다. 대법원도 여러 판결에서 "사용자는 근로계약에 수

104 대법원 1992. 10. 27. 선고 92다20125 판결. 이 사건은 실화책임법의 적용대상이었고, 중과실은 인정되지 않았으므로, 숙박업자에게 숙박계약 본래의 급부의무를 넘어서서 신의성실의 원칙상 이러한 의무까지 인정할 것인가는 당사자들의 책임관계에서 매우 중요한 의미를 지니고 있었다. 대법원 2000. 11. 24. 선고 2000다38718, 38725 판결도 숙박업자에게 이러한 신의성실의 원칙상 부수의무를 인정하였다.

105 대법원 1997. 4. 25. 선고 96다53086 판결(도급계약의 형식을 띠고 있으나 실질은 고용계약인 경우), 대법원 1999. 2. 23. 선고 97다12082 판결, 대법원 2000. 3. 10. 선고 99다60115 판결, 대법원 2000. 5. 16. 선고 99다47129 판결, 대법원 2006. 9. 28. 선고 2004다44506 판결.

106 대법원 1998. 11. 24. 선고 98다25061 판결, 대법원 2011. 5. 26. 선고 2011다1330 판결.

107 대법원 2015. 5. 14. 선고 2013다2757 판결, 대법원 2015. 5. 14. 선고 2013다3811 판결.

108 권영준, "민법학, 개인과 공동체, 그리고 법원", 비교사법 22권 4호(2015. 11), 1419.

109 대법원 1994. 1. 28. 선고 93다43590 판결, 대법원 1997. 10. 10. 선고 96다47302 판결, 대법원 2000. 11. 24. 선고 2000다38718, 38725 판결.

반되는 신의성실의 원칙상의 부수적 의무로서 피용자가 노무를 제공하는 과정에서 생명, 신체, 건강을 해치는 일이 없도록 인적·물적 환경을 정비하는 등 필요한 조치를 강구하여야 할 보호의무를 부담하고, 이러한 보호의무를 위반함으로써 피용자가 손해를 입은 경우 이를 배상할 책임이 있다."라는 입장을 취하여 왔다.[110]

입원계약에서 병원은 진료뿐만 아니라 환자에 대한 숙식의 제공을 비롯하여 간호, 보호 등 입원에 따른 포괄적 채무를 부담하고, 나아가 입원환자의 휴대품 등의 도난을 방지함에 필요한 적절한 조치를 취할 신의성실의 원칙상 보호의무를 부담한다.[111] 이러한 보호의무의 내용으로서 병원은 병실 출입자를 통제·감독하거나 그것이 불가능하면 최소한 입원환자가 휴대품을 안전하게 보관할 수 있도록 시정장치가 있는 사물함을 제공하는 등의 조치를 취해야 한다.[112]

여행계약에서도 여행업자는 기획여행계약의 상대방인 여행자의 안전을 배려할 기획여행계약상의 부수의무를 부담한다. 즉 여행업자는 여행자의 생명·신체·재산 등의 안전을 확보하기 위하여, 여행목적지·여행일정·여행행정·여행서비스기관의 선택 등에 관하여 미리 충분히 조사·검토하여 전문업자로서의 합리적인 판단을 하여야 한다. 또한 그 계약 내용의 실시에 관하여 조우할지 모르는 위험을 미리 제거할 수단을 강구하거나, 여행자에게 그 뜻을 고지하여 여행자 스스로 그 위험을 수용할지 여부에 관하여 선택의 기회를 주는 등의 합리적 조치를 취하여야 한다.[113]

증권거래계약의 경우 증권회사는 유가증권의 발행, 매매 기타의 거래를 함에 있어 투자자의 신뢰를 저버리는 내용 또는 방법으로 권리를 행사하거나 의무를 이행하여서는 아니 된다고 할 것이므로, 투자자와 사이에 이해상충이 발생하지 않도록 노력하고, 이해상충이 불가피한 경우에는 투자자가 공정한 대우를 받을 수 있도록 적절한 조치를 취함으로써 투자자의 이익을 보호하여야 하며, 정당한 사유 없이 투자자의 이익을 해하면서 자기 또는 제3자의 이익을 추구하여서는 아니 될 주의의무가 있다.[114]

110 대법원 1999. 2. 23. 선고 97다12082 판결, 대법원 2000. 3. 10. 선고 99다60115 판결, 대법원 2000. 5. 16. 선고 99다47129 판결, 대법원 2006. 9. 28. 선고 2004다44506 판결, 대법원 2008. 6. 26. 선고 2006다41808 판결.

111 대법원 2003. 4. 11. 선고 2002다63275 판결.

112 대법원 2003. 4. 11. 선고 2002다63275 판결.

113 대법원 1998. 11. 24. 선고 98다25061 판결.

114 대법원 2015. 5. 14. 선고 2013다2757 판결, 대법원 2015. 5. 14. 선고 2013다3811 판결.

나. 신의성실의 원칙과 정보제공의무

계약 체결 시 일방 당사자가 상대방 당사자에게 정보를 제공할 의무를 부담하는 경우가 있다. 설명의무, 고지의무 또는 통지의무가 그것이다. 이러한 정보제공의무는 법령 또는 계약에 의해 발생할 수 있다. 예컨대 보증인 보호를 위한 특별법 제5조, 제8조, 할부거래에 관한 법률 제5조, 방문판매 등에 관한 법률 제7조, 제16조, 제30조, 전자상거래 등에서의 소비자보호에 관한 법률 제13조, 자본시장과 금융투자업에 관한 법률 제47조 등 소비자나 투자자 보호와 관련된 법률들에서 정보제공의무를 규정하는 예들이 많다. 계약자유의 원칙에 비추어, 계약에서 이러한 정보제공의무를 규정하는 것도 물론 가능하다. 예컨대 기업인수합병계약에서 자주 활용되는 진술 및 보증조항은 대상회사에 관한 정보가 매도인에게 편재된 상황에서 매수인에게 대상회사에 관한 정보를 제공함으로써 정보의 비대칭을 해소하고 효율적인 거래를 촉진하는 기능을 수행한다.[115] 이러한 진술 및 보증조항은 정보제공의무의 계약상 근거가 된다. 또한 세무사는 공공성을 지닌 세무전문가로서 납세자의 권익을 보호하고 납세의무의 성실한 이행에 이바지함을 사명으로 하므로, 의뢰받은 사무와 밀접하게 연관되는 범위 안에서, 의뢰인이 의뢰한 사무의 처리에 필요한 자료를 제출하지 못하는 경우이거나 비록 의뢰인의 구체적인 지시가 있어도 그에 따르는 것이 위임의 본지에 적합하지 않거나 또는 의뢰인에게 불이익한 경우라는 등의 특별한 사정이 있는 때에는, 별도의 위임이 없다 하여도 의뢰인으로 하여금 이익을 도모하고 손해를 방지하기 위하여 필요한 조치를 취하도록 의뢰인에게 설명하고 조언할 의무를 진다.[116] 이 역시 설명의무가 위임계약상 선량한 관리자로서의 주의의무에 포함된다고 해석된 경우이다.

그런데 이와 같이 정보제공의무가 법령 또는 계약에서 도출되지 않는 경우에도 신의성실의 원칙에 의해 정보제공의무가 발생할 수 있다.[117] 판례는 재산적 거래관계에서 "계약의 일방 당사자가 상대방에게 계약의 효력에 영향을 미치거나 상대방의 권리 확보에 위험을 가져올 수 있는 구체적 사정을 고지하였다면 상대

115 천경훈 편저, 우호적 M&A의 이론과 실무(제2권) - M&A 계약의 주요 조항, BFL 총서 13권(2017) 중 천경훈, "진술 및 보증조항", 25.

116 대법원 2005. 10. 7. 선고 2005다38294 판결, 대법원 2018. 9. 13. 선고 2015다48412 판결.

117 대법원 2014. 7. 24. 선고 2013다97076 판결 참조. 또한 대법원 2006. 10. 12. 선고 2004다48515 판결, 대법원 2007. 6. 1. 선고 2005다5812, 5829, 5836 판결은 고지의무의 대상은 직접적인 법령의 규정뿐 아니라 널리 계약상, 관습상 또는 조리상의 일반원칙에 의하여도 인정될 수 있다고 한다.

방이 계약을 체결하지 아니하거나 적어도 그와 같은 내용 또는 조건으로 계약을 체결하지 아니하였을 것임이 경험칙상 명백한 경우" 그 계약 당사자는 신의성실의 원칙상 상대방에게 미리 그와 같은 사정을 고지할 의무가 있다고 본다.[118] 그러므로 가령 부동산 거래에서 거래 상대방이 일정한 사정에 관한 고지를 받았더라면 그 거래를 하지 않았을 것임이 경험칙상 명백한 경우에는 신의성실의 원칙상 사전에 상대방에게 그와 같은 사정을 고지할 의무가 있다고 볼 수 있다.

계약 체결 이후에 신의성실의 원칙상 정보제공의무가 발생하는 경우도 있다. 가령 보증보험계약에서 보험계약자를 위하여 그 상환채무의 보증인이 된 자는 보험사고인 지급계약의 불이행 사실이나 보험자의 보험금 지급사실을 바로 알 수 있는 위치에 있지 않다. 그러므로 피보험자에게 보험금을 지급함으로써 보험계약자에 대한 구상권을 취득한 보험자는 보증인에게 이를 지체 없이 통지하여 상환의무의 발생을 알려줌으로써 지연손해의 확대를 방지할 신의성실의 원칙상 의무가 있다.[119]

실제로 이러한 정보제공의무가 인정되는지는 계약과 계약 당사자의 속성, 고지 대상 사항의 중요성, 거래관행과 사회통념 등을 종합하여 개별 사안별로 판단할 수밖에 없다. 서로 다른 이해관계를 가진 대립 당사자가 계약을 체결하는 경우에는 신의성실의 원칙상 고지의무를 신중하게 인정할 필요가 있다. 각자 자신의 이익을 추구하는 대립 당사자에게 자신에게 불리하고 상대방에게 유리한 정보를 제공하도록 법적으로 의무지우는 것은 신중해야 하고, 오히려 원칙적으로는 각 당사자가 자신에게 유리한 정보를 수집하고 확인할 책임을 진다고 보아야 하기 때문이다. 당사자 사이에 특별한 신뢰관계가 요구되는 경우, 예컨대 위임, 조합, 고용, 신원보증계약, 보험계약의 경우는 위와 같은 의무를 비교적 넓게 인정할 수 있을 것이나, 이에 비하여 매매나 교환의 경우는 당사자 쌍방의 이해관계가 대립되는 경우가 많기 때문에 이러한 의무를 넓게 인정하기 어렵다.[120]

이처럼 대립 당사자 사이의 정보제공의무에 관한 대법원의 신중한 태도를 엿

118 대법원 2014. 7. 24. 선고 2013다97076 판결.

119 대법원 1992. 5. 12. 선고 92다4345 판결.

120 주석 민법, 총칙(2)(제4판), 한국사법행정학회(2010), 797(박해성); 민법주해 Ⅱ, 총칙(2), 박영사(1992), 556(송덕수). 또한 대법원 2002. 9. 4. 선고 2000다54406, 54413 판결(교환계약), 대법원 2010. 2. 25. 선고 2009다86000 판결(부동산 분양계약), 대법원 2014. 7. 24. 선고 2013다97076 판결(매매계약).

볼 수 있는 판결은 그 외에도 여럿 있다. 가령 채권양도 시 채권의 내용이나 양수인의 권리 확보에 위험을 초래할 만한 사정을 조사, 확인할 책임은 원칙적으로 양수인 자신에게 있으므로, 채무자가 양도되는 채권의 성립이나 소멸에 영향을 미치는 사정에 관하여 양수인에게 알려야 할 신의성실의 원칙상 주의의무는 원칙적으로 인정되지 않는다.[121] 특히 서로 다른 이해관계를 가진 대립 당사자가 '상당한 전문성을 가진 영리 주체(sohpisticated commercial party)'인 경우에는 정보가 한 쪽에만 편재되어 있는 상황이 아닌 이상 어느 한 쪽에게만 신의성실의 원칙상 고지의무를 인정하는 데에 신중을 기할 필요가 있다.

하지만 대립 당사자 사이에 신의성실의 원칙상 고지의무를 인정한 판결들도 여럿 있다. 대법원은 아파트 단지 인근에 쓰레기 매립장이 건설될 예정인 사실[122]이나 공동묘지가 조성되어 있는 사실[123]에 관하여는 아파트 분양자가 이를 분양계약자에게 고지할 신의성실의 원칙상 의무를 부담한다고 판단한 바 있다. 또한 대법원은 지역주택조합 방식에 의한 아파트개발사업의 사업대행자가 조합원들과 조합원가입계약을 체결하면서 그 당시 이미 사업부지 일대가 뉴타운사업지구로 지정되어 위 방식에 의한 사업 추진이 불가능할 수 있었던 경우, 그러한 사실을 조합원들에게 고지해야 한다고 판단하였다.[124] 이러한 일련의 판결들은 한국에서 아파트가 재산 및 삶의 터전으로서 가지는 특별한 가치를 염두에 둔 것으로 이해할 수 있다. 가령 이 판결들에서는 한국의 주거 환경에서 쓰레기 매립장이나 공동묘지가 가지는 부정적인 이미지가 중요하게 고려된 것으로 보인다. 무엇보다 이 판결들은 기업과 소비자, 아파트개발사업 시행자와 조합원과 같이 정보 불균형 상태에 있는 대립 당사자 사이의 문제를 다루었다는 특징이 있다. 따라서 이 판결들은 소비자 보호의 관점에서 음미할 필요가 있다. 즉 이 판결들은 사회경제적으로 구조적 우위에 있는 기업이나 단체에게 신의성실의 원칙상 정보제공의무를 부과함으로써, 정보 비대칭 상태를 해소하고 소비자나 조합원이 열후한 지위에 처하지 않도록 배려한 것으로도 이해할 수 있다.

정보제공의무는 계약법의 지형을 좌우하는 자율과 후견의 경계선에 걸쳐 있는 문제인 만큼, 복잡한 층위에서 다양한 쟁점들과 관련을 맺고 있다. 계약체결을

121 대법원 2015. 12. 24. 선고 2014다49241 판결.
122 대법원 2006. 10. 12. 선고 2004다48515 판결.
123 대법원 2007. 6. 1. 선고 2005다5812, 5829, 5836 판결.
124 대법원 2012. 4. 26. 선고 2010다8709 판결.

위한 정보의 수집, 분석은 온전히 각자의 몫인지, 아니면 법이 일방에게 상대방에 대한 정보제공을 명할 수 있는지, 왜 특정한 계약 당사자가 상대방에게 정보를 제공해야 하는지, 그것이 정보 수집 내지 생성의 인센티브를 약화시키는 것은 아닌지, 정보는 사유재와 공공재 중 어떤 것에 가까운지, 정보제공의무는 계약관계에 있어서 일반적·원칙적 의무인지, 그렇지 않으면 구체적·예외적 의무인지, 정보제공의무 위반의 효과는 무엇인지 등 수많은 의문들이 제기될 수 있다. 자율적 관점에서는 정보의 수집, 분석을 각 계약 당사자의 몫으로 돌리는 것이 바람직하다. 후견적 관점에서는 정보 비대칭 상태가 존재하는 경우 정보제공의무를 부과하여 이러한 비대칭 상태를 해소하는 것이 타당하다. 가령 이른바 키코(KIKO) 판결[125]에서 벌어진 설명의무 논란은 정보 불균형 내지 비대칭 상태에서 일방 당사자에게 정보제공의무를 부과할 것인가 하는 문제에서 비롯된 것이다.[126] 이러한 정보제공과 관련된 법적 문제는 일방 당사자가 정보를 제공하기는 하였으나 그 정보가 잘못된 경우에도 발생한다. 그 경우 누가 그 정보의 진실성을 검증하고 판단해야 하는가, 누가 그 정보의 불명확성 또는 허위성으로 인한 위험을 부담해야 하는가 하는 문제가 그것이다.[127] 이에 대한 입장 역시 자율과 후견의 관계에 대한 관점의 차이에 영향을 받는다.

정보제공의무 위반은 부작위에 의한 기망행위를 구성할 수도 있고, 불법행위를 구성할 수도 있다. 전자의 경우에는 고의적인 정보제공의무 위반이 요구되지만, 후자의 경우에는 과실에 따른 정보제공의무 위반도 포함된다.[128] 정보제공의무를 부담하는 당사자가 이를 고의로 위반한 경우, 상대방은 부작위에 의한 기망

125 대법원 전원합의체는 2013년 9월 26일 모두 네 개의 키코 관련 판결들을 선고하였다. 대법원 2013. 9. 26. 선고 2011다53683 전원합의체 판결, 대법원 2013. 9. 26. 선고 2012다1146 전원합의체 판결, 대법원 2013. 9. 26. 선고 2012다13637 전원합의체 판결, 대법원 2013. 9. 26. 선고 2013다26746 전원합의체 판결.

126 대법원은 일련의 키코 판결들에서, 장외파생상품 거래를 할 때에는 금융기관은 고객에게 거래상 주요 정보를 적합한 방법으로 명확하게 설명하여야 할 신의성실의 원칙상 의무가 있다고 하면서도, 그 상품의 상세한 금융공학적 구조나 다른 금융상품 투자시와 비교한 손익 차이, (수수료가 시장의 관행에 비추어 현저하게 높지 않은 이상) 수수료 및 그로 인하여 발생하는 마이너스 시장가치에 대해서까지 설명할 의무는 없다고 판시하였다.

127 불법행위에 관한 것이기는 하지만, 대법원 2012. 2. 9. 선고 2011다14671 판결은 '정보의 진실성은 스스로 검증하여 거래하여야 한다.'는 원칙을 강조한다. 반면 대법원 2009. 8. 20. 선고 2008다51120, 51137 51144, 51151 판결은 기망의 정도에 이르지 않은 잘못된 정보의 제공에 대하여 정보제공자에게 그 위험을 부담시킨다.

128 대법원 2012. 4. 26. 선고 2010다8709 판결.

을 주장하여 그 계약을 취소할 수 있다(본법 제109조). 고의로 정보제공의무를 위반한 것은 불법행위에도 해당하므로, 이에 더하여 손해배상을 청구하는 것도 가능하다(본법 제750조). 이처럼 신의칙에 기한 정보제공의무 위반은 기망행위를 구성할 수 있는데, 이는 바꾸어 말하면 신의칙이 기망행위의 범위를 확정하는 기능도 수행함을 의미한다. 가령 판례는 "거래에 있어서 중요한 사항에 관하여 구체적 사실을 신의성실의 의무에 비추어 비난받을 정도의 방법으로 허위로 고지한 경우에는 기망행위에 해당한다고 할 것"이라고 보는데,[129] 이는 어느 정도의 허위라야 법적으로 기망행위에 해당하는가는 결국 신의칙에 비추어 판단해야 한다는 의미이다. 한편 과실로 정보제공의무를 위반한 경우라면 기망행위를 이유로 들어 계약 자체를 취소할 수는 없고, 불법행위로 인한 손해배상만을 청구할 수 있을 뿐이다. 다만 이 경우에도 착오를 이유로 한 계약취소의 길은 열려 있다(본법 제110조).

다. 기타

신의성실의 원칙은 그 외 부수적 의무의 발생 근거가 된다.

대법원은 신의성실의 원칙 또는 손해부담의 공평이라는 이념에 비추어 불법행위의 피해자에게도 손해방지의무 내지 손해경감의무가 있다고 한다.[130] 이러한 손해경감의무는 그 의무를 불이행하였을 경우에 과실상계에 관한 본법 제763조, 제396조를 유추 적용하여 가해자의 책임 범위를 제한하는 도구로 활용되고 있다. 독일 민법 제254조 제2항은 손해회피의무나 손해경감의무에 관하여 명문으로 규정하고 있다. 국제물품매매협약(CISG) 제77조 역시 손해경감의무에 관하여 규정하고 있다. 우리 민법은 이처럼 손해경감의무를 명문으로 정하고 있지는 않으나, 신의성실의 원칙에 근거하여 이러한 의무를 인정할 수 있다.[131] 손해를 방지하거나 경감시키는 조치는 사안에 따라 다양한 형태로 나타날 수 있고, 피해자의 손해방지·손해경감의무의 정도 역시 사안에 따라 달리 인정될 수 있다. 가령 수술을 받음으로써 가해행위로 인한 손해를 경감시킬 수 있는 경우를 떠올려 보자. 그 수술이 위험 또는 중대하거나 결과가 불확실한 경우에까지 피해자가 이를 용인하여야

129 대법원 1993. 8. 13. 선고 92다52665 판결, 대법원 2001. 5. 29. 선고 99다55601 판결.

130 대법원 1992. 9. 25. 선고 91다45929 판결, 대법원 1999. 6. 25. 선고 99다10714 판결, 대법원 2003. 7. 25. 선고 2003다22912 판결, 대법원 2010. 3. 25. 선고 2009다97514 판결.

131 영미법상으로도 손해경감 조치의무(duty to mitigate)가 인정된다. 박찬주, "손해경감조치의무의 법리", 법조 36권 6호(1987. 6), 13-37 참조.

할 의무를 부담한다고 보기는 어렵다. 그러나 반대로 관례적이며 상당한 결과의 호전을 기대할 수 있는 수술이라면 피해자는 이를 용인할 의무가 있다.[132] 손해방지·경감조치가 법적 조치의 형태로 나타나는 경우도 있을 수 있다. 피해자가 합리적 이유 없이 그 법적 조치를 취하지 않아 손해확대에 기여하였다면, 법원은 그러한 의무불이행의 점을 손해배상액을 정할 때 참작할 수 있다.[133] 이때에는 해당 법적 조치의 종류와 성질, 사전 준비에 소요되는 시간, 사전의 다른 조치의 이행 여부, 피해자의 법률 지식 등을 감안하여 사회통념에 따라 법적 조치가 시간에 늦었는지를 판단하여야 한다.[134]

보증계약의 채권자가 보증인에게 신의성실의 원칙상 어떤 주의의무를 부담하는지도 문제된다. 대법원은 채권자가 보증인의 이익을 고려하여 대출을 삼가야 할 신의성실의 원칙상 주의의무를 부담하지는 않는다고 보았다.[135] 또한 대법원은 채권자가 보증인에게 주채무자의 신용상태를 고지할 신의성실의 원칙상 주의의무를 부담하지는 않는다고 보았다.[136] 다만 2015. 2. 3. 개정된 본법 제436조의2는 채권자가 보증계약을 체결할 때 보증계약의 체결 여부 또는 그 내용에 영향을 미칠 수 있는 주채무자의 채무 관련 신용정보를 제공할 의무, 보증계약 체결 후 주채무자에게 발생한 중요한 사실을 통지할 의무에 관하여 각각 규정하고 있다. 이 조항이 규정하는 범위 내에서 보증계약의 채권자는 보증인에게 소정의 법령상 주의의무를 부담한다.

132 대법원 1992. 9. 25. 선고 91다45929 판결. 또한 대법원 2010. 3. 25. 선고 2009다97514 판결도 마찬가지 취지이다.

133 대법원 2003. 7. 25. 선고 2003다22912 판결.

134 대법원 2003. 7. 25. 선고 2003다22912 판결.

135 대법원 1987. 1. 20. 선고 86다카1262 판결(자금을 대출하여 이자수입을 얻는 것은 은행 본래의 영업이고 담보가 보장되는 이상 대출규모를 확장하여 수익을 도모하는 것은 영리기업인 은행으로서는 당연한 일이며 인적 담보란 채권의 회수불능에 대비한 은행자신의 보호책이므로, 은행에게는 보증인의 이익을 고려하여 대출을 삼가함으로써 채권회수가 불능상태에 빠지지 않도록 조치하여야 할 신의성실의 원칙상의 의무가 있다고 할 수 없음).

136 대법원 1989. 10. 24. 선고 88다2083 판결(6개월 동안 보험료가 체납된 후에 비로소 보증인에게 그 납부통지를 하였다는 사정만 가지고서 바로 보증인의 책임이 면제 또는 제한되어야 한다고 볼 수는 없음), 대법원 1998. 7. 24. 선고 97다35276 판결(보증제도는 본질적으로 주채무자의 무자력으로 인한 채권자의 위험을 인수하는 것이므로, 보증인이 주채무자의 자력에 대하여 조사한 후 보증계약을 체결할 것인지의 여부를 스스로 결정하여야 하는 것이고, 채권자가 보증인에게 채무자의 신용상태를 고지할 신의성실의 원칙상의 의무는 존재하지 아니함), 대법원 2002. 6. 14. 선고 2002다14853 판결(신용보증기금이 신용보증계약상의 구상금 채무를 보증한 자에게 그 구상금 주채무자의 부도사실이나 신용보증기금이 대위변제한 사실을 통지하여야 할 법률상의 의무가 있다고 할 수 없음).

[권영준]

Ⅲ. 신의성실의 원칙에 따른 법률관계 조정

1. 개관

신의성실의 원칙의 기능은 법률관계 조정의 국면에서도 다양한 양상으로 나타난다. 이는 신의성실의 원칙으로 법률관계를 수정하는 경우와 신의성실의 원칙을 이유로 법률관계를 해소하는 경우로 나누어 볼 수 있다.

우선 법률관계의 수정은 주로 신의성실의 원칙을 이유로 계약상 급부의무 범위를 조정하거나 불법행위로 인한 손해배상책임 범위를 제한하는 모습으로 나타난다. 이는 권리자의 관점에서 보면 신의성실의 원칙에 따른 권리의 제한이라고도 말할 수 있다.[137] 전자에 해당하는 것으로 계속적 보증에 있어서 신의성실의 원칙을 활용한 보증채무 감축,[138] 변호사나 세무사 등 전문가와의 보수약정에서 신의성실의 원칙이나 형평의 원칙에 따른 보수채무 감축,[139] 특정금전신탁의 신탁보수약정에서 신의성실의 원칙이나 형평의 원칙에 따른 보수채무 감축,[140] 토지개발신탁에 있어서 위탁자와 수탁자 쌍방이 예측하지 못한 경제상황의 변화로 인하여 신탁목적은 달성하지 못한 채 신탁비용만 발생한 경우 신의성실의 원칙에 기한 수탁자의 비용상환청구권의 범위 감축[141] 등이 있다. 하지만 법원은 공평의 이념이나 신의성실의 원칙을 들어 계약상 채무를 감축하는 것에 대해서는 일반론으로서는 엄격한 태도를 취하고 있다.[142] 후자는 손해분담의 공평이라는 손해배상제도의 이념에 비추어 법원이 불법행위로 인한 손해배상책임 범위를 제한하는 것을 가리킨다.[143] 이러한 손해배상책임 범위의 제한은 계약상 급부의무 자체를 감축하는 것보다는 상대적으로 너그럽고 자유롭게 이루어지고 있다.

그 밖에 신의성실의 원칙의 법률관계 수정 기능과 관련된 것으로 신의성실에

137 Roth/Schubert, Münchener Kommentar zum BGB, 7. Auflage(2016), §242, Rn. 84.

138 대법원 1990. 2. 27. 선고 89다카1381 판결 외 다수.

139 대법원 1991. 12. 13. 선고 91다8722 판결, 대법원 1995. 4. 25. 선고 94다57626 판결, 대법원 2002. 4. 12. 선고 2000다50190 판결, 대법원 2006. 6. 15. 선고 2004다59393 판결 등 다수.

140 대법원 2018. 2. 28. 선고 2013다26425 판결.

141 대법원 2006. 6. 9. 선고 2004다24557 판결.

142 대법원 2004. 1. 27. 선고 2003다45410 판결, 대법원 2015. 10. 15. 선고 2012다64253 판결, 대법원 2016. 12. 1. 선고 2016다240543 판결, 대법원 2018. 5. 17. 선고 2016다35833 전원합의체 판결.

143 대법원 2004. 12. 10. 선고 2002다60467, 60474 판결, 대법원 2005. 10. 28. 선고 2003다69638 판결, 대법원 2006. 12. 7. 선고 2005다34766, 34773 판결, 대법원 2007. 11. 30. 선고 2006다19603 판결 등.

반하는 행위를 한 경우 조건의 성취 또는 불성취를 간주하는 법리(본법 제150조)가 있다. 조건은 법률행위에 부가되는 부관으로, 조건이 성취되면 법률행위의 효력이 발생하거나(정지조건의 경우) 소멸한다(해제조건의 경우). 그런데 법률관계 당사자의 신의성실의 원칙에 반하는 행위가 개입되어 조건이 성취되거나 성취되지 못하는 경우가 있을 수 있다. 본법 제150조는 그 경우 실제로 조건이 성취되거나 성취되지 못하였음에도 불구하고 그 조건이 성취되지 않았거나 성취된 것으로 간주한다. 이 역시 신의성실의 원칙에 따른 법률관계의 수정이라고 볼 수 있다.

한편 법률관계의 해소는 주로 신의성실의 원칙을 이유로 계약을 해제하거나 해지할 수 있도록 허용하는 모습으로 나타난다. 사정변경을 이유로 한 계약해제권 내지 해지권,[144] 임대차 목적물의 승계에 따른 임대인 지위 승계 후 임차인의 계약해지권[145] 등이 신의성실의 원칙을 이유로 한 법률관계 해소의 대표적 예이다. 이와 반대로 오히려 신의성실의 원칙이 계약해제권 내지 해지권을 제한하는 원리로 작동하는 경우도 있다. 사소한 채무불이행을 이유로 한 계약해제의 제한,[146] 계속적 계약에서 계약해제나 갱신의 제한[147] 등이 그 예이다.

2. 법률관계 수정

가. 계약상 급부의무 수정

법원이 신의성실의 원칙에 기초하여 계약상 급부의무를 수정할 수 있는가는 신의성실의 원칙과 사적 자치의 관계를 둘러싼 중요한 논쟁거리 중 하나이다. 본법 제2조는 신의성실의 원칙을 선언하고 있을 뿐 그에 기초하여 법원이 계약을 수정할 권능을 가지는지에 대해서는 침묵하고 있다. 그런데 대법원은 아래에서 보는 것처럼 몇몇 사안 유형에서 신의성실의 원칙을 활용하여 계약상 급부의무의 내용을 사실상 수정하여 왔다.

1) 계속적 보증인의 보증채무 축소

계속적 보증인이 부담하는 보증채무 범위를 축소하는 것은 신의성실의 원칙에 따른 계약상 급부의무 감축의 대표적 예이다. 계속적 보증은 이타성, 인적 책임성, 무상성, 정의성(情誼性) 등 일반적인 보증의 특성에 더하여 주채무자와 보증

144 대법원 2007. 3. 29. 선고 2004다31302 판결.
145 대법원 1998. 9. 2.자 98마100 결정.
146 대법원 1966. 5. 31. 선고 66다626 판결.
147 장보은, "계속적 계약의 종료와 그 제한가능성", 비교사법 25권 1호(2018. 2), 18 이하.

인 사이의 신뢰관계가 더 강하다는 특성을 띤다. 보증채무액이 미리 정해져 있지 않고, 보증기간, 보증종료원인, 보증한도액 등도 미리 정해져 있지 않은 경우가 많다.[148] 따라서 계속적 보증인은 일반적인 보증인보다 더 보호 필요성이 크다.[149] 본래 민법은 계속적 보증에 관해 별도로 규정하지 않았으나, 2015. 2. 3. 법률 제13125호로 개정된 본법 제428조의3은 근보증[150]에 관한 근거를 마련하여 채무 최고액을 서면으로 특정하도록 규정하였다.[151] 대법원은 이처럼 계속적 보증에 대한 성문법적 근거가 마련되기 전부터 계속적 보증을 일시적 보증과 다르게 취급하여 왔다. 즉 대법원은 일정한 경우에 신의성실의 원칙에 근거하여 계속적 보증인의 해지권을 인정하거나[152] 계속적 보증인의 책임액을 제한하는 한편, 계속적 보증채무의 상속성을 제한하거나,[153] 계약 해석을 통해 주채무의 범위 자체를 제한하여 왔다.[154] 계속적 보증인의 해지권에 대해서는 법률관계 해소에 관한 목차에서 별도로 살펴보고, 여기에서는 계속적 보증인의 책임제한에 대해 살펴본다.

계속적 보증인의 책임제한 법리를 정면으로 설시한 최초의 대법원 판결은 대법원 1984. 10. 10. 선고 84다카453 판결이다. 이 판결에서 대법원은 계속적 보증인이 보증 당시 예상하였던 범위를 훨씬 상회하고 채권자가 신의성실의 원칙에 반하는 사정으로 주채무 과다발생에 원인을 제공하였다면, 법원이 보증인의 책임을 합리적으로 제한할 수 있다고 판시하였다. 이러한 법리는 그 후에도 계속하여 판시되었다.[155] 보증인의 책임 제한 여부와 정도는 계속적 보증계약인지 여부, 보

148 박병대, "계속적 보증에 관한 고찰", 사법논집 18집(1987), 17-18.

149 박병대, "계속적 보증에 관한 고찰", 사법논집 18집(1987), 18.

150 판례는 근보증과 계속적 보증을 같은 의미로 사용하는 것으로 보인다. 김영기, "근보증", 재판자료 32집(1986), 104; 박병대, "계속적 보증에 관한 고찰", 사법논집 18집(1987), 13; 양경승, "계속적 보증채무의 확정과 보증인의 책임", 사법논집 50집(2011), 396.

151 위 민법 개정 이전에도 보증인 보호를 위한 특별법 제6조가 근보증에 관하여 동일한 내용을 규정하고 있었는데, 이 내용이 민법에도 반영된 것이다.

152 대법원 1978. 3. 28. 선고 77다2299 판결, 대법원 1986. 9. 9. 선고 86다카792 판결.

153 대법원은 보증한도액과 보증기간에 제한이 없는 계속적 보증채무의 상속성을 부정한다. 대법원 2001. 6. 12. 선고 2000다47187 판결, 대법원 2003. 12. 26. 선고 2003다30784 판결. 반면 보증한도액의 정함이 있는 계속적 보증채무의 상속성은 원칙적으로 긍정한다. 대법원 1999. 6. 22. 선고 99다19322 판결 등. 보증채무의 상속 일반에 관하여는 김영신, "보증채무 및 보증인지위의 상속", 가족법연구 24권 3호(2010) 참조.

154 대법원 1987. 4. 28. 선고 82다카789 판결은 주채무의 범위를 계약 해석으로 제한한 사례이다.

155 대법원 1984. 10. 10. 선고 84다카453 판결, 대법원 1986. 2. 25. 선고 85다카892 판결, 대법원 1987. 4. 28. 선고 86다카2023 판결, 대법원 1988. 4. 27. 선고 87다카2143 판결, 대법원 1995. 6. 30. 선고 94다40444 판결, 대법원 1995. 12. 22. 선고 94다42129 판결, 대법원 1998. 6. 12. 선고 98다8776 판결 등.

증의 동기, 보증의 내용, 보증인과 주채무자의 관계, 보증에 대한 대가관계 유무, 보증계약 체결 후 경과한 기간, 채권자의 행태, 채권자와 보증인의 이익상황 등을 종합적으로 고려하여 결정한다. 그러나 이러한 일반론에도 불구하고 실제로 계속적 보증인의 책임을 제한하는 사례는 그리 많지 않은 것으로 보인다.[156] 계속적 보증인의 책임을 제한한 사례로는 ① 은행이 신용카드 회원의 대금연체에 대한 해지를 게을리하고 연대보증인에게도 이를 통지하지 않은 경우,[157] ② 이미 판매대금을 연체하고 있는 채무자에 대한 거래 규모를 급격히 확대시키면서도 판매계약을 종료시키거나 추가담보를 제공받지도 않고 연대보증인에게 그와 같은 사실을 통지하지 않은 경우,[158] ③ 아무런 관계도 없는 사람이 응급치료를 받을 수 있도록 그 병원의 의사가 치료비채무를 연대보증하였던 경우,[159] ④ 회사의 이사 등이 그 이사의 지위 때문에 부득이하게 회사의 계속적 거래로 인하여 생기는 회사의 채무를 연대보증하게 된 경우로서 실제로 채권자가 거래 시마다 그 당시 회사의 이사 등의 연대보증을 새로이 받아 온 경우[160] 등을 들 수 있다.

한편 계속적 보증계약에서 미리 보증한도액이 정해져 있었다면,[161] 특별한 사정이 없는 한 보증인은 보증한도액의 범위 내에서 보증책임을 질 것을 예상한 셈이므로, 설령 주채무가 과다하게 발생하였더라도 보증책임액을 보증한도액 이하로 제한하는 것은 허용되지 않는다.[162] 계속적 보증인이 스스로 합의하여 설정한 보증한도액 자체가 그 보증인을 보호하는 메커니즘으로 기능하기 때문이다. 그렇다면 보증한도액이 정해진 경우에는 보증채무의 감액 여지가 없는가? 본법 제436조의2는 채권자의 정보제공의무와 통지의무 등에 관하여 규정하면서, 제4항에서 채권자가 이 의무를 위반하여 보증인에게 손해를 입힌 경우에는 법원이 그 내용과 정도 등을 고려하여 보증채무를 감경하거나 면제할 수 있다고 규정한다. 그러므로 보증한도액이 정해진 계속적 보증의 경우에도 여전히 이 조항에 따른 감액은 가능하다. 다만

156 양창수, "계속적 보증에서 보증인의 해지권과 책임제한", 민법연구 제6권, 박영사(2007), 440.
157 대법원 1986. 2. 25. 선고 84다카1587 판결, 대법원 1989. 11. 28. 선고 89다카8252 판결.
158 대법원 1998. 6. 12. 선고 98다8776 판결.
159 대법원 1992. 9. 22. 선고 92다17334 판결.
160 대법원 1987. 4. 28. 선고 82다카789 판결.
161 현행 민법 제428조의3은 근보증, 즉 계속적 보증 시 보증한도액을 서면으로 특정하도록 하면서 그렇게 하지 않은 경우 그 보증계약의 효력이 없다고 규정하고 있다. 즉 현행 민법 아래에서는 계속적 보증의 보증한도액을 정해야 한다.
162 대법원 1995. 6. 30. 선고 94다40444 판결.

이는 신의성실의 원칙에 기초한 감액이 아니라 위 조항에 근거한 감액이다.

계속적 보증과 달리 확정된 특정채무 보증에 대해서는 이러한 법리가 원칙적으로 적용되지 않는다. 대법원 2004. 1. 27. 선고 2003다45410 판결은 특정채무를 보증하는 일반 보증의 경우에 "채권자의 권리행사가 신의성실의 원칙에 비추어 용납할 수 없는 성질의 것인 때에는 보증인의 책임을 제한하는 것이 예외적으로 허용될 수 있을 것이나, 일단 유효하게 성립된 보증계약에 따른 책임을 신의성실의 원칙과 같은 일반원칙에 의하여 제한하는 것은 자칫 잘못하면 사적 자치의 원칙이나 법적 안정성에 대한 중대한 위협이 될 수 있으므로 신중을 기하여 극히 예외적으로 인정하여야 한다."라고 판시하면서 신의성실의 원칙에 의하여 연대보증인의 책임을 일부 제한한 원심판결을 파기하였다. 대법원은 그 뒤에도 이러한 일반론을 제시하면서 특정채무 보증인의 책임 제한을 부정해왔다.[163] 회사의 이사라는 이유로 보증인이 된 경우에도 채무액과 변제기가 특정되어 있는 회사 채무에 대해 보증계약을 체결하였다면 이사직 사임이라는 사정변경을 이유로 일방적으로 그 보증계약을 해지할 수 없다고 본 판결 역시 같은 흐름에 있다.[164]

2) 위임계약에 따른 보수채무의 감축

대법원은 1972. 2. 29. 선고 71다2722 판결에서 변호사의 보수약정이 실제 노력과 비용의 정도에 비추어 부당히 과다한 경우 그 과다한 부분은 신의성실의 원칙에 반하는 계약으로서 효력이 없다고 본 이래, 여러 판결에서 변호사의 과다한 보수를 신의성실의 원칙으로 제한해왔다.[165] 변호사 보수의 과다성은 변호사보수 관련 규칙의 내용뿐만 아니라 의뢰인과의 평소부터의 관계, 사건수임의 경위, 사건처리의 경과와 난이도, 소송물가액, 승소로 인하여 당사자가 얻은 구체적 이익과 기타 변론에 나타난 제반 사정을 종합적으로 고려하여 판단한다.[166] 변호사의 보수에 관한 법리는 세무사[167]나 공인중개사,[168] 신탁회사,[169] 분양대행회사[170] 등

163 대법원 2007. 1. 25. 선고 2006다25257 판결, 대법원 2013. 7. 12. 선고 2011다66252 판결.

164 대법원 1998. 7. 24. 선고 97다35276 판결.

165 대법원 1991. 12. 13. 선고 91다8722, 8739 판결, 대법원 1992. 3. 31. 선고 91다29804 판결, 대법원 1995. 4. 25. 선고 94다57626 판결, 대법원 2002. 4. 12. 선고 2000다50190 판결.

166 대법원 1991. 12. 13. 선고 91다8722, 8739 판결.

167 대법원 2006. 6. 15. 선고 2004다59393 판결.

168 대법원 2012. 7. 12. 선고 2010다78043 판결.

169 대법원 2006. 6. 9. 선고 2004다24557 판결, 대법원 2008. 3. 27. 선고 2006다7532, 7549 판결, 대법원 2018. 2. 28. 선고 2013다26425 판결.

170 대법원 2016. 2. 18. 선고 2015다35560 판결.

전문가 내지 전문회사와의 위임계약에 확장 적용되었다. 특히 대법원 2012. 4. 12. 선고 2011다107900 판결에서는 "위임계약에서 보수액에 관하여 약정한 경우에 수임인은 원칙적으로 약정보수액을 전부 청구할 수 있는 것이 원칙이지만, 그 위임의 경위, 위임업무처리의 경과와 난이도, 투입한 노력의 정도, 위임인이 업무처리로 인하여 얻게 되는 구체적 이익, 기타 변론에 나타난 제반 사정을 고려할 때 약정보수액이 부당하게 과다하여 신의성실의 원칙이나 형평의 원칙에 반한다고 볼 만한 특별한 사정이 있는 때에는 예외적으로 상당하다고 인정되는 범위 내의 보수액만을 청구할 수 있다."라고 하여 이러한 법리를 위임계약 일반으로 확장하였고,[171] 대법원 2016. 2. 18. 선고 2015다35560 판결에서도 이러한 입장을 재확인하였다. 이처럼 위임계약에 신의성실의 원칙을 적용하여 보수액을 감축하는 대법원의 태도는 위임계약에서 일반적으로 요구되는 신뢰관계나 협력관계를 특별히 감안하는 데에서 유래한 것으로 보인다.

한편 판례는 이러한 신의성실의 원칙 활용이 신중하고 엄격하게 이루어져야 한다는 점을 스스로 지적하기도 한다. 위에서 살펴 본 일련의 대법원 판결들은, 이러한 보수액의 감축은 그 보수액이 부당하게 과다하여 신의성실의 원칙이나 형평의 원칙에 반한다고 볼 만한 "특별한 사정"이 있는 경우에 한하여 "예외적으로" 이루어져야 함을 분명히 하였다. 또한 대법원 2009. 9. 10. 선고 2009다40677 판결은 "이는 어디까지나 계약자유의 원칙을 배제하는 예외적인 경우이므로 그와 같이 예외적으로 취급하기 위해서는 그에 관한 합리적인 근거를 명확히 밝혀야 할 것"이라고 지적하였다. 이 점은 대법원 2014. 7. 10. 선고 2014다18322 판결에서 재확인된 뒤, 대법원 2018. 5. 17. 선고 2016다35833 전원합의체 판결에 이르러 신의성실의 원칙에 따른 보수액 감축 자체에 대한 근본적인 논쟁으로 이어지기에 이르렀다.

대법원은 2018년 전원합의체 판결에서 위와 같은 법리를 재확인하였는데, 이에 대해서는 신의성실의 원칙에 따른 보수액 감축 자체가 허용되어서는 안 된다는 별개의견이 있었다. 이러한 별개의견은 헌법 제10조로부터 파생되는 사적 자치의 원칙 또는 계약자유의 원칙을 강조하는 한편, 민법 제2조의 신의성실의 원칙 또는 민법에 규정되어 있지도 않은 형평의 관념은 당사자 사이에 체결된 계약을

171 이 판결은 부동산중개업자와 중개의뢰인의 법률관계에 관하여 다루었다.

무효로 선언할 수 있는 근거가 될 수 없다는 점을 지적하였다. 아울러 별개의견은 "약속을 지키지 않고 약정보수액의 감액을 요구하는 당사자의 주장은 약속이 지켜지리라고 믿은 상대방의 신뢰보다 우선할 수 없고, 신의성실의 원칙이 그 도구가 되어서도 안 된다"면서 "자신이 지급하기로 약정한 대가를 지급하지 않으려는 의뢰인의 행태야말로 신의성실의 원칙에 반하는 것"이며, 적정한 보수액의 범위를 결정할 기준도 존재하지 않는다고 하였다. 또한 신의성실의 원칙에 따른 급부의무의 감축이 위임계약을 넘어서서 매매계약 등 다른 계약 유형으로까지 무분별하게 확장 적용될 수 있다는 우려도 표명하였다. 이러한 다수의견과 별개의견의 입장 차이는 계약자유의 원칙과의 관계에서 신의성실의 원칙이 얼마나 널리 적용될 수 있는가에 대한 근본적인 입장 차이에서 비롯된 것이다.

이러한 보수채무의 감축이 법리상 일부 무효의 결과인지 계약 수정의 결과인지도 문제 된다. 대법원은 종래 과다한 보수 약정 부분은 신의성실의 원칙에 반하여 무효라고 판시하였지만,[172] 2000년대 후반부터는 무효라는 언급을 자제하면서 "신의성실의 원칙이나 형평의 원칙에 반한다고 볼 만한 특별한 사정이 있는 경우에는 예외적으로 상당하다고 인정되는 범위 내의 보수액만을 청구할 수 있다."라거나 "보수는 …로 정함이 상당하다."라는 표현을 쓰는 경향을 보인다.[173] 결과적으로 보수채무가 감축되는 결론에 이른다는 점에서는 양자 사이에 차이가 없다. 대법원 2018. 5. 17. 선고 2016다35833 전원합의체 판결의 별개의견은 그 동안 판례가 전자의 입장을 취하여 왔다는 전제 위에서 논리를 전개하였다. 학설도 그렇게 보는 듯하다.[174] 그러나 보수가 과다하다는 점만으로 본법 제103조나 제104조가 적용될 수는 없다. 그 외에 과다한 보수 부분을 무효로 하는 효력규정도 없다. 결국 이는 신의칙에 따른 계약 수정 기능 내지 책임 제한 기능이 발현된 것이라고 보아야 한다.

3) 기타

약관의 규제에 관한 법률 제6조 제1항은 신의성실의 원칙을 위반하여 공정성

172 대법원 1991. 12. 13. 선고 91다8722, 8739 판결, 대법원 1992. 3. 31. 선고 91다29804 판결, 대법원 1995. 4. 25. 선고 94다57626 판결.

173 대법원 2009. 7. 9. 선고 2009다21249 판결, 대법원 2012. 8. 17. 선고 2010다60172 판결, 대법원 2013. 7. 11. 선고 2011다18864 판결, 대법원 2014. 3. 27. 선고 2012다50353 판결 등. 또한 부동산중개업자와 중개의뢰인의 법률관계에 관한 것이지만 대법원 2012. 4. 12. 선고 2011다107900 판결도 참조.

174 양창수/김재형, 계약법(민법 I), 박영사(2010), 704-705에서는 이러한 보수감액의 실질을 양적 일부 무효의 인정으로 파악하고 있다.

을 잃은 약관 조항은 무효라고 규정한다. 같은 조 제2항은 고객에게 부당하게 불리한 조항, 고객이 계약의 거래형태 등 관련된 모든 사정에 비추어 예상하기 어려운 조항, 계약의 목적을 달성할 수 없을 정도로 계약에 따르는 본질적 권리를 제한하는 조항은 공정성을 잃은 것으로 추정한다고 규정한다. 또한 신의성실의 원칙에 반하여 공정성을 잃은 조항의 개별 유형으로서 면책조항(제7조), 손해배상액의 예정(제8조), 계약의 해제·해지(제9조), 채무의 이행(제10조), 고객의 권익 보호(제11조), 의사표시의 의제(제12조), 대리인의 책임 가중(제13조), 소송 제기의 금지(제14조)에 관하여 각각 규정한다. 아울러 약관 조항이 무효가 되더라도 계약은 나머지 부분만으로 유효하게 존속하는 것을 원칙으로 하는 특칙을 두고 있다(제16조). 이처럼 약관 조항을 신의성실의 원칙에 기하여 무효화시키는 것도 넓게 보면 신의성실의 원칙에 따른 법률관계의 수정에 해당한다.

나. 손해배상책임 제한

1) 손해배상책임 제한 법리의 전개 양상

손해배상책임은 여러 가지 법적 장치들에 의해 제한된다. 과실상계나 손익상계가 손해배상 책임을 합리적으로 제한하는 대표적인 예이다. 좀 더 넓게 보면 손해의 개념, 통상손해와 특별손해의 구별, 상당인과관계 등도 모두 손해배상책임을 합리적 범위로 제한하려는 법적 장치들이다. 이러한 장치들만으로 정의의 관념에 부합하는 책임제한의 결과에 이를 수 없을 때, 판례는 신의성실의 원칙 또는 손해분담의 공평이라는 손해배상제도의 이념에 비추어 법원이 재량에 따라 손해배상액을 감액할 수 있는 길을 열어 놓고 있다. 이는 주로 회사의 이사나 감사, 신용협동조합의 이사 등의 손해배상책임을 제한하는 경우에 나타나지만,[175] 그 외에도 자동차 운행자의 손해배상책임,[176] 신원보증법에 따른 신원보증인의 손해배상책임,[177] 요양급여기준을 위반한 원외(院外) 처방전 발급행위에 따른 요양기관의 손해배상책임,[178] 증권 관련 불법행위에 따른 증권회사의 손해배상책임[179] 등 다양한 분야에서도 같은 법리가 나타나고 있다.

175 대법원 2006. 12. 7. 선고 2005다34766, 34773 판결, 대법원 2007. 11. 30. 선고 2006다19603 판결 등.
176 대법원 1990. 4. 25. 선고 90다카3062 판결.
177 대법원 2009. 11. 26. 선고 2009다59671 판결.
178 대법원 2013. 3. 28. 선고 2009다78214 판결.
179 대법원 2012. 3. 29. 선고 2011다80968 판결.

가령 대법원은 이사나 감사가 회사에 대하여 부담하는 손해배상책임의 범위와 관련해서, "당해 사업의 내용과 성격, 당해 이사나 감사의 임무위반의 경위 및 임무위반행위의 태양, 회사의 손해 발생 및 확대에 관여된 객관적인 사정이나 그 정도, 평소 이사나 감사의 회사에 대한 공헌도, 임무위반행위로 인한 당해 이사나 감사의 이득 유무, 회사의 조직체계의 흠결 유무나 위험관리체제의 구축 여부 등 제반 사정을 참작하여 손해분담의 공평이라는 손해배상제도의 이념에 비추어 그 손해배상액을 제한"할 수 있다고 판시하여 왔다.[180] 이는 이사 등 개인에게 의사결정에 참여하였다는 사정만으로 천문학적인 규모의 손해배상책임을 지우는 것이 지나치게 가혹하여 구체적 타당성을 결여할 수 있다는 점 및 이러한 과도한 책임의 부과가 이사진의 경영판단을 위축시킬 위험성이 있다는 점을 고려한 것으로 보인다.

2) 손해배상책임 제한 법리의 근거

이러한 책임제한 법리가 민법상 어떤 근거로 인정되는지는 대법원 판례에 나타난 내용만으로 명확하게 알 수 없다. 다음 두 가지 가능성을 생각해 볼 수 있다.

첫 번째 가능성으로는 과실상계 규정의 유추 적용을 들 수 있다. 본법 제396조는 "채무불이행에 관하여 채권자에게 과실이 있는 때에는 법원은 손해배상의 책임 및 그 금액을 정함에 이를 참작하여야 한다."라고 규정하고, 본법 제763조는 불법행위로 인한 손해배상에도 본법 제396조를 준용한다. 손해 발생에 피해자의 과실이 기여하였다면, 그 손해를 온전히 가해자가 떠안도록 하는 것은 타당하지 않다. 그러므로 과실상계는 손해의 공평하고 타당한 분담을 실현하기 위해 신의성실의 원칙이나 공평의 원칙을 구체화한 제도라고 할 수 있다.[181] 다만 손해배상책의 구성요건인 가해자의 '과실'은 의무 위반을 의미하는 데 비하여, 과실상계에서 피해자의 '과실'은 사회통념이나 신의성실의 원칙에 따라 공동생활상 요구되는 약한 부주의를 가리키는 것이다.[182]

180 대법원 2004. 12. 10. 선고 2002다60467, 60474 판결, 대법원 2005. 10. 28. 선고 2003다69638 판결, 대법원 2006. 12. 7. 선고 2005다34766, 34773 판결, 대법원 2007. 11. 30. 선고 2006다19603 판결 등.

181 대법원 1977. 9. 28. 선고 76다1778 판결, 대법원 1992. 2. 14. 선고 91다4249 판결 등.

182 대법원 1973. 10. 10. 선고 72다2138 판결, 대법원 1983. 12. 27. 선고 83다카644 판결, 대법원 1992. 11. 13. 선고 92다14687 판결, 대법원 2000. 8. 22. 선고 2000다29028 판결, 대법원 2005. 7. 8. 선고 2005다8125 판결.

한편 이사나 감사의 손해배상책임 제한은 피해자의 과실에 기초하여 이루어지는 것은 아니므로, 과실상계 규정이 직접 적용된 결과라고는 할 수 없다.[183] 그러나 과실상계의 배후에 있는 법 원리인 신의성실의 원칙이나 공평의 원칙을 매개로 하여 과실상계 규정이 유추 적용된 것으로 볼 수는 있다. 참고로 대법원은 신의성실의 원칙 또는 손해부담의 공평이라는 이념에 비추어 불법행위의 피해자에게도 손해방지의무 내지 손해경감의무가 있다는 전제에서 합리적 이유 없이 피해자가 그 의무를 게을리한 경우에 과실상계 규정을 유추 적용하여 그 손해 확대에 기여한 피해자의 과실을 참작할 수 있다고 한 바 있다.[184] 이러한 한도 내에서는 대법원도 이미 과실상계 규정의 유추 적용에 따른 손해배상책임 제한을 승인하고 있는 셈이다. 과실상계 규정의 유추 적용에 따른 손해배상책임 제한은 당사자가 주장하지 않아도 법원이 직권으로 판단할 수 있다.

두 번째 가능성으로는 신의성실의 원칙을 직접 적용하는 것을 들 수 있다. 만약 대법원이 과실상계 규정을 유추 적용하는 것이었다면 이를 판결 이유에 밝혔을 가능성이 크다. 실제로 대법원은 매우 다양한 국면에서 민법 규정을 명시적으로 유추 적용하고 있으므로,[185] 과실상계 규정을 유추 적용한다는 점을 굳이 숨길 이유가 없기 때문이다. 이 점에 착안하다면 첫 번째 가능성은 대폭 줄어든다. 한편 판례가 말하는 "손해분담의 공평이라는 손해배상제도의 이념"은 문자 그대로 추상적 이념일 뿐 그 자체가 법적 근거가 될 수는 없다. 그러므로 과실상계 규정을 유추 적용하는 것이 아니라면, 그 법적 근거는 본법 제2조에 규정된 신의성

183 김차동, "손해배상의 범위 중 책임제한의 원리와 관련하여", 한양대학교 법학논총 27권 1호(2010. 3), 231.

184 대법원 1992. 9. 25. 선고 91다45929 판결, 대법원 1999. 6. 25. 선고 99다10714 판결, 대법원 2003. 7. 25. 선고 2003다22912 판결, 대법원 2010. 3. 25. 선고 2009다97514 판결. 독일 민법 제254조는 공동과책(Mitverschulden) 이라는 표제 아래 이 점에 관하여 명문으로 규정하고 있다.

185 예컨대 대리권남용에 대해 비진의표시에 관한 본법 제107조 제1항 단서를 유추 적용한 대법원 1987. 11. 10. 선고 86다카371 판결, 등기기간의 승계에 대해 점유기간의 승계에 관한 본법 제199조를 유추 적용한 대법원 1989. 12. 26. 선고 87다카2176 전원합의체 판결, 불법행위의 피해자가 합리적 이유 없이 손해경감조치의무를 이행하지 않을 경우 본법 제763조, 제369조의 과실상계 규정을 유추 적용한 대법원 1992. 9. 25. 선고 91다45929 판결, 비법인사단에 대하여 사단법인에 관한 민법 규정을 유추 적용한 대법원 1992. 10. 9. 선고 92다23087 판결, 채권양도가 해제 또는 합의해제된 경우에 본법 제452조 제1항을 유추 적용한 대법원 2012. 11. 29. 선고 2011다17953 판결, 의사능력의 흠결을 이유로 법률행위가 무효가 되는 경우에도 무능력자의 책임을 제한하는 본법 제141조 단서 규정이 유추 적용된다고 한 대법원 2009. 1. 15. 선고 2008다58367 판결, 사용자 소유의 수개의 부동산 중 일부가 먼저 경매되어 그 경매대가에서 선순위임금채권이 우선변제를 받은 결과 그 경매부동산의 저당권자가 불이익을 받은 경우, 저당권자에게 본법 제368조 제2항 후문을 유추 적용한 대법원 2000. 9. 29. 선고 2000다32475 판결, 대법원 2005. 9. 29. 선고 2005다34391 판결 등.

실의 원칙에서 찾을 수밖에 없다. 물론 법원이 신의성실의 원칙으로 책임을 제한하는 것이 타당한가에 대해서는 논란의 여지가 없지 않다. 신의성실의 원칙에 기대어 책임을 제한하는 것은 법률에서 법관에게 위임한 재량 범위를 벗어나서 법률의 취지를 왜곡시킬 법률조작의 위험(Gefahr des Gesetzesmanipulation)으로 이어질 우려가 있기 때문이다.[186] 이러한 논란의 여지를 생각하면, 이는 궁극적으로는 입법으로 해결해야 할 문제라고 생각된다. 다만 위와 같은 일련의 대법원 판례들은 실현 가능성이 낮은 입법을 기다리기보다는 법원이 유연하게 법형성을 한 결과라고 이해할 수 있다. 한편 신의성실의 원칙은 법원의 직권 판단 대상이므로, 소송에서 당사자들이 주장하지 않더라도 법원은 직권으로 손해배상책임을 제한할 수 있다.[187]

위에서 살펴 본 손해배상책임 제한 법리는 부당이득 반환에 적용되지 않는다. 계약 해제로 인한 원상회복은 부당이득 반환의 본질을 가지는데, 대법원은 이 경우 해제자가 그 해제의 원인이 된 채무불이행에 관하여 '원인'의 일부를 제공하였다는 등의 사유를 내세워 신의성실의 원칙 또는 공평의 원칙에 기하여 일반적으로 손해배상에 있어서의 과실상계에 준하여 원상회복의 내용이 제한될 수는 없다고 판시하였다.[188] 그리고 그 이유로는 "우리 법은 계약의 무효·취소 기타 효력 불발생의 경우 일반에 대하여 그로 인한 계약관계의 원상회복에 관하여 위와 같은 신의성실의 원칙 또는 공평의 원칙의 적용을 예정하고 있지 아니하다."라는 점을 들었다. 부당이득반환청구권이나 계약 해제를 원인으로 한 원상회복청구권은 금전 지급을 목적으로 하는 손해배상청구권의 경우와 달리 원물반환을 원칙으로 한다. 이처럼 원물반환을 청구하는 경우에는 신의성실의 원칙 또는 공평의 원칙에 따른 감액이 가능하지도 않다.[189]

3) 사실상 손해배상액 산정 도구로서의 손해배상책임 제한 법리

한편 손해배상책임의 제한은 숱한 변수들 때문에 정확한 손해배상액을 산정하기 어려운 경우에 일단 형식적 기준에 따라 손해배상액을 도출한 뒤 이를 적절하게 감경하는 모습으로 나타나기도 한다. 담합으로 인한 손해배상청구 사건이

186 K. Larenz, Methodenlehre der Rechtswissenschaft, 2. Auflage(1992), S. 236.

187 대법원 2006. 12. 7. 선고 2005다34766, 34773 판결, 대법원 2013. 3. 28. 선고 2009다78214 판결.

188 대법원 2014. 3. 13. 선고 2013다34143 판결.

189 서종희, "해제시 원상회복과 과실상계, 신의성실의 원칙 - 대법원 2014. 3. 13. 선고 2013다34143 판결을 계기로 -", 법학논총(조선대학교) 24권 2호(2017. 8), 520면.

[권영준]

대표적인 예이다. 대법원 2012. 3. 29. 선고 2011다80968 판결에서는 8개 밀가루 제조·판매회사들이 공동으로 밀가루 생산량을 제한하는 한편 밀가루 가격을 결정·유지·변경하였고, 이 회사들로부터 밀가루를 매입한 회사가 위 담합 회사들을 상대로 손해배상을 청구하였다. 대법원은 밀가루 매입 회사의 제품 가격 인상에 의하여 소비자들에게 전가된 손해액 부분은 손해배상액에서 공제되어야 한다는 이른바 손해전가항변을 배척하면서도, 그러한 사정들을 참작하여 손해배상책임을 제한할 수 있다고 판단하였다.[190] 그런데 이러한 손해배상액 산정은 엄밀히 말하면 손해배상책임 제한이라기보다는 재량에 따른 손해배상책임액의 설정에 가깝다. 그리고 대법원은 비재산적 손해뿐만 아니라 재산적 손해에 대해서도 이러한 '합리적 재량에 따른 손해배상액의 산정'을 허용하여 왔다.[191] 더구나 2016년 민사소송법 개정으로 신설된 민사소송법 제202조의2는 손해가 발생한 사실은 인정되지만 구체적인 손해의 액수를 증명하는 것이 사안의 성질상 매우 어려운 경우에 법원이 변론 전체의 취지와 증거조사의 결과에 의하여 인정되는 모든 사정을 종합하여 상당하다고 인정되는 금액을 손해배상 액수로 정할 수 있다고 하여 이를 입법적으로 허용하고 있다. 따라서 이 경우에는 '손해배상책임액의 1차적 산정 ⇒ 손해배상책임 제한 법리의 동원'의 두 단계를 거치기보다는 민사소송법 제202조의2에 따른 재량 손해액 인정 방법에 의하면 충분하다.

4) 구상권 행사와 손해배상책임 제한 법리

사용자는 사용자책임에 기해 피해자에게 손해배상을 한 후 직접 불법행위자인 피용자에게 구상권을 행사할 수 있다(본법 제756조 제3항). 그런데 판례에 따르면 사용자는 "사업의 성격과 규모, 시설의 현황, 피용자의 업무내용과 근로조건 및 근무태도, 가해행위의 발생원인과 성격, 가해행위의 예방이나 손실의 분산에 관한 사용자의 배려 정도, 기타 제반 사정에 비추어 손해의 공평한 분담이라는 견지에서 신의성실의 원칙상 상당하다고 인정되는 한도 내에서만" 피용자에게 손해배상청구권 또는 구상권을 행사할 수 있다.[192] 학설도 같은 입장이

190 대법원 2012. 3. 29. 선고 2011다80968 판결.

191 채무불이행에 관한 것으로 대법원 2004. 6. 24. 선고 2002다6951, 6968 판결, 대법원 2005. 2. 17. 선고 2004다37034 판결. 불법행위에 관한 것으로 대법원 2005. 11. 24. 선고 2004다48508 판결, 대법원 2006. 9. 8. 선고 2006다21880 판결.

192 대법원 1987. 9. 8. 선고 86다카1045 판결, 대법원 1991. 5. 10. 선고 91다7255 판결, 대법원 1996. 4. 9. 선고 95다52611 판결, 대법원 2009. 11. 26. 선고 2009다59350 판결, 대법원 2014. 5. 29. 선고 2014다202691 판결.

다.[193] 이처럼 사용자가 피용자에게 행사하는 구상권은 궁극적으로 피용자가 부담해야 할 손해배상책임의 추궁이라는 본질을 가지고 있으므로, 신의성실의 원칙에 따른 구상권의 제한은 그 본질에 있어서 신의성실의 원칙에 따른 손해배상책임 제한 법리와 연결되어 있다. 이처럼 피용자의 구상책임이 제한되는 이유는 다음과 같이 설명할 수 있다. 피용자는 사용자가 제공하는 환경과 근무조건 아래에서 사용자의 이익을 위하여 사용자의 지휘·감독 아래 업무를 수행하다가 불법행위에 이른 것이다. 사용자가 이로 인한 불이익 전체를 경제적 약자인 피용자에게 전가하는 것은 신의성실의 원칙이나 공평의 관념에 어긋난다.[194] 피용자가 사용자로부터 받는 보수와 비교해 보면, 피용자에게 과도한 법적 위험을 부담시키는 것은 바람직하지 않다. 따라서 사용자의 구상권 행사는 신의성실의 원칙에 비추어 제한될 필요가 있다.

이러한 구상권 제한은 국가배상의 경우에도 마찬가지로 적용된다. 국가배상법 제2조 제2항에 따르면 국가는 고의 또는 중과실로 국가배상책임을 야기한 공무원에 대하여 구상권을 행사할 수 있다. 그런데 대법원은 해당 공무원의 직무내용, 불법행위의 상황과 손해발생에 대한 해당 공무원의 기여 정도, 평소 근무태도, 불법행위의 예방이나 손실 분산에 관한 국가 또는 지방자치단체의 배려의 정도 등 제반 사정을 참작하여 손해의 공평한 분담이라는 견지에서 신의성실의 원칙상 상당하다고 인정되는 한도 내에서만 국가가 해당 공무원에 대하여 구상권을 행사할 수 있다고 판시하여 왔다.[195] 이러한 판례 역시 신의성실의 원칙에 따른 손해배상책임 제한 법리의 연장선상에서 이해할 수 있다.

대법원 판례 중에는 공무원의 불법행위로 손해를 입은 피해자의 국가배상청구권의 소멸시효 기간이 지났으나 국가의 소멸시효 완성 주장이 신의성실의 원칙에 반하는 권리남용으로 허용될 수 없어 국가가 그 배상책임을 이행한 경우에는, 소멸시효 완성 주장이 권리남용에 해당하게 된 원인행위와 관련하여 공무원이 원인행위를 적극적으로 주도하였다는 등의 특별한 사정이 없는 한, 국가가 공무원

193 학설 역시 사용자의 구상권 행사를 제한하여야 한다는 데 대체로 동의하나, 책임제한 근거에 관하여는 다양한 견해가 제시되어 왔다. 학설에 관한 소개로는 장석천, "사용자책임에 있어서 구상권 제한의 법리", 한양법학 39집(2012. 8), 446 이하 참조.

194 양창수/권영준, 권리의 변동과 구제(민법Ⅱ)(제3판), 박영사(2017), 716; 주석 민법, 채권각칙(8)(제4판), 한국사법행정학회(2016), 549(이원범).

195 대법원 1991. 5. 10. 선고 91다6764 판결, 대법원 2008. 3. 27. 선고 2006다70929 판결.

에게 구상권을 행사하는 것은 신의칙상 허용되지 않는다고 한 것이 있다.[196] 그러나 고의 또는 중과실로 가해행위를 한 공무원에 대한 구상권 행사가 전적으로 배제된다는 법리가 타당한지는 의문스럽다. 구상권 행사를 배제할지, 아니면 그 범위를 제한할지는 개별 사안의 특성에 따라 결정해야 한다. 그것이 개별화와 유연화를 추구하는 신의칙의 속성과도 맞다.

공동불법행위자 중 1인이 다른 공동불법행위자에게 구상권을 행사할 때에도 신의칙이 적용될 수 있다. 본법 제760조 제1항에 따르면 공동불법행위자는 그 피해자에게 연대하여 그 손해를 배상할 책임이 있다. 공동불법행위자 중 1인이 피해자에게 자신의 부담부분[197]을 넘어 배상하면 다른 공동불법행위자에게 구상권을 행사할 수 있다. 민법에는 이러한 구상권 행사에 관한 명문 규정이 없지만, 판례는 형평의 이념 아래 이를 인정한다.[198] 그런데 구상권의 행사 범위를 결정할 때에는 제반 사정에 비추어 손해의 공평한 분담이라는 견지에서 신의칙상 상당하다고 인정되는 한도 내에서만 구상권을 행사하도록 제한할 수 있다.[199] 특히 불법행위법이 가지는 도덕적 성격이나 불법행위법의 예방적 내지 제재적 기능을 고려하면, 고의의 공동불법행위자가 행사하는 구상권에 일정한 신의칙상 제한을 가할 필요성도 있다.[200]

5) 지연손해금 기산점 재설정에 따른 손해배상책임 제한

한편 이처럼 직접적으로 불법행위로 인한 손해배상책임을 제한하는 것은 아니지만, 지연손해금의 발생 시점을 뒤로 늦춤으로써 간접적으로 불법행위로 인한 손해배상책임을 제한하는 사례도 있다. 대법원은 불법행위로 인한 손해배상채무에 대하여는 원칙적으로 별도의 이행 최고가 없더라도 공평의 관념에 비추어 그 채무성립과 동시에 지연손해금이 발생하여야 한다고 보면서도, 불법행위 시와 변

196 대법원 2016. 6. 10. 선고 2015다217843 판결.

197 판례는, 이러한 부담부분은 과실의 정도 외에 따라 정해야 한다거나(대법원 2005. 7. 8. 선고 2005다8125 판결 등), 과실 외에 다른 요소들도 함께 고려하여 정해야 한다는 입장이다(대법원 2001. 1. 19. 선고 2000다33607 판결). 공동불법행위자의 부담부분은 과실의 정도 외에도 위법성의 정도, 손해와의 인과관계 밀접성 등 여러 가지 요소들을 종합적으로 고려하여 정해야 한다. 즉 "누구에게 어느 정도의 책임을 궁극적으로 부담시키는 것이 형평의 원칙에 부합하는가"를 고려해야 한다. 권영준, "미국법상 공동불법행위자 상호간 구상관계", 민사법학 64호(2013. 9), 353-354면.

198 대법원 2001. 1. 19. 선고 2000다33607 판결 등 다수.

199 대법원 2001. 1. 19. 선고 2000다33607 판결.

200 권영준, "미국법상 공동불법행위자 상호간 구상관계", 민사법학 64호(2013. 9), 345-358면. 참고로 미국에서는 고의의 공동불법행위자에게 구상권 행사를 허용하지 않는다.

론종결 시 사이에 장기간의 세월이 경과되어 통화가치 등에 상당한 변동이 생긴 경우, 불법행위로 인한 위자료배상채무의 지연손해금 기산일은 사실심 변론종결 당일이라고 보았다.[201] 대법원이 명시적으로 밝히고 있지는 않지만, 지연손해금의 기산일을 불법행위 시로 볼 것인지, 아니면 사실심 변론종결 시로 볼 것인지는 결국 공평의 관념에 비추어 결정할 문제이다. 즉 지연손해금의 기산일을 불법행위 시로 보는 원칙에 대해 예외를 인정하여 결과적으로 손해배상책임을 제한하는 것 역시 현저한 과잉배상을 제한하려는 공평의 관념에서 비롯된 것이다. 이러한 공평의 관념이 본법 제2조의 신의성실의 원칙과 맞닿아 있는 것은 물론이다.

다. 반신의행위와 조건성취 의제

조건은 법률행위 효력의 발생 또는 소멸을 장래 불확실한 사실의 성부(成否)에 의존하도록 법률행위에 부가되는 약관, 즉 부관(附款)을 의미한다. 조건의 성취로 인하여 이익이나 불이익을 입게 될 당사자에게는 그 조건이 성취되도록 하거나 성취되지 못하도록 할 유인이 상존한다. 본법 제150조는 당사자가 신의성실에 반하여 조건의 성취를 방해하거나 조건을 성취시킨 경우 그 당사자가 의도하였던 결과가 발생하지 않는 것으로 취급함으로써 그러한 유인을 제거하려고 한다. 부당한 방법을 사용하여 조건의 성취를 방해하거나 그 조건을 성취시킨 당사자가 그로 인한 이익을 누리도록 하는 것은 그 자체로 신의성실의 원칙에 반하기 때문이다.[202]

본법 제150조에서 정하는 법률효과가 발생하려면, 즉 조건이 성취되거나(제1항) 성취되지 않은 것으로(제2항) 상대방이 주장할 수 있으려면 그 조건 불성취나 성취에 개입된 당사자의 행위가 신의성실의 원칙에 반하는 것이어야 한다. 본래 의용민법은 '고의'로 방해하였음을 요건으로 하였으나, 현행 민법은 독일 민법 제152조의 예에 따라 고의에 갈음하여 신의성실 위반을 요건으로 하고 있다. 따라서 '신의성실에 반하여'라는 요건을 충족하기 위해 반드시 고의가 필요한 것은 아니다.[203] 과실에 의한 조건성취 방해행위도 본법 제150조 제1항의 적용 대상이 된다.[204] 반대로 고의의 조건성취 방해행위가 언제나 신의성실의 원칙 위반으로 인정되는 것도 아

201 대법원 2011. 1. 13. 선고 2009다103950 판결.
202 주석 민법, 총칙(3)(제4판), 한국사법행정학회(2016), 419-420(최성준).
203 주석 민법, 총칙(3)(제4판), 한국사법행정학회(2016), 423(최성준).
204 대법원 1998. 12. 22. 선고 98다42356 판결.

니다. 가령 당사자가 승소 가능성이 없는 소송을 취하하여 해당 사건을 수임한 변호사에게 성공보수를 지급하지 않게 된 경우,[205] 당사자에게 고의가 없다고 하기는 어렵지만 그러한 소 취하가 신의성실의 원칙 위반이라고 볼 수는 없다. 다만 일반적으로는 고의의 조건성취 방해행위는 신의성실에 반한다고 볼 가능성이 크다.[206]

이러한 조건성취 방해행위는 채무불이행과 개념상 구별하여야 한다. 가령 본법 제536조에 따르면 A의 채무와 B의 채무가 동시이행 관계에 있는 경우 A는 B의 채무 이행과 상환으로만, 다시 말해 B의 채무 이행을 조건으로만 자신의 채무를 이행하겠다고 항변하면서 자신의 채무이행을 거절할 수 있다. 그러나 이러한 관계에 있다고 하여 B의 채무 이행이 민법상 조건이 된다거나 그 채무불이행이 조건성취 방해행위가 되는 것은 아니다.

3. 법률관계 해소

가. 사정변경 원칙에 기한 해제권 내지 해지권

1) 사정변경 원칙의 의의

사정변경 원칙은 계약 성립 당시 예견하지 못했던 현저한 사정 변경 발생으로 인해 당초의 계약 내용을 그대로 유지하고 강제하는 것이 신의성실의 원칙에 반하는 경우, 당사자가 그 법률행위의 효과를 신의, 공평에 맞도록 변경하거나 또는 소멸시킬 수 있다는 원칙이다. 후술하듯이 대법원은 사정변경 원칙에 따른 계약 변경을 허용하는 데에는 이르지 않았으나, 이에 따른 계약 해제 또는 해지는 허용하고 있다. 한편 우리 민법은 사정변경 원칙에 대한 명문 규정을 두고 있지 않다. 본법 중 재산편 전면 개정안으로 마련된 법무부의 2004년 민법 개정안 제544조의4와 2014년 민법 개정시안 제538조의2은 모두 사정변경 원칙을 명문으로 규정하려고 하였으나, 이 개정안이나 개정시안은 모두 실제 개정에 이르지는 못하였다. 따라서 현재 사정변경 원칙은 신의성실의 원칙에 관한 본법 제2조에 기초하여 인정된다.[207] 그 점에서 사정변경 원칙은 신의성실의 원칙으로부터 파생된 것으로도 볼 수 있다. 신의성실의 원칙이 사정변경 원칙으로 발현되어 계약 해소 근거를 창설한 셈이다.[208]

205 대법원 1979. 6. 26. 선고 77다2091 판결.
206 주석 민법, 총칙(3)(제4판), 한국사법행정학회(2016), 424(최성준).
207 민법주해 Ⅰ, 총칙(1), 박영사(1992), 147(양창수).
208 반면 이영준, “사정변경의 원칙”, 민사법학 82호(2018. 2), 4는 사정변경 원칙의 근거를 신의성실의 원칙에서 찾기보다는 당사자의 가상적 의사로부터 도출하여야 한다는 입장을 취한다.

2) 사정변경 원칙의 연혁

역사적으로 보면, 사정변경 원칙은 “pacta sunt servanda(약속은 지켜져야 한다)”[209]라는 계약법의 기본 원칙에 대한 예외로서 중세 교회법에서 체계화되기 시작했다.[210] 모든 계약에는 효력유지약관(clausula rebus sic stantibus), 즉 계약체결시의 사정이 그대로 존재하는 것을 조건으로 계약의 효력이 유지된다는 약관이 부가되어 있다는 clausula 법리가 그것이다.[211] 이러한 태도는 후기 스콜라 학파의 법학자들을 거쳐 17세기 내지 18세기 자연법 학자들에게도 전해졌으며,[212] 1756년 바바리아 막시밀리안 민법전이나 1794년 프로이센 일반란트법에 명문으로 규정되기도 했다.[213] 그러나 의사주의가 큰 무게를 가지게 되고 그러한 사조가 19세기부터 시작된 민법전 제정 작업에도 영향을 끼치면서 프랑스 민법, 독일 민법, 스위스 민법 등 주요 대륙법계 국가들의 민법전에는 사정변경 원칙이 별도로 규정되지 않았다.

이러한 명문 규정의 부재에도 불구하고 사정변경 원칙은 다양한 형태로 논의되었다. 예컨대 독일에서는 제1차 세계대전 이후 극심한 인플레 현상에 직면하여 1921년 외르트만(Oertmann)이 행위기초론을 제시하였다.[214] 행위기초론의 기본적인 논리는 법률행위의 기초가 상실되면 그 법률행위의 효력이 더 이상 유지될 수 없다는 것이었다.[215] 그 이후 행위기초론은 판례와 학설에 의해 구체화되었는데,[216] 신의성실의 원칙에 관한 독일 민법 제242조가 그 성문법적 근거로 이해되었다. 하지만 2002년부

209 이 표현은 로마 집정관의 약속, 즉 “pacta conventa servabo(나는 약속을 존중할 것이다)”에서 유래하였다. Reinhard Zimmermann, The Law of Obligations: Roman Foundations of the Civilian Tradition, Clarendon Press(1990), 543, 576-582 참조.

210 James Gordley, Foundations of Private Law, Oxford University Press(2006), 347-348.

211 이에 관한 자세한 내용은 James Gordley, “Impossibility and Changed and Unforeseen Circumstances”, 52 Am. J. Comp. L. 513, 515 (2004); Reinhard Zimmermann, The Law of Obligations: Roman Foundations of the Civilian Tradition, Clarendon Press(1990), 579 참조.

212 James Gordley, Foundations of Private Law, Oxford University Press(2006), 347-348 .

213 예컨대 프로이센 일반란트법 제377조에서 계약의 이행은 일반적으로 사정변경을 이유로 거부될 수 없다는 원칙을 선언하고, 제378조에서는 “그러나 예견하지 못한 변경에 의하여, 명시적으로 표시된 혹은 행위의 성질상 인정되는 양 당사자의 궁극목적의 달성이 불능하게 된 경우에는, 그들 각자는 아직 이행되지 않은 계약에서 벗어날 수 있다”, 제380조에서는 “사정의 변경에 의하여, 일방당사자의 명시적으로 표시된 혹은 자명한 목적이 전적으로 달성될 수 없게 되었다면 그는 계약을 해제할 수는 있지만, 그러나 그 변경이 그의 인적 관계에서 발생했을 경우에는 상대방에게 완전한 배상을 하여야 한다”라고 규정한다. Zweigert/Kötz 저, 양창수 역, 비교사법제도론, 대광문화사(1991), 357 참조.

214 P. Oertmann, Geschäftsgrundlage-Ein neuer Rechtsbegriff (1921).

215 P. Oertmann, Geschäftsgrundlage-Ein neuer Rechtsbegriff (1921).

216 특히 칼 라렌츠(Karl Larenz)는 사안의 유형화를 통해 행위기초론의 재정립에 기여한 것으로 평가받는다. K. Larenz, Geschäftsgrundlage und Vertragserfüllung, 3. Auflage(1963).

터 시행된 개정 독일 민법 제313조에서 행위기초론이 입법적으로 수용되면서, 더 이상 신의성실의 원칙에 기댈 필요가 없게 되었다. 한편 일본 역시 독일의 행위기초론의 영향을 받아 사정변경 원칙에 대한 학설과 판례를 형성하여 왔는데, 일본에서도 이 원칙은 신의성실의 원칙에서 파생되어 나온 것으로 이해되고 있다.[217] PECL, DCFR, PICC 등 각종 국제 모델법도 사정변경 또는 이행곤란의 형태로 이 문제를 규율하고 있다.[218] 다만 CISG는 사정변경 원칙에 대한 별도 규정을 두고 있지 않다.

3) 우리나라의 사정변경 원칙

가) 사정변경 원칙의 승인

우리나라에서도 독일의 행위기초론, 일본의 사정변경 원칙의 영향 아래 학설은 대체로 사정변경 원칙의 일반적 허용 가능성을 인정하여 왔다.[219] 반면 우리 대법원은 초기에는 사정변경의 원칙을 명시적으로 부정하기도 하였다.[220] 또한 현저한 사정변경이라고 보이는 사건에서도 이 원칙을 적용하지 않았다.[221] 대법원은 이사의 지위에서 부득이하게 회사의 보증인이 된 자가 퇴사한 경우 보증계약 성립 당시 사정에 현저한 변경이 생긴 경우에 해당하므로 이를 이유로 보증계약을 해지할 수 있다고 하여 마치 사정변경 원칙을 적용하는 듯한 판결들을 선고하기도 하였다.[222] 하지만 이사의 퇴사는 보증계약 성립 당시에 충분히 예상할 수 있었던 사정이므로, '예견하기 어려운 현저한 사정변경'으로 보기 어렵다. 따라서 이러한 판결들은 당사자의 의사를 그렇게 해석하였거나 신의성실의 원칙을 적용한 결과라고 보아야 한다.[223] 그러나 대법원 1991. 2. 26. 선고 90다19664 판결을

217 我妻 榮 外, 我妻·有泉, コメンタール 民法 (總則·物權·債權) (第4版), 日本評論社(2016), 53.

218 PECL 제6:111조, DCFR Ⅲ-1:110조, PICC 제6.2.1조.

219 이에 대해서는 우선 민법주해 XⅢ, 채권(6), 박영사(1992), 250-258(김용덕).

220 예컨대 대법원 1955. 4. 14. 선고 4286민상231판결, 대법원 1956. 3. 10. 선고 4288민상234, 235 판결 등에서는 사정변경의 원칙이 현행 민법의 해석상 용납되지 않는다고 하였다.

221 예컨대 대법원 1963. 9. 12. 선고 63다452 판결은 임야매수인이 계약체결 약 14년 후 잔대금을 제공하면서 임야의 소유권이전등기를 청구하였는데, 그 사이 한국전쟁과 경제적 격변 등으로 인해 임야 가액이 약 1,620배 가량 급등한 사안을 다루었다. 이 사안에서 대법원은 본래 계약대로 잔대금만을 제공하고 그 임야의 소유권을 넘겨받는 것이 현저하게 균형을 잃은 처사가 되더라도 매도인에게 사정변경에 따른 해제권을 인정할 수는 없다고 판시하였다. 만약 사정변경의 원칙을 인정하는 전제에서라면 매도인의 주장을 받아들일 수도 있었을 것이다.

222 대법원 1990. 2. 27. 선고 89다카1381 판결 외 다수.

223 가령 대법원 2000. 3. 10. 선고 99다61750 판결에서는 "보증계약 성립 당시의 사정에 현저한 변경이 생겨 보증인에게 계속하여 보증책임을 지우는 것이 당사자의 의사해석 내지 신의성실의 원칙에 비추어 상당하지 못하다"고 표현한다(밑줄은 필자가 임의로 그은 것임). 같은 취지로 주석 민법, 총칙(1)(제4판), 한국사법행정학회(2010), 230-231(백태승); 민법주해 Ⅰ, 총칙(1), 박영사(1992), 160(양창수).

분기점으로, 대법원은 본래적 의미의 사정변경 원칙이 일반론으로서 허용될 수 있다는 태도를 분명히 하기 시작하였다.

나) 사정변경 원칙에 따른 계약해제권의 요건

대법원 2007. 3. 29. 선고 2004다31302 판결은 사정변경 원칙이 적용되어 계약을 해제할 수 있는 요건을 다룬 최초의 판결이다. 대법원은 이 판결에서 "이른바 사정변경으로 인한 계약해제는, 계약성립 당시 당사자가 예견할 수 없었던 현저한 사정의 변경이 발생하였고 그러한 사정의 변경이 해제권을 취득하는 당사자에게 책임 없는 사유로 생긴 것으로서, 계약내용 대로의 구속력을 인정한다면 신의성실의 원칙에 현저히 반하는 결과가 생기는 경우에 계약준수 원칙의 예외로서 인정되는 것이고, 여기에서 말하는 사정이라 함은 계약의 기초가 되었던 객관적인 사정으로서, 일방당사자의 주관적 또는 개인적인 사정을 의미하는 것은 아니다."라고 판시함으로써 일반적인 사정변경의 원칙과 그 요건을 좀 더 명확하게 제시하였다. 이러한 판시는 그 후 다른 판결에서도 반복되었다.[224]

참고로 대법원은 이러한 일련의 판결을 통해 사정변경 원칙이 "계약의 기초가 되었던 객관적인 사정"에 관하여 적용된다는 점을 분명히 함으로써 이른바 주관적 행위기초의 문제를 사정변경 원칙의 적용 대상에서 제외하여 왔다. 주관적 행위기초란 계약 당사자가 의사결정의 공통적인 토대로 삼은 사정으로서, 만약 계약 당사자가 그러한 사정이 계약 체결 시 존재하지 않음을 알았더라면 계약을 체결하지 않았거나 다른 내용으로 체결하였을 것이라고 볼 사정을 말한다. 공통의 착오가 바로 여기에 해당한다. 우리 대법원은 이와 같은 주관적 행위기초의 문제에 관하여 사정변경 원칙이 아닌 착오의 법리를 적용하여 이를 해결하여 왔다.[225]

다) 계약해제 요건의 변경

그런데 대법원 2017. 6. 12. 선고 2016다249557 판결은 사정변경 원칙의 요건을 다소 다르게 제시하였다.[226] 종래 대법원 판결에 따르면 사정변경 원칙의 요건은 ① 현저한 사정변경, ② 예견 불가능성, ③ 해제 주장 당사자의 귀책사유 부존재, ④ 신의성실의 원칙에 현저히 반하는 결과였다. 그런데 2017년 판결은 ③ 요

224 대법원 2011. 6. 24. 선고 2008다44368 판결.

225 반대 의견으로는 주석 민법, 총칙(1)(제4판), 한국사법행정학회(2010), 185(백태승).

226 이 판결에 대한 설명은 권영준, "2017년 민법 판례 동향", 서울대학교 법학 59권 1호(2018. 3), 489-495에 의거한 것이다.

건(해제 주장 당사자의 귀책사유 부존재)을 언급하지 않았다. 예견할 수 없었던 현저한 사정변경이 당사자의 귀책사유로 발생하였다고 말할 수 있는 경우는 생각하기 어려우므로, 귀책사유의 부존재를 굳이 요구할 필요가 없기 때문이다.[227] 또한 ④ 요건(신의성실의 원칙에 현저히 반하는 결과)과 관련해서는 신의성실의 원칙을 언급하지 않고 그 대신 "당사자의 이해에 중대한 불균형을 초래"하거나 "계약을 체결한 목적을 달성할 수 없는 경우"라는 두 가지 구체적 유형을 제시하였다. 신의성실의 원칙의 분칙(分則)으로 이해되는 사정변경 원칙의 요건으로서 다시 신의성실의 원칙을 언급하는 것은 체계적으로 어색하기 때문에 이를 삭제하는 대신 사정변경 원칙이 적용되는 두 가지 전형적 사유를 제시한 것이다. 이 판결의 판시 내용은 2014년 민법 개정시안 제538조의2와 거의 동일한 내용이기도 하다.[228] 나아가 이 판결은 사정변경의 원칙이 적용되는 '사정'에 관하여 "여기에서 말하는 사정이란 당사자들에게 계약 성립의 기초가 된 사정"을 가리킨다고만 표현하고 '객관적인 사정'이라는 표현을 사용하지 않음으로써, 주관적 행위기초의 변경이나 탈락이 사정변경으로 다루어질 수 있는 가능성을 열어 놓았다.[229]

라) 사정변경 원칙의 실제 적용

실제로 대법원이 사정변경 원칙에 기한 해제 주장을 받아들인 사례는 찾기 어렵다. 사정변경 원칙의 적용 문턱을 낮추면 계약 준수의 원칙이 허물어질 위험이 있기 때문이다. 당사자들이 스스로 계약을 체결하였으면 그 계약에서 약속한 바를 지켜야 한다는 계약 준수의 원칙은 계약법의 대원칙이다. 이는 계약 당사자의 의사에 부합할 뿐만 아니라 계약에 관한 법적 안정성을 제고하고 거래를 촉진한다. 그런데 사정변경 원칙은 계약 당사자가 스스로 체결한 계약의 구속력에서 벗어날 수 있는 길을 열어주는 법리이므로, 이러한 계약법의 대원칙과 긴장관계

227 독일 민법 제313조, 유럽계약법원칙(PECL) 제6:111조, 유럽연합의 공통참조기준초안(DCFR) Ⅲ.-1:110조 등 사정변경 원칙에 대해 규정한 주요 국가의 민법이나 국제모델법은 귀책사유를 요건으로 삼고 있지 않다. 우리나라 법무부 민법개정위원회의 2004년 민법 개정안 제544조의4와 2014년 민법 개정시안 제538조의2은 모두 사정변경 원칙을 명문화한 것인데, 여기에도 귀책사유는 사정변경 원칙의 요건으로 언급되어 있지 않다.

228 법무부 2014년 민법개정시안 제538조의2는 "사정변경"이라는 표제 아래 "계약성립의 기초가 된 사정이 현저히 변경되고 당사자가 계약의 성립 당시 이를 예견할 수 없었으며, 그로 인하여 계약을 그대로 유지하는 것이 당사자의 이해에 중대한 불균형을 초래하거나 계약을 체결한 목적을 달성할 수 없는 때에는 당사자는 계약의 수정을 청구하거나 계약을 해제 또는 해지할 수 있다."라고 규정한다.

229 참고로 독일 민법 제313조는 계약의 기초가 된 본질적 관념이 잘못된 것으로 밝혀진 경우에도 사정변경과 동일시한다고 규정함으로써 주관적 행위기초의 변경이나 탈락도 사정변경에 포함시키고 있다.

에 서게 된다.

결국 사정변경의 원칙을 얼마나 넓게 인정할 것인가는 계약법에서 자율과 후견의 상호관계를 어떻게 바라보는가에 달려 있다.[230] 사정변경으로 인하여 발생하는 위험을 가급적 계약당사자 사이에 자율적으로 배분된 것으로 보려는 입장과 그렇지 않은 입장(요건의 엄격성에 대한 시각 차이), 그 사후적 위험배분에 있어서도 가급적 계약당사자 사이의 교섭을 통한 해결을 강조하려는 입장과 그렇지 않은 입장(사정변경 후 자율적 해결에 대한 시각 차이), 또한 위험배분에 있어서 법원의 개입을 가급적 배제하려는 입장과 그렇지 않은 입장(재교섭 과정 또는 계약수정 및 해소에 있어서 법원의 역할에 대한 시각 차이) 등의 관계는 사정변경 원칙의 영역에 있어서 자율과 후견 사이의 긴장관계를 잘 나타낸다.[231]

나. 계속적 보증계약에 있어서 해지권

계속적 보증은 계속적 거래관계에서 발생하는 불확정한 채무를 보증하는 것을 말한다. 판례는 계속적 보증계약의 경우 신의성실의 원칙에 근거하여 보증인의 해지권을 널리 인정해 왔다.

우선 대법원은 계속적 보증계약에서 보증인의 주채무자에 대한 신뢰가 깨어지는 등 정당한 이유가 있는 경우에는 보증인으로 하여금 보증계약을 그대로 유지·존속시키는 것이 신의성실의 원칙상 부당하므로, 그 경우 특별한 사정이 없는 한 보증인이 보증계약을 해지할 수 있다고 한다.[232] 이때 보증계약을 해지할 정당한 이유가 있는지는 보증을 하게 된 경위, 주채무자와 보증인의 관계, 보증계약의 내용과 기간, 채무증가의 구체적 경과와 채무의 규모, 주채무자의 신뢰상실 여부와 정도, 보증인의 지위 변화, 채권자와 보증인의 이익상황, 주채무자의 자력에 관한 채권자나 보증인의 인식 등 여러 사정을 종합적으로 고려하여 판단한다.[233]

또한 대법원은 회사의 임원이나 직원의 지위에 있기 때문에 회사의 요구로 부득이 계속적 거래로 인한 회사의 채무에 대하여 보증인이 된 자가 그 후 퇴사

230 이중기, "'사정변경'에 대한 사적자치와 법원의 역할 : 재협상 유도를 위한 법원의 계약보충의무", 비교사법 20권 2호(2013. 5), 407 이하에서는 사정변경 원칙에 있어서 법원의 후견적 관여의 필요성과 한계에 대해 상세하게 분석하고 있다.

231 권영준, "위험배분의 관점에서 본 사정변경의 원칙", 민사법학 51호(2010. 12), 257-258.

232 대법원 1986. 9. 9. 선고 86다카792 판결, 대법원 2002. 2. 26. 선고 2000다48265 판결, 대법원 2003. 1. 24. 선고 2000다37937 판결, 대법원 2018. 3. 27. 선고 2015다12130 판결 등.

233 대법원 2018. 3. 27. 선고 2015다12130 판결.

하여 임직원의 지위를 떠나 보증계약 성립 당시의 사정에 현저한 변경이 생긴 경우에도 보증인이 보증계약을 해지할 수 있다고 한다.[234] 판결이유만 놓고 보면 사정변경 원칙이 적용된 결과라고 볼 수도 있다. 하지만 사정변경 원칙은 당사자가 계약 당시에는 예상할 수 없었던 현저한 사정변경이 발생한 경우에만 예외적으로 엄격하게 인정된다. 그런데 이사의 퇴사는 보증 당시에도 채권자와 보증인이 모두 쉽게 예상할 수 있는 사정변경이다. 따라서 이러한 해지권은 앞서 살펴 본 본래적 의미의 사정변경 원칙에 기초하여 인정되는 것이 아니다. 오히려 계약 해석 또는 신의성실의 원칙에 따른 해지권을 인정한 것으로 보아야 한다.

한편 판례는 보험자가 보험계약자와 현재 또는 장래에 체결하는 보증보험계약에 관하여 보증기간과 보증한도액을 정하여 보증보험 한도거래 약정을 하는 경우, 보험자가 보험계약자의 채무불이행 등 보험사고 발생으로 보험금을 지급함에 따라 보험계약자가 보험자에게 부담하게 될 불확정한 구상채무를 보증한 사람도 위와 같은 사정이 있는 경우에는 마찬가지로 해지권을 행사할 수 있다고 한다.[235] 장래의 입원치료비 보증과 같은 계속적 보증의 경우 사회통념상 그 보증계약을 유지시킬 이유가 없다면, 해지로 인하여 상대방에게 신의성실의 원칙상 묵과할 수 없는 손해를 입게 하는 등 특단의 사정이 없는 한 일방적으로 해지할 수 있다고 본 판결도 발견된다.[236]

계속적 보증계약과 달리 액수가 확정된 특정채무를 보증하는 경우에는 이러한 법리가 적용되지 않는다. 대법원은 "사정변경을 이유로 보증계약을 해지할 수 있는 것은 포괄근보증이나 한정근보증과 같이 채무액이 불확정적이고 계속적인 거래로 인한 채무에 대하여 한 보증에 한한다"고 전제한 뒤, 보증 당시 이사의 지위에서 채무액과 변제기가 특정되어 있는 확정채무에 대해여 보증을 한 사람이 그 후 사임하였더라도 사정변경을 이유로 보증계약을 해지할 수 없다고 판단하였다.[237] 물론 신의성실의 원칙은 그 영역을 가리지 않고 적용될 수 있는 일반적인 원칙이므로, 특정채무에 대한 보증계약이라는 이유만으로 언제나 신의성실의 원칙의 적용

234 대법원 1990. 2. 27. 선고 89다카1381 판결, 대법원 1998. 6. 26. 선고 98다11826 판결, 대법원 2002. 5. 31. 선고 2002다1673 판결. 보증한도액과 보증기간을 정한 경우에도 해지권이 인정된다.

235 대법원 2018. 3. 27. 선고 2015다12130 판결.

236 대법원 1978. 3. 28. 선고 77다2298 판결.

237 대법원 1994. 12. 27. 선고 94다46008 판결, 대법원 1996. 2. 9. 선고 94다38250 판결, 대법원 1997. 4. 25. 선고 97다2726 판결, 대법원 1999. 9. 3. 선고 99다23055 판결.

가능성이 배제되는 것은 아니다. 따라서 채권자의 권리행사가 신의성실의 원칙에 비추어 용납할 수 없는 성질의 것인 때에는 보증인의 책임을 제한하는 것이 예외적으로 허용될 수 있다. 그러나 이는 사적 자치의 원칙이나 법적 안정성에 대한 중대한 위협이 될 수 있으므로, 극히 예외적으로 인정하는 것이 바람직하다.[238]

다. 임대인 지위 양도에 따른 임차인의 계약해지권

임대인은 임대차계약에 따른 자신의 지위를 타인에게 양도할 수 있다. 이는 계약인수의 일종이다. 한편 주택임대차보호법 제3조 제4항, 상가건물 임대차보호법 제3조 제2항에 의하면 임차건물의 양수인은 임대인의 지위를 승계한 것으로 본다. 또한 본법 제621조에 따라 임차인이 대항력을 가지는 경우에도 임대차목적물의 양수인은 임대인의 지위를 승계한 것으로 본다. 그런데 이처럼 약정 또는 법률에 의해 임대인의 지위가 타인에게 승계되는 경우, 임차인이 임대차관계의 승계를 원하지 않는다면 이를 임차인에게 강요할 수는 없다. 그러므로 임차인에게 스스로 임대차를 종료시켜 임대차관계의 승계에서 벗어날 수 있는 길을 열어주는 것이 타당하다. 판례는 공평의 원칙 및 신의성실의 원칙에 따라 임차인이 곧 이의를 제기함으로써 승계되는 임대차관계의 구속을 면할 수 있고, 임대인과의 임대차관계도 해지할 수 있다고 한다.[239] 이는 신의성실의 원칙에 따른 해지권 발생의 한 사례로 볼 수 있다.

이러한 사례는 다음과 같이 해석될 수도 있다. 원래 임대인 지위 양도는 계약인수의 일종이다. 이는 약정에 의할 수도 있고, 법률에 의할 수도 있다. 그런데 계약인수에는 양도인과 양수인 사이의 합의뿐만 아니라 계약 상대방의 동의도 요구된다. 다만 임대차관계에서는 임대인의 지위가 이전되면 임대차보증금반환의무도 함께 이전되고, 임차인 입장에서는 임대차목적물의 소유권을 가진 자가 임대차보증금반환의무도 함께 부담하는 것이 유리하다. 따라서 일단 임차인이 여기에 동의하는 것으로 추정하되, 사후에 임차인이 원하지 않으면 부동의의 의사표시를 함으로써 임대차관계에서 벗어날 수 있도록 하는 것이다.

라. 계약해소 제한 근거로서의 신의성실의 원칙

지금까지 살펴보았듯이 신의칙은 계약해제권이나 해지권의 발생 근거가 되기

238 대법원 2004. 1. 27. 선고 2003다45410 판결.

239 대법원 1998. 9. 2.자 98마100 결정. 이준현, "임대인의 지위의 양도와 임차인의 동의 또는 승락", 인권과 정의 329호(2004. 1), 149 이하가 그 평석이다.

도 하지만, 오히려 이러한 권리의 제한 근거로 작동하기도 한다.

1) 사소한 채무불이행으로 인한 계약해제 제한

채권자는 채무불이행을 이유로 계약을 해제할 수 있다(본법 제544조 내지 제546조). 그러나 채무불이행이 지극히 사소하여 그러한 채무불이행만으로는 계약관계를 해소하는 것이 정당화될 수 없는 경우에는 계약해제권 행사가 신의칙에 위반될 수 있다.[240] 대법원은 부동산 매매대금 14만 원 중 3천 원의 지급이 지체되어 최고 후 해제한 것이 신의칙에 비추어 허용되지 않는다거나,[241] 부동산매매대금 2천만 원 중 10만 5천 원이 지급되지 않았고 그에 대해 월 5%의 지연이자를 지급하기로 되어 있었는데 이러한 미지급을 이유로 계약 전체를 해제한 것이 신의칙에 위배된다거나,[242] 매수인에게 중도금 및 잔금을 지급하더라도 매도인이 대금을 수령하지 않으리라는 정당한 신뢰를 부여한 뒤 그러한 신뢰를 저버리고 예고 한 번 하지 않은 채 중도금 및 잔금지급의무의 이행지체를 이유로 해제권을 행사하는 것은 신의칙에 반하여 허용되지 않는다고 하였다.[243] 채권자에 대한 변제자의 공탁금액이 채무 총액에 비하여 아주 근소하게 부족한 경우 해당 변제공탁은 신의칙상 유효한 것으로 보아야 한다는 판결도 비슷한 입장에 서 있다.[244] 위의 판결들은 이러한 해제권 행사가 신의성실의 원칙에 반하여 허용되지 않는다고만 표현하였지만, 권리남용의 맥락에서는 이를 형성권으로서의 해제권 남용이라고 이해할 수도 있다.

법정해제권뿐만 아니라 약정해제권의 경우에도 신의칙에 따른 제한이 적용될 수 있다. 대법원 2011. 2. 10. 선고 2009다68941 판결에서는 약정해제권의 신의성실의 원칙 위반이 문제 되었다. 이 판결에서는 파산자 갑 주식회사의 종전 파산관재인이 화의채무자인 을 주식회사와 채무를 일부 감경해 주는 내용의 변경된 채무변제약정을 체결하면서 그 약정에 '을 주식회사의 신용상태에 중대한 변동이 발생하는 경우 파산자 갑 주식회사는 을 주식회사의 동의 없이 약정을 파기할 수 있으며, 약정파기 시 채권채무도 본 계약 체결 전 상태로 원상회복된다'고 규정하였는데, 그 후 을 주식회사가 회생절차 개시신청을 하였음을 이유로 갑 주식회사

240 민법주해 Ⅰ, 총칙(1), 박영사(1992), 113(양창수).
241 대법원 1966. 5. 31, 선고 66다626 판결.
242 대법원 1971. 3. 31. 선고 71다352 판결.
243 대법원 1995. 5. 26. 선고 93다50130 판결.
244 대법원 1988. 3. 22. 선고 86다카909 판결.

의 파산관재인이 위 규정에 따른 약정해제권을 행사하였다. 대법원은 위와 같은 약정해제권 행사가 신의성실의 원칙에 반하는 권리 행사라고 볼 수 없다고 하였다. 이 사건에서는 약정해제권 행사가 제한되지 않았지만, 그러한 제한이 신의칙상 가능하다고 볼 이론적 여지는 남아 있다.

해제권 제한의 연장선상에서, 채무불이행이 계약이행 전체로 보아 사소한 의미밖에 없는 경우에는 신의칙상 위약금 청구가 허용되지 않을 수 있다.[245] 또한 쌍무계약의 당사자들이 모두 위약금을 약정하였는데 쌍방 모두가 위약한 경우에는, 원칙적으로 각자가 그 약속한 위약금을 지급하여야 하나, 일방의 위약이 상대적으로 현저히 중대하여 상대방으로 하여금 그 위약금 약정에 구속되도록 요구하는 것이 신의칙상 기대될 수 없다면 그는 위약금을 청구할 수 없다.[246]

한편 사소한 채무불이행으로 인한 계약해제 제한의 반대편에 있는 관련 문제로서 과소최고나 과다최고에 관한 문제가 있다. 계약해제 요건으로서 최고가 요구되는 경우(본법 제544조 제1항), 그 최고는 채무의 내용에 따른 것이라야 한다. 따라서 과다최고를 한 경우에는 본래 채무의 내용에 따른 범위 내에서만 최고로서의 효력을 가지고,[247] 과소최고의 경우에는 그 최고에 표시된 범위 내에서만 최고로서의 효력을 가진다. 그러나 과소의 정도가 극히 경미하여 그 최고가 채무 전부의 이행을 최고하는 것임을 알 수 있으면, 그러한 최고는 신의성실의 원칙에 비추어 채무 전액에 관하여 효력을 가지는 것으로 볼 수 있다.[248] 극히 사소하거나 경미한 것을 이유로 계약관계의 운명이 좌우되지 않도록 한다는 점에서 이러한 법리는 사소한 채무불이행으로 인한 계약해제 제한 법리와 맥을 같이 한다.

2) 계속적 계약의 해지 제한

신의성실의 원칙은 계속적 계약의 해지를 제한하는 이론적 토대로도 활용될 수 있다.[249] 계속적 계약이 장기간 유지되고 계약 당사자 간 상호 의존도가 높은 경우에는 계약 당사자들 사이의 협력관계의 중요성이 높아진다.[250] 바꾸어 말해 신의칙은 일시적 계약보다는 계속적 계약에서 더욱 큰 의미를 가지게 된다. 따라

245 민법주해 IX, 채권(2), 박영사(1995), 667(양창수).
246 민법주해 IX, 채권(2), 박영사(1995), 667-668(양창수).
247 대법원 1988. 12. 13. 선고 87다카3147 판결.
248 민법주해 Ⅰ, 총칙(1), 박영사(1992), 113(양창수).
249 장보은, "계속적 계약의 종료와 그 제한가능성", 비교사법 25권 1호(2018. 2), 18 이하.
250 장보은, "계속적 계약의 종료와 그 제한가능성", 비교사법 25권 1호(2018. 2), 19.

서 해당 거래에 특유한 상당한 투자가 이루어졌거나, 당사자들이 일련의 거래관계에서 계약관계의 계속에 대한 정당한 기대를 준 경우에는 신의칙의 관점에서 계약의 종료를 제한하는 것이 필요할 수 있다.[251] 실제로 일본에는 신의칙이나 공평의 원칙에 비추어 볼 때 장기간 계속되어 온 계속적 계약관계에서 신뢰관계 파괴 등 부득이한 사유 없이 계약을 해지하거나 해지 통고를 하거나 갱신을 거절하는 것이 금지된다고 한 판례들이 여럿 있다.[252] 이러한 판결들은 계속적 계약의 특수성에 비추어 충분히 수긍할 수 있다. 다만 신의칙을 적용하기에 앞서 계속적 계약 자체의 해석으로부터 이러한 결론을 도출할 수 없는지를 살펴 볼 필요가 있다.[253] 또한 신의칙을 지나치게 폭넓게 적용하여 계약관계의 지속을 원하지 않는 당사자들을 계약관계에 묶어놓는 결과에 이르지 않도록 유의해야 한다.

3) 임대차계약 해지와 배신행위 이론

임차인은 임대인의 동의 없이 그 권리를 양도하거나 임차물을 전대하지 못한다(본법 제629조 제1항). 임차인이 임차권을 무단 양도하거나 임차물을 무단 전대한 경우 임대인은 임대차계약을 해지할 수 있다(본법 제629조 제2항). 그러나 경우에 따라서는 임차인이 임차권을 처분하여 유동화할 만한 정당한 이해관계를 가지고 있고 임대인으로서도 그에 굳이 반대할 이유가 없는 사안도 충분히 있을 수 있다.[254] 그리고 임차인 측의 자본회수 등의 요구와 임대인 측의 물건용익상의 차이 등을 종합적으로 고려하면, 임대인이 아무런 합리적인 이유 없이 임차권 양도나 임차물 전대에 동의하지 않는 것이 신의칙 위반으로 판단되는 경우도 있을 것이다.[255] 그 경우 임대인이 자신의 동의를 얻지 않았다는 이유로 임대차계약을 해지하는 것은 신의칙에 따라 제한될 수 있다.

판례는 민법이 임대차계약에서 당사자 간 신뢰관계를 유지하기 위하여 임차권의 무단 양도나 임차물의 무단 전대를 제한하는 것이라고 전제한 뒤, 무단양도나 전대라고 하더라도 이를 임대인에 대한 배신적 행위라고 볼 수 없는 특별한 사정이 있는 경우에는 임대인의 해지권 행사를 제한하고 있다. 예컨대 임차권의

251 장보은, "계속적 계약의 종료와 그 제한가능성", 비교사법 25권 1호(2018. 2), 19.
252 日最判 1953. 9. 25.; 日最判 1955. 9. 22.; 日最判 1968. 3. 29.; 東京地判 1999. 2. 5.(判例時報 1690号87頁); 東京地判 2004. 4. 15.(判例時報 1872号69頁) 등.
253 장보은, "계속적 계약의 종료와 그 제한가능성", 비교사법 25권 1호(2018. 2), 20.
254 양창수/김형석, 권리의 보전과 담보(민법 Ⅲ)(제3판), 박영사(2018), 668.
255 양창수/김형석, 권리의 보전과 담보(민법 Ⅲ)(제3판), 박영사(2018), 669.

양수인이 임차인과 부부로서 임차건물에 동거하면서 함께 가구점을 경영하여 온 경우에는 임대인의 해지권 행사가 제한된다.[256] 또한 임대인의 부도로 임대차 종료 후에도 임대차보증금을 반환받지 못하여 임차건물에 계속 거주하여 오던 주택임차인이 생업관계로 지방으로 이주하여야 할 사정이 생겼는데, 임대인 측과 연락이 두절되어 어쩔 수 없이 자신의 임차보증금보다 적은 전세보증금으로 전대한 경우에도 임대인의 해지권 행사가 제한된다.[257] 이러한 판례 법리는 배신행위에 해당하지 않는 무단양도나 전대에 대해 해지권 행사를 제한하는 것이어서 이른바 '배신행위 이론'이라고 표현되기도 한다. 다만 이러한 방법으로 신의칙에 따라 임대인의 동의를 불필요하게 만드는 것은 결과적으로 임대인의 동의 의사를 의제하는 것과 다르지 않다. 따라서 배신행위 이론은 신중하게 적용해야 한다.[258]

Ⅳ. 신의성실의 원칙에 따른 권리행사 제한

1. 개관

신의칙은 권리행사와 의무이행에 미친다(본법 제2조). 그 중 권리행사가 신의칙에 위반되는 경우는 넓은 의미의 권리남용이라고 말할 수 있다. 다만 권리남용금지 원칙은 역사적으로 주로 물권법 영역에서 독자적으로 발전되어 왔다. 또한 아직까지 권리남용금지 원칙에 주관적 요건을 요구하는 판례나 학설도 적지 않다. 이러한 본래적 의미의 권리남용에는 포함되지 않지만 신의성실의 원칙에 비추어 권리행사를 허용하기 어려운 경우가 있을 수 있다. 대법원은 신의성실의 원칙에 반한다는 이유로 권리의 행사를 부정하기 위해서는 당사자가 상대방에게 신뢰를 제공하였거나 객관적으로 보아 상대방이 신뢰를 하는 것이 정당화될 수 있어야 하고, 당사자가 이러한 상대방의 신뢰에 반하여 권리를 행사하는 것이 정의관념에 비추어 용인될 수 없는 정도의 상태에 이르러야 한다는 원칙을 선언한다.[259] 이처럼 신의성실의 원칙에 따른 권리행사 제한은 상대방의 신뢰를 중요한

256 대법원 1993. 4. 27. 선고 92다45308 판결.

257 대법원 2007. 11. 29. 선고 2005다64255 판결.

258 양창수/김형석, 권리의 보전과 담보(민법 Ⅲ)(제3판), 박영사(2018), 669. 배신행위 이론에 대한 비판론으로 이준현, "계약인수와 임차권의 양도", 저스티스 89호(2006. 2), 25-26 참조. 임대차는 더 이상 엄격한 인적 신뢰관계에 기초한 계약이 아니고, 임차목적물마다 이러한 인적 신뢰관계의 정도가 다르며, 배신의 개념은 법률적 표현이 아니므로 결국 신의성실의 원칙 내지 권리남용의 법리 하에서 논의되어야 할 것이라고 한다.

259 대법원 2003. 4. 22. 선고 2003다2390, 2406 판결. 대법원 2011. 2. 10. 선고 2009다68941 판결 등.

요건으로 한다. 이 점에서 이를 요건으로 하지 않는 본래적 의미의 권리남용과는 차이가 있다. 따라서 이러한 의미의 신의칙에 따른 권리행사 제한 문제는 권리남용과 별도로 여기에서 살펴보기로 한다. 아래에서는 이를 ① 모순행위금지, ② 실효의 원칙, ③ 소멸시효 항변 제한, ④ 의무자의 권리자에 대한 권리행사, ⑤ 기타 경우로 나누어 설명한다.

2. 모순행위금지

가. 의의

선행행위에 모순되는 행위 금지(venire contra factum proprium)의 원칙, 즉 모순행위금지 원칙은 권리자의 권리행사가 그의 선행행위와 모순되는 것이어서 그러한 후행행위대로 법률효과를 인정하게 되면 선행행위로 인하여 야기된 상대방의 신뢰를 해치는 경우, 그와 같은 권리행사를 제한하는 원칙을 말한다.[260] 이는 영미법상 금반언(estoppel) 법리와 유사하다.

나. 민법 제452조와 모순행위금지

모순행위금지 원칙에 관한 민법상 근거는 제2조 이외에도 제452조에서 찾을 수 있다. 본법 제452조는 "양도통지와 금반언"이라는 표제 아래 제1항에서 "양도인이 채무자에게 채권양도를 통지한 때에는 아직 양도하지 아니하였거나 그 양도가 무효인 경우에도 선의인 채무자는 양수인에게 대항할 수 있는 사유로 양도인에게 대항할 수 있다."라고 하고, 제2항에서 "전항의 통지는 양수인의 동의가 없으면 철회하지 못한다."라고 하여 채권양도가 불성립 또는 무효인 경우에 선의인 채무자를 보호한다. 채권양도가 해제 또는 합의해제되어 소급적으로 무효가 되는 경우에도 이 규정을 유추 적용할 수 있다. 그러므로 지명채권의 양도통지가 이루어진 후 양도계약이 해제 또는 합의해제된 경우에 채권양도인이 해제 등을 이유로 다시 원래의 채무자에 대하여 양도채권으로 대항하려면, 채권양도인이 채권양수인의 동의를 받거나 채권양수인이 채무자에게 위와 같은 해제 등 사실을 통지하여야 한다. 이 경우 위와 같은 대항요건이 갖추어질 때까지 양도계약의 해제 등을 알지 못한 선의의 채무자는 해제 등의 통지가 있은 다음에도 가령 채권양수인에 대한 반대채권에 의한 상계로써 채권양도인에게 대항할 수 있다.[261]

260 주석 민법, 총칙(1)(제4판), 한국사법행정학회(2010), 132(백태승).

261 대법원 2012. 11. 29. 선고 2011다17953 판결.

다. 모순행위금지 원칙의 적용례

1) 대법원 판례에 나타난 적용례

대법원이 모순행위금지 원칙을 적용하여 권리행사를 제한한 사례는 다음과 같다.

① 지방자치단체가 그 행정재산인 토지를 매도한 후 20년 가까이 경과하고 공용폐지까지 된 이제 와서 해당 토지가 매매 당시 행정재산임을 내세워 무효라고 주장하는 것은 신의칙에 반하는 권리행사로서 허용될 수 없다.[262]

② 원고가 그의 친딸을 위하여 견고한 건물을 신축하게 하였다가 그 건물이 제3자의 강제경매 신청으로 피고들에게 경락되자 그 뜻을 바꾸어 신축한 지 얼마 안 되는 건물의 철거를 구하는 것은 신의칙에 어긋난다.[263]

③ 갑이 하여야 할 연대보증을 그 부탁으로 을이 대신 한 경우, 갑이 그 연대보증채무를 대위변제하였다는 이유로 을에 대하여 구상권을 행사하는 것은 신의칙에 반한다.[264]

④ 경매목적이 된 부동산 소유자가 경매절차 진행 사실을 알면서도 그 경매의 기초가 된 근저당권 내지 채무명의인 공정증서가 무효임을 주장하여 경매절차를 저지시키지 않았을 뿐만 아니라 배당기일에 자신의 배당금을 이의 없이 수령하고 경락인으로부터 이사 비용을 받고 부동산을 임의로 명도해 주기까지 하였다면, 그 후 경락인에 대하여 위 근저당권이나 공정증서에 효력이 없다는 이유로 경매절차 무효를 주장하면서 그 경매목적물에 관한 소유권이전등기의 말소를 구하는 것은 금반언 및 신의칙에 위반된다.[265]

⑤ 취득시효 완성 후 그 사실을 모르고 토지에 관하여 어떤 권리도 주장하지 않기로 한 뒤, 이에 반하여 시효주장을 하는 것은 신의칙상 허용되지 않는다.[266]

⑥ 당연무효인 수용결정에 대하여 아무런 이의 없이 보상금을 수령하고 수용자의 점유를 12년간 용인하여 온 경우, 새삼 그 수용결정의 하자를 이유로 그 소유권이전등기의 말소를 구하는 것은 선행행위에 모순되어 신의성실의 원칙에 반한다.[267]

262 대법원 1986. 10. 14. 선고 86다카204 판결.
263 대법원 1991. 6. 11. 선고 91다9299 판결.
264 대법원 2000. 5. 12. 선고 99다38293 판결.
265 대법원 1993. 12. 24. 선고 93다42603 판결.
266 대법원 1998. 5. 22. 선고 96다24101 판결.
267 대법원 1995. 9. 26. 선고 94다54160 판결.

⑦ 정리담보권이 아닌 담보권자가 담보권 실행보다 정리담보권으로 변제받는 것이 유리하다고 판단하여 자기의 권리를 정리담보권으로 신고하여 이의없이 정리절차에서 확정되고 정리계획까지 인가된 경우, 담보권자가 해당 담보권을 정리절차 밖에서 실행하는 것은 허용되지 않는다.[268]

⑧ 보증인이 채권자에 대하여 보증채무를 부담하지 않음을 주장할 수 있었는데도 그 주장을 하지 않은 채 보증채무 전부를 이행하였다면, 그 주장을 할 수 있었던 범위 내에서는 그 보증채무 이행으로 취득한 구상금 채권의 연대보증인들에 대하여도 신의칙상 그 구상금을 청구할 수 없다.[269]

2) 기타 적용례

그 외에 무권대리인이 본인을 상속한 경우에도 모순행위금지 원칙이 적용된다. 이때 무권대리인이 본인의 추인거절권을 행사하거나 본인이 생전에 한 추인거절의 효과를 주장하는 것은 허용되지 않는다는 것이 일반적인 입장이다. 이러한 결론을 설명하는 두 가지 견해가 있다. 첫째, 무권대리인이 본인을 상속함으로써 무권대리행위가 당연히 유효하게 된다고 보는 견해이다(당연유효설).[270] 무권대리인이 본인의 지위에서 추인을 거절하여도 어차피 본법 제135조에 의하여 이행책임 등을 부담하므로, 처음부터 그에게 대리권이 있었다고 보는 것이다. 둘째, 무권대리인의 지위와 본인의 지위는 구별하여야 하므로 본인의 지위에서 추인을 거절하는 것이 가능하나, 그러한 추인 거절은 신의칙에 반한다고 보는 견해이다(신의칙설).[271] 이 견해는 공동상속의 경우 본인이 가지고 있던 추인거절권이 무권대리인이 아닌 사람들을 포함한 공동상속인 전원에게 승계되어 어차피 전원의 추인 없이는 무권대리행위가 유효로 되지 않을 것이므로, 처음부터 무권대리인에게 대리권이 있었다고 의제하더라도 법률관계가 복잡해진다는 점을 지적한다.[272] 또한 당연유효설에 따르면 본인의 사망으로 인하여 무권대리행위가 당연이 유효로 되기 때문에 상대방은 본법 제134조에 의한 철회권이나 제135조에 의한 손해배상청

268 대법원 2008. 6. 13.자 2007마249 결정.

269 대법원 1995. 6. 29. 선고 94다20174 판결, 대법원 2006. 3. 10. 선고 2002다1321 판결.

270 장경학, 민법총칙, 법문사(1986), 610; 김용한, 민법총칙론(전정판), 박영사(1986), 361; 곽윤직, 민법총칙(제7판), 박영사(2002), 285. 日大判 1927. 3. 22.(民集6巻106頁)의 태도이자 일본 다수설의 태도이기도 하다.

271 민법주해 Ⅲ, 총칙(3), 박영사(1992), 220(강용현); 이영준, 민법총칙[한국민법론 Ⅰ], 박영사(2005), 581; 김상용, 민법총칙, 화산미디어(2009), 618.

272 이영준, 민법총칙[한국민법론 Ⅰ], 박영사(2005), 581.

구권을 행사할 수 없게 되는데, 그 경우 상대방은 통상의 무권대리행위 상대방에 비해 불리한 지위에 놓이게 되는 셈이므로 부당하다는 점도 지적한다.[273] 판례는 신의칙설의 입장에 서 있는 것으로 보인다. 대법원은 무권대리인이 본인을 단독상속한 후 그 전에 해당 무권대리행위로 양도된 부동산을 전득한 사람을 상대로 해서 소유권이전등기의 말소를 구한 사안에서 신의칙 위반을 인정하였다.[274] 두 입장은 대체로 비슷한 결론을 가져오지만, 상대방에게 철회권과 손해배상청구권을 인정할 필요성이 있으므로 신의칙설의 입장을 취한 판례의 태도가 타당하다고 본다.

라. 모순행위금지 원칙의 적용 부정례

1) 미성년자의 계약 취소 주장

미성년자가 스스로 계약을 체결한 뒤 자신이 미성년자임을 내세워 계약 취소를 주장하는 것은 일견 모순된 행태로 보이나, 여기에는 모순행위금지의 원칙이 적용되지 않는다. 대법원 2007. 11. 16. 선고 2005다71659, 71666, 71673 판결이 이 점을 다루고 있다. 이 사건에서는 미성년자가 신용카드를 발급받아 이를 이용하여 신용구매계약을 체결하였다가, 나중에 법정대리인의 동의 없이 계약을 체결하였다는 이유를 들어 계약 취소를 주장하는 것이 신의칙에 위반되는지가 문제되었다.

대법원은 "행위무능력자 제도는 사적자치의 원칙이라는 민법의 기본이념, 특히, 자기책임 원칙의 구현을 가능케 하는 도구로서 인정되는 것이고, 거래의 안전을 희생시키더라도 행위무능력자를 보호하고자 함에 근본적인 입법 취지가 있는 바, 행위무능력자 제도의 이러한 성격과 입법 취지 등에 비추어 볼 때, 신용카드 가맹점이 미성년자와 신용구매계약을 체결할 당시 향후 그 미성년자가 법정대리인의 동의가 없었음을 들어 스스로 위 계약을 취소하지는 않으리라고 신뢰하였다 하더라도 그 신뢰가 객관적으로 정당한 것이라고 할 수 있을지 의문일 뿐만 아니라, 그 미성년자가 가맹점의 이러한 신뢰에 반하여 취소권을 행사하는 것이 정의관념에 비추어 용인될 수 없는 정도의 상태라고 보기도 어려우며, 미성년자의 법률행위에 법정대리인의 동의를 요하도록 하는 것은 강행규정인데, 위 규정에 반하여 이루어진 신용구매계약을 미성년자 스스로 취소하는 것을 신의칙 위반을 이

273 민법주해 Ⅲ, 총칙(3), 박영사(1992), 220(강용현).
274 대법원 1994. 9. 27. 선고 94다20617 판결.

유로 배척한다면, 이는 오히려 위 규정에 의해 배제하려는 결과를 실현시키는 셈이 되어 미성년자 제도의 입법 취지를 몰각시킬 우려가 있으므로, 법정대리인의 동의 없이 신용구매계약을 체결한 미성년자가 사후에 법정대리인의 동의 없음을 사유로 들어 이를 취소하는 것이 신의칙에 위배된 것이라고 할 수 없다."라고 판시하였다. 이러한 판례 법리는 거래의 안전을 후퇴시키더라도 미성년자를 보호하여야 한다는 이념에 기초한 것이다.

2) 진술 및 보증조항 위반을 이유로 한 악의의 매수인의 손해배상청구

주식매매계약 등 일정한 계약 유형에서는 '진술 및 보증조항'이 계약서에 포함되는 것이 일반적이다. 가령 주식매매계약의 경우, 계약서의 다른 부분에 언급된 대상회사에 관한 사실들이 진실하고 정확하다는 점을 매도인이 매수인에게 진술 및 보증하는 것이다. 다른 계약 조항과 마찬가지로, 매도인이 이러한 진술 및 보증조항을 위반한 경우 매수인이 이를 이유로 매도인에게 손해배상을 청구할 수 있음은 물론이다. 그런데 진술 및 보증조항 위반 사실을 이미 알고 있었던 매수인이 그 이후 진술 및 보증조항 위반 사실을 이유로 손해배상을 청구할 수 있는지, 그러한 손해배상청구가 모순금지원칙에 반하는 것은 아닌지 살펴볼 필요가 있다. 대법원 2015. 10. 15. 선고 2012다64253 판결은 바로 이 점을 다루었다.[275]

이 사건에서 대상회사(정유회사)의 주식 양도인인 피고들은 주식 양수인인 원고에게 '이 사건 주식양수도계약 체결일 및 양수도 실행일에 대상회사가 일체의 행정 법규를 위반한 사실이 없고, 이와 관련하여 행정기관으로부터 조사를 받고 있거나 협의를 진행하는 것은 없다'는 내용의 진술과 보증을 하였고, 양수도 실행일 이후 그 위반 사항이 발견된 경우 또는 이 사건 주식양수도계약상의 약속 사항을 위반함으로써 대상회사 또는 원고에게 손해가 발생한 경우 이를 배상하기로 하였다. 그런데 주식양수인인 원고는 이 사건 주식양수도계약 체결 전에 대상회사 및 다른 정유사들과 함께 공정거래법에 위반한 담합행위를 하였으므로, 대상회사가 행정 법규를 위반한 사실이 있다는 점을 이미 알고 있었다. 한편 양수도 실행일 이후 공정거래위원회가 위 담합행위를 이유로 시정명령, 공표명령 및 과징금 납부명령을 내렸다. 원고는 피고들의 진술 및 보증위반을 이유로 손해배상

275 이 판결에 대한 해설로 김희중, "악의의 주식양수인이 '진술 및 보증조항' 위반을 이유로 손해배상청구를 할 수 있는지 여부 – 대상판결 : 대법원 2015. 10. 15. 선고 2012다64253 판결(공2015하, 1641)–", BFL 76호(2016. 3) 참조.

을 청구하였고, 피고들은 악의의 원고가 손해배상을 청구할 수 없다고 주장하였다. 1심은 피고들의 주장을 배척하였으나, 원심은 이를 받아들이면서 악의의 주식양수인이 이러한 위반사실을 계약협상 및 가격산정 시 반영할 수 있었음에도 이를 방치하다가 이후 위반사실이 존재한다는 사정을 들어 뒤늦게 매도인에게 위반에 대하여 책임을 묻는 것은 공평의 이념 및 신의칙상 허용되지 않는다고 판단하였다. 그러나 대법원은 계약 당사자들이 악의 여부를 묻지 않고 위반 사항과 상당인과관계 있는 손해를 배상하기로 하는 합의를 한 것으로 봄이 상당하고, 공정거래위원회가 담합행위에 대한 조사를 개시한 것은 양수도 실행일 이후여서 원고가 거액의 과징금 부과 가능성을 예상하였다고 보기도 어려우므로, 위반 사실을 알고 있던 원고가 손해배상을 청구하는 것이 공평의 이념 및 신의칙에 반하여 허용될 수 없다고 보기는 어렵다고 판단하였다.

악의의 매수인이 진술 및 보증조항 위반을 이유로 손해배상을 청구할 수 있는지에 관한 외국의 학설과 판례는 다양하게 전개되고 있고, 우리나라에서도 학설이 분분하다.[276] 그런데 이러한 기업 간 주식양수도계약에서는 당사자들이 위험을 어떻게 배분하고자 하였는가를 파악하고 이를 존중하여야 한다. 특히 문제된 위험이 누구에게 배분되었는지, 실제로 가격에 반영되었는지를 살펴 볼 필요가 있다. 그러므로 악의의 매수인이 진술 및 보증조항 위반을 이유로 손해배상을 청구하는 것이 모순금지의 원칙에 반하는지를 일률적으로 재단하여 판단할 수는 없다. 이는 구체적인 계약의 내용을 살펴 개별적으로 판단할 문제이다.

3) 보증인이 보증채무 시효이익 포기 후 주채무의 시효이익을 원용하는 경우

보증인이 보증채무에 대한 시효이익을 포기하거나 채무를 승인한 후 주채무에 대한 시효이익을 원용하는 것 역시 모순행위금지 원칙의 맥락에서 생각해볼 만한 문제이다. 이러한 원용을 허용하면 결과적으로 선행행위와 모순되는 행위를 허용하게 되어 신의칙에 반한다고 볼 여지도 없지 않다. 그러나 보증채무와 주채무는 별도의 채무이므로, 전자에 관한 시효이익 포기가 후자에 관한 시효이익 원용과 모순된다고는 보기 어렵다. 한편 보증채무는 주채무의 법률적 운명에 따른다는 보증채무의 부종성 원칙은 이 경우에 문제 되지 않는다. 여기에서는 보증채

276 김희중, "악의의 주식양수인이 '진술 및 보증조항' 위반을 이유로 손해배상청구를 할 수 있는지 여부 - 대상판결 : 대법원 2015. 10. 15. 선고 2012다64253 판결(공2015하, 1641)-", BFL 76호(2016. 3), 101-105 참조.

무의 법률적 운명이 주채무에 어떤 영향을 미치는가가 문제 되기 때문이다. 따라서 원칙적으로 보증채무자가 보증채무에 대한 시효이익을 포기하였더라도, 그 이후 이와 별도로 주채무의 시효소멸을 주장할 수 있다.[277] 다만 보증채무자가 보증채무에 대한 시효이익 포기에 그치지 않고 주채무의 시효소멸을 주장하지 않을 것 같은 태세를 보여 상대방에게 신뢰를 부여한 뒤 그 신뢰에 배반하여 주채무의 시효소멸을 주장하였다면, 이러한 배신적 행태에 비추어 주채무의 시효소멸 주장이 신의칙에 의해 제한될 여지는 있다.

마. 기타

민법에는 그 외에도 모순행위금지 원칙이 고려된 조항들이 있다.

1) 담보책임 면제특약에 관한 민법 제584조

담보책임 면제특약에 관한 본법 제584조는 매도인이 담보책임면제 특약을 한 경우에도 매도인이 알고 고지하지 않은 사실에 대해서는 책임을 면하지 못한다고 규정하고 있다. 여기에서 매도인이 알고 고지하지 않은 사실은 '담보책임 발생의 요건사실, 즉 매매의 목적인 권리의 전부 또는 일부가 타인에게 속한다는 사실, 목적물의 수량이 부족하거나 일부 멸실된 사실, 목적인 권리에 제한물권이 설정되어 있다는 사실, 목적물의 품질 또는 성능에 하자가 있다는 사실'을 말한다.[278] 이처럼 매도인이 담보책임면제 특약에도 불구하고 그 면제효를 주장할 수 없는 것은, 매도인이 담보책임을 발생시키는 사실을 알면서도 이를 매수인에게 고지하지 않은 채 매수인과 담보책임면제특약을 하는 것이 신의칙에 반하기 때문이다.[279] 그러므로 본법 제584조는 신의칙, 특히 모순행위금지 원칙이 반영된 조항이라고 볼 수 있다.

2) 악의의 비채변제에 관한 민법 제742조

악의의 비채변제에 관한 본법 제742조도 그러하다. 본법 제742조는 "채무없음을 알고 이를 변제한 때에는 그 반환을 청구하지 못한다."라고 규정한다. 채무가 없다면 그 이행을 거절하면 충분한데도 굳이 스스로 비채변제를 하였다가 다시 태도를 바꾸어 그 반환을 구하는 것은 선행행위에 반할 뿐 아니라, 법적 분쟁을 조장하는 측면이 있다. 이처럼 본법 제742조가 악의의 비채변제자에게 부당이득 반환

277 대법원 2012. 7. 12. 선고 2010다51192 판결.
278 주석 민법, 채권각칙(3)(제4판), 한국사법행정학회(2016), 227(김대정).
279 주석 민법, 채권각칙(3)(제4판), 한국사법행정학회(2016), 227(김대정).

청구권을 인정하지 않는 것은 모순행위금지 원칙의 한 표현으로 볼 수 있다.

3) 과실상계에 관한 민법 제396조

과실상계에 관한 본법 제396조도 같은 맥락에서 이해할 수 있다. 본법 제396조는 "채무불이행에 관하여 채권자에게 과실이 있는 때에는 법원은 손해배상의 책임 및 그 금액을 정함에 이를 참작하여야 한다."라고 규정한다. 이러한 과실상계 규정이 모순행위금지 원칙과 직접적으로 관련을 맺고 있는 것은 아니다. 그러나 채권자에게 과실이 있어 그 부분에 대해서는 채권자 자신이 책임을 져야 하는데도 채무자에게 채권자의 과실에 상응하는 부분의 손해배상까지 구하는 것은 선행 행태와 모순되는 행태로 볼 수 있다. 이 점에서 독일의 판례와 학설은 과실상계가 모순행위금지 원칙의 정신을 구체화한 것이라고 본다.[280]

4) 평가

위 조항들은 모순행위금지 원칙과 직·간접적으로 관련을 맺고 있지만, 상대방의 신뢰를 보호하기 위한 모순행위금지 원칙만으로는 설명하기 어려운 측면이 있다. 우선 본법 제584조는 매수인이 악의이지만 여전히 담보책임이 발생하는 경우에도 적용된다.[281] 즉 담보책임을 발생시키는 사실이 존재하지 않는다는 점에 관하여 매수인의 신뢰가 없었던 경우에도 본법 제584조가 적용될 수 있다. 그러므로 이는 모순행위금지 원칙만으로는 설명하기 어렵고, 매도인의 사기적 행태에 초점을 맞추어야 설명할 수 있다. 악의의 비채변제에 관한 본법 제742조는 변제를 받는 상대방이 채무 없음을 안 경우에도 적용된다. 따라서 이 역시 모순행위금지 원칙만으로는 설명할 수 없고, 굳이 변제했다고 반환받는 무익한 절차를 허용함으로써 발생하는 비효율성을 제거하기 위한 취지도 고려되어야 한다. 과실상계에 관한 본법 제393조 역시 채무자의 신뢰 유무와 무관하게 적용된다. 그 점에서 과실상계 역시 손해의 공평한 분담이라는 손해배상제도의 이념도 함께 고려할 때 비로소 온전히 설명할 수 있다.

3. 실효의 원칙

가. 의의

권리자가 장기간에 걸쳐 그의 권리를 행사하지 않아, 의무자인 상대방이 권리자가 그 권리를 행사하지 않으리라고 믿을 만한 정당한 사유를 갖게 되었거나,

280 BGH NJW 2010, 927, 929; Horst-Eberhard Henke, Die Bewältigung des Mitverschuldens - eine anspruchvolle juristische Technik, JuS(1991), 265, 269.

281 주석 민법, 채권각칙(3)(제4판), 한국사법행정학회(2016), 227(김대정).

긴 시간 동안 권리를 행사하지 않은 것으로 미루어 앞으로도 그 권리를 행사하지 않으리라고 추단하게 된 경우, 권리자가 새삼스럽게 그 권리를 행사하는 것은 신의성실의 원칙에 반하는 결과가 될 수 있다.[282] 실효의 원칙은 위와 같은 경우 권리자의 권리행사를 허용하지 않음으로써, 의무자인 상대방의 신뢰를 보호하고자 한다. 실권의 법리라고도 한다. 여기에서의 권리행사에는 법률상 지위나 법률관계의 주장도 포함된다.

실효의 원칙은 독일의 학설과 판례에 의하여 확립되었고, 우리나라에도 영향을 미쳤다.[283] 선행행위(장기간에 걸친 권리 불행사)와 모순되는 후행행위(권리행사)를 제한한다는 점에서, 실효의 원칙은 모순행위금지 원칙의 다른 모습이라고 이해할 수 있다. 다만 일반적인 모순행위금지 원칙과 달리 장기간 권리 불행사를 요건으로 한다는 특징을 가지고 있어, 모순행위금지 원칙과는 구분되는 독립적인 원칙으로서 논의되는 경우가 많다. 우리나라의 재판실무에서는 1980년대 중반까지 실효의 원칙이 잘 적용되지 않다가 1980년대 말부터 실효의 원칙이 언급되기 시작하여 1990년대 이후 실효의 원칙이 적용되는 사례가 급증하였다.

원래 권리를 행사할 것인지, 행사하지 않을 것인지는 전적으로 권리 주체가 자유롭게 결정할 문제이다. 법은 권리 주체가 자신의 권리를 행사하도록 강제할 수 없다. 또한 권리를 행사하지 않았다는 이유만으로 그에게 불이익을 줄 수도 없다. 자유주의에 기초한 근대법은 개인의 자유를 신장하기 위한 중요한 법적 도구로 그에게 권리를 부여하는 한편, 그 권리를 행사하지 않을 자유도 함께 부여하였기 때문이다. 즉 권리 주체는 권리를 행사할 자유와 함께 권리를 행사하지 않을 자유를 가진다. 하지만 권리 주체의 자유 못지않게 권리의 상대방, 즉 의무자의 법적 안정성과 신뢰도 보호되어야 한다. 그러므로 상대방의 신뢰를 보호해야 할 필요성이 권리 주체의 자유를 보호해야 할 필요성을 능가하는 경우에는 신의칙을 매개로 하여 권리 주체의 뒤늦은 권리 행사를 허용하지 않을 수 있다.

권리 주체의 뒤늦은 권리 행사를 제한하는 전형적인 법적 도구는 소멸시효 또는 제척기간이다. 소멸시효나 제척기간에 관한 법리는 일정한 시간의 경과를 이유로 권리 행사를 제한한다. 실효의 원칙은 소멸시효 또는 제척기간이 적용될

282 대법원 1991. 7. 26. 선고 90다15488 판결, 대법원 1992. 1. 21. 선고 91다30118 판결, 대법원 1992. 2. 28. 선고 91다28221 판결, 대법원 1993. 8. 24. 선고 92므907 판결.

283 김학동, "독일에서의 실효의 원칙-그 형성과정을 중심으로 하여-", 서울시립대논문집 16집(1982), 143 이하 참조.

수 없는 경우에 신의칙을 매개로 권리 행사를 제한한다. 이 점에서 실효의 원칙은 탄력적이고 보충적인 법적 도구이며, 소멸시효 또는 제척기간과의 상관관계에서 이해될 필요가 있다. 실효의 원칙의 적용 문턱을 높이면 소멸시효 또는 제척기간이 적용되지는 않지만 권리자의 뒤늦은 권리 행사를 제한할 필요가 있는 경우에 실효의 원칙이 탄력적이고 보충적인 법적 도구로서 기능하기 어렵게 된다. 그러나 반대로 실효의 원칙의 적용 문턱을 낮추면 소멸시효 또는 제척기간 제도의 취지가 무너질 수 있다. 소멸시효 또는 제척기간은 권리행사의 필요성과 법적 안정성 사이의 균형을 설정하여 놓은 제도이다. 그런데 그러한 기간이 경과되기도 전에 신의칙을 내세워 권리행사의 길을 봉쇄하는 것은 법이 본래 의도하였던 균형점을 넘어서 법적 안정성 쪽으로 경도되는 결과를 가져올 수 있다. 그러므로 실효의 원칙이 적용되려면 단순히 권리자가 장기간에 걸쳐 그의 권리를 행사하지 않았다는 이유만으로는 부족하다. 그의 이전 행동과 권리행사라는 행동 사이의 자기모순성과 비난가능성이 높고, 이로 인한 상대방의 신뢰 침해가 심하여 이를 법적으로 수긍하기 어려운 정도에 이르러야 한다.[284] 즉 실효의 원칙을 적용할 때 핵심적으로 고려하여야 할 것은 그 이전의 권리불행사가 아니라 이에 모순되는 그 이후의 권리행사에 대한 부정적 평가이다. 이 점에서 실효의 원칙은 소멸시효 또는 제척기간과 구별된다. 다만 위와 같이 모순되는 권리 행사에 대한 부정적 평가에 꼭 권리자의 고의나 과실 등의 귀책사유가 개입되어야 하는 것은 아니다.

나. 요건

실효의 원칙은 권리자가 권리행사가 가능했음에도 불구하고 장기간 이를 행사하지 않았다는 사정과 함께, 의무자가 권리자의 전체 행태를 고려하였을 때 장래에 권리 행사가 없으리라는 점을 신뢰하고 그에 좇아 행위하였다는 사정을 요건으로 한다. 그러므로 단순히 장시간의 불행사만으로 권리가 실효되는 것이 아니라,[285] 상대방의 보호가치 있는 정당한 신뢰가 있어야 한다.[286] 만약 상대방이

284 그러므로 가령 근로자가 퇴직금이나 해고수당을 수령한 후에도 장기간 해고무효확인소송을 제기하지 않은 경우에도 먼저 부당노동행위구제신청을 하느라고 늦어졌다거나 사용자와의 복귀교섭 결과를 기다리거나 사용자의 복귀약속을 믿고 기다리다가 늦어졌다는 등 상당한 이유가 있어서 그렇게 된 경우에는 신의칙에 어긋나지 않는다고 보아야 한다. 대법원 1992. 4. 14. 선고 92다1278 판결, 대법원 2000. 4. 25. 선고 99다34475 판결.

285 대법원 2002. 1. 8. 선고 2001다60019 판결.

286 대법원 1994. 11. 25. 선고 94다12234 판결.

장차 권리가 행사되지 않을 것이라는 정당한 신뢰를 가질 정도에 이르지 않았다면 실효의 원칙은 적용되지 않는다.[287] 실효의 원칙이 적용되기 위하여 필요한 기간의 길이에 대해서는 일률적으로 말할 수 없다. 대법원은 구체적인 경우마다 권리를 행사하지 아니한 기간의 장단과 함께 권리자 측과 상대방 측 쌍방의 사정 및 객관적으로 존재한 사정 등을 모두 고려하여 사회통념에 따라 합리적으로 판단해야 한다는 입장을 취한다.[288]

실효의 원칙이 적용되어 권리 행사가 제한되는 것은 결과에 있어서 권리포기와 비슷한 측면이 있다. 그런데 권리 중에는 포기가 허용되지 않는 것도 있다. 이때에는 권리자가 권리포기의 의사표시를 하였더라도 여전히 그 권리를 행사할 수 있다. 또한 권리포기의 의사표시에 대한 상대방의 정당한 신뢰 보호를 위해 그 권리행사를 제한할 수도 없다. 그렇다면 권리포기보다 약한 정도의 행태인 권리불행사에 대해서는 더더욱 이러한 원리가 적용되어야 한다. 따라서 포기할 수 없는 권리에 대해서는 실효의 원칙이 적용되지 않는다. 대법원은 인지청구권이 본인의 일신전속적인 신분관계상 권리로서 그에 관한 포기는 허용되지 않으므로 인지청구권에 대하여는 실효의 원칙이 적용될 수도 없다고 하였다.[289]

다. 해고무효확인청구와 실효의 원칙

실효의 원칙은 근로자가 뒤늦게 자신에 대한 해고가 무효라고 주장하는 경우 이를 허용할 것인가의 맥락에서 문제되는 경우가 많다.

대법원은 ① 회사가 해고한 근로자에게 지급할 퇴직금과 갑근세반환금 등을 청산하여 변제공탁하고 근로자가 그 공탁을 조건 없이 수락하고 출급청구를 하여 수령하였는데 그 후 8개월 가까이 지나 해고무효확인청구를 한 경우,[290] ② 근로자들이 해고당한 뒤 아무런 이의를 보류함이 없이 퇴직금을 수령한 후 별다른 사유 없이 1년 7개월 남짓 경과한 뒤에 해고무효확인청구를 한 경우,[291] ③ 근로자가 해고통지를 받은 후 동종업체에 취업하여 종전회사에서와 같은 액수의 월급을 받고 있으며 종전회사로부터 퇴직금까지 수령하였는데 8개월이 지난 뒤 해고무효

287 대법원 1987. 4. 28. 선고 86다카1873 판결, 대법원 1993. 8. 24. 선고 92다55480 판결.
288 대법원 1992. 12. 11. 선고 92다23285 판결, 대법원 2005. 10. 28. 선고 2005다45827 판결.
289 대법원 2001. 11. 27. 선고 2001므1353 판결.
290 대법원 1989. 9. 29. 선고 88다카19804 판결.
291 대법원 1991. 4. 12. 선고 90다8084 판결.

확인청구를 한 경우,[292] ④ 전교조 가입을 이유로 해임된 사립학교 교사가 해고무효확인의 소를 제기하였다가 스스로 전소를 취하하고 전교조를 탈퇴한 뒤 공립학교 교사로 신규임용되었는데, 전소의 취하일로부터 2년 10개월이 지난 후 다시 전소와 동일한 내용의 해고무효확인의 후소를 제기한 경우,[293] ⑤ 근로자가 징계해임에 대하여 아무런 이의를 한 바 없이 퇴직금을 수령하였고, 유사한 비위사실로 징계해임되거나 의원면직된 다른 근로자들 중 일부가 소송을 제기하여 일부는 승소하였는데도 소송을 제기하지 않다가 퇴직금을 수령한 때부터 12년 8개월이 지난 후 징계의 효력을 다툰 경우,[294] ⑥ 면직 후 이의 없이 퇴직금을 수령하였고 그로부터 9년 후 특별법에 의한 보상금까지 수령하고도 10년이 다 되어 면직처분 무효확인의 소를 제기한 경우[295] 등에 실효의 원칙을 적용한 바 있다.

반면 이의를 유보하고 퇴직금을 수령하였거나, 이의를 유보하지 않고 퇴직금을 수령하였지만 해고의 효력을 인정하지 않고 이를 다투고 있었다고 볼 만한 객관적인 사정이나 기타 상당한 이유가 있는 경우에는 실효의 원칙이 적용되어서는 안 된다.[296] 예컨대 대법원은 징계해고를 당한 근로자가 불복할 의사를 분명히 하면서 퇴직금의 일부를 지급받고 구제명령을 받은 후 나머지 퇴직금을 수령한 경우,[297] 퇴직금을 모두 수령하였으나 계속적으로 부당해고의 억울함을 호소하여 오다가 해고 후 약 10년 가까이 지난 후에 소를 제기한 경우[298]에는 실효의 원칙이 적용되지 않는다고 보았다.

해고무효확인청구 사건에서 실효의 원칙을 지나치게 넓게 적용하면 근로자의 보호에 소홀해질 우려가 있다. 그러므로 별다른 이의 없이 퇴직금을 수령하고, 장기간 해고무효확인의 소를 제기하지 않았다는 사정만으로 곧바로 실효의 원칙을 적용하여 해고무효의 주장을 봉쇄하는 것은 타당하지 않다. 근로자의 권리 보호와 사용자의 신뢰 보호를 형량하여 실효의 원칙을 적용할 것인지 결정해야 한다.[299]

292 대법원 1991. 5. 28. 선고 91다9275 판결.
293 대법원 1996. 10. 15. 선고 96다12290 판결.
294 대법원 1992. 10. 13. 선고 92다24462 판결.
295 대법원 1992. 12. 11. 선고 92다23285 판결.
296 대법원 1992. 4. 14. 선고 92다1278 판결.
297 대법원 1993. 2. 12. 선고 92누10654 판결.
298 대법원 1993. 8. 24. 선고 92다55480 판결.
299 해고무효확인소송에서 실효의 원칙 적용이 자제되어야 한다는 취지의 주장으로 박상훈, "해고무효확인소송과 신의칙", 노동판례비평 1호(1997), 178.

라. 기타 사안 유형과 실효의 원칙

근로자가 뒤늦게 해고무효확인을 구하는 사안 유형 외에도, 아래와 같은 경우에 실효의 원칙의 적용 여부가 문제 될 수 있다.

실효의 원칙은 여러 유형의 권리에 폭넓게 적용될 수 있는 탄력적인 법적 도구이므로, 소유권에 기한 청구에도 실효의 원칙이 적용될 가능성이 열려 있다. 그러나 소유권의 속성에 비추어 보면, 그 적용은 매우 신중하게 이루어져야 한다. 가령 대법원은 토지 소유자가 허위의 보존등기명의자로부터 그 명의 등기지분을 반환하겠다는 약정을 받았다가 10년 남짓 지나 사망한 후 상속인이 소유권이전등기말소청구를 한 경우에 실효의 원칙 적용을 부정하였다.[300] 또한 대법원은 토지 소유자가 10여년간 송전선 설치에 관하여 이의를 제기하지 않았다거나 송전선 옆 선로의 철탑부지에 대한 사용승낙을 하였다는 사정만으로는 원고의 권리가 실효되었다고 볼 수 없다고 판단하였다.[301] 한편 비슷한 사안 유형에서 실효의 원칙이 아닌 신의성실의 원칙을 언급한 판결도 발견된다. 계쟁토지가 학교의 교사부지 등으로 사용되는 사정을 알면서 양수한 후 20년 가까이 인도청구를 하지 않다가 그 토지의 인도를 구하는 소송을 제기한 사건에서, 대법원은 부당이득반환청구를 하는 것은 몰라도 토지 자체의 인도청구를 하는 것은 신의칙상 허용될 수 없다고 하였다.[302] 대법원이 이러한 결론에 이른 데에는 원고가 20년 가까이 인도청구를 하지 않았다는 점보다 학교의 교사부지로 사용되던 토지의 인도청구를 하면 그 지상의 건물도 철거하여야 하고 학교를 폐쇄하거나 이전하여야 한다는 사정이 더 중요하게 고려된 것으로 보인다. 따라서 이는 실효의 원칙이 적용된 판결이라기보다는 본래적 의미의 권리남용금지 원칙이 적용된 판결이라고 보아야 한다.

매매계약에 따른 소유권이전등기청구권에 관하여도 실효의 원칙 적용 여부가 문제 될 수 있다. 대법원은 매매계약 후 부동산의 시가가 급등하였고, 매수인이 잔대금 지급기일을 경과한 지금까지 매매대금 중 7분의 6을 지급하지 아니한 채 매매계약 19년 후 소유권이전등기청구의 소를 제기하였더라도 신의칙 위반이 아니라고 보았다.[303]

300 대법원 1993. 2. 9. 선고 92다9364 판결.

301 대법원 1995. 11. 7. 선고 94다31914 판결.

302 대법원 1992. 11. 10. 선고 92다20170 판결.

303 대법원 1992. 6. 12. 선고 92다12384, 912391 판결. 또한 매매계약 체결 후 9년이 지났고 시가가 올랐다는 사정만으로 매수인의 소유권이전등기절차 이행청구가 신의칙에 위배되지 않는다고 한 대법원 1991. 2. 26. 선고 90다19664 판결도 참조.

형성권의 행사에도 실효의 원칙이 적용될 수 있다. 예컨대 매매계약의 해제권을 장기간 행사하지 않아 상대방이 더 이상 계약이 해제되지 않으리라고 신뢰하고 매매대금까지 대부분 지급된 경우, 새삼스럽게 해제권을 행사하는 것이 신의칙에 반한다고 본 판례가 있다.[304]

그 밖에 토지를 수용당한 후 20년이 넘도록 수용재결의 실효를 주장하지 않은 채 오히려 적극적으로 보상요구를 하였다가, 수용보상금 중 극히 일부가 미지급되었음을 이유로 수용재결의 실효를 주장하는 것은 신의칙상 허용될 수 없다고 본 판례가 있다.[305] 또한 지방자치단체가 행정재산인 토지를 매도하여 그 후 공용폐지까지 되었는데 매도 후 20년이 경과한 후 그 토지가 행정재산임을 내세워 매매가 무효라고 주장하는 것은 허용되지 않는다고 본 판례도 있다.[306]

신분관계에도 실효의 원칙이 적용될 수 있다. 갑녀가 입양 의사로 을녀의 출생신고를 한 이래 32년 간 사실상 모자관계를 유지하며 생활하여 오다가 갑녀가 사망하였는데, 갑녀의 동생인 병남이 갑녀와 을녀 사이에 친자관계가 존재하지 않는다는 확인청구를 한 사건에서, 병남이 위와 같은 실질적인 입양에 전혀 이의를 제기하지 않았고, 오랜 기간 동안 이러한 친자관계부존재확인의 소를 제기하지 않았으며, 을녀가 주최하는 갑녀의 칠순잔치에도 참가하는 등 더 이상 친자관계부존재확인청구를 하지 않을 것처럼 행동하다가 이제 새삼스럽게 그 권리를 행사하는 것은 신의성실의 원칙에 반하는 결과가 되므로 위와 같은 소를 제기할 권리가 소멸되었다고 한 하급심 판결이 있다.[307]

4. 소멸시효 항변과 신의칙

가. 의의

소멸시효가 완성되면 채무자는 소멸시효의 항변을 할 수 있다. 그런데 소멸시효의 항변이 신의칙 위반 또는 권리남용으로 허용되지 않는 경우가 있다.[308]

304 대법원 1994. 11. 25. 선고 94다12234 판결.

305 대법원 1993. 5. 14. 선고 92다51433 판결.

306 대법원 1986. 10. 14. 선고 86다카204 판결.

307 서울고등법원 1992. 4. 14. 선고 91르1738 판결(하급심판결집 1992, 1권 615면).

308 한편 제척기간은 주로 공익적 목적으로 권리행사기간을 제한하는 기간이므로 제척기간을 적용하는 것이 신의칙에 위반될 가능성은 훨씬 줄어든다. 하지만 제척기간에 신의칙을 적용할 가능성을 긍정하는 견해가 있다. 윤진수, "상속회복청구권의 성질과 그 제척기간의 기산점", 재판의 한 길 : 김용준 헌법재판소장 화갑기념논문집(1998), 506-507. 또한 대법원 2002. 11. 22. 선고 2001다13952 판결은 제척기간에도 신의칙이 적용될 수 있는 여지를 남기고 있다.

소멸시효 항변의 신의칙 위반 또는 소멸시효 남용에 관한 법리는 학설에 의하여 인정되어 왔고,[309] 여러 대법원 판결들을 통해 유형화되고 정립되어 왔다.[310]

소멸시효 제도는 법적 안정성의 요청에 터 잡은 제도이다. 소멸시효 제도를 통하여 법적 안정성의 요청이 실현된다는 것은 1차적으로는 의무자에게, 2차적으로는 사회 전체에 유익하다. 하지만 법적 안정성의 요청을 충족시키기 위하여 권리자에게 권리박탈이라는 불이익을 가하는 것은 타당하지 않다.[311] 그러므로 위와 같은 불이익을 권리자에게 귀속시킬 근거가 필요하다. 권리자의 권리 불행사 요건, 즉 '권리를 행사할 수 있는데도 일정한 기간 동안 권리를 행사하지 않는 것'이 여기에 해당한다. 이러한 토대 위에서 소멸시효 제도는 법계(法系)를 불문하고 권리자와 의무자, 그리고 사회의 삼각관계 속에서 상호형평을 유지하기 위한 여러 가지 장치들을 두고 있다. 기산점과 기간의 설정, 소멸시효의 중단과 정지, 시효이익의 포기 등은 모두 이러한 균형을 잡는 장치들에 해당한다.[312] 그러므로 신의칙을 동원하여 소멸시효 항변을 제한하기 전에, 우선 이러한 개별적인 법 장치를 적용할 여지가 없는지를 살펴야 한다.

나. 신의칙 위반 유형

대법원은 ① 채무자가 시효완성 전에 채권자의 권리행사나 시효중단을 불가능 또는 현저히 곤란하게 하거나 그러한 조치가 불필요하다고 믿게 하는 행동을 하였거나, ② 객관적으로 채권자가 권리를 행사할 수 없는 장애사유가 있었거나, ③ 일단 시효완성 후에 채무자가 시효를 원용하지 아니할 것 같은 태도를 보여 권리자로 하여금 그와 같이 신뢰하게 하였거나, ④ 채권자보호의 필요성이 크고 같

309 이에 대해서는 우선 민법주해 Ⅲ, 총칙(3), 박영사(1992), 409 이하(윤진수) 참조. 또한 한강현, "소멸시효의 주장이 권리남용에 해당하는가", 민사재판의 제문제 9권(1997), 205 이하; 강태성, 신판 민법총칙, 법문사(2006), 938; 이주현, "채권자의 권리행사가 객관적으로 불가능한 사실상의 장애사유가 있음에 불과한 경우 채무자의 소멸시효 항변이 신의칙에 반한다는 이유로 허용하지 않을 수 있는지 여부", 대법원판례해설 42호 하(2002), 569 이하; 강우찬, "국가배상소송에서 국가의 소멸시효 완성주장에 대한 기산점 인정 및 신의칙 위반여부에 관한 검토", 법조 55권 2호(2006. 2), 258 이하 등.

310 대법원 1994. 12. 9. 선고 93다27604 판결, 대법원 1997. 12. 12. 선고 95다29895 판결, 대법원 1999. 12. 7. 선고 98다42929 판결, 대법원 2002. 10. 25. 선고 2002다32332 판결, 대법원 2003. 3. 28. 선고 2002두11028 판결, 대법원 2003. 7. 25. 선고 2001다60392 판결, 대법원 2008. 9. 18. 선고 2007두2173 전원합의체 판결 등.

311 이러한 맥락에서 영국의 한 판결(Lindsay Petroleum Co. v. Hurd (1874) LR 5 PC 221 (PC) 239-241)에서는 형평법상 제소지연(delay)의 항변을 정의구현의 공익과 지연된 제소를 막으려는 공익의 균형잡기로 설명한다.

312 권영준, "소멸시효와 신의칙", 재산법연구 26권 1호(2009. 2), 13.

은 조건의 다른 채권자가 채무의 변제를 수령하는 등의 사정이 있어 채무이행의 거절을 인정함이 현저히 부당하거나 불공평하게 되는 등의 특별한 사정이 있는 경우에 한하여 채무자의 소멸시효 항변이 신의성실의 원칙에 반하는 권리남용으로서 허용될 수 없다고 판시하여 왔다.[313] 아래에서는 이를 유형별로 살펴본다.[314]

① 유형은 채무자가 권리행사 자체를 물리적으로 불가능하게 하거나,[315] 권리자의 권리행사를 미루도록 유인하는 등,[316] 채무자가 적극적으로 어떤 행동을 하여 채권자로 하여금 권리행사를 제때에 하기 어렵게 만든 경우이다. 이러한 적극적인 행동이 없었거나,[317] 적극적인 행동이 있었더라도 채권자의 권리행사를 어렵게 하는 정도에 이르지 않았다면[318] 신의칙 위반에 해당하지 않는다. ③ 유형은 독자적 유형으로 분류되어 있지만, 넓게 보면 ① 유형과 궤를 같이 한다. 두 유형 모두 채권자의 권리불행사가 '채무자의 적극적인 잘못된 언동'으로 초래되었다는 공통점을 가지기 때문이다. 다만 채무자의 적극적인 잘못된 언동이 있었는데도 여전히 권리자가 권리를 행사할 수 있는 상태에 있었다면(가령 채무자가 채권자를 기망하고자 하였으나 채권자가 기망 당하지 않은 경우) 신의칙은 개입하기 어려울 것이다.

② 유형은 채권자의 권리행사가 객관적으로 불가능한 장애사유가 있는 경우이다.[319] 이러한 장애사유로 인정되려면 일반인의 눈으로 보았을 때 채권자의 권리행사를 기대하기 어려운 객관적인 사정이 있어 채권자가 권리를 행사하지 않은 것이 사회적으로 상당한 것으로 평가될 수 있어야 한다. 다만 이러한 상태가 반드시 채무자에 의하여 유발되었을 필요는 없다.[320] 그런데 채권자의 권리행사가 객

313 대법원 1994. 12. 9. 선고 93다27604 판결, 대법원 1997. 12. 12. 선고 95다29895 판결, 대법원 1999. 12. 7. 선고 98다42929 판결, 대법원 2002. 10. 25. 선고 2002다32332 판결, 대법원 2003. 3. 28. 선고 2002두11028 판결, 대법원 2003. 7. 25. 선고 2001다60392 판결, 대법원 2008. 9. 18. 선고 2007두2173 전원합의체 판결 등. 이러한 4유형론은 半田吉信, "消滅時效の援用と信義則", ジュリスト No. 872(1986), 79-81에서 비롯되어 일본 판례와 학설에 영향을 미쳤고, 그것이 우리나라에도 영향을 미친 것으로 보인다.

314 이 내용은 권영준, "소멸시효와 신의칙", 재산법연구 26권 1호(2009. 2), 23-24에 의거한 것이다.

315 대법원 2003. 7. 25. 선고 2001다60392 판결.

316 대법원 1997. 12. 12. 선고 95다29895 판결.

317 대법원 2004. 4. 27. 선고 2003두10763 판결, 대법원 1999. 9. 17. 선고 99다21257 판결.

318 대법원 1996. 12. 19. 선고 94다22927 전원합의체 판결, 대법원 1997. 2. 11. 선고 94다23692 판결, 대법원 2001. 7. 10. 선고 98다38364 판결.

319 대법원 2002. 10. 25. 선고 2002다32332 판결.

320 이주현, "채권자의 권리행사가 객관적으로 불가능한 사실상의 장애사유가 있음에 불과한 경우 채무자의 소멸시효항변이 신의칙에 반한다는 이유로 허용하지 않을 수 있는지 여부", 대법원판례해설 제42호 하(2003), 573 이하.

관적으로 불가능하다면, '권리를 행사할 수 있는 때'를 시효의 기산점으로 규정한 본법 제166조 제1항의 반대해석상 애당초 소멸시효 자체가 진행되지 않는다고 볼 수 있지 않을까 하는 의문이 들 수 있다.[321] 가령 고문 등으로 조작된 증거를 믿고 선고된 유죄판결이 확정되었는데 그 후 그 유죄판결이 재심으로 취소되었다면, 그때 비로소 국가에 대한 배상청구권 행사가 가능해진다. 그러므로 위와 같은 사안에서 유죄판결이 취소되기 전에는 국가배상청구를 하는 데에 법률상 장애가 있으므로 소멸시효가 진행되지 않는다고 보는 것이 온당한 접근방식이다.[322] 이러한 법률상 장애가 없음을 전제로 소멸시효가 일단 완성되었다고 한 뒤 그 소멸시효 항변이 신의칙에 위반된다고 판단하는 것은 적절하지 않다. 특히 이때 발생한 다소간의 장애상태가 채무자에 의하여 유발된 것도 아니라면 더욱 더 신의칙 위반의 부담을 채무자에게 부과할 수 없다. 시효완성으로 인하여 이미 채무면제라는 이익을 취득한 채무자가 그 이익을 향수하는 것을 금지하려면 채무자에게 그러한 불이익을 귀속시킬 연결점이 필요한데, 이를 찾을 수 없기 때문이다. 나아가 이러한 유형은 신의칙의 이름 아래 남용될 우려도 적지 않다. 그러므로 ② 유형에 해당하는 사안 중 기산점의 문제로 포섭할 수 있는 사안은 그 방법으로 해결하거나 아래의 ④ 유형으로 해결하고, 나머지는 신의칙에 반하지 않는다고 보아야 한다. 굳이 이러한 유형을 유지하자면 그 요건을 매우 엄격하게 해석하여야 한다.

④ 유형은 ① 내지 ③의 유형에 속하지는 않지만 채권자와 채무자 사이의 이익형량 결과 채무자의 소멸시효 완성주장을 도저히 받아들이기 어려운 나머지 사건들을 포괄하는, 일종의 '기타' 유형에 해당한다. 다른 유형들로는 포섭할 수 없는 사안을 포섭할 수 있는 일종의 완충장치의 역할을 할 수 있을 것이다.

다. 소멸시효 항변의 신의칙 위반 효과

소송절차에서 행한 소멸시효 항변이 신의칙에 위반된다고 판단되면 그 항변은 받아들여지지 않는다. 한편 소멸시효 항변의 신의칙 위반이 당사자들의 실체적 권리관계에 어떤 영향을 미치는지는 소멸시효 완성의 효과를 바라보는 시각에

321 대법원 1993. 7. 13. 선고 92다39822 판결, 대법원 2001. 4. 27. 선고 2000다31168 판결, 대법원 2003. 2. 11. 선고 99다66427 판결, 대법원 2003. 4. 8. 선고 2002다64957 판결, 대법원 2006. 1. 26. 선고 2004다19104 판결 등은 이러한 의문을 반영한 판례라고 생각된다.

322 윤진수, "이용훈 대법원의 민법판례", 이용훈대법원장재임기념 정의로운 사법(2011), 24.

따라 달라진다. 소멸시효 완성의 효과에 대해서는 절대적 소멸설과 상대적 소멸설이 대립하고 있다. 절대적 소멸설에 따르면 소멸시효 완성은 권리의 소멸을 가져오는 반면, 상대적 소멸설에 따르면 소멸시효 완성은 곧바로 권리의 소멸을 가져오지는 않고 단지 이를 주장할 수 있는 원용권이 발생할 뿐이다. 우리 민법은 절대적 소멸설의 입장에서 입법되었고,[323] 판례도 기본적으로 그러한 입장에 서 있다.[324] 하지만 소멸시효 항변이 신의칙에 위반된다거나 권리남용에 해당한다는 법리는 상대적 소멸설에 따를 때 더욱 자연스럽게 설명된다. 즉 의무자의 시효원용권 행사가 신의칙에 위반된다거나 권리남용에 해당한다고 보는 것이다.[325] 물론 절대적 소멸설을 따르더라도 변론주의에 기초하여 이를 설명할 수 있다.[326] 민사소송법상 변론주의는 실체적 권리관계와 소송에서 다투어지고 확정되는 권리관계 사이에 차이가 생길 수 있음을 전제한다. 가령 원고가 실제로는 존재하지 않는 권리에 기하여 소송을 제기하더라도 피고가 이를 다투지 않아 원고승소판결이 확정되면, 원고는 권리행사의 일환으로 강제집행에 나아갈 수 있다. 이처럼 실체와 절차의 차별성으로 인하여 실체적 권리의 존부와 절차적으로 확정되는 권리의 존부가 달라질 수 있다면, 소멸시효 완성으로 인해 권리가 소멸하였더라도 이에 대한 소멸시효 항변이 신의칙 위반으로 평가되어 결국 그 권리가 관철되는 현상도 설명될 수 있다.

한편 소멸시효 항변이 신의칙에 위반되는 경우 권리자는 소멸시효 기간 만료 후에도 권리를 행사할 수 있다. 그러나 소멸시효 항변이 신의칙에 위반된다고 하여 소멸시효 기간이 처음부터 진행되는 것은 아니다. 권리자는 신의칙에 반하는 사정이 소멸한 때부터 상당한 기간 내에 권리를 행사해야 한다. 여기에서 '상당한 기간'은 개별 사건의 제반 사정을 참작하여 결정할 수밖에 없다.[327]

323 본래 민법전편찬요강 총칙편 제13항은 "소멸시효 완성의 효과는 권리를 소멸시킬 수 있는 일종의 항변권을 발생하도록 할 것"이라고 하였으나, 민법안심의소위원회에서는 시효원용에 관한 의용민법 제145조를 삭제함으로써 절대적 소멸설의 입장에서 입법하였다. 민의원 법제사법위원회 민법안심의 소위원회, 민법안심의록, 상권(1957), 103.

324 대법원 1966. 1. 3. 선고, 65다2445 판결 등 다수. 대법원 2007. 9. 20. 선고 2006다68902 판결은 "이미 소멸시효가 완성된 후에는 그 채권이 소멸하고 시효중단을 인정할 여지가 없으므로…"라고 판시하여 이를 분명히 한다.

325 상대적 소멸설의 입장을 입법화한 독일 민법(제214조 제1항) 아래에서 신의칙에 위반된 소멸시효의 주장이 "권리남용"(unzulässig Rechtsausübung)의 문제로 다루어지는 것도 이 때문이다. 그러한 점에서 우리 판례에 나타나는 권리남용이라는 표현은 절대적 소멸설의 시각에서는 어색하다.

326 권영준, "소멸시효와 신의칙", 재산법연구 26권 1호(2009. 2), 32.

327 박찬익, "소멸시효에 있어서의 신의성실의 원칙", 민사판례연구 29권, 박영사(2007), 301.

대법원 2013. 5. 16. 선고 2012다202819 전원합의체 판결은 이러한 '상당한 기간'의 판단 기준에 관하여 다음과 같이 판시하였다. 채무자가 소멸시효의 이익을 원용하지 않을 것 같은 신뢰를 부여한 경우에도 채권자는 그러한 사정이 있은 때로부터 상당한 기간 내에 권리를 행사하여야만 채무자의 소멸시효의 항변을 저지할 수 있는데, 여기에서 '상당한 기간' 내에 권리행사가 있었는지는 채권자와 채무자 사이의 관계, 신뢰를 부여하게 된 채무자의 행위 등의 내용과 동기 및 경위, 채무자가 그 행위 등에 의하여 달성하려고 한 목적과 진정한 의도, 채권자의 권리행사가 지연될 수밖에 없었던 특별한 사정이 있었는지 여부 등을 종합적으로 고려하여 판단하여야 한다. 다만 신의성실의 원칙을 들어 시효 완성의 효력을 부정하는 것은 법적 안정성의 달성, 입증곤란의 구제, 권리행사의 태만에 대한 제재를 이념으로 삼고 있는 소멸시효 제도에 대한 대단히 예외적인 제한에 그쳐야 할 것이므로, 위 권리행사의 '상당한 기간'은 특별한 사정이 없는 한 민법상 시효정지의 경우에 준하여 단기간으로 제한되어야 한다. 그러므로 개별 사건에서 매우 특수한 사정이 있어 그 기간을 연장하여 인정하는 것이 부득이한 경우에도 불법행위로 인한 손해배상청구의 경우 그 기간은 아무리 길어도 본법 제766조 제1항이 규정한 단기소멸시효기간인 3년을 넘을 수는 없다고 보아야 한다. 이러한 태도는 그 후 다른 대법원 판결에서도 계속 유지되었다.[328]

5. 의무자의 권리자에 대한 권리 행사

의무자의 권리자에 대한 권리 행사는 넓게 보면 모순행위금지 원칙에 포함될 수 있다. 상대방에 대하여 의무를 부담하는 사람이 오히려 상대방에게 의무 이행을 요구하는 것은 모순적인 측면이 있기 때문이다. 그러나 대법원은 의무자의 권리자에 대한 권리 행사가 문제 된 사안에서 모순행위금지 원칙의 핵심 요건인 신뢰에 대해 아무런 언급을 하지 않으면서 신의칙을 동원하여 권리 행사를 제한하고 있으므로, 이러한 사안을 모순행위금지 원칙과 별도로 살펴볼 필요가 있다.

가. 지상권 설정의무자인 대지소유자의 건물철거 청구

법정지상권을 가진 건물소유자로부터 건물을 양수하면서 법정지상권까지 양도받기로 한 자는 채권자대위의 법리에 따라 건물소유자(즉 양도인) 및 대지소유

328 대법원 2013. 8. 22. 선고 2013다200568 판결, 대법원 2013. 12. 12. 선고 2013다201844 판결, 대법원 2017. 2. 15. 선고 2014다230535 판결.

자에 대하여 차례로 지상권의 설정등기 및 이전등기절차이행을 구할 수 있다. 그런데 그 대지소유자가 이처럼 법정지상권을 취득할 지위에 있는 자에 대하여 소유권에 기한 건물철거청구를 하는 것도 형식논리상 불가능하지 않다. 판례는 이러한 사안에서 대지소유자의 건물철거는 지상권의 부담을 용인하고 그 설정등기절차를 이행할 의무 있는 자가 그 권리자를 상대로 한 청구이므로 신의칙상 허용될 수 없다고 본다.[329] 하지만 이 경우 건물양수인은 대지의 점유, 사용할 권리를 가진 자로서 본법 제213조 단서의 '점유할 권리'를 가진 자에 해당하므로 그 조항에 따라 철거청구를 거절할 수 있다고 보면 충분하다.[330] 실제로 대법원은 다른 판결에서, 대지소유자는 지상권의 부담을 용인하여야 하고 건물 양수인에게 건물철거나 부지 인도를 구할 수 없으므로 건물양수인은 대지의 점유·사용을 정당화할 법적 지위에 있다고 판시한 바 있다.[331] 이는 국유재산법에 관한 사건이기는 하지만, 본법 제213조 단서에서 상정하는 원리가 영향을 미친 사례이다.

나. 매도인의 매수인에 대한 인도 청구

대법원은 건물의 소유지분권을 매도한 자가 그 매매부분을 점유·사용 중인 매수인에게 이를 명도하라고 청구하는 것은 신의칙상 허용되지 않는다고 한다. 건물의 소유지분권을 매도한 자는 그 매매의 이행으로서 매수인에게 매매부분에 관한 점유이전의무를 부담하므로, 위와 같은 명도청구는 의무자가 권리자에게 의무 이행을 구하는 것과 다르지 않기 때문이다.[332] 그러나 이 역시 매수인이 본법 제213조 단서의 '점유할 권리'를 가진 자라고 이해하면 충분하고, 굳이 신의칙을 끌어들일 필요가 없다.[333]

한편 대법원은 부동산을 매수한 자가 그 목적물을 인도받은 경우, 매수인의 소유권이전등기청구권은 소멸시효에 걸리지 않는다고 한다.[334] 따라서 부동산 매수인은 언제든지 매도인을 상대로 소유권이전등기청구를 할 수 있다. 대법원은

329 대법원 1985. 4. 9. 선고 84다카1131 전원합의체 판결, 대법원 1989. 5. 9. 선고 88다카15338 판결, 대법원 1991. 5. 28. 선고 91다6658 판결, 대법원 1991. 9. 24. 선고 91다21701 판결, 대법원 1992. 6. 12. 선고 92다7221 판결, 대법원 1996. 3. 26. 선고 95다45545, 45552, 45569 판결 등.

330 민법주해 I, 총칙(1), 박영사(1992), 141-142(양창수).

331 대법원 1992. 3. 10. 선고 91누5211 판결.

332 대법원 1999. 1. 15. 선고 98다43953 판결.

333 민법주해 I, 박영사(1992), 142(양창수) 참조.

334 대법원 1976. 11. 6. 선고 76다148 전원합의체 판결, 대법원 1999. 3. 18. 선고 98다32175 전원합의체 판결 등.

부동산을 인도받아 스스로 계속 점유하고 있는 매수인을 '권리 위에 잠자는 자'라고 평가할 수 없다는 관점에서 위와 같은 판례 법리를 설명한다. 이에 대하여는 매도인이 인도까지 해 준 이상 매수인은 그가 언제든지 등기절차를 이행해 줄 것으로 신뢰할 것인데, 매도인이 나중에 소멸시효를 주장하는 것은 부동산의 인도라는 선행행위에 모순되는 행위로서 신의칙상 허용될 수 없다고 하여 소멸시효 남용의 관점에서 설명하는 견해도 있다.[335]

6. 기타

가. 강행규정과 신의칙

강행규정은 당사자의 의사에 의하여 그 규정의 적용을 배제할 수 없는 규정,[336] 즉 입법 목적 달성을 위해 그 규정에 위배되는 행위의 사법적 효력을 부정하는 규정을 가리킨다. 강행규정에 위배된 행위는 무효이며, 그 행위에 기초하여 이루어진 급부가 있다면 그 급부는 부당이득으로 반환되어야 한다. 그런데 스스로 강행규정을 위반한 법률행위를 한 자가 사후에 강행규정 위반을 이유로 그 법률행위의 무효를 주장하는 것은 선행행위에 모순되는 행위로써 신의칙에 위반되는 것이 아닌가 하는 의문이 제기된다. 하지만 이를 신의칙 위반으로 보아 그 무효를 주장하지 못하게 하면, 결국 강행규정이 예정한 법적 상태가 실현되지 못하는 결과가 된다. 강행규정과 신의칙의 문제는 법률행위가 예정하는 법적 상태가 법률이 예정하는 법적 상태와 일치해야 한다는 합법성의 원칙과 법률행위는 신의와 성실에 따라 행해져야 한다는 신의성실의 원칙 사이의 우열관계 문제이기도 하다.

강행규정이 공익적 목적에서 일반적으로 확정해 놓은 법률관계에 대하여 신의칙이 개별 사안의 특수성에 입각하여 다시 이익형량을 시도하게 되면, 강행규정의 존재 의의가 몰각될 우려가 있다.[337] 나아가 일반적으로 모든 법률관계에 적용되어야 할 강행규정이 신의칙의 이름으로 몇몇 개별 사안에 대해서는 그 적용이 배제됨으로써, 강행규정의 적용에 관한 법적 안정성의 토대가 흔들리게 된다. 따라서 강행규정에 위반된 법률행위를 한 당사자가 강행규정 위반을 이유로 그

335 윤진수, "점유를 상실한 부동산매수인의 등기청구권의 소멸시효", 인권과 정의 261호(1998. 5), 133.
336 주석 민법, 총칙(1)(제4판), 한국사법행정학회(2010), 473-474(백태승).
337 박상언, "강행규정에 위배된 합의의 무효 주장과 신의성실의 원칙", 민사판례연구 37권, 박영사(2015), 17; 양형우, "재산법과 신의성실의 원칙", 법학연구(연세대학교) 8집 1권(2001), 222.

법률행위의 무효를 주장하는 것은 원칙적으로 신의칙에 위반되지 않는다고 보아야 한다. 이는 무효 주장자가 처음부터 무효를 알았거나 무효 행위를 적극적으로 제안한 경우에도 마찬가지이다.[338]

대법원 판례에 나타난 사안들을 보면, ① 양도인이 양수인에게 손해배상에 갈음하여 농지 소유권을 넘겨주기로 약정하고 그에 따라 소유권이전등기를 마쳐 준 다음 그 등기가 구 농지개혁법에 반하여 무효라고 주장하며 그 등기 말소를 구하는 경우,[339] ② 자격 없는 자의 의료기관 개설을 금지한 의료법의 강행규정에 위반되는 합의를 한 자가 그 합의의 무효를 주장하는 경우,[340] ③ 이중등기로서 무효인 뒤의 보존등기가 유효한 것처럼 허위표시하여 근저당권을 설정해준 후 사후에 그러한 근저당권설정등기와 그에 기한 경매신청등기가 무효라고 주장하는 경우,[341] ④ 주식회사가 영업의 전부 또는 중요한 일부를 양도한 후 주주총회의 특별결의가 없었다는 이유를 들어 스스로 약정의 무효를 주장하는 경우,[342] ⑤ 투자신탁회사가 먼저 고객에게 제의를 하여 무효인 수익보장약정이 체결되었는데 그 뒤 투자신탁회사가 그 약정의 무효를 주장하는 경우,[343] ⑥ 보험계약자가 피보험자의 서면 동의 없이 타인의 사망을 보험사고로 하는 생명보험계약을 체결한 뒤 그 생명보험계약에 따라 입원급여금을 지급받기도 하였는데 그 후 위 생명보험계약의 무효를 주장하는 경우,[344] ⑦ 강행법규인 국토이용관리법을 위반한 자가 스스로 그 무효를 주장하는 경우,[345] ⑧ 택시근로자가 자신의 선택에 따라 도급제 방식의 근로계약을 체결하였는데, 그 후 그 근로자가 위 근로계약이 최저임금법에 위배된다고 주장하며 미지급 최저임금 지급을 구하는 경우[346] 등에 합법성의 원칙을 앞세워 위와 같은 주장이 신의칙에 반하지 않는다고 보았다.

다만 이러한 원칙을 희생하여서라도 구체적인 신뢰보호의 필요성이 인정되는 경우에는 예외적으로 신의성실의 원칙이 적용될 수 있다. 대법원은 주로 농지

338 대법원 1995. 2. 28. 선고 94다51789 판결, 대법원 1999. 3. 23. 선고 99다4405 판결.
339 대법원 2000. 8. 22. 선고 99다62609, 62616 판결.
340 대법원 2003. 4. 22. 선고 2003다2390, 2406 판결.
341 대법원 1968. 4. 24. 선고 68다219 판결.
342 대법원 2018. 4. 26. 선고 2017다288757 판결.
343 대법원 1999. 3. 23. 선고 99다4405 판결.
344 대법원 2006. 9. 22. 선고 2004다56677 판결.
345 대법원 1993. 12. 24. 선고 93다44319, 44326 판결.
346 대법원 2018. 7. 11. 선고 2016다9261, 9278 판결.

매매와 관련하여 이러한 예외를 적용하였다. 대법원은 농지매수인이 매매계약 체결 후 자신이 농가가 아니고 자영 의사도 없다거나 도시에 거주하고 있어 소재지 관서의 증명을 받을 수 없다는 등의 이유를 들어 그 농지매매계약의 무효를 주장한 경우,[347] 농지 명의수탁자가 적극적으로 자신이 농가이거나 자경의사가 있는 것처럼 하여 소재지관서의 증명을 받아 그 명의로 소유권이전등기를 마치고 그 농지에 관한 소유자로 행세하면서, 한편으로 증여세 등의 부과를 면하기 위하여 농가도 아니고 자경의사도 없었음을 들어 농지개혁법에 저촉되기 때문에 그 등기가 무효라고 주장한 경우[348] 등에 신의칙 위반을 인정하였다. 앞의 판결에서는 농지매도인이 농지매수인에게 농지매매에 따른 매매대금을 지급하라고 하자 농지매수인이 자신은 자영의사가 없다는 등의 사정을 내세워 매매대금 지급을 거절한 사안을 다루었다. 이 판결이 선고될 당시 적용되었던 구 농지개혁법에 따르면 자경 또는 자영 의사는 농지의 소유권을 취득할 요건이었고, 그러한 요건이 갖추어지지 않은 경우에는 농지매매증명 유무와 무관하게 농지매매는 무효로 다루어지고 있었다.[349] 그러나 이 판결의 사안에서는 자경 또는 자영 의사가 있었는지 여부가 본격적으로 다루어지지 않았다. 오히려 법원이 주목했던 부분은 자경 또는 자영 의사가 있다는 전제 위에서 농지를 매수하였다가 그 매매계약에 따른 매매대금을 지급해야 하는 때가 이르자 그 선행행위와 모순되게 자신에게 자경 또는 자영 의사가 없다는 점을 내세워 매매대금 지급을 거절하였다는 점이다. 대법원은 이러한 선행행위와 모순되는 행태 때문에 매수인의 매매대금 지급 거절이 신의칙에 위반된다고 보았다. 뒤의 판결도 마찬가지이다. 이 판결의 사안에서도 농지매수인은 자신이 농가이거나 자경의사가 있다고 적극적으로 주장하여 소재지관서의 증명을 받아 등기까지 마쳤다가, 막상 세금이 부과되는 때에 이르자 갑자기 태도를 바꾸어 자신이 소유자가 아니므로 세금도 납부할 수 없다고 다투었다. 여기에서도 선행행위와 모순되는 행태에 대한 주관적 비난가능성이 중요한 판단 요소로 작동하였다. 다만 전체적으로 보면, 강행규정의 효력을 관철할 필요성이 인정되는 사안에서 강행규정이 예상하지 않은 구체적 사정을 들어 강행규정에 따른 무효 주장이 신의칙에 위반한다고 결론 내린 사례는

347 대법원 1995. 9. 29. 선고 94다55354 판결. 이 판결이 인용하는 대법원 1987. 4. 28. 선고 85다카971 판결도 같은 취지이다.

348 대법원 1990. 7. 24. 선고 89누8224 판결.

349 대법원 1959. 10. 29. 선고 4292민상165, 166 판결.

그리 많지 않다.[350]

한편 대법원 2013. 12. 18. 선고 2012다89399 전원합의체 판결은 강행규정에 위반한 노사합의의 효력을 부정하면서도 그 합의에 반하는 주장이 신의칙에 위반된다고 본 사례이다. 이 판결에서는 상여금이 통상임금에 속하는지 여부가 치열하게 다투어졌다. 다수의견은 어떤 임금이 통상임금에 속하는지 여부는 그 임금이 소정근로의 대가로 근로자에게 지급되는 금품으로서 정기적·일률적·고정적으로 지급되는 것인지를 객관적인 성질에 따라 판단하여야 하고, 임금의 명칭이나 지급주기의 장단 등 형식적 기준에 의해 정할 것이 아니라고 전제한 뒤, 1개월을 넘는 기간마다 지급되는 정기상여금도 통상임금에 속한다고 판단하였다. 그런데 그 동안 노사관계의 현실은 기본급 인상은 억제하는 대신 각종 상여금이나 수당 지급을 통해 실질적인 임금 인상 효과를 도모하고 노사관계를 안정화하는 대신, 이러한 상여금이나 수당은 통상임금에서 제외함으로써 통상임금에 의하여 산정되는 연장·야간·휴일 근로에 대한 가산임금 및 연차휴가근로수당, 해고예고수당, 산전산후휴가수당 등 법정수당의 인상은 억제하여 왔다. 그리고 이러한 복잡한 임금체계는 노사 간의 명시적 또는 묵시적 합의로 묵인되어 왔다.[351] 결국 당위적으로 보면 상여금도 정기성·일률성·고정성의 요건을 충족하는 한 그 지급주기와 무관하게 통상임금에 귀속시키는 것이 마땅하나, 그 배후에는 이를 통상임금으로 보는 것을 주저하게 만드는 복잡한 현실적 이해관계와 이에 기하여 형성되어 온 오랜 관행이 존재하였던 것이다. 더구나 근로현장에서 노사 양측에 지대한 영향력을 발휘하여 온 구 고용노동부의 '통상임금 산정지침'이 1988. 1. 14. 제정된 이래 일관되게 정기상여금을 통상임금에서 제외하여 온 점도 이러한 관행을 지지하는 버팀목이 되었다.

이러한 존재와 당위 사이의 간극에서 다수의견은 일단 당위 쪽을 선택하였다. 즉 근로기준법상 통상임금에 속하는 임금을 통상임금에서 제외하기로 하는 노사합의는 무효라고 본 것이다. 반면 별개의견은 "통상임금에 관한 노사합의나 노사관행은 어떤 임금이 통상임금에 포함되느냐의 여부를 판단하는 기준이 된다."

350 박상언, "강행규정에 위배된 합의의 무효 주장과 신의성실의 원칙", 민사판례연구 37권, 박영사(2015), 26.

351 다만 대법원은 통상임금은 그 임금의 성질에 따라 객관적으로 결정됨을 전제로 그 성질상 통상임금에 속하는 것을 통상임금에서 제외하는 합의를 무효로 판단하여 왔다. 대법원 1993. 5. 11. 선고 93다4816 판결 등 다수.

라고 한 뒤, "특별한 사정이 없는 한 상여금이나 1개월을 넘는 기간마다 지급되는 수당을 통상임금에 포함시키는 해석은 노사합의나 노사관행의 법적 효력을 부정하는 위법한 해석"이라고 보면서 이처럼 "법원이 노사합의나 노사관행의 효력을 부정하고 스스로 새로운 틀에 의한 임금을 형성하려고 하는 것은 해석의 한계를 벗어나는 것"이라고 하여, 존재를 존중하는 태도를 취하였다. 그런데 흥미로운 것은 결국 다수의견도 "대부분의 기업에서는 정기상여금은 그 자체로 통상임금에서 제외하기로 합의하는 실무가 장기간 계속되어 왔고, 이러한 노사합의는 일반화되어 이미 관행으로 정착된 것으로 보인다."라고 한 뒤, 이러한 합의와 관행에 기한 신뢰를 뒤엎고 근로자가 추가적으로 법정수당을 청구하는 것은 신의칙에 위배되어 받아들일 수 없다고 판시하였다. 그 근거로는 임금협상 당시 전혀 생각하지 못한 사유를 들어 정기상여금을 통상임금에 가산하고 이를 토대로 추가적인 법정수당의 지급을 구함으로써 노사가 합의한 임금수준을 훨씬 초과하는 예상외의 이익을 추구하고 그로 말미암아 사용자에게 예측하지 못한 새로운 재정적 부담을 지워 중대한 경영상의 어려움을 초래하거나 기업의 존립을 위태롭게 하는 것은 종국적으로 근로자 측에까지 피해가 미치게 되어 노사 어느 쪽에도 도움이 되지 않는 결과를 가져온다는 점을 들었다.[352] 이에 대해서는 신의칙의 적용을 통하여 임금청구권과 같은 법률상 강행규정으로 보장된 근로자의 기본적 권리를 제약하려 시도하는 것은 헌법적 가치나 근로기준법의 강행규정성에 정면으로 반한다는 반대의견이 개진되었다.

나. 소송경제와 신의칙

판례에서 소송경제가 신의칙 위반의 근거로 원용되는 사례를 적지 않게 찾아볼 수 있다.[353] 대법원 2002. 3. 21. 선고 2000다62322 전원합의체 판결이 대표적 예이다. 이 판결은 산재보험가입자와 제3자의 공동불법행위로 산업재해가 발생한

352 이미선, "통상임금", 사법 27호(2014. 3), 371; 은 이러한 대법원의 태도를 근로자의 청구를 한시적으로 제한함으로써 법적 안정성과 근로기준법의 강행규정성의 조화를 도모한 것으로 평가하였다. 박지순, "통상임금 관련 노사합의에 대한 신의칙 적용상의 쟁점", 계약과 책임(하경효 교수 정년기념논문집), 박영사(2017); 이상희, "통상임금 소송에서 신의칙 적용 법리 검토", 노동법논총 42집(2018), 405도 마찬가지 취지이다. 반면 도재형, "통상임금 전원합의체 판결의 검토", 노동법연구 36호(2014), 198 이하; 고영남, "통상임금 노사합의의 효력", 민주법학 54호(2014. 3), 99 이하; 박상언, "강행규정에 위배된 합의의 무효 주장과 신의성실의 원칙", 민사판례연구 37권, 박영사 (2015), 64 이하는 이 판결에 대해 비판적인 태도를 취한다.

353 이하 내용은 권영준, "2017년 민법 판례 연구", 서울대학교 법학 59권 1호(2018. 3), 432-434에 의거하여 작성하였다.

경우 근로복지공단이 제3자에게 구상권을 행사할 수 있는 범위를 다루었다. 근로복지공단이 공동불법행위의 피해자에게 보험 급여를 지급하면, 근로복지공단은 공동불법행위자에게 구상할 수 있다. 공동불법행위자 가운데 보험가입자와 제3자 중 누구에게 구상권을 행사할지는 근로복지공단이 선택할 문제이다. 그런데 근로복지공단이 제3자에게 전액을 구상하면 그 제3자는 보험가입자에게 그의 부담부분에 대해 재구상을 하고, 그 보험가입자는 다시 근로복지공단에 재재구상을 할 수 있다.[354] 이러한 순환구상으로 말미암아 근로복지공단은 보험가입자의 부담부분에 대해 최종적인 책임을 지게 된다. 대법원은 이러한 순환소송은 소송경제에도 반할 뿐만 아니라 근로복지공단이 결국은 보험가입자에게 반환할 것을 청구하는 셈이므로, 근로복지공단이 제3자에 대하여 보험가입자의 부담부분을 구상하는 것은 신의칙에 비추어 보더라도 상당하지 않다고 보았다.

이처럼 소송경제를 신의칙 위반의 근거로 활용하는 태도는 중복보험에서 한 보험자가 다른 보험자를 상대로 구상권을 행사하는 사안을 다룬 대법원 2015. 7. 23. 선고 2014다42202 판결에서도 반복되었다. 이 판결에서도 대법원은 소송경제와 신의칙을 근거로 삼아, 구상권을 행사하는 보험자는 상대방 보험자의 피보험자 과실 비율 범위 내에서만 구상권을 행사할 수 있다고 판시하였다. 또한 대법원 2017. 2. 15. 선고 2014다19776, 19783 판결은 원고가 자신의 채무불이행으로 인해 피고의 채무액을 증가시킨 경우에 그 채무액 전액을 청구하는 것은 신의칙에 위반된다고 보면서 '순환소송을 발생시켜 소송경제를 해친다'는 점을 신의칙 위반의 주된 근거로 제시하였다.

그런데 소송경제만을 내세워 신의칙 위반을 인정할 수는 없다. 장차 발생할지 알 수 없는 순환소송 위험에 기초하여 권리자가 현재 하려는 권리 행사를 제한하기는 어렵기 때문이다. 특히 2014다19776 판결은 다수 당사자 간의 구상관계를 다루었던 종전 판결들과는 달리 두 당사자 간의 채권관계를 다루었다는 특징이 있다. 그러므로 이 경우에는 순환소송으로 인하여 소송경제가 저해될 위험성이 상대적으로 낮다. 오히려 상대방의 반대청구가 반소의 형태로 하나의 소송절차에서 처리되거나 상계 항변의 형태로 다루어지는 편이 분쟁이 1회적으로 해결

354 보험가입자가 보험급여에 상당하는 금품을 수급권자에게 미리 지급한 경우 수급권자의 근로복지공단에 대한 보험급여 청구권을 대위한다는 산업재해보상보험법(1999. 12. 31. 법률 제6100호로 개정된 것) 제55조의2의 유추 적용에 따른 것이다.

될 가능성이 높다. 실제로 이 사건에서도 피고는 원고의 채무불이행으로 인하여 발생한 채무액 상당의 손해배상청구를 반소로 제기하였다. 그러므로 소송경제가 신의칙 위반의 근거로 활용되는 경우에도 권리 행사가 제한되는 보다 근본적인 이유는 어차피 자신이 지급 또는 반환하여야 할 채무의 이행을 구하는 것은 허용되지 않는다는 요청에서 찾는 것이 타당하다.

다. 상속포기와 신의칙

효력이 없는 상속포기 후 상속권을 주장하는 것은 신의칙에 위반되지 않는다. 대법원은 상속인 중 1인이 피상속인의 생존 시에 피상속인에 대하여 상속을 포기하기로 약정하였다고 하더라도, 상속개시 후 민법이 정하는 절차와 방식에 따라 상속포기를 하지 않은 이상, 상속개시 후에 자신의 상속권을 주장하는 것은 권리남용에 해당하거나 또는 신의칙에 반하는 권리의 행사라고 할 수 없다는 입장을 취하였다.[355]

반대로 상속포기 자체가 신의칙에 위반되는지 문제된 사례도 있다. 대법원은 교통사고 가해자가 피해자의 사망으로 피해자의 손해배상청구권과 보험자에 대한 직접청구권을 상속하여 그 권리가 혼동으로 소멸할 상황에 있었으나 가해자가 상속포기를 함으로써 제3자가 그 권리를 상속하여 결과적으로 그 권리가 소멸하지 않게 된 사안에서, 이러한 상속포기가 신의칙에 위반되지 않는다고 보았다.[356]

라. 채권양도와 신의칙

우리 민법은 원칙적으로 채권의 양도성을 인정하면서도 당사자의 의사표시로 채권양도를 제한할 수 있다는 태도를 취하고 있다(본법 제449조 제2항 본문). 그런데 양도인은 이러한 양도제한약정으로 양도되는 채권의 채무자를 비롯한 선의의 제3자에게 대항하지 못한다(본법 제449조 제2항 단서). 즉 선의의 제3자에 대한 관계에서 채권양도는 양도제한약정의 존재와 무관하게 완전히 유효하게 취급된다. 예컨대 양도되는 채권의 채무자는 그 채권의 양수인에게 종전의 채권자에 대하여 주장할 수 있었던 대항사유를 주장할 수 없다. 한편 법문(法文)의 반대해석상 악의의 제3자에게는 이러한 양도제한약정으로 대항할 수 있다. 그런데 선의의 제3자가 채권을 양수하여 양도제한약정에도 불구하고 채권을 유효하게 취득하였다면,

355 대법원 1998. 7. 24. 선고 98다9021 판결.
356 대법원 2005. 1. 14. 선고 2003다38573, 38580 판결.

그 후에 그 제3자로부터 다시 채권을 양수한 자는 비록 양도제한약정의 존재를 알고 있었다고 하더라도 유효하게 채권을 취득할 수 있다.[357] 하지만 악의자가 이러한 법률효과를 얻기 위해 선의자를 일부러 중간에 개입시킨 데 불과한 경우 그 악의자는 신의칙상 채권양도의 효과를 주장할 수 없다고 보아야 한다.[358] 결과적으로 그는 채권을 양수하였지만 채무자에게 채권을 행사하여 관철시킬 수 없게 된다. 그 경우 채무자는 원래의 채권자에게 채무를 이행하면 족하고, 악의의 전전양수인이 채무 이행을 요구하더라도 이에 응할 필요는 없다.

마. 과실상계와 신의칙

불법행위와 그로 인한 손해 발생에 피해자의 부주의가 개입되는 경우가 있을 수 있다. 그 경우 피해자의 부주의로 인하여 발생한 손해 부분에 관하여 가해자는 과실상계를 주장할 수 있다. 그런데 가해자가 피해자의 부주의를 악용하여 고의로 불법행위를 저지른 뒤, 바로 그 피해자의 부주의를 이유로 과실상계를 주장하는 것은 신의성실의 원칙에 비추어 허용될 수 없다. 이러한 경우에까지 피해자의 부주의로 인하여 발생한 손해 부분을 피해자에게 부담시킴으로써 가해자가 그 손해 부분을 배상하지 않게 되는 것은 공평의 이념이나 신의칙을 이론적 토대로 하는 과실상계의 본래 취지와 맞지 않다.[359] 이러한 맥락에서 판례는 피해자의 부주의를 이용하여 고의로 가해적 사태를 야기한 자가 그 피해자의 부주의를 이유로 손해배상액의 감축을 구하는 것은 신의칙에 반한다고 본다.[360]

대법원 판례에 나타난 사례들을 몇 가지 살펴본다. 교환계약의 당사자가 자신이 상대방에게 이전할 재산 가치에 관하여 상대방을 기망하였고, 상대방이 기망을 이유로 손해배상청구를 한 경우, 기망자는 상대방에게도 과실이 있음을 이유로 과실상계 주장을 할 수 없다.[361] 또한 정부양곡보관자가 부정행위를 저지른 경우, 그는 국가에 대하여 자기의 불법행위를 막지 못한 과실이 있다는 이유로 과실상계 주장을 할 수 없다.[362] 중개업자인 피고가 매수인인 원고로부터 받은 잔금

357 대법원 2015. 4. 29. 선고 2012다118020 판결.

358 양창수/권영준, 권리의 변동과 구제(민법 Ⅱ)(제3판), 박영사(2017), 181.

359 위계찬, "고의에 의한 불법행위와 과실상계", 법학논총(한양대학교) 25집 1호(2008. 3), 123.

360 대법원 1995. 11. 14. 선고 95다30352 판결, 대법원 2000.1.21. 선고 99다50538 판결.

361 대법원 2000. 1. 21. 선고 99다50538 판결.

362 대법원 1976. 5. 11. 선고 75다11 판결. 사용자의 감독이 소홀한 틈을 이용하여 피용자가 부정행위를 한 경우에 이 감독소홀은 피용자에 대한 관계에서 사용자의 과실이라고 할 수 없다고 본 대법원 1970. 4. 28. 선고 70다298 판결도 참조.

을 횡령하여 원고에게 손해를 입힌 경우, 원고의 부주의를 이용하여 고의로 불법행위를 저지른 피고는 원고의 부주의를 이유로 자신의 책임을 감하여 달라고 주장할 수 없다.[363] 의약품 제조업자가 국민건강보험법령상 유리한 특례 규정을 적용받기 위해 그 특례의 적용을 심사하는 국민건강보험공단을 착오에 빠뜨리는 적극적인 기망행위를 한 경우, 그 의약품 제조업자는 국민건강보험공단의 부주의를 이유로 과실상계를 주장할 수 없다.[364]

한편 피해자의 부주의에 편승한 고의적 불법행위라고 하여 일률적으로 과실상계가 부정되는 것은 아니다. 가해자가 피해자의 부주의에 편승한 태양과 직접성, 그 부주의의 내용과 정도, 피해자의 부주의가 손해발생과 확대에 기여한 정도 등을 고려하면 여전히 피해자에게 어느 정도의 손해를 분담시키는 것이 타당한 경우가 있을 수 있고, 이러한 경우에는 과실상계에 의하여 가해자의 책임을 제한하더라도 신의칙에 반하는 결과를 가져오지 않는다.[365] 이러한 논리는 주로 증권 관련 소송에서 발견된다.[366] 예컨대 대법원은, 간접투자신탁 판매회사가 가격변동이나 금리변동에 따른 위험이 내재한 펀드에 가입한 고객에게 원금 손실이 발생한 사실을 알리지 않고 오히려 수익이 발생한 것처럼 기재한 허위보고서를 보내어 고객으로 하여금 환매시기를 결정할 수 있는 기회를 상실케 함으로써 투자 손실을 입게 한 경우, 이러한 보고서의 진위를 확인하지 않았던 투자자의 과실, 금융시장 위기라는 외부적 사정을 고려하여 공평의 원칙에 기한 책임 제한을 수긍하였다.[367]

한편 불법행위자 중의 일부에게 그러한 사유가 있다고 하여 그러한 사유가 없는 다른 불법행위자까지도 과실상계의 주장을 할 수 없는 것은 아니다.[368] 가령 공동불법행위자 중 일부는 피해자의 부주의를 이용하여 고의로 불법행위를 저질렀고, 다른 일부는 과실로 이와 같은 불법행위를 방조하였을 뿐이라면, 후자에 속하는 공동불법행위자는 과실상계를 주장할 수 있다.[369]

363 대법원 2005. 10. 7. 선고 2005다32197 판결.
364 대법원 2010. 7. 8. 선고 2010다21276 판결.
365 대법원 2007. 10. 25. 선고 2006다16758, 16765 판결, 대법원 2012. 3. 29. 선고 2011다80968 판결, 대법원 2016. 4. 12. 선고 2013다31337 판결.
366 김주영, "증권투자소송에 있어서의 과실상계 및 책임제한", BFL 25호(2007. 9), 61 이하.
367 대법원 2012. 3. 29. 선고 2011다80968 판결.
368 대법원 2007. 6. 14. 선고 2005다32999 판결, 대법원 2010. 8. 26. 선고 2010다37479 판결, 대법원 2010. 10. 14. 선고 2010다48561 판결.
369 대법원 2007. 6. 14. 선고 2005다32999 판결.

V. 권리남용금지 원칙

1. 개관

본법 제2조 제2항은 "권리는 남용하지 못한다."라고 하여 권리남용금지 원칙을 규정하고 있다. 권리는 법으로 관철시킬 수 있는 이익이다. 권리자가 권리를 행사하려고 하면 법은 이에 협력하여야 마땅하다. 또한 자기의 권리를 행사하는 자는 어느 누구도 해하는 것이 아니다(qui iure suo utitur, neminem laedit). 이러한 원리를 생각하면, 일정한 경우 권리자의 권리 행사를 '권리남용'이라고 하여 금지하는 것은 민법의 기본 원리와 부합하지 않는 것처럼 느껴지기도 한다. 그러나 개인이 공동체의 구성원인 이상 개인의 권리 행사에는 필연적으로 일정한 한계가 설정되어야 한다. 그러한 한계는 다른 법률조항에 의해 외재적으로 부여되는 것이기도 하지만, 권리의 본질 자체에 내재한 것이기도 하다. 이러한 한계를 준수하면서 권리를 행사하는 것은 비단 공동체뿐만 아니라 공동체 구성원인 개인에게도 궁극적으로 유익을 가져온다. 권리남용금지 원칙은 이러한 권리의 내재적 한계를 법 규정으로 표현한 것에 불과하다.[370] 그렇게 본다면 법관이 권리남용금지 원칙을 적용하는 것은 입법자가 허용한 권리행사에 대해 반기를 드는 작업이 아니라 입법자가 이미 상정하거나 그어놓은 권리범위를 드러내는 작업이라고 할 수 있다.

2. 입법 경위

정부 수립 직후인 1948. 9. 15. 대통령령 제4호로 공포된 "법전편찬위원회직제"에 따라 설립된 법전편찬위원회는 민법전편찬요강을 작성하였다.[371] 민법전편찬요강은 "민법 전체를 통한 대원칙(통칙)으로서" 법원(法源)에 관한 규정과 아울러, "권리의 행사에 관하여 권리남용의 법리를 성문화하며, 동시에 의무의 이행에 관하여 신의성실의 원칙을 일반적으로 선언하는 규정을 세울 것"을 그 요목의 하나로 들고 있었다.[372] 그런데 정부가 마련한 민법원안 제2조에서는 이러한 민법

370 Mansel, Jauernig BGB, 15 neuberarbeitete Auflage(2014), § 242, Rn. 33. 이를 이른바 내부이론(Innentheorie)이라고 한다.

371 양창수, "민법안의 성립과정에 관한 소고", 서울대학교 법학 30권 3, 4호(1989), 190.

372 "조선법제편찬위원회기초요강(3)", 법정 3-8(1948.8.) 41. 양창수, "민법안의 성립과정에 관한 소고", 서울대학교 법학 30권 3, 4호(1989), 191에 그 내용이 소개되어 있다.

전편찬요강의 내용과 달리 "권리의 행사와 의무의 이행은 신의에 좇아 성실히 하여야 한다. 권리는 남용하지 못한다."라고 규정하고 있었다. 즉 신의칙을 권리행사와 의무이행 양 측면을 모두 포괄하는 지도 이념으로 내세우면서 이와 별도로 권리남용금지 원칙도 규정한 것이다. 이는 스위스 민법 제2조를 참조한 것이다. 법제사법위원회 민법안심의소위원회는 민법 제2조의 심의경과를 다음과 같이 설명한다. "권리의 행사가 신의성실에 반하는 때에는 그것은 권리의 남용인 것으로써 신의성실의 원칙에 권리남용금지의 취지도 당연히 포함되어 있는 것이다. 따라서 제2항 권리남용금지 규정은 중복된 감이 있는 것으로 불필요하다는 의견도 있었다. 그러나 종래 입법례에 있어서 신의성실의 원칙은 채무법상의, 권리남용의 원칙은 물권법상의 원칙이었던 것을 서민(瑞民)[373]은 일보전진하여 그것을 총칙에 일반규정화하였으며, 초안도 또한 이를 승계한 것 같다."[374] 법제사법위원회를 통과한 민법원안은 1957. 11. 21. 국회 본회의에서 수정 없이 가결되었다.

이러한 입법경위는 신의성실의 원칙과 권리남용금지 원칙의 관계에 대한 민법 제정 당시의 이해를 잘 보여준다. 권리남용금지 원칙은 신의성실의 원칙과 달리 역사적으로 물권법 영역에서 발달하여 왔으나, 신의성실의 원칙이 계약법을 넘어서 사법 일반에 적용되는 원리로 확장되면서 개념상 신의성실 원칙의 우산 아래 들어가게 되었다(이른바 중복적용설).[375] 즉 권리남용금지 원칙은 권리행사의 국면에서 발현된 신의칙의 한 형태로 볼 수 있다.[376] 대법원도 권리행사가 신의칙에 반하여 권리남용에 해당한다는 등의 표현을 자주 사용하고 있는데,[377] 이 역시 권리남용이 신의칙의 발현임을 염두에 둔 표현이다.

3. 요건

권리남용이 되려면 '권리'가 존재하여야 하고, 그 권리가 '행사'되어야 하며,

373 스위스 민법을 가리킨다.

374 민의원 법제사법위원회 민법안심의소위원회, 민법안심의록, 상권(1957), 4.

375 이와 달리 본법 제2조 제1항과 제2항의 적용영역이 독립적으로 구별된다는 견해도 있다. 고상용, 민법총칙, 법문사(2003), 65; 장경학, 민법총칙, 법문사(1992), 160.

376 강태성, 신판 민법총칙, 법문사(2006), 84; 김상용, 민법총칙, 화산미디어(2009), 116; 김용한, 민법총칙론(재전정판), 박영사(1997), 68; 김증한/김학동, 민법총칙(제10판), 박영사(2013), 89; 송덕수, 민법총칙(제4판), 박영사(2018), 68.

377 대법원 2003. 5. 16. 선고 2000다54659 판결, 대법원 2011. 1. 13. 선고 2009다103950 판결, 대법원 2012. 5. 24. 선고 2009다68620 판결, 대법원 2015. 3. 26. 선고 2012다48824 판결, 대법원 2016. 6. 9. 선고 2015다200258 판결, 대법원 2017. 2. 15. 선고 2014다230535 판결.

그 행사가 '남용'에 해당하여야 한다.[378]

가. 권리의 존재

권리남용의 첫 번째 요건은 '권리'의 존재이다. '권리'의 범주에는 원래 의미의 권리뿐만 아니라 법인격 남용의 예[379]에서 알 수 있듯이 '법적 지위'도 포함된다.[380] 남용 여부가 주로 문제되는 권리는 소유권을 비롯한 물권이다. 실제로 그 동안의 재판례들을 보면 물권, 특히 토지 소유권의 남용이 문제되는 사건들이 다수를 차지하여 왔다. 대표적 사례는 토지 소유자가 그 토지 지상의 건물이나 공작물을 철거하라고 청구하는 경우이다. 우리나라와 같이 토지와 건물을 별도의 부동산으로 취급하는 법제에서는 이러한 유형의 분쟁이 빈번하게 발생한다. 이러한 사례들에서 피고는 권리남용 항변을 하는 경우가 많은데, 이에 대한 판단은 개별 사안에 나타나는 다양한 변수들에 따라 달라질 수 있다. 이러한 항변을 받아들여 권리남용이라고 판단한 예도 있고,[381] 권리남용이 아니라고 판단한 예도 있다.[382] 물론 권리남용금지의 원칙은 물권법 이외에 채권법, 가족법, 회사법, 소송법 등 다양한 영역에 적용된다. 계약해제권의 남용,[383] 친권의 남용,[384] 확정판결의 부당한 집행에 의한 권리남용[385] 등이 그 예이다. 권리남용이 문제되는 다양한 유형에 관하여는 뒤의 유형별 검토에서 자세히 살펴본다.

나. 권리의 행사

권리남용의 두 번째 요건은 권리의 '행사'이다. 권리 행사의 형태는 불문한다. 권리자가 의무자에 대하여 재판 외에서 권리를 행사하는 것은 물론, 재판상 권리 행사, 나아가 법원의 공적(公的) 판단이 개입된 권리 행사에도 권리남용의 법리가 적용된다. 가령 확정판결에 기한 집행도 권리 행사의 한 형태이다. 판례는 확정판결의 내용이 실체적 권리관계에 배치되는 경우 그 판결에 의하여 집행할 수 있는 것으로 확정된 권리의 성질과 그 내용, 판결의 성립 경위 및 판결 성립 후 집행에

378 민법주해 Ⅰ, 총칙(1), 박영사(1992), 190(윤용섭).
379 대법원 1988. 11. 22. 선고 87다카1671 판결 등.
380 이영준, 민법총칙[한국민법론 Ⅰ], 박영사(2005), 72; 이은영, 민법총칙(제5판), 박영사(2009), 88; 김준한/김학동, 민법총칙(제10판), 박영사(2013), 90.
381 가령 대법원 1999. 9. 7. 선고 99다27613 판결.
382 가령 대법원 2001. 2. 23. 선고 2000다65246 판결.
383 대법원 1971. 3. 31. 선고 71다352, 353, 354 판결.
384 대법원 1981. 10. 13. 선고 81다649 판결.
385 대법원 2001. 11. 13. 선고 99다32899 판결.

이르기까지의 사정, 그 집행이 당사자에게 미치는 영향 등 제반 사정을 종합하여 볼 때, 그 확정판결에 기한 집행이 현저히 부당하고 상대방으로 하여금 그 집행을 수인하도록 하는 것이 정의에 반함이 명백하여 사회생활상 용인할 수 없다고 인정되는 경우 그 집행은 권리남용으로서 허용되지 않는다는 입장을 취한다. 나아가 그 경우 집행채무자는 청구이의의 소에 의하여 그 집행의 배제를 구할 수 있다고 한다.[386] 판례는 한 단계 더 나아가 이러한 권리남용의 법리가 단순히 판결의 집행에만 적용되는 것이 아니고 이에 기초한 다른 권리의 행사, 예를 들어 확정판결에 기한 판결금 채권을 피보전채권으로 하여 채권자취소권을 행사하는 경우에도 적용된다고 한다.[387] 또한 권리 행사에는 계약의 효력(유효성)을 주장하는 행위처럼 널리 법적 효과를 주장하는 모든 행위도 포함한다.[388]

권리의 소극적 행사, 즉 권리의 불행사도 권리남용을 구성할 수 있는가에 관해서는 논란이 있다. 다수설은 권리의 불행사도 권리남용이 될 수 있다고 한다.[389] 소수설은 친권 외에는 권리불행사가 권리남용이 되는 사례를 찾아보기 어렵다고 한다.[390] 우선 친권과 같이 권리뿐만 아니라 의무의 성격도 가지는 권리의 경우 권리의 불행사가 대상자의 불이익이 될 수 있으므로, 일정한 경우 권리 불행사가 권리남용으로 평가될 수 있다.[391] 그 외의 권리 불행사의 경우에는 권리 불행사 자체가 문제 된다기보다는 장기간 권리를 행사하지 않다가 돌연 그 권리를 행사하여 상대방의 신뢰를 침해하는 것이 문제 된다. 이때에는 본래적 의미의 권리남용금지 원칙이 적용된다기보다는 실효의 원칙이 적용된다고 보면 충분할 것이다.

다. 권리의 남용

권리남용의 세 번째 요건은 권리의 '남용'이다. 남용 개념은 권리 행사의 모습에 관한 객관적 측면과 권리 행사의 의도에 관한 주관적 측면으로 나누어 생각해볼 수 있다. 이는 각각 권리남용의 객관적 요건과 주관적 요건에 대응한다. 나중에 살펴보듯이 권리남용에 주관적 요건이 일반적으로 요구되는가에 대해서는

386 대법원 1984. 7. 24. 선고 84다카572 판결, 대법원 2011. 11. 13. 선고 99다32899 판결.
387 대법원 2014. 2. 21. 선고 2013다75717 판결 등.
388 송덕수, 민법총칙(제4판), 박영사(2018), 83.
389 김상용, 민법총칙, 화산미디어(2009), 125; 이은영, 민법총칙(제5판), 박영사(2009), 88; 김증한/김학동, 민법총칙(제10판), 박영사(2013), 90.
390 민법주해 Ⅰ, 총칙(1), 박영사(1992), 191(윤용섭).
391 주석 민법, 총칙(1)(제4판), 한국사법행정학회(2010), 225(백태승).

논란이 있다.

권리남용의 객관적 요건이 충족되려면 권리 행사가 객관적으로 허용되는 한계를 벗어나야 한다. 판례에서 이러한 객관적 요건은 "권리의 사회적 존재를 초과하여 도리어 사회적 경제적 생활을 해"하는 경우,[392] "사회생활상 도저히 인용될 수 없을 때",[393] "사회적 한계를 초과한 때",[394] "권리행사로서 사회질서에 어긋나는 결과를 초래할 때",[395] "형식적으로는 권리행사라 하여도 그것이 권리의 사회성과 적법성의 관념에 비추어 도저히 허용할 수 없는 정도"일 때,[396] "권리행사가 사회질서에 위반된다고 볼 수 있"을 때,[397] "정당한 권리행사의 한계를 벗어난" 때,[398] "정의에 반함이 명백하여 사회생활상 용인할 수 없다고 인정"되는 때[399] 등으로 다양하게 표현된다. 그런데 이러한 권리 행사의 사회적·규범적 일탈 상태는 결국 권리자의 이익과 그로 인하여 침해되는 상대방의 이익이 현저한 불균형 상태에 놓이게 되었는지를 검토하여 판단하게 된다.[400] 그러므로 권리자의 이익이 사소한 것일수록, 또는 침해되는 상대방의 이익이 중대한 것일수록 권리남용의 객관적 요건이 충족될 가능성이 높아진다.

권리남용에 주관적 요건이 요구되는가에 대해서는 논란이 있다. 구법 시대 판례는 주관적 요건을 요구하지 않는 경우가 많았으나,[401] 현행 민법 시행 후 전체적인 판례의 흐름을 보면 권리남용에 주관적 요건을 요구하는 경향이 강하게

392 대법원 1959. 10. 29. 선고 1959민상532 판결. 김학동, "토지소유자의 방해제거청구권과 권리남용 - 판례를 중심으로 -", 부동산법학의 제문제(석하김기수교수화갑기념)(1992), 58에서 인용.

393 대법원 1964. 11. 24. 선고 64다803 판결.

394 대법원 1966. 3. 15. 선고 65다2329 판결.

395 대법원 1983. 10. 11. 선고 83다카335 판결, 대법원 1990. 5. 22. 선고 87다카1712 판결.

396 대법원 1992. 6. 9.자 91마500 결정.

397 대법원 2012. 12. 13. 선고 2012다33624 판결.

398 대법원 2014. 10. 30. 선고 2014다42967 판결.

399 대법원 2018. 3. 27. 선고 2015다70822 판결.

400 신의성실의 원칙은 결국 객관적 이익형량의 문제로 귀착된다. Roth/Schubert, Münchener Kommentar zum BGB, 7. Auflage(2016), §242, Rn. 10.

401 김학동, "토지소유자의 방해제거청구권과 권리남용 - 판례를 중심으로 -", 부동산법학의 제문제(석하김기수교수화갑기념)(1992), 58에서 인용하고 있는 대법원 1956. 1. 12. 선고 1955민상281 판결, 대법원 1956. 12. 15. 선고 1956민상522 판결, 대법원 1957. 4. 6. 선고 1957민상15 판결, 대법원 1957. 12. 4. 선고 1957민상172 판결, 대법원 1958. 12. 26. 선고 1958민상116 판결, 대법원 1958. 12. 26. 선고 1958민상113 판결, 대법원 1959. 10. 29. 선고 1959민상429 판결, 대법원 1959. 11. 19. 선고 1959민상675 판결, 대법원 1959. 11. 29. 선고 1959민상530 판결(이상 권리남용을 부인한 사례). 반면 권리남용의 요건으로 권리자의 가해의사를 요구한 구법 시대 판례로는 대법원 1959. 7. 23. 선고 1958민상789 판결, 대법원 1959. 12. 10. 선고 1958민상730, 731 판결.

[권영준]

나타난다.[402] 즉 대법원은 "권리행사가 권리의 남용에 해당한다고 할 수 있으려면, 주관적으로 그 권리행사의 목적이 오직 상대방에게 고통을 주고 손해를 입히려는 데 있을 뿐 행사하는 사람에게 아무런 이익이 없는 경우이어야 하고, 객관적으로는 그 권리행사가 사회질서에 위반된다고 볼 수 있어야 하는 것"이라고 판시하여 왔고,[403] 이러한 입장은 최근의 판례에서도 반복되고 있다.[404] 그런데 이러한 태도가 모든 유형의 판결에서 일관되게 발견되지는 않는다. 가령 상표권 남용의 경우, 상표권 행사의 목적이 오직 상대방에게 고통을 주고 손해를 입히려는 데 있을 뿐 이를 행사하는 사람에게는 아무런 이익이 없어야 한다는 주관적 요건을 반드시 요구하지는 않는다고 본 판결이 있다.[405] 또한 주관적 요건은 권리자의 정당한 이익을 결여한 권리행사로 보이는 객관적인 사정에 의하여 추인할 수도 있다고 하여, 주관적 요건의 완화를 시도하는 판결들도 다수 있다.[406] 전체적으로 보면 주관적 요건을 요구하는 대부분의 판례들은 주로 토지 소유권에 기한 건물 철거청구 사안에 집중되어 있다. 실제로 대법원은 일반론에서 "토지소유자가 토지의 소유권을 행사"하는 경우로 한정하여 이 법리를 제시하기도 하였다.[407] 따라서 이것이 과연 모든 유형의 사건에 적용되는 일반적인 요건인지에 대한 의문도 생긴다. 학설로서는 주관적 요건이 필요하지 않다는 입장이 다수설이다.[408] 반면 주관적 요건이 필요하다는 견해도 있다.[409]

402 권리남용과 주관적 요건 일반에 대해서는 우선 박찬주, "권리남용금지와 권리자의 주관적 요건", 인권과 정의 386호(2008) 참조.

403 대법원 1962. 3. 8. 선고 4294민상934 판결, 대법원 1986. 7. 22. 선고 85다카2307 판결 등 다수. 다만 객관적 요건과 주관적 요건을 선택적으로 제시한 판례들도 있다. 대법원 1962. 2. 22. 선고 4294민상1202 판결, 대법원 1983. 10. 11. 선고 83다카335 판결, 대법원 1991. 10. 25. 선고 91다27273 판결 등.

404 대법원 2015. 3. 20. 선고 2012다17479 판결, 대법원 2017. 7. 11. 선고 2017다5310 판결.

405 대법원 2007. 1. 25. 선고 2005다67223 판결. 이 판결에 대한 대법원 재판연구관의 해설로 오영준, "가. 음반의 제명(題名)이 자타상품의 식별표지로서 인정되는 경우, 나. 음반의 제명(題名)에 화체된 업무상의 신용이나 고객흡인력의 귀속 주체, 다. 등록상표권자의 상표권의 행사가 권리남용에 해당하기 위한 요건", 대법원판례해설 69호 상(2007), 571 이하 참조. 이 논문 581면에서 추론할 수 있듯이 이처럼 주관적 요건을 요구하지 않는 대법원 판례의 태도는 일본 판례의 태도에 영향을 받은 것으로 보인다.

406 대법원 1998. 6. 26. 선고 97다42823 판결, 대법원 1999. 8. 24. 선고 99다23802 판결, 대법원 2005. 3. 24. 선고 2004다71522, 71539 판결 등.

407 대법원 2012. 12. 13. 선고 2012다33624 판결, 대법원 2017. 7. 11. 선고 2017다5310 판결.

408 곽윤직/김재형, 민법총칙(제9판), 박영사(2013), 86; 윤진수, "권리남용 금지의 경제적 분석", 민법논고 I, 박영사(2007), 109-110; 민법주해 I, 총칙(1), 박영사(1992), 192, 193(윤용섭); 주석 민법, 총칙(1)(제4판), 한국사법행정학회(2010), 230(백태승).

409 이동형, "권리남용에 있어서 주관적 요건의 필요성", 저스티스 통권 107호(2008. 10), 33; 김천수, "권리남용과 권리행사상 신의칙", 민사판례연구 22권, 박영사(2010), 40; 지원림, 민법강의(15판), 홍문사(2017), 49.

권리남용에 주관적 요건을 요구하는 태도는 이미 로마법의 고전적 권리남용론에서도 발견되는 것이지만,[410] 보다 직접적으로는 "오직 타인을 해할 목적으로만 권리를 행사하는 행위"를 금지하는 독일 민법 제226조의 영향을 받은 것이다.[411] 독일 민법 제262조는 이른바 시카네 금지(Schikaneverbot)[412]를 명문화한 규정으로서, 시카네(Schikane), 즉 타인을 해할 목적이라는 주관적 요건을 강조한다.[413] 그런데 우리나라 민법 제2조에 가장 큰 영향을 미친 스위스 민법 제2조 제2항은, 권리의 명백한 남용은 법의 보호를 받지 못한다고 규정할 뿐 주관적 요건을 요구하지 않는다. 우리 민법의 입법자는 권리남용금지 원칙과 관련하여 독일 민법 제226조가 권리남용의 요건으로서 주관적 요건을 요구하는 것은 적절하지 않고, 스위스 민법 제2조 제2항처럼 주관적 요건을 배제하는 것이 타당하다는 입장에 서 있었던 것으로 보인다.[414] 권리남용에 주관적 요건을 명문으로 요구하는 독일에서조차도 실제로 이 조항은 매우 엄격하게 적용되고 있다.[415] 좀 더 거시적인 관점에서 큰 흐름을 살펴보면, 앞으로 권리남용금지의 법리는 가해의사라는 주관적 징표에서 객관적 이익교량이라는 객관적 징표를 강조하는 방향으로 발전해 나가리라고 생각된다.[416] 이러한 입법 연혁과 권리남용 법리의 전반적인 흐름에 비추어, 가해의사는 권리남용 성립에 반드시 필요한 주관적 요건이 아니라 권리남용 여부를 판단하는 하나의 중요한 고려 요소 정도로 보는 것이 옳다.

4. 유형별 검토

가. 소유권 남용

1) 토지 소유권에 기한 건물 등 철거 및 토지인도 청구

소유권 남용, 좀 더 정확히 말하면 소유권에 기한 청구권 남용은 권리남용의 전형적 예이다. 특히 자신의 토지소유권에 기해 그 토지 위에 있는 건물 등 공작

410 Staudinger, Kommentar zum Bürgerlichen Gesetzbuch mit Einführungsgesetz und Nebengesetzen, 2001, § 226, Rn. 6.

411 따라서 독일 민법상 권리남용이 성립하기 위해서는 고의(Vorsatz)가 요구된다.

412 시카네(Schikane)는 시비, 트집 등을 의미하는 프랑스어(Chicane)에 어원을 둔 용어이다.

413 곽윤직/김재형, 민법총칙(제9판), 박영사(2013), 74.

414 민의원 법제사법위원회 민법안심의소위원회, 민법안심의록, 상권(1957), 4면.

415 Palandt/Ellenberger, Bürgerliches Gesetzbuch, 76. Auflage(2017), §226, Rn. 1.

416 민법주해 Ⅰ, 총칙(1), 박영사(1992), 194(윤용섭)는 권리남용에 관하여 현대와 같은 명문의 규정이 없었던 구법시대에서도 객관적 이익교량에 의하여 권리남용의 법리를 전개한 판례가 적지 아니하였음에도, 오히려 현행법 시대에 들어와 상당수의 대법원 판례가 권리남용에 있어 주관적 요건을 강조하고 있는 것은 권리남용 이론의 발달·변천 과정이나 그 현대적 의의에 비추어 결코 온당한 태도가 아니라고 한다.

물 철거 및 그 토지 부분의 인도를 구하는 경우에 주로 문제된다. 이러한 사안 유형에서는 그 철거가 상대방 또는 공공에 초래할 불이익이 중요하게 고려된다.

그 중에서도 가장 전형적인 사안 유형은 경계침범 건축이다.[417] 대법원은 ① 이미 건물이 건축되어 있는 토지를 매수한 뒤 그 토지 시가 7배 상당의 건물의 철거를 요구하고 인접 토지 가격보다 2배 이상의 가격으로 매수할 것을 요구하는 경우,[418] ② 침범한 토지를 4~5배에 상당하는 금원에 매수하겠다는 상대방의 제의도 거절하면서 자기 대지와 지상 가옥 전부를 매수할 것을 요구하는 한편 건물 철거를 구하고 있고, 철거 이전 비용이 침범 부분 토지 시가의 약 20배에 달하는 경우,[419] ③ 민법 제242조 소정의 건물 간 거리를 충분히 확보하지 못한 채 건축된 건물 1.2평 부분에 관하여 건축 후 수년이 지나서 철거를 구하는 경우,[420] ④ 공유자가 공유물 보존행위로서 경계침범 건물 1평방미터 부분의 철거를 구하는 경우,[421] ⑤ 10층 아파트 건물 중 12.9㎡ 부분 및 그 필수적 부대시설에 대한 철거를 구하는 경우,[422] ⑥ 2층 건물 중 0.3㎡ 부분에 대한 철거를 구하는 경우[423] 등에 권리남용을 인정하였다.

또 다른 사안 유형은 교사(校舍)나 송전선 등 공익과 관련된 건물 등 공작물 철거를 구하는 경우이다. 대법원은 ① 토지 취득 당시 그 위에 국민학교가 있고 현재 학교교사로 사용되고 있다는 사실을 알면서도 이를 취득한 후 학교교사 철거청구를 하는 경우,[424] ② 토지가 학교부지로 사용되는 사정을 알면서 양수한 후 20년 가까이 인도청구를 하지 않다가 그 부지의 인도청구를 하는 경우,[425] ③ 다수의 이익을 위해 사용되는 수로의 폐쇄를 구하는 경우,[426] ④ 인근 주민들의 급수에 막대한 지장을 초래할 가압장건물 철거를 구하는 경우,[427] ⑤ 구거(溝渠,

417 이 문제에 대해서는 이은영, "토지의 경계침범과 권리남용에 관한 법적 고찰", 외법논집 36권 3호 (2012. 8) 참조.
418 대법원 1964. 11. 11. 선고 64다720 판결.
419 대법원 1965. 12. 21. 선고 65다1910 판결.
420 대법원 1982. 9. 14. 선고 80다2859 판결.
421 대법원 1991. 6. 11. 선고 91다8593 판결.
422 대법원 1993. 5. 11. 선고 93다3264 판결.
423 대법원 1993. 5. 14. 선고 93다4366 판결.
424 대법원 1978. 2. 14. 선고 77다2324, 2325 판결.
425 대법원 1992. 11. 10. 선고 92다20170 판결.
426 대법원 1991. 10. 25. 선고 91다27273 판결.
427 대법원 1991. 9. 24. 선고 91다21664 판결.

도랑)의 시설물 철거 청구를 하는 경우[428] 등에 권리남용 내지 신의칙 위반을 인정하였다. 또한 토지 소유자가 한국전력공사를 상대로 송전선로철거소송을 제기한 사건에서, 토지 소유자가 그러한 소송에 이르게 된 과정, 계쟁 토지가 51㎡에 불과한 점, 위 송전선을 철거하여 이설하는 데 막대한 비용과 손실이 예상되는 반면 송전선이 철거되지 않더라도 토지를 이용하는 데 별다른 지장이 없는 점 등에 비추어 농로 위를 지나가는 송전선의 철거를 구하는 청구가 권리남용에 해당한다고 한 사례도 있다.[429]

그러나 이처럼 토지 소유권에 기한 철거 등 청구의 권리남용 여부가 문제된 판례 전체를 놓고 보면, 실제로 권리남용이 인정된 사례는 소수에 불과하다.[430] 물론 건물 철거는 건물소유자에게 가혹한 결과이다. 대부분의 건물철거청구 사건에서 토지소유자가 건물 철거를 통하여 얻을 수 있는 이익보다 이로 인하여 건물소유자가 감수하여야 할 불이익이 훨씬 크다. 그러나 단지 이러한 사정만을 들어 건물철거청구를 권리남용으로 보고 토지 소유자의 권리행사를 금지한다면, 토지 소유권의 가치는 현저히 줄어들게 될 것이다. 판례가 토지 소유권에 기한 건물 철거, 토지 인도 청구 등의 사건 유형에서 권리남용의 주관적 요건을 강조하는 것도 이러한 이유 때문이라고 생각된다. 실제로 권리남용이 인정된 판결들은 권리행사의 목적이 오직 상대방에게 고통을 주고 손해를 입히려는 데 있을 뿐 그 권리행사가 권리자에게 아무런 이익이 되지 않는다는 주관적 요건이 충족되는 사례들에 관한 것이었다.

경계침범 건축 문제는 권리남용금지 원칙과 같은 일반 원칙에 기대기보다는 입법적으로 해결하는 것이 바람직하다. 이른바 월경건축에 대해서는 독일 민법 제912조, 대만 민법 제796조, 스위스 민법 제674조, 이탈리아 민법 제398조 등 여러 국가의 민법이 명문의 규정을 두고 있다. 법무부 민법개정위원회가 마련한 2014년 민법 개정시안 제242조의2(경계를 침범한 건축) 제1항은 "건축주가 고의 또는 과실 없이 이웃 토지의 경계를 침범하여 건물을 건축하는 경우에 이웃 토지소

428 대법원 2010. 2. 25. 선고 2009다79378 판결.

429 대법원 2003. 11. 27. 선고 2003다40422 판결.

430 예컨대 송전선 철거청구의 경우에도 권리남용이 인정되지 않은 예가 대부분이다. 대법원 1996. 5. 14. 선고 94다54283 판결, 대법원 2001. 2. 23. 선고 2000다65246 판결, 대법원 2005. 3. 25. 선고 2003다5498 판결, 대법원 2006. 11. 23. 선고 2004다44285 판결, 대법원 2014. 11. 13. 선고 2012다108108 판결.

유자가 이를 알고 3년 내에 이의를 제기하지 아니하거나 건물이 완성된 후 10년이 경과한 때에는 이를 인용하여야 한다.", 제2항은 "제1항의 경우에 이웃 토지소유자는 건물소유자에게 침범된 토지부분에 대하여 지료상당의 보상 또는 그 매수를 청구할 수 있다."라고 규정하고 있다.[431] 이웃 토지의 소유자가 건물 철거와 같은 극단적 방법을 취할 것이 아니라 일정한 경우에는 그 건물로 인한 소유권 방해 상태를 인용하고, 일정한 경우에는 금전으로 이를 보상 받는 조화로운 방법을 취하도록 한 것이다.

2) 건물 소유권에 기한 건물 인도 및 퇴거 청구

토지 소유권과 비교하면, 건물 소유권에 기한 권리 행사가 권리남용인지 문제 되는 경우는 훨씬 적다. 다만 주택에 거주하던 사람에게 퇴거하라고 청구하는 것이 권리남용인지 문제 될 수 있다. 구법 시대의 판례로, 원고가 해당 주택 외에 다수 주택을 소유하고 있어 해당 주택을 점유할 이유가 없는데, 오로지 가세(家貰) 증액 목적으로 피고의 주택 퇴거를 요구하고 있고, 피고는 주택에서 쫓겨나면 여러 가족이 길거리에 방황하다가 기아에 직면할 처지라고 항변하였던 경우, 피고의 권리남용 항변에 대해 판단하지 않은 원심 판결을 파기한 것이 있다.[432] 또한 외국에 이민을 가 있어 주택에 입주하지 않으면 안 될 급박한 사정이 없는 딸이 고령과 지병으로 고통을 겪고 있고 달리 마땅한 거처도 없는 아버지와 그를 부양하면서 동거하고 있는 남동생을 상대로 자기 소유 주택의 명도 및 퇴거를 청구하는 행위가 인륜에 반하는 행위로서 권리남용에 해당한다고 본 사례도 있다.[433]

3) 부동산 소유권에 기한 등기청구

부동산 소유자는 타인 명의의 등기가 자신의 소유권을 방해하는 경우 등기명의인을 상대로 그 등기를 말소할 것을 청구할 수 있다. 앞서 살펴 본 건물 철거 청구와 비교하면 말소등기청구는 물리적인 현상의 변경을 수반하지 않을 뿐만 아니라 사회적, 경제적 손실을 가져오지도 않는다. 따라서 건물 철거 청구와 비교할 때 등기청구가 권리남용에 해당한다고 판단될 가능성은 낮다. 다만 이러한 등기청구가 인용되면 부동산 소유자가 철거청구, 인도청구 등 후속 청구를 할 가능성이 있으므로, 이러한 후속청구를 위한 등기청구 자체를 권리남용으로 보아야 한

431 이 조항에 대한 해설로는 권영준, 2014년 법무부 민법개정시안해설 - 민법총칙·물권편, 법무부(2017), 432-439.

432 대법원 1948. 8. 30. 선고 4281민상103, 104, 105 판결.

433 대법원 1998. 6. 12. 선고 96다52670 판결.

다는 주장도 불가능하지는 않다.

대법원은 소유권이전등기의 토대가 된 소유권보존등기가 원인무효라고 볼 아무런 주장·증명이 없는 이상, 그 뒤에 이루어진 소유권보존등기는 실체적 권리관계에 부합하는지 여부와 관계없이 무효이므로, 후행 소유권보존등기의 말소를 구하는 것이 신의칙 위반이나 권리남용에 해당하지 않는다고 판단한 바 있다.[434] 즉 소유권보존등기가 이중으로 이루어진 경우 후행 소유권보존등기는 효력이 없다고 보는 이중등기 법리에 따라 등기말소를 구하는 것은 적법하다.

반면 대법원은, 1동의 건물을 신축한 후 그 건물 중 구조상·이용상 독립성을 갖추지 못한 부분을 스스로 구분건물로 건축물관리대장에 등재하고 소유권보존등기를 마친 자가 구조상·이용상 독립성을 갖출 수 있음에도 불구하고 그렇게 하지 않은 채 그 건물 부분에 관하여 자신과 매매계약을 체결하여 그에 따라 소유권이전등기를 마친 자 또는 자신과 근저당권설정계약을 체결하여 그에 따라 근저당권설정등기를 마친 자 등을 상대로 그러한 등기가 무효임을 주장하며 이에 대한 멸실등기절차의 이행이나 위와 같은 건물 부분의 인도를 청구하는 것은 신의성실의 원칙에 위반된다고 볼 여지가 있다고 판단한 바 있다.[435] 그런데 이 판결은 소유권보존등기나 그 후속 소유권이전등기 및 근저당권설정등기가 무효인데도 막상 소유자가 그 무효를 주장할 수 없는 법률상태가 구체적으로 무엇을 의미하는지, 가령 구조상·이용상 독립성의 흠결이라는 문제가 치유되면 소유권이전등기와 근저당권설정등기를 마친 자가 각각 소유권과 근저당권을 취득하게 되는지, 그 근저당권에 기한 경매절차에서 부동산을 취득한 자는 소유권을 취득하는지 등의 어려운 문제를 여전히 남겨 놓고 있다.

4) 토지 소유자의 공작물 건축

자기 토지 위에 건축된 타인의 건물 기타 공작물에 관한 철거청구는 토지 소유자의 권리남용이 문제되는 전형적인 사례이다. 그런데 토지 소유자가 자기 토지 위에 건물 등 공작물을 설치하는 것이 인근 토지 소유자와의 관계에서 권리남용으로 평가되는 경우도 있다. 이는 주로 인근 토지 소유자가 해당 토지 소

434 대법원 2008. 2. 14. 선고 2007다63690 판결.

435 대법원 2008. 3. 27. 선고 2015다3471 판결. 아울러 이 판결은 이러한 법리가 위와 같은 근저당권에 기초한 임의경매절차에서 해당 건물 부분을 매수하여 구분건물로서 소유권이전등기를 마친 자를 상대로 등기의 멸실등기절차의 이행 또는 해당 건물 부분의 인도를 청구하는 경우에도 마찬가지로 적용된다고 한다.

유자에 대하여 그 건물 등 공작물의 철거를 구하는 사건에서 문제 된다. 가령 대법원은 공로에 이르는 통로로 사용되는 자기 소유 토지 위에 인근 상가 출입구를 봉쇄하는 형태로 블록담장을 설치한 행위가 위 상가의 사용·수익을 방해하고 상가 소유자에게 고통이나 손해를 줄 목적으로 이루어진 것이어서 권리남용에 해당한다고 보았다.[436] 또한 대법원은 콘도에 연접한 토지 소유자가 콘도와 토지의 경계 위에 블록으로 화단을 설치하고 그 위에 쇠파이프 등으로 철제 구조물을 설치한 행위가 콘도 소유자의 콘도 사용·수익을 방해하고 콘도 소유자에게 고통이나 손해를 줄 목적으로 행한 것으로서 권리남용에 해당한다고 보았다.[437] 이처럼 자기 토지 위에 건물 등 공작물을 건축하는 것이 권리남용으로 인정되면 그로 인하여 인근 토지 소유자의 소유권을 위법하게 방해하는 것으로 평가되고, 인근 토지 소유자는 그 건물 등 공작물의 철거를 구할 수 있다. 이처럼 자기 토지 위의 공작물 건축 행위가 권리남용에 해당한다는 판단은 곧 그 행위가 인접 토지 소유자의 법익을 침해하는 위법한 행위라는 평가에 이르는 한 과정으로 활용된다.

5) 배타적 사용수익권 포기

소유자는 법이 허용하는 범위 내에서 그 소유물을 사용, 수익, 처분할 권리가 있다(본법 제211조). 이러한 소유자의 권리는 독점적, 배타적 성격을 지닌다. 그런데 대법원은 소유자가 소유권 중 배타적 사용수익권만을 포기한 법적 상태를 상정한 뒤, 이 경우 소유자는 배타적 사용수익권이 침해되었음을 전제로 한 부당이득반환청구나 방해배제청구를 할 수 없다는 법리를 제시하여 왔다. 이러한 법리는 주로 개인이 소유하는 토지가 사실상 도로로 이용되고 있고 지방자치단체가 이를 점유·관리하는 경우에 개인의 부당이득반환청구 등을 제한하기 위한 목적에서 형성되고 전개되어 왔다. 대법원은 종래 지방자치단체의 점유 자체를 부정하는 방법으로 토지 소유자의 부당이득반환청구를 배척하기도 하였으나,[438] 지방자치단체의 점유가 인정되더라도 토지 소유자에게 부당이득반환청구의 요건 중 하나인 '손실' 요건이 부정된다는 이유로 부당이득반환청구를 배척하는 판례가 점차 축적되었다. 이러한 법리는 대법원 1974. 5. 28. 선고 73다399 판결에서 최초로 판시되

436 대법원 2010. 12. 9. 선고 2010다59783 판결.

437 대법원 2014. 10. 30. 선고 2014다42967 판결.

438 대법원 1975. 12. 9. 선고 75다997 판결, 대법원 1986. 2. 11. 선고 84다카689 판결, 대법원 1987. 10. 13. 선고 87다카1470 판결, 대법원 1991. 2. 8. 선고 90다7166 판결.

었고,[439] 대법원 1991. 7. 9. 선고 91다11889 판결을 계기로 확립된 법리의 지위를 차지하게 되었다. 이러한 대법원의 태도에 대해서는 배타적 사용수익권이 포기된 소유권이라는 개념 자체가 물권법정주의나 공시주의에 반한다는 비판이 적지 않게 제기되었다.[440] 이처럼 부분적이고 불완전한 소유권은 법률에서 상정하고 있는 유형의 물권이 아니고, 이를 등기로 공시할 방법도 없기 때문이다. 또한 그 연장선상에서 이러한 법리에 따라 달성하고자 하는 목적은 주로 도로철거청구의 경우에 신의성실의 원칙에 따라 토지 소유자의 권리행사를 제한하면 충분하다는 비판도 있었다.[441]

그런데 대법원 2009. 3. 26. 선고 2009다228, 235 판결은 "소유권의 핵심적 권능에 속하는 사용·수익의 권능이 소유자에 의하여 대세적으로 유효하게 포기될 수 있다고 하면, 이는 결국 처분권능만이 남는 민법이 알지 못하는 새로운 유형의 소유권을 창출하는 것으로서, 객체에 대한 전면적 지배권인 소유권을 핵심으로 하여 구축된 물권법의 체계를 현저히 교란하게 된다."라고 판시하여, 물권적 의미의 배타적 사용수익권 포기를 인정할 수 없다는 점을 지적하였다. 그 후 대법원은 여러 판결에서 배타적 사용수익권 포기는 어디까지나 채권적인 의미만을 가진다고 판시하였다.[442] 나아가 대법원 2013. 8. 22. 선고 2012다54133 판결은 "그 후 토지이용상태에 중대한 변화가 생기는 등으로 배타적 사용·수익권을 배제하는 기초가 된 객관적인 사정이 현저히 변경된 경우"에는 포기된 배타적 사용수익권이 회복될 수 있다고 판시하였다. 만약 배타적 사용수익권의 포기가 물권적인 의미를 가진다면 이처럼 사정변경에 따라 배타적 사용수익권이 회복되는 현상을 설명하기 어려울 것이다. 따라서 이 판결 역시 배타적 사용수익권 포기가 물권적 색채를 띠지 않음을 보여준다. 이러한 일련의 판례들을 통해 배타적 사용수익권 포기 법리와 물권법정주의의 저촉 문제는 해결되었다.

439 서경환, "배타적 사용수익권 포기 법리의 문제점과 그 대안으로서의 통행지역권", 사법논집 54집(2012), 476-481.

440 임한흠, "도로부지로 된 토지에 대한 종전 소유자의 사용수익권의 포기와 그 특정승계인의 부당이득반환청구", 민사재판의 제문제 10권(2000), 256; 권영준, "배타적 사용수익권 포기 법리에 관한 비판적 검토", 서울대학교 법학 47권 4호(2006. 12), 304-305. 대법원 1991. 2. 8. 선고 90다7166 판결도 이러한 문제점에 대한 인식을 표출하였다.

441 권영준, "배타적 사용수익권 포기 법리에 관한 비판적 검토", 서울대학교 법학 47권 4호(2006. 12), 336.

442 대법원 2009. 7. 9. 선고 2007다83649 판결, 대법원 2012. 6. 28. 선고 2010다81049 판결 등.

하지만 배타적 사용수익권 포기가 채권적인 의미를 가진다는 것만으로는 이 법리를 충분히 설명할 수 없다. 대법원은 배타적 사용수익권 포기의 효과가 특정승계인에게 미친다고 판시하여 왔는데,[443] 배타적 사용수익권 포기가 단지 채권적인 효과만 가지는 것이라면 이러한 판례를 설명하기 어렵다. 또한 이러한 채권적 의사표시의 상대방이 누구인지, 그 의사표시가 효력을 가지기 위해서는 일반 공중 또는 지방자치단체를 향하여 실제로 의사표시가 이루어져야 하는 것인지도 불명확하다. 나아가 현실에서는 토지 소유자가 적극적으로 배타적 사용수익권을 포기하는 의사표시를 하기보다는 소극적으로 자기 토지의 이용에 관하여 이의를 제기하지 않는 사례가 대부분인데, 이처럼 아무런 의사표시를 하지 않는 상태를 두고 배타적 사용수익권 포기의 의사표시를 한 것으로 의제하는 근거도 불분명하다. 결국 현행법 체계에서 배타적 사용수익권 포기 법리는 신의성실의 원칙에 따라 설명하는 것이 타당하다.[444] 참고로 대법원 1991. 4. 9. 선고 90다카26417 판결은 토지의 원래 소유자가 그 토지를 인근 주민들에게 통행로로 제공하다가 원고가 경매절차에서 그 토지를 취득한 후 지방자치단체를 상대로 부당이득반환청구를 한 사건에서, 원고의 부당이득반환청구가 부당하다는 피고 소송대리인의 주장에 신의칙 위배나 권리남용 등에 대한 주장이 포함되어 있는지를 분명히 할 필요가 있다고 지적함으로써 이러한 사고방식을 간접적으로 드러낸 바 있다. 이처럼 배타적 사용수익권 포기 법리의 근거를 신의칙에서 찾는다면, 이 법리는 소유권에 기한 물권적 청구권의 남용 유형에 준하여, 주로 토지 소유자가 물권적 청구권을 행사하는 경우에 엄격한 요건 아래 적용되어야 하고, 부당이득반환청구의 경우에는 매우 예외적으로만 적용되어야 한다.

나. 유치권 남용

유치권은 일정한 채권과 관련하여 물건을 점유함으로써 성립하는 법정담보물권이다(본법 제320조). 유치권을 인정하는 이유는 타인의 물건을 점유하는 자가 그 물건에 관한 채권을 가지는 경우, 그 채권의 변제를 받을 때까지 그 물건의 반환

443 대법원 1992. 7. 24. 선고 92다15970 판결, 대법원 1994. 9. 30. 선고 94다20013 판결 등.

444 권순호, "일반 공중의 통행에 제공된 토지에 관한 배타적 사용·수익권 행사 제한과 신의성실의 원칙", 대법원판례해설 제97호 하(2014), 72에서는 관련 대법원 판결이 신의성실의 원칙에 기초한 것임을 밝히고 있다.

을 거절할 수 있도록 하는 것이 공평하다고 여겨지기 때문이다.[445] 그런데 특히 부동산 유치권과 관련해서는 다음과 같은 문제가 있다.[446] 우선 부동산 유치권은 등기로 공시되지 않는다.[447] 유치권자의 점유만으로는 부동산 유치권의 존재가 충분히 공시되지 않는다. 이러한 불충분한 공시는 경매절차의 예측 가능성을 해치고 부동산 담보가치를 하락시키는 원인이 된다.[448] 부동산 매수인은 피담보채권을 변제하지 않는 한 유치권자로부터 부동산 인도를 받을 수 없으므로(민사집행법 제91조 제5항 참조),[449] 이러한 유치권의 존재는 현실에서 매우 강력한 힘을 발휘한다. 이 때문에 허위 유치권을 내세우는 경우도 많다.[450] 또한 유치권은 유치권자의 점유를 요건으로 하면서도(본법 제320조 및 제328조), 유치권자의 사용·수익은 원칙적으로 금지한다(본법 제324조 제2항 본문). 결국 유치권이 성립한 물건은 그 사용·수익가치가 사장된다. 이는 이해관계인뿐만 아니라 사회 전체의 관점에서 볼 때 큰 손실이다.

이러한 문제점 때문에 해석론을 통하여 부동산 유치권의 적용 범위를 합리적으로 제한하려는 시도가 이어져 왔다.[451] 예컨대 대법원은 부동산에 대한 압류의 효력 발생 후 채권자가 채무자로부터 그 부동산의 점유를 이전받아 유치권을 취

445 민법주해 VI, 물권(3), 박영사(1992), 275(호문혁); 주석 민법, 물권(3)(제4판), 한국사법행정학회(2011), 413(김갑유); 곽윤직/김재형, 물권법, 박영사(2014), 375; 이영준, 물권법, 박영사(2009), 760; 양창수, "유치권의 성립요건으로서의 「채권과 물건 간의 견련관계」", 민법연구 1권, 박영사(1991), 272.

446 이에 관하여는 권영준, "유치권에 관한 민법 개정안 소개와 분석", 서울대학교 법학 57권 2호(2016. 6), 141-142 참조.

447 김재형, "부동산 유치권의 개선방안 2011년 민법개정시안을 중심으로", 민사법학 55호(2011. 9), 341은 이 점에서 부동산 유치권을 '기이한 물권'이라고 표현한다.

448 한상곤, "민사집행절차에서 본 유치권의 개정안에 대한 고찰", 경희법학 50권 1호(2015), 160; 박혜웅/남기범, "부동산 법원경매에서 유치권이 감정가와 매각가 차이에 미친 영향분석", 한국정책연구 11권 3호(2011), 134 이하.

449 원래 유치권자에게는 우선변제권이 인정되지 않는다. 따라서 유치권에 의한 경매의 경우 유치권자는 일반채권자와 동일한 순위로 배당을 받을 수 있을 뿐이다(대법원 2011. 6. 15.자 2010마1059 결정). 그런데 민사집행법은 일반 경매에서 유치권에 관하여 인수주의를 채택하고 있어, 이 경우 우선변제권이 없는 유치권자가 사실상 우선변제를 받게 되는 결론에 이른다.

450 김재형, "부동산 유치권의 개선방안 - 2011년 민법개정시안을 중심으로 - ", 민사법학 55호(2011. 9), 344; 이정민/이점인, "허위·가장 유치권 문제와 유치권 등기의 필요성에 대한 검토", 민사법이론과 실무 18권 1호(2014), 186-195.

451 윤진수, "유치권 및 저당권설정청구권에 관한 민법개정안", 민사법학 63-1호(2013. 6), 196은 이를 두 가지 흐름으로 나누어 소개한다. 첫 번째는 유치권의 피담보채권을 엄격하게 제한하는 것이고, 두 번째는 일정한 경우 제3자에 대한 유치권 주장을 제한하는 것이다. 전자에 해당하는 판례로는 대법원 2012. 1. 26. 선고 2011다96208 판결, 후자에 해당하는 판례로는 대법원 2005. 8. 19. 선고 2005다22688 판결, 대법원 2011. 10. 13. 선고 2011다55214 판결 등 참조.

득한 경우 이러한 점유의 이전은 압류의 처분금지효에 저촉되므로, 채권자가 경매절차의 매수인에게 그 유치권을 내세워 대항할 수 없다고 보았다.[452] 또한 압류 전에 그 부동산의 점유를 취득하였으나 압류 효력 발생 후에 공사대금채권을 취득함으로써 비로소 유치권이 성립한 경우에도 채권자(수급인)는 유치권으로 경매절차의 매수인에게 대항할 수 없다고 보았다.[453] 학설로서는 유치권의 효력 제한의 근거를 유치권 남용 법리에서 찾아야 한다는 견해,[454] 일정한 경우에는 채권자취소권 법리에서 그 근거를 찾을 수 있다는 견해[455] 등이 제시되고 있다.

대법원은 압류와 유치권의 문제와는 별도로, 유치권 남용 법리를 통해 유치권의 효력을 제한하고 있다. 즉 대법원은 "거래당사자가 유치권을 자신의 이익을 위하여 고의적으로 작출함으로써 (중략) 유치권의 최우선순위담보권으로서의 지위를 부당하게 이용하고 전체 담보권질서에 관한 법의 구상을 왜곡할 위험이 내재" 한다고 하면서, "이러한 위험에 대처하여, 개별 사안의 구체적인 사정을 종합적으로 고려할 때 신의성실의 원칙에 반한다고 평가되는 유치권제도 남용의 유치권 행사는 이를 허용하여서는 안 될 것"이라고 한다.[456] 이러한 일반론을 제시한 뒤, 대법원은 후순위근저당권자가 상사유치권의 성립요건을 충족하는 내용의 거래를 일으킨 후 그에 기하여 근저당부동산에 대한 유치권을 취득하고 이를 선순위근저당권자에게 주장하는 등 고의적으로 유치권을 작출하여 그 지위를 부당하게 이용한 행위가 유치권 남용에 해당한다고 평가하였다.[457] 위와 같이 유치권 남용을 인정하기 위한 요건으로는 ① 채무자가 이미 채무초과의 상태에 빠졌거나 그러한 상태가 임박하여 채권자가 자기 채권의 충분한 만족을 얻을 가능성이 현저히 낮아진 상태에서 ② 이미 채무자 소유의 목적물에 저당권 기타 담보물권이 설정되어 있어서 유치권의 성립에 의하여 저당권자 등이 불이익을 입을 것을 잘 알면서 ③ 자기 채권의 우선적 만족을 위하여 위와 같이 취약한 재정적 지위에 있는 채

452 대법원 2005. 8. 19. 선고 2005다22688 판결, 대법원 2006. 8. 25. 선고 2006다22050 판결.

453 대법원 2011. 10. 13. 선고 2011다55214 판결, 대법원 2013. 6. 27. 선고 2011다50165 판결.

454 이계정, "체납처분압류와 유치권의 효력", 서울대학교 법학 56권 1호(2015. 3), 239 이하; 조효정, "부동산에 가압류등기가 경료된 후에 채무자의 점유이전으로 제3자가 유치권을 취득하는 경우, 가압류의 처분금지효에 저촉되는지 여부", 재판실무연구(수원지방법원)(2013), 220-221; 이승규, "유치권자와 경매절차에서의 매수인의 대항관계", 민사판례연구 36권, 박영사(2014), 265.

455 송영복, "유치권의 남용에 대한 대처-신의칙 적용 유형화와 고려요소 분석, 그 대안으로 채권자취소권 적용 시도-", 민사판례연구 38권, 박영사(2016), 273 이하.

456 대법원 2011. 12. 22. 선고 2011다84298 판결.

457 대법원 2011. 12. 22. 선고 2011다84298 판결.

무자와 사이에 의도적으로 유치권의 성립요건을 충족하는 내용의 거래를 일으키고 그에 기하여 목적물을 점유하였을 것을 들 수 있다.[458] 대법원 판결 중에는 근저당권 등 담보물권이 설정된 이후에 그 담보물권의 목적부동산의 점유를 취득하여 유치권을 성립시킨 사정만으로는 곧바로 유치권자가 유치권제도를 남용하였다고 속단하기는 어렵다고 본 것이 있다.[459]

이와 반대로 유치권부존재확인을 구하는 것이 권리남용에 해당한다고 본 판례도 있다. 즉 대법원은 공매절차에서 점유자의 유치권 신고 사실을 알고 부동산을 매수한 자가 그 점유를 침탈하여 유치권을 소멸시키고, 그 뒤 유치권자가 점유 회복의 소를 제기하여 승소하였음에도 그 점유를 제3자에게 고의로 이전하여 확정판결에 기한 강제집행까지 방해한 사안에서, 유치권자가 현재까지 점유회복을 하지 못한 사실을 내세워 위 부동산 매수인이 유치권자를 상대로 적극적으로 유치권부존재확인을 구하는 것은 권리남용에 해당하여 허용되지 않는다고 하였다.[460]

앞서 소개한 판결들에서와 같이 법원이 유치권 남용 등의 법리를 적용하여 유치권의 폐해를 최소화하는 것과 같은 맥락에서, 유치권 제도를 개선하기 위한 입법적 노력으로 법무부는 2013. 7. 17. 등기 부동산에 대한 유치권 폐지와 저당권 설정청구권 부여를 골자로 하는 민법 개정안[461]을 국회에 제출하였다.[462] 그러나 이 법안은 국회 임기만료로 폐기되어, 유치권 제도의 입법적 개선은 아직 이루어지지 못하고 있다.

다. 지식재산권 남용

1) 특허권 남용

특허법에는 권리남용에 관한 명문 조항이 없으나,[463] 특허권에 대해서도 민

458 송영복, "유치권의 남용에 대한 대처-신의칙 적용 유형화와 고려요소 분석, 그 대안으로 채권자취소권 적용 시도-", 민사판례연구 38권, 박영사(2016), 250-273은 유치권 남용에 관한 대법원 및 하급심 법원 판결들의 경향을 상세하게 분석하고 있다.

459 대법원 2014. 12. 11. 선고 2014다53642 판결.

460 대법원 2010. 4. 15. 선고 2009다96953 판결.

461 의안번호 6019.

462 관련 해설로는 권영준, 2014년 법무부 민법개정시안해설 - 민법총칙·물권편, 법무부(2017), 545-578.

463 1963. 3. 5. 법률 제1293호로 일부 개정된 특허법 제45조의2 제1항에서는 특허권의 남용금지를 규정하고, 제2항에서 권리남용으로 간주되는 사항들을 열거하고 있었다. 이는 대체로 특허권을 실시하지 않거나 실시권의 허락을 부당하게 거부한 사항들에 관한 것이었다. 이 조항은 1973. 2. 8. 법률 제2505호로 개정된 특허법에서 제52조로 바뀌면서 일부 내용이 추가되었다가 1986. 12. 31. 법률 제3891호로 일부 개정된 특허법에서 삭제되었다. 한편 이에 해당하는 주요 내용은 위 특허법 제51조의 통상실시권 설정의 재정이라는 항목 아래 편입되었다.

법상 권리남용금지의 원칙이 적용된다.[464] 특허권은 소유권과 유사하게 독점적, 배타적 속성을 지니는 강력한 사권(私權)이다. 그러나 특허권은 소유권에 비해 그 권리범위가 불명확한 경우가 많다. 더구나 제약특허의 예에서 알 수 있듯이 특허권은 일반적인 사권과 비교하면 공익과의 관련성이 강하게 나타나는 권리이다. 그러므로 특허에 관한 권리가 특허권자 개인에게 배타적으로 독점되는 것이 언제나 사회 전체적으로 바람직한 것은 아니다. 바꾸어 말하면 특허권의 행사는 정당한 범위로 제한되어야 할 필요성이 있고, 이를 위해 권리남용금지의 원칙을 특허권에 적용하여야 할 필요성도 있다. 독점규제 및 공정거래에 관한 법률 제59조는 특허법에 의한 권리의 정당한 행사라고 인정되는 행위에 대하여는 이 법을 적용하지 않는다고 규정하는데, 이는 부당한 특허권의 행사에 대하여 독점규제의 법리를 적용하겠다는 선언에 다름 아니다.[465]

구 특허법(1986. 12. 31. 법률 제3891호로 일부 개정되기 전의 것) 제52조 제1항에서는 “특허권자 기타 특허에 관하여 권리를 가진 자는 그 권리를 남용하여서는 아니된다.”라고 규정하고 있었다.[466] 그러나 구 특허법 아래에서도 이러한 의미의 특허권 남용 법리가 실제로 적용된 판례는 찾기 어려웠다. 오히려 특허권 남용의 법리는 대체로 특허권에 기한 침해금지 또는 손해배상 청구에 관한 민사사건을 담당하는 법원이 특허권에 무효 사유가 있다고 인정하면서, 특허심판원의 무효심결이 내려지기도 전에 이러한 무효 사유가 있는 특허권에 기한 청구를 권리남용이라고 판단하는 양상으로 전개되었다.[467] 아래에서 보는 것처럼, 특허권 남용 법리는 주로 무효사유가 있는 특허권에 기한 민사상 청구를 제한하는 도구로 발달하여 왔다. 엄밀히 말하면 이러한 특허권 남용 법리는 본래 특허심판원이나 특허법원이 다루어야 할 특허 무효의 문제를 민사법원이 개별 특허침해 사건에서 다룰 수 있도록 하는 도구이므로 민법상 권리남용 법리와는 다소 거리가

464 송영식 외 2 공저, 지적소유권법(상)(제9판), 육법사(2005), 493; 정상조, “소프트웨어 특허의 현황과 과제”, Law & Technology 3권 6호(2007), 64; 윤선희, 지적재산권법(11정판), 세창출판사(2010), 104, 109; 김원준, 특허법원론, 박영사(2009), 842.

465 여기에서 말하는 부당한 특허권 행사는 특허권 행사가 가져오는 경쟁제한적 측면에 초점을 맞춘 개념이므로, 특허권 행사가 본래 특허권이 가지는 권리로서의 목적 범위 내지 내제적 제한을 벗어난 것인지에 초점을 맞춘 특허권 남용 개념과는 구별되어야 한다. 강명수, “특허권의 행사와 공정거래법의 관계”, 인권과 정의 431호(2013. 2), 58 참조.

466 이 조항은 1987년 특허법 전면개정에 따라 삭제되었다.

467 이하 특허권 남용에 대한 설명은 대체로 권영준, “특허권 남용의 법리와 그 관련 문제”, 산업재산권 36호(2011. 12), 175-226의 해당 부분에 의거하였다.

[권영준]

있다.[468] 이러한 '무효선언에 갈음한 권리남용론'의 제도적, 현실적 배경은 다음과 같다.

특허청이 특허출원을 심사하여 특허결정을 하는 행위와 이를 특허원부에 직권등록하는 행위는 각각 행정행위의 성격을 가진다.[469] 한편 행정행위는 그것이 당연 무효가 아닌 한, 권한을 가진 기관에 의해 취소될 때까지 행위의 상대방이나 제3자가 그 효력을 부인할 수 없는 구속력, 즉 공정력을 가진다.[470] 그러므로 행정기관인 특허청의 심판(특허법 제133조)에 의해서 특허권이 무효가 되기 전에는 특허권에 기한 침해금지청구 사건을 담당하는 법원이라고 하더라도 함부로 특허권의 효력을 부정할 수 없다. 그러므로 법원으로서는 원칙적으로 위와 같은 특허심판 절차를 통해 특허권의 유·무효가 확정된 후에 그 결과에 기초하여 침해 여부를 판단하여야 한다.[471] 실제로 특허법 제164조 제2항은 소송절차에 있어서 필요하다고 인정된 때에는 법원은 특허에 관한 심결이 확정될 때까지 그 소송절차를 중지할 수 있다고 규정한다.

그러나 특허심결이 확정되기까지 장시간이 소요되는 경우도 많으므로, 법원이 소송절차를 중지하고 특허에 관한 심결이 확정될 때까지 기다려서는 특허권 침해에 대한 시의적절한 구제가 어려워질 수 있다. 특히 신속한 권리구제를 핵심으로 하는 보전절차에서는 더욱 그러하다. 이러한 문제점은 두 절차를 엄격하게 구별하여 운영하는 국가들의 제도적 특수성에 기인하는 것으로, 특허침해소송에 있어서 특허무효의 일반적 항변을 허용하는 미국, 영국, 프랑스 등에서는 발견되지 않는다.[472]

이러한 문제에 직면하여 대법원은, 특허의 신규성이 없어 무효가 되어야 하지만 무효심결이 확정되지 않은 경우에 침해소송을 담당하는 법원이 사실상 특허

468 박준석, "무효사유 있는 특허권에 기한 권리행사와 권리남용", Law & Technology 9권 3호(2013. 5). 5는 이러한 의미의 특허권 남용 법리는 민법상 권리남용과 실제로 별다른 관련이 없다고 설명한다. 또한 같은 맥락에서 침해금지청구의 제한 문제는 무리하게 권리남용 법리를 끌고 들어와서 해결할 것이 아니라, 입법적으로 해결해야 한다는 견해가 있다. 정태호/김혁중, "특허침해소송에서의 권리남용의 적용에 대한 비판적 고찰", 한양대학교 법학논총 29권 4호(2012), 404-405.

469 권창환, "특허출원인에게 불리한 특허결정에 대한 구제방법에 대하여", Law & Technology 4권 3호(2008), 83.

470 대법원 1991. 4. 23. 선고 90누8756 판결 등.

471 이러한 사고는 일본 대심원 시대부터 형성된 판례와 학설에 영향을 받은 것이다. 대표적 판결로서 日大判 1962. 9. 15.(刑錄 10輯 1679頁) 참조.

472 高部 眞規子, "無效理由が存在することが明らかな特許權に基づく差止め等の請求と權理の濫用", Jurist 增刊, 最高裁時の判例 Ⅲ, 私法編(2), 有斐閣(2004), 348.

를 무효처럼 취급할 수 있는 길을 열어 놓았다. 우선 대법원은 권리범위확인소송에서 특허의 신규성이 부정되는 경우에는 특허무효심결이 없더라도 법원이 특허권의 권리범위를 정할 수 있다는 입장을 채택하였다.[473] 이처럼 법원이 특허권의 권리범위를 정할 수 있다면, 그에 따라 특허권이 부정되는 범위 내에서는 특허권에 기초한 침해금지청구나 손해배상청구도 인정될 수 없다는 논리로 쉽게 연결될 수 있다. 실제로 그 후 대법원은 "특허권은 신규의 발명에 대하여 부여되는 것이고 그 권리범위를 정함에 있어서는 출원 당시 기술수준이 고려되어야 할 것이므로 그 등록된 특허발명의 전부가 출원 당시 공지공용의 것이었다면 그 일부가 공지공용인 경우와 구별할 필요 없이 그 권리범위를 인정할 합리적 근거가 없는 것에 돌아가는 것이니 이 경우에는 그 무효심결의 유무에 관계없이 그 권리를 인정할 수 없다"라고 하여 이러한 논리를 받아들였다.[474] 다만 종래 판례는 신규성이 아닌 진보성 판단에는 이러한 원칙이 적용되지 않는다고 보았다.[475]

그런데 대법원 2004. 10. 28. 선고 2000다69194 판결은 "특허의 무효심결이 확정되기 이전이라고 하더라도 특허권침해소송을 심리하는 법원은 특허에 무효사유가 있는 것이 명백한지 여부에 대하여 판단할 수 있고, 심리한 결과 당해 특허에 무효사유가 있는 것이 분명한 때에는 그 특허권에 기초한 금지와 손해배상 등의 청구는 특별한 사정이 없는 한 권리남용에 해당하여 허용되지 아니한다."라고 판시하였다.[476] 이 판결은 특허 무효사유가 신규성 결여인지 진보성 결여인지를 묻지 않는다는 점, 나아가 이러한 무효사유가 있는 것이 분명한 경우 특허권에 기한 청구를 권리남용과 연결시켰다는 점에서 중요한 의미를 가진다.[477] 종래 판례에서 신규성 결여와 진보성 결여는 똑같이 특허의 무효사유이더라도 다르게 취급되어 왔다. 진보성 결여는 신규성 결여의 경우와 비교할 때 전문적, 기술적 판단

473 대법원 1983. 7. 26. 선고 81후56 전원합의체 판결.

474 대법원 1987. 7. 24. 선고 87마45 판결. 이 판결은 의장권침해금지가처분 사건에 관한 것이지만, 이처럼 특허에 관한 이론을 먼저 판시한 뒤 이를 의장등록에도 적용하였다.

475 대법원 1992. 6. 2.자 91마540 결정, 대법원 1993. 2. 12. 선고 92다40563 판결, 대법원 1998. 10. 27. 선고 97후2095 판결, 대법원 2001. 3. 23. 선고 98다7209 판결 등. 특허침해소송을 담당하는 법원이 진보성 결여라는 무효사유에 대하여 심리·판단할 수 있다는 취지로 대법원 1991. 10. 25. 선고 90후2225 판결, 대법원 1997. 7. 22. 선고 96후1699 판결, 대법원 1998. 2. 13. 선고 97후686 판결 등이 있었으나, 대법원 1998. 10. 27. 선고 97후2095 판결 이후에는 그러한 취지의 판결들이 발견되지 않는다.

476 다만 이는 방론(放論)에 불과한 부분이었다.

477 최성준, "무효사유가 있는 것이 명백한 특허권의 행사가 권리남용에 해당하는지 여부", 지적재산권 8호(2005), 64.

이 필요하여 일반적인 민사법원에 그 판단을 맡기기가 곤란한 측면이 있었기 때문이다. 따라서 무효심결이 확정되지 않은 상황에서 진보성이 결여된 것으로 인정된다고 하여 특허권을 부정할 수는 없다는 것이 기존 대법원 판례의 태도였다. 그런데 위 2000다69194 판결은 권리남용이론을 통하여 이러한 기존 대법원 판례를 우회할 수 있는 길을 열어놓은 것이다. 또한 주관적 요건을 강조하는 경향이 강한 민법상 권리남용 법리의 구속에서 벗어나, 주관적 요건과 무관하게 권리남용이라는 이름 아래 원고의 청구를 배척할 수 있는 근거를 마련하여 주었다는 점도 특기할 만하다. 이는 특허권 남용이 다른 권리남용 유형보다 더 넓게 인정될 여지가 있다는 것을 시사한다. 나아가 이 판결은 특허의 무효사유 존재만으로는 부족하고 그것이 명백할 것을 추가로 요구함으로써, 단순히 무효사유가 있는 경우와 명백히 무효사유가 있는 경우를 구분하였다.

대법원 2012. 1. 29. 선고 2010다95390 전원합의체 판결은 특허권 남용에 관한 법리를 더욱 명확하게 제시하였다. 이 판결은 특허법의 입법목적을 부각시킨 뒤,[478] 특허권도 사적 재산권의 하나인 이상 특허발명의 실질적 가치에 부응하여 정의와 공평의 이념에 맞게 행사되어야 한다는 점을 강조하였다. 그리고 진보성이 없어 보호할 가치가 없는 발명에 대하여 형식적으로 특허등록이 되어 있음을 기화로 특허권자가 발명을 실시하는 자를 상대로 침해금지 또는 손해배상 등을 청구할 수 있도록 용인하는 것은 특허권자에게 부당한 이익을 주고 발명을 실시하는 자에게는 불합리한 고통이나 손해를 줄 뿐이므로 실질적 정의와 당사자들 사이의 형평에도 어긋난다고 하였다. 따라서 특허발명에 대한 무효심결이 확정되기 전이라고 하더라도 특허발명의 진보성이 부정되어 특허가 특허무효심판에 의하여 무효로 될 것임이 명백한 경우에는 그 특허권에 기초한 침해금지 또는 손해배상 등의 청구는 특별한 사정이 없는 한 권리남용에 해당하여 허용되지 않는다는 것이다. 또한 특허권침해소송을 담당하는 법원으로서도 특허권자의 그러한 청구가 권리남용에 해당한다는 항변이 있는 경우 그 항변의 당부를 살피기 위한 전제로서 특허발명의 진보성 여부에 대하여 심리, 판단할 수 있다고 판시하였다. 이 전원합의체 판결은 2004년 대법원 판결에서 방론으로서 특허무효의 선결문제 판

478 대법원은 특허법의 입법 취지를 "발명자뿐만 아니라 이용자의 이익도 아울러 보호하여 궁극적으로 산업발전에 기여함을 입법목적으로 하고 있"고, 따라서 "사회의 기술발전에 기여하지 못하는 진보성 없는 발명은 누구나 자유롭게 이용할 수 있는 이른바 공공영역에 [속한다]"고 설명한다.

[권영준]

단을 할 수 있다고 추상적으로 선언한 것에서 더 나아가, '진보성'에 대하여 판단할 수 있다는 점을 정면으로 인정하였다는 특징이 있다. 이에 따라 진보성이 없는 경우까지 권리범위를 부정할 수는 없다고 한 종전 판례들은 폐기되었다.[479]

2) 상표권 남용

상표권의 경우에도 권리남용 법리가 적용될 수 있다. 다만 앞서 살펴본 특허권 남용의 법리와 마찬가지로, 상표권 남용의 법리는 민법상 권리남용 법리와 다소 다른 양상으로 형성되고 발전되어 왔다.

우리 상표법은 상표 보호에 관하여 선등록주의를 채택하고 있다. 그러므로 상표법에 의한 보호를 받으려면 그 상표를 등록해야 한다. 그런데 비록 상표 등록은 되지 않았지만 이미 상표로 사용되고 있고 심지어 주지성까지 획득하는 경우가 있을 수 있다. 이때 단지 등록을 먼저 하였다는 이유만으로 그 등록상표권자를 언제나 우선적으로 보호할 것인가 하는 문제가 발생한다. 판례는 이처럼 등록상표와 미등록 사용상표가 충돌하는 사안에서 상표권 남용 법리를 적용하여 등록상표권자의 권리 행사를 제한한다. 판례에 따르면, 상표권의 행사가 등록상표에 관한 권리를 남용하는 것으로서 허용될 수 없다고 하기 위해서는 상표권자가 당해 상표를 출원·등록하게 된 목적과 경위, 상표권을 행사하기에 이른 구체적·개별적 사정 등에 비추어, 상대방에 대한 상표권의 행사가 상표사용자의 업무상의 신용유지와 수요자의 이익보호를 목적으로 하는 상표제도의 목적이나 기능을 일탈하여 공정한 경쟁질서와 상거래 질서를 어지럽히고 수요자 사이에 혼동을 초래하거나 상대방에 대한 관계에서 신의성실의 원칙에 위배되는 등 법적으로 보호받을 만한 가치가 없다고 인정되어야 한다.[480]

그러므로 미등록 상표가 이미 주지성을 획득하였는데 이와 동일 또는 유사한 상표를 사용하여 수요자로 하여금 혼동을 일으키게 하여 이익을 얻을 목적으로 형식상 상표권을 취득하고 그 상표권을 행사하는 것은 권리남용에 해당한다.[481] 예컨대 대법원은 음반의 제명이 널리 알려져 이미 상품의 식별표지로 기능하고

479 그 후 진보성이 결여된 특허권에 기초한 침해소송에서 특허권 남용 법리의 적용 여부가 문제되었던 판결로는 대법원 2012. 3. 15. 선고 2010다63133 판결과 대법원 2015. 7 .23. 선고 2014다42110 판결이 있다. 앞의 판결에서는 특허권 남용 법리가 적용되었고, 뒤의 판결에서는 적용되지 않았다.

480 대법원 2007. 1. 25. 선고 2005다67223 판결, 대법원 2008. 7. 24. 선고 2006다40461, 40478 판결, 대법원 2014. 8. 20. 선고 2012다6059 판결, 대법원 2014. 8. 20. 선고 2012다6035 판결.

481 대법원 2001. 4. 10. 선고 2000다4487 판결.

있는데 그 후 그 제명을 상표로 출원·등록한 뒤 위 제명의 선사용자의 음반 제작·판매 금지를 구하는 것은 상표권 남용이라고 판단하였다.[482] 미등록 상표가 주지성을 획득하지 않은 경우에는 등록상표권자의 권리행사가 상표권 남용으로 인정될 가능성이 현저히 줄어들지만, 그 가능성을 완전히 배제할 수는 없다. 대법원은 수입·판매하던 제품의 독점적 수입판매권을 부여받는 내용의 계약을 강제하거나 그 계약 체결 과정에서 유리한 입지를 확보하기 위해 그 제품에 사용되던 상표를 먼저 출원·등록하고 상표권침해금지 가처분을 신청하는 행위는 상표권 남용에 해당한다고 판단하였다.[483] 이 사건에서 미등록 상표가 주지성을 획득하였는지는 분명하지 않다. 판시 내용으로 미루어, 이 사건에서는 미등록 상표의 주지성 획득 여부보다 상표 출원·등록 과정에 개입된 부정한 의도가 주된 고려 대상이었던 것으로 보인다.

다만 위의 판결들에서는 미등록 상표가 먼저 사용되고 있었고, 이후에 상표등록이 이루어졌다는 점에 유의할 필요가 있다. 이와 반대로 상표 등록이 먼저 이루어졌는데 이와 동일·유사한 상표를 정당한 이유 없이 사용한 결과 그 사용상표가 국내의 일반 수요자들에게 알려지게 되었다고 하더라도(이른바 역혼동[484]), 상표등록주의의 원칙상 먼저 등록된 상표가 보호되는 것은 당연하므로 먼저 등록된 상표권자가 주지성을 획득한 후행 상표사용에 대해 침해금지 또는 손해배상청구를 하는 것을 권리남용으로 볼 수는 없다.[485]

상표권 남용에는 "오직 상대방에게 고통을 주고 손해를 입히려는 데 있을 뿐 이를 행사하는 사람에게는 아무런 이익이 없을 것"이라는 주관적 요건이 필요하지 않다는 것이 판례의 태도이다.[486] 상표권 남용은 주로 등록상표와 주지사용상표가 충돌하는 사안에서 문제 되고, 권리남용 법리는 이러한 상표 간 충돌을 조정하기 위한 도구로 활용된다. 상표 간 충돌 조정은 수요자의 혼동 가능성을 방지하여 공정한 경쟁질서와 상거래 질서를 유지한다는 상표제도 본래의 목적 유지와도

482 대법원 2007. 1. 25. 선고 2005다67223 판결.

483 대법원 2006. 2. 24.자 2004마101 결정.

484 윤태식, "상표법상 상표의 유사 여부 판단에 관한 연구", 사법논집 59집(2015), 174.

485 대법원 2014. 8. 20. 선고 2012다6059 판결, 대법원 2014. 8. 20. 선고 2012다6035 판결.

486 대법원 2007. 1. 25. 선고 2005다67223 판결, 대법원 2008. 7. 24. 선고 2006다40461, 40478 판결, 대법원 2014. 8. 20. 선고 2012다6059 판결, 대법원 2008. 7. 24. 선고 2006다40461, 40478 판결. 다만 이와 반대 취지로 대법원 1989. 4. 24. 선고 89다카2988 판결, 대법원 1998. 5. 22. 선고 97다36262 판결.

깊은 관련성을 가진다. 그런데 권리남용에 위와 같은 주관적 요건을 요구하면 상표권 남용 이론은 그 존재 가치를 거의 상실하게 된다.[487] 이 점에서 상표권 남용은 주관적 요건을 요구하는 토지 소유권 남용 유형과 확연히 구별된다.

이러한 전통적인 상표권 남용 유형과 별도로, 앞서 살펴 본 대법원 2012. 1. 19. 선고 2010다95390 전원합의체 판결에 기한 특허권 남용 법리는 상표권에도 적용되므로, 무효가 될 것이 명백한 등록상표에 기초해 침해금지 또는 손해배상 청구를 하는 것은 그 등록무효심결이 확정되기 전이라고 하더라도 권리남용에 해당하여 허용되지 않는다.[488] 따라서 공서양속에 반하는 상표등록, 미등록 주지상표의 등록, 수요자 기만적 상표등록 등 상표법 제34조 소정의 무효사유가 있음이 명백한데도 일단 이루어진 상표등록에만 기초한 상표권자의 권리행사는 권리남용으로 볼 수 있다.[489] 이처럼 상표법상 상표를 등록하지 못하게 하는 무효 사유와 앞서 살펴본 이른바 '무효선언에 갈음한 권리남용론'이 결합하게 되면, 전통적인 상표권 남용 법리가 적용될 여지는 점점 줄어들게 된다.[490]

3) 기타

저작권도 특허권이나 상표권과 마찬가지로 권리남용 법리의 적용 대상이다. 그러나 저작권법의 목적은 주관적 만족을 주는 표현의 다양성을 추구하는 것이고, 저작권의 본질은 헌법상 표현의 자유와도 밀접한 관계에 있다.[491] 그러므로 저작권의 행사는 특허권이나 상표권과 비교하여 손쉽게 권리남용이라고 단정하기가 주저되는 측면이 있다. 한편 저작권법은 저작재산권 행사를 제한하는 다양한 개별 규정들(저작권법 제24조 내지 제36조)을 두고 있을 뿐만 아니라, 그 개별 규정들의 흠을 보완하는 일반 조항인 공정이용 조항(저작권법 제35조의3)까지 두고 있

487 오영준, "등록상표권자의 상표권의 행사가 권리남용에 해당하기 위한 요건 등"(2007. 1. 25. 선고 2005다67223 판결)", 대법원판례해설 69호 상(2008), 595-596. 이러한 해설에 대해 의문을 제기하는 견해로서는 박준석, "특허권 등 지적재산권의 남용을 긍정한 우리 판례들의 논리분석", 민사판례연구 34권, 박영사(2014), 1011-1017.

488 대법원 2012. 10. 18. 선고 2010다103000 전원합의체 판결. 다만 대법원 1989. 4. 24. 선고 89다카2988 판결은 등록취소사유가 있더라도 등록취소심결 등에 의하여 그 취소가 확정될 때까지는 여전히 유효한 권리로 보호받으므로, 권리남용의 일반 요건을 갖추어야 비로소 상표권 남용으로 판단될 수 있다고 한다.

489 유대종, "상표무효사유와 상표권 남용에 관한 소고", 산업재산권 30호(2009), 278-289.

490 박준석, "특허권 등 지적재산권의 남용을 긍정한 우리 판례들의 논리분석", 민사판례연구 34권, 박영사(2014), 1015-1016.

491 박준석, "특허권 등 지적재산권의 남용을 긍정한 우리 판례들의 논리분석", 민사판례연구 34권, 박영사(2014), 998-999.

[권영준]

다. 따라서 저작권 남용의 실질을 가지는 문제들은 대부분 저작권법의 테두리 안에서 해결될 수 있다. 또한 저작권은 특허권이나 상표권과 달리 무방식주의를 취하고 있고, 저작권 등록은 특정한 유형의 저작권 변동에 관하여 제3자에 대한 대항력을 취득하기 위한 요건에 불과하므로(저작권법 제54조), 등록 무효선언에 갈음하는 권리남용 법리가 적용될 여지도 없다. 이러한 배경에서 저작권 남용은 특허권이나 상표권 남용에 비해 문제되는 빈도가 훨씬 낮다. 저작권 남용을 정면으로 다룬 대법원 판례도 발견되지 않는다. 저작권 남용을 다룬 하급심 판결이나 결정들을 살펴보면, 저작권 남용 항변이 널리 받아들여지는 것 같지는 않다.[492]

라. 친족법상 권리남용

본법 제2조는 민법 전체에 적용되는 통칙이므로, 친족법에도 널리 적용된다.[493] 그런데 재산법 영역과 달리 친족법 영역에서는 공동체적 가치가 더욱 중요한 의미를 가진다. 이 점에서 공동체적 가치에 그 뿌리를 두고 있는 신의성실의 원칙, 권리남용 금지의 원칙은 친족법에서 그 역할이 더욱 강조된다.[494] 친족법상 권리남용은 크게 부부 간의 권리남용과 부모의 자에 대한 권리남용으로 나누어볼 수 있다.

1) 부부 간의 권리남용

가) 혼인생활 중의 권리남용

혼인을 통하여 부부는 생활공동체가 된다.[495] 혼인은 친족관계 성립 등(본법 제767조, 제769조) 일정한 법적 효과를 발생시키며, 그에 따라 일방 배우자는 배우자의 지위에서 상대방 배우자에게 혹은 제3자에게 일정한 권리를 행사할 수 있게 된다.

본법 제826조는 "부부는 동거하며 서로 부양하고 협조하여야 한다"라고 하여, 부부 간의 동거·부양·협조청구권을 규정한다. 동거·부양·협조청구권은 부부가

492 서울지방법원 2003. 9. 30.자 2003카합2114 결정, 서울고등법원 2006. 12. 26. 선고 2006나24157 판결, 서울고등법원 2009. 9. 23. 선고 2007나70737 판결, 서울고등법원 2011. 6. 2.자 2010라109 결정은 모두 저작권 남용 항변이 받아들여지지 않은 것들이다. 박준석, "특허권 등 지적재산권의 남용을 긍정한 우리 판례들의 논리분석", 민사판례연구 34권, 박영사(2014), 1004-1005에서 인용. 반면 저작권 남용 항변이 받아들여진 하급심 판결로는 서울중앙지방법원 2013. 2. 5. 선고 2012가합508727 판결, 수원지방법원 성남지원 2013. 12. 10. 선고 2012가합8921 판결이 있다.

493 윤진수, 친족상속법 강의(제2판), 박영사(2018), 11; 박동진, "신의칙과 권리남용금지원칙의 가족법관계에의 적용", 가족법연구 19권 1호(2005), 27.

494 박동진, "신의칙과 권리남용금지원칙의 가족법관계에의 적용", 가족법연구 19권 1호(2005), 56.

495 윤진수, 친족상속법 강의(제2판), 박영사(2018), 66.

[권영준]

생활공동체를 이루는 것을 전제로 인정되는 권리이며, 상대방과 공동생활을 영위하는 것을 목적으로 하는 권리이다.[496] 그러므로 상대방 배우자와 공동생활을 영위할 의사 없이 상대방 배우자에 대하여 동거·부양·협조청구권을 행사하는 것은 권리남용으로 볼 수 있다.[497] 정당한 이유 없이 동거를 거부하고 있는 배우자는 상대방 배우자에 대하여 부양료 지급을 청구할 수 없다고 본 대법원 판결[498]도 같은 맥락에서 이해될 수 있다.

나) 혼인관계 해소 단계의 권리남용

(1) 혼인취소청구와 권리남용

본법 제816조의 혼인취소사유가 있는 경우, 본법 제817조, 제818조에서 정하는 취소청구권자는 법원에 그 취소를 청구할 수 있다. 다른 친족법상의 권리와 마찬가지로, 혼인취소청구권도 그 남용이 문제 될 수 있다. 아래에서 보듯이 혼인취소청구권의 남용 문제는 중혼을 사유로 한 혼인취소청구 사건에서 주로 다루어졌다.

그런데 중혼은 다른 혼인취소사유보다 반사회성·반윤리성이 무거운 것으로 여겨지므로,[499] 적어도 중혼에 관한 취소청구권의 경우에는 권리남용을 인정하는데 신중할 필요가 있다. 물론 중혼 취소가 후혼의 배우자 및 그 자녀들에게 지나치게 가혹한 결과가 되는 경우에는 권리남용을 인정할 필요도 있다.[500] 결국 중혼 취소청구권의 남용 여부를 판단할 때에는 중혼의 반사회성·반윤리성과 중혼 취소로 인한 후혼 배우자 및 그 자녀들의 불이익을 비교형량하여야 할 것이다. 헌법재판소도 중혼의 취소는 중혼의 반사회성·반윤리성과 혼인생활의 사실상 보호라는 공익과 사익을 어떻게 규율할 것인가 하는 문제와 밀접한 관련이 있다고 보고 있다.[501]

혼인취소청구권의 남용을 인정한 대법원 판결은 대법원 1993. 8. 24. 선고 92므907 판결이 유일한 것으로 보인다. 이 판결의 사실관계는 다음과 같다. 갑은 을과 혼인신고를 하였는데, 을과 사이가 원만하지 못하여 사실상 이혼 상태에 있었

496 박동진, "신의칙과 권리남용금지원칙의 가족법관계에의 적용", 가족법연구 19권 1호(2005), 57.
497 박동진, "신의칙과 권리남용금지원칙의 가족법관계에의 적용", 가족법연구 19권 1호(2005), 57.
498 대법원 1976. 6. 22. 선고 75므17, 18 판결, 대법원 1991. 12. 10. 선고 91므245 판결.
499 헌법재판소 2010. 7. 29. 선고 2009헌가8 결정.
500 박동진, "신의칙과 권리남용금지원칙의 가족법관계에의 적용", 가족법연구 19권 1호(2005), 59.
501 헌법재판소 2010. 7. 29. 선고 2009헌가8 결정.

다. 갑은 위와 같은 혼인 사실을 숨긴 채 피고와 결혼식을 올리고 혼인관계를 지속하였다. 이후 중혼 사실을 알게 된 피고가 항의하자, 갑은 자신이 재외국민인 것처럼 가장하여 취적신고를 하고 피고와 다시 혼인신고를 하였다. 갑은 그로부터 약 10년 후에 사망하였는데, 그때까지 갑과 을 사이에는 아무런 연락이 없었던 반면, 피고는 갑과 줄곧 혼인관계를 유지해 왔다. 그런데 갑의 이복동생인 원고는 갑과 을, 갑과 피고 사이의 관계를 모두 알고 있으면서도 갑과 피고 사이의 혼인신고 이후 10여년이 지난 다음에야 혼인취소청구의 소를 제기하였다. 이때는 중혼자인 갑은 물론, 전혼의 배우자인 을도 사망한 상태였다. 이에 대하여 항소심 법원은 실효 또는 실권의 법리를 적용하여 원고의 혼인취소청구권이 소멸되었다고 보고, 소 각하 판결을 하였다. 대법원은 중혼의 경우 혼인취소청구권을 장기간 행사하지 않았다고 하여 가볍게 권리소멸을 인정해서는 안 된다고 하면서도, 원고의 혼인취소청구는 "권리 본래의 사회적 목적을 벗어난 것으로서 권리의 남용에 해당한다"라고 판시하였다.

중혼을 사유로 한 혼인취소청구권의 남용이 문제 되었던 다른 판결들은 권리남용을 인정하지 않았다. 가령 대법원 1991. 5. 28. 선고 89므211 판결은 갑이 을을 상대로 이혼심판을 청구하여 승소 확정된 후 병과 다시 혼인신고를 하였는데 이후 위 이혼심판이 재심에 의해 취소되었고 그에 이어 을이 갑과 병 사이의 중혼에 관한 취소청구를 한 사안을 다루었다. 위 판결에서 대법원은 을이 실제로는 갑과 혼인생활을 계속할 의사가 없다거나, 그 이혼심판을 믿고 혼인한 선의의 병 및 그 자녀들의 이익이 크게 침해된다는 등의 사유만으로는 을의 혼인취소청구가 권리남용이라고 할 수 없다고 판시하였다. 한편 대법원 1991. 12. 10. 선고 91므535 판결에서는 중혼자가 사망한 뒤 전혼의 배우자가 후혼의 배우자에게 제기한 혼인취소청구가 문제 되었는데, 대법원은 전혼의 배우자가 이미 사실상 이혼상태에 있었다거나 그 혼인사실을 뒤늦게 신고하였다는 사실만 가지고 그 혼인취소청구가 오로지 피청구인을 괴롭히기 위한 소송으로 권리남용에 해당하거나 신의칙에 반하여 위법하다고 볼 수 없다고 판단하였다.

(2) 혼인무효확인청구와 권리남용

본법 제815조에서 정한 혼인무효사유가 있는 경우 그 혼인은 무효확인판결 없이도 무효가 된다. 다만 혼인무효확인을 구할 이익이 있는 때에는 그 무효확인을 구하는 소를 제기할 수 있다. 그런데 그 무효확인을 구하는 것이 신의칙에 위반되어 권리남용이 되는 경우가 있을 수 있다. 예컨대 대법원은 갑남과 을녀가 혼인하였는데, 그 후 을녀가 가출하여 병남과 내연관계를 맺고 이중으로 혼인신고까지 하고 살다가, 갑남이 정녀와 내연관계를 맺고 살다가 사망하자, 정녀가 을녀의 사망신고를 한 다음 자신과 갑남 사이의 혼인신고를 한 경우, 정녀와 갑남 사이의 혼인신고는 갑남 사망 후에 이루어진 것으로서 무효이기는 하지만, 을녀가 갑남의 상속재산을 탐내어 정녀와 갑남의 혼인이 무효라고 주장하는 것은 결국 을녀가 갑남, 병남 모두와의 혼인관계가 유효함을 주장하는 것이 되어 권리남용이라고 하였다.[502]

(3) 유책배우자의 이혼청구와 권리남용

우리 민법은 기본적으로 유책주의(有責主義)를 취하여, 혼인 파탄의 책임이 있는 상대방 배우자에 대하여 이혼청구를 할 수 있도록 한다(본법 제840조). 그런데 본법 제840조 제6호는 "기타 혼인을 계속하기 어려운 중대한 사유가 있을 때" 이혼을 청구할 수 있다고 규정하여, 파탄주의(破綻主義)를 부분적으로나마 받아들인 것으로 이해된다.[503] 문제는 혼인 파탄의 책임이 있는 배우자, 즉 유책배우자가 "혼인을 계속하기 어려운 중대한 사유"에 기초하여 이혼청구를 할 수 있는가 하는 점이다. 대법원은 이혼에 관하여 유책주의를 취하고 있는 현행 법제 아래에서는 유책배우자의 이혼청구가 허용될 수 없다는 입장을 유지하고 있다.[504] 대법원은 유책배우자의 이혼청구를 부정하는 취지를 "혼인제도가 요구하는 도덕성에 배치되고 신의성실의 원칙에 반하는 결과를 방지하려는 데" 있다고 설명한다.[505] 학설상으로도 위와 같은 판례의 태도를 지지하는 견해가 다수이다. 또한 유책배우자의 이혼청구가 신의성실의 원칙 내지 권리남용 금지의 원칙에 반한다는 점도 그 근거의 하나로 제시되고 있다.[506]

다만 혼인제도가 추구하는 이상과 신의성실의 원칙에 비추어 보더라도, 시간

502 대법원 1983. 4. 12. 선고 82므64 판결, 같은 사실관계에 대한 유사한 취지로 대법원 1987. 4. 28. 선고 86므130 판결.

503 윤진수, 친족상속법 강의(제2판), 박영사(2018), 87.

504 대법원 1983. 3. 22. 선고 82므57 판결, 대법원 2015. 9. 15. 선고 2013므568 전원합의체 판결. 또한 대법원 1969. 3. 4. 선고 69므1 판결에서는 유책배우자의 이혼청구에 대해 상대방이 혼인관계가 존속 중이라고 주장하는 것이 권리남용에 해당한다는 유책배우자의 주장을 받아들이지 않았다. 당연한 판단이다.

505 대법원 2015. 9. 15. 선고 2013므568 전원합의체 판결.

506 윤진수, 친족상속법 강의(제2판), 박영사(2018), 95.

이 흐름에 따라 유책배우자에 대한 비난 가능성이 점차 약해져 이혼청구를 배척해야 할 정도에 이르지 않는 경우에는 유책배우자의 이혼청구가 허용될 수 있다. 대법원은 "상대방 배우자도 혼인을 계속할 의사가 없어 일방의 의사에 따른 이혼 내지 축출이혼의 염려가 없는 경우는 물론, 나아가 이혼을 청구하는 배우자의 유책성을 상쇄할 정도로 상대방 배우자 및 자녀에 대한 보호와 배려가 이루어진 경우, 세월의 경과에 따라 혼인파탄 당시 현저하였던 유책배우자의 유책성과 상대방 배우자가 받은 정신적 고통이 점차 약화되어 쌍방의 책임의 경중을 엄밀히 따지는 것이 더 이상 무의미할 정도가 된 경우 등과 같이 혼인생활의 파탄에 대한 유책성이 이혼청구를 배척해야 할 정도로 남아 있지 아니한 특별한 사정이 있는 경우"에는 예외적으로 유책배우자의 이혼청구를 허용할 수 있다고 한다.[507]

2) 부모의 자에 대한 권리남용 - 친권남용

친권은 자녀를 양육, 보호 및 감호하여 자녀의 복리를 실현하기 위한 친권자의 권리이자 의무이다. 본법 제912조는 "친권을 행사함에 있어서는 자의 복리를 우선적으로 고려하여야 한다."라고 하여 친권이 '자의 복리'를 실현하기 위한 의무로서의 성격도 가짐을 명시하고 있다. 이처럼 친권은 권리이자 의무의 성격을 가지므로, 친권남용은 경계의 대상이다. 친권남용에 대한 입법적 대응으로 민법은 친권의 상실, 일시 정지 제도를 두고 있다. 즉 가정법원은 친권남용으로 자녀의 복리가 현저히 침해되거나 침해될 우려가 있는 경우 친권의 상실 또는 일시 정지를 선고할 수 있다(본법 제924조 제1항). 친권의 상실 또는 일시 정지와 구별되는 것으로 친권 일부 제한이 있다. 친권의 일부 제한은 거소의 지정이나 징계, 그 밖의 신상에 관한 결정 등 특정한 사항에 관하여 친권자가 친권을 행사하는 것이 곤란하거나 부적당한 사유가 있어 자녀의 복리를 해치거나 해칠 우려가 있는 경우에 신청권자의 신청에 따라 가정법원이 선고한다(본법 제924조의2). 친권의 일부 제한은 친권 남용을 요건으로 하지 않는다.[508]

한편 친권남용을 이유로 하는 친권의 상실, 일시 정지 선고가 있지 않더라도 '자의 복리'에 반하는 친권 행사는 친권남용 법리를 통해 제한될 수 있다. 친권남용에 관한 재판례들은 주로 유아인도청구권의 남용, 친권자의 재산관리권 또는

507 대법원 2015. 9. 15. 선고 2013므568 전원합의체 판결.

508 본법 제924조 제1항에 따른 친권 상실 청구가 있었으나 가정법원이 친권 일부 제한이 필요하다고 판단할 경우 가정법원은 청구취지에 구속되지 않고 친권의 일부 제한을 선고할 수 있다. 대법원 2018. 5. 25.자 2018스520 결정.

대리권의 남용, (의료행위에 대한) 동의권 남용 등을 다루고 있다.

유아인도청구권의 남용을 다룬 판례를 살펴본다. 대법원 1979. 7. 10. 선고 79므5 판결의 사안에서는 부와 생모 사이에 혼인관계가 없는 상태에서 유아가 출생한 후 부가 생모와 유아를 유기하여 생모가 부를 상대로 혼인빙자간음죄로 고소를 제기하였고, 그에 따라 그 부가 생모와 혼인하기로 약속을 하였다. 그런데 생모가 고소를 취소하자, 부는 유아만 혼인외 자로 입적시키고 다른 여자와 혼인신고를 하였다. 이 사건의 부는 계속 생모와 유아를 유기하면서 그 처와 미국으로 이민을 가려고 하다가 생모의 진정으로 인하여 이주허가신청이 보류되었고, 생모가 부를 상대로 위자료 및 양육비 청구를 하자 이에 대항하기 위하여 유아인도청구를 하였다. 대법원은 이러한 유아인도청구권 행사가 친권남용에 해당한다고 판단하였다.

친권자의 재산관리권 또는 대리권 남용 문제는 여러 판결에서 문제가 되었다. 가령 대법원 1981. 10. 13. 선고 81다649 판결에서는 법정대리인인 친권자가 그 자인 원고(미성년자) 소유 부동산을 그 장남인 피고에게 증여한 행위가 친권남용인지 여부가 다루어졌다. 이 사건에서 원고는 이미 19년 5월 남짓하여 수개월이 지나면 성년이 될 나이에 있었고, 위 처분행위를 강력히 반대하기도 하였다. 또한 위 처분행위는 원고를 위한 것이 아니라 그 장남인 피고만을 위한 것으로서 원고는 아무런 대가도 지급받지 못하였다. 대법원은 원고의 법정대리인인 친권자가 이와 같이 원고 소유 부동산을 피고에게 증여한 행위는, 당시 피고가 이미 성년에 달하여 소위 이해상반행위에는 해당하지 않으나 친권남용으로 볼 수 있다고 판단하였다.[509] 즉 형식적으로는 처분행위의 당사자 중 일방이 친권이 미치지 않는 성년이어서 본법 제921조의 이해상반행위에 해당하지 않는다고 하더라도, 친권자의 대리권 남용 법리를 동원하여 친권 행사를 제한하고자 한 것이다. 이러한 친권남용에 따른 법률행위의 효과는 자에게 미치지 않는다.[510]

의료행위에 관한 동의권 남용도 친권남용의 대표적인 사례이다. 미성년자 본인의 의사 또는 의사능력 유무와 무관하게 친권자의 의사에 따라 의료행위를 받거나 받지 않게 되는 경우가 많다. 이때 친권자는 의료행위에 관한 동의권을 행사

509 대법원 1981. 10. 13. 선고 81다649 판결.

510 대법원 1981. 10. 13. 선고 81다649 판결, 대법원 1991. 11. 26. 선고 91다32466 판결, 대법원 1997. 1. 24. 선고 96다43928 판결.

할 때 자의 복리를 우선적으로 고려해야 한다. 그러므로 어떤 의료행위가 자의 건강을 회복하는 데 도움이 되는 것이라면, 친권자는 그 의료행위에 동의하여야 마땅하다. 하지만 현실적으로는 과다한 치료비 부담을 감당하지 못하거나 감당하기를 원하지 않아 치료를 포기하는 사례, 장애를 가지고 출생한 아동과 그 가족이 겪게 될 고통을 미리 차단하기 위해 치료를 포기하는 사례, 종교적 신념 등을 이유로 치료를 거부하는 사례 등 다양한 형태의 치료거부 사례가 발견된다.[511] 아직 의료행위에 관한 동의권 남용을 인정한 대법원 판례는 발견되지 않는다. 다만 하급심 판결 중에는 종교적 신념 때문에 자녀에 대한 의료행위에 동의하지 않은 경우에 친권남용에 해당한다고 한 것이 있다.[512]

그 밖에 문제 될 수 있는 친권남용의 형태로는 거소지정권 남용, 징계권 남용, 직업허가권 남용, 혼인동의권 남용 등을 들 수 있다.[513] 아직까지 위와 같은 사례를 다룬 판결은 없는 것으로 보인다.

마. 형성권 남용

1) 상계권 남용

형성권 남용 중에서는 상계권 남용이 자주 문제된다. 상계권 남용이 빈번하게 문제되는 것은 상계가 자동채권과 수동채권 간 견련성을 요구하지 않는 등, 그 요건이 완화되어 있는 것과도 관련이 있다.[514]

대법원은 "당사자가 상계의 대상이 되는 채권이나 채무를 취득하게 된 목적과 경위, 상계권을 행사함에 이른 구체적·개별적 사정에 비추어, 그것이 위와 같은 상계 제도의 목적이나 기능을 일탈하고, 법적으로 보호받을 만한 가치가 없는 경우에는, 그 상계권의 행사는 신의칙에 반하거나 상계에 관한 권리를 남용하는 것으로서 허용되지 않는다"라고 한다.[515] 상계권 남용 법리는 주관적 요건을 별도로 요구하지 않지만, 그렇다고 하여 상계권 남용이 주관적 요소와 무관한 것은 아니다. 오히려 상계권 남용 여부를 판단할 때에는 상계권을 행사하게 된 경위, 채권의 취득 목적 등 주관적 요소가 중요하게 고려된다. 참고로 채무자회생절차에서는 채권자평등주의의 원칙 아래 상계권 행사가 제한되는데, 이때 제한사유의

511 윤진수/현소혜, "부모의 자녀 치료거부 문제 해결을 위한 입법론", 법조 통권 680호(2013), 44-45.
512 서울동부지방법원 2010. 10. 21.자 2010카합2341 결정(각공2010하,1576).
513 주석 민법, 총칙(1)(제4판), 한국사법행정학회(2010), 258-261(백태승).
514 김기환, 상계, 경인문화사(2018), 383.
515 대법원 2003. 4. 11. 선고 2002다59481 판결.

하나로 회생채권자나 회생담보권자가 지급의 정지, 회생절차개시의 신청 또는 파산의 신청이 있음을 알고 채무자에 대하여 채무를 부담할 것이 제시되고 있고, 파산절차에서도 이와 대동소이한 사유가 적용된다(채무자 회생 및 파산에 관한 법률 제145조 제2호, 제422조 제1호). 그러나 채무자회생 및 파산절차에서도 회생채권자 등의 가해의사는 요구되지 않는다.

상계권 남용의 유형으로는 ① 채권의 액면과 실제 가치가 크게 차이가 나는 점을 악용하여 실제 가치가 현저히 낮은 자기 채권을 자동채권으로 하고 실제 가치가 현저히 높은 상대방의 채권을 수동채권으로 하여 상계하는 경우,[516] ② 여러 수동채권 가운데 하나를 선택하여 상계할 수 있는데 굳이 압류채권 또는 담보부채권, 또는 별단채권을 수동채권으로 삼아 압류채권자나 담보채권자, 어음소지인의 이익을 해치는 방향으로 상계하는 경우,[517] ③ 타인의 착오 송금을 빌미로 은행이 자신의 대출채권을 우선적으로 회수하기 위하여 상계하는 경우[518] 등을 들 수 있다.[519] 그 가운데 ③ 유형은 최근 중요한 문제로 다루어지고 있으므로, 아래에서 좀 더 자세히 살펴본다.

다른 사람에게 돈을 잘못 보내는 일은 흔히 발생할 수 있다. 이때 일단 그 다른 사람이 돈을 수취하면 송금의뢰인과 수취인 사이에 자금이체 원인이 있는지와 무관하게 수취인과 수취은행 사이에는 입금액 상당의 예금계약이 성립하고, 수취인은 수취은행에 대하여 예금채권을 취득한다.[520] 그리고 이때 수취은행이 수취인에게 대출채권을 가지고 있다면, 수취은행은 이를 그 예금채권과 상계할 수 있다. 그러나 송금의뢰인이 착오송금임을 이유로 거래은행을 통하여 혹은 수취은행에 직접 송금액의 반환을 요청하였고, 수취인도 송금의뢰인의 착오송금에 의하여 수취인의 계좌에 금원이 입금된 사실을 인정하고 수취은행에 그 반환을 승낙하였는데도 수취은행이 자신의 대출채권과 수취인의 예금채권을 상계하여 우선적으로 대출회수를 하는 것은 신의칙에 반하거나 권리남용에 해당한다고 볼 수 있다.[521] 단순한 실수로 인하여 벌어진 사태를 바로잡는 데 협력하지 않고 오히려 이를

516 대법원 2003. 4. 11. 선고 2002다59481 판결.
517 대법원 1989. 1. 31. 선고 87다카800 판결, 대법원 1992. 10. 27. 선고 92다25540 판결, 대법원 1994. 4. 15. 선고 93다6100 판결.
518 대법원 2010. 5. 27. 선고 2007다66088 판결, 대법원 2013. 12. 12. 선고 2012다72612 판결.
519 김기환, 상계, 경인문화사(2018), 384.
520 대법원 2007. 11. 29. 선고 2007다51239 판결.
521 대법원 2010. 5. 27. 선고 2007다66088 판결.

계기로 망외의 이익을 추구하는 행태에 법이 협력할 수는 없기 때문이다. 또한 이러한 이익 추구는 은행의 공공성과도 잘 맞지 않는다. 다만 수취은행이 선의인 상태에서 수취인의 예금채권을 담보로 대출을 함으로써 그 자동채권을 취득하였다거나, 그 예금채권이 이미 제3자에 의해 압류되었다는 등의 특별한 사정이 있다면 위와 같은 상계가 허용될 수 있다.[522] 한편 수취은행의 상계권 행사가 권리남용에 해당하여 무효인 경우에도 송금의뢰인은 수취은행에게 직접 부당이득반환을 청구할 수는 없고, 수취인을 통하여 그 착오송금액을 돌려받거나 수취인의 수취은행에 대한 예금채권을 압류·전부하는 등의 방법으로 착오송금액을 회수해야 한다.

2) 해제권 남용

해제권이나 해지권도 권리남용금지 원칙의 적용을 받는다. 다만 해제권·해지권의 남용 문제는 본법 제2조 제2항에 따른 권리남용이라는 관점보다는 본법 제2조 제1항에 따른 신의칙 위반의 관점에서 다루어지는 경우가 많다.[523] 이 문제는 이미 법률관계의 해소와 신의칙에 관한 목차에서 다루었으므로 여기에서 다시 설명하지 않는다. 그 요지만 되풀이하면, 사소한 채무불이행을 이유로 한 계약해제,[524] 계약이 해제되지 않으리라는 신뢰를 부여한 뒤 이루어진 해제[525] 등의 경우에 신의칙에 비추어 계약해제가 제한될 수 있다.

3) 기타 형성권 남용

기타 형성권 남용 유형으로는 우선 취소권 남용을 들 수 있다. 대법원은 매매계약 당시 조세 관련 법령에 따르면 매도인이 예상보다 훨씬 높은 양도소득세를 부담하게 될 상황이었는데 이후 조세 관련 법령이 개정되어 매도인이 당초 예상하였던 것과 같은 양도소득세액만 부담하는 것으로 확정된 경우, 착오를 이유로 한 취소권 행사는 신의칙상 허용될 수 없다고 판단하였다.[526] 착오로 인한 불이익이 관련 법령 개정으로 이미 소멸되었기 때문이다. 그 밖에 착오자의 상대방이 당초 하였던 의사표시에 착오자가 받아들인 것과 같은 효력을 부여할 용의가 있음을 표시한 경우에도 착오자의 취소는 신의칙에 반하는 권리행사로써 허용되

522 대법원 2010. 5. 27. 선고 2007다66088 판결.
523 계약해제와 권리남용을 결부시킨 판결로는 대법원 2009. 9. 24. 선고 2009다37831 판결이 있다.
524 대법원 1966. 5. 31. 선고 66다626 판결, 대법원 1971. 3. 31. 선고 71다352 판결.
525 대법원 1994. 11. 25. 선고 94다12234 판결, 대법원 1995. 5. 26. 선고 93다50130 판결.
526 대법원 1995. 3. 24. 선고 94다44620 판결.

지 않는다.[527] 예컨대 매도인이 어떤 물건을 잘못하여 43만 원 대신에 34만 원으로 잘못 매도청약하였지만 매수인이 43만 원을 지급하겠다고 하는 경우, 매도인은 현재 그 물건의 가격이 50만원이 되었다고 하더라도 그 계약을 취소하지 못한다.[528]

채권자취소권의 남용도 문제 될 수 있다. 채권자취소권 남용이 문제 된 대법원 판결을 소개하면 다음과 같다. 갑이 을로부터 을의 병에 대한 공사대금채권을 양도받아 병을 상대로 양수금 청구소송을 제기하였고, 그 소송에서 일부 승소판결이 확정되었다. 그런데 병이 건물의 소유권을 취득하여 정 등에게 근저당권을 설정하여 주자, 갑은 판결금 채권을 피보전채권으로 하여 정 등을 상대로 채권자취소소송을 제기하였다. 이 사건에서는 갑과 을의 채권양도가 소송신탁에 해당하여 무효라고 볼 여지가 있었는데, 원심은 이러한 사정을 들어 판결금 채권에 터잡은 갑의 채권자취소권의 행사는 신의칙상 허용되지 않는다고 판단하였다. 그러나 대법원은 그러한 사정만으로는 갑의 판결금 채권에 기초한 채권자취소권 행사가 신의칙에 반한다고 볼 수 없다고 판단하여 원심판결을 파기하였다.[529]

바. 대리권 또는 대표권 남용

대리인이 대리권 범위 내에서 대리행위를 하였지만 그 대리행위에 자기 또는 제3자의 이익을 도모할 목적이 있었다면 대리권 남용이 문제 될 수 있다. 마찬가지 의미에서 대표권 남용도 문제 된다. 이때 대리권 또는 대표권 남용의 효력은 이 문제에 어떤 법리를 적용하는지에 따라 달라진다.

대리권 또는 대표권 남용을 어떤 법리로 규율할 것인지를 두고 여러 견해가 제기되어 왔다. 우선 본법 제107조 제1항 단서 유추적용설[530]이 있다.[531] 본법 제107조 제1항은 비진의표시를 원칙적으로 유효로 보면서도, 상대방이 비진의표시임을 알았거나 알 수 있었을 경우에 그 비진의표시를 무효로 본다. 이에 따르면 대리권 또는 대표권 남용의 경우 상대방이 남용 사실을 알았거나 알 수 있었던 경

527 이영준, 민법총칙(개정증보판), 박영사(2007), 428; 송덕수, 민법총칙(제4판), 박영사(2018), 269-270.

528 송덕수, 민법총칙(제4판), 박영사(2018), 270.

529 대법원 2014. 2. 21. 선고 2013다75717 판결.

530 심리유보설이라고 부르기도 한다. 손지열, “대표권의 남용”, 민사판례연구 11권, 박영사(1989), 5; 지원림, 민법강의(제15판), 홍문사(2017), 280.

531 곽윤직/김재형, 민법총칙(제9판), 박영사(2013), 310; 김상용, 민법총칙, 화산미디어(2009), 544; 김용한, 민법총칙론(재전정판), 박영사(1997), 286.

우 그 대리권 또는 대표권 행사는 무효가 된다. 주류적 판례도 대리권 또는 대표권 남용의 경우에 본법 제107조 제1항 단서를 유추 적용하여 이 문제를 규율한다.[532] 나아가 판례는 미성년자의 법정대리인인 친권자의 대리권 남용의 경우에도 본법 제107조 제1항 단서를 유추 적용한다.[533] 다만 비진의표시는 법률적인 효과의사가 없는 의사표시인데, 대리권 또는 대표권 남용은 법률적인 효과의사가 있다. 단지 그 의사표시의 목적이 경제적으로 자신이나 제3자의 이익을 도모하기 위한 것일 뿐이다. 이러한 중요한 차이를 고려하면 대리권 또는 대표권 남용에 본법 제107조 제1항 단서를 유추 적용하는 것이 정당화될 수 있는지는 의문이다. 또한 대리권 또는 대표권 남용을 실제로 알지는 못하였으나 알 수 있었던 경우에까지도 대리행위나 대표행위를 무효화하는 것은 거래의 안전을 해치는 측면이 있다.

다음으로 대리권제한설(또는 무권대리설)이 있다.[534] 대리권 남용은 대리권이 본인의 이익을 위해 행사되어야 한다는 내재적 한계를 일탈한 대리행위이므로, 무권대리행위로 평가되어야 한다는 것이다. 이 경우 상대방이 대리권 남용을 알지 못하였거나 알지 못한 데 정당한 이유가 있는 경우에는 그 대리행위가 표현대리로서 유효하게 취급된다(본법 제126조). 상대방에게 과실이 있는 경우에도 본인을 보호한다는 점에서 대리권제한설은 본법 제107조 제1항 단서 유추적용설과 같은 결과를 가져온다. 다만 대리권제한설에 관하여는 배임의사와 같은 주관적, 경제적 동기를 빌미로 원래는 대리권 범위 내에서 이루어진 적법한 대리행위를 무권대리행위로 전환시킬 수 있는지에 대한 의문이 제기된다. 또한 대리권제한설과 같이 상대방에게 단순한 과실이 있는 경우에도 본인이 대리행위나 대표행위의 무효를 주장할 수 있다고 하면, 상대방이 그 불이익을 면하기 위해 대리인이나 대표자의 내심의 동기까지 살펴야 하는 부담을 안게 되는 문제도 있다.

끝으로 신의칙설도 있다.[535] 이 입장에 따르면 대리권 남용도 적법한 대리행

532 대법원 1975. 3. 25. 선고 74다1452 판결, 대법원 1987. 7. 7. 선고 86다카1004 판결, 대법원 1999. 1. 15. 선고 98다39602 판결.

533 대법원 2011. 12. 22. 선고 2011다64669 판결.

534 김주수, 민법총칙(제5판), 삼영사(2002), 419; 이영준, 민법총칙(개정증보판), 박영사(2007), 555; 백태승, 민법총칙(제4판), 법문사(2009), 493; 손지열, "대표권의 남용", 민사판례연구 11권, 박영사(1989), 11; 지원림, 민법강의(제15판), 홍문사(2017), 281.

535 명순구, 민법총칙, 법문사(2005), 448; 홍성재, 민법총칙(전정판), 대영문화사(2010), 227; 송덕수, 민법총칙(제4판), 박영사(2018), 321-322.

위이므로 일단 유효하지만, 상대방의 악의·중과실 등 주관적 태양에 따라 상대방이 그 대리행위의 효력을 주장하는 것이 신의칙에 반하는 경우가 있을 수 있다고 한다. 대법원 1988. 10. 13. 선고 86다카1522 판결은 주류적 판례가 취하는 본법 제107조 제1항 유추적용설을 따르지 않고, 상대방이 악의인 경우 신의칙을 근거로 그 대리행위 등의 효력을 부정할 수 있다고 한다. 대법원 2016. 8. 24. 선고 2016다222453 판결도 위 86다카1522 판결을 인용하면서 신의칙설의 입장을 취하였다. 신의칙설에 따르면, 상대방에게 단지 과실이 있었던 경우에는 대리권 또는 대표권 남용이 인정되지 않는다. 대리행위 또는 대표행위가 무효로 되는 범위가 줄어드는 셈이다. 따라서 신의칙설은 거래의 안전을 보호하는 데 가장 유리하다. 신의칙설을 취한 두 판결 모두 회사 대표이사의 대표권 남용을 다루고 있는데, 이는 대법원이 회사의 거래관계를 둘러싼 안전성을 무겁게 고려한 결과로 볼 수 있다. 또한 대리인이나 대표자는 상대방보다 본인의 통제 영역에 더 가까우므로, 이러한 남용으로 인한 위험(risk)도 상대방보다는 본인이 부담하는 것이 더 타당하다. 다만 신의칙설에 대해서는 비진의표시나 무권대리 등 개별 법리의 유추 적용 또는 유연한 적용에 의거하지 않고 추상적인 신의칙에 의거하려 한다는 비판이 있을 수 있다. 하지만 우리 민법은 대리권이나 대표권 남용의 문제를 다루고 있지 않으므로, 그 범위 내에서는 규율의 공백이 존재한다. 한편 앞의 두 학설과 같이 대리인이나 대표자의 내면에 배임의사가 있다는 사정만으로 비진의표시나 무권대리 법리를 적용하는 것은 논리적으로 무리가 있다. 이러한 경우에 신의칙에 기초하여 규율의 공백을 메우는 것은 오히려 신의칙의 본래적 기능에 부합하는 것이다.

사. 강제집행과 권리남용

법원의 확정판결을 받고 이를 바탕으로 강제집행을 하는 것은 정당한 권리행사이다. 하지만 이러한 강제집행이 권리남용으로 평가되는 경우도 있다. 대법원은 "확정판결의 내용이 실체적 권리관계에 배치되는 경우로서 그에 기한 집행이 현저히 부당하고 상대방으로 하여금 집행을 수인하도록 하는 것이 정의에 반함이 명백하여 사회생활상 용인할 수 없다고 인정되는 것과 같은 특별한 사정"이 있는 경우에는 그 강제집행을 권리남용으로 볼 수 있다고 판시하였다.[536] 이때 확정판

[536] 대법원 1997. 9. 12. 선고 96다4862 판결, 대법원 2014. 2. 21. 선고 2013다75717 판결, 대법원 2017. 9. 21. 선고 2017다232105 판결.

결의 내용이 실체적 권리관계에 배치된다는 점, 위와 같은 특별한 사정이 있다는 점은 강제집행이 권리남용이라고 주장하는 자가 주장·증명해야 한다.[537]

위와 같은 대법원의 판단은 "확정판결의 내용"과 그 확정판결의 기판력이 미치는 시점, 즉 사실심 변론종결 시점에 존재하던 "실체적 권리관계"가 다를 수 있음을 전제한다. 실체적 권리관계에 반하는 확정판결은 일종의 부당판결이라고 부를 수 있다.[538] 부당판결에 대한 구제수단으로는 민사소송법상 재심 제도가 있다. 다만 재심은 민사소송법이 열거하고 있는 사유가 있는 경우에 한하여(민사소송법 제451조, 제452조), 일정한 기간 내에(민사소송법 제456조, 다만 제457조의 예외가 있다) 별도로 소를 제기하는 방식으로만 허용된다.[539] 그에 따라 재심 제도로는 구제받을 수 없으나 정의의 관념상 구제해야 마땅한 사안에서는 권리남용금지 원칙이 마치 탈출구와 같은 역할을 할 수 있다. 확정판결을 받아 집행에 이르는 일련의 과정에서 신의칙상 도저히 허용할 수 없는 요소들이 있는 경우에는 확정판결의 기판력에도 불구하고 사실상 채무가 존재하지 않는 것처럼 취급하는 것이다.

하지만 단순히 확정판결이 실체적 권리관계와 다르다거나 이를 집행 채권자가 알고 있었다는 것만으로 권리남용이 되는 것은 아니다. 권리남용금지 원칙을 너무 느슨하게 적용하면 기판력과 재심 제도의 목적이 무너질 수 있다. 따라서 확정판결에 따른 강제집행이 권리남용에 해당하는지를 판단할 때에는 신중한 태도를 취할 필요가 있다.[540] 문제는 언제 이러한 권리남용이 인정되는가 하는 점이다. 대법원은 "정의에 반함이 명백하여 사회생활상 용인할 수 없다고 인정"되는 경우를 그 기준으로 제시하나, 이러한 기준은 매우 추상적이어서 구체적인 사건에 곧바로 적용할 수 있는 유용한 지침이 되기 어렵다. 결국 대법원이 실제로 이러한 경우에 해당한다고 인정한 구체적 사례들을 통해 감(感)을 획득할 수밖에 없다.

대법원이 확정판결에 따른 집행을 권리남용으로 본 사례들은 주로 변론종결 전에 채무가 소멸하였거나 애당초 채무가 존재하지 않는데도 실체관계와 달리 그 채무가 존재한다는 확정판결을 받은 것들이다.[541] 예컨대 대법원은 변론종결 전

537 대법원 2017. 9. 21. 선고 2017다232105 판결.

538 권혁재, "판결의 집행에 있어서 권리남용 법리의 적용요건", 인권과 정의 431호(2013. 2), 79-80.

539 대법원 2018. 3. 27. 선고 2015다70822 판결.

540 대법원 1995. 12. 5. 선고 95다21808 판결, 대법원 2017. 9. 21. 선고 2017다232105 판결, 대법원 2018. 3. 27. 선고 2015다70822 판결.

541 대법원 1984. 7. 24. 선고 84다카572 판결, 대법원 1997. 9. 12. 선고 96다4862 판결, 대법원 2001. 11. 13. 선고 99다32899 판결.

보증채무 일부를 변제받고도 보증채무 전액의 지급을 구하는 청구를 유지하여 그 전액에 대한 승소 확정판결을 받았고, 그 후 나머지 보증채무까지 모두 변제받았는데도 이미 소멸한 보증채무 변제를 위해 채무자가 거주하는 아파트에 강제집행을 한 경우에 권리남용을 인정하였다.[542] 또한 대법원은 아무런 채권이 없는데도 채권이 있다고 허위의 주장을 하면서 소송서류 송달을 방해하는 방법으로 자백간주에 의한 승소확정판결을 받은 뒤 그 판결에 기하여 강제집행을 한 경우에도 권리남용을 인정하였다.[543]

반면 대법원은 교통사고 피해를 입은 가족 1, 2, 3이 보험사를 상대로 손해배상청구소송을 제기한 뒤 그 중 1이 소송계속 중 2 몰래 그 몫의 손해배상금을 수령하여 임의로 소비함으로써 2는 결국 실제로 지급받은 금원이 전혀 없었고, 보험사 역시 2의 인감증명서를 제출받지 않은 채 손해배상금을 지급한 사안에서, 2가 보험사를 상대로 얻은 승소확정판결에 기초하여 강제집행을 한 것은 권리남용에 해당하지 않는다고 보았다.[544] 그 밖에 대법원은 확정판결의 내용 자체가 실체적 법률관계에 배치되지 않는다는 이유로 이에 기초한 강제집행을 권리남용이라고 볼 수는 없다고 한다.[545]

강제집행이 권리남용에 해당하는 경우에 그 강제집행은 불법행위를 구성할 수 있고,[546] 집행채무자는 청구이의의 소로 그 집행의 배제를 구할 수 있다.[547] 본래 청구이의의 소는 변론종결 후에 발생한 사유를 바탕으로 하여서만 제기할 수 있다. 그런데 강제집행의 권리남용이 문제 되는 사안에서는 확정판결의 내용과 사실심 변론 종결 시점의 실체적 권리관계가 서로 달랐던 것이므로, 이를 변론종결 후에 발생한 사유로 볼 수 있는 것인지 의문이 들 수 있다. 그런데 이 경우 청구이의의 사유는 확정판결의 내용과 실체적 권리관계 사이의 상위(相違)가 아니라 권리남용으로 평가되는 집행행위 그 자체이다. 그러므로 강제집행이 권리남용에 해당한다는 이유로 청구이의의 소를 제기하는 것은 허용된다. 대법원도 "판결을 집행하는 자체가 불법한 경우에는 그 불법은 당해 판결에 의하여 강제집행에 착수함으로써

542 대법원 1997. 9. 12. 선고 96다4862 판결.
543 대법원 2001. 11. 13. 선고 99다32899 판결.
544 대법원 2009. 10. 29. 선고 2008다51359 판결.
545 대법원 2017. 9. 21. 선고 2017다232105 판결.
546 대법원 2007. 5. 31. 선고 2006다85662 판결.
547 대법원 1997. 9. 12. 선고 96다4862 판결, 대법원 2014. 2. 21. 선고 2013다75717 판결, 대법원 2017. 9. 21. 선고 2017다232105 판결.

외부에 나타나 비로소 이의의 원인이 된다고 보아야 하기 때문에 이 경우에도 이의의 소를 허용함이 상당하다."라고 하여 이러한 취지를 분명히 하고 있다.[548] 이러한 청구이의의 법리는 파산채권표 기재의 효력을 다투는 경우에도 적용된다.[549]

아. 법인격부인

법인격 제도는 법인의 재산과 법인구성원의 재산을 분리하여(이른바 분리원칙) 법인구성원의 책임을 법인의 책임으로부터 단절시킨다. 이러한 법인격 제도의 기능은 물적 회사, 특히 주식회사에서 최대로 발현된다. 이러한 법인격 제도의 책임제한 기능은 법인구성원에게 더욱 큰 행동의 자유를 부여하지만, 법인구성원에 의해 남용될 위험이 있다. 특히 법인이 사실상 배후자에 의해 운영되는 경우에 법인격 제도의 책임제한기능을 온전히 인정하면, 그 배후자가 법인에 대한 통제권과 이익을 누리면서 책임은 회피하는 부당한 결과에 이르게 된다. 이러한 배경에서 법인의 책임을 그 배후자에게도 부담시키기 위한 법리가 등장하게 되었다. 이를 법인격부인 법리 또는 법인격남용의 법리라고 부른다. 이 법리는 19세기 후반부터 미국의 판례에 의하여 형성, 발전되어 왔고,[550] 20세기 중반에 독일에서 실체파악론(Durchgriffslehre)의 형식으로 받아들여져, 일본에도 영향을 미쳤다. 일본에서는 1969년에 최고재판소가 최초로 법인격부인에 관한 법리를 선언하였다.[551] 한편 영국은 미국과 같은 법계에 속하면서도, 일찍이 법인격부인 법리를 발전시킨 미국과 달리 법인격부인 법리를 일반적으로 인정하기보다는 개별 법리를 통하여 이와 유사한 결과에 이르다가, 최근 매우 엄격한 요건 아래 법인격부인 법리를 일반적으로 인정하기에 이르렀다.[552]

우리나라도 법인격부인 법리를 인정하고 있다. 우리나라의 법인격부인 법리는 신의칙에 근거를 두고 있는 것으로 보인다.[553] 우리나라 판례상 법인격부인의 법리는 1977년에 처음 문제되었고,[554] 1988년에 최초로 법인격부인 법리에 입각한 판결이 선고되었다.[555] 1988년 판결에서는 실제로 하나의 선박회사가 편의치적을 위

548 대법원 1984. 7. 24. 선고 84다카572 판결.
549 대법원 2006. 7. 6. 선고 2004다17436 판결.
550 Doctrine of piercing the corporate veil 이론이라고 한다.
551 日最判 1969. 2. 27. 昭43(オ) 877號 判決.
552 Prest v Petrodel Resources Ltd [2013] UKSC 34.
553 송옥렬, 상법강의(제8판), 홍문사(2017), 710. 대법원 2008. 9. 11. 선고 2007다90982 판결 등.
554 대법원 1977. 9. 13. 선고 74다954 판결. 이 판결은 이른바 '법인 형해론'을 인정하면서도 해당 사건에서는 법인 형해론의 요건을 충족하지 못하였다고 하여 법인격 부인 주장을 배척하였다.
555 대법원 1988. 11. 22. 선고 87다카1671 판결.

하여 서류상으로만 여러 회사를 설립한 사건이 문제되었다. 대법원은 실제 선박소유자가 편의치적만을 위하여 설립된 회사의 법인격 뒤에 숨어 채무면탈이라는 불법 목적을 달성하려는 행태는 신의성실의 원칙을 위반하거나 법인격을 남용하는 것으로서 허용될 수 없다고 판단하였다. 다만 이 사건은 편의치적만을 위하여 설립된 회사가 자신의 선박 소유권을 내세워 제3자 이의의 소를 제기하였던 사건이었고, 편의치적만을 위하여 설립된 회사의 채권자가 실제 선박소유자를 상대로 그 책임을 추궁하는 사건은 아니었다. 그 후 대법원은 법인격부인 법리를 언급하지 않은 채 신의칙으로 같은 결론에 도달하거나[556] 일반론으로서 법인격 부인 법리를 언급하되 실제로는 이를 적용하지 않다가,[557] 대법원 2001. 1. 19. 선고 97다21604 판결에 이르러 최초로 법인격의 장막 뒤에 가려져 있던 실제 지배자를 상대로 책임을 추궁하였다. 이 판결에서 대법원은 분양회사의 배후에 있는 실질적 지배자에게 분양계약 해제로 인한 매매대금의 반환을 구할 수 있다고 판단하였다.

그 후 대법원은 기존 회사가 채무면탈 목적으로 기업의 형태와 내용이 실질적으로 동일한 신설 회사를 설립한 경우 기존 회사의 채권자는 두 회사 중 어느 쪽에 대하여도 채무이행을 청구할 수 있다고 판시하거나,[558] 모회사가 자회사의 독자적 법인격을 주장하는 것이 법인격 남용에 해당할 가능성을 제시하는 등[559] 법인격부인 법리를 회사 간의 법률관계에도 적용하는 한편, 법인격부인의 유형을 법인격 형해화와 법인격 남용으로 유형화하였다.[560] 법인격 형해화는 법인이 형식적으로만 존재하고 사실상 배후자의 것에 불과하다고 볼 수 있는 경우를 의미하고, 법인격 남용은 법인격 형해화에 이르지는 않지만 배후자가 법인을 마음대로 이용할 수 있는 지배적 지위에서 법인 제도를 남용하는 경우를 의미한다. 이러한 구분은 대법원 판결에서 계속 나타나고 있다.[561] 판례는 두 유형 가운데 법인격 남용에 대해서는 주관적 의도 또는 목적을 요구한다.[562]

법인격부인 법리가 적용되는 사안에서는 분리원칙이 배제되어, 회사와 그 배

556 대법원 1989. 9. 12. 선고 89다카678 판결.
557 대법원 1995. 5. 12. 선고 93다44531 판결.
558 대법원 2004. 11. 12. 선고 2002다66892 판결.
559 대법원 2006. 8. 25. 선고 2004다26119 판결.
560 대법원 2008. 9. 11. 선고 2007다90982 판결.
561 대법원 2010. 1. 28. 선고 2009다73400 판결, 대법원 2010. 2. 25. 선고 2008다82490 판결, 대법원 2013. 2. 15. 선고 2011다103984 판결, 대법원 2016. 4. 28. 선고 2015다13690 판결.
562 대법원 2006. 8. 25. 선고 2004다26119 판결, 대법원 2010. 2. 25. 선고 2007다85980 판결.

[권영준]

후자가 실질적 동일체로 간주된다. 회사의 채권자는 회사뿐만 아니라 그 배후자에게도 직접 책임을 추궁할 수 있게 된다. 이때 회사와 배후자는 부진정연대관계에 있다.[563] 법인격부인론이 적용된다고 하여 회사의 법인격 자체가 부정되는 것은 아니다. 부정되는 것은 배후자의 유한책임이다. 또한 법인격부인 법리가 적용될 수 있는 사안에서도 회사의 채권자가 회사에 대해서만 확정판결을 받아 집행권원을 취득하였다면 그 배후자에게 그 확정판결의 기판력이나 집행권원의 집행력이 곧바로 미치는 것은 아니다. 따라서 이 경우 배후자에게 집행을 하려면 그를 상대로 별도의 확정판결을 받아야 한다.[564]

다만 법인의 재산과 법인구성원의 재산을 분리하는 원칙이 함부로 부정되어서는 안 된다. 법인격부인 법리는 다른 법리에 의한 구제수단이 없는 경우에 보충적으로 적용하는 것이 타당하다.[565] 특히 대부분 기업이 주식회사 형태로 운영되고 그 중 상당수가 사실상 1인 회사인 우리나라의 현실에서 법인격부인 법리를 확장 적용하는 것은 유한책임을 전제로 한 주식회사 제도를 근본적으로 흔들어놓을 위험이 있다. 또한 거래계에서는 일시적 목적을 달성하기 위해 특수목적회사(SPC)를 설립하는 경우가 흔히 있고, 이때 특수목적회사는 그 설립목적을 달성하기 위한 최소한의 자본출자요건만 갖추어 설립된다. 그런데 바로 그 점에 착안하여 특수목적회사의 법인격을 쉽사리 부인한다면, 특수목적회사 제도의 존재 취지는 몰각될 수밖에 없다.[566] 그러므로 법인격부인 법리는 신중하고 엄격하게 적용되어야 한다. 1인 회사라고 해서 쉽게 법인격이 부인되어서도 안 된다.[567] 실제로도 재판실무상 법인격부인 법리를 적용하는 사례는 그리 많지 않은 것으로 보인다.

자. 기타

1) 금전지급청구권의 행사와 권리남용

가) 개관

금전지급청구권의 행사는 물권적 청구권의 행사와 비교하면 권리남용에 해당할 가능성이 낮다. 그 이유는 다음과 같다. 금전지급청구권을 행사하였을 때 상대방이 입을 수 있는 불이익은 재산 감소이다. 이러한 불이익은 금전지급청구권의

563 대법원 2016. 4. 28. 선고 2015도13690 판결.
564 대법원 1995. 5. 12. 선고 93다44531 판결.
565 송옥렬, 상법강의(제8판), 홍문사(2017), 712.
566 대법원 2010. 2. 25. 선고 2007다85980 판결.
567 송옥렬, 상법강의(제8판), 홍문사(2017), 722.

성립 단계에서부터 예상될 수 있는 전형적인 불이익이다. 그 불이익은 금전지급청구권의 상대방에게만 미친다. 다른 공동체 구성원이나 사회 전체에까지 금전지급청구권 행사로 인한 불이익이 돌아가는 상황은 생각하기 어렵다. 반면 물권적 청구권을 행사하였을 때 상대방에게 가하여지는 불이익은 다양하다. 건물철거청구나 통행금지청구의 예에서 볼 수 있듯이 물권적 청구권의 행사는 때로 상대방에게 가혹하고 직접적인 불이익을 초래할 가능성이 있다. 공익과 관련된 건물 등 공작물을 철거하여야 하는 경우, 이웃 주민들이 자유로이 통행하지 못하게 되는 경우 등, 물권적 청구권 행사가 다른 공동체 구성원이나 사회 전체에 미치는 불이익의 파급효과도 무시할 수 없다. 이렇게 보면, 금전지급청구권의 행사가 권리남용에 해당한다고 본 사례가 많지 않은 것은 당연하게 느껴지기도 한다.

하지만 금전지급청구권 행사의 태양에 초점을 맞추어보면, 금전지급청구권의 행사가 신의칙에 위반되거나 권리남용에 해당하는 사례도 얼마든지 있을 수 있다. 예컨대 토지소유자가 토지를 매수할 때 통로 부분은 주위 토지 소유자들을 위해 무상으로 통행에 제공된 사실을 용인하고 그 상태에서 이를 매수한 것이라면, 통로 주위대지를 매수한 이래 줄곧 통로 부분을 무상으로 통행해 온 주위대지 소유자에 대하여 단지 통로의 소유자라는 이유만으로 통행료를 청구하는 것은 신의칙에 위배되어 허용될 수 없다.[568] 또한 회사정리절차에서 어음의 양도담보에 대해 채권자가 정리담보권으로 신고했는데도 관리인이 정리채권으로 취급하는 입장을 고수하여 채권자가 그에 따라 어음상 권리를 행사하여 왔는데, 정리절차 종결 후 회사가 어음의 양도담보가 정리채권으로 확정되었으므로 담보권이 소멸되었다고 주장하며 채권자가 그 어음에 기하여 취득한 이득의 반환을 청구하는 것은 신의칙에 반하여 허용될 수 없다.[569] 갑이 연대보증을 해야 하는데 갑의 부탁으로 을이 대신 연대보증을 한 경우, 갑이 그 연대보증채무를 대위변제하였다는 이유로 을에게 구상권을 행사하는 것도 신의칙에 반하여 허용될 수 없다.[570] 갑이 을에게 자신을 대신하여 연대보증을 서 달라고 부탁하였을 때 그 부탁의 의사표시에는 설령 자신이 대위변제하더라도 을에게 구상권을 행사하지 않겠다는 의사표시가 포함되어 있었다고 볼 여지가 있다. 또는 갑과 을의 내부관계에서는 갑이 수

568 대법원 1992. 2. 11. 선고 91다40399 판결.
569 대법원 2009. 12. 10. 선고 2008다78279 판결.
570 대법원 2000. 5. 12. 선고 99다38293 판결.

행해야 할 연대보증인으로서의 임무를 을에게 위탁한 것으로 볼 여지도 있다. 그렇게 보기 어렵더라도, 갑은 위와 같은 부탁을 하면서 을에게 적어도 갑으로부터는 구상을 받지 않으리라는 신뢰를 부여하였다. 그렇다면 갑의 구상권 행사는 을에 대한 배신행위이므로 신의칙에 따라 제한된다고 평가할 수 있다.

그 밖에 금전지급청구권의 행사가 신의칙에 반하여 금지되거나 제한되는 사례들은 이 조항에 관한 주석의 앞부분에서 살펴본 것과 같다. 아래에서는 금전청구권의 행사가 본래적 의미의 권리남용과 직접 결부되어 다루어지는 사례로서 독립적 은행보증에 관한 내용을 살펴본다.[571]

나) 독립적 은행보증과 권리남용

독립적 은행보증(independent bank guarantees, first demand bank guarantee)은 보증금 지급조건과 일치하는 청구서 및 보증서에서 명시적으로 요구하고 있는 서류가 제시되는 경우 그 원인관계의 존부나 내용과 무관하게 무조건적으로 보증금을 지급할 것을 내용으로 하는 은행의 보증을 말한다. 청구보증(demand guarantee)이라고도 한다.[572] 독립적 은행보증은 주채무의 존부나 내용에 구속되지 않는다는 의미에서 부종성이 없다. 또한 독립적 은행보증은 보증의 원인관계와 단절되어 있다는 의미에서 독립성, 무인성, 추상성이 인정된다. 그러므로 주채무자에 대해 아무런 권리가 없는 보증의 수익자조차도 독립적 은행보증에 기해 서류상 형식적 요건을 갖추어 은행에 보증금의 지급을 청구할 수 있고, 또 그것이 독립적 은행보증의 특징이기도 하다. 독립적 은행보증의 법적 성질은 손해담보계약으로 이해된다.[573]

형식과 실질을 일치시키려는 사고방식의 틀에서는 실체적 권리관계와의 단절이라는 독립적 은행보증의 특징이 어색하고 낯설게 느껴질 수 있다. 그러나 이는 실체적 권리관계의 존부를 둘러싼 분쟁으로 인해 야기되는 위험을 사전에 확실히 차단할 수 있다는 점에서 매력을 가진다. 실체적 권리관계에 관한 분쟁은 이처럼 "우선 지급하고 나중에 다투도록 하는 방식"에 따라 종국적으로 보증의뢰인과 수

571 명의수탁자와 제3자 사이의 인낙조서에 의해 명의신탁된 토지의 소유권이 제3자에게 이전되었으나 인낙조서의 성립이 명의수탁자의 불법행위에 기한 것이고 제3자가 불법행위에 적극 가담하였다면 제3자가 토지의 소유자임을 전제로 명의신탁자에게 토지의 점유·사용으로 인한 부당이득반환청구를 하는 것은 권리남용에 해당한다고 한 사례가 있기는 하다. 대법원 2001. 5. 8. 선고 2000다43284, 43291, 43307 판결.

572 장덕조/김태선, "보증보험과 청구보증통일규칙", 비교사법 25권 3호(2018. 8), 805.

573 박준/한민, 금융거래와 법, 박영사(2018), 204.

익자 사이에서 해결된다.[574] 수익자 입장에서는 분쟁 유무와 무관하게 일단 보증금을 지급받고 분쟁해결절차에서 패소하면 나중에 그 금액을 돌려주면 충분하므로, 분쟁에 따른 불명확성과 위험을 최소화할 수 있다. 이러한 이유 때문에 국제거래에서는 독립적 은행보증이 널리 활용되고 있다.[575]

독립적 은행보증에도 신의칙이나 권리남용금지 원칙이 적용된다. 신의칙에 의거하여 독립적 은행보증의 극단적인 형식화를 막으려는 모습은 주로 대륙법계 국가들에서 나타난다. 독일은 판례를 통해 독립적 은행보증을 권리남용 법리에 의해 규율하고 있고,[576] 프랑스는 2006년 신설된 민법 제2321조에서 독립적 보증(garantie autonome)의 독립성 예외 사유로 채권자의 명백한 남용, 사기 또는 채권자와 주채무자의 공모를 들고 있다.[577] 우리나라 판례에 따르면, 수익자가 실제로는 보증의뢰인에게 아무런 권리를 가지지 않는데도 불구하고 은행보증의 추상성과 무인성을 악용하여 보증인에게 청구를 하는 것임이 객관적으로 명백한 경우 그러한 청구는 권리남용에 해당하여 허용될 수 없고, 보증인으로서도 수익자의 청구에 따른 보증금의 지급을 거절할 수 있다.[578] 원래는 수익자와 은행 사이의 법률관계에 영향을 미칠 수 없는 수익자와 보증의뢰인의 법률관계라는 외부 요소에 기초해 권리남용을 인정하는 것이다.[579]

다만 독립적 은행보증이 원인관계와 단절된 추상성 및 무인성을 핵심적이고 본질적인 특징으로 하는 손해담보임을 고려하면, 수익자가 보증금을 청구할 당시 보증의뢰인에게 아무런 권리가 없음이 객관적으로 명백하여 수익자의 형식적인 법적 지위의 남용이 별다른 의심 없이 인정될 수 있는 경우가 아닌 한 권리남용을 쉽게 인정하여서는 안 된다.[580] 이와 같은 명백성 판단은 "보증은행이 수익자

574 김기창, "보증채무의 부종성과 독립성", 민사법학 29권(2005. 9), 96; 장덕조/김태선, "보증보험과 청구보증통일규칙", 비교사법 25권 3호(2018. 8), 837.

575 김정호, "유럽의 독립적 은행보증제도에 대한 법적 연구", 경영법률 9집(1999. 2), 364; 김선국, "독립적 은행보증의 법리", 재산법연구 25권 1호(2008. 6), 307.

576 대표적인 판례로 독일연방대법원이 1984. 3. 12. 선고한 판결(BGHZ 90, 287)이 있다.

577 프랑스의 독립적 은행보증에 관해서는 김성수, "프랑스 민법전의 독립적 채무보증", 민사법학 49권 2호(2010) 참조.

578 대법원 1994. 12. 9. 선고 93다43873 판결.

579 Irmtraud Lienesch, Internationale Bankgarantien und die UN-Konvention über unabhängige Garantien und Stand-by Letters of Credit, Walter de Gruyter(1999), S. 150.

580 대법원 2014. 8. 26. 선고 2013다53700 판결, 대법원 2015. 7. 9. 선고 2014다6442 판결. 이러한 대법원 판례의 태도에 대한 비판적 입장으로 채동헌, "독립적 은행보증에서 권리남용에 대한 기준", 국제거래법연구 26권 2호(2017. 12) 참조.

의 지급청구를 받은 후 지급여부 판단에 필요한 합리적인 기간이 지난 때"를 기준으로 행해야 한다.[581] 만약 수익자의 청구가 너무 쉽게 권리남용으로 인정되면 독립적 은행보증 제도를 떠받드는 독립성의 원칙은 사실상 유지될 수 없다. 이는 독립적 은행보증이 가지는 담보로서의 가치 훼손, 나아가 그 상업적 효용 저하로 이어질 위험이 있다.[582] 또한 권리남용금지 원칙 적용의 문턱을 낮추면 독립적 은행보증을 둘러싸고 당사자 사이에서 자발적으로 결정된 위험배분체계가 법원의 후견적 관여로 쉽게 깨지는 문제도 있다. 보증의뢰인은 독립적 은행보증의 법률관계를 창설함으로써 형식과 실질의 괴리로 인해 발생할 수 있는 위험을 일단 인수하였고, 수익자 역시 그러한 위험배분체계에 기초하여 거래관계에 들어간 것이다. 이처럼 당사자가 그려놓은 위험배분의 모습이 법원의 후견적 관여에 의하여 달라지는 것은 적어도 독립적 은행보증의 국면에서는 자제되는 것이 바람직하다.

2) 항변권 남용

항변권 행사에도 권리남용금지 원칙이 적용된다. 앞서 살펴 본 소멸시효 항변 남용이 대표적인 예이다.

동시이행의 항변권도 남용될 수 있다. 동시이행의 항변권은 쌍무계약관계에서 일방이 자신의 채무이행제공은 하지 않은 채 타방의 채무이행만 구하는 경우 그 이행을 거절할 수 있는 항변권이다. 그런데 채무이행을 구하는 일방의 미이행 부분이 극히 적다면 동시이행의 항변권을 행사하는 것이 신의칙 위반 또는 권리남용에 해당할 수 있다. 대법원은 "일반적으로 동시이행의 관계가 인정되는 경우에는 그러한 항변권을 행사하는 자의 상대방이 그 동시이행의 의무를 이행하기 위하여 과다한 비용이 소요되거나 또는 그 의무의 이행이 실제적으로 어려운 반면 그 의무의 이행으로 인하여 항변권자가 얻는 이득은 별달리 크지 아니하여 동시이행의 항변권의 행사가 주로 자기 채무의 이행만을 회피하기 위한 수단이라고 보여지는 경우에는 그 항변권의 행사는 권리남용으로서 배척되어야 한다."라는 입장을 취한다.[583] 참고로 독일 민법 제320조 제2항은 경미한 미이행에 따른 동시

581 윤진수, "독립적 은행보증의 경제적 합리성과 권리남용의 법리", 법조 통권 692호(2014. 5), 42; 김진오, "독립적 은행보증에 있어 권리남용 법리의 적용범위와 한계", 사법 33호(2015. 9), 355; 박준·한민, 금융거래와 법, 박영사(2018), 210.

582 김진오, "독립적 은행보증에 있어 권리남용 법리의 적용범위와 한계", 사법 33호(2015. 9), 355.

583 대법원 1992. 4. 28. 선고 91다29972 판결. 다만 이 판결의 해당사건에서는 동시이행 항변이 권리남용에 해당하지 않는다고 보았다.

이행 항변권 행사가 신의칙에 반할 수 있다는 점을 명문으로 규정하고 있다.

이와 관련하여 대법원은 임차인이 326,000원이 소요되는 전기시설의 원상회복을 하지 않은 채 건물의 명도이행을 제공한 경우에, 임대인이 동시이행의 항변권을 행사하며 125,226,670원의 잔존 임대차보증금 전액의 반환을 거부하는 것은 허용되지 않는다고 보았다.[584] 또한 상대방이 단순히 부수적 의무를 위반하였는데 동시이행의 항변권을 행사하면서 자신의 의무 이행을 거절하는 것도 허용되지 않는다.[585] 다만 이러한 결론이 반드시 신의칙이나 권리남용금지 원칙으로만 설명될 수 있는 것은 아니다. 동시이행의 항변권을 행사하려면 상대방이 견련관계에 있는 채무를 이행하지 않고 있어야 하는데, 그 미이행 부분이 매우 적거나 부수적인 것에 불과하다면 견련관계에 기초하여 인정되는 위 미이행 요건이 충족되지 않은 것으로도 볼 수 있기 때문이다. 물론 어떠한 설명에 의하건 동시이행의 항변이 받아들여지지 않는다는 점에서는 차이가 없다. 한편 보증관계에서 주채무자의 동시이행 항변이 신의칙에 반하여 허용될 수 없다면, 보증인이 그 사유를 들어 자신의 보증책임 이행을 거절하는 것 역시 허용되지 않는다.[586] 이는 보증채무의 부종성이라는 관점에서 이해될 수 있다.

3) 소권 남용

신의칙과 권리남용금지 원칙은 실체법뿐만 아니라 절차법에도 적용된다. 민사소송법 제1조 제2항은 이를 명문으로 규정하고 있다. 신의칙이 민사소송절차에 적용되는 모습은 소송상태의 부당형성 배제, 선행행위와 모순되는 거동 금지, 소송상 권능의 상실(실권 또는 실효의 원칙), 소송상 권능의 남용금지로 유형화하는 것이 일반적이다.[587] 그 중 소송상 권능의 남용, 즉 소권 남용은 무익한 소권의 행사, 소송지연이나 사법기능의 혼란이나 마비를 조성하는 소권의 행사, 위법한 이익을 목적으로 하는 소권의 행사, 법의 목적에 반하는 소권의 행사, 다른 간편한 방법이나 특별한 절차를 두고 있는데도 굳이 이에 의하지 않은 소권의 행사 등 다양한 모습으로 나타난다.[588] 대법원은 법원에서 수회에 걸쳐 같은 이유로 재심청구가 기각당하여 확정되었는데도 법률상 받아들여질 수 없음이 명백한 이

584 대법원 1999. 11. 12. 선고 99다34697 판결.
585 대법원 1976. 10. 12. 선고 73다584 판결.
586 대법원 2012. 4. 13. 선고 2011다47978 판결.
587 주석 민사소송법(Ⅰ)(제7판), 한국사법행정학회(2012), 108-116(김상준).
588 류승훈, "민사소송절차에서의 신의칙의 적용", 재산법연구 28권 3호(2011. 11), 428.

유를 들어 같은 내용의 재심청구를 거듭하는 경우,[589] 회사 경영권을 넘겨주면서 어떤 권리 주장이나 청구도 하지 않기로 확약한 뒤 그 합의를 무시한 채 주주총회결의부존재확인의 소를 제기하고 이에 공동소송참가한 경우,[590] 주식양도인이 양수인에게 주권을 교부할 의무를 이행하지 않고 그 후 임시주주총회결의의 부존재확인청구를 한 경우[591] 등에 소권의 남용을 인정하였다. 한편 친생자관계부존재확인의 소와 같이 친족법상 신분관계에 관한 소는 소권 남용이라는 명목으로 쉽게 배척되어서는 안 된다고 본 판결도 발견된다.[592]

전소인 소유권이전등기말소청구소송의 확정판결의 기판력이 후소인 진정명의회복을 원인으로 한 소유권이전등기청구소송에 미치는지 여부를 다루었던 대법원 2001. 9. 20. 선고 99다37894 전원합의체 판결의 별개의견은 소권 남용의 맥락에서도 음미될 수 있다. 이 별개의견에 따르면, 전소와 후소는 청구취지와 청구원인이 서로 달라 소송물이 다르므로 전소의 확정판결의 기판력이 후소에는 미치지 않지만, 전소와 후소를 통해 당사자가 얻으려고 하는 목적이나 사실관계가 동일하고, 전소의 소송과정에서 이미 후소에서와 실질적으로 같은 청구나 주장을 하였거나 그렇게 하는데 아무런 장애가 없었으며, 후소를 허용함으로써 분쟁이 이미 종결되었다는 상대방의 신뢰를 해치고 상대방의 법적 지위를 불가능하게 하는 경우 후소는 신의칙에 반하여 허용되지 않는다고 한다. 즉 위 별개의견의 요지는, 전소인 소유권이전등기말소청구소송의 확정판결의 기판력이 후소인 진정명의회복을 원인으로 한 소유권이전등기청구소송에 미치지는 않지만 위와 같은 후소는 소권 남용으로서 허용될 수 없다는 것으로 이해할 수 있다.

소권의 행사가 소권의 남용으로 인정되면 그 소는 소송요건을 갖추지 못한 것으로서 부적법하므로 각하되어야 한다.[593]

4) 어음·수표법상 권리남용

일반적으로 어음·수표행위의 당사자는 어떤 원인관계에 기초하여 어음·수표행위로 나아가게 된다. 가령 매수인이 매매대금 지급을 위하여 매도인에게 약속어음을 발행해 주는 경우가 그러하다. 이때 어음·수표행위의 원인관계인 매매계

589 대법원 1997. 12. 23. 선고 96재다226 판결, 대법원 2005. 11. 10. 선고 2005재다303 판결.
590 대법원 1988. 10. 11. 선고 87다카113 판결.
591 대법원 1991. 12. 13. 선고 90다카1158 판결.
592 대법원 2004. 6. 24. 선고 2004므405 판결.
593 정영환, "민사소송에 있어서 신의성실의 원칙", 민사재판의 제문제 13권(2004. 12), 224.

약이 해제되거나 취소되더라도 어음·수표행위는 여전히 유효한 것으로 다루어진다. 이와 같은 어음·수표행위의 무인성(無因性)은 어음·수표행위의 가장 중요하고 독특한 특징 중 하나이다.

어음·수표행위의 무인성 법리는 어음·수표 제도의 목적이기도 한 '어음·수표의 양도와 그 지급의 안정성', 즉 어음·수표의 유통성을 보호하기 위한 것이다.[594] 바꾸어 말하면, 어음·수표행위의 무인성 법리는 어음·수표 소지인이 원인관계의 유·무효에 관계없이 어음·수표상 권리를 행사할 수 있도록 함으로써, 어음·수표상 채무자나 보증인의 보호보다 유통성의 보호를 전면에 내세운다. 그러므로 어음·수표의 무인성 법리를 끝까지 밀고 나가면, 상대방이 실제로는 채무를 부담할 아무런 이유가 없다는 것을 잘 알면서도 그에게 어음·수표상 채무 이행을 구하는 기회주의적인 행태마저 정당화될 위험이 있다. 이러한 배경에서 권리남용 금지의 원칙은 어음·수표의 무인성 법리에 일정한 한계를 설정하는 역할을 할 수 있다.

판례는 약속어음의 원인채무가 이미 변제된 경우, 그 약속어음의 발행인을 상대로 어음금청구를 하는 것이 곧바로 권리남용이 되지는 않는다는 입장을 취한다. 예컨대 대법원 1984. 1. 24. 선고 82다카1405 판결에서는 피고가 갑에 대한 채무이행을 보증하기 위하여 백지어음을 발행하였고 이후 그 채무를 모두 변제하여 어음의 원인관계가 소멸하였는데, 갑이 그 어음의 백지부분을 부당보충한 다음 아무런 배서원인도 없이 원고에게 배서한 사안이 문제 되었다. 대법원은 무인성의 법리를 강조하여 피고의 권리남용 항변을 받아들이지 않았다.[595] 반면 무인성의 법리보다 신의성실의 원칙에 무게를 두어 권리남용의 인정 가능성을 열어둔 판결도 발견된다. 대법원 1988. 8. 9. 선고 86다카1858 판결의 사안은 다음과 같다. 원고가 약속어음을 담보로 갑에게 합계 20억 원을 대여해 주기로 약정하였고 피고가 이에 어음보증을 하였다. 그러나 원고는 실제로 갑에게 10억 원만을 대여해 주었고, 이후 금전소비대차계약을 해제하였다. 대법원은 "장래의 채무를 담보하기 위하여 발행된 어음에 발행인을 위하여 어음보증이 되어 있는 약속어음을 수취한 사람은 어음을 발행한 원인관계상의 채무가 존속되지 않기로 확정된 때에는 특별한 사정이 없는 한 그때부터는 어음발행인에 대해서뿐만 아니라 어음보증인에 대해서도 어음상

594 송옥렬, 상법강의(제8판), 홍문사(2017), 450-451.

595 같은 근거에서 권리남용이 부정된 판례로 대법원 1997. 7. 25. 선고 96다52649 판결도 참조. 다만 위 1997년 판결의 사실관계를 살펴보면, 이 사건의 원고에게는 실제로 어음을 소지할 권원이 있었던 것으로 보인다.

의 권리를 행사할 실질적인 이유가 없어(진)" 것이라고 하면서, "어음이 자기 수중에 있음을 기화로 하여 어음보증인으로부터 어음금을 받으려고 하는 것은 신의성실의 원칙에 비추어 부당한 것으로서 권리의 남용"이라는 법리를 제시하였다.[596] 뒤의 판결에서 제시된 법리가 단지 장래의 채무를 담보하기 위하여 발행된 어음에 대하여만 적용되는 것인지, 널리 모든 유형의 어음에 대하여 적용되는 것인지는 분명하지 않다. 어음·수표행위의 무인성 법리가 어디까지 관철되어야 하는가 하는 물음은 어음·수표행위의 특수성 앞에서 일반 원칙인 권리남용 금지의 원칙이 얼마나 뒤로 물러나야 하는가 하는 근본적인 물음과도 연결된다.

5) 노동법상 권리남용

노동법상 권리남용이 문제 되는 경우로는 다음과 같은 사례를 들 수 있다.

첫 번째는 노동조합 가입을 승인할 노동조합의 권리이다. 원래 근로자는 자유로이 노동조합에 가입할 수 있고(노동조합 및 노동관계조정법 제5조 전문), 노동조합 역시 근로자의 가입 승인 여부를 자유롭게 결정할 수 있다. 그러나 근로자가 노동조합의 조합원이 될 것을 고용조건으로 하는 단체협약(이른바 "유니언 숍 협정", 노동조합 및 노동관계조정법 제81조 제2호 단서)[597]이 체결된 경우에는 노동조합 가입 승인에 관한 노동조합의 권리가 제한될 수밖에 없다. 노동조합 가입을 승인받지 못한 근로자는 곧바로 해고될 위험이 있기 때문이다.[598] 그런데도 정당한 사유 없이 특정 근로자의 노동조합 가입을 승인하지 않는 노동조합의 행위는 권리남용에 해당한다.

대법원 판결 중에는 노동조합 가입 신청자에게 제명에 해당하는 사유 등 노동조합 가입 승인을 거부할 특별한 사정이 없는데도 노동조합이 노동조합 탈퇴 후 재가입에 대한 승인을 거부하는 것은 권리남용 내지 신의칙 위반에 해당한다고 본 것이 있다.[599] 또한 근로자들이 노동조합 탈퇴의사를 철회하고 노동조합에

596 다만 당해 사건에서는 원심법원의 법리 오해만을 지적하고, 결과적으로 피고의 상고를 받아들이지 않았다.

597 "유니언 숍" 제도의 위헌 여부를 다룬 헌법재판소 결정례로 헌법재판소 2005. 11. 24. 선고 2002헌바95, 96 결정 참조. 헌법재판소는 유니언 숍 제도 하에서 노동조합의 적극적 단결권과 근로자의 단결하지 아니할 자유가 충돌할 수 있지만, 유니언 숍 제도가 근로자의 단결하지 아니할 자유의 본질적인 내용을 침해하지는 않는다고 보았다.

598 유니언 숍 협정은 노조 미가입 근로자에 대한 사용자의 해고의무를 포함하는 것으로 해석된다. 대법원 1998. 3. 24. 선고 96누16070 판결.

599 대법원 1996. 10. 29. 선고 96다28899 판결. 대법원은 일부 탈퇴자들에 대해서만 가입 승인을 끝까지 거부하는 것은 형평에도 반한다는 점을 권리남용 내지 신의칙 위반의 추가적 근거로 들었다.

다시 가입하기 위한 노력을 하였는데도 노동조합이 일부 근로자들에 대해 그 가입 승인을 거부하였고, 사용자가 유니언 숍 협정에 따라 그 근로자들을 해고한 경우 이러한 거부 및 그에 이은 해고는 실질적으로 제명과 같은 효과를 발생시킨 것으로서 유니언 숍 협정에 기한 해고의 목적 범위를 일탈한 것일뿐만 아니라 다른 탈퇴근로자들과의 형평에도 반하여 무효라고 한 것이 있다.[600] 이는 노동조합 측의 권리남용 행위가 이에 기초한 사용자의 해고의 효력에도 영향을 미친 사례이다.

두 번째는 사용자의 인사권이다. 사용자는 취업규칙, 근로계약 등에 근거하여 근로자에 대한 인사권을 가진다.[601] 사용자는 상당한 재량을 가지고 전직, 전출·전적, 휴직·직위해제, 징계 등의 인사처분을 할 수 있지만, 이러한 인사권 행사에는 정당한 이유가 있어야 한다(근로기준법 제23조 제1항). 따라서 사용자가 업무상 필요가 없는데도 불구하고 근로자에 대하여 위와 같은 인사처분을 한 경우, 그러한 인사처분은 근로기준법 제23조 제1항을 위반한 것으로서 무효가 된다. 그런데 업무상 필요가 있다고 하여 사용자의 인사처분이 언제나 정당화될 수 있는 것은 아니다. 판례는 사용자의 업무상 필요성과 근로자의 생활상 불이익을 비교형량하여, 후자가 전자보다 큰 경우 사용자의 인사권 남용을 인정하는 태도를 취한다.[602] 사용자가 인사처분에 앞서 신의칙상 요구되는 절차를 거쳤는지도 함께 고려하여 인사권 남용을 판단한 판례도 발견된다.[603]

세 번째는 사용자의 고용계약 해지권이다. 사용자는 민법상 고용계약의 해지에 관한 규정(본법 제657조 제3항, 제658조 제2항, 제659조, 제660조, 제661조) 또는 개별 고용계약이 정하는 바에 따라 고용계약을 자유롭게 해지할 수 있다. 그러나 근로관계가 근로자 개인에게 삶의 토대 이상의 의미를 가질 수 있다는 점을 고려하면, 사용자에게 아무런 제한 없는 해고의 자유를 허락할 수는 없다. 사용자의 해고에는 정당한 이유가 있어야 하고(근로기준법 제23조 제1항), 경영상 이유로 근로자를 해고하는 경우에는 일정한 요건을 갖추어야 한다(근로기준법 제24조). 또한 일정 기간 동안에는 근로자를 해고할 수 없으며(근로기준법 제23조 제2항), 해고 이전

600 대법원 1995. 2. 28. 선고 94다15363 판결.
601 임종률, 노동법(제16판), 박영사(2018), 507.
602 권리남용이 인정된 판결로 대법원 1998. 1. 20. 선고 97다29417 판결 참조. 권리남용이 인정되지 않은 판결로는 대법원 1997. 7. 22. 선고 97다18165, 18172 판결 참조.
603 대법원 1998. 12. 22. 선고 97누5435 판결, 대법원 2000. 4. 11. 선고 99두2963 판결.

에 일정한 절차를 거쳐야만 한다(근로기준법 제26조, 제27조). 한편 해고가 위와 같은 요건을 모두 갖추었다고 하더라도, 신의칙에 반하여 허용될 수 없는 경우가 있을 수 있다. 가령 사용자가 노사관계의 신뢰를 해하는 부당한 근무 지시를 한 뒤 근로자가 이를 어겼다는 이유로 징계해임을 하는 상황을 생각해보자. 원래 근로자가 사용자의 지휘·명령에 따르지 않는 것은 근로제공 의무 위반에 해당하고, 사용자는 이를 이유로 근로자를 징계해임 등의 방법으로 해고할 수 있다.[604] 물론 근로자에게 사용자의 위법한 지휘·명령에 따를 의무까지 인정되는 것은 아니므로, 사용자의 지휘·명령이 강행법규를 위반한 경우에는 지휘·명령 거부를 이유로 근로자를 해고할 수 없다. 사용자의 지휘·명령이 강행법규 위반에까지 이르지는 않았지만 노사관계의 신뢰를 해하는 경우에는 어떠한가? 이러한 경우에는 사용자의 고용계약 해지권 남용을 인정하여, 해고가 효력을 가지지 못한다고 보아야 할 것이다.[605]

604 임종률, 노동법(제16판), 박영사(2018), 540.
605 대법원 1995. 2. 17. 선고 94다44422 판결, 대법원 1995. 3. 28. 선고 94다45715 판결.

[권영준]

제2장 인

제1절 능력

제3조 [권리능력의 존속기간][1]

사람은 생존한 동안 권리와 의무의 주체가 된다.

[관련조문] 헌법 제6조, 제10조, 민법 제5조, 제27조 내지 제29조, 제30조, 제111조, 제112조, 제562조, 제750조, 제752조, 제762조, 제858조, 제863조, 제997조, 제1000조, 제1001조, 제1005조, 제1064조, 제1073조, 제1112조, 제1118조, 가족관계의 등록 등에 관한 법률 제16조, 제44조, 제45조, 제46조, 제56조, 제60조, 제84조, 제85조, 제86조, 제87조, 제104조, 제122조, 공무원연금법 제3조, 국가배상법 제7조, 국민연금법 제3조, 국적법 제12조, 제18조, 국제사법 제11조, 군인연금법 제3조, 도선법 제6조, 디자인보호법 제27조, 민사소송법 제51조, 범죄피해자 보호법 제18조, 별정우체국법 제2조, 부동산 거래신고 등에 관한 법률 제7조, 제8조, 제9조, 사립학교교직원 연금법 제2조, 산업재해보상보험법 제63조, 상표법 제27조, 생명윤리 및 안전에 관한 법률 제2조, 선박법 제2조, 세계인권선언 제2조, 수산업법 제5조, 실용신안법 제3조, 의사상자 등 예우 및 지원에 관한 법률 제10조, 자본시장과 금융투자업에 관한 법률 제168조, 장기 등 이식에 관한 법률 제4조, 제18조, 제21조, 저작권법 제3조, 전자문서 및 전자거래 기본법 제40조, 채무자 회생 및 파산에 관한 법률 제2조, 특허법 제25조, 항공사업법 제9조, 항공안전법 제10조, 형법 제228조, 제251조, 호스피스·완화의료 및 임종과정에 있는 환자의 연명의료결정에 관한 법률 제2조, 제15조, 제16조, 제17조, 제18조, 선원법 시행령 제30조, 자본시장과 금융투자업에 관한 법률 시행령 제187조, 제188조, 재난 및 안전관리 기본법 시행령 제72조, 가족관계의 등록 등에 관한 규칙 제38조, 제38조의3, 순직 소방공무원 등 지원사업 운영규칙 제4조

[참고문헌] 김재형, 민법론 Ⅳ(2015), 박영사, 구상엽, "연명의료중단과 성년후견제도의 시사점", 민사판례연구 38권(2016); 김능환, '유류분반환청구", 재판자료 78집; 상속법의 제문제(1998); 김천수, "태아의 법적 지위", 비교사법 통권 21호(2003); 노태헌, "연명치료 중단의 허부 및 허용요건", 사법 9호(2009); 박철, 연명치료 중단의 허용기준, 민사판례연구 32권(2010. 2.); 이기영, "태아의 수증능력", 대법원판례해설 1호(1987); 이준현, "가해자의 불법행위로 인한 태아의 손해배상청구권", 전북대학교 법학연구 24집(2006); 이호정, '태아와 사인증여', 고시계 22권 7호(245호)(1977); 이화숙, '태아의 법률상의 지위', 김형배교수화갑기념논문집(1984); 최민수, "체외배아의 민법상 지위", 민사법학 58호(2012. 3.); 최병조, '사인증여의 개념과 법적 성질' 민사판례연구 29권(2007)

[1] 본조는 구판의 내용[주석 민법, 총칙(1)(제4판), 한국사법행정학회(2010), 제3조(민유숙)]을 기본으로 하여 구판 발간 이후 사회 변화에 따른 새로운 입법, 개정 법률과 관련 판례 등을 추가하였다.

Ⅰ. 본조의 의의

1. 민법은 자연인 이외에 일정한 사람 또는 재산의 조직체를 법인이라 하여 권리능력을 가진다고 인정하고 있다. 민법에서 '인(人)'이라는 용어는 자연인과 법인을 포괄하는 개념으로 주로 사용된다. 본인, 대리인, 타인, 보증인, 매도인, 매수인, 임대인, 임차인, 도급인, 수급인, 위임인, 수임인 등에서의 '인'이 그 예이다. 다만, 본장의 표제 '인'은 제3장의 표제 '법인'과 비교해 볼 때 '자연인'에 국한된 개념임이 분명하다.

2. 권리능력이란 권리의 주체가 될 수 있는 지위 또는 자격을 말하고 이를 법인격이라고 한다. 권리능력에 대응하여 의무의 주체가 될 수 있는 지위를 의무능력이라고 한다. 현대법제에서는 권리능력을 가지는 자는 동시에 의무능력을 가진다. 본조 역시 "권리와 의무의 주체가 된다."고 규정하고 있으므로 권리의무능력이 더 정확한 표현이다. 그런데 민법은 권리를 중심으로 구성되어 있고 실제로 본조도 '권리능력의 존속기간'이라고 규정하고 있다. 그러므로 권리능력이라는 일반적인 표현에는 의무능력이 포함되어 있다고 할 수 있다.

3. 권리능력의 개념은 공법 측면에서도 상정할 수 있지만, 일반적으로는 사법상의 개념이다. 권리능력이란 인간이 사회생활을 영위하는 사법관계에 있어서 각자 자유로운 소유권을 가지고 자유로이 계약관계나 친족관계를 맺을 수 있는 일반적·추상적 자격, 즉 권리의 주체가 될 수 있는 추상적인 가능성을 의미한다. 권리능력을 가지는 자만이 권리를 가질 수 있지만, 권리능력 자체가 권리는 아니다.

4. 권리능력과 구별되는 개념으로 실체법상으로는 의사능력, 행위능력 및 책임능력이 있다. 권리능력자라 하더라도 자기의 권리·의무에 변동이 일어나는 행위를 하려면 별도로 의사능력이나 행위능력이 있어야 한다. 즉, 권리능력자가 모두 의사능력이나 행위능력을 가지는 것은 아니다. 권리주체의 행위능력에 관해서는 본법 제5조 이하에서 자세히 서술하겠지만, 민법에서 단순히 '능력'이라고 하는 때에는 보통 '행위능력'을 의미한다. 책임능력이란 불법행위 책임 유무를 가려낼 수 있는 능력, 즉 법률상 손해배상책임을 부담할 수 있는 자격 내지 지위를 말한다. 책임능력 유무는 불법행위자의 연령 및 불법행위의 태양 등에 따라 구체적·개별적으로 판단하여야 한다.

그 밖에도 소송법상의 개념으로는 당사자능력, 소송능력이 있다. 당사자능력이란 민사소송의 당사자가 될 수 있는 자격을 말하고, 민법상의 권리능력자는 모두 당사자능력을 가진다(민사소송법 제51조). 소송능력은 소송의 당사자로 유효하게 소송행위를 할 수 있는 소송상의 행위능력이며, 민법상의 행위능력에 해당한다(민사소송법 제51조).

5. 권리능력에 관한 규정은 강행규정이다. 민법에 명문의 규정은 없지만, 강행규정이라는 데는 견해가 일치된다. 따라서 당사자의 계약에 의하여 이를 제한하거나 포기할 수 없다.

Ⅱ. 본조의 입법취지와 입법례

1. 입법취지

본조는 권리능력 평등의 원칙과 권리능력의 존속기간을 규정하고 있다. 현대법에서는 모든 인간이 연령·성별·신분에 관계없이 완전하고 평등한 권리능력을 가진다는 것이 자명한 원칙으로 인정되고 있지만, 이 원칙은 오랜 기간에 걸쳐 확립된 역사적 산물이다.

고대의 대가족제도에서는 가장만이 완전한 권리능력을 가질 뿐 다른 가족 구성원의 권리능력은 크게 제한되었다. 노예제 사회에서 노예의 법인격은 전혀 인정되지 않았고 소유권의 객체일 뿐이었다. 중세 봉건사회에서는 신분·직업·성별 등에 따라 권리능력을 차별하였다. 근대에 접어들어 자본주의적 자유경제가 발달함에 따라 필연적으로 모든 사람들을 매매, 근로계약 등을 체결함에 있어 독립한 당사자가 될 수 있는 권리능력의 주체로 인정하게 되었고, 아울러 근대 초기의 계몽적 자연법사상은 권리능력 평등의 원칙을 촉진시켰다. 결국 프랑스 혁명을 계기로 모든 개인은 재산과 가족관계 등 사법관계의 주체가 되고 개인의 생명, 신체, 자유 등을 보호받을 자격이 있다는 원칙이 수립되고 연령·성별·종교·계급·신분 등에 따른 권리능력 불평등이 철폐되었다.

이러한 권리능력 평등의 원칙은 사적 자치의 원칙을 관철하기 위한 기초가 된다. 누구든지 자신의 법률관계를 자율적인 의사에 따라 처리하려면 그 전제로서 권리의무의 주체가 될 수 있는 자격이 있어야 하기 때문이다.

2. 입법례

19세기에 이르러 1811년 오스트리아 민법이 권리능력 평등의 원칙을 법률에 처음으로 규정하였다.

스위스 민법 제11조는 "누구나 권리능력을 가진다. 모든 인간에 대하여 법률질서의 범위 내에서 권리의무를 가지는 평등한 능력이 성립한다."고 규정하여 권리능력 평등의 원칙을 직접 명시하고 있다.

이와 달리 독일 민법 제1조는 "사람의 권리능력은 출생의 완료로 시작된다."고 규정하고 있고, 프랑스 민법 제8조는 "모든 프랑스인은 사권을 향유한다."고 규정하고 있으며, 일본 민법 제3조 제1항은 "사권의 향유는 출생으로 시작된다."고 규정하여 이 원칙을 간접적으로 선언하고 있다.

우리 민법 제3조도 권리능력 평등의 원칙을 당연한 전제로 하고 있는 것으로 해석된다.

Ⅲ. 권리능력의 시기(始期)와 종기(終期)

1. 권리능력의 시기

사람은 생존한 동안 권리능력을 가진다. 따라서 사람으로서 생존하기 시작하는 때, 즉 출생한 때로부터 모든 사람은 권리능력을 취득한다. 아직 출생하지 않은 태아는 권리능력이 없다.

가. 출생 시점의 확정

1) 출생은 출산이라는 연속적 과정에 의하여 이루어진다. 따라서 출산과정의 어느 시점을 출생이라 할 것인지는 태아가 사람이 되어 권리능력을 취득하는 시

기를 결정하는 중요한 법률적 문제이다.

2) 출생 시기에 관하여는, ① 산모가 분만에 앞서 느끼는 주기적인 진통이 있을 때를 출생 시기로 보는 진통설과, ② 태아의 일부가 모체로부터 밖으로 드러난 때를 출생시기로 보는 일부노출설, ③ 태아가 모체로부터 전부 드러난 때를 출생 시기로 보는 전부노출설 및 ④ 태아가 모체로부터 완전히 분리된 후 독립하여 호흡하게 된 때를 출생 시기로 보는 독립호흡설 등 여러 견해가 있다.

3) 민법에는 출생 시기에 관한 규정이 없으나, 전부노출설이 통설이며 다른 견해를 찾기 어렵다. 독일 민법 제1조 및 스위스 민법 제31조 제1항은 권리능력의 시점을 '출생의 완료'로 명시하고 있으며, 일본 민법 제3조 제1항은 이에 관하여 명백히 규정하지 않지만, 해석론은 전부노출설이 통설이다.

의학적으로는 독립호흡 개시를 출생으로 보고 있으나 그 시기가 불분명하여 정확성이 없다. 반면 전부노출설은 물리적으로 출생 시점을 쉽게 확인할 수 있어서 훨씬 명료하게 시기를 정할 수 있는 장점이 있다.

4) 형법은 제251조에서 '분만중인 영아'를 살해한 경우도 처벌의 대상으로 삼고 있다. 이를 반영하여 대법원 1982. 10. 12. 선고 81도2621 판결, 대법원 2007. 6. 29. 선고 2005도3832 판결은 "사람의 생명과 신체의 안전을 보호법익으로 하고 있는 형법의 해석으로는 규칙적인 진통을 동반하면서 분만이 개시된 때(소위 진통설 또는 분만개시설)가 사람의 시기라고 봄이 타당하다."라고 판시하였으며, 해석론도 같다.

나. 살아서 출생할 것

1) 전부노출설에 있어서도 출생으로 인정하려면 한순간이라도 살아 있을 것을 요한다. 따라서 태아가 사산되거나 출산 중에 사망하면 권리능력을 취득하지 못한다.

대법원 1976. 9. 14. 선고 76다1365 판결은 "원고의 처가 임신 8개월에 사고로 사망할 당시 태아가 함께 사망한 이상 손해배상청구권을 논할 여지가 없다."고 판시하여 이를 분명히 하였다.

나아가 민법 제3조, 제762조의 위헌 여부에 관한 헌법재판소 2008. 7. 31. 선고 2004헌바81 결정[2]은, 태아도 헌법상 생명권의 주체가 되며 국가는 헌법 제10

2 당해사건: 대법원 2004. 9. 3. 선고 2004다29170 판결(의료과실로 임신 19주에 모태 내에서 사망한 태아의 독립적인 손해배상청구권을 부정한 원심판결에 대한 상고를 심리불속행 기각한 사안).

조에 따라 태아의 생명을 보호할 의무가 있지만, 태아의 출생 전에 또한 태아가 살아서 출생할 것인가와 무관하게 태아를 위하여 민법상 일반적 권리능력까지도 인정하여야 한다는 헌법적 요청이 도출되지는 않는 이상 위 법률 조항들이 권리능력의 존재 여부를 출생 시를 기준으로 확정하고 태아에 대해서는 살아서 출생할 것을 조건으로 손해배상청구권을 인정한다 할지라도 이러한 결과는 사법관계에서 요구되는 법적 안정성의 요청이라는 법치국가 이념에 의한 것으로 헌법적으로 정당화된다 할 것이므로, 이러한 입법적 태도가 입법형성권의 한계를 명백히 일탈한 것으로 보기는 어렵다고 판시하였다.

2) 출생 후 사망하였는지 아니면 사산하였는지에 따라 상속 여부가 달라지는 등 그 구별이 법률적으로 중요한 의미를 가진다. 이러한 경우 일단 출생 후 사망한 것으로 추정함이 타당하고, 사산 사실은 이를 주장하는 자가 입증하여야 한다.[3] 또 출생 후 잠시라도 생존했던 경우에는 출생한 것으로 본다.

다. 그 밖의 경우

1) 살아서 출생한 이상 성별, 출생 후의 생존능력 유무, 기형, 조산 등을 묻지 않고 모두 권리능력을 가지며, 인공수정으로 출생한 사람도 마찬가지이다. 인공수정은 모체로부터 꺼낸 난자를 모체 밖에서 인공적으로 수정하여 그 수정란을 다시 모의 자궁에 부착시키는 의료기술을 말한다. 이와 달리 수정란을 모체 밖에서 보존하거나 동결보존한 난자와 정자를 이용해서 임신·출산하는 것은 현행법으로 해결되지 않으므로 특별법의 제정이 필요하다.

2) 2명 이상이 출생할 경우에는 모체로부터 먼저 출생한 아이가 먼저 권리능력을 취득한다. 다태아인 경우 가족관계의 등록 등에 관한 법률 제44조 제4항, 가족관계의 등록 등에 관한 규칙 제38조 제3호에 따라 그 취지, 출생의 순위 및 출생시각이 가족관계등록부에 기록된다.

2. 권리능력의 종기

가. 권리능력 소멸의 원인

1) 사람은 생존의 마감, 즉 사망에 의하여 권리능력을 상실한다. 이 점은 사망으로 상속이 개시하고, 상속인이 사망자(피상속인)의 재산에 관한 포괄적 권리의무를 승계한다는 본법 규정(제997조, 제1005조)에 비추어 보아도 명백하다.

3 新版 註釋民法(1) 總則(1)[改訂版], 2002, 252(谷口知平).

2) 근대 이후 법제도에서는 사망만이 권리능력 소멸의 원인이다. 고대나 중세의 법, 예컨대 로마법에는 인격소멸 제도가 있었고, 게르만법에는 평화상실 제도가 있어 생존하는 자연인에게서 권리능력을 박탈하는 경우가 있었다. 그러나 오늘날 자연인에게서 일반적으로 권리능력을 박탈하는 것은 인간의 존엄성에 반하여 인정되지 아니한다.

나. 사망 시점의 확정

1) 사망 시기는 출생 시기보다 법률적으로 더 중요한 의미를 가진다. 상속, 유언의 효력 발생, 보험금청구권의 발생, 연금 등과 관련하여 여러 법적인 문제가 발생한다.

2) 사망의 의미, 사망 시기를 결정하는 기준에 관하여 민법에는 아무런 규정이 없다. 종래의 통설은 심장정지설을 취하여 생활기능이 절대적·영구적으로 끝나는 것이 사망이며, 호흡과 혈액 순환의 영구적 멈춤이라는 생리적 낌새가 있을 때에 사망이 인정된다고 한다.[4]

다. 장기 등 이식을 위한 뇌사(腦死)의 제한적 인정

1) 현대 의학의 발달로 사망도 출생과 같이 어떤 특정한 시점에 일어나는 사건이 아니라 하나의 과정으로 파악하게 되면서, 의학상으로 장기이식의 허용문제와 관련하여 뇌의 기능 정지, 즉 뇌파 정지를 사망의 시점으로 보자는 뇌사설이 등장하였다. 즉 현대의학의 수준에서는 뇌파가 정지된 후에도 장기의 기능은 유지될 수 있어 심장의 정지보다 빠른 뇌사의 시점을 사망의 시점으로 보아 장기이식을 용이하게 할 필요가 있다는 것이다.

이에 따라 뇌사 판정이 있으면 사망으로 인정된다는 견해, 일반적으로는 심장정지설에 따라 사망시기를 정하지만, 장기이식을 허용하면 사망시기도 뇌사의 시점으로 보아야 하며 뇌사 판정은 일정한 상황(장기이식의 필요성 등)과 관련하여 의학적 및 윤리적인 판단절차에 따라 이루어져야 한다는 견해[5] 등이 주장되고 있다.

2) 그러나 1999. 2. 8. 제정된 이래 수차례 개정된 장기 등 이식에 관한 법률은 뇌사를 사망과 구별하여, 뇌사자를 위 법에 의한 뇌사판정기준 및 뇌사판정절

4 곽윤직/김재형, 민법총칙(제9판), 박영사(2013), 105.
5 이은영, 민법총칙(제5판), 박영사(2009), 141.

차에 따라 뇌 전체의 기능이 되살아날 수 없는 상태로 정지되었다고 판정된 사람으로 규정하고(장기 등 이식에 관한 법률 제4조 제5호), 나아가 뇌사자가 위 법에 따른 장기 등의 적출로 사망한 경우는 뇌사의 원인이 된 질병 또는 행위로 인하여 사망한 것으로 보고, 사망시각은 뇌사판정위원회가 전문의사인 위원 2명 이상과 의료인이 아닌 위원 1명 이상을 포함한 과반수의 출석과 출석위원 전원의 찬성으로 뇌사판정을 한 시각으로 한다고(장기 등 이식에 관한 법률 제21조, 제18조) 규정하고 있다. 위 법은 뇌사설을 사실상 승인한 것이나 마찬가지라고 평가할 수 있다는 견해[6]도 있으나, 현행법 체계에서는 여전히 심장정지설에 따라야 할 것이다.[7]

라. 연명의료 등 중단에 관한 판결 및 입법

1) 현대 의학의 발달로 말미암아 의학적으로 환자가 의식의 회복가능성이 없고 생명과 관련된 중요한 생체기능의 상실을 회복할 수 없으며 환자의 신체상태에 비추어 짧은 시간 내에 사망에 이를 수 있음이 명백한 경우, 즉 '회복불가능한 사망의 단계'에 이른 후에도 진료행위 즉 '연명치료'가 가능해졌고, 이를 중단한 의사가 살인방조로 처벌받기도 하였다. 또한, 우리의 전통적 효사상과 윤리의식에 따라 환자의 가족은 장기간 연명치료를 계속하게 되는데, 경우에 따라 의식불명인 환자의 인간으로서의 존엄을 해하게 되는 반면 연명치료에 드는 막대한 의료비로 경제적 곤궁에 처하게 되고 가족 내부의 갈등이 야기되는 등 다양한 사회적 문제가 파생되었다.

2) 특히 사전의료지시 없이 의식불명에 빠진 환자에 대해서 가족이 일방적으로 연명치료중단을 요구한 경우가 문제되었다. 이와 관련하여 헌법재판소 2009. 11. 26. 선고 2008헌마385 전원재판부 결정은, 환자가 장차 죽음에 임박한 상태에 이를 경우에 대비하여 미리 의료인 등에게 연명치료 거부 또는 중단에 관한 의사를 밝히는 등의 방법으로 죽음에 임박한 상태에서 인간으로서의 존엄과 가치를 지키기 위하여 연명치료의 거부 또는 중단을 결정할 수 있고, 이는 헌법상 기본권인 자기결정권의 한 내용으로서 보장된다고 판시하였다.[8]

3) 대법원 2009. 5. 21. 선고 2009다17417 전원합의체 판결의 다수의견 역시 이러한 연명치료 중단이 허용됨을 선언하면서 그 허용 요건을 다음과 같이 밝히

6 김대정, 민법총칙[민법강의 I], 도서출판 FIDES(2012), 173.
7 김증한/김학동, 민법총칙(제10판), 박영사(2013), 116; 송덕수, 민법총칙(제3판), 박영사(2016), 567.
8 구상엽, "연명의료중단과 성년후견제도의 시사점", 민사판례연구 38권(2016), 773-820.

고 있다.[9]

가) 회복불가능한 사망의 단계에 이른 후에 환자가 인간으로서의 존엄과 가치 및 행복추구권에 기초하여 자기결정권을 행사하는 것으로 인정되는 경우에는 특별한 사정이 없는 한 연명치료의 중단이 허용될 수 있다. 한편, 환자가 회복불가능한 사망의 단계에 이르렀는지 여부는 주치의와 다른 전문의사의 의학적 소견을 종합하여 신중하게 판단하여야 한다.

나) 환자가 회복불가능한 사망의 단계에 이르렀을 경우에 대비하여 미리 의료인에게 자신의 연명치료 거부 내지 중단에 관한 의사를 밝힌 경우(사전의료지시)에는, 특별한 사정이 없는 한 그에 의하여 자기결정권을 행사한 것으로 인정할 수 있다. 다만, 직접 의료인을 상대방으로 작성한 서면 등에 의하여 진료 중단 시점에서 명확하게 입증될 수 있어야 한다.

다) 한편, 환자의 사전의료지시가 없는 상태에서 회복불가능한 사망의 단계에 진입한 경우에는 환자의 평소 가치관이나 신념 등에 비추어 연명치료 중단이 객관적으로 환자의 최선의 이익에 부합한다고 인정되어 환자가 자기결정권을 행사할 수 있었다면 연명치료의 중단을 선택하였을 것이라고 볼 수 있는 경우에는, 그 연명치료 중단에 관한 환자의 의사를 추정할 수 있다고 인정하는 것이 합리적이고 사회상규에 부합된다.

라) 환자 측이 직접 법원에 소를 제기한 경우가 아니라면, 환자가 회복불가능한 사망의 단계에 이르렀는지 여부는 전문의사 등으로 구성된 위원회 등의 판단을 거치는 것이 바람직하다.

4) 2016. 2. 3. 제정된 호스피스·완화의료 및 임종과정에 있는 환자의 연명의료결정에 관한 법률(2018. 3. 27. 일부 개정)은 담당의사는 환자에 대한 연명의료중단등결정을 이행하기 전에 ① 해당 환자가 '임종과정에 있는 환자'인지, 즉 회생의 가능성이 없고, 치료에도 불구하고 회복되지 아니하며, 급속도로 증상이 악화되어 사망에 임박한 상태에 있다는 의학적 판단을 받은 자인지 여부를 해당 분야의 전문의 1명과 함께 판단하고(호스피스·완화의료 및 임종과정에 있는 환자의 연명의료결정에 관한 법률 제2조 제1호, 제2호, 제15조, 제16조 제1항), ② 연명의료중단등결정을 원하는 환자의 의사는 ㉮ 의료기관에서 작성된 연명의료계획서, ㉯ 사전연명

9 위 판례에 관한 평석은 박철, "연명치료 중단의 허용기준", 민사판례연구 32권(2010. 2.), 53-91; 노태헌, "연명치료 중단의 허부 및 허용요건", 사법 9호(2009), 165-246.

의료의향서 등, ㉰ 의사를 표현할 수 없는 의학적 상태에 있는 성년 환자의 가족 2명 이상의 연명의료중단등에 관한 일치진술 중에서 하나의 방법으로 확인하되(호스피스·완화의료 및 임종과정에 있는 환자의 연명의료결정에 관한 법률 제17조 제1항), 위 세 가지 경우에 해당하지 아니하여 환자의 의사를 확인할 수 없고 환자가 의사표현을 할 수 없는 의학적 상태인 경우에 ㉮ 미성년자인 환자의 친권자인 법정대리인이 연명의료중단등결정의 의사표시를 하거나 또는 환자 가족 전원의 합의로 연명의료중단등결정의 의사표시를 하거나, ㉯ 담당의사와 해당 분야 전문의 1명이 확인한 경우에는 담당의사 또는 해당 분야 전문의 1명이 환자가 연명의료중단등결정을 원하지 아니하였다는 사실을 확인한 경우가 아니라면 연명의료중단등결정이 있는 것으로 본다고 규정하고 있다(호스피스·완화의료 및 임종과정에 있는 환자의 연명의료결정에 관한 법률 제18조 제1항).

3. 출생과 사망의 증명

가. 가족관계의 등록 등에 관한 법률은 출생의 신고는 부모 등 신고의무자가 출생지 등에서 출생 후 1개월 이내에 하여야 하고(가족관계의 등록 등에 관한 법률 제44조 제1항, 제45조, 제46조), 사망의 신고는 동거하는 친족 등 신고의무자가 사망지 등에서 사망의 사실을 안 날부터 1개월 이내에 하여야 한다고 규정하고 있다(가족관계의 등록 등에 관한 법률 제84조 제1항, 제85조, 제86조). 이를 게을리한 경우 과태료의 제재를 받고(가족관계의 등록 등에 관한 법률 제122조), 허위의 신고를 하여 가족관계등록부에 허위사실이 기재되도록 하면 공전자기록 등 불실기재죄로 처벌받을 수 있다(형법 제228조 제1항). 진실한 신고의 이행을 보장하고 가족관계등록부의 출생과 사망 기록에 정확성이 유지되도록 하기 위한 규정이다. 출생 및 사망의 신고는 사실의 보고일 뿐 법률관계를 창설하는 효과를 갖지 않는다.

나. 대법원 2013. 7. 25. 선고 2011두13309 판결은, 가족관계등록부에 기재된 사항은 진실에 부합하는 것으로 추정된다 할 것이나, 그 기재에 반하는 증거가 있거나 그 기재가 진실이 아니라고 볼 만한 특별한 사정이 있는 때에는 그 추정은 번복될 수 있다고 하면서, 전투 기타 사변으로 사망한 군인의 경우 부대장 등 명의로 작성한 전사확인서는 사망신고에 첨부하는 진단서나 검안서에 갈음하는 사망사실을 증명할 만한 서면에 해당할 수 있으나, 전투나 작전 수행 중 행방불명된 군인에 대하여 객관적 근거 없이 부대장이 임의로 지정한 날짜에 전사하였다는

취지의 전사확인서는 위와 같은 서면에 해당하지 않으므로 이러한 확인서에 의하여 사망신고가 되어 가족관계등록부에 등재된 경우에는 그 사망일자에 사망하였다는 추정은 유지될 수 없다고 판단하여, 객관적 사실에 반하는 구 호적부상 사망일시 기재의 추정을 번복한 대법원 1987. 12. 22. 선고 87다카1932 판결, 대법원 1994. 6. 10. 선고 94다1883 판결의 판시를 유지하였다.

객관적 사실에 반하는 정도에 관하여 대법원 1995. 7. 5.자 94스26 결정은 "호적부의 기재내용 중 사망이나 출생 등은 매우 중요한 것으로서 사건본인이나 주변관계인들에게 심히 중대한 영향을 미치는 기재내용이고, 또 사망신고절차에서 신고인이 진단서, 검안서를 첨부하거나 그와 같은 서류를 얻을 수 없을 때에는 그 얻지 못한 사유를 신고서에 기재하고, 사망의 사실을 증명할 만한 다른 서면으로 갈음하도록 규정한 구 호적법의 규정 및 실무상의 지침 등에 비추어 볼 때 이 사건 사망 기재도 그와 같은 서류를 첨부하여 된 것이라고 추정되고, 따라서 호적부의 사망 기재는 쉽게 번복할 수 있게 해서는 안 되고, 그 기재내용을 뒤집기 위해서는 사망신고 당시에 첨부된 서류들이 위조 또는 허위조작된 문서임이 증명되거나 신고인이 공정증서원본불실기재죄로 처단되었거나 또는 사망으로 기재된 사건본인이 현재 생존해 있다는 사실이 증명되고 있을 때 또는 이에 준하는 사유가 있을 때 등에 한해서 호적상의 사망기재의 추정력을 뒤집을 수 있을 뿐이고, 그러한 정도에 미치지 못한 경우에는 그 추정력을 깰 수 없다고 보아야 함이 타당하다."고 판시하였고, 그 판시는 대법원 1997. 11. 27.자 97스4 결정, 대법원 2007. 8. 24. 선고 2006다45817 판결, 대법원 2008. 9. 29.자 2006마883 결정에서도 유지되고 있다.

다. 결국 출생과 사망 시기에 관한 가족관계등록부의 기재내용은 일단 진실한 것으로 추정된다. 그러나 권리능력의 취득과 상실은 출생과 사망 사실에 기하여 취득되고 상실되는 것이지 가족관계등록부의 기재에 의하여 이루어지는 것이 아니다. 그러므로 가족관계등록부의 기재내용이 진실한 것이 아니라고 볼 만한 특별한 사유가 있으면 그 추정을 번복하여 진실한 출생과 사망 시기를 확정할 수 있다.

대법원 1995. 7. 28. 선고 94다42679 판결은, 채권자대위소송에 있어 피대위자가 1938년에 함경북도로 전적한 후 호적, 주민등록 등 생존을 입증할 증거가 없다 하더라도 그가 허무인이 아닌 실존인물임이 명백하고, 또한 오늘날에 있어서 사람이 95세까지 생존한다는 것이 매우 희귀한 예에 속한다고도 할 수 없는 것이어서, 특별한 사정이 없는 한 현재 생존하고 있는 것으로 추정된다 할 것이고, 오히려 그가 사망하였다는 점은 상대방이 이를 적극적으로 입증하여야 한다고 판시하였다. 반면 대법원 2002. 4. 26. 선고 2002다5873 판결은 앞서 본 판시를 유지하면서도, 사람이 110세까지 생존한다는 것은 매우 희귀한 예에 속하므로 피대위자 또는 피고가 소 제기 이전에 이미 사망하였을 것으로 쉽게 짐작되는 경우에는 그 사망 사실을 추인할 수 있다고 판시하였고, 대법원 2016. 1. 14. 선고 2014다210968 판결도 같은 취지이다.

라. 사망사실 또는 사망시기의 증명 곤란에 대비한 제도

부득이한 사유로 사망신고서에 진단서 또는 검안서를 첨부할 수 없는 때에는 사망신고서에 그 사유를 기재하고 사망 사실을 증명할 만한 서면으로서 국내 또는 외국의 권한 있는 기관에서 발행한 사망사실을 증명하는 서면, 군인이 전투 그 밖의 사변으로 사망한 경우에 부대장 등이 사망 사실을 확인하여 그 명의로 작성한 전사확인서 등을 첨부하여야 한다(가족관계의 등록 등에 관한 법률 제84조, 가족관계의 등록 등에 관한 규칙 제38조의3). 그러나 여전히 사망을 증명할 수 없거나 매우 곤란한 경우도 있어 이에 대비하여 다음과 같은 제도가 있다.

1) 동시사망의 추정

2명 이상이 사망한 경우에 누가 먼저 사망하였는지를 확정하는 것은 상속에 중대한 관계가 있다. 그러나 그 증명은 거의 불가능한 경우가 많다. 이에 관한 입법례로는 구체적 생존추정주의와 동시사망추정주의가 있다. 프랑스 민법이 로마법을 따라 전자의 입법례를 취하고 있고, 독일 실종법과 스위스 민법 등이 후자의 입법례를 따르고 있다.

본법은 제30조에서 "2인 이상이 동일한 위난으로 사망한 경우에는 동시에 사망한 것으로 추정한다."고 규정하여 동시사망추정의 입법례를 취하고 있다.

(☞ 상세한 내용은 본법 제30조 주석 참조.)

2) 실종선고

부재자, 즉 종래의 주소나 거소를 떠난 자의 생사가 5년간 분명하지 아니한 때에는 법원은 이해관계인이니 검사의 청구에 의하여 실종선고를 하여야 하며(본법 제27조 제1항). 위난의 경우에는 그 기간이 1년이 된다(본법 제27조 제2항 참조). 실종선고를 받은 자는 그 기간이 만료한 때에 사망한 것으로 본다(본법 제28조).

(☞ 상세한 내용은 본법 제27조 내지 제29조 주석 참조.)

3) 인정사망

수해, 화재나 그 밖의 재난으로 인하여 사망한 사람이 있는 경우에는 이를 조사한 관공서는 지체 없이 사망자의 시·읍·면의 장에게 통보하여야 하며(가족관계의 등록 등에 관한 법률 제87조), 통보에 의하여 등록부에 사망의 기록을 한다(가족관계의 등록 등에 관한 법률 제16조). 여기서 재난은 사망의 증명을 얻을 수 없으나 사망의 확률이 대단히 높고 생존을 예측할 수 없는 사고로서 수해, 화재 외에도 해난, 갱도폭발, 전사, 산사태 등이 그 예이다.

실종선고와 인정사망의 근본적 차이는, 실종선고는 사망을 의제하는 데 반하여 인정사망은 가족관계등록부에 사망의 기록을 하기 위한 절차적 특례, 즉 강한 사망추정적 효과를 인정하는 데에 불과하다는 점이다. 따라서 실종선고가 사실과 다른 경우에는 취소 절차(본법 제29조)를 밟아야 그 효과를 뒤집을 수 있는 반면, 인정사망이 사실과 다른 경우, 즉 생존하고 있다는 확실한 증거가 있으면 그 인정사망은 당연히 효력을 잃는다.[10] 이와 달리 민법의 실종선고 취소에 관한 규정을 유추적용하여도 무방하다는 견해가 있다.[11] 등록부의 기재에 착오나 누락이 있다고 인정한 때에는 이해관계인은 가정법원의 허가를 받아 등록부의 정정을 신청할 수 있다(가족관계의 등록 등에 관한 법률 제104조).

Ⅳ. 태아의 권리능력

1. 태아의 법률상 지위에 관한 각국의 입법례

가. 태아는 모체에서 자라고 있고 장차 사람으로 출생할 것이 기대되는 생명을 말한다. 권리능력의 시기에 관하여 전부노출설을 취하는 이상 모체로부터 일부 노출된 생명도 민법상 태아이다.

사람은 출생에 의하여 권리능력을 취득한다는 원칙을 관철하여 태아는 아무런 권리능력을 가지지 못한다고 하면, 태아에게 불이익한 경우가 생긴다. 예컨대, 아버지가 사망한 지 몇 시간 후에 출생한 자는 상속권이 없고, 자신의 고유한 손해에 대한 배상청구권을 인정받지 못하게 된다. 그런데 전부노출설을 취하여 출

10 곽윤직/김재형, 민법총칙(제9판), 박영사(2013), 108.
11 김용한, 민법총칙론, 박영사(1997), 94; 백태승, 민법총칙(제7판), 집현재(2016), 130.

생의 완료로써 권리능력을 인정한 이유는 물리적으로 출생시점을 쉽게 확인할 수 있다는 데 있을 뿐이고, 태아의 보호가치를 부정하는 것은 아니다. 따라서 태아에 대해서도 일정한 경우에 권리능력을 인정할 필요가 있다.

나. 이에 각국의 민법은 태아가 살아서 출생한 경우를 생각하여 태아의 이익을 보호하는 규정을 두고 있다.

1) 먼저 일반적 보호주의는 태아의 이익을 위하여 태아가 살아서 출생하는 것을 조건으로 모든 법률관계에 있어서 일반적으로 이미 출생한 것으로 본다. 이는 로마법의 원칙이었고, 스위스 민법 제31조 제2항은 "태아는 살아서 출생할 것을 전제로 하여 출생 전에 권리능력을 갖는다."고 규정하여 이를 따르고 있다.

2) 다음으로 개별적 보호주의는 상속, 불법행위 등 중요한 법률관계에 관해서만 법률의 특별규정에 의하여 개별적으로 태아가 출생한 것으로 본다. 우리 민법은 이를 채택하고 있으며, 독일 민법, 일본 민법, 프랑스 민법도 그러하다.

3) 일반적 보호주의는 태아의 이익을 빠짐없이 보호하는 장점은 있으나, 구체적인 경우에 과연 어떠한 범위에서 어떻게 태아의 이익을 보호하는 것으로 해석할 것인지가 불명확한 단점이 있다. 이에 반하여 개별적 보호주의는 적용범위가 명확하여 해석상 의문의 여지는 없지만, 태아의 이익을 빠짐없이 보호하지 못하는 단점이 있다. 이 문제를 해결하기 위하여 개별적 보호주의 법제 하에서도 그 규정들을 원칙적인 규정으로 보고 이를 기초로 하여 문제가 되는 그 밖의 경우에 유추적용하자는 견해도 있다.[12]

2. 민법상 태아에게 권리능력이 인정되는 경우

개별적 보호주의를 취하는 우리 민법은 아래에서 보는 특정한 사항에 관하여 태아가 이미 출생한 것으로 보아 예외적으로 권리능력이 있다고 규정한다.

가. 불법행위에 기초한 손해배상청구

1) 태아는 손해배상의 청구권에 관하여는 이미 출생한 것으로 본다(본법 제762조). 위 규정에 의한 손해배상청구권은 태아가 불법행위에 의한 직접적인 피해자인 경우(본법 제752조)를 말하며, 부모에 대한 불법행위로 인하여 부모가 사망한 경우에는 부모의 재산적·정신적 손해배상은 일단 부모에게 손해배상청구권이 발생하고 본법 제1000조 제3항에 의하여 태아에게 상속된 것으로 된다.

12 곽윤직/김재형, 민법총칙(제9판), 박영사(2013), 100; 김재형, 민법론 Ⅳ, 박영사(2011), 62.

2) 대법원 1962. 3. 15. 선고 4294민상903 판결, 대법원 1967. 9. 26. 선고 67다1684 판결 및 대법원 1993. 4. 27. 선고 93다4663 판결은 일관하여, 부모에 대한 불법행위 당시 태아였다가 그 뒤에 출생한 자에게 부모의 부상으로 인하여 입게 될 정신적 고통에 대한 손해배상청구권을 인정하였다.

3) 또 태아 자신에 대한 불법행위(본법 제750조), 예컨대 모체에 대한 상해 또는 약물 투여로 인하여 기형으로 출생함에 따른 손해배상청구도 가능하다.

대법원 1968. 3. 5. 선고 67다2869 판결은, 임신 중의 어머니가 교통사고를 당하여 그 충격으로 태아가 미숙아 상태로 조산이 되었고 또 이것 때문에 제대로 성장하지 못하고 사망하였다면, 이러한 불법행위는 산모에 대한 불법행위인 동시에 태아에 대한 불법행위가 되고 따라서 태어난 아이는 생명침해로 인한 재산상 손해를 청구할 수 있다고 판시하였다.

4) 日最判 2006. 3. 28.[13]은, 교통사고를 입은 임신 34주의 여성 태내에 있던 태아가 사고 직후 긴급제왕절개수술로 출생하였으나 중증의 정신운동발달지체의 후유장해가 남게 되자 출생한 아이가 자동차보험회사를 상대로 제기한 보험금청구소송에서, 위 사고를 보험약관에서 규정하는 '기명피보험자의 동거 친족에게 발생한 손해 및 후유장해에 의한 손해'에 준하는 것으로 해석하여[14] 보험금청구권을 인정하였다.

나. 인지

1) 부는 포태 중에 있는 자, 즉 태아에 대하여도 인지를 할 수 있다(본법 제858조). 부가 태내에 있는 자녀를 인지할 때에는 신고서에 그 취지, 모의 성명 및 등록기준지를 기재하여야 하고(가족관계의 등록 등에 관한 법률 제56조), 인지된 태아가 사산된 경우에는 출생신고 의무자는 그 사실을 안 날부터 1개월 이내에 이를 신고하여야 한다(가족관계의 등록 등에 관한 법률 제60조).

2) 한편 민법에는 태아에게 부에 대한 인지청구권을 허용하는 규정이 없다. 인지청구의 소는 자와 그 직계비속 또는 그 법정대리인만 제기할 수 있다(본법 제863조). 이에 대하여는 민법상 개별주의의 원칙에 따라 태아의 인지청구권을 부정

13 일본 민법 제721조는 우리 민법과 마찬가지로 태아는 손해배상청구권에 대하여는 이미 출생한 것으로 본다고 규정한다.

14 위 최고재판소 판결에 관한 평석은 이준현, "가해자의 불법행위로 인한 태아의 손해배상청구권", 전북대학교 법학연구 24집(2006), 29-32.

하는 견해[15]와 긍정하는 견해[16]가 대립한다.

다. 상속순위, 대습상속, 유류분

1) 태아는 상속순위에 관하여는 이미 출생한 것으로 보므로(본법 제1000조 제3항), 제1순위 상속인인 '피상속인의 직계비속'에 해당한다(본법 제1000조 제1항 제1호 참조).

2) 본법 제1001조는 본법 제1000조 제1항 제1호에 따라 상속인이 될 직계비속이 상속개시 전에 사망하거나 결격자가 된 경우에 그 직계비속이 있는 때에는 그 직계비속이 사망하거나 결격된 자의 순위에 갈음하여 상속인이 된다고 규정하므로, 태아는 대습상속도 할 수 있다.

3) 나아가 태아는 유류분권자로 인정된다. 즉, 유류분권자는 법정상속인 중 제4순위에 해당하는 피상속인의 4촌 이내의 방계혈족(본법 제1000조 제1항 제4호)을 제외한 나머지 재산상속인들인데(본법 제1112조 참조), 앞서 본 바와 같이 태아는 상속순위에 관하여는 이미 출생한 것으로 보므로 제1순위의 유류분권자에 해당한다(본법 제1118조).[17]

라. 유증

본법 제1064조(유언과 태아, 상속결격자)는 본법 제1000조 제3항은 수증자에 준용한다고 규정한다. 따라서 태아는 유증을 받을 권리능력을 가진다. 유증을 받을 태아가 유언의 효력 발생시, 즉 유증자의 사망시(본법 제1073조 제1항) 포태되어 있으면 족하고, 반드시 유언 당시에 포태되어 있을 필요는 없다.[18]

마. 사인증여 인정 여부

본법 제562조는 "증여자의 사망으로 인하여 효력이 생길 증여에는 유증에 관한 규정을 준용한다."고 규정한다. 이러한 사인증여에도 앞서 본법 제1064조, 제1000조 제3항이 준용되어 태아가 사인증여를 받을 권리능력을 갖는지 여부가 문

15 백태승, 민법총칙(제7판), 집현재(2016), 120; 이화숙, '태아의 법률상의 지위', 김형배교수화갑기념논문집(1984), 123-124.

16 곽윤직/김재형, 민법총칙(제9판), 박영사(2013), 100. 민법 제863조의 유추적용을 인정하는 견해; 김증한/김학동, 민법총칙, 박영사(2013), 113; 이은영, 민법총칙(제5판), 박영사(2009), 134. 법정대리인을 통한 인지 청구의 소 제기를 인정하는 견해.

17 김능환, "유류분반환청구", 재판자료 78집; 상속법의 제문제, 1998, 7-73; 백태승, 민법총칙(제7판), 집현재(2016), 120.

18 양창수/김재형, 민법1(계약법), 박영사(2015), 643.

제된다.

긍정설은 민법이 사인증여에 관하여 유증 규정을 준용하도록 정한 것은 사인증여와 유증의 약간의 성질 차이에도 불구하고 실체가 같음을 고려한 것이므로, 사인증여에 본법 제1064조, 제1000조 제3항이 그대로 준용되어 태아의 권리능력이 인정된다고 해석하거나,[19] 증여자가 갑자기 사망의 위험에 처하여 유증의 방식을 취할 여유가 없는 경우에 생전증여에 관해서뿐만 아니라 사인증여에 관해서도 태아의 수증능력을 인정하는 것이 타당하다고 보거나,[20] 또는 생전에 표시된 증여라는 청약의 의사표시는 그 통지를 발한 후 도달 전에 증여자가 사망해도 청약으로서 유효하며(본법 제111조 제2항 참조) 상대방에게 도달됨으로써 발효하는데, 사인증여에 있어서 태아에게 청약의 의사표시가 도달하는 점에 관하여 본법 제112조를 유추적용하거나 또는 가정적 법정대리인이 태아를 향한 사인증여의 청약이 있었음을 안 것을 도달로 의제하자고 해석한다.[21]

이에 비하여 부정설은, 준용규정은 준용되기로 포괄적으로 지정된 모든 규정이 그대로 적용되는 것이 아니라 성질상 적용가능한 규정만이 준용될 수 있는 것인데, 민법이 태아의 권리능력을 인정하는 규정들은 모두 태아의 개입 없이 오로지 타인의 행위에 의하여 태아가 권리를 취득하는 경우이고, 유증은 재산을 무상으로 출연하는 단독행위인 데 반하여, 사인증여는 증여자의 사후에 효력이 생기는 증여계약으로서 양자는 성질을 달리하므로 태아의 유증받을 능력을 인정하는 규정은 사인증여에 준용되지 않는다고 해석한다.[22]

바. 증여 인정 여부

태아가 증여계약의 당사자로서 수증자가 될 수 있는지 여부에 관하여도 견해가 나누어져 있다.

긍정설은 민법상 권리능력이 인정되는 규정들을 예시적인 것으로 해석하거나 유추적용하자는 주장을 전제로 하여, 태아에게 불법행위 손해배상청구권과 유증을

19 곽윤직/김재형, 민법총칙(제9판), 박영사(2013), 99; 송덕수, 민법총칙(제3판), 박영사(2016), 562; 이은영, 민법총칙(제5판), 박영사(2009), 133.

20 김증한/김학동, 민법총칙(제10판), 박영사(2013), 112.

21 김천수, "태아의 법적 지위", 비교사법 10권 2호(통권 21호)(2003), 40.

22 김준호, 민법총칙, 법문사(2017), 65; 김주수/김상용, 민법총칙(제7판), 삼영사(2013), 87; 백태승, 민법총칙(제7판), 집현재(2016), 120-121; 양창수/김재형, 민법1(계약법), 박영사(2015), 644; 이호정, '태아와 사인증여', 고시계 22권 7호(245호)(1977), 88-94; 이화숙, '태아의 법률상의 지위', 김형배교수화갑기념논문집(1984), 124; 최병조, '사인증여의 개념과 법적 성질' 민사판례연구 29권(2007), 803-874.

받을 능력을 인정하고 있는 것과 균형을 생각하면 모의 대리에 의한 증여계약 당사자로서의 권리능력도 인정하는 것이 타당하다는 취지이다.[23] 부정설은 민법상 권리능력을 인정하는 개별규정이 없는 경우에는 이를 인정하기 어렵다는 점을 전제로 하여, 태아에게 재산권을 무상으로 양여하려는 자는 유증 제도를 이용하거나, 생전행위로 증여하려면 태아의 부모나 기타의 사람과 태아가 살아서 출생하는 것을 조건으로 하여 태아를 수익자로 하는 제3자를 위한 계약을 체결할 수 있으므로, 태아를 보호한다는 이유로 굳이 무리하게 유추적용 등을 시도할 것은 아니라고 한다.[24]

대법원 1982. 2. 9. 선고 81다534 판결은, 망인(부)이 의용 민법 시행 당시인 1941년 무렵 태아였던 원고에게 부동산을 증여한 다음 사망하였고 원고는 그 사망 후 출생하여 이전등기청구의 소를 제기한 사안에서, "현행 민법이 태아의 권리능력에 관하여 개별주의를 취하고 있는 것과 마찬가지로 이 사건 증여행위가 있은 당시에 시행되던 의용 민법이나 구관습 아래에서도 증여에 관하여는 태아의 수증능력을 인정하는 근거가 없다. 더욱이 증여는 구법 하에서도 증여자와 수증자 간의 계약으로서 수증자의 승낙을 요건으로 하는 것이므로 태아에 대한 증여에 있어서도 태아의 수증행위가 필요한 것인바, 구법 하에서 개별적으로 태아의 권리능력이 인정되는 경우에도 그 권리능력은 태아인 동안에는 없고 살아서 출생하면 문제된 사건의 시기까지 소급하여 그때에 출생한 것과 같이 법률상 간주되었던 것이므로, 태아인 동안에는 법정대리인이 있을 수 없고, 따라서 법정대리인에 의한 수증행위도 불가능한 것이어서 증여와 같은 쌍방행위가 아닌 손해배상청구권의 취득이나 상속 또는 유증의 경우를 유추하여 태아의 수증능력을 인정할 수 없는 것이다."라고 판시하여 구법 하에서 태아의 증여계약 권리능력을 부정하였다. 위 판례는 의용 민법 시대의 증여계약에 관한 것이나 현행 민법에서도 동일하게 적용될 것임을 서두에 명시한 이상 현행 민법에서도 동일하게 적용될 수 있다고 생각된다.

사. 특별법상 태아의 권리능력이 인정되는 경우

개별법령상 연금 등 급여의 수급권자의 범위를 규정함에 있어 태아의 권리능

23 곽윤직/김재형, 민법총칙(제9판), 박영사(2013), 100; 김증한/김학동, 민법총칙(제10판), 박영사(2013), 111-112.

24 김주수/김상용, 민법총칙(제7판), 삼영사(2013), 88; 송덕수, 민법총칙(제3판), 박영사(2015), 563; 이기영, "태아의 수증능력", 대법원판례해설 1호, 1987, 7-15.

력이 인정되는 경우가 있는데, 그 법령 및 규정들은 다음과 같다.

국민연금법 제3조 제3항,[25] 공무원연금법 제3조 제1항 제2호 나목, 라목, 제3항,[26] 군인연금법 제3조 제1항 제4호 나목,[27] 라목, 제4항, 별정우체국법 제2조 제1항 제8호 나목, 라목, 제3항, 사립학교교직원 연금법 제2조 제1항 제2호 나목, 라목, 제4항, 산업재해보상보험법 제63조 제2항,[28] 선원법 시행령 제30조 제3항, 범죄피해자 보호법 제18조 제2항,[29] 의사상자 등 예우 및 지원에 관한 법률 제10조 제2항, 재난 및 안전관리 기본법 시행령 제72조 제5항, 순직 소방공무원 등 지원사업 운영규칙 제4조 제2항.

3. 태아의 법률상 지위

가. 정지조건설 또는 인격소급설[30]

태아로 있는 동안에는 권리능력을 취득하지 못하지만, 살아서 출생하면 권리능력 취득의 효과가 문제된 사건이 발생한 시기까지 소급하여 생긴다는 견해이다. 다시 말하면, 민법의 개별규정이 태아에게 권리능력을 인정한 것은 아니고 단지 출생시기가 과거의 일정시기에 소급한다는 것이다. 이 설의 논거는, 민법이 규정하는 개개의 경우에 소급적으로 권리능력을 인정하면 태아의 보호에 문제가 없고, 만약 태아에게 일반적으로 권리능력을 인정한다면 태아가 죽어서 출생하는 경우 그 동안 태아의 법정대리인이 한 행위가 소급하여 전부 무효로 되어 상대방이나 제3자가 예측하지 못한 손해를 입게 될 우려가 크다는 것이다. 또한, 권리능력을 부여한다 하여도 독일 민법(제1912조, 제1913조, 제1960조)과 같이 태아를 위한 법정대리인에 관한 명문의 규정이 없는 이상 태아에게 제한적 권리능력을 부여하더라도 그 법정대리인으로 하여금 태아의 재산을 관리할 수 있게 하는 제도가 있다고 보기 어렵다는 것이다.

25 수급권을 취득할 당시 가입자 또는 가입자였던 자의 태아가 출생하면 그 자녀는 가입자 또는 가입자였던 자에 의하여 생계를 유지하고 있던 자녀로 본다.

26 공무원인 자나 공무원이었던 자의 사망 당시의 태아는 이 법에 따른 급여를 지급할 때에는 이미 출생한 것으로 본다.

27 퇴직 후 60세 당시의 태아는 복무 중 출생한 자녀로 본다.

28 근로자가 사망할 당시 태아였던 자녀가 출생한 경우에는 출생한 때부터 장래에 향하여 근로자가 사망할 당시 그 근로자와 생계를 같이 하고 있던 유족으로 본다.

29 제1항에 따른 유족의 범위에서 태아는 구조피해자가 사망할 때 이미 출생한 것으로 본다.

30 김주수/김상용, 민법총칙(제7판), 삼영사(2013), 88-90; 백태승, 민법총칙(제7판), 집현재(2016), 123; 이화숙, '태아의 법률상의 지위', 김형배교수화갑기념논문집, 1984, 95-126.

나. 해제조건설 또는 제한인격설[31]

태아인 동안에도 이미 출생한 것으로 보는 개별적 사항의 범위 안에서 제한된 권리능력을 가지며, 다만 사산된 때에는 그 권리능력 취득의 효과가 문제의 사건이 있었던 시기로 소급하여 소멸한다고 보는 견해이다. 제한적 인격설이라고 할 수 있다.

이 설의 논거는, 태아에게 제한적으로 권리능력을 인정하지 않으면 태아의 이익이 충분히 보호되지 못한다는 점, 즉 예컨대 배우자와 태아가 상속인인 경우에 태아에게 권리능력을 인정하지 않으면 우선 배우자와 직계존속에게 상속시키고 태아가 출생한 후 상속을 회복시킬 수밖에 없게 되어 오히려 법률관계를 더 불안정하게 하고 그 결과도 부당한 것이 된다는 데 있다. 일반적으로 출산율은 사산율에 비해 압도적으로 높기 때문에 해제조건설을 취함으로써 상대방이나 제3자에게 손해를 주게 되는 경우는 매우 적다는 것이다. 이 설에서는 태아에게 권리능력이 인정되는 범위 내에서 법정대리인도 존재한다고 해석하는 것이 현행법상으로도 타당하다고 한다.

이다만 태아로 있는 동안에는 확률은 적다고 하더라도 사산·쌍생의 가능성도 있어 권리관계가 확정된 것은 아니므로, 법정대리인의 권한은 현재의 권리관계를 보전하는 범위에 한정되고, 재산관리 등 권리보전행위만 할 수 있다고 해석해야 한다. 법정대리인인 어머니와 태아의 재산적 이해가 일치하지 않는 문제 해결을 위한 입법론으로 태아를 위한 재산관리인 선임이 필요하다는 견해도 있다.[32]

다. 판례의 태도

앞서 본 바와 같이 대법원 1976. 9. 14. 선고 76다1365 판결, 대법원 1982. 2. 9. 선고 81다534 판결은 정지조건을 취하고 있고, 특히 76다1365판결에서는 '법정정지조건설, 인격소급설'을 명시하면서 그와 같이 해석함이 상당하다고 판시하고 있다.

4. 체외배아의 경우

생명윤리 및 안전에 관한 법률 제2조 제3호는 인간의 수정란 및 수정된 때부

31 곽윤직/김재형, 민법총칙(제9판), 박영사(2013), 101-102; 김용한, 민법총칙론, 박영사(1997), 97; 김준호, 민법총칙, 법문사(2017), 65; 김증한/김학동, 민법총칙(제10판), 박영사(2013), 115; 명순구, 민법총칙, 법문사(2007), 99; 양창수/김재형, 민법1(계약법), 박영사(2015), 643; 이은영, 민법총칙(제5판), 박영사(2009), 136-138.

32 곽윤직/김재형, 민법총칙(제9판), 박영사(2013), 102.

터 발생학적으로 모든 기관이 형성되기 전까지의 분열된 세포군을 '배아'라 한다. 체외에서 인공수정된 체외배아에 대하여는 수정란이 모체에 착상된 경우에만 태아로 보아야 한다는 착상시설이 다수설이다.[33] 이와 달리 태아와 마찬가지로 나중에 살아서 출생할 것을 조건으로 태아를 위한 개별규정과 관련해서만 제한적인 권리능력을 가진다는 입장을 취하는 견해가 있다.[34]

헌법재판소 2010. 5. 27. 선고 2005헌마346 결정은 '수정 후 착상 전의 배아'는 인간으로 인식되거나 인간과 같이 취급하여야 할 필요성이 있다는 사회적 합의가 있다고 보기 어렵다고 판시하면서, 배아의 기본권 주체성을 부정하고 생식세포제공자에게 수정란에 대한 관리처분권을 인정하였다.

V. 외국인의 권리능력

1. 외국인의 지위

가. 대한민국의 국적을 가지고 있지 아니한 자가 외국인이며, 외국의 국적을 가지는 자와 무국적자가 있다.

대한민국 국민에는 대한민국 국적만을 가지는 자와 외국 국적도 가지는 자(이중국적자)가 있다. 국적의 득실에 관하여는 국적법이 규정하고 있으며 이중국적자는 정해진 기간 내에 국적을 선택하도록 되어 있다(국적법 제12조).

나. 대한민국 국적을 상실하면 외국인이 되므로 대한민국 국민이 아니면 가질 수 없는 권리를 향유할 수 없게 된다. 그러나 종래 이러한 권리를 가지고 있었던 자가 국적 상실과 동시에 바로 권리를 누릴 수 없게 하는 것은 타당하지 아니하므로, 국적법 제18조 제2항은 대한민국 국민이었을 때 취득한 것으로서 양도할 수 있는 것은 그 권리와 관련된 법령에서 따로 정한 바가 없으면 3년 내에 대한민국 국민에게 양도하도록 권리상실의 유예기간을 부여하고 있다.

2. 평등주의와 상호주의

외국인의 권리능력 인정범위는 시대에 따라 변화되었다. 과거에는 외국인에게 권리능력을 전혀 인정하지 않는 것이 일반적이었고, 외국인의 법률상 지위를

33 김주수/김상용, 민법총칙, 삼영사(2013), 85; 송덕수, 민법총칙(제3판), 박영사(2015), 562; 이은영, 민법총칙(제5판), 박영사(2009), 130-131.
34 최민수, "체외배아의 민법상 지위", 민사법학 58호(2012. 3.), 59.

내국인에 비하여 극도로 제한한 적도 있다. 그러나 현대에 이르러 교통·통신이 발달하고 문화가 발전함에 따라 국가 간의 경제·문화 교류가 빈번해지면서 평등주의에 따라 외국인에게도 내국인과 평등한 권리능력을 인정하는 것이 원칙이다. 그런데 이러한 원칙을 취하면서도 나라마다 정치적·경제적 사정에 따라 예외적으로 구체적인 특정한 권리에 관하여는 외국인의 권리능력에 제한을 두거나, 외국인의 권리능력을 그의 본국이 자국민에게 인정하는 정도로만 인정하는 것이 일반적 경향이다.

국가에 따라서는 이른바 상호주의를 취하는 나라도 있다. 상호주의란 외국인의 본국이 자국민에게 인정하는 것과 같은 정도로 그 외국인의 권리능력을 인정하는 것을 말한다. 그러나 상호주의를 취하더라도 실제로는 외국인을 내국인과 차별하지 않는 것이 보통이다. 예컨대 프랑스 민법 제11조는 이른바 조약상의 상호주의를 채택하고 있으나, 해석상으로는 평등주의에 의하고 있다.

3. 우리나라의 입법 태도

대한민국 헌법 제6조 제2항은 외국인의 법적 지위에 관하여 국제법과 조약이 정하는 바에 의하여 그 지위가 보장된다고 규정하고 있다. 국제사법 제11조는 "사람의 권리능력은 그의 본국법에 의한다."고 규정하고 있다. 우리나라가 가입한 세계인권선언 제2조는 '모든 사람에게 국적에 따른 차별을 받지 아니할 권리'를 부여하고 있다.

우리 민법은 외국인의 권리능력에 관하여 직접 규정하는 바가 없지만 내외국인 평등주의를 기본으로 한다고 보는 것이 대부분이다.[35] 민법이 외국인의 권리능력에 관하여 명시적으로 규정하지 않은 이유는 오늘날 문명국가에서는 평등주의가 명백한 원칙이므로 새삼 규정할 필요가 없다고 생각했기 때문이라고 보인다.

평등주의를 원칙으로 하는 우리나라도 개별 법률에서 예외적으로 외국인의 권리능력을 제한하는 규정이 많이 있다. 물론 법률 가운데에는 외국인과 내국인을 동등하게 다룬다는 규정도 있다. 채무자 회생 및 파산에 관한 법률 제2조가 그 예이다.

35 곽윤직/김재형, 민법총칙(제9판), 박영사(2013), 103; 백태승, 민법총칙(제7판), 집현재(2016), 125; 이은영, 민법총칙(제5판), 박영사(2009), 148.

외국인의 권리취득에 관한 규정은 사회질서에 관한 강행규정이므로, 당사자의 합의에 의하여 적용을 배제할 수 없고 탈법행위도 금지된다. 외국인의 권리를 제한한 규정 중 주요한 것은 다음과 같다.

4. 외국인의 권리 제한 규정

가. 소유·취득의 제한

1) 부동산 거래신고 등에 관한 법률[36]은 외국인이 대한민국 안의 부동산을 취득하는 계약을 체결하였을 때에는 계약체결일부터 60일 이내에 신고관청에 신고하되(부동산 거래신고 등에 관한 법률 제8조), 토지가 군사기지 및 군사시설 보호구역, 지정문화재와 이를 위한 보호물 또는 보호구역, 생태·경관보전지역, 야생생물 특별보호구역 등에 있으면 계약 체결 전에 신고관청으로부터 토지취득의 허가를 받아야 한다고 규정하고 있다(부동산 거래신고 등에 관한 법률 제9조).

2) 외국인은 원칙적으로 대한민국 선박을 소유할 수 없다(선박법 제2조 제2호 참조). 다만 대한민국의 법률에 의하여 설립된 상사법인의 경우 대한민국 선박을 소유할 수 있는 요건은 점차 완화되고 있다. 즉, 1999. 4. 15. 법률 제5972호로 개정되기 전의 선박법 제2조 제3호는 대한민국의 법률에 의하여 설립된 상사법인으로서 출자의 과반수와 이사회 의결권의 3/5 이상이 대한민국 국민에 속하고 대표이사가 대한민국 국민인 법인일 것을 요구하였으나, 위 개정된 선박법 제2조 제3호는 대한민국의 법률에 의하여 설립된 상사법인 소유라는 요건만을 요구하고 있다. 이와 같은 외항해운의 개방은 국제협정의 이행과 외국자본 유치를 촉진하기 위한 것으로 이해되고 있다.

3) 대한민국 국민이 아닌 사람 등이 소유하거나 임차한 항공기는 등록할 수 없다(항공안전법 제10조 제1항). 항공안전법 제10조 제1항에 해당하는 자는 항공운송사업면허 결격자에 해당한다(항공사업법 제9조).

4) 자본시장과 금융투자업에 관한 법률 제168조 제1항은 외국인(국내에 6개월 이상 주소 또는 거소를 두지 아니한 개인) 등에 의한 증권거래 등을 대통령령으로 제한할 수 있도록 규정하고 있다. 이에 따라 자본시장과 금융투자업에 관한 법률 시행령 제187조는 외국인 등의 증권 또는 장내파생상품의 취득한도를 규정하고 있고, 같은 시행령 제188조는 외국인 등이 상장증권 또는 상장이 예정된 증권을 취

36 이 법이 2016. 1. 19. 제정되어 2017. 1. 20. 시행되면서 외국인토지법은 폐지되었다.

득 또는 처분하려는 경우에는 미리 본인의 인적 사항 등을 금융위원회에 등록하여야 한다고 규정하고 있다.

5) 과거 외국인의 권리취득을 제한하였던 구 광업법 제6조는 1999. 2. 8. 법률 제5824호로 삭제되었다. 그 이유는 외국인에 대한 광업권향유의 제한을 폐지함으로써 외국인투자를 촉진시키고 국내광업의 대외경쟁력을 높이는 데에 있다고 한다.

6) 외국인에 대한 어업의 면허 또는 허가를 하고자 할 때 국회의 동의를 요구하였던 구 수산업법 제5조 역시 1995. 12. 30. 법률 제5131호로 개정되면서 해양수산부장관과의 협의를 필요로 하는 것으로 완화되어 현재까지 유지되고 있다.

7) 도선법 제6조는 대한민국 국민이 아닌 사람은 도선사가 될 수 없다고 정하고 있다.

나. 상호주의에 의한 제한

1) 부동산 거래신고 등에 관한 법률 제7조는 본문에서 상호주의에 따라 외국인의 대한민국 내 토지의 취득 등을 금지하거나 제한할 수 있도록 규정하면서 단서에서 헌법과 법률에 따라 체결된 조약의 이행에 필요한 경우를 상호주의 적용의 예외로 정하고 있다. 이는 세계무역기구 협정의 기본원칙 중 하나인 최혜국대우 원칙에 맞추기 위한 것으로 이해되고 있다.

2) 국가배상법 제7조는 이 법은 외국인이 피해자인 경우에는 해당 국가와 상호 보증이 있을 때에만 적용한다고 하여 상호주의를 명시하고 있다.

3) 수산업법 제5조 제3항은 대한민국 국민 또는 대한민국의 법률에 따라 설립된 법인이나 단체에 대하여 자국 내의 수산업에 관한 권리의 취득을 금지하거나 제한하는 국가의 개인 또는 법인이나 단체에 대하여는 대한민국 안의 수산업에 관한 권리의 취득에 관하여도 같거나 비슷한 내용의 금지나 제한을 할 수 있다고 규정하고 있다.

4) 전자문서 및 전자거래 기본법 제40조도 평등주의를 규정한 뒤 상호주의에 의하여 제한할 수 있다고 규정하고 있다.

다. 지적 재산권 분야

1) 특허법 제25조는 재외자 중 외국인의 권리능력에 관하여 예외적으로 상호주의에 따라 인정한다고 규정하고 있고, 이 규정은 실용신안법에 준용된다(실용신안법 제3조). 상표법 제27조 및 디자인보호법 제27조도 재외자인 외국인의 권리능

력에 관하여 특허법과 마찬가지로 예외적으로 상호주의에 의함을 규정하고 있다.

2) 저작권법 제3조는 외국인의 저작물은 대한민국이 가입 또는 체결한 조약에 따라 보호하고(제1항), 대한민국에 상시 거주하는 외국인의 저작물과 맨 처음 대한민국 내에서 공표된 외국인의 저작물은 보호되지만(제2항), 상호주의에 따라 제한할 수 있다고(제3항) 규정하고 있다.

3) 외국인에 대하여 적용 예외를 규정하였던 구 부정경쟁방지법 제16조는 1998. 12. 31. 법률 제5621호로 부정경쟁방지 및 영업비밀보호에 관한 법률로 개정되면서 삭제되었다.

제 4 조 [성년]

사람은 19세로 성년에 이르게 된다. [전문개정 2011.3.7.]

[관련조문] 민법 제8조, 제157조, 제158조, 제160조, 제807조, 제815조, 제816조, 제826조의2, 제866조, 제1072조, 제1098조, 가정폭력방지 및 피해자보호 등에 관한 법률 제2조, 공동주택관리법 제14조, 공직선거법 제15조, 국민투표법 제7조, 국적법 제5조, 근로기준법 제66조, 제67조, 제69조, 제70조, 도로교통법 제82조, 도시 및 주거환경정비법 제43조, 소년법 제2조, 신용협동조합법 제19조, 아동복지법 제3조, 아동·청소년의 성보호에 관한 법률 제2조, 청소년보호법 제2조, 청소년기본법 제3조, 청소년의 성보호에 관한 법률 제2조, 한부모가족지원법 제4조, 형의 집행 및 수용자의 처우에 관한 법률 제11조

[참고문헌] 윤진수/현소혜, 2013년 개정민법해설, 법무부(2013)

Ⅰ. 본조의 의의

2011. 3. 7. 법률 제10429호로 개정되기 전의 민법(종전 민법)은 성년 연령을 만 20세로 규정하였다. 그러나 이러한 종전 민법의 규정은 여타의 법령과 충돌하는 경우가 많았다. 가령 공직선거법은 만 19세 이상의 자에게 선거권을 부여하고 있으며, 청소년보호법이나 소년법 역시 만 19세를 법률의 적용기준으로 삼고 있다. 또한 많은 청소년들이 만 19세에 달할 즈음이면 고등학교를 마치고 대학교에 진학하거나 취업을 하여 예금통장 개설, 학자금 대출, 이동통신서비스 가입, 기호물품의 구입 등 다양한 법률행위를 스스로 하는 것이 현실이다. 2011. 3. 7. 개정된 민법(현행 민법)은 다른 법령의 규정, 사회 현실과 청소년의 신체적·정신적 성숙도를 반영해 성년기를 만 19세로 하향조정하였다.[1]

현행 민법은 성년이 된 자에게 독립하여 완전한 법률행위를 할 수 있는 행위능력을 부여하고 있어 그에 대한 친권이나 후견은 종료하며, 미성년자가 법정대리인의 동의 없이 한 법률행위는 취소할 수 있도록 하고 있다.

1 윤진수/현소혜, 2013년 개정민법해설, 법무부(2013), 24.

Ⅱ. 입법취지 및 입법례

사람의 능력은 점진적으로 발달하고 그 발달 속도도 사람에 따라 차이가 있으므로, 19세를 기준으로 획일적으로 성년·미성년을 구별하는 것이 타당하지 않은 경우도 있다. 그러나 이러한 개인적인 차이를 고려해서 개별적으로 성년기를 정하게 되면 거래의 안전을 해하고 법률관계가 복잡해지므로 민법에서 획일적으로 성년기를 정한 것이다. 따라서 미성년자는 사실상 행위능력 등의 유무에 불구하고 획일적으로 제한능력자가 된다.

성년기는 경제·사회·문화의 발달에 따라 나라마다 차이가 있을 뿐 아니라 사회 발전에 따라 성년기가 낮아지는 경향이 있다. 독일, 프랑스, 스위스, 이탈리아 등 대부분의 유럽 국가들과 영국, 미국 대부분의 주, 중국은 18세를 성년으로 정하고 있다. 일본, 대만은 종전 우리 민법과 같이 20세를 성년으로 정하고 있다.

Ⅲ. 19세의 계산방법

연령의 계산은 기간 계산에 관한 초일 불산입 원칙(본법 제157조)에 따르지 않고 본법 제158조에 따라 초일인 출생일을 산입하여 역(曆)에 따라 계산한다(본법 제160조). 예를 들면 1990. 1. 1.에 출생한 자는 2008. 12. 31.이 만료됨으로써 성년이 된다. 즉 2009. 1. 1.부터 성년이다.

Ⅳ. 19세 성년의 예외

제한능력자제도의 목적상 획일적 표준에 따라 행위능력 유무를 결정하는 것이 타당하다 할지라도 특수한 사정이 있는 경우에는 성년기를 완화하는 제도가 필요하다.

우리 민법은 혼인성년제도(본법 제826조의2)와 영업허락제도(본법 제8조)를 두고 있다. 영업허락제도는 본법 제8조 부분에서 후술한다.

1. 혼인성년제도

가. 본법 제826조의2는 미성년자가 혼인을 한 때에는 성년자로 본다고 규정하고 있다. 혼인적령은 만 18세가 된 사람이다(본법 제807조). 이는 혼인생활에 독립성을 부여하며 부부관계에 제3자가 관여하는 것을 막고 부부평등을 관철시키기

위한 것이다.

1977. 12. 31. 개정된 민법(1979. 1. 1. 시행)에서 도입되었으며, 프랑스 민법, 일본 민법에서도 인정하고 있다.

나. 혼인에 의한 성년의제는 법률혼에 국한되고 사실혼에는 적용되지 않는다는 통설[2]과 사실혼에도 적용된다는 견해[3]가 있다.

다. 성년자로 봄에 따라 행위능력자가 되므로, 미성년자에 대한 친권 또는 후견은 소멸한다. 미성년자는 자기의 자녀에 대해 친권을 행사할 수 있고 타인의 후견인이 될 수 있으며, 유언의 증인(본법 제1072조)이나 유언집행자(본법 제1098조)가 될 수 있다.

다만 양자를 들일 수 있는 능력에 관하여 본법 제866조가 "성년에 달한 자는 양자를 할 수 있다."고 정하고 있다는 이유로 이를 부정하는 견해가 있으나, 양자의 경우에만 예외를 인정할 이유가 없고 위 규정의 취지도 양친이 되려면 실제로 19세가 되어야 하는 것은 아니므로 양자를 들일 능력도 있다고 할 것이다.[4]

라. 혼인으로 성년의제를 받은 미성년자가 성년이 되기 전에 배우자의 사망이나 이혼 등으로 혼인이 해소된 때에 성년의제가 계속될 것인지 문제된다.

해석론으로는 성년의제 계속설이 통설이다. 일단 성년이 의제되면 그 원인이 무엇이든 완전한 행위능력을 취득하여 경제활동을 하게 되므로, 사후에 다시 원상으로 돌이키면 본인의 생활을 파괴하는 결과를 초래할 뿐 아니라 거래의 안전까지 파괴하게 된다.[5]

나중에 혼인이 취소된 경우에도 마찬가지 이유로 성년의제 효과는 소멸하지 아니한다. 다만 혼인적령 위반을 이유로 혼인이 취소된 경우(본법 제816조 제1호, 제807조)에는 문제의 소지가 있다. 그러나 혼인이 원래부터 무효인 경우(본법 제815조)에는 성년의제의 효과도 처음부터 발생하지 아니한다.[6]

2 곽윤직/김재형, 민법총칙(제9판), 박영사(2013), 117; 김준호, 민법총칙, 법문사(2017), 76; 백태승, 민법총칙(제7판), 집현재(2016), 146; 송덕수, 민법총칙(제3판), 박영사(2016), 198.

3 명순구, 민법총칙, 법문사(2007), 106; 이은영, 민법총칙(제5판), 박영사(2009), 162.

4 김준호, 민법총칙, 법문사(2017), 76; 양창수/김재형, 민법1(계약법), 박영사(2015), 615.

5 곽윤직/김재형, 민법총칙(제9판), 박영사(2013), 117; 민법주해 I 총칙(1), 박영사(1992), 263; 백태승, 민법총칙(제7판), 집현재(2016), 146; 이은영, 민법총칙(제5판), 박영사(2009), 163.

6 송덕수, 민법총칙(제3판), 박영사(2016), 198; 양창수/김재형, 민법1(계약법), 박영사(2015), 616.

2. 성년 연령에 관한 특별법의 규정

가. 민법이 적용되는 경우

각종 특별법에서 연령에 관한 규율을 함에 있어 민법의 성년 규정이 그대로 적용되는 경우가 있다. 예컨대 국적법 제5조 제2호는 외국인의 일반귀화 가능연령에 관하여 '대한민국의 민법상 성년일 것'으로 규정하고 있으며, 그 외 신용협동조합원(신용협동조합법 제19조 제1항), 조합임원(도시 및 주거환경정비법 제43조 제1항 제1호), 입주자대표회의 동별대표자(공동주택관리법 제14조 제4항 제1호) 등 각종 자격이나 면허에 관하여 같은 규정을 둔 법령이 있다.

나. 별도의 규정이 존재하는 경우

특별법상 연령의 제한에 관하여 별도의 규정을 두는 경우가 있다.

1) 공직선거법 제15조, 국민투표법 제7조는 각종 선거권 및 투표권 취득 연령을 19세로 규정하고 있다.

2) 근로기준법은 연소자 등에 대하여 특별규정을 두고 있다. 사용자는 18세 미만인 자와 근로계약을 체결하는 경우에는 18세 미만인 자의 가족관계기록사항에 관한 증명서와 법정대리인의 동의서를 사업장에 갖추어 두어야 하고(근로기준법 제66조), 근로조건을 서면으로 명시하여 교부하여야 하며(근로기준법 제67조 제3항), 15세 이상 18세 미만인 자의 근로시간은 1일에 7시간, 1주에 35시간을 초과하지 못하나 다만 합의에 따라 1일 1시간, 1주 5시간 한도로 연장할 수 있고(근로기준법 제69조), 18세 미만자를 오후 10시부터 오전 6시까지의 시간 및 휴일에 근로시키지 못하나 일정한 예외가 있다(근로기준법 제70조 제2항).

3) 도로교통법 제82조 제1항 제1호는 운전면허 결격사유를 18세 미만(원동기장치자전거의 경우 16세 미만)인 사람으로 규정하고 있다. 이는 운전면허를 18세의 미성년자에게도 발급한다는 의미이다.

4) 소년법 제2조, 청소년보호법 제2조 제1호, 청소년의 성보호에 관한 법률 제2조 제1호, 아동·청소년의 성보호에 관한 법률 제2조 제1호는 그 법의 적용대상인 소년, 청소년 또는 아동·청소년을 19세 미만의 자(다만 청소년 또는 아동·청소년에서 만 19세가 되는 해의 1월 1일을 맞이한 사람은 제외됨)로 규정하고 있다. 이와 달리 청소년기본법 제3조 제1호는 그 법의 적용대상인 청소년을 9세 이상 24세 이하인 사람으로 정하고 있다.

5) 아동복지법 제3조 제1호, 가정폭력방지 및 피해자보호 등에 관한 법률 제2조 제4호, 한부모가족지원법 제4조 제5호는 그 법의 적용대상인 아동을 18세 미만인 자로 규정하고 있다.

6) 형의 집행 및 수용자의 처우에 관한 법률 제11조 제1항은 교도소의 수용대상을 만 19세 이상 수형자로, 소년교도소의 수용대상을 19세 미만 수형자로 구분하여 규정하고 있다.

Ⅴ. 민법 개정에 따른 변화

1. 2011. 3. 7. 현행 민법을 시행하면서, 만 19세 이상인 사람이라면 설령 종전 민법에 따라 성년으로 인정받지 못한 사람이라도 현행 민법 시행과 동시에 성년으로서의 지위를 취득한다. 그러므로 현행 민법 시행 이후 만 20세에 달할 때까지 그가 법정대리인의 동의 없이 행한 법률행위는 더 이상 행위무능력을 이유로 취소할 수 없다.[7]

2. 대법원 2016. 4. 22. 자 2016으2 결정은, 이혼한 부부 중 일방이 미성년자의 자녀에 대한 양육자 지정청구와 함께 장래의 이행을 청구하는 소로서 양육비 지급을 동시에 청구할 수 있고, 위와 같은 청구에 따라 장래의 양육비 지급을 명한 확정판결이나 이와 동일한 효력이 있는 조정조서나 화해권고결정 등에서 사건본인이 성년에 이르는 전날까지 양육비 지급을 명한 경우 재판의 확정 후 사건본인이 성년에 도달하기 전에 법률의 개정으로 성년에 이르는 연령이 변경되었다면 변경된 성년 연령이 양육비를 지급하는 종료 기준시점이 되고, 따라서 현행 민법 제4조에 의하여 성년에 이르는 연령이 종전 20세에서 19세로 변경되었으므로 현행 민법 시행 이전에 장래의 양육비 지급을 명하는 재판이 확정되었더라도 현행 민법 시행 당시 사건본인이 아직 성년에 도달하지 아니한 이상 양육비 종료 시점은 현행 민법 규정에 따라 사건본인이 19세에 이르기 전날까지로 봄이 타당하다고 판시하였다.

7 윤진수/현소혜, 2013년 개정민법해설, 법무부(2013), 24-25.

제 5 조 [미성년자의 능력]

① 미성년자가 법률행위를 함에는 법정대리인의 동의를 얻어야 한다. 그러나 권리만을 얻거나 의무만을 면하는 행위는 그러하지 아니하다.
② 전항의 규정에 위반한 행위는 취소할 수 있다.

[관련조문] 헌법 제10조, 민법 제4조, 제6조, 제7조, 제8조, 제9조, 제12조, 제15조, 제17조, 제34조, 제109조, 제110조, 제112조, 제117조, 제131조, 제140조, 제141조, 제142조, 제168조, 제177조, 제179조, 제180조, 제186조, 제252조, 제253조, 제254조, 제260조, 제387조, 제544조, 제556조, 제753조, 제754조, 제807조, 제808조, 제817조, 제856조, 제866조, 제869조, 제870조, 제871조, 제884조, 제898조, 제909조, 제909조의2, 제910조, 제911조, 제913조, 제918조, 제920조, 제920조의2, 제921조, 제924조, 제924조의2, 제925조, 제927조, 제928조, 제931조, 제932조, 제948조, 제949조, 제949조의3, 제950조, 제956조, 제959조의20, 제1061조, 제1062조, 제1063조, 가사소송법 제2조, 제12조, 가족관계의 등록 등에 관한 법률 제9조, 제26조, 제27조, 제80조, 근로기준법 제17조, 제43조, 제66조, 제67조, 제68조, 민사소송법 제55조

[참고문헌] 윤진수/현소혜, 2013년 개정민법해설, 법무부(2013); 이현곤, 성년후견제도의 이해와 활용-치매노인과 발달장애인의 신상보호와 재산관리-, 고시계사(2018); 김상용, "부모가 장기간 소재불명인 경우 미성년자녀에 대한 후견개시 여부에 대한 고찰", 중앙법학 제18집 제4호(2016); 박인환, "성년후견제도 시행 4년의 평가와 과제", 한·독 성년후견 전문가대회 자료집(2017); 백태균, "미성년자가 행한 개별 신용카드 거래계약의 취소가부", 부산판례연구회 판례연구 20집(2009); 송경근, "법정대리인의 동의 없이 신용구매계약을 체결한 미성년자가 그 동의 없음을 이유로 위 계약을 취소하는 것이 신의칙에 위배되는지 여부 등", 대법원판례해설 71호(2008); 윤장원, "의사무능력을 둘러싼 법률관계", 부산판례연구회 판례연구 22집(2011. 2.); 윤진수, "상속법상의 법률행위와 채권자취소권-상속 포기 및 상속재산 협의분할을 중심으로-", 사법연구 6집(2001); 윤진수, "2007년도 주요 민법 관련 판례 회고" 법학 49권 1호(146호)(2008); 윤진수, "친족회의 동의를 얻지 않은 후견인의 법률행위에 대한 표현대리의 성립 여부", 민사법학 19호(2001); 이기수/이병준, "민법 제6조의 의미와 법적 성질", 경영법률연구총서 4권(2004); 지영난, "의사무능력자가 자신이 체결한 근저당권설정계약의 무효를 주장하여 근저당권의 실행을 위한 경매의 배당절차에서 배당이의를 할 수 있는지와 관련한 법률관계", 수원지방법원 재판실무연구(2013)

I. 행위능력 총설 및 제한능력제도

1. 의사능력과 책임능력

가. 의사능력

1) 모든 사람은 평등하게 권리능력을 가지고 있으나, 그렇다고 모든 권리능력자가 자기의 행위에 의하여 권리를 취득하거나 의무를 부담할 수 있는 것은 아니다. 권리능력자가 권리를 얻고 의무를 부담하려면 일정한 지적 능력을 갖추고 있어야 한다는 것이 민법이 취하는 기본태도이다. 민법의 이러한 구성은 사적 자치의 원칙과 깊은 관련이 있다. 사적 자치의 원칙은 개인이 자신의 자유로운 의사에 따라 법률관계를 형성할 수 있음을 뜻한다. 이는 인간이 보편적 이성을 가지고 그에 따라 행위하는 것을 전제로 한다. 따라서 개인의 의사가 정신의 미숙 또는 장애라는 내적 상태의 불완전함으로 인하여 왜곡되어서는 안 된다.

의사능력이란 자신의 행위의 의미나 결과를 정상적인 인식력과 예기력을 바탕으로 합리적으로 판단할 수 있는 정신적 능력 내지는 지능을 말한다.[1] 합리적으로 판단한다는 의미는 결국 '통상인이 가지는 정상적인 판단능력'을 뜻한다. 그리고 이 표준에 미치지 못하는 정신상태를 '의사무능력(意思無能力)'이라고 하여 법률행위의 효력을 결정하는 기준으로 삼고 있다.

2) 사람의 행위가 법률적 효과를 생기게 하려면 언제나 의사능력을 필요로 하며, 의사무능력자의 법률행위는 법률상 효력이 없다. 독일 민법 제105조나 스위스 민법 제18조는 이 원리를 밝히는 규정을 두고 있다. 우리 민법은 피성년후견인의 유언능력에 관한 민법 제1063조를 제외하고는 명문의 규정이 없으나, 학설은 의사능력 없는 사람의 법률행위가 무효라고 해석함에 있어 완전히 일치한다. 원칙적으로 모든 사람은 자기의 의사에 의해서만 권리를 얻고 의무를 부담한다는 근대법의 기본원리에 비추어 볼 때, 의사능력 없는 사람의 행위는 그의 의사에 따른 것이라고 할 수 없기 때문이다.

1 대법원 2009. 1. 15. 선고 2008다58367 판결 참조.

3) 의사능력의 유무는 구체적인 법률행위와 관련하여 개별적으로 판단되어야 한다는 것이 확립된 대법원 판례의 입장이다.[2]

대법원 2002. 10. 11. 선고 2001다10113 판결을 비롯하여 대법원 2006. 9. 22. 선고 2004다51627 판결, 대법원 2006. 9. 22. 선고 2006다29358 판결 및 대법원 2009. 1. 15. 선고 2008다58367 판결은 일관되게, 일상적인 의사소통은 가능하나 어릴 때부터 기억력이 낮아 정규교육을 받지 못하여 글자를 제대로 읽거나 쓰지 못하는 사람으로서 장애인복지법령의 보호대상인 정신장애자로 인정된 사람이 금융기관에서 대출을 받거나 근저당권을 설정하는 행위를 하였다면, 대출과 근저당권 설정 및 실행에 이르는 일련의 법률적인 의미와 효과를 이해할 수 있는 의사능력을 갖추고 있었다고 볼 수 없다면서 의사능력을 부정하였다. 특히 위 2004다51627 판결은 의사무능력자가 사실상의 후견인의 보조를 받아 법률행위를 한 후 의사무능력을 이유로 법률행위가 무효라고 주장하더라도 이러한 무효 주장이 거래관계에 있는 당사자의 신뢰를 배신하고 정의의 관념에 반하는 예외적인 경우에 해당하지 않는 한 신의칙에 반한다고 할 수 없다고 판시함으로써, 거래의 안전을 다소 희생시키더라도 의사무능력자를 보호하고자 하는 민법의 기본 이념을 충실히 하는 입장을 견지하였다.[3] 또 대법원 2007. 11. 15. 선고 2007다48943 판결도 중증 치매로 자녀들마저 알아보지 못하고 계절도 제대로 인식하지 못하는 상태에 있던 사람이 5억 원이 넘는 부동산을 처분한 행위는 의사능력을 흠결한 상태에서 이루어진 것으로 무효라고 판단한 원심은 정당하다고 판시하였다.

4) 의사무능력 여부의 증명책임은 의사무능력을 이유로 행위의 무효를 주장하는 자에게 있다.

한편 의사능력자의 법률행위가 무효라는 주장은 의사무능력자만 할 수 있는가에 관하여 견해가 나뉜다. 행위의 상대방을 포함하여 누구나 무효를 주장할 수 있다는 견해가 통설이나, 의사무능력자를 보호하기 위한 것이므로 무효 주장은 의사무능력자에게만 인정하는 것이 타당하다는 견해[4]도 있다.

2 윤장원, "의사무능력을 둘러싼 법률관계", 부산판례연구회 판례연구 22집(2011. 2.), 1-50.

3 지영난, "의사무능력자가 자신이 체결한 근저당권설정계약의 무효를 주장하여 근저당권의 실행을 위한 경매의 배당절차에서 배당이의를 할 수 있는지와 관련한 법률관계", 수원지방법원 재판실무연구(2013), 173-198.

4 김주수/김상용, 민법총칙(제7판), 삼영사(2013), 99; 윤장원, "의사무능력을 둘러싼 법률관계", 부산판례연구회 판례연구 22집(2011. 2.), 1-50.

나. 책임능력

위와 같은 의사능력 관념은 불법행위에서는 책임능력 또는 불법행위능력(본법 제34조)으로 나타난다. 불법행위책임이 생기려면 자기 행위의 결과를 분별하여 알 수 있는 정신적 능력 내지 판단능력이 있어야 하며, 이것이 없는 사람은 불법행위책임, 즉 손해배상책임을 부담하지 않는다(본법 제753조, 제754조 참조). 이러한 의미에서 불법행위에 관한 판단능력을 법률행위에서의 의사능력과 구별하여 책임능력이라고 부른다. 단순히 자기의 행위에 의하여 일정한 결과가 발생하는 것을 인식하는 능력이 아니라, 그 결과가 위법한 것으로서 법률상 비난받는 것임을 인식하는 정신능력이다.

2. 행위능력

가. 의의

모든 사람에게 평등하게 권리능력이 있다고 하여 사법상 권리의무가 저절로 발생하는 것은 아니다. 이른바 사적 자치의 원칙에 따라 개인이 사법상 권리의무를 발생·변경·소멸시키는 행위를 함으로써 구체적인 법률관계가 발생한다. 이와 같이 법률적으로 특정한 권리의무를 발생하게 하는 능력을 행위능력이라 한다. 민법은 이 행위능력을 '능력'(본법 제5조, 제9조, 제12조, 제15조, 제17조, 제177조, 제179조, 제180조 등) 또는 '행위능력'이라 하며(본법 제8조, 제117조 등), 모든 법률행위가 효력을 발생하기 위하여 갖추어야 하는 효력요건이다.

나. 의사능력과의 관계

의사능력 유무는 구체적인 경우에 개별적으로 판단하여야 한다. 또한 그 판단의 대상은 외부에서 확인하기 어려운 내적인 심리적 정신능력이며, 의사표시를 한 사람의 정신적 발달 정도, 행위 당시의 정신상태, 대상이 되는 행위의 난이도 등에 따라 의사능력 유무가 상대적으로 달라진다. 따라서 의사표시를 한 사람으로서는 행위 당시에 의사능력이 없었음을 증명하여 보호를 받기도 대단히 어려운 반면, 행위의 상대방 기타 제3자의 입장에서도 행위 당시 의사표시를 한 사람의 의사능력 유무를 확실하게 알기 어려워서 후에 그 행위가 의사능력이 없었다는 이유로 무효로 된다면 예측하지 못한 손해를 입게 된다. 여기서 행위 당시의 구체적·개별적인 의사능력 유무를 묻지 아니하고 객관적·획일적 기준에 의하여 행위능력이 있다고 인정되는 사람을 행위능력자로 정한 것이 바로 행위능력제도이다.

그리하여 행위능력은 혼자서 완전하고 유효한 법률행위를 할 수 있는 지위 또는 자격이라고도 할 수 있다.

행위능력제도는 법률행위에 국한된다. 불법행위에서는 이러한 획일적인 제도가 없으며, 어디까지나 개별적·구체적으로 책임능력 유무를 판단해서 책임 유무를 결정한다.

2011. 3. 7. 개정된 민법(현행 민법) 시행 전의 행위무능력제도에 관하여 대법원 2007. 11. 16. 선고 2005다71659, 71666, 71673 판결은, "행위무능력자제도는 사적자치의 원칙이라는 민법의 기본이념, 특히 자기책임 원칙의 구현을 가능케 하는 도구로서 인정되는 것이고, 거래의 안전을 희생시키더라도 행위무능력자를 보호하고자 함에 근본적인 입법 취지가 있다. 미성년자가 신용카드 가맹점과 체결한 신용구매계약을 향후 법정대리인의 동의가 없었음을 들어 취소하는 경우에 신용카드 가맹점에 대한 신의칙 위반이라는 이유로 배척한다면 이는 오히려 강행규정인 민법 제5조에 의해 배제하려는 결과를 실현시키는 셈이 되어 미성년자제도의 입법 취지를 몰각시킬 우려가 있다. 그러므로 법정대리인의 동의 없이 계약을 체결한 미성년자가 사후에 이를 이유로 계약을 취소하는 것이 신의칙에 위반되었다고 할 수 없다."고 판시하여 이러한 점을 분명히 하였다.[5]

다. 의사무능력과 제한능력의 경합: 이중효의 문제

뒤에서 보는 제한능력자가 의사무능력 상태에서 법률행위를 한 경우 무효 또는 취소의 법률효과를 선택적으로 주장할 수 있는지 여부가 문제된다. 해석론으로는 경합을 인정한다는 것이 통설인데, 이에 대하여 의사능력의 문제는 제한능력제도로 승화되어 있기 때문에 재산행위에 대해서는 의사능력의 문제는 실정법으로 인정할 수 없고 언제나 제한능력제도가 의사능력제도에 우선하여 적용된다는 견해도 있다. 통설을 채택하더라도 취소에 관한 규정 중 무능력자에게 유리한 것은 의사무능력에 의한 무효에 관하여도 적용된다고 해석할 수 있을 것이다.

한편, 2011. 3. 7. 법률 제10429호로 개정되기 전의 민법(종전 민법) 당시의 행위무능력자가 법률행위를 취소한 경우에는 현존이익의 범위에서 상환할 책임을

5 위 판결에 관한 평석은 백태균, "미성년자가 행한 개별 신용카드 거래계약의 취소가부", 부산판례연구회 판례연구 20집(2009), 251-288; 송경근, "법정대리인의 동의 없이 신용구매계약을 체결한 미성년자가 그 동의 없음을 이유로 위 계약을 취소하는 것이 신의칙에 위배되는지 여부 등", 대법원판례해설 71호(2008), 11-68.

지는데(본법 제141조 단서), 앞서 본 대법원 2009. 1. 15. 선고 2008다58367 판결은 의사능력의 흠결을 이유로 법률행위가 무효로 되는 경우에도 본법 제141조 단서가 유추적용된다고 한다.

라. 행위무능력자 비판과 반론

미성년자를 포함한 행위무능력자제도에 대하여 비판적인 태도를 취하는 견해는, 위 제도는 개인 본위의 사상에서 출발한 것으로서 거래의 안전을 희생시키면서 제한능력자 본인의 보호를 추구하는 제도이므로 해석·적용에 있어서 제도의 취지에 반하지 않는 한 거래안전과 조화를 꾀하여야 한다고 주장하기도 한다. 특히 정형적·집단적·대량적 거래 또는 어떤 조직체의 구성원으로서의 법률행위 등에 있어서는 행위능력 유무를 묻지 않고 유효한 법률행위가 있었던 것으로 의제하여 처리한다는 법원칙(이른바 사실적 계약관계론)이 승인되어야 한다는 것이다. 이에 대하여, 전통적인 계약이론(묵시의 의사표시, 의사실현에 의한 계약의 성립 등)과 제한능력자 보호제도의 취지 그리고 제한능력자에 대한 예외적 행위능력 부여로써 충분히 해결할 수 있다는 견해[6]가 있다. 위 견해는 사실적 계약관계론에 대해서 부정적이다. 위 두 견해를 양 축으로 다양한 절충적 해석론이 제기될 수 있을 것이다. 다만 2011. 3. 7. 현행 민법으로 개정되면서 종래의 한정치산·금치산제도에 대한 비판을 수용하여 성년후견제도를 시행하기로 한 이상 제한능력자의 보호를 우선시킨다는 입법자의 결단은 분명하다고 보인다.

3. 현행 민법의 제한능력제도

가. 개정의 배경[7]

종전 민법 하의 행위무능력제도는 한정치산과 금치산으로 대별된다. 요건과 효과에는 다소 차이가 있지만, 두 제도는 모두 사건본인으로부터 행위능력을 포괄적으로, 그리고 전면적으로 박탈한다는 특징을 갖는다. 심신미약 또는 심신상실 상태에 있는 사람의 의사결정을 제3자, 즉 후견인의 동의를 받아야만 할 수 있도록 하거나 후견인으로 하여금 대신 하도록 함으로써 비합리적인 의사결정에 따른 각종의 위험으로부터 행위무능력자 본인을 보호하기 위함이다. 그러나 이와 같은 행위무능력제도는 그다지 활발하게 이용되지 못하였다. 그 이유로는 다음과 같은

6 김준호, 민법총칙, 법문사(2017), 74-75.; 백태승, 민법총칙(제7판), 집현재(2016), 141.
7 윤진수/현소혜, 2013년 민법개정해설, 법무부(2013), 17-19.

점을 들 수 있다.

첫째, 행위무능력제도는 한정치산자 및 금치산자로부터 행위능력을 전면적으로 박탈함으로써 보호라는 미명하에 오히려 자기결정권을 침해하는 결과를 가져왔다.

둘째, 행위무능력제도는 한정치산자와 금치산자로부터 행위능력을 포괄적으로 박탈함으로써 그들의 잔존능력을 부인한다. 사람의 의사능력은 연령, 지능 및 정신질환의 종류와 정도에 따라 탄력적으로 변화함에도 행위무능력제도는 일률적으로 행위능력을 부정하고 있어 구체적 사정 변경에 따른 제도의 탄력적 운영이 불가능하다.

셋째, 한정치산·금치산 선고 사실은 가족관계등록부에 기재될 뿐만 아니라 선고와 동시에 공무원법 등 이백여 개의 법률 규정에 따라 여러 자격을 박탈 또는 금지 당한다. 이와 같은 '낙인'과 '사회로부터의 격리'는 정신장애를 가진 사람들에 대한 차별이므로 'UN 장애인권리협약(The Convention on the Rights of Persons with Disabilities)'에 위반된다.

넷째, 한정치산자 또는 금치산자의 법정대리인이 될 수 있는 후견인의 숫자를 1명으로 한정하고 그 자격을 친족 중에서도 근친자, 최연장자 또는 배우자 등의 순으로 법정하였으므로, 행위무능력자를 위해 적절한 보호를 제공할 것으로 기대할 수 없는 사람이 후견인이 되는 경우가 상당히 많았다.

다섯째, 후견인의 권한남용을 방지하기 위한 감독기관인 친족회제도가 마련되어 있었으나, 후견인과의 밀접한 관계 등으로 사실상 유명무실한 경우가 많았다.

여섯째, 사건본인의 재산이 많지 않고 신상보호가 더 절실하게 요구되는 경우가 많음에도 행위무능력제도는 주로 재산관리를 중심으로 되어 있어 수요에 부응하지 못하였다.

나. 성년후견제도의 도입 등

1) 현행 민법은 미성년자와 성년후견 개시 등의 심판을 받은 사람을 제한능력자로 정하면서 아래와 같이 큰 틀을 바꾸었다. 먼저 성년 연령이 종전에는 만 20세였으나 현행 민법에서는 19세로 되었다(본법 제4조). 따라서 만 19세가 되지 않은 사람이 미성년자이다. 다음으로 종전의 행위무능력제도를 제한능력제도로 변경하면서 성년후견제도를 도입하였다.

2) 성년후견제도의 지도이념

대한민국 헌법 제10조는 "모든 국민은 인간으로서의 존엄과 가치를 가지며, 행복을 추구할 권리를 가진다."라고 규정하여 모든 인간이 행복추구권을 가진다는 점을 분명히 하였다. 성년후견제도의 지도이념 역시 종래의 행위무능력자 보호개념에서 탈피하여 제한능력자의 자기결정권, 즉 본인의 의사와 잔존능력을 존중하여 가능한 최대한도에서 정상적인[8] 사회의 구성원으로 활동할 수 있도록 하는 데 있다. 이는 우리나라가 2008년에 가입한 UN 장애인권리협약 제12조가 정한 '장애인의 법적 능력 향유에 있어서의 차별금지'와 기본적으로 그 맥락을 같이 한다.[9]

3) 성년후견제도의 기본원칙[10]

성년후견제도를 지배하는 원칙은 필요성, 보충성, 그리고 정상화(normalization)의 원칙 등이다.

필요성의 원칙이란 피후견인에게 필요한 한도 내에서만 후견이 개시되어야 함을 의미한다. 후견을 통하지 않고도 충분한 보호를 제공할 수 있다면 후견은 개시되어서는 안 되며, 설령 후견이 개시되더라도 그 정도와 범위는 필요최소한의 것으로 제한되어야 한다. 본인의 잔존능력을 최대한 활용할 수 있도록 하기 위함이다.

보충성의 원칙이란 본인 스스로의 의사로 해결할 수 없을 때 비로소 국가 또는 제3자가 개입할 수 있다는 자기결정권의 존중 원칙 또는 본인 의사의 존중[11]을 말한다. 개입을 할 때에도 부차적이어야 하며, 본인의 의사를 확인할 수 있는 한 본인의 의사가 타인에 의한 결정에 우선할 수 있도록 하여야 한다.

정상화의 원칙이란, 정신장애가 있는 사람이라도 사회로부터 배제하거나 격리하는 대신 사회의 다른 구성원과 더불어 살아갈 수 있도록 사회 여건 자체를 개선해 나가야 함을 의미한다. 이를 위해 성년후견제도는 누구에게나 원칙적으로 의사결정능력이 있는 것으로 추정한다.

4) 체계[12]

현행 민법은 후견을 크게 미성년후견과 성년후견으로 구별하였다. 미성년자

8 장애인의 반대말은 차별적 언어인 '정상인'이 아니라 비장애인이므로 '정상적인'과 아래에 사용한 '정상화의 원칙'도 장애인을 차별하는 용어로 보일 여지가 없지는 아니하나, 이 글에서는 성년후견 분야에서 통용되는 학술적 의미에 국한하여 그 용어를 그대로 사용하고자 한다.

9 이현곤, 성현후견제도의 이해와 활용, 고시계사(2018), 25.

10 윤진수/현소혜, 2013년 민법개정해설, 법무부(2013), 21-22.

11 박인환, "성년후견제도 시행 4년의 평가와 과제", 한·독 성년후견 전문가대회 자료집(2017), 15.

12 윤진수/현소혜, 2013년 민법개정해설, 법무부(2013), 22-23.

에 대하여는 여전히 포괄적인 보호와 교양이 필요하므로(본법 제913조), 친권자가 더 이상 미성년자를 위해 친권을 행사할 수 없는 경우 미성년후견이 개시되도록 하였다. 반면 성년자에 대해서는 자기결정권 존중의 이념 하에 필요성, 보충성, 정상성의 원칙에 따라 후견의 종류를 다원화하는 한편 그 내용 역시 탄력적으로 구성하였다.

성년후견제도는 다시 법정후견인 성년후견, 한정후견, 특정후견과 임의후견인 후견계약으로 나누어진다. 법정후견은 원칙적으로 임의후견이 존재하지 않는 경우에만 개시될 수 있도록 함으로써 보충성의 원리를 실현하고, 자기결정권을 최대한 보장하였다(본법 제959조의20). 이에 따라 신상결정 대행의 부종성을 채용하였다.[13]

법정후견제도는 본인의 사무처리능력과 후견인에 의한 개입의 필요성 정도에 따라 성년후견, 한정후견 및 특정후견으로 나누어지는 다원적 구성의 형태이다. 그러나 실제 각 후견 유형이 개시된 경우라도 그 효과가 일의적이지 않으며 사안에 따라 유연하게 변화한다는 점에서 실제 각 후견 유형의 본질은 일원적 구성과 매우 유사하다. 요컨대 법정후견제도 전반에 걸쳐 필요한 한도 내에서 후견이 개시된다고 하는 필요성의 원칙이 구현되었다.

한편 피후견인이 후견 개시 후에도 종래의 생활을 유지하면서 계속 사회의 일원으로서 살아가려면 그를 위한 신상보호사무가 적절히 제공되어야 한다. 따라서 현행 민법은 법정후견이 개시된 경우 재산관리에 관한 규율 외에 신상보호에 관한 다수의 조문을 별도로 마련함으로써 정상화의 원칙을 실현하였다.

다. 사실상 제한능력자의 인정 여부

사실상의 무능력자 또는 제한능력자가 법률행위를 한 경우에 상대방이 그것을 알고 있었거나 중과실로 알지 못한 때에 본법 제5조 내지 제8조 또는 제한능력자에 관한 해당 민법 규정이 유추적용된다고 해석하는 견해가 있다.[14] 그러나 현행 민법에 도입된 성년후견제도는 당사자의 청구와 가정법원의 후견 개시 등 심판에 의하여 개시되고 후견등기부에 의해 공시되는 특성이 있음에도 본인의 행위능력 부족 내지 결여 정도가 그와 유사한 특성을 가졌다는 이유만으로 유추적용될 수는 없다고 할 것이다.

13 박인환, "성년후견제도 시행 4년의 평가와 과제", 한·독 성년후견 전문가대회 자료집(2017), 21.
14 김주수/김상용, 민법총칙, 삼영사(2013), 108-110.

종전 민법 하에서 대법원 1992. 10. 13. 선고 92다6433 판결도 "표의자가 법률행위 당시 심신상실이나 심신미약상태에 있어 금치산 또는 한정치산선고를 받을 만한 상태에 있었다고 하여도 그 당시 법원으로부터 금치산 또는 한정치산선고를 받은 사실이 없는 이상 그 후 금치산 또는 한정치산선고가 있어 그의 법정대리인이 된 자는 금치산 또는 한정치산자의 행위능력 규정을 들어 그 선고 이전의 법률행위를 취소할 수 없다."고 판시하여 사실상의 행위무능력자를 인정할 수 없음을 분명히 했고, 이는 현행 민법 하에서도 마찬가지라 할 것이다.

라. 강행규정

제한능력제도에 관한 규정은 강행규정이다. 제한능력제도는 거래관계에 직접 영향을 미치기 때문이다.

Ⅱ. 본조의 법률행위의 범위

1. 의사능력 없는 미성년자의 법률행위

앞에서 본 바와 같이 의사능력 없는 미성년자가 한 법률행위는 설령 동의를 얻어서 한 행위라도 무효이기 때문에 취소의 문제가 생기지 않는다. 따라서 본법 제5조가 적용되는 경우는 의사능력 있는 미성년자가 한 법률행위에 한정된다는 것이 통설이다.

대법원 1967. 7. 12.자 67마507 결정은, 구 민사소송법상 경락허가결정 당시 경락자가 유아로서 의사능력 없는 미성년자라는 이유로 그 경락행위는 무효라고 판시하였다. 다만 경매에서 법정대리인의 관여 없는 미성년자의 매수신청행위는 무효이기 때문에,[15] 위 판례의 취지가 당연무효의 근거를 의사능력 없는 미성년자의 법률행위로 한정하였는지 여부는 분명하지 않다.

2. 미성년자의 가족법상 법률행위

본법 제5조의 '법률행위'는 재산행위를 의미하고 신분행위[16]는 제외한다. 신분행위능력은 거래의 안전을 고려하여 획일적으로 19세로 정한 재산행위와 달리, 어

15 대법원 1969. 11. 19.자 69마989 결정.

16 다만 신분행위 개념에 관한 비판적 정리는 윤진수, "상속법상의 법률행위와 채권자취소권-상속 포기 및 상속재산 협의분할을 중심으로-", 사법연구 6집(2001), 1-38 참조. 상속법은 가족법 내지 신분법인가 아니면 재산법인가에 관하여 견해의 대립이 있고, 나아가 신분행위라는 개념 자체를 인정하여야 할 것인가에 관하여도 논란이 있다.

떤 사안이냐에 따라 달리 볼 필요가 있다. 신분행위는 특정한 신분관계로 맺어진 사람들 사이에서 인격적 결합을 지향하는 것이므로, 합리적·이성적·경제적 성격을 가진 재산행위와 그 본질을 달리한다. 따라서 신분행위를 하려면 의사능력만 있으면 되고 성년에 달할 필요는 없다.

가. 신분의 득실을 목적으로 하는 행위

협의의 신분행위, 즉 일정한 신분의 득실을 목적으로 하는 행위가 가장 전형적이다. 그 예로는 혼인, 이혼, 입양, 파양, 인지 등이 있다.

이러한 행위는 의사능력만 있으면 단독으로 할 수 있는 한편, 법정대리인이 대리할 수 없는 것이 원칙이다. 개별적으로 검토하면 다음과 같다.

1) 혼인연령은 남녀 모두 만 18세로 규정되어 있다(본법 제807조). 그러나 이에 위반한 혼인도 유효하고 다만 취소할 수 있을 뿐이므로(본법 제817조), 만 18세 미만의 미성년자도 혼인능력 자체에 흠결이 있다고 할 수는 없다. 또한 미성년자의 혼인은 부모의 동의를 받아야 하지만(본법 제808조), 이는 혼인무능력의 보충이라기보다는 넓은 의미에서 부모의 감호권의 작용으로 보는 것이 타당하다.

2) 입양에 있어서도 성년이 된 사람만이 입양을 할 수 있게 하였다(본법 제866조). 그러나 이것은 양친으로 신분적 지배권을 갖는 점을 고려한 것이기 때문에 이에 어긋난 입양도 유효하고 다만 취소사유가 될 뿐(본법 제884조), 혼인과 마찬가지로 입양능력 자체에 흠결이 있는 것은 아니다.

양자가 될 사람이 13세 미만인 경우에는 법정대리인이 그를 갈음하여 입양을 승낙한다(이른바 代諾: 본법 제869조 제2항). 2011. 3. 7. 개정된 민법은 15세 미만인 경우로 하였는데 2012. 2. 10. 개정된 민법이 연령을 다시 13세 미만으로 낮추었다. 입양은 원래 의사능력이 없는 유년자에 대하여 많이 이루어지므로 처음부터 13세 미만자의 의사능력을 부정하고 일체를 법정대리인에게 맡긴 것이다. 미성년자의 입양에 법정대리인의 동의를 받도록 하고 있으나(본법 제870조), 이 역시 행위무능력의 보충이라기보다는 생가부모의 감호작용이라 할 것이다.

3) 종전에는 양자가 미성년자인 때 본법 제871조에 따른 동의권자의 동의를 얻어 파양의 협의를 할 수 있었고(2012. 2. 10. 개정되기 전 민법 제900조), 양자가 15세 미만일 때에는 입양을 대낙한 자가 파양의 협의를 하게 하여 15세 미만자의 의사능력을 인정하지 않았으나(2012. 2. 10. 개정되기 전 민법 제899조 제1항), 위 조항은 2012. 2. 10. 개정된 민법에서 모두 삭제되었다. 2012. 2. 10. 개정된 민법에서는

양자가 미성년자인 경우에는 양부모와 양자는 협의하여 파양할 수 없도록 되어 있다(본법 제898조 단서).

4) 인지의 경우, 피성년후견인의 인지에 대하여는 성년후견인의 동의를 얻게 하였고(본법 제856조) 그 밖에는 명문의 규정이 없으므로, 의사능력이 있는 미성년자는 인지능력이 있다 할 것이다.

5) 유언은 단순히 신분에 관한 것은 아니지만 17세 미만자는 유언능력이 인정되지 않는다(본법 제1061조). 그리고 유언에 관하여는 본법 제5조를 적용하지 아니한다(본법 제1062조)

나. 그 밖의 경우

광의의 신분행위 중에는 재산행위와 밀접하거나 재산행위로서의 성격이 아주 강한 것이 있다. 미성년자의 친권 행사가 그 친권자에 의해 대행되는 것이 전자의 예이고(본법 제910조) 재산상속의 한정승인, 포기 등은 후자의 예이다. 이러한 경우는 의사능력만 가지고 바로 행위능력이 있다고 볼 수 없다.

신분행위로서 성격이 강한지, 재산행위로서 성격이 강한지는 그 구별이 늘 쉽지는 않다. 통설은 부부재산계약과 같은 것은 재산행위라 하여 성년을 요구하고 있다. 반면 부부재산계약은 혼인이라는 신분행위에 부종하는 것이어서 의사능력만 있으면 충분하다는 견해도 있다. 이혼이나 파양에 관련된 재산적 계약에서도 같은 문제가 생긴다.

다. 가사소송에서의 소송능력

가사소송에서의 소송능력은 일반 민사소송에서와 마찬가지로 미성년자에게는 인정되지 아니하고 법정대리인에게만 인정된다(가사소송법 제12조, 민사소송법 제55조 제1항).

3. 미성년자의 준법률행위, 사실행위, 법률행위 이외의 적법행위

미성년자의 법률행위 이외의 행위에 관하여는 능력규정이 없어 각 행위의 성질에 따라 능력 유무를 정할 수밖에 없다.

가. 준법률행위

1) 최고, 통지, 승인 등 의사의 통지와 관념의 통지 같은 준법률행위에 대하여는 본법 제5조가 준용된다. 이러한 행위는 의사표시자의 뜻에 기초하지 아니한 별개의 법률효과를 부여한다는 점이 다를 뿐 의사의 표현을 본질로 하는 점은 의

사표시와 다를 바 없고 실제로도 그 효과를 알고 이를 바라면서 행하는 경우가 많아 준용하는 것이 적절하기 때문이다.[17] 유추적용된다는 견해도 있다.[18]

2) 채무의 승인에 있어 본조의 적용을 인정한 일본의 판례[19]가 있다.

3) 수증자의 망은행위로 인한 증여자의 증여계약 해제권은 증여자가 수증자에 대하여 용서의 의사를 표시한 때에는 소멸한다(본법 제556조 제2항). 이러한 용서의 의사표시는 준법률행위에 해당하는 것이지만, 이는 극히 인격적 요소가 강한 행위로서 본인만이 할 수 있으므로 법정대리인이 대리하거나 동의할 수 있는 성질의 것이 아니다. 따라서 미성년자가 이러한 행위를 한 경우에는 그 행위의 의미를 이해할 수 있는 상태 하에서 한 경우에만 유효하다고 할 것이다.[20]

나. 사실행위

사실행위에 대하여는 이 규정이 적용 또는 준용되지 않는다. 무주물선점(본법 제252조), 유실물습득(본법 제253조), 매장물발견(본법 제254조), 첨부(본법 제260조), 점유 등과 같은 사실행위는 의사의 표현을 본질로 하지 아니하여 의사표시와 유사성이 없기 때문이다. 다만 점유의 취득이나 포기가 행위능력을 요하지 않더라도 점유의 포기로 인하여 유치권의 소멸을 가져오는 경우에는 달리 취급하여, 미성년자가 스스로 그 행위를 할 때에는 법정대리인의 동의를 필요로 한다는 견해가 있다.[21]

다. 소송서류 등의 수령

본법 제186조 제1항, 제2항은 보충송달을 받을 동거인 등에 관하여 '사리를 분별할 지능이 있는 사람'이라고 규정하고 있다.

송달받을 사람의 동거인으로서 사리를 분별할 지능이 있는지 판단하는 기준과 관련하여 대법원 2000. 2. 14.자 99모225 결정, 대법원 2005. 12. 5.자 2005마1039 결정 등 다수의 대법원 판례는, 미성년자인지 여부를 불문하고 송달의 취지를 이해하고 영수한 서류를 수송달자에게 교부하는 것을 기대할 수 있는 정도의 능력이 있으면 족하다고 판시하였다.

17 민법주해 Ⅰ, 총칙(1), 박영사(1992), 271(양삼승).
18 곽윤직/김재형, 민법총칙(제9판), 박영사(2013), 115.
19 日大判 1938. 2. 4.
20 같은 취지 민법주해 Ⅰ, 총칙(1), 박영사(1992), 272(양삼승).
21 민법주해 Ⅰ, 총칙(1), 박영사(1992), 272(양삼승).

구체적으로는 대법원 1964. 12. 26.자 64마842 결정은 14세의 미성년자에 대한, 대법원 1990. 2. 14.자 89재다카9 결정은 만 11세 6월의 아이에 대한, 대법원 2006. 3. 10. 선고 2006다3844 판결은 만 17세에 이른 당사자의 손녀에 대한 송달이 적법하다고 판시하였다.

반면 대법원 2005. 12. 5.자 2005마1039 결정은 약 8세 3개월인 초등학교 2학년 남자어린이에게 이행권고결정 등본을 보충송달한 경우, 어린이의 연령, 교육정도, 이행권고결정 등본이 가지는 소송법적 의미와 중요성 등에 비추어 볼 때, 송달한 집행관이 송달서류의 중요성을 주지시키고 부모에게 이를 교부할 것을 당부하는 등 필요한 조치를 취하였다는 등의 특별한 사정이 없는 한, 수령한 어린이에게 소송서류의 영수와 관련한 사리를 분별할 지능이 있다고 보기 어렵다고 판시하였다. 대법원 2013. 1. 16. 선고 2012재다370 판결도 아버지에게 온 상고기록접수통지서를 수령한 만 8세 9개월 남짓의 어린이에 대하여 같은 취지로 판시하였다.

라. 의사표시의 수령

의사표시를 수령하는 것은 능동적인 행위와는 다르지만, 수령한 후에 적극적 조치를 취할 필요가 생기는 경우가 많다. 민법은 미성년자가 의사표시를 수령하더라도 그 법정대리인이 도달을 알지 못하는 경우에는 의사표시자는 그 의사표시로써 대항할 수 없다고 규정하여(본법 제112조 단서) 미성년자를 보호하고 있다.

4. 미성년자의 소송행위

미성년자는 소송행위능력이 없고 법정대리인만이 소송행위를 할 수 있음이 원칙이다. 다만 미성년자가 독립하여 법률행위를 할 수 있는 경우에는 소송능력도 인정된다(민사소송법 제55조 제1항 단서 제1호).

여기서 독립하여 법률행위를 할 수 있는 경우란 영업자와 같이 적어도 어느 영역에 있어서 제한능력이 해제된 경우를 말하며, 소송행위의 고도의 기술성, 복잡성을 아울러 참작할 때 권리만을 얻거나 의무만을 면한 행위, 처분을 허락한 재산 등에 관하여는 소송능력을 인정할 수 없을 것이다.[22] 아래에서 보는 바와 같이 법정대리인으로부터 허락을 얻은 특정한 영업, 미성년자 자신의 노무제공에 따른 임금청구는 미성년자가 독자적으로 할 수 있다.

22 같은 취지 민법주해 I, 총칙(1), 박영사(1992), 271(양삼승).

Ⅲ. 미성년자의 법정대리인

미성년자의 법정대리인이란 미성년자 본인의 의사가 아니라 직접 법규정에 의하여 대리권이 부여되는 자로서 1차적으로는 친권자(본법 제911조), 2차적으로는 미성년후견인(본법 제928조)이다.

1. 친권자

가. 친권

미성년인 자녀를 보호, 교양하기 위하여 그의 부모에게 인정되는 권리의무를 통틀어 친권이라고 한다(본법 제913조). 친권을 누가 어떻게 행사하는지에 관하여 민법 개정에 따라 변천이 있었으나 현재는 다음과 같다.

친권은 부모가 공동으로 행사함이 원칙이다(본법 제909조 제2항). 즉 부모가 모두 살아 있고 혼인 중인 때에는 공동으로 친권을 행사하나 부모의 의견이 일치하지 아니하는 경우에는 가정법원이 이를 정한다(본법 제909조 제2항). 그리고 부모의 일방이 법률상(친권행사금지가처분결정, 친권상실 선고 등), 사실상(중병, 국외이주 등)의 사유로 친권을 행사할 수 없을 때에는 다른 일방이 단독으로 행사한다(본법 제909조 제3항).

나. 친권자의 지정

혼인 외의 자가 인지된 경우와 부모가 이혼하는 경우에는 부모의 협의로 친권자를 정하여야 하고, 협의가 이루어지지 아니하는 경우 가정법원은 직권이나 당사자의 청구에 따라 친권자를 지정하여야 한다. 다만, 부모의 협의가 자의 복리에 반하는 경우에는 가정법원은 보정을 명하거나 직권으로 친권자를 정한다(본법 제909조 제4항). 가정법원은 혼인의 취소, 재판상 이혼 또는 인지청구의 소의 경우에는 직권으로 친권자를 정한다(본법 제909조 제5항). 가정법원은 자의 복리를 위하여 필요하다고 인정되는 경우에는 자의 4촌 이내 친족의 청구에 의하여 정해진 친권자를 다른 일방으로 변경할 수 있다(본법 제909조 제6항).

다. 친권의 행사 방법

1) 부모가 공동으로 친권을 행사하는 경우에는 이른바 공동대리가 된다(본법 제909조 제2항 본문). 미성년자의 법률행위에 대한 동의도 공동으로 하여야 한다. 그러므로 부모 중 일방이 단독으로 대리나 동의를 한다면 대리나 동의의 효과가

생기지 않는다. 다만 민법은 선의의 제3자 보호를 위하여 부모의 일방이 공동 명의로 자를 대리하거나 자의 법률행위에 동의한 때에는 다른 일방의 의사에 반하는 때에도 상대방이 악의가 아닌 한 공동행사의 효력이 있다고 하고 있다(본법 제920조의2). 즉, 여기서 '공동'이란 공동의 의사를 의미하며, 동의가 반드시 공동 명의로 이루어질 것을 요구하지 않는다고 이해되고 있다. 부모가 공동으로 친권을 행사하는 경우 취소권의 공동행사 여부에 관하여는, 본래 취소권은 동의권에 대한 효과에 지나지 않고, 부모는 각자 동의권이 있는 것이므로 취소권의 행사는 단독으로 할 수 있다고 본다.[23]

2) 부모의 의견이 일치하지 아니하는 경우에는 당사자의 청구에 의하여 가정법원이 이를 정한다(본법 제909조 제2항 단서). 이때 부모의 일방이 법원의 재판을 받음이 없이 한 동의는 효력이 없다고 보는 견해가 있으나,[24] 민법은 그 동의가 공동명의로 이루어진 경우 유효하며, 상대방이 악의인 경우에만 효력이 없다고 정한다(본법 제920조의2 단서 참조).

2. 미성년후견인

가. 미성년후견인을 두는 경우

1) 미성년자에게 친권자가 없거나 친권자가 친권의 상실 또는 일시 정지의 선고(본법 제924조), 친권의 일부 제한의 선고(본법 제924조의2), 대리권, 재산관리권 상실의 선고(본법 제925조), 법률행위 대리권, 재산관리권의 사퇴(본법 제927조 제1항)로 친권의 전부 또는 일부를 행사할 수 없는 경우에는 미성년후견인을 두어야 한다(본법 제928조). 미성년자에 대하여 친권을 행사하는 부모는 유언으로 미성년후견인을 지정할 수 있고(본법 제931조), 이 지정이 없는 경우 현행 민법에서는 후견인이 배우자나 근친 중에 당연지정되던 종전 민법 제933조 내지 제935조가 삭제되어 가정법원이 미성년후견인을 선임하도록 규정하고 있다(본법 제932조).

2) 미성년후견은 성년후견과 달리 후견등기부가 아니라 가족관계등록부에 등록된다(가족관계의 등록 등에 관한 법률 제9조, 제80조).

나. 미성년후견인의 권리의무 제한

1) 미성년후견인은 원칙적으로 친권자와 동일한 권리의무가 있다(본법 제949

23 곽윤직/김재형, 민법총칙(제9판), 박영사(2013), 121.
24 양창수/김재형, 민법1(계약법), 박영사(2015), 616-617.

조). 다만, 부모와 같은 애정관계를 기대하기 어렵기 때문에 아래와 같은 제한이 있다.

2) 후견인이 일정한 재산행위, 즉 ① 영업에 관한 행위, ② 금전을 빌리는 행위, ③ 의무만을 부담하는 행위, ④ 부동산 또는 중요한 재산에 관한 권리의 득실 변경을 목적으로 하는 행위, ⑤ 소송행위, ⑥ 상속의 승인, 한정승인 또는 포기 및 상속재산의 분할에 관한 협의에 동의를 함에는 후견감독인의 동의를 얻어야 하고, 이 동의 없이 한 행위는 피후견인 또는 후견감독인이 취소할 수 있다(본법 제950조 제1항, 제3항).[25] 이와 같이 미성년후견인의 동의가 취소되면 미성년자가 스스로 한 법률행위도 법정대리인의 동의가 없는 것으로 되어 취소할 수 있게 된다.

3) 후견감독인이 피후견인의 이익 침해 우려가 있음에도 동의를 하지 아니하는 경우에는 가정법원은 후견인의 청구에 의하여 후견감독인의 동의를 갈음하는 허가를 할 수 있다(본법 제950조 제2항).

4) 또한, 후견인이 정당한 이유 없이 13세 이상 미성년자의 입양에 대한 동의 또는 13세 미만 미성년자의 입양 대낙을 거부하거나 또는 법정대리인의 소재를 알 수 없는 등 사유로 동의 또는 승낙을 받을 수 없는 경우 가정법원은 입양의 허가를 할 수 있다(본법 제869조 제3항).

5) 종전 민법에서는 15세 미만자의 입양에 대한 승낙(본법 제869조 단서), 미성년자 입양에 대한 동의(본법 제871조 단서), 15세 미만자의 파양 협의를 할 때에는 가정법원의 허가를 받도록 되어 있었으나(본법 제899조 제2항), 위 규정은 삭제되었다.

3. 그 밖의 법정대리인

법률의 규정 등에 의하여 본래의 법정대리인 아닌 다른 사람이 미성년자에 대한 전부 또는 일부의 법정대리권 또는 재산관리권을 행사하는 경우가 있다.

가. 친권자가 그 친권에 따르는 자에 갈음하여 그 자에 대한 친권을 행사하는 경우(본법 제910조), 미성년후견인이 미성년자를 갈음하여 미성년자의 자녀에 대한 친권을 행사하는 경우(본법 제948조)가 있다. 이때 친권대행자는 각각 친권자, 미성년후견인과 동일한 지위에서 친권을 행사한다.

25 종전 민법에서는 친족회가 후견감독인의 역할을 하였다.

나. 법정대리인인 친권자와 그 자 사이에 또는 그 친권에 복종하는 수인의 자 사이에 이해가 상반되는 행위를 함에는 친권자의 법정대리권이 제한되어 예외적으로 특별대리인이 선임된다(본법 제921조). 여기서 특별대리인이란 가사비송절차에 따라 당사자의 청구에 의하여 가정법원이 선임한 자를 말한다(가사소송법 제2조 제1항 제2호 가목 라류 사건). 공동친권자 중 한 사람만이 미성년자인 자와 이해가 상반되는 경우 이해가 상반되는 그 친권자는 미성년자인 자를 대리할 수 없고, 이 경우 특별대리인이 이해가 상반되지 않는 다른 일방의 친권자와 공동하여 그 미성년자를 대리하여야 한다.

대법원 1994. 9. 9. 선고 94다6680 판결은 '이해상반행위'란 행위의 객관적 성질상 친권자와 그 자 사이 또는 친권에 복종하는 수인의 자 사이에 이해의 대립이 생길 우려가 있는 행위를 가리키는 것으로서, 친권자의 의도나 그 행위의 결과 실제로 이해의 대립이 생겼는가의 여부는 불문한다고 본다. 자녀의 재산을 친권자에게 양도하는 행위, 친권자의 채무에 관하여 자녀를 연대채무자 또는 보증인으로 하는 행위, 자녀의 부동산에 저당권을 설정하는 행위 등이 그 전형적인 예이다.

대법원 2001. 6. 29. 선고 2001다28299 판결은 공동상속인인 친권자와 미성년인 여러 명의 자녀 사이에 상속재산 분할협의를 하는 경우에는 각자 특별대리인을 선임하여 미성년인 자를 대리하여 상속재산분할의 협의를 하여야 하고, 만약 친권자가 미성년자 여러 명의 법정대리인 자격으로 상속재산 분할협의를 하였다면 이는 민법 제921조에 위반된 대리행위이므로 이렇게 성립된 상속재산 분할협의는 적법한 추인이 없는 한 무효라고 판시하였다.

한편, 미성년자에게 친권자가 없어 후견인이 선임된 경우에도 본법 제921조가 준용된다(본법 제949조의3 본문). 다만 후견감독인이 선임된 경우에는 그가 미성년자를 대리하여 특별대리인의 역할을 수행할 것이므로, 특별대리인을 따로 선임할 필요가 없다(본법 제949조의3 단서).

다. 제3자가 미성년자에게 무상으로 준 재산에 관하여 그 제3자가 법정대리인의 관리를 배제하는 의사를 표시한 때에는 법정대리인은 당해 재산을 관리하지 못하므로(본법 제918조, 제956조), 결과적으로 그 재산에 대한 대리권도 행사하지 못한다. 이 때 선임되는 재산관리인은 부재자재산관리인에 준하는 권리의무를 가진다(본법 제918조 제4항).

Ⅳ. 미성년자의 행위에 대한 동의

1. 동의의 의의

가. 법정대리인의 동의는 미성년자의 재산행위능력을 보충하는 것으로서 당해 행위에 찬성하는 행위이다.

나. 동의는 법정대리인의 독립된 단독행위이고, 미성년자의 법률행위의 일부가 되지 아니한다. 따라서 동의가 착오나 사기 또는 강박으로 취소되어도 미성년자의 행위는 이와 별개로 존속한다.

2. 동의의 시기 및 방법

가. 동의는 미성년자의 법률행위 이전에 아니면 적어도 동시에 행해져야 한다는 것이 통설이다. 사후의 동의는 추인에 해당한다. 동의의 상대방은 미성년자뿐만 아니라 그 거래 상대방이 될 수도 있다.

나. 동의는 형식을 요하지 않는 행위이다. 따라서 미성년자의 행위가 어떤 형식을 필요로 한다 하더라도 동의의 방법은 자유이다.

다. 동의는 반드시 명시적으로 할 필요는 없으며 묵시적으로 할 수도 있다. 이 경우 묵시적 동의가 있다고 볼 수 있는지 여부를 판단함에 있어서는, 미성년자의 연령·지능·직업·경력, 법정대리인과의 동거 여부, 독자적인 소득의 유무와 그 금액, 경제활동 여부, 계약의 성질·체결경위·내용, 기타 제반 사정을 종합적으로 고려하여야 한다(위 대법원 2007. 11. 16. 선고 2005다71659 등 판결). 위 판결에서 대법원은 성년에 거의 근접한[26] 미성년자가 월 소득범위 내에서 신용구매계약을 체결한 사안에서, 스스로 얻고 있던 소득에 대하여는 법정대리인의 묵시적 처분 허락이 있었다고 보았다.

대법원 2000. 4. 11. 선고 2000다3095 판결은, 미성년자가 지불각서를 작성해서 교부할 당시 그의 법정대리인이 그 자리에 함께 있었고 위 지불각서 다음에 법정대리인 본인의 주민등록등본을 첨부하였다면, 법정대리인은 미성년자의 지불각서상 금전지급 약정의 의사표시에 대하여 묵시적으로 동의한 것으로 볼 여지가

26 당시에는 만 20세가 성년이었다.

있다고 판시하였다.

라. 동의는 반드시 특정한 행위에 대하여 개별적으로 할 필요는 없고, 일정한 범위 내라면 포괄적 동의도 가능하다. 그러나 미성년자의 모든 행위에 대하여 무제한적으로 하는 일반적 동의는 허용되지 않고, 대체로 예견할 수 있는 행위의 범위 내에서 개괄적으로 해도 좋다는 것이 통설이다.[27]

3. 동의의 효과

가. 법정대리인의 동의가 있다고 해서 제한된 행위능력자라는 미성년자의 지위에 변동이 생기는 것은 아니다. 즉 동의는 영업의 허락과 달라서 미성년자가 스스로 완전한 행위능력을 가지고 독립하여 법률행위를 할 수 있는 것은 아니므로, 법정대리인은 당해 행위에 대한 법정대리권을 상실하지 아니한다. 이 점에서 뒤에서 보는 영업 허락(본법 제8조 제1항)과 다르다.

나. 법정대리인은 미성년자가 실제로 법률행위를 하기 전에 동의를 취소, 즉 철회할 수 있다(본법 제7조). 이에 대하여는 본법 제7조 부분에서 후술한다.

다. 동의 여부는 법정대리인의 재량으로서 미성년자가 법정대리인에 대하여 동의를 청구할 권리를 가지지 않는다는 것이 통설이다.[28]

라. 묵시적·포괄적 동의의 범위가 어느 정도까지 미칠 것인가는 의사표시 해석의 일반적 원칙에 따라 결정된다.

4. 증명책임

대법원 1970. 2. 24. 선고 69다1568 판결은 미성년자가 자신이 하였다고 주장되는 법률행위를 하였음을 부인하고 있는 이상, 그 법정대리인의 동의가 있었다는 점에 관한 증명책임은 이를 주장하는 상대방에게 있다고 판시하였다.

다만, 미성년자가 한 행위인지 여부는 이를 '실질적으로' 고찰하여 결정하여야 한다. 계약서 등이 미성년자 명의로 작성되어 있다는 사실만으로 곧 취소할 수 있는 행위라고 볼 것은 아니다. 대리관계가 현명되지 아니한 채 미성년자 명의로 이루어진 법률행위라 하더라도 적법한 대리인이 한 행위라면 특별한 사정이 없는

27 곽윤직/김재형, 민법총칙(제9판), 박영사(2013), 121.

28 그러나 법정대리인이 동의를 해 주지 않는 것이 법정대리인의 의무에 위배됨이 나중에 밝혀지게 된 경우에는 법정대리인에 대한 손해배상청구권이 문제될 것이라는 견해는 민법주해 Ⅰ, 총칙(1), 박영사(1992), 275(양삼승).

한 취소하지 못하는 유효한 행위이다.[29]

한편, 대법원 1991. 7. 9. 선고 91다11001 판결 등은 매도증서 등에 소유자이던 미성년자의 법정대리인으로부터 매수하였다고 함에 따른 대리관계가 나타나 있지 않다는 사유만으로 매수인 명의 소유권이전등기의 적법 추정력이 깨어지지 아니한다고 판시하였다. 이는 등기의 추정력에 의하여 적법한 대리행위가 있었던 것으로 추정되기 때문이다.

V. 동의를 요하지 않는 행위

미성년자가 재산상 법률행위를 함에는 법정대리인의 동의를 얻어야 한다는 원칙에 대한 예외로서 동의 없이도 성년자가 유효하게 할 수 있는 행위로 다음과 같은 것이 있다.

1. 권리만을 얻거나 의무만을 면하는 행위

가. 의의 및 범위

1) 권리만을 얻거나 의무만을 면하는 행위는 미성년자에게 불이익이 없으므로 능력을 보충하는 의미의 동의가 필요하지 않다.

이에 해당하는 경우는 부담이 없는 증여의 수락, 제3자를 위한 계약에서 부담이 없는 수익의 의사표시, 유상계약에서 출연 없이 채무가 소멸한 경우의 추인, 담보물권의 설정을 받거나 보증을 받는 계약의 체결, 의무만을 부담하는 계약의 해약, 의무면제를 받는 계약의 체결, 친권자에 대한 부양료 청구[30] 등을 들 수 있다. 또한 의사통지의 일종으로서, 소멸시효의 완성을 중단시키거나 채무자를 이행지체에 빠뜨리기 위한 채무의 이행청구(본법 제168조 제1호, 제387조 제2항), 해제권의 요건으로서 채무자에 대한 이행최고(본법 제544조) 등도 행위능력에 관한 규정이 적용될 수 있다고 한다.[31]

2) 어떤 행위가 권리만을 얻거나 의무만을 면하는 행위인가의 판단은 오로지 법률적인 결과만을 기준으로 하며, 경제적으로 미성년자에게 유리하다 할지라도 어떠한 법률적인 불이익이 초래되는 경우에는 미성년자가 단독으로 할 수 없다.

29 이와 달리 타인 명의를 사용하여 행한 법률행위의 문제로 다루는 것이 바람직하다고 보는 견해가 있다. 송덕수, 민법총칙(제3판), 박영사(2016), 200.

30 대법원 1972. 7. 11. 선고 72므5 판결.

31 양창수/김재형, 민법1(계약법), 박영사(2015), 620.

따라서 미성년자는 쌍무계약을 독립하여 체결할 수 없으며 편무계약인 경우에 있어서도 법률의 규정에 의하여 미성년자에게 어떠한 의무가 발생되는 경우에는 권리만을 얻는 행위라고 할 수 없다. 같은 이유에서 미성년자는 무상임치, 사용대차, 무이자소비대차 계약을 독립하여 체결할 수 없고,[32] 경제적으로 유리한 매매계약의 체결, 상속 승인 역시 독립하여 할 수 없으며,[33] 해약, 포기, 취소, 철회, 호의동승자로서 책임의 포기 또는 경감, 상계, 보증 등의 행위도 독립하여 할 수 없는 것으로 해석된다.[34]

3) 어떠한 권리를 취득함으로써 동시에 세금·수수료 등의 공법상 부담을 수반하는 경우에는 이를 법률상으로 불이익하다고는 할 수 없다. 예컨대 부모가 자에게 부동산을 증여하는 경우 미성년자가 부담하는 공법상 부담은 사법상 불이익한 부담이 아니다.

4) 물적으로 이미 부담이 있는 목적물을 취득하더라도 역시 법률적으로 어떠한 불이익을 초래하지 아니한다. 예를 들어, 저당권이 설정되어 있는 목적물을 취득한 미성년자는 단지 저당권에 기한 경매만 감수하면 되고 기껏해야 취득한 목적물을 다시 잃는 결과가 되기 때문이다.[35]

나. 변제의 수령 포함 여부

1) 변제를 받는 행위의 내용이 법률행위인 경우 이로 인하여 채권이 소멸되는 한 법정대리인의 동의가 필요하다는 것이 통설이다.[36] 그러나 통설에서도 권리만을 얻거나 의무만을 면하는 계약에 의하여 취득한 채권의 이행으로서 변제를 받은 경우는 미성년자에게 불이익이 발생할 여지가 없으므로 단독으로 할 수 있다고 본다. 미성년자가 처분을 허락받은 재산의 처분에 의하여 취득한 채권에 관하여 급부를 받는 경우는 그 허락의 범위가 그 급부의 수령에까지 미친다고 할 것이다.

32 윤진수, "상속법상의 법률행위와 채권자취소권-상속 포기 및 상속재산 협의분할을 중심으로-", 사법연구 6집, 2001, 1-38; 민법주해 I, 총칙(1), 박영사(1992), 277(양삼승).

33 곽윤직/김재형, 민법총칙(제9판), 박영사(2013), 115.

34 민법주해 I, 총칙(1), 박영사(1992), 279(양삼승).

35 이와 달리 저당권의 피담보채권을 비교하여 판단해야 한다는 견해도 있다. 백태승, 민법총칙(제7판), 집현재(2016), 147.

36 곽윤직/김재형, 민법총칙(제9판), 박영사(2013), 115; 백태승, 민법총칙(제7판), 집현재(2016), 147; 양창수/김재형, 민법1(계약법), 박영사(2015), 620. 이와 달리 채무변제는 이미 법률행위에 의하여 발생한 채무를 소멸시키는 행위이므로 별도의 동의나 허락을 얻을 필요가 없다는 견해는 명순구, 민법총칙, 법문사(2007), 111; 이은영, 민법총칙(제5판), 박영사(2009), 172.

2) 미성년자는 그의 채무의 이행을 위하여 변제를 할 수는 없다. 왜냐하면 변제로 인하여 한편으로 법률적인 불이익을 입기 때문이다.

2. 근로계약의 체결

미성년자 본인의 행위를 목적으로 하는 의무를 부담할 경우, 즉 미성년자가 노무제공의무를 부담하는 고용계약을 맺는 경우에는 미성년자 본인의 동의를 얻어야 그 미성년자를 대리한다(본법 제920조, 제949조). 이와 같이 미성년자 본인의 동의를 얻으면 원칙적으로 고용계약도 대리할 수 있지만, 근로기준법은 특별규정을 두어 이를 제한하고 있다. 근로기준법 제67조 제1항, 제2항은 친권자나 후견인은 미성년자의 근로계약을 대리할 수 없고 다만 근로계약이 미성년자에게 불리하다고 인정하는 경우에는 이를 해지할 수 있다고 규정하고 있다. 또한, 사용자는 18세 미만인 자와 근로계약을 체결하는 경우에는 근로기준법 제17조에 따른 근로조건을 서면으로 명시하여 교부하여야 하고, 연령을 증명하는 가족관계기록사항에 관한 증명서와 친권자 또는 후견인의 동의서를 사업장에 갖추어 두어야 한다(근로기준법 제67조 제3항, 제66조).

따라서 미성년자가 근로계약을 체결함에 있어 법정대리인의 동의를 요하는가 여부에 관하여 민법과 근로기준법의 해석상 법정대리인의 동의를 면제하는 규정은 없고, 18세 미만자에 대한 법정대리인의 동의서 비치 등 규정은 미성년자의 사용에 대한 감독을 위한 것이므로 일반 원칙에 따라 근로계약 체결에 법정대리인의 동의가 필요하다는 견해,[37] 법정대리인의 근로계약 대리불가 규정에 비추어 근로계약에 법정대리인의 동의가 필요 없다는 견해,[38] 근로기준법 제66조에 18세 미만 근로자에 대하여는 연령을 증명하는 가족관계기록사항에 관한 증명서와 친권자 또는 후견인의 동의서를 사업장에 갖추어 두도록 규정되어 있는 점을 고려하여 18세 이상의 근로자 근로계약에는 동의가 필요 없다는 견해[39] 등이 대립되어 있다.

3. 임금의 청구

근로기준법은 법정대리인이 그 권한을 남용하여 미성년자의 임금을 얻는 것

37 백태승, 민법총칙(제7판), 집현재(2016), 151; 송덕수, 민법총칙(제3판), 박영사(2016), 203; 양창수/김재형, 민법1(계약법), 박영사(2015), 619; 이은영, 민법총칙(제5판), 박영사(2009), 173.

38 김증한/김학동, 민법총칙(제10판), 박영사(2013), 133.

39 김준호, 민법총칙, 법문사(2017), 82; 명순구, 민법총칙, 법문사(2007), 115; 민법주해 I, 총칙(1), 박영사(1992), 280(양삼승).

을 우려하여 미성년자는 독자적으로 임금을 청구할 수 있고(근로기준법 제68조), 사용자는 임금을 통화로 직접 근로자에게 전액을 지급하도록(근로기준법 제43조 제1항) 규정하고 있다.

대법원 1981. 8. 25. 선고 80다3149 판결도 미성년자는 원칙적으로 법정대리인에 의하여서만 소송행위를 할 수 있으나, 미성년자 자신의 노무제공에 따른 임금의 청구는 위 근로기준법 규정에 의하여 미성년자가 독자적으로 할 수 있다고 판시하였다.

4. 일상적인 거래행위의 문제

가. 철도나 버스의 승차, 식품구입, 전화의 사용 등의 일상적인 거래행위에 대하여는 제한능력자도 자기의 생활을 영위하기위하여 필요한 것이므로 미성년자가 법정대리인의 동의 없이 이를 독립하여 할 수 있도록 함이 타당하다는 전제 하에서, 본법 제5조 제1항 단서의 규정을 유추적용하여 동의가 필요 없는 행위에 포함시키자는 견해가 있다.[40] 그러나 이에 대하여는 입법론은 별론으로 하고, 해석론으로는 받아들이기는 어렵다는 반대의 견해가 있다.[41] 또한 이른바 '제한된 포괄적 동의이론'도 주장되고 있는데, 이는 특별한 사정에 의하여 처분행위에 대한 허락이 동시에 의무부담행위에 대한 명시적·묵시적 동의를 담고 있다면 그 이행이 없어도 계약은 유효하다는 이론으로서, 예를 들면 법정대리인이 미성년자에게 여행비나 생활비를 보내주면 그에 수반되는 법률행위에 대해서는 동의가 존재한다고 보아야 한다는 것이다.[42]

나. 위 대법원 2007. 11. 16. 선고 2005다71659 등 판결은 식료품·의류·화장품·문구 등 비교적 소규모의 일상적인 거래에 관한 신용카드를 사용하여 구매계약을 체결한 경우, 그 미성년자가 경제활동으로 소득을 얻고 있었으며 월 사용액이 소득범위를 벗어나지 않는 점에 비추어 미성년자의 소득에 대하여는 법정대리인의 묵시적 처분 허락이 있었고 신용구매계약은 위와 같이 처분 허락을 받은 재

40 이은영, 민법총칙(제5판), 박영사(2009), 172.

41 윤진수, "2007년도 주요 민법 관련 판례 회고" 법학 49권 1호(2008), 319.
2002년 신설된 독일 민법 제105a조는 성년의 행위무능력자가 소액의 자금으로 실행할 수 있는 일상적인 거래를 한 경우에는 그에 의하여 체결된 계약은 급부 및 반대급부가 실행된 때에는 유효한 것으로 본다고 규정하고 있는데, 이 규정은 적용범위가 성년의 행위무능력자에게 국한되어 있고 그 효과도 주로 장래에 향하여 부당이득 반환을 배제하려는 데 있다고 한다.

42 이기수/이병준, "민법 제6조의 의미와 법적 성질", 경영법률연구총서 4권(2004), 353-374.

산범위 내의 처분행위에 해당한다고 판시하였다.

5. 그 밖의 경우

가. 대리행위

미성년자라도 의사능력만 있으면 대리행위를 언제나 단독으로 유효하게 할 수 있다(본법 제117조 참조). 미성년자의 행위능력 제한은 제한능력자인 미성년자 본인의 보호를 위한 것인데, 대리행위의 효과는 직접 본인에게 귀속하므로 미성년자가 불이익을 받는 일은 없다. 따라서 미성년자가 타인의 대리인이 되어 법률행위를 하는 데는 제한능력자로서 행위능력이 제한되지 않는다.

나. 유언행위

만 17세가 된 자는 단독으로 유언을 할 수 있다(본법 제1061조, 제1062조).

다. 수증 부동산의 이전등기 신청

미성년자가 부동산의 증여를 받은 경우에 그 이전등기의 신청을 함에 있어서 동의를 얻어야 하는가에 관하여, 등기는 실체법상 원인이 생긴 후 그 효력의 형식을 구비시키는 것일 뿐이므로 법정대리인의 동의를 필요로 하지 않는다고 함이 타당하다.[43]

라. 가족관계등록사항 신고

가족관계의 등록 등에 관한 법률은 가족관계등록사항을 신고하여야 할 사람이 미성년자인 경우에는 친권자 또는 후견인을 신고의무자로 하지만, 미성년자 본인이 신고를 하여도 되고(가족관계의 등록 등에 관한 법률 제26조 제1항), 미성년자가 법정대리인의 동의 없이 할 수 있는 행위에 관하여는 미성년자 본인이 신고하여야 한다고 규정하고 있다(가족관계의 등록 등에 관한 법률 제27조 제1항).

마. 공탁 관련

공탁자에 의해 피공탁자로 지정되는 경우와 같이 수동적 당사자일 뿐 스스로 법률행위를 하지 않는 때에는 행위능력을 요하지 아니한다. 물론 피공탁자로 지정된 자가 후일 해당 공탁금의 출급을 청구하는 경우에는 능동적 법률행위자로서의 지위에 있으므로 당연히 행위능력이 요구된다. 따라서 법정대리인의 대리 또는 동의에 의해서만 유효한 공탁행위를 할 수 있다.

43 같은 취지 민법주해 Ⅰ, 총칙(1), 박영사(1992), 279(양삼승).

VI. 동의 없는 행위의 취소

미성년자가 법정대리인의 동의를 얻지 않고 한 재산행위는 일응 유효하지만 취소되면 소급하여 그 효력을 잃는다. 상세한 내용은 본법 제141조 부분을 참조하고, 아래에서는 간략하게만 서술한다.

1. 취소권자

취소권자는 제한능력자인 미성년자 본인, 그의 법정대리인 또는 미성년자의 승계인이다(본법 제140조). 미성년자 자신이 취소함에 있어서 법정대리인의 동의가 필요하지 않다. 승계인은 상속인과 같은 포괄승계인은 물론 취소에 의해 보호하려는 지위를 승계한 특정승계인도 포함된다. 예를 들면 취소할 수 있는 행위에 의해 지상권을 설정한 토지 소유자의 토지 양수인도 취소권자이다. 미성년자의 상대방은 무권대리의 경우와 달리(본법 제131조 참조) 취소권이 인정되지 않는다.

2. 취소권의 행사

상대방이 확정되어 있으면 그에 대한 의사표시로 한다(본법 제142조). 상대방이 확정되어 있지 않을 때에는 적당한 방법으로 의사를 외부에 객관화시키면 된다.

3. 취소의 효과

취소된 법률행위는 처음부터 무효인 것으로 본다(본법 제141조 본문). 즉 이미 성립했던 채권채무는 처음부터 없었던 것으로 되고 이미 이행된 것은 부당이득이 된다. 또한 그 이득의 반환에 있어서 미성년자는 악의라도 이득이 현존하는 한도에서 상환하면 된다(본법 제141조 단서).

대법원 2005. 4. 15. 선고 2003다60297, 60303, 60310, 60327 판결은, 미성년자가 신용카드발행인과 사이에 신용카드 이용계약을 체결하여 신용카드거래를 하다가 신용카드 이용계약을 취소한 경우 그 미성년자는 자신의 가맹점에 대한 매매대금 지급채무를 법률상 원인 없이 면제받는 이익을 얻었으며, 이러한 이익은 금전상의 이득으로서 특별한 사정이 없는 한 현존하는 것으로 추정된다고 판시하여, 미성년자에게 물품 및 용역대금 상당의 반환의무를 인정하였다.

취소의 효과는 절대적이어서 선의의 제3자에게도 대항할 수 있다. 이 점에서 민법상 취소권이 발생하는 다른 사유, 즉 착오나 사기·강박의 경우와 다르다(본법 제109조 제2항, 제110조 제3항).

제 6 조 [처분을 허락한 재산]

법정대리인이 범위를 정하여 처분을 허락한 재산은 미성년자가 임의로 처분할 수 있다.

[관련조문] 민법 제5조, 제7조

[참고문헌] 윤진수, "친족회의 동의를 얻지 않은 후견인의 법률행위에 대한 표현대리의 성립 여부", 민사법학 19호(2001); 이기수/이병준 "민법 제6조의 의미와 법적 성질", 경영법률연구총서 4권(2004)

Ⅰ. 본조의 입법취지

1. 본법 제6조는 미성년자의 재산관리능력이 불충분함을 고려하여 미성년자의 재산이 손해를 입어 감소되는 것을 방지함과 아울러 법정대리인이 범위를 정하여 처분을 허락한 한도 내에서 미성년자에게 경제적 행동의 자유를 인정해 주는 것이 교육의 목적상으로도 적합하다는 데에 입법 취지가 있다.

2. 본법 제6조와 제5조의 관계에 관하여는 견해가 대립된다.

본법 제6조는 본법 제5조, 즉 미성년자가 법률행위를 함에 법정대리인의 동의를 얻어야 한다는 원칙에 대한 예외로 보아, 제6조가 적용되는 경우 미성년자가 법정대리인의 동의 없이 독자적으로 법률행위를 할 수 있다고 해석하는 견해가 다수설이다.

본법 제6조에 의하여 미성년자가 임의로 재산을 처분할 수 있는 것은 실제로 법정대리인이 이를 허락했기 때문이므로 제6조를 단지 제5조의 예외규정이라고 볼 수 없고, 제5조의 동의와 제6조의 허락은 다른 내용을 갖고 있으므로 제6조는 독자적인 적용범위를 갖는 특별규정이라고 해석하는 견해,[1] 법정대리인이 제6조에 의하여 허락을 한 경우 그 허락에는 추정적으로 법정대리인의 동의가 포함되어 있는 것으로 보아야 하는 것임을 일반적으로 선언하고 있는 주의규정에 불과하다

1 이기수/이병준 "민법 제6조의 의미와 법적 성질", 경영법률연구총서 4권(2004), 353-374.

는 견해[2] 등이 있다.

Ⅱ. 허락의 대상

본조에서 말하는 허락의 대상은 재산의 처분이다. 재산의 처분에는 소비와 같은 사실적 처분과 재산권을 설정·변경·소멸시키는 법률적 처분이 있는데, 법률적인 의미를 가지는 것은 후자의 처분이다.

법률적 처분에는 물권행위뿐 아니라 널리 권리변동의 원인이 되는 채권행위까지도 포함된다. 본법 제6조를 제5조와 별도로 둔 의미가 여기에 있다. 미성년자는 처분의 원인이 되는 채권행위 등 법률행위를 할 것인지 또 어떠한 내용으로 할 것인지를 독자적인 판단으로 정할 수 있다.[3]

처분이라고만 되어 있으나 사용·수익도 당연히 포함된다고 해석된다.[4]

Ⅲ. 허락의 성질과 방법

1. 허락의 성질

앞서 본 바와 같이 본법 제6조와 제5조의 관계에 관한 견해에 따라 제6조의 허락의 법률적 성질도 달리 볼 여지는 있다. 하지만, 제6조에 따른 허락 역시 제5조에 따른 동의와 마찬가지로 사전에 얻어야 하고 미성년자의 상대방에게 할 수도 있다. 또한 미성년자가 처분행위를 하기 전에는 이를 철회할 수도 있다.

2. 허락의 방법

가. 범위를 정하여 처분을 허락하여야 한다.

나. 독일 민법 제110조 및 일본 민법 제5조 제3항은 법정대리인이 '목적'을 정하여 처분을 허락한 경우에 관하여 별도로 규정하고 있으므로, 우리 민법에서도 목적을 정하여 처분을 허락한 경우 법정대리인은 처분 목적이 허락과 다르다는 이유로 취소를 주장할 수 있는지 문제된다. 우리 민법의 해석상으로는 비록 처분을 허락한 재산에 사용 목적이 정해져 있는 경우라도 그 목적을 외부의 제3자가 알기 힘들고 따라서 이를 이유로 미성년자의 행위를 취소할 수 있다면 거래의 안

2 민법주해 Ⅰ, 총칙(1), 박영사(1992), 282(양삼승).
3 양창수/김재형, 민법1(계약법), 박영사(2015), 621.
4 곽윤직/김재형, 민법총칙(제9판), 박영사(2013), 116; 백태승, 민법총칙(제7판), 집현재(2016), 148.

전에 큰 위협이 되고 민법의 규정 자체도 목적에 의한 차이를 두지 않고 있음에 비추어 목적에 반하는 처분도 취소할 수 없다는 것이 통설이다.[5]

다. 여기서 말하는 재산의 범위는 제한능력제도의 목적에 반할 정도로 포괄적인 처분을 허락하는 것이어서는 안 된다.[6] 예를 들어 미성년자의 모든 재산 처분을 허락하는 것은 미성년자를 제한능력자로 하는 제도의 목적에 반한다.

라. 처분 허락은 명시적 또는 묵시적으로 할 수 있다. 묵시적 처분 허락이 있다고 볼 수 있는지 여부를 판단함에 있어서는, 미성년자의 연령·지능·직업·경력, 법정대리인과의 동거 여부, 독자적인 소득의 유무와 그 금액, 경제활동 여부, 계약의 성질·체결경위·내용, 기타 제반 사정을 종합적으로 고려하여야 할 것이다.

앞서 본 대법원 2005. 4. 15. 선고 2003다60297 등 판결에서는 미성년자가 19세 2개월 내지 4개월에 이르는 나이였고, 경제활동을 통해 월 60만 원 이상의 소득을 얻고 있었으며, 문제된 신용구매계약은 대부분 식료품·의류·화장품·문구 등 비교적 소규모의 일상적인 거래행위였다면 미성년자가 당시 스스로 얻고 있던 소득에 대하여는 법정대리인의 묵시적 처분 허락이 있었다고 판단하였다.

Ⅳ. 허락의 효과

1. 미성년자가 법정대리인의 동의 없이 임의로 재산을 처분할 수 있음에 그치고 법정대리인의 대리권이 상실되는 것은 아니다.

2. 처분을 허락하였다는 이유로 이에 관하여 미성년자에게 소송능력이 부여되는 것은 아니다.

3. 처분이 허락된 재산을 처분하여 취득한 재산의 처분에 다시 법정대리인의 동의가 필요한가가 문제될 수 있다. 이는 허락행위의 해석에 관한 문제인데, 특별히 대체물의 처분을 금지하는 것이라고 해석되지 않는 한 다시 허락을 받을 필요는

5 곽윤직/김재형, 민법총칙(제9판), 박영사(2013), 116; 김용한, 민법총칙론, 박영사(1997), 109; 김증한/김학동, 민법총칙(제10판), 박영사(2013), 132; 명순구, 민법총칙, 법문사(2007), 112; 백태승, 민법총칙(제7판), 집현재(2016), 148; 양창수/김재형, 민법1(계약법), 박영사(2015), 621; 이은영, 민법총칙(제5판), 박영사(2009), 171; 민법주해 Ⅰ, 총칙(1), 박영사(1992), 284(양삼승).

6 곽윤직/김재형, 민법총칙(제9판), 박영사(2013), 116; 김용한, 민법총칙론, 박영사(1997), 109; 김증한/김학동, 민법총칙(제10판), 박영사(2013), 132; 민법주해 Ⅰ, 총칙(1), 박영사(1992), 284(양삼승); 백태승, 민법총칙(제7판), 집현재(2016), 148; 이은영, 민법총칙(제5판), 박영사(2009), 170.

없을 것이다. 그러나 예외적으로 그 대체물의 가격이 처분이 허락된 재산의 가격을 현저히 초과하는 경우에는 허락을 필요로 한다고 해석된다.[7]

4. 처분의 허락과 범위를 달리한 처분에 대하여 표현대리의 성립을 인정할 것인가에 관하여는 인정하려는 견해와 부정하려는 견해가 있다. 거래의 안전에 앞서 제한능력자를 보호하려는 제도의 근본취지에 비추어 볼 때 부정하는 것이 타당하다.[8]

V. 증명책임

본조의 증명책임, 즉 미성년자가 처분을 함에 있어 범위를 정하여 법정대리인의 허락을 받았다는 사실의 증명책임은 미성년자의 처분행위가 유효하다고 주장하는 자에게 있다.

7 민법주해 Ⅰ, 총칙(1), 박영사(1992), 285(양삼승); 김준호, 민법총칙, 법문사(2017), 79; 백태승, 민법총칙(제7판), 집현재(2016), 148.

8 민법주해 Ⅰ, 총칙(1), 박영사(1992), 285(양삼승); 그 밖에도 윤진수, "친족회의 동의를 얻지 않은 후견인의 법률행위에 대한 표현대리의 성립 여부", 민사법학 19호(2001), 138-168.

제7조 [동의와 허락의 취소]

법정대리인은 미성년자가 아직 법률행위를 하기 전에는 전2조의 동의와 허락을 취소할 수 있다.

[관련조문] 민법 제5조, 제6조, 제8조

Ⅰ. 본조의 의의

법정대리인이 미성년자에 대하여 한 제5조의 동의와 제6조의 허락은 미성년자 보호가 목적이다. 이러한 목적 실현을 위하여 법정대리인은 필요하다고 생각하면 미성년자가 법률행위를 하기 전에는 언제든 자신이 한 동의나 허락을 취소할 수 있도록 한 것이다.

이러한 취소는 미성년자가 향후 동의나 허락받은 행위를 하지 못한다는 의미가 있을 뿐 소급효는 없다. 따라서 취소라기보다는 철회에 해당한다는 것이 통설의 입장이다.[1]

Ⅱ. 취소의 방법

취소의 의사표시는 동의나 허락의 경우와 마찬가지로 미성년자 또는 그 상대방에 대해서 하여야 한다. 취소의 의사표시는 미성년자가 법률행위를 하기 전에 해야 하지만, 동의나 허락받은 법률행위를 일부 하고 일부 하지 않은 상태인 때에는 남아 있는 부분에 대하여만 취소가 가능하다. 예를 들어 100만 원의 처분을 허락하였는데 그 중 50만 원을 처분하고 50만 원이 남아 있다면 남아 있는 50만 원의 처분 허락을 취소할 수 있다.

Ⅲ. 취소의 효과

본조의 취소가 철회에 해당하는 이상 취소의 효과는 당연히 장래에 향해서만

1 곽윤직/김재형, 민법총칙(제9판), 박영사(2013), 118; 김준한/김학동, 민법총칙(제10판), 박영사(2013), 134.

발생한다.

취소의 의사표시를 미성년자에 대해서만 하고 그 상대방이 이를 알지 못한 경우에 이 취소의 효과를 제3자에게도 대항할 수 있는지 여부가 문제된다. 이에 관하여 권리남용이나 표현대리의 법리, 미성년자 사술에 의한 취소권의 배제 등을 활용하여 거래의 안전을 보호하자는 견해도 있다. 그렇지만, 동의나 허락과 마찬가지로 그 취소 역시 공시방법이 없어 만일 취소로써 선의의 제3자에게 대항할 수 있다고 해석하면 거래의 안전을 위협하게 된다. 본법 제8조 제2항 단서가 미성년자에 대한 영업허락의 취소를 선의의 제3자에게 대항하지 못하도록 규정하고 있는 것과 균형을 맞추어, 본조의 취소도 명문의 규정은 없지만 선의의 제3자에게는 대항할 수 없다고 해석하는 것이 타당하다.[2]

2 곽윤직/김재형, 민법총칙(제9판), 박영사(2013), 118; 김용한, 민법총칙론, 박영사(1997), 108; 김증한/김학동, 민법총칙(제10판), 박영사(2013), 134; 민법주해 Ⅰ, 총칙(1), 박영사(1992), 287(양삼승); 백태승, 민법총칙(제7판), 집현재(2016), 152; 송덕수, 민법총칙(제3판), 박영사(2016), 204; 이은영, 민법총칙(제5판), 박영사(2009), 175.

제 8 조 [영업의 허락]

① 미성년자가 법정대리인으로부터 허락을 얻은 특정한 영업에 관하여는 성년자와 동일한 행위능력이 있다.

② 법정대리인은 전항의 허락을 취소 또는 제한할 수 있다. 그러나 선의의 제삼자에게 대항하지 못한다.

[관련조문] 민법 제5조, 제6조, 제7조, 제681조, 제922조, 제945조, 제950조, 제956조, 민사소송법 제55조, 상법 제6조, 제7조, 제34조, 제37조, 제40조, 상업등기법 제31조, 제32조, 제46조, 제47조

Ⅰ. 본조의 의의

미성년자가 영업행위를 하는 경우에도 미성년자의 보호를 위한 행위능력제도를 일관되게 관철하여 계속적·반복적인 행위가 연속으로 이루어지는 영업행위마다 동의를 받게 하면 영업에 지장을 초래하거나 이를 지나치게 번잡하게 하여 미성년자뿐 아니라 거래 상대방에게 큰 혼란을 초래하게 된다. 그러므로 미성년자에게 한번 영업을 허락하면 족하고 그에 관련된 개별적인 거래행위별로 따로 허락을 받을 필요가 없음을 분명히 한 데에 본조의 취지가 있다.

따라서 본법 제5조, 제6조의 경우와는 달리 허락받은 영업에 관한 한 미성년자의 행위능력이 확장되고 그 범위에 있어서는 성년자와 같은 행위능력이 인정된다.

Ⅱ. 영업 허락의 의미

1. 영업이란 영리를 얻을 목적으로 같은 종류의 행위를 계속적·반복적으로 수행하는 것을 말한다. 직업과 유사한 개념이지만 직업과 같이 계속적인 업무를 처리하는 것만으로는 부족하고 영리의 목적이 필요하다. 상업은 물론 공업이나 농업 및 자유업도 영리를 목적으로 하는 한 본조의 영업에 해당한다. 영업이 상업일 때는

법정대리인의 허락을 받았음을 증명하는 서면을 첨부하여 상업등기를 하므로 제3자가 보호될 수 있으나(상법 제6조, 제37조), 상업 이외의 영업이 허락된 경우에는 특별한 공시방법이 없어서 거래안전을 위협할 우려가 있다.

반드시 독자적 영업일 필요는 없고 널리 영리를 목적으로 하는 독립적·계속적 사업을 뜻하는 것으로 이해되고 있다. 미성년자 자신이 이익 추구의 주체임을 의미하므로, 타인에게 고용되어 노동을 제공하는 경우에는 영업에 해당하지 않는다는 것이 통설이다.[1] 영업에 종사하는 미성년자와 영업에 해당하지 않는 업무에 종사하는 미성년자를 구별할 필요도 이유도 없으므로, 어떠한 업무이든 이에 종사하는 미성년자에 대하여는 적어도 본조를 유추적용해야 한다는 견해도 있다.[2]

2. 법정대리인이 영업을 허락함에 있어서는 반드시 영업의 종류를 특정하여야 한다. 여기서 특정한 영업이라 함은 사회통념상 하나로 볼 수 있는 영업의 단위를 말한다.[3] 어떠한 영업을 해도 좋다고 허락하거나, 하나의 영업의 일부, 예를 들어 학용품 소매점 영업을 허락하면서 5만 원 이상의 거래는 법정대리인의 동의를 받아야 한다는 방식의 허락은 허용되지 않는다. 왜냐하면, 모든 영업의 포괄적 허락은 제한능력제도의 목적에 반하고, 일부 영업의 허락은 영업 자체를 곤란하게 할 뿐 아니라 거래 상대방에게 예측하지 못한 손해를 가할 우려가 있기 때문이다.

Ⅲ. 허락의 방법

1. 허락은 동의를 의미하며, 특별한 방식이 필요 없어 묵시적으로도 가능하다. 법정대리인이 미성년자의 영업소에서 금전을 출납하거나 그 업무를 감독할 경우에는 묵시적 허락이 있다고 볼 수 있다.

2. 미성년후견인이 미성년자의 특정한 영업에 관하여 허락을 할 때는 후견감독인이 있으면 그의 동의를 받아야 하고, 후견감독인이 피후견인의 이익이 침해될 우려가 있음에도 동의를 하지 아니하는 경우에는 가정법원은 후견인의 청구에 의하여 후견감독인의 동의를 갈음하는 허가를 할 수 있다(본법 제950조 제1항 제1호, 제2항).

1 곽윤직/김재형, 민법총칙(제9판), 박영사(2013), 116; 이은영, 민법총칙(제5판), 박영사(2009), 171.
2 김용한, 민법총칙론, 박영사(1997), 109-110.
3 곽윤직/김재형, 민법총칙(제9판), 박영사(2013), 116-117; 백태승, 민법총칙(제7판), 집현재(2016), 150.

3. 허락은 공시될 필요는 없으나, 허락의 대상인 영업이 상업인 때에는 선의의 제3자에 대항하기 위하여 상업등기라는 공시방법을 취해야 한다(상법 제6조, 제34조). 미성년자 본인이 인적사항, 영업의 종류 등에 관한 등기를 신청하면(상업등기법 제46조, 제47조, 제31조, 제32조 참조) 무능력자등기부에 등재된다.[4]

Ⅳ. 허락의 효과

1. 영업의 허락이 있으면 미성년자는 그 영업에 관하여 성년자와 동일한 행위능력을 가진다. '영업에 관하여'라 함은 영업을 함에 있어 직접·간접으로 필요한 일체의 행위를 말한다. 따라서 영업 자체는 물론이고 점포 구입, 자금 차용, 점원 고용, 광고 등 영업 준비행위와 보조행위도 포함된다.

2. 미성년자는 성년자와 동일한 행위능력이 있으므로, 그 범위에서 법정대리인의 대리권도 소멸된다. 따라서 법정대리인은 그 영업 범위에서 관리권을 상실하고 개개 행위에 대하여 동의가 없었음을 이유로 한 취소권을 행사할 수도 없다. 이 점에서 본조의 허락은 본법 제6조의 허락과 성격을 달리한다.

그리고 영업의 허락이 있으면 미성년자는 이와 관련된 소송능력도 가진다(민사소송법 제55조 제1항 단서 제1호).

Ⅴ. 증명책임

영업의 허락에 관한 증명책임은 미성년자의 법률행위가 허락된 영업에 관한 것이라고 주장하는 자가 부담한다는 것이 통설이다.[5]

Ⅵ. 영업 허락의 취소와 제한

1. 의의와 방법

가. 법정대리인은 영업의 허락을 취소 또는 제한할 수 있다. 여기서 취소란

4 2018. 7. 1.부터 한정치산·금치산제도가 효력을 상실하므로, 향후 상업등기법과 상업등기규칙이 개정되어 제한능력자등기부가 편제되어야 하나, 이 글을 작성하는 2018. 11. 현재 시행 중인 상업등기법에서는 무능력자등기부를 전제로 하고 있어 무능력자등기부라는 용어를 사용하기로 한다.

5 곽윤직/김재형, 민법총칙(제9판), 박영사(2013), 117; 백태승, 민법총칙(제7판), 집현재(2016), 150.

본법 제7조와 마찬가지로 장래에 향하여 허락의 효력을 상실시키는 이른바 철회의 의미를 가지므로, 취소 이전에 한 행위는 영향을 받지 않는다.

나. 허락의 제한이란 여러 가지 영업을 허락한 경우에 하나 또는 여러 가지 허락을 철회하고 나머지 허락은 유지하는 것을 의미한다. 하나의 영업의 일부에 대하여는 허락이 있을 수 없듯이 영업의 일부에 대한 제한도 허용되지 않는다.

다. 허락의 취소 또는 제한 사유에는 아무런 제한이 없다. 일본 민법 제6조 제2항은 '미성년자가 그 영업을 감당하기 어려운 사정이 있을 때'에 한하여 취소할 수 있도록 규정하고 있다. 이와 달리 우리 민법에는 아무런 제한이 없으므로 미성년자가 원만하게 영업을 운영하고 있는 경우에도 취소할 수 있다. 그러나 친권자는 미성년인 자의 재산을 관리함에 있어 자기의 재산에 관한 행위와 동일한 주의를 하여야 하고(본법 제922조) 미성년후견인도 선량한 관리자의 주의로써 관리를 하여야 하므로(본법 제956조, 제681조), 영업의 허락을 취소 또는 제한함에 있어서도 위 규정에 의한 제한을 받게 된다.

라. 법정대리인이 친권자인 부모일 때에는 영업 허락의 취소 및 제한은 스스로 결정하여 할 수 있다. 반면, 미성년후견인인 법정대리인이 친권자가 허락한 영업을 취소하거나 제한하는 경우 미성년후견감독인이 있으면 그의 동의를 받아야 한다(본법 제945조).

2. 효과

허락의 취소나 제한은 선의의 제3자, 즉 미성년자와 거래한 선의의 상대방에게 대항하지 못한다. 상업 허락의 취소나 제한은 상업 허락 소멸 등기를 하거나 변경 등기를 하여야 하므로, 이 등기가 있기 전에는 선의의 제3자가 보호된다(상법 제40조, 제37조 제1항). 이러한 소멸의 등기 또는 변경의 등기는 미성년자 또는 법정대리인 모두 신청할 수 있다(상업등기법 제47조 제1항, 제2항). 그러나 상업을 제외한 다른 영업의 취소나 제한에는 공시방법이 없어 선의의 제3자에게 예측하지 못한 손해를 끼치고 거래의 안전을 해치게 된다. 본법 제8조 제2항 단서는 이러한 결과를 막기 위한 것이다.

VII. 무한책임사원의 허락

미성년자가 법정대리인의 허락을 얻어 회사의 무한책임사원이 된 때에는 그 사원자격으로 인한 행위에는 능력자로 본다(상법 제7조). 따라서 회사에 대한 출자의무의 이행이나 지분의 양도 등 행위를 함에 있어 법정대리인의 동의를 얻을 필요가 없다.

제 9 조 [성년후견개시의 심판]

① 가정법원은 질병, 장애, 노령, 그 밖의 사유로 인한 정신적 제약으로 사무를 처리할 능력이 지속적으로 결여된 사람에 대하여 본인, 배우자, 4촌 이내의 친족, 미성년후견인, 미성년후견감독인, 한정후견인, 한정후견감독인, 특정후견인, 특정후견감독인, 검사 또는 지방자치단체의 장의 청구에 의하여 성년후견개시의 심판을 한다.

② 가정법원은 성년후견개시의 심판을 할 때 본인의 의사를 고려하여야 한다.

[전문개정 2011.3.7.]

[관련조문] 민법 제10조, 제11조, 제12조, 제14조의2, 제14조의3, 제119조, 제769조, 제777조, 제913조, 제914조, 제915조, 제929조, 제930조, 제936조, 제937조, 제938조, 제939조, 제940조, 제940조의4, 제940조의5, 제940조의7, 제945조, 제947조, 제949조, 제949조의2, 제954조, 제959조의20, 가사소송법 제2조, 제9조, 제37조, 제37조의2, 제40조, 제43조, 제44조, 제45조, 제45조의2, 제45조의3, 제62조, 제67조, 국제사법 제48조, 민사소송법 제217조, 발달장애인 권리보장 및 지원에 관한 법률 제9조, 상법 제542조의8, 치매관리법 제12조의3, 후견등기에 관한 법률 제1조, 제25조, 제27조, 가사소송규칙 제5조의2, 제21조, 제22조, 제25조, 제27조, 제31조, 제32조, 제35조, 제36조

[참고문헌] 구상엽, 장애인을 위한 성년후견제도, 경인문화사(2015); 김성우, 성년후견실무, 박영사(2018); 김주수/김상용, 친족·상속법(제14판), 법문사; 성년후견제도 해설, 법원행정처(2013); 윤진수/현소혜, 2013년 개정민법해설, 법무부(2013); 이현곤, 성년후견제도의 이해와 활용-치매노인과 발달장애인의 신상보호와 재산관리-, 고시계사(2018); 주해친족법(제2권), 박영사(2015); 후견사건 처리 실무, 법원행정처(2015); 김상용, "성년후견법안의 문제점", 법률신문 3787호(2009. 10.), 법률신문사; 김성우, "성년후견제도의 현황과 과제", 서울가정법원 가사소년재판연구회, 가사재판연구 Ⅲ(2018); 김성우, "한국 후견제도의 운영과 가정법원의 역할", 법조 722호(2017. 4.); 김형석, "민법 개정안에 따른 성년후견법제", 가족법연구 24권 2호(2010); 김형석, "성년후견·한정후견의 개시심판과 특정후견의 심판", 법학 55권 1호(통권 170호, 2014); 박인환, "새로운 성년후견제 도입을 위한 민법개정안의 검토", 가족법연구 24권 1호(2010); 박인환, "성년후견제도 시행 4년의 평가와 과제", 한·독 성년후견 전문가대회 자료집(2017); 배인구, "성년후견제도에 관한 실무상 쟁점-피성년후견인 등의 행위능력과 소송능력을 중심으로", 민사재판의 제문제 22권(2013. 12.); 백승흠, "성년후견제도에서의 정신능력의 판단에 관한 소고-심신박약·심신상실의 의미와 한계", 재산법연구 28권 4호(2012. 2.)

Ⅰ. 성년후견제도

1. 종전의 금치산·한정치산제도와의 비교

2011. 3. 7. 법률 제10429호로 개정된 민법(2013. 7. 1. 시행, 현행 민법)은 지속적·포괄적 보호제도로서 성년후견과 한정후견 두 가지 유형을 인정하면서, 기존의 한정치산·금치산제도가 사회적 낙인효과가 있어 활용률이 낮았던 문제가 있었던 점을 고려하여 이러한 불명예를 주는 용어를 제거하고 각각의 유형에 탄력적인 운영을 가능하게 하는 규정들을 도입하였다. 아울러 사건본인의 다양한 욕구와 필요에 대처하기 위하여 새로운 제도로서 일회적·특정적 보호제도인 특정후견과 계약에 의한 후견인 임의후견을 도입함으로써 보다 효율적인 보호제도를 설계하였다. 현행 민법 시행 당시 이미 금치산 또는 한정치산의 선고를 받은 사람에 대하여는 종전의 규정을 적용하였으므로(부칙 제10429호 제2조 제1항), 현행 민법 시행 이후에도 금치산자 또는 한정치산자에 대하여는 종전의 후견인이 법정대리인이 될 수 있었다. 그렇지만, 현행 민법 시행일로부터 5년이 경과한 2018. 7. 1.부터는 금치산 또는 한정치산의 선고가 장래를 향하여 효력을 상실하여(부칙 제10429호 제2조 제2항) 금치산자 또는 한정치산자도 완전한 행위능력자가 되었으므로, 후견사무의 존속이 필요한 경우에는 새로이 성년후견 등을 법원에 청구하여야 한다.

성년후견제도의 입법취지는 본법 제5조의 제한능력제도 부분에서 자세히 서술하였고, 종전 금치산·한정치산제도와 신설된 성년후견제도를 비교하면 아래 표와 같다.

내용		금치산·한정치산 제도	성년후견제도
제도	본질	가족 제도	복지 제도
	목적	재산관리에 중점	재산관리 및 신상보호에 중점
	방식	능력 박탈(제한)	능력 지원

피후견인	사유	심신상실/심신미약	질병/장애/노령 등으로 인한 정신적 제약
	종류	금치산/한정치산	성년/한정/특정/임의 후견
후견인	자격	친족	친족 또는 제3자(법인 포함)
	선임방식	법정되어 있음	법원의 직권 선임
법원	감독기관	친족회	법원(후견감독인)
	역할	능력박탈(제한)의 선언	후견인 선임과 감독
	성격	사법적(司法的)	행정적(行政的)
공시방법	수단	가족관계등록부	후견등기부
	성격	낙인효과로 인한 반감	낙인효과 제거, 인적 편성주의

2. 성년후견제도의 입법례

본인의 상태 및 보호의 내용 등을 기준으로 하여 성년후견법제에는 두 가지 규정방식이 있다.

일원론적 구성을 채택한 독일 민법은 '법적 부조'라는 단일한 유형의 보호제도를 두고 있다. 부조인은 사무범위 내에서 본인의 법정대리인이지만(독일 민법 제1902조), 피부조인은 원칙적으로 행위능력자이다. 후견 법원은 본인이 부조인의 사무범위에 관한 의사표시를 할 때에는 동의를 받도록 정할 수 있으며(이른바 동의유보, 독일 민법 제1903조 제1항 제1문) 그러한 경우 본인이 단독으로 한 행위는 부조인의 동의가 없는 한 무효이다(독일 민법 제1903조 제1항 제2문).

여러 가지 보호 유형들을 인정하는 다원적인 구성을 채택한 프랑스 민법은 본인의 상태가 상대적으로 무거운 사람을 위한 유형인 후견과 상대적으로 가벼운 사람을 위한 유형인 보좌를 두고, 일시적·잠정적 보호제도인 사법적 보호로 이를 보충하면서(프랑스 민법 제433조 제1항, 제440조), 보호 유형별로 행위능력과 대리인의 대리범위에 차등을 두고 있다.

일본도 후견·보좌·보조의 세 가지 보호제도를 도입하고 보호 유형별로 행위능력과 대리범위에 차등을 두고 있다.

Ⅱ. 본조의 특징

현행 민법에 신설된 제9조 성년후견 개시의 심판은 다음과 같은 특징이 있다.

1. 성년후견은 청구권자의 심판청구에 의하여 개시될 수 있을 뿐 법원이 직권으로 절차를 개시할 수 없다. 직권개시가 남용되거나 형해화될 우려가 많고, 우리 사회의 현실상 일정 범위의 근친이 실질적으로 절차 개시를 주도할 가능성이 높아 근친을 청구권자로 규정하여 불복이 가능하도록 할 필요가 있음을 고려하였다.[1]

2. 청구권자에 지방자치단체의 장을 추가하여 신상보호가 필요한 노인, 장애인에 대한 사회복지 기능을 하는 공익의 대표자를 고려하였다.

3. 심리 결과 성년후견 개시의 요건이 갖추어졌음이 밝혀지면 가정법원은 필수적으로 성년후견 개시의 심판을 함과 동시에 성년후견인을 선임하여야 하며, 개시 여부에 대해 재량권이 없다.

4. 가정법원은 성년후견 개시 요건인 '본인의 사무처리능력 지속적 결여' 여부를 판단하기 위하여 의사의 감정을 명하거나 다른 충분한 자료를 제출하도록 2013. 4. 5. 가사소송법이 개정되어 2018. 2. 1. 시행되었고(가사소송법 제45조의2), 감정 비용을 지출할 자력이 없는 사람을 위한 절차구조 제도도 함께 신설되었다(가사소송법 제37조의2).

5. 본인의 자기결정권을 최대한 보장하기 위하여 성년후견 개시 심판 및 성년후견인 선임 과정에서 가정법원은 본인의 의사를 고려하여야 한다(본법 제9조 제2항, 제936조 제4항).

Ⅲ. 성년후견 개시의 요건

1. 실질적 요건

성년후견은 질병, 장애, 노령 그 밖의 사유로 인한 정신적 제약으로 사무를

[1] 윤진수/현소혜, 2013년 개정민법해설, 법무부(2013), 27.

처리할 능력이 '지속적으로 결여된' 사람을 대상으로 한다. 이와 달리 한정후견은 위와 같은 능력이 '부족한' 사람을 대상으로 하고(본법 제12조 제1항), 특정후견은 위와 같은 정신적 제약으로 '일시적 후원 또는 특정한 사무에 관한 후원이 필요한' 사람을 대상으로 한다(본법 제14조의2 제1항).

2011. 3. 7. 개정되기 전 민법(종전 민법) 하에서의 한정치산·금치산제도 역시 다소 차이는 있으나 기본적으로는 본인의 정신적 능력의 제약을 이유로[2] 개시되는 보호제도였다.

가. 본인에게 정신적 제약이 존재해야 한다.

1) 일반인에 비하여 의사결정능력이나 판단능력이 떨어져 있는 상태를 말한다. 민법은 정신적 제약의 원인으로 질병, 장애, 노령을 예로 들고 있다. 실무에서 나타나는 주된 정신적 제약의 원인은 뇌병변(외상성 뇌손상, 뇌경색, 뇌출혈, 뇌성마비, 뇌종양 등), 치매(알츠하이머 치매, 혈관성 치매, 알코올중독성 치매), 발달장애(정신지체, 지적장애, 자폐성장애), 정신장애(조현병, 인격장애, 인지장애 등) 등이다.[3]

2) 신체적 장애가 있어 사무처리능력이 결여되거나 부족한 경우에도 성년후견을 개시할 수 있는지에 관하여 견해의 대립이 있고, 신체적 장애만으로는 후견을 개시할 수 없다는 견해가 다수설이다.[4] 실무에서도 정신능력이 온전한 신체장애인의 경우에는 임의대리 등의 방법으로 사무를 처리할 수 있으므로 자기결정권을 보장하기 위해 후견을 개시하지는 않는다. 다만 신체적 장애로 인하여 정신적 제약까지 생겼다면 당연히 후견개시의 대상이 된다. 독일 민법(제1896조 제1항)이나 프랑스 민법(제425조)은 신체적 장애로 인하여 의사표시에 어려움이 있는 경우에도 성년후견을 개시할 수 있도록 하고 있다.

나. 사무처리능력이 지속적으로 결여되어야 한다.

1) 사무처리능력 유무는 본인의 구체적·개별적인 상황, 즉 사회적 지위, 생활모습과 살아온 배경 등을 고려하여 통상적으로 처리하는 사무를 기준으로 판단하

2 한정치산자는 '심신이 미약하거나 재산의 낭비로 자기나 가족의 생활을 궁박하게 할 염려가 있는 자'(종전 민법 제9조), 금치산자는 '심신상실 상태에 있는 자'(종전 민법 제12조)라고 정의하였다.

3 김성우, "성년후견제도의 현황과 과제", 가족법연구 30권 3호(2016), 413-414.

4 곽윤직/김재형, 민법총칙(제9판), 박영사, 123; 김주수/김상용, 민법총칙, 삼영사(2013), 132; 주해친족법(제2권), 박영사, 1184; 백태승, 민법총칙(제7판) 155; 김준호, 민법총칙, 법문사(2017), 85; 구상엽, 장애인을 위한 성년후견제도, 경인문화사(2015), 73-74; 김형석, "성년후견·한정후견의 개시심판과 특정후견의 심판", 법학 55권 1호(통권 170호)(2014), 445.

여야 한다. 그러므로 본인이 통상 처리하는 사무가 아니라 특별한 사무(예를 들어 사무직 회사원의 경우 민사소송이나 선물거래 등)를 기준으로 판단해서는 안 된다.

2) 사무처리능력을 판단할 때 고려되는 사무에는 재산관리에 관한 사무뿐만 아니라 신상결정에 관한 사무도 포함되며, 법률행위·준법률행위·사실행위가 모두 포함된다. 이러한 측면에서 종전 금치산·한정치산제도에서는 대체로 본인의 법률행위를 전제로 사무처리능력을 판단한 것과 구별된다.[5] 성년후견에 의해 부여되는 조력은 본인이 법적인 영역에서 처리해야 할 사무처리에 국한된다. 예컨대, 매매계약을 체결하거나 대출을 받거나 채무를 변제하고 사회보장급부를 신청하는 등의 영역에서 도움을 줄 수 있다. 하지만 식사를 준비하거나 옷을 갈아입는 등 법적 효과와 결부되지 아니한 사회복지급부의 영역에 속하는 사무는 제외된다.

3) 성년후견 개시의 요건인 '결여'는 사무처리능력이 없는 상태를 말하고, 한정후견 개시의 요건인 '부족'과 대비되는 개념이다. 나아가 성년후견 개시를 위해서는 이러한 사무처리능력이 지속적으로 결여되어야 한다. 성년후견은 행위능력을 강하게 제약하는 제도이므로, 그 개시가 정당화되려면 성년후견에 의한 행위능력 제약이 본인의 보호를 위해 이익이 된다고 판단할 수 있어야 한다. 사무처리능력이 일시적으로 회복되는 경우가 있어도 그 회복이 단속적이고 불규칙할 때에는 여전히 사무처리능력은 지속적으로 결여되어 있다고 보아야 할 것이다.[6] 이는 종전 금치산제도와 관련된 해석론이 그대로 적용될 수 있음을 의미한다.

4) 본인이 회사의 대표 등 자격으로 회사를 경영하는 경우 회사 경영 능력을 사무처리능력 유무를 판단하는 기준으로 보아야 할 것인지가 문제된다.[7] 회사 경영이 본인의 일상적인 사무에 해당되고 이후에도 계속 회사를 경영할 것으로 예상된다면, 원칙적으로 회사 경영 능력이 사무처리능력 유무를 판단하는 기준이 된다고 보아야 할 것이다. 하지만 일상생활 사무를 처리할 능력은 있으나 회사 경영 사무를 수행할 능력이 없는 경우라면, 본인의 정신적 제약 상태가 정상인의 경우와 한계선상에 있을 가능성이 높다. 따라서 본인의 후견개시에 대한 의사, 회사

5 김형석, "성년후견·한정후견의 개시심판과 특정후견의 심판", 법학 55권 1호(통권 170호)(2014), 446.

6 곽윤직/김재형, 민법총칙(제9판), 박영사(2013), 123; 김형석, "성년후견·한정후견의 개시심판과 특정후견의 심판", 법학 55권 1호(통권 170호)(2014), 447.

7 실무에서 종종 문제된다. 본인이 법인등기부상 회사의 대표이사가 아니더라도 대주주나 사실상 소유자인 경우도 마찬가지이다. 상법은 상장회사의 사외이사에 대하여 여전히 금치산자, 한정치산자를 결격사유로 정하고 있었으나(상법 제542조의8 제2항 제1호), 2018. 9. 18. 해당 부분이 '피성년후견인 또는 피한정후견인'으로 개정되어 2018. 12. 19. 시행될 예정이다.

경영에의 참여 정도, 회사의 규모와 경영의 난이도, 회사 경영권에 대한 다툼이 있는지 여부는 물론 후견 개시 청구의 목적이나 친족의 의견 등을 종합적으로 고려하여야 한다.[8]

다. 정신적 제약으로 인하여 사무를 처리할 능력이 지속적으로 결여될 정도에 이르러야 한다.

일률적으로 정할 수는 없지만, 교통사고로 인한 뇌출혈로 의식불명 상태에 있는 경우, 중증치매 상태로 시간적·공간적 지남력이나 장단기 기억력, 수리력과 언어능력이 모두 손상된 경우, 조현병으로 인한 환각으로 현실의 삶에 대해 올바른 인식과 판단을 할 수 없는 경우 등이 그에 해당된다. 그러므로 사무처리능력의 지속적 결여가 사회·경제적 사정에 의한 경우, 예를 들어 귀화한 사람이 한국어를 구사할 수 없어 사무처리를 할 수 없는 경우에는 성년후견의 요건이 충족되지 않는다.

라. 미성년자에 대한 성년후견 개시 여부

본법 제9조 제1항은 성년후견 청구권자로 미성년후견인과 미성년후견감독인을 포함하고 있어 미성년자에 대해 성년후견을 개시할 수 있는지, 그 시기가 언제인지에 관하여 견해의 대립이 있다. 즉, 성년후견이 미성년후견보다 강하게 행위능력을 제한하므로, 질병, 장애 등 사유로 인한 정신적 제약으로 사무처리능력이 지속적으로 결여된 미성년자에게 성년후견을 개시하여 본법 제5조 내지 제8조의 적용을 배제할 수 있는지 여부의 문제이다.

종전 민법 하에서 다수설은 미성년자에게 금치산이 가능하다고 하여 이를 긍정하는 입장을 취하였고, 현행 민법 하에서도 성년후견을 개시할 필요가 있는데 미성년자라는 이유로 청구를 제한할 명문의 근거가 없고, 피성년후견인의 능력이 미성년자의 능력보다 좁으므로 미성년자 보호를 위하여 피성년후견인으로 할 필요가 있다는 등의 이유로 이를 긍정하는 견해가 있다.[9] 기본적으로 위 견해에 찬성하면서도 미성년자에 대하여 성년후견개시 심판을 할 경우 보충성의 원칙을 고려하여 당사자가 성년후견의 필요성을 충분히 소명한 경우에 성년이 임박하거나 기존의 법정대리로 본인의 보호가 충분하지 않은 예외적인 경우에만 성년후견을

8 김성우, 성년후견실무, 박영사(2018), 21.

9 곽윤직/김재형, 민법총칙(제9판), 박영사(2013), 123; 송덕수, 민법총칙(제3판), 박영사(2016), 208; 이은영, 민법총칙(제4판), 박영사, 165.

개시함이 타당하다는 견해도 있다.[10] 또 미성년자에 대하여 신상감호의 권한(본법 제913조 내지 제915조, 제945조)이 없는 성년후견을 개시하면 미성년자의 보호와 복리에 문제가 생길 수 있고, 미성년후견의 경우에는 후견종료에 관한 본법 제14조의3에 상응하는 규정이 없으므로 그 반대해석상 미성년후견에서 성년후견으로의 이행 가능성은 입법적으로 부정되고 있다는 이유로 성년기가 임박한 미성년자의 경우에 한하여 보호의 공백을 막기 위하여 미성년후견인, 미성년후견감독인이 성년후견을 청구할 수 있다고 보는 견해도 있다.[11]

실무에서는 미성년자에 대하여 성년후견 개시의 청구가 있으면, 친권 또는 미성년후견으로는 미성년자에 대한 보호가 미흡하여 성년후견이 즉시 개시되어야 한다는 등의 특별한 사정이 없는 한, 원칙적으로 성년이 임박하여 보호의 공백을 막기 위한 경우에 한하여 심리를 진행하되, 심판은 미성년자가 성년에 이른 후에 하는 것이 일반적이다.[12]

2. 청구권자

성년후견 절차는 본인, 배우자, 4촌 이내의 친족, 미성년후견인, 미성년후견감독인, 한정후견인, 한정후견감독인, 특정후견인, 특정후견감독인, 검사 또는 지방자치단체의 장의 청구에 의하여 개시된다.

가. 본인이 청구하려면 적어도 의사능력은 있어야 한다. 그러므로 정신적 제약이 있더라도 의사무능력에 이르지 않은 상태이거나 청구 당시 의사능력이 일시적으로 회복된 예외적인 경우에는 청구가 가능하다. 의사능력이 있는 이상 앞서 본 바와 같이 성년이 임박한 미성년자이거나 피한정후견인이라도 무방하다.

나. 배우자는 법률상의 배우자에 한정되고, 사실혼 관계에 있는 배우자는 제외된다.

법률혼 배우자라도 혼인생활이 실질적으로 파탄한 경우에는 성년후견을 남용할 가능성이 있지만, 가사비송의 특성상 성년후견 개시 여부를 심사하면서 혼인관계의 실질까지 심리하기는 현실적으로 매우 어렵기 때문에 일률적으로 청구권

10 성년후견제도 해설, 법원행정처(2013), 12-13; 후견사건 처리 실무, 법원행정처(2015), 7.
11 김주수/김상용, 민법총칙, 삼영사(2013), 133; 김형석, "성년후견·한정후견의 개시심판과 특정후견의 심판", 법학 55권 1호(통권 170호)(2014), 449.
12 김성우, 성년후견실무, 박영사(2018), 22-23.

자에 포함된다. 다만, 배우자가 당연히 후견인이 되던 종전 민법 제934조[13]가 2011. 3. 7. 민법 개정으로 폐지된 이상, 법률상의 배우자에게 절차 개시에 관한 청구권을 부여하더라도 개시심판 절차에서 성년후견인을 선임하면서 본인의 의사를 고려함으로써 배우자의 권리 남용 위험을 어느 정도 통제할 수 있을 것으로 생각된다.

실무상 가정법원은 본인의 자녀나 부모형제 등 친족에게 직권으로 후견개시에 대한 의견을 조회하는 방법으로 절차 계속 사실을 알리고 참가 및 의견진술 기회를 줌으로써 청구권이 남용되지 않도록 하고 있다.[14]

다. 4촌 이내의 친족, 즉 본법 제777조가 정하는 친족 중 4촌 이내의 혈족과 인척이 청구권자가 된다. 인척은 혈족의 배우자, 배우자의 혈족, 배우자의 혈족의 배우자를 말한다(본법 제769조).

라. 미성년후견인, 미성년후견감독인, 한정후견인, 한정후견감독인, 특정후견인, 특정후견감독인도 청구권자이다.

앞서 서술한 바와 같이 미성년후견인, 미성년후견감독인은 미성년자가 성년에 근접하여 보호의 공백을 막기 위해 성년후견을 신청하는 경우로 한정해서 해석해야 한다.

한정후견인, 한정후견감독인은 피한정후견인이 성년후견의 요건을 충족한다고 판단되는 경우 성년후견을 청구할 수 있다.

특정후견의 경우 특정후견인이나 특정후견감독인이 행사할 수 있는 권한과 사무가 특정되어 있는데, 특정후견심판에 성년후견·한정후견 개시 청구에 대한 권한이 정해져 있지 않은 경우에도 청구가 가능한지 문제된다. 민법 규정을 중시하고 피특정후견인을 두텁게 보호하기 위하여 청구할 수 있다는 견해가 있다. 이와 반대로 특정한 사무를 위해서만 권한을 주는 특정후견제도의 본질상 권한을 부여받지 못한 특정후견인이나 특정후견감독인에 의한 성년후견개시청구는 허용되어서는 안 된다는 견해도 있다.[15]

13 구 민법 제934조(기혼자의 후견인의 순위) 기혼자가 금치산 또는 한정치산의 선고를 받은 때에는 배우자가 후견인이 된다. 그러나 배우자도 금치산 또는 한정치산의 선고를 받은 때에는 제933조의 순위에 따른다.

14 김성우, 성년후견실무, 박영사(2018), 25.

15 김성우, 성년후견실무, 박영사(2018), 25; 김형석, "성년후견·한정후견의 개시심판과 특정후견의 심판", 법학 55권 1호(통권 170호)(2014), 452.

마. 본법 제9조에는 열거되어 있지 않지만, 임의후견인과 임의후견감독인도 본인의 이익을 위하여 특별히 필요할 때에는 성년후견을 청구할 수 있다(본법 제959조의20 제1항). 이 경우 후견계약은 본인이 성년후견 개시의 심판을 받은 때 종료된다.

바. 법원의 직권에 의한 절차 개시를 인정하지 않기 때문에, 근친이 없는 사람을 위하여 검사와 지방자치단체의 장의 청구권을 인정하였다.

공익의 대표자인 검사에 대하여 한정치산·금치산선고 청구권을 부여한 것은 종전 민법과 동일하다. 그리고 한국 사회가 급속도로 노령화되면서 독거노인들이 사회·경제적으로 가장 취약한 집단으로 대두되고 있는데,[16] 많은 경우 치매 등으로 일상생활 영위에도 어려움을 겪는다. 아울러 발달장애나 지적 장애인도 인간다운 생활을 할 수 있도록 보장해야 한다는 의식이 사회 전반으로 확대되어 이들을 위한 후견의 필요성이 확대되었다. 그럼에도 종전 민법 하에서 공익의 대표자인 검사의 청구에 의한 절차 개시가 많지 않았다. 이러한 사정을 종합적으로 고려하여 현행 민법에서는 실제로 정신장애자, 노령자의 일상에 대하여 보다 전문성을 가지고 접근할 수 있는 관련 지방자치단체의 장에게 청구권을 인정하였다. 2014. 5. 20. 발달장애인 권리보장 및 지원에 관한 법률을 제정하면서(2015. 11. 21. 시행) 제9조에서 발달장애인을 위하여 지방자치단체의 장에게 성년후견개시 등 청구권을 부여하였고, 2017. 9. 19. 치매관리법을 개정하면서(2018. 9. 20. 시행) 제12조의3 제1항에서 지방자치단체의 장에게 치매환자를 위하여 일정한 경우 민법에 따른 성년후견의 개시, 한정후견의 개시 또는 특정후견의 심판 청구권을 인정하였다.

Ⅳ. 심리

1. 관할

가. 사물관할과 토지관할

1) 후견에 관한 사건은 가사비송사건 중 라류 사건으로 가정법원의 전속관할

16 65세 이상 인구 중 독거노인 비율은 매년 증가하고 있는데, 2016년 독거노인 비율은 19.1%이다(통계청, 2017년 발표 인구총조사). 김성우, 성년후견실무, 박영사(2018), 9.에서 재인용.

이고(가사소송법 제2조 제1항 제2호 가목), 피성년후견인이 될 사람의 주소지 가정법원 관할이다.

2) 성년후견 개시의 심판이 확정된 이후의 후견에 관한 사건은 피성년후견인의 주소지가 변경되어도 후견개시 등의 심판을 한 가정법원(항고법원이 후견개시 등의 심판을 한 경우에는 그 제1심 법원인 가정법원)의 관할로 남는다(가사소송법 제44조 제1항 제1의2호).[17] 후견 개시 후에도 후견감독이 계속되므로, 관할이 항정되도록 하여 가정법원의 일관된 감독이 가능하다.

3) 피성년후견인의 이익을 위하여 필요한 경우 가정법원이 직권 또는 청구에 의하여 관할을 피후견인 주소지의 가정법원으로 변경할 수 있으며(가사소송법 제44조 제2항), 변경신청 기각결정이나 변경결정에 대하여 즉시항고를 할 수 있고 즉시항고에는 집행정지의 효력이 있다(가사소송법 제44조 제3항).

나. 국제후견법

후견의 준거법은 피후견인의 본국법이다(국제사법 제48조 제1항). 후견의 준거법이 규율하는 사항은 후견에 관한 모든 문제, 즉 후견의 종류, 후견의 개시와 그 원인, 피후견인과 후견인 사이의 권리의무관계, 후견인 선임과 직무, 후견의 내용 등이다.[18]

대한민국에 상거소 또는 거소가 있는 외국인에 대한 후견 중, ① 그의 본국법에 의하면 후견개시의 원인이 있더라도 그 후견사무를 행할 자가 없거나 후견사무를 행할 자가 있더라도 후견사무를 행할 수 없는 경우, ② 대한민국에서 한정후견개시, 성년후견개시, 특정후견개시 및 임의후견감독인선임의 심판을 한 경우, ③ 그 밖에 피후견인을 보호하여야 할 긴급한 필요가 있는 경우에 한하여 대한민국 법에 의한다(국제사법 제48조 제2항).

비송사건도 민사소송법 제217조를 유추적용하여 외국재판에 대한 승인이 가능하다고 보는 것이 다수설이다. 다수설에 의하면, ① 국제재판관할이 있고, ② 송달이 적법하게 이루어졌으며, ③ 판결의 효력을 인정하는 것이 대한민국의 공서양속에 반하지 않고, ④ 상호보증이 있는 경우[19] 외국법원의 후견에 관한 확정

17 2018. 5. 1. 시행된 개정 가사소송법 제44조 제1항 제1호의2의 개정 규정은 시행 당시 가정법원에 계속 중인 사건에 대하여도 적용한다. 다만, 종전의 규정에 따라 발생한 효력에는 영향을 미치지 아니한다(부칙 제2조).

18 주해 친족법(제2권), 박영사(2015), 1773-1774.

19 상호보증 요건의 필요 여부에 대해서는 다시 견해가 대립된다.

판결의 승인이 가능하고, 외국재판에 의하여 선임된 후견인의 권한은 한국 내 재산 및 후견사무에도 미친다.

그런데 후견등기에 관한 법률은 "민법"에서 규정한 성년후견 등의 등기에 관한 사항을 규정하고 있으므로(제1조), 현재 실무례는 외국법원에서 받은 후견재판으로는 후견등기 신청을 받지 않고 있고 별도로 우리 민법에 따라 가정법원에서 후견재판을 받도록 하고 있다.[20]

2. 사전처분

가. 성년후견개시의 심판청구가 있는 경우에도 가정법원은 가사소송법상 사전처분을 활용할 수 있다. 즉, 가정법원은 사건을 해결하기 위해 특별히 필요하다고 인정하면 직권으로 또는 당사자의 신청에 의하여 상대방이 그 밖의 관계인에게 현상을 변경하거나 물건을 처분하는 행위의 금지를 명할 수 있고, 사건에 관련된 재산의 보존을 위한 처분 등 적당하다고 인정되는 처분을 할 수 있다(가사소송법 제62조 제1항). 이러한 처분을 할 때에는 가사소송법 제67조 제1항에 따른 제재를 고지해야 한다(가사소송법 제62조 제2항). 이러한 사전처분은 급박한 경우에는 재판장이 단독으로 할 수 있다(가사소송법 제62조 제3항). 이러한 처분은 집행력은 없으며(가사소송법 제62조 제5항), 즉시항고할 수 있다(가사소송법 제62조 제4항).

나. 종래 금치산과 관련해서 사전처분으로는 재산관리인의 선임이 주로 상정되었는데(개정 전 가사소송규칙 제32조[21] 참조), 성년후견과 관련해서도 같은 내용의 사전처분이 고려될 수 있다. 즉 가정법원은 사전처분으로 임시후견인을 선임할 수 있으며, 성년후견을 개시하는 절차에서 임시후견인에 대해서는 한정후견인에 관한 규정이 준용된다(가사소송규칙 제32조 제4항). 이러한 임시후견인의 선임처분은 그 선임된 자에게 고지하여야 하고, 가정법원의 법원사무관 등은 지체 없이 본인에게 그 뜻을 통지해야 한다(가사소송규칙 제32조 제5항, 제2항). 또한 가정법원은 상당하다고 인정할 때에는 언제든지 임시후견인에게 본인의 신상보호 또는 재산관리에 필요한 명령을 할 수 있고, 그 선임한 임시후견인을 해임하거나 개임할 수 있다(가사소송규칙 제32조 제5항, 제3항). 임시후견인에 대해 청구인 또는 본인의 재

20 후견사건 처리 실무, 법원행정처(2015), 10-11.

21 구 가사소송규칙 제32조(사전처분) ① 한정치산 또는 금치산의 선고에 관한 사건에 있어서, 가정법원이 법 제62조의 규정에 의한 사전처분으로서 재산관리인을 선임한 때에는, 그 재산관리인에 대하여는 후견인에 관한 규정을 준용한다. 이 경우, 친족회의 임무와 권한은 법원이 이를 행한다.

산으로부터 상당한 보수를 지급할 것을 명할 수 있다(가사소송규칙 제32조 제6항).

종전 민법 하에서 대법원 2009. 7. 23. 선고 2008다78996 판결은, 사전처분으로 재산관리인이 선임되면 그에 상응하는 법률관계가 임시로 형성되고, 그러한 형성력은 대세적 효력이 있으며 사전처분의 확정과 동시에 발생하여 별도의 집행행위를 필요로 하는 것은 아니라고 하면서, 그 내용이 공시되지 않아 거래의 안전을 저해하더라도 실효적 보호를 위한 사전처분의 취지에 비추어 불가피하다고 하였다.

그러나 이제는 성년후견에 관해 사전처분이 있으면 대법원규칙에 정하는 바에 따라 후견등기부에 기록된다(후견등기에 관한 법률 제27조). 임시후견인을 선임하거나 개임하는 재판, 그의 권한범위를 정하거나 변경하는 재판, 여러 명의 임시후견인의 권한 행사에 관한 결정과 그 변경 또는 취소의 재판이 있으면 후견등기사무를 처리하는 자에게 지체 없이 후견등기부기록을 촉탁해야 한다(가사소송법 제9조, 가사소송규칙 제5조의2 제1항 제5호). 이러한 재판이 효력을 상실하거나 종료한 때에는 가정법원의 법원사무관 등은 가사소송법 제9조의 예에 의하여 후견등기부기록을 촉탁해야 한다(가사소송규칙 제5조의2 제2항).

3. 정신감정

가. 본인의 정신상태에 대한 판단은 규범적 판단이지만, 반드시 의학적·과학적 근거가 있어야 한다. 피성년후견인이 될 사람의 정신상태는 다른 충분한 자료가 있는 경우를 제외하고는 의사의 감정을 기초로 판단하여야 한다(가사소송법 제45조의2 제1항). 본인을 둘러싼 친족 등 이해관계인 사이에 다툼이 있는 경우에는, 본인의 정신적 제약 여부에 관하여도 다툼이 있을 가능성이 높기 때문에, 실무상으로는 진단서만으로 본인의 정신상태를 비교적 명확히 판단할 수 있어도 감정절차를 생략하지 않는 것이 일반적이다.

가정법원은 감정결과에 반드시 구속되는 것은 아니고, 그 밖에 가사조사결과[22] 등을 종합하여 규범적 관점에서 후견의 필요 유무와 그 범위를 판단한다.[23]

나. 개정 가사소송법은 가사비송사건에서 절차구조에 관한 조항을 신설하였

22 후견개시사건의 약 26.2% 정도에서 가사조사가 실시되고 있고, 다툼이 있는 경우에는 85.9%의 사건에서 가사조사가 이루어지는 것으로 조사되었다. 김성우, "성년후견제도의 현황과 과제", 서울가정법원 가사소년재판연구회 가사재판연구 Ⅲ(2018), 480-481에서 재인용.

23 김성우, 성년후견실무, 박영사(2018), 45.

다. 가정법원은 가사비송사건의 절차에 소요되는 비용을 지출할 자금능력이 없거나 그 비용을 지출하면 생활에 현저한 지장이 있는 사람에 대해서 신청에 따라 또는 직권으로 절차구조를 할 수 있다(가사소송법 제37조의2). 따라서 성년후견 등 사건에서 소요되는 감정비용에 대하여 절차구조가 가능하다.

4. 심문

가. 본인 의사의 존중

1) 가정법원은 본인의 의사를 고려하여야 한다(본법 제9조 제2항). 엄밀하게 본인의 의사능력에 기초한 의사에 한정할 것은 아니며, 상당한 정신적 제약이 있더라도 자신의 환경과 처지를 인지하고 일정한 범위에서 납득가능한 정서적인 판단을 내릴 수 있다면 그러한 의사도 고려되어야 한다. 법문상 의사를 '고려'할 것을 요구하므로, 가정법원이 본인의 의사에 반드시 구속되지는 않지만 중요한 요소로 참작하여 심판하여야 한다. 이 때 가정법원이 확인하는 주된 내용은 사건본인의 정신적 제약의 정도와 후견과 관련한 의사이고, 이러한 사건본인의 의사는 후견의 개시 여부, 후견의 내용, 후견인 선임에 관한 참고사항이 되어 법원의 판단에 영향을 미친다.[24]

2) 피성년후견인이 될 사람의 진술을 듣는 경우에는 심문하여야 한다(가사소송법 제45조의3 제1항 본문 제1호, 제2항 본문). 심문을 위하여 검증이 필요한 경우에는 민사소송법 규정을 준용하여 검증을 실시할 수 있다(가사소송법 제45조의3 제3항). 다만, 피성년후견인이 될 사람이 의식불명, 그 밖의 사유로 자신의 의사를 표명할 수 없거나 출석을 거부하는 등 심문할 수 없는 특별한 사정이 있는 때에는 그러하지 아니하다(가사소송법 제45조의3 제1항 단서, 제2항 단서).

나. 사건관계인의 심문

가정법원은 후견 개시 심판에서 사건관계인을 심문하지 아니하고 성년후견 개시의 심판을 할 수 있다(가사소송법 제45조). 그러나 가능한 추정 선순위 상속인을 포함하여 친족이나 이해관계인을 심문하여 동의 여부를 확인한다. 사건본인의 복리와 보호를 위해 가장 적정한 후견 형태와 후견인을 정하기 위한 자료를 얻기 위함이다.

24 이현곤, 성년후견제도의 이해와 활용, 고시계사(2018), 99.

5. 청구의 취하 가부 및 시기

가. 청구권자가 청구를 취하할 수 있는지 여부에 대해서는 이를 허용하는 것이 종래 실무이다. 비송사건절차에서도 당사자의 청구나 신청에 의해 개시하는 절차에서는 적어도 청구나 신청의 제기와 관련해 처분권주의가 적용된다고 이해되므로 타당하다고 할 수 있다.

나. 후견개시 청구의 취하 및 그 시기에 제한이 없기 때문에 후견 사건이 확정되기 전에는 상고심 계속 중이라도 청구를 취하할 수 있다. 그러나 본인이 아닌 청구인이 후견개시 청구를 제한 없이 취하하도록 허용하면 경우에 따라서는 오히려 본인의 인권 보장이나 권익 보호에 불리한 결과를 가져올 수 있으므로(예를 들어 본인에게 유리하고 청구인에게 불이익한 방향으로 성년후견 개시의 심판이 있은 후 청구인이 항고심에서 후견개시 청구를 취하하는 경우), 일정한 범위 내에서 제한이 필요하다. 이렇게 함으로써 후견 청구에 검사나 지방자치단체의 장의 역할이 미미한 현실에서 가정법원이 공익적 입장에서 본인의 보호와 복리를 위하여 개입할 수 있는 여지를 남겨둘 수 있다.[25]

V. 성년후견 개시 심판의 효력

1. 성년후견의 개시

가. 청구취지에 기속되는지 여부

가정법원이 본인의 상태를 고려하여 성년후견을 청구한 경우에 청구취지 변경 없이 한정후견 개시의 심판을 할 수 있는지 또는 한정후견을 청구한 경우에 청구취지 없이 성년후견 개시의 심판을 할 수 있는지 여부, 즉 가정법원이 청구인의 청구취지에 기속되는지 여부이다.

종전에 금치산선고 또는 한정치산선고를 청구한 경우에 법원이 둘 중의 어느 하나를 선택할 수 있다는 것이 통설이었다. 마찬가지로 성년후견과 한정후견은 정신적 제약의 정도 차이에 지나지 않고, 비송사건의 특성상 절차의 개시나 종료가 아닌 심판의 내용에 대해서는 처분권주의가 적용되지 않는다는 사정을 들어

25 법무부가 2018. 3. 2. 국회에 제출한 가사소송법 전부 개정법률안도 이를 반영하여 성년후견·한정후견개시의 청구 및 특정후견 청구의 취하에 가정법원의 허가를 얻도록 되어 있다(가사소송법 개정법률안 제62조).

의사의 감정결과에 비추어 요건을 충족하고 본인도 이를 희망한다면 가능하다고 보는 견해가 다수설이다.[26] 같은 법리에 따라 가정법원은 성년후견이나 한정후견 청구가 있더라도 본인의 상태 및 처리할 사무의 성격상 특정후견의 심판을 할 수 있다고 보지만, 반대로 특정후견 청구에 대해 성년후견이나 한정후견 개시 심판은 할 수 없다고 본다. 이에 대하여 필요성과 보충성을 이념으로 한 성년후견제도의 취지를 살리려면 후견개시 여부의 결정과 후견 유형의 선택에 있어서 본인의 의사가 가장 존중되어야 하므로, 원칙적으로 당사자가 청구하는 유형의 후견심판만이 가능하다는 견해가 있다.[27]

서울가정법원에서는 원칙적으로 청구취지 변경 없이는 이를 인정하지 않고 있고, 특히 한정후견 또는 특정후견 개시 심판의 경우에는 제한되는 행위를 개별적으로 정해야 하므로 당사자에게 이에 대한 조사 및 의견진술 기회를 주고 있다.[28]

나. 성년후견 개시 심판을 하면서 가정법원이 성년후견 기간을 정할 수 있는지 문제된다. 프랑스 민법, 독일 민법 및 UN 장애인권리협약에는 명시적 규정이 있고, 특정후견에 관한 민법 제14조의2 제3항에도 규정이 있는 반면 성년후견에 관하여는 별도의 규정이 없으며, 성년후견 자체가 사무처리능력의 '지속적 결여'를 이유로 개시되는 이상 기간을 정할 수는 없다고 해석된다.

2. 성년후견인의 선임

가. 가정법원은 성년후견 개시 심판을 할 경우에는 성년후견인 선임 청구가 없더라도 개시 심판과 동시에 직권으로 성년후견인을 선임해야 한다(민법 제929조, 제936조 제1항). 직권으로 선임한다는 것은 지정이나 신청이 없더라도 피성년후견인의 상황과 수요에 맞는 성년후견인을 선임해야 한다는 의미일 뿐, 이해관계인 등의 의사나 희망을 배제하거나 무시하라는 취지가 아니다.

종전 민법은 한정치산·금치산이 선고되면 후견인은 민법 제933조 내지 제

26 곽윤직/김재형, 민법총칙(제9판), 박영사(2013), 127-128; 김주수/김상용, 민법총칙, 삼영사(2013), 133-134; 김형석, "성년후견·한정후견의 개시심판과 특정후견의 심판", 법학 55권 1호(통권 170호)(2014), 458; 송덕수, 민법총칙(제3판), 박영사(2016), 207; 양창수/김재형, 계약법[민법 I](제2판), 박영사, 632; 윤진수/현소혜, 2013년 민법개정해설, 법무부(2013), 30-31.

27 김성우, 성년후견실무, 박영사(2018), 51-52.

28 후견사건 처리 실무, 법원행정처(2015), 25.

935조에 따라 배우자나 혈족 중에서 순위에 따라 정해지고, 이에 해당하는 사람이 없는 경우 법원이 선임하도록 되어 있었다. 그러나 이러한 후견인 규정으로 인하여 본인과 근친의 이해관계가 대립하는 많은 경우에 본인으로서는 금치산이나 한정치산을 이용하기 어려웠다. 더욱이 본인이 고령인 경우 본법 제934조에 따라 후견인이 되는 배우자 역시 고령인 경우가 많아 후견의 실효성에도 의문이 있었다. 이를 고려하여 현행 민법에서는 위 제933조 내지 제935조가 삭제되었다.

반면 현행 민법 하에서 가정법원은 피성년후견인의 복리를 위하여 적절한 재량으로 성년후견인을 임명한다. 이때 가장 중요한 기준은 피성년후견인의 의사이고, 그 밖에 피성년후견인의 건강, 생활관계, 재산상황, 성년후견인이 될 사람의 직업과 경험, 피성년후견인과의 이해관계의 유무 등도 고려하여야 한다(본법 제936조 제4항). 피성년후견인의 의사가 누구에 의해 형성된 것인지, 번복하지 않을 지속적인 의사인지 등 의사표현의 진정성과 지속성에 유의하여야 한다.

또한 가정법원은 성년후견인이 될 사람의 진술을 들어야 한다(가사소송법 제45조의3 제1항 제3호).

나. 성년후견인의 수와 자격

1) 미성년후견인의 수는 종전 민법과 마찬가지로 한 명인 반면, 성년후견인은 피성년후견인의 신상과 재산에 관한 모든 사정을 고려하여 여러 명을 둘 수 있다(본법 제930조 제1항, 제2항 참조). 성년후견인이 선임된 경우에도 필요하다고 인정하면 직권 또는 피성년후견인, 친족, 이해관계인, 검사, 지방자치단체의 장이나 성년후견인의 청구에 의하여 추가로 성년후견인을 선임할 수 있다. 실무에서는 성년이 된 발달장애인의 부모가 공동친권의 연장으로 공동으로 성년후견인이 되고자 하는 경우, 친족 사이에 다툼이 있어 재산관리사무와 신상보호사무를 나누어 다른 후견인에게 담당하도록 하는 경우에 복수의 성년후견인을 선임하고 있다.

성년후견인이 여러 명인 경우 가정법원은 직권으로 그들의 권한 행사 범위를 정하거나 변경 또는 취소할 수 있다(본법 제949조의2 제1항, 제2항). 만일 가정법원이 그러한 심판을 하지 않는 경우 법률관계는 민법의 일반원칙에 따라 각자 독립하여 그 직무 전반에 대한 권한을 행사할 수 있다고 해석함이 타당하다(본법 제119조).

성년후견인 여러 명이 공동으로 권한을 행사해야 하는 경우 피성년후견인의 이익이 침해될 우려가 있음에도 어느 성년후견인이 협력하지 아니할 때에는 가정법원은 피성년후견인, 성년후견인, 후견감독인 또는 이해관계인의 청구에 의하여 그 성년후견인의 의사표시를 갈음하는 재판을 할 수 있다(본법 제949조의2 제3항). 이와 같은 의사표시를 갈음하는 심판청구가 있으면, 가정법원은 적정한 피후견인 보호와 후견사무 수행 여부에 관하여 즉시 후견감독 조사를 실시하고, 조사 결과에 따라 그 성년후견인의 권한 범위를 변경하거나 그 성견후견인을 변경할 수 있고, 또는 복수 후견인 사이의 권한 행사 방법을 변경·취소할 수도 있다.

2) 자연인뿐만 아니라 법인도 성년후견인이 되어 후견임무를 수행할 수 있다(본법 제930조 제3항). 발달장애인과 같이 장기간 일관성 있는 후견서비스 제공이 필요한 경우, 후견인의 주관적 사정과 무관하게 공백 없는 후견이 필요한 경우, 피후견인의 재산이 많고 여러 곳에 산재한 경우에는 유리할 수 있다. 반면, 피후견인과의 신뢰관계 형성에 어려움이 있을 수 있고, 중요한 의사결정에 있어 신속하고 유연하게 대응하지 못할 가능성이 있다.[29]

독일 민법은 자연인을 법인에 우선하여 후견인으로 선임하도록 규정하고 있다(제1900조, 제1908조의b 제5항). 그러나 우리 민법에는 그러한 명문의 규정이 없으므로, 독일 민법과 같이 적절한 자연인 후견인이 없는 경우에만 법인 후견인을 선임하여야 한다고 보충적으로 해석할 이유는 없다. 실무도 제한 없이 운용되고 있다.

다. 성년후견인의 결격사유

① 미성년자, ② 피성년후견인, 피한정후견인, 피특정후견인, 피임의후견인, ③ 회생절차개시결정 또는 파산선고를 받은 자, ④ 자격정지 이상의 형의 선고를 받고 그 형기 중에 있는 사람, ⑤ 법원에서 해임된 법정대리인, ⑥ 법원에서 해임된 성년후견인, 한정후견인, 특정후견인, 임의후견인과 그 감독인, ⑦ 행방이 불분명한 사람, ⑧ 피후견인을 상대로 소송을 하였거나 하고 있는 사람,[30] ⑨ 제8호에서 정한 사람의 배우자와 직계혈족(피후견인의 직계비속 제외)[31]은 후견인이 되지

29 김성우, "한국 후견제도의 운영과 가정법원의 역할", 법조 722호(2017), 134-135.

30 제8호에서 규정한 소송은 재산 및 신분에 관한 소송, 본안 및 보전, 집행소송 등이 모두 포함된다. 다만 형식적으로 소송에서 반대 당사자의 관계에 있다는 이유만으로 결격이 되는 것은 아니고, 실질적으로 이해관계가 대립되는 경우에만 결격이 된다고 해석하여야 한다. 김성우, 성년후견실무, 박영사(2018), 37.

31 2011. 3. 7. 개정된 민법에서는 제937조 제8호에서 "피후견인을 상대로 소송을 하였거나 하고 있는 자 또는 그 배우자와 직계혈족"이라고만 규정하고 있었으나 이에 따라 피후견인의 배우자가 피후견인을 상대로 이혼 청구 소송 등을 하였거나 하고 있다는 이유만으로 피후견인의 직계비속은 후견인이 될 수 없게 되어 구체적 타당성에 맞지 않는 측면이 생겼고, 2016. 12. 20. 제8호를 개정하여 위와 같이 제8호, 제9호로 나누고 제9호에서 배우자와 직계혈족을 따로 규정하면서 피후견인의 직계비속을 제외함으로써 위와 같은 불합리를 제거하였다.

못한다(본법 제937조). 이러한 결격사유가 있는 사람이 성년후견인으로 선임된 가정법원의 심판이 무효가 되는지, 또한 결격사유가 없는 사람이 후견인으로 선임된 후에 결격사유가 발생하면 별도의 심판 없이 당연히 후견인의 지위를 잃는지 문제된다. 다수설[32]은 이를 긍정한다. 반면에 그렇게 해석하면 피후견인의 보호에 공백이 발생할 우려가 높고 공시되지 않은 후견인의 결격사유 때문에 거래의 안전이 위협받을 수 있다고 보아 결격사유를 이유로 한 후견인 변경 등의 심판이 있어야만 후견인 자격과 권한을 상실한다는 견해도 있다.[33] 성년후견 개시의 심판에서 청구인과 사건본인은 소송상대방의 지위에 있지 않기 때문에 청구인은 위 ⑧의 후견인 결격자가 되지 않는다.[34]

라. 성년후견인은 정당한 사유가 있는 경우 가정법원의 허가를 받아 사임할 수 있다(본법 제939조 전문). 이 경우 후견인은 사임청구와 동시에 가정법원에 새로운 후견인의 선임을 청구하여야 한다(본법 제939조 후문).

마. 성년후견인의 임무와 권한은 본법 제10조의 관련 주석 참조.

3. 성년후견감독인의 선임

가. 성년후견감독인은 현행 민법에 새로이 도입된 후견감독기관이다. 종전 민법에서는 후견인의 감독기관으로 친족회를 두었다. 친족회는 일본을 거쳐 프랑스로부터 계수된 후견감독기관으로 관습상 친족단체와는 무관한 법률상의 상설기관[35]이었으나, 실제로는 후견이 개시되는 경우에도 후견인의 감독이라는 중요한 기능을 수행하지 못한다는 비판을 많이 받아 현행 민법은 이를 폐지하였다.

나. 성년후견감독인은 필수기관이 아니라 임의기관이다(본법 제940조의4 제1항).[36] 보수 지급에 따른 비용이 발생하고, 전문가 후견인에 의한 성년후견이 정착

32 주해 친족법(제2권), 박영사(2015), 1222; 김주수/김상용, 친족·상속법(제14판), 법문사, 494-495.
33 김성우, 성년후견실무, 박영사(2018), 56-57.
34 성년후견 등 사건은 '라'류 가사비송사건으로서 상대방이 없는 사건으로 분류된다.
35 제965조(무능력자를 위한 상설친족회) ① 미성년자, 금치산자 또는 한정치산자를 위한 친족회는 그 무능력의 사유가 종료할 때까지 계속한다.
제962조(친권자의 친족회원지정) 후견인을 지정할 수 있는 친권자는 미성년자의 친족회원을 지정할 수 있다.
36 이 부분에 관하여 민법개정위원회 심의과정에서 의견의 대립이 있었고, 개정안에 대한 다수의 비판은 이 점에 집중되어 있다. 김상용, "성년후견법안의 문제점", 법률신문 3787호(2009. 10.), 법률신문사; 박인환, "새로운 성년후견제 도입을 위한 민법개정안의 검토", 가족법연구 제24권 제1호(2010), 50.

되면 가정법원이 성년후견인을 선임하면서 감독의 필요성을 결정하는 것이 바람직하기 때문이다. 성년후견감독인이 선임되지 않은 경우에도 피후견인, 친족, 이해관계인 등은 가정법원에 후견사무에 관한 감독을 촉구함으로써(본법 제954조) 성년후견인을 견제할 수 있다. 실무에서는 대부분 전문가 후견인 후보자 중에서 후견감독인이 선임된다.

다. 이미 선임되어 있던 성년후견감독인이 사망, 결격, 그 밖의 사유로 없게 된 경우에도 성년후견감독인은 임의기관이므로 가정법원은 피후견인의 복리나 보호를 위하여 재선임의 필요성이 있는 경우에만 선임한다고 봄이 타당하다.[37]

라. 후견감독인의 선임 기준과 결격사유, 수 및 법인 후견감독인의 선임, 추가선임, 사임과 변경에 관하여는 후견인 선임에 관한 규정이 그대로 준용된다. 다만 후견인의 가족은 후견감독인이 될 수 없다(본법 제940조의5).

4. 성년후견 개시 심판의 고지, 불복 및 등기

가. 성년후견 개시에 관한 심판은 당사자와 절차에 참가한 이해관계인은 물론, 성년후견인이 될 자 및 후견감독인이 될 자에게도 고지하여야 한다(가사소송규칙 제25조, 제35조 제1항).

고지 대상이 되는 "절차에 참가한 이해관계인"은 법문상 참가명령이나 참가허가결정에 의하여 참가인이 된 이해관계인(가사소송법 제37조, 가사소송규칙 제21조, 제22조)을 말한다. 다만 실무에서는 항고권을 보장하기 위하여 심문기일에 출석한 이해관계인 또는 후견심판에 대하여 의견을 제시했거나 가사조사 대상이 된 이해관계인이 항고권자(가사소송규칙 제36조 제1항)가 되는 경우 심판을 고지하고 있다.

후견개시의 심판은 지체 없이 사건본인에게 통지되어야 한다(가사소송규칙 제35조 제2항).

나. 성년후견 개시 심판에 대하여는 본법 제9조 제1항의 성년후견 개시 심판 청구권자 및 본법 제959조의20 제1항의 임의후견인, 임의후견감독인이 즉시항고할 수 있다(가사소송규칙 제36조 제1항 제1의 가호). 다만 성년후견 개시 심판과 동시에 후견인 또는 후견감독인 선임 심판이 있는 경우에 선임 심판에 대해서만 독립하여 불복할 수는 없다. 후견감독인의 선임심판에 대하여는 즉시항고를 할 수 없

37 김성우, 성년후견실무, 박영사(2018), 61; 주해친족법(제2권), 박영사(2015), 1250.

다. 불복이 있는 경우에는 후견감독인 변경심판을 해야 한다. 이 변경심판에 대하여는 기존의 후견감독인이 즉시항고를 할 수 있다(가사소송규칙 제36조 제1항 제1호 나목 등).

즉시항고 기간은 즉시항고권자 또는 청구인이 심판을 고지받은 날부터 14일이다(가사소송법 제43조 제5항, 가사소송규칙 제31조). 성년후견의 종료청구 기각 심판에 대하여는 가사소송규칙 제27조 및 본법 제11조에 규정한 자가 즉시항고할 수 있다(가사소송규칙 제36조 제2항 제1호).

성년후견 개시의 심판에 대하여 즉시항고를 하면 그와 함께 이루어진 성년후견인 또는 성년후견감독인 선임, 성년후견의 범위에 관한 심판 등이 모두 항고심의 판단 범위에 포함된다.

다. 성년후견 개시의 심판은 즉시항고를 할 수 있는 심판이므로, 즉시항고기간의 도과 또는 대법원의 심판으로 확정되어야 효력이 있다(가사소송법 제40조 단서, 제43조, 가사소송규칙 제36조).

라. 성년후견 개시 심판이 확정되면 가정법원은 지체 없이 사건본인에 대한 사항과 성년후견사항(후견 개시 및 종료에 관한 사항, 후견인에 관한 사항, 후견감독인에 관한 사항)을 후견등기부에 등기할 것을 직권으로 촉탁하여야 한다(가사소송법 제9조, 가사소송규칙 제5조의2 제1항 제1의 가호). 당사자가 이를 위해 따로 등기신청을 할 필요는 없다.

제 10 조 [피성년후견인의 행위와 취소]

① 피성년후견인의 법률행위는 취소할 수 있다.
② 제1항에도 불구하고 가정법원은 취소할 수 없는 피성년후견인의 법률행위의 범위를 정할 수 있다.
③ 가정법원은 본인, 배우자, 4촌 이내의 친족, 성년후견인, 성년후견감독인, 검사 또는 지방자치단체의 장의 청구에 의하여 제2항의 범위를 변경할 수 있다.
④ 제1항에도 불구하고 일용품의 구입 등 일상생활에 필요하고 그 대가가 과도하지 아니한 법률행위는 성년후견인이 취소할 수 없다. [전문개정 2011.3.7.]

[관련조문] 민법 제9조, 제13조, 제127조, 제135조, 제140조, 제141조, 제179조, 제180조, 제681조, 제690조, 제717조, 제802조, 제808조, 제827조, 제835조, 제856조, 제873조, 제902조, 제920조, 제921조, 제938조, 제940조, 제941조, 제942조, 제947조, 제947조의2, 제949조, 제949조의3, 제950조, 제954조, 제956조, 제1061조, 제1062조, 제1063조, 민사소송법 제55조, 제62조, 장기 등 이식에 관한 법률 제11조

[참고문헌] 구상엽, 장애인을 위한 성년후견제도, 경인문화사(2015); 김성우, 성년후견실무, 박영사(2018); 김주수/김상용, 친족·상속법(제14판), 법문사; 김홍엽, 민사소송법(제6판), 박영사(2016); 성년후견제도 해설, 법원행정처(2013); 주해친족법(제2권), 박영사(2015); 윤진수/현소혜, 2013년 개정민법해설, 법무부(2013); 이현곤, 성년후견제도의 이해와 활용-치매노인과 발달장애인의 신상보호와 재산관리-, 고시계사(2018); 후견사건 처리 실무, 법원행정처(2015); 김성우, "한국 후견제도의 운영과 가정법원의 역할", 법조 722호(2017. 4.); 김원태, "가사소송에서의 소송능력", 민사소송 18권 1호(2015); 김형석, "민법 개정안에 따른 성년후견법제", 가족법연구 24권 2호(2010); 김형석, "성년후견·한정후견의 개시심판과 특정후견의 심판", 법학 55권 1호(통권 170호, 2014); 김형석, "피한정후견인의 행위능력", 법학연구 27권 1호(2016. 6.); 김형석, "피후견인의 신상결정과 그 대행", 가족법연구 28권 2호(2014); 박인환, "새로운 성년후견제 도입을 위한 민법개정안의 검토", 가족법연구 24권 1호(2010); 배인구, "성년후견제도에 관한 실무상 쟁점-피성년후견인 등의 행위능력과 소송능력을 중심으로", 민사재판의 제문제 22권(2013. 12.); 신권철, "혼인 및 이혼절차에서의 능력과 후견", 민사소송 18권 1호(2015); 이시윤, "성년후견제도의 후속 개정 본법", 법률신문 4483호(2017. 2.); 정선주, "행위능력제도의 변화에 따른 소송능력의 재검토", 민사소송 18권 1호(2015); 제철웅·오시영·백승흠·박주영, "행위무능력제도의 재검토", 법무부(2007); 제철웅, "요보호성인의 인권존중의 관점에서 본 새로운 성년후견제도:그 특징, 문제점 그리고 개선방안", 민사법학 56호(2011)

Ⅰ. 본조의 의의

본조는 제1항에서 성년후견이 개시되면 피성년후견인의 행위능력은 원칙적으로 소멸하고, 피성년후견인은 성년후견인의 대리를 통해서 법률행위를 해야 하며 단독으로 행한 법률행위는 취소의 대상이 된다는 것을 규정한 후, 제2항 이하에서 예외적으로 피성년후견인이 행위능력을 가지는 경우를 규정하고 있다. 피성년후견인을 보호하면서도 피성년후견인의 자기결정권 존중 내지 잔존능력의 활용이라는 성년후견제도의 이념을 조화한 규정이라 할 수 있다.

Ⅱ. 원칙

1. 법률행위의 효력

성년후견인은 피성년후견인의 법률행위를 원칙적으로 취소할 수 있다(본법 제10조 제1항). 피성년후견인이 보호기관인 후견인의 동의 없이 한 행위는 물론이며, 동의를 받고 한 행위라도 취소의 대상이 된다. 즉, 성년후견이 개시되면 피성년후견인은 원칙적으로 법정대리인인 성년후견인의 대리행위를 통해서만 법률행위를 하여야 한다. 법률행위를 취소할 수 있는 자는 피성년후견인 자신과 그의 법정대리인인 성년후견인이다(본법 제140조).

제한능력자는 취소된 법률행위로 인하여 받은 이익이 현존하는 한도에서 상환할 책임이 있다(본법 제141조 단서).

2. 기타

가. 성년후견의 개시로 피성년후견인의 대리권이 소멸되고(본법 제127조 제2호), 수임인이면 위임계약이 종료되며(본법 제690조), 조합원은 조합에서 탈퇴된다(본법 제717조 제3호).

나. 무권대리인이 제한능력자일 때에는 계약이행책임 또는 손해배상책임을 부담하지 아니한다(본법 제135조 제2항, 제1항).

다. 소멸시효의 기간만료 전 6개월 내에 피성년후견인에게 성년후견인이 없는 경우에는 그가 능력자가 되거나 성년후견인이 취임한 때부터 6개월 내에는 시효가 완성되지 아니하고(본법 제179조), 재산을 관리하는 아버지, 어머니 또는 후견인에 대한 제한능력자의 권리는 그가 능력자가 되거나 후임 법정대리인이 취임한 때부터 6개월 내에는 소멸시효가 완성되지 아니한다(본법 제180조 제1항).

Ⅲ. 예외

민법은 종전의 금치산자와 달리 피성년후견인이 법률행위를 유효하게 할 수 있는 예외를 두고 있다.

1. 가정법원이 취소할 수 없도록 정한 법률행위

가정법원은 성년후견인이 취소할 수 없는 법률행위의 범위를 정할 수 있다(본법 제10조 제2항). 또한 가정법원은 본인과 성년후견인 등을 포함한 일정한 자의 청구에 의하여 위 범위를 변경할 수 있다(본법 제10조 제3항). 이러한 사항은 성년후견 개시의 심판문에 범위가 특정되고, 후견등기부에 등재된다.

일상적 법률행위의 경우와 별도로 가정법원은 취소할 수 없는 피성년후견인의 법률행위를 정할 수 있고, 그 범위 내에서 피성년후견인은 성년후견인의 동의 없이 유효한 법률행위를 할 수 있다. 가정법원이 성년후견 개시의 심판을 하면서 피성년후견인의 개별적 필요에 탄력적으로 대응할 수 있게 하고, 잔존능력의 활용이라는 성년후견제도의 도입 취지에도 부합하도록 한 것이다.

그러나 실무에서 성년후견인의 취소권 범위에 제한을 두는 경우는 거의 없다. 피성년후견인의 능력을 제한하려는 목적보다는 실질적으로 보호하기 위한 목적으로 이해되고 있다.[1]

2. 일상적 법률행위

일용품의 구입 등 일상생활에 필요하고 그 대가가 과도하지 아니한 법률행위는 성년후견인이 취소할 수 없다(본법 제10조 제4항). 일상생활을 영위하기 위한 거래는 큰 고려가 필요하지 않을 뿐 아니라 대가가 과도하지 않은 한 피성년후견인에게 불이익하지 않다. 그러므로 피성년후견인의 자기결정권과 잔존능력을 존중하고 보편화의 이념을 실현하는 한편 거래의 안전을 보장하기 위한

1 김성우, 성년후견실무, 박영사(2018), 83.

것이다.[2] 독일 민법과 일본 민법도 비슷한 취지의 규정을 두고 있다.

일상적 법률행위에 해당하는지 여부는 피성년후견인의 직업, 자산, 당해 행위의 목적과 규모 등 제반 사정을 종합하여 판단하여야 하나, 그 범위가 반드시 본법 제827조에 정한 '일상가사'와 일치하지는 않는다.[3] 식료품 구입이나 간단한 공과금 납부, 식당이나 대중교통의 이용, 적정한 가격의 소지품 구입 등은 이에 해당할 가능성이 높다.

3. 신상결정권과 가족법상 행위능력

가. 피성년후견인은 자신의 신상에 관하여 그의 상태가 허락하는 범위 내에서 단독으로 결정하는 것이 원칙이다(본법 제947조의2 제1항). 주거의 결정, 의학적 치료의 선택과 동의, 요양기관 선택, 면접교섭 등이 그 예이다. 이러한 결정은 법률행위가 아니므로 성년후견인이 대리할 수도 없을 뿐 아니라, 설령 가능하다 하더라도 피성년후견인의 의사가 결정적 의미를 가지는 일신전속적인 결정이기 때문이다. 따라서 성년후견인은 가정법원으로부터 범위를 정하여 결정권을 부여받은 범위(본법 제938조 제3항) 내에서 신상결정 대행권을 가질 뿐 성년후견인의 포괄적인 법률행위 대리권에 근거하여 대리할 수는 없다.[4] 다만 의료행위의 경우 일정한 요건 하에 예외가 인정된다(본법 제947조의2 제3항, 제4항).

나. 피성년후견인은 약혼(본법 제802조), 혼인(본법 제808조 제2항), 협의상 이혼(본법 제835조), 인지(본법 제856조), 입양(본법 제873조 제1항), 협의상 파양(본법 제902조) 등 일부 가족법상 행위는 일정한 요건 하에 단독으로 또는 성년후견인의 동의를 얻어 독자적으로 할 수 있다.

4. 유언능력

피성년후견인은 만 17세에 달한 경우, 의사능력이 회복된 때에 단독으로 유언을 할 수 있다(본법 제1061조, 제1062조, 제1063조).

2 곽윤직/김재형, 민법총칙(제9판), 박영사(2013), 124; 김형석, "민법 개정안에 따른 성년후견법제", 가족법연구 24권 2호(2010), 117.; 박인환, "새로운 성년후견제 도입을 위한 민법개정안의 검토", 가족법연구 24권 1호(2010), 46-47.

3 박인환, "새로운 성년후견제 도입을 위한 민법개정안의 검토", 가족법연구 24권 1호(2010), 46-47; 윤진수/현소혜, 2013년 개정민법해설, 법무부(2013), 36.

4 후견사건 처리 실무, 법원행정처(2015), 62.

Ⅳ. 피성년후견인의 소송능력

1. 법정대리인

피성년후견인은 소송행위 역시 법정대리인에 의해서만 할 수 있다(본법 제55조 제1항).

예외적으로 가정법원이 정한 취소할 수 없는 법률행위(본법 제10조 제2항)나 일상적 법률행위(본법 제10조 제4항)에 대하여 피성년후견인이 소송능력을 가지는지 여부가 문제된다.

2016. 2. 3. 민사소송법이 개정되어 본법 제10조 제2항의 경우에는 피성년후견인이 단독으로 소송행위를 할 수 있게 되었다(민사소송법 제55조 제1항 제2호).

본법 제10조 제4항의 경우에는 견해의 대립이 있다. 입법자가 정신적 제약이 강한 피성년후견인에게 일용품 거래와 같은 법률행위를 할 수 있도록 한 것은 이로부터 피성년후견인에게 발생할 위험은 상대적으로 경미한 반면 피성년후견인에게 부여되는 자유 및 복리가 크다고 보았기 때문이므로 민법이 피성년후견인에게 행위능력을 인정한 범위 내에서 소송능력이 인정되어야 한다는 견해가 있다.[5] 이와 달리 소송행위와 법률행위는 본질적으로 다른 것이므로 별개의 관점에서 보아야 하며, 본법이 개정되면서 본법 제10조 제4항을 배제하는 입법적 결단이 있었다고 보이고, 본법 제10조 제2항과 달리 후견등기부 등을 통하여 획일적으로 공시할 수 없으므로, 피성년후견인이 단독으로 소송행위를 할 수 없다고 보는 견해가 있다.[6]

2. 특별대리인

피성년후견인이 당사자인 경우 그 친족, 이해관계인(피성년후견인을 상대로 소송행위를 하려는 사람을 포함한다), 대리권 없는 성년후견인, 지방자치단체의 장 또는 검사[7]는 ① 법정대리인이 없거나 법정대리인에게 소송에 관한 대리권이 없는 경우, ② 법정대리인이 사실상 또는 법률상 장애로 대리권을 행사할 수 없는 경

5 김형석, "피성년후견인과 피한정후견인의 소송능력", 가족법연구 27권 1호(2013), 63-66.

6 김홍엽, 민사소송법(제6판), 박영사(2016), 173; 정선주, "행위능력제도의 변화에 따른 소송능력의 재검토", 민사소송 18권 1호(2015), 64.

7 종전 민법과 달리 신청권자를 친족, 이해관계인, 검사에서 대리권 없는 성년후견인, 지방자치단체의 장으로 확대하였다.

우, ③ 법정대리인의 불성실하거나 미숙한 대리권 행사로 소송절차의 진행이 현저하게 방해받는 경우[8]에 소송절차가 지연됨으로써 손해를 볼 염려가 있다는 것을 소명하여 수소법원에 특별대리인을 선임하여 주도록 신청할 수 있다(민사소송법 제62조 제1항). 이 경우 수소법원이 선임한 특별대리인은 대리권 있는 후견인과 같은 권한이 있고, 특별대리인의 대리권 범위에서 법정대리인의 권한은 정지된다(민사소송법 제62조 제3항).

V. 성년후견인의 직무와 권한

1. 기본적인 직무

가. 성년후견인은 피성년후견인의 복리에 반하지 아니하는 한 피성년후견인의 의사를 존중하여야 한다(본법 제947조). 또 피성년후견인의 재산관리와 신상보호를 할 때 여러 사정을 고려하여 그의 복리에 부합하는 방법으로 사무를 처리하고, 선량한 관리자의 주의로써 후견사무를 처리하여야 한다(본법 제956조, 제681조).

성년후견인이 이러한 복리고려의무와 의사존중의무에 위반하여 사무를 처리하는 경우 후견인 변경 사유가 될 수 있다(본법 제940조). 나아가 가정법원은 직권 또는 청구에 의하여 후견인에게 재산관리 등 후견임무 수행에 관하여 필요한 처분을 함으로써 개입할 수 있다(본법 제954조).

나. 이러한 피성년후견인의 의사존중은 신상결정에서도 일관되어야 한다.

2011. 3. 7. 법률 제10429호로 개정된 민법(현행 민법) 제947조의2 제1항은 "피성년후견인은 자신의 신상에 관하여 그의 상태가 허락하는 범위에서 단독으로 결정한다."고 규정하고 있고, 이러한 신상결정은 주거 결정, 의학적 치료의 선택과 동의, 요양기관 선택 등 피성년후견인의 복리에 중요한 결정들을 포괄하며, 의사능력을 전제한 법률행위가 아니다. 이때 피성년후견인의 신상결정이 객관적으로 판단된 그의 복리에 반하더라도 성년후견인은 피성년후견인의 신상결정이 확고한 이상 이를 존중하고 그에 따라야 한다(본법 제947조).[9]

다. 성년후견인은 선임된 이후 지체 없이 피후견인의 재산을 조사하여 2개월 내에 그 목록을 작성하여야 한다(본법 제941조).

8 개정 본법에서 ③의 요건이 추가되어 특별대리인 선임 범위가 확대되었다.
9 김형석, "피후견인의 신상결정과 그 대행", 가족법연구 28권 2호(2014), 248.

이 때 후견인과 피후견인 사이에 채권·채무의 관계가 있고 후견감독인이 있는 경우에는 재산목록의 작성을 완료하기 전에 그 내용을 후견감독인에게 제시하여야 한다. 후견인이 피후견인에 대한 채권이 있음을 알고도 제시를 게을리한 경우에는 그 채권을 포기한 것으로 본다(본법 제942조).

2. 재산관리와 법정대리에 관한 권한

가. 법정대리권

1) 성년후견인은 피성년후견인의 법정대리인이 되고(본법 제938조 제1항), 피성년후견인의 재산을 관리하고 그 재산에 관한 법률행위에 대하여 피성년후견인을 대리한다(본법 제949조 제1항).

2) 취소할 수 없는 법률행위에 대해서도 성년후견인이 대리권을 행사할 수 있는지에 대해서 민법상 명확한 규정은 없다. 성년후견인에게 포괄적 대리권을 인정하기 때문에 성년후견인의 대리권을 특별히 제한하지 않는 한 성년후견인은 피성년후견인이 단독으로 할 수 있는 행위에 대하여도 대리권을 갖는다는 견해가 있을 수 있다. 이에 대하여 피성년후견인이 독자적으로 사무처리를 할 수 있는 영역에 성년후견인이 대리인으로서 관여하는 것은 성년후견제도의 지도이념인 필요성·보충성의 원칙에 반하는 것이므로, 피성년후견인의 행위능력이 인정되는 법률행위에 대하여는 성년후견인의 법정대리권이 배제된다고 보아야 한다는 견해도 있다.[10]

취소할 수 없는 법률행위 중 일상적 법률행위에 관하여는 피성년후견인의 이익을 위해서라도 성년후견인이 법정대리권을 가지는 것으로 봄이 타당하다. 그 외에 가정법원이 정한 취소할 수 없는 법률행위에 대하여는 민법이 성년후견인의 법정대리권의 범위를 달리 정할 수 있다고 규정하고 있는 점에 비추어 법정대리권이 당연히 배제된다고 볼 수 있을지 의문이다.

3) 종전 금치산자의 후견인은 가정법원이나 친족회의 동의나 관여가 필요한 사항 이외에는 대리권의 범위에 특별한 제한이 없었다. 그러나 현행 민법은 피성년후견인의 잔존능력을 활용할 수 있도록 가정법원이 성년후견인의 대리권 범위를 탄력적으로 정할 수 있게 하였다(본법 제938조 제2항, 제3항, 제4항).[11] 그밖에도

10 구상엽, 장애인을 위한 성년후견제도, 경인문화사(2015), 84-85.
11 성년후견제도 해설, 법원행정처(2013), 24.

피후견인의 행위를 목적으로 하는 채무를 부담할 경우, 이해상반행위 등에 관하여 법률상 몇 가지 제한이 있다(본법 제920조 단서, 제921조, 제938조 제3항, 제4항, 제947조의2 제3항 내지 제5항, 제949조 제2항, 제949조의3 본문). 후견인이 피후견인을 대리하여 일정한 재산행위를 하려면 후견감독인의 동의를 얻어야 하고, 동의 없이 하였을 때에는 피후견인 또는 후견감독인이 그 행위를 취소할 수 있음은(본법 제950조 제1항, 제3항) 미성년후견인과 관련하여 설명한 바와 같다.

나. 법률행위 취소권

성년후견인은 피성년후견인의 법률행위에 대하여 원칙적으로 취소권을 가진다(본법 제10조 제1항, 제140조).

3. 신상보호에 관한 권한

가. 신상에 관한 자기결정권과 보충성

신상에 관한 결정권이란 피후견인이 자신의 신체, 행동의 자유, 거주이전, 치료 여부의 결정, 통신물의 열람 등에 관한 사항을 선택할 권리를 말한다. 민법은 피성년후견인이 자신의 신상에 관하여 그의 상태가 허락하는 범위에서 단독으로 결정한다(본법 제947조의2 제1항)고 규정하여 후견이 개시된 경우에도 법률행위가 아닌 신상에 관한 사항은 피후견인 스스로 결정하도록 규정하고 있다.

다만 가정법원은 성년후견인이 피성년후견인의 신상에 관하여 결정할 수 있는 권한의 범위를 정할 수 있고(본법 제938조 제3항), 일정한 자의 청구에 의하여 그 범위를 변경할 수 있다(본법 제938조 제4항)고 규정하여 가정법원이 보충적으로 성년후견인에게 피성년후견인의 신상결정 대행권한을 부여할 수 있도록 하였다. 가정법원은 성년후견인에게 신상결정에 대한 대행권을 부여할 때에는 그러한 신상결정이 효율적으로 기능할 수 있도록 그에 상응하는 재산관리에 관한 법정대리권도 함께 가질 수 있도록 배려해야 한다.[12]

나. 가족법상 행위에 대한 동의권

성년후견인은 피성년후견인이 행하는 약혼(본법 제802조), 혼인(본법 제808조 제2항), 협의상 이혼(본법 제835조), 인지(본법 제856조), 입양(본법 제873조 제1항), 협의상 파양(본법 제902조) 등 일부 가족법상 행위에 대하여 동의권이 있다.

12 김형석, "피후견인의 신상결정과 그 대행", 가족법연구 28권 2호(2014), 250.

다. 법원의 허가사항

성년후견인의 신상결정 대행결정 중 특히 중요한 결정에 대하여 가정법원의 허가를 받도록 하는 규정이 현행 민법에 도입되었다. 이러한 허가 청구는 처분행위가 완료되기 전에 하여야 할 것이다.[13]

1) 치료 목적 격리에 대한 동의

치료 등 목적으로 피성년후견인을 정신병원 등에 격리하려는 경우에는 가정법원의 허가를 받아야 한다(본법 제947조의2 제2항).[14] 이에 위반하는 경우 위법한 감금행위가 된다.

이를 유추하여 이미 정신병원 등의 장소에 격리된 상태에서 성년후견이 개시된 때에도 성년후견인은 가정법원의 허가를 받아야 한다고 해석할 것이다.[15]

2) 의학적 침습에 대한 동의

피성년후견인의 신체를 침해하는 의료행위에 대하여 피성년후견인이 동의할 수 없는 경우에는 성년후견인이 그를 대신하여 동의할 수 있다(본법 제947조의2 제3항). 그 직접적인 결과로 사망하거나 상당한 장애를 입을 위험이 있을 때에는 긴급한 예외를 제외하고는 가정법원의 허가를 받아야 한다(본법 제947조의2 제4항).

피성년후견인이 스스로 결정할 수 없으나 미리 작성한 사전의료지시가 있는 경우에 연명의료중단도 위 규정에 따라 허가사항으로 볼 것인지에 대하여 견해의 대립이 있다. 새로운 입법적 조치가 있을 때까지 본법 제947조의2 제4항을 유추적용하여 사망이나 상당한 장애의 위험이 의사에 의해 설명된 때에는 성년후견인은 가정법원에 허가를 구할 수 있다는 견해가 있다.[16] 그러나 2016. 2. 3. 호스피스·완화의료 및 임종과정에 있는 환자의 연명의료결정에 관한 법률이 제정되었으므로, 이와 관련해서는 위 법률의 규정과 대법원 2009. 5. 21. 선고 2009다17417 전원합의체 판결에 따라 판단하여야 한다(☞ 자세한 내용은 본법 제3조 관련 부분 주석 참조).

다만 장기적출수술은 장기 등 이식에 관한 법률 제11조 제3항 제3호에서 정

13 이현곤, 성년후견제도의 이해와 활용-치매노인과 발달장애인의 신상보호와 재산관리-, 고시계사(2018), 197.

14 종전 민법에서는 사후 허가가 가능했으나 현행 민법에서는 삭제되었다.

15 김형석, "피후견인의 신상결정과 그 대행", 가족법연구 28권 2호(통권 50호)(2014), 254.

16 김형석, "피후견인의 신상결정과 그 대행", 가족법연구 28권 2호(통권 50호)(2014), 259; 박인환, "새로운 성년후견제도에 있어서 신상보호", 가족법연구 25권 2호(2011), 169.

신건강의학과 전문의가 본인 동의 능력을 갖춘 것으로 인정한 경우를 제외하고는 정신질환자·지적장애인의 장기 등을 적출하는 것을 금지하고 있으므로, 제3자의 동의권 대행이 절대로 허용되지 않는다.[17]

3) 거주건물 처분 등에 대한 동의

성년후견인이 피성년후견인을 대리하여 피성년후견인이 거주하고 있는 건물 또는 그 대지에 대한 매도, 임대 기타 처분행위를 하는 경우 가정법원의 허가를 받아야 한다(본법 제947조의2 제5항). 피성년후견인의 주거 안정을 목적으로 한다.

성년후견인이 가정법원의 허가를 받지 않고 한 법률행위의 효력이 문제되는데, 이를 무효라고 보아야 한다는 견해가 있다.[18] 후견감독인과 달리 거래의 상대방이 가정법원을 상대로 추인 여부를 최고할 수 없기 때문이고, 이러한 규정 자체도 존재하지 않기 때문이라고 설명하면서, 다만 가정법원이 사후에 이를 허가하여 유효로 할 가능성까지 배제하고 있지는 않다.

17 성년후견해설, 법원행정처(2013), 77.

18 이현곤, 성년후견제도의 이해와 활용-치매노인과 발달장애인의 신상보호와 재산관리-, 고시계사(2018), 197.

제11조 [성년후견종료의 심판]

성년후견개시의 원인이 소멸된 경우에는 가정법원은 본인, 배우자, 4촌 이내의 친족, 성년후견인, 성년후견감독인, 검사 또는 지방자치단체의 장의 청구에 의하여 성년후견종료의 심판을 한다. [전문개정 2011.3.7.]

[관련조문] 민법 제9조, 제14조의3, 제959조의20, 가사소송법 제9조, 제45조의3, 후견등기에 관한 법률 제29조, 가사소송규칙 제5조의2, 제27조, 제36조, 제38조

[참고문헌] 김성우, 성년후견실무(2018), 박영사; 성년후견제도 해설, 법원행정처(2013); 윤진수/현소혜, 2013년 개정민법해설, 법무부(2013); 이현곤, 성년후견제도의 이해와 활용-치매노인과 발달장애인의 신상보호와 재산관리-, 고시계사(2018); 주해친족법(제2권), 박영사(2015); 후견사건 처리 실무, 법원행정처(2015); 김형석, "민법 개정안에 따른 성년후견법제", 가족법연구 24권 2호(2010); 김형석, "성년후견·한정후견의 개시심판과 특정후견의 심판", 법학 55권 1호(통권 170호, 2014); 박인환, "새로운 성년후견제 도입을 위한 민법개정안의 검토", 가족법연구 24권 1호(2010)

Ⅰ. 성년후견 종료의 요건

1. 성년후견 개시의 원인이 소멸하여야 한다. 따라서 정신적 제약과 이로 인한 사무처리능력이 지속적으로 결여되지 않아야 한다. 즉, 더 이상 성년후견을 받을 필요가 없을 만큼 정신 상태가 호전된 경우 등을 말한다. 다만, 정신능력이 회복되어도 성년후견 종료의 심판을 받아야 능력자로 인정받을 수 있다.[1]

2. 본인, 배우자, 4촌 이내의 친족, 성년후견인, 성년후견감독인, 검사 또는 지방자치단체의 장이 성년후견 종료의 심판을 청구하여야 한다.

Ⅱ. 심리

가사소송법과 가사소송규칙의 규정을 따른다.

1 성년후견제도 해설, 법원행정처(2013), 26; 양창수/김재형, 민법1(계약법), 박영사(2015), 635.

1. 의견 청취

가정법원은 심문을 통하여 피성년후견인과 성년후견인의 진술을 들어야 한다. 다만, 피성년후견인(피성년후견인이 될 사람을 포함한다)이 의식불명, 그 밖의 사유로 자신의 의사를 표명할 수 없는 경우에는 그러하지 아니하다(가사소송법 제45조의3 제1항 제2호). 가정법원이 진술을 듣는 경우에는 피성년후견인을 심문하여야 한다(가사소송법 제45조의3 제2항). 심문을 위하여 검증이 필요한 경우 민사소송법의 검증 규정을 준용한다(가사소송법 제45조의3 제3항).

2. 감정

가정법원은 성년후견 종료 또는 한정후견 종료의 심판을 할 경우에는 피성년후견인 또는 피한정후견인의 정신 상태에 관하여 의사에게 감정을 시킬 수 있다(가사소송규칙 제38조). 필수적으로 감정을 거쳐야 하는 것은 아니다.

Ⅲ. 심판

1. 성년후견 종료 청구를 인용하는 심판에 대하여는 즉시항고할 수 없다.

2. 성년후견 종료 청구를 기각하는 심판에 대하여는 청구인과 본법 제11조에 규정한 자가 즉시항고할 수 있다(가사소송규칙 제27조, 제36조 제2항 제1호).

Ⅳ. 심판의 효력

1. 성년후견 종료의 심판을 하면, 피성년후견인은 행위능력을 가진 자연인으로 복귀한다. 성년후견 종료의 효력은 소급하지 않고 장래에 향하여 효력이 있을 뿐이다. 따라서 그 심판 전에 피성년후견인이 성년후견인의 동의 없이 한 법률행위에 대해서는 심판 후에도 이를 취소할 수 있다.[2]

2. 성년후견 종료 심판이 확정되면 가정법원의 법원사무관 등은 재판장의 명을 받아 지체 없이 후견등기관에게 후견등기부에 기록할 것을 촉탁하여야 한다(가사소송법 제9조, 가사소송규칙 제5조의2 제1항 제1호 가목).

2 김준호, 민법총칙, 법문사(2017), 86-87.

3. 성년후견이 종료되더라도 다시 성년후견의 원인이 발생하면 다시 성년후견 개시의 심판을 청구할 수 있고, 이 경우 가정법원은 성년후견 개시의 심판을 하여야 한다.

V. 기타 성년후견의 종료 원인

1. 피성년후견인에 대하여 한정후견 개시의 심판을 할 때(본법 제14조의3 제2항)
   (☞ 자세한 내용은 본법 제14조의3의 관련 주석 참조.)

2. 피성년후견인에 대하여 임의후견감독인을 선임한 경우
   후견계약이 등기되어 있고, 본인이 피성년후견인인 경우 가정법원이 임의후견감독인을 선임할 때에는 종전의 성년후견에 대한 종료심판을 하여야 한다(본법 제959조의20 제2항 본문). 다만, 성년후견 조치의 계속이 본인의 이익을 위하여 특별히 필요하다고 인정하면 가정법원은 임의후견감독인을 선임하지 아니한다(본법 제959조의20 제2항 단서). 이때는 가정법원의 직권에 의한 것이므로 청구권자가 별도로 없다.[3]

3. 피성년후견인이 사망한 경우 법원의 심판 없이 후견은 당연히 종료한다(후견등기에 관한 법률 제29조 제1항, 제2항).

3 후견사건 처리 실무, 법원행정처(2015), 94.

제12조 [한정후견개시의 심판]

① 가정법원은 질병, 장애, 노령, 그 밖의 사유로 인한 정신적 제약으로 사무를 처리할 능력이 부족한 사람에 대하여 본인, 배우자, 4촌 이내의 친족, 미성년후견인, 미성년후견감독인, 성년후견인, 성년후견감독인, 특정후견인, 특정후견감독인, 검사 또는 지방자치단체의 장의 청구에 의하여 한정후견개시의 심판을 한다.

② 한정후견개시의 경우에 제9조 제2항을 준용한다. [전문개정 2011.3.7.]

[관련조문] 민법 제9조, 제14조의2, 제959조의2, 제959조의3, 제959조의5, 제959조의20, 가사소송법 제44조, 제45조의2, 제45조의3, 가사소송규칙 제27조, 제35조, 제36조

[참고문헌] 구상엽, 장애인을 위한 성년후견제도, 경인문화사(2015); 김성우, 성년후견실무, 박영사(2018); 김주수/김상용, 친족·상속법(제14판), 법문사; 성년후견제도 해설, 법원행정처(2013); 윤진수/현소혜, 2013년 개정민법해설, 법무부(2013); 이현곤, 성년후견제도의 이해와 활용-치매노인과 발달장애인의 신상보호와 재산관리-, 고시계사(2018); 주해친족법(제2권), 박영사(2015); 후견사건 처리 실무, 법원행정처(2015); 김상용, "성년후견법안의 문제점", 법률신문 3787호(2009. 10.), 법률신문사; 김성우, "성년후견제도의 현황과 과제", 서울가정법원 가사소년재판연구회, 가사재판연구 Ⅲ(2018); 김성우, "한국 후견제도의 운영과 가정법원의 역할", 법조 722호(2017. 4.); 김형석, "성년후견·한정후견의 개시심판과 특정후견의 심판", 법학 55권 1호(통권 170호, 2014); 박인환, "새로운 성년후견제 도입을 위한 민법개정안의 검토", 가족법연구 24권 1호(2010); 박인환, "성년후견제도 시행 4년의 평가와 과제", 한·독 성년후견 전문가대회 자료집(2017); 배인구, "성년후견제도에 관한 실무상 쟁점-피성년후견인 등의 행위능력과 소송능력을 중심으로", 민사재판의 제문제 22권(2013. 12.); 배인구, "한정후견과 임의후견-대법원 2017. 6. 1.자 2017스515 결정-" 법률신문 4527호 (2017. 7.); 백승흠, "성년후견제도에서의 정신능력의 판단에 관한 소고-심신박약·심신상실의 의미와 한계", 재산법연구 28권 4호(2012. 2.)

Ⅰ. 본조의 의의

2011. 3. 7. 개정된 현행 민법이 도입한 새로운 보호유형들 중에서 특히 한정후견은 종전 금치산·한정치산이 피후견인의 행위능력을 일률적으로 과도하게 제약하던 것을 지양한다. 그리하여 원칙적으로 피한정후견인의 행위능력을 인정하

면서 예외적으로 보호의 필요가 있을 때 가정법원의 심판에 의해 한정후견인에게 동의권을 부여하는 방식으로 이를 제한할 수 있도록 규정함으로써 성년후견제도의 새로운 정책적 접근인 제한능력자의 자기결정권 및 잔존능력 존중 이념을 잘 보여주고 있다.

한정후견도 성년후견과 마찬가지로 아래에 기재된 청구권자의 심판청구가 반드시 있어야 하고 직권으로 절차를 개시할 수 없으며, 가정법원은 한정후견 개시와 동시에 한정후견인을 선임하여야 한다.

Ⅱ. 한정후견 개시의 요건

1. 실질적 요건

질병, 장애, 노령 그 밖의 사유로 인한 정신적 제약으로 사무를 처리할 능력이 부족한 사람을 대상으로 한다.

가. 질병, 장애, 노령 그 밖의 사유로 인한 정신적 제약 부분은 성년후견과 동일하다.

나. 다만 정신적 제약으로 인한 사무처리능력의 부족이 성년후견을 개시할 정도로 "지속적 결여 상태"에 이르지 않은 정도를 말한다. 법문상으로는 명확하게 드러나지 않지만 그 사무처리능력이 부족한 상태가 당분간 지속되어야 함은 물론이다.[1]

민법 개정으로 종래 한정치산 선고의 요건이었던 "낭비자"는 한정후견의 대상에서 제외되었지만, 낭비의 원인이 정신적 제약으로 인한 것이라면 한정후견의 대상이 될 수 있다.[2] 실무에서는 위 요건이 충족되지 못함에도 불구하고, 단지 가족이 낭비벽이 있다는 이유로 재산의 처분을 제한하려고 하거나 기왕의 처분행위를 취소하기 위한 목적으로 한정후견을 청구하는 경우도 있다.[3] 그러나 '정신적 제약에 따른 사무처리능력의 부족'이라는 요건이 충족되지 아니하는 한 한정후견을 개시할 수는 없다.

다. 이미 한정후견개시의 심판을 받은 사람에 대하여는 다른 이유로 다시 한

1 윤진수/현소혜, 2013년 개정민법해설, 법무부(2013), 39.
2 김주수/김상용, 친족·상속법(제14판), 법문사(2017), 516; 성년후견제도 해설, 법원행정처(2013), 90.
3 김성우, 성년후견실무, 박영사(2018), 19.

정후견개시의 심판을 청구할 수는 없다 할 것이다. 이미 행위능력이 제한되어 있기 때문에 실익이 없다.[4]

2. 청구권자

가. 한정후견인, 한정후견감독인 대신 성년후견인, 성년후견감독인이 포함되는 외에는 성년후견과 같다(본법 제12조 제1항). 이는 피성년후견인의 정신적 제약이 완화되어 한정후견으로 이행할 가능성을 열어두기 위함이다.

나. 후견계약이 등기되어 있는 경우 임의후견인 또는 임의후견감독인도 한정후견개시 심판을 청구할 수 있으나 이 경우 가정법원은 본인의 이익을 위하여 특별히 필요할 때에만 한정후견 개시의 심판을 한다(본법 제959조의20 제1항). 이 경우 후견계약은 본인이 한정후견 개시의 심판을 받은 때 종료된다.

종전의 한정치산제도 하에서는 한정치산자와 미성년자의 행위능력 박탈의 범위와 법정대리인의 권한이 거의 완벽하게 일치하였으므로, 미성년자에 대한 한정치산신고가 가능한지 여부가 문제되었다. 그러나 이제 한정후견과 미성년자는 전혀 다른 규율체계를 가지게 되었다. 즉, 미성년자에 대하여는 포괄적 보호가 적용되는 반면 피한정후견인은 원칙적으로 행위능력을 가지기 때문에 미성년자를 피한정후견인으로 만들어 보호를 가볍게 하고 나아가 신상감호를 소홀하게 하는 것은 바람직하지 않다. 따라서 미성년자에 대하여는 성년을 바로 앞둔 경우에 보호상의 공백기를 메우기 위한 목적으로만 청구할 수 있다고 하여야 할 것이다.[5]

Ⅲ. 심리

1. 관할과 사전처분

성년후견과 마찬가지로 피한정후견인이 될 사람의 주소지 가정법원의 전속관할이다(가사소송법 제44조 제1호의2).

그 밖의 관할에 관한 규정과 사전처분에 관한 사항은 성년후견의 경우와 같다.

2. 심문

성년후견 개시의 심판과 같이 본인의 의사를 고려하여야 하며, 심문의 방식

4 양창수/김재형, 민법1(계약법), 박영사(2015), 631.
5 송덕수, 민법총칙(제3판), 박영사(2015), 211.

으로 피한정후견인이 될 사람의 진술을 들어야 하고, 한정후견인이 될 사람의 진술을 들어야 한다(가사소송법 제45조의3 제1항).

3. 정신감정

성년후견의 경우와 같다(가사소송법 제45조의2 제1항).

Ⅳ. 한정후견 개시 심판의 효력

1. 한정후견의 개시와 한정후견인 등의 선임

가정법원이 청구권자의 청구취지에 기속되는지 여부에 관하여는 본법 제9조 성년후견 부분에서 서술한 바와 같다.

한정후견을 개시하는 경우에 가정법원이 직권으로 한정후견인을 선임하여야 하는 점도 같다(본법 제959조의3 제1항). 이 때 선임되는 한정후견인에 대하여는 성년후견인에 관한 여러 규정을 준용한다. 따라서 한정후견인은 여러 명을 둘 수 있고, 법인도 한정후견인이 될 수 있다. 한정후견인의 선임기준, 변경 및 결격사유 등도 앞서 본법 제9조 성년후견 부분에 서술한 내용과 같다.

그리고 본법 제9조에서 서술한 성년후견감독인에 대한 부분은 한정후견감독인(본법 제959조의5 제2항)에도 그대로 적용된다.

2. 심판의 고지와 불복 등

가. 한정후견 개시 심판은 당사자와 절차에 참가한 자 이외에도 한정후견인이 될 자에게도 고지하여야 하고(가사소송규칙 제35조), 본법 제12조 제1항에 규정된 청구권자와 본법 제959조의20 제1항의 임의후견인과 임의후견감독인이 즉시항고할 수 있다(가사소송규칙 제36조 제1항 제2호 가목). 한정후견 개시 청구의 기각 심판에 대하여는 청구인이 즉시항고할 수 있다(가사소송규칙 제27조).

나. 한정후견의 개시와 함께 한정후견인이 선임된 경우 그 선임심판에 대하여 독자적으로 불복할 수 없음은 본법 제9조 성년후견 부분에 서술한 내용과 같다.

다. 후견등기부 촉탁 역시 본법 제9조 성년후견 부분에 서술한 내용과 같다.

제13조 [피한정후견인의 행위와 동의]

① 가정법원은 피한정후견인이 한정후견인의 동의를 받아야 하는 행위의 범위를 정할 수 있다.

② 가정법원은 본인, 배우자, 4촌 이내의 친족, 한정후견인, 한정후견감독인, 검사 또는 지방자치단체의 장의 청구에 의하여 제1항에 따른 한정후견인의 동의를 받아야만 할 수 있는 행위의 범위를 변경할 수 있다.

③ 한정후견인의 동의를 필요로 하는 행위에 대하여 한정후견인이 피한정후견인의 이익이 침해될 염려가 있음에도 그 동의를 하지 아니하는 때에는 가정법원은 피한정후견인의 청구에 의하여 한정후견인의 동의를 갈음하는 허가를 할 수 있다.

④ 한정후견인의 동의가 필요한 법률행위를 피한정후견인이 한정후견인의 동의 없이 하였을 때에는 그 법률행위를 취소할 수 있다. 다만, 일용품의 구입 등 일상생활에 필요하고 그 대가가 과도하지 아니한 법률행위에 대하여는 그러하지 아니하다. [전문개정 2011.3.7.]

[관련조문] 민법 제10조, 제12조, 제140조, 제141조, 제143조, 제144조, 제801조, 제802조, 제807조, 제808조, 제835조, 제871조, 제873조, 제902조, 제938조, 제947조, 제947조의2, 제959조의4, 제959조의6, 제959조의11, 가사소송법 제45조의3, 민사소송법 제55조, 제62조

[참고문헌] 구상엽, 장애인을 위한 성년후견제도, 경인문화사(2015); 김성우, 성년후견실무, 박영사(2018); 김주수/김상용, 친족·상속법(제14판), 법문사; 성년후견제도 해설, 법원행정처(2013); 윤진수/현소혜, 2013년 개정민법해설, 법무부(2013); 이현곤, 성년후견제도의 이해와 활용-치매노인과 발달장애인의 신상보호와 재산관리-, 고시계사(2018); 주해친족법(제2권), 박영사(2015); 후견사건 처리 실무, 법원행정처(2015); 김성우, "한국 후견제도의 운영과 가정법원의 역할", 법조 722호(2017. 4.); 김형석, "민법 개정안에 따른 성년후견법제", 가족법연구 24권 2호(2010); 김형석, "피한정후견인의 행위능력", 법학연구 27권 1호(2016. 6.); 박인환, "새로운 성년후견제 도입을 위한 민법개정안의 검토", 가족법연구 24권 1호(2010); 이시윤, "성년후견제도의 후속 개정 민사소송법", 법률신문 4483호(2017. 2.)

Ⅰ. 피한정후견인의 일반적 행위능력

1. 원칙

피한정후견인은 원칙적으로 모든 법률행위를 유효하게 할 수 있다. 이 점에서 종래 한정치산자의 행위능력이 미성년자와 동일하게 취급되어 대폭 제한되었던 것과 다르다. 가정법원이 한정후견인의 동의를 받도록 따로 정한 행위에 대해서만 행위능력이 제한되는데(본법 제13조 제1항), 그 중에서도 일상적 법률행위에 관하여는 완전한 행위능력을 보유한다(본법 제13조 제4항 단서).

2. 예외

가. 한정후견인이 동의권을 가지는 경우

1) 가정법원은 피한정후견인이 한정후견인의 동의를 받아야 하는 행위의 범위를 정할 수 있고, 본인, 배우자, 4촌 이내의 친족, 한정후견인, 한정후견감독인, 검사 또는 지방자치단체의 장의 청구에 의하여 그 행위의 범위를 변경할 수 있다(본법 제13조 제1항, 제2항). 한정후견인의 동의가 필요한 법률행위를 피한정후견인이 한정후견인의 동의 없이 하였을 때에는 그 법률행위를 취소할 수 있다(본법 제13조 제4항).

2) 한정후견이 개시된다 하더라도 피한정후견인은 한정후견인의 동의를 받도록 정한 범위 내에서만 제한능력자에 해당하게 된다. 그러므로 가정법원은 위와 같은 행위의 범위를 정함에 있어서 성년후견제도의 기본이념인 '자기결정권과 잔존능력의 존중' 및 기본원칙인 '후견의 필요성·보충성'에 따라 피한정후견인의 권익 보호를 위하여 꼭 필요한 사항으로 제한할 필요성이 있다. 또 뒤에서 서술하는 바와 같이 자기결정권이 존중되는 신분행위는 동의가 필요 없다고 해석하여야 한다. 예를 들어 본법 제808조는 동의가 필요한 혼인으로 미성년자와 피성년후견인이 혼인하는 경우만을 들고 있어 피한정후견인은 후견인의 동의 없이 혼인할 수 있음을 알 수 있다.

3) 한정후견인의 취소에 의해 피한정후견인이 체결한 법률행위는 처음부터 무효인 것으로 본다(본법 제141조 본문). 한정후견인에게 취소권이 인정되는 이상 추인권(본법 제143조, 제144조)도 인정된다는 견해가 있으나,[1] 피한정후견인은 원칙

1 김형석, "피한정후견인의 행위능력", 법학연구 27권 1호(2016. 6.), 12.

적으로 행위능력이 있어 따로 한정후견인이 취소권을 행사하지 않는 이상 그 법률행위가 취소되지 않고 또 추인권자는 제한능력자와 그 대리인 또는 승계인만으로 제한되는데(본법 제140조 참조) 여기서의 한정후견인은 피한정후견인의 법률행위에 대한 동의권을 가질 뿐 대리권을 가지지 않기 때문에 추인권을 인정하기 어렵다고 할 것이다.

4) 그러므로 한정후견인은 피한정후견인에 대한 복리배려의무와 의사존중의무를 다하여(본법 제959조의6, 제947조) 피한정후견인의 법률행위에 대한 동의 여부 및 취소 여부를 결정하여야 한다. 이때 피한정후견인의 이익만이 기준이 될 뿐이고, 거래의 안전이나 잠재적인 거래 상대방의 이익, 추정상속인의 기대 또는 한정후견인의 사무처리를 용이하게 한다는 사정 등을 이유로 피한정후견인의 행위능력을 제한할 수는 없다.[2]

5) 피한정후견인의 이익이 침해될 염려가 있음에도 한정후견인의 동의가 필요한 행위에 대해 그 동의를 하지 아니하는 때에는 가정법원은 피한정후견인의 청구에 의하여 한정후견인의 동의를 갈음하는 허가를 할 수 있다(본법 제13조 제3항). 이 경우 가정법원은 피한정후견인과 한정후견인의 진술을 들어야 한다(가사소송법 제45조의3 제1항 제11호).

6) 가정법원이 한정후견 개시의 심판을 할 때 반드시 한정후견인에게 동의권을 부여하는 심판을 해야 하는가에 관하여 견해 대립이 있다.

행위능력을 제한할 필요성이 없다면 한정후견 개시의 심판을 할 이유가 거의 없다는 이유로 한정후견 개시의 심판을 하는 경우에는 한정후견인의 동의를 받아야 하는 법률행위의 범위를 정하는 것이 일반적이라는 견해가 있다.[3] 그러나 법률이 한정후견 개시의 심판과 피한정후견인에게 동의를 받을 법률행위를 정하는 심판을 별개의 근거규정으로 규율하고 있는 이상 후자 없이 전자만을 할 가능성을 부정할 이유는 없다. 한정후견인의 조력이 필요한 피한정후견인의 사무가 행위능력의 제한을 요구하지 않는 이상 불필요하게 행위능력을 제한하는 것은 적절하지 않다.[4]

7) 피한정후견인이 한정후견인의 동의를 받아야 하는 법률행위를 함에 있어

2 김형석, "피한정후견인의 행위능력", 법학연구 27권 1호(2016. 6.), 5.
3 김주수/김상용, 민법총칙(제7판), 삼영사(2013), 143.
4 김형석, "피한정후견인의 행위능력", 법학연구 27권 1호(2016. 6.), 3.

한정후견인이 동의를 한 경우에는, 피한정후견인은 원칙적으로 그와 관련된 준법률행위도 동의 없이 할 수 있다고 해석하여야 한다. 부동산 매매에 동의한 경우에는 이행 청구, 채권 양도에 동의한 경우에는 양도 통지가 전형적인 예이다. 그러나 가정법원이 한정후견인에게 동의권을 부여하는 것은 법률행위에 국한되므로 사실행위에 대해서는 동의권을 부여할 수 없다.

나. 일상적 법률행위

일용품의 구입 등 일상생활에 필요하고 그 대가가 과도하지 아니한 법률행위에 대하여는 한정후견인의 동의가 없어도 이를 취소할 수 없다(본법 제13조 제4항). 증명책임은 취소의 효력을 부정하는 상대방에게 있고, 일상생활에 필요하고 대가가 과도하지 않은 법률행위일 것을 요한다.

다. 한정후견인이 법률행위 대리권을 가지는 경우

1) 가정법원은 한정후견인에게 대리권을 수여하는 심판을 할 수 있고, 그 범위를 변경할 수 있다(본법 제959조의4, 제938조 제4항). 가정법원이 성년후견인에게는 원칙적으로 재산사무를 포괄하는 대리권을 수여하되 이를 변경할 수 있고(본법 제938조 제1항, 제2항), 특정후견인에게는 기간이나 범위를 정하여 대리권을 수여할 수 있는 것과 대비된다(본법 제959조의11 제1항). 한정후견은 그 중간적인 형태로서 가정법원이 사무의 범위는 정하지만 그 범위 내에서는 포괄적인 대리권이 부여된다. 예를 들어 부동산 거래, 상속 관련 행위, 예금 거래 등이다.

2) 한정후견인은 법정대리권을 수여받은 범위 내에서 피한정후견인의 법정대리인이다. 한정후견인의 법정대리권의 행사 및 제한에 대해서는 민법에 특별한 규정이 있는 경우를 제외하고는 기본적으로 성년후견인의 법정대리권과 동일하다.

3) 가정법원은 피한정후견인의 능력, 상태 등을 고려하여 개별적으로 한정후견인의 동의를 받아야 하는 행위의 범위와 법정대리권의 범위를 정한다. 두 제도는 기본적으로 구별되고 목적하는 취지도 다르기 때문에 양자가 반드시 일치할 필요는 없고, 이때 기본적으로 가정법원이 동의권 행사 범위를 정하면서 취소에 따른 원상회복에 관한 법정대리권을 수여하는 심판을 하면 이러한 문제가 발생하지 않지만, 동의유보를 정한 취지에 비추어 원상회복에 관한 법정대리권이 포함된다고 해석하는 견해가 있다.[5] 반대로 동의권의 범위와 법정대리권의 범위가 불일치

5 김형석, "민법 개정안에 따른 성년후견법제", 가족법연구 24권 2호(2010), 145-146.

하는 경우, 즉 가정법원이 특정 법률행위에 동의유보를 명하면서도 한정후견인에게 취소와 관련된 원상회복관계를 대리할 법정대리권을 수여하지 않는 경우 한정후견인은 피한정후견인이 동의 없이 한 법률행위를 취소할 수는 있지만 법정대리권이 없어 피한정후견인이 급부한 것을 반환청구할 수 없고, 이는 사후적으로 대리권을 수여받아 해결해야 한다는 견해가 있다.[6] 실무적으로는 대리인의 일방적인 의사결정이 가능하도록 하는 대리권 수여와 본인의 의사결정을 전제로 이를 보완하도록 하는 동의권은 그 성질과 취지가 다르므로, 구별해서 운용하고 있다.[7]

4) 한정후견인이 대리권을 가지는 범위에서 피한정후견인의 행위능력은 제한된다.

Ⅱ. 피한정후견인의 신상결정능력과 가족법상 행위능력

1. 민법은 총칙편에서는 피한정후견인의 능력을 제한할 수 있도록 하면서도, 약혼(제801조, 제802조), 혼인(제807조, 제808조), 협의상 이혼(제835조), 입양(제871조, 제873조), 협의상 파양(제902조) 등 가족법상의 행위능력과 관련해서는 미성년자와 피성년후견인에 대하여만 규정하고 피한정후견인에 대하여는 규정하고 있지 않다. 따라서 피한정후견인은 원칙적으로 유효하게 가족법상 행위를 할 수 있다고 보아야 한다.[8]

2. 피한정후견인은 자신의 신상에 관하여 그의 상태가 허락하는 범위에서 단독으로 결정하지만(본법 제959의6, 제947조의2 제1항), 그가 결정할 수 없는 경우에 대비하여 가정법원은 한정후견인에게 피한정후견인의 신상결정 대행권을 부여하거나 변경할 수 있다(본법 제959조의4 제2항, 제938조 제3항, 제4항). 치료 등 목적의 정신병원 등 격리를 비롯한 중요한 신상결정에 대해서는 가정법원의 허가에 의한 감독이 요구된다(본법 제959조의6, 제947조의2 제2항 내지 제5항).

Ⅲ. 피한정후견인의 소송능력

1. 피한정후견인은 원칙적으로 소송능력이 있다. 다만 한정후견인의 동의가 필요

6 박인환, "새로운 성년후견제 도입을 위한 민법개정안의 검토", 가족법연구 24권 1호(2010), 58-59.
7 후견사건 처리 실무, 법원행정처(2015), 110.
8 곽윤직/김재형, 민법총칙(9판), 박영사(2013), 130; 구상엽, 장애인을 위한 성년후견제도, 경인문화사(2015), 131; 양창수/김재형, 민법1(계약법), 박영사(2015), 634.

한 행위에 관하여는 대리권 있는 한정후견인에 의해서만 소송행위를 할 수 있다(민사소송법 제55조 제2항).[9] 한편 피한정후견인의 소송행위 자체도 동의권 유보사항이 될 수 있는데, 가정법원이 이에 관하여 한정후견인의 동의를 받도록 정하는 경우, 피한정후견인은 한정후견인의 동의가 없는 한 소송능력이 없다.[10]

2. 피한정후견인을 위한 특별대리인 선임 요건 및 특별대리인의 권한은 피성년후견인을 위한 특별대리인과 같다(민사소송법 제62조 제1항, 제3항).

Ⅳ. 한정후견인의 권한

1. 동의권 행사가 중요한 직무 수행 방식이며, 대리권을 보유하기 위해서는 별도로 가정법원의 심판이 있어야 한다.

2. 대리권 수여 여부는 가정법원이 직권으로 결정하며, 한정후견 청구시 대리권 수여를 희망하더라도 가정법원은 이에 구속되지 않는다.

한정후견인의 권한은 피한정후견인을 위하여 행사해야 하고, 한정후견인 자신이나 제3자의 이익을 도모하기 위하여 행사해서는 안 된다(본법 제959조의6, 제947조).

한정후견인의 법정대리인으로서의 권리의무의 범위는 성년후견의 경우와 같이 법률행위뿐 아니라 그에 통상 수반되는 사실행위도 포함된다.

3. 신상결정 대행에 관하여는 성년후견인에 관한 설명과 같다(본법 제938조 제3항, 제4항, 제947조의2, 제959조의4, 제959조의6).

9 김성우, 성년후견실무, 박영사(2018), 87; 이시윤, "성년후견제도의 후속 개정 민사소송법", 법률신문 4483호(2017. 2.).

10 김성우, 성년후견실무, 박영사(2018), 87; 김형석, "피성년후견인과 피한정후견인의 소송능력", 가족법연구 27권 1호(2013), 70-72.

제 14 조 [한정후견종료의 심판]

한정후견개시의 원인이 소멸된 경우에는 가정법원은 본인, 배우자, 4촌 이내의 친족, 한정후견인, 한정후견감독인, 검사 또는 지방자치단체의 장의 청구에 의하여 한정후견종료의 심판을 한다. [전문개정 2011.3.7.]

[관련조문] 민법 제11조, 제12조, 제14조의 3, 제959조의20, 가사소송법 제45조의3, 후견등기에 관한 법률 제29조

[참고문헌] 구상엽, 장애인을 위한 성년후견제도, 경인문화사(2015); 김성우, 성년후견실무, 박영사(2018); 성년후견제도 해설, 법원행정처(2013); 윤진수/현소혜, 2013년 개정민법해설, 법무부(2013); 이현곤, 성년후견제도의 이해와 활용-치매노인과 발달장애인의 신상보호와 재산관리-, 고시계사(2018); 후견사건 처리실무, 법원행정처(2015); 배인구, "한정후견과 임의후견-대법원 2017. 6. 1.자 2017스515 결정-" 법률신문 4527호(2017. 7.)

Ⅰ. 한정후견 종료의 요건

1. 한정후견 개시의 원인이 소멸하여야 한다(본법 제14조). 따라서 정신적 제약과 이로 인한 사무처리능력이 부족한 상태를 벗어난 경우여야 한다.

정신능력이 회복되어도 한정후견의 종료 심판을 받아야 능력자로 인정받을 수 있다.

대법원 2017. 6. 1.자 2017스515 결정은, 민법 제959조의20 규정은 후견계약이 등기된 경우에는 사적자치의 원칙에 따라 본인의 의사를 존중하여 후견계약을 우선하도록 하고, 예외적으로 본인의 이익을 위하여 특별히 필요할 때에 한하여 법정후견에 의할 수 있도록 한 것으로서, 같은 조 제1항에서 후견계약의 등기 시점에 특별한 제한을 두지 않고 있고, 같은 조 제2항 본문이 본인에 대해 이미 한정후견이 개시된 경우에는 임의후견감독인을 선임하면서 종전 한정후견의 종료 심판을 하도록 한 점 등에 비추어 보면, 위 제1항은 본인에 대해 한정후견개시심판 청구가 제기된 후 그 심판이 확정되기 전에 후견계약이 등기된 경우에도 그 적용이 있다고 보아야 하므로, 그와 같은 경우 가정법원은 본인의 이익을 위하여 특별히 필요하다고 인정할 때에만 한정후견개시심판을 할 수 있고 위 규정에서 정하

는 후견계약의 등기에 불구하고 한정후견 등의 심판을 할 수 있는 '본인의 이익을 위하여 특별히 필요할 때'란 후견계약의 내용, 후견계약에서 정한 임의후견인이 그 임무에 적합하지 아니한 사유가 있는지, 본인의 정신적 제약의 정도, 기타 후견계약과 본인을 둘러싼 제반 사정 등을 종합하여, 후견계약에 따른 후견이 본인의 보호에 충분하지 아니하여 법정후견에 의한 보호가 필요하다고 인정되는 경우를 말한다고 판시하여, 한정후견 개시의 심판이 있더라도 그 확정 전에 후견계약이 등기되면 임의후견감독인이 선임되기 전이라도 원칙적으로는 한정후견 종료의 심판을 하여야 함을 분명히 하였다.

2. 청구권자의 청구가 있어야 한다.

본인, 배우자, 4촌 이내의 친족, 한정후견인, 한정후견감독인, 검사 또는 지방자치단체의 장이 한정후견 종료의 심판을 청구하여야 한다(본법 제14조).

Ⅱ. 심리

본법 제11조 성년후견 종료의 심판 부분과 같다. 심리는 성년후견 종료의 심리와 마찬가지로 가사소송법(제45조의3 제1항 제2호 등)과 가사소송규칙에 의한다.

Ⅲ. 심판의 효력

한정후견 종료의 심판이 있으면, 따로 성년후견 개시의 심판이 있지 않은 한 피한정후견인은 완전한 행위능력을 가진 자연인으로 돌아간다. 종료 심판의 효력은 소급하지 아니한다. 종료의 심판이 있더라도 한정후견의 원인이 다시 발생하면 다시 개시 심판을 청구할 수 있고, 개시 심판을 하여야 한다.

Ⅳ. 기타 한정후견의 종료 원인

피한정후견인에 대하여 성년후견 개시의 심판을 할 경우(본법 제14조의3 제1항), 피한정후견인에 대하여 임의후견감독인을 선임할 경우(본법 제959조의20 제2항), 피한정후견인이 사망한 경우(후견등기에 관한 법률 제29조 제1항)이다.

(☞ 기타 상세한 내용은 본법 제11조 'Ⅴ. 기타 성년후견의 종료 원인' 주석 참조)

제 14 조의 2 [특정후견의 심판]

① 가정법원은 질병, 장애, 노령, 그 밖의 사유로 인한 정신적 제약으로 일시적 후원 또는 특정한 사무에 관한 후원이 필요한 사람에 대하여 본인, 배우자, 4촌 이내의 친족, 미성년후견인, 미성년후견감독인, 검사 또는 지방자치단체의 장의 청구에 의하여 특정후견의 심판을 한다.

② 특정후견은 본인의 의사에 반하여 할 수 없다.

③ 특정후견의 심판을 하는 경우에는 특정후견의 기간 또는 사무의 범위를 정하여야 한다. [본조신설 2011.3.7.]

[관련조문] 민법 제9조, 제12조, 제14조의3, 제691조, 제692조, 제938조, 제947조, 제947조의2, 제954조, 제957조, 제958조, 제959조의8, 제959조의9, 제959조의10, 제959조의11, 제959조의12, 제959조의13, 제959조의20, 가사소송법 제2조, 제9조, 제25조, 제35조, 제40조, 제45조, 제45조의2, 제45조의3, 제62조, 발달장애인 권리보장 및 지원에 관한 법률 제9조, 치매관리법 제12조의3, 후견등기에 관한 법률 제20조, 가사소송규칙 제5조의2, 제35조, 제36조

[참고문헌] 구상엽, 장애인을 위한 성년후견제도, 경인문화사(2015); 김성우, 성년후견실무, 박영사(2018); 김주수/김상용, 친족·상속법(제14판), 법문사; 성년후견제도 해설, 법원행정처(2013); 윤진수/현소혜, 2013년 개정민법해설, 법무부(2013); 이현곤, 성년후견제도의 이해와 활용-치매노인과 발달장애인의 신상보호와 재산관리-, 고시계사(2018); 주해친족법(제2권), 박영사(2015); 후견사건 처리 실무, 법원행정처(2015); 김상용, "성년후견법안의 문제점", 법률신문 3787호(2009. 10.), 법률신문사; 김성우, "성년후견제도의 현황과 과제", 서울가정법원 가사소년재판연구회, 가사재판연구 Ⅲ(2018); 김성우, "한국 후견제도의 운영과 가정법원의 역할", 법조 722호(2017. 4.); 김형석, "민법 개정안에 따른 성년후견법제", 가족법연구 24권 2호(2010); 김형석, "성년후견·한정후견의 개시심판과 특정후견의 심판", 법학 55권 1호(통권 170호, 2014); 박인환, "새로운 성년후견제 도입을 위한 민법개정안의 검토", 가족법연구 24권 1호(2010); 박인환, "성년후견제도 시행 4년의 평가와 과제", 한·독 성년후견 전문가대회 자료집(2017); 배인구, "성년후견제도에 관한 실무상 쟁점-피성년후견인 등의 행위능력과 소송능력을 중심으로", 민사재판의 제문제 22권(2013. 12.); 백승흠, "성년후견제도에서의 정신능력의 판단에 관한 소고-심신박약·심신상실의 의미와 한계", 재산법연구 28권 4호(2012. 2.); 제철웅, "요보호성인의 인권존중의 관점에서 본 새로운 성년후견제도", 민사법학 56호(2011)

Ⅰ. 본조의 의의

성년후견과 한정후견은 일단 개시되면 종료심판이 있을 때까지 계속되는 지속적·포괄적 보호제도이다. 이와 달리, 정신적 제약이 다소 미약한 정도에 불과하거나 일상생활에서는 가족의 보호 등으로 통하여 생활을 무난하게 영위하면서도 개별적·일시적·일회적으로 가정법원의 보호조치를 받고자 하는 사람들의 법적 수요를 충족하기 위하여 특정후견제도가 만들어졌다. 이는 피특정후견인 본인과 가족의 의사를 존중하는 한편, 성년후견제도의 기본원칙인 필요성의 원칙과 보충성의 원칙을 충실하게 실현하기 위한 제도이다[1]

Ⅱ. 입법례

일회적·특정적 보호제도는 최근 외국 입법에서도 주요한 경향으로 나타난다.

프랑스 민법에서 사법적 보호(sauvegarde de justice) 제도는 종전에는 후견이나 보좌가 개시되기 전에 잠정적 관찰·보호조치의 성격을 가지고 있었다. 그런데 2007년 프랑스 민법이 개정되면서 일시적인 법적 보호를 받을 필요가 있거나 특정 행위를 하려면 대리인에 의하여 행위가 이루어질 필요가 있는 사람에 대하여 개시되는 독자적 보호제도로 재정립되었다.

영국법상 법원은 재산관리와 관련한 일정한 명령을 하거나 대리인 임명 권한이 있었으나 신상보호를 포함한 일반적인 특정명령 제도는 법률상 존재하지 않았다. 그러나 영국 판례는 다른 규정의 해석을 통해 이를 인정하고 있었고, 영국 정신능력법(2005년)은 법원이 재산관리·신상보호를 포괄하는 특정명령을 할 수 있고 필요한 경우 법정대리인을 선임할 수 있도록 하였다.

Ⅲ. 특정후견의 요건

1. 실질적 요건

가. 특정후견의 경우에는 그 정신적 제약의 정도를 일률적으로 정하기 어렵

1 윤진수/현소혜, 2013년 개정민법 해설, 법무부(2013), 48.

다. 특정후견은 성년후견이나 한정후견 같은 지속적·포괄적 후견의 개시를 최대한 억지하고 일회적·특정적 구제수단이 필요한 경우에 사용하기 위하여 도입된 것으로서, 각 제도 사이에 명확한 경계 획정은 필요성과 보충성이라는 성년후견제도의 기본원칙과 맞지 않으므로 성년후견이나 한정후견에 해당하는 정신적 제약이 있다고 하더라도 특정후견을 개시할 수 있다는 견해가 있다.[2]

법문에는 '일시적 후원 또는 특정한 사무에 관한 후원이 필요한 사람'이라고만 되어 있어 특정후견의 대상을 경미한 정신적 제약을 가진 사람으로 한정하여 해석하기는 곤란하다고 보인다. 다만, 중한 정신적 제약을 가진 사람에 대하여 특정후견을 허용하면 성년후견이나 한정후견을 회피하는 방법으로 사용될 수 있고, 본인의 보호 및 가정법원의 감독에 문제가 생길 여지도 많다. 또 특정후견인은 뒤에서 서술하는 바와 같이 신상결정 대행권(본법 제938조, 제947조의2)이 없고 피특정후견인의 재산처분행위 등을 취소할 수 없어 중한 정신적 제약을 가진 본인의 보호 및 가정법원의 감독에 공백이 생길 우려가 있다. 따라서 특정후견은 다소 경미한 제약을 가진 사람을 대상으로 하는 것이 바람직하다.[3]

나. 임의후견을 받고 있는 본인에 대해서는 특정후견이 가능하다. 임의후견인이나 임의후견감독인의 청구에 의하여 특정후견의 심판을 할 수 있다. 이 경우 본인의 이익을 위하여 특별히 필요한 경우에만 특정후견의 심판을 할 수 있다(본법 제959조의20 제1항 전문). 이 때 성년후견이나 한정후견과 달리 특정후견이 개시되어도 후견계약이 종료되지 않는다(본법 제959조의20 제1항 후문).

다. 미성년자는 특정후견의 대상이 아니라는 견해가 있다.[4] 그러나 친권자는 법정대리인으로서 재산관리와 신상감호의 권한이 있고, 이해상반의 경우에도 특별규정에 의해 규율을 받으므로 특정후견의 필요가 없으며, 미성년후견인, 미성년후견감독인은 정신적 제약이 있는 미성년자가 성년이 될 것을 전제로 발생하는 일시적·특정적 후원을 위해서 청구할 수 있다고 본다.

2 김형석, "성년후견·한정후견의 개시심판과 특정후견의 심판", 법학 55권 1호(2014), 466; 제철웅, "요보호성인의 인권존중의 관점에서 본 새로운 성년후견제도", 민사법학 56호(2011), 298-299.

3 김성우, 성년후견실무, 박영사(2018), 19-20; 성년후견제도 해설, 법원행정처(2013), 123-124.

4 김형석, "성년후견·한정후견의 개시심판과 특정후견의 심판", 법학 55권 1호(2014), 467; 윤진수/현소혜, 2013년 개정민법 해설, 법무부(2013), 48-49.

2. 청구권자

가. 본인, 배우자, 4촌 이내의 친족, 미성년후견인, 미성년후견감독인, 임의후견인, 임의후견감독인, 검사 또는 지방자치단체의 장이 청구할 수 있다(본법 제14조의2 제1항, 제959조의20 제1항).

성년후견, 한정후견의 경우와 달리 성년후견인·성년후견감독인, 한정후견인·한정후견감독인은 청구권이 없다. 포괄적인 후견인 성년후견·한정후견이 개시되어 있는 경우 특정후견을 할 필요성이 없다는 전제에서 규정된 것으로 보인다.

나아가 성년후견·한정후견과 특정후견이 병존될 수 있는지가 문제된다. 특정후견의 입법취지와 특정후견이 된 이후 성년후견·한정후견이 개시되면 특정후견이 종료하는 점(본법 제14조의3)을 고려하면 병존할 수 없다는 견해와, 다른 청구권자의 청구에 의하여도 특정후견이 될 여지가 있고, 성년후견·한정후견이 개시된 이후 특정후견이 되더라도 성년후견·한정후견이 종료된다는 규정이 없다는 등의 이유로 양자가 병존할 수 있다는 견해가 있다.

나. 특정후견은 본인의 의사를 존중하여 이루어지는 특정적 보호제도이므로, 본인의 의사에 반하여 할 수 없다(본법 제14조의2 제2항). 반면 본인이 적극적으로 동의할 것을 요구하지 않는다. 예를 들어 본인이 혼수상태에 있다면, 4촌 이내의 친족이 필요한 수술에 대하여 동의할 특정후견인의 선임을 청구할 수 있다.

다. 지방자치단체의 장은 공공후견 차원에서 발달장애인 및 치매환자에 대해 특정후견을 청구할 수 있다(발달장애인 권리보장 및 지원에 관한 법률 제9조, 치매관리법 제12조의3).

Ⅳ. 심리

1. 관할과 사전처분

성년후견 개시 심판과 동일하다. 다만 특정후견은 일시적이거나 특정적인 후견만을 내용으로 하므로 사전처분에 의하여 특정후견의 목적을 달성하는 결과를 발생시킬 우려가 있다. 그러나 특정후견이 청구되더라도 긴급하게 잠정조치를 취해야 할 필요성은 있으므로, 사전처분을 인정하되 특정후견의 목적과 관련하여 신중하게 활용하는 편이 바람직하다. 특정후견의 심리가 장기화되어 즉각적인 보호를 제공하지 못할 우려가 있을 때에는 가정법원은 가사소송법상의 사전처분 등을 활용하여 대처할 수 있을 것이다(가사소송법 제62조).

2. 심문

가. 특정후견은 본인의 의사에 반하여 할 수 없다(본법 제14조의2 제2항).

특정후견은 일시적·특정적 후원을 위한 제도이므로, 그 활용 여부에 관한 본인의 의사가 매우 중요하다. 이는 본인이 특정후견에 동의할 것을 요구하는 것이 아니라, 특정후견에 반대하는 본인의 의사가 확인되는 경우에는 가정법원이 특정후견의 심판을 할 수 없다는 의미이다. 본인의 반대의사는 묵시적으로도 표시될 수 있지만, 본인의 추정적 의사를 고려할 수는 없다.

본인의 의사를 확인하기 위해 가정법원은 특정후견의 심판을 할 때 피특정후견인이 될 사람의 진술을 들어야 한다(가사소송법 제45조의3 제1항 제1호). 진술을 들을 때 가정법원은 피특정후견인이 될 사람을 심문하여야 한다(가사소송법 제45조의3 제2항 본문). 다만 그 사람이 자신의 의사를 밝힐 수 없거나 출석을 거부하는 등 심문할 수 없는 특별한 사정이 있는 때에는 그러하지 아니하다(가사소송법 제45조의3 제2항 단서). 그리고 이러한 심문을 위해 검증이 필요한 경우에는 민사소송법 규정을 준용한다(가사소송법 제45조의3 제3항).

그런데 본인이 의식불명 등으로 의사를 표명할 수 없으나 다른 신빙할 만한 증거에 의해 본인이 특정후견을 반대한다는 사정이 증명된 경우에는 어떻게 판단할 것인가. 본법 제14조의2 제2항의 취지를 고려할 때, 그러한 경우에도 특정후견의 심판은 할 수 없다고 해석함이 타당하다.

나. 그 밖에 피특정후견인이 될 사람의 진술을 듣는 외에는, 가정법원은 사건관계인을 심문하지 아니하고 특정후견의 심판을 할 수 있다(가사소송법 제45조). 그러나 특정후견의 개시가 사건본인 및 그 친족들에게 직접적인 영향을 미칠 수 있는 경우, 가정법원은 심판에 이해관계를 가지는 관계인들도 심문하는 편이 바람직하다.

3. 의사의 의견 청취

특정후견의 심판을 할 경우에는 의사나 그 밖에 전문지식이 있는 사람의 의견을 들어야 하고, 이 경우 의견을 말로 진술하게 하거나 진단서 또는 이에 준하는 서면으로 제출하게 할 수 있다(가사소송법 제45조의2 제2항). 특정후견은 성년후견이나 한정후견과 달리 피후견인의 행위능력에 아무 영향이 없을 뿐 아니라 일시적이거나 특정된 영역에서 후견이 이루어지는 사정을 고려하여 성년후견이나 한정후견에서의 '의사의 감정' 절차를 '의견 청취'로 완화하고 있다.

4. 청구의 취하 가부

가정법원은 특정후견의 청구가 있으면 그에 대해 심판을 하여야 한다. 본법 제9조 성년후견 부분에서 서술한 바와 같이, 청구권자는 청구를 취하할 수 있다.

V. 특정후견 심판의 효력

1. 특정후견

가. 가정법원은 특정후견의 심판 절차에서 성년후견이나 한정후견에서와 반대로 원칙적으로 청구권자의 청구에 구속된다고 해석해야 한다.[5] 2011. 3. 7. 법률 제10429호로 개정된 민법(현행 민법)이 후견 개시에 관하여 직권주의를 포기하고 신청주의를 채택한 이상 특정후견의 청구를 받은 가정법원이 임의로 성년후견이나 한정후견을 개시할 수는 없다.

나. 특정후견의 필요성과 관련하여 현행 민법은 "특정후견의 심판을 하는 경우에는 특정후견의 기간 또는 사무의 범위를 정하여야 한다."(본법 제14조의2 제3항)고 정한다. 특정후견은 일시적 또는 특정적 후원을 위한 제도이므로, 가정법원이 특정후견의 심판에서 그 심판의 효력 범위를 명확하게 정하도록 한 것이다. 특정후견의 사무범위나 기간에 특별한 제한은 없다. 예를 들어 사무처리능력이 떨어지는 사람의 수술을 위해 부동산을 처분할 필요가 있어 특정후견이 신청되는 경우, 이러한 목적을 위한 사무를 모두 특정후견 사무로 정할 수 있다. 다만, 특정후견으로 처리해야 할 범위가 지나치게 넓거나 기간이 지나치게 장기인 경우에는 일시적·특정적 후견의 특징을 지니는 특정후견에 부적합하다고 볼 여지가 많다.

2. 특정후견인과 특정후견감독인의 선임

가. 피특정인의 후원을 위하여 필요한 경우 가정법원은 특정후견의 기간, 사무의 범위, 특정후견인의 대리권의 범위를 정하여 특정후견인에게 대리권을 수여

5 김성우, 성년후견실무, 박영사(2018), 52; 윤진수/현소혜, 2013년 개정민법해설, 법무부(2013), 50.

할 수 있다(본법 제959조의11 제1항). 특정후견인은 임의기관이지만, 피특정후견인을 후원할 수 있는 가장 효과적인 수단이다. 실무상으로는 피특정후견인의 복리를 위하여 대부분의 특정후견 심판사건에서 특정후견인을 선임한다.

1) 특정후견인은 피특정후견인의 복리에 반하지 아니하면 피특정후견인의 의사를 존중하여야 한다(본법 제959조의12, 제947조). 특정후견인에게 대리권이 수여된 사무에 있어서도 피특정후견인의 행위능력은 제한되지 않으므로, 피특정후견인은 스스로 해당 사무에 관한 법률행위를 할 수 있다. 특정후견인에 대하여 성년후견인에게 적용되는 신상에 관한 의사결정 대행권한 규정(본법 제938조 제3항, 제947조의2)을 유추적용하여 가정법원이 그 대행권한을 특정후견인에게 수여할 수 있다고 보아야 한다는 견해가 있다.[6] 만약 특정후견인에게 이러한 권한을 허용하지 않는다면 신상결정이 필요한 경우 부득이 성년후견 개시의 심판 등을 청구할 수밖에 없는데, 그로 인한 비용 증가나 자기결정권 침해 등 문제가 가볍지 않다는 이유에서이다.

2) 이때 가정법원은 특정후견인의 대리권 행사에 가정법원이나 특정후견감독인의 동의를 받도록 명할 수 있다(본법 제959조의11 제2항).

나. 특정후견감독인도 특정후견인과 마찬가지로 임의기관이고, 가정법원이 직권 또는 피특정후견인, 친족, 특정후견인, 검사, 지방자치단체의 장의 청구에 의하여 선임할 수 있다(본법 제959조의10 제1항).

실무상 지방자치단체의 장이 공공후견 사업을 통하여 특정후견심판을 청구하는 경우에는 그 지방자치단체가 후견감독인으로 선임된다.

다. 위임 종료 및 후견의 종료에 관한 민법 규정들은 기본적으로 특정후견에 그대로 적용된다(본법 제959조의13, 제691조, 제692조, 제957조, 제958조).

3. 피특정후견인의 행위능력

피특정후견인에 대한 후원만을 내용으로 하며 피특정후견인의 행위능력은 제한되지 않는다. 이러한 특성 때문에 민법은 '후원'이라는 표현을 사용하고 있을 뿐 아니라(본법 제14조의2 제1항, 제959조의8), 피특정후견인은 민법 제15조 이하에서 정

6 김형석, "민법 개정안에 따른 성년후견법제", 가족법연구 24권 2호(2010), 150; 윤진수/현소혜, 2013년 개정민법해설, 법무부(2013); 제철웅, "요보호성인의 인권존중의 관점에서 본 새로운 성년후견제도", 민사법학 56호(2011), 306-307.

하는 제한능력자에도 해당되지 않는다.[7] 특정후견인에게 후원을 위한 대리권이 수여되었다고 하더라도 피특정후견인은 단독으로 유효한 법률행위를 할 수 있고, 그 법률행위의 내용이 특정후견인의 대리행위의 내용과 일치할 것이 요구되지도 아니한다. 이 때 두 법률행위는 모두 유효하므로, 민법의 일반원리(채권관계의 상대성, 물권법상 우선주위, 의사능력 등)에 따라 해결될 수밖에 없다.[8] 이는 개별적으로 피특정후견인에게 불리할 수도 있겠지만, 특정후견은 본인의 의사에 반해 개시할 수 없다는 규정에 비추어 당연한 해석이다. 피특정후견인은 자신의 신상에 관하여 단독으로 결정한다. 특정후견인은 피특정후견인의 신상에 대한 결정 대행권을 행사할 수 없다. 피특정후견인의 가족법상 행위에 특정후견인의 동의는 필요하지 않으며, 피특정후견인의 소송능력에도 아무런 영향이 없다. 특정후견인에게 소송사무 후원을 위한 대리권이 부여되었다고 하더라도 마찬가지이다.

4. 피특정인의 후원을 위하여 필요한 처분

가정법원은 피특정인을 후원하거나 대리하기 위한 특정후견인을 선임하는 등 피특정후견인의 후원을 위하여 필요한 처분을 명할 수 있다(본법 제959조의8, 제959조의9 제1항, 가사소송법 제2조 제1항 라류 사건). 특정후견의 심판을 하면서 필요한 처분을 하지 않으면 특정후견이 무용한 절차가 된다는 이유로 가정법원은 특정후견의 심판과 함께 후원을 위해 필요한 처분을 해야 하며, 두 심판은 불가분의 관계에 있다고 해석하는 견해도 있다.[9]

5. 심판의 고지와 즉시항고

가. 특정후견의 심판은 당사자와 절차에 참가한 이해관계인에게 고지해야 하며(가사소송법 제25조), 후원을 위한 조치로 특정후견인이나 특정후견감독인이 선임되면(본법 제959조의9 제1항, 제959조의10 제1항) 이들에게도 고지해야 한다(가사소송규칙 제35조 제1항). 불복이 없는 한, 이 고지에 의해 효력이 발생한다(가사소송법 제40조). 가정법원의 법원사무관 등은 심판에 대해 지체 없이 본인에게 그 뜻을 통지해야 한다(가사소송법 제35조 제2항).

7 성년후견제도 해설, 법원행정처(2013), 127.

8 김형석, “민법 개정안에 따른 성년후견법제”, 가족법연구 24권 2호(2010), 122; 윤진수/현소혜, 2013년 개정민법 해설, 법무부(2013), 51.

9 김형석, “성년후견·한정후견의 개시심판과 특정후견의 심판”, 법학 55권 1호(2014), 472.

나. 특정후견의 심판에 대하여는 본법 제14조의2 제1항의 특정후견의 심판 청구권자 및 민법 제959조의20 제1항의 임의후견인, 임의후견감독인이 즉시항고할 수 있다(가사소송규칙 제36조 제1항 제3호 가목).

다. 심판이 효력을 발생하면 가정법원은 후견등기사무를 처리하는 자에게 후견등기부기록을 촉탁해야 한다(가사소송법 제9조, 가사소송규칙 제5조의2 제1항 제3호 가목, 후견등기에 관한 법률 제20조 제1항).

6. 특정후견의 종료

특정후견은 일시적 후원을 위해 가정법원이 정한 기간 동안 효력을 가지거나, 특정적 후원을 위해 특정 사무의 처리종료시점까지 효력을 가진다. 가정법원이 심판에 정한 기간이 도과하거나 사무처리가 종료되면(본법 제14조의2 제3항), 특정후견은 법률상 당연히 효력을 상실하며, 별도로 특정후견을 종료하는 심판 등은 필요하지 않다.

현행 민법이 성년후견이나 한정후견과 구별하여 특정후견 '개시'의 심판이라는 표현을 쓰지 아니하고 단순히 특정후견의 심판이라고 표현하는 것은 바로 이러한 이유 때문이다. 그러므로 가정법원이 특별히 개입하여 특정후견을 종료하는 심판을 한다면 이는 특정후견의 기간이 아직 도과하지 않았거나 사무처리가 종료되지 아니한 경우에 비로소 의미를 가진다고 봄이 타당하다.

그러한 종료 가능성을 인정할 것인지 여부는 입법정책적인 문제인데, 현행 민법은 성년후견·한정후견·임의후견을 개시함으로써 특정후견이 종료되는 경우를 제외하면(본법 제14조의3, 제959조의20 제2항) 아무런 규정을 두고 있지 않다. 그러므로 기간도과나 사무처리완료 이전의 특정후견 종료는 성년후견, 한정후견, 임의후견 개시의 경우에만 가능하고, 그 밖에는 청구에 따른 종료는 인정되지 않는다.

다만 목적한 사무처리가 완료되었는지에 관하여 다툼이 있을 수 있다는 이유를 들어 피후견인의 배우자, 4촌 이내의 친족, 후견감독인이 특정후견의 사유가 종료하였을 때 가정법원으로부터 특정후견이 종료되었다는 취지의 처분(본법 제954조에 기초한 후견사무에 관한 처분)을 구하여 그 처분으로 종료사유를 증명하여 종료등기를 함으로써 제3자에게 대항할 수 있다는 견해가 있다.[10]

10 이현곤, 성년후견제도의 이해와 활용-치매노인과 발달장애인의 신상보호와 재산관리-, 고시계사(2018), 291-292.

제14조의3 [심판 사이의 관계]

① 가정법원이 피한정후견인 또는 피특정후견인에 대하여 성년후견개시의 심판을 할 때에는 종전의 한정후견 또는 특정후견의 종료 심판을 한다.

② 가정법원이 피성년후견인 또는 피특정후견인에 대하여 한정후견개시의 심판을 할 때에는 종전의 성년후견 또는 특정후견의 종료 심판을 한다. [본조신설 2011.3.7.]

[관련조문] 민법 제11조, 제14조, 제959조의14, 제959조의15, 제959조의20

[참고문헌] 구상엽, 장애인을 위한 성년후견제도, 경인문화사(2015); 김성우, 성년후견실무, 박영사(2018); 김주수/김상용, 친족·상속법(제14판), 법문사; 성년후견제도 해설, 법원행정처(2013); 윤진수/현소혜, 2013년 개정민법해설, 법무부(2013); 이현곤, 성년후견제도의 이해와 활용-치매노인과 발달장애인의 신상보호와 재산관리-, 고시계사(2018); 주해 친족법(제2권), 박영사(2015); 후견사건 처리 실무, 법원행정처(2015); 김성우, "성년후견제도의 현황과 과제", 서울가정법원 가사소년재판연구회, 가사재판연구 Ⅲ(2018); 김형석, "민법 개정안에 따른 성년후견법제", 가족법연구 24권 2호(2010); 박인환, "새로운 성년후견제 도입을 위한 민법개정안의 검토", 가족법연구 24권 1호(2010); 제철웅, "요보호성인의 인권존중의 관점에서 본 새로운 성년후견제도", 민사법학 56호(2011)

Ⅰ. 본조의 의의

기존의 한정치산·금치산제도가 성년후견, 한정후견 및 특정후견제도로 다원화됨에 따라 각 심판 간의 관계를 명확히 하기 위한 규정이다.

Ⅱ. 본조의 내용

1. 제한능력자에 대하여 성년후견 개시의 심판을 할 때

가. 가정법원이 피한정후견인 또는 피특정후견인에 대하여 성년후견개시의 심판을 할 때에는 종전의 한정후견 또는 특정후견의 종료 심판을 한다(본법 제14조의3 제1항).

나. 피성년후견인은 피한정후견인이나 피특정후견인보다 행위능력이 제한되

는 범위가 넓고 또 그만큼 포괄적인 보호를 받게 되므로, 피한정후견인 또는 피특정후견인에 대하여 성년후견이 개시되면 종전의 한정후견 또는 특정후견은 불필요하다. 동일인에 대해 성년후견과 한정후견 또는 특정후견이 중복하여 개시되는 일이 발생하지 않도록 직권으로 기존의 후견을 종료시키는 것이다. 이때에는 민법 제14조에 따른 한정후견종료의 심판 청구가 필요하지 않다.

2. 제한능력자에 대하여 한정후견 개시의 심판을 할 때

가. 가정법원이 피성년후견인 또는 피특정후견인에 대하여 한정후견 개시의 심판을 할 때에는 종전의 성년후견 또는 특정후견의 종료 심판을 한다(본법 제14조의3 제2항).

나. 피성년후견인에 대하여 한정후견 개시의 심판을 한다는 의미는 피성년후견인의 정신적 제약으로 인한 사무처리능력이 "지속적 결여" 상태에서 "부족" 상태로 정신상태가 향상되었다는 의미이므로, 이미 개시되어 있는 성년후견에 대하여 직권으로 종료 심판을 하여야 한다. 이때 민법 제11조에 따른 성년후견 종료의 심판 청구가 필요하지 않음은 제1항의 경우와 같다. 역시 후견의 중복 이용을 방지함으로써 절차를 명확하게 하기 위함이다.

다. 피특정후견인에 대하여 한정후견개시의 심판을 한다는 의미는 정신적 제약으로 일시적 후원 또는 특정한 사무에 대한 후원만으로는 충분한 보호가 되지 못하여 지속적·포괄적 보호를 받게 하겠다는 의미이다. 이미 개시되어 있는 특정후견에 대하여 예외적으로 종료심판을 한다.

3. 본조 외에 후견의 종류가 변경된 때

본인이 피성년후견인, 피한정후견인 또는 피특정후견인이고 후견계약이 등기되어 있는 경우 가정법원이 임의후견감독인을 선임함에 있어서 종전의 성년후견, 한정후견 또는 특정후견의 종료 심판을 하여야 한다(본법 제959조의20 제2항).

◆ 후견계약

질병, 장애, 노령 또는 그 밖의 사유로 인한 정신적 제약으로 사무를 처리할 능력이 부족한 상황에 있거나 부족하게 될 상황에 대비하여 자신의 재산관리 및 신상보호에 관한 사무의 전부 또는 일부를 다른 자에게 위탁하고 그 위탁사무에 관하여 대리권을 수여하는 것을 내용으로 하는 계약을 체결할 수 있다(본법 제959

조의14 제1항). 이를 후견계약이라고 한다. 성년후견제도를 도입하면서 민법의 친족편에 후견계약에 관한 규정을 두었다. 후견계약은 공정증서로 체결하여야 한다(본법 제959조의14 제2항). 가정법원은 후견계약이 등기되어 있고, 본인이 사무를 처리할 능력이 부족한 상황에 있다고 인정할 때에는 본인, 배우자, 4촌 이내의 친족, 임의후견인, 검사 또는 지방자치단체의 장의 청구에 의하여 임의후견감독인을 선임한다(본법 제959조의15 제1항). 후견계약은 가정법원이 임의후견감독인을 선임한 때부터 효력이 발생한다(본법 제959조의14 제3항). 가정법원, 임의후견인, 임의후견감독인 등은 후견계약을 이행·운영할 때 본인의 의사를 최대한 존중하여야 한다(본법 제959조의14 제4항). 임의후견이 개시되더라도 피후견인의 법률행위능력은 제한되지 않기 때문에 후견인에게 대리권만을 부여할 수 있을 뿐 취소권이나 동의권을 부여할 수는 없다.

제15조 [제한능력자의 상대방의 확답을 촉구할 권리]

① 제한능력자의 상대방은 제한능력자가 능력자가 된 후에 그에게 1개월 이상의 기간을 정하여 그 취소할 수 있는 행위를 추인할 것인지 여부의 확답을 촉구할 수 있다. 능력자로 된 사람이 그 기간 내에 확답을 발송하지 아니하면 그 행위를 추인한 것으로 본다.

② 제한능력자가 아직 능력자가 되지 못한 경우에는 그의 법정대리인에게 제1항의 촉구를 할 수 있고, 법정대리인이 그 정하여진 기간 내에 확답을 발송하지 아니한 경우에는 그 행위를 추인한 것으로 본다.

③ 특별한 절차가 필요한 행위는 그 정하여진 기간 내에 그 절차를 밟은 확답을 발송하지 아니하면 취소한 것으로 본다. [전문개정 2011.3.7.]

[관련조문] 민법 제4조, 제10조, 제11조, 제13조, 제14조, 제14조의3, 제16조, 제17조, 제89조, 제110조, 제111조, 제112조, 제131조, 제139조, 제140조, 제141조, 제143조, 제145조, 제146조, 제381조, 제455조, 제460조, 제544조, 제552조, 제950조

[참고문헌] 윤진수/현소혜, 2013년 개정민법해설, 법무부(2013)

Ⅰ. 제한능력자의 상대방 보호를 위한 제도

1. 제한능력자의 상대방 보호 필요성

제한능력자제도는 제한능력자의 재산을 보호하기 위한 제도이며, 제한능력자가 한 법률행위가 취소할 수 있는 것임은 앞에서 서술한 바와 같다. 그러나 취소할 수 있는 법률행위는 일방적인 취소권 행사에 의하여 효력이 좌우되므로, 취소권자가 취소하면 효력이 소급적으로 소멸하지만 취소하지 않고 그대로 두면 그 행위는 유효하다. 즉 행위의 효력을 취소권자인 제한능력자 자신과 그의 법정대리인(본법 제140조)이 좌우할 수 있다. 이와 같이 제한능력자의 행위를 취소할 수 있을 뿐 아니라 그 취소권을 제한능력자 쪽만이 가지고 있고 더욱이 그 행사 또한 자유이므로, 제한능력자와 거래한 상대방은 스스로 거래행위의 구속에서 벗어

나지 못하고 전적으로 제한능력자 쪽의 의사에 의하여 거래의 효력이 좌우되는 불확정한 상태에 놓이게 된다.

실제 거래를 하면서 상대방이 제한능력자 여부를 식별하는 것은 사실상 어렵고, 통상 그 능력 유무를 확인하기 위해 후견등기부 등을 열람하는 것은 일반인에게 더더욱 기대하기 어렵다는 점에서 상대방 보호의 필요성은 더욱 크다. 한편, 취소의 효과는 행위를 처음부터 무효로 하는 소급효가 있는데(본법 제141조 본문), 제한능력을 이유로 한 취소에는 의사표시의 하자나 착오를 이유로 한 취소와 달리 선의의 제3자를 보호하는 규정이 없어 상대방 이외의 제3자도 불안한 지위에 있다. 따라서 취소할 수 있는 행위의 불확정 상태를 될 수 있는 대로 빨리 해소할 필요가 있다. 이를 위하여 민법은 다음과 같은 제도를 두고 있다.

2. 상대방의 보호방법 일반

취소할 수 있는 행위 일반에 관하여 취소권의 단기소멸기간을 정하고 법정추인 제도를 두고 있다. 취소권의 단기소멸기간 제도는 취소할 수 있는 행위를 추인(본법 제143조 이하)할 수 있는 날로부터 3년 내, 행위를 한 날로부터 10년 내에 취소하지 않으면 취소할 수 없게 된다는 것이고(본법 제146조), 법정추인제도는 일정한 사유가 있는 때에 추인(취소권의 포기)이 있는 것으로 간주하여 취소할 수 있는 행위를 확정적으로 유효하게 하는 제도이다(본법 제145조).

그러나 취소권 소멸기간은 비교적 장기간이어서 역시 제한능력자의 상대방은 상당히 오랫동안 불확정한 상태에 놓이게 되고, 민법이 규정한 법정추인사유는 예외적 현상이어서 실효성이 크지 않다. 취소할 수 있는 행위의 상대방 중에서도 사기나 강박을 한 자(본법 제110조)는 그러한 불이익한 지위에 놓이더라도 자업자득이라 할 수 있다. 그러나 제한능력자의 상대방은 사기나 강박을 한 자와 달리 책임을 물을 만한 사정이 없다. 그런데도 사기나 강박을 한 자와 같은 입장에 서게 하는 것은 부당하다. 그는 제한능력자의 보호라는 목적을 위하여 희생되는 자이므로, 그 지위를 두텁게 보호할 필요가 있다.

여기서 민법은 제한능력으로 인한 취소할 수 있는 행위의 상대방을 보호하기 위하여 세 가지 특례를 인정하였다. 상대방의 확답 촉구권과 철회권·거절권, 그리고 일정한 경우에 제한능력자 쪽의 취소권을 상실케 하는 것이 그것이다. 이하 위 세 가지 특례에 관하여 차례로 보기로 한다.

Ⅱ. 본조의 의의

1. 민법은 최고권에 관한 규정을 두고 있었는데, 2011. 3. 7. 개정된 현행 민법 제15조에서는 최고권을 '확답을 촉구할 권리'로 용어를 수정하였다. 그러나 민법의 다른 규정에서는 여전히 최고권이라는 용어를 사용하고 있다(본법 제89조, 제131조, 제381조, 제455조, 제460조, 제544조, 제552조 등). 일반적으로 최고 또는 확답 촉구란 어떤 사람에 대하여 일정한 행위를 하도록 요구하는 통지를 말하며(예컨대, 채무이행의 확답 촉구 등), 법률에 규정이 없어도 필요하면 얼마든지 확답을 촉구하거나 최고할 수 있다. 그런데 특히 법률에 규정되어 있는 경우에는 법률 규정에 의하여 직접 일정한 법률 효과가 주어진다.

2. 본법 제15조에 따라 제한능력자의 상대방이 확답을 촉구하는 경우에도 이에 대하여 제한능력자 쪽에서 아무런 행위를 하지 않아도 일정한 효과가 발생하는 것으로 하고 있다. 그러므로 제한능력자의 상대방이 하는 확답 촉구는 일반적인 확답 촉구와 다르며, 법률 규정에 의하여 일정한 효과가 부여된다는 점에서 하나의 권리라고 할 수 있다. 이러한 확답 촉구에 의하여 생기는 일정한 법률효과는 확답을 촉구하는 자, 즉 제한능력자의 상대방의 의사에 따라 정해지는 것이 아니라 그의 의사와 관계없이 법률 규정에 의해 정해진다는 점에서 이를 준법률행위의 일종인 '의사통지'라고 한다. 따라서 이는 확답 촉구자가 의도한 효과의사와 동일한 법률효과가 부여되지 않는 않는다는 점에서 의사표시와 다르다. 또한 이러한 확답 촉구권은 권리자의 일방적 행위에 의하여 법률관계의 변동을 일으키는 권리이므로, 형성권의 일종이라고 보는 견해가 통설이다.[1]

3. 확답 촉구권은 취소할 수 있는 법률행위가 상대방 있는 행위인 경우, 즉 계약이거나 상대방 있는 단독행위인 경우에만 인정된다. 따라서 상속의 승인이나 포기와 같은 상대방 없는 단독행위인 경우에는, 비록 추인 여부의 확답에 이해관계 있는 사람(예를 들어 공동상속인 등)이 있어도 그에게는 확답 촉구권이 없다.[2] 상대

1 곽윤직/김재형, 민법총칙(제9판), 박영사(2013), 135; 송덕수, 민법총칙(제3판), 박영사(2015), 217; 양창수/김재형, 민법1(계약법), 박영사(2015), 637.

2 이와 달리, 상대방 없는 단독행위에서도 그 법률행위에 의해 상대방이 직접 이익을 얻는 경우(상속의 승인·포기에서의 공동상속인)에는 확답 촉구를 할 수 있다는 견해가 있다. 강태성, 민법총칙, 대명출판사(2017), 179.

방의 권리는 제한능력자에 대하여 취소할 수 있는 행위를 취소 또는 추인할 것인지 여부의 확답을 재촉하고, 이에 대하여 아무런 대답이 없을 때에는 경우에 따라서 취소 또는 추인의 효과를 발생시킨다(본법 제15조).

Ⅲ. 확답 촉구의 요건

1. 제한능력자의 상대방이 확답 촉구권을 행사하려면, ① 문제의 취소할 수 있는 행위를 지적하고, ② 1개월 이상의 유예기간을 정하여, ③ 추인할 것인지 여부의 확답을 요구한다(본법 제15조 제1항). 구두로 하든 또는 서면으로 하든 관계없다.

여기에서 1개월 기간의 기산점은 확답 촉구의 의사통지가 상대방에게 도달된 때이므로 다음날을 제1일로 계산한다. 기간의 정함이 없는 확답 촉구 또는 1개월보다 짧은 기간을 정하여 한 확답 촉구의 효력에 대해서는 모두 그 효력이 없다고 하는 설과 이에 반대하는 설이 대립되어 있다. 효력이 없다고 하는 설이 다수설[3]로서 타당하다고 생각된다.

2. 확답 촉구의 상대방

확답 촉구의 상대방은 확답 촉구를 수령할 능력이 있고(본법 제112조), 취소 또는 추인을 할 수 있는 자에 한한다(본법 제140조, 제143조). 민법은 이러한 확답 촉구의 상대방에 관하여 두 가지 경우로 나누어 규정하고 있다.

가. 능력자로 된 후의 확답 촉구

제한능력자가 능력자로 된 경우에는, 그 능력자로 된 자에 대하여 확답 촉구를 하여야 한다. '제한능력자가 능력자로 된 후'라 함은 ① 미성년자가 성년에 달한 경우(본법 제4조), ② 피성년후견인이 성년후견 종료의 심판을 받은 경우(본법 제11조), ③ 피한정후견인이 한정후견 종료의 심판을 받은 경우(본법 제14조), ④ 특정후견의 심판에서 정한 특정후견의 기간 또는 사무의 범위가 종료된 경우(본법 제14조의3), ⑤ 가정법원이 취소할 수 없는 피성년후견인의 법률행위 범위를 변경하여 행위능력이 회복된 경우(본법 제10조 제3항) 또는 가정법원이 한정후견인의 동의를 받아야 하는 피한정후견인의 행위 범위를 변경한 경우(본법 제13조 제2항) 등 모든 경우를 포함한다. 법원에 의한 심판이 있기 전에는 제한능력자의 정신능

3 민법주해 Ⅰ, 총칙(1), 박영사(1992), 318(양삼승); 송덕수, 민법총칙(제3판), 박영사(2016), 217.

력이 회복되었다는 이유만으로 능력자가 되었다고 할 수 없다.[4]

또 '확답을 발송하지 아니한 때'라고 되어 있기 때문에 한번 취소의 통지를 발송한 이상은 그 통지가 상대방에게 도달하지 않아도 추인한 것으로 볼 수는 없다.

나. 능력자로 되지 못한 경우의 확답 촉구

제한능력자가 아직 능력자로 되지 못한 경우에는 그 제한능력자의 법정대리인이 확답 촉구의 상대방이다(본법 제15조 제2항). 따라서 능력자가 되지 못한 제한능력자에 대하여 확답 촉구를 하여도 확답 촉구의 효과는 생기지 않는다.

다. 제한능력자가 의사능력 없이 한 법률행위에 관해서 본조의 확답 촉구를 할 수 있을 것인가. 이 문제는 의사능력이 없는 자가 한 법률행위에 대하여 취소 또는 추인을 할 수 있을 것인가 하는 문제와 표리의 관계에 있다.

의사능력을 결여한 자가 한 법률행위는 당연 무효로서 취소 또는 추인을 할 여지가 없기 때문에 이에 대하여 본조에 의한 확답 촉구를 하여도 무의미하다는 부정설과, 의사무능력자의 행위는 무효라 하더라도 의사무능력자는 의사능력을 충분히 회복하여 자기의 행위를 인식한 후에 법률행위를 추인함으로써 유효하게 할 수 있다고 보아야 하고[다만 이 경우 그 효력은 소급하지 않는다고 한다(본법 제139조 참조)], 이와 같이 해석하더라도 상대방에게 이익이 될지언정 상대방에게 불이익을 줄 염려가 없으므로 상대방은 의사능력을 회복한 자에 대하여 본조에 의한 확답 촉구를 할 수 있다고 하는 긍정설[5]로 견해가 나뉜다. 긍정설은 의사능력을 회복한 자가 유예기간 내에 확답을 발하지 않았을 경우에는 추인을 한 것으로 보면서 사실상 무능력자의 경우에도 의사무능력의 경우와 마찬가지로 본법 제15조가 유추적용된다고 한다.[6]

3. 제한능력자의 상대방은 악의이더라도 확답 촉구권을 행사할 수 있다고 보는 견해가 있다. 즉, 계약 체결 당시 제한능력자임을 알았더라도 확답을 촉구할 수 있다는 것이다.[7]

4 윤진수/현소혜, 2013년 개정민법해설, 법무부(2013), 58.
5 김주수/김상용, 민법총칙, 삼영사(2013), 158.
6 그 상세에 관해서는 日, 註釋民法(1), 236(山主政幸) 이하 참조.
7 강태성, 민법총칙, 대명출판사(2017), 179.

Ⅳ. 확답 촉구의 효과

1. 확답이 있는 경우

확답 촉구를 받은 자가 유예기간 내에 추인 또는 취소의 확답을 하면, 각각 그에 따른 효과가 생기게 된다. 즉 추인의 확답이 있을 경우 법률행위는 확정적으로 유효하고, 장래에는 행위능력을 문제 삼아 취소할 수 없게 되며, 취소의 확답이 있을 경우에는 법률행위는 소급적으로 효력을 상실하고, 당사자는 상대방으로부터 받은 것을 부당이득으로 반환할 의무를 진다[다만 제한능력자는 현존이익의 범위에서만 반환의무를 진다(본법 제141조)]. 그러나 이것은 추인 또는 취소라는 의사표시의 효과이지 확답 촉구 자체의 효과는 아니다.

2. 확답이 없는 경우

확답 촉구 자체의 효과가 생기는 것은 유예기간 내에 확답이 없는 경우이다.

가. 제한능력자가 능력자로 된 후에 확답 촉구를 받고 유예기간 내에 확답을 발송하지 않으면(본법 제111조 도달주의의 예외), 그 행위를 추인한 것으로 본다(본법 제15조 제1항). 따라서 유예기간이 지난 후 취소의 확답을 발송하더라도 추인한 것이 된다. 촉구를 한 자는 상대방의 어떠한 답변에 대해서도 그에 따른 준비가 되어 있다고 보이므로 발신주의를 취하여도 불측의 손해를 입을 염려가 없고, 또 불안한 법률상태를 신속히 안정시킬 수 있는 이점이 있다고 보아 발신주의를 채택한 것으로 보인다.

나. 제한능력자가 아직 능력자가 되지 않은 때 법정대리인이 확답 촉구를 받았으나 기간 내에 확답을 발송하지 않은 때에는 경우를 나누어 볼 필요가 있다. 만일 법정대리인이 특별한 절차 없이 단독으로 추인할 수 있는 경우에는 그 행위를 추인한 것으로 본다(본법 제15조 제2항, 제1항). 그러나 특별한 절차가 필요한 행위는 기간 내에 그 절차를 밟은 확답을 발송하지 않으면 취소한 것으로 본다(본법 제15조 제3항). 여기서 '특별한 절차'란 법정대리인인 후견인이 후견감독인의 동의를 필요로 하는 법률행위(본법 제950조)에 관하여 추인하는 경우를 가리킨다는 데에 학설은 일치한다.[8]

[8] 강태성, 민법총칙, 대명출판사(2017), 180; 곽윤직/김재형, 민법총칙(제9판), 박영사(2013), 136.

3. 법률에 의하여 의사표시가 행해진 것으로 의제(fingierte Willenserklärung)되기 때문에, 원칙적으로 의사표시에 관한 규정(본법 제107조 이하)이 적용되지 않는다. 예를 들어, 법정대리인이 추인 여부의 확답을 하지 않으면 취소의 의사표시가 의제되는 것으로 잘못 알고 확답을 하지 않아 추인의 의사표시가 의제되었더라도, 의제된 추인의 의사표시를 착오를 이유로 취소한다고 주장하지 못한다.

제16조 [제한능력자의 상대방의 철회권과 거절권]

① 제한능력자가 맺은 계약은 추인이 있을 때까지 상대방이 그 의사표시를 철회할 수 있다. 다만, 상대방이 계약 당시에 제한능력자임을 알았을 경우에는 그러하지 아니하다.

② 제한능력자의 단독행위는 추인이 있을 때까지 상대방이 거절할 수 있다.

③ 제1항의 철회나 제2항의 거절의 의사표시는 제한능력자에게도 할 수 있다. [전문개정 2011.3.7.]

[관련조문] 민법 제15조, 제17조, 제43조, 제112조, 제134조, 제136조, 제141조, 제493조, 제506조, 제1060조

[참고문헌] 윤진수/현소혜, 2013년 개정민법해설, 법무부(2013)

Ⅰ. 본조의 의의

민법은 불안정한 지위에 있는 제한능력자의 상대방을 보다 두텁게 보호하려는 취지에서 독일 민법 제109조(계약의 경우)와 제111조(단독행위의 경우)를 본받아서 철회권과 거절권에 관한 제도를 두었다. 전술한 확답 촉구는 1개월 이상의 유예기간을 두어야 할 뿐만 아니라 행위의 효력 확정이 제한능력자 쪽에 의하여 좌우된다. 따라서 제한능력자의 상대방이 적극적으로 행위의 효력 발생을 원하지 않는 경우에는 그 상대방에게는 유용한 제도가 되지 못한다. 그리하여 민법은 제한능력자와 거래한 상대방이 스스로 행위의 효력 발생을 원하지 않는 경우 이를 저지하여 그 법률적인 구속으로부터 벗어날 수 있게 하는 제도를 두었다. 이것이 철회권과 거절권이다. 전자는 계약, 후자는 단독행위의 효력 발생 부인을 내용으로 한다. 무권대리에 관하여도 이와 유사한 법리가 제도화되어 있다(본법 제134조, 제136조).

Ⅱ. 철회권

1. 제한능력자와 체결한 계약은 제한능력자 쪽에서 추인이 있을 때까지 상대방이 그 의사표시를 철회할 수 있다(본법 제16조 제1항). 그러나 제한능력자의 상대방이

계약 당시에 제한능력자인 사실을 안 때에는 철회하지 못한다(본법 제16조 제1항 단서). 이러한 경우에까지 철회권을 인정하여 상대방을 보호할 필요가 없기 때문이다.[1] 상대방은 미성년자나 성년후견의 경우에는 미성년이라는 사실과 성년후견 개시심판이 있음을 알면 족하지만, 한정후견의 경우에는 한정후견 개시의 심판이 있음을 알았을 뿐만 아니라, 당해 법률행위에 관하여 피한정후견인의 행위능력이 제한된다는 사실도 알고 있어야 함을 의미한다. 피특정후견인과 피임의후견인은 원칙적으로 행위능력이 있으므로 위 단서의 적용을 받지 않는다.[2]

2. 여기서 계약이란 제한능력자가 법정대리인의 동의·허락을 얻어야 함에도 불구하고 이를 얻지 않아서 취소 가능한 계약에 한정된다. 법정대리인의 동의·허락을 얻었거나 또는 얻을 필요가 없는 계약은 확정적으로 유효하므로 상대방도 이에 대해 철회권을 행사할 수 없다고 봄이 타당하기 때문이다.

3. 철회는 상대방이 제한능력자 또는 법정대리인에 대하여 일방적 의사표시를 하는 것이다(본법 제16조 제3항). 따라서 이는 상대방 있는 단독행위이다. 철회의 의사표시는 그 의사표시의 수령능력이 있는 법정대리인에 대하여서 뿐만 아니라, 수령능력이 없는 제한능력자에 대하여서도 유효하게 할 수 있다(본법 제16조 제3항, 이 경우 제112조는 적용되지 않는다).

4. 철회가 있으면 취소와 마찬가지로 제한능력자와 상대방 사이의 계약은 소급적으로 그 효력이 소멸된다.[3] 이 경우 제한능력자의 부당이득반환의 범위는 본법 제141조 단서를 유추하여 현존 이익의 한도로 축소된다고 해석해야 할 것이다.

Ⅲ. 거절권

1. 제한능력자의 법률행위가 단독행위일 때에는 상대방은 제한능력자 측에서 추인할 때까지는 그것을 거절할 수 있다(본법 제16조 제2항). 여기서 말하는 단독행위는

1 입법 당시 제16조 제1항 단서의 "알았을 때" 다음에 "알 수 있었을 때"를 삽입하여 과실로 무능력자임을 알지 못한 상대방의 철회권도 박탈해야 한다는 견해가 많았다. 민사법연구회, 민법안 의견서 30 참조.

2 이 점에서 윤진수/현소혜, 2013년 개정민법해설, 법무부(2013), 59와 일부 다른 입장을 취한다.

3 이와 달리 계약의 성립요소인 의사표시의 하나가 흠결된다고 보아 법률행위가 부존재한다고 설명하기도 한다. 명순구, 민법총칙, 법문사(2007), 125.

성질상 상대방 있는 단독행위만을 가리킨다. 즉 채무면제(본법 제506조)·상계(본법 제493조) 등과 같이 상대방에 대하여 일방적인 의사표시가 도달하면 즉시 그 효력이 발생하는 법률행위이다. 그러므로 유언(본법 제1060조 이하), 재단법인 설립행위(본법 제43조) 등과 같은 상대방 없는 단독행위는 여기에 포함되지 않는다.

2. 제한능력자의 상대방이 거절권을 행사하면 단독행위는 무효가 된다.

거절의 의사표시를 법정대리인뿐만 아니라 제한능력자에 대하여도 할 수 있음은 철회권 행사에 있어서와 같다(본법 제16조 제3항).

3. 단독행위의 상대방이 그 의사표시를 수령할 당시에 표의자가 제한능력자인 사실을 알았을 경우에도 거절권을 행사할 수 있는가. 이 점에 관하여 민법은 명문의 규정을 두고 있지 않아 의문이 있다. 상대방이 제한능력자임을 알았을 경우에는 거절권을 행사할 수 없다는 부정설과 상대방이 제한능력자임을 알았더라도 거절권을 행사할 수 있다고 하는 긍정설[4]로 견해가 나뉘고, 후자가 다수설이다. 쌍방의 의사표시의 합치로 성립하는 계약에 있어서는 제한능력자의 의사표시뿐만 아니라 상대방의 의사표시도 있으므로 책임이 있게 되어 그 철회를 금하는 것이지만, 단독행위의 경우에는 제한능력자의 의사표시만이 있고 상대방은 다만 그 의사표시를 수령하는 데 지나지 않으므로 제한능력자임을 알고 있었다고 해서 책임을 물을 수는 없다고 보아 후자의 견해가 타당하다고 생각된다. 따라서 철회권과 달리, 거절권은 제한능력자의 상대방이 의사표시를 수령할 때에 표의자가 제한능력자임을 알고 있었더라도 행사할 수 있다.

4 곽윤직/김재형, 민법총칙(제9판), 박영사(2013), 137; 김용한, 민법총칙론, 박영사(1997), 122; 김주수/김상용, 민법총칙, 삼영사(2013), 160; 김증한/김학동, 민법총칙(제10판), 박영사(2013), 152.

제 17 조 [제한능력자의 속임수]

① 제한능력자가 속임수로써 자기를 능력자로 믿게 한 경우에는 그 행위를 취소할 수 없다.
② 미성년자나 피한정후견인이 속임수로써 법정대리인의 동의가 있는 것으로 믿게 한 경우에도 제1항과 같다. [전문개정 2011.3.7.]

[관련조문] 민법 제15조, 제16조, 제110조, 제750조

[참고문헌] 윤진수/현소혜, 2013년 개정민법해설, 법무부(2013년)

Ⅰ. 본조의 의의

제한능력자가 상대방으로 하여금 자기를 능력자로 잘못 믿게 하거나 또는 법정대리인의 동의가 있다고 잘못 믿게 하기 위하여 속임수를 쓴 경우에 그러한 제한능력자는 보호할 필요가 없다. 이러한 경우에 제한능력자의 상대방은 사기를 이유로 자기의 의사표시를 취소하거나(본법 제110조), 불법행위를 이유로 손해배상을 청구할 수 있다(본법 제750조). 그러나 이러한 방법은 간접적인 구제수단이어서 상대방 보호에 충분하지 않기 때문에, 민법은 그러한 제한능력자로부터 취소권을 박탈하여 그 행위를 확정적으로 유효한 것으로 함으로써, 상대방이 처음에 예상한 대로의 효과를 발생하게 하여 거래의 안전을 꾀하고 있다. 이것이 본법 제17조의 입법이유이다.

이 제도는 로마법상 이러한 경우 미성년자의 원상회복 특권을 부인한 제도에서 유래하였고, 미성년자에 의한 "성년자라는 단순한 진술"(la simple déclaration de majorité)은 취소의 방해가 되지 않는다고 규정한 프랑스 민법 제1307조를 모델로 하여 이를 제한능력자 일반에 확장한 것이다.[1]

1 본조의 입법 연혁에 대하여는 日, 註釋民法(1), 238(山主政幸) 참조.

Ⅱ. 요건

1. 제한능력자가 '속임수'를 써서 상대방에게 능력자이거나 법정대리인의 동의가 있다고 믿게 하였어야 한다(본법 제17조).

가. 제한능력자가 행위능력에 관한 속임수를 쓰는 경우를 말한다. 가령 미성년자나 피한정후견인이 위조한 동의서를 상대방에게 제시하여 마치 법정대리인의 동의가 있었던 것처럼 믿게 하는 것이 좋은 예이다. 이 때 취소권을 상실하는 것은 미성년자와 피한정후견인뿐이고, 피성년후견인은 포함되지 않는다. 피성년후견인은 법정대리인의 동의가 있어도 예외적인 경우를 제외하고는 단독으로 유효한 법률행위를 하지 못하며, 그 행위는 여전히 취소할 수 있기 때문이다.

그러나 본법 제17조 제1항의 경우, 즉 제한능력자가 자신이 능력자라고 믿게 하는 경우에는 피성년후견인도 포함된다. 바꾸어 말하면, 피성년후견인이 속임수를 써서 능력자로 믿게 한 때에는 취소권을 상실한다. 그러나, 피성년후견인이 자기는 미성년자 또는 피한정후견인이라고 말하면서 법정대리인의 동의서를 제시하여 법률행위를 한 때에는 여전히 취소권은 존속한다(본법 제17조 제2항의 반대해석).

나. 본조에 정해진 취소권 배제의 효과가 발생하기 위해서는 위의 요건 이외에도 아래에서 보는 요건까지 충족되어야 한다. 그러나 이들 요건을 판단함에 있어서는 유의하여야 할 점이 있다. 즉 원래 본조는 일종의 일반조항이기 때문에 이들 요건을 개별적으로 분리하여 생각하는 것은 문제 해결에 있어서 구체적인 타당성을 잃게 될 염려가 있다. 따라서 그 해당 여부를 판단함에 있어서는 제한능력자와 상대방과의 사이에 주어진 종래부터의 관계, 즉 그것이 단지 1회적 관계에 지나지 않았는지, 아니면 종전부터 지속적으로 관계를 맺어 온 사이인지, 당해 의사표시가 있을 당시 양자의 직업·사회적 지위는 어떠하였는지 등 모든 사정들을 종합적으로 고려하여야 한다. 또한, 속임수의 주체가 미성년자, 피성년후견인, 피한정후견인 중 어느 쪽인지도 판단의 자료로 고려하여야 한다. 미성년자와 피성년후견인의 경우에는 일반적으로 쉽게 제한능력자임을 알 수 있어 이 경우에 속임수 및 오신(誤信) 등은 특별한 사정 하에서만 인정될 수 있기 때문이다.

다. 여기서 속임수라 함은 상대방을 착오에 빠뜨리게 하기 위하여 기망적인 수단을 쓰는 것을 말하며, 속임수의 정도로는 일반인으로서 통상의 지능을 갖는 자가 기망당할 수 있는 것이면 족하다.

본조는 전술한 바와 같이 원래 프랑스 민법 제1307조를 모델로 한 것인데, 프랑스 민법은 적극성이 필요하다고 명문으로 규정하고 있다. 가족관계등록부 또는 법정대리인의 동의서를 위조하는 것 등이 적극적인 기망 수단을 쓰는 예라고 할 수 있다. 2011. 3. 7. 법률 제10429호로 개정되기 전의 민법(종전 민법)은 사술(詐術)이라는 용어를 사용하였는데, 어떠한 기망 수단을 속임수로 볼 것인지에 관하여 학설이 대립한다.

학설 중에 상대방에게 능력자라고 믿게 하기 위한 적극적 수단을 사술이라고 보는 견해가 있다.[2] 그러나 지금의 다수설은 미성년자가 구체적으로 사리변별능력을 가지고 있으면서도 거래의 상대방으로 하여금 성년자로 믿게 하기 위해 일반인의 정의관념에 현저히 반하는 사기적인 방법을 사용하는 것을 말한다고 하면서, 침묵은 일반적으로는 속임수에 해당하지 않지만 실제로 그러한 오신을 유발시키는 사기적 정황의 지배자라면 예외적으로 속임수를 긍정할 수 있다고 본다.[3] 다수설에 따르면, 구체적인 상황에 따라서 침묵이나 묵비도 속임수가 될 수 있을 것이다. 그러나 실제로 어떠한 행위를 속임수에 해당한다고 볼 것인지는 제한능력자의 보호를 중요시할지 아니면 상대방의 보호 및 거래의 안전을 중요시할지, 그리고 양 보호 사이의 조화를 어디에 둘지에 따라 견해가 나뉠 수 있다.

대법원 1955. 3. 31. 선고 4287민상72 판결과 대법원 1971. 12. 14. 선고 71다2045 판결은 "무능력자가 상대방으로 하여금 그 능력자임을 믿게 하기 위하여 적극적으로 그 기망수단을 쓴 것을 말하고, 단순히 자기가 능력자라고 칭한 것만으로는 사술을 쓴 것이라 할 수 없다."고 판시하였다. 속임수라는 개념을 넓게 해석하여, 적극적으로 부정한 기망 수단을 쓰는 경우는 물론이며 타인을 잘못 믿게 할 목적으로 보통사람을 오신케 할 만한 방법으로 오신을 유발하거나 오신을 더욱 강하게 하는 경우도 이에 포함된다. 이는 모두 무능력자의 보호에 중점을 두어 사술의 의미를 엄격히 해석한 결과이다.

2. 제한능력자의 속임수에 의하여 상대방이 능력자라고 믿었거나 또는 법정대리

2 이은영, 민법총칙(제5판), 박영사(2009), 184.

3 곽윤직/김재형, 민법총칙(제9판), 박영사(2013), 138-139; 김용한, 민법총칙론(재전정판), 박영사(1993), 124; 김주수/김상용, 민법총칙(제7판) 삼영사, 162; 김준호, 민법총칙, 법문사(2017), 94-95; 김증한/김학동, 민법총칙(제10판), 박영사(2013), 152.

인의 동의가 있다고 믿고 법률행위를 하였어야 한다.

가. 예를 들어, 제한능력자가 거래의 중개인에 대하여 속임수를 썼어도 그러한 속임수가 상대방에게까지 미치지 않은 경우에는 취소권 배제의 효과가 생기지 않는다. 법문에는 상대방의 오신을 요건으로 하는 규정이 없지만, 제한능력자의 속임수에 의하여도 제한능력자를 능력자로 믿지 않은 상대방까지 보호할 필요는 없는 것이기 때문에 상대방의 오신을 당연한 요건으로 한 것이다.

나. 먼저 증명책임이 문제된다. 속임수를 썼는지 여부에 대한 증명책임은 상대방에게 있지만(위 대법원 71다2045 판결 참조), 상대방의 오신 여부에 대한 증명책임은 제한능력자 측에 있다.[4] 즉 제한능력자 측에서 상대방이 오신하지 않았음을 증명하여야 한다. 그러나 실제로 이를 증명하기는 상당히 어려워 만약 상대방이 오신을 주장하면 사실상 이를 그대로 인정할 수밖에 없는 경우가 대부분일 것이다. 이 점에서 오신의 요건이 남용될 염려가 있으며, 이는 속임수를 어떻게 판단할 것이냐의 측면에서 조절되어야 할 것이다.

다. 상대방이 오신하는데 과실이 있는 경우 제한능력자의 취소권이 상실되는가가 문제된다. 이와 관련하여 제한능력자의 상대방과의 이익 조정의 측면에서 상대방에게 중과실이 있을 경우에는 제한능력자는 취소권을 상실하지 않는다고 해석하는 견해도 있으나, 제한능력자의 보호 범위를 일탈하였다고 보이므로 상대방의 과실 유무와 관계없이 취소권이 배제된다고 해석함이 타당하다.

라. 제한능력자가 속임수를 행하기 전부터 상대방이 능력자라고 오신하고 있었던 경우에 어떠한가. 속임수에 관하여 적극설을 취하는 입장에서, 상대방의 오신은 제한능력자의 속임수에 의해 형성된 것이어야 하며, 속임수가 있기 전에 이미 오신이 형성되어 있었고 제한능력자가 그 오신에 편승한 데에 불과했던 때에는 취소권이 배제되지 않는다는 견해가 있다.[5] 그러나 이러한 경우에도 이미 존재하고 있었던 오신이 새로 사용된 속임수에 의하여 더욱 강화되어 그 결과 의사표시가 행해지게 되었다면 역시 본조에 해당한다고 함이 타당할 것이다.

4 김대정, 민법총칙[민법강의 I], 도서출판 FIDES(2012), 236; 백태승, 민법총칙(제7판), 집현재(2016), 164.
5 이은영, 민법총칙(제5판), 박영사(2009), 185.

Ⅲ. 효과

이상과 같은 요건이 갖추어졌을 때에는 제한능력자 본인은 물론이고, 그의 법정대리인이나 기타의 취소권자는 제한능력을 이유로 그 행위를 취소하지 못한다. 즉 제한능력자 쪽의 취소권은 배제 내지 봉쇄되어 제한능력자의 행위는 행위시부터 확정적으로 효력이 생긴다. 여기서 배제 내지 봉쇄된다는 의미는 일단 유효하게 성립한 취소권이 배척되는 것이 아니라 처음부터 취소권이 성립하지 않는다는 뜻이다. 따라서 제한능력자 자신뿐만 아니라 그의 법정대리인도 당해 행위를 취소할 수 없다. 그리고 민법이 제한능력자의 사술에 이러한 효과를 부여한 것은 제한능력자에 대한 제재라기보다 보호의 범위를 일탈한 행위라는 이유로 제한능력자에 대하여 특별히 부여한 특권을 박탈한다는 취지로 이해된다.

Ⅳ. 다른 규정과의 관계

1. 본조와 민법 제110조와의 관계

제한능력자가 본조에서 규정하는 속임수를 사용한 경우 당연히 본법 제110조에서 규정하는 사기에 의한 의사표시로 되어 상대방이 자기의 의사표시를 취소할 수 있는가가 문제된다.

당연히 상대방이 본법 제110조의 취소권을 가진다는 견해도 있다. 그러나 본조의 속임수와 본법 제110조의 사기는 그 요건을 달리하고 규정의 입법취지도 다르므로(전자는 제한능력자의 상대방 보호를 위한 것이고, 후자는 기망당한 자의 정당한 이익보호를 위한 것이다), 능력과 관련하여 사기에 의한 의사표시를 한 경우에 본조에 의한 취소권의 배제와 아울러 사기를 이유로 하는 취소가 인정될 것인가의 여부는 각각의 규정의 취지에 비추어 개별적으로 이를 결정하여야 한다.

2. 본조와 민법 제750조와의 관계

제한능력자가 능력자로 믿게 하기 위하여 속임수를 사용한 경우에, 상대방은 제한능력자의 불법행위, 즉 사기를 이유로 이에 대하여 손해배상을 청구할 수 있을 것인가.

이 문제도 손해가 생긴 경우에 이를 당연한 것이라고 긍정하는 학설이 있다.[6] 그러나 제한능력자의 속임수를 이유로 취소권이 배제되고, 그 결과 계약의 내용에 좇아 제한능력자로부터 채무를 전부 이행 받더라도 그것만으로는 속임수로 인한 손해를 전보 받을 수 없는 경우에 한하여 상대방은 제한능력자에 대하여 불법행위에 기한 손해의 배상을 청구할 수 있다 할 것이다.[7]

6 강태성, 민법총칙, 대명출판사(2017), 186; 백태승, 민법총칙(제7판), 집현재(2016), 164.
7 주석 민법, 총칙(Ⅰ)(제4판), 한국사법행정학회(2010), 371(민유숙).

제2절 주소

제18조 [주소]

① 생활의 근거되는 곳을 주소로 한다.
② 주소는 동시에 두 곳 이상 있을 수 있다.

[관련조문] 민법 제19조~제21조, 제36조, 제467조 제2항, 제473조, 제516조, 제998조, 상법 제171조, 어음법 제2조, 제4조, 제21조, 제22조, 제27조, 제52조, 제76조, 수표법 제2조, 제8조, 민사소송법 제3조, 제5조, 제22조, 제172조 제2항, 제183조, 가사소송법 제13조, 제22조, 제26조, 제30조, 제44조, 제46조, 비송사건절차법 제2조, 제32조, 제39조, 제68조, 제247조, 채무자 회생 및 파산에 관한 법률 제3조, 국제사법 제3조 제2항, 제4조, 제14조, 제26조, 국적법 제5조~제7조, 주민등록법 제6조, 제23조, 소득세법 제1조의2, 제6조, 소득세법 시행령 제2조, 국세기본법 제8조, 지방세기본법 제28조

[참고문헌] 이희봉, "주소", 법학과 민사법의 제문제 : 범조 이희봉 고희기념논문집, 나남출판사(1986); 장재옥, "주소", Jurist 409호 : 2006년 1호(민법총칙)(v.2006-1), 청림출판(2006); 최흥섭, "국제사법에서 일상거소의 의미와 내용", 국제사법연구 제3호, 한국국제사법학회(1998)

Ⅰ. 본조의 의의

1. 주소 제도의 의의와 기능

자연인인 사람은 일정한 장소와 밀접한 관계를 맺고 그곳을 중심으로 사회생활을 하면서 법률관계를 형성하는 것이 보통이다. 따라서 그와 같은 장소를 기준으로 법률관계를 처리하는 것이 합리적이고 편리하다.[1] 이처럼 법률관계의 처리기준이 될 수 있는 장소로서, 그 장소가 일정한 법률적 효과를 발생시키는 예로는 주소, 거소, 등록기준지, 주민등록지, 현재지, 재산소재지, 법률행위지, 사무소, 영업소 등 여러 가지가 있지만, 민법은 그중에서도 주소와 거소에 대하여만 일반적인 규정(제18조~제21조)을 두고 있다.

[1] 고상용, 민법총칙(제3판), 법문사(2005), 154.

한편 주소는 사람의 이름과 함께 법률관계의 주체가 되는 사람의 존재 및 동일성을 표시하는 기능을 수행한다. 이름이 없는 사람을 법적 주체로 지칭할 수 없듯이 주소가 없는 사람도 법적 주체로 다루기가 곤란한 경우가 있다.[2]

법인의 경우에도 자연인과 마찬가지로 일정한 장소를 중심으로 법률관계를 규율할 필요가 있고, 법률관계의 주체로서의 동일성을 판단할 기준이 필요하다. 이에 민법은 제36조에서 법인의 '주된 사무소의 소재지'를 법인의 주소로 규정하고 있다.

이와 같이 민법에서 주소에 관한 일반 규정을 두고 있지만, 민법상 주소를 요건으로 하여 법률효과가 정하여지는 경우는 실제로는 많지 않다. 오히려 이러한 경우는 민법 이외의 법 영역, 특히 소송법 영역에서의 '재판관할의 결정'이나 세법 영역에서의 '납세의무자의 결정' 또는 '납세지의 결정' 등과 같은 문제에서 더 많이 발생하고 있다. 더구나 개별법 영역에서도 독자적 입장에서 주소에 관한 문제의 해결을 시도하고 있으므로, 주소의 개념에 관하여 모든 법규에 공통된 단일의 개념을 필요로 하는가는 의문이다.[3] 따라서 민법 이외의 개별 법률에 규정된 주소의 개념은 개별 법률의 규정 내용과 그 규율목적, 입법목적이나 입법정책 등을 종합적으로 고려하여 그 개별 법률의 특성에 맞도록 그 법률효과를 해석할 필요가 있다.

그럼에도 민법총칙편에서 다른 여러 법 영역에 공통적으로 적용될 수 있는 형식으로 주소의 일반적 정의규정을 둔 것은 역사적으로 민법전이 모든 법률의 총칙적 역할을 담당하여 왔다는 연혁적 이유로 말미암은 것이다.[4]

2. 민법상 주소의 의의

본조 제1항은 '생활의 근거 되는 곳'을 주소로 규정하고 있다. '생활의 근거 되는 곳'이란 '사람의 생활관계의 중심이 되는 장소'를 말한다.[5] '생활의 근거'는 일반적 생활의 근거 또는 모든 생활의 근거로 해석할 필요는 없고, 각 생활의 단면마다 상대적으로 문제가 된 법률관계에 가장 관련이 깊은 장소로 해석하여야

2 이은영, 민법총칙(제5판), 박영사(2009), 186.

3 고상용, 민법총칙(제3판), 법문사(2005), 154; 김대정, 민법총칙, FIDES(2012), 240.

4 김용한, 민법총칙론(재전정판), 박영사(1997), 125.

5 강태성, 민법총칙(제7판), 대명출판사(2017), 189; 고상용, 민법총칙(제3판), 법문사(2005), 155; 김용한, 민법총칙론(재전정판), 박영사(1997), 125; 김주수/김상용, 민법총칙(제7판), 삼영사(2013), 164; 김준호, 민법총칙(제12판), 법문사(2018), 95.

할 것이다.[6] 실무적으로는 주민등록상의 주소와 일치하는 것이 통상적이지만, 반드시 주민등록상의 주소에 국한되는 것은 아니다.

판례는 민법 제18조 제1항에서 주소로 규정하고 있는 '생활의 근거 되는 곳'이란 생활관계의 중심적 장소를 말하고, 이는 국내에서 생계를 같이하는 가족 및 국내에 소재하는 자산의 유무 등 생활관계의 객관적 사실에 따라 판정할 것이며,[7] 주소를 결정함에 있어 주민등록이 중요한 자료가 되기는 하지만 그것만으로 주소가 결정되는 것은 아니라고 판시하고 있다.[8]

소득세법 제1조의2에서는 납세의무를 지는 '거주자'를 '국내에 주소를 두거나 183일 이상의 거소를 둔 개인'으로 정의하고 있는데, 소득세법 시행령 제1조의2에서는 '소득세법 제1조의2에 따른 주소는 국내에서 생계를 같이 하는 가족 및 국내에 소재하는 자산의 유무 등 생활관계의 객관적 사실에 따라 판정한다.'고 규정하고 있어, 판례와 같은 판단기준을 제시하고 있다.

3. 주소와 구별할 개념

가. 주민등록지

주민등록지는 30일 이상 거주할 목적으로 특정 시·군·구 내에 주소 또는 거소를 가진 자가 주민등록법에 의하여 등록한 장소를 말한다(주민등록법 제6조, 제10조). 주민등록법은 주민등록을 통하여 주민의 거주관계 등 인구의 동태를 명확하게 파악하는 것을 목적으로 제정된 공법이므로(주민등록법 제1조), 주민등록지도 공법상의 개념이다. 한편 주민등록법 제23조 제1항은 "다른 법률에 특별한 규정이 없으면 이 법에 따른 주민등록지를 공법 관계에서의 주소로 한다."라고 규정하여, 공법 관계에서는 원칙적으로 주민등록지를 주소로 보고 있다. 이와 같이 주민등록지는 각종 공법 관계에서 주소로 되고, 주민등록 전입신고를 했을 때에는 병역법, 민방위기본법, 인감증명법, 국민기초생활 보장법, 국민건강보험법 및 장애인복지법에 의한 거주지 이동의 전출신고와 전입신고를 한 것으로 간주되어 주민등록지는 공법 관계뿐만 아니라 주민의 일상생활에도 중요한 영향을 미치므로 주민등록지는 전입 신고자의 실제 거주지와 일치되어야 할 필요

6 주석 민법, 총칙편(1)(제4판), 한국사법행정학회(2010), 376(이용운).

7 대법원 1997. 11. 14. 선고 96누2927 판결, 대법원 1990. 8. 14. 선고 89누8064 판결, 대법원 1984. 3. 27. 선고 83누548 판결.

8 대법원 1990. 8. 14. 선고 89누8064 판결.

성이 있다.[9] 따라서 주민등록지는 주소를 판단하는데 유력한 자료가 되고,[10] 반증이 없는 한 민법상의 주소로 사실상 추정된다.[11]

주민등록지는 민사적 법률관계와는 무관한 것이 원칙이나, 실무상으로는 민사관계에서도 주소를 결정·확인하는 기준으로 일반적으로 주민등록지가 사용되고, 민사소송법의 관할을 정하는 기준이 되는 주소도 대개 주민등록지이다. 또한 주택임대차보호법은 주택의 인도 외에 주민등록을 주택임대차 대항력의 취득 요건으로 규정하고 있기도 하다(주택임대차보호법 제3조 제1항).[12]

민법상의 주소(즉 생활의 근거지)와 주민등록지는 일치하는 경우가 통상적이겠으나, 반드시 항상 일치하는 것만은 아니다. 특히 주민등록지에서 다른 곳으로 이사를 간 이후 전입신고 절차를 게을리하고 있으면 주민등록지와 민법상 주소가 다르게 될 수 있다. 또한 생활의 근거지만을 주민등록지로 삼아야 하는 것은 아니다. 다만 30일 이상 생활의 근거로서 거주할 목적으로 거주지를 실질적으로 옮기지 아니하였음에도 거주지를 이동하였다는 이유로 전입신고를 하였다면, 시장 등이 주민등록법 제20조에서 규정한 절차에 따라 그 주민등록을 직권으로 말소할 수 있다.[13]

주민등록지와 실제 거주지, 즉 민법상의 주소가 일치하지 않는 경우의 법적 처리에 관하여는 각 법규에 따라 ① 주민등록지에만 법적 효과를 부여하고 실제 거주지는 무시되는 경우와 ② 주소와 주민등록지에 모두 법적 효과를 부여하는 경우 및 ③ 실제 거주지에만 주소의 법적 효과를 인정하고 주민등록지는 무시되는 경우 등으로 나누어 볼 수 있다.[14]

①의 경우의 예로는 다음과 같은 법령들을 들 수 있다. 공직선거법 제37조 제1항은 주민등록이 되어 있는 선거권자를 조사하여 선거인명부를 작성하도록 규정하고 있는데, 선거인명부의 작성에 있어서는 주민등록이 직권으로 말소되지 않

9 대법원 2009. 7. 9. 선고 2008두19048 판결.
10 고상용, 민법총칙(제3판), 법문사(2005), 158; 김주수/김상용, 민법총칙(제7판), 삼영사(2013), 165; 명순구, 민법총칙, 법문사(2005), 128.
11 강태성, 민법총칙(제7판), 대명출판사(2017), 190; 김준호, 민법총칙(제12판), 법문사(2018), 95; 김증한/김학동, 민법총칙(제10판), 박영사(2013), 154; 송덕수, 민법총칙(제4판), 박영사(2018), 531; 이영준, 민법총칙(개정증보판), 박영사(2007), 883.
12 이은영, 민법총칙(제5판), 박영사(2009), 189.
13 대법원 2005. 3. 25. 선고 2004두11329 판결.
14 주석 민법, 총칙편(1)(제4판), 한국사법행정학회(2010), 373~374(이용운).

는 이상 실제 거주지와 일치하지 않더라도 주민등록지가 기준이 될 것이다. 또한 주택법 시행규칙인 주택공급에 관한 규칙 제34조 제1항 단서는 대규모 택지개발지구에서 건설·공급하는 주택을 예외적으로 일정한 기간 이상 해당 주택건설지역에 거주하고 있는 자에게 우선 공급할 수 있도록 규정하고 있는데, 판례는 주택 우선 공급을 받을 수 있는 "일정 기간 이상 해당 주택건설지역에 거주하고 있는 자"라 함은, 주택법의 입법취지와 목적에 비추어 볼 때, 본법 제18조가 복수 또는 중첩의 주소를 인정하고 있는 것과는 달리 해당 주택건설지역을 유일하고도 단일한 거주지로 하여 일정 기간 계속 거주하고 있는 자를 뜻하는 것으로 해석하여야 할 것이고, 주민등록은 위와 같은 거주 사실을 증명하는 유일한 증거는 아니나 유력한 증거가 될 수 있다고 판시하였다.[15] 따라서 위와 같이 주택 우선 공급자를 판정하는 기준으로 주민등록지가 보다 중요한 증명력을 갖는다.

②의 경우의 예로는 송달장소에 관한 법률을 들 수 있다. 국세기본법 제8조 제1항은 세법에서 규정하는 서류는 그 명의인의 주소, 거소, 영업소 또는 사무소에 송달하도록 규정하고 있는데, 판례는 "여기서 주소라 함은 원칙적으로 생활의 근거가 되는 곳을 가리키지만, 본법 제21조 소정의 가주소 또는 그 명의인의 의사에 따라 전입 신고된 주민등록지도 특별한 사정이 없는 한 이에 포함된다."고 판시하였다.[16] 판례는 민사소송법상 소송서류의 송달장소인 주소에 관하여도 동일하게 판시하였다.[17]

③의 경우의 예는 다음과 같다. 채무자 회생 및 파산에 관한 법률 제3조 제1항 제1호는 회생사건, 파산사건 등은 채무자의 보통재판적이 있는 곳을 관할하는 회생법원의 관할에 전속한다고 규정하고 있다. 이 경우 채무자의 보통재판적을 결정하는 기준인 채무자의 주소지는 통상 주민등록지를 의미하지만, 채무자가 채권자들을 피해 주민등록지를 떠나 실제로는 다른 곳에서 거주하는 경우와 같이, 주민등록지가 현재 생활의 근거지가 아닌 경우에는 실무상 객관적으로 보아 채무자가 주로 생활하는 것으로 판단되는 장소를 기준으로 관할법원을 결정하고 있다.[18]

15 대법원 2008. 9. 11. 선고 2008다38035 판결.
16 대법원 1998. 4. 10. 선고 98두1161 판결, 대법원 1984. 10. 10. 선고 84누195 판결.
17 대법원 2007. 7. 12. 선고 2007다27458 판결.
18 서울중앙지방법원 파산부 실무연구회, 개인파산·회생실무(제4판), 박영사(2014), 39; 소비자파산사건 실무, 법원행정처, 6.

나. 등록기준지

등록기준지는 구 호적법이 2008. 1. 1. 폐지되고, 이를 대체한 가족관계의 등록 등에 관한 법률(2007. 5. 17. 제정)이 같은 날부터 시행됨에 따라, 비송사건의 관할법원 결정기준, 재외국민의 신고 송부지, 검색기능, 구 호적과의 연결 등의 목적으로 새로이 도입된 기능적 개념이다.[19] 출생 또는 그 밖의 사유(예컨대, 외국인의 국적취득 또는 귀화, 국적회복 등)로 처음으로 등록을 하는 경우에는 등록기준지를 정하여 신고하여야 하는데(가족관계의 등록 등에 관한 법률 제10조 제1항), 등록기준지는 당사자가 자유롭게 정할 수 있는 것이 원칙이다(가족관계의 등록 등에 관한 규칙 제4조 제2항 제1호).

구 호적법은 호주제와 함께 본적 제도를 두고 있었는데, '본적'은 가(家)의 소재지(호적의 소재 장소)를 의미하는 개념이었다. 그러나 등록기준지의 경우에는 가족들 사이의 등록기준지가 같을 필요가 없고, 가족 구성원 각자가 자유롭게 변경할 수 있다는 점에서 본적 제도와는 그 본질을 달리한다.[20] 또한 등록기준지는 생활의 근거 되는 곳을 의미하는 민법상의 주소와도 무관하다. 등록기준지는 친족관계 또는 재산관계에 전혀 영향을 미치지 못하고, 사람의 동일성을 인식하거나 확인하는 표준이 될 뿐이다.[21]

Ⅱ. 주소에 관한 입법주의

1. 형식주의와 실질주의

주소를 결정하는 표준으로서 우선 형식주의와 실질주의가 있다.

형식주의는 등록기준지나 주민등록지 등 형식적 표준에 따라서 획일적으로 주소를 정하는 입법주의이고, 실질주의는 생활의 실질적 관계에 기초하여 구체적으로 주소를 결정하는 입법주의이다. 형식주의는 법률관계를 명확히 한다는 장점이 있으나, 현재의 생활 근거지와 법적 주소가 다를 수 있다는 단점이 있다. 이에 반하여 실질주의는 당사자의 현재 생활 근거지와 법적 주소가 언제나 일치한다는 장점이 있지만, 주소지를 확정하기 어려우며 주소의 변경 여부가 불분명하여 이

19 가족관계등록실무, 법원공무원교육원(2017), 312.
20 가족관계등록실무, 법원공무원교육원(2017), 312.
21 강태성, 민법총칙(제7판), 대명출판사(2017), 190.

를 기준으로 법적 처리를 하기가 곤란하다는 단점이 있다.[22] 오늘날에는 사람이 여러 곳을 옮겨 가며 활동하고, 각종의 생활관계가 여러 군데에 흩어져 있으므로 형식주의에 의한 주소 결정은 부당하고도, 불가능하다는 이유로 실질주의가 타당하다는 데에 학설이 일치하고 있다.[23]

우리 민법도 '생활의 근거 되는 곳'을 주소로 규정하여 실질주의를 채택하고 있다는 데 이설이 없다. 다만 민법상으로는 실질주의를 채택하고 있지만, 실무에 있어서는 주민등록법에 의하여 주민등록이 되어 있는 곳을 주소로 추정 또는 간주하는 형식주의를 바탕으로 법률관계를 처리하는 경우가 많다.[24]

2. 객관주의와 의사주의

한편 주소를 결정하는 표준으로서, 주소 결정에 관하여 '정주(定住)의 객관적 사실'만을 요건으로 하는 객관주의와 정주의 객관적 사실 이외에 '정주의 의사'도 있어야 한다는 의사주의(또는 '주관주의'라고도 한다)가 대립하고 있다.

의사주의는 로마법 이래의 입법주의로서 프랑스 민법(제103조~제105조), 독일 민법(제9조, 제11조), 스위스 민법(제23조 제1항) 등과 영미법이 따르고 있다. 의사주의에 의하면 주소의 설정 또는 변경에는 정주의 의사를 필요로 하므로, 의사능력이 없는 자 또는 자기의 의사로써 주소를 결정할 자유가 없는 자는 주소를 정할 수 없으므로, 이러한 자들을 위하여 어느 일정한 장소를 법률상 당연히 그들의 주소로 간주하는 '법정주소'를 규정하지 않을 수 없게 된다. 법정주소의 예로는 미성년자는 부모와, 처는 부(夫)와 주소를 같이하고, 현역군인은 그 위수지를 주소로 보는 것을 들 수 있다(독일 민법 제9조, 제11조, 스위스 민법 제25조).[25] 이러한 법정주소에 대하여 본인의 의사로 정한 주소를 '임의주소'라고 하며, 그 설정, 변경에는 어느 장소에 항상 거주할 의사와 그 장소에서의 사실적 거주를 필요로 한다. 영미법에서도 주소의 종류로서 출생주소(domicile by birth), 임의주소(domicile by choice), 법정주소(domicile by operation of law)의 세 가지를 들고 있다.[26]

22 이은영, 민법총칙(제5판), 박영사(2009), 190.
23 곽윤직/김재형, 민법총칙(제9판), 박영사(2013), 140; 고상용, 민법총칙(제3판), 법문사(2005), 155; 김용한, 민법총칙론(재전정판), 박영사(1997), 125; 김증한/김학동, 민법총칙(제10판), 박영사(2013), 153; 백태승, 민법총칙(제7판), 집현재(2016), 166; 이영준, 민법총칙(개정증보판), 박영사(2007), 882.
24 이은영, 민법총칙(제5판), 박영사(2009), 190.
25 이희봉, "주소", 법학과 민사법의 제문제 : 범조 이희봉 고희기념논문집, 나남출판사(1986), 293~294; 김용한, 민법총칙론(재전정판), 박영사(1997), 126.
26 민법주해 Ⅰ, 총칙(1), 박영사(1992), 332(한상호).

의사주의의 경우 정주의 의사는 외부에서 인식할 수 없는 경우가 많고, 또한 그러한 의사가 반드시 존재하는 것이 아니며, 정주의 의사를 기준으로 하여 주소를 정한다는 것은 상대방을 곤란하게 하며 결국 주소를 기준으로 하는 법률관계 처리에도 큰 영향을 줄 수 있다는 단점이 있는 반면,[27] 객관주의의 경우 주소와 거소를 구분하기 어렵다는 단점이 있다.

우리 민법이 어느 입법주의를 취하였는가에 관하여는 법문상 의사주의로 해석할 근거가 될 만한 규정이 없고, 주소의 개수에 관하여 복수주의를 취하고 있으며, 또한 의사주의를 채용하였다면 의사무능력자를 위한 법정주소를 정하는 것이 필요하게 되나 민법은 이러한 규정을 두고 있지 않기 때문에 객관주의를 채택한 것이라는 견해가 다수설이다.[28]

주소의 결정에 관하여 외부로부터 쉽게 인식되기 어려운 의사를 고려하면 거래의 안전을 해할 수 있으므로 주소의 결정은 객관적으로 결정하여야 한다는 객관주의가 타당하다. 우리 민법도 본조의 입법과정에서 주소의 결정에 의사를 요구한다면 외부에서 인식하기 곤란하다는 점에서 객관주의를 취하고, 의사주의를 채택하지 않았다.[29]

그러나 실무에서 주소 결정의 주된 기준으로 삼는 주민등록지는 당사자의 신고에 의해 정해지게 되어 있고, 이는 당사자의 정주 의사를 기초로 삼는다는 측면을 가지므로 의사주의에 가까운 결과가 된다. 또한 변제의 장소에 관하여 채권자가 자기의 주소라고 채무자에게 알려준 장소가 기준이 되므로(통신판매에서 배달할 장소, 요금청구서의 수령장소 등), 실제로는 당사자의 의사가 주소판단에 중요한 역할을 하고 있다.[30]

3. 단일주의와 복수주의

주소의 개수에 관한 입법주의로는 1개의 주소만을 인정하는 단일주의와 수개의 주소를 인정하는 복수주의가 있다.

27 고상용, 민법총칙(제3판), 법문사(2005), 156; 곽윤직/김재형, 민법총칙(제9판), 박영사(2013), 140.

28 강태성, 민법총칙(제7판), 대명출판사(2017), 188; 고상용, 민법총칙(제3판), 법문사(2005), 156; 김대정, 민법총칙, FIDES(2012), 239; 김용한, 민법총칙론(재전정판), 박영사(1997), 126; 김주수/김상용, 민법총칙(제7판), 삼영사(2013), 164, 김준호, 민법총칙(제12판), 법문사(2018), 95; 김증한/김학동, 민법총칙(제10판), 박영사(2013), 153; 명순구, 민법총칙, 법문사(2005), 128; 백태승, 민법총칙(제7판), 집현재(2016), 166; 송덕수, 민법총칙(제4판), 박영사(2018), 531; 이영준, 민법총칙(개정증보판), 박영사(2007), 882; 장재옥, "주소", Jurist 409호 : 2006년 1호(민법총칙)(v.2006-1), 청림출판(2006), 156.

29 김준호, 민법총칙(제12판), 법문사(2018), 95.

30 이은영, 민법총칙(제5판), 박영사(2009), 190.

독일 민법은 주소는 1인이 동시에 수 개를 가질 수 있다고 규정하고 있는 데 반하여(독일 민법 제7조 제2항), 스위스 민법은 주소의 수를 1개에 한한다고 규정하고 있으며(스위스 민법 제23조 제1항),[31] 프랑스 민법에는 주소의 개수에 관한 규정이 없으나 학설, 판례가 단일주의로 해석한다.[32] 단일주의는 주소의 목적은 법률생활의 집중·통일을 위하여 장소적 기준을 정하는 데 있으니 주소는 단일할 필요가 있다는 점을 근거로 한다. 반면 복수주의는 우리의 생활관계가 복잡다기해진 오늘날에는 각 생활면에 따라 긴밀한 장소를 달리할 수 있으니 주소가 복수이어도 무방하다는 점을 근거로 한다.[33] 주소의 개념에 관하여 의사주의에 의하면 단일주의를 채택하게 되고, 객관주의를 철저히 하면 복수주의에 따르게 된다.

본조 제2항은 "주소는 동시에 두 곳 이상 있을 수 있다."고 규정하여 복수주의를 채택하고 있음이 명백하다. 구 민법에는 이에 관한 명문의 규정이 없었으나, 현행 민법에서 복수주의로 성문화하였다. 예를 들어 갑이 가정생활은 집이 있는 인천을 중심으로 하고, 거래관계는 영업지가 있는 서울을 중심으로 하는 경우, 가정생활관계에 관한 주소는 인천이고, 거래관계에 관한 주소는 서울이 될 것이다. 오늘날 우리의 생활관계가 매우 다양하고 또한 복잡해지므로 복수의 주소를 인정하는 것이 자연스러우며, 주소를 중심으로 한 법률관계를 처리하는데도 편리할 것이다. 그러나 민법 이외의 소송법, 공직선거법, 국제사법 등의 영역에서는 각각의 법 제도의 취지나 그 정책적·목적론적인 고려에 따라서 주소의 단수 또는 복수 인정 여부를 개별적으로 판단하여야 할 것이다. 예컨대 공직선거법에서 복수의 주소를 인정한다는 것은 명백히 부당하다고 할 것이다.[34]

Ⅲ. 주소의 법률적 효력

1. 민법상의 법률적 효력

가. 부재 및 실종의 표준(민법 제22조, 제27조)

부재자인지 여부는 종래의 주소나 거소를 기준으로 판단하고(본법 제22조), 부

31 이희봉, "주소", 법학과 민사법의 제문제 : 범조 이희봉 고희기념논문집, 나남출판사(1986), 294~295.
32 민법주해 Ⅰ, 총칙(1), 박영사(1992), 332(한상호).
33 이희봉, "주소", 법학과 민사법의 제문제 : 범조 이희봉 고희기념논문집, 나남출판사(1986), 294~295.
34 김용한, 민법총칙론(재전정판), 박영사(1997), 126; 김준호, 민법총칙(제12판), 법문사(2018), 95; 민법주해 Ⅰ, 총칙(1), 박영사(1992), 332(한상호); 주석 민법, 총칙편(1)(제4판), 한국사법행정학회(2010), 377(이용운).

재자의 생사가 일정 기간 분명하지 아니한 때에는 실종선고를 할 수 있다(본법 제27조).

나. 변제의 장소(민법 제467조 제2항)

특정물 인도 이외의 채무변제는 채권자의 현주소에서 하여야 한다.

다. 상속개시의 장소(민법 제998조)

상속은 피상속인의 주소지에서 개시한다. 이는 주로 상속사건(민사소송법 제22조, 가사소송법 제44조 제1항 제6호)과 상속재산에 관한 파산사건(채무자 회생 및 파산에 관한 법률 제3조 제6항)의 재판관할을 확정하는 기준이 된다.

2. 민법 이외의 사법관계에서의 법률적 효력

가. 어음행위와 수표행위의 장소(어음법 제2조, 제4조, 제21조, 제22조, 제27조, 제52조, 제76조, 수표법 제2조, 제8조)

나. 재판관할의 표준(민사소송법 제3조, 제5조, 제22조, 가사소송법 제13조, 제22조, 제26조, 제30조, 제44조, 제46조, 비송사건절차법 제2조, 제32조, 제39조, 제68조, 제247조, 채무자 회생 및 파산에 관한 법률 제3조)

다. 민사소송법상의 부가기간의 표준(민사소송법 제172조 제2항)

법원은 불변기간에 대하여 주소 또는 거소가 멀리 떨어진 곳에 있는 사람을 위하여 형평을 고려하여 부가기간을 정할 수 있다.

라. 소송서류의 송달장소(민사소송법 제183조)

소송서류는 송달받을 사람의 주소, 거소, 영업소 또는 사무소로 송달함이 원칙이다.

마. 국제사법상 준거법을 정하는 표준(국제사법 제3조 제2항, 제4조, 제14조, 제26조 제2항)

구 섭외사법에서는 '주소'를 연결점으로 사용하였으나, 2001. 4. 7. 개정된 국제사법에서는 주소 대신 '상거소(常居所)'라는 개념을 새로운 연결점으로 사용하고 있다. 주소는 법률개념으로서 국가마다 주소 개념의 내용이 다르다는 문제점이 있었기 때문에, 법률적 요소를 포함하지 않은 '상거소' 개념을 채택하게 되었다. '상거소'란 일정 기간 지속된 사실상 생활의 중심지를 의미하고, '정주의 의사'를 요건으로 하지 않는다. 따라서 객관주의를 채택하고 있는 우리 민법상의 주소 개념과 거의 구별되지 않는다.[35] 가족관계등록예규에서도 상거소를 '사실상 생활의 중심지로 일정 기간 지속된 장소'를 말한다고 규정하고 있다.[36]

3. 공법상의 법률적 효력

가. 귀화의 요건(국적법 제5조~제7조)

귀화허가를 받기 위해서는 반드시 대한민국에 주소가 있어야 한다.

나. 주민등록 대상자의 요건(주민등록법 제6조 제1항)

30일 이상 거주할 목적으로 특정 지역에 주소나 거소를 가진 사람은 주민등록의 대상이 된다.

다. 납세지의 결정기준(소득세법 제6조 제1항)

거주자의 소득세 납세지는 그 주소지로 한다.

라. 세법에 규정된 서류의 송달장소(국세기본법 제8조, 지방세기본법 제28조)

국세기본법 또는 다른 세법에서 규정하는 서류는 그 명의인의 주소, 거소 등에 송달한다.

35 최흥섭, "국제사법에서 일상거소의 의미와 내용", 국제사법연구 제3호, 한국국제사법학회(1998), 538~539.

36 "신분관계를 형성하는 국제신분행위를 함에 있어 신분행위의 성립요건구비여부의 증명절차에 관한 사무처리지침" (2015. 1. 8. 가족관계등록예규 제427호) 제3항.

제 19 조 [거소]

주소를 알 수 없으면 거소를 주소로 본다.

[관련조문] 민법 제18조, 제20조, 민사소송법 제3조, 제8조, 제172조 제2항, 제183조, 국제사법 제3조, 제4조, 제14조, 제48조, 소득세법 제1조의2, 제6조, 소득세법 시행령 제2조, 형사소송법 제4조

[참고문헌] 이희봉, "주소", 법학과 민사법의 제문제 : 범조 이희봉 고희기념논문집, 나남출판사(1986); 장재옥, "주소", Jurist 409호 : 2006년 1호(민법총칙)(v.2006-1), 청림출판(2006); 최흥섭, "국제사법에서 일상거소의 의미와 내용", 국제사법연구 제3호, 한국국제사법학회(1998)

Ⅰ. 본조의 의의

1. 거소의 의의

거소란 사람이 다소의 기간 계속하여 거주하는 곳으로, 그 장소와의 밀접한 정도가 주소보다는 약한 장소를 말한다. 즉 생활의 근거가 될 정도에는 이르지 못하지만, 상당 기간 계속하여 거주하는 장소, 예컨대, 하숙집, 장기 입원 중인 병원, 장기 체류 중인 호텔, 공사 노무를 위하여 공사현장에서 장기간 숙식을 하는 경우 공사현장의 숙소 등이 거소에 해당할 것이다.[1] 사람에 따라서는 주소와 별도로 거소를 가지는 사람도 있을 수 있고, 주소는 없이 거소만 가지는 사람도 있을 수 있다. 거소도 주소와 마찬가지로 동시에 두 곳 이상 있을 수 있다.

주소 결정에 관하여 의사주의를 취하는 법제에서는 '정주의 의사' 유무를 기준으로 정주의 의사가 있는 곳이 주소이고, 정주의 의사가 없는 곳은 거소로서 주소와 거소의 구분이 뚜렷하나, 우리 민법과 같이 객관주의를 취하는 법제에서는 그 구별이 다소 모호하여 사람과 장소의 밀접한 정도에 의하여 구별할 수밖에 없다.[2] 그러나 본조에서 "주소를 알 수 없으면 거소를 주소로 본다"고 규정하고 있고, 또 본법 제20조에서 "국내에 주소가 없는 자에 대하여는 국내에 있는 거소를 주소로 본다"고 규정하고 있으므로, 굳이 주소와 거소를 엄밀하게 구분하여야 할 실익은 없다.

1 법원실무제요 민사소송[Ⅱ], 법원행정처(2017), 873.
2 김대정, 민법총칙, FIDES(2012), 241; 이영준, 민법총칙(개정증보판), 박영사(2007), 883.

판례는 거소는 주소지 이외의 장소에 상당 기간에 걸쳐 거주하여도 주소와 같이 밀접한 일반적 생활관계가 발생하지 아니하는 장소라고 판시하고 있다.[3]

한편 소득세법 시행령 제2조 제2항은 '소득세법 제1조의2에 따른 거소는 주소지 외의 장소 중 상당 기간에 걸쳐 거주하는 장소로서 주소와 같이 밀접한 일반적 생활관계가 형성되지 아니한 장소로 한다'고 규정하고 있다.

2. 현재지와의 구별

현재지란 사람과 장소의 밀접한 정도가 거소보다도 더 옅은 곳을 말한다. 예컨대 여행이나 출장 중에 잠시 머무르는 호텔 등과 같은 곳이다. 민법은 현재지에 대하여 특별한 효과를 부여하고 있지 않으므로, 민법상 거소와 현재지를 구별할 실익은 없다. 본법 제19조, 제20조의 거소에는 현재지가 포함되는 것으로 해석하는 것이 다수설이다.[4]

그러나 민법 이외의 법률에서는 거소에 언제나 현재지가 포함된다고 볼 것은 아니며, 문제가 된 개개의 사안에서 개별법규의 취지 등을 종합하여 판단하여야 할 것이다. 예컨대 토지관할권이 생기게 하는 보통재판적은 어느 정도의 장소적 밀접도를 고려하여 규정한 것으로 보아야 하므로 민사소송법 제3조에서 보통재판적의 기준 중 하나로 규정한 '거소'에는 현재지가 포함되지 않는 것으로 해석된다.[5] 한편 현행 민사 관계의 법률상 현재지에 법적 효과를 인정하고 있는 예로는, 가족관계의 등록 등에 관한 법률 제20조에서 같은 법에 따른 신고를 신고인의 현재지에서 할 수 있도록 규정하고 있는 것을 들 수 있다.

3. 2018. 2. 28. 입법 예고된 민법개정안의 내용

2018. 2. 18. 입법 예고된 민법개정안에서는 본조의 내용을 제19조 제1항으로

3 대법원 1997. 11. 14. 선고 96누2927 판결, 대법원 1984. 3. 27. 선고 83누548 판결.

4 강태성, 민법총칙(제7판), 대명출판사(2017), 191; 곽윤직/김재형, 민법총칙(제9판), 박영사(2013), 141; 김대정, 민법총칙, FIDES(2012), 241; 김주수/김상용, 민법총칙(제7판), 삼영사(2013), 166; 김준호, 민법총칙(제12판), 법문사(2018), 96, 김증한/김학동, 민법총칙(제10판), 박영사(2013), 155; 백태승, 민법총칙(제7판), 집현재(2016), 167; 송덕수, 민법총칙(제4판), 박영사(2018), 532; 이영준, 민법총칙(개정증보판), 박영사(2007), 884.

5 강태성, 민법총칙(제7판), 대명출판사(2017), 191; 곽윤직/김재형, 민법총칙(제9판), 박영사(2013), 142; 김용한, 민법총칙론(재전정판), 박영사(1997), 127; 김주수/김상용, 민법총칙(제7판), 삼영사(2013), 166; 김준호, 민법총칙(제12판), 법문사(2018), 96; 김증한/김학동, 민법총칙(제10판), 박영사(2013), 155; 송덕수, 민법총칙(제4판), 박영사(2018), 532; 이영준, 민법총칙(개정증보판), 박영사(2007), 884; 주석 민법, 총칙편(1)(제4판), 한국사법행정학회(2010), 379(이용운).

규정하고, 제19조 제2항을 신설하여 현행 민법 제20조의 내용을 제19조 제2항으로 옮겨 규정하는 대신, 현행 민법 제20조를 삭제하였다.

Ⅱ. 거소의 효과

거소는 주소를 알 수 없는 경우 주소로 간주되는 법률효과가 있다.

'주소를 알 수 없는 경우'란 주소가 전혀 없는 경우와 주소가 있지만 알 수 없는 경우를 모두 포함한다. 또 '거소를 주소로 본다'는 것은 주소에 관한 법률효과가 거소에 관하여 발생한다는 의미이다. 실제로 거소를 주소로 보는 것은 대부분 재판관할을 정하기 위한 경우가 많다.

그러나 민법 이외의 개별 법률에서 주소가 문제가 되었을 경우에는 주소를 알 수 없다고 하여 바로 본조에 따라 거소를 주소로 간주할 것이 아니라 개별 법률의 규정과 취지를 종합하여 주소의 의미를 해석하여야 할 것이다. 예를 들어 국적법에서는 귀화의 요건으로서 3년(간이귀화) 내지 5년(일반귀화) 이상 계속하여 대한민국에 주소가 있을 것(국적법 제5조 제1항, 제6조)을 규정하고 있는데, 위와 같은 주소가 있는지가 문제되었을 때에는 본조에 의해 주소로 간주되는 거소를 위 국적법상의 주소로 볼 수는 없다고 할 것이다.[6]

6 주석 민법, 총칙편(1)(제4판), 한국사법행정학회(2010), 379(이용운).

제 20 조 [거소]

국내에 주소없는 자에 대하여는 국내에 있는 거소를 주소로 본다.

[관련조문] 민법 제18조, 제20조, 민사소송법 제3조, 제8조, 제172조 제2항, 제183조, 국제사법 제3조, 제4조, 제14조, 제48조, 소득세법 제1조의2, 제6조, 소득세법 시행령 제2조, 형사소송법 제4조

[참고문헌] 이희봉, "주소", 법학과 민사법의 제문제 : 범조 이희봉 고희기념논문집, 나남출판사(1986); 장재옥, "주소", Jurist 409호 : 2006년 1호(민법총칙)(v.2006-1), 청림출판(2006); 최흥섭, "국제사법에서 일상거소의 의미와 내용", 국제사법연구 제3호, 한국국제사법학회(1998)

Ⅰ. 본조의 의의

1. '국내에 주소 없는 자'의 의의

'국내에 주소가 없는 경우'란 주소가 판명되었기는 하지만 그 주소가 국내에 없는 경우를 의미한다. 만약 주소를 전혀 알 수 없는 경우는 본법 제19조의 적용대상이 된다.

'국내에 주소가 없는 자'는 한국 국민뿐만 아니라 외국인도 포함된다. 한국 국민의 경우에 아직 주민등록을 하지 않은 사람 또는 주민등록이 말소된 사람이라도 생활의 근거지가 있는 때에는 민법상의 주소가 인정되므로, 생활의 근거를 한 장소에 둠이 없이 떠돌아다니는 사람만이 주소 없이 거소만 있게 될 것이다. 외국인이 한국에 사업목적으로 잠시 체류하는 경우 한국에 주소가 없으면 그가 묵는 호텔을 주소로 간주하여 민사적 법률문제가 전개될 수 있을 것이다.[1]

본조의 취지는 만약 외국에 있는 주소에 대하여 주소의 법률효과를 인정한다면 대단히 불편하고 불합리하기 때문에, 그러한 법률관계의 처리를 우리 민법 기타 사법법규에 의하도록 하는 데 있다.[2]

다만 외국적 요소가 있는 법률관계에 관하여 국제사법이 당사자의 상거소지법을 준거법으로 정하고 있는 경우(국제사법 제3조 제2항, 제4조)에는 본조에 따라

1 이은영, 민법총칙(제5판), 박영사(2009), 191.
2 고상용, 민법총칙(제3판), 법문사(2005), 157; 김용한, 민법총칙론(재전정판), 박영사(1997), 127.

국내에 있는 거소를 주소(상거소)로 간주하여서는 안 되고, 어디까지나 그 당사자의 외국에 있는 주소(상거소)를 준거법 결정의 기준으로 삼아야 한다.[3] 국제사법 등이 어느 사항에 관해서 외국의 상거소지의 법률을 준거법으로 지정한 것은 당해 문제의 해결에 그 법률이 가장 적당한 것으로 보고 있기 때문이다. 일본 민법 제23조 제2항은 "일본에 주소가 없는 자는 그 자가 일본인이거나 외국인임을 묻지 아니하고 일본에 있는 거소를 그 자의 주소로 본다. 그러나 준거법을 정하는 법률에 따라 그자의 주소지법에 따라야 하는 경우에는 그러하지 아니하다"라고 규정하여 위 조항 단서에서 이와 같은 취지를 명문으로 규정하고 있다.

2. 2018. 2. 28. 입법 예고된 민법개정안의 내용

2018. 2. 18. 입법 예고된 민법개정안에서는 본조를 삭제하고, 대신 같은 내용을 신설된 제19조 제2항으로 옮겨 규정하고 있다. 또 "국내에 주소 없는 자에 대하여는"이라는 표현을 "국내에 주소가 없으면"이라는 표현으로 수정하였다.

Ⅱ. 본조의 효과

국내에 주소가 없는 자에 대하여는 국내에 있는 거소가 주소로 간주되는 법률효과가 있다. 본법 제19조의 경우와 마찬가지로 '국내에 있는 거소를 주소로 본다'는 것은 주소에 관한 법률효과가 국내에 있는 거소에 관하여 발생한다는 의미이다. 이와 같이 국내에 주소가 없는 사람에 대하여 국내의 거소를 주소로 보는 것도 본법 제19조의 경우와 마찬가지로 대부분 국내에 주소가 없는 사람에게 발생한 사건의 재판관할의 기준을 정하기 위한 것이다.

국내에 주소가 없이 외국에 주소를 가진 사람에 관하여 법률문제가 발생한 경우는 대개 외국적 요소가 있는 법률관계가 문제될 것이므로, 우선 국제사법 제2조에 따라 대한민국의 법원에 국제재판관할권이 있는지를 살펴보아야 한다. 대한민국의 법원에 국제재판관할권이 인정될 경우에 비로소 국내재판관할권의 분배, 즉 토지관할의 문제가 생기고, 주소로 간주되는 국내에 있는 거소지를 관할하는 법원에 재판관할이 인정된다.

재판관할 이외에 실체법상의 문제로서 채무이행지를 정하는 기준이 되는 채

3 고상용, 민법총칙(제3판), 법문사(2005), 157; 김대정, 민법총칙, FIDES(2012), 241; 김용한, 민법총칙론(재전정판), 박영사(1997), 127.

권자의 현주소(본법 제467조 제2항)에 관해서는 채권의 발생원인, 급부의 성질 등에 따라서 합리적으로 이행지를 결정하여야 할 것이고, 바로 본조를 적용하여 국내의 거소를 주소로 보아, 채무이행지로 해석할 것은 아니다.[4]

또한 본법 제19조에서와 마찬가지로 국적법상 귀화의 요건으로서의 주소에 관해서도 본조에 의해 국내에 있는 거소를 그 주소로 간주할 수는 없다고 할 것이다.

4 주석 민법, 총칙편(1)(제4판), 한국사법행정학회(2010), 381(이용운); 新版 注釈民法(1) 總則(1) (改訂版), 有斐閣(2002), 426~427(田村精一).

제 21 조 [가주소]

어느 행위에 있어서 가주소를 정한 때에는 그 행위에 관하여는 이를 주소로 본다.

[관련조문] 민법 제18조

[참고문헌] 이희봉, "주소", 법학과 민사법의 제문제 : 범조 이희봉 고희기념논문집, 나남출판사(1986); 장재옥, "주소", Jurist 409호 : 2006년 1호(민법총칙)(v.2006-1), 청림출판(2006); 최흥섭, "국제사법에서 일상거소의 의미와 내용", 국제사법연구 제3호, 한국국제사법학회(1998)

Ⅰ. 본조의 의의

1. 가주소의 의의

가주소란 당사자가 특정 거래행위에 관하여 일정한 장소를 설정하여 그 거래관계에 관하여는 그곳에 주소와 같은 법률적 효과를 부여한 장소를 말한다. 이는 거래의 편의를 위하여 인정된 것으로, 그 당사자의 주소나 거소가 아니더라도 당사자의 합의로써 자유롭게 설정할 수 있다. 예를 들어 부산에 주소를 둔 상인이 서울에 와서 서울의 거래처로부터 제품을 구입하면서, 그가 묵고 있는 서울의 숙소를 그 거래에 관하여 가주소로 설정하였다면, 그 거래관계에 관하여는 그 숙소가 주소로 간주된다.

가주소에도 '주소'라는 표현이 들어가 있지만, 생활의 실질과는 아무런 관계가 없다. 따라서 가주소는 생활의 근거가 되는 장소인 엄격한 의미의 주소에는 해당하지 않는다. 또한 가주소는 특정한 거래에 한하여 주소로 간주됨에 반하여, 거소는 이를 알 수 없거나 국내에 주소가 없으면 일반적으로 주소로 간주된다는 점에서 거소와도 구별된다.[1]

판례는 원·피고 간의 부동산매매계약에서 피고의 계약상의 대리인이 그 사무소의 주소를 피고의 주소로 계약서에 기재하였다면 그 주소는 본조에 의한 피고

1 이희봉, "주소", 법학과 민사법의 제문제 : 범조 이희봉 고희기념논문집, 나남출판사(1986), 297.

의 계약상의 가주소로서 피고의 주소라고 볼 수 있으므로, 그 계약의무의 이행을 구하는 소송에서 그 곳을 피고에 대한 송달장소로 본 것은 적법하다고 판시하였고,[2] 국세기본법 제8조 제1항 또는 지방세기본법 제28조 제1항에서 서류의 송달장소로 규정한 주소에는 가주소도 포함되는 것으로 해석하고 있다.[3]

2. 가주소 설정행위의 법적 성격

가주소의 설정행위는 당사자의 의사에 기하여 법률효과가 부여되는 것이므로 법률행위의 일종이다. 따라서 미성년자, 피한정후견인, 피성년후견인 등 제한능력자는 단독으로 유효하게 가주소를 설정할 수 없다.[4] 가주소는 주로 당사자 사이의 계약에 의하여 설정되겠지만, 일정한 지역 안에 가주소를 설정할 것을 상대방이 요청하는 경우 또는 법률이 규정하는 경우에는 일방의 단독행위로도 설정할 수 있다.[5]

구 민사소송법(2002. 1. 26. 법률 제6626호로 전부 개정되기 전의 것) 제489조는 강제집행에 관한 각종의 송달, 통지, 소환 등을 신속, 정확하게 하기 위한 목적에서 "채권자는 집행지의 관할지방법원의 소재지에 주거와 사무소가 없는 때에는 그 소재지에 가주소를 선정하여 법원에 신고하여야 한다."라고 규정하여 강제집행 채권자의 가주소 선정 및 신고의무를 규정하고 있었다. 그러나 현행 민사집행법에는 이 규정이 삭제되어 더 이상 채권자가 집행법원에 대하여 가주소 선정 및 신고의무를 부담하지 않는다. 현행법령 상 법령에 의하여 가주소 설정이 요구되는 예로는 광업법 시행규칙 제5조에서 "광업출원인이 대한민국에 거주하지 아니할 때에는 대한민국에 가주소를 정하여 신고하여야 한다."라고 규정하여 외국 거주 광업출원인에 대하여 가주소 설정 및 신고의무를 부과하고 있는 경우를 들 수 있다.

가주소는 공서양속에 반하지 않는 한 당사자의 약정에 의하여 어느 곳이나 정할 수 있는 것이 원칙이지만, 신분관계나 전속관할이 정해져 있는 경우에는 그렇지 않다.[6]

2 대법원 1977. 9. 28. 선고 77다790, 791 판결.
3 대법원 1998. 4. 10. 선고 98두1161 판결, 대법원 1985. 10. 8. 선고 85누450 판결.
4 김준호, 민법총칙(제12판), 법문사(2018), 96; 고상용, 민법총칙(제3판), 법문사(2005), 157; 민법주해 I 총칙(1), 박영사(1992), 339(한상호).
5 주석 민법, 총칙편(1)(제4판), 한국사법행정학회(2010), 382(이용운).
6 주석 민법, 총칙편(1)(제4판), 한국사법행정학회(2010), 382(이용운).

Ⅱ. 가주소 설정의 효과

특정 거래행위에 관하여 가주소를 설정한 경우에는, 주소에 관하여 생기는 법률효과가 가주소에 관하여 생긴다. 즉 채무의 변제는 채권자가 정한 가주소에서 이행하면 된다. 그러나 위 가주소를 부재 또는 실종의 기준이 되는 주소로 볼 수는 없다.

가주소를 설정한 경우에는 그 사람의 주소가 별도로 있기 때문에 가주소와 주소의 관계가 문제된다. 즉 가주소가 당해 거래행위에 대한 주소를 배척하는가 아니면 가주소와 주소가 병존하는가의 문제이다. 이는 결국 당사자의 의사를 해석하여 해결하여야 할 것이지만, 그 의사가 명확하지 않은 경우에는 당해 거래행위에 관한 한 가주소가 기준이 되어 주소를 배척한다고 해석하는 것이 본조의 입법취지에 부합할 것이다.[7]

Ⅲ. 2018. 2. 28. 입법 예고된 민법개정안의 내용

2018. 2. 18. 입법 예고된 민법개정안에서는 본조를 다음과 같이 개정하고 있다.

제21조(임시주소)
어떤 행위와 관련하여 임시주소를 정한 경우에는 그 행위에 관하여는 임시주소를 주소로 본다.

현행법상의 '가주소'를 '임시주소'라는 용어로 변경하였다. 그리고 "어느 행위에 있어서 가주소를 정한 때에는"이라는 표현을 "어떤 행위와 관련하여 임시주소를 정한 경우에는"으로 표현을 수정하였다.

7 고상용, 민법총칙(제3판), 법문사(2005), 157; 주석 민법, 총칙편(1)(제4판), 한국사법행정학회(2010), 382(이용운).

제3절 부재와 실종

[총설]

Ⅰ. 부재자 재산의 관리제도 및 실종선고제도의 취지

1. 부재자 재산의 관리제도

어떤 사람이 종래의 주소나 거소를 떠나 오랫동안 돌아오지 않는 경우에는 본인의 이익이나 그의 상속인, 채권자, 그 밖의 이해관계인의 이익을 보호하기 위하여 어떠한 조치를 취할 필요가 있다. 그와 같은 사람의 남아 있는 재산을 관리하지 않고 방치한다면 그 재산의 가치가 감소하고, 심지어 도난되거나 없어질 수도 있어, 본인뿐만 아니라, 그 사람의 상속인이나 채권자 등도 손실을 보게 될 우려가 있으며, 국민경제상으로도 바람직하지 못하다. 또한 그 사람에 대한 채권자나 채무자가 그 사람에 대하여 권리를 행사하거나, 의무를 이행하고자 할 때에도 곤란을 겪게 되고 손해를 볼 수도 있다.

이러한 문제를 해결하기 위한 조치로서, 민법은 우선 종래의 주소 또는 거소를 떠난 자를 '부재자'로 보고, 그가 여전히 생존해 있는 것으로 추정하여 그 부재자가 다시 돌아올 때까지 국가가 그 부재자 재산의 관리에 필요한 조치를 취할 수 있도록 하는 제도를 마련하고 있다. 이것이 본절 제22조부터 제26조까지에 규정된 "부재자 재산의 관리제도"이다.

판례는 "부재자 재산관리제도의 취지는 부재자 재산관리인으로 하여금 부재자의 잔류재산을 본인의 이익과 더불어 사회경제적 이익을 기하고 나아가 잔존 배우자와 상속인의 이익을 위하여 관리하게 하고 귀래하는 부재자 본인 또는 그 상속인에게 그 관리해 온 재산 전부를 인계하게 하는 데 있다"라고 판시하고 있다.[1]

1 대법원 1976. 12. 21.자 75마551 결정.

그런데 다수의 견해는 이 제도를 '부재자의 재산관리제도'라고 표현하고 있다.[2] 그러나 이러한 표현은 '부재자 스스로가 재산을 관리하는 제도'라는 오해를 불러일으킬 수 있다. 이 제도는 국가가 부재자의 재산을 관리해 주는 제도이고, 민법 제22조의 표제도 "부재자의 재산의 관리"라고 규정하고 있다. 따라서 위와 같은 제도의 취지를 고려할 때 "부재자 재산의 관리제도"라고 표현하는 것이 바람직하다.[3] 2018. 2. 18. 입법 예고된 민법개정안에서도 민법 제22조의 표제를 "부재자 재산의 관리"라고 수정하였다.

2. 실종선고제도

사람의 권리능력은 오직 사망에 의해서만 소멸한다는 원칙을 관철한다면 부재자의 생사불명 상태가 아무리 오랫동안 계속되더라도 사망의 증명이 없는 한, 부재자를 중심으로 한 법률관계는 언제까지나 확정되지 못한다. 특히 친족·상속관계에 중대한 영향을 미치게 된다. 예컨대 남아 있는 배우자는 혼인이 해소되지 않았기 때문에 재혼할 수 없고, 상속인도 상속개시 여부가 확정되지 않으므로 상속할 수 없게 된다.[4]

이에 민법은 '부재자 재산의 관리제도'에 이은 두 번째의 조치로서, 부재자의 생사불명 상태가 일정 기간 계속되고 살아 있을 가능성이 희박해진 경우에는, 일정한 요건과 절차에 따라 그러한 자를 사망한 것으로 간주하고, 그자의 종래의 주소나 거소를 중심으로 한 재산상·신분상의 법률관계를 확정하되, 나중에 살아 돌아온 경우에는 이전의 법률관계를 부활시키는 제도를 마련하고 있다. 이것이 본 절 제27조부터 제29조까지에 규정된 "실종선고제도"이다.

실종선고가 있으면 부재자가 사망한 것으로 간주되므로, 민법 및 가사소송법 등은 실종선고에 관하여 그 요건과 절차를 엄격히 규정하고 있다. 또 만약 실종선고 후 그 실종자가 살아 돌아온 경우에는 그 이전의 법률관계가 부활하게 되므로

2 고상용, 민법총칙(제3판), 법문사(2005), 158; 곽윤직/김재형, 민법총칙(제9판), 박영사(2013), 143; 김대정, 민법총칙, FIDES(2012), 242; 김용한, 민법총칙론(재전정판), 박영사(1997), 128; 김주수/김상용, 민법총칙(제7판), 삼영사(2013), 168; 김준호, 민법총칙(제12판), 법문사(2018), 97; 김증한/김학동, 민법총칙(제10판), 박영사(2013), 157; 명순구, 민법총칙, 법문사(2005), 130; 백태승, 민법총칙(제7판), 집현재(2016), 169; 송덕수, 민법총칙(제4판), 박영사(2018), 533; 이영준, 민법총칙(개정증보판), 박영사(2007), 885; 이은영, 민법총칙(제5판), 박영사(2009), 192; 주석 민법, 총칙편(1)(제4판), 한국사법행정학회(2010), 383(이용운).

3 강태성, 민법총칙(제7판), 대명출판사(2017), 194.

4 곽윤직/김재형, 민법총칙(제9판), 박영사(2013), 142.

민법은 실종자 본인의 이익 보호와 거래의 안전 등 여러 사정을 고려하여 본인과 여러 이해관계인 사이의 이해관계를 조정하는 규정을 두고 있다.

3. 양 제도의 관계

민법은 본 절에서 '부재'와 '실종'을 함께 규정하고 있다.

이는 부재자가 종래의 주소(또는 거소)를 떠나 복귀하는 것이 불분명한 사람이고, 그 부재자의 생사가 불분명한 경우에 일정 절차를 거쳐 실종자로 인정되는 것으로서, 양 제도에서 모두 주소(또는 거소)와의 관계가 문제된다는 공통점에 착안한 것으로 보인다.[5]

그러나 생사불명의 부재자라도 실종선고를 받지 않는 한 어디까지나 부재자로 다루어지고 사망한 것으로 보지 않으며, 부재자가 일정 절차를 거쳐 실종선고를 받게 되면 비로소 사망한 것으로 보게 된다. 따라서 실종선고를 받은 자는 부재자의 일종이라 하겠지만, 부재자 재산의 관리제도와 실종선고제도는 별개의 독립된 것으로 어떠한 필연적 관계가 있는 것은 아니다.

다시 말하면 부재자 재산의 관리제도는 부재자의 '생존'을 전제로 하여 재산을 관리하는 방법을 규정한 제도이고, 실종선고제도는 부재자의 '사망'을 전제로 하여 상속, 재혼 등의 사후 법률관계를 정리·확정하는 제도이다. 민법전이 본 절에서 양 제도를 함께 규정한 것은 단순히 편의상의 이유에 기인한 것이다.[6]

부재자 재산의 관리에 관한 사건과 실종선고 및 그 취소 사건은 모두 라류 가사비송사건으로서 그 심리와 재판은 가정법원의 전속관할에 속한다[가사소송법 제2조 제1항 제2호 가목 2) 및 3), 제44조 제1항 제1호, 제2호].

Ⅱ. 부재와 실종에 관한 입법례

1. 독일

독일은 민법전(BGB)에 실종자를 포함한 '부재자 재산의 관리(Abwesenheitspflegschaft)'에 관한 규정을 두어, 부재자의 재산에 관하여 보호가 필요한 경우 재산관리인(Abwesenheitspfleger)을 선임하여 관리하게 하고 있다(제1911조). 한편 실종에 관하여는 특별법인 "실종법(Verschollenheitsgesetz)"에서 별도로 규정하고 있다. 즉

5 김준호, 민법총칙(제12판), 법문사(2018), 97.
6 고상용, 민법총칙(제3판), 법문사(2005), 159.

독일은 특별법인 실종법이 정한 일정한 요건 아래 우리 민법상의 실종선고에 해당하는 "사망선고(Todeserklärung)"를 하는 입법주의를 채택하고 있다.[7]

2. 스위스

스위스 민법은 장기간의 부재자 재산의 관리를 위하여 후견관청이 필요한 사항을 명령할 수 있도록 함과 동시에, '보좌인(保佐人, Beistand)'을 선임하도록 하고 있다(제393조 제1항). 또한 부재자가 사망하였을 개연성이 높은 경우에는 일정한 자의 청구에 의하여 법관이 '실종선고'를 할 수 있도록 하고 있다(제35조~제38조).[8]

3. 프랑스

구 프랑스 민법은 부재자가 다시 돌아올 가능성이 감소함에 따라 점차로 상속인의 권리를 증대시키지만, 끝까지 부재자에 대해 사망선고를 하지 않는 입법주의를 채택하고 있었다.[9] 그러나 1977. 12. 28. 개정을 통하여 부재자에 대하여 '실종 추정(la présomption d'absence)'의 선고에 의하여 부재자의 재산에 대한 관리가 개시되도록 하고(제112조), 실종 추정의 선고가 있었던 후 일정한 기간이 경과하도록 실종상태가 지속된 경우에는 '실종선고(la déclaration d'absence)'를 할 수 있도록 규정하게 되었다(제122조).

즉 어떤 자가 그의 주소 또는 거소를 떠나 소식이 없는 경우 후견 법관은 이해당사자 또는 검사의 청구에 의하여 그가 실종되었다는 추정이 있음을 확인할 수 있으며(제112조), 이 경우 법원은 실종추정자의 법정대리 및 재산관리를 위한 재산관리인을 선임할 수 있다(제113조). '실종 추정'의 선고가 있었던 때로부터 10년이 경과하였거나, '실종 추정'의 선고가 없더라도 주소 또는 거소를 떠나 20년 동안 소식이 없는 경우에는 이해관계인 또는 검사의 청구에 의하여 실종선고를 할 수 있다(제122조).[10] 실종선고가 있으면 실종자가 사망한 것과 같은 효과가 있다(제128조). 결국 현재의 프랑스 민법의 입법 태도는 일정한 요건 아래에 실종선고를 통해 실종자의 사망을 인정하는 것으로, 독일 실종법이나 스위스 민법과 동일한 입법주의를 취하고 있다.

7 김대정, 민법총칙, FIDES(2012), 243.
8 김대정, 민법총칙, FIDES(2012), 244.
9 민법주해 Ⅰ, 총칙(1), 박영사(1992), 341(한상호).
10 김대정, 민법총칙, FIDES(2012), 244~245.

4. 일본

일본 민법은 제5절에서 '부재자의 재산의 관리'와 '실종선고'를 함께 규정하고 있는데, 우리 민법의 규정과 거의 비슷한 내용을 규정하고 있다.

즉 종래의 주소 또는 거소를 떠난 부재자의 경우 가정법원에 의하여 선임된 재산관리인을 통해 그 부재자의 재산을 관리하고(제25조~제29조), 그 부재자의 생사가 일정 기간 불분명한 경우에는 이해관계인의 청구에 의하여 실종선고를 하며, 실종선고가 된 경우 실종자가 사망한 것으로 간주하도록 규정하고 있고(제30조, 제31조), 실종선고의 취소와 그에 따른 법률관계도 아울러 규정하고 있다(제32조).

제 22 조 [부재자의 재산의 관리]

① 종래의 주소나 거소를 떠난 자가 재산관리인을 정하지 아니한 때에는 법원은 이해관계인이나 검사의 청구에 의하여 재산관리에 관하여 필요한 처분을 명하여야 한다. 본인의 부재 중 재산관리인의 권한이 소멸한 때에도 같다.

② 본인이 그 후에 재산관리인을 정한 때에는 법원은 본인, 재산관리인, 이해관계인 또는 검사의 청구에 의하여 전항의 명령을 취소하여야 한다.

[관련조문] 민법 제18조~제21조, 제23조~제26조, 가사소송법 제2조 제1항 제2호, 가사소송규칙 제39조~제52조

[참고문헌] 권용우, "부재자의 재산관리", 월간고시 19권 8호(1992. 7); 김대원, "부재와 실종에 관한 판례분석", 실무연구X, 서울가정법원(2005); 남영찬, "부재자 재산관리인의 권한초과행위에 대한 허가신청절차의 이행약정을 소구할 수 있는지 여부", 대법원판례해설 35호(2001. 6); 변진장, "부재자의 재산관리제도", 재판자료 18집, 법원행정처(1983); 오영권, "실종선고의 효력과 사망간주된 이후 실종선고 이전의 재산처분의 효력", 대법원판례해설 16호 (92.10); 이찬희, "부재자재산의 관리에 관한 처분", 실무연구Ⅲ, 서울가정법원(1997); 이호정, "부재자재산관리인의 권한범위", 판례회고 6호, 서울대학교(1979); 이희봉, "부재자의 재산관리", 법학과 민사법의 제문제 : 범조 이희봉 고희기념논문집. 나남출판사(1986); 장재옥, "부재자 재산관리제도", Jurist 409호 : 2006년 1호(민법총칙)(v.2006-1), 청림출판(2006); 최공웅, "부재자 재산관리인의 권한초과행위와 표현대리", 민사판례연구 제1집, 민사판례연구회(1979); 황적인, "근저당권의 거래상대방·원인무효에 관한 판례 : 부재자재산관리인이 설정한 근저당권등기", 경제법판례연구, 선학사(1997)

Ⅰ. 본조의 의의

1. 부재자의 의의

가. '재산관리의 필요성'의 고려 여부

본조는 '종래의 주소나 거소를 떠난 자'를 부재자라고 규정하고 있다.

다수의 견해는 본조의 위와 같은 개념 요소에 더하여 '종래의 주소지 등으로 쉽게 돌아올 가능성이 없을 것'과 '부재자의 재산에 대한 관리 필요성'까지도 고려하여야 한다고 보아, 부재자를 "종래의 주소나 거소를 떠나 당분간 돌아올 가능성이 없어서 종래의 주소나 거소에 있는 그의 재산이 관리되지 못하고 방치된 상태에 있는 자"라고 정의하고 있다.[1] 이에 대하여 민법은 어느 사람이 재산관리인을 두고 있는 경우, 즉 재산을 관리할 수 있는 경우에도 부재자라고 규정하고 있다는 점을 들어(본법 제23조, 제25조), 재산관리의 필요성은 법원이 부재자의 잔류재산관리를 위한 처분을 할 것인가라는 점을 판단하는 기준이 될 뿐 부재자의 개념구성요소는 아니라고 보아, "종래의 주소나 거소를 떠나 당분간 돌아올 가능성이 없는 자"라고만 정의하는 소수설이 있다.[2]

본조부터 제26조까지에 규정된 부재자 재산의 관리제도의 취지는 부재자가 남겨 둔 재산에 대한 관리가 필요한 경우 부재자 등의 이익을 보호하기 위해 국가가 필요한 조치를 취하는 데 있고, 오늘날의 발달된 교통·통신 수준에 비추어 단순히 장기간 주거지를 떠나 있다는 사정만으로 재산관리가 어렵다고 볼 수 없으므로, 본조에 따른 부재자인지를 판단할 때는 그의 잔류재산을 관리할 필요가 있는지 여부도 함께 고려하여야 한다. 또 본법 제23조와 제25조는 부재자 본인이 재산관리인을 선임한 경우에도 그 후 부재자의 생사가 불분명해지면 마찬가지로 부재자 재산에 대한 관리 필요성이 발생하고, 이를 위해 국가가 개입할 수 있다는

1 고상용, 민법총칙(제3판), 법문사(2005), 159; 곽윤직/김재형, 민법총칙(제9판), 박영사(2013), 143~144; 김대정, 민법총칙, FIDES(2012), 242.. 김용한, 민법총칙론(재전정판), 박영사(1997), 129; 김주수/김상용, 민법총칙(제7판), 삼영사(2013), 167; 김준호, 민법총칙(제12판), 법문사(2018), 98; 김증한/김학동, 민법총칙(제10판), 박영사(2013), 157; 명순구, 민법총칙, 법문사(2005), 130; 백태승, 민법총칙(제7판), 집현재(2016), 168; 송덕수, 민법총칙(제4판), 박영사(2018); 이영준, 민법총칙(개정증보판), 박영사(2007), 885; 이은영, 민법총칙(제5판), 박영사(2009), 192; 주석 민법, 총칙편(1)(제4판), 한국사법행정학회(2010), 387~388(이용운).

2 강태성, 민법총칙(제7판), 대명출판사(2017), 192. 변진장, "부재자의 재산관리제도", 재판자료 18집, 법원행정처(1983). 183~184.

점을 규정하고 있으므로, 여전히 재산관리의 필요성은 고려되어야 한다. 따라서 다수설의 견해가 타당하다.

예컨대 서울에서 사는 사람이 부산으로 이사를 하여서 당분간 돌아올 가망이 없다고 하더라도 그가 서울에 남겨 둔 재산을 관리하는 것이 별로 곤란하지 않을 것이므로, 이러한 경우에 그를 부재자로 인정하여야 할 필요는 없다.

판례도 당사자가 외국에 가 있다 하여도 그것이 정주의 의사로써 한 것이 아니라 유학의 목적으로 간 것에 불과하고, 그 외국에서 일정한 주거지에 거주하여 그 소재가 분명할 뿐만 아니라 부동산이나 기타의 그 소유재산을 국내에 있는 사람을 통하여 그 당사자가 직접 관리하는 사실이 인정되는 때에는 부재자라고 할 수 없다고 판시하여, 부재자의 요건으로서 주소나 거소에 있는 재산이 관리되지 못하고 방치되고 있는지 여부를 함께 고려하고 있다.[3]

나. 생사불명 또는 행방불명일 필요가 있는지

부재자에 해당하기 위해서는 종래 주소나 거소를 떠나 쉽사리 돌아올 가망이 없는 것으로 족하고, '생사불명'이라거나 '행방불명'일 것은 요건이 아니다. 학설상 이견이 없고, 판례도 동일한 입장이다.[4]

우선 생존하고 있는 것이 명백하여 언젠가는 돌아올 가능성이 있더라도 장기간 외국에 거주하면서 당분간 쉽게 돌아올 가망이 없는 한편 국내에 있는 그의 재산이 방치되고 있어 이를 관리할 필요성이 있는 경우 부재자로 인정될 수 있다. 따라서 외국에 오랫동안 거주하고 있더라도 국내의 지인 등을 통하여 스스로 재산을 관리하는 경우에는 부재자로 볼 수 없다. 또 생사가 분명하지 않아 돌아올 가능성이 불분명하더라도 사망이 증명될 때까지 또는 실종선고를 받아 사망으로 간주될 때까지는 부재자로 인정된다. 또한 종래의 주소나 거소를 떠난 자가 다른 곳에 가서 그곳에 주소나 거소를 정하였는지 여부도 문제가 되지 않는다.[5]

2. 법인과 부재자

법인은 자연인과 달라서 본질적으로 관념적인 존재이고 일정한 목적의 범위 내에서만 권리의무의 주체가 되므로, 민법의 부재자에 관한 규정은 그 성질상 자

3 대법원 1960. 4. 21. 선고 4292민상252 판결.
4 대법원 1960. 4. 21. 선고 4292민상252 판결.
5 민법주해 Ⅰ, 총칙(1), 박영사(1992), 348(한상호); 주석 민법, 총칙편(1)(제4판), 한국사법행정학회(2010), 388(이용운).

연인에 한하고 법인에는 적용될 여지가 없다.[6] 학설상 이견이 없다.

판례도 합자회사를 부재자로 하여 그 회사의 재산관리인 선임을 신청한 사건에서 '원래 법인에 대하여는 그 성질상 민법 제22조 이하의 부재자에 관한 규정을 적용할 수 없다'고 판시하고 있다.[7]

Ⅱ. 부재자 재산의 관리에 관한 민법의 태도

부재자 제도는 부재자와 그 상속인, 기타 이해관계인의 이익을 보호하기 위하여 부재자의 잔류재산을 관리하는 데 그 목적이 있다.

따라서 사람이 주소 또는 거소를 떠나서 오랫동안 돌아오지 않는 경우에도 그에게 법정대리인(친권자나 후견인)이 있을 경우에는 그 사람이 부재자의 재산을 관리하기 때문에 재산관리를 위한 별도의 조치를 강구할 필요가 없다. 이러한 법정대리인이 사망하거나 또는 그 권한이 소멸되더라도 친족편의 규정에 의하여 후임자가 정해지는 것이 보통이므로 역시 재산관리를 위한 별도의 조치를 강구할 필요가 없다. 따라서 이러한 경우에는 총칙편의 부재자에 관한 규정이 적용되지 않고, 다만 친족편에 의하여 후임자를 정할 방법이 없는 경우에 한하여 총칙편의 적용을 받게 된다.[8]

총칙편의 부재자에 관한 규정이 적용되는 경우는 부재자에게 이러한 법정대리인이 없는 경우이다. 그러나 이때에도 부재자 본인이 스스로 재산관리인을 둔 경우에는 원칙적으로 그 자에게 재산관리를 맡기면 되므로, 국가가 이에 간섭할 필요는 없다.

따라서 법정대리인이 없는 경우 중 ① 부재자가 재산관리인을 정하지 않은 경우와 ② 부재자가 재산관리인을 정하여 두었지만, 본인의 부재 중에 그 재산관리인의 권한이 소멸된 경우, 또는 ③ 부재자가 재산관리인을 정하여 두었으나 그 후 부재자 본인의 생사불명으로 그 재산관리인을 감독할 수 없게 된 경우에 비로소 국가가 그러한 부재자의 재산을 관리하기 위하여 어떤 조치를 강구할 필요가 있게 된다. 민법은 부재자가 스스로 재산관리인을 둔 경우와 그렇지 아니한 경우

6 민법주해 Ⅰ, 총칙(1), 박영사(1992), 348(한상호); 주석 민법, 총칙편(1)(제4판), 한국사법행정학회(2010), 388~389(이용운).

7 대법원 1953. 5. 21.자 4286민재항7 결정, 같은 취지 : 대법원 1965. 2. 9.자 64스9 결정.

8 김증한/김학동, 민법총칙(제10판), 박영사(2013), 157; 김준호, 민법총칙(제12판), 법문사(2018), 98.

로 나눈 다음, 후자의 경우를 원칙적으로 규율하고, 전자의 경우는 부득이한 경우에만 예외적으로 규율하는 태도를 보인다.[9]

Ⅲ. 부재자가 재산관리인을 정하지 않은 경우

1. 법원의 재산관리처분명령

가. 재산관리처분명령의 요건

부재자가 재산관리인을 정하지 않은 경우에는 법원은 이해관계인이나 검사의 청구에 의하여 재산관리에 관하여 필요한 처분을 명하여야 한다(본조 제1항 전문).

'부재자가 재산관리인을 정하지 않은 경우'란 재산관리인이 없는 경우를 말하는 것으로, 처음부터 부재자 스스로 재산관리인을 두고 있지 아니한 경우와 부재자에게 법정대리인이 없는 경우를 포함한다.

판례는 부재자가 재산관리인을 정하지 아니한 때뿐만 아니라 '미수복지구에 주소를 가진 자가 국내에 있는 재산에 관하여 재산관리인을 정하지 않은 경우'와 같이 어느 특수한 사정에 의하여 재산을 관리할 수 없는 장소에 있을 때에도 마찬가지로 법원은 그 재산관리에 필요한 처분을 명할 수 있다고 판시하고 있다.[10]

나. '법원'의 의미

부재자 재산의 관리에 관한 처분 사건은 라류 가사비송사건으로서 그 심리와 재판은 가정법원의 전속관할에 속하고(가사소송법 제2조 제1항 제2호 가목 2), 단독판사의 심판사항이다(법원조직법 제40조). 또한 부재자 재산관리에 관한 사건은 부재자의 마지막 주소지 또는 부재자의 재산이 있는 곳의 가정법원이 관할한다(가사소송법 제44조 제1항 제2호). 부재자의 마지막 주소가 국내에 없거나 이를 알 수 없을 때에는 대법원이 있는 곳의 가정법원이 관할한다(가사소송법 제35조 제2항, 제13조 제2항). 마지막 주소가 군사분계선 이북에 있는 부재자의 경우 마지막 주소가 국내에 없는 경우에 해당하여 대법원이 있는 곳을 관할하는 가정법원인 서울가정법원이 관할법원이 된다.

따라서 본조의 '법원'이란 부재자의 마지막 주소지 또는 부재자의 재산이 있는 곳을 관할하는 '가정법원'을 의미한다.

9 고상용, 민법총칙(제3판), 법문사(2005), 158; 김증한/김학동, 민법총칙(제10판), 박영사(2013), 157.
10 대법원 1961. 9. 30.자 4294민재항332 결정.

다. 청구권자

법원이 재산관리에 관하여 필요한 처분을 명하는 것은 법원이 스스로 직권으로 하는 것은 아니고, 이해관계인이나 검사의 청구가 있을 것을 필요로 한다.

여기서 '이해관계인'이란 부재자의 재산을 관리할 자가 없다는 사실에 대하여 법률상의 이해관계를 가지는 자, 즉 부재자 재산보전에 관하여 법률상 정당한 이익을 가지는 자를 말한다. 부재자가 사망하면 상속인이 될 자, 배우자, 부양청구권을 갖는 친족, 친권자, 수증자, 보증인, 부재자와의 공동채무자, 채권자, 잔류재산의 임차인 등이 여기에 해당된다.[11] 부재자 본인은 그의 재산에 대해 가장 큰 이해관계를 갖는 자이지만 제도의 성질상 그 청구를 할 수 없는 것이 명백하다. 또한 단순한 친구나 이웃 사람 등은 법률상 이해관계가 없으므로 청구권이 없다.

한편 부재자 재산의 관리제도가 사회적, 경제적 공익의 추구라는 목적도 가지고 있으므로 공익의 대표자인 검사에게도 청구권을 인정하고 있다. 만약 법률상 이해관계가 인정되지 않는 자들이 부재자를 위하여 재산관리에 관한 법원의 처분이 필요하다고 생각하는 경우에는 검사의 직권발동을 촉구하여 검사로 하여금 청구하도록 하여야 한다.[12]

본조에서의 이해관계인과 실종선고를 청구할 수 있는 이해관계인(본법 제27조)의 범위는 다르다. 실종선고를 청구하는 이해관계인은 부재자의 생사와 관계되므로 그 범위를 엄격히 한정하여야 하지만, 부재자에 대한 이해관계인은 재산관리에 관계되는 것이므로 그 범위를 실종선고의 경우보다 넓게 해석하여도 좋을 것이다.[13]

2. 재산관리에 필요한 처분의 내용

가. 재산관리인의 선임처분

법원이 명하는 '재산관리에 관하여 필요한 처분'으로서 가장 중요한 것은 재산관리인의 선임이다. 가사소송규칙 제41조, 제43조는 가정법원의 재산관리인 선임절차에 관하여 규정하고 있다. 재산관리인의 구체적인 선임절차, 그 법률상 지위, 권한과 의무 등은 항을 바꾸어 아래에서 살펴보기로 한다.

11 가사비송재판실무편람(2008년 개정판), 가사비송재판실무편람 집필위원회(2008), 43.

12 주석 민법, 총칙편(1)(제4판), 한국사법행정학회(2010), 390(이용운).

13 고상용, 민법총칙(제3판), 법문사(2005), 160; 주석 민법, 총칙편(1)(제4판), 한국사법행정학회(2010), 390(이용운).

한편 2018. 2. 18. 입법 예고된 민법개정안에서는 본조 제1항의 "재산관리에 관하여 필요한 처분"이라는 용어를 "재산관리에 필요한 처분"으로 수정하였다.

나. 재산관리인에 대한 감독처분

법원은 다음으로 재산관리인의 선임처분을 전제로 하여 후견감독적 기능에서 선임된 재산관리인에 대하여 계속적인 각종의 감독처분을 하게 된다. 민법은 법원에 의하여 선임된 재산관리인에 대한 감독처분으로서 반드시 재산목록을 작성하도록 하고(본법 제24조 제1항, 가사소송규칙 제47조), 재산관리인이 관리행위의 범위를 초과하는 처분행위를 할 때에는 법원의 허가를 받도록 하고 있으며(본법 제25조), 필요에 따라서는 재산관리인에게 상당한 담보를 제공하도록 하고 있다(본법 제26조 제1항). 또한 가사소송규칙에서도 법원이 언제든지 선임한 재산관리인을 개임할 수 있고(본법 제41조 제1항), 재산관리인에게 재산 상황의 보고와 관리의 계산을 명할 수 있으며(본법 제44조), 재산관리인이 제공한 담보의 증감·변경·면제를 명할 수 있고(본법 제45조), 재산관리인의 담보제공방법으로 재산관리인 소유의 재산에 저당권을 설정할 것을 명한 때에는 저당권설정등기를 촉탁하도록 하고 있으며(본법 제46조), 필요한 때에는 공증인으로 하여금 재산목록을 작성할 것을 명할 수 있도록 규정하고 있다(본법 제48조).

민법이나 가사소송규칙이 규정하는 위와 같은 법원의 감독처분은 예시적인 것이고 한정적으로 해석할 것은 아니다. 본법 제24조 제2항은 '법원은 그 선임한 재산관리인에 대하여 부재자의 재산을 보존하기 위하여 필요한 처분을 명할 수 있다'고 규정하여 이 점을 분명히 하고 있으므로, 각각의 구체적인 사안에 따라 그에 적합한 각종의 처분을 명할 수 있다고 봄이 타당하다.[14]

다. 부재자 재산의 매각처분

가정법원은 민사집행법에 규정된 담보권 실행 등을 위한 경매절차에 따라 부재자 재산을 매각하게 할 수 있다(가사소송규칙 제49조).

라. 부재자에 대한 조사 명령 및 실종선고 청구 명령

가정법원은 재산관리인에게 부재자의 생사 여부, 재산관리의 가능 여부 등의 조사를 명할 수 있고(가사소송규칙 제49조의2 제1항), 또 부재자에 대한 실종의 선고를 관할 가정법원에 청구할 것을 명할 수 있다(가사소송규칙 제49조의2 제2항). 이

14 변진장, "부재자의 재산관리제도", 재판자료 18집, 법원행정처(1983). 202.

규정은 2016. 12. 29. 가사소송규칙의 개정으로 신설된 것이다. 부재자의 생사불명 상태가 장기간 계속되더라도 실종선고를 받지 않는 이상 부재자로서 취급되어 재산관리가 계속되는데, 현행 민법이나 구 가사소송규칙에는 '부재자' 상태를 해소하기 위한 규정이 마련되어 있지 않았다. 실제로 부재자가 사망하였거나 실종선고의 요건이 충족되었다면 부재자 상태를 해소하고, 실종선고 절차를 밟아 상속 절차 등으로 나아가는 것이 오히려 부재자 재산을 보호하는 것이 될 수도 있다. 법원은 재산관리인에 대하여 부재자 본인의 재산에서 일정액의 보수를 지급하게 되는데(본법 제26조 제2항), 장기간에 걸쳐 부재자 상태가 해소되지 않고 유지될 경우 재산관리인에 대한 보수지급으로 인해 부재자 재산이 남아 있지 않게 될 수도 있어, 부재자의 사망으로 상속인이 될 자 또는 다른 이해관계인들에게도 불이익하게 된다. 또 실무상 재산관리인에게도 실종선고를 청구할 수 있는 청구권이 인정되고 있고, 실종선고의 요건이 충족되었는데도 재산관리인이 보수를 받을 수 있는 이익 등의 이해관계로 인하여 실종선고를 청구하지 않는 경우도 있다. 따라서 가정법원은 재산관리인에게 부재자의 생사 여부, 재산관리가 계속 가능한지 여부 등을 조사하도록 명령할 수 있고, 만약 그 결과 실종선고의 요건이 충족되었다고 판단되면 재산관리인에게 그 부재자에 대한 실종선고를 관할 가정법원에 청구하도록 명령할 수 있도록 함으로써 부재자 상태가 장기간 계속될 경우 이를 해소할 수 있도록 하였다.

3. 필요적 재산관리처분명령 및 이에 대한 불복

부재자가 재산관리인을 정하지 아니하여 이해관계인이나 검사가 재산관리에 관하여 필요한 처분을 명하여 줄 것을 청구한 경우, 가정법원은 부재자의 잔류재산이 있으면 반드시 재산관리에 필요한 처분을 명하여야 한다. 즉 처분명령을 할 것인가 아닌가에 대하여 재량권을 갖지 않는다. 구 민법 제25조는 '명할 수 있다'고 규정하였으나 현행 민법은 '명하여야 한다'로 수정하였다. 만약 부재자에게 법정대리인이 있는 경우에는 부재자 재산관리처분을 할 필요가 없기 때문에 그 청구는 각하된다.[15]

부재자의 재산관리에 관한 사건의 제1심 종국재판은 심판으로써 한다(가사소송법 제39조 제1항). 심판에 관하여는 민사소송법 중 결정에 관한 규정이 준용된다(가사소송법 제39조 제4항).

15 법원실무제요 가사[Ⅱ], 법원행정처(2010), 237.

부재자에 해당하지 않는 경우 또는 잔류재산이 전혀 없거나 채무만 있는 경우에는 재산관리의 필요성이 없으므로 관리처분명령의 청구를 기각하는 심판을 한다.[16] 잔류재산이 반드시 부재자의 종래의 주소나 거소에 있을 필요는 없다.[17]

심판에 대하여는 대법원규칙으로 따로 정하는 경우에 한정하여 즉시항고만을 할 수 있는바(가사소송법 제43조 제1항), 그 청구를 기각한 심판에 대하여는 특별한 규정이 있는 경우를 제외하고는 청구인에 한하여 즉시항고를 할 수 있다(가사소송규칙 제27조). 따라서 부재자로 인정되지 않는다거나, 부재자에게 잔류재산이 없거나, 이해관계인이 아니라는 등의 이유로 본조에 따른 청구가 배척된 경우에는 그 청구인만이 즉시항고를 할 수 있다.

Ⅳ. 법원에 의한 재산관리인의 선임절차 및 그 지위

1. 재산관리인의 선임절차

가. 관할법원

부재자 재산관리인 선임도 부재자 재산관리에 관한 사건으로 부재자의 마지막 주소지 또는 부재자의 재산이 있는 곳의 가정법원 관할에 속하고(가사소송법 제44조 제1항 제2호), 단독판사의 심판사항이다(법원조직법 제40조).

나. 심리

부재자가 스스로 재산관리인을 두지 않았음을 이유로 재산관리인 선임을 청구한 경우, 가정법원은 사건본인이 부재자인지 여부, 청구인이 검사 또는 이해관계인에 해당하는지 여부(당사자적격 유무), 부재자의 재산상태 및 관리인 선임의 필요성, 관리인의 적절성 등을 심리한다. 부재자의 가족이나 부재자가 사망할 경우에 상속인이 될 자 등 이해관계인이 있는 경우에는 이해관계인의 의견을 들을 수 있다(가사소송규칙 제41조 제1항).

다. 심판

재산관리인의 선정은 가정법원의 재량에 맡겨져 있고, 청구인의 희망에 구속되는 것은 아니다. 부재자가 사망할 경우에 상속인이 될 자 또는 부재자의 형제자매 중에서 선정하는 것이 보통이지만, 직권으로 변호사 등 재산관리능력을 갖춘

16 법원실무제요 가사[Ⅱ], 법원행정처(2010), 243.
17 변진장, "부재자의 재산관리제도", 재판자료 18집, 법원행정처(1983). 190.

중립적인 제3자를 선정하기도 한다.[18] 법인을 재산관리인으로 선정하여도 무방하다.[19] 판례도 "부재자의 재산관리인을 어떤 사람으로 선임할 것인가 하는 것은 부재자 재산의 관리와 보호처분을 맡은 법원의 재량사항에 속하는 것이나 부재자가 남긴 재산의 관리에 대하여 선량한 관리자의 주의의무를 다하여 직무를 처리하여야 하는 재산관리인의 임무를 참작하여 일반적으로 부재자의 친족이나 이해관계인 가운데서 선임되는 것이 보통이고 그러한 관계가 없는 제3자라 하더라도 재산관리인으로서 적합하다고 인정되면 법원은 이를 재산관리인으로 선임할 수 있다."고 판시하고 있다.[20] 다만 친족이라 하더라도 부재자의 재산에 관하여 이해상반되는 경우에는 재산관리인으로 선임될 수 없다.[21]

이와 같이 재산관리인의 선임이 법원의 재량행위라 하더라도 부재자 재산관리제도의 취지를 고려하여 선임하여야 하고, 그 선임행위가 경험칙이나 논리칙에 어긋나서 그 재량의 범위를 매우 벗어난 것이라고 인정되면 위법한 처분이 된다는 의미에서는 일종의 기속행위라고 볼 수 있다.[22]

재산관리인의 선임은 반드시 1인에 한정할 필요는 없다. 부재자의 재산이 여러 곳에 흩어져 있는 경우에 각 재산별로 재산관리인을 두는 것이 편리할 수도 있을 것이다. 재산관리인을 2인 이상 두는 경우 각 재산관리인이 관리할 재산을 지정할 수도 있고, 수인이 공동으로 관리하는 방법도 있다. 수인의 상속인을 재산관리인으로 하는 경우에는 공동관리가 타당할 것이다.[23]

사건본인이 부재자가 아닌 경우 또는 잔류재산이 전혀 없거나 채무만 있는 경우에는 재산관리의 필요성이 없으므로 선임청구를 기각하는 심판을 한다.[24]

판례는 부재선고 등에 관한 특별조치법의 규정에 의한 부재자가 아니고 북한지역에 잔류한 자로서 제적될 대상자에 해당한다 할지라도 그 잔류자를 부재자로 한 재산관리인 선임이 당연무효가 아니라고 판시하고 있다.[25]

18 법원실무제요 가사[Ⅱ], 법원행정처(2010), 242~243.
19 법원실무제요 가사[Ⅱ], 법원행정처(2010), 243.
20 대법원 1986. 8. 26. 선고 86프1 판결.
21 변진장, "부재자의 재산관리제도", 재판자료 18집, 법원행정처(1983). 198.
22 대법원 1986. 8. 26. 선고 86프1 판결, 대법원 1965. 3. 16.자 64스11 결정.
23 변진장, "부재자의 재산관리제도", 재판자료 18집, 법원행정처(1983). 197.
24 법원실무제요 가사[Ⅱ], 법원행정처(2010), 243; 변진장, "부재자의 재산관리제도", 재판자료 18집, 법원행정처(1983). 190.
25 대법원 1971. 10. 22. 선고 71다1636 판결.

라. 불복절차

재산관리인 선임청구를 기각한 심판에 대하여는 청구인이 즉시항고를 할 수 있다(가사소송규칙 제27조). 부재자가 재산관리인을 두지 않아서 법원이 부재자의 재산관리인을 선임한 때에는 이해관계인은 항고를 할 수 없으므로 민사소송법 제449조에 따른 특별항고만을 할 수 있다.[26]

2. 선임된 재산관리인의 지위

가. 법원에 의하여 선임된 재산관리인은 부재자의 의사와는 관계없이 선임된 자로서, 부재자 재산의 관리에 필요한 법률행위를 부재자를 대신하여 행하고 그 법률효과는 직접 부재자 본인에게 귀속시키므로, 일종의 법정대리인이다. 따라서 재산관리인이 법률행위를 한 경우 경솔, 무경험은 재산관리인을 기준으로 하여, 궁박은 부재자 본인을 기준으로 하여 각 판단한다.[27] 재산관리인은 법원에 의하여 선임되었지만, 그 직무의 성질상 부재자와의 위임계약에 의하여 재산관리를 하는 경우와 같이 위임에 관한 민법규정을 유추적용하여야 한다(통설). 따라서 재산관리인은 부재자의 이익을 위하여 선량한 관리자의 주의의무로써 그 재산을 관리하여야 하는 수임인과 같은 지위에 선다고 할 수 있다. 판례도 "부재자 재산관리인은 부재자 본인의 의사에 의하는 것이 아니라 법률에 규정된 자의 청구로 법원에 의하여 선임되는 일종의 법정대리인으로서 법정위임 관계가 있다 할 것이니 위 취지에 따른 선량한 관리자의 주의의무로써 그 직무수행을 하여야 할 것"이라고 판시하고 있다.[28]

나. 법원에 의하여 부재자 재산관리인이 선임된 경우에는 부재자를 위하여 그 재산관리인만이 소송행위를 할 수 있고, 또 상대방은 그 재산관리인에 대해서만 소송행위를 할 수 있다. 따라서 소송서류의 송달을 법원에 의하여 선임된 재산관리인에게 하지 아니하고 부재자 본인에게 하였다면 그 송달은 적법한 것이라 할 수 없다.[29] 부재자의 재산관리인으로 수인이 선임된 경우에 변론기일의 통지는 그중 한 사람에 대한 송달로써 충분하다.[30]

26 대법원 1980. 10. 15.자 78스13 결정.
27 대법원 1970. 1. 27. 선고 69다719 판결.
28 대법원 1976. 12. 21.자 75마551 결정.
29 대법원 1968. 12. 24. 선고 68다2021 판결.
30 대법원 1980. 11. 11. 선고 80다2065 판결.

다. 법원은 언제든지 그 선임한 재산관리인을 개임할 수 있다(가사소송규칙 제42조 제1항). 개임할 것인지 여부는 가정법원의 재량에 속하는 전권사항이고,[31] 당사자의 청구가 없더라도 직권으로 개임할 수 있다. 이해관계인이나 검사의 개임청구는 가정법원의 직권발동을 촉구하는 의미만 있을 뿐이다. 선임절차와 마찬가지로 이해관계인이 있는 경우에는 이해관계인의 의견을 들을 수 있다(가사소송규칙 제41조 제1항). 다만 판례는 법원이 선임한 재산관리인을 개임할 때에는 그 재산관리인을 신문하지 아니하고 개임 결정을 하였다고 하여 위법하다고 할 수 없다고 한다.[32]

개임의 사유에 관하여 특별히 규정되어 있지 않으나, 부당한 재산관리, 법원의 재산관리처분명령에 대한 불이행, 부재자와 이해상반의 입장에 서게 된 경우 등을 예로 들 수 있다.[33] 판례는 가정법원의 부재자 재산관리인의 개임은 경험법칙이나 논리법칙에 의하여 기속 받는 일종의 기속행위라고 보고 있고,[34] 이미 선임된 재산관리인에게 부적절한 사유가 있다는 등 재산관리인을 바꾸어야 할 상황에 있다고 볼만한 특별한 사정이 없는데도 별다른 조사과정도 없이 쉽사리 개임한 것은 재량의 범위를 매우 벗어난 것으로 위법하다고 판시하고 있다.[35]

법원이 선임한 재산관리인의 개임 심판에 대하여는 즉시항고로 불복할 수 없고, 비송사건절차법 제20조 제1항에 따른 보통항고도 허용되지 않으며, 다만 민사소송법 제449조에 따른 특별항고를 할 수 있을 뿐이다.[36]

라. 한편 선임된 재산관리인 자신도 언제든지 그 사유를 신고하고 사임할 수 있다. 이 경우 법원은 다시 재산관리인을 선임하여야 한다(가사소송규칙 제42조 제2항). 재선임은 반드시 하여야 하고, 법원이 직권으로 한다.

V. 본인의 부재 중에 재산관리인의 권한이 소멸된 경우

1. 부재자가 스스로 재산관리인을 둔 경우 - 원칙적 불간섭

부재자 스스로 재산관리인을 둔 경우에는 법원은 원칙적으로 간섭할 필요가

31 대법원 1961. 1. 25.자 4293민재항349 결정.
32 대법원 1966. 7. 15.자 65스3 결정.
33 민법주해 Ⅰ, 총칙(1), 박영사(1992), 356(한상호).
34 대법원 1965. 3. 16.자 64스11 결정.
35 대법원 1986. 8. 26. 선고 86프1 판결.
36 대법원 1973. 11. 30.자 73스4 결정, 대법원 2001. 6. 18.자 2000으5 결정은 법원이 선임한 재산관리인에 대한 개임 청구를 기각한 심판에 대해 제기된 특별항고를 기각하였다.

없다. 판례도 "부재자로부터 재산처분권까지 위임받은 재산관리인은 그 재산을 처분함에 있어 법원의 허가를 요하는 것은 아니다."라고 판시하고 있다.[37]

부재자가 정한 재산관리인은 부재자의 수임인이고 또한 그의 임의대리인이다. 따라서 그 권한, 관리의 방법 등은 모두 부재자와 재산관리인 사이의 위임계약에 의하여 정하여지고, 부재자와 재산관리인의 관계에 관하여는 민법의 위임에 관한 규정(본법 제680조 이하)과 임의대리에 관한 규정이 적용된다. 이러한 재산관리인은 위임계약의 취지에 따라 부재자에 대하여 선량한 관리자의 주의의무를 가지고 재산을 관리하여야 한다(본법 제681조). 또 부재자 본인이 사망한 경우에 급박한 사정이 있는 때에는 재산관리인은 일정한 시기까지 재산관리를 계속하여야 한다(본법 제691조). 만약 그 권한의 범위에 관하여 위임계약에서 정한 바가 없으면 그 재산관리인은 민법 제118조에 따라 보존·이용·개량행위만을 할 수 있다.

재산관리권의 위탁은 반드시 명시적일 필요는 없다. 판례도 "부동산이 등기부상 원고 명의로 있다 하여도 원고가 학생의 신분이라면 이 부동산은 그 아버지인 甲이 매수하여 그 등기만을 원고 명의로 하였거나 그렇지 않으면 이를 원고에게 증여하였다고 보는 것이 보통일 것이므로 특별한 사정이 없는 한 원고가 출국시에는 그 부동산에 관한 관리 권한을 위 甲에게 묵시적으로 위임하였다고 추정하여도 무방하다."고 판시하여 묵시적인 재산관리권의 위임을 인정하고 있다.[38]

2. 본인의 부재 중에 재산관리인의 권한이 소멸된 경우 - 예외적 간섭

부재자가 재산관리인을 정하여 둔 경우 법원은 앞서 본 바와 같이 간섭할 필요가 없으나, ① 본인의 부재 중에 그 재산관리인의 권한이 소멸된 경우에는 재산을 관리할 사람이 없게 되고, ② 부재자 본인의 생사가 분명하지 않게 된 경우에는 본인이 재산관리인에 대해 감독을 할 수 없게 되므로, 법원이 예외적으로 간섭하게 된다. 본조 제1항 후문은 위 ①의 경우를, 민법 제23조는 위 ②의 경우를 각 규정하고 있다.

우선 부재자가 재산관리인을 정하여 두었으나, 본인의 부재 중에 그 재산관리인의 권한이 소멸된 경우 법원은 이해관계인이나 검사의 청구에 의하여 재산관리에 관하여 필요한 처분을 명하여야 한다(본조 제1항 후문).

37 대법원 1973. 7. 24. 선고 72다2136 판결.
38 대법원 1970. 10. 30. 선고 70다1177 판결.

본인의 부재 중에 재산관리인의 권한이 소멸된 경우란 부재자가 스스로 둔 재산관리인의 권한이 소멸된 경우, 즉 본인이 정한 위임 재산관리인의 사망, 관리기간 만료 등에 의해 재산관리인의 권한이 소멸된 경우뿐만 아니라 부재자의 법정 재산관리인(친권자, 후견인)이 없게 된 경우를 포함한다. 부재자 법정대리인의 권한이 소멸된 경우에는 친족법의 규정에 따라 후임의 법정대리인이 선임될 것이지만 본인이 부재 중에 성년이 되는 등의 경우에는 부재자가 재산관리인을 정하지 않은 경우와 마찬가지로 보아 부재자의 재산관리인을 선임하여야 한다.[39]

이러한 경우는 부재자가 처음부터 재산관리인을 두지 않은 경우와 마찬가지의 상태가 되기 때문에, 부재자가 처음부터 재산관리인을 두지 않은 경우와 동일한 조치를 취하게 된다. 이 경우 재산관리처분을 명할 관할법원, 재산관리처분명령을 청구할 수 있는 청구권자(이해관계인 또는 검사), 재산관리에 관하여 필요한 처분의 의미나 그 내용, 법원에 의한 재산관리인의 선임절차 및 그 지위 등은 '부재자가 처음부터 재산관리인을 정하지 않은 경우'에 관하여 앞에서 살펴본 내용과 동일하다(☞ 본법 제22조 Ⅲ, Ⅳ 주석 참조).

Ⅵ. 재산관리처분명령의 취소

1. 취소 사유

법원에 의하여 재산관리에 필요한 처분명령이 내려진 후에 본인이 재산관리인을 정한 때에는 법원은 본인, 재산관리인, 이해관계인 또는 검사의 청구에 의하여 법원이 명한 재산관리에 필요한 처분명령을 취소하여야 한다(본조 제2항). 본인이 재산관리인을 정한 때에는 국가가 타인의 재산관리에 간섭할 필요가 없기 때문이다.

같은 이유로, ① 본인이 스스로 그 재산을 관리하게 된 때, 또는 ② 부재자의 사망이 분명하게 되거나 실종선고가 있는 때, 또는 ③ 관리할 재산이 더 이상 남아 있지 아니한 때에도 가정법원은 부재자 본인 또는 이해관계인의 청구가 있으면 그 명한 재산관리에 필요한 처분을 취소하여야 한다(가사소송규칙 제50조).

특히 ③의 사유, 즉 '관리할 재산이 더 이상 남아 있지 아니한 때'라는 사유는 2016. 12. 29. 가사소송규칙의 개정으로 추가된 것이다. 장기간에 걸친 부재자

39 변진장, "부재자의 재산관리제도", 재판자료 18집, 법원행정처(1983), 187.

재산관리인에 대한 보수 지급으로 인해 부재자의 재산이 더 이상 남아 있지 않게 되는 경우와 같이 실무상 부재자에게 더 이상 관리할 재산이 남아 있지 않게 되는 경우가 다수 존재한다. 이러한 경우에는 더 이상 부재자의 재산을 관리할 필요가 없기 때문에 법원의 재산관리처분명령을 취소할 수 있도록 한 것이다.

위 ②의 사유와 관련하여, 판례는 부재자의 재산관리인에 의하여 소송절차가 진행되던 중 부재자 본인에 대한 실종선고가 확정되면 그 재산관리인으로서의 지위는 종료되는 것이므로 상속인에 의한 적법한 소송수계가 있을 때까지는 소송절차가 중단된다고 판시한다.[40]

또 명문의 규정은 없으나, 부재선고에 관한 특별조치법에 의한 부재선고는 상속개시의 원인이 되므로 그 부재선고가 있는 때에도 실종선고가 있는 경우와 마찬가지로 재산관리처분명령을 취소하여야 할 것이다.[41]

한편 위와 같은 취소 사유가 발생하였다고 하여 당연히 법원의 재산관리처분명령이 취소되는 것은 아니고, 본인, 재산관리인, 이해관계인 또는 검사 등의 취소청구가 있어야 한다. 판례는 '부재자가 선임한 재산관리인이 되었다면 재산관리를 위하여 제일 먼저 해야 할 일이 민법 제22조 제2항에 의하여 법원이 선임한 재산관리인의 해임을 법원에 신청하는 것'이라고 판시하고 있다.[42]

2. 취소의 대상

취소의 대상이 되는 것은 당시까지 내려진 재산관리에 관한 모든 처분이다. 재산관리인을 선임한 때에는 그 선임을 취소하여야 하고, 재산매각 명령도 취소하여야 하며, 부재자가 정한 재산관리인에 대한 개별적인 감독처분도 취소하여야 한다.[43]

3. 취소의 효과

가. 부재자 재산의 관리에 관하여 법원이 명한 처분은 가정법원의 처분취소 심판이 없는 한 당연히 그 효력이 소멸되는 것은 아니다. 그러므로 법원에 의하여 일단 부재자 재산관리인의 선임 결정이 있었던 이상, 설령 부재자가 선임 결정 이

40 대법원 1987. 3. 24. 선고 85다카1151 판결.
41 법원실무제요 가사[Ⅱ], 법원행정처(2010), 259.
42 대법원 1972. 2. 22. 선고 71다2152 판결.
43 법원실무제요 가사[Ⅱ], 법원행정처(2010), 259~260.

전에 이미 사망하였음이 선임 결정 후 확실하여지거나 또는 선임 결정 후 부재자가 사망한 사실이 확인되더라도 그 선임 결정이 취소될 때까지는 재산관리인의 권한이 소멸되지 않는다.[44]

나. 법원이 기존에 내린 재산관리처분명령을 취소하는 경우, 소급효가 있는 통상의 취소와는 달리 그 취소 결정에는 소급효가 없다. 따라서 재산관리인의 선임 결정이 그 후 취소되어도 그 효력은 장래에 향해서만 생기고, 취소 전에 재산관리인이 적법한 권한 범위 내에서 행한 법률행위의 효력은 그대로 유효하며, 부재자가 사망한 경우 그 효력은 그 부재자의 재산상속인에게 미친다.[45] 마찬가지로 부재자 재산관리인으로서 권한초과행위의 허가를 받고 그 선임 결정이 취소되기 전에 그 권한에 의하여 이루어진 행위는 부재자에 대한 실종선고 기간이 만료된 후에 이루어졌다고 하더라도 유효하다고 볼 것이므로 그 권한 행사의 효과는 이미 사망한 부재자의 재산상속인에게 미친다.[46]

이와 같은 판례의 태도에 대하여, "재산관리인이 부재자에 대한 실종선고가 신청되어 곧 실종선고가 내려지리라는 사정 혹은 부재자가 사망하였다는 사실을 알면서도 법원의 허가를 얻어 부재자의 재산을 처분하는 행위는 재산관리인이 법원의 허가를 부당하게 편취한 것으로서 신의칙에 반하거나, 혹은 '부재자 재산의 관리제도'라는 제도의 목적을 일탈한 권리남용에 해당하므로, 이러한 경우에는 신의칙을 이유로 그 효력을 부인함이 타당하다"는 비판이 제기되고 있고,[47] 재산관리인이 부재자가 사망한 사실을 알면서도 부재자의 재산을 처분한 경우는 재산관리인이 '취소되지 않은 재산관리인'이라는 형식상의 지위를 남용한 것이므로, 그 처분이 상속인들에게 이익이 되는지 여부를 가지고 그 유효 여부를 판단하여야 한다는 견해도 제시되고 있다.[48]

한편 판례는 "실종선고에 의하여 사망한 것으로 간주된 자가 그 이전에 생사불명의 부재자로서 그 재산관리에 관하여 법원으로부터 재산관리인이 선임되어

44 대법원 1967. 2. 21. 선고 66다2352 판결, 대법원 1970. 1. 27. 선고 69다719 판결, 대법원 1970. 7. 28. 선고 70다741 판결, 대법원 1971. 3. 23. 선고 71다189 판결, 대법원 1973. 3. 13. 선고 72다1405 판결, 대법원 1998. 6. 26. 선고 98다7445, 7452 판결.

45 대법원 1970. 1. 27. 선고 69다719 판결, 대법원 1970. 7. 28. 선고 70다741 판결, 대법원 1973. 3. 13. 선고 72다1405 판결.

46 대법원 1975. 6. 10. 선고 73다2023 판결, 대법원 1981. 7. 28. 선고 80다2668 판결.

47 김증한/김학동, 민법총칙(제10판), 박영사(2013), 161~162.

48 김준호, 민법총칙(제12판), 법문사(2018), 102.

있었다면 그 재산관리인은 그 부재자의 사망을 확인했다고 하더라도 그 선임 결정이 취소되지 아니하는 한 계속하여 그 권한을 행사할 수 있다 할 것이므로, 그 재산관리인에 대한 선임 결정이 취소되기 전에 그 재산관리인의 처분행위에 기하여 경료된 등기는 그 경료에 필요한 법원의 처분허가 등 모든 절차를 거쳐 적법하게 경료된 것이라고 추정된다."고 판시하여[49] 재산관리인의 처분행위에 기초하여 마쳐진 등기의 적법성까지 추정하고 있다. 이는 실종선고로 인해 부재자의 사망 시기가 실종기간 만료시로 소급함에 따라 부재자의 재산관리인이 실종기간 만료 후 실종선고 전에 한 처분행위가 결국 부재자의 소유가 아닌 그 상속인의 소유가 된 부동산을 처분한 결과가 된다고 하더라도, 그 재산관리인의 권한을 신뢰한 제3자를 보호하기 위하여 실종선고의 소급효를 다소 제한한 것이라고 할 수 있다.

다. 재산관리인 선임 결정이 취소된 경우에도 급박한 사정이 있는 때에는 부재자, 그 상속인 또는 후임 재산관리인이 재산관리를 할 수 있을 때까지 종전의 재산관리인은 재산관리사무의 처리를 계속하여야 한다(본법 제691조).

라. 재산관리인이 제공하였던 담보는 재산관리처분명령이 취소된 후에는 부재자에 대한 장래의 채무를 담보하는 효력은 없게 되고, 이미 발생한 채무에 대한 담보로서만 그 효력이 있다.[50]

4. 취소심판에 대한 불복

법원이 기존에 내린 재산관리처분명령에 대한 취소심판에 대하여는 즉시항고로써 불복할 수 없고, 보통항고도 허용되지 않으며, 다만 민사소송법 제449조에 따른 특별항고만을 할 수 있을 뿐이다.[51]

Ⅶ. 다른 제도에의 준용

1. 준용되는 경우

부재자 재산의 관리를 위하여 가정법원이 선임한 재산관리인에 관한 본법 제24조 내지 제26조의 규정은 다음과 같이 친족상속법상 '부재 이외의 사유로 재산

49 대법원 1991. 11. 26. 선고 91다11810 판결.
50 주석 민법, 총칙편(1)(제4판), 한국사법행정학회(2010), 395(이용운).
51 법원실무제요 가사[Ⅱ], 법원행정처(2010), 260~261.

을 관리할 사람이 없어서 법원이 선임한 재산관리인'에게도 준용된다.

① 무상으로 타인의 자(子)에게 재산을 수여한 제3자가 수증자인 자의 친권자가 그 재산을 관리하는 것을 반대하면서 따로 그 재산관리인을 지정하지 아니한 때 또는 위와 같은 경우 제3자가 지정한 재산관리인의 권한이 소멸하거나 재산관리인을 개임할 필요가 있는 경우에 제3자가 다시 재산관리인을 지정하지 아니한 때(본법 제918조 제4항)

② 상속의 승인 및 포기 등에 대한 고려기간 중 상속재산의 보존을 위하여 법원이 재산관리인을 선임한 경우(본법 제1023조 제2항)

③ 상속재산을 포기한 경우 그 상속재산의 관리를 위하여 법원이 재산관리인을 선임한 경우(본법 제1044조 제2항, 제1023조)

④ 법원이 상속재산의 분리를 명하면서 상속재산의 관리를 위하여 재산관리인을 선임한 경우(본법 제1047조 제2항)

⑤ 상속인의 존부가 분명하지 아니한 경우 그 상속재산의 관리를 위하여 법원이 재산관리인을 선임한 경우(본법 제1053조 제2항)

2. 부재자 재산관리인과의 비교

위와 같이 부재자 재산관리인의 규정이 준용되는 경우는 각기 그 특수한 목적 때문에 그 재산을 관리할 자가 선임된 경우 그 재산관리인 외의 사람에게는 재산의 관리처분권이 인정되지 않으나, 부재자의 경우에는 부재자 본인은 그 재산관리인이 별도로 있더라도 자신의 재산에 대한 권리행사를 할 수 있다는 점에서 구별된다.[52] 판례는 당사자가 부재자이고 부재자가 정한 재산관리인이 있다 하더라도 그 재산관리인만이 재판상 행위를 할 수 있는 것은 아니고 부재자 본인 역시 재판상 행위를 할 수 있는 것이므로 부재자 본인이 직접 소송대리를 위임한 것은 적법하다고 판시하고 있다.[53]

한편 위 각 경우에 선임되는 재산관리인은 모두 법률에 의하여 법원에서 선임하는 법정대리인이므로 일반적으로 위임에 관한 규정이 준용되는 점은 공통된다.[54]

52 주석 민법, 총칙편(1)(제4판), 한국사법행정학회(2010), 396(이용운).
53 대법원 1960. 4. 21. 선고 4292민상252 판결.
54 주석 민법, 총칙편(1)(제4판), 한국사법행정학회(2010), 396(이용운).

제 23 조 [관리인의 개임]

부재자가 재산관리인을 정한 경우에 부재자의 생사가 분명하지 아니한 때에는 법원은 재산관리인, 이해관계인 또는 검사의 청구에 의하여 재산관리인을 개임할 수 있다.

[관련조문] 민법 제22조, 제24조~제26조, 가사소송규칙 제41조~43조

[참고문헌] 권용우, "부재자의 재산관리", 월간고시 19권 8호(1992. 7); 김대원, "부재와 실종에 관한 판례분석", 실무연구X, 서울가정법원(2005); 남영찬, "부재자 재산관리인의 권한초과행위에 대한 허가신청절차의 이행약정을 소구할 수 있는지 여부", 대법원판례해설 35호(2001. 6); 변진장, "부재자의 재산관리제도", 재판자료 18집, 법원행정처(1983); 오영권, "실종선고의 효력과 사망간주된 이후 실종선고 이전의 재산처분의 효력", 대법원판례해설 16호 (92.10); 이찬희, "부재자재산의 관리에 관한 처분", 실무연구Ⅲ, 서울가정법원(1997); 이호정, "부재자재산관리인의 권한범위", 판례회고 6호, 서울대학교(1979); 이희봉, "부재자의 재산관리", 법학과 민사법의 제문제 : 범조 이희봉 고희기념논문집. 나남출판사(1986); 장재옥, "부재자 재산관리제도", Jurist 409호 : 2006년 1호(민법총칙)(v.2006-1), 청림출판(2006); 최공웅, "부재자 재산관리인의 권한초과행위와 표현대리", 민사판례연구 제1집, 민사판례연구회(1979); 황적인, "근저당권의 거래상대방·원인무효에 관한 판례 : 부재자재산관리인이 설정한 근저당권등기", 경제법판례연구, 선학사(1997)

Ⅰ. 본조의 의의

부재자가 재산관리인을 정하여 둔 경우 법원은 그 재산관리에 관하여 간섭할 필요가 없으나, 예외적으로 부득이한 경우에는 간섭할 필요가 있고, 본조는 그러한 예외적 경우 중 두 번째의 사유에 관하여 규정하고 있다(첫 번째 사유는 본법 제22조 제1항 후문에서 규정하고 있고, 이에 대해서는 전조에서 살펴본 바와 같다).

1. 개임(改任)의 요건

부재자가 재산관리인을 정하여 두었으나 그 후 부재자 본인의 생사가 분명하지 않게 된 경우에 법원은 재산관리인, 이해관계인 또는 검사의 청구에 의하여 재산관리인을 개임할 수 있다(본조).

부재자가 정한 재산관리인의 권한이나 관리방법 등에 관하여는 부재자와 재

산관리인 사이에 맺어진 위임계약에 따르면 될 것이나, 부재자 본인의 생사가 불분명하게 된 경우에는 재산관리인은 사무처리의 결과를 본인에게 보고할 수 없게 되고, 부재자도 재산관리인의 행위를 지휘·감독할 수 없게 되므로 재산관리인에 의한 부적절한 재산관리가 행해질 우려가 있다. 이러한 경우에 국가가 예외적으로 부재자 재산에 관하여 일정한 보호와 간섭을 할 필요가 있게 되므로, 민법은 법원이 후견적 입장에서 재산관리인, 이해관계인 또는 검사의 청구에 의하여 재산관리인을 개임할 수 있도록 규정한 것이다.

판례는 부재자가 재산관리인을 정한 이후 부재자의 생사가 분명하지 아니하다는 이유로 법원이 재산관리인을 선임한 경우 이는 본조에 따른 개임이라고 볼 수 있다고 한다. 즉 부재자가 6.25사변 전부터 가사 일체와 재산의 관리 및 처분의 권한을 그 모인 갑에게 위임하였다고 하더라도 갑이 부재자의 실종 후 법원에 신청하여 그 부재자의 재산관리인으로 선임된 경우에는 부재자의 생사가 분명하지 아니하여 민법 제23조의 규정에 따라 개임된 경우라고 볼 수 있으므로, 이때부터 부재자의 위임에 의한 갑의 재산관리처분권한은 종료되었다고 봄이 상당하고, 따라서 그 후 갑의 부재자 재산처분에 있어서는 민법 제25조에 따른 권한초과행위 허가를 받아야 하며 그 허가를 받지 아니하고 한 부재자 재산의 매각은 무효라고 한다.[1]

한편 2018. 2. 18. 입법 예고된 민법개정안에서는 '개임'이라는 용어를 '교체'라는 용어로 수정하였다.

2. 법원의 개임 결정

가. 본법 제22조에 따라 법원이 선임한 재산관리인에 대한 이해관계인이나 검사의 개임청구는 가정법원의 직권발동을 촉구하는 의미만 있을 뿐인 것과는 달리, 본조에 의한 이해관계인 또는 검사의 개임청구는 가정법원의 직권발동을 촉구하는 것이 아니므로, 법원은 반드시 청구의 당부를 심리하여 판단하여야 한다.

나. 재산관리인을 개임할 것인지 여부는 법원의 재량사항이나, 경험법칙이나 논리법칙에 의하여 기속 받는 일종의 기속행위이다.[2] 판례는 현 재산관리인이 부재자와 아무런 연고 관계가 없고 신청인이 부재자의 근친자라는 사실만으로는 재

1 대법원 1977. 3. 22. 선고 76다1437 판결.
2 대법원 1965. 3. 16.자 64스11 결정.

산관리인을 개임할 사유로서 부족하다고 판시하고 있다.[3]

다. 법원은 부재자가 정한 재산관리인을 개임하지 아니하고 그대로 유임시킨 채 감독만 할 수도 있다. 이 경우 민법과 가사소송규칙은 그 감독의 내용으로 다음과 같은 것들을 규정하고 있다.

우선 법원은 이해관계인이나 검사의 청구가 있는 때에는 그 재산관리인에게 재산목록의 작성 및 부재자의 재산을 보존하기 위하여 필요한 처분을 명할 수 있고(본법 제24조 제3항), 재산 상황의 보고 및 관리의 계산을 명할 수 있다(가사소송규칙 제44조 제2항). 또 그 재산관리인이 부재자가 정한 권한을 넘는 행위를 할 때에는 법원의 허가를 얻도록 하고(본법 제25조 후문), 그 재산관리인으로 하여금 부재자 재산의 관리 및 반환에 관하여 상당한 담보를 제공하게 할 수 있으며, 그 재산관리인에게 부재자의 재산으로 상당한 보수를 지급할 수 있다(본법 제26조 제3항).

Ⅱ. 부재자가 정한 재산관리인의 개임 절차

부재자가 정한 재산관리인을 개임할 때에는 이해관계인의 의견을 들을 수 있다(가사소송규칙 제41조 제1항). 다만 부재자가 정한 재산관리인은 반드시 절차에 참가하게 하여야 한다(가사소송규칙 제41조 제2항).

부재자가 정한 재산관리인의 개임에 관한 심판에 대하여는 당사자 및 그 절차에 참가한 이해관계인 외에 그 재산관리인에게도 고지하여야 한다(가사소송규칙 제43조). 개임은 종전 재산관리인의 해임과 새로운 재산관리인의 선임으로서의 성질을 가지므로, 해임되는 종전 재산관리인과 선임되는 새로운 재산관리인 모두에게 그 심판을 고지하여야 한다.[4]

부재자가 정한 재산관리인을 개임하는 심판에 대하여는 그 재산관리인이 즉시항고를 할 수 있다(가사소송규칙 제51조). 즉시항고의 기간은 그 재산관리인이 심판을 고지받은 날부터 14일이다(가사소송법 제43조 제5항, 가사소송규칙 제31조).

Ⅲ. 개임 후의 법원의 감독처분

개임되어 새로 선임된 재산관리인은 본법 제22조에 따라 선임된 재산관리인,

3 대법원 1965. 6. 15.자 64스1 결정.
4 법원실무제요 가사[Ⅱ], 법원행정처(2010), 246.

즉 부재자가 스스로 재산관리인을 정하지 않았거나, 부재자의 부재 중에 부재자가 정한 재산관리인의 권한이 소멸된 경우에 법원에 의해 선임된 재산관리인과 동일한 지위에 있고, 동일한 권한 및 의무가 있다.

따라서 본법 제22조에 따라 법원에 의하여 선임된 재산관리인에 대한 법원의 여러 가지 감독에 관한 사항이 그대로 적용되고, 그 내용은 앞에서 살펴본 바와 같다(☞ 본법 제22조 중 Ⅲ. 2. 나, 다, 라. 주석 참조).

제 24 조 [관리인의 직무]

① 법원이 선임한 재산관리인은 관리할 재산목록을 작성하여야 한다.
② 법원은 그 선임한 재산관리인에 대하여 부재자의 재산을 보존하기 위하여 필요한 처분을 명할 수 있다.
③ 부재자의 생사가 분명하지 아니한 경우에 이해관계인이나 검사의 청구가 있는 때에는 법원은 부재자가 정한 재산관리인에게 전2항의 처분을 명할 수 있다.
④ 전3항의 경우에 그 비용은 부재자의 재산으로써 지급한다.

[관련조문] 민법 제22조~제23조, 제25조~제26조, 제687조, 제688조, 제918조 제4항, 제1023조 제2항, 제1047조 제2항, 제1053조 제2항, 가사소송규칙 제44조, 제47조~제49조, 제49조의2, 제52조

[참고문헌] 권용우, "부재자의 재산관리", 월간고시 19권 8호(1992. 7); 김대원, "부재와 실종에 관한 판례분석", 실무연구X, 서울가정법원(2005); 남영찬, "부재자 재산관리인의 권한초과행위에 대한 허가신청절차의 이행약정을 소구할 수 있는지 여부", 대법원판례해설 35호(2001. 6); 변진장, "부재자의 재산관리제도", 재판자료 18집, 법원행정처(1983); 오영권, "실종선고의 효력과 사망간주된 이후 실종선고 이전의 재산처분의 효력", 대법원판례해설 16호 (92.10); 이찬희, "부재자재산의 관리에 관한 처분", 실무연구Ⅲ, 서울가정법원(1997); 이호정, "부재자재산관리인의 권한범위", 판례회고 6호, 서울대학교(1979); 이희봉, "부재자의 재산관리", 법학과 민사법의 제문제 : 범조 이희봉 고희기념논문집. 나남출판사(1986); 장재옥, "부재자 재산관리제도", Jurist 409호 : 2006년 1호(민법총칙)(v.2006-1), 청림출판(2006); 최공웅, "부재자 재산관리인의 권한초과행위와 표현대리", 민사판례연구 제1집, 민사판례연구회(1979); 황적인, "근저당권의 거래상대방·원인무효에 관한 판례 : 부재자재산관리인이 설정한 근저당권등기", 경제법판례연구, 선학사(1997)

Ⅰ. 본조의 의의

1. 법원이 선임한 재산관리인에 대한 감독처분

부재자가 재산관리인을 정하지 아니하거나, 부재자의 부재 중에 부재자가 정한 재산관리인의 권한이 소멸한 때(본법 제22조), 또는 부재자가 재산관리인을 정한 후에 부재자의 생사가 분명하지 아니하게 되어 법원이 부재자가 정한 재산관

리인을 개임한 때(본법 제23조)에 법원이 부재자의 재산관리인을 선임하게 된다.

이러한 부재자의 재산관리인은 부재자의 의사와는 관계없이 법률의 규정에 근거하여 법원에 의하여 선임된 일종의 법정대리인이다. 법원이 선임한 재산관리인은 부재자와 계약관계에 있는 것은 아니지만, 그 직무의 성질상 부재자와의 위임계약에 의하여 재산관리를 하는 수임인과 동일한 의무를 부담한다고 볼 것이다(통설). 따라서 그 직무집행에 관하여는 위임에 관한 본법 제680조 이하의 규정이 준용되므로, 재산관리인은 부재자의 이익을 위하여 선량한 관리자의 주의의무로써 그 재산관리사무를 처리하여야 하고, 재산관리사무의 처리로 인하여 받은 금전 기타의 물건 및 그 수취한 과실을 부재자에게 귀속시켜야 하며, 부재자가 사망한 경우에도 상속인 등 다른 사람이 재산을 관리할 수 있을 때까지 그 직무를 계속 수행하여야 한다. 판례도 "부재자 재산관리인은 부재자 본인의 의사에 의하는 것이 아니라 법률에 규정된 자의 청구로 법원에 의하여 선임되는 일종의 법정대리인으로서 법정위임 관계가 있다 할 것이니 위 취지에 따른 선량한 관리자의 주의의무로써 그 직무수행을 하여야 할 것"이라고 판시하고 있다.[1]

부재자 본인은 법원이 선임한 재산관리인을 감독할 수 없기 때문에, 법원이 부재자를 대신하여 후견감독적 입장에서 그 재산관리인에 대하여 계속적인 감독처분을 할 필요가 있다. 이러한 취지에서 본조 제1항, 제2항은 법원이 선임한 재산관리인에 대한 법원의 일반적인 감독처분의 방법을 규정하고 있다.

본조 제1항은 법원이 재산관리인에게 관리하여야 할 재산의 목록을 작성할 것을 명할 수 있도록 규정하고 있고, 본조 제2항은 재산관리인에 대한 감독 권한의 일반적 근거 규정으로서 법원이 재산관리인에게 부재자의 재산을 보존하기 위하여 필요한 처분을 명할 수 있도록 규정하고 있다. 그 밖에도 본법 제26조 제1항은 법원이 재산관리인에게 부재자 재산의 관리 및 반환에 관하여 상당한 담보를 제공하도록 할 수 있다고 규정하고 있으나 이에 관하여는 해당 부분에서 다시 살펴본다.

본조와 본법 제26조는 재산관리인이 부재자 재산관리사무를 처리할 때 부재자 본인에 대하여 어떠한 권리와 의무가 있는가, 즉 부재자와 재산관리인 간의 대내적 관계를 규율하고 있고, 재산관리인이 대외적으로 어떠한 권한을 가지는지에

1 대법원 1976. 12. 21.자 75마551 결정.

대하여는 본법 제25조에서 규율하고 있다.

2. 부재자가 정한 재산관리인에 대한 감독처분

부재자가 정한 재산관리인은 부재자의 수임인이고 또한 그의 임의대리인이다. 따라서 부재자가 정한 재산관리인의 권한이나 관리방법 등에 관하여는 부재자와 재산관리인 사이에 맺어진 위임계약에 따르면 될 것이다. 그러나 부재자 본인의 생사가 불분명하게 된 경우에는 재산관리인은 사무처리의 결과를 본인에게 보고할 수 없게 되고, 부재자도 재산관리인의 행위를 지휘·감독할 수 없게 되므로 재산관리인에 의한 부적절한 재산관리가 행해질 우려가 있다. 따라서 이러한 경우에도 국가가 예외적으로 부재자가 정한 재산관리인에 대하여 일정한 감독권을 행사할 필요가 있게 된다.

이에 본조 제3항은 부재자의 생사가 분명하지 않게 된 경우에 이해관계인 또는 검사의 청구에 의하여 법원이 선임한 재산관리인의 경우와 마찬가지로 법원이 부재자가 정한 재산관리인에 대하여 재산목록의 작성을 명할 수 있도록 하고(본조 제3항, 제1항), 법원이 그 재산관리인에게 부재자의 재산을 보존하기 위하여 필요한 처분을 명할 수 있도록 규정하고 있다(본조 제3항, 제2항). 또한 본법 제26조 제3항은 부재자의 생사가 분명하지 않게 된 경우에 법원이 부재자가 정한 재산관리인에게 부재자 재산의 관리 및 반환에 관하여 상당한 담보를 제공하도록 할 수 있다고 규정하고 있으나, 이에 관하여는 해당 부분에서 다시 살펴본다.

Ⅱ. 재산관리인의 직무

1. 재산목록의 작성

가. 법원이 선임한 재산관리인은 관리할 재산의 목록을 작성하여야 한다(본조 제1항). 부재자의 재산관리는 통상 장기간에 걸쳐 이루어지므로 그동안 관리하여야 할 재산을 확정하고, 관리재산의 훼손·소비 등의 부정행위를 방지하며, 선량한 관리자의 주의의무를 다했다는 증명이 되는 근거로서 민법 자체에서 재산관리인의 직무로 규정하고 있는 것이다.[2]

나. 부재자가 정한 재산관리인은 본인의 신임을 얻고 있는 자이므로 특약이

2 변진장, "부재자의 재산관리제도", 재판자료 18집, 법원행정처(1983). 203.

없는 한 재산목록을 작성할 의무가 없다. 그러나 부재자 본인의 생사가 분명하지 아니한 경우에 이해관계인이나 검사의 청구가 있는 때에는 가정법원은 그에게 재산목록의 작성을 명할 수 있다(본조 제3항, 제1항). 이는 재산관리인의 악의나 부주의에 의해 재산이 멸실되어도 이해관계인이나 검사가 이를 용이하게 알 수 있도록 하고, 또한 법원으로서도 추후의 감독권 행사를 위한 자료로써 사용할 수 있도록 하기 위한 것이다.[3]

다. 재산목록이란 관리하여야 할 재산의 명세서를 말한다. 따라서 재산목록에는 ① 작성의 일시, 장소와 그 사유, ② 청구인의 성명과 주소, ③ 부동산의 표시, ④ 동산의 종류와 수량, ⑤ 채권과 채무의 표시, ⑥ 장부, 증서 기타의 서류 등을 기재하고 재산관리인과 참여인이 이에 기명날인 또는 서명하여야 한다(가사소송규칙 제47조 제1항). 재산목록의 작성 일시는 법정되어 있지 않으나, 재산관리제도의 취지를 고려할 때 재산관리인으로 취임한 후 상당 기간 내에 작성하여야 할 것이다.

재산관리인은 재산목록을 2통 작성하여 1통은 재산관리인이 보관하고, 다른 1통은 가정법원에 제출하여야 한다(가사소송규칙 제47조 제2항). 이는 부재자의 재산상태를 이해관계인 및 검사에게 알 수 있게 하고, 재산관리인이 재산목록을 작성한 후 그 내용을 임의로 고치지 못하도록 하기 위한 것이다.[4]

이해관계인은 가정법원의 허가를 얻어 재산관리인의 재산목록 작성에 참여할 수 있다(가사소송규칙 제47조 제3항). 따라서 재산목록에 기명날인 또는 서명하여야 하는 '참여인'은 위와 같은 절차에 따라 참여한 자를 의미한다.[5]

실무상 재산관리인의 재산목록 작성은 재산관리인의 선임심판과 함께 재산목록의 작성기한 등을 정하여 재산관리인에게 명령하는 것이 통상적이다.[6]

가정법원은 재산관리인이 작성한 재산목록이 불충분하다고 인정하거나 기타 필요한 때에는, 재산관리인에게 공증인으로 하여금 재산목록을 작성하게 할 것을 명할 수 있다(가사소송규칙 제48조 제1항). 이 명령은 가정법원이 직접 공증인에게 명하는 것은 아니고, 재산관리인에게 명하는 것이다. 이 경우 공증인도 그가 작성

3 변진장, "부재자의 재산관리제도", 재판자료 18집, 법원행정처(1983). 204.
4 변진장, "부재자의 재산관리제도", 재판자료 18집, 법원행정처(1983). 204.
5 법원실무제요 가사[Ⅱ], 법원행정처(2010), 248.
6 법원실무제요 가사[Ⅱ], 법원행정처(2010), 248.

하는 재산목록에 가사소송규칙 제47조 제1항에 규정된 재산목록의 기재사항을 기재하고, 기명날인 또는 서명하여야 한다(가사소송규칙 제48조 제2항).

2. 재산보존을 위한 처분명령

가. 의의

법원이 선임한 재산관리인에 대하여 법원은 부재자의 재산을 보존하기 위하여 필요한 처분을 명할 수 있다(본조 제2항). 부재자의 생사가 분명하지 아니한 경우에도 이해관계인이나 검사의 청구가 있는 때에는 법원은 부재자가 정한 재산관리인에게 위와 같은 처분을 명할 수 있다(본조 제3항).

법원은 부재자의 재산을 보존하기 위하여 필요한 처분만을 명할 수 있으므로 법원이 선임한 재산관리인의 권한은 원칙으로 재산보존에 필요한 직무만으로 한정된다. 본법 제25조는 이와 같은 전제에서 본법 제118조에 규정된 권한을 넘는 행위를 함에는 법원의 허가를 얻어야 한다고 규정하고 있다.[7]

이러한 처분의 예로서는 재산관리인에게 ① 재산 상황의 보고와 관리의 계산을 명하는 것(가사소송규칙 제44조), ② 부재자 재산의 매각을 명하는 것(가사소송규칙 제49조), ③ 담보제공을 명하는 것(본법 제26조) 등 법령에 정해진 것과 그 밖에 현금이나 유가증권 등을 금융기관 등에 예탁할 것을 명하는 것 등을 들 수 있다.

또 기존 채무의 지연손해금이 증가하는 것을 막기 위해 그 채무를 변제하도록 법원이 명하는 것은 원칙적으로 타당하나, 채무가 진정하게 성립하였는지가 불분명한 경우에는 변제를 명하는 것이 부당하다. 그러나 부재자가 채권이 있는 경우에 지급명령의 신청을 명하는 것, 소송대리인으로 변호인을 선임할 것을 명하는 것, 또는 부재자를 위해 상속등기를 할 것을 명하는 것 등은 재산보존을 위한 처분으로서 허용될 수 있다.[8] 다만 재산관리인이 적극적으로 소를 제기하는 것은 보존행위라고 볼 수 없는 경우도 있으므로 이를 명하는 것은 사안에 따라 부적절할 수 있다.

민법이나 가사소송규칙이 규정하는 위와 같은 법원의 감독처분은 예시적인 것이고 한정적으로 해석할 것은 아니다. 본법 제24조 제2항은 '법원은 그 선임한 재산관리인에 대하여 부재자의 재산을 보존하기 위하여 필요한 처분을 명할 수

7 주석 민법, 총칙편(1)(제4판), 한국사법행정학회(2010), 400(이용운).
8 주석 민법, 총칙편(1)(제4판), 한국사법행정학회(2010), 401(이용운).

있다'고 추상적·포괄적으로 규정하고 있으므로, 각각의 구체적인 사안에 따라 그에 적합한 각종의 처분을 명할 수 있다고 봄이 타당하다.[9]

이하에서는 가사소송규칙이 규정하고 있는 내용에 관하여 살펴본다(☞ 담보제공과 관련된 내용은 본법 제26조 관련 부분 주석 참조).

나. 재산 상황의 보고와 관리계산 명령

가정법원은 가정법원이 선임한 재산관리인에게 재산 상황의 보고 및 관리의 계산을 명할 수 있다(가사소송규칙 제44조 제1항). 부재자가 재산관리인을 정하여 둔 경우에도 그 부재자의 생사가 분명하지 아니한 경우에는 이해관계인이나 검사의 청구가 있는 때에는 부재자가 정한 재산관리인에게 재산 상황의 보고 및 관리의 계산을 명할 수 있다(가사소송규칙 제44조 제2항).

예컨대 상속재산분할을 하기 위한 부재자 재산관리인 선임신청이 받아들여져 법원이 친족을 재산관리인으로 선임한 경우, 재산관리인이 법원의 허가 없이 권한초과행위인 상속재산분할협의를 할 수도 있으므로 정기적으로 재산 상황을 보고하도록 하여야 한다.[10]

이러한 명령은 통상 재산관리인 선임재판과 동시에 하는 것이 보통이지만, 선임 후에 별도의 명령으로 할 수도 있다. 실무상 심판의 주문에서 "재산관리인은 ○개월 이내에 부재자의 재산목록과 그 점유자 또는 관리자의 이름 및 수익상황에 관한 보고서를 제출하여야 한다.", "재산관리인은 매년 1회 이상 그 재산관리상황을 보고하여야 한다.", "재산관리인은 부재자의 현금 또는 유가증권을 부재자 ○○○의 재산관리인 △△△의 명의로 은행 그 밖의 금융기관에 예탁하여야 한다." 등과 같이 명하고 있다.[11]

다. 자산의 매각

가정법원은 부재자의 재산보존을 위하여 필요하다고 인정할 때에는 그 재산을 매각하여 대금을 보관하게 할 수 있다. 이는 가정법원이 부재자 재산보존을 위해 필요한 처분의 하나로서 직권으로 내리는 명령이라는 점에서, 부재자의 재산관리인이 권한초과행위로서 스스로 부재자의 재산을 매각하기 위하여 가정법원의 허가를 얻는 경우와는 구별된다.

9 변진장, "부재자의 재산관리제도", 재판자료 18집, 법원행정처(1983). 202.
10 법원실무제요 가사[Ⅱ], 법원행정처(2010), 247.
11 법원실무제요 가사[Ⅱ], 법원행정처(2010), 249.

가정법원은 여러 가지 방법에 의해 매각을 명할 수 있고, 민사집행법상 담보권 실행 등을 위한 경매의 방법으로 매각할 것을 명할 수도 있다(가사소송규칙 제49조).

라. 부재자에 대한 조사 명령 및 실종선고 청구 명령

가정법원은 재산관리인에게 부재자의 생사 여부, 재산관리의 가능 여부를 조사하도록 명할 수 있다(가사소송규칙 제49조의2 제1항). 또 가정법원은 부재자의 생사 여부가 불분명하고, 실종선고의 요건을 갖추었다고 인정될 때에는 재산관리인에게 부재자에 대한 실종의 선고를 가정법원에 청구할 것을 명할 수 있다(가사소송규칙 제49조의2 제2항). 이러한 처분명령의 도입 경과와 그 취지에 관하여는 본법 제22조에서 살펴본 바와 같다(☞ 본법 제22조 중 Ⅲ. 2. 라. 주석 참조).

마. 처분의 취소

① 부재자 본인이 스스로 그 재산을 관리하게 된 때 또는 ② 그 사망이 분명하게 되거나 실종선고가 있는 때 또는 ③ 관리할 재산이 더 이상 남아 있지 아니한 때에는 가정법원은 부재자 본인 또는 이해관계인의 청구에 의하여 그 명한 처분을 취소하여야 한다(가사소송규칙 제50조). '관리할 부재자의 재산이 더 이상 남아 있지 아니한 경우'에는 더 이상 부재자 재산을 보존하기 위하여 처분을 할 필요가 없게 된다는 사정을 고려하여, 2016. 12. 29. 가사소송규칙의 개정시에 위 사유가 처분의 취소 사유로 추가되었다.

이러한 처분의 취소는 소급효가 없고, 장래에 향해서만 효력이 발생한다.

3. 기타 재산관리직무

법원이 선임한 재산관리인은 본법 제118조가 정하는 범위 내의 행위, 즉 부재자 재산의 보존행위, 이용행위, 개량행위, 기한이 도래한 채무의 변제, 부패하기 쉬운 물건의 처분 등 이른바 관리행위는 법원의 허가를 받지 아니하고 할 수 있다(본법 제25조 전문의 반대해석).

이와 같이 재산관리인이 법원의 허가를 받지 않고 할 수 있는 행위의 구체적인 범위에 관하여는 본법 제25조에 관한 부분에서 자세히 살펴본다.

Ⅲ. 재산관리비용

1. 재산관리인이 재산목록을 작성하거나, 법원의 재산보존을 위한 처분명령을 수

행하기 위해 지출한 비용은 부재자의 재산으로써 지급한다(본조 제4항).

원래 재산관리인은 수임인으로서 민법의 위임에 관한 규정이 준용되므로, 재산관리비용을 사전에 청구할 수도 있고(본법 제687조), 사후에 청구할 수도 있다(본법 제688조). 또 재산관리인이 부재자 재산관리사무를 처리하기 위하여 필요비를 지출한 때에는 그 필요비와 함께 지출한 날 이후의 이자를 청구할 수 있고(본법 제688조 제1항), 과실 없이 손해를 입은 때에는 그 배상을 청구할 수 있다(본법 제688조 제3항).

2. 가정법원이 부재자의 재산관리에 관하여 직권으로 심판하거나 청구에 상응한 심판을 한 경우에는, 심판 전의 절차와 심판의 고지 비용은 부재자 재산의 부담으로 한다. 가정법원이 명한 처분에 필요한 비용도 같다(가사소송규칙 제52조 제1항).

구 가사심판법과 구 가사심판규칙이 적용되던 당시에, 판례는 가정법원이 선임한 부재자 재산관리인의 보수지급청구 사건은 당해 가정법원이 처리하여야 한다고 하면서도, 부재자 재산관리인의 재산관리비용청구에 관하여는 구 가사심판법 및 구 가사심판규칙에 그 지급에 대한 어떠한 규정이 없고 그외 다른 규정에서도 가정법원에서 위 비용을 지급할 수 있다는 근거를 찾아볼 수 없다는 이유로 부재자 재산관리비용을 가정법원에 청구할 수 없다고 판시하였다.[12] 그러나 현행 가사소송법 제2조 제1항 제2호 가목 2)는 본법 제22조부터 제26조까지의 규정에 따른 부재자 재산의 관리에 관한 처분 사건은 '라류 가사비송사건'으로서 가정법원의 전속관할에 속한다고 규정하고 있고, 현행 가사소송규칙 제52조 제1호는 가정법원이 명한 처분에 필요한 비용은 부재자 재산의 부담으로 한다고 규정하고 있으므로, 현행 법령하에서는 재산관리인의 재산관리비용청구사건도 가정법원의 관할에 속한다고 해석하여야 한다.

12 대법원 1971. 2. 26.자 71스3 결정.

제 25 조 [관리인의 권한]

법원이 선임한 재산관리인이 제118조에 규정한 권한을 넘는 행위를 함에는 법원의 허가를 얻어야 한다. 부재자의 생사가 분명하지 아니한 경우에 부재자가 정한 재산관리인이 권한을 넘는 행위를 할 때에도 같다.

[관련조문] 민법 제22조~제24조, 제26조, 제118조, 제126조, 제918조 제4항, 제1023조 제2항, 제1047조 제2항, 제1053조 제2항

[참고문헌] 권용우, "부재자의 재산관리", 월간고시 19권 8호(1992. 7); 김대원, "부재와 실종에 관한 판례분석", 실무연구X, 서울가정법원(2005); 남영찬, "부재자 재산관리인의 권한초과행위에 대한 허가신청절차의 이행약정을 소구할 수 있는지 여부", 대법원판례해설 35호(2001. 6); 변진장, "부재자의 재산관리제도", 재판자료 18집, 법원행정처(1983); 오영권, "실종선고의 효력과 사망간주된 이후 실종선고 이전의 재산처분의 효력", 대법원판례해설 16호 (92.10); 이찬희, "부재자재산의 관리에 관한 처분", 실무연구Ⅲ, 서울가정법원(1997); 이호정, "부재자재산관리인의 권한범위", 판례회고 6호, 서울대학교(1979); 이희봉, "부재자의 재산관리", 법학과 민사법의 제문제 : 범조 이희봉 고희기념논문집. 나남출판사(1986); 장재옥, "부재자 재산관리제도", Jurist 409호 : 2006년 1호(민법총칙)(v.2006-1), 청림출판(2006); 최공웅, "부재자 재산관리인의 권한초과행위와 표현대리", 민사판례연구 제1집, 민사판례연구회(1979); 황적인, "근저당권의 거래상대방·원인무효에 관한 판례 : 부재자재산관리인이 설정한 근저당권등기", 경제법판례연구, 선학사(1997)

Ⅰ. 재산관리인의 기본적인 재산관리권한

1. 기본적인 재산관리권한의 범위

가. 법원이 선임한 재산관리인은 부재자 본인의 의사에 의하여 선임된 것이 아니라, 법률의 규정에 의하여 선임된 것이므로 일종의 법정대리인이고, 그 대리권의 범위는 권한을 정하지 아니한 대리인과 마찬가지로 본법 제118조의 규정에

따른다. 따라서 법원이 선임한 재산관리인은 부재자 재산에 대한 보존·이용·개량행위 등 이른바 관리행위에 속하는 범위 내에서는 자유로이 재산관리행위를 할 수 있다.

나. 부재자가 스스로 정한 재산관리인은 부재자의 수임인이자 임의대리인이므로 그 권한, 관리의 방법 등은 모두 부재자와 재산관리인 사이에 체결된 계약에 의하여 정하여진다. 묵시적으로 관리권을 위임할 수도 있다.[1] 부재자와 재산관리인 사이의 계약에서 재산관리권의 범위에 관하여 정한 바가 없으면 본법 제118조에 따라 부재자 재산에 대한 보존·이용·개량행위 등 관리행위만을 자유로이 할 수 있다.

2. 재산관리권의 객체

법원이 선임한 재산관리인의 재산관리권의 객체가 부재자의 전 재산인가 또는 그 일부인가는 가정법원이 정하는 바에 따른다. 부재자가 특정의 재산에 대해 스스로 재산관리인을 선임하고 있는 경우에는 가정법원은 나머지 다른 재산에 관하여만 재산관리인을 선임하여야 하고, 따라서 그 재산관리인의 재산관리권의 객체는 그 재산에만 한정된다.[2]

가정법원이 선임한 재산관리인의 재산관리권의 객체가 부재자의 전 재산인 경우에는 재산관리권은 반드시 재산관리인 선임 당시에 존재하였던 재산에만 미치는 것이 아니고, 그 재산에서 생기는 과실 또는 그 재산이 변형된 물건에까지 미칠 뿐 아니라 그 재산과는 관계없이 부재자에게 귀속하는 다른 재산, 예컨대 상속, 유증에 의하여 취득한 재산에도 미친다. 따라서 재산관리인은 상속으로 인하여 부재자에게 귀속된 부동산에 대해 상속을 원인으로 한 소유권이전등기절차를 밟을 수 있다.[3]

Ⅱ. 재산관리인의 권한초과행위

1. 권한초과행위의 의의

가. 법원이 선임한 재산관리인의 경우 '권한초과행위'란 본법 제118조에 규정

1 대법원 1970. 10. 30. 선고 70다1177 판결.
2 변진장, "부재자의 재산관리제도", 재판자료 18집, 법원행정처(1983), 199.
3 변진장, "부재자의 재산관리제도", 재판자료 18집, 법원행정처(1983), 199.

된 범위 내의 행위, 즉 부재자 재산의 보존행위, 이용행위, 개량행위, 기한이 도래한 채무의 변제, 부패하기 쉬운 물건의 처분 등 이른바 '관리행위'의 범위를 넘는 행위를 말한다.

법원이 선임한 재산관리인은 본법 제118조에 규정된 관리행위의 범위 내에서 재산관리권을 행사함이 원칙이나 부재자의 이익을 위해서는 경우에 따라 그 권한의 범위를 초과하는 행위를 할 필요가 생기게 된다. 이러한 경우 본조는 '법원이 선임한 재산관리인이 본법 제118조에 규정한 권한을 넘는 행위를 함에는 법원의 허가를 얻어야 한다'라고 규정하여(본조 전문), 법원의 허가를 얻는 경우 그 권한을 넘는 행위를 할 수 있도록 규정하고 있다.

나. 한편 부재자가 정한 재산관리인의 경우 '권한초과행위'란 부재자와 재산관리인 사이의 계약에서 정한 재산관리권한의 범위를 넘는 행위를 말함이 원칙이다. 만약 권한의 범위를 정하지 아니하였다면 역시 본법 제118조에 규정된 관리행위의 범위를 넘는 행위를 말한다.

부재자가 정한 재산관리인은 부재자와의 계약에서 정한 권한의 범위 내에서, 만약 권한의 범위를 정하지 아니하였다면 본법 제118조에 규정된 관리행위의 범위 내에서 재산관리권을 행사함이 원칙이고, 그 권한 범위 내의 행위에 관하여는 별도로 법원의 허가를 받을 필요가 없다.[4] 그러나 법원이 선임한 재산관리인과 마찬가지로 부재자의 이익을 위해서 경우에 따라 그 권한의 범위를 초과하는 행위를 함이 필요한 경우가 있다. 그런데 부재자가 정한 재산관리인이 그 위임받은 권한의 범위를 넘는 행위를 할 필요가 있는 경우에는 부재자와의 연락을 통하여 그에 관하여 다시 권한을 부여받으면 되지만, 만약 부재자의 생사가 분명하지 않게 된 경우에는 기본적인 권한을 초과하는 행위에 관하여 다시 허가를 얻기가 불가능하게 된다. 본조는 '부재자의 생사가 분명하지 아니한 경우에 부재자가 정한 재산관리인이 권한을 넘는 행위를 할 때에도 법원의 허가를 얻어야 한다'고 규정하여(본조 후문), 위와 같은 경우에도 그 재산관리인이 법원의 허가를 얻어 정해진 권한을 넘는 행위를 할 수 있도록 허용하고 있다.

다. 위와 같이 법원의 허가를 필요로 하는 '권한초과행위'는 처분행위에 해당되는 경우가 원칙이겠지만, 처분행위라고 하여 반드시 법원의 허가가 필요한 권

4 대법원 1973. 7. 24. 선고 72다2136 판결.

한초과행위에 해당하는 것은 아니다. 성질상 처분행위가 분명한 경우에도 그것이 기본적으로 본법 제118조가 규정한 보존·이용·개량행위 등의 관리행위를 하기 위한 부수적 행위라고 인정되는 경우에는 그에 대해서 별도의 허가를 받을 필요가 없다. 즉 법원의 허가가 필요한지를 판단하는 기준은 '어떤 행위가 권한을 초과하는 행위인지' 여부이지, 그 행위가 성질상 '관리행위인지 또는 처분행위인지'가 아니다.[5] 따라서 각 행위별로 구체적으로 살펴보아야 한다.

2. 법원의 허가 없이 할 수 있는 행위[6]

가. 재산의 점유

재산관리인은 부재자의 재산을 점유할 권한이 있다. 이 경우의 점유는 타주점유에 해당한다.

나. 재산의 보존·이용·개량을 위한 사실행위 또는 처분행위

재산관리인은 재산의 현상을 유지하는 보존행위와 물건이나 권리의 성질을 변하지 아니하는 범위 안에서 그 재산을 사용·수익하는 이용행위 또는 재산의 경제적 가치를 증가시키는 개량행위를 법원의 허가 없이 할 수 있다. 물건의 성질을 변하게 하는 이용 또는 개량행위인지의 여부는 사회통념에 비추어 이를 결정할 것이다.[7] 또 처분행위라 하더라도 재산의 보존·이용·개량의 목적을 위해 필요한 범위 내에서는 허가를 받지 않고 개개의 물건이나 권리를 처분할 수 있다. 예컨대 부패한 물건을 버린다거나, 불용품을 매각하거나 부패하기 쉬운 물건을 미리 처분하는 행위는 법원의 허가 없이도 가능하다.

판례는, 재산관리인이 부재자 소유의 임야에 마쳐진 무효의 등기에 대한 말소청구 소송을 수행하기 위하여 소송비용을 차용하면서, 그 채권자에게 다시 부재자 소유의 임야를 골프장으로 임대하고 위 차용금을 임대차보증금으로 하여 그 채권자와 임대차계약을 체결한 경우, 황폐한 야산인 부재자의 재산을 골프장 용도로 임대한 행위는 물건의 성질을 변하지 아니한 이용 내지는 개량행위라고 보아 법원의 허가가 필요 없다고 한다.[8]

5 변진장, "부재자의 재산관리제도", 재판자료 18집, 법원행정처(1983), 205~206.
6 제2항의 내용은 변진장, "부재자의 재산관리제도", 재판자료 18집, 법원행정처(1983). 199~200. 참조
7 대법원 1980. 11. 11. 선고 79다2164 판결.
8 대법원 1980. 11. 11. 선고 79다2164 판결.

다. 기존 채무의 변제

단순히 기존 채무를 변제하는 것은 본법 제118조의 범위 내의 행위로 법원의 허가 없이 가능하다. 상계를 하는 것도 마찬가지이다. 그러나 단순한 변제를 넘어 대물변제를 하는 것은 법원의 허가를 받아야 한다.

라. 재산관리를 위한 채무부담행위

부재자 소유의 가옥을 수리하기 위하여 도급계약을 체결하거나, 부재자의 권리를 보존하기 위하여 유상위임계약을 체결하는 행위 등은 법원의 허가 없이 할 수 있다.

부재자 소유의 부동산에 마쳐진 무효의 등기에 대한 말소청구 소송을 수행하기 위하여 필요한 변호사 보수와 기타의 소송비용을 차용하는 행위도 그 차용금액이 소송에 의하여 달성하려는 이익의 크기에 비추어 과다하지 않고 또 그 지출목적에 합리성이 인정된다면 법원의 허가 없이 할 수 있다.[9]

마. 재산관리를 위한 재산의 취득

재산관리인은 원칙적으로 부재자를 위하여 물건이나 권리를 취득할 수 없으나, 재산관리를 위하여 필요한 경우에는 부재자의 계산으로 물건이나 권리를 취득할 수 있다. 예를 들어 부재자의 가옥을 수리하기 위한 재료를 구입하거나, 과실을 취득하는 행위 등은 법원의 허가 없이 할 수 있다. 기한이 도래한 정기예금을 수령하는 것도 이에 포함된다.

바. 의사표시의 수령

제3자는 부재자에 대한 상계·해제·해지·채권양도의 통지 등의 의사표시를 부재자의 재산관리인에게 유효하게 할 수 있다.

사. 법률행위

재산관리인이 부재자의 대리인으로서 법률행위를 할 수 있는지에 관하여 반드시 명료한 것은 아니나 우리 민법은 재산관리인은 동시에 대리인으로서 취급한다는 취지인 것으로 해석되기 때문에 부재자의 이름으로 관리권의 내용인 법률행위를 할 수 있는 것으로 보아야 한다. 또 재산관리인은 관리행위로서 자기의 이름으로 부재자의 계산 하에 법률행위를 할 수도 있다.

9 대법원 1997. 6. 24. 선고 97다11140 판결.

아. 소송행위

법원에 의하여 부재자 재산관리인이 선임된 경우에는 부재자를 위하여 그 재산관리인만이 소송행위를 할 수 있고, 또 상대방은 그 재산관리인에 대해서만 소송행위를 할 수 있다.[10] 상대방이 제기한 소에 대하여 응소하는 것은 이를 하지 않으면 오히려 부재자에게 불리한 결과가 되므로 보존행위로서 법원의 허가 없이 가능하다. 이에 반하여 재산관리인이 적극적으로 소를 제기하는 것은 원칙적으로 법원의 허가가 필요하다. 그러나 관리행위의 부수절차로서 하는 제소행위, 예컨대 시효중단을 위해 소를 제기하는 것과 같이 보존행위로서 인정되는 경우에는 법원의 허가가 필요하지 아니하다. 또 부재자를 피고로 하여 제기된 건물철거 및 토지인도 소송에서 원고의 청구를 인용한 제1심판결에 대하여 항소하거나, 그 항소를 기각 또는 각하한 항소심 판결에 대하여 상고하는 경우도 법원의 허가가 필요하지 않다고 할 것이다.[11]

부재자의 재산에 대한 차임청구 또는 불법행위로 인한 손해배상청구는 부재자 재산관리인으로서 당연히 그 권한이 있는 것이므로 법원의 허가를 받을 필요가 없다.[12] 또 부재자의 소유이던 부동산에 관한 소유권이전등기 말소등기절차 이행청구나 인도청구는 보전행위에 불과한 것이므로 법원에 의하여 선임된 부재자 재산관리인은 법원의 허가 없이 이를 할 수 있다.[13]

재산관리인은 부재자 재산의 보존을 위한 소송행위의 추완 신청을 할 수 있다.[14] 판례는 재산관리인이 없는 부재자를 피고로 제소하여 판결이 선고된 경우에는 재심사유에 해당되지는 않으나, 이러한 경우에 판결 선고 후 선임된 재산관리인은 민사소송법에 의한 추완 신청과 동시에 항소를 제기할 수 있다고 판시하였다.[15]

자. 재판상 화해나 조정

재산관리인이 재판상 화해나 조정을 하기 위해서는 원칙적으로 법원의 허가를 얻어야 하고, 만약 이를 얻지 않은 경우 판례는 재심사유가 된다고 한다.[16]

10 대법원 1968. 12. 24. 선고 68다2021 판결.
11 日最判 1972. 9. 1. (최고재판소 민사판례집 26권 7호 1289).
12 대법원 1957. 10. 14.자 4290민재항104 결정.
13 대법원 1964. 7. 23. 선고 64다108 판결, 대법원 1997. 6. 24. 선고 97다11140 판결.
14 대법원 1960. 9. 8. 선고 4292민상885 판결.
15 대법원 1968. 11. 19. 선고 68다1735 판결.
16 대법원 1968. 4. 30. 선고 67다2117 판결.

그러나 부재자의 권리 보존에 전적으로 이익이 되는 내용의 화해를 할 때에는 법원의 허가를 받지 아니하여도 무방하다.[17]

3. 법원의 허가가 필요한 행위

가. 부동산의 증여 또는 매각행위

부재자 소유의 부동산을 다른 사람에게 증여하거나 매각하기 위해서는 반드시 본법 제25조에 따라 법원의 허가를 받아야 하고, 허가 없이 한 증여[18]나 매각행위[19]는 무효이다.

나. 담보제공행위

부재자 소유의 재산을 담보로 제공하는 행위도 원칙적으로 법원의 허가를 받아야 한다. 판례는 법원이 선임한 부재자 재산관리인이 법원의 매각처분허가를 얻어 처분행위를 하는 경우에도 그 행위는 부재자를 위한 범위에 한정된다고 할 것인데, 부재자에게는 아무런 이익이 없이 부재자와 아무런 관계가 없는 다른 사람의 채무의 담보만을 위하여 부재자 재산에 근저당권을 설정하는 행위는 부재자 재산관리인의 적법한 권한 내의 행위라고 할 수 없다고 판시하였다.[20]

다. 소송행위

재산관리인이 적극적으로 소를 제기하는 것은 원칙적으로 법원의 허가가 필요하다. 또한 소를 취하하는 경우에도 법원의 허가가 필요할 것이다.[21]

재산관리인이 재판상 화해를 하기 위해서는 원칙적으로 법원의 허가를 얻어야 한다는 점은 앞에서 본 바와 같다.[22] 재산관리인이 인낙 행위를 할 때에도 법원의 허가를 얻어야 한다. 만약 재산관리인이 법원의 허가를 얻지 아니하고 재판상 화해 또는 인낙 행위를 한 경우에는 재심사유가 된다.[23]

라. 관리행위의 범위를 벗어나는 사실행위

부재자 소유인 물건이나 권리의 성질을 변하게 하는 사실행위, 즉 관리행위

17 대법원 1962. 11. 1. 선고 62다582 판결.
18 대법원 1996. 4. 26. 선고 94다39130, 39147 판결.
19 대법원 1960. 6. 30. 선고 4292민상751 판결, 대법원 1970. 1. 27. 선고 69다1820 판결, 대법원 1977. 3. 22. 선고 76다1437 판결.
20 대법원 1976. 12. 21.자 75마551 결정, 대법원 1977. 11. 8. 선고 77다1159 판결.
21 新版 注釈民法(1) 總則(1) (改訂版), 有斐閣(2002), 457(田山輝明).
22 대법원 1968. 4. 30. 선고 67다2117 판결.
23 대법원 1968. 4. 30. 선고 67다2117 판결, 대법원 1968. 12. 3. 선고 68다1981 판결.

의 범위를 벗어나는 사실행위를 할 경우에도 법원의 허가를 받아야 한다. 예컨대 건물의 전면개축과 같은 사실행위도 허가의 대상이 된다.

Ⅲ. 권한초과행위에 대한 허가의 절차와 방식

1. 허가의 성질

법원이 선임한 재산관리인이 본법 제118조에 규정된 권한이 넘는 행위를 함에 있어서는 가정법원에서 권한초과행위에 관한 허가심판을 받아야 한다.

법원의 재산관리인에 대한 권한초과행위의 허가는 일종의 수권행위이고, 재산관리인은 이 수권에 기하여 부재자를 위하여 그 권한을 넘는 법률행위를 할 수 있게 된다.

법원이 부재자의 재산에 대한 처분행위를 허가한 후 그 처분 전에 재산관리인이 개임된 경우 새로 선임된 재산관리인이 부재자의 재산을 처분하려면 다시 법원의 허가를 얻어야 하는지에 관하여 논의가 있다. 그 허가의 효력이 처분대상의 목적물에 관한 것이라고 보는 견해에서는 관리인이 개임 되더라도 그 처분허가의 효력은 변경이 없다고 보는 반면, 허가의 성질을 재산관리인에 대한 특별한 수권행위라고 보는 견해에서는 다시 새로운 허가가 필요하다고 보고 있다. 후자의 견해가 타당하고,[24] 실무도 또한 같다.[25]

2. 허가의 심리절차

재산관리인의 허가신청은 실무상 독립된 심판사건으로 취급된다.

가정법원이 재산관리인에 대하여 권한초과행위를 허가하거나 이를 취소 또는 변경함은 자유재량에 속하는 사항이므로 그 결정을 함에 있어서 법원은 재산관리인 등을 반드시 심문할 필요는 없다.[26] 다만, 실무에서는 재산관리인이 부재자 소유 부동산을 담보로 제공하고 금원을 차용하는 방안보다 그 부동산을 매각하는 방안으로 허가청구를 하는 경우에는 그 구체적인 이유, 부재자의 재산관리를 위하여 사용된 금액의 내역, 부재자의 재산 중 매각하려고 하는 부동산의 비중 등 여러 가지를 심리하고, 그 근거자료 및 부동산의 시세를 알 수 있는 자료를 제출

24 변진장, "부재자의 재산관리제도", 재판자료 18집, 법원행정처(1983), 209; 민법주해 Ⅰ 총칙(1), 박영사(1992), 371(한상호); 주석 민법, 총칙편(1)(제4판), 한국사법행정학회(2010), 408(이용운).

25 법원실무제요 가사[Ⅱ], 법원행정처(2010), 253.

26 대법원 1961. 11. 15.자 4294민재항458 결정.

하도록 하는 등 부재자의 재산을 보존할 수 있는 방향으로 심리를 하고 있다. 또한 부동산의 매각을 허가하는 경우에도 허가심판의 주문에 계약 상대방, 대금 등을 적거나, 재산관리인으로부터 매매계약서 초안을 제출받아 주문에서 제출받은 매매계약서 초안의 내용으로만 매각을 허가한다는 점을 분명히 하는 방법도 사용되고 있다.[27]

3. 허가의 방식

허가를 할 때에는 허가를 받는 재산관리인의 권한초과행위를 구체적·개별적으로 특정하여야 하고, 재산관리인에게 일반적인 처분행위를 할 수 있도록 권한을 부여할 수는 없다.

실무에서는 부재자 소유재산의 매각, 처분 등에 대하여 허가를 할 경우 다음과 같은 주문례를 사용하고 있다.[28]

재산관리인이 부재자 소유의 별지 목록 기재 부동산을 매각, 처분하는 행위를 허가한다.

재산관리인이 부재자 소유의 별지 목록 기재 부동산을 별지 계약서 초안과 같은 내용으로 매각, 처분하는 행위를 허가한다.

재산관리인이 부재자 소유의 별지 목록 기재 부동산을 담보로 제공하고 금원을 차용하는 것을 허가한다.

또 부동산의 매각을 허가하면서 그 주문에 매각대금 처리에 관한 조건이나 제한, 부수처분 등을 덧붙이는 경우도 있고, 그 예는 아래와 같다.[29]

1. 재산관리인은 별지 목록 기재 부동산의 매각대금에서 제세공과금과 매각비용을 공제한 나머지 잔액을 부재자 ○○○의 재산관리인 △△△ 명의로 은행 그 밖의 금융기관에 예탁하여야 한다.
2. 재산관리인이 위 금융기관에 예탁한 금원을 인출하고자 할 때에는 법원의

27 법원실무제요 가사[Ⅱ], 법원행정처(2010), 253~254.
28 법원실무제요 가사[Ⅱ], 법원행정처(2010), 254~255.
29 법원실무제요 가사[Ⅱ], 법원행정처(2010), 255.

> 허가를 받아야 한다.
> 3. 재산관리인은 위 매각비용 잔액을 금융기관에 예탁한 결과를 이 심판정본 송달일로부터 6월 이내에 이 법원에 보고하여야 한다.

만약 법원이 매각을 허가하면서 아무런 제한을 가하지 않은 경우에는 매각방법에 관하여 따로 법원의 허가를 받을 필요는 없고, 재산관리인이 임의로 정할 수 있다.[30] 판례는 재산관리인이 매각을 허가받은 재산을 매도담보 또는 대물변제로 제공하거나 그 부동산에 저당권을 설정할 때에는 다시 법원의 허가를 받을 필요가 없다고 한다.[31]

권한초과행위에 대한 허가는 장래의 권한초과행위를 위한 경우뿐만 아니라 기왕의 행위를 추인하는 형태로도 할 수 있다.[32]

한편, 부재자 재산관리인이 권한을 초과하여 체결한 부동산매매계약에 관하여 허가신청절차를 이행하기로 약정하였음에도 이를 태만히 할 경우, 상대방은 그 약정에 기하여 부재자 재산관리인을 상대로 허가신청절차의 이행을 소구할 수 있고, 이러한 의사진술을 명하는 판결이 확정되면 민사집행법 제263조 제1항에 의하여 허가신청의 진술이 있는 것으로 간주된다.[33] 또 이와 같이 허가신청절차의 이행을 소구당한 부재자 재산관리인이 그 소송 계속 중 해임되어 관리권을 상실하는 경우에는 소송절차는 중단되고 새로 선임된 재산관리인이 소송을 수계한다.[34]

4. 허가심판의 효력 범위

법원의 권한초과행위, 예컨대 매각행위에 대한 허가심판이 있는 경우에도 그 매각행위가 반드시 부재자의 이익을 위하여서만 행해져야 하는가라는 점에 관한 논의가 있다. 이와 관련하여 부재자의 이익을 위한 것이 아닌 행위는 법원으로부터 매각행위의 허가를 얻은 경우에도 재산관리인의 권한을 넘은 것으로 볼 것인

30 대법원 1956. 2. 25. 선고 4288민상455 판결.
31 대법원 1957. 3. 23. 선고 4289민상677 판결.
32 대법원 1956. 6. 14. 선고 4289민상43 판결, 대법원 1982. 9. 14. 선고 80다3063 판결, 대법원 1982. 12. 14. 선고 80다1872, 1873 판결, 대법원 2000. 12. 26. 선고 99다19278 판결, 대법원 2002. 1. 11. 선고 2001다41971 판결.
33 대법원 2000. 12. 26. 선고 99다19278 판결, 대법원 2002. 1. 11. 선고 2001다41971 판결.
34 대법원 2002. 1. 11. 선고 2001다41971 판결.

지, 그리고 이 경우에 법원의 매각허가가 있음을 이유로 그 재산관리인에게 부재자의 재산을 처분할 권한이 있다고 믿은 거래상대방은 어떻게 보호할 것인가가 함께 문제된다.

이에 관하여 판례는 '법원이 선임한 부재자 재산관리인의 관리행위는 그 재산을 보존·이용·개량하는데 그치고 법원의 허가를 얻어 처분하는 경우에도 이는 부재자를 위한 범위 내에 한정된다'고 명백히 판시하고 있다.[35]

또 판례는 부재자 재산관리인이 법원으로부터 부재자의 재산에 관한 매각허가를 받은 뒤 이를 매각하지 않고 다른 사람의 채무를 담보하기 위하여 그 재산에 근저당권을 설정한 사안에서 '부재자 재산관리인이 법원의 매각처분허가를 얻었다 하더라도 부재자와 아무런 관계가 없는 남의 채무의 담보만을 위하여 부재자 재산에 근저당권을 설정하는 행위는 달리 그 행위가 부재자를 위한 처분행위라고 인정할 수 있는 특별한 사정이 없는 한 부재자를 위한 것이라 볼 수 없고, 부재자를 위한 뜻에서 한 법원의 처분허가 취지에도 어긋나는 것'으로서 그와 같은 근저당권설정 행위는 허용된 권한을 넘는 무효의 처분이라고 판시하고 있다.[36] 이러한 판례의 태도에 대해 찬성하는 견해가 다수이다. 그러나 이러한 판례 및 다수설에 대하여 처분행위의 효력을 법원의 허가 여부뿐만 아니라 실제로 부재자의 이익을 위한 것인지 여부까지 고려하여 판단하도록 하는 것은 본조의 입법취지를 넘어선 것으로 지나친 간섭 내지 후견이라거나,[37] 관리인의 행위가 부재자를 위한 것이냐 아니냐에 따라 대리권의 범위가 결정되는 것으로 본다면 그 상대방에게 뜻하지 아니한 손해를 입힐 위험이 있으며 거래의 안전도 해치게 된다거나,[38] 대리권남용과 같은 차원에서 접근할 문제로서 권한초과행위의 허가를 받았으나 부재자의 이익을 위한 것이 아닌 처분행위를 한 경우에도 원칙적으로 유효하되, 상대방이 그러한 사실을 알았거나 알 수 있었을 경우에 한하여 무효로 보아야 한다[39]는 등의 비판적인 견해들도 제기되고 있다.

부재자 재산의 관리제도가 부재자 재산의 보존·관리를 목적으로 하는 제도인 점에서 그 처분행위는 어디까지나 부재자를 위하는 범위 내에서만 유효하다고 보

35 대법원 1977. 11. 8. 선고 77다1159 판결.
36 대법원 1976. 12. 21.자 75마551 결정.
37 김증한/김학동, 민법총칙(제10판), 박영사(2013), 160.
38 이호정, "부재자재산관리인의 권한범위", 판례회고 6호, 서울대학교(1979), 6~7.
39 명순구, 민법총칙, 법문사(2005), 132~133.

는 것이 타당하고, 거래상대방의 보호는 구체적인 사정에 따라 표현대리 성립 여부를 검토하는 방법으로 해결하여야 할 것이다.[40]

5. 허가의 취소 또는 변경

가정법원은 권한초과행위를 허가한 후 그 허가가 위법 또는 부당하다고 인정한 때에는 이를 취소 또는 변경할 수 있다(가사소송법 제34조, 비송사건절차법 제19조 제1항).

그러나 그 취소 또는 변경 전에 재산관리인이 한 행위의 효력에는 영향이 없다. 따라서 재산관리인이 법원의 권한초과행위 허가결정을 얻어서 한 부동산 매도 행위가 그 후 위 허가결정이 취소되었다 하여 소급하여 무효로 되는 것은 아니다.[41]

IV. 법원의 허가 없는 권한초과행위의 효력 및 표현대리의 성립 여부

1. 법원의 허가 없는 권한초과행위의 효력

재산관리인의 권한을 넘는 행위로서 법원의 허가가 필요한데도 허가 없이 재산관리인이 한 행위는 원칙적으로 무효이다.[42]

다만 재산관리인의 부재자 소유 부동산에 대한 매매계약에 관하여 재산관리인이 권한을 초과하여서 체결한 것으로 법원의 허가를 받지 아니하여 무효라는 이유로 소유권이전등기절차의 이행청구가 기각되어 확정되었다고 하더라도, 패소판결의 확정 후에 위 권한초과행위에 대하여 법원의 허가를 받게 되면 다시 위 매매계약에 기한 소유권이전등기청구의 소를 제기할 수 있다.[43]

2. 표현대리의 성립 여부

재산관리인이 그 본래의 관리 권한을 초과하는 경우나 법원의 권한초과행위 허가심판을 받고 그 허가받은 처분 권한의 범위를 넘은 경우에 정당한 권한이 있

40 변진장, "부재자의 재산관리제도", 재판자료 18집, 법원행정처(1983). 210; 민법주해 I 총칙(1), 박영사(1992), 372(한상호); 주석 민법, 총칙편(1)(제4판), 한국사법행정학회(2010), 408(이용운).

41 대법원 1962. 11. 29. 선고 62다613 판결, 대법원 1960. 2. 4. 선고 4291민상636 판결.

42 대법원 1960. 4. 21. 선고 4292민상252 판결, 대법원 1960. 6. 30. 선고 4292민상751 판결, 대법원 1970. 1. 27. 선고 69다1820 판결, 대법원 1976. 12. 21.자 75마551 결정, 대법원 1977. 3. 22. 선고 76다1437 판결, 대법원 1977. 11. 8. 선고 77다1159 판결, 대법원 1996. 4. 26. 선고 94다39130, 39147 판결.

43 대법원 2002. 1. 11. 선고 2001다41971 판결.

는 것으로 믿은 상대방에게 표현대리가 성립될 수 있는지 문제된다.

이에 대해 법정대리의 경우에는 대리권의 범위가 법정되어 있어서 상대방의 오신이 보호되어야 할 필요성이 없다는 견해도 있다. 그러나 통설은 상대방이 그 권한이 있다고 믿을 만한 정당한 이유는 본인의 과실이나 행위에 기인하는 것이어야 하는 것은 아니라고 보아야 하고, 대리권의 범위가 추상적으로 법정되어 있다 하더라도 구체적으로 과연 권한 내의 행위인지 여부의 판정이 반드시 용이한 것은 아니어서 그 권한이 있다고 믿은 자를 보호할 필요가 있다는 점을 들어 표현대리를 규정한 본법 제126조가 법정대리에도 적용된다고 본다.[44] 따라서 제3자가 행위 당시의 여러 가지 사정에 의하여 표현대리인에게 그 권한이 있다고 믿은 데에 선의·무과실이면 표현대리를 주장할 수 있다.

이 경우에 권한이 있다고 믿을 만한 정당한 이유는 행위 당시의 여러 가지 사정에 의하여 객관적으로 거래통념에 따라 판단되는 것이다. 따라서 상대방이 대리인에게 권한이 있다고 믿었다고 하더라도 그와 같이 믿는데 과실이 있으면 정당한 이유가 있다고 할 수 없다.

특히 법정대리권의 범위에 관하여 법률의 규정에 대한 무지는 일반적으로 정당한 이유를 성립시킬 수 없고, 대리권의 유무를 좌우하는 구체적 요건으로서 그 존부에 대한 정확한 판단이 제3자로서는 곤란한 사항에 관한 오신만이 정당한 이유를 성립시킬 가능성이 있는 것으로 해석하여야 한다.[45]

판례는 부재자 재산관리인이 법원의 매각처분허가를 얻은 후 부재자와 아무런 관계가 없는 남의 채무의 담보만을 위하여 부재자 재산에 근저당권을 설정한 사안에서, 재산관리인의 위와 같은 근저당권설정 행위는 보통 있을 수 없는 드문 처사이고, 통상의 경우 객관적으로 그 행위가 부재자를 위한 처분행위로서 당연하다고는 경험칙상 쉽사리 볼 수 없는 것이므로 달리 그 권한 있는 것으로 믿음에 잘못이 없다고 인정되는 정당한 이유가 없는 한 그 권한이 있다고 믿음에 있어 선의, 무과실이라 할 수 없을 것이라고 판시하여 표현대리 주장을 배척하였

44 최공웅, "부재자 재산관리인의 권한초과행위와 표현대리", 민사판례연구 제1집, 민사판례연구회(1979), 23~24. 변진장, "부재자의 재산관리제도", 재판자료 18집, 법원행정처(1983), 207; 민법주해 I 총칙(1), 박영사(1992), 370(한상호),; 주석 민법, 총칙편(1)(제4판), 한국사법행정학회(2010), 409(이용운).

45 최공웅, "부재자 재산관리인의 권한초과행위와 표현대리", 민사판례연구 제1집, 민사판례연구회(1979), 24.

다.[46]

V. 부재자의 생사가 분명하지 아니한 경우의 허가

부재자가 정한 재산관리인이 있는 경우에도 부재자의 생사가 분명하지 아니한 때에는 법원은 이해관계인이나 검사의 청구에 의하여 재산관리인을 개임할 수 있다(본법 제23조). 이러한 절차에 따라 법원에 의하여 개임된 재산관리인은 본법 제22조에 따라 법원이 선임한 재산관리인과 마찬가지로 일종의 법정대리인으로서, 원칙적으로 본법 제118조에 규정된 관리행위만을 할 수 있고, 그 권한을 넘는 행위를 할 때에는 법원의 허가를 얻어야 한다(본조 전문).

부재자의 생사가 분명하지 아니한 경우에 법원이 부재자가 정한 재산관리인을 개임하지 않고 그대로 유임시키면서 감독만 하는 경우에는, 그 재산관리인은 부재자가 정한 권한 범위 내의 행위만을 할 수 있고, 그 권한을 넘는 행위를 할 때에는 역시 법원의 허가를 얻어야 한다(본조 후문). 따라서 이 경우에 그 재산관리인이 법원의 허가 없이 권한초과행위를 한 경우에는 무효가 된다.

판례는 부재자가 그 어머니인 갑에게 일체의 재산처분권한을 위임한 후 실종되자, 그 후 갑이 법원에 신청하여 그 부재자의 재산관리인으로 선임된 경우에는 부재자의 생사가 분명하지 아니하여 본법 제23조의 규정에 따라 개임된 경우라고 볼 수 있으므로, 이때부터 부재자의 위임에 의한 갑의 재산관리 처분권한은 종료되었다고 봄이 상당하고, 따라서 그 후 갑의 부재자 재산처분에 있어서는 본법 제25조에 따른 권한초과행위 허가를 받아야 하며 그 허가를 받지 아니하고 한 부재자 재산의 매각은 무효라고 한다.[47]

46 대법원 1976. 12. 21.자 75마551 결정, 대법원 1977. 11. 8. 선고 77다1159 판결도 유사한 사안에서 재산관리인에게 정당한 권한이 있다고 믿은 데 과실이 있다고 판시하여 표현대리 주장을 배척하였다.
47 대법원 1977. 3. 22. 선고 76다1437 판결.

제 26 조 [관리인의 담보제공, 보수]

① 법원은 그 선임한 재산관리인으로 하여금 재산의 관리 및 반환에 관하여 상당한 담보를 제공하게 할 수 있다.
② 법원은 그 선임한 재산관리인에 대하여 부재자의 재산으로 상당한 보수를 지급할 수 있다.
③ 전2항의 규정은 부재자의 생사가 분명하지 아니한 경우에 부재자가 정한 재산관리인에 준용한다.

[관련조문] 민법 제22조~제25조, 제686조, 제688조, 제918조 제4항, 제1023조 제2항, 제1047조 제2항, 제1053조 제2항, 가사소송규칙 제45조, 제46조

[참고문헌] 권용우, "부재자의 재산관리", 월간고시 19권 8호(1992. 7); 김대원, "부재와 실종에 관한 판례분석", 실무연구X, 서울가정법원(2005); 남영찬, "부재자 재산관리인의 권한초과행위에 대한 허가신청절차의 이행약정을 소구할 수 있는지 여부", 대법원판례해설 35호(2001. 6); 변진장, "부재자의 재산관리제도", 재판자료 18집, 법원행정처(1983); 오영권, "실종선고의 효력과 사망간주된 이후 실종선고 이전의 재산처분의 효력", 대법원판례해설 16호 (92.10); 이찬희, "부재자재산의 관리에 관한 처분", 실무연구Ⅲ, 서울가정법원(1997); 이호정, "부재자재산관리인의 권한범위", 판례회고 6호, 서울대학교(1979); 이희봉, "부재자의 재산관리", 법학과 민사법의 제문제 : 범조 이희봉 고희기념논문집. 나남출판사(1986); 장재옥, "부재자 재산관리제도", Jurist 409호 : 2006년 1호(민법총칙)(v.2006-1), 청림출판(2006); 최공웅, "부재자 재산관리인의 권한초과행위와 표현대리", 민사판례연구 제1집, 민사판례연구회(1979); 황적인, "근저당권의 거래상대방·원인무효에 관한 판례 : 부재자재산관리인이 설정한 근저당권등기", 경제법판례연구, 선학사(1997)

Ⅰ. 법원이 선임한 재산관리인의 담보제공의무

1. 의의

법원은 법원이 선임한 재산관리인에 대하여 재산의 관리 및 반환에 관하여 상당한 담보를 제공하게 할 수 있다(본조 제1항). 법원이 선임한 재산관리인도 선량한 관리자의 주의의무로써 부재자의 재산을 관리하여야 하고, 그 주의의무를 다하지 않아 손해가 발생한 경우에는 부재자에게 이를 배상하여야 하며, 재산관

리가 종료된 경우에는 부재자에 대하여 관리재산을 반환할 의무를 부담하고 있으므로, 본조는 그 이행의무를 확실히 하고, 손해의 배상을 확보하기 위하여 재산관리인의 담보제공의무를 인정한 것이다. 한편 2018. 2. 18. 입법 예고된 민법개정안에서는 본조의 "상당한 담보"라는 용어를 "적절한 담보"로 수정하고 있다.

재산관리인이 제공해야 할 담보의 피담보채무는 이미 발생한 채무뿐만 아니라 장래에 발생할 수 있는 채무불이행 내지 불법행위로 인한 손해배상채무까지도 담보하는 것으로 보아야 하며 이 경우의 담보는 근담보의 성질을 갖는다.

제공을 명하는 담보의 종류에는 제한이 없다. 부동산 등에 대한 저당권의 설정을 명할 수도 있고, 보증인을 세우게 할 수도 있다. 다만 질권의 설정은 부재자에게 목적물을 인도함으로써 그 효력이 생기는 것인데, 재산관리인은 부재자의 대리인으로서 그 인도를 받을 수 없으므로, 즉 재산관리인이 질권설정자인 동시에 부재자를 대리하여 질권자로 되어야 하므로, 담보제공방법으로는 허용되지 않는다고 해석된다.[1]

담보의 제공은 법원에 대하여 제공하는 것이 아니라 부재자 자신에 대하여 제공하는 것이므로, 관리인은 그 담보제공이행의무자로서 담보를 제공하고, 또 부재자의 대리인으로서 그 담보를 제공받는 자기계약을 체결하는 결과가 된다.

재산관리인이 담보제공명령에 응할 수 없는 경우에는 스스로 사임하여야 할 것이고(가사소송규칙 제42조 제2항), 그 담보제공명령을 이행하지 않는 경우에는 법원이 직권으로 개임하여야 할 것이다(가사소송규칙 제42조 제1항).

2. 법원의 담보제공명령

법원의 담보제공명령은 법원이 선임한 재산관리인에 대하여 직권으로 한다. 따라서 이해관계인 등이 법원에 재산관리인에 대한 담보제공명령을 신청하는 것은 법원의 직권발동을 촉구하는 의미만 있을 뿐이다.

가정법원은 재산관리인이 제공한 담보의 증감, 변경 또는 면제를 명할 수 있다(가사소송규칙 제45조). 이 역시 가정법원이 직권으로 하는 것이고, 이에 관한 이해관계인의 청구도 그 직권발동을 촉구하는 의미만 있다.

가정법원이 재산관리인의 담보제공방법으로서 그 소유의 부동산 또는 선박에

1 변진장, "부재자의 재산관리제도", 재판자료 18집, 법원행정처(1983). 211; 민법주해 Ⅰ, 총칙(1), 박영사(1992), 374(한상호).; 주석 민법, 총칙편(1)(제4판), 한국사법행정학회(2010), 411(이용운); 법원실무제요 가사[Ⅱ], 법원행정처(2010), 251.

저당권을 설정할 것을 명한 때에는 직권으로 그 명령의 등본을 첨부하여 설정등기의 촉탁을 하여야 한다(가사소송규칙 제46조 제1항, 제2항). 등기촉탁서의 등기권리자란에는 부재자를, 등기의무자란에는 재산관리인을, 등기원인과 그 연월일란에는 담보제공명령의 일자와 그 명령을, 등기목적란에는 설정하여야 할 저당권의 내용을 각각 적는다.[2]

가정법원이 그 담보제공명령에 따라 설정된 저당권의 변경 또는 해제를 명하는 경우에도 그 등기의 촉탁을 하여야 한다(가사소송규칙 제46조 제3항).

Ⅱ. 법원이 선임한 재산관리인의 보수청구권

1. 의의

법원은 그 선임한 재산관리인에 대하여 부재자의 재산으로 상당한 보수를 지급할 수 있다(본조 제2항). 본조에서의 '법원'은 가정법원을 말한다[가사소송법 제2조 제1항 제2호 가목 2)].[3] 2018. 2. 18. 입법 예고된 민법개정안에서는 본조의 "상당한 보수"라는 용어를 "적절한 보수"로 수정하고 있다.

원래 위임에 있어서 수임인은 특별한 약정이 없으면 위임인에 대하여 보수를 청구하지 못한다고 규정하고 있고(본법 제686조 제1항), 법원이 선임한 재산관리인에게도 그 직무의 성질상 민법의 위임에 관한 규정이 적용되므로, 재산관리인에게는 원칙적으로 보수청구권이 없다고 할 수 있다. 그러나 본조가 특별히 재산관리인에게 보수를 지급할 수 있는 것으로 규정하였으므로 재산관리인에게도 보수청구권이 인정된다.[4]

재산관리인이 가지는 보수청구권은 구체적 권리가 아니라, 가정법원의 보수부여의 심판에 따라 보수의 지급 여부와 보수의 구체적 액수가 정해짐으로써 그 내용이 형성되는 추상적 권리에 불과하다. 재산관리인은 가정법원에 보수 부여의 심판을 청구할 수 있고, 가정법원은 보수의 지급 여부와 보수의 액수를 재량에 따라 결정한다. 법원이 보수 부여의 심판을 할 때는 재산관리인과 부재자의 신분관계, 재산관리의 난이도, 재산의 다과, 재산관리인의 본래 업무에 미치는 영향, 기타 이해관계인과 처분의 상대방 등과 관련된 여러 가지 사정 등을 종합적으로 고

2 법원실무제요 가사[Ⅱ], 법원행정처(2010), 251.
3 대법원 1971. 2. 26.자 71스3 결정.
4 주석 민법, 총칙편(1)(제4판), 한국사법행정학회(2010), 411~412(이용운).

려하여야 할 것이다.

재산관리인의 보수에는 재산관리비용은 포함되지 아니하고, 부재자의 재산으로 지급한다.

재산관리인은 위와 같은 보수청구권 외에도 민법상 위임규정이 준용되는 결과 재산관리를 위하여 지출한 필요비와 그 이자의 상환을 청구할 수 있고(본법 제688조 제1항), 재산관리를 위하여 과실 없이 손해를 받은 때에는 그 배상을 청구할 수 있다(본법 제688조 제3항).[5]

2. 보수 지급의 방식

수임인은 기간으로 보수를 정한 때나 사무처리 중 책임 없는 사유로 그 위임이 종료된 경우 외에는 위임사무를 완료한 후에야 보수를 청구할 수 있는 것이 원칙이다(본법 제686조 제2항, 제3항). 수임인과 같은 지위에 있는 재산관리인에 대한 보수지급의 방법으로는 ① 선임 결정과 동시에 기본보수액을 지급하거나 정기적으로 지급하는 보수를 정하는 방법, ② 절차를 진행하면서 기간별로 중간 정산하여 지급하는 방법, ③ 절차종료 시점에 최종 정산하는 방법 등이 있는데, 실무상으로는 주로 ②와 ③의 방법이 사용되고 있다.[6]

보수의 종국적인 부담은 부재자의 재산에서 할 것이지만 실무상 절차진행 중 지출되어야 할 재산관리인의 보수를 위하여 재산관리인의 선임을 청구한 청구인에게 적절한 액수의 예납명령을 하고 있다. 이 보수 상당액의 예납명령에 대하여는 불예납을 이유로 하여 청구인에게 불이익한 심판 등이 이루어질 경우 그에 대한 불복절차에서 그 당부를 다툴 수 있을 뿐 독립하여 불복할 수 없다.[7] 청구인은 나중에 부재자의 재산으로부터 예납금 중 지출된 금원을 상환받고 잔존예납금을 법원으로부터 회수할 수 있다.[8]

부재자 재산관리인이 보수를 청구한 사건에서 절차 계속 중 청구인이 사망한 경우에는 보수청구권은 상속되는 것이므로 그 상속인으로 하여금 절차를 수계하도록 하여야 하고, 만약 위 사건에서 부재자가 사망한 경우라면 그 보수는 부재자의 재산으로 지급하는 것이므로 부재자의 상속인으로 하여금 부재자(사건본인)의

5 주석 민법, 총칙편(1)(제4판), 한국사법행정학회(2010), 412(이용운).
6 법원실무제요 가사[Ⅱ], 법원행정처(2010), 256~257.
7 대법원 2001. 8. 22.자 2000으2 결정.
8 법원실무제요 가사[Ⅱ], 법원행정처(2010), 256.

지위를 수계하도록 하여야 할 것이다.[9]

Ⅲ. 부재자가 정한 재산관리인의 담보제공의무와 보수청구권

부재자가 재산관리인을 정하였더라도 부재자의 생사가 분명하지 아니한 경우에는 법원은 그 재산관리인으로 하여금 재산의 관리 및 반환에 관하여 상당한 담보를 제공하게 할 수 있고, 그 재산관리인에게 부재자의 재산으로 상당한 보수를 지급할 수 있다(본조 제3항).

구 민법과 현행 일본 민법에는 본조 제3항과 같은 준용규정이 없고 '관리인'의 담보제공의무 및 보수만을 규정하고 있어, 그 '관리인'에 부재자가 정한 재산관리인도 포함되는지에 관하여 학설이 나누어져 있었다. 현행 일본 민법의 해석상으로는 부재자가 정한 재산관리인에게는 담보제공의무와 보수지급을 규정한 본조 제1항, 제2항이 적용되지 않는다는 것이 다수설이라고 한다.[10]

그러나 현행 민법은 본조 제3항으로 부재자가 정한 재산관리인의 경우에도 담보제공의무와 보수지급을 명문으로 인정하고 있다.

부재자의 생사가 분명하지 아니한 경우 법원은 부재자가 정한 재산관리인에 대하여 직권으로 담보제공명령을 할 수 있고, 재산관리인이 제공한 담보의 증감, 변경 또는 면제를 명할 수 있다(가사소송규칙 제45조). 그 밖에 담보제공의무의 내용, 담보제공방법 등은 법원이 선임한 재산관리인에 관하여 살펴본 바와 같다.

또 부재자의 생사가 분명하지 아니한 경우 부재자가 정한 재산관리인은 가정법원에 보수 부여의 심판을 청구할 수 있고, 가정법원은 보수의 지급 여부와 보수의 액수를 재량에 따라 결정한다.

한편 판례는 부재자가 재산관리인과 재산관리계약을 하면서 재산관리인이 민사소송의 제기 또는 비송사건에 관한 대리 또는 알선행위 등의 사무를 하도록 하고, 그에 대하여 보수를 지급하기로 약정한 것이 구 법률사무취급단속법(1973. 1. 25. 현행 변호사법에 흡수되어 폐지되었다)을 위반한 것으로 무효인지 문제된 사안에서, '부재자가 재산관리인과 재산관리계약을 체결하면서 재산관리인으로 하여금 법원에 의해 선임된 부재자 재산관리인의 해임 및 새로운 재산관리인의 선임신청, 민사소송의 제기 또는 비송사건에 관한 대리 또는 알선행위를 하도록 하였을

9 법원실무제요 가사[Ⅰ], 법원행정처(2010), 87.
10 新版 注釈民法(1) 總則(1) (改訂版), 有斐閣(2002), 461(田山輝明).

뿐만 아니라, 그 외에도 부재자 재산에 대한 임대료 징수, 건물수선, 보험가입, 저당채무의 변제, 재산관리에 필요한 경우 재산의 처분 등의 사무를 함께 처리하도록 한 경우에는, 부재자 재산관리계약에 있어 변호사가 아닌 재산관리인에게 상당한 보수를 지급할 것을 약정하였다 하여 그 재산관리계약이 법률사무취급단속법에 저촉되는 선량한 풍속 기타 사회질서에 위반되는 무효의 계약이라고 할 수 없다'고 판시하였다.[11]

11 대법원 1972. 2. 22. 선고 71다2152 판결.

제 27 조 [실종의 선고]

① 부재자의 생사가 5년간 분명하지 아니한 때에는 법원은 이해관계인이나 검사의 청구에 의하여 실종선고를 하여야 한다.

② 전지에 임한 자, 침몰한 선박 중에 있던 자, 추락한 항공기 중에 있던 자 기타 사망의 원인이 될 위난을 당한 자의 생사가 전쟁종지후 또는 선박의 침몰, 항공기의 추락 기타 위난이 종료한 후 1년간 분명하지 아니한 때에도 제1항과 같다. <개정 1984.4.10>

[관련조문] 민법 제28조, 제29조, 가사소송법 제2조 제1항 제2호, 가사소송규칙 제53조~제59조, 부재선고 등에 관한 특별조치법 제2조~제4조, 제6조~제9조, 가족관계의 등록 등에 관한 법률 제87조, 제92조 제1항, 제2항, 국제사법 제12조

[참고문헌] 김대원, "부재와 실종에 관한 판례분석", 실무연구X, 서울가정법원(2005); 김병옥, "실종의 선고와 그 취소", 가사조정 2호, 서울가정법원 조정위원회(1999); 김선엽, "위난실종선고와 인정사망 : 사례연구" 실무연구Ⅱ, 서울가정법원(1997); 노옥자, "인정사망보고와 위난실종선고의 비교", 실무연구(1), 부산지방법원 가정지원 (2003); 어인의, "사망에 관한 민법의 개정방향", 법학논집 15집, 청주대학교 법학연구소(1999); 이희봉, "부재선고 등", 법학과 민사법의 제문제 : 범조 이희봉 고희기념논문집. 나남출판사 (1986); 이희봉, "실종선고", 법학과 민사법의 제문제 : 범조 이희봉 고희기념논문집, 나남출판사 (1986) 장경환, "보험계약자의 실종과 보험관계", 경희법학 36권 1호, 경희대학교(2001)

Ⅰ. 본조의 의의

실종선고란 부재자의 생사불명 상태가 일정 기간 계속되고 살아 있을 가능성이 적게 된 때에, 가정법원의 실종선고에 의하여 그 사람을 사망한 것으로 간주함으로써 그 사람의 종래의 주소 또는 거소를 중심으로 하는 재산적·신분적 법률관

계를 확정·종결하게 하는 제도를 말한다.[1]

부재자, 즉 종래의 주소나 거소를 떠난 자가 장기간 그 생사조차 알 수 없고, 이미 사망하였을 가능성이 높은 경우에도 그가 사망했음을 증명할 수 없다고 하여 그 사람을 언제까지나 살아 있는 것으로 다룬다면 남아 있는 배우자는 재혼도 하지 못하고 또한 상속도 이루어질 수 없어 배우자, 상속인이 될 사람, 기타 이해관계인들에게 큰 불이익을 주게 된다. 이에 민법은 일정한 요건을 갖춘 경우 가정법원의 실종선고에 의하여 일정 시기를 표준으로 하여 사망과 동일한 법률효과가 발생하도록 하는 실종선고제도를 마련해 두고 있다. 이와 같이 실종선고를 받은 부재자를 '실종자'라 한다. 따라서 종래의 주소나 거소를 떠나 장기간 생사불명 또는 행방불명이 된 사람이라도 가정법원으로부터 실종선고를 받기 전에는 부재자일 뿐이고, 실종자가 아니다.

다만 실종선고로 인해 실종자의 권리능력이 소멸되는 것은 아니다. 따라서 만약 그 실종자가 생존하여 종래의 주소나 거소로 복귀한 경우에는 실종선고를 기초로 이루어진 여러 법률관계에 관하여 중대한 영향을 미치게 된다. 이에 민법 및 가사소송법 등은 실종선고의 남발을 방지하기 위하여 실종선고에 관하여 그 요건과 절차를 엄격히 규정하고, 또한 실종선고가 취소된 경우에 실종자 본인과 여러 이해관계인들의 이해관계를 조정하는 규정을 두고 있다.

Ⅱ. 입법례

1. 독일

독일의 경우 실종선고에 관하여 민법에 규정하지 않는 대신 특별법인 "실종법(Verschollenheitsgesetz)"에서 별도로 규정하고 있다. 독일 실종법 제2조는 "공시최고절차에서 제3조 내지 제7조에 규정된 요건에 따라 사망이 선고될 수 있다."고 규정하여, 일정한 요건 아래 우리 민법상의 실종선고에 해당하는 "사망선고(Todeserklärung)"를 하는 입법주의를 채택하고 있다.[2]

독일 실종법 제3조는 보통실종, 제4조는 전쟁실종, 제5조는 해상실종, 제6조는 항공실종, 제7조는 위난실종에 관하여 각 규정하고 있다.

1 대법원 2017. 12. 22. 선고 2017다360, 377 판결.
2 김대정, 민법총칙, FIDES(2012), 253.

2. 스위스

스위스 민법은 "고도의 사망의 위험 속에서 실종되었거나, 오랫동안 소식 없이 부재하였기 때문에 사람의 사망에 대한 고도의 개연성이 있는 경우에는, 법관은 그 사망으로 말미암아 권리를 얻을 자의 청구에 의하여 실종선고를 할 수 있다"고 규정하고(제35조), 실종선고의 절차와 그 효력에 관하여 상세히 규정하고 있다(제36조~제38조).[3]

3. 프랑스

프랑스 민법은 1977. 12. 28. 개정을 통하여 부재자에 대하여 '실종 추정(la présomption d'absence)'의 선고에 의하여 부재자의 재산에 대한 관리가 개시되도록 하고(제112조), 실종 추정의 선고가 있었던 후 일정한 기간이 경과하도록 실종상태가 지속된 경우에는 '실종선고(la déclaration d'absence)'를 할 수 있도록 규정하고 있다(제122조).

즉 어떤 자가 그의 주소 또는 거소를 떠나 소식이 없는 경우 후견 법관은 이해당사자 또는 검사의 청구에 의하여 그가 실종되었다는 추정이 있음을 확인할 수 있으며(제112조), 이 경우 법원은 실종추정자의 법정대리 및 재산관리를 위한 재산관리인을 선임할 수 있다(제113조). '실종 추정'의 선고가 있었던 때로부터 10년이 경과하였거나, '실종 추정'의 선고가 없더라도 주소 또는 거소를 떠나 20년 동안 소식이 없는 경우에는 이해관계인 또는 검사의 청구에 의하여 실종선고를 할 수 있다(제122조).[4]

프랑스 민법 제122조부터 제132조는 실종선고의 요건과 절차, 그 효과 및 실종선고의 취소에 관하여 상세히 규정하고 있다. 실종선고가 있으면 실종자가 사망한 것과 같은 효과가 있다(제128조).

4. 일본

일본 민법은 부재자의 생사가 일정 기간 불분명한 경우에는 이해관계인의 청구에 의하여 가정법원이 실종선고를 하고, 실종선고가 된 경우 실종자가 사망한 것으로 간주하도록 규정하고 있다(제30조, 제31조). 또 실종선고의 취소와 그에 따

3 김대정, 민법총칙, FIDES(2012), 254.
4 김대정, 민법총칙, FIDES(2012), 244~245. 및 255.

른 법률관계도 아울러 규정하고 있다(제32조). 그 내용은 우리 민법과 대체로 비슷하나, 보통실종의 실종기간이 7년으로 우리 민법보다 장기이고(제30조 제1항), 실종선고 및 실종선고취소의 청구권자에 검사는 포함되어 있지 않으며(제30조 제1항, 제32조 제1항), 특별실종의 하나로 항공기실종은 별도로 규정되어 있지 않고(제30조 제2항), 특별실종의 경우 사망으로 간주되는 시점은 특별실종기간 만료시가 아니라 '위난이 종료한 때'로 규정하고 있으며(제31조), 실종선고가 취소된 경우 실종선고를 직접원인으로 하여 재산을 취득한 자는 그 받은 이익이 현존하는 한도에서 반환할 의무가 있다고만 규정하고 있을 뿐, 그 반환의무자가 선의인지, 악의인지에 따라 반환의무의 범위에 차이가 있는지에 관하여는 별도로 규정하지 않고 있는 점(제32조 제2항) 등은 우리 민법과 다르다.

Ⅲ. 유사 제도와의 구별

1. 부재선고에 관한 특별조치법상의 부재선고 및 특별실종선고

민법상의 실종선고 제도에 대한 특별법으로서 "부재선고 등에 관한 특별조치법(1967. 1. 16. 제정 법률 제1867호)"에 의한 "부재선고" 제도와 "특별실종선고" 제도가 있다.

위 법률은 해방 이후의 국토분단과 6·25동란으로 가족이 남북으로 헤어져 생사불명이 되거나, 행방불명된 사람이 많아서 민법상의 부재 및 실종 제도만으로는 남한에 있는 사람의 상속 및 재혼 등의 문제를 해결할 수 없게 되자 이를 해결하기 위하여 특별히 제정한 법률이다. 특별실종선고제도는 한시적 제도로서 그 효력을 상실함에 따라 2009. 12. 29. 개정시에 위 법률에서 삭제되었고, 위 법률의 명칭도 "부재선고에 관한 특별조치법"으로 바뀌었다.

가. 부재선고

1) 의의

부재선고에 관한 특별조치법에 따른 '부재선고'는 대한민국의 군사분계선 이북 지역에서 그 이남 지역으로 옮겨 새로 가족관계등록을 창설한 사람 중 군사분계선 이북 지역의 잔류자에 대하여 일정한 요건 아래 법원이 부재선고를 함으로써 그 잔류자가 사망한 것으로 간주하는 제도를 말한다.

여기서 '잔류자'란 가족관계등록부에 군사분계선 이북 지역에 거주하는 것으로 표시된 사람을 말한다(부재선고에 관한 특별조치법 제2조). 잔류자는 생사불명인 채로 오랜 기간이 경과함으로써 이미 사망하였을 개연성이 높지만, 여전히 생존하고 있을 가능성도 배제하기 어려운데다, 법적으로는 사망의 증명이 없는 한 생존하고 있는 것으로 취급할 수밖에 없어 그 사람을 둘러싼 재산관계와 신분관계가 복잡하게 될 수 있다. 예를 들어 북한에서 혼인하여 그 배우자와 함께 거주하던 사람이 배우자를 북한에 두고 혼자 남한으로 이주하여 새로 가족관계등록을 창설한 이후 재혼을 하려고 할 경우, 설령 북한에 있는 배우자의 생사를 알 수 없는 경우라 하더라도 민법상의 실종선고제도를 활용할 수는 없다. 왜냐하면 북한에 남아 있는 배우자는 종래의 주소를 떠난 자가 아니고, 오히려 남한으로 이주한 자가 주소를 떠난 자이기 때문이다.[5] 서울가정법원 1983. 1. 11. 선고 82느4862 심판에서도 '실종선고의 대상이 되는 부재자라 함은 종래의 주소나 거소를 떠난 자를 말하는데, 미수복지구 잔류자는 그가 미수복지구에 거주한다는 사유만으로는 실종선고제도의 본래의 취지에 맞는 부재자라고는 볼 수 없다'라고 판시하며 잔류자에 대한 실종선고 청구를 각하하였다.[6] 이러한 경우 북한에 있는 배우자에 대하여 부재선고에 관한 특별조치법에 의한 부재선고 제도를 통해 사망한 것으로 간주함으로써 남한으로 이주한 자는 북한에 있는 배우자와의 신분 관계를 간이하게 정리할 수 있다. 이는 결국 남한으로 이주한 자의 이익을 위한 제도이다.

2) 요건

우선 부재선고를 하기 위해서는 부재선고의 대상자가 가족관계등록부에 군사분계선 이북 지역에 거주하는 것으로 표시된 사람, 즉 잔류자임이 분명하여야 한다(부재선고에 관한 특별조치법 제3조). 실제로 군사분계선 이북 지역에 거주하고 있더라도 가족관계등록부상 군사분계선 이북 지역에 거주하는 것으로 표시되어 있지 않은 사람은 부재선고의 대상이 되지 아니한다.[7] 이를 증명하기 위하여 부재선고의 청구서에는 가족관계등록부의 증명서 및 원본적지 관할 도지사가 발행하는 잔류자 확인서를 첨부하여야 한다(부재선고에 관한 특별조치법 제7조).

다음으로 가족이나 검사의 청구가 있어야 한다(부재선고에 관한 특별조치법 제3

5 이희봉, "부재선고 등", 법학과 민사법의 제문제 : 범조 이희봉 고희기념논문집. 나남출판사(1986), 315~316.

6 변진장, "부재자의 재산관리제도", 재판자료 18집, 법원행정처(1983). 181.

7 법원실무제요 가사[Ⅱ], 법원행정처(2010), 441~442.

조). 민법상 실종선고는 이해관계인이나 검사가 청구할 수 있는 점과 비교할 때 그 청구권자의 범위가 제한되어 있다.

3) 절차

부재선고에 관한 사건은 잔류자의 등록기준지의 가정법원이 관할한다(부재선고에 관한 특별조치법 제6조). 등록기준지는 군사분계선 이남 지역에서 새로 창설한 가족관계등록부의 등록기준지를 가리키고 원본적지를 뜻하는 것이 아니다.[8]

부재선고에 관한 특별조치법에 규정한 것 외에 부재선고의 심판절차에 관하여는 가사소송법 중 실종에 관한 규정을 준용하므로(부재선고에 관한 특별조치법 제9조), 부재선고에 관한 사건은 라류 가사비송사건으로(가사소송법 제2조 제1항 제2호 가목 3), 단독판사의 심판사항이다(법원조직법 제40조).

가족이나 검사의 청구가 있으면 가정법원은 1개월 이상의 기간을 정하여 공시최고를 하여야 한다(부재선고에 관한 특별조치법 제8조 제1항). 공시최고에는 ① 심판 청구인의 성명 및 주소, ② 잔류자의 성명, 생년월일, 등록기준지 및 원본적, ③ 잔류자는 공시최고일까지 군사분계선 이북 지역이 아닌 곳에 거주하고 있는 사실을 신고하여야 하며, 그 신고를 하지 아니하면 부재선고를 받는다는 것, ④ 잔류자가 국내 또는 군사분계선 이북 지역이 아닌 곳에 거주하고 있는 사실을 아는 사람은 공시최고일까지 그 사실을 신고할 것, ⑤ 공시최고일 등을 기재하여야 한다(부재선고에 관한 특별조치법 제8조 제2항).

위와 같은 공시최고기간 내에 위 ③, ④에 관한 신고가 없으면 비로소 부재선고를 한다. 부재선고에 관한 특별조치법 제3조는 '부재선고를 하여야 한다.'고 규정하고 있으므로, 부재선고의 요건이 구비되고, 공시최고일까지 잔류자가 군사분계선 이북 지역이 아닌 곳에 거주하고 있다는 신고가 없는 이상 가정법원은 반드시 부재선고의 심판을 하여야 하고, 그 선고 여부에 대한 재량권은 없다.

부재선고의 심판은 청구인에게 고지하면 되고, 이를 공고하지는 아니한다(부재선고에 관한 특별조치법 제9조).

청구를 기각한 심판에 대하여는 청구인이 즉시항고를 할 수 있고, 청구를 인용하여 부재선고를 한 심판에 대하여는 사건본인인 잔류자 또는 이해관계인이 즉시항고를 할 수 있다(부재선고에 관한 특별조치법 제9조, 가사소송규칙 제27조, 제57조).

8 법원실무제요 가사[Ⅱ], 법원행정처(2010), 442.

4) 효과

부재선고를 받은 사람은 가족관계등록부를 폐쇄한다. 이 경우 상속 및 혼인에 관하여는 실종선고를 받은 것으로 본다(부재선고에 관한 특별조치법 제4조). 따라서 상속 및 혼인에 관하여 그 잔류자는 사망한 것으로 간주되므로, 재산상속이 개시되고 군사분계선 이남 지역으로 옮겨 온 배우자는 재혼이 가능하게 된다. 사망으로 간주되는 범위는 상속 및 혼인에 한정되므로, 그 외의 관계에서는 잔류자가 생존한 것으로 취급하여야 한다. 판례는 부재선고에 관한 특별조치법에 따라 부재선고를 받은 잔류자는 친자관계에 있어서는 실종선고를 받은 것으로 볼 수 없고, 따라서 이러한 잔류자와의 사이에 친생자관계부존재확인의 소를 제기함에 있어 본법 제865조 제2항에 따라 검사를 상대방으로 할 수 없다고 판시한다.[9]

부재선고를 받은 사람이 사망으로 간주되는 시기는 부재선고의 심판이 확정된 때라고 해석된다.[10]

5) 부재선고의 취소

부재선고가 있은 이후에는 부재선고를 받은 사람이 군사분계선 이북 지역이 아닌 곳에 거주하고 있는 사실이 증명된 경우라도 곧바로 그 부재선고의 효력을 뒤집을 수는 없고, 부재선고의 취소절차를 밟아야 한다.

법원은 ① 부재선고를 받은 사람이 사망한 사실이 증명된 경우, ② 부재선고를 받은 사람이 군사분계선 이북 지역이 아닌 곳에 거주하고 있는 사실이 증명된 경우, ③ 잔류자가 거주하는 군사분계선 이북 지역이 그 이남 지역의 행정구역으로 편입된 경우에는 본인, 가족 또는 검사의 청구에 의하여 부재선고를 취소하여야 한다(부재선고에 관한 특별조치법 제5조 제1항). 부재선고 절차와 달리 부재선고를 받은 잔류자 본인도 그 취소를 청구할 수 있다.

부재선고취소에 관한 사건도 잔류자의 등록기준지의 가정법원이 관할한다(부재선고에 관한 특별조치법 제6조). 부재선고취소 절차에서는 부재선고 절차와는 달리 공시최고를 할 필요가 없다. 취소 요건이 갖추어진 경우에는 가정법원은 반드시 부재선고를 취소하여야 한다. 부재선고취소의 심판은 청구인에게 고지하면 되고, 이를 공고할 필요는 없다(부재선고에 관한 특별조치법 제9조). 부재선고에 관한 특별

9 대법원 1981. 7. 28. 선고 80므19 판결.

10 강태성, 민법총칙(제7판), 대명출판사(2017), 222; 김증한/김학동, 민법총칙(제10판), 박영사(2013), 172; 이영준, 민법총칙(개정증보판), 박영사(2007) 899; 민법주해 Ⅰ, 총칙(1), 박영사(1992), 385(한상호); 법원실무제요 가사[Ⅱ], 법원행정처(2010), 447.

조치법에 규정한 것 외에 부재선고취소의 심판절차에 관하여는 가사소송법 중 실종에 관한 규정을 준용한다(부재선고에 관한 특별조치법 제9조). 따라서 취소청구를 기각한 심판에 대하여는 잔류자 본인 또는 이해관계인이 즉시항고를 할 수 있고, 청구를 인용하여 부재선고를 취소한 심판에 대하여는 이해관계인이 즉시항고를 할 수 있다(가사소송규칙 제27조, 제57조).

부재선고가 취소되면 부재선고를 기초로 발생한 법률관계는 소급하여 무효가 된다. 그러나 그 취소는 부재선고가 있은 후부터 그 선고가 취소되기 전까지 선의로 한 행위의 효력에는 영향을 미치지 아니한다(부재선고에 관한 특별조치법 제5조 제1항 단서). 또한 부재선고취소의 경우에는 민법 제29조 제2항이 준용되므로(부재선고에 관한 특별조치법 제5조 제2항), 부재선고를 직접원인으로 하여 재산을 취득한 자가 선의인 경우에는 그 받은 이익이 현존하는 한도에서 반환할 의무가 있고, 악의인 경우에는 그 받은 이익에 이자를 붙여서 반환하고 손해가 있으면 이를 배상하여야 한다.

6) 민법상 실종선고 제도와의 비교

민법상 실종선고는 실종자의 종래의 주소 또는 거소를 중심으로 한 모든 사법관계에서 실종자가 사망한 것으로 간주되고, 그 효과는 실종기간의 만료시로 소급하는 반면, 부재선고는 상속 및 혼인에 한정하여 사망한 것으로 간주되고, 그 효과는 소급하지 않고 부재선고의 심판이 확정된 때부터 발생한다.

또 민법상 실종선고는 이해관계인 또는 검사가 청구할 수 있으나, 부재선고를 청구할 수 있는 자는 가족 또는 검사에 한정되므로 가족이 아닌 이해관계인은 부재선고를 청구할 수 없다. 공시최고기간도 민법상 실종선고는 6개월 이상이어야 하는 반면, 부재선고는 1개월 이상으로 짧다. 특히 부재선고는 잔류자가 군사분계선 이북 지역에서 생존하고 있는 사실이 명백한 경우에도 선고될 수 있다는 점에서 민법상 실종선고와 구별된다.[11]

다만 두 제도 모두 일단 선고가 되면 대상자가 사망한 것으로 간주되는 효과가 발생하고, 그 선고가 사실과 다름이 증명되었다 하더라도 그 선고의 효과를 제거하기 위하여는 선고 취소의 절차를 거쳐야 하며, 그 선고가 취소되었을 경우 소급효가 발생하여 법률관계가 선고 전의 상태로 환원되나, 실종자(또는 잔류자)와

11 김용한, 민법총칙론(재전정판), 박영사(1997), 133.

재산취득자, 거래상대방 등의 이해조정을 위해 그 취소의 효과가 일정 범위에서 제한된다는 점 등에서 공통된다. 또 그 취소의 효과가 제한되는 범위가 동일하다.

나. 특별실종선고

부재선고에 관한 특별조치법에 따른 '특별실종선고'는 1945. 8. 15.부터 1953. 7. 28. 사이에 미수복지구 이남의 지역에서 그 주소나 거소를 떠난 후 생사가 분명하지 아니한 자, 즉 부재선고에 관한 특별조치법상의 '부재자'에 대하여 이해관계인이나 검사의 청구에 의하여 일정한 절차를 거쳐 실종선고를 함으로써 그 부재자가 사망한 것으로 간주하는 제도이다. 여기서 '미수복지구'란 1953. 7. 28. 현재 행정구역으로서 아직 수복되지 아니한 함경남도·함경북도·평안남도·평안북도·황해도와 경기도 및 강원도의 일부를 말한다.

이 제도는 해방일로부터 6·25전쟁의 휴전협정일 사이에 주로 월북 또는 피랍되어 생사불명이 된 사람의 배우자나 상속인, 기타 이해관계인들을 위하여 간이하게 그와 같은 부재자에 대하여 실종선고를 받을 수 있도록 하는데 그 취지가 있다. 위 특별실종선고는 민법상 실종선고와는 달리 실종기간에 대한 규정이 없다. 위 특별실종선고는 부재선고 등에 관한 특별조치법 시행일(1967. 1. 16.)부터 2년 내에 청구하여야 하는 한시법이어서 이미 효력을 잃었고, 2009. 12. 29. 개정시에 부재선고에 관한 특별조치법에서 삭제되었다.

2. 인정사망

가. 의의

인정사망이란 수재, 화재나 그 밖의 재난으로 인하여 사망한 사람이 있는 경우에, 사체의 발견 등 사망의 확증은 없으나 주위의 여러 상황을 고려하여 볼 때 사망이 확실하거나 그 개연성이 매우 높다고 판단되는 경우에 이를 조사한 관공서의 사망 통보에 의하여 가족관계등록부에 사망의 기재를 하는 제도를 말한다(가족관계의 등록 등에 관한 법률 제87조). 재난을 조사한 관공서는 지체 없이 사망지의 시·읍·면의 장에게, 만약 외국에서 사망한 때에는 사망자의 등록기준지의 시·읍·면의 장 또는 재외국민 가족관계등록사무소의 가족관계등록관에게 사망의 통보를 하여야 한다(가족관계의 등록 등에 관한 법률 제87조). 가족관계의 등록 등에 관한 법률 제87조에서 규정한 '그 밖의 재난'이란 사망의 증명을 할 수는 없으나, 사망이 확실하거나 그 개연성이 매우 높은 사고를 말하는 것인데, "인정사망에 따른 가족관계등록사무 처리지침"(가족관계등록예규 제477호) 제2조는 '다수인을 동시에 사망하게 하는 사건으로 해일, 태풍, 지진, 화산폭발, 건물 및 산의 붕괴·폭발, 선박, 항공기, 열차 등의 사고를 말하는 것으로 자살자 또는 변사자 등은 이에 해당하지 않는다'고 규정하고 있다.

사망신고는 원칙적으로 동거하는 친족, 친족 동거자 또는 사망 장소를 관리하는 사람 등이 사망의 사실을 안 날로부터 1개월 이내에 진단서 또는 검안서를 첨부하거나, 부득이한 사정으로 인하여 진단서나 검안서를 첨부할 수 없는 때에는 사망의 사실을 증명할 수 있는 서면을 첨부하여 하여야 한다(가족관계의 등록 등에 관한 법률 제84조, 제85조). 인정사망 제도는 사체를 발견할 수 없어 위와 같이 진단서 등의 첨부에 의한 사망신고를 할 수 없는 경우에도 재난으로 인한 사망의 개연성이 매우 높은 경우에 가족관계등록부상 사망의 기재를 할 수 있도록 하기 위한 절차적인 특례를 규정한 것이다.

사체를 확인할 수 없어도 재난으로 인하여 사망하였음이 확실한 경우에, 사망을 증명할 수 없다고 하여 민법상의 특별실종선고를 받아야만 한다면 적어도 1년간의 특별실종기간의 경과를 기다려야 하므로, 사망자를 중심으로 하는 법률관계(상속 등 재산 관계 또는 잔존배우자의 재혼 등 신분 관계)의 처리가 지연되게 되는 등 불합리한 결과가 발생할 수 있다. 이러한 불합리를 막기 위한 취지에서 마련된 인정사망 제도에 의하여 위와 같이 사망이 확실한 경우 관공서의 조사 및 통보에 의하여 사망한 것으로 추정함으로써 사고 후 곧바로 법률관계가 정리될 수 있다. 이러한 점에서 인정사망은 '간이한 실종선고'와 같은 기능을 하게 된다.[12]

이와 같이 가족관계의 등록 등에 관한 법률 제87조가 인정사망 제도를 규정하고 있다고 보는 견해가 다수설이다. 판례도 '수난, 전란, 화재 기타 사변에 편승하여 타인의 불법행위로 사망한 경우에 있어서는 시신 또는 사체검안서나 사망진단서 등과 같은 확정적인 증거의 포착이 손쉽지 않음을 예상하여 법은 인정사망(구 호적법 제90조, 현행 가족관계의 등록 등에 관한 법률 제87조), 위난실종선고 등의 제도와 그밖에도 보통실종선고제도도 마련해 놓고 있다'고 판시하고 있어 같은 입장이고,[13] 실무도 같다[인정사망에 따른 가족관계등록사무 처리지침(가족관계등록예규 제477호) 제1조].[14]

12 고상용, 민법총칙(제3판), 법문사(2005), 110.
13 대법원 1989. 1. 31. 선고 87다카2954 판결.

이에 대해 가족관계의 등록 등에 관한 법률 제87조는 일정한 사망자가 있는 경우 이를 조사한 관공서의 통보에 의해서도 가족관계등록부에 사망의 기재를 할 수 있도록 한 규정에 불과하여 인정사망의 법률적 근거가 될 수 없으며 현행법상 인정사망 제도는 인정되지 않는다고 보는 소수의 견해도 있다.[15]

나. 인정사망의 효과

인정사망에 의한 가족관계등록부에의 기재는 보통의 가족관계등록부 기재에서와 마찬가지로 그 기재의 사망일에 사망한 것으로 사실상 추정될 뿐이다. 이 점에서 사망한 것으로 간주되는 효과가 발생하는 민법상 실종선고 제도와 큰 차이가 있다. 따라서 현재 생존해 있다거나 관공서가 인정한 사망일과 다른 시기에 사망하였다는 반증이 제시되면, 가정법원의 허가를 받아 가족관계등록부의 사망기재를 정정할 수 있을 뿐 아니라(가족관계의 등록 등에 관한 법률 제104조),[16] 그 정정 이전에도 사망추정 효과는 번복된다.[17] 반면 실종선고의 경우에는 실종선고가 사실에 반하는 경우에도 실종선고의 취소라는 절차를 거쳐야 실종선고의 효과가 제거될 수 있다.

그런데 이와 같이 반증에 의하여 관공서의 사망 인정의 효력이 번복된 경우에, 실종선고의 취소에 관한 본법 제29조 제1항 단서가 유추적용되는지가 문제된다.

예컨대 사고를 당한 사람이 생존하고 있다는 사실을 모르고, 이를 조사한 공무원의 잘못된 사망보고에 기하여 가족관계등록부에 사망한 것으로 기재된 이후, 그 사고자의 상속인이 상속받은 부동산을 매도하였거나, 그 사고자의 배우자가 재혼하였는데 그 후 사고자의 생존 사실이 밝혀진 경우 위와 같은 문제가 발생한다.

다수의 견해는 인정사망에서의 사망의 확률은 실종선고의 경우보다도 더 클 뿐만 아니라, 관공서의 보고에 대한 일반인의 신뢰도가 비교적 높다는 점을 근거로 유추적용을 긍정한다.[18] 반면 '인정사망은 공적 기관에 의한 행정적 처리이기

14 법원실무제요 가사[Ⅱ], 법원행정처(2010), 262; 가족관계등록실무[Ⅱ], 법원행정처(2012), 96.

15 강태성, 민법총칙(제7판), 대명출판사(2017), 220~221; 김대정, 민법총칙, FIDES(2012), 257~258.

16 대법원 1993. 5. 22.자 93스14, 15, 16 전원합의체 결정.

17 이은영, 민법총칙(제5판), 박영사(2009), 145.

18 강태성, 민법총칙(제7판), 대명출판사(2017), 220; 김용한, 민법총칙론(재전정판), 박영사(1997), 94; 명순구, 민법총칙, 법문사(2005), 137; 백태승, 민법총칙(제7판), 집현재(2016), 130; 민법주해 Ⅰ, 총칙(1), 박영사(1992), 382(한상호).

때문에 법원에 의한 사법적 처리인 실종선고의 경우와는 달리 본인의 이익을 우선적으로 고려해야 할 것이므로, 예컨대 상대방 배우자가 선의로 재혼한 경우에도 실종선고의 취소와는 달리 전혼은 당연히 부활하고, 중혼상태를 어떻게 해결할 것인가의 문제는 그 본인의 의사에 맡기는 것이 옳다.'라고 주장하며 유추적용을 부정하는 견해도 있다.[19] 인정사망이 사실에 반하는 경우에, 실종선고 취소의 경우와 마찬가지로 그 인정사망을 기초로 이루어진 법률관계를 일정한 범위에서 보호할 필요성은 충분히 인정된다. 그러나 현재와 같이 이에 관한 아무런 명문 규정이 없는 상태에서 실종선고와는 그 법적 효과가 엄격히 구분되는 인정사망의 경우에도 해석으로써 실종선고 취소의 규정을 유추적용하여 그와 유사한 법률효과를 인정하는 것은 해석의 범위를 넘어서는 것으로 보인다. 이 점에 관해서는 인정사망의 효과를 신뢰하고 선의로 행한 재산상·신분상 행위의 효력과 거래의 안전을 보호할 입법 조치를 하는 것이 가장 바람직할 것이다.

다. 민법상 특별실종선고 제도와의 비교

민법상 특별실종선고는 이해관계인 등의 청구에 의한 법원의 심판이 있어야 하고, 실종자가 1년간 생사불명의 상태에 있어야 하지만, 인정사망의 경우에는 그와 같은 심판절차나 기간의 경과가 필요하지 않다. 또 특별실종선고를 받은 경우 실종선고청구권자의 신고에 의하여 가족관계등록부에 사망이 기재되나, 인정사망의 경우에는 관공서의 보고에 의하여 기재된다. 무엇보다도 특별실종선고가 내려진 경우 사망한 것으로 간주되므로 그 효과를 번복하기 위하여는 법원으로부터 실종선고 취소의 심판을 받아야 하나, 인정사망의 경우에는 사망한 것으로 사실상 추정될 뿐이므로, 취소 절차 없이 반증을 들어 사망의 효과를 번복할 수 있다.

라. 실종선고를 청구할 수 있는지

인정사망 후에도 사망으로 간주되는 효과를 인정받기 위하여 다시 실종선고의 청구를 할 수 있는지에 대하여 학설상 견해가 대립하고 있다.

인정사망에는 사망 추정적 효과만 있으므로 사망 간주의 효과를 인정받기 위하여 다시 실종선고 절차를 밟을 수 있다는 견해(긍정설)[20]와 인정사망한 사람은

19 고상용, 민법총칙(제3판), 법문사(2005), 111; 주석 민법, 총칙편(1)(제4판), 한국사법행정학회(2010), 386(이용운).

20 고상용, 민법총칙(제3판), 법문사(2005), 111; 백태승, 민법총칙(제7판), 집현재(2016), 130; 민법주해 Ⅰ, 총칙(1), 박영사(1992), 381(한상호).

사망으로 취급되고, 그에 따라 법률관계가 확정되는 것인데, 실종선고도 부재자를 사망한 것으로 취급하여 법률관계를 확정하려는 것이므로 인정사망한 사람에 대하여 다시 실종선고 청구를 할 수 없다는 견해(부정설)[21]가 있다.

실무는 긍정설의 입장이다.[22] "인정사망에 따른 가족관계등록사무 처리지침"(가족관계등록예규 제477호) 제5조는 '인정사망은 사망하였다는 추정력만 있으므로, 인정사망 후에도 이해관계인은 사망으로 간주되는 본법 제28조의 효과를 받기 위하여 실종선고의 청구를 할 수 있다'고 규정하고 있다.

마. 소송의 전제 문제로서의 사망 인정

법원은 생명침해로 인한 손해배상청구사건 등에 있어서 사람의 사망 여부가 소송의 전제문제가 된 경우 청구의 당부를 판단하기 위해서는 인정사망이나 실종선고에 의하지 않고도 자유로운 심증으로 사람의 사망 사실을 인정할 수 있다. 판례는 "수난, 전란, 화재 기타 사변에 편승하여 타인의 불법행위로 사망한 경우에 있어서는 사망에 관한 확정적인 증거의 포착이 손쉽지 않음을 예상하여 법은 인정사망, 위난실종선고 등의 제도와 그밖에도 보통실종선고제도도 마련해 놓고 있으나 그렇다고 하여 사체검안서나 사망진단서와 같은 자료나 위와 같은 제도에 의함이 없는 사망사실의 인정을 수소법원이 절대로 할 수 없다는 법리는 없다"고 하면서, "갑판원이 시속 30노트 정도의 강풍이 불고 파도가 5~6미터가량 높게 일고 있는 등 기상조건이 아주 험한 북태평양의 해상에서 어로작업 중 갑판 위로 덮친 파도에 휩쓸려 찬 바다에 추락하여 행방불명이 되었다면 비록 시신이 확인되지 않았다 하더라도 그 사람은 그 무렵 사망한 것으로 확정함이 경험칙과 논리칙에 비추어 당연하다"고 보아, 불법행위로 인한 손해배상청구를 인용하여야 한다고 판시하였다.[23]

Ⅳ. 실종선고의 요건

1. 부재자의 생사불명

부재자의 생사가 분명하지 아니하여야 한다. '부재자'란 종래의 주소나 거소

21 강태성, 민법총칙(제7판), 대명출판사(2017), 220.
22 법원실무제요 가사[Ⅱ], 법원행정처(2010), 262; 가족관계등록실무[Ⅱ], 법원행정처(2012), 99.
23 대법원 1989. 1. 31. 선고 87다카2954 판결.

를 떠나 당분간 돌아올 가능성이 없는 자를 말한다. '생사가 분명하지 않다'는 것은 확실한 생존의 증명도 사망의 증명도 없는 상태를 말한다. 부재자의 생사불분명은 모든 사람에게 불분명하여야 하는 것은 아니고, 실종선고 청구자와 법원에 불분명하면 된다. 소식이 단절되었다 하더라도 사망의 개연성이 극히 적은 경우에는 실종선고를 할 수 없고, 어느 정도 사망의 개연성이 엿보이는 경우라야 한다.[24] 만약 사망한 사실이 증명되는 경우 법원은 가족관계의 등록 등에 관한 법률 제84조에 따라 사망신고를 하도록 하여야 하고, 실종선고를 할 수는 없다.

다음과 같은 경우 실종선고를 할 수 있는지 문제된다.

① 사망자 : 가족관계등록부에 이미 사망한 것으로 기재되어 있는 자는 그 가족관계등록부상 사망기재의 추정력을 뒤집을 수 있는 자료가 없는 한 그 생사가 불분명한 자라고 볼 수 없어 실종선고를 할 수 없다.[25] 한편 판례는 가족관계등록부상의 사망기재의 추정력을 뒤집을 수 있는 경우란 사망신고 당시에 첨부된 서류들이 위조 또는 허위조작된 문서임이 증명되거나 신고인이 공정증서원본불실기재죄로 처벌되었거나 또는 사망으로 기재된 본인이 현재 생존해 있다는 사실이 증명되고 있을 때, 또는 이에 준하는 사유가 있을 때 등에 한정된다고 판시하여 가족관계등록부의 사망기재의 추정력이 엄격한 요건 아래에서만 번복될 수 있다고 판시하고 있다.[26]

② 6·25 전쟁 당시 납북자 : 판례는 6·25전쟁 당시 북한군에 의하여 납북되어 76세로 추정되는 현재까지 그 생사가 불분명한 경우에 그 납북자에 대하여 실종선고를 내린 조치가 정당하다고 판시하고 있다.[27]

③ 군사분계선 이북 지역 거주자(잔류자) : 부재자는 종전의 주소나 거소를 떠난 사람이므로, 예컨대 1·4 후퇴 때 형제의 일부가 월남하고 나머지는 북한에 남은 경우, 그 사유만으로는 월남한 형제 중 1인의 사망으로 그의 재산을 상속할 목적으로 한 북한의 형제들에 대한 실종선고는 원칙적으로 허용되지 않는다.[28] 이와 같은 경우는 부재선고에 관한 특별조치법에 의한 부재선고절차를 밟을 수 있다.

24 민법주해 Ⅰ, 총칙(1), 박영사(1992), 388(한상호).
25 대법원 1997. 11. 27.자 97스4 결정.
26 대법원 1997. 11. 27.자 97스4 결정, 대법원 1995. 7. 5.자 94스26 결정.
27 대법원 1965. 12. 15. 선고 65스2 판결.
28 가사비송재판실무편람(2008년 개정판), 가사비송재판실무편람 집필위원회(2008), 52~53.

④ 가족관계등록부가 없는 사람 : 가족관계등록부가 없는 사람이라도 부재자이면 실종선고를 할 수 있다. 실종선고의 효과로 가족관계등록부 정정만 있는 것은 아니기 때문이다.[29]

2. 실종기간의 경과

가. 실종기간의 의의

실종선고를 하기 위해서는 부재자의 생사불분명의 상태가 일정 기간 계속되어야 한다. 이 기간을 '실종기간'이라 한다. 민법은 보통실종의 경우 실종기간을 5년으로(본조 제1항), 사망의 개연성이 매우 높은 특별실종의 경우는 실종기간을 1년으로(본조 제2항) 각 규정하고 있다.

실종기간에 관한 외국의 입법례는 다음과 같다.

독일 실종법은 보통실종은 10년, 특별실종은 위난의 종류에 따라 전쟁실종은 1년, 해상실종은 6개월(단, 침몰이 확인되지 않은 때는 1년), 항공실종은 3개월, 위난실종은 1년으로 규정하고 있다(제3조~제7조). 스위스 민법은 보통실종은 5년, 특별실종은 1년으로 규정하고 있다. 프랑스 민법은 그 제도가 다르지만, 부재자가 재산관리인을 두었을 때는 11년, 그렇지 않은 때는 5년으로 하고 있으며, 특별실종에 대해서는 인정사망과 유사한 사망추정선언에 기한 법원의 사망선고제도가 인정되어 있지만, 그 기간에 대해서는 특별한 규정이 없다. 이태리 민법은 보통실종은 10년, 전쟁실종은 강화조약 발효 후 2년 또는 적대 행동이 끝난 마지막 해부터 3년, 기타 위난실종은 2년으로 하고 있다.[30] 또한 일본 민법은 보통실종은 7년, 특별실종은 1년으로 각 규정하고 있다.

실종기간은 계속하여 5년 또는 1년의 기간이 경과하는 것을 말하며, 통산하여 5년 또는 1년이라는 것을 의미하는 것은 아니다. 예컨대 생사불명의 기간이 4년 6개월 계속된 후 일단 생존하는 것이 확인되었지만 다시 생사불명이 되어 그 상태가 6개월 이상 계속되었다고 하더라도 실종기간 5년이라는 요건을 충족한다고는 할 수 없다.

나. 보통실종의 실종기간

보통실종의 경우 실종기간은 5년이다. 구 민법(의용민법)은 7년으로 규정하고

29 가사비송재판실무편람(2008년 개정판), 가사비송재판실무편람 집필위원회(2008), 53.
30 고상용, 민법총칙(제3판), 법문사(2005), 95.

있었지만, 교통·통신의 발달 상황을 고려하여 현행 민법은 5년으로 단축한 것이다.

보통실종의 실종기간의 기산점에 관하여 독일 실종법이 '최후의 소식이 있었던 해가 종료한 때'라고 규정하고 있고(제3조), 스위스 민법이 '최후의 소식이 있는 때'라고 규정하고 있는 것(제36조 제1항)과 같이 명시적으로 정하고 있는 입법례도 있으나, 우리 민법은 아무런 규정을 두고 있지 않다. 그러나 예를 들어 마지막으로 편지를 보냈을 때 등과 같이 '부재자가 살아 있었음을 증명할 수 있는 최후의 시기'가 기산점이 된다는 것이 통설이다. 예컨대 2000. 3. 1.에 부재자를 만난 친구가 그 후 부재자의 가족에게 만난 사실을 알려준 후 달리 부재자의 생존을 증명할 수 있는 정보가 없다면 2000. 3. 1.부터 생사불명이 된 것으로 해석되어, 2005. 3. 1. 24:00에 실종기간이 만료된다.

다. 특별실종의 실종기간

1) 특별실종의 종류

민법은 사망의 개연성이 매우 높은 특별실종으로 ① 전지에 임한 자의 실종(전쟁실종), ② 침몰한 선박 중에 있던 자의 실종(선박실종), ③ 추락한 항공기 중에 있던 자의 실종(항공기실종), ④ 기타 사망의 원인이 될 위난을 당한 자의 실종(위난실종)의 네 가지를 들고 있다. 항공기실종은 종래 위난실종의 하나로 해석되어 특별히 규정되어 있지 않았으나, 1984. 4. 10. 민법개정시에 특별실종의 하나로 신설되었다.

① 전지에 임한 자의 실종(전쟁실종)

'전지에 임한 자'란 국제법상의 전쟁에 한하지 않고 내란, 외국 간의 전쟁, 국경분쟁 등 무장군사세력 간의 전투지역에서의 전쟁 등에 관계하고 있던 자를 말한다. 예컨대 군인은 물론 군수물운송을 위하여 고용된 노무자, 종군작가, 종군기자 등도 포함된다.

'임한 자'란 단순히 전쟁터에 있었던 자를 모두 포함하는 것이 아니고 '임의로 그곳에 가 있던 자'를 의미한다. 따라서 우연히 공습지역에 있었던 자는 후술하는 '기타 사망의 원인이 될 위난을 당한 자'에 해당한다 할 것이고, 6·25전쟁 당시 납북된 자는 전지에 임한 자라고 볼 수 없다.[31]

31 김증한/김학동, 민법총칙(제10판), 박영사(2013), 163.

전쟁터에 있었던 일반인도 포함되는지에 대하여는 이를 긍정하는 견해가 다수이나,[32] 전쟁실종의 대상이라고 할 수 없다는 견해도 있다.[33]

2018. 2. 18. 입법 예고된 민법개정안에서는 "전지에 임한 자"라는 표현을 "전쟁터에 나간 사람"이라는 표현으로 수정하였다.

② 침몰한 선박 중에 있던 자의 실종(선박실종)

'선박'이란 선박법에서 규정하는 선박에 한하지 않고 선박의 대소를 묻지 않는다. 뗏목 같은 것도 포함되나 사람 또는 물건을 수송하는 것이어야 하므로 부교(浮橋) 같은 것은 포함되지 않는다.

선박이 침몰한 것이 명백하지 않으면 안 된다. 선박 자체가 행방불명이 되고 그 침몰이 증명되지 아니한 때에는 보통실종에 의하여야 할 것이지만, 오늘날의 교통 상황에서 더구나 호소(湖沼) 같은 경우 등은 상당한 기간 발견되지 아니한 때에는 침몰한 것으로 증명된 것으로 인정할 수 있을 것이다. 선박이 침몰한 사실은 증명하기 곤란한 경우가 많으므로 독일 실종법에서 연락이 끊어진 선박에 대하여 침몰하였다고 추정하는 경우와 같이 입법적으로 선박의 침몰추정에 관한 규정을 두는 것이 바람직하다.[34]

또한 실종자가 침몰 선박에 타고 있던 것이 증명되어야 한다. 선박이 침몰하자 바다로 뛰어들어 구조선을 기다리고 있었다거나, 아니면 해안으로 수영하고 있었다는 것이 증명되는 경우에도 선박실종이라 할 것이다. 선박이 침몰된 후 구명정 등에 옮겨 탄 사실은 증명되었으나, 그 구명정 등이 침몰하였다는 증명이 없다면 보통실종이 된다. 그러나 폭풍우 중에 있었던 경우 등에는 '기타 사망의 원인이 될 위난을 당한 자'에 해당하는 경우가 많을 것이다.

③ 추락한 항공기 중에 있던 자의 실종(항공기실종)

비행하던 항공기가 추락한 경우 그에 탑승하고 있던 자를 말한다. 선박실종의 경우와 마찬가지로 항공기의 대소를 묻지 않고, 실종자가 추락한 항공기에 탑승하고 있던 것이 증명되어야 한다. 또 항공기가 추락한 것이 명백하여야 하는데, 그 증명이 쉽지 않으므로, 일정한 경우 이를 추정하는 입법상의 조치가 필요하다.

32 김주수/김상용, 민법총칙(제7판), 삼영사(2013), 173; 김증한/김학동, 민법총칙(제10판), 박영사(2013), 163; 백태승, 민법총칙(제7판), 집현재(2016), 174; 이영준, 민법총칙(개정증보판), 박영사(2007), 892; 이은영, 민법총칙(제5판), 박영사(2009), 197.

33 송덕수, 민법총칙(제4판), 박영사(2018), 541.

34 고상용, 민법총칙(제3판), 법문사(2005), 96; 곽윤직/김재형, 민법총칙(제9판), 박영사(2013), 148.

④ 기타 사망의 원인이 될 위난을 당한 자의 실종(위난실종)

'사망의 원인이 될 위난'이란 화재·홍수·지진·화산 폭발 등과 같이 일반적·객관적으로 사람의 생명에 명백한 위험을 야기하여 사망의 결과를 발생시킬 가능성이 현저히 높은 외부적 사태 또는 상황을 가리킨다.[35] 그 밖에 해일, 태풍, 산사태, 눈사태, 화약고 폭발 사고를 당한 경우 등도 포함된다.

판례는 잠수장비를 착용한 채 바다에 입수하였다가 부상하지 아니한 채 행방불명되었다 하더라도, 이는 '사망의 원인이 될 위난'이라고 할 수 없다고 판시하고 있다.[36] 그 밖에도 하급심은 선박에서 조업하던 중 바다로 추락하여 실종되었거나, 갯바위 낚시를 하다가 실족하여 실종된 경우 등은 민법 제27조 제2항에 따른 위난실종으로 인정하지 않고 있다.

2) 특별실종의 실종기간 및 그 기산점

가) 실종기간

민법은 네 가지 특별실종의 실종기간을 그 각 기산점(전쟁종지 후, 선박의 침몰, 항공기의 추락, 기타 위난이 종료한 후)으로부터 모두 1년간으로 정하고 있다.

구 민법(의용민법) 및 민법 제정 당시에는 각 특별실종의 실종기간을 모두 3년으로 하고 있었으나, 교통·통신의 발달 상황을 고려하여 1984. 4. 10. 민법개정시에 1년으로 단축한 것이다. 1984. 4. 10. 민법개정시에 신설된 항공기실종의 실종기간도 1년으로 규정되었다.

실종기간이 1년으로 단축된 이후에도, 선박 침몰, 항공기 추락 등의 경우에는 사망의 개연성이 지극히 높은데도 실종기간을 1년으로 하고 있어 법률관계의 조기 안정의 측면에서 비현실적이라는 비판이 계속 제기되었다. 이에 2004년에 국회에 제출된 법무부 민법 개정안에서는 선박실종, 항공기실종의 경우에는 선박의 침몰 또는 항공기의 추락으로부터 각 6개월로 그 실종기간을 다시 단축하였으나(민법개정안 제27조 제2항),[37] 입법에까지 이르지는 못하고 국회에서 폐기되었다.

35 대법원 2011. 1. 31.자 2010스165 결정.

36 대법원 2011. 1. 31.자 2010스165 결정. 한편 대법원 2010. 4. 19.자 2010스10 결정도 잠수장비를 착용한 채 입수하여 스킨스쿠버를 하다가 부상하지 아니한 경우 위난실종에 해당하지 않는다는 이유로 실종선고청구를 기각한 원심이 정당하다고 판단하였다.

37 2004년도 민법 중 개정법률안 제27조 제2항은 "침몰한 선박에 있던 자, 추락한 항공기에 있던 자, 전지(戰地)에 임(臨)한 자 그 밖에 사망의 원인이 될 위난을 당한 자의 생사가 선박의 침몰 또는 항공기의 추락 후 6개월간, 전쟁종지(戰爭終止) 후 그 밖에 위난이 종료한 후 1년간 분명하지 아니한 때에도 제1항과 같다."라고 규정하고 있다.

나) 실종기간의 기산점

(1) 전쟁실종

전쟁실종의 경우 실종기간은 '전쟁종지 후'부터 기산된다. 법문상으로는 '전쟁종지 후'라고 되어 있으나, 그 성질상 '전쟁종지 시'라고 이해하여야 할 것이다.[38]

'전쟁종지'란 개개의 전투가 끝난 때가 아니고 '사실상 전쟁이 끝난 때', 즉 항복선언, 정전 또는 휴전선언이 있는 때를 의미한다. 예를 들어 6·25전쟁에 있어서는 1953. 7. 27. 휴전협정일에 전쟁이 사실상 끝난 것이므로, 그 때부터 실종기간이 기산된다. 국제법상 전쟁이 끝나는 시기인 강화조약을 체결한 때를 표준으로 할 것은 아니다. 2018. 2. 18. 입법 예고된 민법개정안에서는 "전쟁종지 후"라는 표현을 "전쟁이 끝난 후"라는 표현으로 수정하였다.

(2) 선박실종 또는 항공기실종

선박실종은 '선박이 침몰한 때', 항공기실종은 '항공기가 추락한 때'부터 각 그 실종기간이 기산된다.

(3) 위난실종

'위난이 종료한 때'부터 실종기간이 기산된다. 법문상으로는 '위난이 종료한 후'라고 되어 있으나, 그 성질상 '위난이 종료한 때'라고 이해하여야 할 것이다.[39] '위난이 종료한 때'란 구체적 사정에 따라 위난상태가 끝난 때를 의미한다. 구체적인 위난의 성질에 따라 즉시 끝나는 것과 어느 정도 계속되는 것이 있으므로, 그 끝나는 때가 분명하지 아니한 경우에는 구체적 사정에 따라 끝난 것으로 예상되는 때를 위난이 종료한 때라고 보아야 할 것이다.[40]

3) 특별실종과 인정사망

특별실종으로 인정되는 경우는 대부분 가족관계의 등록 등에 관한 법률 제87조에 따라 사망의 확증은 없으나 사망의 개연성이 매우 높은 경우 이를 조사한 관공서의 통보에 의하여 가족관계등록부에 사망한 것으로 기재하는 '인정사망'의 요건에도 해당할 것이다. 인정사망은 관공서의 조사 및 통보에 의하여 사망한 것으로 추정함으로써 사고 후 곧바로 법률관계가 정리될 수 있어 실종선고의 경우보다 훨씬 간이하기 때문에 대형 사고가 발생하였을 경우 실제로는 실종선고 절

38 김용한, 민법총칙론(재전정판), 박영사(1997), 135.
39 김용한, 민법총칙론(재전정판), 박영사(1997), 135.
40 주석 민법, 총칙편(1)(제4판), 한국사법행정학회(2010), 418(이용운).

차를 밟는 경우보다 인정사망 절차에 의하는 경우가 더 많다. 그러나 실종선고는 생사불명인 상태에서도 실종기간이 만료된 때에 사망한 것으로 간주하여 법률관계를 확정시키는 효과가 있는 반면, 인정사망은 가족관계등록부상 사망의 기재에 인정되는 추정력, 즉 반증이 없는 한 가족관계등록부에 기재된 사망일자에 사망한 것으로 추정되는 정도의 사실상 추정력만 인정되는데 불과하다.

따라서 양 제도는 상호보완적인 관계에 있으며, 인정사망 후에도 사망간주의 효과를 얻기 위해서 실종선고를 다시 청구할 수 있다[인정사망에 따른 가족관계등록 사무 처리지침(가족관계등록예규 제477호) 제5조].

라. 실종기간의 경과가 청구요건인지 선고요건인지

'5년 또는 1년의 실종기간이 경과할 것'이 실종선고의 청구요건인지 선고요건인지에 관하여 문제된다. 즉 ① 실종기간이 경과한 후에야 비로소 실종선고를 청구할 수 있는지 아니면 ② 실종기간이 경과하기 전이라도 실종선고를 청구할 수 있고, 실종선고 당시를 기준으로 실종기간이 경과하였으면 실종선고를 할 수 있는지의 문제이다.

독일, 오스트리아 민법은 선고요건으로 규정하고 있고, 프랑스, 스위스, 이탈리아 민법은 청구요건으로 규정하고 있다.[41] 우리 민법의 문언상으로는 양자 어느 쪽의 의미로도 해석할 수 있다. 이에 대하여 학설은 청구요건으로 보는 견해[42]와 선고요건으로 보는 견해[43]로 나뉘고 있다.

선고요건으로 보는 견해는 청구요건설에 의하는 것은 본법 제28조의 취지에 어긋나고, 실종선고가 늦어짐으로 인해 사망간주시점(실종기간 만료시)과 실종선고시점 사이에 많은 간격이 있게 되어 부당할 뿐만 아니라, 오늘날의 과학 발달 상황에 비추어 5년 또는 1년이 경과하도록 생사불명이라면 사망하였을 가능성이 매우 높으므로 실종기간 만료 직후 곧바로 실종선고를 할 수 있도록 하는 것이 타당하다고 주장한다.[44]

41 민법주해 Ⅰ, 총칙(1), 박영사(1992), 392(한상호); 新版 注釈民法(1) 總則(1) (改訂版), 有斐閣(2002), 468(田山輝明).
42 김용한, 민법총칙론(재전정판), 박영사(1997), 135; 송덕수, 민법총칙(제4판), 박영사(2018), 542; 민법주해 Ⅰ, 총칙(1), 박영사(1992), 392(한상호).; 주석 민법, 총칙편(1)(제4판), 한국사법행정학회(2010), 419(이용운).
43 강태성, 민법총칙(제7판), 대명출판사(2017), 200; 김주수/김상용, 민법총칙(제7판), 삼영사(2013), 174.
44 강태성, 민법총칙(제7판), 대명출판사(2017), 200; 김주수/김상용, 민법총칙(제7판), 삼영사(2013), 174.

그러나 본조의 입법취지는 실종기간을 경과하여야 비로소 사망의 개연성이 매우 높아졌다고 볼 수 있으므로, 적어도 실종기간만큼은 기다려본 후에야 실종선고의 청구를 허용하는 것이라고 볼 것이고, 그 기간 경과 이전에 먼저 청구를 하고 공시최고 등을 하여 실종선고만 기간 경과 후에 하는 것은 법의 정신에 맞지 아니하므로 청구요건으로 해석하는 것이 타당하다.

실무에서도 실종기간의 경과는 선고요건이 아니라 청구요건이라고 해석하고 있다. 그러므로 실종기간 경과 이전에 실종선고청구를 한 경우는 기각심판을 한다. 다만 실무상 청구 이후 실종기간이 바로 경과될 수 있는 경우에는 예외적으로 기간 경과 후 청구를 인용하고 있다.[45]

마. 보통실종과 특별실종의 관계

특별실종을 청구하였는데 특별실종의 요건을 갖추지 못하였지만 보통실종의 요건을 갖춘 경우 보통실종을 선고할 수 있는지, 혹은 그 반대의 경우도 가능한지가 문제된다.

먼저 특별실종을 청구한 경우에 특별실종의 요건을 갖추지 못하였지만 보통실종의 요건을 갖추었다면 보통실종을 선고할 수 있을 것이다.[46] 청구자의 의사에 반하지 않기 때문이다. 그러나 반대로 보통실종을 청구하였는데 특별실종으로 선고하는 것은 청구자의 감정에 반할 수 있기 때문에 허용되지 않는다고 해석해야 할 것이다.[47]

실무에서도 위난실종을 청구한 경우 위난실종으로 인정되지 않지만, 보통실종의 요건을 갖춘 것으로 인정되면 보통실종을 선고하나, 보통실종을 청구한 경우에 위난실종으로 선고하는 것은 허용되지 않는다고 보고 있다.[48]

3. 이해관계인이나 검사의 청구

실종선고의 절차는 이해관계인이나 검사의 청구가 있어야 개시된다.

실종선고에 관하여 법률상 이해관계인이 없거나, 이해관계인이 실종선고를 청구하기 어려운 경우에는 검사가 청구하지 않는 한 실종선고절차는 개시되지 않

45 가사비송재판실무편람(2008년 개정판), 가사비송재판실무편람 집필위원회(2008), 53.
46 강태성, 민법총칙(제7판), 대명출판사(2017), 201; 이영준, 민법총칙(개정증보판), 박영사(2007), 893.
47 이영준, 민법총칙(개정증보판), 박영사(2007), 893; 주석 민법, 총칙편(1)(제4판), 한국사법행정학회(2010), 419(이용운).
48 가사비송재판실무편람(2008년 개정판), 가사비송재판실무편람 집필위원회(2008), 53.

는다. 실종선고의 청구에는 청구기간의 정함이 없다.

가. 이해관계인

1) 부재자에 대하여 실종선고를 청구할 수 있는 '이해관계인'은 실종선고를 하는 것에 관하여 법률상 이해관계를 가진 자를 말한다. 즉 부재자의 법률상 사망으로 인하여 직접적으로 신분상 또는 경제상의 권리를 취득하거나 의무를 면하게 되는 사람만을 뜻한다.[49] 단순히 사실상의 이해관계를 가진 자는 이해관계인에 포함되지 않는다.

2) 실종선고를 청구할 수 있는 법률상 이해관계인이 될 수 있는 자를 구체적으로 살펴보면 다음과 같다.

가) 배우자, 제1순위 법정상속인은 당연히 법률상 이해관계인이다.

제1순위 상속인이 존재하고 있는 경우 후순위 상속인은 법률상 이해관계인이라고 할 수 없다. 판례도 부재자가 사망할 경우 제1순위 상속인이 따로 있어 제2순위 상속인에 불과한 부재자의 종손자(4촌),[50] 부재자의 제1순위 상속인인 어머니가 있는 경우에 제2순위 상속인인 부재자의 자매,[51] 부재자의 처와 장녀가 따로 있는 경우에 부재자의 친형,[52] 부재자의 제1순위 상속인인 외손녀가 있는 경우 제4순위 상속인에 불과한 부재자의 5촌 당질[53] 등은 부재자에 대한 실종선고를 청구할 이해관계인이 아니라고 판시하고 있다.

다만 실무상 부재자에 대한 선순위 상속인이 있는데도 후순위 상속인이 청구한 경우, 제1순위 상속인의 인우보증서(부재자에 대한 실종의 취지가 기재된 것)와 인감증명서를 제출하도록 보정을 명하고, 위와 같은 내용으로 보정이 될 경우에는 제1순위 상속인도 실종선고청구에 동의한 것으로 보고 절차를 진행한다.[54]

한편 후순위 상속인이라도 피상속인과 선순위 상속인들을 한꺼번에 부재자로 하여 실종선고를 청구할 경우에는 이해관계인이라고 할 것이다.[55]

이혼한 전 배우자는 이해관계인이 아니다. 판례는 이혼한 전처 갑이 실종된

49 대법원 1986. 10. 10.자 86스20 결정, 대법원 1992. 4. 14.자 92스4, 5, 6 결정.
50 대법원 1992. 4. 14.자 92스4, 5, 6 결정.
51 대법원 1986. 10. 10.자 86스20 결정.
52 대법원 1961. 12. 19.자 4294민재항649 결정.
53 대법원 1980. 9. 8.자 80스27 결정.
54 가사비송재판실무편람(2008년 개정판), 가사비송재판실무편람 집필위원회(2008), 51.
55 가사비송재판실무편람(2008년 개정판), 가사비송재판실무편람 집필위원회(2008), 50.

후 그 전처와 사이에 낳은 딸인 을이 사망하자, 이혼한 전남편이 전처 갑에 대하여 실종선고를 청구한 사안에서, "전남편은 갑의 법률상 사망에 따른 상속인이 아니고 갑에 대한 실종선고의 여부에 따라 을의 재산에 대한 전남편의 상속지분에 차이가 생기더라도 이는 단지 갑의 사망 간주시기에 따른 간접적인 영향에 불과하고 갑의 실종선고 자체를 원인으로 한 직접적인 결과는 아니라고 보아, 전남편은 전처 갑에 대하여 실종선고를 청구할 이해관계인에 해당하지 아니한다"고 판단한 원심이 정당하다고 판시하였다.[56]

나) 친권자, 후견인, 부모, 부재자가 선임한 재산관리인, 가정법원이 선임한 재산관리인은 실종선고에 의하여 재산관리의 책임을 면하기 때문에 이해관계인으로 해석된다.

다) 상속인 없는 공유자에 대하여 다른 공유자는 이해관계인이라고 해석된다. 예컨대 상속인 없는 계모와 공동상속하는 아들은 계모에 대하여 실종선고를 청구할 수 있는 이해관계인이다.[57]

라) 수증자는 유증을 한 유언이 비밀유언이 아니어서 유증의 사실을 이미 알고 있는 경우에는 이해관계인이지만, 그 유언이 비밀유언인 경우에는 사망 후에 유언증서가 개봉되어야 비로소 수증자인 사실을 알게 되므로 이해관계인이 될 수 없다.[58]

마) 부재자에 대한 실종선고로 인하여 권리를 취득하는 보험금 수익자는 이해관계인이라는 것이 통설이고, 실종선고로 인하여 채무를 면하게 될 종신정기금채무자(본법 제725조), 연금채무자 등도 이해관계인으로 해석된다.[59]

바) 부모, 배우자 이외의 법정상속관계가 없는 친족, 채권자, 채무자 그 밖의 거래관계의 상대방, 부재자를 위한 사무관리자로 해석되는 자는 일반적으로 부재자의 사망에 관하여 법률상 이해관계가 있다고는 할 수 없다. 부재자의 채권자나 채무자는 법원에 부재자 재산관리인의 선임을 청구하여 부재자 재산관리인을 상대로 채권을 행사하거나 채무를 변제하면 되므로 이해관계인에 포함되지 않는다고 해석된다.[60] 이러한 점에서 부재자 재산관리에 필요한 처분 등을 청구할 수 있

56 대법원 2015. 5. 29.자 2015스36 결정.

57 가사비송재판실무편람(2008년 개정판), 가사비송재판실무편람 집필위원회(2008), 51.

58 주석 민법, 총칙편(1)(제4판), 한국사법행정학회(2010), 421(이용운).

59 주석 민법, 총칙편(1)(제4판), 한국사법행정학회(2010), 421(이용운).

60 고상용, 민법총칙(제3판), 법문사(2005), 96; 김준호, 민법총칙(제12판), 법문사(2018), 105; 주석 민법, 총칙편(1)(제4판), 한국사법행정학회(2010), 421(이용운).

는 이해관계인의 범위보다 실종선고를 청구할 수 있는 이해관계인의 범위가 좁다.

판례는 부재자 상속인의 내연의 처로부터 재산을 매수한 자는 법률상 이해관계인이 아니라고 판시하고 있다.[61]

사) 실종선고에 의하여 부재자의 상속인이 될 사람에 대한 채권자도 상속에 의하여 그 사람의 재산이 증가할 경우에는 이해관계인으로 해석된다.[62]

아) 법인도 이해관계인으로 인정되는 경우가 있을 수 있다.[63]

나. 검사

부재자의 생사불명이 장기간 계속되어 법률관계가 정리되지 않고 방치되는 것은 공익에 반하는 것이고, 또 상속인 또는 특별연고자가 없는 상속재산은 국가에 귀속되며(본법 제1058조), 국가는 상속세 취득의 이익도 있으므로 공익의 대표자인 검사에게도 실종선고에 관한 청구권이 인정된다.

이에 대하여 민법이 가족들의 의사와는 관계없이 검사로 하여금 실종선고를 청구할 수 있도록 한 것은 실종자가 생환하기를 기다리는 가족들의 감정에 반할 가능성이 있다는 점을 들어 입법론상 의문을 표시하는 견해도 있다.[64] 구 민법(의용민법)에서는 부재자에게 불이익하고 가장 이해관계가 큰 배우자·상속인 등이 부재자의 귀래를 고대하고 있는데 국가가 몰인정하게 사망의 효과를 강요하는 것은 타당하지 아니하다는 견해에서 검사를 청구권자로 규정하지 아니하였고,[65] 현행 일본 민법도 같다.

V. 실종선고의 절차

1. 관할법원

실종선고사건은 부재자의 주소지를 관할하는 가정법원의 전속관할에 속한다(가사소송법 제44조 제1항 제1호 나목). 부재자의 주소가 국내에 없거나 이를 알 수

61 대법원 1961. 11. 23.자 4294민재항1 결정.

62 고상용, 민법총칙(제3판), 법문사(2005), 96; 김용한, 민법총칙론(재전정판), 박영사(1997), 136; 민법주해 Ⅰ, 총칙(1), 박영사(1992), 394(한상호); 주석 민법, 총칙편(1)(제4판), 한국사법행정학회(2010), 421(이용운).

63 주석 민법, 총칙편(1)(제4판), 한국사법행정학회(2010), 421(이용운).

64 고상용, 민법총칙(제3판), 법문사(2005), 96~97; 김대정, 민법총칙, FIDES(2012), 263.

65 민법주해 Ⅰ, 총칙(1), 박영사(1992), 395(한상호).

없을 때에는 대법원이 있는 곳의 가정법원, 즉 서울가정법원이 관할한다(가사소송법 제35조 제2항, 제13조 제2항). 실종선고사건은 라류 가사비송사건으로[가사소송법 제2조 제1항 제2호 가목 3)], 단독판사의 심판사항이다(법원조직법 제40조).

2. 심리

실종선고의 청구가 있으면 ① 생사가 분명하지 아니한 부재자에 해당하는지, ② 실종기간이 경과하였는지, ③ 청구인에게 청구인적격이 있는지 등의 요건을 심리하여야 한다. 실무상으로는 청구인적격, 실종일, 최후주소지에 관한 주장이나 증명이 부족한 경우가 많다.

가정법원은 필요하다고 인정할 때에는 당사자 또는 법정대리인을 당사자신문의 방식에 의하여 심문할 수 있고, 기타 관계인을 증인신문방식으로 심문할 수 있다(가사소송법 제38조). 재판장은 가사조사관에게 사실조사를 명할 수 있고, 재판장 또는 가사조사관은 사실의 조사를 위하여 필요한 때에는 경찰 등 행정기관 기타 상당하다고 인정되는 단체 또는 개인에게 사실의 조사를 촉탁하고 필요한 사항의 보고를 요구할 수 있다(가사소송법 제6조, 제8조).

실무상으로는 부재자에 해당하는지를 확인하기 위하여 부재자의 마지막 주소지를 관할하는 경찰서에 주민조회 및 범죄경력조회를, 법무부 산하 출입국관리사무소에 출입국사실조회를 각 하고 있고, 국민건강보험공단에 진료내역 사실조회를 하기도 하며, 필요한 경우 청구인이나 가족 등을 심문한다.

실종선고 심판청구에 관하여 이해관계가 있는 자는 판사의 허가를 받아 절차에 참가할 수 있고, 재판장이 상당하다고 인정하는 경우에는 심판청구에 관하여 이해관계가 있는 자를 절차에 참가하게 할 수 있다(가사소송법 제37조).

이러한 심문이나 사실조사를 통하여 실종선고의 요건을 심리한 다음, 아래와 같이 공시최고를 하는데, 공시최고기간 중에도 부재자의 생사불분명 등 실종선고의 요건에 대하여 충분히 심리하여야 한다. 따라서 공시최고기간이 경과하도록 신고가 없었다고 하더라도 실종선고의 요건을 갖추지 못한 것으로 판단된다면 실종선고를 기각하여도 위법하다고 볼 수 없을 것이다.

3. 공시최고

실종을 선고함에는 공시최고의 절차를 거쳐야 한다(가사소송규칙 제53조).

공시최고에는 ① 청구인의 성명과 주소, ② 부재자의 성명, 출생년월일, 등록

기준지 및 주소, ③ 부재자는 공시최고기일까지 그 생존의 신고를 할 것이며, 그 신고를 하지 않으면 실종의 선고를 받는다는 것, ④ 부재자의 생사를 아는 자는 공시최고기일까지 그 신고를 할 것, ⑤ 공시최고기일 등을 기재하여야 한다(가사소송규칙 제54조 제1항). 공시최고의 기일은 공고종료일부터 6개월 이후로 정하여야 한다(가사소송규칙 제54조 제2항). 공시최고기간이 지나도 신고가 없을 때 비로소 실종선고를 하게 된다.

4. 심판 및 불복절차

본조에서 '실종선고를 하여야 한다'라고 규정하고 있으므로, 부재자의 생존이나 사망간주시기와 다른 때에 사망한 사실 등을 증명하는 자가 없고, 부재자의 생존에 관한 심증을 얻지 못하는 한 사망에 관한 확신을 얻지 못하더라도 재량의 여지 없이 반드시 실종선고를 하여야 한다.

실종선고의 청구에 대한 제1심 종국재판은 심판으로써 한다(가사소송법 제39조 제1항). 실종선고의 심판서에는 부재자가 사망한 것으로 간주되는 일자를 기재하여야 한다(가사소송규칙 제56조).

만약 실종선고 청구인이 '이해관계인'에 해당하지 않아 청구인적격이 없으면 각하심판을, 실종기간이 아직 경과하지 아니한 경우와 같이 실종선고 요건이 인정되지 않는다면 기각심판을 한다.

심판은 당사자와 절차에 참가한 이해관계인에게 고지하여야 한다(가사소송규칙 제25조).

실종을 선고한 심판에 대하여는 부재자 본인 또는 이해관계인이 즉시항고를 할 수 있다(가사소송규칙 제57조). 청구를 기각한 심판에 대하여는 청구인만이 즉시항고를 할 수 있다(가사소송규칙 제27조). 즉시항고의 기간은 심판이 청구인에게 고지된 날부터, 청구인이 여러 사람인 때에는 최후로 심판을 고지받은 자가 그 고지를 받은 날부터 각 14일이다(가사소송법 제43조 제5항, 가사소송규칙 제31조). 이 기간이 경과한 뒤에는 그 심판에 대하여 이해관계인은 더 이상 불복할 수 없다.

심판의 효력은 원칙적으로 심판을 받을 사람이 심판을 고지받음으로써 발생하지만, 실종선고의 심판에 대하여서는 즉시항고를 할 수 있으므로 확정이 되어야 효력이 있다(가사소송법 제40조, 가사소송규칙 제57조). 따라서 실종선고심판에 대한 즉시항고에는 집행정지의 효력이 있다. 만약 실종선고가 심판의 고지에 의하여 즉시 효력이 발생한다고 하면 즉시항고에 의하여 항고심에서 그 심판을 취소하는 경우에 법률관계는 복잡하게 되고 관계자에게 부당한 손해를 입게 할 수 있기 때문에 실종선고에 관한 심판은 확정에 의하여 그 효력이 발생하도록 한 것이다.

청구인이 심판 전에 사망한 때에는 법령에 의하여 청구할 수 있는 자격이 있는 자가 그 절차를 수계하여야 할 것이고 수계가 이루어지지 않으면 심판은 확정되지 아니한다.

5. 심판확정 후의 조치

가. 가정법원 법원사무관 등의 공고 및 통지

실종선고의 심판이 확정된 때에는 가정법원의 법원사무관 등은 지체 없이 그 뜻을 공고하여야 하고(가사소송규칙 제59조), 지체 없이 실종자의 등록기준지의 가족관계등록사무를 처리하는 자에게 그 뜻을 통지하여야 한다(가사소송규칙 제7조 제1항 제3호).

나. 실종선고의 신고

실종선고의 청구인은 실종선고 심판확정일로부터 1개월 이내에 실종자의 등록기준지 또는 실종선고 청구인의 주소지나 현재지에서 실종선고 심판서의 등본 및 확정증명서를 첨부하여 관할 가족관계등록사무 처리기관에 신고하여야 한다(가족관계의 등록 등에 관한 법률 제92조, 제20조). 이는 재판의 확정에 따른 신고이므로 보고적 신고이다. 신고에 따라 가족관계등록부에 기재된다(가족관계의 등록 등에 관한 법률 제9조 제2항 제3호).

가정법원으로부터 실종선고심판이 확정되어 그 통지서를 송부받은 가족관계등록사무 처리기관에서는 신고인으로부터 신고가 없으면 지체 없이 신고인으로 하여금 신고하도록 최고하고, 최고하여도 신고하지 않는 경우에는 감독법원의 허가를 얻어 직권으로 기록한다.[66]

일단 실종선고심판이 확정된 때에는 후일 실종자가 생존하고 있다는 등의 사실이 밝혀진 경우에도 당연히 실효되는 것이 아니고, 이를 이유로 하여 실종선고 취소의 절차를 거쳐야 그 효과를 제거할 수 있다.

66 가족관계등록실무[Ⅱ], 법원행정처(2012), 119.

Ⅵ. 이중국적자 및 외국인에 대한 실종선고

법원은 외국인의 생사가 분명하지 아니한 경우에 대한민국에 그의 재산이 있거나 대한민국 법에 의하여야 하는 법률관계가 있는 때, 그 밖에 정당한 사유가 있는 때에는 대한민국 법에 의하여 실종선고를 할 수 있다(국제사법 제12조).

부재자가 이중국적자인 경우 그 국적의 하나가 대한민국인 때에는 실종선고에 관하여는 대한민국 법률에 의하여야 한다.[67]

67 대법원 1973. 10. 31. 선고 72다2295 판결.

제 28 조 [실종선고의 효과]

실종선고를 받은 자는 전조의 기간이 만료한 때에 사망한 것으로 본다.

[관련조문] 민법 제27조, 제29조, 제560조, 제614조, 제690조, 제717조, 제725조, 제997조, 제1073조, 부칙 제12조 제2항, 부재선고 등에 관한 특별조치법 제4조

[참고문헌] 김대원, "부재와 실종에 관한 판례분석", 실무연구X, 서울가정법원(2005); 김병옥, "실종의 선고와 그 취소", 가사조정 2호, 서울가정법원 조정위원회(1999); 어인의, "사망에 관한 민법의 개정방향", 법학논집 15집, 청주대학교 법학연구소(1999); 오영권, "실종선고의 효력과 사망간주된 이후 실종선고 이전의 재산처분의 효력", 대법원판례해설 16호 (92.10); 윤진수, "실종자를 피고로 하는 판결확정 후 실종선고가 확정된 경우 판결의 효력", 민법논고 Ⅰ. Ⅰ, 박영사(2007); 장재옥, "실종선고에 있어서 사망간주시기", Jurist 409호 : 2006년 1호(민법총칙)(v.2006-1), 청림출판(2006); 한상호, "실종선고의 효과", 법학논집 : 취봉김용철선생고희기념, 박영사(1993)

Ⅰ. 본조의 의의

실종선고가 확정되면 실종선고를 받은 자, 즉 실종자는 실종기간이 만료한 때에 사망한 것으로 본다(본조). 사망한 것으로 '본다'는 것은 사망한 것으로 법률상 '간주(의제)'된다는 것, 즉 사망의 효과가 확정적으로 발생한다는 의미이다.

실종선고의 효과에 관하여 스위스 민법(제38조 제2항), 독일 실종법(제9조)과 같이 '사망추정주의'를 취하는 입법례와 일본 민법(제31조)과 같이 '사망간주(의제)주의'를 취하는 입법례가 있으나, 우리 민법은 사망간주주의를 채택한 것이다.

사망추정주의에서는 구체적인 소송에서 실종자 본인이 생존하고 있다거나 또는 실종기간 만료시와 다른 시기에 사망했다는 반증을 들어서 실종선고의 효과를 번복시킬 수 있으나, 사망간주주의에서는 위와 같은 반증을 들어서 실종선고의 효과를 다투지 못하며, 사망의 효과를 저지하려면 실종선고를 취소하여야 한다. 즉 실종선고의 취소가 없는 한 여전히 사망한 것으로 간주된다. 심지어 실종자 본

인이 실종선고의 효력을 다투는 경우에도 마찬가지이다.

우리 민법이 사망간주주의를 채택한 것에 관하여 사람의 생사에 관한 법률관계를 획일적으로 처리할 수 있다는 장점이 있다는 이유로 이를 지지하는 견해가 다수이나,[1] 간주주의는 실종선고와 다른 사실이 발견되어도 그 선고의 효과를 다투기 어렵고 절차가 오래 걸린다는 점을 들어 입법론적으로는 추정주의가 합리적이라는 견해도 있다.[2]

판례도 "민법 제28조는 '실종선고를 받은 자는 민법 제27조 제1항 소정의 생사불명 기간이 만료된 때에 사망한 것으로 본다'라고 규정하고 있으므로 실종선고가 취소되지 않는 한 반증을 들어 실종선고의 효과를 다툴 수 없다"고 판시하고 있다.[3] 판례는 또한 "실종선고로 인하여 실종기간 만료시를 기준으로 하여 상속이 개시된 이상 설사 이후 실종선고가 취소되어야 할 사유가 생겼다고 하더라도 실제로 실종선고가 취소되지 아니하는 한, 임의로 실종기간이 만료하여 사망한 때로 간주되는 시점과는 달리 사망시점을 정하여 이미 개시된 상속을 부정하고 이와 다른 상속관계를 인정할 수는 없다"고 판시하고 있다.[4]

실종선고의 효력은 절대적이다. 따라서 청구인 또는 실종선고 절차에 참가한 이해관계인뿐만 아니라 모든 사람에 대하여 대세적 효력을 갖는다.[5]

Ⅱ. 사망으로 간주하는 시기

1. 실종기간 만료시주의

민법은 실종선고로 인하여 사망간주의 효과가 발생하는 시기에 관하여 보통실종의 경우와 특별실종의 경우 모두 '실종기간이 만료한 때'로 규정하고 있다(본조). 즉 실종선고가 확정된 때부터 사망간주의 효력이 발생하는 것이 아니라, 실종기간 만료시로 소급하여 그 효력이 발생한다.

사망의 효과가 언제부터 발생하느냐에 관하여는 대체로 ① 실종선고를 한 때

1 김용한, 민법총칙론(재전정판), 박영사(1997), 137; 김주수/김상용, 민법총칙(제7판), 삼영사(2013), 175; 김증한/김학동, 민법총칙(제10판), 박영사(2013), 164; 곽윤직/김재형, 민법총칙(제9판), 박영사(2013), 149.

2 백태승, 민법총칙(제7판), 집현재(2016), 175.

3 대법원 1995. 2. 17. 선고 94다52751 판결, 대법원 1970. 3. 10. 선고 69다2103 판결.

4 대법원 1994. 9. 27. 선고 94다21542 판결.

5 곽윤직/김재형, 민법총칙(제9판), 박영사(2013), 149; 이영준, 민법총칙(개정증보판), 박영사(2007), 894.

사망한 것으로 인정하는 입법주의(실종선고시주의[6]), ② 최후의 소식 또는 위난이 있었던 때에 사망한 것으로 인정하는 입법주의(최후소식시 또는 위난발생시주의[7]), ③ 실종기간의 중간시점에 사망한 것으로 인정하는 입법주의(실종기간 중간시주의[8]), ④ 실종기간이 만료한 때에 사망한 것으로 인정하는 입법주의(실종기간 만료시주의[9]) 등 네 가지의 입법주의가 있다.

① 실종선고시주의는 사망의 효과가 소급하지 않기 때문에 실종을 둘러싼 법률관계가 가장 간명하게 된다. 그러나 사망의 시기가 당사자의 실종선고 청구 시기나 법원의 심판절차 진행의 지속(遲速)에 따라 인위적으로 달라진다는 단점이 있다.

② 최후소식시 또는 위난발생시주의는 위 실종선고시주의에서와 같은 결점은 없으나, 특히 보통실종의 경우에 최후의 소식이 있었던 때 사망한 것으로 보는 것은 사실에 반하는 경우가 많을 뿐만 아니라 사망의 효과가 상당한 기간 소급하기 때문에 법률관계가 매우 복잡하게 되고, 제3자에게 손해를 가하기 쉽다는 단점이 있다.

③ 실종기간 중간시주의도 사망의 효과가 상당한 기간 소급하게 되어 위 최후소식시 또는 위난발생시주의와 같은 단점이 있다.

④ 실종기간 만료시주의가 다른 입법례와 비교하여 볼 때 비교적 단점이 적다. 즉 실종선고 청구시기나 법원의 심판절차의 지속(遲速)에 따라 사망시기가 변동할 우려가 없고, 사망의 효과가 소급하는 기간이 최후소식시 또는 위난발생시주의나 실종기간 중간시주의에 비하여 짧으므로 실종선고의 소급효로 인하여 법률관계가 복잡해지는 문제점이 비교적 적다.

우리 민법은 앞서 본 바와 같이 '실종기간 만료시주의'를 채택하고 있다.

판례도 피상속인이 1951. 7. 2. 사망하였고, 그의 장남 갑은 1970. 1. 30. 법원의 실종선고에 의하여 피상속인의 사망 전인 1950. 8. 1. 실종기간 만료로 사망 간주된 사안에서, "장남 갑은 피상속인의 사망 이전에 사망한 것으로 간주되었으므로 피상속인의 재산상속인이 될 수 없다고 한 원심의 판단은 실종선고로 인하여

6 독일 민법 제1초안 제5조.

7 독일 실종법 제9조 제3항 c(특별실종), 스위스 민법 제38조 제2항.
한편, 일본 민법 제31조 후단은 위난실종의 경우 '위난이 종료한 때' 사망한 것으로 본다.

8 독일 실종법 제9조 제3항 a(보통실종).

9 일본 민법 제31조 전단(보통실종), 독일 실종법이 제정되기 전의 독일 민법 제18조 제2항.

사망으로 간주되는 시기에 관하여 실종기간 만료시설을 취하는 우리 민법하에서는 정당하다"고 판시하고 있다.[10]

2. 실종선고의 소급효와 그 제한

가. 실종선고의 소급효에 따른 문제점

우리 민법이 채택하고 있는 실종기간 만료시주의에 따르더라도 실종자를 사망한 것으로 보는 시점이 실종선고시보다 앞선 시기로 당연히 소급하게 된다. 따라서 실종기간 만료시부터 실종선고시까지의 기간 동안에 실종자가 그 대리인을 통해 행한 법률행위의 효력은 원칙적으로 소급하여 무효가 되고, 그 효과가 실종자와 거래한 제3자에게도 미친다는 문제점이 있다.

예컨대 실종기간 만료시부터 실종선고시까지의 기간 중 어느 시기에 실종자 A의 대리인이 A의 토지를 B에게 매각하고 B는 그 토지를 다시 C에게 매각한 경우에, 그 후 A에 대한 실종선고가 있으면 A는 소급하여 실종기간 만료시에 사망한 것으로 간주되기 때문에 A는 '사망 후'에 대리인을 통하여 거래행위를 하였고, A의 대리인은 A의 소유물이 아닌 A의 상속인 A′의 소유물인 토지를 매각한 결과가 된다. 따라서 그 행위는 당연히 무효이다. 이러한 경우의 B, C와 같은 선의의 제3자를 보호할 제도가 입법적으로 마련되어야 한다는 것이 종래부터 지적되어 오고 있다.[11] 이러한 B, C를 보호할 방법으로 대리권 소멸 후의 표현대리(본법 제129조) 규정의 유추적용이나 선의취득(본법 제249조)과 같은 제도를 생각해 볼 수 있지만, 표현대리 규정이 유추적용될 수 있는지에 관하여는 논란이 있고,[12] 제3자에게 과실이 있다거나(표현대리의 경우) 그 물건이 동산이 아닌 경우(선의취득의 경우) 등 그 제도의 적용요건을 갖추지 못할 경우에는 보호받을 수 없게 된다. 따라서 일정한 경우 실종선고의 소급효를 제한하는 해석이 필요하다.[13]

10 대법원 1982. 9. 14. 선고 82다144 판결.

11 고상용, 민법총칙(제3판), 법문사(2005), 99; 김용한, 민법총칙론(재전정판), 박영사(1997), 138; 민법주해 Ⅰ, 총칙(1), 박영사(1992), 400(한상호); 주석 민법, 총칙편(1)(제4판), 한국사법행정학회(2010), 426(이용운).

12 대리권소멸 후의 표현대리(민법 제129조)를 유추적용할 수 있다는 견해로서는 고상용, 민법총칙(제3판), 법문사(2005), 99.이 있고, 반면 표현대리의 유추적용을 반대하는 견해로서는 김증한/김학동, 민법총칙(제10판), 박영사(2013), 164~165; 이영준, 민법총칙(개정증보판), 박영사(2007), 895.이 있다.

13 주석 민법, 총칙편(1)(제4판), 한국사법행정학회(2010), 426(이용운).

나. 소급효가 제한되는 경우

1) 실종기간만료 이후 부재자 재산관리인의 재산처분의 효력

가) 부재자 재산관리인이 없는 경우

부재자에게 재산관리인이 없는 경우 부재자에 대한 실종선고의 심판이 확정된 때에는 실종기간이 만료한 때로 소급하여 그 실종자에 대한 상속이 개시되고, 실종기간 만료시부터 실종선고의 심판이 확정된 때까지 사이에 실종자의 소유 재산에 대한 처분은 소급하여 무효가 되는 것이 원칙이다.[14]

나) 부재자 재산관리인이 한 재산처분행위의 효력

(1) 법원에 의하여 부재자의 재산관리인이 선임되어 있었다고 하더라도 부재자에 대하여 실종선고가 되어 사망한 것으로 간주되면 재산관리인의 재산관리권이 종료되므로(가사소송규칙 제50조), 재산관리인은 원칙적으로 실종기간 만료시로 소급하여 무권리자가 된다 할 것이다. 그러나 판례는 재산관리인의 권한을 신뢰한 제3자가 불측의 피해를 입는 것을 막기 위해 아래와 같이 실종선고의 소급효를 다소 제한하고 있다.

우선 판례는 부재자 재산관리인으로서 권한초과행위의 허가를 받고 그 선임결정이 취소되기 전에 위 권한에 의하여 이루어진 행위는 부재자에 대한 실종선고기간이 만료된 뒤(즉 사망으로 간주된 뒤)에 이루어졌다고 하더라도 유효하다고 판시한다.[15] 나아가 판례는 "실종선고로 사망간주된 자가 그 전에 생사불명의 부재자로서 그 재산관리에 관하여 법원으로부터 재산관리인이 선임되어 있었다면 그 재산관리인은 그 부재자의 사망을 확인했다고 하더라도 선임결정이 취소되지 아니하는 한 계속하여 권한을 행사할 수 있다 할 것이므로, 재산관리인에 대한 선임결정이 취소되기 전에 재산관리인의 처분행위에 기하여 경료된 등기는 법원의 처분허가 등 모든 절차를 거쳐 적법하게 경료된 것으로 추정된다."고 판시하고 있다.[16]

이에 따라 법원이 선임한 부재자 재산관리인은 실종기간 만료 이후라도 그 선임결정이 취소되기 전까지 유효하게 재산관리인의 권한을 행사할 수 있고, 재산관리인의 적법한 권한 행사의 효과는 부재자의 재산상속인에게 미친다.

14 오영권, "실종선고의 효력과 사망간주된 이후 실종선고 이전의 재산처분의 효력", 대법원판례해설 16호(91년 하반기), 279~280.

15 대법원 1975. 6. 10. 선고 73다2023 판결, 대법원 1981. 7. 28. 선고 80다2668 판결.

16 대법원 1991. 11. 26. 선고 91다11810 판결.

(2) 한편 부재자가 정한 재산관리인도 실종선고로 인하여 부재자가 사망한 것으로 간주되면 실종기간 만료시로 소급하여 그 권한이 소멸하게 된다(본법 제127조 제1호, 제690조). 그러나 수임인은 위임종료의 경우 급박한 사정이 있을 때에는 위임사무를 계속 처리하여야 하고(본법 제691조), 실종선고가 되기 전까지는 상속이 개시되지 않아 부재자가 사망간주된 실종기간 만료시부터 실종선고시까지의 기간은 사실상 실종자의 상속인이 될 사람이 재산관리를 할 수 없었기 때문에 부재자가 정한 재산관리인이 상속인이 될 사람의 대리인으로서 위 기간 동안 유효하게 재산관리를 계속할 수 있다고 할 것이다. 따라서 실종기간 만료 후에 재산관리인이 제3자와 법률관계를 맺은 경우 그 효과는 부재자의 재산상속인에게 미친다고 보아야 할 것이다.[17]

2) 친권자 또는 후견인의 관리행위

미성년자 또는 피한정후견인, 피성년후견인 등의 제한능력자가 실종선고를 받은 경우에도 부재자 재산관리인과 마찬가지로 실종기간 만료시까지가 아니라 실종선고시까지 친권자나 후견인이 그 관리권을 계속하여 가지는 것으로 보고 그 때까지의 관리행위는 유효한 것으로 해석하여야 할 것이다.[18]

3. 실종기간 만료일의 계산

실종기간의 만료일은 본법 제155조부터 제161조에 따라 계산한다. 예컨대 실종기간의 기산일이 1960. 3. 1.이라면 보통실종의 경우 1965. 3. 1. 24:00에 실종기간이 만료된다. 만약 실종일이 1995. 2. 28.이라면 2000. 2. 29.이 만료일이다.

만약 5월 중에 실종되었으나 그 일자가 확실하지 않은 경우에는 6월 1일부터 기산하여야 할 것이다.

Ⅲ. 사망간주효과가 생기는 범위

1. 종래 주소지를 중심으로 한 실종기간 만료 당시의 사법적 법률관계

실종선고는 실종자의 ① '종래의 주소 또는 거소'를 중심으로 하는 ② '실종

17 강태성, 민법총칙(제7판), 대명출판사(2017), 205; 김준호, 민법총칙(제12판), 법문사(2018), 106; 민법주해 Ⅰ, 총칙(1), 박영사(1992), 404(한상호); 주석 민법, 총칙편(1)(제4판), 한국사법행정학회(2010), 428(이용운).

18 민법주해 Ⅰ, 총칙(1), 박영사(1992), 404(한상호); 주석 민법, 총칙편(1)(제4판), 한국사법행정학회(2010), 428(이용운).

기간 만료시'의 ③ '사법적' 법률관계에 관하여 실종자를 사망한 것으로 간주하는 효과를 발생시킨다. 그러나 실종선고가 있더라도 실종자의 권리능력이 박탈되는 것은 아니다.

가. 종래의 주소 또는 거소를 중심으로 한 법률관계

1) 실종자가 소식이 단절된 이후 종래의 주소 또는 거소가 아닌, 새로운 주소 또는 거소에서 예컨대 매매계약 또는 임대차계약을 체결하는 것과 같이 법률관계를 맺는 경우 이에 대해서는 실종선고로 인한 사망의 효과가 미치지 않는다.

2) 이중으로 실종선고된 경우

실종선고를 받은 자가 새로운 주소지에서 여러 가지 법률관계를 형성하고 그 주소지에서 다시 실종된 경우에는 새로운 주소지에서의 법률관계에 관하여 다시 실종선고를 할 수 있는지 문제된다.

처음 실종선고를 할 당시 실종기간 만료일에 사망한 것으로 간주한 것이 잘못이므로 첫 번째 실종선고가 취소되지 않는 한 제2의 실종선고는 할 수 없다고 보는 견해가 있다.[19]

판례는 종전의 실종선고가 취소되지 않은 한 나중의 실종선고는 효력이 없는 것으로 보고 있다. 즉 실종자에 대하여 1950. 7. 30. 이후 5년간 생사불명을 원인으로 이미 1988. 11. 26. 실종선고가 되어 확정되었는데도, 그 후 타인의 청구에 의하여 1992. 12. 28. 새로이 실종선고가 확정된 경우에 새로이 확정된 실종신고를 기초로 상속관계를 판단하여서는 안 되고, 종전에 확정된 실종선고를 기초로 상속관계를 판단하여야 한다고 판시하고 있다.[20]

나. 실종기간 만료시의 법률관계

실종선고는 실종기간 만료시를 기준으로 한 법률관계에 관하여 실종자가 사망한 것으로 간주하므로, 실종자가 실종선고 후 종래의 주소 또는 거소로 다시 돌아온 이후에 맺은 법률관계에는 실종선고의 효력이 미치지 않는다. 다만 실종자가 종래의 주소로 다시 돌아온 이후에도 실종선고의 취소가 없는 한 실종선고의 효력이 계속 유지되므로 실종자가 사망하였음을 전제로 이루어진 종전의 법률관계는 그대로 유효하다.

19 민법주해 Ⅰ, 총칙(1), 박영사(1992), 402(한상호).
20 대법원 1995. 12. 22. 선고 95다12736 판결.

다. 사법적 법률관계

실종선고는 실종자와 관련된 '사법적' 법률관계만을 종료시킨다. 따라서 그 범위 내에서만 사망한 것으로 간주하여 상속을 개시시키고 혼인을 해소시키는 등의 효과를 발생시키는 것일 뿐 '공법적' 법률관계에 관하여는 아무런 영향을 미치지 않는다. 예컨대 선거권·피선거권의 유무, 특허권, 납세의무, 형법상 실종자의 범죄 또는 실종자에 대한 범죄 성립 여부 등에는 사망의 효과가 미치지 않는다. 따라서 실종선고를 받은 실종자도 형사사건의 피고인이나 범죄피해자가 될 수 있고, 형사사건의 피고인에 대하여 실종선고 심판이 있었다 하더라도 그것만으로는 형사사건에 있어서까지 사망한 것으로 간주되어 공소기각의 결정(형사소송법 제328조 제1항 제2호)을 하여야 하는 것은 아니다.[21] 다만 선거권·피선거권의 경우 주민등록이 되어 있어야 인정되는데(공직선거법 제15조, 제16조), 실종선고가 있으면 가족관계의 등록 등에 관한 법률 제92조와 주민등록법 제14조에 따라 실종신고가 되어 실종자의 주민등록이 말소되므로, 실종자는 실제로는 선거권 또는 피선거권을 행사할 수 없게 된다.[22]

사법적 법률관계인 이상 재산적 법률관계와 신분적 법률관계 모두에 그 효력이 미친다.

2. 실종과 재산적 법률관계

가. 조합원은 사망한 때에 조합을 탈퇴하므로(본법 제717조) 조합원에 대하여 실종선고가 있으면 사망한 것으로 간주되어 조합에서 탈퇴하게 된다. 또 정기의 급여를 목적으로 한 증여의 증여자 또는 수증자(본법 제560조), 사용대차의 차주(본법 제614조), 위임계약의 당사자(본법 제690조), 종신정기금계약에 있어서 일방, 상대방 또는 제3자(본법 제725조)에 대한 실종선고에 의하여 위 각 계약은 그 효력을 잃는다. 부양청구권에 관한 권리의무도 소멸한다. 실종선고에 관하여 특약이 없는 한 생명보험금의 지급의무는 발생하고, 사망으로 보는 날 이후의 납입보험료는 부당이득이 되기 때문에 반환하여야 한다.

나. 실종자의 사망을 보험사고로 한 보험계약이 체결된 경우 수익자인 유족의 보험금지급청구권의 소멸시효의 기산점이 언제인가 문제된다. 이론상으로는

21 서울지방법원 1996. 8. 27. 선고 93노8195 판결(확정).
22 명순구, 민법총칙, 법문사(2005), 141.

사망간주시기인 '실종기간 만료시'라고 볼 수도 있으나, 보험금지급청구권의 소멸시효는 3년으로 단기이므로(상법 제662조), 실종자의 생환을 기다리면서 실종선고청구를 자제해온 유족들에게는 가혹한 결과가 될 수 있다.

이에 보험수익자는 실종선고가 내려져야 비로소 보험금을 청구할 수 있게 되므로, 피보험자의 사망(보험사고)은 실종기간의 만료일에 발생하였지만, 사망보험금청구권의 소멸시효 기산점은 실종선고일로 보아야 한다는 견해가 있다.[23] 실종기간 만료일에는 보험수익자가 현실적으로 보험금을 청구할 수 없는 상태이고, 실종선고의 심판이 내려졌다 하더라도 그 심판이 확정되어야 비로소 보험수익자가 보험금청구권을 행사할 수 있음이 확정되었다고 볼 것이므로 '실종선고 심판확정일'을 소멸시효의 기산일로 보는 것이 타당하다.

판례도 '실종선고의 심판이 확정된 때'를 소멸시효의 기산일로 보고 있다.

즉 판례는 선박 소유자가 수산업협동조합중앙회(이하 '수협')와 선원보통공제계약을 체결한 후, 그 선박과 선원이 실종되는 사고가 발생하자 선원의 부모인 원고들이 수협에 대하여 공제금 지급 문의를 하다가 거절당하자 실종 선원에 대한 실종선고 심판 확정 후 공제금지급청구를 하였고, 이에 수협이 위 선원보통공제약관상 '선원이 공제사고로 해상에서 행방불명된 경우에 최후음신일로부터 1월이 경과하여도 행방을 알 수 없을 때에는 그 때에 사망한 것으로 추정한다'는 규정을 들어 소멸시효가 완성되었다는 항변을 한 사안에서, "위 사망추정규정은 사망진단서 등 사망 사실을 확인하는 증명 없이도 유족의 이익을 위하여 피공제자에게 공제금이 신속히 지급될 수 있도록 하기 위한 규정으로 보여지므로, 수협이 위 약관상의 사망에 관한 추정을 부정하여 피공제자의 공제금 지급청구에 불응한 경우에는 소멸시효의 기산점과 관련하여 유족에게 불리하게 위 규정을 적용하여 최후음신일로부터 1월이 되는 때를 공제금청구권의 소멸시효의 기산점으로 삼을 수 없으며, 피공제자는 행방불명된 선원의 사망 사실에 대한 확인 증명을 대신하는 역할을 하는 실종선고 심판이 확정될 때에 비로소 공제금청구권에 대한 권리 행사를 할 수 있게 되었다고 봄이 상당하므로 그 때부터 시효기간이 진행된다"고 판시하였다.[24]

23 장경환, "보험계약자의 실종과 보험관계", 경희법학 36권 1호, 경희대학교(2001), 263~264.
24 대법원 1998. 3. 13. 선고 97다52622 판결.

3. 실종과 친생자추정

가. 실종기간 중에 임신한 자녀

아내가 혼인 중에 임신한 자녀는 남편의 자녀로 추정한다(본법 제844조 제1항). 그런데 아내가 남편과의 혼인 중에 임신하여 자녀를 출산하였으나, 남편에 대하여 실종선고가 있었고, 그 자녀를 남편의 실종기간 중에 임신한 경우에도 그 자녀가 남편의 친생자로 추정되는지 문제된다.

판례는 한때 부부가 사실상 이혼하여 별거생활을 하던 중에 자녀의 임신이 이루어졌을 때에도 민법 제844조의 친생자추정이 적용된다는 '무제한설'의 입장이었다.[25] 그러나 대법원 1983. 7. 12. 선고 82므59 전원합의체 판결은 "민법 제844조는 부부가 동거하여 처가 부(夫)의 자를 포태할 수 있는 상태에서 자를 포태한 경우에 적용되는 것이고, 부부의 한쪽이 장기간에 걸쳐 해외에 나가 있거나 사실상의 이혼으로 부부가 별거하고 있는 경우 등 동서(同棲)의 결여로 처가 부(夫)의 자를 포태할 수 없는 것이 외관상 명백한 사정이 있는 경우에는 그 추정이 미치지 않는다"라고 판시하여 '제한설'로 입장을 변경하였다.

이와 같은 판례의 태도에 비추어 볼 때, 남편에 대하여 실종선고가 내려졌고, 자녀의 임신이 그 남편의 실종기간 중에 이루어졌다면, 아내가 남편의 자녀를 임신할 수 없는 것이 외관상 명백한 사정이 있는 경우에 해당하므로 친생자추정이 미치지 않을 것이다.[26] 이와 같이 친생자추정이 미치지 않는 자녀에 대해서는 그 자녀의 어머니가 그 자녀를 상대로 친생부인의 소를 제기할 수 있고(본법 제846조, 제847조 제1항), 가족관계등록부상의 부자관계의 존재를 부인하기 위해서 법률상 이해관계가 있는 자는 모두 언제든지 친생자관계부존재확인의 소를 제기할 수 있다(본법 제865조).[27]

나. 실종기간 만료일로부터 300일 이내에 출생한 자녀

혼인관계가 종료된 날부터 300일 이내에 출생한 자녀는 혼인 중에 임신한 것으로 추정한다(본법 제844조 제3항). 최근 헌법재판소는 혼인 종료 후 300일 내에 출생한 자녀가 전남편의 친생자가 아님이 명백하고, 전남편이 친생추정을 원

25 대법원 1968. 2. 27. 선고 67므34 판결, 대법원 1975. 7. 22. 선고 75다65 판결 등.

26 주석 민법, 총칙편(1)(제4판), 한국사법행정학회(2010), 432(이용운).

27 대법원 1983. 7. 12. 선고 82므59 전원합의체 판결. 대법원 1988. 5. 10. 선고 88므85 판결, 주석 민법, 친족(3)(제5판), 51(김주수/김상용).

하지도 않으며, 생부가 그 자녀를 인지하려는 경우에도, 그 자녀를 전남편의 친생자로 추정함으로써 친생부인의 소를 거치도록 하는 구 민법(2017. 10. 31. 법률 제14965호로 개정되기 전의 것) 제844조 제2항이 헌법에 합치되지 않는다는 결정을 하였다.[28] 이에 2017. 10. 31. 개정된 민법은 혼인관계가 종료된 날부터 300일 이내에 출생한 자녀에 대하여 어머니 또는 어머니의 전남편은 가정법원에 '친생부인의 허가'를 청구할 수 있고(다만, 혼인 중의 자녀로 출생신고가 된 경우에는 그러하지 아니하다), 가정법원은 혈액채취에 의한 혈액형 검사, 유전인자의 검사 등 과학적 방법에 따른 검사결과 또는 장기간의 별거 등 그 밖의 사정을 고려하여 그 허가 여부를 정하며, 이러한 절차에 따라 가정법원으로부터 허가를 받은 경우에는 그 자녀에 대하여 친생자추정이 미치지 아니하도록 하는 규정을 신설하였다(본법 제854조의2). 이에 따라 친생부인의 소를 제기하는 것보다 더 간이한 방법으로 친생추정을 배제할 수 있게 되었다. 또한 위와 같이 출생한 자녀의 생부(生父)도 가정법원에 '인지의 허가'를 청구할 수 있고, 그 허가를 받은 생부가 가족관계의 등록 등에 관한 법률 제57조 제1항에 따라 친생자출생의 신고를 하는 경우에도 친생자추정이 미치지 않게 되었다(본법 제855조의2).

남편에 대한 실종선고가 있는 경우 실종기간 만료일로 소급하여 혼인관계가 종료된 것으로 간주된다. 그런데 아내가 남편의 실종기간 만료일로부터 300일 이내에 자녀를 출산한 경우에도 원칙적으로는 본법 제844조 제3항에 따라 남편의 친생자로 추정될 것이다. 그러나 이러한 경우는 실종기간 중에 임신한 경우와 마찬가지로 그 자녀가 전남편의 친생자가 아님이 명백한 경우이므로 역시 친생자추정이 미치지 않는다고 보아야 할 것이다. 따라서 아내, 즉 그 자녀의 어머니는 친생부인의 소를 제기하거나(본법 제846조, 제847조), 만약 혼인 중의 자녀로 출생신고가 되어 있지 않다면 가정법원에 친생부인의 허가 청구를 할 수도 있을 것이다(본법 제854조의2). 또 그 자녀의 생부도 만약 혼인 중의 자녀로 출생신고가 되어 있지 않다면 가정법원에 인지의 허가 청구를 할 수 있을 것이다(본법 제855조의2). 또 법률상 이해관계가 있는 자는 언제든지 친생자관계부존재확인의 소를 제기할 수 있을 것이다(본법 제865조).[29]

28 헌법재판소 2015. 4. 30. 선고 2013헌마623 결정.
29 주석 민법, 친족(3)(제5판), 195(김주수/김상용).

4. 실종선고와 상속

가. 민법 부칙 규정과 상속

실종선고로 인하여 상속이 개시된 경우에, 실종기간 만료 후 상속에 관한 민법 규정이 개정됨에 따라 실종기간 만료시의 상속에 관한 민법 규정과 실종선고시의 상속에 관한 민법 규정이 서로 다르게 되는 경우가 있다. 이러한 경우 실종선고에 따른 상속순위나 상속분 등에 관하여 어느 시기의 법률이 적용되는지 문제된다. 이때에는 민법 개정 당시의 부칙에 있는 실종선고로 인한 상속에 관한 경과규정에서 정한 바에 따라야 한다. 우리 민법의 실종선고로 인한 상속에 관한 경과규정은 제정 이후 2차례 중요한 변경이 있었는데, 그 내용을 순서대로 살펴보면 다음과 같다.

1) 1958. 2. 22. 제정 민법 부칙 제25조 제2항 - 실종선고시 기준설

1958. 2. 22. 법률 제471호로 제정되어, 1960. 1. 1.부터 시행된 제정 민법 부칙 제25조 제2항은 "실종선고로 인하여 호주 또는 재산상속이 개시되는 경우에 그 실종기간이 구법 시행기간 중에 만료하는 때에도 그 실종이 본법 시행일 후에 선고된 때에는 그 상속순위, 상속분 기타 상속에 관하여는 본법의 규정을 적용한다."고 정하여 이른바 '실종선고시 기준설'을 채택하였다.

'실종선고시 기준설'은 실종선고로 인한 상속에 관하여 실종선고시에 시행되는 법령을 적용한다는 것으로서 실종기간이 언제 만료하였는지는 아무런 관계가 없다.[30] 한편 위 부칙 규정에서 말하는 '구법'은 의용민법 또는 그 조항뿐만 아니라 친족·상속에 관한 구 관습을 포함하는 것으로 보아야 한다.[31] 일반적으로 상속에 관해서는 상속 개시 시점을 기준으로 하여 그때 시행되는 법령을 적용하는 것이 원칙이나, 위 부칙 규정은 이러한 원칙에 대한 특칙으로서 실종선고를 원인으로 한 상속의 경우에는 상속 개시 시점인 '실종기간 만료시'에 시행되는 법률의 적용을 배제하고 예외적으로 실종선고시의 법률을 적용하도록 한 것이다.

판례도 "법원이 현행 민법 시행일 후인 1967. 1. 27.에 피상속인에 대하여 실종선고를 하였다면, 민법 부칙 제25조 제2항에 의하여 그 실종기간이 구민법 시행기간 중인 1957. 7. 4.에 만료하였더라도 그로 인한 상속순위, 상속분 기타 상속

30 대법원 2017. 12. 22. 선고 2017다360, 377 판결.
31 대법원 2017. 12. 22. 선고 2017다360, 377 판결.

에 관하여는 현행 민법의 규정을 적용하여야 하므로, 사망한 것으로 볼 피상속인의 처자 등 민법 규정에 따른 재산상속인들이 공동으로 상속을 할 것이고 민법이 시행되기 전의 구 관습법에 따라 장남만이 단독으로 상속하는 것은 아니다."라고 판시하고 있다.[32]

한편 민법 부칙 제25조 제2항은 실종선고로 인하여 호주 또는 재산상속이 개시되는 경우에 해당하지 아니하면 적용되지 아니한다.[33]

2) 1977. 12. 31. 개정된 민법 부칙 제6항 – 실종기간 만료시 기준설

그런데 1977. 12. 31. 법률 제3051호로 개정되어 1979. 1. 1.부터 시행된 민법(이하 '1977년 개정 민법'이라 한다) 부칙 제6항은 "실종선고로 인하여 상속이 개시되는 경우에 그 실종기간이 이 법 시행일 후에 만료된 때에는 그 상속에 관하여 이 법의 규정을 적용한다."고 정하여 1979. 1. 1. 이후 실종기간이 만료되는 경우에는 이른바 '실종기간 만료시 기준설'을 채택하는 것으로 일부 내용을 변경하였다.

따라서 실종기간이 1978. 12. 31. 이전에 만료된 경우에는 실종선고가 그 이후에 되었더라도 상속에 관하여 개정 전의 민법(제정 민법) 규정이 적용된다.[34] 예를 들어 1955. 7. 15. 실종기간이 만료된 자에 대하여 1979. 9. 16. 실종선고가 있었다면 실종선고로 인한 재산상속의 순위, 상속분 기타 상속에 관하여는 제정 민법의 규정이 적용된다.

한편 아래에서 보는 바와 같이 1990. 1. 13. 민법 부칙이 다시 개정되면서 '실종선고시 기준설'로 환원되었는데, 1977년 개정 민법 시행일인 '1979. 1. 1.'부터 위 1990. 1. 13. 개정된 민법이 시행되기 직전인 '1990. 12. 31.'까지의 기간 동안에 실종기간이 만료되고, 또 1979. 1. 1.부터 1990. 12. 31.까지의 기간 중에 실종선고가 된 때에는 상속에 관하여 1977년 개정 민법이 적용된다. 다만 아래에서 보는 대법원 2017. 12. 22. 선고 2017다360, 377 판결의 취지에 비추어 볼 때, 1990. 1. 13. 개정된 민법 부칙 제12조 제2항에 따라 1979. 1. 1.부터 1990. 12. 31.까지의 기간 중에 실종기간이 만료하더라도 1990. 1. 13. 개정된 민법의 시행일인 1991. 1. 1. 이후에 실종선고가 된 때에는 1977년 개정 민법이 적용되지 아니하고, 1990. 1. 13. 개

32 대법원 1992. 2. 25. 선고 91다44605 판결. 같은 취지, 대법원 1978. 3. 28. 선고 78다188 판결, 대법원 1983. 4. 12. 선고 82다카1376 판결, 대법원 1983. 7. 12. 선고 83다카583 판결, 대법원 1989. 3. 28. 선고 88다카3847 판결, 대법원 1995. 12. 26. 선고 95다27967, 27974 판결.

33 대법원 2000. 4. 25. 선고 2000다9970 판결.

34 대법원 1995. 12. 22. 선고 95다12736 판결, 대법원 1980. 9. 8.자 80스27 결정.

정된 민법이 적용된다.

3) 1990. 1. 13. 개정된 민법 부칙 제12조 제2항 - 실종선고시 기준설

1990. 1. 13. 법률 제4199호로 개정되어 1991. 1. 1.부터 시행된 민법(이하 '1990년 개정 민법'이라 한다) 부칙 제12조 제2항은 "실종선고로 인하여 상속이 개시되는 경우에 그 실종기간이 구법 시행기간 중에 만료되는 때에도 그 실종이 이 법 시행일후에 선고된 때에는 상속에 관하여는 이 법의 규정을 적용한다."라고 규정하여 다시 '실종선고시 기준설'로 환원하였다.

그런데 1990년 개정 민법 부칙 제12조 제2항에서 말하는 '구법'이 ① 1990년 개정 민법에 의하여 개정되기 전의 민법, 즉 '1977년 개정 민법'만을 말하는 것인지, 또는 ② 제정 민법 부칙 규정에 규정된 '구법'과 동일하게 '의용민법 또는 그 조항뿐만 아니라 친족·상속에 관한 구 관습까지 포함'하는 것인지가 문제될 수 있다.

①과 같이 해석하는 견해에 의한다면 '구법 시행기간'이란 '1977년 개정 민법 시행기간'만을 의미하므로, 1991. 1. 1. 이후에 실종선고가 내려진 경우에도, 실종기간이 1979. 1. 1.부터 1990. 12. 31. 사이에 만료된 경우에만 1990년 개정 민법이 적용되고, 실종기간의 만료일이 1978. 12. 31. 이전이라면(1977년 개정 민법이 적용되지 않는 부분이다) 제정 민법이 적용된다.

반면 ②와 같이 해석하는 견해에 의한다면 '구법 시행기간'이란 '1990년 개정 민법 전에 시행되었던 모든 민법, 즉 의용민법이나 구 관습이 시행된 시간'까지 포함하므로 1991. 1. 1. 이후에 실종선고가 있었다면 실종기간이 언제 만료되었는지에 상관없이, 1990년 개정 민법이 적용되게 된다.

대법원 2017. 12. 22. 선고 2017다360, 377 판결은 제정 민법 시행 전인 1955. 9. 9.에 실종기간이 만료된 후 1990년 개정 민법 시행 후인 2008. 7. 31. 실종선고가 된 사안에서, '1990년 개정 민법 시행 후 실종선고가 있는 경우에는 실종기간의 만료 시점이 언제인지와 관계없이 실종선고로 인한 상속에 관해서는 1990년 개정 민법을 적용하기로 한 것으로 보아야 한다'고 판시함으로써 ②설을 채택하였다. 위 판결은 그 이유로 다음과 같이 판시하고 있다.

"실종선고로 인한 사망은 실종기간의 기산점에 따라 사망 간주시기가 민법 시행 전·후로 달라질 수 있다. 오래 전에 실종되었을수록 실종 여부나 실종기간의 기산점을 판단할 수 있는 근거자료가 불충분하여 불확실성이 더욱 커질 수 있다. 1990년 개정 민법의 입법자는 이러한 불확실성을 제거하고자 어느 시점에 실종기간이 만료되는지 여부와 관계없이 실종선고 당시에 시행되는 개정 민법에 따라 상속관계를 정하도록 하는 것이 합리적이라고 보아 입법적 결단을 한 것으로 볼 수 있다. 특히 기존 남성 중심의 상속 제도를 남녀 간 공평한 상속이 가능하도록 상속에 관한 규정을 개정하면서 1990년 개정 민법 시행 후 실종선고된 부재자에 대한 상속관계에도 이들 규정을 적용하도록 한 것으로 이해할 수 있다."

나. 민법 부칙 제25조 제2항의 적용범위

제정 민법 부칙 제25조 제2항에 규정된 '재산상속이 개시되는 경우'란 피상속인의 실종선고로 인하여 재산상속이 개시되는 경우뿐만 아니라, 일응 상속인이던 자가 행방불명으로 인하여 실종선고를 받은 결과 재산상속의 개시 내지는 대습상속 사유가 발생한 경우도 포함된다.[35]

예컨대 갑의 장남인 을이 1969. 4. 22. 실종선고 심판의 확정으로 실종기간 만료일인 1958. 7. 27. 사망한 것으로 간주되었고, 갑이 그 후인 1959. 1. 20. 사망하였을 경우, 실종기간 만료시에 적용되던 구 관습법에 따라 을의 장남 병이 단독으로 대습상속을 하는 것이 아니라, 실종선고 당시의 민법 즉 제정 민법에 따라 을의 아들들이 공동으로 대습상속을 하게 된다.[36]

5. 실종선고가 소송에 미치는 영향

가. 소급효 제한의 필요성

실종선고는 실종기간 만료시에 부재자가 사망한 것으로 간주하는 효력이 있으므로, 순수히 논리적으로만 보면 실종자를 당사자로 한 소가 제기되어 계속 중에 실종자에 대한 실종선고의 확정으로 인해 실종자의 실종기간 만료시기가 소 제기 이전으로 소급한 경우에는 그 소는 이미 사망한 자에 의하여(실종자가 원고인 경우) 또는 이미 사망한 자를 상대로(실종자가 피고인 경우) 제기된 결과가 되어 무효이고, 소송절차가 중단될 여지도 없다고 볼 수도 있다. 또 생사불명인 부재자를 상대로 한 소송에서 판결까지 내려지고 난 후에 그 부재자에 대한 실종선고가 확정되고 그 사망간주시기가 소 제기 이전으로 소급한다면 이미 사망한 사람을 상

35 대법원 1980. 8. 26. 선고 80다351 판결, 대법원 2011. 5. 13. 선고 2009다94384, 94391, 94407 판결.
36 대법원 2011. 5. 13. 선고 2009다94384, 94391, 94407 판결.

대로 한 판결로서 무효가 된다고 보아야 할 것이다. 그러나 이러한 형식적인 해석은 계속적·형성적 작용인 소송절차의 특성을 무시하는 것으로서 타당한 결론이라고 할 수 없다.[37] 이에 판례는 아래와 같이 법적 안정성을 중시하여 실종선고의 소급효를 제한하는 판례이론을 형성하고 있다.

나. 실종선고와 소 제기의 적법성

부재자는 법원의 실종선고가 없는 한 사망자로 간주되지 아니하며, 부재자의 재산관리인이 부재자의 대리인으로서 소를 제기하여 그 소송계속 중에 부재자에 대한 실종선고가 확정되어 그 소 제기 이전에 부재자가 사망한 것으로 간주되는 경우에도, 실종선고의 효력이 발생하기 전에는 실종기간이 만료된 실종자라 하여도 소송상 당사자능력을 상실하는 것은 아니므로, 부재자의 재산관리인이 한 소 제기 자체가 소급하여 당사자능력이 없는 사망한 자가 제기한 것으로 되는 것은 아니다.[38] 마찬가지로 실종선고가 확정되기 전에는 실종기간이 만료된 실종자를 상대로 하여 제기된 소도 적법하다.[39]

다. 소송 계속 중의 실종선고의 확정과 소송중단 및 수계

판례는 부재자의 재산관리인에 의하여 소송절차가 진행되던 중 부재자 본인에 대한 실종선고가 확정되면 그 재산관리인으로서의 지위는 종료되는 것이므로 상속인 등에 의한 적법한 소송수계가 있을 때까지 소송절차가 중단된다고 한다.[40] 한편 판례는 소송 계속 중 당사자에 대한 실종선고가 확정된 경우 실종기간 만료시가 아니라 '실종선고가 확정된 때'에 그 당사자가 사망한 것으로 보아 소송중단사유로 인정하고 있다.[41]

즉 판례는 소송이 적법하게 계속된 후 당해 소송의 당사자에 대하여 실종선고가 확정된 경우에 실종자가 사망하였다고 보는 시기는 실종기간이 만료한 때라 하더라도 소송상 지위의 승계절차는 실종선고가 확정되어야만 비로소 취할 수 있으므로 실종선고가 있기까지는 소송상 당사자능력이 없다고 할 수 없고 소송절차가 법률상 그 진행을 할 수 없게 된 때, 즉 '실종선고가 확정된 때'에 소송절차가

37 김대정, 민법총칙, FIDES(2012), 271.
38 대법원 2008. 6. 26. 선고 2007다11057 판결.
39 대법원 1992. 7. 14. 선고 92다2455 판결.
40 대법원 1987. 3. 24. 선고 85다카1151 판결.
41 윤진수, "실종자를 피고로 하는 판결확정후 실종선고가 확정된 경우 판결의 효력", 판례해설 18호, 228.

중단되고,[42] 부재자의 상속인이 수계하여야 한다고 판시하였다.

또한 판례는 법원에 의하여 선임된 부재자의 재산관리인이 부재자를 원고로 하여 소를 제기하였는데 그 소송계속 중에 부재자에 대한 실종선고가 확정되었고 그 실종기간 만료는 소 제기 이전으로 소급하는 경우에, 결과적으로 위 부재자는 위 소 제기 당시에 이미 사망한 것으로 되었으나, 실종선고의 효력이 발생하기 전까지는 생존하였던 것으로 보아야 하므로 이때에 사망으로 인한 중단사유가 발생하였고 따라서 위 부재자의 상속인들이 부재자를 수계한 것은 정당하며, 이 경우에 소 제기 당시 이미 당사자가 사망한 경우처럼 당사자표시정정으로 처리할 것은 아니라고 판시하였다.[43]

라. 실종자를 피고로 하는 판결의 효력

판례는 실종자를 피고로 한 판결이 확정된 후에 실종선고가 확정됨에 따라 결과적으로 소 제기 전에 사망한 사람을 피고로 한 판결이 되는 결과가 되었다고 하더라도 그 판결은 유효하고 기판력도 발생한다고 한다.

즉 판례는 "실종선고의 효력이 발생하기 전에는 실종기간이 만료된 실종자라 하여도 소송상 당사자능력을 상실하는 것은 아니므로 실종선고 확정 전에는 실종기간이 만료된 실종자를 당사자로 하여 선고된 판결도 유효하며 그 판결이 확정되면 기판력도 발생한다고 할 것이고, 이처럼 판결이 유효하게 확정되어 기판력이 발생한 경우에는 그 판결이 해제조건부로 선고되었다는 등의 특별한 사정이 없는 한 그 효력이 유지되어 당사자로서는 그 판결이 재심이나 추완항소 등에 의하여 취소되지 않는 한 그 기판력에 반하는 주장을 할 수 없는 것이 원칙이라 할 것이며, 비록 실종자를 당사자로 한 판결이 확정된 후에 실종선고가 확정되어 그 사망간주의 시점이 소 제기 전으로 소급하는 경우에도 위 판결 자체가 소급하여 당사자능력이 없는 사망한 사람을 상대로 한 판결로서 무효가 된다고는 볼 수 없다."고 한다.[44]

위와 같은 판결의 효력을 무효라고 할 경우 실종자의 상속인으로서는 언제나 기간의 제한 없이 위 판결의 무효를 주장할 수 있게 되는데 이는 법적 안정성의

42 대법원 2014. 9. 4. 선고 2013므4201 판결, 대법원 2008. 6. 26. 선고 2007다11057 판결, 대법원 1983. 2. 22. 선고 82사18 판결.

43 대법원 1977. 3. 22. 선고 77다81, 82 판결.

44 대법원 1992. 7. 14. 선고 92다2455 판결.

측면에서 문제가 있다는 점을 고려한 것으로 보인다.[45] 결국 실종선고가 확정되기 전의 실종자에 대한 확정판결의 기판력은 그 후에 확정된 실종선고의 소급효에 의해 영향을 받지 아니하는 결과가 된다.

다만 실제로는 실종자를 피고로 하는 판결은 공시송달의 방법으로 소송이 진행되고 판결이 선고되어 그대로 확정되는 경우가 많을 것인데, 판례는 이러한 경우의 구제방법으로서, "실종자의 상속인으로서는 실종선고 확정 후에 실종자의 소송수계인으로서 위 확정판결에 대하여 소송행위의 추완에 의한 상소를 하는 것이 가능하다"고 판시하고 있다.[46]

Ⅳ. 실종기간 만료시까지 생존의 추정 여부

1. 실종선고를 받은 경우

부재자가 실종선고를 받은 경우에 실종자는 사망으로 간주되는 실종기간 만료시까지 생존한 것으로 간주되는지 또는 생존한 것으로 추정되는지에 관하여 논의가 있다.

이에 관하여 학설은 대체로 ① 실종선고 만료시까지 생존한 것으로 보아야 한다는 견해(생존간주설)[47]와 ② 실종기간 만료시까지 생존한 것으로 추정하는 견해(생존추정설)[48]로 나뉘어 있다. 한편 사망의 증명 또는 실종선고가 없는 한 생존을 전제로 법률관계가 정리되는 것이 원칙이라는 점을 들어 이러한 논의가 무용하다는 견해도 있다.[49]

판례는 '실종선고의 효력이 생기기 전까지는 생존하였던 것으로 보아야 되므로'라고 판시하여[50] 생존간주설을 취하고 있는 것으로 보인다.[51]

45 윤진수, "실종자를 피고로 하는 판결확정후 실종선고가 확정된 경우 판결의 효력", 판례해설 18호, 230~231.

46 대법원 1992. 7. 14. 선고 92다2455 판결.

47 강태성, 민법총칙(제7판), 대명출판사(2017), 206; 곽윤직/김재형, 민법총칙(제9판), 박영사(2013), 150; 김준호, 민법총칙(제12판), 법문사(2018), 107; 이영준, 민법총칙(개정증보판), 박영사(2007), 895; 이은영, 민법총칙(제5판), 박영사(2009), 199.

48 고상용, 민법총칙(제3판), 법문사(2005), 101; 김대정, 민법총칙, FIDES(2012), 266; 김용한, 민법총칙론(재전정판), 박영사(1997), 139; 김증한/김학동, 민법총칙(제10판), 박영사(2013), 166; 백태승, 민법총칙(제7판), 집현재(2016), 176; 송덕수, 민법총칙(제4판), 박영사(2018), 545.

49 명순구, 민법총칙, 법문사(2005), 141.

50 대법원 1977. 3. 22. 선고 77다81, 82 판결.

51 주석 민법, 총칙편(1)(제4판), 한국사법행정학회(2010), 433(이용운).

2. 실종선고를 받지 않은 경우

실종선고를 받지 않고 있는 경우에도 실종자는 실종선고가 있었더라면 사망으로 간주되는 시점까지 생존한 것으로 추정할 수 있는가에 대한 논의가 있다.

독일 실종법은 "실종자에게 사망선고가 없는 한 사망으로 인정되는 시점까지 생존하는 것으로 추정한다"고 명시적으로 규정하고 있다(제10조). 그러나 우리 민법에는 이에 대한 명시적 규정이 없기 때문에 견해가 갈린다.

이에 관해서는 ① 실종선고를 받는다면 사망한 것으로 보게 되는 시기(실종기간 만료시)까지는 생존한 것으로 추정하여야 하고, 그 이후에는 사망한 것으로 추정하여야 한다는 견해[52]와 ② 부재자가 실종선고를 받지 않는 한 실종기간에 관계없이 부재자의 생존을 추정한다는 견해[53] 및 ③ 본법 제28조는 위와 같은 추정을 전제로 하지 않기 때문에 생존추정의 문제는 생기지 않으며 사실문제로 해결하여야 한다는 견해[54] 등이 있다.

먼저 ①의 견해는 실종선고로 실종기간 만료시에 사망한 것으로 본다는 것은 일반적으로 생사불명의 부재자는 실종기간 만료시까지는 생존하는 것이 통상적이라는 취지를 포함하기 때문이라는 점을 근거로 든다. 그러나 이에 대해서는 실종선고를 받지 않았는데 부재자에 대하여 어떠한 시점을 기준으로 하여 생존추정, 특히 사망추정을 한다는 것은 실종선고제도를 인정한 민법의 기본입장과 양립할 수 없고,[55] 특별한 절차에 의하지 않고도 실종기간 만료시 이후로는 사망으로 추정함으로써 특별한 법적 근거도 없이 실종선고와 유사한 제도를 임의로 창설하는 결과가 된다[56]는 비판이 있다.

다음으로 ②의 견해는 사람의 생명은 존엄한 것이어서 사망의 증명 또는 실종선고가 없는 한 생존을 전제로 법률관계를 정리함이 원칙이라거나,[57] 어떤 사람

52 백태승, 민법총칙(제7판), 집현재(2016), 177.

53 고상용, 민법총칙(제3판), 법문사(2005), 102; 김대정, 민법총칙, FIDES(2012), 267; 김용한, 민법총칙론(재전정판), 박영사(1997), 139; 김주수/김상용, 민법총칙(제7판), 삼영사(2013), 177; 김준호, 민법총칙(제12판), 법문사(2018), 107; 김증한/김학동, 민법총칙(제10판), 박영사(2013), 166; 명순구, 민법총칙, 법문사(2005), 142; 이영준, 민법총칙(개정증보판), 박영사(2007), 896; 이은영, 민법총칙(제5판), 박영사(2009), 200; 민법주해 I, 총칙(1), 박영사(1992), 406(한상호).

54 강태성, 민법총칙(제7판), 대명출판사(2017), 207; 곽윤직/김재형, 민법총칙(제9판), 박영사(2013), 150; 송덕수, 민법총칙(제4판), 박영사(2018), 546.

55 고상용, 민법총칙(제3판), 법문사(2005), 102.

56 명순구, 민법총칙, 법문사(2005), 142.

57 명순구, 민법총칙, 법문사(2005), 142; 김준호, 민법총칙(제12판), 법문사(2018), 107.

의 사망을 주장하기 위해서는 실종선고를 청구하는 것이 보통이고, 그 밖에도 개개의 소송에서 전제 문제로서 사망의 사실에 대한 증명을 할 수도 있으나, 반대로 어떤 사람의 생존을 전제로 한 권리주장을 위하여 생존을 적극적으로 증명하여야 한다는 것은 부당하다는 점[58]을 근거로 한다. 그러나 이 견해에 대하여는 실종선고를 받지 않는 한 부재자가 200살이 되어도 생존하는 것으로 추정받기 때문에 부당하다는 비판이 있다. 이에 생존추정을 하더라도 어떤 합리적인 한계가 있어야 할 것이라는 견해가 있다.[59] 판례도 '사람이 110세까지 생존한다는 것은 매우 희귀한 예에 속하므로 제반 사정을 종합하여 피대위자가 소 제기 이전에 이미 사망하였을 것으로 쉽게 짐작되는 경우에는 그 사망 사실을 추인할 수 있다.'고 판시[60]하는 것과 같이 합리적인 연령까지는 생존한 것으로 추정하고, 특별히 고령인 경우에는 사망한 것으로 인정하는 입장이다.[61]

또 ③의 견해는 ①, ②의 견해에 의하여 생존한 것으로 추정되면, 그 추정을 면하려는 자가 반대의 증명, 즉 사망의 증명을 하여야 하는데 이와 같이 어려운 증명부담을 지울 근거가 없다는 점을 논거로 한다. 이에 대해서는 실종선고제도는 부재자가 생존하고 있는지 아니면 사망했는지 그러한 사실을 모르기 때문에 있는 것인데, 부재자가 사망한 것으로 간주되는 시점까지 생존하였는지라는 문제를 과연 사실문제로 해결할 수 있는지 의문이라는 비판이 있다.[62]

판례는 '부재자는 법원의 실종선고가 없는 한 사망자로 간주되지 아니한다'고 판시하고 있어[63] 위 ②의 견해를 취하고 있는 것으로 보인다.[64] 따라서 부재자에 대한 생존이 추정되므로, 그 부재자가 사망했다는 사실을 주장하여 상속 개시 또는 혼인관계의 소멸을 주장하는 자가 그 사망 사실을 증명하여야 하고, 이를 증명할 수 없는 경우에는 실종선고를 받아야 한다.

58 김용한, 민법총칙론(재전정판), 박영사(1997), 139~140.

59 고상용, 민법총칙(제3판), 법문사(2005), 102.

60 대법원 2002. 4. 26. 선고 2002다5873 판결.

61 대법원 1978. 7. 25. 선고 77다1555, 1556 판결(109세인 사람의 사망을 인정함), 대법원 1994. 10. 25. 선고 94다18683 판결(80세인 피대위자의 생존을 추정함), 대법원 1995. 7. 28. 선고 94다42679 판결(95세인 피대위자의 생존을 추정함), 대법원 2009. 9. 24. 선고 2009다38025 판결(97세인 피대위자의 생존을 추정함).

62 고상용, 민법총칙(제3판), 법문사(2005), 102.

63 대법원 1960. 9. 8. 선고 4292민상885 판결.

64 주석 민법, 총칙편(1)(제4판), 한국사법행정학회(2010), 433(이용운).

제 29 조 [실종선고의 취소]

① 실종자의 생존한 사실 또는 전조의 규정과 상이한 때에 사망한 사실의 증명이 있으면 법원은 본인, 이해관계인 또는 검사의 청구에 의하여 실종선고를 취소하여야 한다. 그러나 실종선고후 그 취소전에 선의로 한 행위의 효력에 영향을 미치지 아니한다.

② 실종선고의 취소가 있을 때에 실종의 선고를 직접원인으로 하여 재산을 취득한 자가 선의인 경우에는 그 받은 이익이 현존하는 한도에서 반환할 의무가 있고 악의인 경우에는 그 받은 이익에 이자를 붙여서 반환하고 손해가 있으면 이를 배상하여야 한다.

[관련조문] 민법 제27조, 제28조, 제741조, 제748조, 제999조, 가사소송법 제2조 제1항 제2호, 가사소송규칙 제57조, 제59조, 부재선고 등에 관한 특별조치법 제5조, 제9조, 가족관계의 등록 등에 관한 법률 제92조 제3항

[참고문헌] 김대원, "부재와 실종에 관한 판례분석", 실무연구X, 서울가정법원(2005); 김병옥, "실종의 선고와 그 취소", 가사조정 2호, 서울가정법원 조정위원회(1999); 박찬주, "실종선고취소의 효과에 대한 새로운 이해", 저스티스 99호, 한국법학원(2007); 백경일, "실종선고 취소의 소급효 제한과 상속회복청구에 관한 고찰 : 실종선고의 취소가 이미 상속되고 전득된 재산 및 그 파생이익에 미치는 영향", 가족법연구 제25권 제3호, 한국가족법학회(2011); 윤부찬, "잔존배우자의 재혼과 실종선고의 취소", 가족법연구 제28권 제1호, 한국가족법학회(2014); 장재옥, "실종선고의 취소의 효과", Jurist 409호 : 2006년 1호(민법총칙)(v.2006-1), 청림출판(2006); 황경웅, "실종선고 취소의 효과", 중앙법학 17집 3호, 중앙법학회(2015)

Ⅰ. 본조의 의의

실종선고의 취소란 실종선고에 의하여 사망으로 간주되는 효과를 번복하기 위한 가정법원의 심판절차를 말한다.[1] 실종선고가 내려진 이상 실종자가 생존하고

[1] 백태승, 민법총칙(제7판), 집현재(2016), 178; 이은영, 민법총칙(제5판), 박영사(2009), 200.

있다거나 또는 사망한 것으로 보는 때(실종기간 만료시)와 다른 시기에 사망하였다는 사실에 대한 증명이 있어도 그것만으로는 사망의 간주라는 실종선고의 효과를 뒤집지 못한다. 이와 같이 사실과 다른 실종선고에 의한 사망간주의 효과는 실종선고의 취소절차에 의하여서만 번복될 수 있다. 판례도 실종선고가 취소되지 않는 한 반증을 들어 실종선고의 효과를 다툴 수 없다고 판시하고 있고,[2] 실종선고로 인하여 실종기간 만료시를 기준으로 하여 상속이 개시된 이상 설사 이후 실종선고가 취소되어야 할 사유가 생겼다고 하더라도 실제로 실종선고가 취소되지 아니하는 한, 임의로 실종기간이 만료하여 사망한 때로 간주되는 시점과는 달리 사망시점을 정하여 이미 개시된 상속을 부정하고 이와 다른 상속관계를 인정할 수 없다고 판시하고 있다.[3]

Ⅱ. 실종선고취소의 요건

1. 실종선고취소사유의 증명

실종선고를 취소하기 위해서는 다음과 같은 사실들 중 하나에 대한 증명이 있어야 한다.

가. '실종자의 생존한 사실'의 증명(본조 제1항)

생존한 사실의 증명이란 실종자 본인이 살아 있다는 사실을 증명하는 것을 말한다. 실종자 본인이 직접 청구하거나, 실종자 본인으로부터 확실한 소식이 있었다는 점을 증명한 경우 등이 이에 해당하며, 그 시기에는 제한이 없기 때문에 실종선고 후 몇 년이 경과하더라도 청구할 수 있다.

나. '실종선고로 사망한 것으로 보는 시기(실종기간 만료시)와 다른 시기에 사망한 사실'의 증명(본조 제1항)

실종기간 만료시와 다른 시기에 사망한 사실의 증명이란 실종선고에서 정한 실종기간 만료시에 사망한 것이 아니라는 것을 증명하면 족하고, 실제로 언제 사망하였는지까지 증명할 필요는 없다. 예컨대 최후의 소식이 있던 시기(보통실종)나 위난이 종료한 시기(특별실종), 즉 실종기간의 기산점을 잘못 인정하였기 때문에 다른 시기에 사망한 것으로 본 경우 등도 이에 해당할 것이다.

2 대법원 1995. 2. 17. 선고 94다52751 판결, 대법원 1970. 3. 10. 선고 69다2103 판결.
3 대법원 1994. 9. 27. 선고 94다21542 판결.

다. '실종기간의 기산점 이후의 어떤 시기에 생존하고 있었던 사실'의 증명

본조에는 위 사유가 실종선고의 취소사유로 규정되어 있지 않지만 위 사유도 실종선고의 취소사유로 인정하는 데 이론이 없다. 종래 실종선고의 실종기간 기산점 이후의 어떤 시기에(실종기간의 만료 전이든 그 이후이든 불문하고) 실종자가 생존하고 있었다는 사실이 증명되면 실종선고의 기산점이 달라짐으로써 종래의 실종선고에 따른 사망간주시기와 다른 시기에 사망한 것이 될 것이다. 따라서 설령 다시 실종선고가 내려질 수 있다 하더라도 새로운 실종기간 만료시를 기준으로 하면 상속 등 법률관계에 변동이 발생할 수 있으므로 이를 취소사유로 인정하는 것이다.

2. 본인, 이해관계인 또는 검사의 청구

실종선고취소의 절차는 본인, 이해관계인 또는 검사의 청구가 있어야 개시된다. 여기서 이해관계인은 실종선고의 경우보다 넓게 실종자의 권리회복에 관하여 이해관계를 갖는 모든 자를 포함하는 것으로 해석된다. 예컨대 배우자, 상속인은 이해관계인이 된다.

실종선고를 받은 자가 생존하는 동안 권리를 갖는 권리자, 보험금을 지불한 생명보험회사, 친권자, 후견인이었던 자도 이해관계인에 포함된다고 할 것이다.[4] 검사에게 취소청구권이 인정되는 취지는 실종선고 청구의 경우와 같다.

판례는 실종선고를 받은 피상속인이 민법 시행 전인 1938. 3. 23.에 사망하였다 하더라도 그 당시 자식 없이 생존해 있던 피상속인의 처가 민법 시행 전의 관습상 제1순위 상속인이므로, 피상속인의 조카로서 후순위 상속인에 불과한 청구인은 실종선고취소를 청구할 이해관계인이 될 수 없다고 판시하였다.[5]

실종선고취소의 청구 기간에 대하여는 정해져 있지 아니하다.

Ⅲ. 실종선고취소의 절차

1. 관할법원

실종선고취소사건은 실종자의 주소지를 관할하는 가정법원의 전속관할에 속한다(가사소송법 제44조 제1항 제1호 나목). 실종자의 생존을 이유로 하는 경우에는

4 주석 민법, 총칙편(1)(제4판), 한국사법행정학회(2010), 436(이용운).
5 대법원 2008. 8. 28.자 2008스20 결정.

그 실종자의 현재의 주소지가, 실종자가 실종기간 만료일자, 즉 사망간주일자와 다른 일자에 사망하였음을 이유로 하는 경우에는 그 사망 당시의 마지막 주소지가 각각 관할의 표준이 된다. 따라서 실종선고 청구사건의 관할과 반드시 일치하는 것은 아니다.[6] 실종자의 주소가 국내에 없거나 이를 알 수 없을 때에는 대법원이 있는 곳의 가정법원, 즉 서울가정법원이 관할한다(가사소송법 제35조 제2항, 제13조 제2항). 실종선고의 취소에 관한 사건은 라류 가사비송사건으로[가사소송법 제2조 제1항 제2호 가목 3)], 단독판사의 심판사항이다(법원조직법 제40조).

2. 심리

실종선고취소사건은 실무상 실종선고사건과는 별개, 독립의 사건으로 취급된다.

실종선고취소사건의 심리는 실종선고의 경우와 같은 방법으로 한다. 실종자 본인의 생존을 이유로 하는 실종선고취소사건에서는 그 사람의 동일성 여부가 주된 심리의 대상이 된다. 실무에서는 실종자 본인의 사진을 제출받아 경찰서에 실종자의 십지문조회를 하여 동일인 여부를 확인하는 방법이 많이 사용되는데, 이는 실무상 실종자 본인이 아님에도 허위로 실종자 행세를 하는 경우가 있기 때문이다.[7]

3. 공시최고 불필요

실종선고취소의 절차에는 실종선고의 절차와는 달리 공시최고를 하지 아니한다.

4. 심판 및 불복절차

실종선고의 취소청구에 대한 제1심 종국재판은 심판으로써 한다(가사소송법 제39조 제1항). 본조에서 '실종선고를 취소하여야 한다'라고 규정하고 있으므로 그 요건을 갖춘 실종선고의 취소청구가 있으면 가정법원은 재량의 여지없이 실종선고를 취소하여야 한다고 해석된다.

실종선고를 취소한 심판에 대하여는 이해관계인이 즉시항고를 할 수 있다(가사소송규칙 제57조). 한편 실종선고의 취소청구를 기각한 심판에 대하여는 실종자 본인

6 법원실무제요 가사[Ⅱ], 법원행정처(2010), 269.
7 법원실무제요 가사[Ⅱ], 법원행정처(2010), 270.

또는 이해관계인이 즉시항고 할 수 있다(가사소송규칙 제57조). 즉시항고의 기간은 심판이 실종선고 취소청구인에게 고지된 날부터, 청구인이 여러 사람인 때에는 최후로 심판을 고지받은 자가 그 고지를 받은 날부터 각 14일이다(가사소송법 제43조 제5항, 가사소송규칙 제31조). 실종선고 취소청구인이 아닌 이해관계인도 위의 즉시항고 기간 내에 즉시항고를 할 수 있다.[8] 즉시항고 기간이 경과한 뒤에는 그 심판에 대하여 이해관계인은 더 이상 불복할 수 없다.[9] 한편 실종선고취소심판에 있어서 당초의 실종선고 청구인은 이해관계인은 될 수 있을지언정 그 취소심판 청구인과 같은 지위에 선다고 볼 수 없으므로, 실종선고 취소심판은 취소심판청구인에게만 고지하면 되고, 당초의 실종선고 청구인에게도 고지하여야 하는 것은 아니다.[10]

5. 심판확정 후의 조치

가. 가정법원 법원사무관 등의 공고 및 통지

실종선고 취소심판이 확정된 때에는 가정법원의 법원사무관 등은 지체 없이 그 뜻을 공고하여야 하고(가사소송규칙 제59조), 지체 없이 실종자의 등록기준지의 가족관계등록사무를 처리하는 자에게 그 뜻을 통지하여야 한다(가사소송규칙 제7조 제1항 제3호).

나. 실종선고취소의 신고

실종선고취소의 청구인은 실종선고취소 심판확정일로부터 1개월 이내에 실종선고취소 심판서의 등본 및 확정증명서를 첨부하여 관할 가족관계등록사무 처리기관에 신고하여야 한다(가족관계의 등록 등에 관한 법률 제92조 제3항, 제58조). 이는 재판의 확정에 따른 신고이므로 보고적 신고이다. 실종선고의 취소가 있게 되면 실종선고의 신고로 폐쇄되었던 실종자의 가족관계등록부는 부활한다.[11]

IV. 실종선고취소의 효과

1. 원칙 - 원상회복

가. 실종선고취소의 심판이 확정되면 실종선고는 처음부터 없었던 것과 같은

8 김대정, 민법총칙, FIDES(2012), 275.
9 대법원 1983. 9. 17.자 83스30 결정.
10 대법원 1983. 9. 17.자 83스30 결정.
11 가족관계등록실무[Ⅱ], 법원행정처(2012), 120.

효과가 발생하는 것이 원칙이다. 즉 실종선고로 인하여 생긴 법률관계는 소급적으로 무효가 되어 실종자의 재산관계와 가족관계는 모두 실종선고 전의 상태로 원상회복된다. 실종선고취소의 효과는 그 취소사유에 따라 다소간 차이가 있다.

나. '실종자의 생존'을 이유로 하여 취소된 때에는 실종선고를 원인으로 발생한 권리변동은 생기지 않는 것으로 된다. 따라서 실종자의 재산관계와 가족관계는 선고 전의 상태로 회복된다. 예컨대 혼인은 해소되지 않고 존속하고 있는 것이 되고, 상속도 개시되지 않은 것으로 된다. 그 밖에 사망을 원인 내지 전제로 한 여러 가지 권리변동은 모두 소급하여 존재하지 않았던 것으로 되고, 현실로 이동된 재화는 모두 복귀되어야 한다.[12] 실종선고를 원인으로 재산을 취득한 상속인과 그 전득자는 법률상 원인을 구비하지 못한 것이 되어 부당이득으로서 반환하여야 한다.[13]

다. '실종선고에 의한 사망간주시기(실종기간 만료시)와 다른 시기에 사망하였음'을 이유로 취소하는 때에는 그 정확한 사망 시기를 표준으로 하여 다시 사망에 기한 법률관계가 확정된다. 사망시기가 달라짐에 따라서 상속으로 인한 재산의 귀속관계에 변동이 생길 수 있다. 예컨대 실종선고를 받은 A에게 배우자 B, 자 C, 부(父) D가 있는 경우 A가 사망한 것으로 간주되는 때보다 후에 C가 사망하였다고 하면, 이 경우 A의 재산은 B와 C가 공동상속하나 그 후 C가 사망함으로써 결국 B가 단독상속하게 된다. 그러나 A가 실제로 사망한 날짜가 C가 사망한 날보다 나중이라는 것이 밝혀지고 이를 이유로 실종선고가 취소되면 A의 사망 당시 이미 사망한 C는 A를 상속할 수 없고, B와 D가 공동상속하게 된다.[14]

라. '실종기간 기산점 이후의 어떤 시기에 생존하고 있었음'을 이유로 취소된 때에는 일단 실종선고 전의 상태로 환원하고, 이해관계인이 새로운 기산점을 증명하여, 새로 실종선고를 청구하여야 한다. 만약 새로운 실종선고가 내려진 경우에는 취소된 종전의 실종선고를 기초로 행해진 상속과 재혼의 효력은 그대로 유지되는 것으로 보아야 할 것이나, 새로운 사망간주시기를 기준으로 할 때 상속순위가 달라지는 등 상속관계에 변동이 발생할 수 있다.[15] 이 점은 '실종기간 만료시

12 김용한, 민법총칙론(재전정판), 박영사(1997), 141.
13 주석 민법, 총칙편(1)(제4판), 한국사법행정학회(2010), 437~438(이용운).
14 주석 민법, 총칙편(1)(제4판), 한국사법행정학회(2010), 438(이용운).
15 김대정, 민법총칙, FIDES(2012), 276.

와 다른 시기에 사망하였음'을 이유로 실종선고가 취소되는 경우와 마찬가지이다.

2. 예외 - 원상회복의 제한

가. 의의

실종선고가 취소되면 실종선고로 인해 발생한 법률효과가 소급적으로 무효가 되고, 원상회복된다는 원칙이 엄격히 관철되면 실종선고를 신뢰하여 행동한 잔존 배우자, 상속인, 상속인으로부터의 전득자 등 이해관계인은 예측하지 못한 손해와 불이익을 받을 수가 있고, 거래의 안전도 보호되지 못하게 된다. 이에 민법은 실종선고가 사실에 반함을 알지 못한 선의자의 보호를 위하여 실종선고취소의 원상회복 원칙에 대한 두 가지 예외를 인정하고 있다.

첫 번째는 실종선고가 취소되더라도 '실종선고 후 그 취소 전에 선의로 한 행위의 효력에 영향을 미치지 않는다'(본조 제1항 단서)고 규정하여 위 요건을 갖춘 경우에는 '그 행위의 효력을 유효'한 것으로 인정하고 있고, 두 번째는 '실종의 선고를 직접원인으로 하여 재산을 취득한 자가 선의인 경우에는 그 받은 이익이 현존하는 한도 내에서 반환할 의무가 있고, 악의인 경우에는 그 받은 이익에 이자를 붙여서 반환하고 손해가 있으면 이를 배상하여야 한다'(본조 제2항)고 규정하여 실종선고를 신뢰한 선의자의 '이득반환의 범위를 제한'하고 있다.[16]

나. 실종선고 후 그 취소 전에 선의로 한 행위의 효력(본조 제1항 단서)

1) 요건

실종선고의 취소는 실종선고 후 그 취소 전에 선의로 한 행위의 효력에 영향을 미치지 아니한다(본조 제1항 단서). 즉 실종선고가 취소되더라도 다음의 두 가지 요건을 갖춘 경우에는 그 행위의 유효성이 유지된다는 것이다.

첫 번째는 그 법률행위가 '실종선고 후 그 취소 전'에 행해졌어야 한다. 따라서 실종기간 만료 전에는 물론 '실종기간 만료 후 실종선고 전'에 행한 행위에 관하여는 선의로 행한 행위라도 본조에 의해 보호받지 못한다. 실종선고가 있기 전에는 실종자의 사망이 간주되지 아니할 뿐 아니라, 실종선고에 대한 신뢰가 있을 수 없기 때문이다.

두 번째는 그 법률행위를 '선의'로 하였어야 한다. 여기서 '선의'란 실종선고가 사실에 반하는 것, 즉 실종자가 살아 있다는 사실 또는 사망간주시기인 실종기간

16 주석 민법, 총칙편(1)(제4판), 한국사법행정학회(2010), 439(이용운).

만료시와 다른 시기에 사망하였다는 사실 또는 실종기간의 기산점 이후의 어떤 시기에 생존하고 있었던 사실을 알지 못하였음을 의미한다. 본법 제29조 제1항 단서에 의하여 보호받기 위해서는 선의이면 충분하고, 실종선고가 사실에 반함을 알지 못한 데에 무과실일 필요는 없다는 것이 다수설이다.[17] 다만 중과실이 있는 경우에는 고의와 같은 것으로 보아야 하므로 본법 제29조 제1항 단서의 적용이 없다는 견해[18]와 선의취득 요건(본법 제249조)과의 균형상 무과실도 필요하다고 보는 견해[19]도 있다. 그리고 선의인지 여부는 행위 당시를 기준으로 판단한다.[20] 선의의 증명책임은 행위자측, 즉 행위의 유효를 주장하는 측에서 부담한다.[21]

주의할 것은 본조 제1항 단서에 의하여 선의로 한 법률행위의 유효성이 인정된다고 하더라도, 실종선고취소로 인한 상속인 또는 수유자 등과 같이 실종선고를 직접원인으로 재산을 취득한 자(본법 제29조 제2항에 규정된 자)의 재산반환의무는 면제되지 않는다는 것이다. 본조 제1항 단서는 실종자의 상속인 등 직접취득자가 그 상속재산 등을 처분한 경우 일정한 요건 아래 실종선고에 영향 받지 않고 그 처분행위가 유효한 것으로 인정됨으로써 전득자가 그 재산을 취득할 수 있다는 의미일 뿐이고, 그로 인한 반사적 효과로서 상속인 등 직접취득자가 유효하게 상속재산 등을 취득한다는 의미는 아니다.[22] 따라서 실종선고가 취소되면 실종선고를 직접원인으로 하여 재산을 취득한 자는 그가 선의이든, 악의이든 관계없이 그 재산의 소유권을 상실한다. 따라서 상속인 등 직접취득자는 별도의 권리취득원인이 없는 한 언제나 실종자에게 그 재산을 반환하여야 한다. 다만 그 반환 범위는 본법 제29조 제2항에 따라 정하여진다. 요컨대 본조 제1항은 상속인 등 직접취득자를 보호하려는 규정이 아니다.

2) 행위의 효력이 유지되는 범위

본법 제29조 제1항 단서는 '선의로 한 행위'만을 실종선고의 취소에도 영향받

17 명순구, 민법총칙, 법문사(2005), 145; 백태승, 민법총칙(제7판), 집현재(2016), 179; 송덕수, 민법총칙(제4판), 박영사(2018), 548; 이은영, 민법총칙(제5판), 박영사(2009), 205; 민법주해 I, 총칙(1), 박영사(1992), 412(한상호); 주석 민법, 총칙편(1)(제4판), 한국사법행정학회(2010), 439(이용운).

18 명순구, 민법총칙, 법문사(2005), 145.

19 김주수/김상용, 민법총칙(제7판), 삼영사(2013), 179.

20 김증한/김학동, 민법총칙(제10판), 박영사(2013), 168; 명순구, 민법총칙, 법문사(2005), 145; 주석 민법, 총칙편(1)(제4판), 한국사법행정학회(2010), 439(이용운).

21 주석 민법, 총칙편(1)(제4판), 한국사법행정학회(2010), 439~440(이용운).

22 강태성, 민법총칙(제7판), 대명출판사(2017), 213.

지 않고 그 효력이 계속 유지된다고 하는데, 그 '선의로 한 행위'의 해석에 관하여 학설상 여러 견해가 제시되고 있다. 우선 본법 제29조 제1항 단서가 재산적 행위에만 적용되는 것인지, 신분적 행위에까지도 적용되는지, 또한 법률행위에 관계된 당사자 전원이 선의이어야 하는지, 일부 당사자만 선의이면 족한지 등을 중심으로 다양하게 견해가 나뉘고 있다. 이 쟁점에 관하여 현재 판례는 없다. 이하에서는 우선 재산적 행위와 신분적 행위로 나누어 살펴본다.

가) 재산적 행위

(1) 단독행위

재산상의 단독행위인 채무면제·해제·취소 등을 실종선고의 취소 전에 행한 경우에 단독행위자가 선의이기만 하면 실종선고의 취소가 있더라도 그 법률행위는 유효하다고 보는 것이 다수설이다.[23] 따라서 단독행위에서는 상대방의 의사표시 수령을 필요로 하는 행위라 하더라도 그 상대방은 의사표시의 상대방이 아니므로, 행위자만 선의이면 비록 상대방이 악의라 하더라도 그 행위는 유효하다고 한다. 이에 대하여 단독행위자가 선의라면 그 단독행위는 유효하지만, 그 상대방이 악의인 때에는 그 단독행위에 의한 수익이 있으면 악의의 수익자로서 그 이득을 반환하여야 한다고 보는 견해[24]와 채무면제의 경우에 한하여 상대방이 악의인 때에는 악의의 수익자로서 책임을 진다는 견해[25]가 있다. 단독행위는 그 행위자의 의사표시만으로 법률행위가 성립하고, 그 상대방의 의사는 그 법률행위의 성립에 영향을 미칠 수 없으므로, 단독행위자만 선의이면 유효하다고 보는 다수설이 타당하다.

(2) 계약

실종선고 후 취소 전에 한 법률행위가 계약인 경우에 그 법률행위에 관계된 여러 명의 당사자들 중 어느 범위까지 선의이어야 그 법률행위가 유효한가에 관하여 견해가 나뉜다. 실종선고 후 실종자 A의 재산을 B가 상속한 후, B가 이를 C에게 매도하고, C가 이를 다시 D에게 매도하였으며, D가 다시 E에게 매도하였는데, 그 후 A에 대한 실종선고가 취소된 경우를 예로 들어 살펴본다(이하에서

23 강태성, 민법총칙(제7판), 대명출판사(2017), 214; 고상용, 민법총칙(제3판), 법문사(2005), 107; 김용한, 민법총칙론(재전정판), 박영사(1997), 143; 김증한/김학동, 민법총칙(제10판), 박영사(2013), 168; 송덕수, 민법총칙(제4판), 박영사(2018), 548; 백태승, 민법총칙(제7판), 집현재(2016), 179.

24 명순구, 민법총칙, 법문사(2005), 152.

25 김증한/김학동, 민법총칙(제10판), 박영사(2013), 168.

A, B, C, D, E 등으로 표현하는 경우는 위 사례에 표시된 사람을 의미한다).

(가) 관계당사자 전원선의설(전원선의설)

계약의 경우에는 모든 계약의 양 당사자 모두가 선의이어야 하고, 일방 당사자만 선의인 경우에는 무효라고 보는 견해이다.[26] 위 사례에 적용하여보면 B와 C(매매), C와 D(전매), D와 E(전매)는 각각 계약 당사자에 해당하므로 B, C, D, E 모두 선의이어야 한다. B, C, D, E 중 어느 한 당사자라도 악의이면 C, D, E는 A에게 재산을 반환하여야 한다. 이와 같이 계약관계 당사자 전원의 선의를 요구하는 이유는 실종자의 이익을 거래안전보다 더 두텁게 보호하려는 데 있다.[27] 또한 민법 제29조 제1항 단서의 조문상 '행위'로 되어 있고 그 행위는 매매·증여 등 계약의 경우에는 매매계약 또는 증여계약 등 계약 그 자체를 가리키는 것이므로, 이에 관여한 당사자 쌍방이 선의임을 의미하는 것이라 한다.

이 견해에 대하여는, 악의자로부터 양수한 선의자에게 불측의 손해를 주게 되고, 나아가 거래관계가 계속될수록 당사자가 많아지는데 그 중 한명이라도 악의자가 있는 경우에는 거래가 무효가 되므로 거래의 안전을 해칠 염려가 있다는 비판이 있다.

(나) 쌍방선의설

계약의 양당사자 모두의 선의가 필요하다고 하되, 어느 한 단계에서 양당사자가 선의이면 그 행위는 확정적으로 유효하게 되며, 그 이후의 전득자는 설사 악의라고 하더라도 반환청구를 당하지 않는다는 견해이다.[28] 이 견해는 '한 세트의 양당사자의 선의에 의하여 하자는 치유되었고, 그 후의 취득자는 하자 없는 권리를 취득하였다'고 본다. 위 사례에서 보면, B와 C가 모두 선의이면 C는 확정적으로 소유권을 취득하므로 그 이후 D나 E는 선의·악의에 관계없이 권리자로부터 이전받은 것이기 때문에 유효하게 소유권을 취득하게 된다. 만약 B는 선의, C는 악의, D가 선의라면 D는 소유권을 취득하지 못한다.

이 견해에 대해서도 권리를 취득하지 못한 악의자로부터 양수한 선의자에게

26 곽윤직/김재형, 민법총칙(제9판), 박영사(2013), 152; 김증한/김학동, 민법총칙(제10판), 박영사(2013), 169; 백태승, 민법총칙(제7판), 집현재(2016), 179; 이영준, 민법총칙(개정증보판), 박영사(2007), 897; 민법주해 Ⅰ, 총칙(1), 박영사(1992), 413~414(한상호); 황경웅, "실종선고 취소의 효과", 중앙법학 17집 3호, 중앙법학회(2015), 105~107.

27 백태승, 민법총칙(제7판), 집현재(2016), 179; 이영준, 민법총칙(개정증보판), 박영사(2007), 898.

28 송덕수, 민법총칙(제4판), 박영사(2018), 549.

불측의 손해를 가함으로써 거래의 안전을 해친다는 비판과 당사자 쌍방이 선의이면 그 후의 악의자도 보호를 받는 결과가 되므로 정의에 반한다는 비판이 있다.

(다) 상대적 효력설

계약의 모든 당사자에 대하여 획일적으로 결정할 것이 아니라 선의자에 대한 관계에서는 물권이전 등 권리처분의 효력을 인정하고, 악의자에 대해서는 무효로 본다는 견해이다. 즉 각 당사자에 따라서 개별적·상대적으로 그 효력을 결정하여야 한다는 것이다.[29] 위 사례에서 보면, A는 B, C, D, E 모두가 선의이면 목적물의 반환을 청구할 수 없음은 관계당사자 전원선의설이나 쌍방선의설과 같다. 그러나 D가 악의, E가 선의이면 A는 E에 대해서는 목적물의 반환을 청구할 수 없지만 D에 대해서는 목적물의 반환에 갈음하는 이익(목적물의 가액)의 반환을 청구할 수 있다. 이와 반대로 B, C, D가 모두 선의이고 E가 악의이면 A는 E에 대하여는 목적물의 반환을 청구할 수 있다. 요컨대 전득자 C 이하의 자는 자기만 선의이면 전에 악의자가 개입되어 있었다고 하더라도 A의 재산반환청구로부터 보호되지만, 만약 악의라면 전의 거래 당사자가 모두 선의였다고 하더라도 보호될 수 없게 된다. 결국 선의자만 선택적으로 보호를 받게 된다. 이 견해는 실종자의 이익보다는 거래의 안전을 보다 중시하는 견해이다.

이 견해에 대하여는 실종자는 선의자에게는 반환청구를 할 수 없지만, 그 후 악의자에게 양도되면 그 악의자에게는 다른 권리취득원인(예컨대 취득시효 완성)이 없으면 언제든지 반환청구를 할 수 있으므로 법률관계를 신속히 확정할 수 없고, 또 악의의 양수인이 재산을 추탈당하게 되면 선의자가 악의의 양수인에게 담보책임을 지게 되므로 결과적으로는 선의자가 보호되지 않는다는 비판이 있다.[30] 또 선의자로부터 양수한 자는 선의자가 확정적으로 취득한 권리를 양수한 것이므로 그 자신이 악의이더라도 권리를 취득하고 반환을 거부할 수 있다고 보는 것이 논리적이라는 비판이 제기된다.

(라) 절대적 효력설(절대적 구성설)

실종선고를 직접원인으로 하여 재산을 취득한 자(예컨대 상속인)로부터 그것을

29 김대정, 민법총칙, FIDES(2012), 279; 김용한, 민법총칙론(재전정판), 박영사(1997), 143.

30 이에 대하여 '악의의 양수인이 재산을 추탈당하더라도 이는 그 자신의 악의에 기한 것일 뿐이므로, 선의의 양도인은 재산을 추탈당한 악의의 양수인에게 담보책임을 지지 않는다'는 반론도 제기되고 있다. 강태성, 민법총칙(제7판), 대명출판사(2017), 217; 김대정, 민법총칙, FIDES(2012), 278; 황경웅, "실종선고 취소의 효과", 중앙법학 17집 3호, 중앙법학회(2015), 101~103.

양수한 전득자가 선의이면, 직접취득자와 전득자 쌍방이 선의인 경우는 물론 전득자만이 선의인 경우에도 전득자는 확정적으로 소유권을 취득하고(이른바 '절대적 구성'), 그로부터 양수한 자는 악의이더라도 권리를 유효하게 취득한다는 견해이다.[31] 위의 사례에서 B가 악의이고, C가 선의이면 C는 확정적으로 소유권을 취득하게 되고, D, E가 악의이더라도 소유자인 C로부터 권리를 취득하였으므로 유효하게 소유권을 취득한다. 따라서 A는 E에게 반환을 청구할 수 없고, B에게만 본법 제29조 제2항에 의한 이익반환을 구할 수 있을 뿐이다. 다만 이 경우에도 악의자 D의 책략으로 선의자 C를 도구로 사용하여 중간에 개재시켰을 경우에는 예외로 한다.

이 견해에 대해서는 결과적으로 악의자도 보호된다는 점에서 실종자를 비롯한 진정한 권리자의 보호에 미흡하다는 비판이 제기되고 있다.

(마) 전득자선의설

전득자가 선의인 경우에는 본법 제29조 제1항 단서의 보호를 받는다는 견해이다. 민법 제29조 제1항 단서는 법원의 실종선고를 신뢰한 전득자를 보호하기 위한 규정이라는 점을 근거로 든다. 이 견해에서는 위의 사례에서 C가 악의인 경우에는 A가 C에 대하여 목적물의 반환을 청구할 수 있지만, C가 선의인 경우에는 A가 C에게 그 반환을 청구할 수 없고, B에 대하여 그 재산의 시가 상당액을 부당이득으로서 반환을 구할 수 있을 뿐이라고 한다. 또 이 견해에 따르면, 만약 B, C, D가 모두 선의인 경우에는 A가 D에게 목적물의 반환을 청구할 수 없고, 역시 B에 대하여 시가 상당액의 부당이득반환을 구할 수 있을 뿐이나, D가 악의인 경우에는 D에게 그 반환을 청구할 수 있고, 이 경우 D는 C에 대하여 매매대금의 반환을 청구할 수 있으며, C는 다시 B에게 매매대금의 반환을 청구할 수 있게 된다.[32]

이에 대하여는 실종선고를 직접원인으로 재산을 취득한 자(B)와 그로부터 재산을 취득한 자(C)가 모두 선의인 경우에도, 그 이후의 전득자(D 또는 E)가 악의이면 선의의 취득자(C)가 보호받지 못하게 된다는 비판이 제기되고 있다.[33]

31 강태성, 민법총칙(제7판), 대명출판사(2017), 217; 고상용, 민법총칙(제3판), 법문사(2005), 106~107; 김주수/김상용, 민법총칙(제7판), 삼영사(2013), 180; 김준호, 민법총칙(제12판), 법문사(2018), 110; 명순구, 민법총칙, 법문사(2005), 147~151.

32 이은영, 민법총칙(제5판), 박영사(2009), 205~207.

33 송덕수, 민법총칙(제4판), 박영사(2018), 549.

나) 신분적 행위

(1) 단독행위

실종선고에 의한 상속의 한정승인 또는 포기 등의 신분적 단독행위는, 행위자가 선의로 하였다 하더라도 실종선고가 취소된 경우에는 상속 그 자체가 개시되지 아니한 것으로 되기 때문에 승인·포기 등은 소급적으로 무효가 된다고 하는 것이 통설이다. 따라서 이러한 상속의 승인·포기에는 본법 제29조 제1항 단서가 적용되지 않는다.

(2) 잔존배우자의 재혼

신분적 행위로서 가장 문제가 되는 것은 잔존배우자의 재혼으로서, 재혼 후 실종선고가 취소되는 경우 재혼의 효력이 문제가 된다.

독일 혼인법과 스위스 민법은 이에 관하여 명문의 규정을 두어 입법적으로 해결하고 있다. 독일 혼인법에서는 실종자의 사망선고 후 잔존배우자가 재혼한 경우 양당사자가 악의가 아닌 한 원칙적으로 후혼이 유효하고, 설령 사망선고가 취소되더라도 전혼은 해소되는 것으로 규정한다. 다만 재혼한 자의 의사를 중시하여 그가 악의가 아닌 한 후혼의 해소를 청구할 수 있고, 이때에는 전 배우자와 혼인을 하여 전혼을 부활시킬 수 있다고 규정한다(제38조, 제39조).[34] 한편 스위스 민법에서는 '배우자의 일방에게 실종이 선고된 경우에는 다른 배우자는 전혼이 재판상 해소된 후가 아니면 재혼을 할 수 없다. 다른 배우자는 실종선고와 동시에 또는 특별한 재판절차에 의하여 혼인의 해소를 청구할 수 있다. 이 절차는 이혼의 경우와 동일한 규정에 따른다'라고 규정하여 잔존배우자는 전혼이 재판상 해소된 후에야 재혼할 수 있도록 규정하고 있다(제102조).

우리 민법에는 이에 관한 아무런 규정이 없으므로 여러 가지 견해가 대립되고 있다. A에 대하여 실종선고가 내려진 후 A의 잔존배우자 B가 C와 재혼하였는데, 그 후 A에 대한 실종선고가 취소된 경우를 예로 들어 살펴본다.

(가) 쌍방선의설

실종선고 후 잔존배우자가 재혼한 경우 재혼의 양당사자가 모두 선의인 경우에만 실종선고가 취소되더라도 후혼(後婚)의 효력에는 영향을 미치지 아니하므로 후혼이 유효하고, 실종자와 잔존배우자의 전혼(前婚)은 부활하지 않는다는 견해이

[34] 백태승, 민법총칙(제7판), 집현재(2016), 180.

다. 만약 재혼당사자의 일방 또는 쌍방이 악의이면 전혼이 부활하게 되므로, 전혼에는 이혼원인이 생기고,[35] 후혼은 중혼(重婚)이 되어 취소할 수 있게 된다고 한다. 이러한 견해가 통설이다.[36] 이 견해에서는 본법 제29조 제1항 단서에 규정된 '행위'에는 재산적 행위뿐만 아니라 신분적 행위도 포함된다고 본다. 한편 재산적 행위에 관하여 쌍방선의설을 취하지 않는 입장에서도 신분적 행위에 관하여는 쌍방선의설을 취하는 견해도 있다.[37]

다만 이러한 통설적 견해 중에도 재혼당사자의 일방 또는 쌍방이 악의이면 후혼은 취소할 수 있는 것이 아니라 무효라고 보아야 한다는 견해도 있다.[38]

이러한 견해에 대하여는 선의의 잔존배우자 B가 전혼의 부활을 원하는 경우에도 전혼이 부활하지 않는 반면에, 전혼의 부활을 원하지 않는 악의의 잔존배우자에게 오히려 전혼이 부활하는 결과가 되어 부당하다는 비판이 있다.

(나) 전혼부활·중혼취소설

후혼의 당사자, 즉 잔존배우자와 그 상대방의 선의, 악의 여부에 관계없이 실종선고가 취소된 경우에는 언제나 전혼이 부활하고, 전혼과 후혼의 중혼상태가 발생하게 된다는 견해이다.

이 견해는 중혼상태를 해소할 방법에 관하여 후혼의 상대방(C)을 중시하는 견해와 실종자(A)를 중시하는 견해로 다시 나뉜다.

우선 후혼의 상대방(C)을 중시하는 견해는, 후혼의 양당사자(B, C) 모두 선의인 경우와 후혼의 상대방(C)만이 선의인 경우에는 후혼이 유효하고, 전혼이 중혼으로서 취소되어야 하며, 만약 후혼의 상대방(C)만이 악의이거나 후혼의 양당사자 모두 악의인 경우에는 후혼이 취소의 대상이 되나, 실종자가 전혼의 유지를 원하지 않을 때에는 배우자의 부정행위를 이유로 이혼청구를 할 수 있다고 본다.[39]

35 실종자의 배우자가 선의인지, 악의인지를 구별하여, 실종자의 배우자가 악의이면 '배우자의 부정한 행위가 있었을 때'라는 이혼원인이 생기고(본법 제840조 제1호), 선의이면 '기타 혼인을 계속하기 어려운 중대한 사유가 있을 때'라는 이혼원인이 생긴다고 보는 견해가 있다. 강태성, 민법총칙(제7판), 대명출판사(2017), 217~218; 송덕수, 민법총칙(제4판), 박영사(2018), 550.

36 강태성, 민법총칙(제7판), 대명출판사(2017), 218; 곽윤직/김재형, 민법총칙(제9판), 박영사(2013), 152; 김주수/김상용, 민법총칙(제7판), 삼영사(2013), 180; 김증한/김학동, 민법총칙(제10판), 박영사(2013), 170; 김용한, 민법총칙론(재전정판), 박영사(1997), 144; 백태승, 민법총칙(제7판), 집현재(2016), 179~180; 송덕수, 민법총칙(제4판), 박영사(2018), 550; 민법주해 Ⅰ, 총칙(1), 박영사(1992), 416(한상호).

37 김용한, 민법총칙론(재전정판), 박영사(1997), 144.

38 김증한/김학동, 민법총칙(제10판), 박영사(2013), 170.

39 이은영, 민법총칙(제5판), 박영사(2009), 208~209.

다음으로 실종자(A)를 중시하는 견해는, 본법 제29조 제1항 단서는 재산상의 행위에만 적용되고 신분상의 행위에는 적용되지 않으며, 중혼상태를 해소할 방법에 관하여는 실종자에게 우선권을 주어, 실종자는 재혼한 배우자(B)가 악의인 경우에는(그 상대방 C의 선의·악의 여부는 따질 필요가 없다) 배우자의 부정행위를 이유로, 재혼한 배우자(B)가 선의인 경우에는 '기타 혼인을 계속하기 어려운 중대한 사유가 있을 때'를 이유로 하여 재판상의 이혼을 청구할 수 있으며, 만약 실종자가 이혼을 원하지 않는 경우에는 후혼의 취소를 청구할 수 있다고 하는 견해이다.[40]

(다) 전혼부활·3자협의설

본법 제29조 제1항 단서는 재산상의 행위에만 적용되고 신분상의 행위에는 적용되지 않으며, 실종선고가 취소되면 후혼당사자의 선의·악의를 불문하고 항상 전혼이 부활하고 후혼은 중혼이 된다고 보는 견해이다.[41] 이 경우 어느 혼인을 유지·발전시킬 것인가는 실종자와 재혼당사자 등 3자간의 협의에 의하여 결정하고, 협의가 이루어지지 않을 경우에는 혼인해소의 가사소송에 의하여 해결하여야 한다고 주장한다.

이 견해에 대하여는 3자간의 협의가 성립되기는 어렵기 때문에 법원의 판단에 맡기는 것과 다름이 없고, 결국 아무런 해결책이 되지 못한다는 비판이 있다.

(라) 후혼유효설

본법 제29조 제1항 단서는 재산상의 행위에만 적용되고 신분상의 행위에는 적용되지 않으며, 실종선고가 취소되더라도 후혼의 당사자, 즉 잔존배우자와 그 상대방의 선의, 악의 여부에 관계없이 언제나 전혼은 부활하지 않고, 후혼만이 유효하다는 견해이다.[42]

이 견해에 대하여는 후혼의 당사자 쌍방이 악의인 경우에도 악의자들을 보호하게 되므로 부당하고, 본법 제29조 제1항 단서에도 반한다는 비판이 있다.

(마) 실무

이에 관하여 판례는 없으나, 실무는 통설(쌍방선의설)과 같은 입장이다.

40 김대정, 민법총칙, FIDES(2012), 280.
41 고상용, 민법총칙(제3판), 법문사(2005), 108.
42 명순구, 민법총칙, 법문사(2005), 155~157; 황경웅, "실종선고 취소의 효과", 중앙법학 17집 3호, 중앙법학회(2015), 117.

즉 대법원 예규인 "중혼에 관한 가족관계등록사무 처리지침"(가족관계등록예규 제418호)은 "배우자의 일방이 실종선고를 받아 혼인관계가 해소된 후 잔존배우자가 재혼을 하였으나 그 후에 그 실종선고가 실종자의 생존을 원인으로 하여 취소된 경우 일단 재혼당사자가 모두 선의인 것으로 추정하여 실종선고가 취소되어도 전혼관계는 부활하지 않는 것으로 보아 처리하되, 예외적으로 재혼당사자의 쌍방 또는 일방이 악의임이 증명되면 중혼관계가 성립하게 된다"고 규정하고 있다(위 예규 1. 다.). 만약 중혼관계가 성립된 경우에는 재혼한 배우자의 가족관계등록부에 기록되어 있는 전혼관계 해소사유를 말소하고, 말소된 전 배우자의 성명, 출생연월일 등을 각각 부활 기록함으로써 가족관계등록부를 정정한다[위 예규 1. 다. (2)].

이와 같이 재혼당사자 모두의 선의를 추정하고, 실종자가 그 악의에 대하여 증명책임을 지도록 한 위 대법원 예규의 태도가 타당하다고 보는 견해가 있다.[43]

다. 실종선고를 직접원인으로 재산을 취득한 자의 반환의무(본조 제2항)

1) 의의

'실종의 선고를 직접원인으로 하여 재산을 취득한 자'란 예컨대, 상속인·수유자·사인증여의 수증자·생명보험수익자 등과 같이 실종선고를 '직접적인 원인'으로 하여 재산을 취득한 자를 말한다. 따라서 예컨대 상속인으로부터 상속재산을 매수한 자, 수증자로부터 수증재산을 매수한 자 등과 같이 위와 같은 직접취득자로부터 별개의 법률행위에 의하여 재산을 취득한 사람(전득자)은 실종선고를 '간접적인 원인'으로 하여 재산을 취득한 사람으로서 여기에 포함되지 않는다. '상속인의 상속인'에 관하여는 여기에 포함되지 않는다는 견해[44]와 상속인의 상속인은 상속인의 지위를 포괄승계한 자라거나, 부당이득반환범위에 있어 실종자의 상속인에 비하여 더 불리하게 취급되어서는 안 된다는 이유로 여기에 포함된다는 견해[45]로 나뉘어 있다.

43 윤부찬, "잔존배우자의 재혼과 실종선고의 취소", 가족법연구 제28권 제1호, 한국가족법학회(2014), 219.

44 민법주해 Ⅰ, 총칙(1), 박영사(1992), 416(한상호).

45 박찬주, "실종선고취소의 효과에 대한 새로운 이해", 저스티스 99호, 한국법학원(2007), 72; 백경일, "실종선고 취소의 소급효 제한과 상속회복청구에 관한 고찰 : 실종선고의 취소가 이미 상속되고 전득된 재산 및 그 파생이익에 미치는 영향", 가족법연구 제25권 제3호, 한국가족법학회(2011), 245; 황경웅, "실종선고 취소의 효과", 중앙법학 17집 3호, 중앙법학회(2015), 85.

2) 반환의무의 범위

실종선고를 직접원인으로 하여 재산을 취득한 자가 선의인 경우에는 그 받은 이익이 현존하는 한도에서 반환할 의무가 있고, 악의의 경우에는 그 받은 이익에 이자를 붙여서 반환하고 손해가 있으면 이를 배상하여야 한다(본조 제2항). 본조 제2항에서 정한 반환의무는 성질상 부당이득의 반환(본법 제741조)이라고 해석하는 데 학설은 일치하고 있다. 따라서 그 반환범위도 부당이득에서 수익자의 반환의무의 범위와 같다(본법 제748조 참조).

선의의 직접취득자는 그가 취득한 이익이 현존하는 한도에서 반환하면 족하므로 그 재산이 원형대로 있으면 원물을 반환하면 되고, 그 재산을 팔고 다른 물건을 샀거나 또는 그 대금을 예금하고 있을 경우에는 그 변형물을 반환하면 된다. 그러나 취득한 재산을 기초로 하여 재산을 증가시킨 경우에는 증가분을 반환할 의무는 없으며, 그 반대로 손실이 있을 경우에는 나머지 것만 반환하면 된다. 따라서 그 재산을 전부 유흥비 등으로 소비하여 이득이 없을 경우에는 반환할 것이 없기 때문에 반환할 필요가 없다. 다만, 생활비·학비 등으로 지출한 재산에 관하여는 그 금액만큼 생활비 등으로 지출이 예정된 직접취득자의 고유재산이 감소되지 않았기 때문에 지출한 재산은 반환해야 한다.[46]

악의의 직접취득자는 그가 받은 이익 전부와 이에 대하여 재산취득 당시부터 반환시까지의 기간 동안 이자를 붙여서 반환하여야 하고, 재산의 멸실·훼손 등으로 손해가 있으면 그 손해도 배상하여야 한다.

3) 소멸시효의 적용 여부

본법 제29조 제2항에 따른 실종자의 직접취득자에 대한 재산반환청구권이 실종선고 취소시부터 10년의 소멸시효에 걸리는지에 관하여 논의가 있다.

다수설은 위 재산반환청구권이 성질상 부당이득반환청구권과 동일하다고 보므로, 실종선고 취소시부터 10년의 소멸시효에 걸린다고 해석한다.[47] 그러나 실종

46 고상용, 민법총칙(제3판), 법문사(2005), 109; 김주수/김상용, 민법총칙(제7판), 삼영사(2013), 181; 김준호, 민법총칙(제12판), 법문사(2018), 109; 백태승, 민법총칙(제7판), 집현재(2016), 181; 민법주해 I 총칙(1), 박영사(1992), 417~418(한상호); 주석 민법, 총칙편(1)(제4판), 한국사법행정학회(2010), 444(이용운).

47 강태성, 민법총칙(제7판), 대명출판사(2017), 211; 김용한, 민법총칙론(재전정판), 박영사(1997), 142; 김주수/김상용, 민법총칙(제7판), 삼영사(2013), 181; 백태승, 민법총칙(제7판), 집현재(2016), 181; 송덕수, 민법총칙(제4판), 박영사(2018), 551; 이영준, 민법총칙(개정증보판), 박영사(2007), 899; 이은영, 민법총칙(제5판), 박영사(2009), 203; 민법주해 I, 총칙(1), 박영사(1992), 418(한상호); 주석 민법, 총칙편(1)(제4판), 한국사법행정학회(2010), 444(이용운).

선고에 의한 물권변동은 그 취소에 의하여 소급적으로 무효가 되므로, 실종자의 반환청구권은 소유권에 기한 것이므로 소멸시효에 걸리지 않는다고 보는 견해도 있다.[48]

이 점은 직접취득자에게 원물이 남아있는지 여부에 따라 구분하여 살펴 볼 필요가 있다. 먼저 유체재산이 직접취득자에게 그대로 남아 있는 경우에는 실종자는 물권적 청구권인 소유권에 기한 반환청구권을 행사할 수 있으므로 시간적 제약을 받지 않는다고 볼 수 있다.[49] 그러나 원물이 남아있지 않은 경우에는 부당이득반환청구권만 행사할 수 있고, 이 경우에는 10년의 소멸시효에 걸린다고 보아야 할 것이다.

4) 상속회복청구권의 제척기간 적용 여부

실종선고에 의하여 직접 재산을 취득한 표현상속인이나 그의 전득자에 대하여 재산회복청구를 하는 경우 이를 상속회복청구로 보아 이에 대하여 상속회복청구권의 제척기간(본법 제999조[50])이 적용되는지에 관하여 논의가 있다.

이에 관해서는 그러한 재산회복청구는 상속회복청구가 되므로 제척기간 규정이 항상 적용된다는 견해[51]가 있는 반면, 상속개시가 부정되는 실종선고취소의 경우에는 제척기간 규정이 언제나 적용되지 않는다는 견해[52]도 있다.

그러나 위와 같은 재산회복청구를 상속회복청구로 볼 수 있는지는 실종선고 취소의 원인별로 구분하여 살펴볼 필요가 있다. 먼저 실종자가 생환하여 재산회복청구를 하는 경우는 상속 개시 자체가 부정되므로, 상속회복청구라고 할 수 없어 제척기간이 적용되지 않는다고 할 것이다. 다음으로 실종기간 만료시와 다른 시기에 사망하였음을 이유로 하는 경우에는 실제 사망시기를 기준으로 한 상속인 및 상속분이 실종기간 만료시를 기준으로 한 상속인 및 상속분과 달라질 수 있으므로, 이러한 경우 진정한 상속인의 표현상속인을 상대로 한 재산회복청구는 상속회복청구로서 제척기간이 적용된다고 보아야 할 것이다. 또한 실종기간 기산점 이후의 어떤 시기에 생존하고 있었음을 이유로 하여 실종선고가 취소된 경우에는

48 김증한/김학동, 민법총칙(제10판), 박영사(2013), 171.

49 김용한, 민법총칙론(재전정판), 박영사(1997), 142; 백태승, 민법총칙(제7판), 집현재(2016), 181; 민법주해 Ⅰ, 총칙(1), 박영사(1992), 418(한상호).

50 그 침해를 안 날부터 3년, 상속권의 침해행위가 있은 날부터 10년

51 김주수/김상용, 민법총칙(제7판), 삼영사(2013), 182,, 이영준, 민법총칙(개정증보판), 박영사(2007), 899; 백태승, 민법총칙(제7판), 집현재(2016), 181.

52 김증한/김학동, 민법총칙(제10판), 박영사(2013), 171.

그 후 다시 내려진 실종선고의 사망간주 시기를 기준으로 한 상속인 및 상속분이 첫 번째 실종선고의 실종기간 만료시를 기준으로 한 상속인 및 상속분과 달라질 수 있으므로, 이러한 경우에도 진정한 상속인의 표현상속인을 상대로 한 재산회복청구는 상속회복청구로서 제척기간이 적용된다고 보아야 할 것이다.[53]

5) 전득자에 대한 재산반환청구와 직접취득자에 대한 이익반환청구의 선택적 행사 가능 여부

실종자의 실종선고를 직접원인으로 재산을 취득한 자에 대한 이익반환청구권은 그 직접취득자가 재산을 처분하였는지 여부와 관계없이 인정되며, 그 재산을 처분한 경우 상대방이 악의인 경우이어서 상대방에 대하여 재산반환청구를 할 수 있는 경우에도 인정된다. 이러한 경우 실종자는 본법 제29조 제1항 단서에 의한 악의의 전득자에 대한 재산반환청구권과 본법 제29조 제2항에 의한 직접취득자에 대한 이익반환청구권을 선택적으로 행사할 수 있다.[54] 만약 전득자에 대하여 재산반환청구권을 행사할 수 없는 경우에는 직접취득자에 대하여 이익반환청구권만 행사할 수 있게 된다.

라. 다른 권리취득원인에 의한 원상회복의 제한

실종선고 취소에 따른 원상회복 원칙에 대하여 앞서 본 바와 같이 본법 제29조 제1항 단서 또는 본법 제29조 제2항에 따른 제한이 있다. 그러나 이에 해당하지 않더라도 재산취득자에게 선의취득(본법 제249조), 취득시효의 완성(본법 제245조~제248조), 매장물발견(본법 제254조), 부합(본법 제256조, 제257조) 등과 같은 별개의 권리취득사유가 있는 경우에는 실종선고의 취소에 의한 영향을 받지 않고 유효하게 권리를 취득한다.[55]

그러나 실종선고를 직접원인으로 하여 재산을 취득한 자는 선의취득에 의하여는 권리를 취득하지 못한다. 선의취득하려면 거래행위가 있어야 하는데 실종자

53 강태성, 민법총칙(제7판), 대명출판사(2017), 211; 김용한, 민법총칙론(재전정판), 박영사(1997), 142; 송덕수, 민법총칙(제4판), 박영사(2018), 551~552; 민법주해 Ⅰ, 총칙(1), 박영사(1992), 411(한상호); 박찬주, "실종선고취소의 효과에 대한 새로운 이해", 저스티스 99호, 한국법학원(2007), 73; 황경웅, "실종선고 취소의 효과", 중앙법학 17집 3호, 중앙법학회(2015), 86~87.

54 백태승, 민법총칙(제7판), 집현재(2016), 181~182; 송덕수, 민법총칙(제4판), 박영사(2018), 551.

55 강태성, 민법총칙(제7판), 대명출판사(2017), 214; 고상용, 민법총칙(제3판), 법문사(2005), 109; 김용한, 민법총칙론(재전정판), 박영사(1997), 142; 김증한/김학동, 민법총칙(제10판), 박영사(2013), 171; 이영준, 민법총칙(개정증보판), 박영사(2007), 899; 이은영, 민법총칙(제5판), 박영사(2009), 203; 민법주해 Ⅰ, 총칙(1), 박영사(1992), 418(한상호); 주석 민법, 총칙편(1)(제4판), 한국사법행정학회(2010), 438(이용운).

와 상속인, 수유자 등 사이에는 거래행위가 없기 때문이다.[56] 실종선고를 직접원인으로 하여 재산을 취득한 자가 실종자에 대하여 취득시효의 완성을 주장할 수 있는지에 대하여는 이를 긍정하는 견해[57]와 부정하는 견해[58]로 나뉘어 있다.

생명보험금 수익자의 경우에도 금전에는 선의취득이 인정되지 않으므로 역시 선의취득을 주장하면서 재산의 반환을 거부할 수 없다.[59]

56 강태성, 민법총칙(제7판), 대명출판사(2017), 212; 송덕수, 민법총칙(제4판), 박영사(2018), 552.
57 강태성, 민법총칙(제7판), 대명출판사(2017), 212.
58 송덕수, 민법총칙(제4판), 박영사(2018), 552.
59 강태성, 민법총칙(제7판), 대명출판사(2017), 212.

제 30 조 [동시사망]

2인 이상이 동일한 위난으로 사망한 경우에는 동시에 사망한 것으로 추정한다.

[관련조문] 민법 제997조, 제999조, 제1001조, 제1003조 제2항, 제1089조 제1항

[참고문헌] 곽동헌, "대습상속", 아세아여성법학 제6호, 아세아여성법학연구소(2003); 김기영, "대습상속 원인으로서의 동시사망의 추정", 연세법학연구 제7집 제1권(2000); 김용욱, "동시사망과 상속", 월간고시 19권 10호 (92. 9); 김용호, "동시사망과 대습상속", 법학논총 제26집, 단국대법학연구소(2002); 김준원, "배우자의 대습상속에 관한 개선방안의 법적 고찰", 민사법의 실천적과제 : 한도 정환담교수 화갑기념, 법문사(2000); 신영호, "피대습자의 배우자의 대습상속", 가족법의 변동요인과 현상, 창간호(1998); 안영문, "대습상속에 관한 몇 가지 문제점", 부산법조 15호, 부산지방변호사회(1997); 안영하, "소위 괌에서의 KAL기 추락사건", 가족법연구 제19권 2호, 한국가족법학회(2005); 어인의, "사망에 관한 민법의 개정방향", 법학논집 15집, 청주대학교 법학연구소(1999); 이해일, "동시사망의 추정과 배우자의 대습상속권". 고시계 43권 6호(98.05); 장재옥, "동시사망제도의 입법취지", Jurist 409호, 2006년 1호, 청림출판; 조성민, "동시사망시 대습상속의 인정여부", Jurist 제413호, 청림인터렉티브(2007); 최성경, "동시사망 추정과 배우자 대습상속", 가족법연구 제19권 1호, 한국가족법학회(2005); 황근수, "상속법상 대습상속에 관한 법리적 고찰 : 피대습자의 배우자 및 동시사망의 대습상속", 민사법연구15집 2호(2007)

Ⅰ. 본조의 의의

'동시사망의 추정'이란 2인 이상이 동일한 위난(危難)으로 사망한 경우에 그들이 동시에 사망한 것으로 추정하는 것을 말한다(본조).

사망의 시점은 특히 상속문제에 중대한 영향을 미친다. 상속인·피상속인의 관계에 있는 두 사람 이상이 동일한 위난으로 사망한 경우에 누가 먼저 사망하였는지에 따라 그 상속범위가 달라진다. 그런데 두 사람 이상이 동일한 위난으로 사망한 경우에 그 사망의 선후를 증명하는 것은 대단히 곤란하거나 불가능한 경우

가 많다. 따라서 먼저 상속재산을 차지한 사람이 사실상 그 이익을 보호받게 되는 불합리한 결과가 발생한다. 반대의 이해관계를 가진 사람이 사망의 선후를 증명할 수 없기 때문이다.

구 민법에서는 이에 관하여 아무런 규정을 두고 있지 않았으나, 현행 민법은 두 사람 이상이 동일한 위난으로 사망한 경우에는 그들이 동시에 사망한 것으로 추정하는 규정을 신설함으로써 사망의 선후 시점에 관한 증명의 어려움을 완화하고, 법률관계를 공평하고 합리적으로 처리할 수 있게 하였다.

판례도 "자연과학적으로 엄밀한 의미의 동시사망은 상상하기 어려운 것이나 사망의 선후를 증명할 수 없는 경우 동시에 사망한 것으로 다루는 것이 결과에 있어 가장 공평하고 합리적이라는 데에 동시사망 추정규정의 입법취지가 있다"고 판시하고 있다.[1]

처 B와 子 C 및 父 D가 있는 A가 子 C와 함께 같은 비행기를 타고 여행하던 중 비행기가 추락하여 A와 C가 함께 사망햔 경우를 예로 들어 살펴본다.

① 우선 A가 먼저 사망한 경우에는, 일단 B와 C가 공동상속한 다음, C가 사망하였으므로 B가 C를 상속하여 결국 B가 단독상속하게 된다.

② 만약 C가 먼저 사망한 경우에는, A보다 먼저 사망한 C는 A를 상속할 수 없고, B와 D가 공동상속하게 된다.

위와 같은 경우 B가 A의 선사망을 주장하면서 A 소유의 부동산에 관하여 단독으로 상속등기를 마친 경우, D가 공동상속을 주장하면서 D의 지분을 초과한 B 명의 등기의 말소를 구하는 소송을 제기하면 원고인 D가 C의 선사망을 증명하여야 하는데 이는 대단히 곤란하므로 언제나 원고 D가 패소하게 된다. 반대로 D가 먼저 공동상속등기를 마침에 따라 B가 D의 지분에 관한 등기의 말소를 구하는 소를 제기하는 경우에도 B가 A의 선사망을 증명하여야 하므로 역시 원고인 B가 패소하게 된다. 이와 같이 누가 먼저 상속재산을 차지하느냐에 따라 결과가 달라지는 불공평과 부당함이 존재하게 된다.

③ 반면 A와 C가 동시에 사망한 것으로 추정하게 되면, A와 동시에 사망한 C는 A를 상속할 수 없고, B와 D가 공동상속하게 된다.

위 사례에서 만약 C에게 배우자 E 또는 자녀 F가 있었던 경우라면 E, F가

[1] 대법원 2001. 3. 9. 선고 99다13157 판결.

대습상속을 할 수 있는지가 문제되는데 이에 관하여는 후술한다.

Ⅱ. 입법례

동일한 위난으로 여러 사람이 사망한 경우 사망시기를 결정하는 문제에 관하여 ① 연령, 성별, 체력의 강약 등에 따라 사망의 선후를 추정하는 '구체적 생존추정주의'와, ② 소유권에 영향을 미칠 모든 문제에 관하여 일률적으로 연장자의 순으로 사망한 것으로 추정하는 '추상적 생존추정주의'(예: 영국의 1925년 Law of Property) 및 ③ 구체적 사정에 관계없이 일률적으로 동시에 사망하는 것으로 추정하는 '동시사망 추정주의' 등의 세 가지 입법주의가 있다.[2] 아래에서 보는 바와 같이 로마법이나 구 프랑스 민법은 구체적 생존추정주의를 채택하였고, 우리 민법과 독일 실종법, 스위스 민법, 일본 민법 등은 동시사망 추정주의를 채택하고 있다. 구체적 생존추정주의에 관하여는 법률관계를 복잡하게 할 우려가 있을 뿐만 아니라, 실제와도 부합하지 않는 경우가 있다는 비판이 있다.[3]

1. 로마법

로마법에서는 전쟁이나 해난으로 아버지와 아들이 모두 사망한 경우, 반대사실의 증명이 없는 한, 아들이 아버지보다 나중에 사망한 것으로 추정하였다고 한다. 후기 로마법(Justinianus 법)에서도 성숙한 자(子)는 부(父)보다 나중에 사망한 것으로 추정하고, 미성숙의 자(子)는 부(父)보다 먼저 사망한 것으로 추정하였다고 한다.[4]

2. 프랑스 민법

구 프랑스 민법은 제720조 이하에서 상속권을 가진 수인이 동일한 위난으로 사망하였고, 그들 사이에 사망의 선후를 알 수 없는 경우에 관하여 '구체적 생존추정주의'에 입각한 상세한 추정규정을 두고 있었다. 즉 ① 먼저 사고의 상황에 의하여 선후를 추정하고, 그 상황을 알 수 없을 때에는 연령 또는 성별을 기준으로 선후를 추정한다(제720조). ② 같이 사망한 자가 모두 15세 미만자인 경우에는 연장자가, 모두 60세 이상인 경우에는 연소자가 더 오래 생존한 것으로 각 추정

2 고상용, 민법총칙(제3판), 법문사(2005), 88; 백태승, 민법총칙(제7판), 집현재(2016), 131.
3 고상용, 민법총칙(제3판), 법문사(2005), 89; 이영준, 민법총칙(개정증보판), 박영사(2007), 856.
4 김대정, 민법총칙, FIDES(2012), 282.

하고, 같이 사망한 자 중 일부는 15세 미만이고 다른 일부는 60세 이상인 경우에는 15세 미만자가 더 오래 생존한 것으로 추정한다(제721조). ③ 같이 사망한 자가 15세 이상 60세 미만인 경우에, 그들의 연령이 같거나 연령차가 1년 미만일 때에는 언제나 남자가 더 오래 생존한 것으로 추정하고, 성별이 같은 경우에는 연소자가 더 오래 생존한 것으로 추정한다(제722조).

그러나 2001. 12. 3. 민법 개정에 의하여 사망의 선후를 추정하는 제도는 모두 폐지되고, 각자의 상속에서 다른 일방을 배제하는 제도로 개정되었다. 즉 '어느 한 사람이 다른 사람을 상속할 수 있는 지위에 있는 두 사람이 동일한 사고로 사망한 경우에 사망의 순서를 정할 수 없는 때에는 각자의 상속재산은 다른 일방에게는 귀속함이 없이 상속이 진행된다(제725-1조 제2항)'고 규정한다. 다만 개정민법은 동시에 사망한 사람들 중의 한 사람에게 직계비속이 있는 경우에는 그 직계비속에게 대습상속이 허용되는 것으로 규정하고 있다(제725-1조 제3항).[5]

3. 독일 실종법

구 독일 민법 제20조는 '수인이 공동위난으로 사망한 경우에는 동시에 사망한 것으로 추정한다'고 규정하고 있었으나 그 후 폐지되었다. 이후 독일 실종법 제11조는 '사망하였거나 사망선고를 받은 여러 사람 중의 한 사람이 다른 사람이 사망한 후에도 여전히 살아 있었다는 것을 증명하는 것이 불가능한 경우에는 그들은 동시에 사망한 것으로 추정한다'고 규정하여 '동시사망 추정주의'를 채택하고 있다. 한편 구 독일 민법은 동시사망의 추정을 '공동위난'의 경우에 한정하고 있었으나. 독일 실종법은 이에 한정하지 않는 것으로 규정하여 추정의 범위를 넓혔다.

4. 스위스 민법

스위스 민법 제32조 제2항은 '여러 사람의 사망자 중 어느 한 사람이 다른 사람보다 나중에 사망하였음을 증명할 수 없는 경우에는 그들은 동시에 사망한 것으로 간주한다'고 규정하고 있다. 동시사망을 추정하는 독일 실종법과 달리 동시사망으로 간주하는 점에 특색이 있다.[6]

5 김대정, 민법총칙, FIDES(2012), 282.
6 김대정, 민법총칙, FIDES(2012), 283.

5. 일본 민법

일본 민법 제32조의2는 '사망한 수인 중 1인이 다른 자의 사망 후 더 생존하고 있었음이 분명하지 아니한 때에는 이들은 동시에 사망한 것으로 추정한다.'고 규정하여 독일 실종법과 마찬가지로 '동시사망 추정주의'를 채택하고 있다.

구 일본 민법에는 동시사망 추정의 규정이 없었으나, 1962년 민법 개정시에 동시사망 추정 규정을 신설하였고, 부재와 실종(제5절)과는 별개의 절(제6절)을 신설하여 동시사망 추정에 관한 단 1개의 조문만을 두고 있다.

Ⅲ. 동시사망 추정의 요건

1. 동일한 위난으로 사망한 경우

동일한 위난으로 사망한 경우란 사망의 원인이 된 위난을 함께 당한 경우를 말한다. 예컨대 추락한 비행기나, 침몰한 선박에 동승한 경우, 붕괴된 건물 내에 함께 있었던 경우, 화재로 소실된 호텔 등에 함께 투숙한 경우, 동반자살, 같은 장소에서 여러 사람이 가스에 중독된 경우 등이 이에 해당될 것이다.

동시사망의 추정은 여러 사람이 사망한 것은 확실하지만 사망의 선후에 대한 증명만이 없는 경우에 관한 것이다. 따라서 장기간 사망하였는지조차 불분명한 경우에 내려지는 실종선고와는 다르다. 그러므로 본조는 동일한 위난으로 인하여 여러 사람에게 실종선고(특별실종이 통상적일 것이다)가 내려진 경우에는 적용되지 않는다.[7] 또 3인 이상이 동일한 위난으로 사망한 경우에 그 중 한 사람의 사망시점은 불분명한 반면, 나머지 사람들의 사망시점은 분명하지만 각각 다른 경우에는 그들 사이에 동시사망이 추정되지 않는다.[8]

2. 다른 위난으로 사망한 경우에 대한 유추적용 여부

여러 사람이 다른 사고로 사망하였으나, 그 사람들의 사망의 선후를 확정할 수 없는 경우에도 동시사망의 추정 규정을 유추적용할 수 있는지가 문제된다.

예컨대 A는 산에서 사고로 사망하고, A의 子 C는 바다에서 조난당한 경우 A의 사망시기는 명확하지만 C의 사망시기가 분명하지 않기 때문에 A와 C 중

7 김준호, 민법총칙(제12판), 법문사(2018), 67.
8 강태성, 민법총칙(제7판), 대명출판사(2017), 121.

누가 먼저 사망했는지 확정할 수 없는 경우에도 본조를 유추적용하여 두 사람이 동시에 사망한 것으로 추정할 수 있는가의 문제이다.

본조에 '동일한 위난'으로 사망한 경우만 규정되어 있을 뿐, 다른 위난으로 동시에 사망한 경우에 관하여는 언급이 없기 때문에 발생하는 문제이다. 이에 반하여 독일 실종법 제11조와 스위스 민법 제32조 제2항 및 일본 민법 제32조의2에는 법문상 '동일한 위난'으로 한정하고 있지 않으므로 여러 사람이 '다른 위난'으로 사망한 경우에도 동시사망 추정 또는 간주규정이 적용된다.

이에 관하여 학설은 유추적용 긍정설과 유추적용 부정설로 나뉘어 있는데 유추적용 긍정설이 다수설이나, 이 쟁점에 관한 판례는 아직 없다.

먼저 유추적용 긍정설은 다른 위난의 경우에도 사망의 선후에 대한 증명이 곤란하고, 동시사망 추정 규정이 있는지 여부에 따라 이해당사자들 사이에 불공평한 결과가 발생하는 것을 방지할 필요성이 있는 것은 마찬가지이므로, 이 경우에도 유추적용되어야 한다고 주장한다.[9]

반면 유추적용 부정설은, 동시사망의 추정은 예외규정으로서 제한적으로 해석하여야 하고, 명문의 규정이 없는 현행 민법 하에서 '동일한 위난'에 관한 민법 제30조의 규정을 '다른 위난'에까지 적용하는 것은 해석의 범위를 넘는 것일 뿐만 아니라, 정당한 근거 없이 동시사망 추정을 함으로써 진정한 권리자의 이익을 박탈하게 되는 결과가 되므로, 다른 위난의 경우에는 보통의 증명방법에 따라야 한다고 주장한다.[10]

사망시기의 선후라는 사실확정의 문제를 입법론으로 해결하려는 데 본조의 취지가 있는 이상 본조의 적용범위를 동일한 위난으로 사망한 경우만으로 한정한 것에는 입법에 문제가 있다는 지적이 있었다.[11] 이에 2004년에 국회에 제출된 법무부 민법 개정안 제30조에서는 본조의 표제를 "동시사망의 추정"으로 수정하고, "수인(數人)의 사망자 중 어느 한 사람이 다른 사람의 사망 후에도 생존한 것이 분명하지 아니한 경우에 이들은 동시에 사망한 것으로 추정한다."라고 규정함으로

9 강태성, 민법총칙(제7판), 대명출판사(2017), 121; 고상룡, 90; 곽윤직/김재형, 민법총칙(제9판), 박영사(2013), 108; 김주수/김상용, 민법총칙(제7판), 삼영사(2013), 94; 김준호, 민법총칙(제12판), 법문사(2018), 67; 명순구, 민법총칙, 법문사(2005), 93; 백태승, 민법총칙(제7판), 집현재(2016), 131; 송덕수, 민법총칙(제4판), 박영사(2018), 529; 민법주해 Ⅰ, 총칙(1), 박영사(1992), 422(한상호).

10 김대정, 민법총칙, FIDES(2012), 284; 김증한/김학동, 민법총칙(제10판), 박영사(2013), 117; 이영준, 민법총칙(개정증보판), 박영사(2007), 856; 이은영, 민법총칙(제5판), 박영사(2009), 147; 김용호, "동시사망과 대습상속", 법학논총 제26집, 단국대법학연구소(2002), 176; 어인의, "사망에 관한 민법의 개정방향", 법학논집 15집, 청주대학교 법학연구소(1999), 127~128.

11 이영준, 민법총칙(개정증보판), 박영사(2007), 857.

써 입법적으로 유추적용 긍정설의 입장을 채택하였다. 그러나 위 개정안은 입법에까지 이르지는 못하고 국회에서 폐기되었다.

Ⅳ. 동시사망 추정의 효과

1. 상속

동시사망의 추정을 받는 자들 상호간에는 상속이 인정되지 않는다(동시존재의 원칙).[12]

예를 들어 처 B와 子 C 및 父 D가 있는 A가 子 C와 함께 같은 비행기를 타고 여행하던 중 비행기가 추락하여 A와 C가 함께 사망한 경우에는, 동시사망의 추정을 받는 A와 C는 서로 상속을 할 수 없으므로, A의 처인 B와 A의 父인 D만이 A의 재산을 상속하게 된다.

또 남편인 A에게는 형과 동생이, 처인 B에게는 모(母)만 있는 상태에서 동일한 교통사고로 A, B와 그들의 자녀 C, D가 함께 사망한 경우에는 모두 동시에 사망한 것으로 추정되어, 사망자 상호간에는 상속이 개시되지 않으므로 피상속인 A의 재산은 A의 형과 동생이 공동으로 상속하게 되고, 피상속인 B의 재산은 B의 직계존속인 모(母)가 상속하게 된다.

2. 대습상속

대습상속이란 상속인이 될 직계비속 또는 형제자매(피대습자)가 상속개시 전에 사망하거나 결격자가 된 경우에 그 피대습자의 직계비속 또는 배우자(대습자)가 사망하거나 결격자가 된 피대습자의 순위에 갈음하여 상속인으로 되는 것을 말한다(본법 제1001조, 제1003조 제2항). 그런데 본법 제1001조와 본법 제1003조 제2항은 피대습자가 '상속개시 전에' 사망할 것을 대습상속의 요건으로 규정하고 있으므로, 피대습자가 피상속인과 '동시에' 사망한 것으로 추정되는 경우에도 대습상속이 허용되는지가 문제된다.

예를 들어 처 B와 子 C 및 父 D가 있는 A(피상속인)가 C(피대습자)와 함께 같은 비행기를 타고 여행하던 중 비행기가 추락하여 A와 C가 함께 사망한 경우

12 청주지방법원 충주지원 1991. 8. 23. 선고 90가합1625, 91가합322 판결도 '2인 이상이 동일한 위난으로 사망하여 동시사망으로 추정되는 경우, 그 어느 일방이 같은 위난으로 사망하여 동시사망의 추정을 받는 자의 상속인이 될 수 없다'고 판시하고 있다.

에 C에게 배우자 E 및 자녀 F(대습자)가 있었다면, 동시사망이 추정되는 경우에는 대습상속이 허용되지 않는다고 볼 경우에는 B와 D가 공동상속을 하게 된다. 그러나 만약 대습상속이 허용된다고 볼 경우에는 B와 E 및 F가 공동상속을 하게 된다. 일본의 경우 1962년 개정 전 민법에서는 우리 민법과 같이 대습상속의 요건으로 피대습자가 "상속 개시 '전에' 사망한 경우"라고 규정하고 있어 동시에 사망한 경우 대습상속이 허용되는지에 관하여 논란이 되었으나, 1962년 민법 개정시에 "상속 개시 '이전에' 사망한 경우"라고 개정함으로써 동시사망의 경우에도 대습상속이 허용된다는 점을 명확하게 규정하였다.[13]

이에 관하여 피상속인과 상속인(피대습자)가 동시에 사망한 것으로 추정되는 경우에는 상속인(피대습자)가 피상속인보다 먼저 사망한 경우가 아니므로 대습상속의 요건에 해당하지 않고, 이러한 경우에까지 대습상속을 허용하면 '동시사망 추정제도'의 존재가치를 근본적으로 부정하는 것이라는 이유로 대습상속이 허용되지 않는다는 견해가 있다.[14]

그러나 다수설은 이러한 경우에도 대습상속이 허용된다고 보고 있다.[15]

판례[16]도 1997. 8. 6. 대한항공 여객기의 괌 추락사고로 인해 피상속인의 유족으로는 사위와 형제자매만 있게 된 상황에서 피상속인의 사위가 피상속인의 형제자매보다 우선하여 단독으로 대습상속을 할 수 있는지가 쟁점이 된 사안에서, 대습상속 긍정설의 입장을 채택하면서 피상속인의 사위가 피상속인의 형제자매에

13 新版 注釈民法(1) 總則(1) (改訂版), 有斐閣(2002), 493(谷口知平/湯浅道男).

14 김대정, 민법총칙, FIDES(2012), 286~287.

15 고상용, 민법총칙(제3판), 법문사(2005), 91; 김주수/김상용, 민법총칙(제7판), 삼영사(2013), 94~95; 김준호, 민법총칙(제12판), 법문사(2018), 67; 백태승, 민법총칙(제7판), 집현재(2016), 131; 송덕수, 민법총칙(제4판), 박영사(2018), 528; 이영준, 민법총칙(개정증보판), 박영사(2007), 856; 민법주해 Ⅰ, 총칙(1), 박영사(1992), 423(한상호); 안영문, "대습상속에 관한 몇 가지 문제점", 부산법조 15호, 부산지방변호사회(1997). 122~123; 이해일, "동시사망의 추정과 배우자의 대습상속권". 고시계 43권 6호(98. 5), 179; 신영호, "피대습자의 배우자의 대습상속", 가족법의 변동요인과 현상, 창간호(1998), 118; 김기영, "대습상속원인으로서의 동시사망의 추정", 연세법학연구 제7집 제1권(2000), 152~153; 김준원, "배우자의 대습상속에 관한 개선방안의 법적 고찰", 민사법의 실천적과제 : 한도 정환담교수 화갑기념, 법문사(2000), 513; 김용호, "동시사망과 대습상속", 법학논총 제26집, 단국대법학연구소(2002), 177; 곽동헌, "대습상속", 아세아여성법학 제6호, 아세아여성법학연구소(2003), 35; 안영하, "소위 괌에서의 KAL기 추락사건", 가족법연구 제19권 2호, 한국가족법학회(2005), 492; 최성경, "동시사망 추정과 배우자 대습상속", 가족법연구 제19권 1호, 한국가족법학회(2005), 466; 장재옥, "동시사망제도의 입법취지", Jurist 409호, 2006년 1호, 청림출판, 173; 황근수, "상속법상 대습상속에 관한 법리적 고찰 : 피대습자의 배우자 및 동시사망의 대습상속", 민사법연구15집 2호(2007), 231; 조성민, "동시사망시 대습상속의 인정여부", Jurist 제413호, 청림인터렉티브(2007), 469.

16 대법원 2001. 3. 9. 선고 99다13157 판결.

우선하여 단독으로 대습상속한다고 판시하였다.

판례는 그 근거로 다음과 같이 판시하고 있다.

“원래 대습상속제도는 대습자의 상속에 대한 기대를 보호함으로써 공평을 꾀하고 생존 배우자의 생계를 보장하여 주려는 것이고, 또한 동시사망 추정규정도 자연과학적으로 엄밀한 의미의 동시사망은 상상하기 어려운 것이나 사망의 선후를 입증할 수 없는 경우 동시에 사망한 것으로 다루는 것이 결과에 있어 가장 공평하고 합리적이라는 데에 그 입법 취지가 있는 것인바, 상속인이 될 직계비속이나 형제자매(피대습자)의 직계비속 또는 배우자(대습자)는 피대습자가 상속개시 전에 사망한 경우에는 대습상속을 하고, 피대습자가 상속개시 후에 사망한 경우에는 피대습자를 거쳐 피상속인의 재산을 본위상속을 하므로 두 경우 모두 상속을 하는데, 만일 피대습자가 피상속인의 사망, 즉 상속개시와 동시에 사망한 것으로 추정되는 경우에만 그 직계비속 또는 배우자가 본위상속과 대습상속의 어느 쪽도 하지 못하게 된다면 동시사망 추정 이외의 경우에 비하여 현저히 불공평하고 불합리한 것이라 할 것이고, 이는 대습상속제도 및 동시사망 추정규정의 입법 취지에도 반하는 것이므로, 본법 제1001조의 ‘상속인이 될 직계비속이 상속개시 전에 사망한 경우’에는 ‘상속인이 될 직계비속이 상속개시와 동시에 사망한 것으로 추정되는 경우’도 포함하는 것으로 합목적적으로 해석함이 상당하다.”

3. 유증

본법 제1089조 제1항은 ‘유증은 유언자의 사망 전에 수증자가 사망한 때에는 그 효력이 생기지 아니한다’고 규정하고 있다. 그런데 유증에 있어서 수증자가 유언자보다 먼저 사망한 것이 아니라, 유언자와 수증자가 동시에 사망한 것으로 추정되는 경우에는 유증의 효과가 발생하는지가 문제된다.

이에 관하여 수증자가 유언자보다 먼저 사망한 것이 아니므로, 유언자와 수증자가 동시에 사망한 경우에도 유증의 효력이 그대로 발생한다는 견해가 있을 수 있다.

그러나 유언자와 수증자가 동시에 사망한 경우에는 유증의 효력이 발생하지 않는다고 보아야 한다.[17] 유증은 수증자에 대하여 하는 것이므로 유증의 효력은

17 김주수/김상용, 민법총칙(제7판), 삼영사(2013), 94; 백태승, 민법총칙(제7판), 집현재(2016), 131; 이영준, 민법총칙(개정증보판), 박영사(2007), 856; 민법주해 Ⅰ, 총칙(1), 박영사(1992), 424(한상호); 주석민법, 총칙편(1)(제4판), 한국사법행정학회(2010), 447(이용운); 김용욱, “동시사망과 상속”, 월간고시 19권 10호 (92. 9), 23.

수증자가 유언자의 사망 당시에 생존할 것을 법정조건으로 하고 있다고 볼 수 있다.[18] 재산상속에 있어서는 피상속인과 상속인이 동시에 사망한 경우에도 그 상속인의 직계비속이나 배우자가 대습상속을 하게 되지만, 유증에 있어서는 유언자와 수증자가 동시에 사망한 경우에는 그 수증자의 직계비속 또는 배우자가 대습수증자가 될 수 없고 유증의 효력이 발생하지 않는다는 점에서, 대습상속의 경우와 차이가 있다. 다만 유언자는 수증자가 자신보다 먼저 사망한 때에는 그 수증자의 상속인에게 유증한다는 의사를 표시함으로써, 수증자의 상속인을 보충수증자로 지정할 수 있다(본법 제1090조 단서).

4. 보험금

보험계약자가 자기 이외의 제3자를 피보험자로 하고 자기 자신을 보험수익자로 하여 맺은 생명보험계약에 있어서 보험존속 중에 보험수익자가 사망한 경우에는 상법 제733조 제3항 후단 소정의 보험계약자가 다시 보험수익자를 지정하지 아니하고 사망한 경우에 준하여 보험수익자의 상속인이 보험수익자가 된다. 보험수익자와 피보험자가 동시에 사망한 것으로 추정되는 경우에도 마찬가지이다. 이러한 경우 보험수익자의 상속인이 피보험자의 사망이라는 보험사고가 발생한 때에 보험수익자의 지위에서 보험자에 대하여 가지는 보험금지급청구권은 상속재산이 아니라 상속인의 고유재산이다.[19]

5. 손해배상

타인의 불법행위로 인하여 어떤 사람이 사망한 경우 본법 제752조에 규정된 유족, 즉 그 피해자의 직계존속, 직계비속 및 배우자 등 뿐만 아니라 피해자의 형제자매나 조카 등도 구체적 사정에 따라 피해자의 사망으로 인하여 정신적 고통을 입을 수 있고 따라서 그 고유의 위자료 청구권이 발생할 수 있다. 그런데 타인의 불법행위로 인하여 위와 같은 친족 관계에 있는 2인 이상이 동시에 사망한 것으로 추정될 경우, 사망자 각자(A, B)는 자신(A)의 사망에 대한 고유의 위자료 청구권을 가진다고 할 것이지만, 동시에 사망한 다른 사람(B)의 사망에 대한 그 사망자(A) 고유의 위자료 청구권은 발생할 여지가 없게 된다.

판례는 6·25전쟁 무렵 발생한 보도연맹사건 또는 민간인집단희생 사건 등에

18 주석 민법, 상속(2)(제4판), 347(김주수/김상용).
19 대법원 2007. 11. 30. 선고 2005두5529 판결.

관한 국가배상사건에서 국가의 불법행위로 함께 사망한 형제관계에 있는 희생자들의 경우, 희생자 각자에게는 동시에 사망한 것으로 추정되는 다른 희생자(형이나 동생)의 사망으로 인한 고유의 위자료 청구권이 발생하지 않는다고 판시하였다.[20]

V. 동시사망 추정의 번복

1. 법률상 추정

동시사망의 추정은 추정에 불과하므로 다수의 사망자 중 한 명이 생존하고 있었다거나 다른 사람들보다 나중에 사망한 사실 등 반대사실에 대한 증명이 있으면 그 추정은 번복된다. 이러한 증명은 반드시 사망시기를 증명할 필요는 없으며, 한 사람이 다른 사람의 사망 후에도 생존하고 있었다는 것을 증명하면 충분하다.[21] 그러나 이러한 증명은 사실상 거의 불가능하다.

판례는 "동시사망의 추정은 법률상 추정으로서 이를 번복하기 위하여는 동일한 위난으로 사망하였다는 전제사실에 대하여 법원의 확신을 흔들리게 하는 반증을 제출하거나 또는 각자 다른 시각에 사망하였다는 점에 대하여 법원에 확신을 줄 수 있는 본증을 제출하여야 하는데, 이 경우 사망의 선후에 의하여 관계인들의 법적 지위에 중대한 영향을 미치는 점을 감안할 때 충분하고도 명백한 증명이 없는 한 위 추정은 깨어지지 아니한다고 보아야 한다"고 판시하여[22] 추정력 번복의 요건을 엄격히 해석하고 있다.

2. 추정이 번복된 경우

동시사망이 추정되어 재산상속이 이루어졌으나 후일 사망의 선후가 밝혀져 새로이 상속인으로 된 자는 상속회복청구를 하여야 할 것이다. 이 상속회복청구권은 제척기간의 제한을 받는다(본법 제999조).[23] 한편 상속회복청구의 소와는 별도로 상속재산에 관한 물권에 기한 소송, 예컨대 원인무효등기의 말소를 구하는 소송을 제기할 수 있고, 이러한 경우에는 본법 제999조 제2항에 규정된 제척기간

20 대법원 2016. 7. 7. 선고 2014다60194 판결, 대법원 2016. 11. 10. 선고 2014다225519 판결.
21 고상용, 민법총칙(제3판), 법문사(2005), 91; 김주수/김상용, 민법총칙(제7판), 삼영사(2013), 94.
22 대법원 1998. 8. 21. 선고 98다8974 판결, 대법원 2007. 11. 15. 선고 2007다38618 판결.
23 강태성, 민법총칙(제7판), 대명출판사(2017), 120; 주석 민법, 총칙편(1)(제4판), 한국사법행정학회(2010), 448(이용운).

이 적용되지 않는다.[24]

동시사망의 추정에 따라 보험금이나 손해배상, 유족보상금 등이 지급되었으나 나중에 사망의 선후가 밝혀져 정당한 권리자가 변경된 경우에는 보험금 등을 지급한 자는 수령자로부터 부당이득의 반환을 받고, 정당한 권리자가 지급의무자에게 청구를 하여야 할 것이다. 동시사망의 추정을 받아 보험금 등을 수령한 사람은 선의의 추정을 받아 현존이익의 한도에서 반환책임이 있다고 할 것이다(본법 제748조 제1항).[25] 동시사망의 추정이 번복됨에 따라 보험금 등을 정당한 권리자가 아닌 자에게 지급한 경우, 그것이 본법 제470조에 따른 채권의 준점유자에 대한 변제에 해당한다는 등의 특별한 사정이 인정되지 않는다면 유효한 변제로 볼 수 없다. 따라서 정당한 권리자는 위와 같은 변제행위에도 불구하고 여전히 보험금 등 지급의무자에 대하여 권리를 행사할 수 있어서 어떠한 손해를 입었다고 할 수 없으므로, 정당한 권리자가 아님에도 변제를 수령한 자는 정당한 권리자에게 변제수령액을 부당이득으로 반환할 의무를 부담한다고 볼 수 없다.[26]

24 대법원 1977. 11. 22. 선고 77다1744 판결.
25 민법주해 I 총칙(1), 박영사(1992), 425(한상호); 주석 민법, 총칙편(1)(제4판), 한국사법행정학회(2010), 449(이용운).
26 대법원 2016. 4. 15. 선고 2015다247509 판결.

제 3 장 법인

[총설]

Ⅰ. 서론

[참고문헌]

남기윤, “사법상 법인개념의 새로운 구성 -새로운 법인이론의 제안-”, 「저스티스」 통권 제70호 (2002.12); 배성호, “민법상 단체에 관한 규율”, 「인권과 정의」 제388호 (2008); 윤진수, “사법상의 단체와 헌법”, 비교사법, 제15권 제4호(2008); 최병조, “사법상 단체에 관한 일반론 -단체법론의 역사적 발전과정을 중심으로-”, 민사판례연구, 제19권(1997)

1. 자연인과 단체 및 법인

가. 자연인과 단체

민사관계에 관한 한, 사람은 출생과 더불어 권리와 의무의 주체가 되고 생존하는 동안 여러 법률관계를 맺으면서 삶을 영위하게 된다(본법 제3조 참고). 그러한 자연인이 살아가는 동안 맺게 되는 일상의 법률관계는 고립된 개개의 자연인 사이에서만 이루어지는 것이 아니다. 적어도 자연인은 출생과 더불어 가족의 한 구성원이 되며 어느 사회 혹은 국가의 구성원으로 편성되어진다는 점에서 고립적인 존재가 아니라 결합적인 존재라고 할 수 있다. 인류의 역사를 돌이켜 보더라도 예로부터 인간은 가족·씨족·부락·종족 등의 단체생활을 영위하여 왔으며 오늘날에도 자본을 매개로 한 인적 결합인 회사, 동업을 위한 집단인 조합, 노동자의 권익을 위한 결사체인 노동조합 등 각종의 단체를 통하여 사회생활을 영위하고 있다.[1] 이러한 점을 간파하여 독일 단체법론의 아버지인 오토 폰 기르케(Otto v. Gierke)는 "사람이 사람인 것은 사람과의 결합에 있다"[2]고 단언한 바 있는데, 인류의 문화가 사람들 사이의 공동생활에 의해서 이루어지고 계승·발전된다는 점에서 그의 명제에 이론(異論)을 제기할 수는 없을 것이다. 경제적 활동의 규모에서나 법률문제의 복합적인 측면에서 볼 때에도 고립된 개인사이의 법률관계보다는 단체와의 법률관계가 훨씬 큰 비중을 차지하고 있고 중요하게 다루어짐은 물론이다. 이를테면 한 개인이 그가 가진 자본으로는 1평 정도의 땅을 구입할 수밖에 없다고 할 때 그에 따라 이루어지는 거래는 고작 1평 규모의 부동산거래에 그치겠지만, 부동산투자를 위한 단체(펀드 혹은 회사)가 설립되어 그 단체가 1평 규모의 투자금액을 각각 만 명의 회원으로부터 모집하였다면, 그 단체는 투자금으로 스스로 건물을 지어 분양하든지 혹은 다른 사회간접자본에 투자하여 수익을 거두어 회원들에게 이익을 배분할 수도 있을 것이다. 이때 그러한 단체가 대외적으로 맺는 법률관계는 경제적인 규모면에서 고립된 개인의 거래보다 훨씬 클 뿐만 아니라, 법적인 측면에서도 대외적인 권리·책임주체가 누구인지 혹은 대내적으로 회원들 사이의 이해관계를 어떻게 조정할 것인지 등 훨씬 복잡하고 중요한 문제들을 지니고 있다. 이처럼 인간은 고립된 개인으로서는 하기 힘든 일을 단체를 구성하여 성취함으로써 인류사회와 문화의 발전을 이루어 왔고 앞으로도 새로운 형태의 단체를 끊임없이 고안·형성하면서 발전할 것으로 예상된다. 이와 아울러 단체와 관련한 법률문제는 자연인과 관련한 법률문제보다 훨씬 더 복잡하고 어려운 양상으로 전개될 것임이 분명하다.

나. 단체와 법인

가족이나 씨족 혹은 부락처럼 사람이 태어나는 순간부터 자신의 의지와 관계없이 속하게 되는 단체도 있지만,[3] 그러한 단체들의 법적 의미는 오늘날에 있어서

1 장경학, 민법총칙, 법문사(1995), 266.

2 Otto von Gierke, Das deutsche Genossenschaftsrecht, Bd. I: Rechtsgeschichte der deutschen Genossenschaft, Berlin 1868, S. 1.

3 이러한 의미에서 곽윤직 교수는 "개인보다도 부락이나 가족단체가 먼저 법률생활의 단위로서 나타났다고 말할 수 있다. 즉, 권리주체로서는 법인이 자연인보다도 앞선다"고 설명한다(곽윤직/김재형, 민법총칙, 박영사(2013), 154).

는 그다지 크지 않다. 오히려 고립된 개개의 자연인들이 사회적·경제적인 필요에 의해서 인위적으로 결합하여 만든 단체들이 법적으로나 실생활에서도 중요한 의미를 갖는다. 그런데 개개의 자연인들이 모여서 단체를 만드는 목적이나 그로인해 형성된 단체의 형태 등은 실로 다양하다. 단체의 규모면에서 2·3인이 모여 만들어진 소규모의 것으로부터 회원수를 파악하기 어려울 정도의 대규모 단체도 있으며, 단체의 회원에 관해서도 회원이 자연인으로만 구성된 것도 있지만 단체들만으로 회원을 가진 단체[4]도 존재한다. 따라서 여러 모습의 단체들에 대한 특성을 한마디로 요약하기는 대단히 어려운 일이다. 또한 일상의 언어관습으로나 법률용어에서도 단체, 사단, 법인, 회사, 조합 등은 엄격히 구분되지 않고 혼용되는 경우가 있어서 단체나 법인에 대한 개념파악을 더욱 어렵게 하고 있다. 그럼에도 불구하고 다양한 단체들의 모습으로부터 특수한 성질들을 추출하여 이를 유형화하고 개념적으로 정리하는 것은, 법인에 관한 일반규정이자 단체에 관한 기본법의 성질을 가지고 있는 민법 제3장 이하의 적용과 해석을 위해서 필요한 일일 것이다. 단체와 법인의 관계를 정리하면 다음과 같다.

우선 자연인과 대비되어 자연인이외의 권리주체로서의 속성을 가지는 모든 조직체를 통칭하여 우리는 최상위개념으로 결사체(Vereinigung) 혹은 흔히 단체(Verband)라고 부른다. 물론 민법은 권리주체로서 제2장에 자연인과 제3장에 법인만을 인정하고 있을 뿐이지만, 법현실에서는 민법 제3장이 규정한 법인이외의 조직체도 제한된 범위에서 권리·의무의 주체가 되는 경우가 있다. 그러한 결사체 내지 단체는 사람들(人[5])의 결합으로 구성된 것일 수도 있고 인적 결합없이 일정한 재산만으로 이루어진 것일 수도 있다. 전자를 인적 결사체(Personenvereinigung)라고 하고 후자를 재산집합체(Vermögensmasse)라고 부른다.[6] 흔히 단체(Verband)라고 하면 일반적으로는 사람들의 결합인 인적 단체(Personenverband)의 의미로 사용된다.

사람들의 결합인 인적 단체는 단체의 구성원들 사이에 맺어지는 결합의 정도에 따라 외부적으로 다른 모습으로 나타날 수 있다. 즉 어떤 단체는 구성원들 사이의 결합으로 말미암아 구성원들의 개성은 엷어지면서 외부적으로 단일의 조직

4 예컨대, 대한축구협회, 전국은행연합회 등.
5 여기서 "사람"이란 자연인(Mensch)만을 지칭하는 하는 것이 아니라 그 외의 조직체 특히 법인을 포함하는 뜻에서의 인(人, Person)을 의미한다.
6 Brox·Walker, Allgemeiner Teil des BGB, 34 Aufl., München 2010, Rz. 729-730.

체로 나타나기고 하고, 어떤 단체는 구성원들 사이의 결합에도 불구하고 여전히 개별 구성원들의 개성이 강하게 남아있어서 외부적으로 단일의 조직체라고 하기에는 다소 미약한 단체상태로 머물기도 한다. 전자처럼 외부적으로 단일의 조직체로 나타나는 인적 단체를 사단체(社團體, Körperschaft[7])라고 하고 후자처럼 구성원의 개성이 남아있는 느슨한 형태의 인적 결합을 조합(Gesamthandgesellschaft)이라고 한다. 어떤 조직은 조합보다도 인적 결합강도가 더욱 엷어서 구성원들이 공동목적에는 관심이 없고 지분을 공유하는 이해관계 때문에 결합되어 있는 것뿐인 경우도 있는데, 이를 단순한 권리공동체(schlichte Rechtsgemienschaft: communio incidens)라고 한다.[8]

사단체(社團體, Köperschaft)는 다시 단체가 추구하는 목적에 따라 구성원의 자격이나 지위 등이 달라질 수 있는데, 이에는 영리아닌 목적으로 결합된 단체인 사단(Verein), 영리추구를 목적으로 하는 단체인 물적회사(Kapitalgesellschaft) 및 단체 구성원들의 상호부조나 권익추구를 목적으로 하는 단체인 협동조합(Genossenschaft) 등이 속한다. 이들 중에서 물적회사나 협동조합은 법인격을 가지고 있지만, 사단의 경우에는 권리능력을 가진 단체도 있고 권리능력을 갖지 못한 단체로 머무는 경우도 많이 있다. 조합은 원래 구성원간의 공동사업을 위한 계약관계에 불과한 것이지만, 대외적으로는 단체의 모습을 띄고 있는 조직체이다. 조합에는 민법상 조합(BGB-Gesellschaft)이 대표적이고 합명회사(oHG)나 합자회사(KG)도 이에 해당한다. 단순권리공동체의 예로는 대표적으로 공유관계(Miteigentum)를 떠올릴 수 있는데, 이러한 조직의 단체성은 대단히 희박하므로 이에 대해서는 단체법관계보다 계약법관계 내지 물권법관계로 파악하는 것이 더욱 바람직하다.

한편 재산집합체(Vermögensmasse)는 그것이 단순한 재산의 집적상태에 불과한 경우도 있고 특정한 목적을 위하여 출연된 재산일 수도 있다. 전자를 집적재산(集積財産, Sammelvermögen)이라고 하고 후자를 재단(Stiftung)이라고 한다. 사단의

7 독일의 Köperschaft에 상응하는 우리의 적절한 표현은 찾기 힘들다. 이를테면 Köperschaftsteuer는 우리의 법인세에 해당하는데, 그렇다고 Köperschaft를 "법인"이라고 표기할 수는 없다. 일본에서 간행된 獨和法律用語辭典에서도 Köperschaft를 단체 또는 사단으로 혼용해서 번역하고 있는데, 이것도 정확하지 않다. 일반적으로 단체란 조합과 사단을 포괄하는 의미이지만 Köperschaft에 분명히 조합은 포함되지 않는다. 또한 사단이라 함은 일반적으로 Verein을 의미하는데, Köperschaft는 이보다도 넓은 개념이다. 이러한 점 등을 고려하여 필자는 Köperschaft를 사단체(社團體)로 번역할 것을 제안한다.

8 Hübner, Allgemeiner Teil des BGB, 2. Aufl., Berlin u.a. 1996, S. 111.

경우와 마찬가지로, 재단은 권리능력을 가진 형태로 존재하는 것이 원칙이지만 권리능력을 갖지 않은 경우도 많이 있다.

단체를 속성에 따라 이와 같이 분류하였을 때, 그 중에서도 권리능력을 갖춘 단체를 법인(juristische Person)이라고 한다. 그러면 나머지 권리능력을 갖지 않은 단체, 즉 조합,[9] 권리능력없는 사단, 집적재산 및 권리능력없는 재단 등은 법인이 아닌 것으로 된다. 따라서 단체 중에서 법인이냐 아니냐는 해당단체가 권리능력을 가졌느냐 그렇지 않느냐가 관건이다. 그런데 오늘날에는 단체의 권리능력을 상대적으로 이해하거나[10] 단체의 실제적인 활동성에 비중을 두어 법인과 비법인의 구별에 의미를 부여하지 않으려는 견해[11]도 등장하고 있다.

다. 법인의 의의와 목적

위에서 살펴본 바와 같이 자연인이외의 권리주체의 속성을 지닌 단체의 모습은 다양한데, 그중에서도 어떤 단체는 권리능력을 부여받아 법인(juristische Person)이 되기도 하고 어떤 단체는 법인아닌 단체로 머물기도 한다. 여기서 어떤 단체를 법인이라고 보기 위해서는 해당단체에 존재하는 일정한 개념적 징표에 터잡아 귀납적으로 법인이라고 하기보다는 오히려 법이 요구하는 일정한 요건을 충족시켰는가에 따른 연역적 심사에 따라 판단하여야 한다. 달리 말하자면 법이 어떤 단체에게 법인격을 부여할 것인가는 입법자의 판단의 문제이며, 단체가 만약 법인이 되고자 한다면 법이 요구하는 준칙에 부합하여 조직되어야 하고 그에 따른 절차를 완비하여야만 한다(본법 제31조 및 제32조 참조).[12] 그러한 점에서 법인이란 법이 사회적·경제적 현실을 감안하여 일정한 목적을 가진 단체에게 법인격을 부여한 조직체라고 정의할 수 있다.[13] 따라서 어떤 형태의 단체를 법인으로 할 것이냐는 각 나라마다 차이를 나타내게 된다. 예컨대 단체의 성질이 조합인 합명회사나 합자회사의 경우 독일법에서는 법인이 아니지만 우리나라, 일본 및 프랑스법에서는 법인으로 인정된다. 또한 상법에서는 1인 회사에 대해서, 그리고 '자산유

9 합명회사나 합자회사는 성질상 조합이지만, 우리 상법에서는 법인으로 인정되어 있음은 물론이다.

10 특히 Fritz Fabricius, Relativität der Rechtsfähigkeit, Ein Beitrag zur Theorie und Praxis des privaten Personenrechts, München/Berlin 1963. 이에 관한 상세한 설명은 후술함.

11 남기윤, "사법상 법인개념의 새로운 구성 -새로운 법인이론의 제안-", 저스티스 통권 제70호(2002.12.), 166-206.

12 이와 같은 취지의 설명으로는 Soergel-Hadding, Vor § 21 Rz. 6.

13 Larenz/Wolf, Allgemeiner Teil des Bürgerlichen Rechts, 9. Aufl., München 2004, S. 147; MünchKommBGB/Reuter, Vor § 21 Rz. 2.

동화에 관한 법률' 등에서는 이른바 명목회사(Paper Company)의 경우도 법인으로 인정되는데, 이는 전형적으로 법이 필요에 따라 특수한 목적을 위해서 기술적인 개념으로서 법인성을 인정한 대표적인 예라고 할 수 있다. 그렇다면 법은 어떠한 목적으로 법인이라는 법형상(Rechtsfigur)을 인정한 것일까? 그것은 크게 보아 법률관계의 단순화와 개인책임의 제한에 있다고 할 수 있는데,[14] 이를 살펴보면 다음과 같다.

첫째, 구성원과는 별개로 단체 자신에 법인격이 인정되기 때문에 권리·의무를 법인의 것으로 귀속시킴으로써 법률관계를 단순화시킬 수 있다. 예컨대 300명의 회원으로 구성된 학술단체가 사무실을 마련하기 위해서 건물을 임대하려고 할 때, 만약 자연인에게만 권리능력이 인정된다면 300명의 회원전원이 임대계약의 당사자로 나서야 하고 상대방과의 분쟁시에는 전체회원이 원고가 되든지 혹은 반대로 상대방은 전체회원을 상대로 소송을 제기하여야 하는 불편함이 있다. 또한 건물을 매수할 경우에도 전체회원의 명의로 등기해야 할 것이며 은행에서 계좌를 개설하더라도 전체회원의 명의로 해야 하는 등 그 불편함은 이루 막심하다. 그러나 법은 이러한 경우를 위해서 단체가 법인으로 될 수 있는 길을 열어두고 있으며, 단체가 법인격을 취득하여 법인이 되면 이제는 각자의 회원들로부터 독립하여 단체자체가 자연인과 마찬가지로 자신의 명의로 계약을 체결하거나 소송에서 원·피고가 될 수 있으며 단체명의의 부동산등기나 계좌개설 등이 가능하게 됨으로써 법률관계를 크게 단순화시킬 수 있다. 거래상대방의 입장에서도 법인으로 인정되지 않은 단체의 경우에는 거래주체가 불분명하므로 그러한 단체와의 거래를 망설일 수 있으나, 법인으로 인정된 단체에 대해서는 권리·의무의 주체가 명확하므로 구성원의 변동에 신경 쓸 필요없이 거래를 할 수 있는 장점이 있다.

둘째, 단체자체에 독립된 법인격이 인정됨으로써 단체에 귀속하는 재산과 구성원 개인에 귀속하는 재산을 구별할 수 있다. 만약 위의 단체에 법인격이 부여되어 있지 않다면 단체의 영역과 구성원 개인의 영역이 명확하지 않으므로 단체의 공동목적을 위해서 부담하게 된 채무에 대해서도 단체의 구성원은 자신의 재산으로 개인적인 책임을 부담하여야 할 것이다. 그러나 단체가 법인격을 취득하여 법인으로 인정되면 법인의 재산과 구성원 개인의 재산은 엄격히 구분되고(이른바 분

14 Dieter Medicus, Allgemeiner Teil des BGB, 7. Aufl., Heidlelberg 1997, § 65 Rz. 1085-1087; Wolfgang Brehm, Allgemeiner Teil des BGB, 2. Aufl., Stuugart u.a. 1994, § 23 Rz. 662-663.

리의 원칙: Trennungsprinzip) 그에 따라 단체가 부담하는 채무에 대해서도 단체재산만이 책임재산으로 될 뿐이므로 법인과 거래한 상대방은 비록 법인재산으로부터 만족을 얻지 못하였더라도 구성원 개인의 재산에 대해서는 강제집행을 할 수 없다.

이상을 종합해 볼 때, 법인의 가장 중요한 기능이란 구성원의 재산으로부터 기술적으로 분리된 단체의 특별재산에 대해서 독립성을 인정함으로써 책임을 제한하는 것이라고 할 수 있으며,[15] 법인은 그 본질에 관한 논란을 떠나서 법기술적인 성격(rechtstechnicher Charakter)를 가진 존재임은 분명하다고 할 수 있다.[16] 그러나 법인의 목적에 관한 위의 설명은 원칙론을 언급한 것 일뿐, 실제로는 이와 다른 경우가 있음을 주의하여야 한다. 예컨대 이른바 권리능력없는 사단 혹은 재단은 비록 법인은 아니지만, 단체명의로 부동산등기를 하거나(부동산등기법 제26조) 민사소송에서 당사자가 될 수 있다(민사소송법 제52조). 또한 법인의 재산과 구성원의 재산은 엄격히 구분되는 것이 원칙이지만, 법인제도가 악용된 경우에는 법인의 재산이외에도 법인의 배후에 존재하는 사원의 재산에 대해서도 책임을 묻는 경우가 있다(이른바 법인격부인의 법리).

2. 법인 및 단체에 관한 일반법으로서의 민법 제3장

권리주체를 의미하는 인(人, Person)에는 자연인과 법인이 포함되는데, 이에 관한 법을 통칭하여 인법(人法, Personenrecht)이라고 하고, 그 중 법인에 관한 법을 통칭해서 법인법(法人法, Recht der juristischen Person)이라고 한다. 법인에 관한 법, 즉 법인법은 비영리법인을 중심으로 하는 민법, 영리법인인 회사를 규율하는 상법을 포함하여 학교법인에 관한 사립학교법, 의료법인에 관한 의료법, 사회복지법인에 관한 사회복지사업법, 공익법인에 관한 공익법인의 설립·운영에 관한 법 등 특수한 비영리법인에 관한 각종의 법률뿐만 아니라, 은행에 관한 은행법, 보험에 관한 보험업법, 신탁회사에 관한 신탁법 등 특수한 영리법인에 관한 법률 및 한국은행법, 한국산업은행법, 한국교직원공제회법, 한국전력공사법, 재외동포재단법, 지역신용보증재단법, 각종의 협동조합에 관한 법률 등 특수법인에 관한 일체의 법률 등을 모두 포함한다. 이처럼 법인과 관한 법률은 매우 많은데, 그 중에서

15 이와 같은 취지의 글로서는 Franz Wieacker, Zur Theorie der Juristischen Person des Privatrechts, Festschrift für Ernst Rudolf Huber, Göttingen 1973, S. 358 f.

16 MünchKommBGB/Reuter, Vor § 21 Rz. 2.

도 많은 법률들은 각기 법인에 관한 고유한 법적 원리들을 규율하고 있는 것이 아니라, 일정한 조직에 대해 법인격을 부여하는데 그치고, 법인으로서의 규율은 민법이나 상법의 회사편 규정을 준용하고 있다. 개별적인 법인법이라고 하더라도 법인에 관한 핵심적인 원리는 민법이나 상법이 담당하고 있는 셈인데, 상법에도 규정이 없으면 결국 민법의 법인관련 규정이 적용될 수밖에 없다.

민법 제3장은 법인에 관한 여러 규정을 두고 있는데, 총칙(제1절: 제31조~제39조의2), 설립(제2절: 제40조~제56조), 기관(제3절: 제57조~제76조), 해산(제4절: 제77조~제96조) 및 벌칙(제5절: 제97조)등이 그것이다. 그런데 민법이 일반사법으로서 기능하듯이, 법인에 관한 민법 제3장은 모든 종류의 법인 나아가 모든 종류의 단체에 적용되는, 말하자면 일반법인법이라고 할 수 있다. 따라서 법인에 관한 다른 특별법이 있으면 그 특별법이 우선적으로 적용되고, 그 특별법에 해당하는 특별한 규정이 없는 때에는 민법 제3장 이하의 규정이 준용되거나 유추적용된다.[17] 예컨대 영리법인에 관해서는 상법이나 은행법과 같은 특별법이 우선적으로 적용되고 또한 비영리법인 중에서도 공익법인에 대해서는 공익법인법이 민법에 우선한다. 그렇지만 그러한 특별법에 대표기관의 불법행위에 관한 별도의 규정이 없는 때에는 일반법인법으로서 본법 제35조가 그들 법인에게도 적용된다.

한편 권리주체란 권리와 의무가 귀속될 수 있는 주체라는 의미를 가지고 있는데, 그러한 점에서는 법인이외의 단체도 권리주체성을 가지고 있을 수 있다. 법인보다 상위의 개념은 단체이다. 단체 중에는 법인인 단체도 있고 법인이 아닌 단체도 있다. 단체라는 개념은 자연인 이외의 권리주체성을 가질 수 있는 모든 조직체라고 할 수 있고, 그러한 단체를 규율하는 법의 총체를 단체법(Verbandsrecht)이라고 할 수 있다. 따라서 단체법이라고 할 때, 그것은 법인법의 영역을 뺀 나머지 단체(즉 법인아닌 단체)만을 규율하는 법으로 제한적으로 이해해서는 안 된다. 오히려 단체법은 법인을 포함한 비법인단체나 조합 등 권리주체는 아니지만 권리의 담지능력(Rechtsrträgerschaft)을 가진 모든 조직체를 아우르는 법을 포함하는 의미로 이해해야 한다. 그런데 본법 제3장은 법인에 한정해서만 적용되는 것이 아니라, 다른 법률에 특별한 규정이 없는 한 법인격을 취득하지 못한 권리능력없는 사

17 법률에 따라서는 이러한 사항을 명시한 경우도 있는데, 예컨대 도시 및 주거환경정비법 제49조는 "조합에 관하여는 이 법에 규정된 것을 제외하고는 민법 중 사단법인에 관한 규정을 준용한다"고 명시하고 있으며 사립학교법 제9조는 학교법인의 권리능력과 불법행위능력에 관하여는 민법 제34조 및 제35조의 규정을 준용한다고 정하고 있다.

단이나 권리능력없는 재단에 대해서도 준용된다. 따라서 법인격없는 단체의 설립, 운영 및 활동에 관해서도 민법 제3장 이하의 규정이 준용되기 때문에 민법 제3장은 법인을 포함한 단체에 관한 기본법이라고 부를 수 있다. 다만, 민법 제3장 이하의 규정의 적용을 받는 단체는 법인격없는 단체 중에서도 사단 및 재단에 준하는 조직에 한하고, 조합의 성격을 가진 조직은 민법 제3장 이하가 아니라 조합에 관한 본법 제703조 이하의 규정이 적용됨이 원칙이다. 어느 한 단체를 사단으로 볼 것이냐 아니면 조합으로 볼 것이냐라는 단체의 성격규정은 대단히 어려운 문제이며, 이는 단체구성원의 책임범위와도 깊은 관련이 있다. 오늘날의 유력한 학설은 조합에 대해서도 일률적으로 조합에 관한 규정을 적용할 것이 아니라, 문제된 법률관계의 특성에 따라 조합에 대해서도 사단에 관한 규정을 유추적용할 수 있다고 한다.[18] 따라서 그러한 범위 내에서는 민법 제3장 이하의 규정은 조합에 관해서도 단체의 기본법으로서의 역할을 하는 셈이다.

Ⅱ. 법인이론과 법인제도

[참고문헌]

권철, "일본민법학의 법인본질론 계수사 일반 -민법교과서 서술방식의 형성과정을 중심으로", 「성균관법학」 제20권 제1호(2008); 권철, "일본의 새로운 비영리법인제도에 관한 소고 -최근 10년간의 동향과 신법", 「비교사법」 제39호 (2007); 김진우, "일본의 중간법인제도에 과한 고찰", 「인권과 정의」 제326호(2003); 김태선 "미국의 단체에 관한 법제도", 「중앙법학」 제66호 (2017); 남효순, "프랑스법에서의 법인의 역사", 「법학」 제40권 제3호(1999); 송호영, "고전적 법인논쟁이 현대의 단제법론에 주는 의미와 영향 -SaVIgny와 Giekrke의 이론을 중심으로-", 「현대민사법학의 과제」 (관원 정조근교수 화갑기념논문집), 동남기획 (2001); 송호영, "법인의 활동과 귀속의 문제 -법인본질논쟁의 극복을 위한 하나의 시론-", 「민사법학」 제31호 (2006); 여하윤, "프랑스 민법상의 법인론", 「비교사법」 제15권 제4호 (2008); 이기수, "법인의 본질 -SaVIgny이론의 올바른 해석을 위하여-", 「상법논총」 (인산 정희철선생정년기념), 박영사 (1985); 최병조, "Rudolph von Jhering의 법인이론", 「법학」 제28권 제3·4호 (1987); 최병조, "사법상 단체에 관한 일반론 -단체법론의 역사적 발전과정을 중심으로-", 민사판례연구, 제19권(1997); 최성경, "일본의 공익법인제도 개혁", 「민사법학」 제41호 (2008); 최성경, "일본의 법인정비법", 「한양법학」 제26집 (2009)

1. 법인이론

가. 서언

자연인 이외에 법이 인정한 또 다른 권리주체인 법인의 본질은 무엇인가? 이

[18] Karsten Schmidt, Gesellschaftsrecht, 4. Aufl., Köln u.a. 2002, S. 735 f.

질문에 답하기 위하여 19세기 독일에서는 이른바 법인본질논쟁이라 하여 사법학에서 큰 관심의 대상이 되었다. 그것은 크게 보아 법인의 본질을 자연인과 달리 의제된 주체로 볼 것이냐 아니면 자연인과 마찬가지의 생명체적 존재로 볼 것이냐 하는 다툼이다. 이러한 논쟁에는 다음과 같은 두 가지 배경이 깔려 있다.

첫째는 법인이라는 권리주체를 개인주의가 바탕이 된 로마법적인 시각에서 볼 것인가, 아니면 단체주의가 강조되는 게르만법적인 시각에서 볼 것인가 하는 점이다.[19] 이에 따라 개인(즉 자연인)을 중심으로 한 로마법주의자들의 시각에서는 법인은 자연인과는 이질적인 존재이고 그것은 자연인과 달리 법의 승인을 통하여 만들어진 인위적인 권리주체이다. 그에 반해 유목과 농경을 중심으로 촌락공동체를 형성하면서 발전한 게르만의 법전통을 연구하는 학자들의 시각에서는 개인뿐만 아니라 단체도 엄연히 하나의 독자적인 조직체이므로 법인의 본질도 자연인의 그것과 다를 바 없다고 주장한다.

둘째는 당시 사회의 변화에 따라 단체의 출현이 늘어나게 됨에 따른 국가의 법인정책의 이론적인 기반을 제공하기 위함이었다. 법인이론은 한편으로는 근대사회로 진입하면서 우후죽순처럼 등장하는 각종 단체에 대해서 국가가 일정한 요건을 갖춘 단체에 한해서 법인으로 허가함으로써 그 존재성을 공시해야 한다는 사회적 요청과, 다른 한편으로는 인간의 다양한 사회적 욕구와 경제적 활동의 자유를 증진하기 위하여 등장하는 법인의 사회적 실체를 인정하고 국가는 법인에 대해서도 자연인 못지않은 보호를 할 의무가 있다는 시대적 요구를 반영하였던 것이다.

이러한 배경에서 출발한 법인이론은 이른바 법인의제설과 법인실재설로 나뉘어져 이들 학설을 중심으로 발전하게 되고 이후 전 유럽에 전파되고, 각국의 인법(人法)과 회사법에 많은 영향을 미치게 되었다. 그런데 오늘날 법인이론의 가치에 대해서는 그다지 크게 주목받지 못하고 있다. 그 이유에 대해서 오늘날에는 입법과 학설·판례의 노력으로 법인이론이 확립되어 있기 때문에 법인의 본질에 관한 여러 학설의 논의는 별로 실익이 없다고 한다.[20] 그럼에도 불구하고 법인본질론은 오늘날에 있어서도 법인제도를 이해하는데 참고가 될 뿐만 아니라,[21] 실제로도

19 법제사적인 측면에서 단체의 발전과정을 다룬 글로는 최병조, "사법상 단체에 관한 일반론 -단체법론의 역사적 발전과정을 중심으로-", 민사판례연구(XIX) (1997), 523이하 참고.

20 곽윤직/김재형, 민법총칙, 박영사(2013), 156.

21 가령 곽윤직/김재형, 민법총칙, 박영사(2013), 156.

오늘날의 단체법론이 해결해야 할 많은 과제에 대해 중요한 해결의 실마리들을 제공하고 있으므로 이에 대한 가치는 결코 경시할 수 없다.

나. 고전적 법인이론

1) 법인의제설

흔히 법인의제설(Fiktionstheorie)은 사비니(Savigny)가 주창한 것으로 알려져 있다. 그의 법인관을 파악할 수 있는 저작은 '현대 로마법체계' 제2권[22]이다. 사비니의 법인학설은 철학적으로는 칸트(Kant)의 인성론과 법제사적으로는 로마법의 개인주의 사상을 기반으로 하고 있다. 그리하여 이 학설에 의하면 권리·의무의 주체가 될 수 있는 것은 원래 자연인뿐이지만, 후세 사람들의 사회적 필요에 따라 일정한 단체에 대해서도 법률의 힘에 의하여 자연인과 같은 권리주체로 인정한 것이 바로 법인이라는 것이다. 즉 법인은 법률이 자연인에 의제(Fiktion)한 것에 지나지 않는다는 것이다. 이 학설은 구체적으로 다음과 같은 법인관(法人觀)으로 정리된다.

첫째, 법인은 법기술적인 의제에 의하여 구성원과 분리·독립한 권리·의무의 귀속주체이다. 둘째, 법인의 성립여부나 존재유무를 확인하기 위해서는 공시가 필요한데, 법인의 공시는 국가권력의 특허나 허가를 통하여 이루어진다. 셋째, 법인은 법률에 의해서 인정된 권리주체이므로 법인이 향유하는 권리능력의 내용은 자연인의 그것과 다르고 권리능력의 범위도 법률과 정관에 따라 정해진다. 넷째, 의제된 권리주체인 법인에게는 스스로 행위할 수 있는 능력이 없으며, 대리인의 행위를 통하여 법인의 행위로 표출될 뿐이다. 다섯째, 법인 스스로의 행위능력이 없기 때문에 법인의 불법행위능력도 부정되지만, 대표기관이 한 불법행위는 법률의 규정에 의하여 법인이 그에 따른 책임을 지게 된다.

2) 법인부인설

사비니는 법인을 자연인에 의제한 것으로 보긴 하였지만, 그것이 자연인 이외에는 법적 주체가 될 만한 사회적 실체의 존재를 부정한 것은 아니었다. 그러나 소수의 학자들은 법인의제설이 사회적 실체로서의 법인의 존재성을 부정하는 것에 불만을 가지고서 법인을 구성하는 특징적인 요소에 포커스를 맞추어 법인의 본질을 설명하려고 하였다. 그러한 일련의 학설을 법인부인설이라고 칭하는데, 법

22 Friedrich Carl von Savigny, System des heutigen römischen Rechts, Ⅱ. Band, Berlin 1840. 이하 Savigny, System Ⅱ로 표기함.

인부인설이란 법인의 존재성자체를 부인한다는 의미가 아니라, 법인의 본질을 파악하기 위하여 권리·의무의 귀속주체로서의 법인제도의 형식을 보지 않고 오히려 보다 구체적으로 법인의 실질이나 법인을 구성하는 핵심적인 요소를 밝혀냄으로서 법인의 실체성을 증명하려고 한 학설이다. 여기에는 다음과 같은 학설들이 있다.

여기에는 법인의 본체를 일정한 목적에 바쳐진 무주(無主)의 재산으로 보는 목적재산설(目的財産說, Zweckvermögenstherie),[23] 법인은 권리·의무의 형식적인 귀속자일 뿐, 법인의 실질적인 본체는 법인으로부터 이익을 얻고 있는 다수의 개인이라고 하는 향익자주체설(享益者主體說, Genießertheorie),[24] 현실적으로 법인재산을 관리하고 있는 자를 법인의 본체라고 하는 관리자주체설(管理者主體說, Amtstheorie)[25] 등이 그것이다. 이들 학설은 법인의 본질을 보다 구체적인 요소에서 찾으려했다는 점에서는 법인의제설보다 진일보한 시도였다고 할 수 있다. 그러나 법인부인설은 재단에 관한 설명에는 수긍되는 바가 있을 지라도, 사단에 대해서는 적용되기 어려운 학설이라는 한계가 있다.

3) 법인실재설

법인의제설이 로마법학자들을 중심으로 주장된 학설이라면, 법인실재설은 단체법을 위주로 하여 연구하는 게르만법학자들에 의해서 주장된 학설이다. 동 학설은 게르만의 단체주의적 관습법을 연구한 베절러(Beseler)에 의하여 처음 주장되었다가,[26] 그의 제자인 오토 폰 기르케(Otto v. Gierke)가 베절러의 이론적 기반 위에 인류학적·심리학적 방법론을 동원하여 이른바 실재적 단체인격설(Theorie der realen Verbandspersönlichkeit)로 정립하였다.[27] 기르케가 주장하는 법인이론의 핵심은 법인은 의제되거나 허구적인 존재가 아니라, 자연인과 마찬가지로 스스로 움직이고 생각하고 생명력을 가진 실존하는 유기적인 조직체라는 것이다. 기르케

23 Brinz, Alois, Lehrbuch des Pandekten, 1. Band, I, 2. Aufl., Erlangen 1873. §§ 59, 61.

24 Jhering, Rudolf von, Geist des römischen Rechts, Ⅲ/1, Leipzig 1924, S. 336 ff. 예링(Jhering)의 법인이론에 관한 상세한 글로는 최병조, "Rudolph von Jhering의 법인이론", 서울대 법학 28권 3·4호(1987), 219 이하 참고.

25 Hölder, Eduard, Natürliche und juristische Personen, Leipzig 1905, S. 341.

26 Beseler, Georg, Volksrecht und Juristenrecht, Leipzig 1843, S. 173 ff.

27 Gierke, Deutsches Privatrecht, 1. Band: Allgemeiner Teil und Personenrecht, Leipzig 1895; ders., Die Genossenschaftstheorie und die Deutsche Rechtsprechung, Berlin 1887(이하 Gierke, Genossenschaftstheorie로 표기); ders., Das Wesen der menschlichen Verbände, Berlin 1902(이하 Gierke, Rektoratsrede로 표기) 등.

가 들고 있는 예를 보면, 교회에는 머리에 해당하는 조직과 손발이 존재하는 조직 등이 서로 유기적으로 작용함으로써 교회의 활동이 이루어지는데, 이는 자연인의 신체활동과 차이가 없고, 또한 정신적으로도 자연인에게는 지각력·감정 등이 있듯이 교회에도 영적 정신이 교회를 지배한다고 한다. 그래서 자연인은 개별인(Einzelperson)임에 반하여 법인은 개별인의 합성으로 이루어진 단체인(Verbandsperson)일 뿐, 그 속성에는 차이가 없다고 주장한다.[28] 이러한 법인실재설은 다음과 같은 법인관으로 정리된다.

첫째, 법인은 법기술적인 의제나 허구적 존재가 아니라, 구성원들의 유기적인 조직으로 합성된 독자적인 실재체(實在體)이다. 둘째, 자연인은 출생만으로도 곧 권리주체성을 인정받듯이, 법인은 일정한 자격요건을 충족하여 그 존재성이 인정되는 한, 국가권력의 특허나 허가가 없더라도 성립이 인정된다. 셋째, 법인은 천연적인 성질에 의해서 제한되는 것이 아닌 한, 자연인과 같은 내용과 범위의 권리능력을 향유한다. 넷째, 법인을 구성하는 인(즉 機關人)은 법인의 기관(器官, Organ)에 해당하며, 법인은 이들 기관의 활동을 통하여 스스로 행위할 수 있는 능력을 가지고 있다. 다섯째, 법인의 행위능력이 인정되는 것과 마찬가지로, 법인은 대표기관을 통하여 스스로 불법행위를 할 수 있고 그에 따라 법인은 당연히 책임을 지게 된다.

다. 법인이론의 전개

1) 법인이론의 전파

19세기 중반부터 20세기초 사이에 당시 경제적·사회적 구조의 변화와 함께 우후죽순처럼 등장하는 각종 단체(특히 회사)에 대하여 당시의 법학자들은 법인이라는 법현상을 어떻게 법리적으로 정립할 것인가에 집중하였다. 특히 당시 민법전의 제정에 즈음하여 어떠한 법인관을 가지고서 법인을 규율할 것인가에 대하여 많은 논의들이 있었다. 그에 따라 등장한 법인의제설, 법인부인설, 법인실재설은 각각의 논리를 가지고 법인제도를 설명하면서, 일견 서로 대립되는 모습을 띄고 있지만, 각각의 학설은 당시의 사회상을 반영하여 나름대로 고유한 학설적 가치를 가지고 있다. 즉 법인의제설은 18·19세기 당시 국가중심주의의 시대에서 자연인인 개인의 존재를 강조하기 위하여 자연인을 권리주체의 중심으로 내세우면서도 사회·경제의 발전에 따른 다양한 단체의 등장을 인정하여 국가에 특허나 허가

28 Gierke, Deutsches Privatrecht I, S. 470.

를 통하여 법인의 관리·감독의무를 부과하려 한 것이다. 일각에서는 법인의제설을 절대주의적 중앙집권 국가의 반단체적 사상을 배경으로 하여 등장한 학설이라고 비판하기도 하지만, 이는 당시의 시대상황이나 개인의 존재가치를 강조하는 철학적 배경에 대한 몰이해에서 비롯된 오해이다.

법인부인설은 법인의 실체성을 좀 더 구체적으로 규명하기 위하여 법인의 특징적 요소를 부각시켜 일반인들로 하여금 법인을 좀 더 현실적인 존재로 받아들일 수 있도록 한 점은 큰 업적이라고 할 수 있다. 그러나 학설이 대상으로 삼는 법인이 주로 재단에 한정되어 있어서 보편적인 법인이론으로 발전하는데 한계를 가지게 된다. 법인실재설은 과감하게 법인을 자연인과 같은 수준의 생물체로 설명하고 있는데, 그것은 19세기 말부터 급격히 늘어난 단체에 대해 국가가 금압적인 태도를 취하려 하자, 국가권력으로부터 단체를 보호하기 위하여 인류학적·생물학적 방법론을 법학에 도입하여, 마치 자연인에 대해 국가가 함부로 탄압하지 못하는 것처럼 법인도 마찬가지의 보호를 받아야 함을 강조하기 위함이었다. 따라서 법인본질론은 단순히 법인이 허구적인 존재인가 아니면 실존하는 존재인가를 다투는 낮은 수준의 문제가 아니라, 국가와 개인 그리고 그 중간에 존재하는 단체사이의 긴장관계를 법학이 어떻게 풀어주고 조정해줄 것인가를 고민하는 고차원적인 문제이다. 법인이론이 진화하는 사회적 현실을 반영한 것이라면, 법인의제설보다 법인실재설이 후세의 학자들로부터 더 많은 지지를 받게 되었음은 당연한 일이다.

19세기 독일에서 비롯한 고전적인 법인이론은 이후 유럽각국을 거쳐 퍼지게 되고[29] 일본을 경유하여 우리나라에도 영향을 미치게 된다. 그러한 과정에서 법인이론은 약간의 새로운 버전으로 각색되면서 주장되기도 한다. 이를테면 법인실재설은 프랑스에서는 살레이유(Saleilles)와 미슈(Michoud)가 기르케의 생물학적 방법론에서 벗어나서 법인을 유기체가 아니라 법인격을 부여받기 적합한 일정한 조직체라고 주장하는 이른바 조직체설로 발전시켰고,[30] 이태리에서는 페라라(Ferrara)가 법인을 실정법을 통하여 조직체로서 작용하는 하나의 규율형태로 보았다.[31] 또한 일본의 我妻榮 교수는 독일의 코올로(Kohler)와 프랑스의 듀기(Duguit)의 영향을 받

29 독일에서 시작된 법인이론이 유럽 각국으로 전파된 과정에 대해서는 Helmut Coing, Europäisches Privatrecht 1800 bis 1914, Band Ⅱ 19. Jahrhundert, C.H.Beck, München 1989, S. 344 ff.

30 Saleilles, De la personnalite juridique. Histoire et theories, 1910; Michoud, La theorie de la personnalite morale, I-Ⅱ, 1906-1909.

31 Ferrara, Francesco, Teoria delle persone giuridiche, Napoli 1916, nr. 30-62.

아, 법인의 본질은 법인격을 부여할 만한 사회적 가치를 가지고 독자적인 사회적 작용을 하는 데 있다고 하는 이른바 사회적 가치설을 주장하였다.[32]

2) 우리나라의 법인학설

우리나라에서도 고전적 법인이론은 계승되어 오늘날의 학설에도 영향을 미치고 있다. 과거에는 법인실재설이 압도적인 다수설이었지만, 최근에는 법인의제설이 새롭게 등장하는가 하면 법인학설을 종래와 다른 시각에서 접근해야 한다는 견해도 주장되고 있다.

법인실재설을 주장하는 우리나라의 학설은 주로 我妻榮 교수의 영향을 받은 사회적 가치설을 따르고 있다.[33] 또한 법인실재설을 기반으로 하면서도 현재 독일 통설에 따라 법인의 본질을 일정한 목적을 위하여 인적·물적 요소가 결합된 목적구속적 조직체라고 하는 주장도 있다.[34] 그에 반해 최근에는 법인의제설의 입장에서 법인은 권리주체임에 적합한 조직체에 대하여 법인 법인격을 부여한 것으로서 법률관계를 간명하게 처리하기 위한 법기술이라고 하거나,[35] 법인의 본질을 법학 고유의 논점에서 고찰하면 현행법 및 거래질서와 조화를 이루는 법인의제설이 타당하다고 주장하는 견해도 있다.[36] 또한 법인의제설과 법인실재설의 절충적 입장에서 법인이 가지는 법기술적 측면과 실체를 갖춘 사회적 실체라고 하는 기능적 측면, 즉 법인의 양면성을 고려하여야 한다는 견해와[37] 더불어 이와 유사하게 종래의 법인학설에 구애받지 않고 법인의 본질을 구성하는 세 가지 계기, 즉 실체적 계기(사회경제적 계기)·가치적 계기(법정책적 계기)·기술적 계기(법기술적 계기)를 고려하여 개개의 구체적인 문제마다 타당한 해결을 꾀하여야 한다는 견해도 주장된다.[38]

라. 법인이론에 관한 종합적 평가

오늘날 법인본질론을 법인이 허구적·의제적 존재인가 아니면 사회적으로

32 我妻榮, 新訂 民法總則 (1965), 126.

33 김증한/김학동, 민법총칙, 박영사(2013), 158; 김현태, 민법총칙론, 교문사(1985), 153; 서광민, 민법총칙, 신론사(2007), 179; 곽윤직, 민법총칙(신정수정판), 박영사(2000), 179(그러나 곽윤직/김재형, 민법총칙(제9판), 박영사(2013), 156 이하에서는 종전의 견해와 달리, 입법과 학설·판례의 노력으로 법인이론이 확립되어 있는 오늘날에 있어서는 법인의 본질에 관한 논의는 별로 실익이 없다고 주장한다).

34 김상용, 민법총칙, 화산미디어(2009), 211; 백태승, 민법총칙, 집현재(2016), 190.

35 이영준, 민법총칙, 박영사(2007), 903

36 이은영, 민법총칙, 박영사(2009), 234 이하.

37 고상룡, 민법총칙, 법문사(2003), 173 이하; 민법주해 Ⅰ, 총칙(1), 박영사(1992), 462(이주흥).

38 장경학, 민법총칙, 법문사(1995), 282 이하; 김주수/김상용, 민법총칙, 삼영사(2013), 186.

실재하는 조직체인가에 다툼으로 보는 것은 전혀 의미가 없다. 오늘날 우리 사회에 수많은 회사나 기업이 존재하고, 그러한 조직체는 자연인에 비교가 되지 않을 만큼 월등한 규모로 경제활동 및 각종의 사회활동을 영위하고 있음을 생각해보면 법인은 실재한다는 것에 대해서는 누구도 부인하지 못할 것이다. 또한 고전적 법인본질론은 당시의 시대적 배경에 따라 법인이라는 제도를 설명하기 위해서 고안된 기교적인 논리의 산물일 뿐이다. 따라서 다른 시대적 배경에서 등장한 법인학설을 오늘날 동일한 평면위에 올려놓고 학설의 시비를 가린다는 것도 옳지 않을 뿐만 아니라,[39] 과거의 법인이론이 법인의 본질을 둘러싸고 마치 커다란 논쟁을 벌였던 것으로 생각하는 것은 잘못이다. 사비니와 기르케의 학설은 법인제도를 설명하는 방법이 서로 다를 뿐, 내용상으로는 본질적인 차이가 있는 것이 아니다. 이들의 학설은 후세의 학자들에 의해서 법인의제설과 법인실재설로 선명하게 대립지워지면서, 원래의 주장자의 의도와는 달리 강학상의 도식에 맞추어 논리적으로 다듬어진 것일 뿐이다.[40] 그렇다고 해서 과거의 법인이론이 오늘날에 있어서 전혀 의미가 없는 것은 아니다. 오히려 고전적 법인이론은 법인제도에 관한 기본적인 인식의 틀을 거의 완비하였다고 해도 과언이 아니며, 오늘날에도 단체법이 해결해야 할 여러 중요한 문제들에 대해서 주요한 착상들을 여전히 전해주고 있다. 따라서 오늘날 고전적 법인이론을 접함에 있어서 중요한 과제는 학설주장자들의 진정한 의도를 탐구하여 오늘날의 시각에서 학설을 재해석하고 이로부터 현재 당면한 단체법에 유용한 시사점을 찾는 것이다. 그와 같은 생각에서, 독일의 플루메(Flume) 교수가 사비니의 법인이론을 새롭게 해석하여 오늘날의 단체법론을 정립하는데 이를 활용하고 있음은 우리에게 시사하는 바가 크다. 플루메 교수에 의하면 그동안의 일반화된 설명과는 달리 사비니는 법인의 실체성 자체를 부인한 적이 없으며,[41] 그가 말하는 의제(Fiktion)란 출생과 더불어 신체에 의해 자연스럽게 그 존재가 증명되는 인간과 달리 법인은 가시적인 조직체가 아니므로 법인의 실재성은 국가의 권리능력의 수여(Verleihung)를 통한 인증(Beglaubigung)으로 그 실체가 확인된다

39 같은 의견 김용한, 민법총칙론, 박영사(1997), 150.

40 송호영, "법인의 활동과 귀속의 문제 -법인본질논쟁의 극복을 위한 하나의 시론-", 민사법학 31호(2006.03), 5.

41 Flume, Allgemeiner Teil des Bürgerlichen Rechts(1. Bd. 2. Teil), Die juristische Person, Berlin u.a. 1983(이하 Flume, Juristische Person으로 표기함), S. 11.

는 것이다.[42] 독일 회사법학의 거두 카스텐 슈미트(Karsten Schmidt) 교수도 이러한 해석론을 이어받아 법기술적 관점에서, 사비니의 법인관은 법인과 거래하는 상대방으로 하여금 법인의 존재에 대한 불확실성을 제거하여 원활한 법적 거래가 유지될 수 있도록 국가는 법인의 공시행위를 관리할 의무가 있음을 시사한다고 설명한다.[43] 한편 기르케의 법인이론은 법인의 존재를 자연인과 마찬가지의 유기체로 보고 있는데, 이것은 오늘날 회사법학에서 난제에 꼽히는 이른바 "설립중인 회사"에 있어서 동일성이론이나 "하자있는 회사"의 설립 후 존속문제를 설명하는데 하나의 중요한 아이디어를 제공하고 있다.[44] 또한 기르케의 법인이론은 사회에서 거래주체가 될 수 있는 조직체에 대해서는 법인성을 인정해야 한다는 것이므로, 법인의 종류는 실정법상 인정되는 사단과 재단에 국한될 필요가 없음을 시사하고 있다. 기르케의 법인관에 착안하여 토마스 라이저(Thomas Raiser) 교수는 기업(Unternehmen)을 법인의 한 종류로서 인정할 것을 주장한다.[45]

결론적으로 오늘날 법인의 사회적 실재성에 대해서는 의심할 여지가 없다. 한편으로 법인은 일정한 조직체에 권리·의무의 귀속능력을 인정한 법기술적 산물이다. 이러한 점에서 법인은 자연인이외의 조직체로써, 권리·의무의 귀속주체가 될 수 있는 법률효과의 귀속단일체라고 할 수 있다. 그러한 법인은 사회적 실체성을 가진 존재이면서도 법률효과의 귀속이라는 법기술적인 제도라는 양면성을 가진다. 법률효과의 귀속단일체로서의 성질은 권리능력없는 사단·재단의 경우에도 나타나는 것이므로, 이들 단체들에 대해서는 완전한 권리능력을 전제로 한 것을 제외하고는 법인에 관한 법률규정이 준용된다. 법률효과의 귀속단일체로서의 법인에게는 일정한 법률적 행위(예컨대 계약이나 불법행위 등)에 따른 효과가 사회적 실체이기 때문에 당연히 귀속되는 것이 아니라, 일정한 법률적 근거에 의해서 귀속이 인정되는 것이다. 그러한 법률적 근거와 귀속의 정당성을 찾는 노력의 일환으로 법인이론은 오늘날에도 여전히 의미가 있는 것이다.[46]

42 바로 이 점을 들어 Wieacker 교수는 "Savigny가 말하는 의제는 국가의 허가(staatliche Konzession)와 서로 얽혀 있다(verschränkt)"라고 설명한다(Wieacker, Zur Theorie der Juristischen Person des Privatrechts, S. 366).

43 Karsten Schmidt, Gesellschaftsrecht, § 8 Ⅱ 4.

44 이에 관하여는 송호영, "고전적 법인논쟁이 현대의 단체법론에 주는 의미와 영향", 현대민사법학의 과제, 관원정조근교수화갑기념논문집(2001), 38 이하.

45 Thomas Raiser, Das Unternehmen als Organisation, Berlin 1969, S. 166 ff.

46 이은영, 민법총칙, 박영사(2009), 229면은 의제설과 실재설은 역사적 의미에서가 아니라 법해석론적 관점에서 현대에도 의미가 있다고 한다.

2. 다른 나라의 법인제도

가. 독일의 법인제도

1) 개관

19세기 말 독일민법이 제정될 당시에 법인에 대하여 어떻게 법인격을 부여할 것인지, 법인이 맺은 대내·외적 법률관계를 어떻게 처리할 것인지 등의 문제를 법리적으로 뒷받침하기 위하여 법인본질론이 활발히 주장되었으나, 독일민법의 입법자는 결국 어느 학설의 입장도 취하지 않았다. 독일의 단체법은 민법상 비영리사단법인의 설립에 있어서 준칙주의를 취하고 있고, 법인의 권리능력을 정관상 목적에 제한하는 이른바 ultra VIres 원칙을 채택하고 있지 않은 점에서는 법인실재설의 입장에 가까운 것으로 보인다. 그러나 다른 한편으로는 합명회사(oHG)나 합자회사(KG)는 법인이 아닌 조합으로 분류되고, 권리능력없는 사단에 대해서도 組合의 규정을 준용하고 있는 점에서는 단체의 실체보다 입법정책적인 판단에 무게가 실린 것으로 볼 수 있다.

독일민법은 사단(Verein)과 재단(Stiftung)의 형태만을 법인으로 인정하고, 특별법, 즉 주식법에서는 주식회사(AG)와 주식합자회사(KGaA)를, 유한회사법에서는 유한회사(GmbH)를, 협동조합법에서는 등록협동조합(eG)을 그리고 보험감독법에서는 공제사단(VVaG)을 법인으로 인정하고 있다. 독일상법에서 규정된 합명회사(oHG)와 합자회사(KG)는 법인으로 인정되지 않고 組合으로 분류되는데, 조직변경법(Umwandelungsgesetz)은 인적회사와 물적회사 사이에서도 상호간의 조직전환을 인정하고 있어서 독일에서 '물적회사는 법인'이고 '인적회사는 조합'이라는 양분론을 고수하기 어려운 상황이다.

민법상 비영리사단이나 특별법상 영리법인(유한회사, 주식회사, 협동조합)은 설립행위와 사단등기부 내지 상업등기부에 등록함으로써 생성되는바(§ 21 BGB; § 11 Abs. 1, § 13 Abs. 1 GmbHG; § 41 Abs. 1, § 1 Abs. 1 Satz 1 AktG; § 13, 17 Abs. 1 GenG), 즉 법인설립에 있어서 준칙주의가 적용된다. 그에 반해 민법상 영리사단은 설립행위와 국가의 허가에 의해 설립된다(§ 22 BGB). 한편 재단법인의 성립을 위해서는 설립행위(즉 기부행위와 정관의 작성)외에 재단이 주소를 두는 주의 관할관청의 승인(Anerkennung)을 필요로 한다(§ 80 BGB).

법인의 권리능력은 정관에서 정한 법인의 설립목적에비추어 제한될 수 있느냐

하는 것이 문제될 수 있는데, 독일법은 그러한 권리능력의 제한을 알지 못한다. 즉 영미법상의 ultra vires 원칙은 적용되지 않는다. 따라서 독일법상 법인이 설령 정관목적의 범위를 벗어난 행위를 하더라도 그것은 법인의 권리능력에는 영향을 미치지 못하므로 법인은 그러한 정관의 제한을 이유로 상대방에게 항변할 수 없다.

법인의 불법행위책임에 대해서는 독일 민법 제31조가 규율하고 있다. "사단은 이사회, 이사회의 구성원 또는 기타 기본규약에 좇아 선임된 대리인이 그 직무의 집행에 관하여 행한 손해배상의무를 발생시키는 행위로 인하여 제3자에게 가한 손해에 대하여 책임을 진다"고 하여 기관인의 불법행위에 대한 사단의 책임을 정한 것이지만, 독일 민법 제86조는 재단법인에 대해서 그리고 제89조는 국고(Fiskus)와 공법상 사단·재단·영조물에 대해서도 동조를 준용한다.

2) 보론: 독일의 재단법인법 개혁

독일에서는 1960년대부터 재단법인법을 개혁해야 한다는 의견이 제시되었었지만, 1976년 당시 정부는 재단법인법 개혁안을 거부함으로써, 이 논의는 결실을 보지 못하다가, 2000년에 재단세법을 통하여 재단의 설립과 운영을 손쉽게 하도록 이끌게 되었다. 그 후 2002년 이른바 '재단법 현대화를 위한 법률'(Gesetz zur Modernisierung des Stiftungsrechts)이 공포되면서 민법전에 규율된 재단법인에 관한 주요내용들이 개정되었다. 그것의 주요 내용을 보면 다음과 같다.

첫째, 과거 민법상 재단이 권리능력을 취득하려면 국가의 허가(Genehmigung)를 받도록 되어 있었는데, 2002년 개정을 통하여 이것이 국가의 승인(Anerkennung)으로 바뀌었다(§ 80 BGB). 둘째, 종전에는 민법전에 재단설립의 방식에 대한 개괄적인 조항만 두고 나머지 대부분의 사항은 주법(州法)에 넘겼었는데, 각 주마다 재단의 설립에 관한 요건이나 방식 등에 차이가 있어 문제가 많았었다. 이러한 점을 바로 잡기 위해서 개정된 민법에서는 주법(州法)에 따라 재단설립을 맡기는 방식은 그대로 두면서도, 민법전에 재단설립에 있어서 공통적으로 요구되는 요건들을 더욱 세부적으로 규정함으로써, 종전보다 재단설립·운영·감독 등에 있어서 통일적인 운영이 가능하도록 하였다(§ 80, 81 ① BGB). 셋째, 종전에는 재단의 설립형태나 목적에 대해서 어떠한 재단까지 설립이 인정되는 지에 대하여 논란이 많았었는데, 개정민법에서는 재단의 "목적이 공공복리를 위태롭게 하지 아니하는 경우"에는 설립이 가능한 것으로 하여, 구태여 공익목적의 재단이 아니라고 하더라도 재단설립이 가능하도록 하였다(§ 80 ② BGB).

그런데 최근 다시 재단법인법을 개혁하여야 한다는 목소리가 높아지고 있다. 이에 독일 법무성은 2014년 연구단을 구성하여 개정작업에 착수하였는데, 그 주된 내용은 설립자나 출연자가 의해 생전에 재단의 목적을 변경할 수 있도록 한다는 것,[47] 공익재단에 대해서는 재무제표의 공시를 통해 투명성을 높여야 한다는 것, 사단등기부와 마찬가지로 재단에 대해서도 재단등기부를 통해 공시기능을 강화해야 한다는 것 등이다.[48]

나. 프랑스의 법인제도

1804년 나폴레옹에 의해서 자유주의·개인주의 사상에 기초하여 제정된 프랑스민법전은 법인에 관한 일반적인 규정을 두지 않았다. 이것은 나폴레옹을 비롯한 당시의 입법자들이 단체에 대해 부정적인 시각을 가지고 있었음을 방증하는 것이다. 이러한 연유에서 법인의 본질론에 대해서도 법인의제론(la thèorie de la fiction)은 19세기의 주류적 학설이었다.[49] 그러나 이러한 법인관은 20세기 초의 사법학자 미슈우(Léon Michoud)와 공법학자 오리우(Maurice Hauriou)에 의해 극복되어 현재 프랑스학계의 통설은 법인실재론(la théorie de la réalité)으로 귀결되고 있다.[50] 오늘날 프랑스의 통설이 법인의 본질을 실재체로 보는 것에는 파기원의 판례도 큰 역할을 하였다. 특히 1954년 파기원은 법인의제론을 확실히 폐기하고 법인실재론에 입각한 태도를 분명히 하였는데, 즉 "법인격은 법률에 의하여 창설되는 것이 아니라, 적법한 이익을 방어하기 위하여 집단적 의사를 표시할 능력이 있고 따라서 법적으로 (그 존재가) 인정되고 보호될 수 있는 모든 단체에게 원칙적으로 귀속된다"[51]고 판시하였다. 이에 따라 동 판결 이후로는, 집단적 의사를 표명할 수 있고, 적법한 활동을 영위하는 법인에게는 법인격이 부여된다고 이해함이 일반적이다. 그러나 법인실재론의 입장은 사단에 대해서 그러하며, 재단에 대해서는 여전히 법인의제론의 입장이 유력하다고 한다.[52]

47 현재 독일민법 제87조 제1항에 의하면 "재단목적의 실현이 불가능하게 되거나 재단이 공공복리를 위태롭게 하는 때에는, 관할 관청은 재단에 새로운 목적을 지정하거나 재단을 폐지할 수 있다"고 하여 정관변경을 엄격히 제한하고 있다.

48 Nicolai/Kuszlik, Reform des Stiftungsrechts, ZRP 2016, 47 ff.

49 남효순, "프랑스법에서의 법인의 역사", 서울대 법학 40권 3호(1999), 158.

50 남효순, "프랑스법에서의 법인의 역사", 서울대 법학 40권 3호(1999), 159.

51 Cass. civ. 2e, 28 janv. 1954, D., 1954, p. 217, note, G. LEVASSEUR. 이 판결에 대한 상세한 설명으로는 여하윤, "프랑스 민법상의 법인론", 비교사법 15권 4호(2008. 12), 106 이하 참고.

52 남효순, "프랑스법에서의 법인의 역사", 서울대 법학 40권 3호(1999), 165.

프랑스법에 있어서 법인제도에 관한 법적 규율의 특징은 민법에는 비영리법인에 관한 규정이 없다는 점이다. 프랑스민법 제1832조 이하의 회사에 관한 규정은 영리법인에 관한 일반규정이고, 상사회사에 관한 각칙은 상법전에 규정되어 있다. 비영리법인에 관해서는 민법전에는 규정이 없고 특별법에 근거규정을 두고 있는데, 사단(association)에 대해서는 '사단계약에 관한 1901년법[53]'에서 그리고 재단(fonsation)은 '메세나 개발을 위한 1987년 7월 23일 법 제87-571[54]'과 '재단설립과 메세나 개발을 위한 1987년 7월 23일 법 제87-571호 규정의 개정을 위한 1990년 7월 4일 법 제90-559호[55]'에서 규율하고 있다.

법인의 유형과 관련하여, 프랑스 교과서들은 대체로 법인을 우선 공법인(personnes morales de droit public)과 사법인(personnes morales de droit privé)으로 구분한다. 다음으로 일정한 목적의 달성을 위하여 결합된 사람의 단체인 사단(groupements)과 일정한 목적의 달성을 위하여 제공된 '재산의 총체'(masse de biens)인 재단(fondations)으로 나눈다. 사단은 수익이나 경제적 목적을 추구하는가의 여부에 따라 다시 여러 유형으로 나눌 수 있으나, 수익이나 경제적 이익을 그 구성원에게 분배하는 것을 목적으로 하는가의 여부에 따라 크게 두 가지로 나눌 수 있다. 즉, 구성원에게 수익의 분배를 목적으로 하는 법인을 영리법인이라고 하며, 이는 다시 인적 법인(또는 인적 회사: société de personnes)[56]과 자본법인(또는 자본회사 :société de capitaux)으로 나뉜다. 프랑스민법전 제1382조 이하에서는 영리법인에 대한 일반원칙을 규정하고 있다.

비영리단체 중 사단(association)에 대하여는 민법전이 아닌 '1901년 법'에 의하여 규율하고 있는데, 동법에서는 다음과 같은 세 가지 유형의 비영리사단에 대하여 규정하고 있다 : ① 신고되지 않은 비영리사단(associations non déclarées), ②

53 법률명칭은 "Loi du 1er juillet 1901 relative au contrat d'association"(이하 '1901년 법'이라 표기한다).

54 법률명칭은 "Loi n° 87-571 du 23 juillet 1987 sur le développement du mécénat". 일명 '메세나 법'이라고도 한다(이하 '1987년 7월 23일 법'이라 표기한다).

55 법률명칭은 "Loi n° 90-559 du 4 juillet 1990" créant les fondations d'entreprise et modifiant les dispositions de la loi n° 87-571 du 23 juillet 1987 sur le développement du mécénat relatives aux fondations. 위 '메세나 법'의 개정을 위한 법이다(이하 '1990년 7월 4일 법'이라 표기한다).

56 사원으로부터 갹출된 자산의 고려를 주된 기초로 하는 전술한 자본법인에 대비되는 개념으로서, 사원의 인적 요소에 대한 고려가 법인의 설립 및 운영에 있어서 기초로 되며, 사원 각자의 지분이전이 자유롭지 않아서, 명문의 규정이나 다른 사원의 동의가 필요한 법인 또는 회사를 인적 법인이라고 한다. 구체적으로는 '합명회사'(société en nom collectif)와 '합자회사'(société en commandite simple)가 이에 해당한다.

신고된 비영리사단(associations déclarées), ③ 공익성이 인정된 비영리사단(associations reconnues d'utilité publique). ①의 경우에는 구성원의 계약으로 법인은 성립되었으나, 법인으로서의 명칭이나 재산 그리고 행위능력 등이 인정되지 않는 상태, 즉 법인격이 인정되지 않는다. ②는 신고된 비영리사단이 관보(Journal Officiel)를 통하여 공시된 경우로서 법인격이 인정되나, 수증능력에 있어서는 일정한 제한이 있다. ③은 ②보다는 더 큰 법인격이 인정되는 경우로서, 성립요건에 있어서는 별 차이가 없으나, 공익성의 인정이라는 절차가 추가적으로 진행된 경우라고 할 수 있다.

재단에 관해서는 프랑스민법전뿐만 아니라, 비영리단체를 위한 입법이었다고도 할 수 있는 '1901년 법'에서도 아무런 규정을 두고 있지 않다가, '1987년 7월 23일 법'에서 비로소 체계화 되었다. 프랑스에서 재단법인이 설립되기 위해서는 국사원의 의견을 청취한 뒤 데크레(décret)에 의한 허가를 얻어야만 법인격을 취득할 수 있고('1987년 7월 23일 법' 제18조). 그 이전에는 법인격이 부인된다. 따라서 재단법인의 설립에 있어서 원칙적 재단법인의 설립허가가 있은 다음에 재산의 출연이 있게 되고 그에 따라 재단법인이 성립되는 것이 일반적인 모습이었지만, '1987년 7월 23일 법'에서는 장래 성립할 재단법인에 대한 증여를 허용하여, 재단법인이 일정한 조건 하에 상속개시 당시로부터 소급적으로 법인격을 취득할 수 있도록 허용하고 있다(동 법률 제18-2조).[57] 한편, '1990년 7월 4일 법' 제90호-제559호의 제정에 의하여 재단법인은 다시 '공익성이 인정된 재단'(fondations reconnues d'utilité publique)과 '기업재단'(fondationsd'entreprise)으로 나눌 수 있게 되었는데, 후자는 특정 기업이 자신의 평판을 고려하여 자신의 상호를 공익사업과 연결시킨 형태의 재단을 말한다.

프랑스법상 법인의 능력(capacité)은 '특성화'(spécialité)의 원칙에 의하여 제한되는데, 이러한 특성화는 법률의 규정에 의한 특성화와 정관에 의한 특성화로 나눌 수 있다. 법률의 규정에 의한 특성화란 법률에 의해 개별 법인의 활동영역이 제한되는 경우를 말하며, 정관에 의한 특성화란 정관에서 정한 법인의 설립목적에 반하는 행위를 할 수 없어 법인의 기관이 이러한 행위를 하더라도 법인의 행위에 해당되지 않는 경우를 말한다.

57 여하윤, "프랑스 민법상의 법인론", 비교사법 15권 4호(2008. 12), 114.

프랑스민법전에는 우리 민법 제35조에 해당하는 법인의 불법행위책임에 대한 명시적인 규정은 존재하지 않는다. 그렇지만 프랑스 법원은 우리 민법 제750조에 해당하는 일반불법행위책임에 관한 규정인 프랑스민법 제1383조에 근거하여 법인의 배상책임을 인정하고 있다.

다. 미국의 법인제도

1) 단체의 종류

미국법상 단체(Association)의 종류는 법인격있는 단체와 법인격없는 단체로 나뉜다.[58]

우선 미국법상 법인격있는 단체는 회사(corporation)이다. 미국법에서 칭해지는 corporation은 재단(foundation)이 아닌 법인을 통칭하는 것으로써, 우리 법률용어상 사단법인에 해당한다고 할 수 있다. 미국의 회사는 각 주(州)의 법률을 준거법으로 하여 설립되는데 그러한 회사를 국내회사(Domestic corporation)와, 각 주(州)의 법률을 준거법으로 하지 않고 설립된 외국회사(Foreign corporation)로 구분된다. 일반적으로 corporation이라 하면 국내회사를 가리킨다. 법인격을 가진 단체는 목적에 따라 영리성을 가진 영리회사(Business corporation)와 비영리법인(nonprofit corporation)으로 나누어진다. 비영리사단법인 중에서 특히 공익적 목적(charitable purpose)을 위해 운영되는 국내 비영리법인은 공익법인(Charitable corporation)을 별도로 분류된다. 영리회사, 비영리법인, 공익법인은 모두 회사, 즉 사단법인(corporation)이라는 점에서 공통적인 구조를 가지고 있으며 설립절차에 있어서도 거의 차이가 없다.[59] 그럼에도 회사(사단법인)를 영리회사와 비영리법인 및 공익법인으로 구분하는 이유는 법인의 목적사업에 따라 세제상의 혜택이 달라지기 때문이다. 비영리성이란 구성원들에게 이익을 분배하지 않는 것을 의미하는데(nondistribution constraint), 연방 내국세법(IRC: Internal Revenue Code)는 단체의 수입에 대하여 면세 혜택을 받는 비영리단체(nonprofit organization)에 관해 규정하고 있다. 가장 많은 세제상의 혜택을 받는 것은 연방 내국세법 제501조(c)(3)에 해당하는 공익 단체이다. 이에 의하면

58 아래의 설명은 김태선, "미국의 단체에 대한 법제도", 중앙법학 19집 4호(2017.12), 151 이하를 주로 참고하였다.

59 우리법에서는 법인의 설립에 있어서 영리법인인 회사에는 준칙주의가 적용되고 비영리법인 및 공익법인에는 허가주의가 적용된다는 점에서 큰 차이가 있다. 또한 비영리법인 중에서 공익법인의 설립에는 더욱 강화된 설립요건이 요구된다는 점에서도 비영리법인과 공익법인은 분명히 구분된다.

“종교, 자선, 과학, 공공안전테스트, 문학 및 교육의 목적”으로 사업을 영위하는 단체에 대해서는 수입에 대해 면세혜택이 주어지고 그러한 단체에 대한 기부금에 대해서는 세금이 공제된다. 동법에서 의미하는 공익단체의 형태에는 재단(foundation)도 포함되지만, 재단이 면세혜택을 받기 위해서는 공익성(public actiVIty)에 대한 심사가 요구된다. 연방 내국세법 제501조(c)(4)의 사회복지법인 등은 수입에 대해 면세 혜택을 받으나 이들 단체에 대한 기부금은 세금 공제의 대상이 되지 않는다.

한편 미국법상 법인아닌 단체로는 파트너쉽과 비법인비영리단체가 있다. 미국법상 대표적인 법인아닌 단체는 파트너쉽(partnership)이다. 1914년 통일파트너쉽법(UPA: Uniform Partnership Act 1914)에 의하면 파트너쉽은 ‘영리사업을 영위하기 위한 2인 이상의 단체’를 의미한다(동법 제6조 제1항). 전통적으로 파트너쉽은 구성원들의 집합(aggregate of its indiVIdual members)으로 여겨져왔으나, 1997년 개정된 통일파트너쉽법은 명시적으로 ‘파트너쉽은 파트너와는 독립된 실체다’라고 규정함으로써 실체설을 취하였다고 평가된다(section 20(a)). 그렇다고 하여 파트너쉽이 회사(corporation)와 같이 독립된 실체를 가지는 것은 아니다. 무엇보다도 파트너는 파트너쉽의 채무에 대해 무한책임을 연대하여 부담한다는 점에서 구성원들의 유한책임을 특징으로 하는 법인의 주주나 사원과는 구별된다. 미국 파트너쉽 제도는 무한책임사원으로만 구성된 전통적인 일반 파트너쉽(General Partnership, GP)에서 유한책임사원도 구성원이 될 수 있는 유한파트너쉽(Limited Partnership, LP), 무한책임사원이 없어도 성립되는 유한책임파트너쉽(Limited Liability Partnership, LLP)으로 다변화되는 경향을 보인다. 비법인비영리단체는 파트너쉽과는 달리 영리를 추구하지 않는 법인격없는 단체(unincorporated association)이다. corporation의 경우는 구성원이 유한책임을 지기 때문에 비영리를 목적으로 하는 단체의 경우에도 corporation의 형태로 설립되는 것이 일반적이지만, 여전히 많은 소규모 비영리단체들은 법인아닌(unincorporated) 형태로 남아있다고 한다. 비법인비영리단체는 통일성을 갖추지 못한 형태이므로 대개 커먼로(common law)상 대리의 법리(agency 법리)에 따라 개별 사건별로 해결된다. 즉, 법인 아닌 단체의 구성원은 ‘상호대리의 원칙(co-principal doctrine)’에 따라 구성원 상호간 본인(principal)-대리인(agent)으로 취급되고 대리인의 행위에 대위책임(VIcarious liability)을 지며, 이는 무한책임의

성격을 가진다고 해석되고 있다.[60]

2) 능력외이론(Ultra vires doctrine)

대륙법계의 법인제도와 영리법계의 법인제도의 큰 차이점 중의 하나는 영미법계에서는 법인의 설립목적에 따라 법인의 권리능력이 제한될 수 있음을 인정한다는 것이다. 즉 법인은 그 목적을 정관에 기재하여야 하는데 정관소정의 목적범위 내에서 법인의 권리능력이 제한되는지에 대해 연혁적으로 영미법은 이를 긍정하였다. 이를 능력외이론(Ultra vires doctrine)이라 하는데 법인이 정관목적을 벗어난 행위는 곧 법인의 능력을 벗어난(Ultra vires) 행위로써 그 행위의 효과가 법인에게 미치지 않는다는 것이다. 원래 ultra vires 이론은 영국회사법에서 발전되어 온 것은 미국회사법이 계수한 것이다.[61] 초기의 미국판례는 동 이론에 따라 회사가 종사할 수 있는 사업을 협소하게 인정하면서 회사의 목적사업 범위내에 해당하는 행위인지의 판단함에 있어서 회사의 정관에 기재되지 아니한 행위는 회사의 능력외의 행위라고 하여 그 효력을 부인하였다. 그러나 이러한 이론의 적용은 현실적으로 회사(법인)와 거래한 상대방의 지위를 불안정하게 만들고 나아가 거래안전에 위협적인 요소로 작용하게 된다. 그리하여 오늘날 대부분의 주(州)에서는 회사법을 제정하여 ultra vires 이론을 항변사유로 주장하는 것을 엄격하게 제한하거나 금지하고 있다.[62] 나아가 1984년의 개정모범사업회사법(R.M.B.C.A)에서 ultra vires 이론을 항변사유로 주장할 수 없음을 명시함으로써, ultra vires 이론은 사실상 폐지의 길로 접어들게 되었다. 그렇지만 ultra vires 이론이 적용되는 몇 개의 사유는 아직 남아 있는데, 그것은 ① 회사가 목적범위외의 행위를 함으로서 손해를 입었을 때, 회사가 임원과 이사를 상대로 소송을 제기하는 경우, ② 주정부가 회사의 목적범위 외의 사업에 대해 금지명령을 청구하는 경우, ③ 주주가 ultra vires 이론에 기하여 형평법원에 회사가 당사자인 계약의 이행에 관하여 금지명령을 청구하는 경우 등이다.[63]

60 이러한 상호대리에 따른 무한책임의 법리를 벗어나서 비법인비영리단체에 대해서도 단체의 독자성을 인정하여 단체를 둘러싼 법률관계를 간명하게 구성하고 단체의 구성원의 책임을 제한하여 그 불이익 내지 위험을 경감시키고자, 미국 통일법률위원회는 1996년 최초로 「법인 아닌 비영리단체에 관한 통일법률(Uniform Unincorporated Nonprofit Association Act)」을 제정하고 2008년 이를 개정한 개정법률안을 발표한 바 있으나, 동 법률안은 아직 5개주에서만 채택되어 있을 뿐이다. 김태선, "미국의 단체에 대한 법제도", 중앙법학 19집 4호(2017.12), 158 참고.

61 임재연, 미국회사법, 박영사(2006), 51.

62 임재연, 미국회사법, 박영사(2006), 55.

63 임재연, 미국회사법, 박영사(2006), 58.

라. 일본의 법인제도

종래 일본 민법상 법인제도는 우리 민법의 상황과 가장 유사한 법제였었다. 또한 법인제도에 대한 각종 해석론이나 특히 법인본질론에 관해서도 일본의 법리로부터 많은 영향을 받았었던 것도 사실이다. 그런데 법인제도와 관련하여 일본은 최근 가장 큰 변화를 맞이하였다. 2002년부터 시작된 법인제도개혁이 그것이다. 이 제도개혁의 결과 2006년 5월 26일, '일반사단법인 및 일반재단법인에 관한 법률'(이하, '일반법인법'이라고 한다), '공익사단법인 및 공익재단법인의 인정 등에 관한 법률'(이하, '공익법인법'이라고 한다), '일반사단법인 및 일반재단법인에 관한 법률 및 공익사단법인 및 공익재단법인의 인정 등에 관한 법률의 시행에 따른 관계법률의 정비 등에 관한 법률'(이하 '정비법'이라고 한다)의 3법(이하, '법인개혁 3법' 이라고 한다)이 성립되어, 동년 6월 2일 차례대로 법률 제48호, 제49호, 제50호로서 공포되었고, 2008년 12월 1일에 시행되었다. 동 '법인개혁 3법'의 제정 및 시행에 따라 종전에 민법에서 규율하고 있던 법인관련규정은 대폭 삭제되어, 현행 일본민법전에는 법인의 성립(일본 민법 제33조), 법인의 능력(일본 민법 제34조), 외국법인(일본 민법 제35조), 등기(일본 민법 제36조), 외국법인의 등기(일본 민법 제37조) 등 5개 조문만 남고 나머지 제38조부터 제84조까지의 법인관련 규정은 모두 삭제되었다.

종래 일본 민법상 법인제도는 그동안 관련된 각 방면의 문제가 집적되어 있었다.[64] 즉 법인제도의 기본법인 (개정전)일본 민법은 법인을 공익법인(개정전 일본 민법 제34조)과 영리법인(개정전 일본 민법 제35조)의 두 가지 종류로 분류하고 있었다. '법인개혁 3법'이 제정되기 전의 (개정전)일본 민법에는 제사, 종교, 자선, 학술, 기예 기타 "공익에 관한 사단 또는 재단"은 주무관청의 "허가"를 얻어야만 법인으로 설립될 수 있는 것으로 되어 있었다. 즉 개정전 일본민법에서는 공익을 추구하는 사단 또는 재단만이 법인으로 될 수 있었기 때문에 공익을 추구하지 않는 비영리단체는 법인으로 될 수 없는 문제가 있었다. 또한 법인설립에 주무관청의 허가를 요하는 것도 문제였다. 종래의 공익법인제도에서는 주무관청에 의한 허가주의로 인해 공익법인으로서의 법인격취득이 매우 곤란한 상황이고, 더욱이 공익법인이 행하는 공익사업에서 공익성의 판단기준 조차도 불명확한 부분이 있었으며,

64 이하, 최성경, "일본의 법인정비법", 한양법학 제20권 제2집(2009.5.), 215 참고.

주무관청의 공익성의 기준에 합치되지 않는 소규모단체는 법인화될 수 있는 길이 막혀있었다. 또한 공익법인 중에는 영리법인과 경합하는 수익사업을 대대적으로 벌이고 있는 법인도 존속하고 있는 등, 관련된 각 방면에서 다양한 비판을 받고 있는 등 문제가 집적되어 있었다. 이러한 문제들을 해결하기 위해 일본정부는 공익을 목적으로 하지 않은 비영리단체를 위해 2001년 '중간법인법'을, 그리고 공익을 추구하지만 주무관청의 허가를 얻지 못한 단체를 위해 'NPO 법'을 제정하여 이들 단체들에게 법인격을 부여하는 방식으로 문제를 해결하려 하였으나, 당시 180건이 넘는 법인관련 특별법이 복잡하게 얽혀있어서 법인제도에 대한 근본적인 개혁이 요구되었다. 그러한 법인제도의 개혁은 '법인개혁 3법'의 제정이라는 결과를 낳았고, 이로써 민법상의 공익법인과 중간법인법상의 중간법인 제도는 폐지되고, '일반법인법'상 일반사단법인·일반재단법인 및 '공익법인법'상 공익사단법인·공익재산법인의 제도가 창설되게 되었다. 한편 'NPO 법'은 사회에서 정착도가 높다는 것을 이유로 2006년 개혁입법의 개정 대상에서 제외되었다.[65]

'법인개혁 3법'의 핵심적인 내용을 개관하면 무엇보다도 법인격취득과 공익성의 판단을 분리하고 공익성 유무에 관계없이 준칙주의에 의해 간편하게 설립할 수 있는 일반적인 비영리법인제도가 창설되었다('일반법인법')는 것이다.[66] 이 신제도의 시행에 의해 기존의 민법상 사단법인과 재단법인에 대하여 법인의 설립과 공익성 판단을 일체로 하면서도 법인의 설립에 대하여는 허가를 받도록 하고 공익성판단을 주무관청의 자유로운 판단에 의하였던 기존의 방식을 폐기하고 법인은 등기만으로 간단히 설립될 수 있는 것으로 하고(일반사단법인·일반재단법인) 이후 공익성 판단을 통하여 공익사단법인이나 공익재단법인으로 될 수 있도록 하는 것으로 변경되었다. 다시 말하자면 일반법인은 사업의 공익성 유무와 관계없이 등기만으로 설립되지만 잉여금을 분배할 수는 없는 법인이며(일반법인법 제22조 등), 이후 공익성을 인정받으면 공익법인으로 될 수 있도록 한 것이다(공익법인법 제9조 등).

'법인개혁 3법' 중에서 '일반법인법'은 잉여금의 분배를 목적으로 하지 않는 사단·재단에 대하여, 법인격의 취득과 공익성의 판단을 분리하여 사업의 공익성

65 齋藤和夫, レーアブーフ 民法. I :總則, 中央經濟社, 2007, 158.

66 이에 관한 자세한 내용은 권철, "일본의 새로운 비영리법인제도에 관한 소고", 비교사법 14권 4호 (2007. 12), 117 이하 참고.

유무에 관계없이 준칙주의에 의하여 간편하게 법인격을 취득할 수 있도록 일반적인 법인(일반사단법인 및 일반재단법인)제도를 설치하는 법률이다. 동 법률에 의해 개정전 일본민법에서 유지되던 법인설립의 허가주의는 폐지되고 준칙주의로 간이화되었으며, 개정전 일본민법에서 공익을 추구하는 법인으로만 한정되었던 비영리법인은 '일반법인법'에 의해 공익을 추구하지 않는 비영리법인의 설립도 가능하게 되었다.

'일반법인법'에 의해 설립된 법인(일반사단법인·일반재단법인)이 공익법인으로 될 수 있는지는 '공익법인법'에 의해 규율된다. '공익법인법'은 공익법인의 설립허가·감독을 주무관청의 재량에 따라 행하는 현행제도를 바꾸어, 공익사단법인 및 공익재단법인으로서의 인정 및 그 감독을 독립된 위원회 등의 관여 하에 내각총리대신 또는 도도부현지사가 행하는 제도를 마련하는 법률이다. 공익법인이란 공익목적사업을 하고 있는 공익사단법인 또는 공익재단법인으로 인정된 법인을 말하는데, 공익목적사업은 학술, 기예, 자선, 기타 별표에서 정한 23종류의 공익목적사업 중에서 불특정 다수의 자의 이익의 증진에 기여하는 것을 말한다. 공익법인은 되기 위해서는 우선 일반법인에 의해 설립된 일반사단법인·일반재단법인이 행정청(내각총리대신 또는 도도부현지사)에 공익성인정을 신청하게 되면 행정청은 이를 '공익인정 등 위원회'에 회부하여 신청 법인에 대한 공익성의 자문을 구한다. 이에 '공익인정 등 위원회'가 신청 법인에 대해 공익성을 인정하면 이에 좇아 행정청은 신청 법인을 공익법인(공익사단법인 또는 공익재단법인)으로 인정하게 된다. 공익성인정을 받은 법인은 인정일로부터 2주 이내에 법인의 명칭을 바꾸는 이행등기를 마침으로써 공익사단법인 또는 공익재단법인으로 성립한다. 공익성인정의 판단에 있어서 형식적으론 행정청이 인정의 신청을 접수하고 인정을 내어주는 것으로 되어 있지만, 실질적으로는 '공익인정 등 위원회'가 공익성인정에 대한 결정을 하고 있다. 공익법인법은 일반법인이 공익법인으로 인정되는 절차뿐만 아니라, 정관변경·해산·청산 등에 종래 민법전보다 상세한 규정을 두고 있으며, 이제까지 민법에 규정되지 않았던 공익법인의 '합병'에 관한 규정이나 일정 규모 이상의 법인에 대해서는 회계감사인에 의한 감사의 도입을 의무화하는 규정도 새롭게 포함하고 있다.

'일반법인법'과 '공익법인법'이 일본의 새로운 비영리법인제도의 기본이 되는데, 그 시행과 더불어 '정비법'은 민법의 개정, '중간법인법'의 폐지 등 관련 법률의 정비를 하고 또한 현재 있는 공익법인을 새로운 제도로 이행하는 등의 경과조치를 정한 것이다.

Ⅲ. 법인의 종류

[참고문헌]
권 철, 한국 민사법상의 법인론 -비영리·공익법인 제도의 현황과 과제", 「민사법학」 제77 (2016)
고상현, 공익법인의 설립, 「민사법학」, 제70호 (2015); 김진우, "영리법인과 비영리법인의 구별에 관한 법비교적 고찰", 「비교사법」 제10권 제3호(2003); 송호영, "법인론과 관련한 독일 사법학계의 최근동향", 「비교사법」 제4권 제2호 (1997); 윤진수, "사법상의 단체와 헌법", 「비교사법」 제15권 제4호 (2008); 윤철홍, "공익법인의 설립·운영에 관한 법률의 주요내용과 문제점", 「동서연구」 제8권 (1996)

1. 공법인과 사법인

가. 구별기준

법인의 종류를 공법인과 사법인으로 나누는 것은 가장 기본적인 분류 중의 하나이다. 실정법상 공법인이라는 용어는 상법 제2조에서 공법인의 상행위에 대해서는 상법이 적용된다는 규정에서 찾아볼 수 있다. 그런데 법률에서는 공법인과 사법인을 구별하는 기준이나 방법에 대해서 언급된 바가 없으므로, 이들 법인의 구별은 전적으로 학설에 맡겨져 있다.

공법인과 사법인의 구별기준에 관한 학설을 살펴보면, (i) 법인설립의 준거법을 표준으로 하여 공법에 의해 설립된 법인은 공법인, 사법에 의해 설립된 법인은 사법인이라고 하는 견해[67] (ii) 법인의 존립목적에 따라 공공사무의 집행을 목적으로 하는 법인을 공법인, 그 이외의 것을 사법인이라고 하는 견해[68] (iii) 법인의 설립 또는 관리에 대하여 국가의 공권력이 관여하는 법인을 공법인이라고 하고, 그렇지 않은 법인을 사법인이라고 하는 견해[69] (iv) 사적자치의 원칙이 적용되는 법인을 사법인, 그렇지 아니한 법인을 공법인이라고 하는 견해[70] (v) 설립준거법과 목적에 따라 공익목적의 수행을 위하여 공법을 준거법으로 하여 설립된 법인은 공법인이고 사적 목적을 위하여 사법에 의하여 설립된 법인을 사법인이라고

67 지원림, 민법강의, 홍문사(2016), 102.
68 김주수/김상용, 민법총칙, 삼영사(2013), 189.
69 고상룡, 민법총칙, 법문사(2003), 177; 김용한, 민법총칙론, 박영사(1997), 151.
70 이영준, 민법총칙, 박영사(2007), 904; 백태승, 민법총칙, 집현재(2016), 191; 이은영, 민법총칙, 박영사(2009), 222; 김형배 외 2인, 민법학강의, 신조사(2013), 131.

하는 견해[71] (vi) 특정한 기준에 따라 공법인과 사법인을 구별하지 않고 종합적으로 판단하여야 한다는 견해[72] 등이 주장된다.

생각건대 우선 설립준거법이나 존립목적을 기준으로 하게 되면, 다시금 공법과 사법 혹은 공공목적과 사적 목적을 어떻게 구별해야 하는가라는 또 하나의 구별기준이 필요하게 되는 문제가 있으므로 이들 기준은 양 법인의 구별에 큰 도움을 주지 못한다. 법인의 등장형태나 활동목적 등은 실로 다양하기 때문에 특정한 기준에 따라 공법인과 사법인으로 양분하기는 힘들지만, 법인설립의 계기가 사적 자치에 따른 것이냐의 여부는 법인의 성격을 특징지우는 중요한 요소임은 분명하다. 즉 법인의 설립이 구성원의 자율적인 단체결성의 의사에 의하여 이루어지거나(사단의 경우에 사단자치) 설립자의 자유로운 재산출연(재단의 경우에 재산출연의 자유)으로 말미암은 것은 그러한 법인의 목적이 공공의 이익과 관련되더라도 사법인으로 볼 수 있다. 반면 법인설립이 특별법에 의하거나 국가의 행정행위 등에 의해서 비자발적으로 이루어진 법인은 원칙적으로 공법인의 카테고리로 분류될 수 있을 것이다. 그러나 공법인으로 보기 위해서는 그 외에도 구성원이나 직원의 지위가 공무원으로 인정되고 법인의 운영·관리에 국가의 공권이 관여되어야 할 것이고, 그렇지 않은 경우에는 사법인으로도 공법인으로도 볼 수 없는 일종의 중간법인[73]으로 볼 수 있다. 판례에서는 뚜렷한 구별기준을 찾아보기 힘들지만 토지개량조합,[74] 수리조합,[75] 산림계,[76] 갱생보호회[77] 등은 공법인으로, 지구별어업협동조합,[78] 산림조합[79] 등은 사법인으로 이해되고 있다.

나. 구별의 실익

흔히 공법인과 사법인을 구별하는 실익으로 다음과 같은 사항들이 거론된

71 김상용, 민법총칙, 화산미디어(2009), 212.

72 곽윤직/김재형, 민법총칙, 박영사(2013), 159; 장경학, 민법총칙, 법문사(1995), 287; 김증한/김학동, 민법총칙, 박영사(2013), 180.

73 이를테면 한국은행, 대한주택공사, 농업협동조합, 한국소비자원, 금융감독원 등. 헌법재판소는 축협중앙회를 공법인성과 사법인성을 겸유한 특수한 법인으로 보았다(헌법재판소 2000. 6. 1. 선고 99헌마553 결정).

74 대법원 1966. 12. 6. 선고 66다2015 판결, 대법원 1967. 1. 31. 선고 66다2270 판결.

75 대법원 1962. 5. 31. 선고 61다1544 판결.

76 대법원 1984. 12. 11. 선고 83누291 판결.

77 대법원 1978. 7. 11. 선고 78다591 판결.

78 대법원 1966. 4. 26. 선고 66누27 판결.

79 대법원 1970. 3. 24. 선고 69다2170 판결.

다.[80] (i) 공법인에 관한 쟁송은 행정소송으로 하는 반면, 사법인에 대한 소송은 민사소송으로 한다. (ii) 법인의 구성원으로부터 각종의 부담을 징수하는데 있어서 공법인은 세법상의 강제징수절차에 의하고 사법인은 민사소송법상 강제집행절차에 의한다. (iii) 법인의 불법행위책임에 관하여 공법인은 국가배상법상의 배상책임을 지고, 사법인은 민법상의 불법행위책임을 진다. (iv) 구성원의 범죄에 관하여, 공법인의 경우에는 직무에 관한 죄가 성립하고, 사법인의 경우에는 일반범죄가 성립한다. (v) 문서위조의 경우에 공법인의 경우에는 공문서위조죄, 사법인의 경우에는 사문서위조죄가 성립한다. 그 외에도 (vi) 사법상 단체와 공법상 단체가 기본권의 주체로 될 수 있는지에 차이가 있기 때문에 그러한 점에서 공법인과 사법인을 구별하는 실익이 있다.[81]

공법인과 사법인이라는 이론적으로 선명한 양극단의 법인모델을 상정하면(예컨대 국가 대 개인회사) 위의 구별의 실익은 분명히 존재한다. 그렇지만 오늘날에는 소위 중간법인의 빈번한 출현으로 이러한 구별의 실익을 명확히 분간하기가 매우 어렵게 되었다. 따라서 어떤 법인과 관련한 법률문제에서 그 법인이 공법인으로 아니면 사법인으로 분류되느냐에 따라 적용되는 법규를 달리할 것이 아니라, 문제된 법률관계를 검토하여 그 법률관계의 공·사법적 성질에 따라 문제를 탄력적으로 해결하려는 태도가 바람직하다.[82] 이를테면 한국방송공사의 부당한 시청료 부과에 대한 쟁송은 행정쟁송으로 다툴 것임에도(공법인의 성격), 공사 임직원이 공사를 대표하여 직무상 행한 불법행위에 대해서는 민법상 불법행위책임(본법 제35조)을 물으면 될 것이다(사법인의 성격).

민법의 법인에 관한 규정은 원칙적으로 사법인만을 대상으로 한 것이라는 설명이 지배적이지만,[83] 사견에 의하면 본법 제3장 법인편의 규정은 공·사법인 또는 중간법인을 막론하고 모든 종류의 법인이나 단체에 대해서 준용이 가능한 일

80 곽윤직/김재형, 민법총칙, 박영사(2013), 159; 김용한, 민법총칙론, 박영사(1997), 151; 김증한/김학동, 민법총칙, 박영사(2013), 180; 장경학, 민법총칙, 법문사(1995), 287-288; 김주수/김상용, 민법총칙, 삼영사(2013), 189; 고상룡, 민법총칙, 법문사(2003), 178; 김상용, 민법총칙, 화산미디어(2009), 212; 이은영, 민법총칙, 박영사(2009), 222 등.

81 윤진수, "사법상의 단체와 헌법", 비교사법 15권 4호(2008. 12), 4.

82 곽윤직/김재형, 민법총칙, 박영사(2013), 160; 김용한, 민법총칙론, 박영사(1997), 152; 백태승, 민법총칙, 집현재(2016), 192.

83 장경학, 민법총칙, 법문사(1995), 288; 김주수/김상용, 민법총칙, 삼영사(2013), 190; 고상룡, 민법총칙, 법문사(2003), 178.

반법인법 혹은 일반단체법의 성격을 가진다. 따라서 특별법이 특정 법인에 대한 해당 규정을 가지고 있으면 그 규정이 먼저 적용되겠지만, 그렇지 않을 경우에는 본법 제3장 이하의 규정이 적용된다.

2. 사단법인과 재단법인

가. 양자의 차이

단체를 구성하는 요소가 무엇이냐에 따라서 사단과 재단으로 나누어지는데, 민법도 그에 따라 사단법인과 재단법인을 구별하고 있다(본법 제32조, 제40조, 제43조 등 참조). 사단법인이란 일정한 목적을 위하여 결합된 인적 결합체(즉 사단)를 그 실체로 하는 법인이고, 재단법인은 일정한 목적을 위하여 바쳐진 재산의 집합(즉 재단)이 그 실체를 이루는 법인이다.

사단법인과 재단법인은 구성요소의 상이성으로 말미암아 다음과 같은 특징상의 차이를 나타낸다. 첫째 인적 기초의 유무이다. 사단법인의 경우에는 성질상 사단을 구성하는 사원이 반드시 존재하여야 하나, 재단법인의 경우에는 사원이라는 것이 없고 다만 재단의 활동을 수행하는 기관이 존재할 뿐이다. 이러한 차이점은 특히 법인격부인(혹은 실체파악)의 법리에서 두드러지는데, 사단법인의 경우는 법인의 "배후에 존재하는 사원"에 대해서 책임을 물을 수 있는 구조로 이루어져있지만, 재단법인의 경우는 배후에 존재하는 사원이라는 것이 없으므로 이론적으로는 실체파악법리가 적용되지 않는다.[84] 둘째 사적자치의 원칙이 운용되는 범위에서 차이가 있다. 사단법인의 경우에는 사원들에 의해서 단체의 설립, 법인의 형태, 조직의 구성 및 정관의 작성 등 사단자치가 폭넓게 이루어진다. 그에 반해 재단법인에 있어서 사적자치의 원칙은 단지 재산출연행위(Stiftungsgeschäft)에 한해서 의미를 가질 뿐이다. 특히 이러한 차이는 법인의 의사형성에서 차이가 있는데, 사단법인의 경우는 사원들이 사원총회를 통하여 법인의 단체의사를 자율적(autonom)으로 형성하는데 반하여, 재단법인의 경우는 기관이 설립자의 의사에 의하여 타

84 독일에서의 법인격부인론은 "사원"의 존재를 전제로 하는 것으로 재단법인에는 사원이 존재하지 않으므로 재단의 기관인이나 재단설립자에 대해서 법인격부인에 의한 책임을 물을 수 없다는 것이 통설이다(Seifart/v. Campenhausen, Stiftungsrechts-Handbuch, 3. Aufl., München 2009, §6 Rz. 44; Ebersbach, Handbuch des deutschen Stiftungsrechts, Göttingen 1982, S. 71). 그렇지만 법인과 사원의 구별에 관한 분리의 원칙(Trennungsprinzip)은 재단법인과 설립자 및 운영자 사이에서도 실질적으로 적용될 수 있으므로, 그러한 범위 내에서 재단법인에 대해서도 법인격부인론은 적용될 여지가 있다고 본다.

율적(heteronom)으로 구속되는 법인의사를 형성함에 그친다.[85] 이러한 차이로부터 사단법인과 재단법인은 설립행위·목적·정관변경·의사결정기관·해산사유 등에서 차이를 나타낸다. 이에 관한 설명은 관련부분에서 상설하기로 한다.

나. 양자의 혼합형

사단법인과 재단법인은 위에서 본 바와 같이 상이한 특징을 보이고 있지만, 법인 중에는 양자의 요소나 특징을 모두 가지고 있는 것들도 있다. 공법상에서는 이를 영조물(Anstalt)이라고 하여 사단법인 및 재단법인 이외의 제3종의 법인유형으로 분류되지만,[86] 사법상으로는 그러한 개념이 인정되지 않고, 다만 강학상으로 이를 중간법인이라고 부르고 있다.[87] 실제로 종교법인·학교법인·의료법인 등은 인적 요소와 물적 요소를 겸비한 조직체라고 할 수 있다. 그러나 실정법상으로는 중간법인의 형태를 인정하기 않기 때문에, 이들 중간법인들도 사단법인 혹은 재단법인 중의 어느 하나의 형태로 설립되어야 한다. 어떤 법인이 외부로 드러난 형태로는 사단과 재단의 요소가 혼재해 있더라도, 그 법인이 법률상 사단법인인지 재단법인인지의 판별은 결국 그 법인이 사원의 존재를 존립기반으로 하느냐 그렇지 않느냐가 결정적인 기준이 될 수밖에 없다(본법 제40조 제6호 참조). 한편 전형적으로 사단법인으로 분류되는 것에도 재단적인 요소가 있을 수 있으며, 그 반대로 전형적인 재단법인의 경우에도 사단적인 요소가 있을 수 있는데, 이 경우에도 사원의 존재성이 법인의 성격을 판가름하는 중요한 판단기준임은 물론이다. 예컨대 사단법인의 대표적인 형태인 주식회사의 경우에 1인 사원이 주식을 모두 취득하거나(일인회사), 주주들이 모두 사망한 경우(무인회사)에는 사단으로서의 인적 결합은 별의미가 없고 오히려 주식을 통해 집중된 자본이 더욱 중요한 의미를 가진다. 이러한 경우에는 사단법인인 주식회사가 재단적인 성질을 가지는 것은 사실이나,[88] 그러한 주식회사의 경우에도 언제든지 새로운 사원의

85 Flume, Juristische Person, S. 97. 또한 곽윤직/김재형, 민법총칙, 박영사(2013), 161; 장경학, 민법총칙, 법문사(1995), 268; 고상룡, 민법총칙, 법문사(2003), 178.

86 공법상 영조물은 물적 기반시설에다가 이를 관리하는 인력이 결합된 형태인데, 이들 관리인력이 조직체의 사원(Mitglieder)이 아니라는 점에서 사단법인과 구별되고(Larenz/Wolf, AT des Bürgerlichen Rechts, 9. Aufl., S. 148) 재단법인에도 출연된 재산에 대한 관리 및 운영조직은 존재하므로, 공법상 영조물은 성격상 재단법인에 가깝다고 생각한다.

87 고상룡, 민법총칙, 법문사(2003), 179; 김상용, 민법총칙, 화산미디어(2009), 215는 이를 중간적 특수법인이라고 한다.

88 일본의 八木 弘교수는 현대의 주식회사의 한 현상으로, 사원인 주주가 사채권자화 하는 점에 착안하여 주식회사는 사단이 아니라 영리재단법인으로 보아야 한다고 주장한다(株式會社財團論, 1963, 참고).

가입[89] 및 증감변동의 가능성이 열려있는 한, 사단법인으로서의 인적 기질은 여전히 존재하는 것이다.

3. 영리법인과 비영리법인

가. 양자의 구별실익

법인의 존립목적이 영리추구를 위한 것이냐, 그렇지 않느냐에 따라 영리법인과 비영리법인으로 나뉜다. 과거 구민법 제34조는 법인을 공익법인과 영리법인으로 나누었기 때문에, 비영리면서 비공익을 목적으로 하는 단체(예, 동창회)는 법인이 될 수 없고 권리능력없는 사단 혹은 재단으로 머물 수밖에 없는 문제가 있었다. 현행 민법은 독일 민법(제21조, 제22조)과 스위스 민법(제60조)를 본받아 법인을 비영리법인(본법 제32조)과 영리법인(본법 제39조)으로 나눔으로써, 위와 같은 문제는 입법적으로 해결되었다.

법인을 영리법인과 비영리법인으로 나누는 이유는, 세법상의 이유는 별론으로 하고(법인세법 제1조 제2호 및 제3조 등 참고), 민사법상 영리법인과 비영리법인의 법인격취득과정이 다르다는 것에 있다.[90] 비영리법인의 경우에는 법인성립을 위해서 주무관청의 허가를 얻어야 하는데 반하여(본법 제32조), 영리법인의 경우에는 상법상 회사설립의 조건에 좇아 본점소재지에 설립등기를 함으로써 법인이 성립한다(본법 제39조, 상법 제172조). 이것은 법인의 법적 등장형태(Rechtsform)와 관련하여 다음과 같은 의미를 갖는다. 어떤 단체가 권리능력없는 사단 혹은 재단으로 머물지 않고 법인으로 성립되기 위해서는 법이 인정한 일정한 법적 형태를 취하여야 하는데, 단체가 비영리를 추구할 경우에는 민법상 사단법인 혹은 재단법인의 형태를 취하고 단체가 영리를 추구할 경우에는 상법상 다섯 가지 회사형태(합명·합자·유한책임·유한·주식회사) 중의 하나만이 인정될 뿐, 다른 형태의 변칙적인 법인설립은 인정되지 않는다. 이것은 법이 법인으로 되려는 단체에게 일정한 법적 형태를 강제(Rechtsformzwang)함으로써, 각각의 법인형태에 따라 법인내부의 사원관계와 법인외부의 책임관계를 규격화하여[91] 법적 안정성을 확보하려는 것이

89 주식의 양도·양수 혹은 주식의 상속 등.

90 김용한, 민법총칙론, 박영사(1997), 152면은 영리법인·비영리법인을 구별하는 실익은 그 법인이 민법상의 법인인가 또는 상법상의 법인인가를 구별하는데 있다고 한다.

91 예컨대 합자회사의 경우에는 무한책임사원과 유한책임사원으로 구성되는 데 반하여, 주식회사의 경우는 주식금액을 한도로 출자의무를 지는 주주만으로 구성됨을 생각해보라.

다.[92] 요컨대 현행법상 영리법인은 사단에 한해서 인정되므로(본법 제39조) 재단은 비영리에 한해서만 법인으로 인정될 수 있고(본법 제32조) 사단은 영리법인과 비영리법인이 모두 가능하되, 영리를 목적으로 하는 경우에는 상사회사에 관한 규정이 준용되므로(본법 제39조 제2항) 상법상 인정된 다섯 가지 회사 중의 한 형태의 법인으로 하여야 하며, 비영리를 목적으로 하는 경우에는 민법의 규정에 따라 법인으로 할 수 있다. 다만 비영리법인 중 일정한 공익적 사업을 목적으로 하는 법인은 공익법인의 설립·운영에 관한 법률(1975년 법률 제2814호)의 적용을 받게 된다.

나. 구별기준

문제는 영리법인과 비영리법인을 어떠한 기준에 따라 구분할 것인가 하는 것이다. 이것은 실무적으로 다음과 같은 의미를 지닌다. 가령 어떤 단체가 수익사업을 하면서도 세제상의 이익을 위하여 상법상 회사의 형태를 취하지 않고 민법상 비영리법인의 형태로 법인설립허가를 신청할 경우에 주무관청은 설립허가신청을 반려하여야 할 것이고 아울러 그 단체가 영리성을 이유로 한 주무관청의 허가거부처분에 이의가 있을 경우에는 행정소송의 방법으로 다툴 수 있다는 점에서 적절한 구별기준이 필요하다.

민법은 영리법인과 비영리법인의 구별기준에 대한 특별한 언급없이, 단지 제32조에서 "학술, 종교, 자선, 기예, 사교 기타 영리아닌 사업을 목적으로 하는 사단 또는 재단"을 비영리법인으로 하고 제39조에서는 "영리를 목적으로 하는 사단"을 영리법인이라 한다. 우리나라의 통설은 법인사업에서 발생한 이익을 구성원에게 분배함을 목적으로 하느냐 그렇지 않느냐에 따라 영리법인과 비영리법인으로 나눈다(이익분배목적설).[93] 그에 따라 교통·통신·보도·출판 등의 공공사업을 목적으로 하더라도 구성원의 이익을 목적으로 하는 것은 영리법인이고, 반대로 법인의 경제활동을 통하여 발생한 이익이 발생하더라도 구성원에게 이익분배를 목적으로 하지 않는다면 비영리법인이며, 재단법인의 경우는 이익을 분배할 구성원이 없으므로 영리법인이 될 수 없다. 그에 반해 단체의 주관적 목적과 객관적 활

92 Karsten Schmidt, Gesellschaftsrecht, 4. Aufl., Köln u.a., 2002, S. 97.

93 곽윤직/김재형, 민법총칙, 박영사(2013), 160; 김증한/김학동, 민법총칙, 박영사(2013), 182; 고상룡, 민법총칙, 법문사(2003), 179; 이영준, 민법총칙, 박영사(2007), 905; 김상용, 민법총칙, 화산미디어(2009), 213; 장경학, 민법총칙, 법문사(1995), 289; 백태승, 민법총칙, 집현재(2016), 192; 김준호, 민법총칙, 법문사(2017), 118.

동의 두 측면을 종합적으로 고려하여, 실질적인 주목적, 경제활동여부, 구성원에 대한 이액배당여부 등에 비추어 영리성·비영리성이 판단되어야 한다는 견해가 있다(절충설).[94] 절충설의 취지는 충분히 공감되지만, 양 학설의 실질적인 차이는 그리 크지 않다. 왜냐하면 어떤 단체의 성격이 영리법인인지 아니면 비영리법인인지에 대한 판단은 우선 법인설립당시 허가를 맡은 주무관청이 하여야 하는데, 주무관청으로서는 설립허가신청시에 단체가 제출한 정관에 나타난 단체의 설립목적, 단체의 사업내용, 사원의 자격, 출자방법이나 자산상태 등을 종합적으로 살펴서 구성원의 이익분배가능성을 파악하고 그에 따라 법인의 영리성을 판단할 수밖에 없기 때문이다. 비영리법인으로 허가를 받은 단체가 당초의 정관목적과는 달리 정작 영리활동을 하는 법인인지의 여부는 주무관청의 설립허가이후의 상황으로, 이때의 영리성여부는 법인의 실제적인 활동을 통해서 객관적으로 판단되어야 할 것이다.[95] 만약 비영리법인으로 설립허가를 받은 단체가 추후 실제 활동에 있어서 영리법인으로 판명되면 주무관청은 설립허가를 취소할 수 있다(본법 제38조 참고). 그러나 비영리법인이라고 하더라도 비영리사업의 목적을 달성하는데 필요하여 그 본질에 반하지 않을 정도의 영리행위를 하는 것은 무방하다.[96] 예를 들면 비영리법인인 학술단체가 전람회를 개최하면서 입장료를 징수하거나 운영경비를 마련하기 위하여 저술한 책을 일반인에게 판매하는 행위 등은 가능하다. 이를 비영리법인이 누릴 수 있는 부수목적의 특전(NebenzweckpriVIleg)[97]이라고 한다. 즉 비영리법인은 비영리사업이라는 주된 사업목적을 달성하기 위한 방편으로 부수적

94 이은영, 민법총칙, 박영사(2009), 223.

95 대법원은 수산업협동조합은 그 목적달성을 위하여 수익사업 등을 할 수 있음에 비추어 법인세법 제1조에서 말하는 "비영리 내국법인"에 해당하지 아니한다고 하고(대법원 1978. 3. 14. 선고 77누246 판결), 상호신용금고는 합명회사, 합자회사 또는 주식회사 등 영리법인의 형태를 취하도록 되어 있다는 점에서(상호신용금고법 제3조) 영리법인이라고 하고(대법원 1985. 11. 26. 선고 85다카122 판결), 건설공제조합은 특별법에 의하여 설립된 법인이기는 하지만 민법 제32조의 규정에 의한 비영리법인과 유사한 설립목적을 가진 법인이라 볼 수 없다고 판시하였다(대법원 1983. 12. 13. 선고 80누496 판결).

96 곽윤직/김재형, 민법총칙, 박영사(2013), 160; 김증한/김학동, 민법총칙, 박영사(2013), 181; 이영준, 민법총칙, 박영사(2007), 905; 김상용, 민법총칙, 화산미디어(2009), 213; 이은영, 민법총칙, 박영사(2009), 224; 백태승, 민법총칙, 집현재(2016), 192, 한편 법인세관련 하급심판결이긴 하지만 서울고등법원 1986. 11. 7. 선고 86구279 판결에서는 비영리법인의 회원에 대한 정기간행물 발간배포는 비영리사업이므로 법인세법 제1조 소정의 수익사업에 해당하지 않는다고 하였다.

97 부수목적의 특전(NebenzweckpriVIleg)이라는 표현은 독일의 Karsten Schmidt 교수가 처음 사용한 것으로 독일에서는 이제 학문적으로 정착된 용어가 되었다. 이에 관한 설명으로는 송호영, "법인론과 관련한 독일 사법학계의 최근동향", 비교사법 4권 2호(1997.12), 597, 627 및 김진우, "영리법인과 비영리법인의 구별에 관한 법비교적 고찰", 비교사법 10권 3호(2003.9), 99, 122 참고.

인 수익사업을 할 수 있다는 의미이다. 문제는 어떤 기준에 따라 비영리법인에게 부수목적의 특전을 허용할 수 있는가 하는 점이다. 이에 대해서 일률적으로 대답하기는 매우 어렵지만, 부수목적의 특전은 단순히 비영리법인의 주된 활동과 부수적 활동의 단순한 양적 비교에 의할 것이 아니라 목적과 수단의 관계에 따라 그 부수적 활동이 주된 활동에 기능적으로 종속될 때에 한해서 허용된다고 할 것이다.[98]

4. 내국법인과 외국법인

가. 구별기준

법인의 국적의 내외에 따라 내국법인과 외국법인으로 구별된다. 이러한 구별은 주로 영리법인인 회사의 영역에서 다루어지지만(상법 제614조~제621조 참조), 오늘날은 특히 국제적인 활동을 하는 NPO(Non-Profit Organizations)들의 설립이 활발하므로 비영리법인의 영역에서도 소홀하게 다룰 수 없는 문제이다. 내국법인과 외국법인을 어떻게 정의할 것인가는, 양 법인의 구별표준은 무엇인가에 따라 달라진다. 이에 대하여 종래에는 (i) 법인설립의 준거법에 따라서 한국법에 의하여 설립된 법인을 내국법인, 외국법에 의하여 설립된 법인을 외국법인으로 보는 준거법설, (ii) 법인의 주된 영업소가 국내에 있느냐에 아니냐를 기준으로 구별하는 주소지설, (iii) 설립자가 내국인인가 외국인인가에 의하여 구별하는 설립자국적표준설, (iv) 준거법설과 주소지법설의 합일주의를 취하는 절충설 등이 주장되어왔다. 그러나 2001년 개정된 국제사법(법률 제6465호) 제16조 전단은 "법인 또는 단체는 그 설립의 준거법에 의한다"고 하여 설립준거법설을 명문으로 채택함으로써, 종래의 학설대립은 종식된 셈이다. 따라서 내국법인과 외국법인은 법인설립의 준거법이 무엇이냐를 기준으로, 한국의 법률에 의거하여 설립된 법인은 내국법인이고 그 이외의 법률에 의거하여 설립된 법인은 외국법인이다. 다만 국제사법 제16조 후단은 설립준거법설을 따를 경우 발생할 수 있는 내국거래의 불안정을 예방하기 위하여[99] 외국법에 의해 설립된 법인 또는 단체라도 대한민국에 주된 사무소를 두거나 대한민국에서 주된 사업을 하는 경우에는 설립준거법이 아니라 대한

98 Karsten Schmidt, Verbandszweck und Rechtsfähigkeit im Vereinsrecht, Heidelberg 1984, S. 189ff.; Reichert, Handbuch Vereins- und Verbandsrecht, 10. Aufl., München, Neuwied 2005, Rz. 147ff.; Staudinger/Weick, §21 Rz. 12ff.

99 법무부, 국제사법해설, 2001, 67.

민국법에 의하도록 하는 예외를 규정하고 있다.

나. 외국법인의 능력

상법은 외국회사의 국내에서의 영업활동에 관한 일부규정을 두고 있지만(상법 제614조~제621조), 민법은 외국법인의 지위나 능력에 관하여 아무런 규정을 두고 있지 않다. 외국법인의 능력은 외국자연인의 능력에 준하여 해석하여야 할 것이다. 즉 자연인의 경우 원칙적으로 내외국인 평등주의가 인정되는 것과 마찬가지로 법인의 경우도 원칙적으로 내외국법인 평등주의가 인정된다고 할 것이다. 다만 예외적으로 특별법에 의하여 자연인인 외국인에 대하여 권리능력이 제한되는 경우가 있듯이, 외국법인의 권리능력도 법률 또는 조약에 의하여 제한될 수 있다.[100]

Ⅳ. 법인의 성립 및 소멸의 문제

[참고문헌]

고상룡, "청산법인의 능력범위와 청산종결등기후의 청산법인의 존속", 법률신문 1382호 (1981.02.02.); 고상현 "재단법인설립행위의 개념, 구조, 법적 성질", 「민사법학」 제50호 (2010); 고상현, "독일민법 제84조와 우리 민법 제48조 제2항의 비교법적 고찰", 「민사법학」 제46호 (2009); 고상현, "재단설립행위의 철회에 관한 소고 -독일민법과의 비교를 중심으로", 「비교사법」 제16권 제3호 (2009); 김진우, "법인 아닌 재단의 법률관계 -생전처분의 경우를 중심으로", 「민사법학」 제63-1호(2013); 김학동, "재단법인에서의 출연재산의 귀속시기 -해석론을 중심으로", 「서울법학」 제18권 제1호 (2010); 송호영, "법인의 생성에 관한 새로운 이해", 「법학논고」 제16집 (2000); 송호영, "법인의 소멸 -독일에서의 논의를 중심으로-", 「광운비교법학」 제1권(창간호) (2000); 이영환, "법인의 소멸", 「민법학의 현대적 과제」, 부산대 출판부 (1997); 최준선, "설립중의 회사의 성립전 취득재산의 귀속과 이전", 「저스티스」 제31권 2호 (1998)

1. 성립상의 문제

가. '설립중인 법인'의 문제

1) '설립중인 사단법인'

가) 개설

일반적으로 사단법인은 두 단계를 거쳐 완성된다. 첫 번째는 단체의 설립을 위한 단계이고, 두 번째 단계는 권리능력의 취득을 위한 단계이다. 첫째 단계에서는 사적자치의 원칙이 지배하는 설립행위가 핵심적 내용을 이루고, 둘째 단계에

100 김주수/김상용, 민법총칙, 삼영사(2013), 192; 장경학, 민법총칙, 법문사(1995), 291; 김상용, 민법총칙, 화산미디어(2009), 216; 민법주해 Ⅰ, 총칙(1), 박영사(1992), 466(이주흥).

서는 법인이 완성되는데 있어서 국가의 조력(staatliche Mitwirkung)이 작용하게 된다. 첫째 단계, 즉 단체의 설립단계에서는 먼저 설립을 계획하는 몇몇의 사람들이 모여 특정한 목적을 실현하기 위해서 법인을 설립하기로 약속하고(설립전단계: Vorgründungsstadium), 이어서 법인설립을 위해서 조직을 갖추고 장차 탄생할 법인의 근본규칙인 정관을 작성하는 등 법인설립에 필요한 여러 행위를 하게 된다(설립단계: Gründungsstadium). 그런 다음 둘째 단계, 즉 권리능력의 취득을 위한 단계에서는 국가로부터 법인의 설립을 공적으로 확인받고(민법상 법인은 주무관청의 허가를 얻어야 함) 새로운 법인의 존재를 공시하기 위해 설립등기를 함으로써 법인의 생성은 마무리된다(완성단계: Vollendungsstadium). 이러한 법인설립단계에서 완성단계에 이르지 못한 상태의 사단을 설립중인 사단법인(회사법에서는 '설립중인 회사') 이라고 한다. 좀 더 구체적으로는 법인의 '설립전단계'를 지나서, '설립단계'로부터 '완성단계' 직전까지의 상태에 있는 사단을 말한다. 설립중인 사단법인의 본질은 무엇인지 그리고 장차 완성될 사단법인과는 어떤 관계에 있는지에 대해서는 논란이 많다.

나) 설립전단계 - 발기인조합(Vorgründungsgesellschaft)

대개의 경우에 법인설립에 관심을 가지는 자들은 우선 법인설립을 위해서 함께 일을 준비하고 도모해 나간다는 서로간의 약속을 하게 된다. 그들, 즉 발기인들 사이의 약속은 채권법상의 의무부담행위(Verpflichtungsgeschäft)이고,[101] 이들이 참여하는 설립모임이 바로 발기인조합이다. 단체설립을 위한 발기인들 사이의 부담행위의 법적 성질은 한편으로는 채권법상의 조합계약인 동시에(본법 제703조 참조), 다른 한편으로는 발기인 상호간에 단체설립을 위해 서로 협조한다는 것을 내용으로 하는 일종의 설립예약(Gründungsvorvertrag)이다.[102] 따라서 발기인조합의 법적 성질은 일반적으로 민법상 조합으로 이해되고 있다.[103] 발기인조합을 민법상 조합으로 이해한다면, 그 발기인조합이 설립준비행위과정에서 부담하게 된 채무도 발기인조합 자체[104]가 아니라, 그 구성원인 발기인들이 직접 무한책임을 진다

101 Karsten Schmidt, Gesellschaftsrecht, S. 290.

102 Karsten Schmidt, Gesellschaftsrecht, S. 291; Flume, Die Werdende juristische Person, Festschrift für Ernst Geseler zum 65. Geburtstag, München 1971, S. 3, 17 ff.

103 곽윤직/김재형, 민법총칙, 박영사(2013), 175; 정동윤, 회사법, 법문사(2005), 103 등 참조.

104 곽윤직 교수는 "... 발기인조합이 행한 行爲는 준비행위에 지나지 않으며, ... 그 준비행위에 대하여서는 組合 자체가 책임을 진다고 해석하여야 한다"고 주장한다(곽윤직/김재형, 민법총칙, 박영사(2013), 175).

고 해석하여야 할 것이다.

발기인조합은 법인설립목적을 실현하기 위해서 설립자들의 모임이 정관의 작성을 통하여 설립중인 사단법인으로 나아가게 되면 발전적으로 소멸하게 된다. 이때 발기인조합과 설립중인 사단법인은 구분되어야 한다. 발기인조합과 설립중인 사단법인 사이에는 단체의 동일성이 존재하지 않기 때문에[105] 발기인조합의 권리나 의무는 설립중인 사단법인에게 자동적으로 이전되는 것은 아니다. 하지만 법인의 설립작업이 정상적으로 진행된다면 발기인조합의 재산은 양수나 채무인수 등의 절차를 통하여 설립중의 사단법인에게로 이전하게 될 것이다. 그렇지 않은 경우에는 발기인조합의 재산은 청산절차를 밟게 된다(본법 제721조 이하 참조).

다) 설립단계 - 설립중인 사단법인

(1) 의의

발기인들이 법인정관의 작성을 완료하게 되면 설립중인 사단법인(Vorverein)이 성립한다. 법인의 정관을 작성한다는 것은 단순히 향후 설립될 사단법인의 자치규범의 초안을 마련한다는 의미가 아니라, 단체가 사단법인으로 되기 직전에 창립총회를 통해 그들의 자치규범인 정관을 확정하였다는 것을 의미한다. 이는 곧 법인의 목적·사무소·기관·회원구성·자산 등 장차 독자적인 권리주체가 될 수 있는 법인의 기본적인 골격의 형성이 마무리되었으며, 단체의 성질도 발기인조합 당시의 조합(Gesellschaft)과는 달리 이제는 엄연한 사단(Verein)으로 완전히 달라졌음을 의미한다. 다만 물적 회사의 경우에는 정관작성 외에도 물적 회사의 성질상 자본의 출자가 있을 때 설립중인 법인(설립중인 회사)이 성립한다. 설립중인 사단법인은 실제로는 물적 회사에 있어서 설립중인 회사가 주로 문제된다. 그런데 설립중인 회사의 창립시기에 대해서는 다툼이 있다. 물적 회사 중에서도 유한회사의 경우에는 설립중인 회사의 창립시기가 비교적 명확하다. 상법 제543조는 유한회사의 설립에 있어 정관을 작성하면서, 그 정관에 각 사원의 출자좌수를 명기하도록 요구하고, 사원이 출자하여야 함을 규정하지 않고 있기 때문에 유한회사의 경우에는 정관의 작성만으로 설립중의 회사가 성립한다고 해석할 수 있다. 문제는 주식회사의 경우인데, 발기설립에 의해 주식회사를 설립하는 경우에는 상법 제295조 제1항에 의해 설립중의 회사의 창립시기는 정관작성 및 발기인이 주식총

105 BGHZ 91, 148, 151.

수를 인수한 때라고 해석할 수 있을 것이다. 따라서 설립중의 회사의 창립시기는 모집설립의 경우에 문제된다. 이에 관하여는 정관의 작성시라는 설,[106] 정관의 작성과 회사설립시에 발행하는 주식의 총수가 인수된 때라는 설[107] 및 발기인이 정관을 작성하고, 또 각 발기인이 1주 이상을 인수한 때라는 설[108] 등이 대립한다. 판례는 제3설의 입장을 취하고 있다.[109] 생각건대 민법상 비영리사단법인의 경우는 비록 본법 제40조 제4호가 정관의 필요적 기재사항으로 "자산에 관한 규정"을 작성토록 요구하고 있지만, 이것이 바로 발기인의 출자의무를 요구하는 것은 아니므로 정관의 작성만으로 설립중인 사단법인이 성립한다고 할 수 있다. 그에 반해 모집설립에 의해 주식회사를 설립하는 경우는 정관작성 외에도 발기인의 자본출자는 회사설립의 본질적 요소라고 할 수 있다. 후술하는 바와 같이 설립중인 회사는 추후 법인으로 자격이 부여된 회사와 법률적으로 동일한 지위를 영위하게 되는데, 이러한 높은 법률적 지위를 보장받기 위해서는 비록 설립중인 회사라 하더라도 최소한 일정수준 이상의 책임재산이 확보되어 있어야 할 것이다. 이는 우리 회사법이 회사의 채권자보호를 위해 곳곳에 자본에 관한 원칙을 규정하고 있는 것과도 결코 무관하지 않다. 그러한 점에서 제2설이 타당하다.

(2) 법적 성질 및 권리능력

설립중인 법인의 법적 성질이 무엇인가에 대해서 견해가 대립된다. 과거 독일에서는 민법상 조합으로 보는 견해, 합명회사로 보는 견해, 권리능력없는 사단으로 보는 견해 등이 주장되었으나, 현재는 1956년 7월 12일에 독일연방재판소[110]가 설립중인 법인을 특수한 성질의 단체(eine Vereinigung sui generis)로 본 이후로 대다수의 학설은 이를 따르고 있다. 독일의 판례와 학설이 설립중인 법인을 특수한 성질의 단체로 보는 이유는 설립중인 법인에게도 법인격을 전제로 하는 것을 제외하고는 앞으로 성립될 법인에 관한 규정이 모두 준용될 수 있다고 해석하기 때문이다. 이러한 독일의 판례와 학설을 좇아 우리나라에서도 설립중인 법인을

106 이철송, 회사법강의, 박영사(2017), 230; 이기수/최병규, 회사법, 박영사(2015), 154; 최준선, "설립중의 회사의 성립전 취득재산의 귀속과 이전", 저스티스 31권 2호(1998. 6.), 190 등.

107 정동윤, 회사법, 법문사(2005), 139.

108 서돈각, 상법강의(상), 법문사(1999), 309; 손주찬, 상법(상), 박영사(2004), 551; 정찬형, 상법강의(상), 박영사(2014), 631; 최기원, 신회사법론, 박영사(2012), 148; 강위두, 회사법, 288; 박상조, 신회사법론, 219.

109 대법원 1994. 1. 28. 선고 93다50215 판결, 대법원 2000. 1. 28. 선고 99다35737 판결 등.

110 BGHZ 21, 242.

특수한 성질의 단체 또는 독자적인 조직형태로 보는 소수의 견해가 있다.[111] 그에 반해 우리나라의 판례[112]와 통설[113]은 설립중인 법인을 권리능력없는 사단으로 보고 있다. 이러한 논의는 우리 법에서는 실익이 별로 없다. 그 이유는 다음과 같다. 독일에서 설립중인 법인을 특수한 성질의 단체로 보는 결정적인 이유는 민법상 권리능력없는 사단에 대하여 독일 민법 제54조가 민법상 조합의 규정을 적용하기 때문이다. 독일 민법의 입법자들은 단체설립에 있어서 설립등기를 간접적으로 강제하기 위해서 등기하지 않은 사단, 즉 권리능력없는 사단에게는 조합규정이 적용되게 함으로써 권리능력없는 사단의 법적 지위를 불리하게 규정하였다. 따라서 만약 설립중인 법인의 법적 성질을 권리능력없는 사단으로 보게 되면, 설립중인 법인은 조합법의 규정아래 놓이게 되므로, 이러한 불합리를 구제하려는 노력으로 독일판례가 설립중인 법인의 법적 성질을 특수한 성질의 단체로 보았던 것이다.

그러나 우리나라의 경우는 이와 사정이 다르다. 왜냐하면 우리 민법은 권리능력없는 사단에 관하여 독일 민법 제54조와 같은 조합준용규정을 두지 않았을 뿐만 아니라, 학설도 권리능력없는 사단에게도 법인격을 전제로 하는 것을 제외하고는 성립이 완성된 법인에 관한 규정을 준용할 수 있음을 널리 인정하고 있다.[114] 더구나 우리나라의 경우는 권리능력없는 사단에 대해 부동산등기법 제26조가 부동산등기능력을 그리고 민사소송법 제52조가 소송상 당사자능력을 명문으로 인정하고 있다. 따라서 독일의 경우와 비교할 때 우리나라에서는 설립중인 법인을 권리능력없는 사단으로 보아도 문제될 이유가 거의 없다. 다만 독일의 다수설 및 우리나라의 소수설, 즉 설립중인 법인이 특수한 성질의 단체라고 하는 견해가 우리 법에 주는 의미를 굳이 찾는다면, 설립중인 법인과 일반적인 권리능력없는 사단을 비교해 보면, 설립중인 법인은 앞으로도 계속해서 권리능력없는 사단이라는 법적 형태로 머물러 있는 것이 아니라 법인으로 되어가는 과도기상의 단체형태에 불과하다는 의미에서 특수한 모습(sui generis)을 띠고 있음을 강조하는 것뿐

111 정동윤, 회사법, 법문사(2005), 140.

112 대법원 1970. 8. 31. 선고 70다1357 판결.

113 곽윤직/김재형, 민법총칙, 박영사(2013), 175; 김상용, 민법총칙, 화산미디어(2009), 222; 이영준, 민법총칙, 박영사(2007), 938; 최기원, 신회사법론, 박영사(2012), 145; 정찬형, 상법강의(상), 박영사(2014), 630; 이철송, 회사법강의, 박영사(2017), 228.

114 곽윤직/김재형, 민법총칙, 박영사(2013), 166; 이영준, 민법총칙, 박영사(2007), 908; 김상용, 민법총칙, 화산미디어(2009), 267 이하 등 통설이다.

이다.

한편 설립중인 법인의 권리능력에 대해서도, 소수설은 통설이 설립중인 법인을 법인아닌(즉, 권리능력없는) 사단으로 보므로 설립중인 법인에 대하여 아무런 권리능력을 인정하지 아니한다고 비판하는 동시에, 설립중인 법인의 법적 성질을 특수한 종류의 단체라고 보는 경우에는 거기에 제한된 권리능력을 인정하는데 아무런 이론적 난점이 없다고 주장한다.[115] 그러나 이러한 소수설은 권리능력의 개념을 오해하고 있는 것으로 보여 진다. 일반적으로 법인인 사단을 "권리능력 있는 사단", 법인아닌 사단을 "권리능력없는 사단"으로 부른다. 권리능력이란 권리와 의무의 주체가 될 수 있는 능력을 말한다.[116] 여기서 "권리능력있는" 혹은 "권리능력없는" 사단에서의 권리능력이란 완전한 권리능력(volle Rechtsfähigkeit)을 의미한다. 여기서 완전한 권리능력이란 포괄적이고 제한되지 아니한 권리능력을 말한다. 권리능력있는 사단, 즉 법인인 사단은 등기나 주무관청의 허가 등의 공시행위를 통하여 이러한 완전한 권리능력을 부여받는다. 법인아닌 사단이 권리능력이 없다는 뜻은 이러한 의미의 포괄적 권리능력을 부여받지 못하였다는 것이지, 권리능력없는 사단이 아무런 권리능력도 없다는 뜻이 아니다. 즉 권리능력없는 사단은 완전한 권리능력은 아니지만, 부분적 권리능력(Teilrechtsfähigkeit) 또는 제한된 권리능력(beschränkte Rechtsfähigkeit)을 가지고 있다. 부동산등기법 제26조가 권리능력없는 사단에 대해 부동산등기능력을 그리고 민사소송법 제52조가 소송상 당사자능력을 인정하고 있는데, 설립중인 법인을 권리능력없는 사단으로 보더라도 설립중인 법인이 완전한 권리능력을 가지는 것은 아니지만, 특정한 법률관계에서 부분적 또는 제한된 권리능력을 가진다고 이해하더라도 하등의 잘못이 없다. 다만 설립중인 법인이 도대체 어떠한 개별적 능력을 가지는가를 밝히는 것이 문제로 남을 뿐이다. 이것은 부동산등기법 제26조나 민사소송법 제52조와 같은 명문규정이 없는 한, 앞으로 판례를 통하여 구체화 될 것이다. 예컨대 설립중인 법인에게도 영업능력, 예금거래능력, 어음능력, 파산능력 등은 인정될 수 있을 것이다. 그밖에 대법원은 설립중인 회사도 권리능력없는 사단으로서 증여 등의 법률행위를 할 수 있다고 판시한 바 있다.[117]

115 정동윤, 회사법, 법문사(2005), 141 이하.

116 Enneccerus/Nipperdey, AT des BGB, § 105 I; Hübner, AT des BGB, Rz. 74; Medicus, AT des BGB, Rz. 1039; Brox·Walker, AT des BGB, Rz. 703.

117 대법원 1992. 2. 25. 선고 91누6108 판결.

(3) 권리·의무의 이전

설립중인 사단법인은 마치 자연인에게 있어서 태아와 마찬가지로 장차 생성될 법인의 전신(前身)으로써, 다만 완전한 법인격만을 갖추지 않은 상태에 머물러 있을 뿐이다. 설립중인 사단법인과 추후 설립이 완성된 법인과의 관계를 어떻게 볼 것인가에 대해서 과거 독일에서는 양자가 서로 다른 것이라고 하는 분리설(Trennungstheorie)이 주장되기도 하였다.[118] 분리설이란 설립등기 전에는 설립중인 법인이라는 별도의 권리주체도 존재하지도 않고 또 설립등기시를 기준으로 설립등기 전의 단체와 설립등기된 법인 사이에는 아무런 연속성이나 동일성이 존재하지 않는다고 보는 학설이다. 그러나 이러한 주장은 제국법원[119]과 연방재판소[120]의 지속적인 판결에 의해 다음과 같이 극복되었다. 즉 설립중인 회사는 이미 설립등기 전에 존재하며, 설립중인 회사와 설립 후의 회사는 등기전후에 관계없이 동일한 존재이므로 설립중인 회사의 권리·의무는 설립등기와 함께 별도의 절차없이 설립이 완성된 회사에 자동적으로 귀속한다는 것이다(이른바 동일성설: Identitätstheorie). 동일성설은 현재 우리나라의 학계에서도 광범위하게 지지를 받고 있다.[121] 설립중인 회사와 설립 후의 회사가 동일성이 유지된다는 것은 결국 설립중인 회사가 부담하는 채무를 설립 후의 회사가 전적으로 부담하여야 하는 문제와 결부된다. 이 문제에 대해서는 동일성설을 지지하더라도 선뜻 동의하기가 주저되는 점이 있다. 만약 설립중인 회사가 부담한 온갖 채무를 설립 후의 법인이 그대로 떠안아야 한다면 법인은 설립등기와 더불어 출발부터 부실한 자본상태를 가진 법인으로 전락할 것이기 때문이다. 이에 대해 우리 판례는 설립중의 법인의 행위에 대하여 설립 후의 법인이 책임을 지는 것은 그 법인의 "설립 자체를 위한 행위"에 한하는 것으로 보고 있다.[122] 이를 제한적 동일성설이라고 한다. 독일에서도 1970년대까지는 판례가 설립중인 법인은 추후의 법인설립에 '필요한(notwendig)' 또는 '정관에 부합하는(satzungsgemäß)' 법률행위만 할 수 있다고 판시하여 제한적 동일성설의 입장을 취하고 있었으나, 유한회사의 동일성이 문제된

118 예컨대 Erich Brodmann, Aktienrecht, Berlin/Leipzig 1928, § 200 A I a.
119 RGZ 82, 288, 290; 105, 228, 229; 143, 368, 372; 151, 86, 91 등 참조.
120 BGHZ 21,242, 246; 80, 129, 132 등 참조.
121 곽윤직/김재형, 민법총칙, 박영사(2013), 175; 김상용, 민법총칙, 화산미디어(2009), 222; 최기원, 신회사법론, 박영사(2012), 145; 정찬형, 상법강의(상), 박영사(2014), 633; 정동윤, 회사법, 법문사(2005), 152; 동일성을 부인하는 견해로는 이영준, 민법총칙, 박영사(2007), 937.
122 대법원 1965. 4. 13. 선고 64다1940 판결.

사건에서 1981년 3월 9일에 독일연방재판소 민사2부의 판결(BGHZ 80, 129) 이후로는 이른바 차액책임론(Differenzhaftung)에 의해 완전한 동일성설의 입장으로 전환하였다. 즉, 독일연방재판소는 설립이 완성된 유한회사의 설립전의 책임에 관하여 설립전 회사의 사전채무부담금지의 원칙[123]을 부인하고 그 대신 사전채무부담을 통해 설립 후의 회사에게 발생하는 차액에 대해서는 독일유한회사법 제9조에 의거하여 사원들이 지분의 비율에 따라 책임을 지도록 함으로써, 회사의 책임에 있어서 설립중인 법인과 설립 후의 법인의 완전한 연속성(vollständige Kontinuität)[124]을 관철시켰다. 이 판결에 대해서 독일의 학설은 대체로 긍정적인 반응이다.[125] 우리나라에서도 동 독일 판례를 소개한 정동윤 교수에 의해서 차액책임론의 도입이 주장된 바 있다.[126] 설립중인 법인과 설립 후의 법인에 관해서 제한된 동일성이 아니라 완전한 동일성으로 이해해야 한다는 입장에서 보면 원론적으로는 찬성할 만한 이론이다. 다만, 차액책임을 지우는 근거와 책임의 주체에 관해서 그리고 동 이론이 모든 법인(영리법인이든 비영리법인이든)에 공히 적용될 수 있을 것인지 그리고 우리와 회사법에 관한 법률규정이 다른 독일의 상황을 그대로 우리의 법해석에 그대로 적용할 수 있는 것인지에 대해서는 앞으로 더욱 깊이 있는 연구의가 필요하다.[127]

2) 설립중의 재단법인

'설립중인 사단법인'의 경우와 마찬가지로 이른바 '설립중인 재단법인'이 인정되는지가 문제된다. 독일에서는 설립중인 재단(Vorstiftung)의 존재를 인정할 것인가를 두고 다툼이 있다.

사단법인의 경우와 마찬가지로 재단법인에 있어서도 개념상 설립중인 재단(Vorstiftung)을 인정할 수 있다는 견해에 의하면, 설립중인 재단의 존재를 인정함

123 사전채무부담금지의 원칙(Prinzip des Vorbelastungsverbots)이란 설립등기로 인해 완성된 새로운 법인은 설립등기 전에 발생한 채무의 부담을 가능한 지지 않아야 한다는 것이다.

124 Karsten Schmidt, Gesellschaftsrecht, S. 302; ders., Theorie und Praxis der Vorgesellschaft nach gegenwärtigem Stand, Rechtsfortbildung am Ziel oder noch auf dem Wege?, GmbHR 1987, S. 77, 78.

125 KölnKomm-Kraft, § 41 AktG Rz. 118 ff.; Karsten Schmidt, Gesellschaftsrecht, S. 797 등 참조.

126 상세한 설명은 정동윤, 회사법, 법문사(2005), 152 이하 참조.

127 정찬형 교수는 정동윤 교수의 차액책임론에 대해서 "유한회사에서는 그 적용가능성이 있다고 볼 수 있겠으나, 주식회사에 이 이론을 적용하는 것은 실정법상 명문규정이 없는 점에서 보나 또 주식회사의 본질면(주주의 유한책임)에서 보아 무리하고 생각된다"고 한다[정찬형, 상법강의(상), 박영사(2014), 635].

으로써 설립중인 사단(또는 회사)에서 형성된 여러 법원칙들이 설립중인 재단에도 준용될 수 있다고 한다.[128] 즉 재단법인의 설립이 완성되기 전, 즉 관할관청의 승인이 있기 전에 재단의 이름으로 이루어진 권리·의무관계는 재단법인이 성립하는 순간에 자동적으로 재단법인의 권리·의무로 귀속되기 때문에 권리·의무의 이전을 위한 별도의 법률행위가 필요하지 않다는 것이다. 그러나 독일학계의 다수설은 설립중인 재단의 존재를 부정한다.[129] 그 이유는 독일 민법상 재단법인은 권리능력을 취득함으로써 비로소 재단설립자와 설립자의 재산으로부터 분리된 독자적인 권리주체성이 인정되기 때문에 사단법인의 경우와는 달리 재단법인 이전의 단계를 인정할 수 없기 때문이라고 한다. 즉 재단설립자로부터 출연이 예정된 재산과 설립자의 고유한 재산은 관할관청의 설립인가이전에는 분리되지 않기 때문에, 설립자는 관할관청의 설립인가이전에는 자신의 출연행위를 철회할 수 있고(독일 민법 제81조 제2항), 설립자는 관할관청의 설립인가가 있은 때에 비로소 출연행위에서 약속한 재산을 재단에 이전시킬 의무를 질뿐이다(독일 민법 제82조 제1문). 또한 관할관청의 설립인가의 성질도 정확하게 파악할 필요가 있는데, 법문에는 관할관청은 재단의 설립을 "승인(anerkannt)"한다고 되어 있지만, 정확하게 표현하자면 재단의 설립을 "확정(feststellt)"하게 된다. 이러한 의미에서 관할관청의 설립인가는 권리형성적(rechtsbegründend)이고 창설적(konstitutiv)인 성격을 가진다. 따라서 출연행위와 재단설립의 승인 사이에 "설립중인" 재단이 존재한다는 것은 상상할 수 없을 뿐만 아니라, 이 시기에는 권리능력없는 재단도 존재할 여지가 없고 관할관청이 설립 승인을 거부하였을 때 비로소 존재할 수 있다. 이처럼 권리능력을 가질 수 있는 재산의 조직체(즉 재단)의 발생과 권리능력의 취득시점을 일치시킨 것은 독일 민법의 입법자들이 의도적으로 규율한 독일 재단법인법의 가장 큰 특징이다.[130]

독일의 경우와 달리 우리나라에서는 설립중인 재단의 존재를 인정함에 별 어려움이 없다. 그 이유는 우리 민법의 경우 재단법인의 설립에 있어서 독일의 재단

128 Schwinge, Die Stiftung im Errichtungsstadium, BB 1978, S. 527 ff.; Palandt-Heinrich, § 80 Rz. 2; Ebersbach, Handbuch des Stiftungsrechts, Göttingen 1982, S. 66 f.

129 부정설로는 MünchKomm-Reuter, § 80 Rz. 11; Staudinger-Rawert, § 80 Rz. 42; Seifart/v. Campenhausen, Stiftungsrechts-Handbuch, § 6 Rz. 224; Kronke, Stiftungstypus und Unternehmensträgerstiftung, Tübingen 1988, S. 47, 48; Karsten Schmidt, Gesellschaftsrecht, S. 185, 186 등.

130 Karsten Schmidt, Verbandszweck und Rechtsfähigkeit im Vereinsrecht, Heidelberg 1984, S. 17.

법인설립규정과는 달리 여러 단계의 절차를 밟도록 되어 있고, 각 절차마다 시간적인 간격이 존재할 수 있음을 예정하고 있기 때문이다. 즉 재단설립자의 출연행위로부터 주무관청의 허가사이에는 일정한 시간간격이 존재할 수도 있고, 주무관청의 허가를 받았다고 하더라도 설립등기를 마칠 때까지는 최고 3주일의 시간이 걸릴 수도 있기 때문이다(본법 제49조 제1항 참고). 따라서 우리나라의 경우는 설립자가 재산을 제공하였고 이를 관리 운영하는 조직을 갖추고 있음에도 (i) 아직 주무관청의 허가를 얻지 못한 상태에 있거나, (ii) 주무관청의 허가를 받았으나 아직 설립등기를 마치지 않은 상태에 있는 목적재산의 실체를 설립중인 재단이라고 할 수 있다.

설립중인 재단의 법적 성질은 설립중인 사단의 경우와 마찬가지 논리로 권리능력없는 재단으로 파악하면 될 것이다. 따라서 설립중인 재단의 법률관계도 권리능력없는 재단에 준하여 법인격을 전제로 한 것이 아닌 한 민법의 재단법인에 관한 규정을 준용할 수 있다. 기타 설립중인 재단이 가지는 능력이나 지위에 관하여는 설립중인 사단의 경우와 마찬가지로 새길 수 있을 것이다(특히 부동산등기법 제26조나 민사소송법 제52조 참조).

나. 주무관청의 인·허가 및 등기·등록의 법률효과

단체가 법인으로 되는데 있어서 거쳐야 하는 인·허가나 등기·등록과 같은 국가의 조력은 비록 절차적 요소라고 하더라도 단체가 법인으로 되는데 있어서 필수불가결한 요소이다(자유설립주의는 예외). 인·허가 및 등기·등록이 가져다주는 효과를 살펴보면 다음과 같다.

독일에서는 인가 또는 허가를 통한 국가의 단체에 대한 법인격부여행위는 사권을 형성하는 수익적 행정행위(ein ziVIlrechtsgestaltender begünstigender Verwaltungsakt)라고 이해되고 있다.[131] 그 이유는 법인격없는 설립중인 사단은 국가의 인·허가를 통하여 비로소 권리능력이 있는 사단(즉 법인)으로 되기 때문이다. 독일의 상황과는 달리 우리나라에서는 본법 제32조에서 요구하는 주무관청의 허가와 본법 제33조가 요구하는 법인설립등기와의 관계가 문제될 수 있다. 본법 제32조가 요구하는 주무관청의 허가는 권리형성적 행정행위라고 볼 수는 없다. 왜냐하면 단체는 주무관청의 허가로 말미암아 법인으로 성립되는 것이 아니고, 주무관청의 허가이

131 Reichert/van Look, Handbuch des Vereins- und Verbandsrechts, Rz. 220.

후 3주 내에 주된 사무소소재지에 설립등기를 하여야 비로소 법인으로 되기 때문이다(본법 제32조, 제49조). 따라서 우리나라에서는 주무관청의 허가가 아니라 법인설립등기가 권리형성적 또는 창설적 효력을 가진 것으로 볼 수밖에 없다.[132] 다만 현행법 아래에서는 한 단체가 주무관청으로부터 법인설립허가를 받은 후에도 법인설립등기까지 -길게는 3주까지- 권리능력없는 사단이나 재단으로 머물 수밖에 없게 되는데, 입법정책상 법인설립의 인·허가 시점에 곧바로 설립등기가 이루어지게 하여 비법인사단·재단으로 머물게 되는 시간적 간격을 메울 필요가 있다.

단체는 법인설립등기를 마치게 되면 설립중인 법인에서 하나의 법인으로 비로소 완전한 권리주체로 인정받게 된다. 법인은 법인설립등기를 통하여 그의 존재성을 공시할 뿐만 아니라, 존립의 다툼에 있어서도 보다 강한 보호를 받게 된다. 즉 주식회사의 경우, 회사가 일단 설립등기를 마치게 되면 사원의 주관적 하자(예컨대 착오·사기·강박 등)는 치유된다(상법 제320조). 또한 회사설립의 무효는 설립무효의 소의 제기를 통하여 주장될 수밖에 없다(상법 제184조, 제269조, 제287조의6, 제328조, 제552조). 설립무효의 소에서 무효판결이 확정되면 그 효력은 소급효가 없고 장래에 향해서만 영향을 미친다. 즉 회사는 무효판결이 확정될 때까지는 유효하게 설립된 것으로 인정되고, 무효판결이 확정되는 순간부터 해산의 경우에 준하여 청산절차를 밟게 된다(상법 제193조). 만약 법인의 설립이 무효로 판명났다면 처음부터 법인은 존재하지 않은 것으로 보아야 할 것인데도 불구하고, 법이 청산절차를 밟도록 하는 것은 창설적 효력을 가진 등기를 통하여 법인으로 인정된 단체에 그 만큼 높은 보호를 해준다는 의미를 내포하고 있는 것이다. 상법과 달리 민법에는 법인설립을 다투는 방법에 관한 규정을 두고 있지 않고 있는데, 비영리법인의 경우에도 영리법인이 대상인 상법의 상기 규정에 준하여 다루어야 할 것이다.

2. 소멸상의 문제

가. 법인소멸의 의의

법인의 소멸이란 법인이 일정한 사유의 발생으로 더 이상 권리능력을 인정받지 못하고 법인으로서의 일생을 종결하게 되는 것을 말한다. 법인의 소멸은 흔히 자연인의 사망과 비교되기도 하지만, 법인자체가 일종의 법기술적인 개념이기 때

132 민법주해 Ⅰ, 총칙(1), 박영사(1992), 564(홍일표).

문에 법인의 소멸은 자연인의 사망과는 다른 특성을 가진다. 즉 자연인의 사망은 맥박이나 뇌기능의 종지와 같은 생리적인 변화에 따라 일순간에 권리능력이 소멸되고 그 순간에 바로 상속이 개시되는데 반해, 법인의 소멸은 법이 열거하는 일정한 사유의 발생으로 인해서 이루어지게 되고 법인의 재산관계를 정리하기 위하여 일정한 절차와 단계를 거치는 것이 일반적이다. 또한 법인의 경우에는 법인이 소멸을 위한 단계로 진입하더라도 반드시 소멸되는 것은 아니며, 법인의 소멸이 최종적으로 이루어지는 시점도 일정하지 않다. 요컨대 법인의 소멸은 자연인의 사망과는 달리 훨씬 복잡한 문제를 안고 있다. 특히 법인의 소멸은 법인을 둘러싼 이해관계인에게 중대한 영향을 미치는 사안이므로 민법과 상법 등에서는 이에 관한 자세한 규정들을 두고 있다.[133] 민법은 제3장 제4절 제77조 이하에서 법인의 "해산"에 관하여 규정하고 있다. 이에 관한 상세한 설명은 해당조문의 주석에서 다루기로 하고, 여기서는 법인일반에 적용되는 법인소멸의 공통적인 법원리를 살펴보고자 한다.

우리 민법전과 상법전은 법인의 소멸과 관련하여 법인의 "해산"사유를 비교적 일목요연하게 규정하고 있다(본법 제77조 이하; 상법 제227조 이하, 제285조 이하, 제287조의38이하, 제517조 이하, 제609조 이하 참조). 일견 우리의 민법이나 상법은 법인소멸에 관하여 "해산"이라는 표제아래 법인소멸사유를 모두 담고 있어서 마치 "법인의 해산 = 법인의 소멸"을 연상시키고 있는데, 이는 명백히 구분되어야 하는 개념이다. 법인해산은 법인소멸을 가져오는 여러 사유 중의 하나일 뿐이다. 또한 우리의 법은 후술하는 바와 같이 "합병"이나 "분할"과 같이 해산과 직접적인 관련이 없는 법인소멸사유도 법인의 '해산' 사유로 정하고 있다. 따라서 우리 법에서도 법인의 "해산"이라는 법전상의 표현에 얽매이지 말고 법인의 "소멸"에 관한 문제를 정확하게 바라볼 필요가 있다.

법인이 소멸하는 사유나 모습은 다양한데, 법인의 소멸은 법인이 일정한 절차와 단계를 거치면서 소멸하는 단계적 소멸과 그와 달리 법인의 소멸이 단계적으로 이루어지지 않고 특정한 사유에 의하여 일순간에 소멸하는 비단계적 소멸로 나누어 볼 수 있다.[134] 물론 법인소멸의 일반적 모습은 단계적으로 소멸하는 것이

133 판례는 "민법상의 청산절차에 관한 규정은 모두 제3자의 이해관계에 중대한 영향을 미치기 때문에 이른바 강행규정이라고 해석"된다고 판시한 바 있다(대법원 1995. 2. 10. 선고 94다13473 판결).

134 Hubert Schmidt, Zur Vollbeendigung juristischer Personen, Bielefeld 1989, S. 13 ff.

다. 이와 같이 법인소멸의 태양을 단계적 소멸과 비단계적 소멸로 나눈다고 할 때에, 가장 결정적인 구분기준은 법인이 소멸하는데 있어서 “해산”과 그에 이은 “청산”의 과정이 있느냐, 아니면 그러한 과정 없이 법인이 소멸하느냐 하는 점이다. 우리 법이 해산과 직접 관련이 없는 법인소멸사유도 모두 해산사유로 규정한 것은 문제가 있지만, 해산과 그에 따른 청산을 법인소멸에 관한 원칙적인 모습으로 설정하여 입법하였음은 올바른 규율이라고 할 수 있다.

나. 법인소멸의 태양(態樣)

1) 일반적인 경우: 해산과 청산

가) 개설

우리 법이 해산과 직접 관련이 없는 법인소멸사유를 법인해산사유로 정하고 있는 것으로 보아 우리 법의 입법자들은 해산과 법인소멸을 특별히 구별하지 않았던 것으로 추측된다. 그러나 “해산”은 법인의 일생을 종결시키는(즉 소멸시키는) 여러 사유 중 하나일 뿐이다. 즉 보통의 경우 법인은 해산을 하고 청산을 마무리 함으로써 비로소 소멸한다. 이 말은 곧 특별한 경우에는 법인은 해산이나 청산과정을 거치지 않고 소멸하기도 한다는 의미이다. 또한 경우에 따라서는 법인은 비록 해산을 하였지만 청산단계에서 소멸로 가지 않고 다시 원래의 법인상태로 부활할 수도 있다. 따라서 법인의 해산이 바로 법인의 소멸을 의미하는 것은 아니고 양자는 서로 엄격히 구별되어야 하는 개념이다. 그럼에도 불구하고 법인의 해산과 법인의 소멸이 밀접한 관련성을 갖는 이유는 해산은 법인을 소멸로 이끄는 일반적이고 원칙적인 구성요건이기 때문이다.

법인의 소멸을 야기하는 해산사유는 매우 다양하고, 법인이 어떠한 법적 형태를 띠고 있느냐에 따라 각각의 해산사유를 달리한다. 예컨대 사단법인의 해산사유와 재단법인의 해산사유가 다르고, 민법상 사단법인의 해산사유와 상법상 회사의 해산사유가 각기 다르다. 그럼에도 불구하고 법인의 해산사유는 법률에서 규정된 것만 인정된다는 이른바 해산사유법정주의(numerus clausus der gesetzlichen Auflösungsgrund)는 법인의 등장형태에 관계없이 모든 법인에 적용되는 일반적인 원칙이다.[135] 법인에게 해산사유가 발생하면 법인은 잔무를 처리하고 재산을 정리하는 청산단계로 들어가게 되고, 청산절차가 종결됨으로써 법인은 소멸하게 된다.

135 Karsten Schmidt, Gesellschaftsrecht, 3. Aufl., S. 308.

나) 해산사유

본법 제77조 제1항은 사단법인이든 재단법인이든 모두에 적용되는 해산사유를 열거하고 있다. 즉 법인은 존립기간의 만료, 법인의 목적의 달성 또는 달성의 불능, 정관에 정한 해산사유의 발생, 파산, 설립인가의 취소로 해산한다. 그리고 본법 제77조 제2항에는 사단법인에만 특유한 해산사유로 사원의 부재와 총회의 결의를 규정하고 있다. 또한 우리상법은 합명·합자·주식·유한회사 등 4종의 회사유형을 인정하면서 각각의 회사유형에 따른 회사의 해산사유를 정하고 있다. 4종의 회사에 공통적으로 인정되는 해산사유는 존립기간의 만료 기타 정관으로 정한 사유의 발생, 합병, 파산, 법원의 명령 또는 판결에 의한 해산 등이다(상법 제227조 제1호, 제4호, 제5호, 제6호; 제285조; 제287조의38; 제517조; 제609조 참조). 그 외에도 회사형태에 따라 특유한 해산사유로, 합명회사의 경우 총사원의 동의가 있거나 사원이 일인으로 된 때에도 회사는 해산되고(상법 제227조 제2호, 제3호), 합자회사의 경우는 그 성질상 무한책임사원 또는 유한책임사원의 전원이 퇴사한 때에도 해산되며(상법 제285조), 합명회사와 주식회사의 경우는 주주총회의 결의로도 해산되고(상법 제517조 제2호; 제609조 제1항 제2호), 그밖에 주식회사는 회사의 분할 또는 분할합병으로도 해산된다고 정하고 있다(상법 제517조 제1의2호). 우리법이 법인소멸의 원칙적인 사유로서 법인의 "해산"을 상정한 것은 타당하다. 특히 민법이 사단법인에 있어서 사원이 없게 되는 경우에도 법인이 곧바로 소멸하는 것이 아니라 해산 및 청산을 통하여 소멸하는 것으로 정한 것은 타당한 입법이다.[136] 그러나 상법에서 법인의 합병이나 분할의 경우에는 일반적인 법인해산 및 청산과정이 일어나는 것은 아니므로, 이를 일반적인 해산사유와 대등하게 취급할 수는 없다.[137]

136 독일에서는 사망이나 탈퇴 등으로 사단법인의 사원이 더 이상 없게 된 경우에 사단의 운명은 어떻게 되는가에 대해서 논란이 있는데, 다수설과 판례(BGHZ 19, 51, 61)에 의하면 사원이 더 이상 존재하지 않을 경우에는 사단은 자동적으로 "소멸(Erlöschen)"하고, 이 경우에는 청산도 일어나지 않는다고 한다. 이에 반해서 회사법 영역에서는 사원없는 자본회사(이른바 무인회사: Keinmann-Gesellschaft)는 자동적으로 소멸하는 것이 아니라, 청산회사로서 최종적으로 잔여재산의 청산이 완료될 때까지는 존속하는 것으로 보는 견해가 우세하다. 생각건대, 회사법상 법인과 민법상 법인을 달리 볼 특별한 이유가 없으므로 민법상 사단법인의 경우 모든 사원이 탈락되었다고 하더라도 청산절차를 밟음으로써 비로소 법인이 소멸한다고 보는 것이 타당하다고 생각한다(같은 의견, Beitzke, Mitgliedlose Vereine, Festschrift zum 60. Geburt von Walter Wilburg, Graz 1965, S.19, 21 ff.; Flume, Juristische Person, S. 186; Karsten Schmidt, JZ 1987, S. 394, 396 f.).

137 최기원 교수는 상법은 합병을 회사의 해산사유의 하나로 규정하고 있지만, 이는 고유한 의미의 해산이 아니라 형식적인 것에 불과하다고 설명한다(최기원, 신회사법론, 박영사(2012), 1121).

다) 해산된 법인의 계속

법인에게 해산사유가 발생하더라도 법인이 곧바로 법인격을 상실하는 것이 아니라 청산사무가 완전히 종결될 때 까지는 엄연히 법인으로 존속한다는 사실에 대해서는 오늘날 이론이 없다.[138] 나아가 법인이 해산되더라도 반드시 청산단계를 거쳐야 하는 것은 아니라, 일정한 요건 하에서 법인해산 이전의 상태로 복귀할 수도 있다. 이를 해산된 법인의 계속(Fortsetzung der aufgelösten juristischen Person)이라고 한다. 이를테면 법인설립인가의 취소나 회사의 해산명령·해산판결의 경우에는 사원들이 법인의 존속을 원하더라도 공익적인 견지에서 법인이 소멸되어야 하겠지만, 존립기간의 만료와 같은 경우에는 반드시 법인을 소멸시켜야 할 이유가 없기에 사원들이 법인의 존속을 결의한다면 청산단계로 진입하지 않고 해산이전의 법인상태를 인정해 줄 수 있는 것이다. 우리 상법은 이를 명문으로 인정하고 있는데(상법 제229조, 제269조, 제287조의40, 제519조, 제610조), 비록 민법에는 이에 관한 명문규정은 없지만 민법상 사단법인의 경우에도 일정한 요건 하에서 해산된 법인의 계속을 인정할 수 있을 것이다. 한번 해산한 법인이 다시금 계속될 수 있기 위해서는 (i) 문제된 해산사유가 제거되어야 하고 (ii) 회사의 계속을 위한 사원의 결의가 있어야 하며 (iii) 잔여재산의 분배가 아직 개시되지 않았어야한다.[139] 결국 해산단계는 법인이 청산단계로 반드시 진입하여야만 하는 강제적 상태가 아니라, 원칙적으로 청산으로 이어지는 유동적 상태(Schwebezustand)라고 할 수 있다. 해산된 법인의 계속은 해산된 법인이 단순히 청산단계에서 존속함을 의미하는 것이 아니라, 해산된 법인이 다시 신설법인과 같은 상태로 전환될 수 있음을 의미한다. 즉 법인의 계속에 관한 사원의 결의와 법인계속의 등기가 있으면 청산단계로 진입하지 않고 법인은 장래에 향하여(ex nunc) 해산전의 상태와 같은 지위를 취득하는 것이다. 이때 해산된 법인의 계속을 인정할 수 있는 근거는 사원의 결의에 기초한 사단자치(Verbandsautonomie)에서 찾을 수 있을 것이나, 그러한 사

[138] 판례는 "사단법인의 구성원들이 그 법인을 해산하고 신법인을 결성한 경우 구법인과 신법인의 구성원이 동일하고 그 두 법인의 임원과 대표자가 일시 부분적으로 중복된 때가 있었으며 두 법인의 설립목적이 같고 구법인이 해산하면서 그 재산을 신법인에 승계시키기로 결의하고 신법인이 구법인의 재산을 사실상 인수하여 관리한 바 있더라도 구법인이 그 청산절차를 종료하지 않은 이상 의연히 법인으로 존속하므로 구법인과 신법인과는 별개의 법인으로 보아야 한다"고 판시하였다(대법원 1989. 8. 8. 선고 88다카26123 판결).

[139] Karsten Schmidt, Gesellschaftsrecht, S. 315; 그러나 잔여재산의 분배가 있더라도 청산종결의 등기가 있기 전에는 회사의 계속이 가능하다고 보는 견해로는 정동윤, 회사법, 법문사(2005), 678.

원의 결의도 물론 법인성립의 준칙을 반드시 충족시킨 경우에만 인정될 수 있는 것이다(본법 제31조 참조).[140]

2) **청산을 통하지 않는 법인소멸**

법인이 청산단계를 거치지 않고 소멸하는 경우는 흔치 않다. 이러한 경우는 법인의 재산에 대해서 포괄승계가 이루어짐으로써 법인재산의 정리절차가 필요하지 않거나 법인에게 정리할 법인재산이나 잔여사무가 전혀 없어 청산자체가 필요하지 않을 때 발생할 수 있다.[141] 독일 민법은 사단이 해산 또는 권리능력의 박탈로 잔여재산을 처리하여야 할 때에 잔여재산에 대한 귀속권리자가 없어서 사단의 잔여재산이 국고에 귀속될 경우에는 국고가 법정상속인과 같은 지위에 서게 되고, 이때 잔여재산귀속에 관하여는 상속규정이 준용된다고 정하고 있다(독일 민법 제46조). 즉 국고는 마치 법정상속인처럼 법률의 규정에 의하여(ipso iure) 바로 법인의 모든 권리·의무의 포괄승계인이 되는데, 이 경우에는 보통의 법인소멸과정과는 달리 청산이 일어나지 않는다고 한다.[142] 이에 반해 우리 민법은 잔여재산이 국고에 귀속할 때 포괄승계한다는 규정이 없기 때문에 국고는 법인의 잔여재산을 특정승계한다고 볼 수밖에 없는데, 따라서 이 경우에· 잔여재산은 청산절차를 통해서 국고에 귀속한다고 보아야 한다.[143] 우리 법에서 청산절차 없는 법인소멸의 경우는 상법상 회사의 합병제도나 회사의 분할제도에서 찾아볼 수 있다(상법 제235조, 제530조의2). 회사의 합병이 이루어지면 당사회사는 합병과 동시에 회사의 모든 권리·의무가 존속회사(흡수합병의 경우)나 신설회사(신설합병의 경우)에 포괄적으로 승계됨으로써 청산을 거치지 않고 소멸하게 된다(상법 제235조). 또한 회사의 분할에 있어서 분할에 의하여 피분할회사가 소멸하는 경우인 이른바 완전분할[144]의 경우에는 피분할회사의 일체의 권리·의무는 신설회사에게로 포괄승계가 이루어지기 때문에 피분할회사는 별도의 청산절차없이 소멸한다(상법 제530의11 제1항, 제234조).[145]

140 Karsten Schmidt, Gesellschaftsrecht, S. 315.

141 후자의 경우, 우리 법에는 명문의 규정이 없지만, 독일 비송사건법 제141의a조는 재산이 전혀 없는 물적회사에 대해서는 직권으로 혹은 세무서의 신청에 의해서 법인등기가 말소되고 그에 따라 회사는 청산을 거치지 않고서 바로 소멸하는 것으로 정하고 있다.

142 Staudinger-Weick, § 46 Rz. 1; Soergel-Hadding, § 46 Rz. 2; RGRK-Steffen § 45 Rz. 2; Sauter/Schweyer, Der eingetragene Verein, Rz. 369.

143 같은 의견, 민법주해 Ⅰ, 총칙(1), 박영사(1992), 748-749(최기원).

144 이를 전부분할 또는 소멸분할이라고도 한다.

145 정동윤, 회사법, 법문사(2005), 851; 최기원, 신회사법론, 박영사(2012), 1206.

다. 법인의 완전소멸의 시기

청산절차의 종결은 보통 법인이 완전소멸(Vollbeendigung)하였음을 의미한다. 청산이 종결한 때에는 청산인은 일정한 기간 내에 이를 등기하여야 한다(본법 제94조; 상법 제264조). 그런데 과연 무엇이 법인을 소멸시키는 핵심적인 구성요소인지에 대해서는 논란이 있을 수 있다. 즉 재산정리에 따른 법인의 무자력상태가 바로 법인소멸로 이끄는 것인지, 아니면 무자력에 따른 청산종결등기로 말미암아 비로소 법인이 소멸하는 것인지에 관한 문제이다. 우리나라에서는 이에 관한 별다른 논의가 없지만, 독일에서는 이에 관한 학설의 대립이 있다. 독일에서 1970년대 말까지의 판례와 학설은 법인의 무자력상태(Vermögenslossigkeit)를 법인소멸을 이끄는 핵심적인 요소로 보고, 청산종결의 등기는 단지 선언적 효력(deklaratorische Wirkung)을 가지는 것으로 이해하였었다. 이른바 선언적 효력설에 의하면 법인은 청산등기와는 관계없이 무자력상태가 되는 순간 바로 소멸하게 되고, 다만 청산종결등기를 하는 것은 거래안전을 위해서 법인이 소멸하였다는 사실을 문서화하는 것뿐이라고 한다. 이는 곧 법인은 비록 청산종결등기가 완료되지 않았더라도 청산이 종결되는 순간 바로 소멸하며, 그와 반대로 비록 청산종결의 등기가 완료되었더라도 실제로는 아직 청산이 종료되지 않았다면 법인은 소멸하지 않고 존속하게 된다. 그러나 이 학설에 대해서는 법인의 무자력상태를 판별하는 것은 쉽지 않을 뿐만 아니라, 무자력상태는 상황에 따라 언제든지 변동될 수 있는 매우 불확실하고도 애매한 기준이므로, 이를 기준으로 법인의 소멸시기를 획정하는 것은 타당하지 않다는 비판이 제기된다.[146] 그리하여 근자에는 청산종결의 등기를 법인소멸의 결정적인 요소로 보고 이에 설정적 효력(konstitutive Wirkung)이 있는 것으로 보는 견해가 늘고 있다.[147] 설정적 효력설에 의하면 법인은 설령 청산이 아직 종결되지 않았더라도 청산종결등기가 이루어지면 당연히 소멸하게 된다. 이 학설은 법인소멸시점을 객관화함으로써 선언적 효력설의 단점을 극복하려고 한 점에서 일면 타당성을 지니지만, 청산종결등기에 너무 큰 의미를 두는 것이 도리어 이 학설의 난점이다. 설정적 효력설에 의

146 Theil은 "'상업등기부로부터 말소된 법인은 실제로 아무 재산도 보유하고 있지 않다'라고 말할 수 있는 사람은 아무도 없다"라고 하면서 무자력상태를 밝히는 것이 용이한 일이 아님을 강조한다(Theil, Anmerkung zu BAG, JZ 1982, S. 372, 374).

147 Hachenburg-Ulmer, Anh. § 60 GmbHG Rz. 30 ff.; KölnKomm-Kraft, § 273 AktG Rz. 34 ff.; Hubert Schmidt, Zur Vollbeendigung juristischer Personen, S. 169 ff.; Hüffer, Gedächtnisschrift für Dieterich Schultz, S. 99, bes. 103 ff.

하면 가령 어떤 사유로 청산종결등기가 있게 되면, 비록 법인의 잔여재산의 분배가 완료되지 않았더라도 법인은 소멸할 수밖에 없게 된다. 이 경우에는 아직 법인의 소멸이 있지 않은 것으로 보는 것이 타당할 것이다. 이러한 문제점을 극복하기 위해서 최근에는 선언적 효력설과 설정적 효력설을 절충하는 견해가 등장하였다. 즉 법인이 완전소멸하기 위해서는 실제로 법인이 무자력상태이어야 할 뿐만 아니라, 그에 부합하는 법인의 청산종결등기가 이루어져야 한다는 견해로써, 이를 이중적 구성요건요소설이라고 한다.[148] 이 학설에 의하면 법인은 두 가지 구성요건요소(즉 무자력상태와 청산종결등기)가 합치할 경우에 소멸하게 되지만, 만약 법인이 아직 재산을 보유하고 있음에도 청산종결등기가 행해지면 이는 부당한 등기로서 법인은 소멸하지 않고, 추가적인 청산절차를 밟은 다음에야 비로소 법인은 소멸하게 된다. 이 견해는 독일의 실정법체계와 거래실정에 가장 부합한다는 평가를 받으면서, 최근의 일부 판례와[149] 학설로부터[150] 지지를 넓혀가고 있다.

이 문제에 관한 우리의 학설을 보면, 청산종결의 등기는 청산종결의 사실을 공시하는 의미를 가질 뿐 창설적 효력은 없고 제3자에 대한 대항요건에 불과하다는 것이 통설이다.[151] 따라서 비록 청산종결의 등기가 되었더라도 청산사무가 일부라도 남아있으면 법인은 소멸하지 않고 청산사무의 범위 내에서 존속하는 것으로 이해한다.[152] 또한 판례도 법인에 관하여 청산종결등기가 경료된 경우에도 청산사무가 종료되었다고 할 수 없는 경우에는 청산법인으로서 존속한다고 하고,[153] 그러한 법인에 당사자능력도 인정한다.[154] 우리나라의 통설과 판례는 근본적으로 독일의 선언적 효력설의 입장과 같다. 우리 민법 제54조가 설립등기 이외의 등기는 제3자에

148 이 학설은 Karsten Schmidt 교수가 Scholz-Karsten Schmidt, § 74 GmbHG Rz. 14 이하에서 처음 제기한 이래로, 그의 논문, Löschung und Beendigung der GmbH, GmbHR 1988, 211면 이하 그리고 그의 Gesellschaftsrecht, 325면 이하에서 지속된다.

149 BAG, GmbHR 1988, 388 = NJW 1988, 2637; OLG Stuttgart GmbHR 1986, 269 = ZIP 1986, 647; LG Köln GmbHR 1990, 268, 269.

150 Hachenburg-Hohner, § 74 GmbHG Rz. 26; Bork, Die als vermögenslos gelöschte GmbH im Prozeß, JZ 1991, S. 841, 844.

151 민법주해 Ⅰ, 총칙(1), 박영사(1992), 779(최기원); 주석 민법, 총칙(1)(제4판), 한국사법행정학회(2010), 839(주기동); 김준호, 민법총칙, 법문사(2017), 164 등.

152 고상룡, 민법총칙, 법문사(2003), 249; 이철송, 회사법강의, 박영사(2017), 1065; 정동윤, 회사법, 법문사(2005), 685; 최기원, 신회사법론, 박영사(2012), 974.

153 대법원 2003. 2. 11. 선고 99다66427, 73371 판결, 대법원 1980. 4. 8. 선고 79다2036 판결 등. 특히 79다2036 판결에 대한 평석으로는 고상룡, "청산법인의 능력범위와 청산종결등기후의 청산법인의 존속", 법률신문 제1382호(1981.2.2.), 12 참고.

154 대법원 1997. 4. 22. 선고 97다3408 판결, 대법원 1968. 6. 18. 선고 67다2528 판결.

대한 대항요건으로 규정하고 있기 때문에 청산종결의 등기의 효력을 선언적으로 이해하는 것은 정당하다. 다만 독일의 경우를 살펴본 바와 같이, 청산종결의 등기에 선언적 효력을 인정하는 것은 거래안전을 위협할 여지가 있음을 상기할 필요가 있다. 입법론적으로는 거래안전을 위하여 법인의 소멸을 공시하는 청산종결의 등기에도 법인설립등기와 마찬가지로 설정적 효력을 인정하는 것이 바람직하다고 생각된다.[155] 하지만 현행법의 해석론으로서는 청산종결등기의 공시효과도 무시하지 않으면서 또한 청산사무를 마치지 아니한 법인의 실질을 모두 고려하는 태도가 바람직하다. 따라서 독일의 이중적 구성요건요소설의 입장과 마찬가지로, 청산종결등기가 완료되었을 뿐만 아니라 실제로도 법인의 잔여재산의 분배가 모두 완료되어 더 이상의 청산사무가 존재하지 않을 때에 법인이 소멸하는 것으로 보는 것이 타당하다.

V. 법인의 능력 일반

[참고문헌]

권영성, "법인의 기본권주체성에 관한 한 시론", 「법학」, 제94권 1호 (1994); 권용우, "법인의 권리능력", 「월간고시」 제17권 제2호(1990); 김민중, "법인·단체의 인격권", 「현대민사법학의 과제」, 관원 정조근교수 화갑기념논문집 (2001); 송호영, "법인의 권리능력", 「비교사법」 제7권 제1호 (2000); 윤진수, "사법상의 단체와 헌법", 「비교사법」 제15권 제4호 (2008)

1. 서설

법인은 자연인과 함께 법이 인정한 또 하나의 권리주체이지만, 법인이 향유하는 능력의 범위나 특성은 자연인의 그것과 똑같을 수는 없다. 자연인의 능력과 법인의 능력을 개략적으로 비교해보면, 우선 권리능력에 있어서 자연인의 권리능력은 모든 사람에게 평등하고 제한이 없는데 반하여(본법 제3조), 법인의 권리능력에는 일정한 제한이 있다(본법 제34조). 자연인의 행위능력은 연령이나 법원의 선고 등 일정한 요건에 따라 제한될 수 있는데 반하여(본법 제5조, 제10조, 제13조), 법인의 경우는 연령이나 판단능력의 문제가 일어나지 않으므로 행위능력의 제한이 문제되지 않는다. 자연인의 경우는 개별적인 판단에 따라 사람마다 의사능력, 책임능력 또는 불법행위능력의 유무가 달라질 수 있지만(본법 제753조, 제754조), 법인의 경우는 사람의 정신적 판단능력을 전제로 하지 않기 때문에 이들 능력은 항상 존재하

155 같은 의견 이영환, "법인의 소멸", 민법학의 현대적 과제, 부산대 출판부(1997), 104. 이영환 교수는 법인의 소멸시기를 대외적으로 명시하는 것은 설립의 경우 못지않게 중시되어야 한다고 주장한다.

는 것으로 보게 된다(본법 제35조). 그런데 구체적으로 법인의 능력이 자연인의 능력과 비교할 때 어떠한 범위에서 차이가 있고 어떠한 특성을 지니는지에 대해서는 세부적인 검토가 필요하다. 크게 보아 권리주체의 능력은 권리능력, 행위능력, 불법행위능력 등으로 나눌 수 있는데, 법인의 권리능력이나 행위능력 및 불법행위에 관한 상세한 설명은 해당조문(본법 제34조, 제35조) 및 관련부분의 주석에서 상설하기로 하고, 이곳에서는 법인의 능력과 관련하여 다음 사항을 살펴보기로 한다.

첫째, 권리능력의 상대성에 대한 당부(當否)이다. 종래의 통설에 의하면 권리능력이란 권리와 의무의 주체가 될 수 있는 자격으로서, 이는 혼일되고 불가분한 것이다. 그에 반해 최근 독일에서는 권리능력은 상대적으로 이해되어야 하고, 그 내용은 개별적·구체적으로 나누어질 수 있다는 이른바 권리능력의 상대성론 내지 부분적 권리능력론이 주장되어 이에 관한 논쟁이 있다. 권리능력의 상대성론은 자연인을 비롯한 모든 권리주체와 관련된 것이지만, 논의의 대상은 주로 법인 및 법인격없는 단체들의 권리능력의 특성에 관한 것이다. 권리능력의 상대성론은 그 타당성여부를 떠나서 법인이나 단체의 권리능력의 특성에 관한 근본적인 물음을 던져주고 있다는 점에서 일별(一瞥)해 볼 필요가 있다.

둘째, 법인의 인격권에 관한 문제이다. 종래 인격권의 문제는 주로 자연인과 관련한 내용으로 다루어졌는데, 오늘날에는 법인의 인격권도 자연인에 못지않게 보호의 필요성이 강조되고 있으므로, 이에 관한 내용과 인격권침해에 따른 구제방법에 대해서 살펴보기로 한다.

셋째, 법인의 기본권 주체성에 관한 문제이다. 이것은 헌법학에서 다루어지는 기본문제 중의 하나인데, 여기서는 헌법학에서의 논의를 중심으로 간략하게 그 내용에 대해서 알아보기로 한다.

2. 법인의 권리능력의 상대성에 대한 당부(當否)

가. 이른바 상대적 내지 부분적 권리능력론

상대적 내지 부분적 권리능력론[156]은 1963년에 "권리능력의 상대성"[157]이라는

156 상대적 권리능력론(die Lehre von der relativen Rechtsfähigkeit)과 부분적 권리능력론(die Lehre von der Teilrechtsfähigkeit)은 엄밀하게는 그 내용이 구분될 수 있다고 생각되지만, 독일학계는 양자간의 기본적인 착상이 같다고 보아 같은 내용의 학설로 취급한다. 실제로 동 학설의 대표적인 주장자인 Pawlowski 교수는 양 개념을 서로 동의어로 사용한다(Hans-Martin Pawlowski, AT des BGB, 7. Aufl., 2003, Rz. 109).

157 Fritz Fabricius, RelatiVItät der Rechtsfähigkeit, Ein Beitrag zur Theorie und Praxis des privaten Personenrechts, München/Berlin 1963.

정교수자격논문을 발표한 파브리치우스(Fabricius)에 의하여 본격적으로 주장되었다. 그가 상정하는 권리능력이란 "있느냐 없느냐(entweder ... oder)"라는 차원의 것이 아니라, 단계화된 귀속능력(gestufte Zurechnungsfähigkeit)이다. 일반적으로 권리능력이란 본질상 제한되지 않고 모든 자연인이나 법인에게 동일하게 적용되는 포괄적인 법적 능력으로 개념 지워지는데, 그는 이러한 개념정의는 단지 권리능력을 추상적·포괄적으로 파악한 것에 불과한 것이기 때문에, 그러한 추상적인 권리능력개념의 빈 공간(Leerstellen)은 구체적이고 개별적인 권리능력의 개념으로 채워지고 표현되어져야 한다고 주장한다.[158] 그에 의하면 각각의 권리주체가 가지는 구체적인 권리능력의 내용이나 범위는 권리주체의 특성에 따라 서로 달라질 수밖에 없게 되는데, 권리주체에 따른 구체적 권리능력의 내용을 파악하는 요소로서 권리주체의 행위가능성(Handeln-Können)을 제시한다. 즉 그는 권리능력이란 "권리주체의 법적인 활동능력"[159]이라고 정의하면서, 권리능력(Rechtsfähigkeit)이란 결과적으로 권리행사능력(Rechtsausübungsfähigkeit)이라고 주장한다.[160] 그러한 논리에 의하면 법인의 권리능력이란 결국 대표기관에 의하여 대리가능한 행위의 범위 내로 제한될 수밖에 없게 된다.

파브리치우스(Fabricius)의 학설의 연장선에서 파블롭스키(Pawlowski)는 권리능력을 개념상 협의의 권리능력과 광의의 권리능력으로 나눈다. 그는 협의의 권리능력을 권리·의무의 귀속자가 될 수 있는 능력이라고 일컫는데,[161] 이것은 통설이 주장하는 권리능력의 개념과 차이가 없고 협의의 권리능력은 자연인이든 법인이든 구분없이 모든 권리주체에게 주어지는 것이라고 한다.[162] 그러나 이것은 권리능력의 개념을 순전히 형식적·추상적으로만 파악하고 구체적인 능력(예컨대 혼인능력, 유언능력, 영업능력 등)과 관련한 개별적인 법률관계를 도외시 할 때에만 성립될 수 있는 개념이라고 한다. 한편 광의의 권리능력이란 특정한 법률관계에 한정되는 부분적 권리능력(Teilrechtsfähigkeit)과 같은 것이다. 부분적 권리능력이란 추상적인 권리능력개념이 아니라 권리능력을 구체적이면서 내용적으로 파악한 것으로써, 예컨대 부동산등기능력, 사원능력 등 각각의 권리주체들이 어떠한 능력을

158 Fabricius, RelatiVItät der Rechtsfähigkeit, S. 50.
159 Fabricius, RelatiVItät der Rechtsfähigkeit, S. 44.
160 Fabricius, RelatiVItät der Rechtsfähigkeit, S. 44.
161 Pawlowski, AT des BGB, Rz. 98, Rz. 109.
162 Pawlowski, AT des BGB, Rz. 109.

가질 수 있고, 혹은 가지지 못하는 지를 세부적으로 살핀 것이다. 그에 의하면 권리능력이란 광의의 권리능력 개념에 따라 "상대적"으로 이해되어야 하고, 권리능력이란 인(人)의 각각의 지위(Stand, état, status)와 관련해서 파악되어야 한다는 것이다. 요컨대 각각의 법인에게 인정되는 능력의 범위는 사법영역의 지위에 따라 정해지게 된다. 그 외에 비법인사단, 민법상 조합, 태아 등은 특정한 법률관계에서 부분적인 권리능력을 가진다.[163]

나. 통설적 입장에서의 반론

우선 플루메(Flume) 교수는 권리능력이라는 개념은 원래 자연인을 상정하여 정립된 개념인데, 자연인의 권리능력이란 연령이나 성별 등에 따른 상이한 능력에도 불구하고 근본적으로 제한되는 것이 아니라고 전제한다.[164] 마찬가지로 법인도 자연인의 권리능력과 같은 성질의 권리능력을 가지는데, 다만 법인의 경우에는 자연인과 달리 자연인에게만 적합한 법률관계에서는 그 권리능력이 제한될 뿐이라고 한다.[165] 그는 이른바 부분적 권리능력이란 동어반복적 표현일 뿐인데, 그 이유는 부분적 권리능력이라는 개념이 "단체의 법적 형태에 따라 그때마다 그 내용이 바뀌는 약식표현"[166]에 불과하기 때문이라고 비판한다.

한편 카스텐 슈미트(Karsten Schmidt) 교수는 부분적 권리능력이라는 개념 자체는 권리능력의 엄밀한 분석을 요구하는 선동적인 표현(plakative Formel)에 불과할 뿐, 정작 그 내용은 정해진 것이 전혀 없고 유동적일 뿐이라고 비판한다.[167] 또한 그는 권리능력의 상대성론은 권리능력의 개념으로 너무나 많은 개별문제들까지 풀어내려고 함으로써 결국 권리능력의 개념자체를 무용할 정도로 해체하였다고 한다. 즉 어느 권리주체(Rechtsträger)가 기본권능력, 당사자능력, 어음행위능력 등을 가지는가 하는 문제는 실제로는 각각 헌법상 문제, 소송법상 문제, 유가증권법상의 문제이지, 권리능력의 개념을 통해서 해결할 문제는 아니라고 한다. 그에 반해 권리능력을 불가분한 것으로 이해하는 통설은 논리전개가 치밀하지는 않지

163 Pawlowski, AT des BGB, Rz 138.

164 Flume, Allgesmeiner Teil des Bürgerlichen Rechts(1. Band 1. Teil), Die Personengesellschaft, Berlin u.a. 1977(이하 Flume, Personengesellschaft로 표기함) S. 90.

165 Flume, Personengesellschaft, S. 90.

166 Flume, Personengesellschaft, S. 91 („eine Abbreviatur mit je nach der Rechtsfigur der Gesamdhand wechselndem Inhalt").

167 Karsten Schmidt, Verbandszweck und Rechtsfähigkeit im Vereinsrecht, S. 38.

만, 오히려 그러한 방법론상의 절제성이 이론적 강점이라고 한다.[168] 요컨대 권리능력이라는 개념자체는 상대성론의 주장처럼 상대화되거나 개별화될 필요는 없고, 통설의 정의처럼 "권리와 의무의 귀속주체가 될 수 있는 자격"으로 이해하는 것으로 족하며, 법인의 권리능력도 불가분하고 포괄적인 것이라고 한다.[169]

다. 평가

정작 상대적 내지 부분적 권리능력론의 주장자들은 상대적 권리능력과 부분적 권리능력을 같은 의미로 사용하지만, 양자의 의미는 구분해서 볼 수 있으며 그에 따른 평가도 달라질 수 있다고 생각한다. 결론부터 먼저 말하자면, 동 이론에서 주장하는 바와 같이 권리능력의 개념을 실제 행사가능여부에 따라 상대적으로 파악하여야 한다는 의미에서의 상대적 권리능력론에는 찬동할 수 없지만, 권리능력은 각각의 권리주체가 맺는 법률관계에 따라 세부적으로 나뉠 수 있다는 의미에서의 부분적 권리능력론은 수용할만하다고 생각된다.

우선 상대적 권리능력론은 권리능력을 행위능력과 결부된 권리행사능력이라고 보는데, 이는 찬동하기 어렵다. 권리능력과 행위능력은 서로 긴밀한 내부적 연관성을 가지고 있는 것은 사실이지만, 독일민법이나 우리 민법은 근본적으로 양자가 서로 결부된 것이 아니라 각각 독자적이면서 각기 고유한 성질을 지닌 별개의 제도로 규율하고 있다. 또한 독일민법이나 우리 민법은 법인의 권리능력에 관해서도 어느 법인이 어떤 권리를 실제로 행사할 수 있고 어떤 의무를 이행할 수 있는지와 같은 구체적 사정은 전혀 고려하지 않고 있다. 따라서 법인의 권리능력이란 각각의 법인이 실제로 권리를 행사할 수 있는 "구체적" 능력을 의미하는 것이 아니라, 법인이라는 권리주체가 일반적으로 행사할 수 있는 "추상적"인 능력을 의미한다고 봄이 타당하다. 결국 법인의 권리능력이란 자연인의 경우와 마찬가지로(물론 자연인과의 본질적인 차이를 제외하고는) 포괄적인 권리와 의무의 주체가 될 수 있는 지위를 의미한다.

그에 반해 부분적 권리능력론은 권리능력의 세밀한 분석을 통하여 종래 권리능력이 없는 것으로 분류되어왔던 단체(즉 권리능력없는 사단 또는 재단, 민법상 조합 등)에 대해서도 개별적인 권리능력이 인정될 수 있다는 이론적 기초를 마련하였다는 점에서 높이 평가할 수 있다. 민법은 법인과 비법인, 즉 권리능력있는 단체와 권

168 Karsten Schmidt, Verbandszweck und Rechtsfähigkeit im Vereinrecht, S. 39.
169 Karsten Schmidt, Verbandszweck und Rechtsfähigkeit im Vereinrecht, S. 40.

리능력없는 단체로 양분하고 있는데(본법 제32조, 제39조의2), 여기서 권리능력이 "있다·없다"고 할 때의 "권리능력"이란 나뉘거나 제한되는 것이 아닌 포괄적이고도 혼일한 완전한 권리능력(volle Rechtsfähigkeit)을 의미한다. 단체는 주무관청의 인가나 등기 등의 공시행위를 통하여 법인으로서 법인격을 승인받게 되는데, 이때 법인격이란 바로 완전한 권리능력을 의미한다. 법인격없는 사단·재단이 권리능력이 없다는 뜻은 이러한 의미에서 포괄적이고도 완전한 권리능력을 가지지 못하였다는 것이지, 권리능력없는 단체라고 해서 아무런 능력도 가질 수 없다는 의미가 아니다. 즉 권리능력없는 단체는 완전한 권리능력을 가지지 못했을 뿐, 부분적 권리능력 내지 제한된 권리능력은 가질 수 있는 것이다. 예컨대 법인 아닌 사단이나 재단에 대해서도 부동산등기능력(부동산등기법 제26조) 및 소송상 당사자능력이 인정되는데(민사소송법 제52조), 바로 그러한 능력이 개별적 또는 부분적 권리능력인 것이다.

요컨대 법률에서 법인으로 인정하지 않은 조직에 대해서도 부분적 권리능력을 인정함은 특정한 법률관계에 한해서 그 조직의 구성원이 아니라 그 조직자체가 독자적인 권리·의무주체로서 행위나 책임의 최종적인 귀속주체가 됨을 의미한다. 따라서 "부분적" 권리능력의 개념을 인정한다고 해서, 통설이 정의하는 "권리와 의무의 귀속자가 될 수 있는 자격"이라는 권리능력의 개념자체가 부정되는 것은 아니다. 부분적 권리능력은 특정한 법률관계에서의 귀속주체가 될 수 있는 능력으로, 일반적 권리능력은 모든 법률관계에서의 귀속주체가 될 수 있는 능력으로 이해하면 될 것이다. 결론적으로, 법에서 권리능력이 없는 것으로 규정된 조직(예, 비법인 사단·재단, 조합 등)이라도 특정한 법률관계에서는 부분적 권리능력을 가지는데 반하여, 법인은 근본적으로 포괄적이면서 혼일적이고 비제한적인 완전한 권리능력을 가진다.

3. 법인의 인격권

가. 서설

사람은 권리주체로서 누구나 그 자신의 고유한 인격적 이익을 향유할 수 있는 권리를 가지고 있으며, 그러한 인격권을 침해하는 경우에는 불법행위가 성립하게 된다. 그런데 법이 인정하는 또 하나의 권리주체인 법인에 있어서도 인격권은 인정된다는 것에 대해서는 이견이 없으나, 법인이 향유할 수 있는 인격권이 자연인의 그것과 일치하는 것은 아니다. 인격권은 일반적 인격권과 개별적 인격권으로 나뉜다. 일반적 인격권(allgemeines Persönlichkeitsrecht)이란 권리주체와 분리할 수 없는 그 인격에 전속하는 자유·명예·신체 등의 인격적 이익의 총체를 말하며, 이들 인격적 이익의 총체를 자유권·명예권·신체권 등으로 분류한 그 각각의 인격권을 개별적 인격권(besonderes Persönlichkeitsrecht)이라고 한다.[170] 사람에게는 일반적 인격권이 인정된다. 그에 비해 법인의 인격권이란 성질상 사람에게만 고유한 성질의 것을 제외한 인격권만이 인정된다. 이를테면 법인은 사람과 달리 윤리적 주체가 아니므로 고유한 인격적 존엄성이나 보호가치있는 사적 영역(privacy) 등은 가지지 않는다.[171] 결국 법인에게 인정되는 인격권이란 일반적 인격권의 내용 중에서 사람의 육체나 윤리성을 전제로 하지 않는 성명권·신용권·명예권 등의 개별적 인격권이다. 헌법재판소는 언론회사에 대한 법원의 사죄광고처분이 헌법상 양심의 자유의 제약이라고 하면서 "사죄광고 과정에서는 자연인이든 법인이든 인격의 자유로운 발현을 위해 보호받아야 할 인격권이 무시되고 국가에 의한 인격의 외형적 변형이 초래되어 인격형성에 분열이 필연적으로 수반되게 된다. 이러한 의미에서 사죄광고제도는 헌법에서 보장된 인격의 존엄과 가치 및 그를 바탕으로 하는 인격권에 큰 위해도 된다"고 하여[172] 법인이 인격권의 주체가 될 수 있음을 분명히 하고 있다. 또한 방송통신심의위원회의 '시청자에 대한 사과' 명령조치에 대해 헌법재판소는 "법인도 법인의 목적과 사회적 기능에 비추어 볼 때 그 성질에 반하지 않는 범위 내에서 인격권의 한 내용인 사회적 신용이나 명예 등의 주체가 될 수 있고 법인이 이러한 사회적 신용이나 명예 유지 내지 법인격의 자유로운 발현을 위하여 의사결정이나 행동을 어떻게 할 것인지를 자율적으로 결정하는 것도 법인의 인격권의 한 내용을 이룬다"고 하여 법인이 향유하는 인격권에 대해 보다 구체적으로 적시하고 있다.[173] 아래에서는 구체적으로 법인이 향유할 수 있는 개별적 인격권의 내용에 관해서 살펴본다.

나. 법인에 있어서 문제되는 개별적 인격권

1) 법인의 성명권

외국의 입법례 중에는 민법에 성명권의 보호를 명문으로 인정하는 경우도 있

170 김상용, 채권각론, 법문사(2003), 684.
171 Larenz/Wolf, AT des Bürgerlichen Rechts, S. 151.
172 헌법재판소 1991. 4. 1. 선고 89헌마160 결정.
173 헌법재판소 2012. 8. 23. 선고 2009헌가27 결정.

으나,[174] 우리 민법에는 이에 관한 규정은 없고, 다만 특별법에서 타인성명의 사용금지와 배제에 관한 규정을 두고 있을 뿐이다.[175] 그렇지만 성명권의 향유주체는 자연인에 국한되지 않고 법인도 성명권을 향유할 수 있다. 성명은 본래 사람을 특정하기 위하여 사용되는 표상으로서 개별화 혹은 차별화를 위한 법적 수단이지만,[176] 법인의 경우에도 다른 법인과의 차별화의 필요성은 자연인 못지않게 중요하다. 특히 법인은 자연인과 달리 가시적인 존재가 아니므로, 법인의 명칭 또는 상호는 법인의 동일성을 확인하기 위한 중요한 표지이기 때문에 정관의 필수적 기재사항이자 등기사항으로 되어있다(본법 제40조 제2호, 제49조 제2항 제2호 및 상법 제289조 제1항 제2호, 제317조 제2항 제1호 등). 따라서 법인의 명칭이나 상호를 무단으로 사용하는 것은 법인의 성명권을 침해하는 것이 되고, 그러한 경우에는 명칭(상호)사용금지청구나 불법행위에 기한 손해배상청구를 할 수 있다.

2) 법인의 명예권

본법 제764조는 명예훼손의 경우에 관한 특칙을 두고 있다. 명예라는 것은 일반적으로 사람의 품성, 덕행, 명예, 신용 등 세상으로부터 받는 객관적인 평가를 말하는 것이지만, 법인에 대해서도 사회적 명예나 신용 등의 사회적 평가가 분명히 존재하므로 법인도 명예권의 향유주체가 될 수 있음은 당연하다. 그런데 법인은 자연인과 달리 정신적인 감각기관을 가지고 있는 것이 아니므로 명예감정이나 정신적 자유 등은 가질 수 없다. 따라서 법인에 있어서의 명예훼손이란 사회적 명성, 신용 또는 평판 등 "사회적 평가"가 침해된 경우를 일컫는다.[177] 법인의 목적사업 수행에 영향을 미칠 정도로 법인의 사회적 명성, 신용을 훼손하여 법인의 사회적 평가가 침해된 경우에는 그 법인에 대한 불법행위책임이 성립한다.[178]

판례는 "공자가 죽어야 나라가 산다"는 제목의 서적이 공자·유학자·유교 및 유교문화에 대하여 비판적인 문구를 사용하였다고 할지라도 유교의 진흥과 유교문화의 발전을 목적으로 하는 단체인 재단법인 성균관의 명예를 훼손한 것으로 볼 수 없다고 판시하였다.[179]

174 독일 민법 제12조, 스위스 민법 제29조, 이탈리아 민법 제6조-제9조 등.
175 상표법 제7조 제1항 제6호, 부정경쟁방지 및 영업비밀보호에 관한 법률 제2조 제1호 나. 참조.
176 김민중, "법인·단체의 인격권", 현대민사법학의 과제, 관원정조근교수화갑기념논문집(2001), 4.
177 대법원 1996. 6. 28. 선고 96다12696 판결, 대법원 1988. 6. 14. 선고 87다카1450 판결.
178 대법원 2017. 12. 22. 선고 2015다247912 판결.
179 대법원 2004. 11. 12. 선고 2002다46423 판결.

법인의 명예와 법인구성원의 명예는 엄연히 구별되는 것이고 법인의 명예권은 법인 자체의 명성·신용 또는 평판에 대한 사회적 평가이기 때문에 법인의 구성원에 대한 사적인 비방만으로는 법인에 대한 명예훼손이 성립되지는 않는다. 가령 A 회사의 이사 B가 평소 이성관계가 문란하다고 하는 비방으로는 A 회사에 대한 명예훼손은 성립되지 않고 B 개인에 대한 명예훼손이 성립될 뿐이다. 다만 법인의 구성원에 대한 비방으로 말미암아 법인의 업무에 부정적인 영향을 끼쳐서 법인의 명성, 신용 또는 평판 등을 침해하는 결과에 이르게 되었다면 법인에 대한 명예훼손이 성립될 수 있다. 가령 상가건설시행회사 A의 분양업무를 담당하고 있는 이사 B는 순전히 사기꾼이라서 그가 말하는 상가수익률을 믿지 말라고 하는 비방은 B 개인에 대한 비방을 넘어서 A 회사에 대한 업무의 불신을 가져올 수 있으므로 A 회사에 대한 명예훼손이 성립될 수 있다.

3) 법인의 퍼블리시티권

유명인의 성명이나 초상 등이 갖는 재산적 가치를 독점적, 배타적으로 지배하는 독자적 재산권으로서의 이른바 퍼블리시티권(right of publicity)을 인정할 수 있을 것인지, 있다면 그 속성은 무엇인지에 대해 논란이 있다. 현재 퍼블리시티권의 인정여부에 관한 대법원 판결은 아직까지 없고, 다만 하급법원에서는 이를 인정하는 판결[180]과 부정하는 판결[181]로 나뉘어 있다.

자연인에 대해서 퍼블리시티권을 인정한다면 법인이나 단체에 대해서도 퍼블리시티권을 인정할 수 있을 것인지가 문제될 수 있다. 퍼블리시티권의 속성을 개인의 인격적 속성에 부여된 권리로 보게 되면 법인이나 단체에 대해서는 상표법·부정경쟁방지법에 의한 보호만으로 족하고 퍼블리시티권이라는 별도의 보호를 필요로 하지 않다는 입장에 서게 된다. 이와 달리 퍼블리시티권을 인격적 요소보다 재산적 가치로 접근하게 되면 퍼블리시티권의 향유주체를 자연인에 한정할 필요가 없게 되고 법인이나 단체의 경우에도 상표법이나 부정경쟁방지법에 보호되지 못한 부분은 퍼블리시티권에 의해 보호될 수 있게 된다. 요컨대 법인이나 단체에 퍼블리시티권을 인정할 수 있는지의 여부는 법인이나 단체의 속성에 따른 것이 아니라 퍼블리시티권의 본질을 어떻게 이해하는가에 달려 있는 셈이다.

180 서울지방법원 서부지원 1997. 8. 29. 선고 94가합13831 판결, 서울중앙지방법원 2007. 11. 14. 선고 2006가합106519 판결, 서울중앙지방법원 2013. 7. 12. 선고 2013가단30439 판결 등.

181 서울고등법원 2002. 4. 16. 선고 2000나42061 판결, 서울고등법원 2013. 8. 22. 선고 2012나105675 판결.

4) 법인의 인격권침해에 대한 구제방법

인격권침해에 대한 구제방법은 사전예방적 조치와 사후구제적 조치로 나눠볼 수 있다. 사전예방적 조치로는 인격권을 침해하는 행위의 정지 또는 방지와 같은 금지청구권의 행사가 있고 사후구제적 조치로는 손해배상과 명예회복이 있다. 이러한 구제방법은 원칙적으로 법인의 인격권침해에 대해서도 그대로 적용된다. 따라서 법인의 명예가 침해되고 있거나 침해될 우려가 있는 경우에는 그 침해의 제거나 예방을 청구할 수 있고,[182] 법인의 목적사업수행에 영향을 미칠 정도로 법인의 명예나 신용이 침해된 경우에는 그 침해자에 대하여 불법행위를 원인으로 손해배상을 청구할 수 있고,[183] 법인에 대한 명예훼손의 경우에는 손해배상에 갈음하거나 혹은 손해배상과 함께 명예회복처분을 청구할 수 있다.[184] 그런데 문제로 되는 것은 법인의 인격권침해에 따른 법인의 재산적 손해에 대한 배상 외에 법인에게도 정신적 고통에 따른 위자료청구권까지 인정할 수 있는가 하는 점이다. 이에 대해서 법인실재설의 입장에서 법인에 대한 명예훼손의 결과 정신적 손해가 발생하였다고 보아 위자료청구권 인정하여야 한다는 견해가 있다.[185] 그러나 법인은 사람과 같은 정신적 감각기능을 가진 존재가 아니므로 법인이 정신적 고통을 겪는다는 것은 생각할 수 없기 때문에[186] 법인의 위자료청구는 부정함이 타당하다. 다만 법인의 인격권침해가 있을 때 재산적 손해이외에도 환가하기 어려운 무형의 손해가 발생할 수 있는데, 이 무형의 손해에 대한 배상청구를 자연인의 위자료청구에 준하여 인정할 수 있을 것이다.[187] 판례도 우유회사 사이에 비방광고에 의한 법인의 인격권침해에 있어서 침해회사에게 피해회사가 입은 무형의 손해를 배상할 책임이 있음을 확인한바 있다.[188]

다. 법인아닌 단체의 인격권

인격권은 권리주체가 반드시 권리능력을 가지고 있어야 함을 전제로 하는 것

182 대법원 1997. 10. 24. 선고 96다17851 판결, 대법원 1996. 4. 12. 선고 93다40614, 40621 판결.

183 대법원 1965. 11. 30. 선고 65다1707 판결, 대법원 1996. 6. 28. 선고 96다12696 판결.

184 대법원 1988. 6. 14. 선고 87다카1450 판결.

185 長谷部, 法人に慰藉料請求權があるか?, ジュリスト185号, 45.

186 법인의 대표자가 겪는 정신적 고통을 법인의 고통으로 대치하여 그에 터잡아 위자료를 청구하는 것을 생각할 수 있을 것이나, “고통”은 법적 의미를 갖는 용태가 아니므로 법인에게 귀속시킬 수 있는 대상이 아니다.

187 김주수, 채권각론, 삼영사(1997), 659; 이은영, 채권각론, 박영사(2005), 973; 김민중, “법인·단체의 인격권”, 현대민사법학의 과제, 관원정조근교수화갑기념논문집(2001), 9.

188 대법원 1996. 4. 12. 선고 93다40614, 40621 판결.

은 아니다. 따라서 권리능력없는 단체라고 하더라도 구성원의 인격과는 별도로 단체자체의 성명, 명예, 신용 등을 보호할 이익이 있는 경우에는 그들 단체도 인격권의 향유주체가 될 수 있다. 판례도 권리능력없는 사단인 종중[189] 및 교회[190]가 명예권의 향유주체로 될 수 있음을 인정하고 있다. 민법상 조합에 대해서도 인격권이 인정되는 지에 관한 판례는 아직 찾아볼 수 없다. 민법상 조합은 한편으로는 조합원사이의 계약관계이면서도 다른 한편으로는 조합원사이의 공동사업을 경영하기 위한 단체로서의 성질을 아울러 가진다. 따라서 조합원개인의 인격적 이익과 공동사업을 하는 단체로서 조합자체의 명예나 신용 등의 인격적 이익은 구분될 수 있으므로, 조합도 인격권의 향유주체가 될 수 있다고 할 것이다. 그러므로 조합의 신용이나 상호 등을 침해한 자에 대해서 조합은 침해의 중지나 손해배상을 청구할 수 있다. 다만 조합의 인격권이 침해된 경우에 조합이 조합명의로 소를 제기할 수 있는가 하는 문제는 절차법적 내지 정책적 판단의 문제에 불과하다. 단체의 성질이 사단이 아닌 조합에 해당한다고 하더라도 조합자체의 권리보호의 이익이 존재한다면 민사소송법 제52조의 규정에도 불구하고 조합명의의 소제기를 인정할 수 있다고 생각한다.[191]

4. 법인의 기본권 주체성[192]

기본권의 주체인 국민은 원래 자연인인 국민을 의미한다.[193] 그러나 오늘날에는 다양한 목적에 의해서 조직된 법인이나 단체의 활동이 증대해짐에 따라 법인도 기본권의 주체가 될 수 있는지에 대해서 논란이 있다. 독일은 기본법 제19조 제3항에서 "기본권이 그 성질상 내국법인에 적용될 수 있는 때에는 그들에게도 적용된다"라고 하여 명문으로 법인의 기본권주체성을 인정하고 있다. 우리 헌법은 그와 같은 규정을 두고 있지 않지만, 해석상 기본권의 성질에 따라 법인에게도 기본권주체성이 인정된다는 것에 대해서는 이견이 없어 보인다. 헌법재판소는 "헌법상 기본권의 주체가 될 수 있는 법인은 원칙적으로 사

189 대법원 1997. 10. 24. 선고 96다17851 판결, 대법원 1999. 7. 13. 선고 98다43632 판결, 대법원 1990. 2. 27. 선고 89다카12775 판결 등.

190 대법원 1999. 4. 27. 선고 98다16203 판결.

191 같은 의견 김민중, "법인·단체의 인격권", 현대민사법학의 과제, 관원정조근교수화갑기념논문집(2001), 22 이하.

192 사법상 단체의 기본권에 대해 상세히 다룬 글로는 윤진수, "사법상의 단체와 헌법", 비교사법 15권 4호(2008. 12), 28 이하 참고.

193 홍성방, 헌법학(상), 박영사(2016), 387.

법인에 한하는 것이고 공법인은 헌법의 수범자이지 기본권의 주체가 될 수 없다"고 하여 사법인에 한해 기본권주체성을 인정하고 있음을 분명히 하고 있다.[194] 그런데 법인의 기본권은 법인의 사법상 권리와는 그 성질을 달리한다. 원래 기본권이란 인간과 국가 사이의 기본적 관계를 정한 것으로써, 법인에게 기본권이 인정된다고 하더라도 그것은 법인을 구성하는 자연인이 집단적인 조직활동을 통하여 그들의 기본권을 신장시키려는 것을 인정한다는 의미이지, 법인자체가 직접 기본권을 향유할 수 있다는 것은 아니다.[195] 그러므로 법인에게 인정되는 기본권의 종류나 범위는 통일적으로 파악할 수 없고 각각의 법인의 기능이나 목적에 따라 개별적으로 판단할 수밖에 없다. 이를테면 종교법인의 경우에는 종교의 자유가, 방송국이나 신문사의 경우에는 언론·출판의 자유가, 학교법인의 경우에는 학문·예술 및 교육에 관한 기본권이 중요한 의미를 가지게 된다.

공법상 법인은 스스로 기본권을 향유하기보다 국민의 기본권을 보호하고 실현해야 하는 책임과 의무를 가지고 있으므로 기본권주체성을 인정할 수 없음이 원칙이다.[196] 그러나 국립대의 경우에도 학문의 자유가 보장되어야 하고 KBS 와 같은 공영방송기관에도 언론의 자유가 보장되어야 하듯이, 공법상 법인이 기본권에 의하여 보호되는 국민의 생활영역에 속해 있는 경우에는 예외적으로 기본권주체성을 인정할 수 있다.[197]

권리능력없는 사단이나 재단에 대해서도 기본권주체성이 인정되는지가 문제될 수 있다. 법인에게 기본권주체성이 인정되는 이유가 법인을 구성하는 개인의 기본권을 신장하기 위한 것이라면, 권리능력없는 단체의 구성원들의 기본권 또한 이와 달리 취급받아야 할 이유가 없으므로 권리능력없는 사단이나 재단에 대해서도 기본권주체성이 인정된다고 할 수 있다.[198]

194 헌법재판소 2000. 6. 1. 선고 99헌마553 결정.
195 Soergel-Hadding, Vor § 21, Rz. 31.
196 헌법재판소 1994. 12. 29. 선고 93헌마120 결정, 헌법재판소 1995. 9. 28. 선고 92헌마23, 86 결정, 헌법재판소 1998. 3. 26. 선고 96헌마345 결정.
197 BVerfGE 45, 63, 78; 61, 82 = NJW 1982, 2173; BVerfG WM 1987, 801.
198 헌법재판소 1991. 6. 3. 선고 90헌마56 결정은 "법인아닌 사단·재단이라고 하더라도 대표자의 정함이 있고 독립된 사회적 조직체로서 활동하는 때에는 성질상 법인이 누릴 수 있는 기본권을 침해당하게 되면 그의 이름으로 헌법소원심판을 청구할 수 있다"고 판시하였다.

VI. 법인격부인론

[참고문헌]

강위두, "법인격부인의 법리의 적용범위와 적용요건", 「판례월보」 제223호 (1989); 고평석, "법인격부인론의 부인", 「상사법의 현대적 과제」, 춘강 손주찬박사 화갑기념논문집 (1984); 김재형, "법인격, 그 인정과 부정: 법인격부인 또는 남용에 관한 판례의 전개를 중심으로", 「민사법학」 제44호 (2009); 김정호, "법인격의 역부인", 「경영법률」 제16권 제2호 (2006); 김종기, "법인격의 남용", 「판례연구」 제17집 (2006); 송호영, "기존회사의 채무면탈의 의도로 신설회사가 설립된 것인지의 여부가 문제되는 경우", 「민사판례연구」 제32권 (2010); 송호영, "독일법상 법인실체파악이론의 운용과 우리 법에의 시사점 ", 「비교사법」 제14권 제3호(상) (2007); 송호영, "법인격부인론의 요건과 효과", 「저스티스」 제66호 (2002); 이균성, "회사법인격부인의 법리", 「고시계」 제28권 제5호 (1983); 이주흥, "법인격부인과 신의칙위반", 「사법행정」 제360호 (1990); 정기남, "회사법인격무시의 법리", 「현대법학의 제문제」 (무애 서돈각박사화갑기념), 법문사 (1981); 정동윤, "법인격부인이론의 적용요건과 근거", 「민사재판의 제문제」 제6권 (1991); 정찬형, "법인격부인론", 「현대민상법의 연구」 (위정 이재철박사화갑기념), 법문사 (1984); 한창희, "편의치적과 법인격부인", 「판례월보」 제239호 (1990); 홍신희, "회사제도의 남용과 법인격부인의 이론", 「법학논고」 제5집 (1961)

1. 서설

법인제도의 목적중 하나는 법인의 재산과 법인구성원의 재산을 분리함으로써 책임을 제한하는 것이다. 이른바 분리의 원칙(Trennungsprinzip)은 특히 영리법인에 있어서는 대단히 중요한 의미를 가지는데, 이를테면 주식회사의 경우에 회사명의의 재산과 주주의 재산은 엄격히 구분되어서 회사채무에 대해서 주주는 자신이 소유한 주식이상으로 책임을 지지 않는다(물적 유한책임). 분리의 원칙은 회사의 법인격과 주주의 법인격이 별개의 것임을 전제로 한 것인데, 그럼에도 불구하고 법인은 자연인과는 달리 법기술적인 개념(rechtstechnischer Begriff)으로 형성된 것이기에[199] 법인의 지위는 배후의 구성원에 의해서 악용될 여지가 많음은 숨길 수 없는 사실이다. 즉 법인의 배후에 존재하는 구성원은 법인의 이름으로 법률관계를 맺고서 그에 따른 실질적인 이익은 구성원이 취하면서도 정작 책임은 분리의 원칙을 이유로 법인에게 물을 것을 주장함으로써, 법인의 채권자의 지위를 위태롭게 하여 법인제도의 유용성에 심각한 회의감을 불러일으키기도 한다. 또한 법인은 대표기관에 의해서 법인의 행위가 표출되는바, 특히 법인의 사원이 1인 혹은 소수의 가족구성원으로 형성된 1인회사 내지 가족회사의 경우에는 법인의 행위를

199 Reuter-MünchKomm. BGB, vor § 21 Rz. 1 ff.

대표하는 자와 법인의 사원이 사실상 동일인이어서, 때로는 법인의 행위와 사원 개인의 행위를 엄격히 구분하는 것이 용이하지 않은 경우가 많다. 이러한 점 때문에 형식상은 법인의 행위이기에 법인재산으로 책임을 져야 하지만, 실질적으로는 사원의 이익을 위한 것으로 보아 사원에게 책임을 묻는 것이 공평한 경우가 발생하게 된다. 이와 같이 일정한 경우에는 분리의 원칙을 제한할 필요가 있다는 실무상의 요구에 따라 개발된 논리가 이른바 법인격부인의 법리 혹은 법인격무시의 법리(disregard of the corporate entity 또는 lifting the veil of corporate entity)이다. 독일에서는 이를 실체파악론(Durchgriffslehre), 일본에서는 법인형해론이라고 부른다. 법인격부인의 법리는 사원으로부터 분리되어 존재하는 법인의 법적 독립성의 한계문제로 다루어진다.[200]

2. 법인격부인론에 관한 논의

가. 개설

법인격부인론에 관한 학설의 상황을 살펴보면, 각국마다 논의의 대상이 약간씩 차이를 나타낸다. 법인격부인론의 원류라고 할 수 있는 미국에서는 회사의 법인격을 부인하는 법리는 당연히 성립될 수 있음을 전제로 하면서, 다만 학설은 회사의 법인격을 부인할 수 있는 이론적 근거를 설명하는데 주안점이 맞추어져 있다.[201] 이에 반해 우리와 같은 성문법국가인 독일에서는 주로 회사의 법인격이 부인될 수 있는 상황을 통일적으로 설명하기 위해서 또는 법인격부인론이 실정법질서 내에서 어떻게 작용할 수 있는지를 설명하기 위해서 다양한 학설이 주장된다. 한편 우리나라에서는 주로 일정한 경우에 회사의 배후자에게 책임추궁을 위한 현실적인 도구로 법인격부인론을 수용할 수 있을 것인지의 여부에 대하여 논의가 집중된다. 법인격부인론의 도입에 있어서 핵심적인 논점은 책임분리를 원칙으로 하는 법인제도에도 불구하고 법관의 판단에 의해 인위적으로 법인의 법인격을 무시하는 것이 법인제도에 관한 실정법질서와 충돌하는 것이 아닌가 하는 것이다. 법인격부인론은 법인의 본질에 관한 법인의제설에 기반을 두고 있다.[202] 법인을

200 Soergel-Hadding, Vor § 21 Rz. 35 ff.; 이은영, 민법총칙, 박영사(2009), 215.

201 미국에서의 법인격부인의 이론적 근거에 관해서는 대리이론(agency rule), 분신이론(alter ego theory), 도구이론(instrumentality rule) 등이 주장된다. 이에 관한 자세한 내용은 임재연, “법인격부인론: 미국의 이론과 판례를 중심으로”, 법조 43권 8호(455호)(1994.8.), 17 이하 참조.

202 Flume 교수는 “실체파악론은 의제설의 산물(Die durchgriffslehren sind Kinder der Fiktionstheorie)”이라고 한다. Flume, Juristische Person, S. 68.

의제적인 피조물로 파악하는 미국법적 시각에서는 법인의 법인격이란 상황에 따라 충분히 무시될 수 있는 것이고 그러한 법리는 판례를 통하여 쉽게 구축될 수 있는 것이다. 그러나 우리나라와 같은 성문법국가에서도 과연 미국법적 법인격부인론을 그대로 수용할 수 있을 지는 의문이 아닐 수 없다. 따라서 우리와 같은 실정법체계를 가지고 있는 독일에서의 법리를 살펴보는 것은 우리의 법상황에도 문제해결에 많은 도움이 될 것이다.

나. 독일학설의 개관

독일에서는 실체파악론(Durchgriffslehre)은 1955년에 독일과 미국판례를 분석한 롤프 제릭(Rolf Serick)교수의 연구로부터 체계화되었다.[203] 그에 의하면 분리의 원칙은 법인에게 있어서 필수불가결한 표식이지만, 법인을 통하여 법률을 회피하거나, 계약상 의무를 위반하였거나 또는 제3자를 사해(詐害)한 경우 등 법인의 형식이 남용되었을 경우에는 예외적으로 법인의 법적 형태를 무시할 수 있다고 한다.[204] 다만 그는 법인의 법인격을 무시하고 법인의 배후에 존재하는 자에게 책임추궁을 하기 위해서는 법인의 법적 형태가 위법한 목적을 위해서 의도적으로 남용되었을 경우에 한해서만 가능하다고 한다(주관적 남용설: subjektive Mißbrauchslehre).[205] 그의 학설은 많은 지지를 받았음에도 불구하고 이후의 학설은 주관적 의도보다 "객관적"인 남용요소에 더 큰 비중을 두게 된다. 즉 사원이 법인제도를 남용할 의사가 있었는지에 대한 심사는 불필요한 것으로 보고, 그 대신 사원이 객관적인 목적에 위반하여 법인제도를 사용하였는지에 초점을 맞춘다(객관적 남용설: objektive Mißbrauchslehre).[206] 이 학설에 의하면 법인은 전체 법질서 및 경제질서와 관련되어 있기 때문에 법인의 한계 또한 이들 질서 내에서 존재하여야 하는데, 만약 이들 질서와 충돌하게 되면 그것은 곧 법인제도를 남용하는 것으로 인정되어 법인의 법인격이 부인될 수밖에 없게 된다. 남용설은 실체파악론을 모든 유형

203 Serick, Rechtsform und Realität juristicher Personen, Ein rechtsvergleichender Beitrag zur Frage des Durchgriffs auf die Personen oder Gegenstände hinter der juristischen Personen, Berlin 1955,

204 Serick, Rechtsform und Realität, S. 17, S. 203.

205 Serick, Rechtsform und Realität, S. 38, S. 203.

206 Erlinghagen, Haftungsfragen bei einer unterkapitalisierten GmbH, GmbHR, 1962, S. 176; Georg Kuhn, Haften die GmbH-Gesellschafter für Gesellschaftsschulden persönlich,Festschrift für Robert Fischer, Berlin/ New York 1979, S. 354 ff.; Ott, Recht und Realität der Unternehmenskorporation, Tübingen 1977, S. 49; Ottmar Kuhn, Strohmanngründung bei Kapitalgesellschaften, Tübingen 1964, S. 199 f.

의 법인에 공통적으로 적용될 수 있는 법리로 보는데 반해, 뮐러프라이엔펠스(Müller-Freienfels) 교수는 초개인적·조직적 단일체인 법인의 기질(Substrat)은 세부적으로 매우 상이하게 형성되어 있으므로 법인격부인을 정당화할 수 있는 도식적·일반적 해결방안은 있을 수 없다고 주장한다.[207] 따라서 법인에 관한 통일적인 구상이 존재하지 않기 때문에, 법인격부인이 가능한지의 여부 또한 회사의 고유한 특성과 그 회사에 참여한 구성원의 이익을 고려하여 각각의 경우에 따라 개별적·구체적으로 판단되어야 한다. 법인격부인이란 결국 법인과 관련한 특정한 사례가 문제되었을 경우에 문제된 사례를 구체적으로 분석하여 어떤 법규범을 어떻게 적용하여 문제를 해결하느냐를 고안하는 작업이다(규범적용설: Normanwendungslehre). 규범적용설은 오늘날 가장 지지를 많이 받고 있는 학설이다.[208] 이 학설의 내용은 주장하는 자들마다 약간씩의 차이는 있지만, 크게 보면 모두 법률관계의 귀속 또는 책임추궁을 위해서 법인의 실체파악을 필요로 할 경우에 우선은 계약 또는 법률규정의 적용을 통하여 문제를 해결할 것을 주장하는 학설이라고 할 수 있다. 규범적용설이 남용설과 결정적으로 다른 점은 남용설은 주관적 또는 객관적으로 법인이 남용되었다는 일정한 징표가 나타나면 법인의 법인격 자체를 무시하는데 반하여, 규범적용설은 일단 각각의 사례마다 적용될 수 있는 규범을 찾아보고 여의치 않을 경우에는 신의성실의 원칙을 통하여 가능한 한 유사규범의 합리적인 해석을 통하여 문제해결을 시도하려는 견해로써, 이 경우에 남용설과는 달리 법인의 법인격 자체는 무시하지 않고 법인의 법인격을 그대로 인정한 상태에서 문제를 해결한다는 점이다.

한편 독일에서도 소수설이지만 실체파악법리를 부정하는 견해도 주장된다. 즉 사원이 법인에 대해 지배적인 영향력을 행사하게 되면 이는 바로 회사에 대한 주의의무를 위반한 것으로, 그에 따라 발생하는 책임은 독일유한회사법 제43조 및 독일주식법 제117조, 제311조 및 제317조를 유추한 일종의 기관책임(Organhaftung)에

207 Müller-Freienfels, Zur Lehre vom sogenannten „Durchgriff" bei juristischen Personen im Privatrecht, AcP 156(1957), S. 522, 531.

208 Coing, Zum Problem des sogenannten Durchgriffs bei juristischen Personen, NJW 1977, S. 1793 ff.; Soergel-Hadding, Vor § 21 Rz. 40; Staudinger-Weick, Einl zu §§ 21 ff. Rz. 43; Hachenburg-Mertens, Anh. § 13 GmbHG Rz. 36 ff.; Scholz-Emmerich, § 13 GmbHG Rz. 92; Rittner, Die werdende juristische Person, Tübingen 1973, S. 271, 274 f.; Wiedemann, Gesellschaftsrecht, Bd. I, München 1980, S. 218 ff.; Kübler, Gesellschaftsrecht, 4. Aufl., Heidelberg 1994, S. 299; Hueck, Gesellschaftsrecht, § 35 IV 2 c). 또한 MünchKomm-Reuter, Vor § 21 Rz. 20ff.; Karsten Schmidt, Gesellschaftsrecht, S. 232 ff.도 결론적으로 규범적용설의 태도와 같다고 할 수 있다.

따라 해결이 가능하다거나,[209] 기존의 실체파악이론이 사원에게 책임추궁을 위하여 법인의 법인격을 부인하는 것은 실제로는 법인이라는 권리주체와는 아무런 관련이 없는 것이며, 법인에 소속하는 사원자신의 고유한 행위에 대한 책임을 추궁하는 것일 뿐이라고 하는 견해가 그것이다.[210]

다. 우리나라 학설의 상황

1) 법인격부인 긍정설

우리나라에서 법인격부인론은 법인격부인의 논거나 적용방법에 관한 논의보다 동 법리의 수용여부에 관하여 치중하는 편인데, 다수의 견해는 법인격부인론의 도입을 긍정하는 입장이다. 다만 법인격부인론의 활용정도에 관해서는 의견이 갈린다. 즉 법인격부인론의 도입을 긍정하되 종래의 사법이론의 적용으로는 타당한 해결을 찾을 수 없는 경우에 한해서 법인격부인론을 원용해야 한다는 소극적인 견해[211]가 있는가 하면, 이와 반대로 종래의 사법이론과 아울러 법인격부인론을 활용할 수 있다는 적극적인 견해[212]도 있다.

한편 법리도입을 긍정할 경우에 법인격부인의 실정법적 근거를 어디서 찾을 것인가에 대해서 다수의 견해는 본법 제2조 제1항의 신의성실의 원칙 또는 동조 제2항의 권리남용금지의 원칙에서 찾는데 반하여,[213] 소수의 견해는 회사의 법인성을 규정한 상법 제171조 제1항을 근거로 법인격개념에 내재한 법질서적 목적에서 찾아야 한다고 주장한다.[214]

2) 법인격부인 부정설

법인격부인의 도입을 부정하는 견해는 소수이면서도, 그 근거에 대해서는 주

209 Jan Wilhelm, Rechtsform und Haftung bei der juristischen Person, Köln u.a. 1981, S. 337, 349, 355, 359.

210 Flume, Juristische Person, S. 68.

211 이철송, 회사법강의, 박영사(2017), 53; 최기원, 신회사법론, 박영사(2012), 60; 정동윤, 회사법, 법문사(2005), 28 이하; 박상조, 신회사법론, 증보판(1997), 53 등도 같은 취지. 특히 박상조 교수는 구체적으로 "신의성실이나 권리남용금지의 원칙(본법 제2조), 표현대리나 대리에 관한 비현명주의(상법 제48조), 채권자사해행위의 취소권(본법 제406조), 이사의 제3자에 대한 책임(상법 제401조) 등에 관한 규정을 적용하여 해결할 수 있는 경우에는 법인격부인의 법리의 적용은 제한되어야 할 것"이라고 한다[박상조, 신회사법론, 증보판(1997), 53].

212 이균성, 회사법인격부인의 법리, 고시계(1983. 5), 50; 정찬형, "법인격부인론", 현대 민상법의 연구, 위정이재철박사화갑기념(1984), 402.

213 정동윤, 회사법, 법문사(2005), 33; 이철송, 회사법강의, 박영사(2017), 52; 최기원, 신회사법론, 박영사(2012), 58 등.

214 정찬형, "법인격부인론", 현대 민상법의 연구, 위정이재철박사화갑기념(1984), 404.

장자마다 약간의 차이가 있다. 1설은 종래 학설과 판례가 법인격무시의 법리가 적용되는 사례로 드는 사건들에 대해 민·상법상의 관련조문을 인용하여 사례해결을 시도하면서, 이는 법인격의 유무와는 관계없이 당해 법규나 계약의 해석의 문제일 뿐이라고 주장한다.[215] 이러한 설명은 독일의 규범적용설의 기본입장과 유사하다. 한편 2설은 1설과 마찬가지로 기존의 법인격부인론이 적용되는 구체적 사례들은 사법상의 개별규정이나 신의칙과 같은 총칙규정의 적용으로 해결이 가능하다고 주장하면서도[216] 법인격의 본질적 특성과 사원의 행위자체를 강조한다는 점에서 차이를 보인다.[217] 즉 법인격은 설립등기에 의하여 형식적·확정적으로 취득하는 것으로 그 성격상 원칙적으로 사원의 개별행위에 따라 영향을 받지 아니하며, 법인격의 소멸에 있어서도 법에 정한 절차에 따라야 하는 단체법상의 형식적인 개념이라고 한다. 또한 법인격부인사례에서 문제되는 것은 회사의 법인격이 남용된 사실이 아니라, 실제로는 사원의 행위가 제3자에 대한 손해의 직접적인 원인이라고 한다.

라. 학설에 대한 평가

법인격부인론은 그 법리를 체계화하기 위한 다양한 시도가 있었음에도 불구하고 아직도 논란의 여지가 많은 분야로 남아 있다. 현재 독일학계에서는 법인격부인에 관한 통일적 설명은 불가능하다고 보고, 실체파악문제를 해결하기 위해서는 사법규정들을 우선적으로 적용해야 한다는 견해가 지배적이다. 다만 실정법규의 흠결로 인하여 다른 방법으로는 만족스러운 결과를 이끌어 낼 수 없을 경우에 한해서 법인격부인법리를 적용할 수 있다고 한다. 즉 법인격부인법리는 보충적 수단 내지 최후의 수단(ultima ratio)으로 행사되어야 한다는 것이다.[218] 이것은 우리나라에서도 법인격부인의 도입을 긍정하지만 그 적용은 보충적으로 하여야 한다는 견해와 본질적으로 일치한다. 이러한 해석론은 뮐러-프라이엔펠스(Müller-Freienfels) 교수가 주창한 규범적용설에서 유래한 것이다. 그의 학설은 종래 영미법적 시각에서 발전한 법인격부인법리를 실정법이 엄연히 존재하는 법체계 내에서 어떻게 수용하여야 할 것인가라는 문제에 대하여 새로운 대안을 제시한 획기적인 견해라고

215 정기남, "회사법인격무시의 법리", 보험법학과 보험학, 무애서돈각박사화갑기념(1981), 323.
216 고평석, "법인격부인론의 부인", 상법학의 현대적 과제, 춘강손주찬박사화갑기념(1984), 73 이하, 특히 99 참조.
217 고평석, "법인격부인론의 부인", 상법학의 현대적 과제, 춘강손주찬박사화갑기념(1984), 82 이하.
218 KölnKomm-Kraft, § 1 AktG Rz. 58.

평가할 수 있다. 동 교수의 학설 이후 주장된 많은 학설은 규범적용설을 반박하는 것이라기보다 규범적용설의 핵심인 "규범의 적용"을 어떠한 사례에서 어떻게 적용할 것인가를 다룬 시론들일 뿐이라고 할 수 있다. 규범적용설의 입장에서는 법인격부인의 문제는 새로운 형태의 사례가 등장할 때마다 우선 실정법규정의 적용으로 문제해결을 시도해 보아야 하므로 사례의 유형화작업이 대단히 중요하고, 발생가능한 사례의 유형화가 완비되기까지는 계속해서 학설의 내용을 다듬어야 하는 과제를 안고 있다. 이러한 점에서 법인격부인론의 도입을 부정하는 우리나라의 소수설(법인격부인 적용부정설)이 비록 완전하지는 않지만 여러 사례유형을 제시하면서 철저한 실정법규의 적용을 시도한 것은 대단히 의미있는 작업이라고 생각한다. 더 나아가 법인격부인법리의 적용을 거부하는 이유로 법인에게 인정된 법인격의 총체적·계속적 특성을 간과해서는 안 된다는 점 및 회사의 법인격남용이 문제되는 사례는 실제로는 사원의 행위가 남용된 것이기 때문에 사원이 책임을 져야 한다는 점 등을 강조한 견해는 깊이 새겨볼 가치가 있다. 기본적으로 법인의 법인격은 대외적인 공시를 통하여 독자성을 인정받은 것으로 함부로 무시되거나 부인되어서는 안 되며, 법인격부인론을 우선해서 적용하기보다 현행법상의 여러 법규를 유추적용하든지 계약내용의 합리적인 해석을 통하여 타당한 결론을 이끌어 내어야 한다는 생각에는 동감한다. 그럼에도 불구하고 여전히 의문스러운 것은 과연 법인격부인론의 도움없이 현행의 실정법규 내지 기존의 사법이론만으로도 모든 사례에서 합리적인 문제해결이 가능할 것인가 하는 점, 그리고 실정법규가 존재하지 않거나 존재하더라도 그 내용이 불충분할 경우에는 규범적용의 논리 외에 다른 차원의 법리가 적용될 수 있는 것은 아닌가 하는 점이다.

한편 법인격부인법리 자체를 처음부터 부정하고 법인의 본질적 구성을 중시하면서 기존의 법인격부인사례를 기관책임 또는 사원의 행위책임으로 파악하려는 학설은 법인의 본질적 징표인 법인격을 무시하지 않으면서도 법인격부인사례들을 통일적으로 해결하려고 시도하였다는 점에서 탁견임은 분명하다. 그러나 학설은 법인의 것으로 귀속되는 사원의 행위와 법인에게 귀속되지 않는 사원자신의 행위를 어떻게 구분하여 기관책임 내지 사원행위책임으로 물을 수 있을 지에 관하여 충분히 설명해주지 못하고 있다.

정리를 하면, 종래 법인격부인의 문제로 다루어지던 사례의 해결을 위해서는 가급적 법인의 법인격은 손대지 않고 실정법규범이나 계약내용의 합리적 해석 또는 사법의 일반이론 등을 적용시켜 보고, 이러한 방법이 여의치 않을 경우에 한해서 보충적으로 혹은 최후의 수단으로서(ultima ratio) 법인격부인법리가 적용될 수 있다. 문제는 과연 어떤 경우에 규범적용으로 해결이 가능하고, 반대로 어떤 경우에 법인격부인법리가 적용될 수밖에 없는지를 가리는 것인데, 이에 대해 일률적으로 설명할 수는 없고 구체적으로 문제된 사례들을 유형별로 분석하여 판단할 수밖에 없다.

3. 독일의 실체파악사례

가. 의의

독일에서는 법인격부인이라는 용어대신에 실체파악(Durchgriff)이라는 표현이 일반적으로 사용되는데, 실체파악이란 원래의 규범귀속자(Normadressaten)의 배후에 존재하는 제3자에게 법적 효과가 미치게 하는 것을 말한다. 실체파악은 법적으로 중요한 사항의 귀속을 위한 경우와 배후자에게 책임추궁을 위해서 행사되는 경우로 나누어진다. 법률관계의 귀속을 위한 실체파악(Zurechnungsdurchgriff: 귀속실체파악)이란 사원의 특정한 사항(특성, 인식, 표시, 행태 등)을 회사의 것으로 귀속시키거나 반대로 회사의 특정한 사항을 사원의 것으로 귀속시키는 논리조작을 말한다.[219] 책임추궁을 위한 실체파악(Haftungsdurchgriff: 책임실체파악)이란 회사의 사원은 회사 채무에 대하여 책임을 지지 않는 것이 원칙임에도 불구하고 사원에게 회사 채무를 부담시켜야 할 현실적인 필요성이 있을 때에 사원개인에게 책임추궁을 가능하도록 하는 법리라고 할 수 있다. 법률관계의 귀속을 위한 실체파악은 주로 문제된 규범의 구성요건의 측면(Tatbestandsseite)에서 규범의 귀속주체를 찾는 작업이라고 한다면 책임추궁을 위한 실체파악은 주로 법률효과의 측면(Rechtsfolgenseite)에서 법인의 배후실체를 찾아서 책임을 부과하는 작업이라고 할 수 있다.

나. 법률관계의 귀속을 위한 실체파악

법률관계의 귀속을 위한 실체파악이라고 분류되는 사례들에 대해서 독일 판례에는 "실체파악"의 법리를 통하여 문제를 해결하려는 시도도 있었지만, 학설은 대체로 구태여 법인의 실체파악이라는 논리조작을 통하지 않더라도 해당규범을 합목적적으로 해석하거나 적절한 유추적용을 통해서 대부분 해결이 가능하다고 주장한다. 예를 들면 계약상 경업금지의무를 부담하는 사원이 이를 회피하기 위

219 Thomas Raiser, Recht der Kapitalgesellschaften, 2. Aufl., München 1992, S. 327. (이하 Raiser, Kapitalgesellschaften으로 표기함)

하여 회사를 설립하여 회사로 하여금 금지된 경업을 하게 하는 경우에, 독일연방법원은 이는 명목상 회사가 경업을 하는 것이지만 실체파악론을 통하여 회사의 배후에 존재하는 사원이 금지된 경업을 한 것으로 판단하였다.[220] 그러나 학설은 이 경우에도 실체파악론을 적용하지 않고도 경업금지의무의 합리적 해석을 통하여 해결할 수 있다고 한다. 즉 경업금지의무란 사원에게 부과된 성실의무(Treupflicht)의 일종인데, 사원이 회사설립을 통해 금지된 경업을 하였다면, 사원이 자신에게 부과된 의무를 "외부적·형식적"으로는 위반하지 않았다 하더라도 "내부적·실질적"으로는 위반한 것으로 보아야 한다는 것이다.[221] 마찬가지 논리로 이를테면 회사와 1인사원 사이의 거래행위는 선의취득을 인정하지 않으며,[222] 사원이 결의사항의 당사자로서 의결권이 배제된 상황에서 그의 영향력 아래에 있는 사단이 의결권행사에 참여하려는 경우에 사단의 의결권을 인정하지 않는 것도[223] 구태여 법인의 배후에 존재하는 "실체"(즉 지배사원)를 파악하지 않더라도 권리외관에 따른 신뢰를 보호하려는 선의취득제도의 목적[224] 또는 의결권행사금지의 원칙을 회피하려는 것을 막기 위한 규범(독일 민법 제34조, 독일 주식법 제136조 제1항 등)의 합리적인 해석을 통해서[225] 해결이 가능하다는 것이다. 요컨대 법률관계의 귀속을 위한 실체파악은 실제적으로 기존의 법제도나 법리의 운용을 통하여 모두(혹은 대부분) 해결될 수 있는 문제이므로, 이를 위한 법인의 실체파악 내지 법인격부인은 불필요한 것으로 사료된다.

다. 책임추궁을 위한 실체파악

일반적으로 실체파악론은 사원의 개인적 책임을 추궁하기 위한 제도로서 논의된다. 물적 회사의 경우에는 회사 채무에 대해서 회사는 원칙적으로 회사자본만으로 책임을 진다. 회사의 사원은 회사 채무에 대하여 책임을 지지 않는 것이 원칙이

220 BGHZ 89, 162.

221 Soergel-Hadding, Vor § 21 Rz. 35 a; Karsten Schmidt, Gesellschaftsrecht, S. 227.

222 RGZ 117, 257, 264 ff.; 119, 126, 128 f.; 126, 46, 48 f.; 130, 390, 392; 143, 202; BGHZ 78, 318, 325 등. 문헌으로는 Scholz-Emmerich, § 13 GmbHG Rz. 74; Karsten Schmidt, Gesellschaftsrecht, S. 230; Hachenburg-Mertens, Anh. § 13 GmbHG, Rz. 65 ff.; MünchKomm-Reuter, Vor § 21 Rz. 26 f. 등.

223 RGZ 146, 385. 391; BGHZ 36, 296, 299; 56, 47, 53; 68, 107; BGH NJW 1973, 1039; BGH JZ 1977, 267.

224 Hachenburg-Mertens, Anh. § 13 GmbHG, Rz. 65 ff. 참조. 이 경우에는 회사와 1인 사원사이에 권리관계의 실상에 관한 인식에 차이가 없으므로 권리외관에 따른 신뢰보호의 이익이 존재하지 않는다.

225 Scholz-Karsten Schmidt, § 47 GmbHG Rz. 148.

지만, 계약상 의무부담의 근거가 있거나[226] 불법행위가 성립하거나[227] 계약체결상의 과실[228]이나 권리외관 및 신뢰보호의 침해[229] 등을 이유로 개인적 책임을 지는 경우도 있다. 그러나 이러한 경우는 법인의 실체파악과는 관계가 없다. 이러한 시각에서 독일연방재판소는 "회사의 사원이 특별한 법적 근거(보증, 채무인수, 신용위임, 손해담보계약, 계약체결상의 과실 또는 불법행위)를 이유로 책임을 지는 것은 실체파악문제가 아니다"[230] 라고 설시한 바 있다. 실체파악을 통한 책임추궁이란 결국 사원에게 다른 특별한 민사법적 의무부담근거가 없음에도 불구하고, 사원에게 회사의 채무를 부담하게 하는 문제인 것이다.[231] 문헌에서는 책임추궁을 위한 실체파악의 경우로 "재산 또는 영역의 혼융(混融)", "타인지배", "저자본화" 등의 유형이 주로 설명된다.[232] 그런데 이들 책임실체파악의 유형도 오늘날에는 점차 실체파악의 법리에 의한 해결보다는 해당관련규범의 합리적 해석을 통하여 문제를 해결하려는 경향이 뚜렷하다. 우선 재산 또는 영역의 혼융에 따른 책임문제를 보면, 재산의 혼융(Vermögensvermischung)이란 사원의 개인재산과 회사의 재산이 분리되지 않고 사용되는 경우를 일컫는 것이고[233] 영역의 혼융(Sphärenvermischung)이란 사원이 법인사업의 독립성에 관한 규정을 준수하지 않는 경우를 의미한다.[234] 사원은

226 예컨대, 사원이 회사의 채무에 대해서 보증을 서거나, 회사채무를 인수하는 경우 등이 이에 해당한다.

227 사원이 직접 불법행위를 한 경우뿐만 아니라 사원이 회사에 대해서 불법행위를 하도록 교사하거나 방조한 경우에도 사원은 회사와 더불어 공동불법행위책임을 진다.

228 계약체결상의 과실을 이유로 사원이 회사채무에 대하여 책임을 지는 경우는 다음과 같은 때에 발생할 수 있다. 즉 사원이 회사를 대표하여 계약협상에 참여하면서 상대방에게 회사의 재정상태에 대해서 알려줄 선계약상의 의무가 존재하는데도 불구하고 이를 위반하여 상대방에게 잘못된 정보를 전해줌으로써 피해를 입힌 경우에, 상대방은 계약체결상의 과실을 이유로 사원에게 개인적 책임을 물을 수 있다((BGH NJW 1986, 586, 587; NJW 1988, 2234, 2235 f.; WM 1988, 1673, 1674; WM 1992, 735).

229 권리외관을 이유로 사원이 개인적 책임을 지는 사례로는, 상인이 오랫동안 운영하던 자신의 가게를 유한회사로 전환하면서 거래상대방에게 유한회사로의 전환에 따라 이루어지는 책임제한을 알리지 않아 손해를 입힌 경우를 들 수 있다(BGHZ 62, 216, 222f; 64, 11, 16 f.; BGH NJW 1991, 2627 등).

230 BGHZ 31, 258, 271.

231 Scholz-Emmerich, § 13 GmbHG Rz. 59.

232 무엇보다도 Scholz-Emmerich § 13 GmbHG Rz. 75; Boujong, Das Trennungsprinzip des § 13 Abs. 2 GmbHG und seine Grenzen in der neueren Judikatur des Bundesgerichtshofes, in: Festschrift für Walter Odersky zum 65. Geburtstag, Berlin/ New York 1996, S. 739, 742 ff. 등 참조.

233 독일연방재판소에 따르면 재산혼융이란 어떤 재산이 회사재산인지 아니면 사원의 재산인지를 분간할 수 없는 경우를 말하는 것으로, 회사재산이 회사의 장부에 불분명하게 기재되어 있거나 회계사항이 파악하기 어렵도록 위장되어 있거나 회사와 사원의 재산을 구분하는 것이 은폐된 때에는 재산의 혼융이 있었다고 볼 수 있다고 한다(BGHZ 1985, 740).

234 예컨대 사원이 그의 개인적인 가게를 운영하면서 다른 회사의 영업주소로 등록하거나, 가게와 회사가 같은 사무실 혹은 같은 전화회선을 사용하거나 양측의 사무원이 동일한 인물인 경우가 이에 해당한다. 이러한 경우에는 회사채권자 입장에서는 양쪽 사업이 동일한 것으로 오인할 가능성이 크다.

회사재산과 자신의 개인재산을 구분하여야 할 의무가 있음에도 불구하고 만약 재산의 혼융을 가져왔다면 사원은 회사채권자에게 회사와 더불어 회사채무에 대하여 무한책임을 부담하게 되는데, 이러한 책임의 법적 근거는 신의성실의 원칙(독일 민법 제242조)으로부터 파생한 "선행행위와 모순되는 행위(venire contra factum proprium)의 금지"이다.[235] 또한 영역의 혼융이 있게 되면 사원은 일반적인 권리외관책임의 법리의 적용을 받게 된다.[236] 따라서 재산 또는 영역의 혼융의 경우에는 굳이 실체파악 법리에 의하지 않더라도 민법상 일반원리에 의하여 사원에게 책임을 물을 수 있다. 다음으로 타인지배(Fremdbeherrschung) 또는 타인조종(Fremdsteuerung)으로 인한 실체파악책임의 경우인데, 이러한 유형에는 사원이 단순히 회사를 지배하는 것으로는 부족하고 회사가 특정사원에게 과도하게 종속되어 회사내부의 의사결정이 심하게 제한되어 있거나 아예 봉쇄된 경우가 해당된다.[237] 타인지배의 경우에 피지배회사의 채무이행을 위해서 지배사원에게 직접적인 책임을 묻기 위한 실체파악을 긍정하는 견해도 있지만,[238] 지배적인 견해는 종속관계의 심화로부터 발생하는 위험의 증가는 외부책임(Außenhaftung)을 낳는 것이 아니라 내부적으로 결손보전의무(Verlustausgleichpflicht)를 발생시킨다고 하면서, 이를 규정한 독일 주식법 제302조의 유추적용을 통해서 해결될 수 있다고 주장한다.[239] 독일판례도 이른바 자동차크레인사건(Autokrane)[240]을 계기로 통설과 같은 입장을 취하고 있다. 마지막으로 불충분한 회사자본에 따른 책임추궁을 위하여 실체파악을 하는 경우인데, 이 부분이 실체파악책임과 관련하여 가장 논란이 많은 부분이다. 우선 자본불충분 혹은 저자본화(Unterkapitalisierung)란 자본조달방법의 관점에서 볼 때 회사의 자기자본(Eigenkapital)이 회사가 지향하는 혹은 현실적인 영업활동의 종류와 규모에 비추어 제3자의 신용

235 Lutter, ZGR 1982, S. 244, 251; Coing, NJW 1977, S. 1793, 1795; Erlinghagen, GmbHR 1962, S. 169, 172; Raiser, Kapitalgesellschaften, S. 333.

236 Hachenburg-Mertens, Anh. § 13 GmbHG Rz. 49; Scholz-Emmerich, § 13 GmbHG Rz. 88 a; Lutter, ZGR 1982, S. 244, 252.

237 Möllers, Internationale Zuständigkeit bei der Durchgriffshaftung, Bielefeld 1987, S. 31; 또한 MünchKomm-Reuter, Vor § 21 Rz. 40도 같은 취지로 설명한다.

238 Klaus Müller, Die Haftung der Muttergesellschaft für die Verbindlichkeiten der Tochtergesellschaft im Aktienrecht, ZGR 1977, S. 1, 25.

239 Emmerich/Sonnenschein, Konzernrecht, 6. Aufl., München 1997, S. 256; Karsten Schmidt, Gesellschaftsrecht, S. 246; Bork, Zurechnung im Konzern, ZGR 1994, S. 237, 256 ff.; Paschke, Rechtsfragen der Durchgriffsproblematik im mehrstufigen Unternehmensverbund, Die AG 1988, S. 196, 199.

240 BGHZ 95, 330 ff.

에 의하지 않고서 중·장기의 자금수요를 충족시킬 만큼 충분치 않은 상태를 말한다.[241] 자본불충분상태가 발생한 경우에 사원에게 책임을 묻기 위한 실체파악이 가능한가에 대하여, 소수설은[242] 현행 실정법상 적정한 자본조달을 요구하는 명문조항이 없기 때문에 실체파악법리를 통해서 사원에 대해 책임의 제재(Haftungssanktion)를 하는 것은 타당하지 않다고 주장하는 반면, 다수설은 단순한 자본불충분(einfache Unterkapitalisierung)의 경우는 제외하고 명백한 혹은 가중된 자본불충분(eindeutige oder qualifizierte Unterkapitalisierung)의 경우에 한해서 사원에게 실체파악을 통한 책임추궁을 할 수 있다고 한다.[243] 이때 가중된 자본불충분상태란 회사의 자본조달이 사원소비대차(Gesellschafterdarlehen)를 고려하더라도 회사가 지향하는 혹은 현실적인 영업활동의 종류와 범위에 비추어 볼 때에 명백하면서도 회사의 내부자도 명확히 인식할 수 있을 정도로 부족하며, 현 상황대로 거래가 진행된다면 회사의 사업실패가 고스란히 회사채권자의 부담으로 될 개연성이 높은 경우를 말한다. 한편 자본불충분으로 인한 책임에 관한 판례의 입장은 일관되어 있지 않은데, 이른바 거주자협회(Siedlerverein) 판결[244]에서는 실체파악법리를 원용하여 사원들의 책임을 인정하였지만, 그 후의 판결들은 실체파악론을 원용하지 않고 양속위반의 고의적 가해를 규정한 독일 민법 제826조의 위반을 이유로 사원의 책임을 긍정하고 있다.[245]

4. 우리나라 판결에서 문제된 사례

우리나라에서 법인격부인이 처음 문제된 사례는 1974년에 있은 태원주식회사

241 이것은 Ulmer 교수가 정의한 것인데(Hachenburg-Ulmer, Ahn. § 30 GmbHG Rz.16 참고), 독일의 통설은 그의 정의를 그대로 수용하고 있다. 예컨대 Karsten Schmidt, Gesellschaftsrecht, S. 248; Wüst, Wege des Gläubigerschutzes bei materieller Unterkapitalisierung einer GmbH, DStR 91, S. 1388, 1389; Weitbrecht, Haftung der Gesellschafter bei materieller Unterkapitalisierung der GmbH, Köln 1989, S. 24 등 참조.

242 Baumbach/ Hueck, § 5 GmbHG Rz. 6; Kahler, Die haftung des Gesellschafters im Falle der Unterkapitalisierung einer GmbH, BB 1985, S. 1429, 1431; Weitbrecht, Haftung der Gesellschafter bei materieller Unterkapitalisierung der GmbH, S. 66 ff. 결과적으로 Flume, Juristische Person, S. 84; Wilhelm, Rechtsform und Haftung, S. 316 등도 같은 취지임.

243 Hachenburg-Ulmer, Anh. § 30 GmbHG Rz. 50 ff.; Georg Kuhn, Festschrift für Robert Fischer, S. 351, 359 f.; Rehbinder, Festschrift für Robert Fischer, S. 579, 585; Kübler, Gesellschaftsrecht, S. 238 f.; Raiser, Kapitalgesellschaften, S. 32 f.; Lutter/ Hommelhoff, § 13 GmbHG Rz. 9; Wüst, DStR 1991, S. 1424, 1427; Karsten Schmidt, Gesllschaftsrecht, S. 249 ff. 등.

244 BGHZ 54, 222: Ⅷ. ZiVIlsenat des BGH Urt. v. 8. Juli 1970.

245 BGH DB 1988, 1848; BGH GmbHR 1991, 409, 412. 다만, 독일 연방재판소(BGH)의 민사부의 판단논리와는 달리 독일 연방사회법원(Bundessozialgericht)은 1983년 12월 7일에 있은 판결에서 회사의 자본불충분의 경우에 실체파악법리를 통하여 사원의 개인적 책임을 긍정한 적이 있다.

사건이다. 실질적으로 1인 주주이자 대표이사인 피고가 회사명의로 원고에게 발행한 당좌수표가 부도가 나고 회사가 발행한 약속어음 또한 결제가 되지 않아, 원고가 피고 개인을 상대로 한 수표대금 및 약속어음금청구소송에서 원심법원은 회사의 법인격을 부인하고 그 회사의 원고에 대한 채무는 회사의 배후에 실존하는 기업주인 피고의 채무로 간주함으로써 주주의 개인책임을 물으려 하였으나,[246] 대법원은 원심이 채택·입론한 이른바 "법인형해론"에 관하여 회사의 형해성을 뒷받침할만한 자료가 없다는 이유로 원심을 파기·환송하였다.[247] 본 사건에 대해 대법원은 이 판결에서 법인격부인의 법리를 채택하지 않은 것으로 보는 견해[248]도 있으나, 대법원은 요건미비를 이유로 법인격부인의 법리를 적용하지 않은 것 일뿐, 회사의 형해화요건만 충족된다면 동 법리의 적용이 가능함을 시사하였다고 할 수 있다.[249]

이후 현대미포조선소(피고)가 乙회사로부터 그 소유인 선박의 수리를 의뢰받아 이를 수리하였으나 乙회사가 수리대금을 지급하지 않아 그 선박을 가압류하자, 형식상 편의치적을 위해 설립된 甲회사(원고)가 선박소유자는 乙회사가 아니라 甲회사라고 주장하면서 제3자이의의 소를 제기한 사건에서, 대법원은 甲과 乙은 서로 별개의 회사로 되어 있으나 甲은 단지 편의치적만을 위하여 설립된 회사에 불과하고 실제 선박소유자는 乙회사인데, 甲회사가 별개의 법인격을 이유로 선박의 소유를 주장하는 것은 채무면탈이라는 불법목적을 달성하려는 것이므로 신의성실의 원칙을 위반하거나 법인격을 남용하는 것으로서 허용될 수 없다고 하여 원고 甲의 주장을 배척하였다.[250] 이 판결에 대해서 많은 문헌은 대법원이 비로소 법인격부인론을 공식적으로 수용하였음을 밝힌 것에 의의가 있다고 평가한다.[251] 그러나 동 판결은 회사의 배후자에 대한 책임추궁과는 관계가 없고, 피고

246 서울고등법원 1974. 5. 8. 선고 72나2582 판결.

247 대법원 1977. 9. 13. 선고 74다954 판결.

248 정찬형, "법인격부인론", 현대 민상법의 연구, 위정이재철박사화갑기념(1984), 409.

249 같은 의견, 손주찬, 상법(상), 박영사(2004), 435; 최기원, 신회사법론, 박영사(2012), 63; 박상조, 신회사법론, 52.

250 대법원 1988. 11. 22. 선고 87다카1671 판결. 또한 동 판결과 사실관계나 판결요지가 거의 흡사한 사건으로 대법원 1989. 9. 12. 선고 89다카678 판결 참고.

251 강위두, "법인격부인의 법리의 적용범위와 적용요건", 판례월보 223호(1989. 4.), 64; 정동윤, "법인격부인이론의 적용요건과 근거", 민사재판의 제문제 제6권(1991), 310; 한창희, "편의치적과 법인격부인", 판례월보 239호(1989. 10.), 38; 이주흥, "법인격부인과 신의칙위반", 사법행정 360호(1990. 12), 80; 손주찬, 상법(상), 박영사(2004), 435; 이철송, 회사법강의, 박영사(2017), 51; 임홍근, 회사법, 법문사(2001), 24. 그러나 이러한 일반적인 평가에 대해서 의문을 제기하는 하는 견해로는 정찬형, "법인격부인론", 판례월보, 제226호(1989. 7), 35-36 참조.

채권자가 실질적인 선박소유자이자 선박수리의뢰자인 乙회사로부터 선박수리대금을 확보하기 위하여 선박을 가압류한 것에 대해 편의치적에 기한 선박의 형식적 소유자인 甲의 제3자이의의 소 제기를 기각한 것에 불과한 것으로써, 대법원은 책임추궁을 위한 법인격부인론에 의해서가 아니라, 편의치적제도 또는 가압류제도의 합목적적 해석을 통하여 문제를 해결하려 했던 것이다.

오히려 대법원에서 법인격부인론의 적용을 최초로 긍정한 사례는 2001년에 있은 주식회사 삼진 사건이라고 할 수 있다.[252] 이는 원고가 피고회사로부터 신축중인 오피스텔을 분양받는 것을 내용으로 하는 계약을 체결하고 계약금과 중도금을 차례로 지급하였으나, 피고회사의 건물분양실적의 저조로 인한 자금난 때문에 공사가 장기간 중단되자 원고가 피고회사와 그 회사의 실질적인 지배주주인 대표이사를 상대로 분양계약을 해제하고 원상회복을 청구한 사건이다. 이에 대하여 대법원은 회사가 외형상 법인의 형식을 갖추고 있으나, 실질은 법인의 배후자의 책임을 회피하기 위한 수단으로 쓰여지는 경우에는 신의성실의 원칙에 위반되는 법인격의 남용으로서 심히 정의와 형평에 반하여 허용될 수 없다고 하면서, 회사는 물론 그 배후자에 대해서도 회사의 행위에 관한 책임을 물을 수 있다고 판시하였다.[253]

이후 대법원은 기존의 회사가 부담하던 채무를 면탈하기 위해 새로운 회사를 설립한 경우에 법인격부인론을 적용하고 있다. 다만 그러한 경우에 판례는 법인격의 남용이라는 표현을 쓰고 있다. 그러한 대표적 사례가 이른바 안건사 사건이다. 소외 주식회사 A(안건사)가 원고들에게 회사소유의 건물을 임대해주었지만 A 회사가 파산하여 원고들이 임대보증금을 반환받지 못한 상태에서, 소외 A 회사가 파산된 지 얼마 되지 않아 상호·상징·영업목적·주소·해외제휴업체 등이 동일하거나 유사한 피고 주식회사 B(토탈미디어 안건사)가 설립하자, 원고들이 B 회사는 A 회사의 채무면탈을 목적으로 설립된 회사라는 이유로 B 회사를 상대로 임대차보증금의 반환을 청구한 사건에서, 대법원은 B 회사가 원고들에 대하여 A 회사와 별개의 법인격임을 내세워 그 책임을 부정하는 것은 신의성실의 원칙에 반하거나 법인격을 남용하는 것으로서 허용될 수 없다고 판시하였다.[254] 이러한 태도는 전

252 같은 의견 정찬형, 상법강의(상), 박영사(2014), 452 이하.
253 대법원 2001. 1. 19. 선고 97다21604 판결.
254 대법원 2004. 11. 12. 선고 2002다66892 판결.

기회사 사례에서도 이어진다.[255] K 개발회사로부터 빌딩신축공사 중 전기공사부분을 하도급받은 J 전기회사(기존회사)가 원고와 자재공급 및 시스템박스 설치공사를 시공하기로 하는 계약(이하 시공계약)을 체결하였고, 이에 따라 원고가 자재를 공급하고 시스템박스 설치공사를 하였는데, 기존회사가 32억원의 어음을 부도내고 전기공사를 중도포기하게 되자, 원고는 시공계약에 따른 자재공급대금 및 공사대금을 지급받지 못한 채 시스템박스 설치공사를 중단하게 되었다. 그 후 기존회사의 이사들이 중도포기한 빌딩신축공사를 하도급 받을 목적으로 S 전기회사(피고회사)를 설립하였고 K 개발회사로부터 동 빌딩의 나머지 전기공사를 하도급받게 되자, 이에 원고가 종전의 시공계약에 따라 기존회사에 대하여 가지던 자재공급대금채권 및 공사대금채권을 신설된 피고회사에 청구한 사건에서, 대법원은 기존회사의 대표이사 등은 기존회사의 채무초과로 인한 부도발생으로 같은 회사 명의로 더 이상 전기공사를 수행할 수 없게 되자 기존 공사를 승계받아 이를 계속 수행하되 채무는 면할 목적으로 기존회사와 실질적으로 동일한 회사로서 외형상 전혀 별개의 새로운 회사를 설립한 것으로 판단하여, 피고회사가 원고에 대하여 기존회사와 별개의 법인격임을 내세워 그 책임을 부정하는 것은 신의성실의 원칙에 반하거나 법인격을 남용하는 것으로 허용할 수 없다고 판시하면서 신설회사에 기존회사가 부담하던 책임을 인정하였다.

그렇지만 기존회사가 부담하던 채무에 대해 항상 신설회사가 책임을 부담하여야 하는 것은 아니고 양 회사의 관계를 실질적으로 파악하여야 한다. 이른바 제약회사 사례가 이를 보여주는데,[256] 원고는 소외 K 제약회사(이하 K 회사)에 대해 대여금채권을 가지고 있었는데, K 회사가 대여금을 지급하지 않은 상태에서 부도가 나자, K 회사와 같은 주소지에서 M 제약회사(이하 M 회사)라는 상호로 설립된 피고회사가 K 회사의 부동산과 기계류 등을 법원의 경매절차에서 낙찰받아 종전 K 회사가 제조하던 의약품과 동종의 약품을 생산·판매하게 되었는데, 원고가 M 회사를 상대로 종전 K 회사가 부담하던 대여금채무의 이행을 청구한 사건이다. 이에 대해 대법원은 "기존회사의 채무를 면탈할 의도로 신설회사를 설립한 것인지 여부는 기존회사의 폐업 당시 경영상태나 자산상황, 신설회사의 설립시점, 기존회사에서 신설회사로 유용된 자산의 유무와 그 정도, 기존회사에서 신설회사로

255 대법원 2006. 7. 13. 선고 2004다36130 판결.
256 대법원 2008. 8. 21. 선고 2006다24438 판결.

이전된 자산이 있는 경우, 그 정당한 대가가 지급되었는지 여부 등 제반 사정을 종합적으로 고려하여 판단하여야 한다."고 하면서, 사안에서 신설회사의 책임을 부정하였다. 이와 마찬가지로 대법원 2010. 1. 14. 선고 2009다77327 판결에서는 신설회사가 기존회사로부터 공장 건물, 기계 및 인력 대부분을 그대로 인수하여 종전과 동일한 영업을 하고 있는 사실 등은 인정하면서도, 기존회사의 주주와 신설회사의 주주가 완전히 다른 점, 기존회사로부터 무상으로 이전받은 자산이 없는 점 등의 사정에 비추어 신설회사가 기존회사와 실질적으로 동일한 회사로서 그 채무를 면탈할 목적으로 설립된 것이라고 볼 수 없다고 하여 신설회사의 책임을 부정하였다. 그에 반해 대법원 2011. 5. 13. 선고 2010다94472 판결에서는 위와 같은 기준으로 기존회사의 채무에 대해 신설회사의 책임을 긍정하였다.

그런데 판례에서 주목할 만 한 점은 대법원 2008. 9. 11. 선고 2007다90982 판결에서부터 법인격부인론을 적용함에 있어서 그 유형으로 법인격이 형해화된 경우와 법인격이 남용된 경우를 나누어서 보고 있다는 점이다. 전자의 경우는 "회사가 그 법인격의 배후에 있는 사람의 개인기업에 불과하다고 보려면, 원칙적으로 문제가 되고 있는 법률행위나 사실행위를 한 시점을 기준으로 하여, 회사와 배후자 사이에 재산과 업무가 구분이 어려울 정도로 혼용되었는지 여부, 주주총회나 이사회를 개최하지 않는 등 법률이나 정관에 규정된 의사결정절차를 밟지 않았는지 여부, 회사 자본의 부실 정도, 영업의 규모 및 직원의 수 등에 비추어 볼 때, 회사가 이름뿐이고 실질적으로는 개인영업에 지나지 않는 상태로 될 정도로 형해화되어야 한다."고 하고, 후자의 경우는 법인격이 형해화될 정도는 아니라하더라도 "채무면탈 등의 남용행위를 한 시점을 기준으로 하여, 회사의 배후에 있는 사람이 회사를 자기 마음대로 이용할 수 있는 지배적 지위에 있고, 그와 같은 지위를 이용하여 법인 제도를 남용하는 행위를 할 것이 요구되며, 위와 같이 배후자가 법인 제도를 남용하였는지 여부는 앞서 본 법인격 형해화의 정도 및 거래상대방의 인식이나 신뢰 등 제반 사정을 종합적으로 고려하여 개별적으로 판단하여야 한다."고 하여 양자의 적용요건을 구분하고 있다. 이러한 판례의 태도는 후속 판결에도 이어지고 있다.[257]

단체의 특성에 따라 법인격부인론의 적용여부가 문제된 사례도 주목할 필요

257 대법원 2010. 1. 28. 선고 2009다73400 판결, 대법원 2010. 2. 25. 선고 2008다82490 판결, 대법원 2013. 2. 15. 선고 2011다103984 판결, 대법원 2016. 4. 28. 선고 2015다13690 판결.

가 있다. 첫째, 子회사에 채무에 대해 母회사의 책임이 문제된 사례이다. 母회사(주식회사 KT)가 100% 출자하여 필리핀에서 설립된 子회사가 필리핀회사와 통신망확장사업공사계약을 체결하고 이를 위해 子회사는 원고와 필리핀 근교의 통신선로공사 및 자재를 공급하기로 계약을 체결하였는데, 1997년 동남아 경제위기의 여파로 필리핀의 통신회사가 지불유예선언을 하게 됨에 따라 子회사가 원고회사에 계약상의 대금지급을 중단하게 되자, 원고가 子회사의 미지급대금의 지급을 母회사에 청구한 사안에서, 대법원은 子회사의 법인격이 부인되기 위해서는 母회사가 子회사에 대해 완전한 지배력을 행사하는 객관적 징표뿐만 아니라, 위법한 목적달성을 위하여 子회사의 법인격을 남용하는 주관적 의도 또는 목적이 있어야 한다고 하면서, 母회사의 책임을 부인하였다.[258] 둘째, 특수목적회사(SPC)에서의 사례이다. 특수목적회사(SPC)는 일시적인 목적을 위하여 최소한의 자본출자요건만을 갖추어 인적·물적 자본없이 설립되는 것이 일반적이다. 따라서 거의 미미한 자본으로 출자로 특수목적회사가 설립된 경우에 이것이 지배주주의 책임회피를 위한 수단으로 법인제도가 남용된 것인지가 문제될 수 있다. 이에 대해 우리 대법원은 "특수목적회사가 그 설립목적을 달성하기 위하여 설립지의 법령이 요구하는 범위 내에서 최소한의 출자재산을 가지고 있다거나 특수목적회사를 설립한 회사의 직원이 특수목적회사의 임직원을 겸임하여 특수목적회사를 운영하거나 지배하고 있다는 사정만으로는 특수목적회사의 독자적인 법인격을 인정하는 것이 신의성실의 원칙에 위배되는 법인격의 남용으로서 심히 정의와 형평에 반한다고 할 수 없으며, 법인격 남용을 인정하려면 적어도 특수목적회사의 법인격이 배후자에 대한 법률적용을 회피하기 위한 수단으로 함부로 이용되거나, 채무면탈, 계약상 채무의 회피, 탈법행위 등 위법한 목적달성을 위하여 회사제도를 남용하는 등의 주관적 의도 또는 목적이 인정되는 경우라야 한다."고 판시하였다.[259] 셋째, 재단법인에 대한 역(逆)법인격부인이 문제된 사례이다. 재단법인 중남미문화원의 설립자이자 실질적인 운영자인 원장은 납품계약을 맺은 원고에게 약속어음을 지급하였으나, 이중 일부가 지급 거절되었다. 이에 원고는 원장을 상대로 어음금청구소송을 제기해 승소판결을 받았으나, 원장이 재산을 모두 재단법인 명의로 이전하여 채무를 회피하자 원고가 재단법인을 상대로 소송을 제기한 사건이다. 이 사례

258 대법원 2006. 8. 25. 선고 2004다26119 판결(주식회사 KT사례).

259 대법원 2010. 2. 25. 선고 2007다85980 판결.

는 재단법인의 법인격을 부인해서 설립자에게 책임을 묻는 것이 아니라, 그 반대로 설립자의 채무에 대해 재단법인에게 책임을 구한 것으로 역법인격부인론을 인정할 것인지의 여부가 문제된 것이다. 원심은 이를 긍정하였는데 재단법인 중남미문화원의 설립자이자 실질적인 운영자인 원장은 납품계약을 맺은 원고에게 약속어음을 지급하였으나, 이중 일부가 지급 거절되었다. 이에 원고는 원장을 상대로 어음금청구소송을 제기해 승소판결을 받았으나, 원장이 재산을 모두 재단법인 명의로 이전하여 채무를 회피하자 원고가 재단법인을 상대로 소송을 제기한 사건이다. 이 사례는 재단법인의 법인격을 부인해서 설립자에게 책임을 묻는 것이 아니라, 그 반대로 설립자의 채무에 대해 재단법인에게 책임을 구한 것으로 역법인격부인론을 인정할 것인지의 여부가 문제된다. 원심은 이를 긍정하였는데[260] 대법원은 역부인격부인론의 수용여부를 명시적으로 밝히지는 않고 다만, 원장이 이미 설립되어 있던 피고 재단에게 채무를 면탈할 목적으로 자신의 재산을 이전하였다는 것 자체가 재단법인의 법인격을 부정할 만한 남용행위라고 단정할 수 없고 원장과 피고 재단사이의 업무 및 재산혼용의 정도, 법인격 형해화에 대한 거래상대방인 원고의 인식이나 신뢰 유무 등을 고려하여 볼 때 원장이 자신에 대한 법적 책임을 회피하기 위한 수단으로 법인 제도를 남용하였다고 보기 어렵다는 이유로 원심판결을 파기·환송하였다.[261]

Ⅶ. 법인의 활동에 관한 문제

[참고문헌]

고규정, "종단에 등록된 사찰의 주지의 지위에 관한 소의 적법성 : 판례로 본 법원이 종교단체 내부의 징계처분의 당부를 판단할 수 있는 경우 -연구대상판결 : 대법원 2005. 6. 24. 선고 2005다10388 판결-, 「판례연구」 제18집 (2007); 김연미, "유동화회사의 인식의 귀속문제", 「상사법연구」 제32권 제4호 (2014); 남대하, "법인대표자가 법인 직원과 공동으로 불법행위를 한 경우 법인의 인식에 관한 검토", 「재판과 판례」 제13집 (2005); 박상근, "사원의 제명", 「사법행정」 제39권 제12호 (1998.12), 한국사법행정학회, 17~30면; 박상근, "합자회사 사원의 일괄제명", 「상사판례연구」 제1권 (1996); 박종희, "노동조합의 통제권의 법적 기초와 사법심사의 범위", 「노동법학」 제9호 (1999); 박종희, "사단의 구성원에 대한 통제권의 법적 기초와 사법심사의 범위", 「안암법학」 제7호 (1998); 송호영, "법인의 대표자가 자신이 대표하는 법인에 대해서 불법행위를 한 경우에 법인의 인식여부 -우리나라 판례를 중심으로-", 「저스티스」 통권 제82호 (2004); 송호영, "법인의 활동과 귀속의 문제 -법인본질논쟁의 극복을 위한 하나의 시론-", 「민사법

260 서울고등법원 2009. 9. 3. 선고 2008나116609 판결.
261 대법원 2010. 1. 28. 선고 2009다73400 판결.

학」 제31호 (2006); 송호영, "소속사원에 대한 단체의 징계권에 관한 연구", 「재산법연구」 제26권 제2호 (2009); 송호영, "스포츠단체의 선수징계에 대한 법적 문제", 「스포츠와 법」 제11권 제1호 (2008); 송호영, "이른바 인식의 귀속(Wissenszurechnung)에 관하여 -법인의 경우를 중심으로-", 「비교사법」 제8권 제1호 (2001); 오시영, "민사소송절차와 교회 내부 징계절차 및 행정쟁송절차의 비교 검토", 「민사소송」 제12권 제1호 (2008); 이병준, "법인에 있어서의 인식의 귀속과 인식의 책임 -대표권남용시 인식귀속 부정여부와 저장된 정보에 대한 인식책임을 중심으로", 「민사재판의 제문제」 제20권 (2011); 이중기, "법인에서의 인식의 귀속과 이익충돌의 인식: 거래 회사에서의 정보차단장치의 효력을 중심으로", 「법학」 제55권 제4호 (2014); 이진만, "불법행위의 피해자인 법인의 법률상 대리인이 법인에 대한 관계에서 배임적 대리행위를 하는 경우, 그 법률상 대리인의 인식(악의)을 법인에게 귀속시킬 수 있는지 여부", 「대법원판례해설」 제57호 (2006); 정신동, "인식 귀속의 법률상 기본규범으로서 민법 제116조 제1항에 대한 연구", 「민사법학」 제83호 (2018); 조윤신, "단체의 임원에 대한 명예훼손과 단체구성원에 대한 제명처분", 「대법원판례해설」 통권 제51호(2004 하반기) (2005)

1. 법인의 활동과 귀속

가. 법인의 활동의 의미

민법은 자연인 이외에 법인을 권리주체로 인정하고 있는바, 법인을 권리주체로 인정하였다는 것은 법인도 자연인과 마찬가지로 법적인 활동에 참여할 수 있고 그에 따른 법률효과도 자연인과 구별없이 법인에게 주어지게 됨을 의미한다. 즉 가족법상 제도(예, 혼인, 유언, 입양 등)와 같은 자연인의 천연적 성질을 전제로 한 것을 제외하고는 민법상의 모든 제도가 법인에게도 그대로 적용된다. 그런데 민법상 인정된 각종의 제도는 권리주체의 의욕·인식·소지·표시·행위 등 다양한 활동요소들을 매개로 하여 구성되어 있는데,[262] 그러한 요소들은 모두 자연인의 활동을 전제로 하는 것들이다. 예컨대 표의자의 진의아님을 "알았거나 알 수 있었을" 경우나(본법 제109조), 물건을 사실상 지배하여 "점유"한다든지(본법 제192조, 제197조 제1항), 고의·과실로 타인에게 손해를 가하는 "행위"(본법 제750조) 등은 모두 자연인의 인식·점유·행위 등을 상정하여 그에 대해 일정한 법률적인 효과를 부여한 것이다. 그렇다면 민법상 자연인 이외의 또 다른 권리주체인 법인에 있어서는 민법상 각종의 제도들이 요구하는 다양한 활동요소들이 어떻게 표출되는가? 민법에는 이에 관한 별다른 언급이 없다. 다만 본법 제58조는 "이사는 법인의 사무를 집행한다"고 하고, 본법 제59조 제1항에서는 "이사는 법인의 사무에 관하여 각자 법인을 대표한다"고 하며, 본법 제35조 제1항 전단에서는 "법인은

262 이를테면 점유취득시효의 경우에는 소유의 "의사", 타인부동산이라는 사실에 대한 "부지", 일정기간의 "점유", 등기청구권의 "행사" 등의 일련의 요소들로 구성되어 있다.

이사 기타 대표자가 그 직무에 관하여 타인에게 가한 손해를 배상할 책임이 있다"고 정하고 있다. 이에 의하면 법인에 있어서는 법인의 적법한 사무뿐만 아니라 손해배상을 야기하는 위법한 행위도 법인을 대표하는 이사를 통하여 이루어지게 된다. 그렇지만 그러한 몇몇 조항으로부터 법인의 활동이 현실화되는 메카니즘, 즉 법인의 활동이 법인을 대표하는 이사를 통하여 어떻게 이루어지고 그러한 이사의 활동요소로 말미암아 왜 법인에게 일정한 법률효과가 주어지게 되는지를 파악하기는 매우 어려우며, 그러한 법인의 활동원리에 관한 설명은 결국 학설에 의존할 수밖에 없다. 그런데 법인의 활동을 설명하는 종래의 학설은 다음과 같은 문제점이 있다.

종래의 학설은 법인의 활동을 지나치게 법인본질론과 결부시켜 설명하고 있는데, 이는 방법론상으로나 현실적인 문제해결에 있어서도 적절치 않다. 종래의 학설은 법인의 본질에 관하여 법인의제설과 법인실재설을 대립시켜놓고 법인의제설에 의하면 법인의 행위능력·불법행위능력이 부정되는 반면, 법인실재설에 의하면 법인에게도 그러한 능력이 긍정되는 것으로 도식화한다. 그러나 그러한 법인본질론은 원래의 주장자의 의도와는 달리 후세 학자들에 의해서 법인의제설 혹은 법인실재설이라고 명명되면서 강학상의 필요에 따라 논리적으로 다듬어진 것일 뿐이며, 실제적인 법인의 활동메카니즘을 설명하는데 한계가 있다. 또한 종래의 학설은 법인의 활동문제를 법인의 행위능력 또는 불법행위능력의 문제로 국한해서 다루어왔는데, 법인의 경우에는 그 외에 인식이나 점유와 같은 활동요소들도 자연인의 그것과는 동일하게 볼 수 없는 어려운 문제들을 안고 있다. 그래서 종래의 법인본질론의 관념에서 벗어나서 새로운 시각에서 법인의 활동성에 대해 종합적으로 설명할 수 있는 도구가 필요한데, 그것은 귀속(Zurechnung)의 관점에서 법인의 활동문제를 풀어가는 것이다.

나. 기관인의 활동에 대한 이해

오늘날 법인의 실재성에 대해서는 더 이상 논란의 여지가 없다. 그러나 법인이 실재한다고 하더라도 실제로 법인이 어떻게 법적인 활동을 수행해나갈 수 있는 지는 또 다른 차원의 문제이다. 법인은 조직상 집행기관, 의사결정기관, 감독기관 등으로 구성되는데, 법인의 실질적인 활동은 기관의 구성원, 즉 기관인(機關人, Organperson)을 통하여 이루어진다. 이때 법인의 활동과 관련하여 법인과 기관인의 관계를 어떻게 볼 것인가에 대해서 독일학계에서는 학설상의 논쟁이 있다. 이른바 법인의제설에 기초한 대리설(代理說, Vertretertheorie)과 법인실재설에 터잡은 기관설(器官說, Organtheorie)이 그것이다. 현재 독일학계의 주된 경향은 기관설에 치우치는 편이다.[263] 그것은 기관설이 법인의 활동가능성을 간단하게 설명해주는 논리적인 편리함 때문이다. 즉 기관설의 요지는 법인의 기관인은 자연인의 수족(手足)이나 장기(臟器)와 마찬가지로 법인의 구성조직상 기관(器官)의 일부이므로, 기관인의 행위는 곧 법인 스스로의 행위라는 것이다. 그에 반해 대리설은 법인은 스스로 의욕하거나 행위를 할 수 없지만 대리인(즉 기관인)을 통해서 활동을 현실화할 수 있다고 한다. 그러나 이러한 학설들은 강학상의 설명모델에 불과할 뿐, 실제상의 차이는 별로 없다.[264]

법인의 기관을 대리의 일종으로 보든 혹은 인간의 수족과 같은 기관(器官)의 일종으로 보든, 법인의 활동은 자연인으로 구성된 기관(機關)의 활동을 매개로 하여 이루어진다는 것에 대해서는 이론이 없다. 이때 기관인의 활동을 법인의 것으로 보는 이유는 기관인의 활동 자체가 법인 스스로의 활동이기 때문이 아니라, 기관인의 일정한 활동을 법인의 활동으로 귀속(Zurechnung)시킬 수 있기 때문이다. 이것은 기관인의 모든 활동이 자동적으로 법인 자신의 것으로 인정되는 것이 아니라, 일정한 요건하의 기관인의 활동에 한해서 법인의 활동으로 인정됨을 의미한다. 기관인의 어떤 활동이 법인의 것으로 인정되느냐 하는 것은 사실적인 문제가 아니라, 규범적인 문제이다. 즉 법인의 활동을 매개하는 어떤 자연인의 행위를 법인의 것으로 보아야 하는 이유에 관한 정당성을 찾는 문제이다. 대리설이나 기관설의 의미는 법인이 스스로 움직이느냐 타인을 통해 움직이느냐의 문제가 아니라, 기관인의 활동을 법인의 것으로 귀속시킬 수 있는 논리적인 근거를 설명하는 방법상의 차이에 불과하다. 요컨대 법인의 현실적인 활동은 법인의 기관을 구성하는 자연인(즉 기관인)의 활동을 전제로 하며, 기관인의 활동이 법인 자신의 것으로 인정되는 이유에 대해서 법인의 기관을 대리로 보든 혹은 기관으로 보든, 양자 모두 종국적으로 일정한 기관의 활동을 법인의 것으로 귀속시킴으로써 법인의 활

263 예컨대 Soergel-Hadding, § 31 Rz. 1; MünchKomm-Reuter, § 26 Rz. 11; Palandt-Heinrichs, § 31 Rz. 1; Karsten Schmidt, Gesellschaftsrecht, S. 254; Heinz Hübner, AT des BGB, S. 117 등.

264 Uwe John, Die organisierte Rechtsperson, Berlin 1977, S. 230; Michael Martinek, Repräsentantenhaftung, Berlin 1979, S. 45; Wolfram Müller-Freienfels, „Haftungsverterter“ und Stellvertreter, Festschrift für Heinz Hübner zum 70. Geb., Berlin u.a. 1984, S. 637; Detlef Kleindiek, Deliktshaftung und juristische Person, Tübingen 1997, S. 171.

동이 이루어지는 것으로 보는 점에서는 차이가 없다.[265]

다. 법인활동의 귀속

현행법에서 "귀속"에 대한 정의는 없지만, 법률용어로서 귀속(Zurechnung)이란 다른 권리주체(乙)에 의해서 형성된 전부 혹은 일부의 구성요건요소를 전체적인 형상에서(im Rahmen einer Gesamtschau) 특정한 권리주체(甲)의 것으로 부가(Addition)시키는 법리라고 말할 수 있다.[266] 이때 귀속의 대상이 되는 구성요건요소는 비단 작위·부작위와 같은 외부적 행위뿐만 아니라 의욕이나 인식과 같은 내부적 용태도 포함된다.

원래 법은 자기책임(Selbstverantwortung)의 원칙을 기본으로 하기 때문에, 원칙적으로 자신의 행위와 관련한 구성요건요소에 한해서만 자신에게 그 효과가 귀속된다.[267] 따라서 다른 권리주체에 의한 구성요건요소를 특정한 권리주체의 것으로 돌릴 수 있기 위해서는 그에 관한 법적인 근거가 있어야만 하는데, 그러한 귀속을 가능케 하는 근거규정을 귀속규범(Zurechnungsnorm)이라고 한다.[268] 이러한 귀속규범들은 그 귀속의 내용이 되는 해당규범(bezogene Norm)과 결합하여 권리주체에게 법률효과를 부여하게 된다. 예컨대 대리인에 의한 매매계약체결에 있어서 매매계약의 효과(해당규범: 본법 제568조 이하)는 본법 제114조(귀속규범)에 의해서 본인에게 귀속한다.

법인의 활동과 관련하여 보면, 기관인의 활동은 귀속규범에 의해서 법인 스스로가 활동한 것과 같은 법률효과가 주어진다. 예컨대 법인의 대표이사가 행한 불법행위로 말미암아 민법 제35조에 의해서 법인에게 손해배상의무가 발생하는

265 Kleindiek, Deliktshaftung und juristische Person, S. 177. 또한 백태승, 민법총칙, 집현재(2016), 190은 법인본질론에 관한 태도는 실제 문제해결에 있어서는 결정적인 차이가 없다고 하면서, 그 이유에 대해서 "법인실재설의 입장에 있더라도 법인이 현실적으로 자연인인 기관을 통하여 활동하는 점을 부인하는 것은 아닐 뿐만 아니라 이와 같은 자연인의 행위의 결과가 법인의 행위로 인정되기 위하여는 법적 평가가 당연히 필요하다는 점을 인정하여 이는 결국 법인의제설에 접근하기 때문"이라고 한다.

266 Reinhard Bork, Zurechnung im Konzern, ZGR 2/1994, 238: ders., AT des BGB, Tübingen 2001, S. 487.

267 Jesco Rosenmüller, Zurechnung im Konzern nach bürgerlich-rechtlichen Grundsätzen, insbesondere bei rechtsgeschäftlicher Betätigung eines Konzerngliedes, Göttingen 2001, S. 7.

268 Medicus, AT des BGB, S. 348. 이를테면 법인의 대표기관이 행한 불법행위에 대해서 법인이 책임을 지도록 한 제35조 제1항, 대리인이 행한 법률행위의 효과가 본인에게 귀속하도록 규정한 제114조 제1항, 점유보조자의 물건의 사실상의 지배에 따른 점유의 효과는 점유주에게 귀속하도록 정한 본법 제195조, 이행보조자의 고의·과실을 채무자의 것으로 보는 본법 제391조 및 피용자의 위법행위에 대해서 사용자의 책임의무를 정한 본법 제756조 등이 이에 해당한다.

것이다. 그런데 귀속규범에 의하더라도 기관의 모든 활동이 법인의 것으로 귀속되지는 않고 일정한 기관의 활동만이 법인의 것으로 귀속된다.[269] 귀속규범의 합리적인 적용과 해석을 위해서는 귀속규범이 기관의 활동을 법인의 것으로 귀속시키는 목적과 근거가 제시되어야 한다. 기관의 활동을 법인에게 귀속시키는 목적(Zurechnungszweck)은 법인과 법률관계를 형성한 상대방이 자연인과 법률관계를 형성한 경우에 비해 불리한 지위에 서지 않도록 하기 위함이다. 이것은 곧 법인의 입장에서도 자연인과 비교할 때 동등한 법적 효과를 받게 됨을 의미한다.[270] 일반적으로 타인의 행위에 대한 귀속을 인정하는 이유는 타인의 활동을 통하여 자신의 이익범위를 넓히는 자에 대해서는 그에 비례하여 타인활동으로 인한 불이익도 감수하도록 하는 것이 공평의 원칙에 부합하기 때문이다. 이를 일명 수익·부담의 원칙(Nutzen-Lasten-Prinzip) 혹은 유·불리(有·不利)의 공식(Vorteil-Nachteil-Formel)이라고 하는데,[271] 법인의 경우도 법인을 위해 행위하는 기관인의 규모에 비례하여 활동범위가 넓어진 만큼 그에 상응하는 부담도 법인에게 귀속하도록 하는 것이, 상대방입장에서나 법인스스로의 입장에서도 귀속의 목적에 부합하는 것이다. 기관의 활동이 법인의 것으로 귀속이 인정되는 근거(Zurechnungsgrund)에 대해서는 기본적으로 민법 제59조 제2항의 "법인의 대표에 관하여는 대리에 관한 규정을 준용한다"는 규정에서 찾아야 한다. 즉 대리에 관한 규정 중에서도, 특히 민법 제114조가 준용되어 법인의 대표(대리인)가 그 권한 내에서 법인(본인)을 위해 한 활동은 법인(본인)에게 그 효과가 귀속하게 된다. 법인의 대표에 관해서 대리규정이 준용된다고 하더라도 법인의 대표가 본래 의미의 대리와 같은 성질을 갖는 것은 아니다. 본법 제59조 제2항은 제114조로부터 대표기관의 활동의 효과가 법인에게 귀속하는 메카니즘을 준용하려는 것일 뿐, 법인의 대표기관의 활동이 법률행위에 한정되는 것으로 정하려는 것이 아니다.[272] 따라서 대표기관이 하는 법률행위뿐만 아니라 대표기관의 인식, 점유 및 불법행위 등도 모두 대리의 귀속원리에 준하여 법인의 것으로 귀속하게 된다는 점에서 본래 의미의 대리와는 차이가 있

269 이를테면 본법 제35조에서는 직무범위에 관한 기관의 행위만이 법인의 것으로 귀속된다.

270 이것을 Martinek, Repräsentantenhaftung, S. 32에서는 자연인과 법인간의 법적 지위의 동화기능(同化機能, Angleichungsfunktion)이라고 칭한다.

271 Martinek, Repräsentantenhaftung, S. 22.

272 반대 의견 유성균, "법인의 불법행위와 표현대리", 사법논집 제7집(1976), 21은 대표에 관한 대리규정의 적용을 대표자의 "법률행위"에 한정시킨다.

다.

요컨대 우리 민법은 대리법리의 준용을 통하여 법인의 기관의 활동이 법인에게로 귀속되는 근거를 제시하고 있다. 이것은 기관의 모든 활동이 곧바로 모두 법인의 것으로 귀속되는 사실적인 것이 아니라, 기관이 행한 활동이 대표권을 근거로 행하여진 것인지의 평가에 따라 귀속여부가 결정된다는 규범적인 의미가 있다. 현실적으로는 특히 법인의 대표기관이 법인을 위해서가 아니라 자신 혹은 제3자를 위해서 활동하였을 때에도 언제나 법인에게 그에 따른 법률효과가 귀속되어야 하는가라는 문제에서 대표권은 중요한 해석의 기준으로 작용하게 된다.

2. 법인의 점유

가. 법인에 있어서 점유의 특성

비록 법인의 점유에 관한 명문의 규정이 없음에도 불구하고, 법인은 기관을 통하여 점유를 할 수 있다는 것에 대해서는 이론이 없다. 다만 기관의 점유를 어떻게 이해할 것인가에 대해서는 약간의 이견이 있다. 우리나라의 통설은 법인의 기관이 직무를 수행함에 있어서 물건을 사실상 지배하게 될 경우에 이를 곧 법인 자체의 점유로 본다.[273] 이때 점유관계에 있어서 법인의 기관은 법인의 점유보조자가 아니라는 점에 일치한다.[274] 독일의 통설도 법인의 기관이 자신의 업무범위 내에서 사실상 물건을 지배하는 경우에는 법인이 직접 점유를 하는 것으로 본다.[275] 또한 이때 법인의 기관은 점유보조자도 혹은 점유매개자도 아니라고 한다.[276] 결과적으로는 위의 통설의 주장이 타당하지만, 그 근거에 대해서 약간의 보충적인 설명이 필요하다. 일부 학설은 법인의 본질에 관하여 법인실재설을 취한 당연한 결과로 법인자체의 점유를 인정할 수 있다고 설명하지만,[277] 이러한 주장은 법인의 실재성의 의미를 과장하거나 법인의 법기술적 특성을 경시하고 있

273 곽윤직/김재형, 물권법, 박영사(2015), 191; 김용한, 물권법론, 박영사(1993), 189; 김증한/김학동, 물권법, 박영사(1997), 195; 김상용, 물권법, 법문사(1999), 269; 이영준, 물권법, 박영사(2009), 331; 이상태, 물권법, 법원사(2004), 165; 이은영, 물권법, 박영사(2006), 347 등.

274 다만 이은영, 물권법, 박영사(2006), 347은 "법인과 대표기관의 관계는 마치 점유주와 점유보조자의 관계와 유사하다"고 한다.

275 Baur/Stürner, Sachenrecht, 17. Aufl.(1999), S. 72; Westermann/Gursky, 7. Aufl.(1998), S. 127; MünchKomm-Joost, § 854 Rn. 15 ff.; StaudingerKomm-Bund, § 854 Rn. 58; SoergelKomm-Stadler, § 854 Rn. 14; AnwaltKomm-Hoeren, § 854 Rn 14.

276 Ernst Wolf, Sachenrecht, 2. Aufl.(1979), S. 86는 법인의 기관을 점유매개자(Beseitzmittler)라고 주장한 바 있지만, 오늘날에는 이를 추종하는 견해를 더 이상 찾아볼 수 없다.

277 김상용, 물권법, 법문사(1999), 269; 이상태, 물권법, 법원사(2004), 165 등.

다. 어느 권리주체에게 점유를 인정하기 위해서는 물건에 대한 사실상의 지배와 점유설정의사가 필요한데, 법인의 경우에는 실제로 법인에게 고유한 사실상의 지배 혹은 점유설정의사를 생각할 수 없다. 그러나 일정한 자연인의 사실상의 지배와 점유설정의사를 법인의 것으로 귀속(Zurechnung)시킴으로써 법인의 점유를 현실화시킬 수는 있는 것이다.[278] 이때 법인에게로 귀속가능한 점유란 바로 기관의 점유(Organbesitz)를 의미한다. 요컨대 법인은 기관이 행하는 물건에 대한 사실상의 지배와 점유설정의사를 법인 자신의 것으로 귀속시킴으로써 법인의 점유를 실현하게 된다. 이것은 법인의 존재를 의제(Fiktion)로 보는 것과는 아무런 상관이 없으며, 법인의 점유가 실제로 이루어지는 메카니즘을 설명하는 것뿐이다.

나. 적용범위

1) 인적 범위

법인의 점유는 법인 스스로의 물건에 대한 지배가 아니라, 기관의 점유를 법인의 것으로 귀속시키는 문제임은 위에서 살펴보았다. 그런데 어떠한 기관의 점유를 법인의 점유로 귀속시킬 수 있는가에 대해서는 견해가 갈린다. 즉 대표기관이 직무를 수행함에 있어서 물건을 사실상 지배함으로써 점유를 취득한 경우에 한하여 법인의 점유로 인정하는 견해,[279] 대표기관에 한정하지 않고 법인의 모든 기관이 법인을 위하여 물건을 사실상 지배하면 법인의 점유로 된다는 견해[280] 및 점유는 법률행위가 아니라 사실행위이므로 대표기관뿐 아니라 그 직원의 사실상 지배에 의해서도 법인의 점유가 인정된다고 하는 견해[281]가 그것이다. 생각건대 첫 번째 견해가 타당하다. 그 이유는 만약 다른 기관이나 직원의 사실상 지배에까지 법인의 점유를 인정하면 자연인의 점유와 비교할 때 법인의 점유가 지나치게 확장되어 양자간의 균형이 맞지 않게 된다. 법인의 점유가 확장되는 것은 법인에게 반드시 유리한 것만은 아니며, 오히려 법인이 자신의 점유를 상실할 위험도 그만큼 커지게 된다.[282] 따라서 법인의 대표기관 이외의 기관이나 직원의 점유는 법

[278] Flume, Personengesellschaft, S. 79; MünchKomm-Joost, § 854 Rn. 17; Ralph Westerhoff, Organ und (gesetzlicher) Vertreter, München 1993, S. 161 등.

[279] 김용한, 물권법론, 박영사(1993), 189; 김상용, 물권법, 법문사(1999), 269; 이영준, 물권법, 박영사(2009), 331; 이상태, 물권법, 법원사(2004), 165.

[280] 곽윤직/김재형, 물권법, 박영사(2015), 191; 김증한/김학동, 물권법, 박영사(1997), 195.

[281] 이은영, 물권법, 박영사(2006), 347.

[282] 가령 법인에 근무하는 직원의 사실상의 지배를 법인의 점유로 보게 되면, 그 직원이 점유하던 물건을 자신의 것으로 하겠다고 마음먹는 순간 법인은 곧바로 점유를 상실하게 된다.

인 스스로의 점유가 아니라, 점유보조자의 사실상의 지배로 보는 것이 타당하다. 독일에서도 법인의 점유로 귀속되는 기관의 점유(Organbesitz)란 대표기관(Vertretungsorgan)[283] 혹은 집행기관(Geschäftsführungsorgan)[284]이 직무범위 내에서(innerhalb seines Aufgabenbereichs) 하는 점유를 의미한다. 직무범위 내에서 하는 점유란 기관이 법인의 대표로 하는 점유를 말하며, 만약 대표기관의 점유라고 하더라도 이사가 자신을 위한 점유로 삼는 순간(예, 횡령 등) 법인은 점유를 상실하게 된다.[285]

대표기관이 직무범위에서 행한 점유의 법적 효과는 전적으로 법인에게 귀속되므로, 기관인은 사실상의 지배에도 불구하고 법적인 의미에서 점유자가 아니다.[286] 그러한 점에서 대표기관의 점유는 점유보조자와 유사한 면이 있음은 사실이다. 그러나 법인의 대표기관은 법인의 점유를 위해서 직접 점유보호청구권을 행사할 수 있는데 반하여 점유보조자는 이를 행사할 수 없다는 점에서 차이가 있다. 법인의 대표기관이 법인의 점유를 위하여 점유보조자(예, 법인의 직원 등)를 둘 수 있음은 물론이다. 법인의 점유보조자는 대표기관의 지시에 따라 물건을 사실상 지배하게 되며, 그에 따른 점유의 효과는 법인에게 귀속된다.

대표기관을 통한 점유에 있어서 법적으로 점유자는 엄연히 법인이므로, 어느 한 사람이 동시에 여러 법인의 대표로서 점유를 할 수도 있다. 예컨대 甲이 모두 1인 회사인 A 회사, B 회사 및 C 회사의 대표이사 자격으로 세 개의 회사를 위해 하나의 사무실을 임차하여 사용하고 있다면, 사무실에 관하여 A, B, C 회사가 공동점유를 하게 되고, 이 경우에도 甲 자신은 점유자가 아니다.[287]

2) 법인이외의 단체

이상에서 살펴본 법인에 있어서 점유의 특수한 성질은 법인아닌 단체에도 적용이 될 수 있는지가 문제된다. 우선 권리능력없는 사단에 있어서는 직무수행을 위해서 대표기관이 하는 물건의 사실상 지배는 권리능력없는 사단 자체의 점유로 귀속될 수 있다.[288] 통설은 법인아닌 사단과 재단에 대하여는 그 성질에 반하지

283 Westermann/Gursky, S. 126.
284 MünchKomm-Joost, § 854 Rn. 17.
285 Karsten Schmidt, Gesellschaftsrecht, S. 267.
286 MünchKomm-Joost, § 854 Rn. 19.
287 Karsten Schmidt, Gesellschaftsrecht, S. 267.
288 AnwaltKomm-Hoeren, § 854 Rn 14.

아니하는 한 법인에 관한 규정을 준용할 수 있다고 하는바, 법인의 점유에 관한 특성이 권리능력없는 사단 또는 재단의 점유에 관해서도 그대로 적용될 수 있다고 할 것이다. 판례도 종단에 등록된 일반적인 사찰은 독자적인 권리능력과 당사자능력을 가진 법인격없는 사단이나 재단이라 할 것이므로, 그 사찰의 토지 및 건물을 점유하고 있는 자는 사찰자신이고 그 주지의 지위에 있는 자가 그 토지와 건물을 점유하는 것은 아니라고 판시함으로써, 권리능력없는 사단 자체의 점유를 인정한 바 있다.[289]

문제는 법인의 점유의 특성이 민법상 조합에도 적용될 수 있는가 하는 점이다. 즉 조합의 경우에도 조합을 대리하는 조합원의 점유를 통한 조합 자체의 점유를 인정할 것인가 아니면 조합자체의 점유는 부정되고 조합원만의 점유를 인정할 것인가 하는 문제이다. 이것은 현재 독일에서도 논쟁이 심한 문제 중의 하나이다. 이는 곧 조합의 권리주체성을 어떻게 이해하는가와 밀접한 관련이 있다. 과거 독일의 판례는 조합의 점유를 부정하였지만,[290] 최근에는 조합을 대표하는 조합원의 점유를 조합자체의 점유로 귀속시킴으로써 이를 긍정하고 있으며,[291] 학설도 대체로 이를 지지하고 있다.[292] 이에 관한 우리의 학설과 판례는 찾아볼 수 없지만, 조합을 단순한 계약상의 객체가 아니라 일정한 권리주체성을 가진 단체로 본다면 조합의 경우에도 법인의 점유에 관한 특성이 적용될 수 있다고 생각한다.

3. 법인의 인식

가. 인식규범과 법인의 인식

법은 외부적으로 나타난 권리주체의 특정한 행위(Verhalten)에 대한 법적 가치판단을 통하여 일정한 법률효과를 부여한다. 이러한 행위를 외부적 용태(容態)라고 한다. 흔히 법적인 의미를 갖는 권리주체의 행위는 외부적 용태에 한하며, 관념 또는 인식이나 의사와 같은 이른바 내부적 용태는 원래 법적 의미를 갖지 않고, 다만 법이 "예외적으로" 법률상의 의미를 인정하고 있다고 설명한

289 대법원 1996. 1. 26. 선고 94다45562 판결.

290 BGHZ 86, 340, 341 = NJW 1983, 1123, 1124.

291 BGHZ 146, 341 = BGH NJW 2001, 1056 ff.

292 Karsten Schmidt, NJW 2001, 993; Ulmer, ZIP 2001, 585; Habersack, BB 2001, 477, 479; Hadding, ZGR 2001, 712, 723; Gesmann-Nuissl, WM 2001, 973; Petersen, Jura 2002, 255, 257; Pohlmann, WM 2002, 1421, 1428.

다.[293] 그러나 현행 민법전을 살펴보면 "예외적"이라는 표현이 무색할 만큼 권리주체의 인식과 관련한 규정들이 많이 산재해 있음을 알 수 있다.[294] 이러한 사정은 상법전의 경우에도 마찬가지이다.[295] 이처럼 권리주체의 주관적 인식 혹은 인식가능성의 여부에 따라 법률효과가 영향을 받게 됨을 정한 규정들을 인식규범(Wissensnorm)이라고 한다.[296]

그런데 이러한 인식규범들은 대개 자연인 특히 한 개인의 단순하고 직접적인 행위를 상정한 것이다. 자연인의 인식여부가 법적으로 문제된 경우에는 그의 실제적인 인식여부 또는 인식가능성에 대한 입증만이 문제될 뿐이다. 그에 반해서 법이 인정하는 또 다른 권리주체인 법인의 경우에도 위의 인식규범은 그대로 적용되겠지만, 자연인의 경우와는 다른 복잡한 문제를 내포하고 있다. 즉 법인의 경우는 조직상 업무의 관할이 종횡으로 나누어지는데, 법인의 구성원 중에서 누가 그리고 언제 인식한 것을 법인이 인식한 것으로 인정할 수 있는가 하는 점이 문제된다. 이에 대해서는 원칙적으로 법인의 대표자가 인식한 것이 법인이 인식한 것으로 인정된다 할 것이다. 이러한 원칙론에도 불구하고 법인의 인식에 관해서는 실제로 단순하게 보아 넘길 수 없는 어려운 문제들이 많이 있다. 이를테면 대표자 이외의 다른 조직원이 인식한 것은 법인의 인식으로 볼 수 없는 것인지, 대표자가 업무 중에 인식한 것이 아니라 사적인 영역에서 인식한 것도 법인이 인식한 것으로 보아야 하는 지, 혹은 퇴사한 전임 대표자가 인식한 것도 현재의 법인이 여전히 인식한 것으로 인정되는지 등이 문제된다. 나아가 법인의 조직 내

293 곽윤직/김재형, 민법총칙, 박영사(2013), 248; 이영준, 민법총칙, 박영사(2007), 103 등.

294 이를 열거해보면 ① "~을 알았거나 알 수 있었을 경우"(본법 제107조 제1항 등), ② "선의 ~"(본법 제29조 등), ③ "알지 못한 ~" (본법 제113조 등), ④ "악의 ~" (본법 제197조 제2항 등) 또는 "~아니함을 안 때에"(본법 제571조 제2항), ⑤ "~ 안 날로부터"(본법 제406조 제2항 등) 등이 그것이다. ⑥ 기타 본법 제245조의 "소유의 의사", 본법 제406조 제1항의 해의("해함을 알고" 및 "해함을 알지 못한"), 본법 제559조 제1항 "알고 ... 고지하지 아니한 때", 본법 제584조 "알고 고지하지 않은" 등이 있다.

295 상법에서 나타난 표현들을 보면 ① 선의(본법 제8조 제2항 등), ② 악의(본법 제14조 제2항), ③ 알 수 없는 때(본법 제138조 제3항 등), ④ 알지 못한 때(본법 제37조 제2항 등), ⑤ 알지 못하였다는 사유로(본법 제639조 제1항) 등이 있다.

296 인식규범(Wissensnorm)의 의미와 유형에 관해서는 Dieter Medicus, Probleme der Wissenszurechnung, Karlsruher Forum 1994, Versicherungsrecht Sonderheft 1994, S. 5 이하, Marcus Baum, Die Wissenszurechnung, Berlin 1998, S. 33 이하 및 Petra Buck, Wissen und juristischen Person, Tübingen 2001, S. 18 이하 참고. 특히 우리법에서의 인식규범에 관한 분류에 관해서는 송호영, "이른바 인식의 귀속(Wissenszurechnung)에 관하여 -법인의 경우를 중심으로-", 비교사법 8권 1호(2001, 6), 45 이하 참고.

에서 실제로 법률행위를 하는 자와 어느 사실을 인식한 자가 각각 다른 경우에 법인의 인식은 어떻게 보아야 하는지,[297] 혹은 법인의 조직상 각각의 부서에서 법률행위와 관계없이 산발적으로 인식한 내용이 결합하여 하나의 새로운 인식내용을 형성할 때에도 법인의 고유한 인식으로 인정될 수 있는지 등도 문제될 수 있다.[298]

나. 판례

우리 판례에서 법인의 인식에 관한 다양한 문제점들을 내포한 사례들은 보기 어렵다. 다만 법인의 대표자가 자신이 대표하는 법인에 대하여 불법행위를 한 경우에 법인의 인식여부가 문제된 사례들에서 법인의 인식문제에 관한 일단을 엿볼 수 있다.[299]

시(市)를 대표하여 시장이 토지매매계약을 체결하면서 배임행위가 됨을 알면서도 시가보다 고가로 토지를 매입하여 시에 손해를 끼친 사안에서, 판지가 분명한 것은 아니지만 대법원은 시의 착오취소주장을 배척하였는데, 비록 시장의 배임행위일지라도 시장(대표자)이 인식한 것이 시(법인)가 인식한 것으로 인정되는 한, 시는 착오를 일으킨 바 없다고 해석된다.[300]

금융기관의 대표자가 부당대출 등으로 자신이 대표하는 법인에 손해를 끼친 경우에 법인은 그 대표자를 상대로 불법행위에 기한 손해배상청구권을 행사할 수 있는데, 그러한 손해배상청구권은 피해자인 법인이 그 손해 및 가해자(여기서는 법인의 대표자)를 안 날로부터 3년간 이를 행사하지 아니하면 시효로 소멸하게 된다

297 독일에서는 이를 인식의 분열(Wissensaufspaltung)이라고 표현한다(예컨대, Petra Buck, a.a.O.., S. 312 이하 참고).

298 독일에서는 이를 부분인식(Teilwissen) 혹은 인식의 결합(Wissenszusammenrechnung)이라고 부른다(Pertra Buck, a.a.O., S. 326 이하 참고).

299 인식의 귀속에 관한 우리나라 판례의 분석으로는 송호영, "법인의 대표자가 자신이 대표하는 법인에 대해서 불법행위를 한 경우에 법인의 인식여부 -우리나라 판례를 중심으로-", 저스티스 제82호(2004, 12), 92 이하 참고; 남대하, "법인 대표자가 직원과 공동으로 불법행위를 한 경우 법인의 인식에 관한 검토", 대구판례연구회, 재판과 판례 제13집(2005, 1), 362 이하 참고.

300 대법원 1985. 4. 23. 선고 84다카890 판결. 흔히 이 사례는 착오로 인한 의사표시의 취소에 있어서 시가의 착오는 의사표시를 취소할 수 있는 중요부분의 착오가 아님을 확인한 판례로 인용되고 있다(고상룡, 민법총칙, 법문사(2003), 431; 김상용, 민법총칙, 법문사(2003), 492; 이영준, 민법총칙, 박영사(2007), 420 등. 이 판결에 대한 평석으로는 이치영, 민법판례해설 I, 118면 이하 참고). 그러나 이 판결의 실제 쟁점은 시가의 착오가 법률행위내용의 중요부분의 착오에 해당하는지가 아니라, 비록 대표자의 배임행위로 말미암은 것이더라도 대표자가 사정을 인식한 경우에는 과연 법인이 착오를 일으킨 것으로 볼 수 있느냐 하는 것이다. 인식의 귀속관점에서 이 판결을 평석한 것으로는 송호영, "법인의 대표자가 자신이 대표하는 법인에 대해서 불법행위를 한 경우에 법인의 인식여부 -우리나라 판례를 중심으로-", 저스티스 제82호(2004, 12), 95 이하 참고.

(본법 제766조 제1항). 여기서 법인이 그 손해 및 가해자를 안 것으로 보는 시점을 언제로 정하느냐가 문제된 사안에서 판례는 "법인의 경우 불법행위로 인한 손해배상청구권의 단기 소멸시효의 기산점인 '손해 및 가해자를 안 날'이라 함은 통상 대표자가 이를 안 날을 뜻하지만, 법인의 대표자가 가해자에 가담하여 법인에 대하여 공동불법행위가 성립하는 경우에는, 법인과 그 대표자는 이익이 상반되므로 현실로 그로 인한 손해배상청구권을 행사하리라고 기대하기 어려울 뿐만 아니라 일반적으로 그 대표권도 부인된다고 할 것이므로, 단지 그 대표자가 손해 및 가해자를 아는 것만으로는 부족하고, 적어도 법인의 이익을 정당하게 보전할 권한을 가진 다른 임원 또는 사원이나 직원 등이 손해배상청구권을 행사할 수 있을 정도로 이를 안 때에 비로소 위 단기시효가 진행한다고 해석함이 상당하다"고 판시하였다.[301]

한편 법인의 대표자가 자신이 속한 법인에 대하여 불법행위를 한 경우에, 법인이 그 대표자의 신원보증인에게 신원보증계약상의 책임을 묻기 위해서는 법인은 신원본인(여기서는 법인의 대표자)이 불법행위를 한 사실을 통지해주어야 하는데(신원보증법 제4조), 이 경우에 피해자인 법인이 언제 그러한 사실이 발생했음을 인식한 것으로 보고 그에 따라 법인에게 통지의무가 발생했다고 보아야 하는지가 문제된 사안에서, 판례는 "법인 대표자를 피보증인으로 하는 신원보증에 있어서 대표자가 자신의 불법행위를 안 경우에도 법인이 그 사실을 안 것으로 보지 않을 수 없고, 이 경우에 대표자가 아닌 다른 임원이나 직원이 그 불법행위를 안 때에 비로소 법인의 통지의무가 발생하는 것으로 해석할 것은 아니다"라고 판시하였다.[302]

또한 판례는 새마을금고가 이사회의 의결을 얻지 아니하고 소요자금을 차입하는 것은 새마을금고법의 관련규정에 위배되어 무효인데, 새마을금고의 이사장과 상무가 이사회의 의결을 얻지 아니하고 금융기관으로부터 자금을 차입하는 것이 무효라는 사정을 알고 있었으므로, 그 대출금 상당의 이익을 얻은 새마을금고는 악의의 수익자에 해당한다고 하고,[303] 어떤 불법행위자의 행위가

301 대법원 1998. 11. 10. 선고 98다34126 판결, 대법원 2002. 6. 14. 선고 2002다11441 판결.

302 대법원 2003. 5. 16. 선고 2003다5344 판결 및 대법원 2003. 5. 16. 선고 2003다9094 판결. 또한 대법원 1977. 6. 7. 선고 76다1853 판결, 대법원 1999. 8. 24. 선고 99다28340 판결, 대법원 1999. 8. 24. 선고 99다28340 판결 등도 같은 취지임.

303 대법원 2002. 2. 5. 선고 2001다66369 판결.

그 사용자인 가해 법인의 업무집행에 속하지 아니함을 그 피해 법인의 대표자가 알았다면 바로 그 피해 법인이 이를 알았다고 보아야 하므로 피해 법인으로서는 불법행위자의 사용자 법인에 대하여 사용자책임을 물을 수 없다고 하였다.[304] 나아가 판례는 피해자인 회사의 자금관리에 관한 포괄적인 대리권을 가지고 있던 경리이사가 증권회사 직원과 공모하여 피해자 회사의 자금으로 임의로 주식거래를 한 사안에서 증권회사 직원의 행위가 증권회사의 사무집행행위에 속하지 않는다는 것을 경리이사가 알고 있었으므로 피해자 회사도 이를 인식한 것으로 보아 피해자 회사의 증권회사에 대한 사용자책임을 부정하였다.[305]

다. 법인에 있어서 인식의 귀속

1) 법인에 있어서 인식의 의미

비록 자연인과 마찬가지로 법인의 존재성에 대해서는 의심할 여지가 없다고 하더라도 물리적인 측면에서 자연인의 행위와 법인의 행위가 이루어지는 과정을 똑같이 볼 수는 없다. 마찬가지로 인식에 있어서도 자연인의 인식과 법인의 인식을 동일시 할 수는 없다. 자연인의 경우 인식여부가 사실인정의 문제라면, 법인의 경우는 규범적 평가의 문제이다. 규범적인 평가란 "인식을 했다·안했다"의 문제라기보다 어떠한 상황에서 법인의 "인식으로 볼 수 있느냐·없느냐"의 문제라는 뜻이다. 다시 말하자면 자연인의 경우와는 달리 법인에 있어서 인식유무에 관한 문제는 실제로는 인식의 귀속여부(Wissenszurechnung)에 관한 문제이다. 즉 법인에 있어서 인식의 의미는 과연 법인 스스로가 인식을 하였느냐 그렇지 않느냐의 문제가 아니라, 어떤 자연인의 인식을 터잡아 그것을 법인이 인식한 것으로 귀속시킬 수 있느냐 그렇지 않느냐의 문제이다.

법인의 인식과 관련하여 중요한 쟁점은 법인의 인식을 귀속시킬 수 있는 법적 근거는 무엇인지, 그리고 과연 누구의 인식을 법인의 인식으로 귀속시킬 수 있는지에 관해서 등이다.

2) 학설

가) 독일학설의 상황

독일의 지배적인 견해는 법인에 있어서 인식의 귀속근거를 독일 민법 제166

304 대법원 2005. 3. 25. 선고 2005다558 판결.
305 대법원 2007. 9. 20. 선고 2004다43886 판결.

조에서 찾고 있다.[306] 독일 민법 제166조 제1항을 보면 "의사표시의 법적 효과가 의사의 흠결 또는 일정한 사정을 알았거나 알고 있어야 함에 의하여 영향을 받는 경우에는 본인이 아니라 대리인을 기준으로 이를 판단한다"고 규정한다. 한편 동조 제2항은 "법률행위에 의하여 대리권이 수여된 경우(임의대리권)에 대리인이 본인의 특정한 지시에 따라 행위를 한 경우에는 본인은 자신이 스스로 알았던 사정에 대하여 대리인의 부지를 원용할 수 없다. 알았어야 했던 것이 알고 있는 것과 동등시되는 한 본인이 알았어야 할 사정에 관하여도 또한 같다"고 규정한다. 이는 우리 민법 제116조 제1항 및 제2항과 그 궤를 같이 한다. 이 조문은 실제로는 권리주체의 "인식"에 관한 조문이 아니라, 법률행위라는 법률요건을 구성하는 법률사실로서 "의사표시"에 관한 조문이다. 그러나 학설은 독일 민법 제166조를 의사표시에 관한 것으로만 그 적용을 제한하지 않고 어떤 사정의 '인식' 전반에 관해서 이를 유추적용한다. 그리고 이 조문의 적용을 받는 인적범위는 원래 본인과 '대리인'사이의 관계를 전제로 한 것이었으나, 학설은 제166조 제1항을 대리인이 인식한 경우에 제한하지 않고 법인의 '기관'이 사정을 안 경우에도 적용하고 있다.[307] 이에 대해서 소수의 견해는 다음과 같은 반론을 제기한다.[308] 독일민법 제166조 제1항은 대리인의 인식과 본인의 인식의 구별을 전제로 하고 제2항에서는 예외적으로 본인의 인식을 기준으로 한다. 그러나 법인의 경우는 본인과 대리인사이의 관계와는 달리 기관이 인식한 것은 곧바로 법인 자신의 고유한 인식으로 인정된다. 즉, 독일 민법 제166조 제1항은 기관이 아닌 '대리인'이 인식한 경우에만 적용될 뿐이라는 것이다. 또한 독일 민법 제166조 제1항은 대리인이 본인의 이름으로 구체적인 법률행위를 한 경우에 적용되는데 반해서, 기관이 인식한 것은 기관이 구체적인 법률행위에 관여하였느냐의 여부에 관계없이 법인에게로 귀속된다는 것이다. 따라서 법인에 있어 인식의 귀속에 관해서는 독일 민법 제166조를 적용하기보다는 오히려 법인

306 MünchKomm-Schramm, BGB AT, 3. Aufl., § 166 BGB Rz. 20; Soergel- Leptien, BGB AT, 12. Aufl., § 166 BGB Rz. 5; Fischer in Großkommentar zum HGB, 3 Aufl., § 125 HGB Rz. 25; Baumbach/Hopt, in Handelsgesetzbuch, 29. Aufl., § 125 HGB Rz. 2; Hueck, Das Recht der OHG, 4. Aufl., § 19 Ⅲ; Schilken, Wissenszurechnung im Zivilrecht, Bielefeld 1983, S. 116 ff., 118 ff.; Richardi, Zur Wissenszurechnung, AcP 169(1969), S. 385, 388 등.

307 Staudinger-Weick, 13. Aufl., § 26 BGB Rz. 22; Soergel-Hadding, § 26 BGB Rz. 11; Soergel-Leptien, § 166 BGB Rz. 4.

308 이하 Karsten Schmidt, Gesellschaftsrecht, 4. Aufl., Köln u.a., 2002, S. 285 이하 참고.

의 손해배상책임을 규정한 독일 민법 제31조[309]에서 인식의 귀속에 관한 근거를 찾는 것이 타당하다고 주장한다.[310] 한편 플루메(Flume) 교수는 법인의 인식귀속의 근거를 사단에 있어서 의사표시의 수동대리를 규정한 독일 민법 제28조 제2항[311]의 유추적용에서 찾고 있다.[312] 하지만 이 학설도 법인과 기관의 관계를 원칙적으로 대리관계로 이해하고서 인식의 귀속에 관하여 수동대리에 관한 규정을 적용함으로써, 근본적으로는 대리법의 틀 안에서 해결하려고 하였다는 점에서 앞서 설명한 독일 민법 제166조를 적용하고자 하는 다수설과 기본적인 취지는 크게 다르지 않다고 생각된다. 그런데 2002년에 독일채권법이 개정되면서, 종래 독일 민법 제166조의 조문내용은 그대로 둔 채 그 표제만 [의사흠결]에서 [의사흠결; 인식의 귀속]으로 변경되었다. 이는 입법자가 지배적 견해를 수용한 것으로써, 인식의 귀속을 근거지우는 실정조문에 대한 논의에 종지부를 찍는 것임을 의미한다.[313]

나) 소결

현재 우리나라에서는 이와 관련하여 주장된 학설을 보기는 어려우나, 실정법상 유사한 조문을 가지고 있는 우리나라의 경우에도 인식의 귀속근거를 본법 제116조에서 찾는 견해와 본법 제35조에서 찾는 견해가 주장될 수 있다. 그런데 이러한 견해의 대립은 법인과 대표기관의 관계를 어떻게 이해할 것이냐에 연유한다. 그것은 대표기관을 대리와 같은 것으로 볼 것이냐(대리설: Vertretertheorie), 아니면 법인조직체를 구성하는 일종의 기관으로 볼 것이냐(기관설: Organtheorie) 라

309 독일민법 제31조 [기관에 대한 사단의 책임] 사단은 이사회, 이사 또는 기타의 조직상 선임된 대리인이 그 직무를 집행함에 있어서 행한 손해배상의무를 발생시키는 행위로 인하여 제3자에게 가한 손해에 대하여 책임을 진다.

310 독일연방재판소(BGH)는 WM 1959, 81, 84 판결에서 인식의 귀속에 관하여 "어느 한 기관구성원의 인식은 곧 법인의 인식이다"(Das Wissen eines Organmitglieds ist das Wissen der Rechtsperson)라고 설시한 바 있는데, 소수설은 독일연방재판소의 판단이 바로 Otto v. Gierke의 기관설(器官說, Organtheorie)에 근거한 것으로 소수설의 태도와 일치하고 있다고 주장한다(Karsten Schmidt, a.a.O., S. 287).

311 독일민법 제28조 [결의와 수동대리] 제2항: 사단에 대하여 의사표시를 하는 경우에는 이사회의 구성원 1인에 대하여 하는 것으로 족하다.

312 Flume, Juristische Person, S. 398이하, 특히 S. 402.

313 이에 반해 조문의 표제변경만으로 인식의 귀속 문제가 해결된 것은 아니라는 비판으로는 Jan Thiessen, Endet die Flucht die Arglist? -Schuldrechtsreform und Wissenszurechnung, in: Das neue Schuldrecht in der Praxis Akzente-Brennpunkte-Ausblick, Köln/Berlin/Bonn/München 2003, S. 253 ff.

는 것이다.[314] 우리 문헌에서 대리와 대표를 엄밀히 구분하는 입장은 기본적으로 기관설적인 태도로 보인다. 기관설의 입장에 충실할 때에는 인식의 귀속근거를 본법 제116조에서 찾는 것이 주저될 수 있다. 왜냐하면 본법 제116조는 기본적으로 본인의 인식과 '대리인'의 인식이 다른 경우를 전제로 하고 있으므로, '대표'의 인식을 곧 법인의 인식으로 보는 입장에서는 논리적인 거부감을 가질 수 있기 때문이다. 독일의 소수설이 독일 민법 제31조(우리 민법 제35조에 해당)에서 인식의 귀속근거를 찾는 것도 바로 그 때문이다. 소수설은 기관설의 입장에서 '법인의 대표기관의 인식은 곧 법인자신의 인식'이라는 간단명료한 논리이다. 그러나 이 견해의 맹점은 법인이 어느 사실을 인식할 수 있는 통로는 대표기관의 인식에 국한될 필요가 없음을 간과하였다는 것이다. 또한 대표기관의 인식이 곧 법인의 인식이라는 논리에 집착하다보면 현실적으로 불합리한 결과를 가져올 수 있는데, 이를테면 앞의 판례에서 본 바와 같이 법인의 대표자가 자신의 법인에 대해서 불법행위를 한 경우에 대표자의 인식을 법인의 것으로 보게 되면 극단적으로 법인에 대하여 불법행위를 한 대표자가 3년간만 불법행위사실을 적발당하지 않고 묵비를 하게 되면 법인의 손해배상청구권은 시효로 소멸하게 되는 결과에 이르게 된다. 이와 같은 대표자와 법인사이의 법인내부적인 법률관계에서는 대표자의 대표권을 부인함으로써 법인의 인식으로 귀속되는 경로를 차단하는 것이 바람직하다. 이와 달리 법인이 매매계약을 체결하거나 대표자의 신원보증인에 대한 법인의 통지의무가 문제된 경우 등과 같은 법인외부적인 법률관계에서는 잘못된 법인내부의 조직상의 위험을 외부인의 부담으로 전가하는 것은 타당하지 않으므로 불법행위를 한 대표자의 인식을 법인의 인식으로 인정할 수밖에 없다. 인식의 주체를 굳이 대표기관에 국한하지 않고, 대리권을 가진 자로 합리적으로 확대시키고 인식귀속을 대표권의 인·부(認·否)를 통하여 탄력적으로 운용하기 위해서는 본법 제116조를 인식의 귀속근거로 삼는 편이 낫다. 그러나 본법 제116조의 약점은 본래 동 조문이 '의사표시'의 효력이 어느 사실의 지·부지(知·不知)로 영향을 받는 경우에 적용

314 주의할 것은 대리설과 기관설의 대립은 은연 중에 법인본질론에 관한 법인의제설과 법인실재설의 대립으로, 즉 법인의제설 = 대리설, 법인실재설 = 기관설로 단순 도식화해서는 안 된다는 점이다. 흔히 법인의 본질논쟁에 대해서는 법인의제설과 법인실재설이 대립하고 있다고 설명하지만, 이러한 논쟁은 더 이상 의미가 없다. 왜냐하면 오늘날 예컨대 삼성물산, 대한축구협회 또는 학술진흥재단 등의 실재성은 의심할 나위 없이 명백한 것이기 때문이다. 다만 법인학설의 논쟁이 법인실재설로 평정되었더라도 법인과 대표기관과의 관계를 어떻게 이해하느냐 하는 것은 다른 차원의 문제이다.

되는 것이지, 의사표시와 무관하게 어느 사실에 관한 인식이 문제되는 경우를 염두에 둔 것은 아니라는 점이다. 인식의 귀속의 근거를 본법 제35조로 삼든 아니면 본법 제116조로 삼든 양자 모두 일면의 문제점은 가지고 있지만, 법인의 불법행위책임을 규정한 본법 제35조보다는 대리행위의 하자를 규정한 본법 제116조에서 그 근거를 찾는 편이 좀 더 적절하다고 보여 진다. 그 이유는 어느 사실에 대한 지·부지의 문제는 손해배상야기행위보다는 의사표시의 통지 및 수령행위와 좀 더 밀접한 관련성을 갖는다고 보여지기 때문이다. 또한 우리 민법 제59조 제2항은 법인의 대표에 관하여는 대리에 관한 규정을 준용토록 하고 있는바, 대표기관의 인식이 문제된 경우에도 동 조항에 의거하여 대리행위의 하자를 규정한 본법 제116조의 유추적용이 가능하게 된다.

요컨대 법인의 인식은 구조적으로 조직체내에 존재하는 누군가 한 자연인의 인식작용을 빌어서 이루어질 수밖에 없는데, 그러한 "누군가"의 인식을 법인의 것으로 가능하게 하는 기준은 원칙적으로 대표권의 유무이다.[315] 법인인식의 기준이 되는 대표권은 본법 제59조 제2항을 경유하여 본법 제116조의 유추적용에서 귀속의 근거를 찾을 수 있다. 다만 현실에서는 법인의 조직상 대표권의 존재형태가 다양하게 나타날 뿐만 아니라 대표권을 가지지 않는 자가 인식한 경우도 문제될 수 있으므로 보다 구체적으로 인식귀속의 모습을 나누어 살펴볼 필요가 있다. 또한 법인의 인식귀속의 실정법상 근거는 원칙적으로 본법 제116조에서 찾을 수 있겠지만, 그 외에도 다양한 인식상황에 따라 적절한 인식귀속의 근거가 보충될 필요가 있다.

3) 인식주체의 범위와 인식귀속의 근거

가) 다수의 이사가 각자 대표권을 가지는 경우

이 경우는 다시 몇 가지 경우로 나누어볼 수 있는데, 첫째는 어느 한 이사가 업무와 관련하여 문제된 내용을 인식한 경우이다. 이 경우에는 본법 제116조 제1항이 적용되어 그 이사의 인식은 바로 법인의 것으로 귀속된다는 것에 대해서는 논란의 여지가 없다. 예컨대 등기부취득시효에 있어서 다수의 이사 중에서 어느 이사가 정당한 절차에 의하지 않고서 법인의 명의로 등기된 사실을 알고 있다면, 그 이사의 인식(즉 악의)은 법인에게 귀속되어 법인의 취득시효는 인정

315 Barbara Grunewald, Wissenszurechnung bei juristischen Personen, Festschrift für Karl Beusch zum 68. Geburtstag, Berlin/New York 1993, S. 302 ff.

될 수 없다. 또한 제3자의 회사에 대한 불법행위사실을 어느 이사가 알게 되었다면, 그 이사의 인식은 회사의 것으로 귀속되어 회사의 불법행위로 인한 손해배상청구권의 시효는 그 이사의 인식시점부터 진행하게 된다. 보다 논란이 될 수 있는 것은 정작 법인을 위해서 행위를 한 이사는 사정을 알지 못하였지만, 다른 이사는 사정을 인식한 경우이다. 즉 각자대표권을 가진 여러 이사들이 존재하는 가운데, 그중 한 이사가 법인을 위해서 행위를 하고 다른 이사는 사정을 인식한 경우이다. 이 경우에도 공동지배인 1인에 대한 의사표시는 영업주에 대하여 그 효력이 있음을 인정한 상법 제12조 제2항 또는 제3자의 회사에 대한 의사표시는 공동대표의 권한 있는 사원 1인에 대하여 이를 함으로써 효력이 있음을 인정한 상법 제208조 제2항의 입법정신과 법인의 적절한 조직의무 및 법인조직에 대한 외관신뢰 등에 기하여 법인의 인식귀속을 긍정함이 타당하다고 생각한다. 따라서 예컨대 선의취득에 있어 법인을 대표하여 거래한 어느 이사가 선의였다고 하더라도, 거래에 참여하지 않은 다른 이사가 악의였다면, 설령 그가 알고 있는 사실을 선의인 다른 이사에게 전파하지 않았다고 하더라도 법인은 선의취득을 할 수 없다.

둘째는 각자대표권을 가진 어느 한 이사가 업무와 관련 없이 사적인 영역에서 인식한 경우이다. 독일의 통설은 독일 민법 제166조가 업무의 관련성을 요건으로 언급하지 않았기 때문에, 이사가 업무와 관련 없이 개인적으로 알게 된 사실도 법인의 것으로 귀속을 긍정한다. 이와 같은 논리는 우리 법에서도 마찬가지로 적용될 수 있을 것이며, 그 이외에도 법인의 신뢰야기에 따른 책임도 보충적인 근거가 될 수 있을 것으로 생각된다. 즉 법인을 대표하는 권한을 가진 이사가 어느 사실을 비록 사적인 기회에 알게 되었다하더라도, 법인의 상대방은 법인의 조직체계상 그 이사가 인식사실을 스스로 업무와 관련한 정보에 편입시키든지 혹은 업무를 담당하는 다른 이사에게 전파하리라는 신뢰를 가질 수 있으므로, 법인으로서는 사적으로 취득한 어느 이사의 인식도 법인의 인식으로 귀속됨을 감수하여야 할 것이다.

셋째는 전임이사가 인식한 것은 현재의 법인에도 귀속되는가 하는 문제인데, 이 경우에도 법인의 인식귀속을 긍정하여야 할 것이다.[316] 전임이사의 인식은 후

316 같은 의견 BGH DNotZ 91, 122, 123. 등.

임이사에게 적절한 방법을 통하여 인수인계가 되어야 할 것인데,[317] 만약 전임이사가 관여한 일의 사태를 적절한 인수인계의 미비로 후임자가 알지 못한 때에는, 본법 제116조 제2항에 나타나 있는 "자기가 (중략) 과실로 인하여 알지 못한 사정"에 해당하여 법인은 후임이사의 부지를 주장하지 못한다고 할 것이다. 그러나 전임이사가 퇴임한 후에 어떤 사실을 인식한 경우에는 그의 인식을 법인에게 귀속시킬 수는 없다. 왜냐하면 인식당시에 전임이사에게는 법인을 대표할 수 있는 권한이 없을 뿐만 아니라, 법인에게 그러한 인식까지도 접수할 수 있도록 조직해야 할 의무가 없기 때문이다.

나) 다수의 이사가 공동대표권을 가지는 경우

공동대표에 있어 어느 한 이사가 알게 된 사실은 다른 공동대표 모두가 안다고 보아야 하고, 따라서 공동대표에 있어 어느 한 이사의 인식은 법인의 인식으로 귀속하게 된다.[318] 그 근거로 독일에서는 사단을 상대방으로 하는 의사표시는 이 사회의 구성원 1인에 대하여 행하는 것으로 족하다는 독일 민법 제28조 제2항에서 찾고 있다.[319] 비록 우리 민법에는 이에 상응하는 조문이 없지만, 통설은 수동의 공동대리의 경우에는 1인이 한 수동대리도 본인에 대하여 효력을 발생하는 것으로 새길 뿐만 아니라,[320] 특히 상법 제12조 제2항 및 제208조 제2항은 공동지배인과 공동대표에 있어서 수동대리는 공동대리인 중 1인만으로 할 수 있음을 명시하고 있는데, 이 조문들을 유추하더라도 공동대표 중 1인이 인식한 사실은 법인이 인식한 것으로 귀속시킬 수 있을 것이다.

317 법인에게 중요한 의미를 가지는 사실이나 정보는 그때마다 서류로써 혹은 디지털방식의 기록 또는 기타의 방법으로 잘 정돈·관리·보존되어 후임자에게 인수인계과정에서 충분히 파악될 수 있어야 한다. 이를 두고서 독일연방법원(BGHZ 117, 104, 109)은 "기록인식"(Aktenwissen)이라는 표현을 쓴다. 기록인식에 관해서 Medicus 교수는 새로운 용어(terminology)로 받아들이면서 인간의 두뇌 밖에서의 데이터의 저장을 의미하는 것으로 특히 컴퓨터를 이용한 인식(Computerwissen)을 포함하는 것으로 새기고 있다(Medicus, Problem der Wissenszurechnung, Karlsruher Forum 1994, Versicherungsrecht Sonderheft 1994, S. 14).

318 손지열 판사[민법주해 총칙(3), 62]는 본법 제116조 제2항을 유추적용하여 "어느 사정의 지·부지(知·不知) 또는 부지의 과실 유무 등에 관하여는, 공동대리인 중의 1인이 어느 사정을 알았거나 과실로 알지 못한 경우에는, 본인 측에서 대리인의 부지(不知)를 주장하지 못한다"고 설명한다.

319 Flume, Juristische Person, S. 402 이하; Medicus, Problem der Wissenszurechnung, S. 10. 등.

320 김증한/김학동, 민법총칙, 박영사(2013), 220; 김용한, 민법총칙론, 박영사(1997), 350; 이영준, 민법총칙, 박영사(2007), 567; 고상룡, 민법총칙, 법문사(2003), 495; 김상용, 민법총칙, 법문사(2003), 578; 이은영, 민법총칙, 박영사(2009), 618; 백태승, 민법총칙, 집현재(2016), 456; 김준호, 민법총칙, 법문사(2017), 296; 민법주해 총칙(3), 63(손지열).

다) 다수의 이사가 있지만 1인의 이사에게만 대표권이 주어진 경우

법인의 조직상 다수의 이사가 존재하고 그 중 1인에게만 대표권이 주어지는 경우에, 대표권을 가진 이사(대표이사 혹은 이사장)가 인식한 것은 법인의 인식으로 귀속할 수 있음은 의문의 여지가 없다. 문제는 대표권이 없는 다른 이사가 법인에게 중요한 사정을 인식한 경우인데, 이 경우에도 법인의 인식으로 귀속을 인정하여야 할 것이다. 그 이유는 법인에게 중요한 사정의 인식이란 구태여 대표권에 기한 업무의 집행과 관련 없이도 일어날 수 있는 것이기 때문이다. 또한 제3자의 입장에서 보아도 대표권 없는 어느 이사가 어떤 사실을 인식하였다면 그 이사가 다른 이사 및 대표이사에게도 전파할 것이라는 신뢰를 가지는 것이 일반적이기 때문이다.

라) 이사 아닌 기타의 대표자가 인식한 경우

법인의 인식주체는 이사에 국한할 필요가 없다. 법인의 이사는 아니지만 사실상 법인의 이사와 같은 지위에서 활동하는 법인의 기관인(임시이사·특별대리인·청산인 및 감사 등)의 인식도 법인의 인식으로 귀속될 수 있다. 상법 제401조의2는 이사가 아니면서도 실질적으로 회사업무에 영향력을 행사하는 이른바 '업무집행지시자'의 책임을 규정하고 있는데, 이들이 인식한 사실도 법인의 것으로 귀속될 수 있다.

마) 이사 기타 대표자가 아닌 대리인이 인식한 경우

이사나 기타 대표자가 아닌 '대리인'이 법인을 위해서 행위를 하였다면, 그의 인식은 본법 제116조 제1항에 의하여 법인에게로 귀속된다. 대표는 대리와 구조상 큰 차이가 없을 뿐만 아니라, 인식은 구태여 대표권에 결부되어야만 하는 것이 아니기 때문이다. 문제는 법인을 위해서 행위하는 대리인은 문제된 사실을 모르지만, 계약상대방과는 접촉한 적이 없는 다른 대리인이 사실을 알고 있는 경우이다. 예컨대 고객과 직접 거래한 은행의 여수신계 과장은 고객이 차명으로 은행거래를 한다는 사실을 알지 못하였지만, 같은 은행 소속의 외환계 과장은 이 사실을 알고 있었다면, 이때에도 은행은 차명거래사실을 알았다고 하여야 하는가? 이와 유사한 사례에서 독일연방재판소는 은행 내의 정보의 교환가능성을 이유로 인식의 귀속을 긍정하였다.[321] 이러한 판단은 결론적으로 타당하다고 생각된다. 문제는 그

321 NJW 1989, 2879, 2881.

근거인데, 이러한 사례에 대해서도 우리 민법 제116조의 목적론적 해석을 통해서 해결할 수 있을 것이다. 법인의 경우는 그 규모에 따라 법인을 위해 활동하는 대리인의 수가 천차만별이다. 특히 규모가 큰 법인의 경우 대리인의 수가 상대적으로 많을 것인데, 수많은 대리인이 인식한 사실은 다양할 것이고, 그 중 어떤 내용은 추후의 법률효과에 결정적인 영향을 미칠 수 있는 내용들도 있을 것이다. 그렇다고 법인에 속한 모든 대리인이 접수하게 된 사실들 모두가 법인에게 귀속된다고 볼 수는 없다. 문제는 법인이 대리인들 사이의 정보교환이 가능하도록 적절한 조직체계를 형성시켰는지 그리고 적절한 정보교환을 기대할 수 있는지가 관건이라고 본다. 본법 제116조 제2항은 일정한 사정을 "안 사정"과 "과실로 인하여 알지 못한 사정"을 동일시하는데, 법인의 경우 "과실로 인하여 알지 못한 사정"이란 대리인들 사이에 정보교환이 정확하게 이루어졌어야 하였던 경우로 대치시켜서 이해할 수 있을 것이다.[322] 만약 물리적으로나 기타의 이유로 대리인들 사이의 정보교환을 기대할 수 없다면 어느 대리인이 인식한 사정은 법인의 것으로 귀속한다고 할 수 없을 것이다.

바) 법인의 대리인 아닌 자가 인식한 경우

이행보조자 또는 피용자 등 법인의 대리인이 아닌 자가 법인에게 중요한 사실을 인식하였을 경우에는 원칙적으로 그의 인식은 법인의 것으로 귀속되지 않는다. 다만 경우에 따라서는 표현대리의 법리가 유추될 수 있을 것이다. 즉 계약상대방의 입장에서 볼 때 대리인 아닌 자가 본인으로부터 정당한 수권이 있었던 것과 같은 외관을 띠고 본인이 외관야기에 일정부분 기여한 사실이 인정된다면 표현대리가 성립하여 그 대리행위의 효과는 본인에게 귀속되는데(본법 제125조, 제126조, 제129조 참조), 이를 유추하여 대리인 아닌 자가 인식한 사실이라도 마치 그가 법인의 정당한 대리인인 것과 같은 외관을 띠고 그 외관형성에 법인이 원인제공을 한 사실이 인정된다면 그의 인식에 대해서 법인이 부지를 주장할 수만은 없을 것이다.

한편 사자가 인식한 것은 원칙적으로 법인의 것으로 귀속되지 않지만, 상대방의 의사표시를 수령하는 수동사자가 그에게 인정된 사자권(Botemacht)의 범위 내에서 업무와 관련하여 지득한 것에 한해서는 수동사자의 인식이 법인의 것으로

322 같은 취지, Grunewald, Wissenszurechnung bei juristischen Personen, S. 311.

귀속된다고 하여야 할 것이다(본법 제116조의 유추).[323]

4. 법인의 징계행위

가. 법인의 징계권의 의미

법인, 특히 사원으로 구성된 사단법인의 경우에 법인의 대내외적 목적활동의 원활한 수행을 위해서 정관에다가 사원으로 하여금 특정한 행위를 금지하거나 일정한 의무의 준수를 요구하는 규정을 두고, 만약 이를 위반한 경우에 사원에게 일정한 제재를 가하는 경우가 있다. 예컨대 변호사협회가 비위사실이 있는 회원변호사에 대해서 과태료를 부과하거나, 운동경기협회가 경기규칙을 위반한 팀에 대해서 일정기간 출전을 금하는 조치를 내리거나 혹은 노동조합이 자신이 속한 노조에 대해서 불법행위를 한 노조원을 제명하는 경우 등이 그것이다. 이처럼 법인이 자신의 구성원인 사원에 대하여 일정한 제재를 가할 수 있는 권한을 법인의 징계권이라고 한다. 재단법인의 경우는 사원이 존재하지 않으므로,[324] 법인의 징계권에 관한 문제는 일반적으로 사단의 징계권(Vereinsstrafgewalt)에 한정해서 다루어진다. 여기서 사단이란 권리능력없는 사단도 포함하는 의미임은 물론이다.

사단의 경우는 조직의 설립 및 구성과 운영에 있어서 이른바 사단자치(Vereinsautonomie)의 원칙이 적용되기 때문에, 사단은 자체적으로 정관에 구성원에 대한 징계사항을 규정하고 이를 근거로 사원에 대한 징계조치를 실행할 수 있다는 것에 대해서는 의문이 없다. 문제는 사단이 사원에 대해서 징계권을 행사할 수 있는 근거는 무엇인지 그리고 여하한 징계조치도 사단자치(Vereinsautonomie) 내지 정관자치(Satzungsautonomie)의 이념에 의해서 정당화될 수 있는 것인지 하는 점이다. 달리 표현하면 정관에 기초한 사단의 사원에 대한 징계행위에 대해서는 사단내부의 자율적인 사항이기 때문에 국가기관인 법원의 판단대상이 될 수 없는 것인지, 아니면 사단자치에도 불구하고 사단의 징계행위에 대한 적정성여부에 대

323 대법원은 사실행위를 위한 사자라 하더라도 일정한 경우 표현대리의 규정을 준용한 경우도 있지만(대법원 1962. 2. 8. 선고 4294민상192 판결), "사자에 의한 의사표시의 경우 ... 그 의사표시는 대리행위가 아니므로 오로지 본인에 대하여만 지·부지·착오등이 문제될 것"이라고 판시하여 사자에 의한 의사표시의 경우에 대리행위의 하자에 관한 규정(본법 제116조 제1항)을 부정한다(대법원 1967. 4. 18. 선고 66다661 판결).

324 재단법인이 규정을 위반한 직원을 징계하는 경우는 사용자와 피용자 사이의 근로계약상의 징계권의 행사로서, 여기에서 살펴보고자 하는 법인과 그 구성원인 사원 사이의 이해충돌의 문제와는 다르다.

해서 법원이 판단할 수 있는지에 관해서 문제될 수 있다. 이것은 곧 사단이 그 구성원인 사원에 대하여 행사할 수 있는 내부통제권의 근거와 행사요건 및 그 한계에 관한 문제라고 할 수 있다.

나. 징계권의 법적 성질

사단징계권의 사법심사여부에 관하여 알아보기 전에 우선적으로 살펴볼 것은 징계권의 법적 성질에 관한 문제이다. 왜냐하면 사단의 징계권을 어떻게 이해하느냐에 따라서 사법심사에 관한 논리적인 귀결이 달라질 수 있기 때문이다. 이에 관한 우리의 학설은 상당히 제한적이고[325] 우리 판례도 매우 드문 편이기 때문에 독일의 상황을 비추어서 알아보기로 한다.

우선 사단의 징계권은 정관에 근거가 있어야 하며, 그러한 징계권의 내용을 담은 정관의 작성은 일종의 사단자치의 구체화라는 점에 대해서는 이의가 없다. 그런데 그러한 정관작성을 통한 사단자치를 어떻게 이해하느냐에 관해서는 견해가 갈린다. 이것은 정관의 법적 성질을 어떻게 이해하느냐 와도 밀접한 관련이 있다. 정관을 규범의 일종으로 보는 견해에 의하면, 정관작성을 통하여 사단은 자신의 조직에 대한 독자적이고 자발적인 규율을 할 수 있는 권한을 규범적으로 보장받게 되며 그에 따라 사원은 단체에의 자발적인 가입을 통하여 단체의 징계권에 스스로 복종(Unterwerfung)한 것이므로, 사단의 징계권의 행사는 원칙적으로 법원의 사법적 심사대상이 되지 않는다고 한다.[326] 이는 마치 행정법상 특별권력관계와 유사하게 사단과 사원의 관계는 민사상의 특별권력관계로 볼 수 있다는 것이다.[327] 독일의 초기 판결도 이러한 입장을 좇아 법원이 사단징계에 대하여 사법적 판단을 하게 되면 사단의 자율성을 침해할 수 있다는 이유로 사법심사에 소극적이었다.[328] 이러한 견해에 의하면, 일견 사단자치라는 이념도구가 단체에 간섭하

325 다만 이에 관한 국내문헌으로 박종희, "사단의 구성원에 대한 통제권의 법적 기초와 사법심사의 범위 -독일의 학설과 판례를 중심으로-" 안암법학 제7호(1998), 346 이하가 상세하다. 또한 단체의 징계문제를 다룬 최근의 문헌으로는 윤진수, "사법상의 단체와 헌법", 비교사법 15권 4호(2008. 12), 52면 이하 참고.

326 Meyer-Cording, Die Vereinsstrafe, 1957, S. 46 ff. 오늘날에는 이러한 극단적인 견해를 주장하는 견해를 찾아볼 수 없지만, 정관의 법적 성질에 관하여 수정규범설의 입장에서 사단징계권을 단체법상 독자적인 제도로 보는 견해는 오히려 오늘날에도 많이 찾아볼 수 있다(예 Heidel/Lochner, BGB-AnwaltKomm, § 25, Rz. 28; Schwarz-Bamberger/Roth, § 25 Rn. 42; Reuter-MünchKomm, § 25 Rn 38. 등).

327 Meyer-Cording, Die Vereinsstrafe, S. 70 ff.

328 RG JW 1906, 416 f.

려는 공권력을 막아내는 훌륭한 방패의 모습으로 비쳐질지 모르지만, 다른 면에서는 구성원(특히 소수사원)에게 가해지는 단체의 불합리한 제재를 은폐하는 장막으로 작용할 수도 있음을 주의하여야 한다. 이러한 견해의 원류는 실재적 단체인격설을 주장한 기르케(Gierke)로 소급되는데,[329] 당시에는 단체가 국가로부터 간섭받지 않고 활동할 수 있는 여건이 절실하였기 때문에 사단자치의 이념이 강한 톤으로 주장될 수밖에 없었고 그에 따라 사단의 자체적인 징계권 행사에 대해서도 법원의 개입을 최소화하는 논리의 개발이 필요하였을 것이다. 그러나 단체의 설립이나 활동이 비교적 자유로운 오늘날에는 사단자치를 과거처럼 단체의 활동에 개입하려는 국가의 공권력에 맞서기 위한 논리로서가 아니라 사단내의 구성원들 사이의 자율적인 이해관계조정을 강조하는 의미로 이해하면 족할 것이다.[330] 또한 정관을 일종의 규범으로 보는 것은 단체의 자의적인 입법권능을 인정하는 셈으로, 그러한 별종의 "규범"에 근거한 사단의 징계행위는 죄형법정주의에도 위배될 수 있다. 사단정관은 법규가 아니라 계약의 일종으로 봄이 타당하다.[331] 즉 원시정관은 단체의 설립자들 사이의 다면적인 의사표시에 의해서 성립하는 특수한 계약이고, 정관설정이후의 사단에 가입하여 사원이 되는 것은, 규범설의 주장처럼 단체의 정관규범에 자신을 복종(Unterwerfung)시킴으로써 단체의 징계권행사를 승인하는 것이 아니라, 가입행위를 통하여 징계규정을 포함한 사단과의 모든 규정에 관한 합의가 성립하였음을 의미한다.[332] 정관을 일종의 계약으로 본다면, 정관규정에 따른 의무의 위반은 바로 계약위반의 의미를 가질 뿐이며, 사단의 징계권의 행사도 계약위반에 따른 효과의 청구와 다르지 않다. 그렇다면 사단의 징계효과는 일종의 계약벌(Vertragsstraf)에 해당하는 것으로 볼 수 있다.[333]

329 특히 Gierke, Deutsches Privatrecht I, S. 535 등.

330 박종희, "사단의 구성원에 대한 통제권의 법적 기초와 사법심사의 범위 -독일의 학설과 판례를 중심으로-" 안암법학 제7호(1998), 357은 "단체의 자율(Vereinsautonomie)이란 법류범 제정권한적인 의미에서의 자율(이를 달리 표현하면 공법적인 자율을 지칭)을 지칭하는 것이 아니라, 단체내부사항의 규율측면에서 내용적 형성의 자유, 즉 사법상의 의미에서의 자율로 이해되어야 한다"고 주장한다.

331 그러나 우리 대법원은 사단법인의 정관의 법적 성질을 자치법규로 본다(대법원 2000. 11. 24. 선고 99다12437 판결 참고).

332 Hadding-SoergelKomm, § 25 Rn. 38.

333 Flume, Juristische Person, S. 328 ff.; Larehz/Wolf, AT des Bürgerlichen Rechts, 9. Aufl.(2004), S. 203.; van Look, Vereinsstrafen als Vertragsstrafen, Berlin 1999, S. 58 ff.: Hadding-SoergelKomm, § 25 Rn. 38.; 박종희, "사단의 구성원에 대한 통제권의 법적 기초와 사법심사의 범위 -독일의 학설과 판례를 중심으로-" 안암법학 제7호(1998), 357 이하.

다. 징계권행사의 요건·대상·절차·효과

1) 징계권행사의 요건

사원에 대하여 사단의 징계권이 정당하게 행사되기 위해서는 다음과 같은 요건을 갖추어야 한다.

가) 징계권에 관한 합의

사단의 징계를 일종의 계약벌의 일종으로 본다면, 사단의 징계권행사를 위해서는 사단과 사원 사이에 계약상의 합의가 전제되어야 한다. 그러한 합의는 사원이 사단의 설립당시에 원시정관의 작성에 동의하거나 혹은 이후 설립이 완료된 사단의 가입시에는 입회계약을 통하여 이루어진 것으로 볼 수 있다.[334] 만약 징계규정이 원시정관의 성립이후에 정관변경을 통하여 신설된 경우에는 그러한 징계규정의 설치에 반대하는 사원의 의사는 다수결원칙에 의해서 대체된다.[335]

나) 명확성의 원칙

사원에 대한 모든 징계사항은 부속규정을 포함한 정관에 명확히 기재되어 있어야 한다.[336] 정관상의 기재를 통하여 사원으로 하여금 어떠한 행위가 징계의 대상인지 그리고 그러한 위반행위의 결과로 어떤 징계조치가 내려질 수 있는지에 대하여 명확히 인지할 수 있도록 하여야 한다.[337] 이것은 형법의 죄형법정주의원칙을 연상시키는 대목이지만, 사단의 징계행위는 형법처럼 엄격한 명확성이 요구되는 것은 아니다. 따라서 정관에 이를테면 “스포츠정신에 어긋나는 행위”, “사단에 해를 입히는 행위”, “사단의 명예를 실추시키는 행위”와 같은 추상적인 징계요건의 기술도 허용된다. 다만 어떠한 행위가 그러한 추상적인 징계요건에 저촉되는 지를 정관의 부속규칙에서 규정하거나 해석을 통해서 구체화하는 것은 무방하지만, 반대로 추상적 징계요건을 확대해서 적용하는 것은 허용되지 아니한다.[338]

다) 소급적용의 금지

정관상 징계의 대상과 내용은 사원의 해당행위가 있기 이전에 이미 기재되어 있어야 한다.[339] 즉 사원의 특정행위 이후에 징계사항을 신설하거나 강화하여 소

334 Hadding-SoergelKomm, § 25 Rn. 39.
335 Hadding-SoergelKomm, § 25 Rn. 39.
336 Karsten Schmidt, Gesellschaftsrecht, S. 715.
337 BGHZ 21, 370, 373; BGHZ 47, 172, 175 ff.; BGHZ 55, 381, 385; BGH NJW 1984, 1355.
338 BGHZ 47, 172, 178 = DB 1967, 855 = NJW 1967, 1268.
339 BGHZ 55, 381, 385.

급해서 적용하는 것은 인정되지 아니한다. 다만 여기서 소급적용이 금지되는 것은 이미 완료된 사원의 행위에 대해서 이후 정관개정을 통하여 징계하는 이른바 진정 소급효(echte Rückwirkung)의 경우에 한하고, 사원의 행위가 여전히 지속되는 상태에서 정관을 개정하여 징계하는 이른바 부진정 소급효(unechte Rückwirkung)는 소급적용금지의 원칙에 해당되지 아니한다.[340]

라) 사원의 귀책사유

사단이 징계행위를 내리기 위해서는 사원에게 귀책사유가 있어야 한다.[341] 특히 징계행위를 계약위반에 따른 계약벌로 이해한다면, 사원의 귀책사유에 따른 위반행위에 대해서만 징계의 대상이 됨은 당연하다.[342] 다만 사원의 지위는 일신전속적인 성질을 가지므로 이행보조자의 귀책사유는 정관에서 달리 규정한 바가 아니면 사원자신의 것으로 귀속되지 않는다(본법 제391조 참고). 이와 달리 사단자체가 상급사단의 회원인 경우에는 회원인 사단의 대표기관이 한 유책한 행위는 곧 사단자신의 행위로 귀속된다(본법 제35조 참고).[343]

마) 징계사항의 적정성

정관에 기재된 징계사항이 법률이나 공서양속에 반하거나 부당한 것이어서는 안 된다.[344] 이를테면 징계권을 행사함에 있어서 동일한 위반행위에 대해서 사원에 따라 징계내용이나 징계수준을 달리하는 것은 사원에 대한 동등대우의 원칙에 반하며, 위반행위에 비해서 과다한 징계조치는 비례성의 원칙에 반하는 것으로 허용될 수 없다. 우리나라의 하급심의 판결을 보면, 노동조합의 조합원이 그 조합장이 조합비를 횡령하였다는 허위의 사실을 유포한 혐의로 제명처분을 받은 것은 노동조합이 징계권을 행사함에 있어 그 한계를 일탈하여 징계권을 남용한 경우에 해당한다.[345]

2) 징계권행사의 대상

사단의 징계권은 원칙적으로 사단의 구성원으로서의 지위를 유지하는 사원에

340 Schwarz-Bamberger/Roth, § 25 Rn. 46.; Reichert, Handbuch Vereins- und Verbandsrecht, Rn. 2694.

341 Hadding-SoergelKomm, § 25 Rn. 50; Heidel/Lochner, BGB-AnwaltKomm, § 25, Rz 40; Schwarz-Bamberger/Roth, § 25 Rn. 47; Reuter-MünchKomm, § 25 Rn 45.

342 Hadding-SoergelKomm, § 25 Rn. 50.

343 Hadding-SoergelKomm, § 25 Rn. 50.

344 Karsten Schmidt, Gesellschaftsrecht, S. 715.

345 제주지방법원 1998. 9. 17. 선고 97가합3930 판결.

게만 행사될 수 있다.[346] 따라서 사원이 사단으로부터 탈퇴하여 사원지위를 상실한 경우에는 사단은 사원으로 있었던 당시의 행위를 이유로 탈퇴한 사원에 대한 징계행위를 내릴 수 없다. 또한 사원에 대한 징계절차가 진행하는 동안에 사원이 탈퇴하여 사원지위를 상실한 경우에도 마찬가지이다.[347] 그러나 사원지위를 상실한 전직사원에 대해서도 사원권과 관계없는 징계조치(예, 과태료의 부과, 출입금지조치)는 허용된다.

문제는 사단이 사원자격 없는 기관인이나 직원, 사단시설의 이용자 또는 사단행사의 참가자 등, 사원이 아닌 제3자에 대해서도 사단정관에 따라서 일정한 행위위반을 이유로 징계조치를 할 수 있느냐 하는 것이다. 이러한 문제는 특히 스포츠단체가 참가선수에 대하여 징계조치를 내리는 경우에 많이 발생하는데, 예컨대 대한축구협회가 경기도중 심판을 폭행한 A 프로축구팀 소속의 甲선수에 대해서 출장정지의 징계를 내리는 경우를 생각해 볼 수 있다.[348] 생각건대 사원 아닌 제3자에 대한 사원의 징계행위는 허용되지 아니함이 원칙이지만, 제3자가 사단의 정관상 징계규정에 합의한 경우에는 그에 대한 징계조치는 가능하다고 생각한다. 특히 운동경기에 있어서는 선수출전명단의 제출과 단체의 출전승인으로 선수와 단체사이에 징계규정에 관한 합의가 있는 것으로 볼 수 있다.[349]

3) 징계권행사의 절차

사단내의 어떠한 조직이 사원에 대한 징계판정을 관할하는지에 관해서는 일차적으로 정관에 규정된 바에 의한다. 예컨대 사단에 따라 명칭은 상이하지만, 정관에 사원에 대한 징계를 관할하는 기관으로 “징계위원회”, “상벌위원회”, “강기위원회” 등을 두는 경우에 그러한 기관이 사원에 대한 징계절차를 진행하게 된다. 만약 정관에 사원징계를 위한 별도의 기구를 규정한 바 없는 경우에는 사단의 의사결정기관인 사원총회가 징계관할기관이 된다.[350] 또한 사단은 정관에 사원의 징계에 관해서 사단외부의 다른 기관(예, 중재기구)이나 제3자가 관할하도록 정할수도 있다.[351]

징계절차는 통상 사단의 징계절차규정에 따라 해당사원에 대한 징계청구 →

346 BGHZ 29, 352, 359 = DB 1959, 428 = NJW 1959, 982.
347 RGZ 122, 266, 268.
348 사단법인인 대한축구협회의 구성원인 사원은 프로축구연맹 등의 단체이지 연맹소속의 운동선수 개인이 협회의 사원이 아님을 주의(대한축구협회 정관 제6조 참고).
349 BGHZ 128, 93 = NJW 1995, 583.
350 Hadding-SoergelKomm, § 25 Rn. 45; Heidel/Lochner, BGB-AnwaltKomm, § 25, Rz 42.
351 BGHZ 128, 93, 107 f.

징계심의 → 징계결정의 순으로 진행된다. 사단은 징계과정에서 해당사원에게 어떠한 행위로 말미암아 징계절차가 이루어지게 되었는지에 관해서 고지하여야 하며, 그에 따라 해당사원에게는 심의과정에서 징계조치에 대한 자신의 입장을 진술하거나 자신의 행위를 방어할 수 있는 기회가 반드시 주어져야 한다. 징계과정에서 해당사원에게 그러한 기회가 주어지지 아니하고 내려진 징계결정은 효력이 없다.[352]

4) 징계권행사의 효과

이상의 징계요건과 징계절차에 따라 사단은 해당사원에 대하여 징계권을 행사할 수 있다. 징계의 종류나 내용은 사단정관에 정한 바에 따르게 되는데, 통상 견책, 경고, 과태료, 일정기간동안 혹은 일정사항에 대한 자격정지, 선거권 및 피선거권의 제한, 제명 등의 징계조치가 취해진다. 징계권의 행사를 계약위반에 따른 제재조치(즉 위약벌)로 보는 입장에 의하면, 위약에 따른 제재는 반드시 금전에 의한 배상에 국한할 필요는 없고(본법 제398조 제5항 참고), 사단과 사원사이의 위약효과에 관한 약정에 따라 다양한 징계종류와 내용이 결정된다고 본다. 그러나 징계의 종류로 반인격적인 것(예, 체벌)이나 국가형벌권에 의해서만 가능한 것(예, 구금) 등은 인정될 수 없음은 물론이다.[353]

사원의 비위행위가 사단에게는 징계사유에 해당하고 동시에 형법상 범죄성립요건에 해당할 경우에, 사단이 해당사원에 대해서 취하는 징계조치와 국가에 의한 형벌부과는 그 적용원리를 달리하는 것이므로(사적인 계약벌 vs 공적인 형벌), 이른바 이중처벌금지의 원칙에 해당하지 않는다.[354]

사단의 징계절차는 사단의 자체적인 계약벌의 집행과정일 뿐이므로, 국가의 정식재판과는 그 성질을 달리한다. 따라서 사단의 징계절차에 비록 징계위원중의 일부로 법관이 참여한다고 하더라도, 이로써 해당사원으로 하여금 헌법과 법률이 정한 법관에 의한 재판을 받을 권리(헌법 제27조 제1항)를 제한하여서는 안 된다.[355]

352 BGHZ 29, 352, 355 = NJW 1959, 982; BGH NJW 1980, 443 f.

353 van Look, Vereinsstrafen als Vertragsstrafen, S. 127 ff.

354 BGHZ 21, 370, 374; BGHZ 29, 352, 356. 그러나 변호사법상 업무정지명령제도와 과태료처분제도는 이중처벌조치에 해당할 수 있다는 견해로는 오종근, 변호사징계제도, 아산재단 연구총서(2002), 346 이하 참고.

355 헌법재판소는 징계혐의가 있는 변호사에 대하여 내린 법무부변호사징계위원회의 결정이 법률에 위반된 것을 이유로 하는 경우에 한하여 법률심인 대법원에 즉시항고 할 수 있도록 한 변호사법규정(구 변호사법 제100조 제4항 내지 제6항)은 법관에 의한 사실확정 및 법률적용의 기회를 박탈한 것으로서 헌법상 국민에게 보장된 "법관에 의한"재판을 받을 권리를 침해하는 위헌규정이라고 판시하였다(헌법재판소 2002. 2. 28. 선고 2001헌가18 결정).

라. 징계권에 대한 사법심사의 문제

본 단원의 서두에서 설명한 바와 같이, 사단의 징계권행사에 대하여 법원이 어느 범위까지 간여할 수 있는 지에 대해서는 사단자치의 의미를 어떻게 이해하느냐와 깊은 관련이 있다. 과거 독일의 제국법원은 사단자치의 이념을 지나치게 강조하여 사단징계권에 대한 사법적 심사에 매우 소극적이었다. 그러다보니 정작 사단의 가혹한 징계규정으로부터 사원을 보호하지 못하는 문제점이 발생하자, 점차 법원은 정관규정에 대한 내용통제에 대해서도 심사를 하게 되지만,[356] 그것은 징계의 적정성에 대한 법률적 심사에 국한한 것이었다. 이후 1984년 독일연방재판소는 단체가 법적으로 일정한 회원을 가입시킬 의무가 있는 사단이냐 아니면 회원가입을 자의적으로 선택할 수 있는 사단이냐를 구별하여, 가입강제의무가 있는 사단에 대해서는 법원이 구성원에 대한 제재조치의 규율과 행사에 대해서 제한 없이 심사를 할 수 있다고 판결함으로써, 사단징계에 대한 사법심사의 외연을 넓혀 놓았다.[357] 현재 독일의 통설은 더 나아가 회원가입의무가 있는 사단과 그렇지 않은 사단을 구별함이 없이, 법원은 사단징계에 관한 모든 법률적 및 사실적 판단을 할 수 있다고 주장한다. 오늘날에는 사단자치의 이념을 과거처럼 공권력에 대항하는 개념으로 볼 필요가 없고, 사단구성원들 사이의 자발적인 조직구성을 가능케 하는 법원칙 정도로 이해하면 족하다. 그렇다면 사단의 징계행위를 둘러싼 사단과 해당사원사이의 분쟁에 대해서는, 마치 사적자치의 원칙에 따라 체결된 계약에 있어서 계약당사자 사이의 법적 분쟁과 마찬가지로, 법원이 충분히 사법적 판단을 할 수 있다고 생각한다. 이때의 사법적 판단이란 사단의 징계조치나 절차가 정관에 따른 것이고 그러한 정관의 징계규정이 법질서에 위반하는 것이 아닌지 등의 적법성에 관한 판단뿐만 아니라, 해당사원의 행위가 징계사유에 해당하는지와 같은 사실적 판단 및 사단이 조치한 징계내용이나 수위가 적절한 것인지와 같은 재량적 판단을 포함하는 것이다.

드물기는 하지만 우리나라의 판례를 보면, 대법원은 사단의 징계조치에 대하여 법률적 판단뿐만 아니라 사실적 판단도 적극적으로 하고 있음을 알 수 있다.

356 RGZ 107, 386, 387 ff.; 140, 23, 24,; 147, 11, 14. 한편 BGHZ 21, 370판결에서 독일연방재판소는 법원의 사법적 판단은 징계결정과 징계절차가 정관에 따른 것인지 및 징계에 관한 정관규정이 법률과 공서양속에 반하지 않고 부당한 것이 아닌 지에 대한 심사에 국한한다고 판시하였다.

357 BGHZ 87, 337.

대법원은 "축산협동조합의 총회에서 조합원을 제명한다는 결의를 한 경우에 그 조합원은 농업협동조합법 제36조에 의하여 주무부 장관에게 그 결의의 취소를 구할 수 있다고 하더라도 그와 별도로 법원에 그 결의무효확인을 소구할 수도 있다"고 하여 법문상의 징계구제조치와는 별개로 사법판단의 가능성을 인정하고 있다.[358] 또한 대법원은 사단법인 부산시개인택시여객운송연합회가 조합원을 제명처분한 것에 대해, 제명처분은 조합의 이익을 위하여 불가피한 경우에 최종적인 수단으로서만 인정되어야 법원은 그 제명사유의 존부와 결의내용의 당부 등을 가려 제명처분의 효력을 심사할 수 있다고 판시하여,[359] 사단징계에 관하여 사법심사가 가능하다는 입장을 분명히 하였다. 또한 어촌계의 계원이 정관상 제명사유에 해당하는 행위를 하였더라도 그 계원에 대한 제명은 그 행위로 인하여 어촌계의 목적 달성이 어렵게 되거나 공동의 이익을 위하여 불가피한 경우에 최종적인 수단으로서만 인정된다고 판시한 것도 같은 맥락에서 이해할 수 있다.[360]

나아가 판례는 종교단체의 징계에 대해서도 초기에는 종교단체 내부의 규제로 보아 사법심사의 대상이 되지 않는다고 보았으나,[361] 최근에는 태도를 바꾸어 종교단체의 징계효력의 유무와 관련하여 구체적인 권리 또는 법률관계를 둘러싼 분쟁이 존재하고, 또한 분쟁이 된 청구의 당부를 판단하는 전제로서 징계의 당부를 판단할 필요가 있는 경우에는 종교교리의 해석에 미치지 아니하는 한 법원이 징계의 당부에 대한 판단을 할 수 있다고 하였다.[362]

358 대법원 1981. 3. 24. 선고 80다2052 판결.

359 대법원 1994. 5. 10. 선고 93다21750 판결.

360 대법원 2004. 11. 12. 선고 2003다69942 판결.

361 대법원 1981. 9. 22. 선고 81다276 판결, 대법원 1983. 10. 11. 선고 83다233 판결, 대법원 1984. 7. 24. 선고 83다카2065 판결, 대법원 1992. 5. 22. 선고 91다41026 판결.

362 대법원 2005. 6. 24. 선고 2005다10388 판결. 판례의 입장을 비판적으로 지지하는 글로는 윤진수, "사법상의 단체와 헌법", 비교사법 15권 4호(2008. 12), 53 이하 참고. 또한 대법원 2010. 5. 27. 선고 2009다67658 판결, 대법원 2012. 8. 30. 선고 2010다52072 판결 등 참고.

제 1 절 총칙

제 31 조 [법인성립의 준칙]

법인은 법률의 규정에 의함이 아니면 성립하지 못한다.

[관련조문] 민법 제32조(비영리법인의 설립과 허가), 제33조(법인설립의 등기), 제39조(영리법인), 상법 제172조(회사의 설립), 변호사법 제79조(설립절차), 사립학교법 제10조(설립허가), 공인중개사법 제41조(협회의 설립)

[참고문헌] 김민중, “법인·단체의 인격권”, 현대민사법학의 과제: 관원 정조근교수 화갑기념논문집(2001); 송호영, “단체의 설립과 권리능력의 취득에 관한 일고”, 신세기의 민사법과제: 인제 임정평교수 화갑기념논문집(2001); 윤진수, “사법상의 단체와 헌법”, 비교사법, 제15권 제4호(2008); 최병조, “사법상 단체에 관한 일반론 -단체법론의 역사적 발전과정을 중심으로-”, 민사판례연구, 제19권(1997)

Ⅰ. 본조의 의미

법인의 성립은 일반적으로 ‘단체의 설립단계’와 설립된 단체에 ‘법인격을 부여하는 단계’를 거쳐 이루어지게 된다. 단체의 설립단계에서는 사적자치의 원칙, 즉 사단의 경우에는 사단결성의 자유(사단자치: Vereinsautonomie)가 그리고 재단의 경우에는 재산처분의 자유(재단행위: Stiftungsgeschäft)가 적용되는 영역으로서, 이 단계에서는 외부적인 법적 강제성이나 국가의 공권력이 개입될 수 없다. 그러나 설립된 단체가 독립된 권리주체인 ‘법인’으로 인정되기 위해서는 법적 안정성 및 거래안전을 담보하기 위해서 법률상 인정된 일정한 요건을 충족시킬 필요가 있다. 이를테면 단체가 주식회사라는 법인의 형식으로 성립·활동하기 위해서는 법률에서 주식회사라는 법인에 요구하는 일정한 요건을 충족하여야 하고, 특정한 목적을 위하여 출연된 재산이 재단법인으로서 독자적인 법인격을 인정받기 위해서는 법률에서 정하는 요건에 부합하여야 한다. 이것은 법인실재설에도 불구하고 법인은 자연인과 달리 설립주체들이 다양한 목적을 실현하기 위한 방편으로 활용될 수 있는 피조물의 성격이 있으므로 법인이라는 권리주체가 악용되는 것을 방지하기 위해서 법률은 미리 법인의 성립요건과 형식을 정함으로써 법적 안정성을 확보하여야 하는 것이다.

본조의 의미에 대해서 이를 본법 제32조와 함께 민법 이전부터 존속하여 왔던 단체(법인)들로 하여금 법인설립의 절차를 밟거나 특별법적 근거를 갖지 않으면 법인이 될 수 없도록 함으로써 단체설립을 금압하려는 입법자의 불순한 의도가 깔려 있는 조문으로 보는 견해가 있다.[1] 동 조문이 과거 일제식민지시대의 구민법에서 유래하였다는 점에서는 그것이 일제입법의 잔재 내지 맹목적 계수의 결과로서 개정되어야 할 문제의 조항이라는 비판은[2] 법제사적으로 충분한 설득력이 있다. 그러나 국민의 기본권이 민법의 제정당시와는 비교할 수 없을 정도로 급격히 신장된 오늘날에는 동 조문에 대한 의미도 오늘날의 의미에 맞게 재해석될 필요가 있다.

오늘날에는 법인의 설립이 국가의 호·불호에 맞추어서 제한적으로 인정되는 권위주의적인 시대는 극복되었으며, 오히려 법인의 남설에 의해서 법인제도 본연의 의미가 왜곡되고 자유로운 시장경제질서를 해하는 현상까지도 나타나고 있다(명목뿐인 페이퍼컴퍼니에 의한 시장교란을 생각해보라). 이러한 문제점을 미연에 방지하기 위한 안전장치로 법은 단체가 법인으로 승인받기 위해서 필요한 요건과 형식을 미리 정하여야 하는 것이고 그러한 법정의 요건을 충족한 법인에게는 권리주체로서 독자적인 법인격이 부여됨으로써 거래안전이 확보되는 것이다. 이를 법인성립법정주의라고 부를 수 있다. 이는 마치 물권은 법률 또는 관습법에 의하는 외에는 임의로 창설하지 못한다는 '물권법정주의'와 유사한 의미를 가지고 있다.[3] 다만 법인의 성립에 관한 사항은 국회에서 제정한 "법률"에서만 규정될 수 있다는 점에서 차이가 있다. 표제에서 법인성립의 "준칙"이란 후술하는 법인설립주의의 한 모습인 준칙주의와는 관계가 없고 법인성립을 위해서는 법률의 규정에 좇아야 한다는 것을 의미할 뿐이다. 이때 법인성립을 위해서 법률의 규정이 요구하는 바는 법인의 형태이다(numerus clausus der Rechtsform). 즉 설립된 단체가 영리법인의 형태로 갈 것인지, 아니면 비영리법인의 형태로 갈 것인지 나아가 영리법인 중에서도 주식회사 형태를 취할 것인지 혹은 합자회사 형태를 취할 것인지 등에 따라 법률은 각각의 법인형태에 설립요건의 준칙을 요구하고 그에 따른 책임

1 주석 민법, 총칙(1)(제3판), 한국사법행정학회(2002), 587(정환담).
2 주석 민법, 총칙(1)(제3판), 한국사법행정학회(2002), 587(정환담).
3 이은영, 민법총칙, 박영사(2009), 252.

의 범위도 달리 정하게 된다. 국가의 공권력(흔히 주무관청 혹은 법원)은 설립된 단체가 법인으로 나아가고자 할 때 '법인격을 부여하는 단계'에서 그러한 법인이 법률이 정한 바에 따른 준칙에 부합하는 지를 심사하는 과정을 통하여 법인성립에 영향을 미치게 된다.

Ⅱ. 법인설립에 관한 입법주의

1. 개설

통설은 사단이나 재단에 법인격을 부여하는 모습을 "법인설립에 관한 입법주의"라 하여 ① 자유설립주의, ② 준칙주의, ③ 인가주의, ④ 허가주의, ⑤ 특허주의, ⑥ 강제주의로 나누어 설명한다.[4] 그러나 통설의 설명은 다음과 같은 문제점이 있다.

첫째, 통설이 열거하는 입법주의라는 것은 엄밀하게 말하자면 법인 "설립"에 관한 입법주의가 아니라, 이미 설립된 단체가 고유한 법인격을 부여받아 법인으로 승인되고자 할 때 국가가 어떠한 방식으로 조력(Mitwirkung)을 할 것인가에 관한 분류이다. 이것은 법인격부여에 있어서 국가의 영향력이 미친다고 해서 단체에 대한 국가의 부당한 간섭이나 개입으로 볼 것이 아니라, 다양한 목적과 형태로서 등장하는 단체에 대해서 그 단체가 법률이 정형화한 법인의 형태와 내용에 부합하는지를 가려 국가가 이에 대해서 어떻게 법인격을 부여할 것인가 하는 기술상·방법상의 문제에 불과하다. 즉 통설이 명명하는 법인설립에 관한 입법주의라는 것은 법인설립에 관한 것이 아니라 설립된 단체에게 법인격을 부여하는 방법에 관한 입법주의이다.[5]

둘째, 통설은 자유설립주의·준칙주의·인가주의·허가주의·특허주의와 더불어 강제주의를 같은 카테고리에서 병렬적으로 설명하고 있다. 이러한 설명방법으로는 상공회의소의 설립은 인가주의에 속하는 지 아니면 강제주의에 속하는 지 혼란스럽게 된다. 그러나 강제주의는 법인격부여방법에 관한 입법주의와는 관계가 없고 법인설립이 강제되느냐 아니면 자발적이냐 하는 분류의 한 체계일 뿐이다. 즉 구별기준이 다른 입법주의이다. 따라서 상공회의소는 법인격부여에 있어서 인

4 가령 곽윤직/김재형, 민법총칙, 박영사(2013), 169 이하; 민법주해 Ⅰ, 총칙(1), 박영사(1992), 545(홍일표) 등.

5 엄밀하게 말하자면 법인설립(설립)의 입법주의라기 보다 법인성립(成立)의 입법주의라고 부르는 것이 타당하다.

가주의에 해당하면서 회원가입이 강제되기 때문에 강제주의가 적용되는 법인인 것이다. 그에 반해 공인중개사회는 인가주의에 해당하면서 설립이 강제되지 않는 임의주의가 적용된다.

요컨대 법인설립에 관한 입법주의는 설립된 단체에 법인격을 부여하기 위해서 국가가 어떻게 조력을 하는가에 따라 ① 자유설립주의, ② 준칙주의, ③ 인가주의, ④ 허가주의, ⑤ 특허주의로 나누어지고, 법인설립에 강제성이 있느냐에 따라 ① 강제주의와 ② 임의주의로 나뉜다.

2. 국가의 조력에 따른 분류

가. 자유설립주의

법인의 설립에 아무런 제한을 두지 않고 법인으로서의 실질만 갖추면 당연히 법인격을 인정하는 주의이다. 이러한 입법주의를 취하는 나라는 거의 없고, 다만 스위스 민법이 비영리사단법인의 설립에 관하여 이 주의를 취하고 있다고 전해진다(스위스 민법 제60조).[6] 통설은 우리나라 민법 제31조가 "법인은 법률의 규정에 의함이 아니면 성립하지 못 한다"고 규정함으로써 자유설립주의를 배제함을 명확하게 정하고 있다고 풀이한다. 그러나 본법 제31조는 자유설립주의의 배제를 명확히 하기 위한 조문이라기보다는 법인성립법정주의를 선언한 조문으로 보아야 한다. 현행 우리 법이 자유설립주의에 따른 법인을 인정하고 있지 않음은 물론이다. 그러나 현실에서는 법률상 "법인"으로 인정되지는 않았지만, 그 실질에 있어서는 법인과 별반 차이없이 활동하는 단체들, 즉 이른바 권리능력없는 사단·재단이 많이 있다. 이들 단체는 사실상 그 설립에 아무런 제한을 받지 않고 있으며 그 실질에 있어서 흡사 법인과 별 차이가 없으므로, 그러한 단체들은 사실상 자유설립주의의 효과를 누리고 있다고 할 수 있다.[7]

나. 준칙주의

준칙주의는 법률에서 법인설립에 필요한 요건이 미리 정해져있고, 그 요건이

6 그러나 스위스 민법도 비영리사단이 법인으로 인정되는 것에 대해서 아무런 제약을 두지 않는 것은 아니고, 정관작성을 필수적으로 요구하고 있다. 다만 정관이 작성되고 대표가 선임되면 사단은 "상업등기부에 등기를 청구할 수 있는 권한을 가진다"고 표현함으로써(제61조), 준칙주의에 가까우면서도 등기가 필수요건이 아니라는 점에서 일반적인 준칙주의보다 더 느슨한 입법주의라고 할 수 있다.

7 법인격없는 사단·재단에 대한 대표적인 입법적 조치는 민사소송법 제52조 및 부동산등기법 제26조인데, 그곳에서 법인격없는 사단·재단은 각각 소송상 당사자능력과 부동산등기능력을 인정받음으로써 법인과 더욱 가까운 지위를 보장받고 있는 셈이다.

충족되는 때에는 당연히 법인으로 성립이 인정되는 주의이다. 다만 이 방식에 의하게 되면 법인의 성립여부를 외부에서 파악하기 어렵기 때문에 그 조직과 내용을 공시하도록 하기 위하여 등기나 등록을 성립요건으로 하는 것이 보통이다. 민법상 영리법인(본법 재39조), 상법상 회사(상법 제172조), 노동조합 및 노동관계조정법에 따른 노동조합(동법 제6조 참조), 상호저축은행법상 상호저축은행(동법 제3조) 등이 이에 해당한다. 이들 법인은 모두 등기를 성립요건으로 하고, 법인성립후 특정한 업무의 영위를 위해서 영업인가를 받도록 규정한 경우도 있다(상호저축은행법 제6조).

다. 인가주의

법률이 정한 일정한 요건을 갖추고, 주무관청의 인가를 얻음으로써 법인으로서 성립하게 하는 주의이다. 인가주의는 법인설립시 법률이 정한 일정한 요건을 갖추어 신청한 경우에는 반드시 인가를 해주어야 한다는 점에서 실질적으로 준칙주의와 거의 차이가 없다고 하지만,[8] 법인설립에 주무관청의 사전심사를 반드시 필요로 하고 요건 해당 여부의 판단이 주무관청에게 위임되어 있다는 점에서 차이가 있다.

이 주의에 의하여 설립되는 법인으로는 법무법인·지방변호사회·대한변호사협회(변호사법 제41조, 제65조, 제79조 참조), 상공회의소(상공회의소법 제7조), 농업협동조합(농업협동조합법 제15조), 수산업협동조합(수산업협동조합법 제16조), 중소기업협동조합(중소기업협동조합법 제32조), 의료보험조합(의료보험법 제19조), 여객자동차운수사업조합(여객자동차운수사업법 제55조), 수출조합·수입조합·수출입조합(대외무역법 제45조, 동법시행령 제108조), 해운조합(한국해운조합법 제9조), 토지구획정리조합(토지구획정리사업법 제16조, 제19조) 등을 들 수 있다.

라. 허가주의

법인의 설립을 위해서 주무관청의 자유재량에 의한 허가를 필요로 하는 주의이다. 인가주의의 경우에도 주무관청의 심사가 필요하지만 인가주의에서 주무관청의 인가여부에 대한 심사는 법률의 규정에 따른 기속재량인 반면, 허가주의에서는 주무관청의 허가여부가 자유재량이므로 주무관청이 법인설립을 불허하는 경우에도 불허가결정을 재판에 의하여 다툴 수 없다.[9] 따라서 허가주의 아래에서는

8 김증한/김학동, 민법총칙, 박영사(2013), 184; 민법주해 Ⅰ, 총칙(1), 박영사(1992), 547(홍일표).
9 민법주해 Ⅰ, 총칙(1), 박영사(1992), 547(홍일표).

법인설립의 자유는 크게 제한될 수밖에 없다.

민법은 비영리법인의 설립에 있어서 허가주의를 취한다(제32조). 그 밖에 사립학교법인(사립학교법 제10조), 증권거래소(증권거래법 제71조, 제75조), 사회복지법인(사회복지사업법 제16조), 의료법인(의료법 제41조), 의사회·치과의사회·한의사회·조산사회·간호사회(의료법 제27조 제1항)의 설립도 주무관청의 허가를 요한다.

허가주의에 대해서는 법인격의 부여여부를 행정관청의 자유재량에 일임한다는 것은 특권적이며 단체형성의 자유에도 반한다는 비판이 있다.[10]

마. 특허주의

특허주의는 법인설립을 위하여 그에 따른 특별법의 제정을 필요로 하는 입법주의이다. 이를 개별입법주의(個別立法主義)라고 부르기도 한다.[11] 이는 법인의 활동이 국가의 재정·금융·산업 등에 관하여 국가정책에 중요한 영향을 미칠 경우에 특별법에 의하여 법인을 설립하도록 하는 것이다.[12] 이 주의에 해당하는 법인으로는 한국은행(동법), 한국산업은행(동법), 한국수출입은행(동법), 중소기업은행(동법), 대한석탄공사(동법), 대한주택공사(동법), 한국방송공사(동법), 한국토지공사(동법), 한국전력공사(동법), 한국도로공사(동법), 한국조폐공사(동법), 한국마사회(동법), 한국과학기술원(동법) 등을 들 수 있다.

3. 설립의 강제성에 따른 분류

가. 강제주의

이는 법인의 설립을 국가가 강제하는 주의이다(설립강제). 또한 일정한 유자격자는 설립행위에 참여하지 않았어도 당연히 그 회원이 되는 것으로 하는 이른바 가입강제도 강제주의의 일종에 해당한다.[13] 설립강제의 예로는 지방변호사회 및

10 고상룡, 민법총칙, 법문사(2003), 181. 또한 김학동 교수는 허가주의를 규정한 민법 제32조는 법인설립자체를 통제하는 것으로 위헌이라고 한다(김증한/김학동, 민법총칙, 박영사(2013), 186). 한편 정환담 교수는 민법 제32조는 비영리법인이 영리법인인 회사와 설립에 있어서 차별을 받아야 할 이유가 없음을 지적하면서, 허가주의를 준칙주의로 개정할 것을 제안한다(정환담, "민사법인설립제도에 관한 비교법적 고찰", 비교사법 5권 1호(1998. 6), 91 이하).

11 서광민, 민법총칙, 신론사(2007), 184.

12 김용한 교수는 "특허주의는 국책적 견지에서 국가가 스스로 그 법인설립을 적극적으로 원하는 경우이며, 역사적으로 근세 초기에 볼 수 있었던 이른바 특허주의와는 실질적으로 다르다"고 설명하면서, "특허"라는 표현보다는 "특설"로 부름이 적당할 것이라고 한다(김용한, 민법총칙론, 박영사(1997), 155).

13 곽윤직/김재형, 민법총칙, 박영사(2013), 171.

대한변호사회(변호사법 제49조, 제61조), 변리사회(변리사법 제9조), 공인회계사회(공인회계사법 제14조), 의료인단체의 중앙회와 그 지부(의료법 제28조), 약사회(약사법 제11조, 제12조), 수의사회(수의사법 제23조, 제24조)를, 가입강제의 예로는 상공회의소(상공회의소법 제6조)를 든다.

헌법재판소는 등록한 변리사로 하여금 변리사회에 의무적으로 가입하도록 규정한 변리사법 제11조는 변리사의 결사의 자유나 직업의 자유를 침해하는 것이 아니라고 판단하였다.[14] 판례는 공익적 성격이 강한 사법인의 경우 법률이나 정관의 규정에 의해 단체가입 및 탈퇴 등의 자유를 제한할 수 있다고 전제하면서, 법률에서 강제가입이 인정되는 경우에는 특별한 규정이 없는 한 임의탈퇴가 부정되는 것으로 새기고 있다.[15]

나. 임의주의

강제주의와는 달리 일정한 유자격자들로 구성된 법인의 설립이 강제되지 않고 단체의 자율에 맡겨져 있는 주의이다. 여기에서는 그러한 유자격자들의 가입 여부도 강제되지 않는다.

임의주의에 해당하는 예로 공인중개사협회를 들 수 있다(공인중개사법 제41조).

14 헌법재판소 2008. 7. 31. 선고 2006헌마666 결정.

15 대법원 2017. 12. 22. 선고 2014다223025 판결: 화물자동차 운수사업법 제50조 제1항은 "운송사업자로 구성된 협회, 운송주선사업자로 구성된 협회 및 운송가맹사업자로 구성된 협회는 그 공동목적을 달성하기 위하여 국토교통부령으로 정하는 바에 따라 각각 연합회를 설립할 수 있다. 이 경우 운송사업자로 구성된 협회, 운송주선사업자로 구성된 협회 및 운송가맹사업자로 구성된 협회는 각각 그 연합회의 회원이 된다."라고 규정하고 있는데, 전국 개별화물자동차 운송사업연합회의 구성원인 지역 개별화물자동차 운송사업협회가 협회의 정기대의원총회에서 연합회 탈퇴를 결의한 다음 탈퇴의사를 표시하자, 연합회가 탈퇴무효 확인을 구한 사안이다.

제 32 조 [비영리법인의 설립과 허가]

학술, 종교, 자선, 기예, 사교 기타 영리아닌 사업을 목적으로 하는 사단 또는 재단은 주무관청의 허가를 얻어 이를 법인으로 할 수 있다.

[관련조문] 민법 제31조(법인성립의 준칙), 제33조(법인설립의 등기), 제38조(법인의 설립허가의 취소) 제39조(영리법인), 제40조(사단법인의 정관), 제43조(재단법인의 정관), 제49조(법인의 등기사항), 제107조(진의아닌 의사표시), 제109조(착오로 인한 의사표시), 제110조(사기, 강박에 의한 의사표시), 제124조(자기계약, 쌍방대리)

[참고문헌] 강태성, "법인에 관한 민법개정방향", 법조, 제538호(2001); 고상현, "민법상 비영리법인의 설립에서 인가주의와 준칙주의에 관한 시론", 법학 제51권 제2호(2010); 김교창, "민법총칙 중 법인에 관한 개정의견", 법조 548호(2002); 김대정, "민법개정시안에서의 법인설립에 관한 입법주의의 전환", 법학논문집 제34집 제2호 (2010); 김진우, "비영리법인의 설립에 있어서 허가주의에 관한 연혁적 고찰", 인권과 정의 제383호(2008); 송호영, "고전적 법인논쟁이 현대의 단체법론에 주는 의미와 영향 -Savigny와 Gierke의 이론을 중심으로-", 현대민사법학의 과제: 관원 정조근교수 화갑기념논문집(2001); 송호영, "단체의 설립과 권리능력의 취득에 관한 일고", 신세기의 민사법과제: 인제 임정평교수 화갑기념 논문집(2001); 송호영, "민법상 법인편 개정의 주요 쟁점에 관한 고찰", 법학논고, 제34집(2010); 송호영, "법정책학적 관점에서 본 민법상 법인관련규정 개정안", 법과 정책연구, 제12집 제2호(2012); 윤진수, "법인에 관한 민법개정안의 고찰", 법학, 제46권 제1호(2005); 윤철홍, "비영리법인설립에 관한 입법론적 고찰", 민사법학 제47호(2009); 정환담, "민사법인설립제도에 관한 비교법적 고찰", 비교사법, 제5권 제1호(1998)

Ⅰ. 개설

본조는 비영리법인의 설립에 필요한 요건 중에서 설립목적과 주무관청의 허가에 관한 요건을 규정하고 있다. 독일이나 스위스의 민법은 사단법인과 재단법인의 설립을 각각 분리하여 규정하고 있는데 반하여, 우리민법은 일본민법과 마찬가지로 본조에서 사단법인과 재단법인의 설립에 관한 기본사항을 함께 규정하고 있다.

사단법인과 재단법인의 유래나 성격 사회적 기능과 구조 등은 차이가 있지만, 설립과정상 ① 목적의 비영리성 ② 설립행위 ③ 주무관청의 허가 ④ 설립등기 등의 요건이 필요함에 있어서는 공통적이다. 이들 요건 중에서 ①과 ③은 본법 제32조에서, ④는 본법 제33조 및 제49조에서 규정하고 있다. 사단법인과 재단법인의 설립에서 가장 큰 차이점은 ② 설립행위에 관한 것인데, 이것은 사단법인의 경우 본법 제40조, 재단법인의 경우 제43조 및 제47조·제48조에서 규정하고 있다. 상세한 것은 해당조문의 주석에서 다루기로 하고, 이하에서는 비영리사단법인·재단법인의 설립요건에 있어서 주요사항에 대해서 살펴본다.

Ⅱ. 비영리법인의 설립요건

1. 목적의 비영리성

어떤 단체(즉 사단 또는 재단)가 비영리법인으로 인정되기 위해서는 그 목적이 학술, 종교, 자선, 기예, 사교 기타 영리아닌 사업을 목적으로 하여야 한다. "영리아닌 사업"이란 법인사업에서 발생한 이익이 구성원에게 분배되는 것이 아닌 사업을 말하는 것이며, 반드시 공익(즉 사회일반의 이익)을 목적으로 할 필요도 없다.[1] 구성원에게 이익분배가 있게 되면 그것은 영리목적의 법인이 된다(본법 제39조 참조). 따라서 구조적으로 이익을 분배할 구성원이 없는 재단에 있어서는 언제나 비영리재단법인만 인정되고, 사단법인의 경우는 이익분배유무에 따라 영리사단법인과 비영리사단법인으로 나누어진다. 어떤 단체의 성격이 영리법인인지 아니면 비영리법인인지에 대한 판단은 우선 법인설립당시 허가를 맡은 주무관청이 하여야 하는데, 주무관청은 설립허가신청시에 단체가 제출한 정관에 나타난 단체의 설립목적, 단체의 사업내용, 사원의 자격, 출자방법이나 자산상태 등을 종합적으로 살펴서 구성원의 이익분배가능성을 파악하고 그에 따라 법인의 영리성을 판단하여야 한다. 만약 비영리법인으로 설립허가를 받은 단체가 추후 실제 활동에 있어서 영리법인으로 판명되면 주무관청은 설립허가를 취소할 수 있다(본법 제38조 참고). 그러나 비록 비영리법인이라고 하더라도 이른바 부수목적의 특전(Nebenzweckprivileg)에 의하여 비영리사업의 목적을 달성하는데 필요하여 그 비영리법인의 본질에 반하지 않을 정도의 영리행위를 하는 것은 무방하다.[2] 예컨대 비영리사단법인인 학술단체

1 다만 비영리법인 중 일정한 공익적 사업을 목적으로 하는 법인은 공익법인의 설립·운영에 관한 법률(1975년 법률 제2814호)의 적용을 받게 된다.

2 곽윤직/김재형, 민법총칙, 박영사(2013), 171; 김증한/김학동, 민법총칙, 박영사(2013), 187; 이영준, 민법총칙, 박영사(2007), 905; 김상용, 민법총칙, 화산미디어(2009), 218; 이은영, 민법총칙, 박영사(2009), 224; 백태승, 민법총칙, 집현재(2016), 214.

가 전시회를 개최하면서 입장료를 징수하거나 운영경비를 마련하기 위하여 간행된 잡지를 일반인에게 유상으로 판매하는 행위 등은 가능하다. 그러나 그러한 영리행위를 하였을 경우에도 그 수익은 법인의 사업목적에 충당되어야 하고 어떠한 형식으로든지 구성원에게 분배되어서는 안 된다.

2. 설립행위

사단법인에 있어서 설립행위는 곧 법인의 정관작성을 일컫는 것이지만, 재단법인에 있어서 설립행위란 법인의 정관작성과 함께 재산의 출연을 의미한다.

가. 비영리사단법인의 설립행위

1) 설립행위의 의의

사단법인의 설립행위란 설립자(발기인)가 장차 성립될 사단법인의 근본규칙인 정관을 작성하는 행위를 말한다. 민법은 설립자가 정관을 서면에 작성하여 기명날인 할 것을 요구함으로써, 설립행위를 일종의 요식행위로 하고 있다.[3] 설립자의 기명날인이 없는 정관은 효력이 없다. 설립자의 수에 대해서는 민법에 언급이 없다. 따라서 사단의 성질상 2인 이상이면 족하다고 해석된다.[4] 이와 같이 2인 이상의 설립자가 사단법인의 근본규칙인 정관을 작성하는 행위가 사단법인의 설립행위인 것이다. 정관을 작성하는 것이란 실무적으로는 단순히 정관의 규정을 기초하는 것에 그치는 것이 아니라, 정관(안)을 창립총회에서 의결로 확정하는 것을 의미한다.

2) 설립행위의 법적 성질

사단법인의 설립행위는 2인 이상의 설립자가 서면에 의한 정관작성이라는 요식행위를 통하여 설립자로부터 독립한 별개의 권리주체의 생성을 의욕하는 수개의 의사표시의 합치로 이루어진 법률행위이다. 그런데 이러한 사단법인의 설립행위의 법적 성질을 어떻게 볼 것인가에 대해서 학설상 다툼이 있다.

가) 합동행위설

이 학설은 사단법인의 설립행위는 2개 이상의 의사표시가 요구된다는 점에서 단독행위와 구별되면서도 계약과 달리 수개의 의사표시가 상호대립하는 것이 아니고 사단설립이라는 공통의 구심점을 향한 동일한 의사표시들이 결합됨으로써

3 서광민, 민법총칙, 신론사(2007), 186.
4 영리법인인 회사의 설립에 있어서는 상법의 규정에 따라 1인 설립도 인정된다(상법 제288조 참조).

이루어지기 때문에 계약과는 구별되는 합동행위(Gesamtakt)라고 한다.

합동행위의 개념은 1892년 독일의 쿤체(Kuntze)교수가 처음으로 창안하여 발표한 것으로 알려져 있다. 그에 의하면 합동행위란 대립적·교환적 의사표시가 합치하여 성립하는 계약과는 달리 수인의 협력에 의해서만 성립하는 어떤 법률행위에서 수인이 통일적인 법률효과를 얻기 위하여 대립하지 않고 공동으로 하는 행위를 말하는 것으로, 구체적으로는 사단법인의 설립행위 외에도 수인이 하나의 재단법인을 공동으로 설립하는 행위, 수인의 공동대리인에 의한 공동대리행위, 공유자의 공유물의 처분행위 등도 합동행위의 예로 들고 있다. 독일의 합동행위설은 우리나라에도 수입되어 다수설적 지위를 점하고 있다. 사단법인의 설립행위를 합동행위로 보는 견해에 의하면 계약으로 보는 견해와 달리 다음과 같은 차이가 있다고 한다.

첫째, 설립행위를 합동행위로 보게 되면 민법 제124조의 쌍방대리 금지에 관한 규정이 적용되지 않는다고 한다. 즉 쌍방대리는 계약에 대해서 적용되는 것인데, 설립행위는 계약이 아니므로 설립자 중의 한 사람이 다른 설립자를 위하여 대리하는 것도 무방하다고 한다.

둘째, 설립행위는 계약을 전제로한 의사표시흠결에 관한 일반적 원칙이 적용되지 않는다고 한다. 즉 설립자 중의 한 사람이 행위무능력자이거나 의사흠결에 따른 무효·취소의 사유가 있더라도(본법 제107조, 제109조, 제110조) 다른 설립자의 의사표시의 효력에 당연히는 영향을 미치지 않으므로 나머지 설립행위자만의 설립행위로써 사단설립행위는 유효하다고 한다. 나아가 통정허위표시에 관한 본법 제108조에 대해서도 동 조문은 계약이나 상대방있는 단독행위에만 적용되고 합동행위에는 상대방이 없으므로 사단법인의 설립행위에는 그 적용이 없다고 한다.

나) 특수계약설

이 학설은 사단법인의 설립행위는 사단법인의 설립이라는 법률효과를 의욕하는 다수 설립자의 의사표시가 합치됨으로써 성립하므로 일종의 계약이라고 본다. 다만 통상의 계약은 대립하는 상대방과의 의사표시의 합치에 의해서 성립하는 데 반해, 사단법인의 설립행위는 수인의 설립자가 공동으로 자신들과 법적으로 분리된 단체를 창설함을 의욕하면서 동시에 그들 스스로가 그 단체의 구성원으로 되는 것을 내용으로 하는 특수한 계약이라고 한다.

이 학설에 의하면 사단법인의 설립행위는 그 성질이 계약이지만, 단체창설을 목적으로 하는 계약의 특수성 때문에 본법 제124조의 적용은 없고 자기계약 또는 쌍방대리가 허용된다고 한다. 그러나 의사표시의 흠결이 있는 경우에는 법률행위에 관한 제5조 제2항 및 제107 내지 제110조의 규정은 여기에도 적용되지만, 단체가 사회적으로 활동을 개시한 후에는 1인의 의사표시의 결함을 이유로 그 설립해위 전체가 소급적으로 무효고 되지는 않으며, 단지 그 표의자만이 장래적으로 탈퇴의 형식으로 그 의사표시의 구속으로부터 벗어날 수 있을 뿐이라고 한다.[5]

다) 소결

우선 바로 잡아야 할 것은 흔히 합동행위라는 개념은 1892년 쿤체가 처음 주장한 것으로 알려져 있으나, 실제로는 오토 폰 기르케(Otto v. Gierke)가 처음 사용하였다. 기르케는 이미 1887년 "협동체이론과 독일판례"라는 그의 저서에서 단체설립행위의 성질을 개인주의적인 법원리가 작용하는 계약(Vertrag)이 아니라, 사회법적 원리가 작용하는 편면적인 합동행위(einseitiger Gesammtakt)라고 주장한 바 있다.[6] 기르케는 단체의 형성에서 법인의 완성단계까지의 진행과정을 간단(間斷) 없이 연속적으로 설명할 수 있기 위해서 합동행위의 개념을 정립한 것이다.[7]

합동행위설은 종래의 계약개념으로 설명하기 어려운 단체설립에서 발생하는 특수한 법적 현상들을 손쉽게 설명해줄 수 있는 편리한 점이 있음은 사실이다. 그러나 계약의 개념을 양 당사자사이의 대칭적 구조(Synallagma)로만 보는 시각에서 벗어나서 계약은 수인 사이에서도 다면적으로 성립할 수 있다는 것을 인정한다면, 구태여 합동행위설을 원용하지 않더라도 사단법인의 설립행위는 설명될 수 있다.

합동행위설은 사단법인의 설립행위을 '정관작성'이라는 정태적인 현상에 국한하여 설립자들이 행하는 의사표시의 특성(즉 자기계약·쌍방대리의 금지, 의사흠결에 관한 규정의 미적용 등)을 파악하려한 학설이다. 그러나 사단법인의 설립행위에서 중요한 것은 설립자들의 정관작성을 통한 법률행위의 내용과 효과를 동태적으로 분석하는 일이다. 즉 정관작성이라는 법률행위를 통하여 두 가지의 효과가 발생하는데, ① 설립자로부터 독립된 단체(즉 사단)가 탄생하게 됨과 동시에, ② 정관

5 김증한/김학동, 민법총칙, 박영사(2013), 189.

6 Otto v. Gierke, Genossenschaftstheorie und die Deutsche Rechtsprechung, 1887 Berlin. S. 133 f.

7 그의 학설이 가지는 의미에 관해서는 송호영, "고전적 법인논쟁이 현대의 단체법론에 주는 의미와 영향 -Savigny와 Gierke의 이론을 중심으로-", 현대민사법학의 과제: 정조근교수 화갑기념논문집 (2001), 38 이하 참고.

작성에 간여한 설립자들은 그들 스스로 단체의 구성원으로 되어 정관상의 권리·의무규정에 따르게 된다. 이를 분설하면:

첫 번째 효과, 즉 단체의 탄생이라는 현상은 합동행위에 의하든 계약에 의하든 설립자들의 의사의 합치에 의해서 나타나는 효과라는 점에서 큰 차이가 없다. 또한 합동행위설은 사단법인의 설립행위를 합동행위로 보게 되면 설립행위에는 자기계약·쌍방대리금지에 관한 본법 제124조나 의사표시의 흠결에 관한 본법 제107조 내지 제110조 이하의 규정이 적용되지 않는다고 주장하지만, 그러한 결과는 계약을 대칭적 구조로만 한정해서 보지 않는다면 계약설에 의해서도 같은 결론에 도달할 수 있다. 즉 단체의 설립을 목적으로 하는 수인의 다면적 계약에서는 통상의 양당사자사이의 대립적인 계약관계와는 달리 다른 설립자를 대신해서 의사표시를 하더라도 나머지 설립자의 이익을 해하는 것이 아닌 한 자기계약·쌍방대리를 금지해야 할 필요가 없으며, 또한 비록 어느 설립자의 의사표시에 흠결이 있었더라도 그 의사표시 및 다른 설립자의 의사표시의 합치에 의하여 설립자들로부터 이미 독립한 단체가 탄생한 이상 의사표시의 흠결에 얽매이지 않고 그 단체설립의 효과는 일응 인정하여야 하므로 계약설에 의하더라도 본법 제107조 이하의 규정이 당연히 적용되어야 하는 것은 아니다. 이때 설립행위에 하자가 발견되어 설립의 의사표시의 무효나 취소의 주장이 있어다 하더라도 그러한 의사표시의 무효·취소는 단체의 설립 자체를 소급적으로 부인하는 효력은 없으며, 장래에 향하여 단체설립의 의사표시를 거두어들이는 것(즉 탈퇴나 해산주장)으로 보아야 한다. 다만 특수계약설을 주장하면서도 비진의표시나 착오·사기·강박으로 인한 의사표시흠결과는 달리 허위표시를 무효로 하는 본법 제108조는 사단설립행위에 적용되어야 한다는 견해가 있으나,[8] 이를 의사표시흠결에 관한 다른 제도들과 달리 취급할 필요는 없다고 생각한다.

그런데 두 번째 효과, 즉 설립자들이 그들의 합의에 의해 탄생된 단체에 소속되어 지속적으로 정관규정을 준수해야 한다는 법적 효과는 합동행위설보다 계약설에 의할 때 더 잘 설명될 수 있다. 합동행위설에 의하면 정관작성을 통한 단체설립의 효과 외에 그 설립행위로부터 설립자들의 권리·의무관계를 설명하지 못하고, 오히려 계약설에 의할 때, 구성원들 상호간의 지속적인 권리·의무관계를 도

8 이은영, 민법총칙, 박영사(2009), 259.

출할 수 있다.[9] 이를테면 설립자들이 사단의 구성원으로서 사원권을 행사하는 것 혹은 설립자들이 사단의 설립·운영을 위한 비용분담의무를 지는 것 등은 설립자 상호간에 정관상의 합의(즉 계약)에 따른 것으로 보아야 한다.

요컨대, 사단법인의 설립행위를 통하여 단체가 탄생하는 법적 현상을 설명하기 위해서 구태여 합동행위라는 개념을 상정할 필요는 없고 단체의 설립을 목적으로 하는 다수당사자의 다면적인 합의의 결과로 단체가 탄생하는 특수한 단체계약으로 이해하면 족하다.

부언하면, 설립행위를 합동행위로 보느냐 아니면 특수한 계약으로 보느냐는 곧 정관의 법적 성질을 무엇으로 보느냐 하는 문제와도 연관되어 있다. 후술하는 바와 같이 정관의 법적 성질에 대해서는 규범설과 계약설이 대립하는데, 설립행위를 합동행위로 보게 되면 설립자들에 의해 작성된 정관은 일종의 규범(Norm)으로 보게 될 것이고 설립행위를 계약으로 보게 되면 정관은 일종의 계약(Vertrag)으로 보게 될 것이다(☞ 이에 관한 상세한 설명은 제40조 주석 참조).

나. 비영리재단법인의 설립행위

재단법인에서의 설립행위란 설립자가 재산을 출연하고 정관을 작성하는 것이다(본법 제43조). 즉 재단법인의 설립행위란 사단법인의 경우와 마찬가지로 정관의 작성행위가 필요하지만, 그 외에도 법인의 목적을 실현하기 위해 필요한 재산의 출연행위가 요구된다는 점에서 사단법인의 경우와 차이가 있다.

정관의 작성행위에 관해서는 사단법인의 설립에 있어서의 그것과 차이가 없다. 즉 재단법인에서의 정관작성은 설립자가 이를 작성하여 기명날인함으로써 성립하는 요식행위이다. 다만 재단법인에는 사단법인과 달리 사원이 존재하지 않으므로 사원과 관련한 사항은 정관의 내용이 되지 못한다(본법 제43조 참조). 재단법인의 설립행위에는 정관작성 외에도 정관에 기재된 법인설립목적을 실현할 수 있는 재산의 출연이 필수적이다. 재단법인의 설립은 생전처분으로 할 수 있고 유언으로도 할 수 있는데, 생전처분으로 재단법인을 설립하는 때에는 증여에 관한 규정이 그리고 유언으로 재단법인을 설립하는 때에는 유증에 관한 규정이 준용된다(본법 제47조). 재산의 출연이란 자기의 재산을 감소시키고 타인의 재산을 증가케 하는 효과를 발생시키는 것을 말한다. 그런데 재단법인에서 출연행위란 설립자가

9 같은 의견 이은영, 민법총칙, 박영사(2009), 258.

단순히 재산을 타인에게 기증(증여나 유증)한다는 의미를 넘어서서 기증한 재산으로 새로운 권리주체를 생성케 한다는 의미를 가지고 있다. 따라서 이미 수증자가 현존하는 상태에서 행해지는 일반적인 증여나 유증의 경우와는 그 의미나 내용이 다를 수밖에 없다. 재단법인에 있어서는 출연된 재산을 토대로 설립자와 분리된 독립된 권리주체를 만드는 작업과 법인격을 취득한 그 권리주체에 재산권을 넘겨주는 작업이 바로 설립행위로서의 출연행위인 것이다. 이때 설립자의 출연재산이 언제 재단법인의 것으로 귀속되느냐는 재단법인의 성립과 관련하여 대단히 중요한 문제이다(본법 제48조. ☞ 이에 관해서는 후술).

재단법인의 설립행위의 법적 성질에 대해서는 다툼이 있다. 압도적인 다수설[10]과 판례[11]는 이를 상대방없는 단독행위로 본다. 그런데 단독행위설 주장자들은 설립자 1인의 설립행위는 상대방없는 단독행위라고 보는데 일치하지만, 2인 이상의 설립자가 공동으로 재단법인을 설립하는 것에 대해서는 단독행위의 경합으로 보는 견해,[12] 합동행위라고 보는 견해[13] 등으로 나뉜다. 합동행위라고 보는 견해는 사단법인의 설립행위는 필요적 합동행위이지만, 수인에 의한 재단법인의 설립행위는 임의적 합동행위라고 한다. 단독행위의 경합이라고 하는 견해는 임의적 합동행위라고 하는 것도 결국은 재단법인의 설립행위가 본질적으로 단독행위라는 것을 의미하는 것으로 이를 구태여 우회적으로 표현할 필요가 없다고 비판한다. 결국 단독행위의 경합으로 보든 (임의적) 합동행위로 보든 결과에 있어서는 차이가 없는 학설이다.

이에 반해 재단법인의 설립행위를 계약으로 보는 소수설이 있다.[14] 계약설은 출연행위는 설립자가 그의 재산권을 재단에 양도하는 법률행위인데, 이러한 양도행위는 양도인(설립자)과 양수인(재단) 사이의 계약으로 이루어지는 것이 원칙이라고 하면서, 다만 설립자가 재단법인의 설립을 위하여 재산을 출연하는 시점에는 아직 재단법인은 설립되기 전이므로, 설립자는 장래 설립될 재단법인과 계약을

10 곽윤직/김재형, 민법총칙, 박영사(2013), 176; 김증한/김학동, 민법총칙, 박영사(2013), 194; 김용한, 민법총칙론, 박영사(1997), 161; 김현태, 민법총칙론, 교문사(1985), 176; 이영준, 민법총칙, 박영사(2007), 942; 백태승, 민법총칙, 집현재(2016), 221.

11 대법원 1999. 7. 9. 선고 98다9045 판결.

12 김증한/김학동, 민법총칙, 박영사(2013), 194; 김용한, 민법총칙론, 박영사(1997), 161; 김현태, 민법총칙론, 교문사(1985), 176; 이영준, 민법총칙, 박영사(2007), 942; 백태승, 민법총칙, 집현재(2016), 229.

13 김기선, 한국민법총칙, 법문사(1991), 141.

14 이은영, 민법총칙, 박영사(2009), 264.

체결할 수밖에 없다고 한다.

생각건대, 재단법인의 설립행위의 특징은 설립자의 출연행위당시에 출연재산을 받을 상대방(주체)이 없다는 것이다. 즉 재단법인의 설립을 위한 출연행위는 수령을 요하지 아니하는 편면적 의사표시(eine einseitige, nicht empfangsbedürftige Willenserklärung)이다.[15] 그러한 점에서 생전처분에 의하든 유언에 의하든 재단법인의 설립행위는 상대방없는 단독행위로 봄이 타당하다. 한편 2인 이상의 설립자가 재단법인을 설립하는 경우에도 각 설립자의 단독행위가 경합하는 것으로 보더라도 무방하다.

3. 주무관청의 허가

비영리사단이나 재단이 법인격을 취득하기 위해서는 주무관청으로부터 허가를 받아야 한다(민법 제32조). 주무관청의 허가는 설립자에 의해서 설립된 단체에 법인격을 부여하기 위한 국가의 다양한 조력방법중 하나로써, 현행민법상 비영리사단·재단법인의 설립 시 이를 채택하고 있다. 따라서 사단이나 재단이 법인으로서의 실질을 갖추었더라도 주무관청의 허가를 받지 못하면 법인성립이 좌절된다. 이때 주무관청의 허가 여부는 주무관청의 자유재량에 속하며, 따라서 비록 법인성립을 목적으로 하는 단체가 법인설립허가신청을 하였으나 주무관청으로부터 허가를 받지 못하였더라도 행정소송으로 이를 다툴 수 없다.[16] 결국 주무관청으로부터 법인설립불허가처분을 받은 단체는 법인으로 되지 못하고 권리능력없는 사단이나 재단으로 머물 수밖에 없다.

현행 민법이 비영리사단법인·재단법인의 설립에 관하여 허가주의를 채택하고 있는 것에 대해서는 많은 비판이 있다. 민법이 취하는 허가주의는 연혁적으로 국민의 자생적이고 협동적인 비자본적 단체를 금압하고 공동체적 재산관리를 부인함으로써 국민의 단결을 파괴하여 왔던 일본의 식민지 입법의 잔재라는 것이다.[17] 또한 헌법은 결사의 자유를 국민의 기본권으로써 보장하고(본법 제21조 제1항) 또한 결사에 대한 허가는 부인하고 있는데(본법 제22조 제2항), 민법이 비영리법인의 설립에 관하여 주무관청의 허가를 요구하는 것은 헌법위반이라는 것이

15 Seifart/v. Campenhausen, Handbuch des Stiftungsrechts, 2. Aufl., S. 94.

16 대법원 1996. 9. 10. 선고 95누18437 판결 등.

17 정환담, "민사법인설립제도에 관한 비교법적 고찰", 비교사법 5권 1호(1998. 6), 94; 허가주의의 연혁적 상세한 설명에 대해서는 김진우, "비영리법인의 설립에 있어 허가주의에 관한 연혁적 고찰", 인권과 정의 383호(2008. 7), 94 이하 참고.

다.[18] 이러한 비판은 정당하다. 타인에 대한 재산상 이해관계가 큰 영리법인에 대해서도 준칙주의를 취하는 마당에 그러한 이해관계가 적은 비영리법인에 대해서 허가주의를 취하는 것은 국가가 비영리단체에 대해서 사시적(斜視的)이고 금압적(禁壓的)인 태도로 접근하고 있음을 방증하는 것이다. 이것은 이념단체나 이익단체 등이 법인으로 발전할 수 있는 길을 어렵게 만듦으로써, 다분히 위헌적이다. 이러한 허가주의로 말미암아 비영리단체의 법인성립이 어렵게 될 지라도 그 효과는 크지 않다. 왜냐하면 주무관청의 허가를 받지 못한 단체 혹은 처음부터 허가를 받기 원하지 않는 단체는 권리능력없는 사단·재단이라는 미완의 법인격을 가지면서도 정작 단체의 목적을 실현하는 활동에는 별 영향이 없기 때문이다. 오히려 민법상 허가주의로 말미암아 국가가 단체를 통제할 수 있기는 커녕, 파악조차 할 수 없는 수많은 권리능력없는 사단·재단만 양산하는 결과를 가져왔다. 이러한 이유에서 민법의 허가주의는 개선을 요하는데, 기왕이면 헌법상 이념과 부합하는 준칙주의가 바람직하지만, 적어도 주무관청의 자의적인 재량을 억제할 수 있는 인가주의로의 개정이 요망된다.

주무관청이란 법인의 목적사업을 주관하는 행정관청을 의미한다. 어떤 단체가 법인설립허가신청을 하고자할 때 어느 관청에다가 허가신청을 해야 하는 가는 법인정관에 기재된 목적에 따라 판단된다. 예컨대 장학사업을 목적으로 한다면 시·도교육청장, 자선·보건·위생사업이 목적인 경우는 보건복지부장관, 종교·예술·문화사업 등의 목적이라면 문화관광부장관이 주무관청이 된다. 그런데 법인의 목적이 두 개 이상의 행정관청의 소관사항인 때에는 해당 행정관청으로부터 모두 허가를 받아야 하는지 아니면 그중 하나의 행정관청으로부터 허가를 받으면 충분한 것인지에 대해서는 다툼의 여지가 있다. 예컨대 학술진흥과 문화사업을 목적으로 할 때 교육부장관과 문화관광부장관 중에서 어디가 주무관청인지가 문제된다. 이에 대해서는 해당 행정관청이 모두 주무관청이므로 해당 행정관청의 허가를 모두 받아야 한다는 복수설[19]과 그 중의 어느 한 관청으로부터 허가로 족하다는 단수설[20]이 있다. 생각건대 주무관청은 법인의 설립허가뿐만 아니라 사후감독

18 정환담, "민사법인설립제도에 관한 비교법적 고찰", 비교사법 5권 1호(1998. 6), 95; 김교창, "민법총칙 중 법인에 관한 개정의견", 법조 548호 (2002. 5), 154 이하.

19 김주수/김상용, 민법총칙, 삼영사(2013), 207; 서광민, 민법총칙, 신론사(2007), 190; 주석 민법, 총칙(1)(제3판), 한국사법행정학회(2002), 559(정환담); 민법주해 Ⅰ, 총칙(1), 박영사(1992), 555(홍일표); 백태승, 민법총칙, 집현재(2016), 217.

20 김용한, 민법총칙론, 박영사(1997), 159.

도 하게 되는데 복수의 행정관청으로부터 모두 허가를 받아야지만 법인설립이 인정되고 사후에도 복수의 관련 행정관청으로부터 사후감독을 받는다는 것은 지나친 규제라고 할 수밖에 없다. 복수설은 단수설에 의하면 주된 사업과 종된 사업의 두 목적을 가진 법인을 설립하려고 할 때에 종된 사업을 주관하는 관청의 허가만 있으면 된다는 것이 되어 부당하다고 비판하지만, 종된 사업목적을 관장하는 주무관청에 설립허가신청을 한 경우에 그 관청은 주된 사업목적에 해당하는 관청으로 이관하든지 아니면 허가신청을 반려할 것이므로 그러한 비판은 타당하지 않다. 요컨대 복수의 사업목적이 있을 경우에 주된 사업목적을 관장하는 행정관청을 주무관청이라고 보아야 하며, 만약 동등한 값어치의 복수 사업목적일 때에는 어느 한 관청이 설립허가처분을 내린 경우에 그 관청이 사후에도 관리·감독의 책임을 지겠다는 의미도 포함하고 있는 것이므로 그 관청의 설립허가로 법인설립에서 요구되는 허가요건은 충족된 것으로 보아야 한다. 입법론상으로는 행정관청마다 상이하게 적용되는 허가기준이나 허가요건 및 주무관청 관할문제의 혼선 등을 막기 위해서 국무총리실에서 법인설립·감독을 관할하는 독립적인 기구를 설치하여 여기에서 통일적으로 관장하는 것이 바람직하다는 생각이다.[21]

4. 설립등기

사단이든 재단이든 단체가 법인으로 인정되기 위해서는 주된 사무소의 소재지에서 설립등기를 하여야 하며, 이 설립등기를 함으로써 비로소 법인으로 성립한다(본법 제33조). 그러한 의미에서 법인설립등기는 창설적 효력을 가진 성립요건이다. 구민법은 설립등기를 대항요건으로 하고 있었으나, 현행민법은 성립요건으로 하고 있음으로 해서 법인의 성립시기가 보다 분명해졌다.

Ⅲ. 민법개정안

2013년 법무부 민법개정시안에 따르면, 본조에 대해서는 다음과 같은 개정안이 제시되었다.

21 같은 의견, 김교창, "민법총칙 중 법인에 관한 개정의견", 법조 548호 (2002. 5), 156.

제32조 (비영리법인의 설립과 인가)
① 영리를 목적으로 하지 않는 사단법인을 설립하고자 하는 자는 다음 각 호의 요건을 갖추어 주무관청에 인가를 신청하여야 한다.
1. 5인 이상의 사원이 있을 것
2. 제40조에 따라 작성된 정관이 있을 것
3. 다른 법인과 동일한 명칭이 아닐 것
4. 기타 법인 설립에 관련된 규정을 준수하였을 것
② 재단법인을 설립하고자 하는 자는 다음 각 호의 요건을 갖추어 주무관청에 인가를 신청하여야 한다.
1. 제43조에 따라 작성된 정관이 있을 것
2. 재단법인의 목적 달성에 필요한 최소한의 재산을 출연할 것
3. 제1항 제3호 및 제4호의 요건을 갖출 것
③ 주무관청은 법인을 설립하고자 하는 자가 제1항 또는 제2항의 요건을 갖추어 인가를 신청한 때에는 법인의 정관에서 정한 사항이 선량한 풍속 그 밖의 사회질서에 반하지 않으면 인가하여야 한다.

민법개정안에서는 현재의 허가주의가 가지고 있는 문제점을 극복하기 위하여 인가주의로 전환할 것을 제안하고 있다. 그러면서 단순히 허가를 인가로 바꾸는 것에 그치는 것이 아니라, 구체적인 인가요건을 민법에 적시하고 있다. 이렇게 되면 비록 준칙주의에는 미치지 못하더라도, 법인설립에 있어서 주무관청이 행사할 수 있는 재량의 여지는 현저히 줄어들게 되므로 법인설립이 보다 예측 가능할 수 있을 것으로 예상된다. 또한 주무관청의 인가여부는 기속행위에 해당하게 되므로 주무관청의 인가거부에 대해서도 설립자들은 행정소송으로 다툴 수 있게 됨으로써, 헌법상 결사의 자유가 보다 현실적으로 보장되는 효과를 기대할 수 있을 것이다.

그 내용을 개관하면, 첫째, 법인설립의 입법주의를 허가주의에서 인가주의로 전환하고, 둘째, 사단법인과 재단법인의 설립요건을 구별하여 적시하고, 셋째, 법인에게 요구되는 (적극적) 인가요건을 명확히 하였으며, 넷째, 법인의 정관에서 정한 사항이 선량한 풍속 기타 사회질서에 반하지 않는 한(소극적 인가요건), 주무관청으로 하여금 법인설립을 인가할 의무가 있음을 명시하였다.

제 33 조 [법인설립의 등기]

법인은 그 주된 사무소의 소재지에서 설립등기를 함으로써 성립한다.

[관련조문] 민법 제50조(분사무소설치의 등기), 제51조(사무소이전의 등기), 제54조(설립등기 이외의 등기의 효력과 등기사항의 공고), 제97조(벌칙), 상업등기법 제8조(등기사무의 처리), 제22조(신청주의), 제24조(등기신청의 방법), 제25조(인감의 제출), 비송사건절차법 제63조(설립등기의 신청)

[참고문헌] 김대정, "민법개정시안에서의 법인설립에 관한 입법주의의 전환", 법학논문집 제34집 제2호(2010); 송호영, "단체의 설립과 권리능력의 취득에 관한 일고", 신세기의 민사법과제: 인제 임정평교수 화갑기념 논문집(2001); 송호영, "민법상 법인편 개정의 주요 쟁점에 관한 고찰", 법학논고, 제34집(2010)

Ⅰ. 법인등기제도

권리주체로서 법인은 실재하는 것임에도 불구하고, 자연인과 달리 물리적인 외형을 가지고 있지 않기 때문에 외부의 제3자로서는 법인의 존재여부를 알 수 없는 경우가 많다. 따라서 법인이 독자적인 권리주체로서 법적 활동을 하기 위해서는 제3자에게도 그 존재를 공적으로 증명할 수 있는 법적 장치가 필요한데, 그것이 바로 법인의 등기제도이다. 법인은 다양한 입법주의에 의해서 설립이 가능하지만, 종국적으로 법인의 설립이나 존재를 외형적으로 알 수 있게 하는 것은 법인등기이다. 이러한 공시를 통하여 법인은 스스로 그 존재에 대한 대외적 신용을 확보할 수 있으며 법인과 법률관계를 맺는 제3자는 법인의 실체를 확인할 수 있게 되므로, 법인등기는 거래안전의 보호를 위하여 반드시 필요한 제도이다. 그러므로 법은 법인등기를 강제할 방법을 갖추어야 하고 그에 따른 일정한 법적 효력을 부여하여야 한다. 법인등기에 대해서 어떤 효력을 부여할 것인가에 대해서는 성립요건주의와 대항요건주의가 있다. 민법은 법인등기를 강제하기 위해서 설립등기에 대하여는 등기를 성립요건으로 하고(본법 제33조), 그 밖의 등기는 모두 대항요건으로 하고 있다(본법 제54조 제1항). 또한 민법은 법인등기를 간접적으로 강제하기 위하여 등기의무 있는 이사 등이 소정기간 내에 등기를 게을리하면 과태료의 제재를 받도록 하고 있다(본법 제97조 제1호).

Ⅱ. 법인설립등기

1. 설립등기절차

법인설립등기에 관해서는 본조 및 본법 제49조가 그 기간, 사항, 장소, 효과 등을 규정하고 있다. 그 외 분사무소를 설치하거나 사무소의 이전이 있는 때에도 그 분사무소 소재지 및 신사무소 소재지에서 설립등기와 동일한 사항의 등기를 하여야 한다(본법 제50조, 제51조).

법인등기의 절차에 관해서는 비송사건절차법이 정하고 있지만, 민법상 법인에 등기에 관한 사항은 비송사건절차법이 상법상 회사의 등기를 주로 규율하는 상업등기법의 규정을 많이 준용하고 있다(비송사건절차법 제60조 이하, 특히 제66조의 상업등기법 준용규정 참조). 법인의 설립등기는 당사자신청주의를 원칙으로 하고 있는데(상업등기법 제22조 제1항), 법인등기에 있어서 당사자란 등기를 받는 주체인 법인을 의미하지만, 실제로는 법인을 대표하는 자가 법인설립등기를 신청한다(비송사건절차법 제63조 제1항). 등기는 당사자(즉 법인의 대표자) 또는 그 대리인이 등기소에 출석하여 신청하여야 한다(상업등기법 제24조 제1항). 등기를 신청할 때에는 등기소에 출석하여 본법 제49조 제2항의 등기사항을 포함한 소정의 신청정보 및 첨부정보를 제출하거나, 대법원규칙으로 정하는 바에 따라 전산정보처리조직을 이용하여 신청정보 및 첨부정보를 등기소에 보내야 한다(상법등기법 제24조). 그 외 등기신청서에는 정관, 이사의 자격을 증명하는 서면, 주무관청의 허가서 또는 그 인증이 있는 등본, 재산목록 등의 서류를 첨부하여야 하며(비송사건절차법 제63조 제2항), 등기신청서에 기명날인한 사람은 미리 그 인감을 등기소에 제출하여야 한다(상업등기법 제25조 제1항). 신청서가 접수된 때에는 등기관은 지체 없이 신청에 관한 모든 사항을 조사하여야 한다(상업등기규칙 제54조 제1항). 조사결과 각하사유가 존재하는 때에는 이유를 기재한 결정으로써 신청을 각하하여야 하고(상업등기법 제26조 제1호 내지 제12호, 제14호 및 제16호), 신청이 적법한 것인 때에는 신청한 등기사항을 접수번호의 순서에 따라 등기를 하여야 한다(상업등기법 제8조 제3항). 등기관의 신청각하결정에 이의가 있을 때에는 관할 지방법원에 이의신청을 할 수 있다(상업등기법 제82조 이하).

2. 설립등기의 효력

민법상 법인은 주된 사무소의 소재지에서 설립등기를 함으로써 성립한다(본법 제33조). 법인설립등기는 법인의 성립요건이다. 즉 설립단계에 있는 법인이 주무관청의 허가를 받았더라도 그때까지는 '설립중인 법인'으로 머물게 될 뿐이며, 법인설립등기에 의하여 비로소 독립된 권리주체로서 완전한 법인격을 취득하게 된다. 그러한 의미에서 법인설립등기는 창설적 효력을 가진다. 또한 법인은 설립등기에 의하여 독립한 권리주체로서 성립을 인정받게 되므로, 비록 법인설립과정에서 무효·취소 등의 하자사유가 있었다 하더라도 법인설립등기 후에는 그러한 사유는 일단은 치유된 것으로 보아 그 설립에 다툼이 있어 법인설립의 무효나 취소의 판결이 확정될 때까지는 '사실상(de facto) 법인'으로서 존재한다고 보아야 할 것이다.

성립요건으로서의 법인설립등기는 주된 사무소에서의 등기만을 의미하며, 종된 사무소에서의 설립등기는 여기에 해당하지 않는다. 주된 사무소의 소재지에서 하는 설립등기는 법인의 성립요건이지만, 종된 사무소 소재지에서의 설립등기는 대항요건일 뿐이다(본법 제54조 제1항 참조).

Ⅲ. 민법개정안

2013년 법무부 민법개정시안에 따르면, 본조에 대해서는 다음과 같은 개정안이 제시되었다.

제33조 (법인의 성립시기) 법인은 그 주된 사무소의 소재지에서 설립등기를 함으로써 성립한다.

현행 민법 제33조는 법인의 성립시기를 다루고 있으면서도 표제를 "법인설립의 등기"로 되어 있어서 조항의 내용이 법인의 성립시기에 관한 내용이 아니라 법인설립에 있어 필요한 등기의 내용을 규정한 것으로 오해될 소지가 있었다. 이에 본조 표제를 개정하는 안이 제출되었는데, 현행 본조의 제목인 (법인설립의 등기)를 (법인의 성립시기)로 개정하는 것 외에 내용상의 변화는 없다.

제 34 조 [법인의 권리능력]

법인은 법률의 규정에 좇아 정관으로 정한 목적의 범위내에서 권리와 의무의 주체가 된다.

[관련조문] 민법 제31조(법인성립의 준칙), 제32조(비영리법인의 설립과 허가), 제35조(법인의 불법행위능력), 제38조(법인의 설립허가의 취소), 제59조(이사의 대표권), 제114조(대리행위의 효력), 제130조(무권대리), 상법 제1734조(권리능력의 제한)

[참고논문] 가정준, "영리법상 법인의 권리능력과 행위능력에 대한 고찰", 민사법학, 제48호(2010); 권용우, "법인의 권리능력", 월간고시, 제17권 제2호(1990); 김종률, "법인의 권리능력에 관한 일고", 민사법학 제24호(2003); 김중곤, "특수목적법인(SPC)의 권리능력", BFL 제13권(2005); 김학동, "법인의 권리능력은 제한될 수 있는가?", 경영법률, 제18권 제1호(2007); 박정국, "정관상 목적에 의한 회사의 권리능력제한에 관한 소고", 법학논총, 제32집 제1호(2012); 박찬주, "법인의 능력", 저스티스, 제108호(2008); 송호영, "법인의 권리능력", 비교사법, 제7권 제1호(2006); 송호영, "단체의 설립과 권리능력의 취득에 관한 일고", 신세기의 민사법과제: 인제 임정평교수 화갑기념집(2001); 이중기, "영국법상의 능력외이론과 우리법상의 목적에 따른 능력제한에 대하여", 법학, 제36권 제1호(1995); 이호정, "법인의 권리능력", 고시계, 제27권 제9호(1982)

Ⅰ. 법인의 권리능력

1. 서설

법은 자연인 외에 법인도 권리주체로 인정하고 있지만, 법인의 권리능력이 자연인과 똑같을 수는 없다. 자연인의 경우에는 출생과 더불어 모든 사람은 동등한 포괄적 권리능력을 취득하기 때문에 권리능력의 내용이 무엇인지가 문제되지 않는다. 그에 반해 법인은 일정한 목적의 실현을 위해 설립된 조직체이므로 도대체 모든 법인이 동등한 내용의 권리능력을 가지는 것인지에 대해서 의문이 제기될 수밖에 없다. 여기에 대해 본조는 법인은 법률의 규정에 좇아 정관으로 정한 목적의 범위 내에서 권리와 의무의 주체가 된다고 정하고 있다. 본조의 문언에 따라 통설은 법인의 권리능력은 법률의 규정과 정관에서 정한 법인설립목적에 의해서 제한될 수 있다고 설명한다. 그 외에도 스위스 민법 제53조처럼[1] 자연인과 비교하여 법인의 권리능력이 제한되는 예를 명시한 입법례도 있지만, 비록 우리 민법에서는 그러한 규정이 없다고 하더라도 법인은 자연인의 천연의 성질을 전제로 한 권리능력을 향유할 수 없다고 하는 점에는 이론이 없다(☞그 외 법인의 권리능력의 속성에 대해서는 제1편 제3장 [총설] 부분 주석 참조).

2. 권리능력의 제한

가. 성질에 의한 제한

앞서 본 바와 같이 우리 민법에는 법인의 권리능력에 관한 스위스 민법 제53조와 같은 명문의 규정이 없다. 그러나 법인이 자연인의 천연적인 성질을 전제로 하는 권리와 의무를 가질 수 없음은 명문규정의 유무와 관계없이 자명하다. 따라서 생명권·친권·부권·정조권·육체상의 자유권, 주거권[2] 등은 향유할 수 없는데 반하여, 자연인의 천연적 성질을 전제로 하지 않는 재산권·명예권·성명권·신용권·정신적 자유권 등은 향유할 수 있다.

법인도 자연인과 마찬가지로 재산상속권을 가질 수 있는가 하는 것이 문제될 수 있는데, 우리 민법은 재산상속인이 될 수 있는 주체를 자연인에 국한하므로(본법 제1000조~제1004조) 법인은 재산상속권을 가질 수 없다. 이에 반해 독일 민법은 법인에게도 상속능력을 인정하고 있다(제2044조 제2항, 제2101조 제2항 등 참조). 따라서 우리민법상 법인에게 재산상속권이 부인됨은 입법정책상의 고려일 뿐이므로 법인의 성질에 의한 권리능력의 제한이라고 이해하기보다는 후술하는 법률에 의한 권리능력의 제한으로 분류함이 타당하다고 생각된다. 물론 우리민법에서 법인은 비록 재산상속권은 없지만, 포괄유증을 받을 수는 있기 때문에(본법 제1078조) 사실상 상속능력을 인정하는 것과 동일한 효과가 있다.

1 스위스 민법 제53조 [권리능력]: 법인은 성·연령 또는 친족관계와 같은 자연인의 천연의 성질을 요건으로 하지 않는 모든 권리·의무를 향유할 수 있다.

2 법인이 주택임대차보호법상 임차인이 될 수 있는가에 대하여 대법원 1997. 7. 11. 선고 96다7236 판결은 주택임대차보호법이 "자연인인 서민들의 주거생활의 안정을 보호하려는 취지에서 제정된 것이지 법인을 그 보호 대상으로 삼고 있다고는 할 수 없는 점, 법인은 애당초 같은 법 제3조 제1항 소정의 대항요건의 하나인 주민등록을 구비할 수 없는 점 등에 비추어 보면, 법인의 직원이 주민등록을 마쳤다 하여 이를 법인의 주민등록으로 볼 수는 없으므로, 법인이 임차 주택을 인도받고 임대차계약서상의 확정일자를 구비하였다 하더라도 우선변제권을 주장할 수는 없다"고 판시하여 이를 부정한다. 다만 현행 주택임대차보호법은 주택도시기금을 재원으로 하는 저소득층 무주택자에게 전세임대주택을 지원하는 소정의 법인이나 중소기업기본법상 중소기업에 해당하는 법인에 대해 임차권을 인정하고 있다(주택임대차보호법 제3조 제2항 및 제3항).

나. 법률에 의한 제한

법인은 법률의 규정에 의하여 성립되는 권리주체이므로(본법 제31조), 법인의 권리능력도 법률의 규정에 의하여 제한될 수 있다. 현행법상 법인의 권리능력을 일반적으로 제한하는 법률은 없고 개별적인 제한규정이 있을 뿐이다. 대표적인 예로 '회사는 다른 회사의 무한책임사원이 되지 못한다'고 규정한 상법 제173조를 들 수 있다. 따라서 상법상 회사는 다른 회사의 무한책임사원으로서의 권리를 향유하고 의무를 부담할 수 없다. 그밖에 통설은 '해산한 법인은 청산의 목적범위 내에서만 권리가 있고 의무를 부담한다'는 본법 제81조 및 같은 취지의 상법 제245조와 채무자 회생 및 파산에 관한 법률 제328조를 법률의 규정에 의한 법인의 권리능력의 제한에 관한 일례로 들고 있다. 그 외에도 특별법에서 일정한 법률행위를 제한 또는 금지하거나 일정한 행위를 할 때 일정한 절차를 요구하는 경우가 있다. 예컨대 사립학교법 제16조 및 제28조는 학교법인이 재산을 차입하거나 법인재산을 처분하려면 이사회의 결의와 관할청의 허가를 받도록 하고, 상호저축은행법 제18조의2는 상호저축은행의 채무보증이나 담보제공 행위를 금지하고, 보험업법 제10조는 보험회사는 생명보험업과 손해보험업을 겸영하지 못하도록 하고 있다.

다. 목적에 의한 제한

통설은 본조의 문언에 따라 법인의 권리능력은 "정관으로 정한 목적의 범위 내에서" 인정되기에, 법인의 권리능력은 그 법인의 목적에 의해서 제한된다고 한다. 통설은 "목적의 범위내"를 법인의 목적으로서 정관에 열거된 사항에 한정해서 보지는 않지만, 그 포섭범위에 관하여는 시각을 달리한다. 소수설은 적극적으로 법인이 목적을 달성하는 데 필요한 범위내라고 좁게 해석하는데 반하여,[3] 다수설은 소극적으로 목적에 위반하지 않는 범위내라고 좀 더 넓게 해석한다.[4] 전설은 거래상대방보다는 법인구성원의 이익을 더 보호하려는 취지인데 반하여, 후설은 법인과 거래하는 상대방을 더 보호하고자 하는 사상에 기초하고 있다.[5] 일견 전설

3 이영섭, 신민법총칙강의, 박영사(1959), 198; 이태재, 민법총칙, 법문사(1981), 146.

4 곽윤직/김재형, 민법총칙, 박영사(2013), 181; 김용한, 민법총칙론, 박영사(1997), 173; 김상용, 민법총칙, 화산미디어(2009), 230; 김증한/김학동, 민법총칙, 박영사(2013), 204; 장경학, 민법총칙, 법문사(1995), 319 등.

5 김상용, 민법총칙, 화산미디어(2009), 230.

보다는 후설의 포섭범위가 더 넓은 듯하지만, 과연 다수설이든 소수설이든 그 학설들이 제시한 기준으로 어느 한 행위가 법인의 목적범위내의 행위인지 아니면 목적범위외의 행위인지 여부를 명쾌하게 판단할 수 있을 것인가에 대해서는 매우 의문스러우며,[6] 실무적으로도 다수설이 제시하는 기준과 소수설이 제시하는 기준이 어떤 궁극적인 차이를 가져오는 것도 아니다. 이에 관한 대법원의 태도도 명확하지 않은데, 흔히 학설은 대법원 1974. 11. 26. 선고 74다310판결을 인용하면서 판례가 "목적사업을 수행함에 필요한 행위"로 한정적으로 새김으로서 소수설과 같은 태도로 이해하고 있으나,[7] 정작 대법원은 같은 판결에서 "그 목적의 범위내라 함은 이를 광의로 해석하여 정관에 열거된 목적과 그 외에 법인의 목적을 달성함에 필요한 범위를 지칭하는 것으로 해석함이 타당"하다고 표현하고 있는데 이는 오히려 다수설의 입장에 가깝다.

그런데 본조의 '정관으로 정한 목적의 범위내'라는 규정은 영미법에서의 ultra vires 원칙에서 기원한 것이지만, '권리능력'은 그 실질을 포괄적·혼일적·비제한적인 것으로 보는 독일법에서 유래한 개념이다. 그렇다면 이질적인 양 법계의 요소가 서로 혼재하는 본조가 과연 정관목적을 통하여 제한하려는 것이 무엇인지가 문제된다.

3. 본조와 Ultra vires 원칙

본조는 영미법계에서 유래한 능력외이론(Doctrin of ultra vires)이론을 수용한 것이다.[8] ultra vires 이론이라 함은 법인의 능력은 정관에 기재된 목적의 범위내에서만 인정되며(intra vires), 만약 법인이 그러한 목적범위 밖의 행위를 하게 되면 그러한 행위는 능력외의 행위이므로(ultra vires) 그 행위는 법인의 행위로 인정될 수 없기에 절대무효라고 하는 영미의 판례법상 형성된 법원칙이다.[9] 우리 법은 입법적으로 대륙법계에 속하지만, 민법은 법인의 권리능력에 관한 한 이질적인

6 김용한 교수는 다수설과 소수설의 목적의 해석범위에 대하여 "그것은 단순히 표현상의 차이에 불과하다"고 한다[김용한, 민법총칙론, 박영사(1997), 173].

7 대법원 1968. 5. 21. 선고 68다461 판결, 대법원 1974. 11. 26. 선고 74다310 판결. 예컨대 김상용, 민법총칙, 화산미디어(2009), 230.

8 고상룡, 민법총칙, 법문사(2003), 198; 김용한, 민법총칙론, 박영사(1997), 173: 황적인, 현대민법론 I, 박영사(1985), 111; 장경학, 민법총칙, 법문사(1995), 318; 김상용, 민법총칙, 화산미디어(2009), 229.

9 Gower, L.C.B., Principles of modern company law, 5. Aufl., London 1992, 166면 이하. ultra vires이론에 관한 비교적 상세한 최근의 우리문헌으로는 이중기, "영국법상의 능력외이론과 우리법상의 목적에 따른 능력제한에 대하여", 법학 제36권 제1호(1995. 5), 181 이하 참조.

영미법상의 ultra vires 원칙을 수용하였다. ultra vires 이론은 처음에 19세기 중엽에 영국에서 특허주의에 의하여 설립된 회사의 행위능력을 제한함으로써 회사사원과 회사채권자를 보호하려는 의도에서 판례에 의하여 형성된 법원칙이다. ultra vires 원칙은 거래상대방보다 회사보호에 치중함으로써 거래안전을 위협할 소지가 크기 때문에 영국법원은 점차 이 원칙을 폐기하여, 마침내 원산지인 영국에서도 1989년의 The Companies Act 를 통해 ultra vires 원칙을 사실상 폐지하였다. 또한 영국의 ultra vires 원칙을 계수한 미국에서도 판례가 점차 ultra vires 원칙을 완화하여 적용하다가, 근자에는 각주의 회사법에 의하여 이 원칙이 제한 내지 폐지되는 경향에 있었는데, 마침내 1984년의 개정모범사업회사법(R.M.B.C.A)은 회사의 "ultra vires 항변"을 배척하기에 이르렀다. 이처럼 19세기의 경제상황을 배경으로 등장한 ultra vires 원칙은 21세기의 경제현실에는 어울리지 않기 때문에 거래안전에 대단히 위협적인 동 원칙은 폐지되거나 극히 제한적으로 적용되어야 함에도 불구하고, 우리나라에서 여전히 이 원칙의 적용여부가 논의되는 이유는 우리 민법의 입법자들이 이 원칙의 적용여부를 판례나 학설에 맡기지 않고 본조에서 정면으로 조문화하였기 때문이다.

ultra vires 원칙을 담고 있는 본조의 채택이유에 대해서는 알 수 없으나, 같은 내용을 담고 있는 일본 민법 제43조의 규정을 거의 그대로 받아들인 것으로 추측된다.[10] 일본 민법에서 ultra vires 원칙이 수용된 것은 입법과정상 우연한 사정에 의한 것이다. 일본 민법의 제정과정에서 1893년부터 1898년까지 법전조사회에서 활동하였던 세 명의 입법위원, 즉 梅謙次郎·穗積陳重·富井政章은 각각 독일과 프랑스에서 유학을 한 덕분에 이들이 기안한 일본 민법은 독일법과 프랑스법의 영향을 많이 받았음은 당연한 것이다. 그러나 유독 법인의 권리능력에 관해서만은 이질적인 영미법상의 ultra vires 원칙을 채택하고 있는데, 그 이유는 법인편의 입법을 담당한 穗積陳重이 독일유학 중에 잠시 영국에서 체류하면서 영국의 회사법을 공부한 적이 있다는 "우연한 사정"[11]에서 연유한다. 穗積陳重은 유학을 마치고 일본민법의 법인편을 창안하였다. 이때 일본 민법 제43조의 입법취지를 설명하면서 "법인의 행위에 대하여 그 설립목적의 범위 외에 있는 것은 이른바

10 고상룡, 민법총칙, 법문사(2003), 201.

11 竹下昭父, 會社法におけるultra viresの原則の廢棄, アメリカ法 創刊(1965), 23면(고상룡, 민법총칙, 법문사(2003), 201.에서 재인용).

월권행위이며(ultra vires), 이것을 무효로 해야 한다는 것은 논할 여지도 없다"[12]고 하여 ultra vires 원칙을 수용하였음을 분명히 밝히고 있다. 이를 근거로 현재 일본에서는 일본민법 제43조가 법인의제설의 입장에서 영미법의 ultra vires 이론에 따라 기초되었다는 사실에 대해서는 다툼이 없다고 한다.[13] 이와 같이 우리의 전체 사법체계와는 다소 이질적인 성질의 ultra vires 원칙이 일본 민법 제43조를 경유하여 우리 민법 제34조에도 도입됨으로써, 본조의 해석이나 그 적용에 있어서 적지 않은 문제를 야기하고 있다. 아이러니컬하게도 ultra vires 원칙의 원류인 영미법계에서는 오늘날 판례의 변경으로 이 원칙을 폐기하는 현상이 확산되고 있는데 반하여, 정작 우리 민법에서는 이 원칙이 성문규정으로 명문화됨으로써 이를 무시할 수도 없는 상황이다. 거래안전의 관점에서 볼 때에는 입법론상 본조를 폐지하는 것이 바람직하다. 그러나 본조가 폐지되지 않고 엄연히 존재하는 한, 실정조문의 취지를 존중하면서도 현실적인 법적 상화에 맞추어 합리적으로 본조를 해석하여야 할 것이다.

4. 본조의 해석 및 적용

가. 제한의 대상

1) 학설

본조는 표제를 [법인의 권리능력]이라고 정하고 있음에도 불구하고, 본조가 정관에 의하여 제한하려는 것이 무엇인가에 관하여 견해가 갈린다.

가) 권리능력 및 행위능력제한설

우리나라의 통설은 본조가 정관목적으로 제한하려는 것은 법인의 "권리능력"이라고 이해한다. 또한 법인의 권리능력이 정관목적에 의해 제한되는 만큼 법인의 "행위능력"도 제한된다고 한다.[14] 이 학설에 의하면 법인이 한 법률행위의 효력여부는 그 법률행위가 정관에 정한 목적의 범위에 포섭될 수 있느냐의 여부에 달려있다. 만약 그 정관목적의 범위내라고 판단되면 법인의 행위로 귀속될 수 있어, 그 범위내에서 법인은 권리능력 및 행위능력을 가지는 셈이다. 그에 반해 법

12 法典調査會, 民法主査會議事速記錄, 第4卷 主査 4의 127面[고상룡, 민법총칙, 법문사(2003), 201면에서 재인용].

13 고상룡, 민법총칙, 법문사(2003), 201.

14 곽윤직/김재형, 민법총칙, 박영사(2013), 186; 김주수/김상용, 민법총칙, 삼영사(2013), 217; 장경학, 민법총칙, 법문사(1995), 318; 이영준, 민법총칙, 박영사(2007), 945 등.

인이 행한 법률행위가 정관의 목적범위 밖의 것이라고 인정되면 그것은 법인의 권리능력과 무관한 행위이므로 법인의 행위로 귀속될 수 없고, 따라서 그 행위의 효과는 무효로 될 수밖에 없다.

나) 행위능력제한 내지 대표권제한설

이 학설에 의하면 "권리능력의 제한"이란 어떤 종류의 권리를 가질 수 없는가 하는 문제인데, 본조의 "목적의 범위내"라는 기준은 법인이 향유할 수 있는 권리의 "종류"를 제한하는 것과 어울리지 않는다고 한다.[15] 또한 법인은 법인의 성질상 또는 법률의 규정에 의하여 가질 수 없는 권리나 의무를 제외하고는 일반적 권리능력을 향유하기 때문에, 본조가 제한하려는 것은 법인의 권리능력이라기보다 법인의 행위능력을 제한하려는 것으로 이해하여야 한다고 주장한다.[16] 이와 같이 본조의 제한을 법인의 행위능력에 관한 제한으로 이해한다면, 이는 결국 이사의 대표권을 제한하는 것을 의미하는 것이라고 한다.[17] 앞의 권리능력 및 행위능력제한설과 이 학설의 실제적인 차이를 살펴본다면, 전설에 의하면 법인이 정관목적을 넘은 행위를 한 경우에 그러한 권리능력은 법인에게 인정되지 않으므로 그것은 법인의 행위로 귀속될 수 없어 그 행위의 효력은 절대무효이고 다만 상대방은 법인에 대하여 계약체결상의 과실책임을 물을 수 있을 뿐이다. 하지만 후설에 의하면 법인의 권리능력이 제한되지 않기 때문에 그러한 행위도 법인에게 귀속될 수 있어 만약 이사의 행위가 표현대리에 해당하거나 무권대리에 해당하더라도 법인이 이를 추인하게 되면 유효한 법률행위로 인정된다.

2) 판례의 태도

대법원은 "민법 제34조에 의하면 법인은 법률의 규정에 좇아 정관으로 정한 목적의 범위내에서 권리와 의무의 주체가 된다고 규정하고 있으므로 법인의 권리능력이 그 목적에 의하여 제한됨은 자명한 것"[18]이라고 설시하여, 권리능력제한설을 취하고 있다. 다만 통설과 판례가 본조가 제한하려는 것이 권리능력 내지 행위능력이라고 보더라도, "목적의 범위"를 정관에 열거된 사항에 한하는 것이 아니라, 적극적으로 목적을 달성하는데 필요한 범위내 혹은 소극적으로 목적에 위반

15 고상룡, 민법총칙, 법문사(2003), 200.

16 이호정, "법인의 권리능력", 고시계 307호(1982.8), 16 이하; 김민중, 민법총칙강의, 로앤피플(2008), 139이하.

17 고상룡, 민법총칙, 법문사(2003), 200; 김민중, 민법총칙강의, 로앤피플(2008), 139.

18 대법원 1974. 11. 26. 선고 74다310 판결.

하지 않는 범위내 라고 완화해서 해석하고 있음은 앞서 본 바와 같다.

그와 같은 논지에서 판례는 어업협동조합이 내빈 등 접대를 위하여 차를 외상으로 구입한 행위는 조합의 목적사업수행에 필요한 것이라고 하고,[19] 중소기업협동조합법에 의하여 설립된 조합은 중소기업협동조합법 제31조 제1항 제1호 소정의 생산, 판매, 구매 등의 사업을 행할 수 있으므로 그에 부수되는 구매자금의 선급이나 이를 위한 약속어음의 발행도 그 사업능력 범위내에 속한다고 하고[20] 신용협동조합중앙회로부터 신용협동조합이 이사회의 결의없이 차금한 행위는 무효이지만 자금의 실수요자인 신용협동조합의 조합원이 조합중앙회에 대하여 그 차용금을 변제하기로 한 약정은 조합중앙회로서는 대여금채권의 확보를 위해 목적수행에 필요한 것으로서 그 목적범위 내에 속한다고 보았다.[21]

3) 소결(수권범위설)

역사적으로 볼 때 영국의 ultra vires 원칙은 법인설립에 관한 허가주의로부터 연유한다.[22] 우리 민법도 허가주의를 취하고 있기 때문에 ultra vires 원칙과 친밀한 구조라고 생각할 수도 있다. 그러나 독일 민법 제22조는 자본회사의 형식을 취하지 않는 영리사단에 대해 허가주의를 취하고 있음에도 불구하고 그러한 사단의 권리능력이 정관목적에 의해서 제한되지는 않는다. 따라서 법인설립주의(특히 허가주의)와 법인의 권리능력의 목적에 의한 제한은 필연적으로 결합되어야 하는 것은 아니다. 그렇다면 본법 제34조가 정관목적으로 제한하려는 것은 무엇으로 이해하여야 하는가? 우리나라의 다수설은 이를 권리능력의 제한 및 이와 결합한 행위능력의 제한으로 이해한다. 그러나 학설은 도대체 법인의 권리능력이나 행위능력이 정관목적에 의해서 제한될 수 있는 것인지에 대해서는 명확하게 밝히지 않고 있다. 원래 법인이란 사적자치의 원칙상 그 발기인(설립자)의 자유로운 결정에 따라 법인의 설립목적이 정관에 정해지게 되고, 그에 따라 발기인과 분리된 독립한 주체가 등장하는데(이른바 설립중인 사단·재단·회사), 이 주체에 국가가 허가나 등기절차에 따라 권리능력을 부여해줌으로써 생성되는 것이다. 국가가 그 설립중인 법인에게 권리능력을 부여해줄 때 정관에 기재된 목적을 심사하게 되지만(본법

19 대법원 1974. 6. 25. 선고 74다7 판결.
20 대법원 1981. 3. 13. 선고 80다1049, 1050 판결.
21 대법원 1991. 11. 22. 선고 91다8821 판결.
22 Fellmeth, Die Vertretung verselbständigter Rechtsträger in europäischen Ländern, Teil I(Deutschland, Italien und Spanien), Berlin 1997, S. 31.

제32조, 제38조 참조), 이 심사를 거쳐 국가가 권리능력을 부여할 때에는 각각의 법인마다 서로 범위가 다른 상대화된 권리능력이 아니라, 모든 법인에 대하여 동등하게 포괄적이고 혼일한 완전한 권리능력을 부여하게 된다.[23] 이는 마치 자연인이 출생과 더불어 권리능력을 취득할 때에는 누구에게나 똑같은 권리능력을 가지는 것과 같은 이치이다. 따라서 본조의 표제어에도 불구하고 법인의 권리능력은 정관소정의 목적에 의해서 제한되는 것은 아니라고 보아야 할 것이기에, 권리능력의 제한을 전제로 한 권리능력·행위능력제한설은 타당하지 않다.

법인의 경우는 자연인과 달리 대표기관을 통해 행위하게 되는데, 다른 사람의 행위를 매개로 하여 법률효과가 자신에게 귀속된다는 점에서는 대리와 유사하다.[24] 우리 민법도 법인의 대표에 관하여 대리에 관한 규정을 준용하고 있다(본법 제59조 제2항). 법인의 대표행위에 대해서 대리법이 적용된다는 것은 다음 네 가지 원칙이 대표행위에 대해서도 그대로 적용됨을 의미한다. ① 대표기관이 법인을 위한 것임을 표시하고서 법률행위를 하였을 경우에 그에 대한 효과는 법인에게 귀속한다(본법 제114조 참조). ② 그와 반대로 대표기관이 법인을 위한 것임을 표시하지 않고 법률행위를 하였을 경우에 그 효과는 법인과는 무관하고 대표기관에게만 귀속한다(본법 제115조 참조). ③ 대표기관이 법인을 위한 행위임을 표시하고서 법률행위를 하였지만, 그에게 부여된 대표권의 범위를 초과하여 맺은 법률행위의 효력은 유동적 무효상태로서 법인의 추인이 있거나, 일정한 요건하에서 법인에게 효과가 귀속할 수 있다(본법 제130조의 무권대리; 본법 제125조·제126조·제129조의 표현대리규정 참조). 그밖에 학설과 판례에 의해서 형성된 대표권의 남용에 관한 문제로 ④ 대표기관이 법인을 위한 행위임을 표시하고서 그에게 인정된 대표권의 범위내에서 법률행위를 하였지만, 실제로는 자신의 개인적인 이익도모의 목적으로 법률행위를 한 경우에는 원칙적으로 법인에게 그 행위의 효과는 귀속되지만, 다만 상대방이 그 사실을 알았거나 알 수 있었을 경우에는 무효로 한다.[25]

이 네 가지 원칙 중에서 본조와 깊은 관련이 있는 것은 세 번째 것이다. 대리의 경우 대리인이 본인을 위하여 법률행위를 할 경우에는 본인으로부터의 수권행위가 있어야 하고, 그 수권된 범위 내에서 유효한 법률행위를 할 수 있다. 법인의

23 ☞ 제1편 제3장 법인 총설 Ⅳ. 2. 참고.
24 같은 취지, 민법주해 Ⅰ, 총칙(1), 박영사(1992), 672(최기원).
25 대법원 1987. 7. 7. 선고 86다카1004 판결, 대법원 1999. 3. 9. 선고 97다7721 판결 등.

경우 대표기관이 법인을 위해서 행위할 수 있는 범위는 정관에 정해진 목적에 따라 결정된다. 만약 대표기관이 법인정관의 목적범위를 넘어서 법률행위를 하였을 경우에는 무권대리나 표현대리가 성립하게 된다. 따라서 법인의 대표기관과 거래한 상대방은 무권대리의 법리에 따라 법인에게 추인여부를 최고할 수 있고(본법 제131조), 법인이 대표기관의 행위를 추인하면 법률효과는 유효하게 법인에게 귀속하게 되고,[26] 만약 법인이 이를 거부하면 그 법률행위는 무효로 확정되고 상대방은 대표기관에 책임을 물을 수 있다(본법 제135조). 또한 상대방은 표현대리의 법리에 따라 일정한 요건이 성립하면 바로 법인에게 대표기관의 행위에 따른 책임을 주장할 수 있다(본법 제125조, 제126조, 제129조). 이에 따라 법인이 책임을 져야 할 경우에는 법인은 대표기관에 대하여 내부적으로 책임을 물을 수 있다. 결론적으로 본조는 법인의 권리능력이나 행위능력을 제한하는 것이 아니라, 법인의 대표기관의 대표권을 제한하려는 것이다. 구체적으로 "정관으로 정한 목적의 범위내"란 법인의 대표기관이 법인으로부터 받은 "수권의 범위내"로 새겨야 한다. 이러한 해석론을 통하여 ultra vires 원칙을 수용한 우리 민법의 태도를 존중하면서, 권리능력 및 행위능력제도의 특성을 고려함과 아울러 법인과 거래한 상대방의 보호라는 현실적인 요구를 조화시킬 수 있다. 만약 다수설처럼 본법 제34조를 정관목적에 따른 권리능력의 제한이라고 한다면, 법인과의 법률행위는 법인정관의 목적에 포섭되는지의 여부에 따라 결정되므로 법인과 거래한 상대방의 법적 지위는 매우 불안정할 수밖에 없다. 만약 법인의 행위가 정관목적에 벗어난 것이더라도 이를 법인의 권리능력의 유월이 아닌 대표권의 유월로 본다면, 그 행위는 당연무효로 보는 것이 아니라, 외형적인 수권에 따른 법률효과의 귀속여부를 다툴 수 있을 것이므로 상대방의 지위는 다수설보다 훨씬 보호되는 셈이다.

나. 영리법인(회사)에의 적용여부

1) 학설

우리나라 회사법학에서는 본조가 회사에도 적용되는가에 관하여 논란이 있다.

26 그러나 우리 대법원은 회사의 대표이사가 회사를 대표하여 타인을 연대보증한 경우 이는 회사의 사업목적범위에 속하지 아니하는 행위로서 회사에 대하여는 보증의 효력이 없다고 하면서, 설령 회사의 주주 및 이사들이 보증의 결의를 하였다 하더라도 그 효력이 없다고 판시하였다(대법원 1975. 12. 23. 선고 75다1479 판결). 이러한 논지에서 판례는 정관목적을 벗어나는 대표기관의 행위는 절대무효이고 이를 사후에 추인하여 유효로 만들 수는 없다는 태도를 취한다고 볼 수 있다.

가) 적용긍정설

이 학설에 의하면 회사도 분명히 법인이므로 법인의 권리능력을 규정한 본조는 당연히 상법상 회사에 대하여도 유추적용되고, 따라서 회사는 정관에 정한 사업목적의 범위내에서만 권리능력을 가지게 된다.[27] 이 학설의 논거를 요약하면 다음과 같다. 첫째, 상법 제1조가 민법규정을 법원(法源)으로 인정하고 있는데, 상법이 본조를 배제하는 규정을 두고 있지 않는 한, 본조는 회사에도 유추적용되어야 한다. 둘째, 법인으로서의 회사는 특정한 목적을 달성하기 위하여 조직되어 일정한 사회적 작용을 담당함으로 인해 법인격이 부여된 이상, 회사의 권리능력도 그 목적을 달성하는데 필요한 범위로 한정되어야 한다. 셋째, 회사의 사원이나 채권자는 출자한 재산 또는 대부한 재산이 정관소정의 목적범위 내에서 사용될 것이라는 기대에 따라 출재(出財)하기 때문에, 사원이나 회사채권자의 이익을 보호하기 위해서 회사가 정관의 목적범위를 넘어서는 행위를 한 경우에는 법인의 행위로 보지 않아야 한다. 이때 회사와 거래한 제3자가 손해를 볼 수도 있는데, 이에 대하여 학설은 회사의 목적은 상업등기에 의하여 공시되므로 회사와 거래한 제3자의 이익이 부당하게 침해되는 경우는 거의 없다고 한다.

나) 적용부정설

이 학설은 회사의 경우에는 본조가 적용되지 않기에 회사의 권리능력은 정관소정의 목적에 의하여 제한되지 않는다고 보는 견해이다.[28] 이 학설의 주요논거는 다음과 같다. 첫째, 회사에 대하여 민법의 규정을 준용할 때에는 상법전이 이를 명시하고 있는데, 현행 상법전에는 회사에 대하여 본조를 준용한다는 명문의 규정이 없다. 둘째, 비교법적으로 볼 때 대륙법계에서는 법인의 권리능력을 제한하지 않고, 영미법계에서도 목적에 의한 제한을 거의 철폐하는 추세이다. 셋째, 정관목적에 의한 회사의 권리능력제한을 인정하게 되면 회사의 사원이나 채권자는 보호될 수 있지만, 회사와 거래한 제3자는 회사측으로부터 '정관목적을 벗어나는 행위이기 때문에 무효'라는 예기치 않은 항변을 받게 되어 거래안전을 크게 해치게 된다. 또한 비록 회사의 목적이 등기되어 있다고 하더라도 회사가 제3자와 행한 일정한 거래가 과연 회사정관의 목적에 부합하는 것인지를 제3자가 판단하는 것은 매우 어려운 일이라고 한다.

27 이병태, 상법(상), 법원사(1987), 408; 정찬형, 상법강의(상), 박영사(2017), 480 이하; 또한 권용우, "법인의 권리능력", 월간고시(1990. 2), 191.

28 서돈각, 상법강의(상), 법문사(1999), 290; 손주찬, 상법(상), 박영사(2004), 447; 정동윤, 회사법, 법문사(2005), 49; 이철송, 회사법강의, 박영사(2017), 75; 최기원, 신회사법론, 박영사(2012), 85.

2) 판례의 태도

우리 판례는 "회사의 권리능력은 회사의 설립 근거가 된 법률과 회사의 정관상의 목적에 의하여 제한"된다고 하여 원칙적으로 회사에 대해서도 본조가 적용됨을 전제로 하면서도 "그 목적범위 내의 행위라 함은 정관에 명시된 목적 자체에 국한되는 것이 아니라 그 목적을 수행하는 데 있어 직접, 간접으로 필요한 행위는 모두 포함되고 목적수행에 필요한지의 여부는 행위자의 주관적, 구체적 의사가 아닌 행위 자체의 객관적 성질에 따라 판단하여야" 한다고 하면서, "그 판단에 있어서는 거래행위를 업으로 하는 영리법인으로서 회사의 속성과 신속성 및 정형성을 요체로 하는 거래의 안전을 충분히 고려하여야 할 것"이라고 하여, 영리법인의 경우 본조의 적용을 가급적 억제하는 듯한 태도를 취하고 있다.[29] 그러한 논지에서 판례는 주식회사의 대표이사가 회사를 대표하여 타인의 극장위탁경영으로 인한 손해배상의무를 연대보증한 것은 회사의 사업목적범위에 속하지 않는다고 본 적도 있으나,[30] 이후에는 회사의 목적범위외의 행위로 판단한 사례는 찾아볼 수 없다. 단기금융업을 영위하는 회사가 회사의 목적인 어음의 발행, 할인, 매매, 인수, 보증, 어음매매의 중개를 함에 있어서 어음의 배서는 행위의 객관적 성질상 위 목적수행에 직접, 간접으로 필요한 행위라고 하고,[31] 주식회사의 대표이사가 별다른 원인관계가 없음에도 회사명의로 소외 회사의 채무를 인수한 채무부담행위에 대해서 회사목적 범위내라고 하고,[32] 건설공제조합이 정리채권을 출자전환방식으로 권리변경하도록 하는 정리계획안에 따라 행해진 출자전환은 법률이나 정관에 명시된 건설공제조합의 목적이나 건설산업기본법 제56조에서 정하고 있는 사업 자체는 아니라고 하더라도 그 목적 및 사업을 수행하는 데 있어서 직·간접으로 필요한 것이라고 하고,[33] 증권회사가 기업어음을 매매하고 이를 지급보증을 하는 행위도 증권회사의 권리능력범위 내에 해당한다고 하여,[34] 영리법인의

29 대법원 2005. 5. 27. 선고 2005다480 판결(사안은 회사가 거래관계 또는 자본관계에 있는 주채무자를 위하여 보증한 경우인데, 이에 대해 대법원은 보증행위가 상법상의 대표권 남용에 해당하여 무효로 될 수 있음은 별론으로 하더라도 그 행위의 객관적 성질에 비추어 특별한 사정이 없는 한 회사의 목적범위 내의 행위라고 봄이 상당하다고 판시하였다.)

30 대법원 1975. 12. 23. 선고 75다1479 판결.

31 대법원 1987. 9. 8. 선고 86다카1349 판결.

32 대법원 1997. 8. 29. 선고 97다18059 판결.

33 대법원 2001. 9. 21.자 2000그98 결정.

34 대법원 2005. 5. 13. 선고 2003다57659, 57666 판결.

정관목적을 매우 폭넓게 새기고 있다.

3) 소결

우선 입법사적 관점에서 볼 때 상법상 회사에는 본조가 적용되지 않는다고 하여야 한다. 현행 우리상법은 구상법의 골격을 유지하면서 다만 이사회제도나 수권자본제도와 같은 영미법상의 제도를 일부 도입한 것이 특징인데, 구상법은 1899년에 제정된 일본상법전을 의용한 것이다. 일본상법전은 처음 1890년에 독일학자 헤르만 뢰슬러(Hermann Rösler)에 의하여 기초되었으나(일본 구상법) 프랑스법계였던 민법과 상충되는 부분이 많아 폐지된 이후, 1899년에 현행 일본상법전이 다시 제정되었는데, 이는 1861년에 제정된 일반독일상법전(ADHGB)과 1897년에 제정된 독일제국상법전(Handelsgesetzbuch für das deutsche Reich)의 초안을 참조하여 만들어 진 것으로 알려지고 있다.[35] 그렇다면 일본상법전은 당시 ultra vires 이론을 수용하지 않았던 독일법의 영향을 강하게 받았을 것이고, 이러한 태도는 우리 상법에도 그대로 이어졌을 것으로 추측된다. 특히 상법 제209조는 우리 상법전이 영미법상의 ultra vires 원칙을 배척하고, 오히려 이 원칙을 인정하지 않는 독일법의 태도를 취하였다는 실정법적인 근거가 아닌가 생각된다. 상법 제209조는 일본상법 제78조와 같은 내용이고, 일본상법 제78조는 다시 합명회사의 대표사원의 권한을 규정한 1897년의 독일제국상법전 제126조에서 그 원형을 찾아 볼 수 있다. 더욱이 우리상법 제209조 제1항은 현행 독일 민법 제26조 제2항, 독일 주식법 제78조 제1항, 독일 유한회사법 제35조 제1항 및 독일 협동조합법 제24조 제1항과 그 표현이나 내용이 거의 같다.

거래실제적인 관점에서 보더라도 회사의 권리능력을 정관소정의 목적으로 제한함은 많은 문제점을 내포하고 있다. 회사에도 본조의 적용을 긍정하는 견해는 회사의 목적이 상업등기에 의하여 공시되므로 회사와 거래한 제3자가 불측의 손해를 입는 경우란 거의 없다고 한다. 그러나 회사와 거래하는 제3자의 입장에서 보면 자연인과 거래할 때와는 달리 회사와 거래할 경우에는 항상 그 거래행위가 회사의 정관목적에 부합하는 지에 대한 심사를 하여야 하는 부담을 지게 되는데, 제3자가 이를 심사하는 것은 용이하지 않을 뿐 아니라, 이는 법인과의 거래를 매우 위축시키는 부작용을 안고 있다. 따라서 상법상 회사의 경우에는 본조의 적용

35 최기원, 신회사법론, 박영사(2012), 85 이하.

을 부정하는 것이 타당하다.

Ⅱ. 법인의 행위능력

1. 의의

행위능력이란 권리주체가 단독으로 유효한 법률행위를 할 수 있는 능력을 말한다. 이 개념도 권리능력의 개념과 마찬가지로 자연인의 능력을 상정하여 정립된 것이다. 근대민법이 상정하는 인간상은 합리적이고 이성적인 판단을 하며 그에 따라 유효한 법률행위를 할 수 있는 행위능력자를 전제로 하고 있다. 그러나 현실에서는 그러한 능력을 갖추지 못하는 자들이 존재하기 때문에 이들을 보호하기 위하여 각국의 민법은 객관적이고도 획일적인 기준으로 행위무능력자제도를 두고 있다. 행위능력에 관한 문제는 누가 행위무능력자이고 행위무능력자가 한 법률행위의 효력은 어떻게 되는가가 주된 논점이다. 그런데 이러한 문제는 나이나 정신적 판단능력 등을 고려한 자연인에 한정되고 법인에게는 행위무능력이 문제되지 않는다. 즉 법인에게는 권리능력이 인정되는 한 당연히 행위능력이 인정되며 행위무능력이라는 상태가 생기지 않는다. 법이 자연인이외의 특정한 단체에 권리능력을 부여하여 법인으로 인정하였다는 것은 논리필연적으로 그 단체가 이미 독자적으로 의사를 형성할 수 있고(의사결정기관의 존재) 스스로 행위를 할 수 있음을(업무집행기관의 존재) 전제로 하는 것이다.[36] 따라서 법인에게는 행위능력의 개념이나 행위무능력자제도 등은 현실적으로 특별한 의미가 없다. 또한 행위능력이란 연령이나 법원의 선고 등 객관적인 요소에 의해 일률적으로 인정되거나 부인되는 것이지, 각각의 사정에 따라 제한되거나 확장될 수 있는 것이 아니다. 따라서 법인의 행위능력은 정관소정의 목적으로 제한될 수 있는 성질의 것이 아니다.

한편 법인의 행위능력을 법인본질론과 관련하여 설명하기도 한다. 이를테면 법인의제설에 의하면 법인은 스스로 행위할 수 있는 실체가 없으므로 행위능력이

36 물론 완전한 권리능력을 취득한 법인에게만 행위능력이 인정되는 것은 아니고, 정관과 기관의 구성을 갖춘 권리능력없는 사단이나 재단에게도 행위능력은 인정될 수 있다(같은 의견, Karsten Schmidt, Gesellschaftsrecht, S. 262 참고). Karsten Schmidt 교수는 권리·의무의 주체가 될 수 있는 모든 단체에게는 행위능력도 인정되는데, 이는 법인에게만 주어지는 전유물이 아니라 합수적 단체도 향유할 수 있는 것이라고 한다.

없는데 반하여, 법인실재설은 법인 스스로 행위할 수 있는 조직을 갖추고 있으므로 행위능력이 있다는 것이다. 그러나 앞서 본바와 같이 이러한 법인본질론을 통한 대립적인 설명은 오늘날 큰 의미가 없으며, 실무적으로도 별 도움이 되지 않는다. 요컨대 법인의 경우 행위능력은 자연인의 경우와 달리 권리능력이 인정되는 한 항상 있는 것이며, 이는 정관에 의해서 제한되는 것이 아니다. 오히려 중요한 것은 법인의 행위능력을 현실적으로 누가 구사하며, 누구의 행위를 법인의 행위로 귀속할 수 있을 것인가 하는 문제이다.

2. 법인의 행위

법인의 행위능력이 인정된다는 것은 법인의 행위를 실현하기 위한 기관이 존재하고 그 기관의 행위를 법인의 행위로 본다는 것을 의미한다. 자연인의 경우 스스로 행위를 하거나 대리인을 통하여 행위를 하는데 반하여, 법인의 경우는 대표기관을 통해 행위하게 된다. 그러한 대표기관은 원칙적으로 이사이다. 그 외에도 이사가 없거나 결원이 있는 경우에 법원에 의하여 선임되는 임시이사(본법 제63조), 법인과 이사의 이익상반행위에 관하여 법원에 의하여 선임되는 특별대리인(본법 제64조), 이사의 직무가 집행정지된 경우에 선임되는 직무대행자(본법 제52조의2, 제60조의2) 및 청산법인에 있어서의 청산인(본법 제82조, 제83조)도 일정한 범위내에서 대표기관의 지위를 가진다. 이들 대표기관과 법인과의 관계는 일종의 위임 또는 위임과 유사한 무명계약관계라고 할 수 있다.

그런데 본인을 위해 자연인이 하는 대리와 법인을 위해서 대표기관이 하는 대표가 어떤 차이가 있는 것인가? 자연인에게는 법정대리를 제외하고는 대리가 반드시 필요한 것은 아니지만, 법인에게는 구조적으로 대표기관이 반드시 필요하고 그 대표기관의 행위가 법인의 행위와 동일시되므로 법인의 행위능력은 항상 인정된다는 점에서 차이가 있다. 또한 대리는 원칙적으로 법률행위에 관해서만 성립하는데 반하여 대표는 법률행위외에도 사실행위나 불법행위에 관해서도 성립한다는 점에서 대리와는 다르다. 그러나 대리와 대표는 모두 본인(법인)을 위해서 다른 누군가의 행위가 필요하고 그 행위의 결과가 본인(법인)에게 귀속된다는 점에서는 공통점이 있다.[37] 그래서 우리 민법도 법인의 대표에 관해서는 대리에 관한 규정을 준용하고 있다(본법 제59조 제2항). 이것은 대표기관이 법인의 이름으로

37 같은 취지, 민법주해 Ⅰ, 총칙(1), 박영사(1992), 672(최기원).

한 일체의 행위(법률행위·사실행위·불법행위 등)의 효과는 법인에게 귀속된다는 것을 의미한다.

Ⅲ. 외국법인의 능력

☞ 제1편 제3장 법인 [총설] Ⅲ. 4. 나. 외국법인의 능력 참고

제 35 조 [법인의 불법행위능력]

① 법인은 이사 기타 대표자가 그 직무에 관하여 타인에게 가한 손해를 배상할 책임이 있다. 이사 기타 대표자는 이로 인하여 자기의 손해배상책임을 면하지 못한다.

② 법인의 목적범위외의 행위로 인하여 타인에게 손해를 가한 때에는 그 사항의 의결에 찬성하거나 그 의결을 집행한 사원, 이사 및 기타 대표자가 연대하여 배상하여야 한다.

[관련조문] 민법 제34조(법인의 권리능력), 제59조(이사의 대표권), 제126조(권한을 넘은 표현대리), 제750조(불법행위의 내용), 제756조(사용자의 배상책임), 제758조(공작물 등의 점유자, 소유자의 책임), 상법 제210조(손해배상책임), 자동차손해배상보장법 제3조(자동차손해배상책임), 환경정책기본법 제44조(환경오염의 피해에 대한 무과실책임), 제조물책임법 제3조(제조물책임)

[참고문헌] 김학동, "법인대표자의 직무위반행위의 효력에 관한 판례 소고", 서울법학 제16권 제1호(2008); 손지열, "대표권의 남용", 민사판례연구 제11권(1989); 송호영, "법인의 불법행위책임에 관한 소고 -민법 제35조의 해석론을 중심으로-", 법학논총 제25권 제4호(2008); 유성균, "법인의 불법행위와 표현대리", 사법논집 제7집(1976); 이동진, "법인 기관의 불법행위책임", 비교사법 제22권 제4호(2015).; 이진기, "민법 제35조 제1항의 해석", 안암법학 제10호(1999); 최문기, "법인의 불법행위책임에 관한 소고", 경성법학 제12권(2003)

Ⅰ. 본조의 의미

민법은 본조의 표제어로 [법인의 불법행위능력]이라 하여, 제1항 전단에서는 이사 기타 대표자가 그 직무에 관하여 타인에게 가한 손해에 대해서 법인에게 배상책임을 지도록 하는 한편, 후단에서는 그러한 가해행위를 한 이사 기타 대표자 개인도 손해배상책임을 부담하도록 정하고 있다.

본조의 법적 성격에 대해서는 논란이 있다. 흔히 법인도 불법행위능력을 가지는가 하는 물음에 대하여 법인의 본질을 어떻게 보느냐에 따라 결론이 달라진다고 설명한다.[1] 즉 법인의제설에 의하면 법인의 행위능력과 불법행위능력은 부정되므로, 법인의 행위는 대리인의 행위에 의존할 수밖에 없고 본조 제1항의 법인의 배상책임은 타인의 행위에 대한 법률정책상의 책임이라고 설명되는 반면, 법인실재설에 의하면 법인의 기관의 일정한 행위는 곧 법인 자체의 행위이므로 법인은 당연히 행위능력과 불법행위능력을 가지며 따라서 본조 제1항 전단은 이를 확인한 규정에 불과하다고 설명한다. 현재 우리의 학설은 법인실재설에 입각하여 법인의 불법행위능력을 당연한 것으로 받아들이고 있으며, 또한 판례도 대법원 1978. 2. 28. 선고 77누155 판결에서 "법인은 하나의 실재로서 고유의 의사에 따라 대표기관에 의하여 행동하는 주체이므로 ... 기관의 행위는 즉 법인 자체의 행위"라고 하고, 대법원 1978. 3. 14. 선고 78다132 판결에서는 "피고 법인의 대표자였던 ○○○에 의한 본건 차용행위가 ... 불법행위가 된다면 이는 민법 제35조에 의하여 피고법인 자체의 불법행위"라고 하여 법인실재설에 입각하고 있음을 엿볼 수 있다. 그러나 법인의제설과 법인실재설은 원래의 주장자의 의도와는 달리 법인의 작동원리를 설명하기 위해서 후세 학자들에 의해서 다듬어진 논리적인 대립상에 불과할 뿐이므로 이러한 학설로부터 법인의 불법행위능력의 유무를 추론하는 것은 타당하지 않다. 학설의 논리를 좇다보면 법인의 불법행위능력을 부정하든가 아니면 긍정해야만 하고 그에 따라 극명히 상반되는 결과에 도달할 듯하지만, 실제결과에 있어서 양학설이 어떤 차이를 가져오지는 않는다. 오히려 본조에서의 '법인의 불법행위능력'이란 도대체 법인이 불법행위능력을 가지느냐·그렇지 않느냐의 차원이 아니라, 법인을 위해 실제로 행동한 기관인의 손해야기행위를 법인의 것으로 귀속시킬 수 있느냐·아니냐의 문제로 바라보아야 한다. 그렇다면 법인에게 있어서 불법행위능력의 개념은 그다지 큰 의미가 없다. 왜냐하면 법인은 법인 스스로가 불법행위능력을 가지고 있어서 스스로 불법행위를 하고 그에 따라 책임을 부담하는 것이 아니라, 실제로는 기관인이 행한 불법행위가 법인의 것으로 귀속되기 때문에 결과적으로 법인이 불법행위능력이 있는 것으로 추론될 뿐이기 때문이다. 결국 법인에게 있어서 불법행위능력이란 불법행위에 따른 법률효과(즉 손해배상책임)의 귀속주체가 될 수 있는 능력을 의미한다고 할 수 있다.

법인의 불법행위는 대표기관을 구성하고 있는 자연인의 활동을 매개로 하여 이

[1] 이하 특히 곽윤직/김재형, 민법총칙, 박영사(2013), 187 이하 참고.

루어지고, 그러한 기관인이 행한 불법행위의 효력은 자동적으로 모두 법인의 것으로 인정되는 것이 아니라, 일정한 요건과 기준에 따라서 법인에게로 귀속된다. 그러한 법인에게의 책임귀속을 위한 요건과 기준을 정한 것이 바로 본조의 규정이다. 그러나 본조는 규범의 성격상 법인에게 불법행위에 따른 책임을 근거지우는(haftungsbegründend) 규범이 아니라, 법인에게 책임을 귀속시키는(haftungszurechnend) 규범일 뿐이다.[2] 달리 표현하면, 본조는 독자적인 청구권의 기초(Anspruchsgrundlage)가 되지 못하고 다른 해당규범(bezogene Norm), 즉 불법행위의 성립요건에 관한 해당규범인 민법 제750조의 법률효과(즉 손해배상책임)가 일정한 요건하에서 법인에게로 귀속되도록 지시하여 주는 귀속규범(Zurechnungsnorm)일 뿐이다.[3] 따라서 법인에게 본조의 손해배상책임을 묻기 위해서는 우선 대표기관에 의해 행해진 행위가 본법 제750조 소정의 성립요건을 충족하여야 한다. 그 다음에 그러한 불법행위는 본조의 규정에 의해 법인의 것으로 귀속되어 법인이 그에 따른 책임을 지게 되는 것이다.

Ⅱ. 본조의 적용범위

1. 다른 단체에의 적용문제

법인의 불법행위책임를 규정한 본조가 민법상 법인에 한하여 적용되는지 아니면 다른 법인에게도 적용되는지가 문제된다. 독일 민법학에서는 본조에 상응하는 독일 민법 제31조가 어떤 단체에 적용될 수 있는가를 수평적 적용범위(horisontaler Anwendungsbereich)라고 하여 논의한다. 우선 독일 민법 제89조 제1항은 명문으로 국고와 공법상 법인, 즉 공법상 사단·재단, 영조물에도 적용됨을 인정하고 있다. 나머지 단체에 대한 적용여부는 판례나 학설에 맡겨져 있는데, 자본회사 내지 사단적 단체(Körperschaft)가 독일 민법 제31조의 적용을 받는다는 것에 대하여 학설과 판례는 일치한다. 즉 주식회사(AG), 주식합자회사(KGaA), 유한회사(GmbH), 등록협동조합(eG), 그리고 법인격없는 사단 나아가 설립중인 회사 등에는 모두 독일 민법 제31조가 적용된다. 또한 판례는 인적회사인 합명회사(OHG)와 합

2 ErmanBGB-H.P.Westermann, § 31. Rz. 1.; Martinek, Repräsentantenhaftung, Berlin 1979, S. 35.

3 Karsten Schmidt, Gesellschaftsrecht, S. 274; Soergel-Hadding, §31 Rz. 1; Brox, AT des BGB, 26. Aufl., Köln u.a. 2002, Rz. 749 (S. 339). 같은 의견의 우리문헌으로는 이진기, "민법 제35조 제1항의 해석", 안암법학 10호(1999), 157. 한편 곽윤직/김재형, 민법총칙, 박영사(2013), 189는 제35조 제1항은 일반불법행위에 관한 제750조의 "특별규정"이라고 한다.

자회사(KG)에 대해서도 독일 민법 제31조의 적용을 긍정한다. 그러나 민법상 조합(BGB-Gesellschaft)에 대해서도 독일 민법 제31조가 적용되는지에 대해서 학설은 대체로 이를 긍정하지만,[4] 판례는 이를 부정한다.[5]

우리의 법상황을 보면, 법인에 관한 민법 제3장은 모든 종류의 법인과 단체에 적용되는 일반단체법이라고 할 수 있으므로[6] 별도의 특별규정이 존재하지 않는 한, 본조의 규정은 원칙적으로 모든 종류의 법인과 단체에 적용된다고 보아야 한다. 따라서 민법상 법인을 포함한 사법상 법인은 물론 공법상 법인(사단, 재단, 영조물)과 특별법상 법인[7]에 대해서도 본조가 적용될 수 있다. 다만 상법은 제210조에서 합명회사에 대하여 본조와 유사한 특별규정을 두고 이를 다른 회사에도 준용하고 있으므로,[8] 상법상 회사에 대해서는 민법 제35조가 적용될 여지는 거의 없다. 또한 통설은 법인아닌 단체에 대해서도 본조가 유추적용될 수 있다고 보고 있으며,[9] 또한 판례도 비법인사단인 종중,[10] 노동조합,[11] 주택조합,[12] 설립중인 회사[13] 등에 본조를 유추적용하고 있다.

2. 다른 책임규정과의 관계

가. 채무불이행

본조는 표제로 [법인의 불법행위능력]이라고 되어 있지만, 그 내용은 법인의 대표자가 타인에게 가한 손해에 대한 법인의 배상책임에 관한 것이다. 이때 손해배상을 야기하는 대표자의 행위가 불법행위에 의한 것만을 의미하는지 아니면 법

4 MünchKomm-Ulmer, § 705 Rz 218 이하; v. Caemmerer, Objektive Haftung, Zurechnungsfähigkeit und Organhaftung, in: Festschrift für Flume, Bd I, 1978, S. 359, S. 366 f.; Soergel-Hadding, § 31 Rz. 7; Karsten Schmidt, Gesellschaftsrecht, S. 1781.

5 BGHZ 45, 311, 312 = NJW 1966, 1807.

6 ☞ 제1편 제3장 법인 [총설], I. 2. 가. 주석 참고.

7 토지구획정리사업법상 토지구획정리조합(대법원 2004. 2. 27. 선고 2003다15280 판결); 도시재개발법상 재개발조합(대법원 1999. 7. 27. 선고 99다19384 판결); 상호신용금고법상 상호신용금고(대법원 1990. 3. 23. 선고 89다카555 판결 등).

8 합자회사(상법 제269조), 주식회사(상법 제389조 제3항), 유한회사(상법 제567조) 등. 유한책임회사의 경우에는 상법 제287조의20에서 상법 제210조에 상응하는 규정을 두고 있다.

9 곽윤직/김재형, 민법총칙, 박영사(2013), 167; 황적인, 현대민법론 I, 박영사(1985), 106; 이영준, 민법총칙, 박영사(2007), 929; 김상용, 민법총칙, 화산미디어(2009), 273; 백태승, 민법총칙, 집현재(2016), 208 등.

10 대법원 1994. 4. 12. 선고 92다49300 판결, 대법원 2008. 1. 18. 선고 2005다34711 판결.

11 대법원 1994. 3. 25. 선고 93다32828, 32835 판결.

12 대법원 2003. 7. 25. 선고 2002다27088 판결.

13 대법원 2000. 1. 28. 선고 99다35737 판결.

률행위의 위반에 의한 것까지 포함하는 것인지에 대해서는 견해가 대립된다. 우리와 유사한 내용의 조문을 가진 독일에서는 대표기관의 불법행위뿐만 아니라 채무불이행의 경우에도 법인의 손해배상책임에 관한 독일 민법 제31조가 적용되는 것으로 새기는 것이 통설이지만, 우리나라에서는 본법 제35조가 대표기관의 불법행위에 한해서 적용된다는 견해가 통설이다.[14] 생각건대, 본조는 대표기관에 의한 불법행위에 국한하는 것이 타당하다. 그 이유는 다음과 같다. 법인이 대표기관을 통하여 법률행위를 할 때에는 대리에 관한 규정이 준용된다(본법 제59조 제2항 참조). 따라서 적법한 대표권을 가진 기관인과 맺은 법률행위의 효과는 기관인이 아니라 본인인 법인에게만 귀속하고, 마찬가지로 그러한 법률행위상의 의무를 위반하여 발생한 손해배상책임도 기관인이 아닌 법인만이 책임의 귀속주체가 되어야 한다. 예컨대 대표자가 적법하게 법인명의로 금전차용계약을 체결하였다면 법인이 채무를 부담하는 것이고, 법인이 이행기까지 차용금을 변제하지 아니하면 법인만이 손해배상책임을 부담할 뿐, 대표자가 법인채무의 이행에 대해 별도의 보증계약을 체결하지 않은 한, 그 계약을 체결한 대표자가 법인과 함께 손해배상책임을 지는 것이 아니다. 또한 본법 제391조는 이행보조자의 귀책사유는 채무자 자신의 것으로 간주함으로써 채무불이행책임의 주체를 채무자로 귀일(歸一)하도록 정하는데, 법인의 경우에도 법률행위에 있어서 기관인의 귀책사유에 따른 책임의 주체는 법인으로 한정되어야 한다.[15] 요컨대 적법한 대표권을 가진 기관인이 하는 법률행위에 대해서는 대리법의 일반원칙에 따라 그 성립상의 효과뿐만 아니라 위반상의 효과(즉 손해배상)도 전적으로 법인의 것으로 귀속하는 것으로 처리하면 충분하다. 이와 달리 본조 제1항 전단에서는 법인의 손해배상책임을 인정함과 동시에 후단에서는 대표자 개인의 손해배상책임도 인정하고 있는데, 이러한 병존적 책임은 불법행위의 경우에만 적용된다고 보아야 한다. 법률행위와 달리 불법행위에 있어서는 책임의 전제가 되는 대표자가 한 불법행위 자체에서 고유한 손해배상책임이 발생하는(본법 제750조) 동시에 그러한 불법행위를 법인의 것으로 귀속

14 독일에서 법인의 불법행위에만 독일민법 제31조가 적용되어야 한다는 소수설로는 Flume, Juristische Person, S. 396 ff. 우리나라에서 대표기관이 행한 불법행위뿐만 아니라 채무불이행에 대해서도 제35조가 적용된다는 소수설로는 백태승, 민법총칙, 집현재(2016), 231 이하 및 민법주해 Ⅰ, 총칙(1), 박영사(1992), 599(홍일표) 등.

15 이와 같은 의견의 설명으로는 Flume, Juristische Person, S. 396; Medicus, AT des BGB, S. 442; Kleindiek Delikthaftung und juristische Person, S. 274 ff.

시킴으로써 법인에게도 손해배상책임이 병존적으로 발생하게 된다(본조 제1항). 그런데 학설 중에는 판례가 대표기관의 법률행위에도 본조를 적용한다고 설명하기도 하지만,[16] 일견 법률행위에 관한 사례들도 자세히 살펴보면 대개 거래행위에 즈음하여 대표기관이 법령이나 내부규정을 위반하거나 대표권을 남용하거나 유월하여 거래를 함으로써 상대방에게 손해를 끼친 것으로써, 이러한 사안들은 거래의 형식을 취하고 있지만 실제 내용상으로는 불법행위에 해당한다. 다만 대표권을 남용하거나 유월한 경우에는 대표권이 전혀 없는 경우와는 다르기 때문에 상대방의 신뢰보호를 위해 표현대리에 관한 법리가 적용될 수 있다.

나. 사용자책임

본조의 규정 외에 민법은 피용자의 불법행위에 대해 사용자가 배상책임을 지도록 하고 있다(본법 제756조). 따라서 법인이 불법행위책임을 지는 것은 대표기관이 불법행위를 한 경우뿐만 아니라(본법 제35조), 법인의 피용자가 불법행위를 한 경우(본법 제756조)도 있다. 이때 본조의 책임과 본법 제756조의 사용자책임과의 관계가 문제될 수 있다. 본조의 책임과 사용자책임은 타인의 불법행위를 전제로 하고 그 불법행위의 효과가 본인(즉 법인, 사용자)에게 귀속한다는 점에서는 기본적으로 같은 구조를 가지고 있다. 그러나 본조의 책임은 법인의 대표기관이 하는 불법행위이고, 사용자책임은 대표기관 이외의 피용자가 하는 불법행위에 대한 책임이라는 점에서 차이가 있다.[17] 법인의 대표기관이 하는 행위는 법인 스스로의 행위와 동일하게 취급되지만, 피용자의 행위는 사용자 자신의 행위로 동일시되지 않는다. 또한 본조의 책임에서는 법인에게 면책가능성이 주어지지 않지만, 사용자책임에서는 법인에게 면책가능성이 인정된다(본법 제756조 제1항 단서)는 점에서 차이가 있다. 그래서 독일의 실무에서는 법인의 면책가능성을 봉쇄하여 배상책임을 묻기 위하여 대표기관의 범위를 넓게 해석하는 경향이 있다. 본조의 책임과 사용자책임은 이론상은 별개이지만, 실제로는 경합하는 경우가 있다. 즉 법인의 이사는 법인조직상으로는 대표기관의 구성원이면서도 법인과의 개별적인 계약관계에서는 피용자이기도 하다. 따라서 법인의 이사가 사무를 집행하면서 타인에게 손해를 가한 때에는 법인은 본조 혹은 본법 제756조에 의해서 배상책임을 지게 된

16 백태승, 민법총칙, 집현재(2016), 231 이하; 민법주해 Ⅰ, 총칙(1), 박영사(1992), 599(홍일표).
17 이를테면 판례는 종중의 총무는 종중의 대표자라고 할 수 없다고 하면서 민법 제35조를 적용하지 않고 제756조를 적용하였다(대법원 2001. 1. 19. 선고 99다67598 판결).

다. 판례도 법인의 대표기관이 한 불법행위에 대해서는 본조와 본법 제756조를 특별히 구분하지 않고 적용하는 것으로 보인다.[18]

다. 무과실책임 또는 위험책임

본조에 기한 법인의 책임은 대표기관의 고의·과실을 매개로 하여 성립하는 것이다. 그에 반해 법률이 무과실책임 내지 위험책임을 인정하는 경우에는 대표기관의 행위가 매개되지 않고 곧바로 법인이 책임주체로서 스스로 손해배상을 야기하는 행위를 한 것으로 보아야 하는 경우가 있다.[19] 예컨대 공작물책임에 있어서 법인소유의 공작물의 설치상의 하자로 타인이 손해를 입은 경우에는 대표기관의 행위가 매개되지 않더라도 법인이 손해배상책임을 져야 한다(본법 제758조). 또한 제조물책임에 있어서 법인은 제조업자로서 제조물의 결함으로 인하여 손해를 입은 자에게 손해를 배상하여야 하며(제조물책임법 제3조 제1항), 법인소유의 자동차가 사고를 일으켜 법인이 자동차운행자로 인정되는 경우에는 법인이 피해자에게 손해를 배상하여야 하며(자동차손해배상보장법 제3조), 법인인 사업주는 사업장에서 발생되는 환경오염으로 인한 피해를 배상하여야 한다(환경정책기본법 제31조). 이러한 무과실책임 또는 위험책임의 경우에 법인이 손해배상책임을 지는 것은 본조 제1항에 의해서가 아니라, 법인 스스로가 법률이 요구하는 책임의 성립요건을 충족한 것으로 보기 때문이다.[20]

Ⅲ. 본조의 성립요건

1. '대표기관'의 행위

법인의 행위는 법인의 대표기관의 행위를 통하여 표출되는 것이므로, 본조에서 기술된 "이사 기타 대표자"라는 것은 법인의 대표기관을 의미한다. 이사이외의 대표기관으로는 임시이사(본법 제63조), 특별대리인(본법 제64조), 직무대행자(본법 제52조의2, 제60조의2) 및 청산인(본법 제82조, 제83조) 등이 있다. 이사는 특정의 법률행위를 대리할 수 있는 대리인을 선임할 수 있는데(본법 제62조), 이들 이사에 의하여 선임되어 대리권이 주어지는 대리인(지배인·개개의 행위에 대한 임의대리인)

18 대법원 1974. 5. 28. 선고 73다2014 판결, 대법원 1990. 11. 13. 선고 89다카26878 판결 등.
19 이은영, 민법총칙, 박영사(2009), 286.
20 Bamberger Komm-Schwarz, § 31, Rz. 12.

이 한 행위에 대해서도 법인에게 본조의 불법행위책임이 성립하는 지가 문제된다. 이에 대해서 통설은 이들은 법인의 대표기관이 아니기 때문에, 이들의 행위에 대해서는 본조의 법인의 불법행위가 성립하지 않고, 법인은 사용자로서 그들 행위에 대해서 책임을 지게 된다(본법 제756조)고 한다.[21] 이에 반해 이들 행위에 관하여도 본조를 유추적용하여 법인의 불법행위책임을 긍정하여야 하며, 법인은 이와 병행하여 사용자책임(본법 제756조) 내지 계약체결상의 과실책임을 진다고 주장하는 소수의 견해가 있다.[22] 생각건대 대표권한이 있는 이사가 적법하게 선임한 대리인에게도 대외적으로는 법인을 대표(또는 대리)할 수 있는 권한이 있으므로 이들이 그러한 대리권한을 행사함에 있어서 발생한 불법행위에 대해서는 본조가 적용될 수 있다고 본다. 또한 그러한 경우에 사용자책임에 의하게 되면 사용자(즉 법인)의 면책가능성이 있지만(본법 제756조 제1항 단서), 본조에는 법인에게 면책가능성이 인정되지 않아 피해자보호에 보다 충실하게 된다.[23]

한편 본조의 "이사 기타 대표자"에는 대표권없는 이사도 포함되는가가 문제된다. 판례는 대표권이 없는 이사는 법인의 기관이기는 하지만 외부에 대하여 법인을 대표하는 기관이 아니기 때문에 그들의 행위로 인하여 법인의 불법행위가 성립하지 않는다고 새긴다.[24] 그러나 이사가 비록 대외적인 대표권은 없고 대내적인 업무집행권한밖에 없다고 하더라도 이사의 불법행위가 외형상 법인을 대표하는 행위로써 표출되었다면, 본조가 적용될 수 있다고 생각된다.[25]

통설은 대표기관이 아닌 사원총회나 감사의 행위에 관하여는 법인의 불법행위가 성립하지 않는다고 한다. 이들 기관은 분명 대표기관이 아니기 때문에 본조가 일반적으로 적용될 수는 없다. 그러나 본조는 법인의 기관인이 한 행위로부터 손해를 입은 자가 법인에게 손해를 청구할 수 있도록 함으로써 피해자를 보호하려는 취지에서 둔 규정이므로, 본조의 책임성립을 반드시 대표기관의 행위로 국

21 김기선, 한국민법총칙, 법문사(1991), 151; 곽윤직/김재형, 민법총칙, 박영사(2013), 187; 서광민, 민법총칙, 신론사(2007), 201; 백태승, 민법총칙, 집현재(2016), 233; 민법주해 Ⅰ, 총칙(1), 박영사(1992), 596(홍일표); 장경학, 민법총칙, 법문사(1995), 325.

22 이영준, 민법총칙, 박영사(2007), 948; 또한 김증한/김학동, 민법총칙, 박영사(2013), 210도 같은 취지로 보인다.

23 같은 의견 이은영, 민법총칙, 박영사(2009), 285 이하.

24 대법원 2005. 12. 23. 선고 2003다30159 판결; 판결에 동조하는 견해로는 이영준, 민법총칙, 박영사(2007), 948.

25 같은 의견 김용한, 민법총칙론, 박영사(1997), 178; 이은영, 민법총칙, 박영사(2009), 285.

한할 필요는 없다.[26] 이를 테면 사원총회의 결의의 형식으로 특정인의 명예를 훼손하는 성명을 외부에 공표하였거나, 감사의 부적법한 감독권의 행사로 이사의 권리가 침해된 경우에는 피해자는 법인에게 본조의 책임을 물을 수 있을 것이다.

본조의 "이사 기타 대표자"에는 명칭에 관계없이 실질적으로 법인이나 단체를 대표하는 직책에 있는 자이면 이에 해당된다. 예컨대 판례는 교회재단법인의 대표기관을 구성하는 목사 또는 전도사 등이 종교활동을 빙자하여 행한 불법행위는 법인의 행위로 볼 수 있다고 하였다.[27]

2. '직무'에 관한 행위

가. 직무관련성

대표기관이 "직무에 관하여" 타인에게 손해를 가하여야 한다. 대표기관이 한 행위는 직무와 관련한 행위만이 법인의 행위로 인정되므로, 대표기관이 한 불법행위가 직무와 관련하여 발생한 것에 한해서 법인의 불법행위가 성립될 수 있다. 이때 대표기관의 직무관련성은 형식적·외형적인 직무범위를 의미하는 것으로 보아야 한다. 왜냐하면 대표기관이 한 행위가 직무와 관련된 것인지를 실질적·내용적인 것으로 따지게 되면 대표기관이 타인에게 가한 불법행위는 법인의 정관에서 대표기관에게 인정된 직무에 해당되지 않게 될 것이고 따라서 법인의 불법행위 자체가 성립하지 않기 때문이다. 또한 대표기관의 불법행위로 인하여 피해를 받은 상대방을 보호하기 위해서 대표기관의 직무관련성을 완화하는 해석을 할 필요가 있다. 이러한 이유에서 통설은 본조의 "직무에 관하여"를 행위의 외형상 대표기관의 직무수행행위라고 볼 수 있는 행위뿐만 아니라 행위 그 자체로는 본래의 직무행위에 속하지 않으나 직무행위와 적당한 견련성을 가지는 행위도 포함되는 의미로 새긴다. 판례도 본조에서 "직무에 관한 것이라는 의미는 행위의 외형상 법인의 대표자의 직무행위라고 인정할 수 있는 것이라면 설사 그것이 대표자 개인의 사리를 도모하기 위한 것이었거나 혹은 법령의 규정에 위배된 것이었다 하더라도 위의 직무에 관한 행위에 해당한다"[28]고 판시하여 통설과 같은 입장을 취하고 있다. 통설에 따라 직무관련성을 분설하면 다음과 같다.

첫째, 직무행위 자체, 즉 행위의 외형상 직무행위라고 인정되는 것은 비록 그

26 같은 의견 김용한, 민법총칙론, 박영사(1997), 178; 이은영, 민법총칙, 박영사(2009), 285.
27 대법원 1976. 7. 13. 선고 75누254 판결.
28 대법원 2004. 2. 27. 선고 2003다15280 판결 등.

것이 부당하게 행하여 진 경우에도 직무에 관한 것으로 볼 수 있다. 여기에는 대표기관의 행위가 법령의 규정이나 정관규정에 위반하여 행하여진 경우를 포함한다. 예컨대 회사의 대표이사가 회사소유의 자동차에 대한 집달관의 강제집행을 방해하여 압류불능케 하고 이로 말미암아 채권자에게 손해를 입힌 경우,[29] 학교법인의 대표자가 사립학교법 제16조 및 제28조 소정 이사회의 결의를 거치지 아니하고 감독관청의 허가없이 금원을 차용하고 수표를 발행한 경우,[30] 농지개량조합의 조합장이 어음을 발행함에 있어서 소정 절차를 밟지 아니하여 조합의 채무로 성립되지 아니함에도 금전을 차입하여 채권자에게 손해를 끼친 경우,[31] 토지구획정리조합의 대표자가 구획정리사업 시공회사의 원활한 자금 운용 등을 위하여 시공회사의 채무를 연대보증하였으나 조합원총회 등의 결의를 거치지 아니함으로써 연대보증행위가 무효로 된 경우[32] 등은 모두 직무에 관한 행위로 인정된다.

둘째, 행위 그 자체로는 본래의 직무행위에 속하지 않지만 직무행위와 적당한 견련성을 가지는 행위도 직무에 관한 것에 포함된다. 예컨대 채권을 실행하기 위하여 소송을 제기한 대표이사가 채무자의 반증을 뒤집기 위하여 위증의 고소를 하거나,[33] 노동조합의 간부들이 불법쟁의행위를 기획·지시·지도하는 등으로 주도함으로써 사용자에게 손해를 입힌 경우,[34] 종중의 대표자가 종중 소유의 부동산을 개인 소유라 하여 매도하고 계약금과 중도금을 지급받은 후 잔대금지급 이전에 매수인이 종중 소유임을 알고 항의하자 종중의 결의가 없는데도 종중 대표자로서 그 이전을 약속하고 종중총회 결의서 등을 위조하여 등기이전을 해 주고 잔금을 받았는데 그 후 종중이 소송으로 부동산을 되찾아감으로써 매수인에게 손해를 입힌 경우[35]에도 직무관련성을 인정할 수 있다.

대표기관의 한 행위가 직무와 관련한 것인지를 외형적으로 판단하는 이유는 법인의 사정을 잘 알지 못하는 상대방(피해자)의 배상가능성을 넓히기 위함이다. 그렇다면 피해자가 대표기관이 한 행위가 직무에 관한 행위가 아니라는 것을 이미 알고 있다면 그러한 피해자에 대해서까지 배상을 인정할 필요는 없을 것이다.

29 대법원 1959. 8. 27. 선고 4291민상395 판결.
30 대법원 1975. 8. 19. 선고 75다666 판결.
31 대법원 1974. 6. 25. 선고 74다71 판결.
32 대법원 2004. 2. 27. 선고 2003다15280 판결.
33 곽윤직/김재형, 민법총칙, 박영사(2013), 188.
34 대법원 1994. 3. 25. 선고 93다32828, 32835 판결.
35 대법원 1994. 4. 12. 선고 92다49300 판결.

판례도 이러한 입장에서 "법인의 대표자의 행위가 직무에 관한 행위에 해당하지 아니함을 피해자 자신이 알았거나 또는 중대한 과실로 인하여 알지 못한 경우에는 법인에게 손해배상책임을 물을 수 없다"고 하였다.[36] 다만 중과실에 의한 부지를 악의와 같이 취급하고 있는데, 판례는 "여기서 중대한 과실이라 함은 거래의 상대방이 조금만 주의를 기울였더라면 대표자의 행위가 그 직무권한 내에서 적법하게 행하여진 것이 아니라는 사정을 알 수 있었음에도 만연히 이를 직무권한 내의 행위라고 믿음으로써 일반인에게 요구되는 주의의무에 현저히 위반하는 것으로 거의 고의에 가까운 정도의 주의를 결여하고, 공평의 관점에서 상대방을 구태여 보호할 필요가 없다고 봄이 상당하다고 인정되는 상태"라고 한다.[37]

나. 대표권의 남용

대표기관의 직무에 관한 행위로 볼 수 있는 지의 여부가 특히 문제되는 것은 대표기관이 자신에게 주어진 대표권을 남용한 경우이다. 예컨대 법인운영을 위한 차금의 권한있는 법인의 대표이사가 실제로는 자신의 주식투자를 하기 위하여 형식상 법인명의로 차금행위를 한 경우처럼, 법인의 대표기관이 외형적·형식적으로는 "대표권의 범위내"에서 한 행위이지만, 대표기관이 법인과의 내부적인 의무에 위반하여 오로지 자신의 개인적 또는 제3자의 이익을 꾀할 목적으로 대표행위를 한 경우이다. 대표권의 남용은 외관상으로는 완전한 대표행위로 보이지만, 실질은 법인을 위한 의사가 없이 대표자 자신 또는 제3자의 이익을 위하여 하는 행위이다. 이러한 경우에도 법인에게 본조의 책임을 인정할 것인지 아니면 이때에는 법인에게 책임이 귀속되지 않고 대표기관에게 무권대리의 책임의 책임을 물을 것인가가 문제된다. 만약 대표권이 남용된 경우에도 법인이 무조건 책임을 져야 한다면 법인에게는 과도한 부담이 될 것이고, 반대로 무권대리의 문제로 처리하게 되면 상대방보호가 소홀하게 되는 문제점이 있다. 학설은 대표권남용의 문제와 후술하는 대표권 유월의 문제를 혼용하여 설명하기도 하지만, 엄밀히는 구분되는 개념이다.[38] 학설은 대표권이 남용된 경우에도 원칙적으로 법인에게 법률효과의 귀속을 모두 인정하면서도 예외적으로 그 효과를 부정하고 있는데, 그 러한 법리의 근거에 대해서 견해가 갈린다. 즉, 후술하는 판례와 같이 비진의표시에 관한

36 대법원 2004. 3. 26. 선고 2003다34045 판결.
37 대법원 2004. 3. 26. 선고 2003다34045 판결.
38 고상룡, 민법총칙, 법문사(2003), 210 이하.

규정을 유추적용하여 대표권의 남용사실에 대해 상대방이 알았거나 과실로 알지 못한 경우에는 무효로 보자는 견해,[39] 악의의 상대방이 법인에게 대표권 남용행위의 효과를 주장하는 것은 신의칙 혹은 권리남용이라는 견해[40] 및 대표권 남용행위를 대표권의 내부적 제한 위반의 경우와 동일하게 파악하여 악의의 상대방에 대해서는 그 남용행위는 효력이 없다는 견해[41] 등으로 나뉜다. 한편 판례는 "대표자의 행위가 대표자 개인의 사리를 도모하기 위한 것이었다 하더라도 외관상, 객관적으로 직무에 관한 행위라고 인정할 수 있는 것이라면 민법 제35조 제1항의 직무에 관한 행위에 해당"[42]하며 "대표이사가 대표권의 범위 내에서 한 행위는 설사 대표이사가 회사의 영리목적과 관계없이 자기 또는 제3자의 이익을 도모할 목적으로 그 권한을 남용한 것이라 할지라도 일단 회사의 행위로서 유효"[43]하다고 판시하여, 대표권남용의 경우에 원칙적으로 법인의 유효한 행위로 인정하고 있다. 다만 일정한 경우에 법인의 책임을 부인하는데 그 근거에 대해서, 판례는 대표권남용행위를 알았던 상대방이 법인의 책임을 주장하는 것은 신의칙에 반하는 것이라고 한 경우도 있고,[44] 본법 제107조 제1항 단서를 유추적용하여 상대방이 대표기관의 진의를 알았거나 알 수 있었을 때에는 대표기관의 행위는 무효라고 하여 법인의 책임을 부인하는 경우도 있다.[45] 요컨대 법인의 상대방은 대표권 남용사실을 알지 못한 것에 과실이 없으면 법인에 대해 이행청구를 할 수 있고, 이행청구에 갈음하여 대표자의 기망행위(남용된 대표권의 행사)에 터잡아 손해가 발생하였다면 본조에 따라 법인에 대해 불법행위책임을 물을 수도 있다.

다. 대표권의 유월

대표권의 유월의 경우, 즉 법인의 대표자가 비록 법인의 목적범위 내이기는 하지만 자신에게 부여된 대표권의 권한을 넘어서서(즉 대표권의 "범위외") 대표행위를 한 경우의 효력이 문제된다. 예컨대 차금행위의 권한이 없는 학교법인의 이사

39 최기원, 신회사법론, 박영사(2012), 639.
40 정동윤, 회사법, 법문사(2005), 416; 정찬형, 상법강의(상), 박영사(2017), 995; 이철송, 회사법강의, 박영사(2017), 707.
41 손지열, "대표권의 남용", 민사판례연구[XI], 11.
42 대법원 2003. 7. 25. 선고 2002다27088 판결.
43 대법원 2004. 3. 26. 선고 2003다34045 판결, 대법원 2008. 5. 15. 선고 2007다23807 판결.
44 대법원 1987. 10. 13. 선고 86다카1522 판결, 대법원 2016. 8. 24. 선고 2016다222453 판결.
45 대법원 1988. 8. 9. 선고 86다카1858 판결, 대법원 2004. 3. 26. 선고 2003다34045 판결, 대법원 2005. 7. 28. 선고 2005다3649 판결, 대법원 2008.5.15. 선고 2007다23807 판결.

가 학교법인을 대표해서 차금행위를 한 경우가 여기에 해당한다. 앞의 대표권의 남용과 비교해보면, 대표권의 남용은 대표기관이 자신에게 부여된 대표권한의 범위 내의 행위지만 법인을 위해서가 아니라 자신 또는 제3자의 사리(私利)를 위해서 행위한 것이 문제되는 것인데 반하여, 대표권의 유월은 대표기관이 자신에게 부여된 대표권한을 초과하여 행위한 것이 문제되는 것이다. 전자가 대표권의 질적 하자라고 한다면, 후자는 대표권의 양적 하자라고 할 수 있다. 이때 대표자가 대표권을 유월하여 한 행위는 법인을 위해서 한 것일 수도 있고 대표기관 자신 또는 제3자의 사리를 위해서 행위한 것[46]일수도 있다.

대표권이 유월되어 행사됨으로써 상대방이 피해를 입은 경우에 법인에게 어떤 책임이 인정되느냐에 관하여, 학설은[47] 대표권이 유월된 경우에도 본조를 적용하여 법인의 불법행위책임을 인정하려는 견해,[48] 무권대리로서 본법 제126조의 표현대리의 규정을 적용하려는 견해[49] 및 본조의 불법행위책임과 본법 제126조 표현대리의 규정을 당사자가 선택해서 적용할 수 있다는 견해[50]로 나뉜다. 판례는 기본적으로 대표권이 유월된 경우에도 본조의 불법행위책임이 성립될 수 있다고 판단한 것으로 보인다.[51]

생각건대, 대표자가 행사한 대표권이 법인의 목적범위를 벗어난 상태라면 대표권행사에 따른 법률효과는 법인에게 귀속되지 않지만(본조 제2항 참조), 비록 대표권이 유월되었더라도 법인의 목적범위 내에 해당할 경우에는 직무관련성을 외형적으로 판단하기 때문에 본조의 불법행위책임이 성립될 수 있다. 한편 법인의 대표에 관하여는 대리에 관한 규정이 준용되므로(본법 제59조 제2항), 대표권이 유월된 경우에는 월권표현대리(본법 제126조)에 관한 규정이 준용될 수 있다. 본조의 규정과 본법 제126조 표현대리에 관한 규정은 그 성립요건이나 효과가 다르므로,

46 이 경우에는 대표권의 남용과 대표권의 유월이 경합된 상태이지만, 법인의 상대방으로서는 문제된 대표자의 행위가 법인을 위한 것이냐·아니냐의 주관적인 요소보다 대표권의 범위를 초월한 것이냐·아니냐의 객관적인 요소로 법적 효과를 판단하는 것이 더욱 용이할 것이므로, 이러한 경우에도 대표권의 유월의 문제로 처리함이 타당하다고 생각된다.

47 학설은 대표권의 남용과 대표권의 유월을 구분하지 않고 혼용하여 사용함으로써, 아래의 학설은 대표권의 남용에 관한 부분에서 주장되기도 하지만(이영준, 민법총칙, 박영사(2007), 947; 백태승, 민법총칙, 집현재(2016), 236 등), 엄밀히는 대표권 유월의 문제를 해결하기 위한 학설이다.

48 이영준, 민법총칙, 박영사(2007), 948; 김상용, 민법총칙, 화산미디어(2009), 235.

49 장경학, 민법총칙, 법문사(1995), 327; 고상룡, 민법총칙, 법문사(2003), 215.

50 황적인, 현대민법론 I, 박영사(1985), 119.

51 대법원 2004. 3. 26. 선고 2003다34045 판결, 대법원 2008. 5. 15. 선고 2007다23807 판결.

그 중 어느 하나만이 적용되어야 하는 관계는 아니다. 따라서 상대방은 법인을 상대로 본법 제126조의 표현대리에 따른 이행책임 혹은 본조 소정의 불법행위에 따른 손해배상책임을 선택적으로 주장할 수 있다.

3. '타인'에게 가한 손해

법인의 불법행위에 있어서 피해자는 원칙적으로 법인의 구성원이 아닌 제3자를 의미한다. 그러나 경우에 따라서는 법인의 대표기관이 직무와 관련하여 법인의 구성원인 사원이나 다른 기관인에 대해서 손해를 끼쳤다면 이들 사원이나 기관인도 본조에서의 '타인'에 해당되어 법인을 상대로 손해배상을 청구할 수 있다. 예컨대 법인의 대표이사가 직무상 알게 된 다른 이사나 사원의 개인정보를 유출한 경우에 이로 인해 피해를 입은 이사나 사원은 법인을 상대로 본조의 손해배상책임을 물을 수 있다. 또한 판례도 도시재개발법에 의하여 설립된 재개발조합의 조합원이 조합의 이사 기타 조합장 등 대표기관의 직무상의 불법행위로 인하여 직접 손해를 입은 경우에는 도시재개발법 제21조, 본법 제35조에 의하여 재개발조합에 대하여 그 손해배상을 청구할 수 있다고 판시하고 있다.[52]

4. '손해'의 발생

대표기관의 직무와 관련한 행위로 말미암아 타인에게 '손해'가 발생하였어야 한다. 손해라 함은 일반적으로 법익에 관하여 입은 모든 비자발적 불이익을 의미하는 것이지만, 판례에 의하면 본조의 손해개념에는 이른바 '간접손해'는 포함되지 않는다. 즉 도시재개발조합의 대표기관의 직무상 불법행위로 조합에게 과다한 채무를 부담하게 함으로써 재개발조합이 손해를 입고 결과적으로 조합원의 경제적 이익이 침해되는 손해와 같은 간접적인 손해는 본법 제35조에서 말하는 손해의 개념에 포함되지 아니하므로 이에 대하여는 본조에 기한 손해배상을 청구할 수 없다고 한다.[53]

5. 대표기관의 '불법행위'

본조는 그 자체가 독립한 손해배상청구권의 기초가 되는 규범이 아니다. 따라서 본조의 법인의 불법행위책임은 대표기관의 행위가 본법 제750조 소정의 불

52 대법원 1999. 7. 27. 선고 99다19384 판결.
53 대법원 1999. 7. 27. 선고 99다19384 판결.

법행위의 성립요건을 갖추었을 때 비로소 성립하게 된다. 즉 대표기관이 책임능력을 가지고 있을 것, 고의 또는 과실이 있을 것, 가해행위가 위법한 것일 것, 가해행위로 인하여 피해자에게 손해가 발생하였을 것, 가해행위와 손해 사이에 인과관계가 있을 것 등의 요건이 충족되어야 한다. 다만 학설에 따라서는 법인이 불법행위책임을 면하기 위하여 책임무능력자를 대표기관에 임명하는 경우에는 속수무책으로 될 것임을 이유로 대표기관의 책임능력은 요건이 아니라고 한다.[54] 생각건대, 본조는 대표기관의 행위를 법인에게 귀속시킴으로써, 법인에게도 자연인과 마찬가지의 불법행위능력을 인정하여 법인의 상대방을 보호하려는 규정임을 상기한다면, 비록 책임무능력상태에서 행하여진 대표기관의 불법행위에 대해서도 본조 제1항 전단에 따라 법인에게 책임이 귀속되어야 한다. 다만 책임능력이 없는 대표기관에 대해서는 본조 제1항 후단의 개인책임을 물을 수는 없다고 할 것이다. 또한 만약 법인이 책임을 회피할 목적으로 책임무능력자를 대표기관으로 선임하였다면, 이는 이른바 원인에 있어서 자유로운 행위(actio liebera in causa)가 되어(본법 제754조 단서) 법인은 대표기관의 책임무능력을 항변할 수 없다고 할 것이다.

본조의 불법행위책임이 성립하기 위해서는 대표기관의 불법행위가 전제되어야 하는데, 이때 대표기관이 하는 불법행위의 태양에는 제한이 없다. 즉 대표기관의 불법행위는 강제집행의 방해행위[55]나 불법쟁위행위[56]와 같은 사실행위일 수도 있고, 사립학교법을 위반한 금원의 차용행위[57]나 조합원총회의 결의를 거치지 아니하여 무효로 된 연대보증행위[58]와 같은 법률행위일 수도 있으며, 또한 재판외의 행위뿐만 아니라, 타인을 허위로 고소하는 등의 재판상 행위에 대해서도 불법행위가 성립한다.

Ⅳ. 본조의 효과

1. 법인의 불법행위가 성립하는 경우

대표기관에 의한 불법행위의 성립요건이 충족되면 1차적으로 실제 행위를 한

54 이영준, 민법총칙, 박영사(2007), 951; 이은영, 민법총칙, 박영사(2009), 289.
55 대법원 1959. 8. 27. 선고 4291민상395 판결.
56 대법원 1994. 3. 25. 선고 93다32828 판결.
57 대법원 1987. 4. 28. 선고 86다카2534 판결.
58 대법원 2004. 2. 27. 선고 2003다15280 판결.

대표자에게 손해배상책임이 발생하지만(본법 제750조 및 본조 제1항 단서), 그러한 대표기관의 불법행위가 직무와 관련하여 발생한 것일 때에는 법인에게 손해배상책임이 귀속된다(본조 제1항 본문). 원래 대표기관의 불법행위에 의해서 발생한 피해는 대표기관의 손해배상만으로도 만족될 수 있고 또한 대표기관이 행한 불법행위는 대표기관에게 부여된 "직무"와는 어울리지 않는 활동이지만, 민법은 피해자의 입장에서 볼 때 대표기관보다 법인에게 배상을 요구하는 것이 경제적으로 유리할 수 있다는 정책적 고려에 따라 대표기관의 손해배상책임과 아울러 법인에게도 손해배상책임을 인정함으로써 일종의 법정의 병존적 채무인수를 규정하고 있다.[59] 이에 따라 대표기관이 직무와 관련하여 행한 불법행위에 대해서 피해자는 손해의 충분한 배상을 받을 때까지 법인이나 대표기관 어느 쪽을 상대로 하든 손해배상을 청구할 수 있다. 이 경우 법인과 대표기관 양자의 손해배상채무는 부진정연대채무관계에 있게 된다.[60]

법인과 대표기관 개인은 피해자에 대해서는 모두 손해배상책임을 지지만, 법인과 대표기관 사이에는 위임에 준하는 법률관계가 인정되므로, 만약 대표기관인 이사가 "직무에 관하여" 고의 또는 과실로 타인에게 손해를 가하여 법인이 그 타인에게 배상을 하였다면, 불법행위를 한 이사는 법인에 대하여 선량한 관리자의 주의의무(본법 제61조, 제681조)를 위반한 것으로 볼 수 있다. 따라서 타인에게 배상을 한 법인은 그러한 주의의무를 위반한 대표기관 개인에게 구상권을 행사할 수 있다(본법 제65조).

2. 법인의 불법행위가 성립하지 않는 경우

대표기관의 행위가 법인의 목적의 범위를 벗어난 것이어서 법인의 불법행위로 인정되지 않는 경우에는 법인은 그러한 행위에 대해서 책임을 지지 않음은 당연한 것이다. 본조 제2항의 "목적범위외의 행위"라고 하는 것은 본조 제1항의 대표기관이 "직무에 관하여" 한 것이라고 인정될 수 없는 행위를 말한다. 즉 외형이

59 같은 의견, Christian v. Bar, Zur Struktur der Deliktshaftung von juristischen Personen, ihren Organen und ihren Verrichtungsgehilfe, Festschrift für Zentaro Kitagawa, Berlin 1992, S. 282. 이와 유사하게 이은영, 민법총칙, 박영사(2009), 283은 "이사의 불법행위와 법인의 관계는 '법률의 규정에 의한 채무발생원인'으로서 '대표행위와는 별도의 법정채무관계'로 파악하는 것이 적절하다"고 한다.

60 고상룡, 민법총칙, 법문사(2003), 216; 서광민, 민법총칙, 신론사(2007), 204; 이영준, 민법총칙, 박영사(2007), 952; 김상용, 민법총칙, 화산미디어(2009), 236; 백태승, 민법총칙, 집현재(2016), 237 등.

론에 따르더라도 대표기관의 직무라고 볼 수 없을 정도로 직무관련성을 초월한 경우에는 법인의 불법행위로 귀속시킬 수 없게 된다. 이 경우에는 그러한 행위를 하여 타인에게 손해를 끼친 대표기관 개인이 불법행위의 일반원칙에 따라 책임을 져야 할 것이다. 그러나 법인의 조직이나 신용을 빙자하여 행해지는 불법행위는 타인에게 예상치 못한 큰 손해를 끼치는 경우도 적지 않으므로, 민법은 피해자 보호를 위해서 그 사항의 의결에 찬성하거나 그 의결을 집행한 사원, 이사 및 기타 대표자가 연대하여 배상책임을 지도록 규정하고 있다(본조 제2항). 이때 "연대하여" 배상책임을 진다는 것은 비록 이들 사이의 행위가 공동불법행위(본법 제760조)의 요건에 미비하더라도 본조는 관련자들의 연대책임을 인정함으로써 피해자를 두텁게 보호하겠다는 것을 의미한다.

제 36 조 [법인의 주소]

법인의 주소는 그 주된 사무소의 소재지에 있는 것으로 한다.

[관련조문] 민법 제49조(법인의 등기사항), 제51조(사무소이전의 등기), 제54조(설립등기 이외의 등기의 효력과 등기사항의 공고), 민사소송법 제5조(법인 등의 보통재판적)

[참고문헌] 한충수, "국내토지관할 규정의 국제적 정합성 -법인의 보통재판적과 영업소 및 재산소재지 특별재판적을 중심으로-, 민사소송 제13권 제2호(2009)

Ⅰ. 본조의 취지

자연인의 법률관계는 특정의 토지, 즉 주소를 중심으로 하여 하여 행해지듯이, 법인에 있어

서도 일정한 장소를 주소로 하여 법률관계의 기준으로 삼을 필요가 있다. 또한 법인에게도 재판관할을 정하는 등의 편의를 위해서도 법인의 주소가 필요하다. 이에 따라 본조는 법인의 주소를 정하는 기준을 제시하고 있다.

Ⅱ. 의의 및 효과

본조는 법인의 주소를 그 주된 사무소의 소재지에 있는 것으로 한다. '주된 사무소'란 법인의 최고수뇌부가 존재하는 장소 즉 본부가 되는 곳의 사무소를 말하며, 사무소가 2개 이상 있는 때에는 중심이 되는 중요한 사무소가 그 주된 사무소이다.

법인의 설립등기는 주된 사무소의 소재지에서 하여야 한다(본법 제49조 제1항). 사무소를 이전한 경우에는 이를 등기하여야 하고(본법 제51조), 등기하지 않으면 제3자에게 대항할 수 없다(본법 제54조 제1항). 만약 정관에 기재되고 등기된 주된 사무소가 있으면서도 실제로는 다른 사무소가 사실상 주된 사무소로 기능하고 있을 때에는 등기와 실질이 불일치하게 된다. 이러한 경우에는 후자로 주된 사무소가 이전되었다고 보아야 할 것이다.[1] 그렇다면 주된 사무소 이전의 등기(본법 제51

1 김증한/김학동, 민법총칙, 박영사(2013), 202; 장경학, 민법총칙, 법문사(1995), 342; 김용한, 민법총칙론, 박영사(1997), 194; 이영준, 민법총칙, 박영사(2007), 972; 고상룡, 민법총칙, 법문사(2003), 237; 민법주해 Ⅰ, 총칙(1), 박영사(1992), 605(홍일표).

조 참조)를 하여야 하며 사무소이전의 등기 없이는 실질상의 사무소가 주된 사무소임을 제3자에게 주장하지 못한다.

법인의 주소에 대하여 인정되는 법적 효과는 자연인의 그것과 동일하지만, 법인의 성질상 적용될 수 없는 것도 있다(본법 제22조, 제27조, 국적법 제5조, 제6조, 제7조). 민사소송에서 법인의 주소는 재판관할을 정하는 기준이 된다(민사소송법 제5조).

제 37 조 [법인의 사무의 검사, 감독]

법인의 사무는 주무관청이 검사, 감독한다.

[관련조문] 민법 제38조(법인의 설립허가의 취소), 제42조(사단법인의 정관의 변경), 제45조(재단법인의 정관변경)

[참고논문] 김진우, 비영리법인의 설립허가취소, 법조 제64권 제6호(2015); 윤진수, 사법상의 단체와 헌법, 비교사법 제43호(2008)

Ⅰ. 본조의 취지

민법상 법인은 비영리를 목적으로 하기 때문에 그 사무의 내용은 공공의 이해에 관계되는 바가 크므로, 이를 검사, 감독할 필요가 있다. 그러한 사무를 검사·감독하는 기관으로 법인내부의 조직으로는 감사를 두는 수가 많고, 사단법인에 있어서는 그 최고기관인 사원총회가 법인의 업무일반을 감독할 권한을 가지고 있다. 그러나 감사는 비영리법인에 있어서는 필수적 기관이 아닐 뿐만 아니라, 이를 두는 경우에도 감사가 법인의 사무를 제대로 검사·감독하는 데에는 일정한 한계가 있으며, 또 사원총회는 통상 연1회 개최될 뿐이므로 법인의 세부적인 업무처리의 상황을 검사·감독한다는 것은 사실상 기대하기 어렵다. 따라서 본조는 법인이 존속하고 있는 동안은 법인의 설립허가를 준 주무관청이 공적 기관으로서 법인의 사무를 검사·감독하도록 함으로써 법인의 업무에서 나타날 수 있는 폐해를 방지하려고 한 것이다.

Ⅱ. 법인사무의 검사·감독

주무관청이 법인사무를 검사·감독하는 방법에는 제한이 없다. 감독대상인 법인의 '사무'에는 법인의 활동업무 뿐만 아니라 법인의 재산상황에 대한 검사·감독도 포함된다. 이외에 주무관청은 법인의 정관변경의 허가(본법 제42조 제2항, 제45조 제3항)나 법인의 설립허가의 취소(본법 제38조) 등의 방법으로도 법인사무를 검사·감독할 수 있다. 또한 주무관청은 법인의 임원취임승인신청을 거부함으로써 간접적으로 법인사무를 감독할 수도 있는바, 판례는 재단법인의 임원취임이 사법인인 재단법인의 정관에 근거한다 할지라도 이에 대한 행정청의 승인(인가)행위는 법인에 대한 주무관청의 감독권에 연유하는 것이라고 한다.[1]

1 대법원 2000. 1. 28. 선고 98두16996 판결: 그리하여 판례는 인가행위 또는 인가거부행위는 공법상의 행정처분으로서, 그 임원취임을 인가 또는 거부할 것인지 여부는 주무관청의 권한에 속하는 사항이기 때문에 재단법인의 임원취임승인 신청에 대하여 주무관청이 이에 기속되어 이를 당연히 승인(인가)하여야 하는 것은 아니라고 한다. 같은 취지의 판결로는 대법원 1995. 7. 25. 선고 95누2883 판결, 대법원 1972. 4. 11. 선고 71다1646 판결, 대법원 1962. 1. 25. 선고 4292행상90 판결 등.

제 38 조 [법인의 설립허가의 취소]

법인이 목적 이외의 사업을 하거나 설립허가의 조건에 위반하거나 기타 공익을 해하는 행위를 한 때에는 주무관청은 그 허가를 취소할 수 있다.

[관련조문] 민법 제32조(비영리법인의 설립과 허가), 제42조(사단법인의 정관의 변경), 제45조(재단법인의 정관변경), 제47조(법인의 사무의 검사, 감독), 제77조(해산사유), 공익법인법 제16조(설립허가의 취소)

[참고문헌] 김진우, 비영리법인의 설립허가취소, 법조 제64권 제6호(2015); 윤진수, 사법상의 단체와 헌법, 비교사법 제43호(2008)

Ⅰ. 본조의 의의

민법에 의거하여 설립되는 법인은 비영리를 목적으로 하여 주무관청의 허가를 받아 법인격을 인정받은 것이다. 그런데 그러한 법인이 당초의 설립목적과는 달리 목적이외의 사업을 하거나 설립조건에 위반하거나 기타 공익을 해하는 행위를 하는 경우에는 그러한 법인의 존속을 계속 허용해야 할 이유가 없어진다. 그리하여 법은 이와 같은 경우에는 법인의 설립을 허가한 주무관청이 그 설립허가를 취소할 수 있다고 하였다. 주무관청의 설립허가취소는 본법 제37조에서 규정하는 주무관청의 법인사무에 대한 검사·감독권의 구체적인 모습에 해당한다.

Ⅱ. 설립허가의 취소원인

1. 개설

어떠한 경우에 법인의 설립허가를 취소할 것인가를 정하는 것은 순전히 입법정책적인 문제이다. 이에 대해 민법은 설립허가의 취소원인으로 (i) 법인의 목적 이외의 사업을 하는 것, (ii) 설립허가의 조건에 위반하는 것, (iii) 기타 공익을 해하는 행위를 하는 것으로 정하고 있다. 한편 공익법인의 설립·운영에 관한 법률에서는 공익법인의 설립허가취소사유를 (i) 거짓이나 그 밖의 부정한 방법으로 설립허가를 받은 경우, (ii) 설립허가 조건을 위반한 경우, (iii) 목적 달성이 불가능하게 된 경우, (iv) 목적사업 외의 사업을 한 경우, (v) 이 법 또는 이 법에 따른 명령이나 정관을 위반한 경우, (vi) 공익을 해치는 행위를 한 경우 (vii) 정당한 사유 없이 설립허가를 받은 날부터 6개월 이내에 목적사업을 시작하지 아니하거나 1년 이상 사업실적이 없을 때 등으로 정하고 있다(본법 제16조 제1항).

설립허가의 취소는 법인의 운명을 좌우하는 매우 심각한 행정처분이므로 그 취소원인을 법이 인정한 사유로 국한하여야 한다. 즉, 본법 제38조가 정한 이외의 사유로 법인의 설립허가를 취소할 수는 없다. 판례도 비영리법인의 설립허가의 취소는 본법 제38조의 규정에 해당하는 경우에만 가능하다고 한다.[1] 따라서 이를 테면 영리법인의 존재가 공익을 해한다고 볼만한 사정이 없고 한편 감독관청에 제출할 서류를 기한 보다 지연하여 제출한 사실만으로 설립허가조건을 위배하였다 하여 설립허가를 취소할 수 없으며,[2] 법인의 목적달성이 불능하게 된 경우에는 법인의 해산사유에 해당될 수는 있어도(본법 제77조 참조) 법인의 설립허가를 취소할 수 있는 사유에는 해당되지 않는다.[3]

2. 취소원인

가. 목적 외의 사업

법인의 목적이란 법인정관에 정하여진 목적을 뜻하므로, 법인이 목적이외의 사업을 한다는 것은 법인정관에 기재된 목적이외의 사업을 하는 것을 의미한다. 따라서 민법에 의거하여 설립된 법인은 비영리를 목적으로 하는 법인이므로 만약 영리를 목적으로 하는 사업을 하는 경우에는 설립허가취소사유에 해당하게 된다. 다만 비영리를 목적으로 하는 법인이 비영리사업의 목적을 달성하는데 필요하여 그 본질에 반하지 않을 정도의 영리사업을 하는 것은 법인의 목적을 벗어난 것으로 볼 수 없다. 예컨대 암예방홍보를 목적으로 하는 사단법인이 학술대회를 개최하면서 참가비를 징수하거나 관련서적을 판매하는 등의 행위는 가능하다(이른바 부수목적의 특전).[4]

문제는 특정한 비영리목적의 법인이 다른 비영리목적의 사업을 하는 것을 목적 외의 사업이라 하여 설립허가를 취소할 수 있는가 하는 점이다. 예컨대 자선사

1 대법원 1977. 8. 23. 선고 76누145 판결, 대법원 1982. 10. 26. 선고 81누363 판결.
2 대법원 1977. 8. 23. 선고 76누145 판결.
3 대법원 1968. 5. 28. 선고 67누55 판결.
4 ☞ 법인 총설 Ⅲ. 3. 나. 참고.

업을 목적으로 하는 법인이 학술사업을 하는 경우이다. 문언적으로만 새긴다면 목적 외의 사업이라고 하겠지만, 이러한 이유로 법인의 설립허가를 취소하는 것은 부당하다. 본조는 민법에 규정된 것이지만, 실질은 기본권제한에 관한 행정법적 규정이므로, 이를테면 실질은 영리사업을 하면서도 회사법이나 조세법 규정을 회피하기 위하여 민법상 비영리법인으로 설립하는 경우 등에 국한하여 적용하여야 한다. 만약 그러한 정관목적과 부합하지 않는 다른 비영리사업이 지속된다면 주무관청은 법인사무의 검사·감독권(본법 제37조)의 일환으로 법인의 정관변경을 명할 수 있을 것이다(본법 제42조, 제45조 참고). 판례에 의하면, 비영리법인이 '목적 이외의 사업'을 한 때란 법인의 정관에 명시된 목적사업과 그 목적사업을 수행하는 데 직접 또는 간접으로 필요한 사업 이외의 사업을 한 때를 말하며, 이때 목적사업 수행에 필요한지는 행위자의 주관적·구체적 의사가 아닌 사업 자체의 객관적 성질에 따라 판단하여야 한다.[5]

나. 설립허가조건의 위반

예컨대 일정한 인적·물적 시설을 갖출 것을 조건으로 하여 자선사업을 목적으로 하는 법인설립이 허가된 경우에 그 조건으로 정한 시설이 갖추어지지 못하였다면 법인설립조건을 위반한 것이 되고 이때 주무관청은 그 법인의 설립허가를 취소할 수 있다. 다만 그 조건이 법인의 설립허가조건인지 혹은 주무관청의 단순한 희망사항에 불과한 것인지를 실제로 판별하기 곤란한 경우도 있겠지만, 그것이 후자에 해당하는 경우에는 이를 위반하였다고 하여 설립허가를 취소할 수는 없다. 판례는 감독관청에 제출할 서류를 기한 보다 지연하여 제출한 사실만으로 설립허가조건을 위배하였다고 하여 설립허가를 취소할 수는 없다고 하였다.[6]

다. 공익을 해하는 행위

본조가 "공익를 해하는 행위"를 법인설립허가취소사유의 하나로 규정한 이유는 법인설립 당시에는 법인의 목적사업이 공익을 해하는 것이 아니었으나, 그 후 사정변동에 의하여 그것이 공익을 해하는 것으로 되었을 경우에 대처하기 위해서이다.[7] 그런데 무엇이 공익을 해하는 행위인지에 대해서는 명확하지 않다. 이와

5 대법원 2014. 1. 23. 선고 2011두25012 판결.
6 대법원 1977. 8. 23. 선고 76누145 판결.
7 대법원 1966. 6. 21. 선고 66누21 판결, 대법원 2014. 1. 23. 선고 2011두25012 판결.

유사한 취지의 독일 민법 제43조 제1항은 "사단이 법률에 반하는 사원총회의 결의 또는 법률에 반하는 이사회의 행위에 의하여 공공복리를 위태롭게 하는 경우에는 그 권리능력이 박탈될 수 있다"라고 하고 있는데, 우리 법에서도 해석론상 참고할 수 있을 것이다. 우리의 판례도 "민법 제38조에서 말하는 비영리법인이 공익을 해하는 행위를 한 때라 함은 법인의 기관이 공익을 침해하는 행위를 하거나 그 사원총회가 그러한 결의를 한 경우를 의미한다"[8]고 설명하고 있다. 다만 공익을 해하는 지의 여부는 주무관청의 자의로 판단되어져서는 안 되고 법인의 기관이 한 행위 혹은 사원총회의 결의내용이 구체적으로 형법 또는 행정법상 규정에 위반하거나 전체 법질서에 반하는 지에 따라 판단되어야 할 것이다. 판례는 민법 제38조에 정한 '공익을 해하는 행위'를 한 때에 해당된다고 하기 위해서는, "당해 법인의 목적사업 또는 존재 자체가 공익을 해한다고 인정되거나 당해 법인의 행위가 직접적이고도 구체적으로 공익을 침해하는 것이어야 하고, 목적사업의 내용, 행위의 태양 및 위법성의 정도, 공익 침해의 정도와 경위 등을 종합해 볼 때 당해 법인의 소멸을 명하는 것이 그 불법적인 공익 침해 상태를 제거하고 정당한 법질서를 회복하기 위한 제재수단으로서 긴요하게 요청되는 경우이어야 한다"고 판시한다.[9] 또한 판례는 "나아가 '법인의 목적사업 또는 존재 자체가 공익을 해한다'고 하려면 해당 법인이 추구하는 목적 내지 법인의 존재로 인하여 법인 또는 구성원이 얻는 이익과 법질서가 추구하고 보호하며 조장해야 할 객관적인 공공의 이익이 서로 충돌하여 양자의 이익을 비교형량하였을 때 공공의 이익을 우선적으로 보호하여야 한다는 점에 의문의 여지가 없어야 하고, 그 경우에도 법인의 해산을 초래하는 설립허가취소는 헌법 제10조에 내재된 일반적 행동의 자유에 대한 침해 여부와 과잉금지의 원칙 등을 고려하여 엄격하게 판단하여야 한다"[10]고 하여 설립허가취소요건을 매우 좁게 해석하고 있다.

법인의 기관이 한 행위가 공익을 해하는 행위라고 하더라도 그것이 개인의 행위로써 한 것일 때에는 이를 이유로 법인의 설립허가를 취소할 수 없다.[11] 그에 반해 목사 또는 전도사가 종교활동을 빙자하여 행한 불법행위가 법인의 대표기관 또는 그 기관의 구성원으로써 한 것일 때에는 법인이 한 행위로 볼 수 있어 설립

8 대법원 1982. 10. 26. 선고 81누363 판결, 대법원 2014. 1. 23. 선고 2011두25012 판결.
9 대법원 2014. 1. 23. 선고 2011두25012 판결, 대법원 2017. 12. 22. 선고 2016두49891 판결.
10 대법원 2017. 12. 22. 선고 2016두49891 판결.
11 대법원 1966. 6. 21. 선고 66누21 판결.

허가가 취소될 수 있다.[12]

Ⅲ. 설립허가의 취소절차와 효력

본조는 설립허가를 해준 주무관청이 설립허가의 취소권한을 갖는다는 것 외에, 그 취소절차에 관하여는 법률상 아무런 언급이 없다. 따라서 주무관청은 본법 제37조에 의거하여 법인에 대한 검사·감독권을 행사한 다음 또는 이를 행사함이 없이 곧바로 설립허가의 취소사유가 존재한다고 인정된다면 언제든지 설립허가를 취소할 수 있다.

주무관청이 설립허가를 취소하더라도 그 효력은 장래에 대하여서만 효력을 발생한다. 설립허가가 취소되면 법인은 법인격취득의 전제조건이었던 허가를 상실하게 되므로 설립허가의 취소와 동시에 법인격을 상실하게 되고 해산 및 청산절차에 들어가게 된다.

Ⅳ. 설립허가취소의 구제절차

본조는 민법에 규정되어 있지만, 그 성질상 행정법규이다. 주무관청에 의한 설립허가의 취소는 공권력의 행사에 해당한다. 따라서 이에 불복이 있는 법인은 행정심판법에 기하여 심판청구를 할 수 있고, 다시 행정소송법에 의하여 행정소송을 제기할 수 있다. 설립허가취소처분으로 인해 법인은 청산법인으로 되어 청산목적의 범위 내에서 존속하게 되지만, 만약 설립허가의 취소처분이 법원의 판결에 의하여 취소되면 취소처분의 효과는 소급해서 상실되므로 취소처분이후에 청산목적을 넘어 행해졌던 법인의 행위도 모두 유효로 인정된다.

Ⅴ. 민법개정안

2013년 법무부 민법개정시안에 따르면, 본조에 대해서는 다음과 같은 개정안이 제시되었다.

제38조(법인 설립인가의 취소) 주무관청은 법인이 목적 외의 사업을 하거나 법령을 위반하여 공익을 해치는 행위를 한 때에는 법인설립의 인가를 취소할 수 있다.

12 대법원 1976. 7. 13. 선고 75누254 판결.

개정안은 법인설립주의를 허가주의에서 인가주의로 바꿀 것을 전제로 하여, 본조에서도 주무관청의 설립허가의 취소를 설립인가의 취소로 바꾸었다. 이에 따라 조건과 같은 부관은 허가와 같은 자유재량행위에는 붙일 수 있지만, 인가와 같은 기속행위에는 붙일 수 없으므로 현재의 "설립허가의 조건에 위반하거나"를 삭제하는 대신 법령을 위반하여 공익을 해하는 행위로 그 사유를 개정하였다.

제 39 조 [영리법인]

① 영리를 목적으로 하는 사단은 상사회사설립의 조건에 좇아 이를 법인으로 할 수 있다.

② 전항의 사단법인에는 모두 상사회사에 관한 규정을 준용한다.

[관련조문] 민법 제32조(비영리법인의 설립과 허가), 상법 제46조(기본적 상행위), 제169조(회사의 의의), 제170조(회사의 종류), 제172조(회사의 성립)

[참고문헌] 송호영, "법정책학적 관점에서 본 민법상 법인관련규정 개정안", 법과 정책연구 제12집 제2호(2012); 이철송, "상법상의 입법착오의 시정을 위한 연구(1) - 상법총칙·상행위편을 중심으로 -", 비교사법 제12권 제4호(2005); 장근영, "상법의 관점에서 바라본 민법개정안의 법인제도", 비교사법 제17권 제3호 (2010)

영리법인은 영리를 목적으로 하는 사단이다. 구체적으로는 법인사업에서 발생한 이익을 구성원에게 분배함을 목적으로 하는 법인이 영리법인이다. 따라서 교통·통신·보도·출판 등의 공공사업을 목적으로 하더라도 구성원의 이익을 목적으로 하는 법인은 영리법인이다.[1] 영리법인은 이익분배를 받을 구성원의 존재를 그 전제로 하기 때문에 사단에게만 가능한 것이고 재단은 그 성질상 구성원이 없기 때문에 영리법인이 될 수 없다.

영리법인은 상행위(상법 제46조)를 영업으로 하는 것(상사회사)과 상행위 이외의 영리행위(예, 농업·어업·광업 등)를 목적으로 하는 것(민사회사)로 나눌 수 있다. 이중 상사회사는 상법상 회사설립에 관한 규정(상법 제172조 이하[2])에 의하여 법인격을 취득할 수 있다. 민사회사는 본조에 의하여 법인격을 취득하는 길이 마련되어 있는 것이지만, 설립에 있어서는 상사회사설립의 조건을 따라야 하고(본조 제1항), 이러한 민사회사에 대해서는 모두 상사회사에 관한 규정을 준용한다(본조 제2항). 따라서 상행위 이외의 영리를 목적으로 하는 민사회사를 설립하려고 할 때에는 합명·합자·주식·유한회사 중 한 회사형태의 설립준칙에 부합하여야 하고, 그렇지 못한 경우에는 법인격을 취득하지 못하여 권리능력없는 사단으로 머물 수밖에 없다.

그러나 본조에 의한 민사회사의 설립은 실제로는 별 의미가 없다. 왜냐하면

1 법인 총설 Ⅲ. 3. 참고.

2 합명회사(상법 제178조 이하), 합자회사(상법 제268조 이하), 유한책임회사(상법 제287조의2 이하), 주식회사(상법 제288조 이하), 유한회사(제543조 이하) 등.

상법 제169조는 “본법에서 회사라 함은 상행위 기타 영리를 목적으로 하여 설립한 사단을 이른다”라고 하여 상행위 이외의 영리행위를 목적으로 하는 사단법인도 상법상의 회사로 인정함으로써, 상법에서는 상사회사와 민사회사를 특별히 구분하지 않고 있기 때문이다.

제 2 절 설립

제 40 조 [사단법인의 정관]

사단법인의 설립자는 다음 각호의 사항을 기재한 정관을 작성하여 기명날인하여야 한다.

1. 목적
2. 명칭
3. 사무소의 소재지
4. 자산에 관한 규정
5. 이사의 임면에 관한 규정
6. 사원자격의 득실에 관한 규정
7. 존립시기나 해산사유를 정하는 때에는 그 시기 또는 사유

[관련조문] 민법 제41조(이사의 대표권에 대한 제한), 제42조(사단법인의 정관의 변경), 제43조(재단법인의 정관), 제58조(이사의 사무집행), 제59조(이사의 대표권), 제62조(이사의 대리인 선임), 제66조(감사), 제68조(총회의 권한), 제70조(임시총회), 제71조(총회의 소집), 제72조(총회의 결의사항), 제73조(사원의 결의권), 제75조(총회의 결의방법), 제78조(사단법인의 해산결의), 제80조(잔여재산의 귀속), 제82조(청산인, 상법 제19(회사의상호), 상법 제382조(이사의 선임, 회사와의 관계 및 사외이사)

[참고 문헌] 김대정, "법인법개정안 해설", 법인·시효 제도 개선을 위한 민법개정안 공청회 자료집(2010); 송호영, "법인의 생성에 관한 새로운 이해", 법학논고 제16집(2000)

Ⅰ. 정관작성

1. 정관작성의 의미

정관이란 단체의 내부를 규율하는 근본규칙 또는 그러한 근본규칙을 기재한 서면을 말한다. 사단법인이 되려고 하는 단체에게 있어서 정관의 작성은 곧 법인의 설립을 위한 행위(Gründungsgeschäft)를 의미한다.

우리나라에서는 사단설립행위의 성질을 둘러싸고 계약설과 합동행위설이 대립한다. 설립행위의 성질에 관하여 계약을 쌍무계약적 대칭구조로만 고집하지 않

는다면, 설립자들의 합의는 계약의 개념 속에 충분히 포섭될 수 있다. 이때 설립행위는 이행의 교환을 위한 것이 아니라, 공동의 목적실현을 위한 다면적 의사표시로 이해하면 충분하다. 이러한 합의를 독일법은 설립계약(Gründungsvertrag)이라고 부른다. 그렇지만 설립계약은 다른 일반적인 계약과는 달리 단체법적 특수성을 가지고 있다. 예컨대 설립자중 일인의 의사표시의 흠결이나 하자가 곧바로 설립계약의 무효나 취소사유로서 다른 의사표시의 효력에 당연히 영향을 미치는 것은 아니다. 왜냐하면 설립계약을 통하여 등장한 사단은 각각의 구성원으로부터 독립해서 존재하는 초개인적인 조직체이기 때문이다. 결국 사단설립행위는 단체구성을 내용으로 하는 조직계약(verbandskonstituierender Organisationsvertrag)[1]으로 이해하는 것이 타당하다.

설립행위와 관련하여 정관의 법적 성질에 관하여도 논란이 많다. 독일학설의 영향을 받아 한국에서도 현재 세 가지 학설이 주장되고 있다. 규범설, 계약설 및 양 학설의 절충설이라고 할 수 있는 수정규범설이 그것이다. 현재 독일의 학계에서는 계약설이 우세하고 실무에서는 수정규범설에 치중되는 편이다. 그에 반해 우리나라의 학계에서는 규범설이 다수설적 위치를 점하고 있다. 또한 판례도 "사단법인의 정관은 이를 작성한 사원뿐만 아니라 그 후에 가입한 사원이나 사단법인의 기관 등도 구속하는 점에 비추어 보면 그 법적 성질은 계약이 아니라 자치법규로 보는 것이 타당하다"고 판시하여 규범설을 취하고 있다.[2]

2. 정관의 기재사항

민법은 정관의 작성을 설립자들이 일정한 사항을 기재하고 이를 기명날인함으로써 성립하는 요식행위로 하고 있다. 상법상 회사도 이와 같다. 정관은 반드시 기재되어야 하는 필요적 기재사항과 그렇지 않은 임의적 기재사항으로 구성된다.

가. 필요적 기재사항

정관에는 본조소정의 사항은 반드시 기재되어야만 하고, 그 중 하나라도 빠지면 정관으로서의 효력은 생기지 않고 주무관청으로부터 법인설립의 허가를 받을 수 없게 된다. 이를 필요적 기재사항이라고 한다.

1 Karsten Schmidt, Gesellschaftsrecht, S. 77. 김증한 교수는 "공동으로 단체를 창립하고 표의자는 스스로 그 단체의 구성원으로 되는 단체적 효과의 발생을 목적으로 하는 점에서, 통상적인 계약과는 다른 점이 있을 뿐… (특수계약설)"이라고 설명한다(김증한/김학동, 민법총칙, 박영사(2013), 189).

2 대법원 2000. 11. 24. 선고 99다12437 판결.

① 목적: 목적은 영리아닌 사업이어야 한다.

② 명칭: 명칭사용에 특별한 제한은 없고, '사단법인'이라는 명칭을 쓰지 않아도 무방하다. 이에 반해 상법상 회사의 경우에는 그 종류에 따라 합명회사, 합자회사, 유한책임회사, 주식회사, 유한회사의 명칭을 사용하여야 한다(상법 제19조). 또한 특별법상 법인에 있어서는 '조합'과 같은 명칭을 반드시 사용하여야 하는 경우가 있다(농업협동조합법 제3조, 산림조합법 제3조, 수산업협동조합법 제3조, 신용협동조합법 제3조, 중소기업협동조합법 제3조 등).

③ 사무소의 소재지: 사무소가 수개일 때에는 이를 모두 기재하여야 하고 주된 사무소를 정하여야 한다(본법 제36조 참조).

④ 자산에 관한 규정: 민법은 어느 정도까지 자산에 관한 규정을 표시하여야 하는 지에 대해서 규정하지 않았으나 주무관청 및 일반의 제3자에게 비영리법인의 견실한 재정적 기초를 알리는 데 필요한 정도라고 이해된다.[3] 따라서 자산의 종류·구성·관리·운용방법·각 사원의 출자액·출자의무(회비)에 관한 것이 그 기재사항이 될 것이다.

⑤ 이사의 임면에 관한 규정: 이사의 임면방법에 관한 규정을 의미한다. 이사의 수, 자격, 임기, 선임과 해임의 방법 등에 관한 사항이 여기에 해당한다. 상법에서는 주식회사의 이사의 선임방법에 관한 제한이 있지만(상법 제382조 제1항), 민법에서는 그러한 제한이 없다. 따라서 비영리법인의 이사는 반드시 사원총회에서 선임하도록 하지 않아도 되고, 사원이 아닌 자를 이사로 선임할 수 있도록 규정하여도 무방하다. 공익법인에 있어서는 이사의 임기나 자격에 대해 엄격한 제한이 있다(공익법인법 제5조 참조).

⑥ 사원자격의 득실에 관한 규정: 사원의 자격, 입사, 퇴사, 제명 등에 관한 사항이다. 여하한 사유가 있어도 절대로 퇴사를 인정하지 않는다거나 퇴사의 조건으로 부당한 위약금을 정하는 것과 같은 것은 사회질서에 반하는 규정이므로 무효이다.[4] 판례에 의하면, 사단법인에 있어 사원 자격의 득실변경에 관한 사항은 정관의 기재사항이므로 어느 사단법인과 다른 사단법인이 동일한 것인지 여부는 그 구성원인 사원이 동일한지 여부에 따라 결정됨이 원칙이지만, 사원자격의 득실변경에 관한 정관의 기재사항이 적법한 절차를 거쳐서 변경된 경우에는 구성원

3 김기선, 한국민법총칙, 법문사(1991), 139.
4 김기선, 한국민법총칙, 법문사(1991), 140.

이 다르더라도 그 변경 전후의 사단법인은 동일성을 유지하면서 존속한다.[5]

⑦ 존립시기나 해산사유를 정하는 때에는 그 시기 또는 사유: 이에 관한 사항은 반드시 정하여야 하는 것은 아니므로, 특히 이를 정하고 있는 때에만 기재하면 된다.

나. 임의적 기재사항

정관에는 기재되어 있으나, 필요적 기재사항에 해당하지 않는 사항을 말한다. 임의적 기재사항에는 특별한 제한이 없다. 민법의 규정 중에서 정관에서 특별히 규정하고 있지 않으면 효력이 없다든가, 또는 정관에서 특별히 정하고 있는 경우에는 민법의 규정을 적용하지 않는다는 규정 등이 많은데(본법 제41조, 제42조, 제58조, 제59조, 제62조, 제66조, 제68조, 제70조 제2항, 제71조, 제72조, 제73조 제3항, 제75조 제1항, 제78조, 제80조, 제82조 등), 그처럼 정관에서 특별히 정하는 사항들이 임의적 기재사항에 해당한다.

임의적 기재사항이라도 일단 정관에 기재되면 필요적 기재사항과 마찬가지의 효력을 가지게 됨으로, 이를 변경하려면 정관변경의 절차에 의해서만 가능하다.

Ⅱ. 설립중인 사단법인

☞ 이에 관한 자세한 설명은 제1편 제3장 법인 총설 Ⅳ. 1. 나. (1). '설립중인 사단법인' 부분 주석 참고.

Ⅲ. 민법개정안

2013년 법무부 민법개정시안에 따르면, 본조에 대해서는 다음과 같은 개정안이 제시되었다.

제40조(사단법인의 정관) 사단법인의 설립자는 다음 각 호의 사항을 기재한 정관을 작성하여 서명 또는 기명날인하여야 한다.

1. 목적
2. 명칭
3. 사무소의 소재지

[5] 대법원 2008. 9. 25. 선고 2006다37021 판결.

4. 자산에 관한 규정
5. 이사의 임면(任免)에 관한 규정
6. 사원자격의 득실(得失)에 관한 규정
7. 존립시기나 해산사유를 정한 경우에는 그 시기 또는 사유

현행 민법 제40조는 사단법인 설립자에게 정관에 기명날인하도록 요구할 뿐 서명을 허용하지 않는다. 그러나 최근에는 서명이 널리 활용되고 있으며 상법에서는 정관작성 방법으로 기명날인과 서명을 선택적으로 할 수 있도록 하고 있다. 이에 민법개정시안은 이와 같은 추세를 반영하여 기명날인 외에 서명을 인정하였다.

제 41 조 [이사의 대표권에 대한 제한]

이사의 대표권에 대한 제한은 이를 정관에 기재하지 아니하면 그 효력이 없다.

[관련조문] 민법 제59조(이사의 대표권), 제60조(이사의 대표권에 대한 제한의 대항요건), 제62조(이사의 대리인 선임), 제114조(대리행위의 효력), 제115조(본인을 위한 것임을 표시하지 아니한 행위)

[참고문헌] 남효순, 민법상 이사의 대표권 제한 대표권제한의 정관기재의 의미와 대표권제한의 등기 전 악의(惡意)의 제3자에 대한 대항력의 유무-, 법학 제50권 제2호(2009); 양창수, 법인 이사의 대표권 제한에 관한 입법자의사, 고시계 제357호(1986); 양창수, 법인 이사의 대표권 제한에 관한 약간의 문제, 민법연구 제1권(1991); 양창수, 민법 제60조에서 정하는 제3자의 범위, 민법연구 제3권(1995); 이교림, 법인이사의 대표권의 제한, 사법행정 제33권 제9호(1992)

Ⅰ. 이사의 대표권

이사는 법인의 대표기관으로서, 이사의 행위는 곧 법인의 행위로 되어 그 효과는 법인에게 귀속된다. 다만 법인의 대표에 관하여는 대리에 관한 규정이 준용되므로(본법 제59조 제2항), 이사의 행위가 법인의 것으로 귀속되기 위해서는 이사가 법인을 대표할 때에 대리와 마찬가지로 자신의 행위가 법인을 위한 것임을 현명하여야 한다(본법 제114조 제1항, 제115조 참조).

이사의 법인대표권은 이사가 가지는 고유한 권리이며, 이사가 대표하는 사무에는 제한이 없다. 따라서 법인의 권리능력이 인정되는 범위 내에서 이사는 법인을 위해 모든 사무를 대표할 수 있다. 이사가 여럿인 경우에도 이사는 법인의 사무에 관하여 원칙적으로 각자 법인을 대표한다(본법 제59조 제1항).

Ⅱ. 대표권제한의 모습과 효과

이처럼 이사의 대표권은 법인의 모든 사무에 미치는 것을 원칙으로 하지만, 자칫 이사의 대표권이 남용되거나 유월될 수 있기 때문에 법인으로서는 미리 이사의 대표권을 제한할 필요가 있다. 이를 위해 민법은 이사의 대표권을 제한하는 규정을 두고 있는데, 이사의 대표권은 ① 정관에 의해 제한되거나(본법 제59조 제1항 단서), ② 사원총회의 의결을 통하여 제한될 수 있고(본법 제59조 제1항 단서), 또한 ③ 법인과 이사의 이익이 상반되는 경우에는 이사의 대표권은 부인되며(본법

제64조), ④ 이사의 복임권은 제한된 범위 내에서만 인정된다(본법 제62조). 이들 중에서 본조는 정관에 의해서 이사의 대표권이 제한될 수 있음을 규정한 것이다.

본조에서 '이사의 대표권에 대한 제한'이란 이사의 대표권의 범위에 대한 제한이 아니라 대표권의 행사방법에 대한 제한을 의미한다. 즉 정관의 기재에 의해서 대표권을 제한하는 것은 이사가 하는 특정한 대표행위를 제한하는 것이 아니라, 이사가 일정한 절차나 방법에 의해서 대표권을 행사했을 때에만 그 행위가 법인의 것으로 귀속되도록 한다는 의미이다. 이를테면 이사가 수인일 경우에 민법에서는 이사들 각자가 법인을 대표할 수 있지만(본법 제59조 제1항 전단), 정관에서는 이사들의 다수결에 의해서 정해진 이사에게만 대표권을 인정한다든지 혹은 이사들 전원에 의해서 공동대표로만 대표권을 행사할 수 있도록 한다든지, 수인의 이사들중에서 대표이사에게만 대표권을 주고 평이사들의 대표권은 제한한다든지 하는 사항을 정함으로써, 대표권을 제한할 수 있다. 또한 정관상 이사가 대표권을 행사하기 위해서는 사원총회의 의결로 사전승인 또는 사후승낙을 필요로 한다든지 또는 이사회의 결의를 요하도록 한다든지, 대표권을 행사할 때 일정한 방식(예컨대 공정증서의 작성)에 의하도록 하는 것 등도 여기에 해당한다.

이러한 대표권의 제한사항은 정관에 기재하지 않으면 효력이 없다. 따라서 정관에 이사의 대표권을 제한한다는 규정이 기재되어 있지 않으면 대표권에 제한이 없는 것으로 되어, 그러한 대표권제한사항을 위배한 대표행위도 법인을 위한 행위로 그 효력이 인정된다. 한편 대표권의 제한사항이 정관에 기재되어 있다고 하더라도 이를 등기하지 않으면 제3자에게 대항하지 못한다(본법 제60조). 예컨대 정관에 공동대표로 하여야 한다는 규정이 기재되어 있음에도 그러한 제한사항 등기되어 있지 않았다면, 법인은 이사 1인이 법인을 대표하여 제3자와 체결한 계약의 효력을 부인할 수 없다. 여기서 대항할 수 없는 제3자에는 악의의 제3자도 포함되는 지에 대해서는 학설상 다툼이 있다(☞ 이에 관해서는 본법 제60조 주석 참조).

제 42 조 [사단법인의 정관의 변경]

① 사단법인의 정관은 총사원 3분의 2 이상의 동의가 있는 때에 한하여 이를 변경할 수 있다. 그러나 정수에 관하여 정관에 다른 규정이 있는 때에는 그 규정에 의한다.

② 정관의 변경은 주무관청의 허가를 얻지 아니하면 그 효력이 없다.

[관련조문] 민법 제40조(사단법인의 정관), 제46조(재단법인의 목적 기타의 변경), 제49조(법인의 등기사항), 제54조(설립등기 이외의 등기의 효력과 등기사항의 공고)

[참고문헌] 박찬주, "정관의 변경", 경희법학 제42권 제1호(2007); 송호영, "교회의 교인들이 종전교단으로부터 집단적으로 탈퇴하여 별도의 교회를 설립한 경우의 법률관계", 민사법학 제35호 (2007)

Ⅰ. 본조의 의의

본조는 사단법인의 정관법경의 요건에 관하여 정하고 있다. 사단법인은 설립자 또는 사원들의 자율적인 조직체이므로, 설립단계에서 정해진 원시정관은 변경없이 존속하여야 하는 것은 아니며 설립이후에도 사원들은 결의를 통하여 정관을 변경할 수 있다. 따라서 사단법인의 정관에 이미 정수(定數) 등 정관변경에 관한 별도의 규정이 있는 때에는 그 소정의 절차에 따라 정관을 변경할 수 있다(본조 단서). 만약 사단법인의 정관에 정관변경에 관한 규정이 없을 경우에는 본조 본문에 의거해서 총사원 3분의 2이상의 동의가 있다면 정관변경은 가능해진다. 판례에 의하면 특정 교단에 가입한 지교회가 소속교단을 탈퇴하거나 변경하는 것은 사단법인 정관변경에 준하는 것으로 의결권을 가진 교인 3분의 2 이상의 찬성에 의한 결의를 필요로 한다.[1]

정관의 변경을 위해서는 정관의 규정 혹은 본조에서 정한 사원정수를 충족하는 결의를 요하고 그러한 정관변경의 결의에 대하여 주무관청의 허가[2]를 얻음으

1 대법원 2006. 4. 20. 선고 2004다37775 전원합의체 판결.

2 대법원은 "민법 제45조와 제46조에서 말하는 재단법인의 정관변경 '허가'는 법률상의 표현이 허가로 되어 있기는 하나, 그 성질에 있어 법률행위의 효력을 보충해 주는 것이지 일반적 금지를 해제하는 것이 아니므로, 그 법적 성격은 인가라고 보아야 한다"고 판시하는바(대법원 1996. 5. 16. 선고 95누4810 전원합의체 판결), 이와 마찬가지로 본 조항의 "허가"도 기실 "인가"로 보아야 한다.

로써 효력을 발생한다(본조 제2항). 이상의 요건을 갖추면 법인 내부적으로는 정관 변경의 효력이 생기지만, 만약 정관변경사항이 등기사항(본법 제49조 제2항)의 변경인 경우에는 변경등기를 하지 아니하면 그 변경으로 제3자에게 대항하지 못한다(본법 제54조).

Ⅱ. 관련문제

1. 정관변경이 총회의 전권사항인지의 여부

본조는 정관변경을 위하여 필요한 사원정수의 근거에 관하여 규정하고 있지만, 본조가 가지는 보다 근본적인 의미는 정관변경을 위해서는 반드시 사원총회의 결의를 필요로 함을 명확히 하고 있다는 점이다. 즉 현행민법은 사단법인의 정관변경을 총회의 전권사항으로 정하고 있어서, 정관에 총회의 결의에 의하지 않고 정관을 변경할 수 있다는 규정이 있더라도(예컨대 이사회의 결의로 정관변경을 할 수 있다고 정한 경우) 그러한 규정은 무효이다.

일부견해는 본조 단서에서 '정수에 관하여...'로 표현되어 있기 때문에 정관변경은 현행법상 총회의 전권사항임이 명백하다고 하면서도, 현실적으로는 수많은 사원이 각지에 산재해있는 대규모사단법인의 경우에 총회를 열어 정관변경을 논의하는 것은 어려운 일이므로 총회이외의 이사회나 평의원회에서도 정관변경을 가능하도록 하기 위해서 입법론으로 본조 단서를 "그러나, 정관에서 이와 다르게 정할 수 있다" 라고 개정하거나 아예 이 단서를 삭제할 것을 제안한다.[3] 경청할 만한 주장이다.[4] 그러나 이러한 입법론은 현실에서는 신중한 접근을 요한다. 예컨대 재건축조합이나 재개발조합은 조합원의 이해득실이 첨예하게 대립되는 단체이므로 조합정관을 변경하고자 할 때에는 원칙적으로 조합원 과반수의 동의를 얻어 시장·군수의 인가를 받

3 강태성, "민법총칙편 제3장(법인) 제1절(총칙)과 제2절(설립)에 관한 개정방향", 민사법학 35호(2007. 3.), 33.

4 그러나 이러한 입법론은 현실에서는 신중한 접근을 요한다. 예컨대 재건축조합이나 재개발조합은 조합원의 이해득실이 첨예하게 대립되는 단체이므로 조합정관을 변경하고자 할 때에는 원칙적으로 조합원 과반수의 동의를 얻어 시장·군수의 인가를 받도록 하고 있다(도시 및 주거환경정비법 제20조 제3항). 그 이유는 만약 재건축조합 등에 있어서 정관변경을 조합원총회가 아닌 이사회나 대의원회에서 할 수 있다면 자칫 조합의 집행부가 조합원의 이익보다 집행부의 사리(私利)를 위해 정관을 변경할 지도 모르기 때문에 그러한 위험을 막기 위해 조합원총회의 결의를 요하도록 한 것이다. 만약 민법이 정관변경권한을 사원총회이외의 다른 기관에도 허용한다고 하더라도 그러한 권한의 남용을 견제할 수 있는 안전장치도 함께 마련되어야 할 것이다.

도록 하고 있다(도시 및 주거환경정비법 제20조 제3항). 그 이유는 만약 재건축조합 등에 있어서 정관변경을 조합원총회가 아닌 이사회나 대의원회에서 할 수 있다면 자칫 조합의 집행부가 조합원의 이익보다 집행부의 사리(私利)를 위해 정관을 변경할지도 모르기 때문에 그러한 위험을 막기 위해 조합원총회의 결의를 요하도록 한 것이다. 만약 민법이 정관변경권한을 사원총회이외의 다른 기관에도 허용한다고 하더라도 그러한 권한의 남용을 견제할 수 있는 안전장치도 함께 마련되어야 할 것이다. 참고로 독일 민법은 제33조 제1항 전단에서 정관의 변경을 위해서는 출석사원 4분의 3 이상의 찬성을 요한다고 하여 정관변경은 사원총회의 권한임을 밝히고 있지만, 동 조항은 임의규정이다(본법 제40조). 따라서 독일의 다수설은 사단자치의 원칙상 정관에서 정관변경을 위한 사원총회의 정수를 4분의 3보다 가중할 수도 있고 감경할 수도 있을 뿐만 아니라, 나아가 정관변경의 권한을 아예 다른 기관(예, 이사회, 대의원회 등)에 줄 수도 있다고 해석한다. 그렇지만 정관변경권한은 사단의 자치권에 근거하는 것이므로 법인내부의 기관만이 가질 수 있는 것이지, 정관에 의해서도 그러한 권한을 법인외부의 제3자나 기관에게 위탁할 수는 없다고 한다.[5]

2. 정관변경금지규정의 효력

이를테면 '정관의 기재사항은 일체 변경될 수 없다'든지 또는 '특정조항은 소정절차에 의해서도 변경될 수 없다'고 하는 등 정관에서 정관의 변경을 금지하는 규정을 두고 있는 경우에도 정관을 변경할 수 있는 것인지가 문제된다. 위에서 본 바와 같이 사단법인은 사원들의 자율적인 조직체이므로 정관변경금지규정에도 불구하고 사원총회의 결의로 정관을 변경할 수 있다고 보아야 한다. 다만 그와 같은 경우에 정관을 변경할 수 있기 위해서는 어느 정도의 정수가 요구되는 지가 문제될 수 있는데, 그러한 규정의 취지는 정관의 변경을 어렵게 하려는데 그 의도가 있는 것이므로 그러한 의도를 존중한다면 총사원 3분의 2이상의 동의가 아니라 총사원 전원의 동의에 의해서만 정관을 변경할 수 있다고 해석하는 것이 타당하다.[6]

5 MünchKomm-Reuter, § 33 Rn. 15; Soergel-Hadding, Rn 6; BambergerKomm-Schwarz, Rn. 5; Sauter/Schweyer, Der eingetragene Verein, 16. Aufl., Rn 135.

6 통설: 고상룡, 민법총칙, 법문사(2003), 234; 김상용, 민법총칙, 화산미디어(2009), 251; 김증한/김학동, 민법총칙, 박영사(2013), 238; 장경학, 민법총칙, 법문사(1995), 344; 김용한, 민법총칙론, 박영사(1997), 196; 백태승, 민법총칙, 집현재(2016), 254; 곽윤직/김재형, 민법총칙, 박영사(2013), 204; 서광민, 민법총칙, 신론사(2007), 218 등.

3. 정관상 목적변경의 가능여부

사단법인의 정관에서 정한 법인의 목적도 변경할 수 있는지가 문제된다. 사단법인은 사원들의 자율적인 조직체이므로 사원들의 결의에 의해서 법인의 목적의 변경도 가능하다고 보아야 한다. 특히 타율적 법인인 재단법인에 있어서도 일정한 경우에는 목적변경이 허용되므로(본법 제46조), 자율적 법인인 사단법인에 이를 부정해야 할 이유가 없다. 또한 본조는 정관변경에 있어서 목적의 변경을 제외하고 있지 않으므로, 사원총회의 결의로 정관목적의 변경이 가능하다고 새길 수 있다. 이때 정관목적을 변경하는 경우에 어느 정도의 정수가 필요한 가에 대해서는 견해가 갈린다. 이에 관하여 전사원의 동의가 있어야 한다는 소수설[7]이 있지만, 다수설[8]은 본조가 정하는 통상의 정관변경절차에 따라 총사원의 3분의 2이상의 동의로 족하다고 한다. 독일 민법은 정관의 목적을 변경하기 위해서는 사원전원의 동의를 요구하고 있지만(본법 제33조 제2문),[9] 그러한 규정이 없는 우리 민법에서는 전사원의 동의를 요구해야 할 이유가 없다. 비록 통상의 정관변경절차에 따라 사원총회에서 정관목적의 변경이 결의되었더라도 이에 대해 다시 주무관청의 허가를 얻어야 비로소 효력이 생기므로, 통상의 정관변경절차에 따라 정관목적이 변경되더라도 그것이 소수의 사원을 부당하게 처우하는 것이라고 할 수는 없다. 만약 소수의 사원이 변경된 정관목적에 찬성하지 않는 경우에는 사단법인을 탈퇴할 수 있다.

비록 정관목적의 변경이 가능하다고 하더라도 거기에는 일정한 한계가 있다. 예컨대 비영리법인의 목적을 영리목적으로 변경하는 것은 허용되지 않는다. 이때에는 비영리법인에서 영리법인으로 성격이 바뀌면서 법인의 동일성이 유지된다고 할 수 없기 때문이다. 또한 사단법인의 본질에 반하는 정관의 변경은 무효이다. 비법인사단에 관한 사례이기는 하지만, 판례는 종중원의 일부를 종원으로 취급하지도 않거나 일부 종원에 대하여는 영원히 종원으로서의 자격을 박탈하는 것으로 규약을 개정한 것은 종중의 원래의 설립목적과 종중으로서의 본질에 반하는 것으로서, 규약개정의 한계를 넘어 무효라고 하고,[10] 특정지역내에 거주하는 일부 종

7 고상룡, 민법총칙, 법문사(2003), 235.

8 김상용, 민법총칙, 화산미디어(2009), 252; 곽윤직/김재형, 민법총칙, 박영사(2013), 204; 서광민, 민법총칙, 신론사(2007), 218; 김용한, 민법총칙론, 박영사(1997), 196; 이영준, 민법총칙, 박영사(2007), 973; 김증한/김학동, 민법총칙, 박영사(2013), 238 등.

9 이 규정도 역시 임의규정이기 때문에(제40조) 정관에서 이보다 낮은 의결정수를 정할 수 있다.

10 대법원 1978. 9. 26. 선고 78다1435 판결.

중원에 한하여 의결권을 주고 그밖의 지역에 거주하는 종중원에 대하여는 의결권을 주지 아니하는 방법으로 일부 종중원의 의결권을 박탈할 개연성이 많은 종중규약은 종중의 본질에 반하여 무효라고 판시하고 있다.[11]

Ⅲ. 민법개정안

2013년 법무부 민법개정시안에 따르면, 본조에 대해서는 다음과 같은 개정안이 제시되었다.

제42조(사단법인의 정관의 변경) ① 사단법인의 정관은 총사원 3분의 2 이상의 동의가 있어야 변경할 수 있다. 다만, 정수(定數)에 관하여 정관에 다른 규정이 있는 때에는 그 규정에 따른다. ② 정관의 변경은 주무관청의 인가를 받아야 효력이 생긴다.

민법개정시안이 제32조에서 법인설립에 관하여 허가주의를 인가주의로 변경하였기 때문에 정관변경에 관해서도 주무관청의 허가를 인가로 바꾼 것이다.

11 대법원 1981. 2. 10. 선고 80다516 판결, 대법원 1992. 9. 22. 선고 92다15048 판결 등.

제 43 조 [재단법인의 정관]

재단법인의 설립자는 일정한 재산을 출연하고 제40조 제1호 내지 제5호의 사항을 기재한 정관을 작성하여 기명날인하여야 한다.

[관련조문] 민법 제40조(사단법인의 정관), 제41조(이사의 대표권에 대한 제한), 제44조(재단법인의 정관의 보충), 제47조(증여, 유증에 관한 규정의 준용)

[참고문헌] 제철웅, "재단법인법에 관한 비판적 고찰", 민사법학 제31호(2006); 고상현, "재단설립행위의 철회에 관한 소고", 비교사법 제16권 제3호(2009)

Ⅰ. 재단의 설립행위

재단법인의 설립을 위해서는 사단법인의 설립과 마찬가지로 ① 목적의 비영리성, ② 설립행위, ③ 주무관청의 허가, ④ 설립등기 등의 요건이 갖추어져야 한다. 그런데 재단법인에 있어서 '설립행위'란 '정관의 작성' 외에도 법인의 목적실현을 위해 필요한 '재산의 출연'이 반드시 요구된다는 점에서 사단법인의 설립행위와는 다르다.

Ⅱ. 재산의 출연

1. 의의

출연이라 함은 재산의 증가를 가져오게 하는 행위를 말하는 바, 재단법인의 설립에 있어서는 설립자가 자신의 재산을 내어 놓아 재단법인을 위한 목적재산을 설정하는 것을 의미한다.

재단법인의 설립을 위한 재산의 출연은 무상행위로써, 생전처분 뿐만 아니라 유언으로도 할 수 있다. 민법은 재산출연방법으로서 생전처분으로 하는 재산출연에는 증여에 관한 규정을 준용하고(본법 제47조 제1항), 유언으로서 하는 재산출연에는 유증에 관한 규정을 준용하고 있다(본법 제47조 제2항). 그러나 재단법인의 설립을 위한 재산의 출연은 단순히 설립자가 재산을 내 놓는 다는 것보다, 그 출연재산으로 새로운 권리주체를 창출한다는 것에 보다 근본적인 의미가 있으므로 일반적인 증여나 유증과는 차이가 있다.

2. 출연행위의 성질

재산출연과 정관작성으로 구성되는 재단법인의 설립행위의 법적 성질에 대해서는 다툼이 있다. 설립자가 1인인 경우에는 상대방없는 단독행위라고 보는 것이 압도적인 다수설이며,[1] 판례의 태도이다.[2] 그러나 수인이 공동하여 재단법인을 설립하는 경우에 대해서는 단독행위의 경합으로 보는 견해[3]와 합동행위라고 보는 견해[4]로 나뉜다. 합동행위로 보는 견해에 의하더라도 재단법인의 설립은 사단법인의 설립행위와는 달리 필요적 합동행위가 아니라 임의적 합동행위라고 한다. 한편 재단법인의 설립행위를 계약으로 보는 소수설에 의하면,[5] 설립자는 장래 설립될 재단법인과 재산출연계약을 맺는 것이라고 한다.

생각건대, 설립자가 재단법인의 설립을 위하여 재산출연을 의욕하더라도 그 당시에는 출연재산을 받을 주체가 아직 없는 상태이다. 따라서 재단법인의 설립을 위한 출연행위는 상대방없는 단독행위이며, 2인 이상이 재단법인설립을 위한 출연행위를 하더라도 이는 각 설립자의 단독행위가 경합하는 것으로 볼 수 있다.[6] 출연행위는 조건에 친하지 않는 행위인데, 설립자의 일방적인 의사표시에 따라 장차 설립될 재단법인의 존립이 불완전한 상태에 놓여서는 안 되기 때문이다.

3. 출연재산

출연재산의 종류에 대해서는 법률상 제한이 없다. 따라서 부동산, 동산의 소유권을 비롯한 각종의 물권뿐만 아니라 지명채권·지시채권·무기명채권 또는 무체재산권과 같은 재산권 등은 모두 출연재산이 될 수 있다.

출연재산은 재단법인의 목적을 실현하는 근간이 되는 것이므로 설립자가 출

1 곽윤직/김재형, 민법총칙, 박영사(2013), 176; 김증한/김학동, 민법총칙, 박영사(2013), 194; 김기선, 한국민법총칙, 법문사(1991), 141; 김용한, 민법총칙론, 박영사(1997), 161; 김현태, 민법총칙론, 교문사(1985), 176; 이영준, 민법총칙, 박영사(2007), 942; 백태승, 민법총칙, 집현재(2016), 221.

2 대법원 1999. 7. 9. 선고 98다9045 판결.

3 김증한/김학동, 민법총칙, 박영사(2013), 194; 김용한, 민법총칙론, 박영사(1997), 161; 김현태, 민법총칙론, 교문사(1985), 176; 이영준, 민법총칙, 박영사(2007), 942; 백태승, 민법총칙, 집현재(2016), 221.

4 김기선, 한국민법총칙, 법문사(1991), 141.

5 이은영, 민법총칙, 박영사(2009), 264.

6 ☞ 본법 제32조 주석 참고.

연한 재산은 실질적으로 재단법인의 것으로 귀속되어야만 한다. 따라서 설립자가 재단법인의 설립허가를 받을 목적으로 기본재산인 부동산의 등기명의를 재단법인에게 신탁하기로 약정한 다음 법인설립허가를 받은 후에 신탁계약을 해지한 사안에서, 판례는 재단법인의 설립에 있어 기본재산은 재단법인의 실체를 이루는 것이므로 재단법인의 설립을 위한 재산의 기증(기부행위)에 있어 재산기증자가 소유명의만을 재단법인에 귀속시키고 실질적 소유권은 기증자에게 보류하는 따위의 부관을 붙여서 기증하는 것은 재단법인 설립의 취지에 어긋나는 것일 뿐 아니라, 만약 그러한 신탁계약이 설립된 재단법인에게 효력이 미친다면 재단법인의 기본재산이 상실되어 재단법인의 존립 자체에 영향을 줄 것이므로 그와 같은 신탁계약은 설립된 재단법인에게 당연히 그 효력이 미치지 않는다고 판시하였다.[7]

4. 출연행위의 철회

설립자가 재단법인의 설립을 위해서 재산을 출연한 것을 재단법인의 설립이 완성되기 전에 철회할 수 있는지가 문제된다. 독일 민법 제81조 제2항은 설립자가 생전처분에 의해서 재단법인을 설립하는 경우에 관할관청의 재단설립인가가 있기까지는 설립행위를 철회할 수 있으며, 이미 관할관청에 설립인가를 신청한 경우에는 관할관청에 철회의 의사를 표시하여야 한다고 규정하고 있다. 우리 민법은 독일민법과 같은 명문규정은 두고 있지 않지만, 학설은 생전처분의 경우에 독일민법의 경우와 마찬가지로 '주무관청의 설립허가 전에' 설립자 자신이 철회하는 것은 가능하다고 주장하기도 하고[8] '설립등기를 필하기까지'는 언제든지 철회할 수 있다고 설명하기도 한다.[9] 그러나 그 이유에 대해서는 특별한 언급이 없다. 생각건대, 우선 재단설립행위(특히 재산출연행위)의 철회는 생전처분으로 재단법인을 설립하는 경우에 문제된다. 유언에 의하여 재단법인을 설립하는 경우에 유언자는 생존 중(유언의 효력이 발생하기 전)에는 언제든지 유언을 철회할 수 있으며(본법 제1108조), 유언의 효력이 발생한 때에는(유언자가 사망한때) 설립자의 유언철회문제는 더 이상 발생하지 않으며 다만 상속인 또는 유언집행자가 법인설립절차를 이행할 의무를 부담할 뿐이다. 따라서 설립자가 생전처분으로 재단법인을 설립하는 경우

7 대법원 1971. 8. 31. 선고 71다1176 판결, 대법원 2011. 2. 10. 선고 2006다65774 판결 참조.

8 민법주해 Ⅰ, 총칙(1), 박영사(1992), 626(홍일표); 주석 민법, 총칙(1)(제3판), 한국사법행정학회(2002), 658(정환담).

9 김기선, 한국민법총칙, 법문사(1991), 145.

에 출연행위를 철회할 수 있는가가 문제되는데, 다음과 같은 이유에서 설립자는 법인설립등기가 완료되기 전까지 이를 철회할 수 있다고 생각한다. 재산처분의 자유가 인정되는 이상, 설립자는 재단설립의 자유뿐만 아니라, 이를 철회할 수 있는 자유도 함께 누릴 수 있어야 한다. 다만 재산출연행위의 성질을 단독행위로 보든 계약으로 보든, 출연의 의사표시가 상대방에게 '도달'한 시점에는 이를 철회할 수 없을 것인데, 재단법인의 설립에 있어서는 재단법인이 성립되기 전(즉 재단설립등기완료 전)까지는 출연의 의사표시가 도달할 상대방이 정해지지 않은 상태이므로 이를 철회할 수 있다고 할 것이다. 학설에 따라서는 독일민법의 태도와 마찬가지로 주무관청의 설립허가 전까지 철회를 인정하기도 하지만, 이는 잘못이다. 독일 민법에서는 명문으로 관할관청의 설립승인(Anerkennug)이 있을 때까지 철회할 수 있음을 정하고 있을 뿐만 아니라(제81조 제2항), 관할관청의 설립승인의 성질도 우리 민법과는 달리 권리형성적(rechtsbegründend) 또는 창설적(konstitutiv)인 성격을 가진다. 즉 독일의 재단법인은 우리 민법과는 달리 설립등기에 의해서 성립되는 것이 아니라, 관할관청의 승인에 의해 성립하게 된다. 따라서 독일에서는 재단법인성립이 완료되는 관할관청의 설립승인까지 출연행위를 철회할 수 있는데 반하여, 우리 민법에서는 법인설립등기가 완료되기 전까지 이를 철회할 수 있다고 새겨야 한다.

Ⅲ. 정관의 작성

정관은 재단법인의 근본규칙을 기재한 서면이다. 정관의 기재사항에는 사단법인의 정관에 있어서와 마찬가지로 필요적 기재사항과 임의적 기재사항이 있다. 정관에는 필요적 기재사항으로 ① 목적, ② 명칭, ③ 사무소의 소재지, ④ 자산에 관한 규정, ⑤ 이사의 임면에 관한 규정을 정하여 반드시 기재하여야 한다. 이외에도 정관에는 재단법인의 사정에 따라 임의적으로 필요한 규칙(임의적 기재사항)을 정하여 기재할 수 있으며, 임의적 기재사항이라도 일단 정관에 기재되면 그 효력은 필요적 기재사항과 같으므로, 이를 변경하려면 정관변경의 절차에 의하여서만 가능하다. 재단법인의 정관의 필요적 기재사항이나 임의적 기재사항에 관한 설명은 사단법인의 그것과 같다(☞ 본법 제40조 주석 참고). 다만 사단법인의 정관과는 달리 사원자격의 득실에 관한 규정(본법 제40조 제6호)과 법인의 존립시기나 해산사유를 정하는 때에는 그 시기 또는 사유(본법 제40조 제7호)는 필요적 기재사항이 아니다. 사원자격의 득실에 관한 규정은 재단법인에는 사원이 없기 때문에 해당되지 않고, 존립시기나 해산사유에 관한 규정은 법인의 영속성을 고려하고 설립자의 의사를 존중하기 위하여 임의적 기재사항으로 둔 것이다. 이사의 대표권에 관한 제한은 사단법인의 경우와 마찬가지로 반드시 정관에 기재하여야 그 효력이 생긴다(본법 제41조).

필요적 기재사항 중 어느 하나라도 빠지면 정관은 무효이다. 그러나 재단법인의 설립자가 그 명칭, 사무소의 소재지 또는 이사임면의 방법을 정하지 않고 사망한 때에는 이해관계인 또는 검사의 청구에 의하여 법원이 이를 보완하여 정함으로써, 유효하게 할 수 있다(본법 제44조). 유언에 의하여 재단법인을 설립하는 경우에는 본조에서 요구되는 정관사항의 기재가 있어야 할 뿐만 아니라, 유언에 필요한 법률상의 방식(본법 제1060조, 제1065조~제1072조)에 따라 정관이 작성되어야 한다(본법 제47조 제2항).

Ⅳ. 설립중의 재단법인

☞ 이에 관한 자세한 설명은 제1편 제3장 법인 [총설] Ⅳ. 1. 나. (3) '설립중의 재단법인' 주석 참고.

Ⅴ. 민법개정안

2013년 법무부 민법개정시안에 따르면, 본조에 대해서는 다음과 같은 개정안이 제시되었다.

제43조(재단법인의 정관) 재단법인의 설립자는 제40조 제1호부터 제5호까지의 사항을 기재한 정관을 작성하여 서명 또는 기명날인하여야 한다.

민법개정시안 제32조 제2항에서는 재단법인 설립인가요건으로 재산출연의무를 규정하고 있기 때문에(제2호) 본조에서 중복적인 표현("일정한 재산을 출연하고")을 삭제하였다. 또한 개정시안 제40조와 마찬가지로 정관작성방법으로 기명날인 이외에 서명을 인정하였다.

제 44 조 [재단법인의 정관의 보충]

재단법인의 설립자가 그 명칭, 사무소소재지 또는 이사임면의 방법을 정하지 아니하고 사망한 때에는 이해관계인 또는 검사의 청구에 의하여 법원이 이를 정한다.

[관련조문] 민법 제43조(재단법인의 정관), 제45조(재단법인의 정관변경), 비송사건절차법 제32조(재단법인의 정관 보충 사건의 관할)

[참고문헌] 박찬주, “정관의 변경”, 경희법학 제42권 제1호(2007); 김진우, “재단법인의 정관변경 -독일법과 우리 법의 비교를 통한 고찰-”, 서울법학 제19권 제2호(2011)

정관에서 필요적 기재사항이 하나라도 빠지면 그 정관은 무효이고 주무관청의 설립허가를 얻지 못하게 된다. 그러나 민법은 재단법인의 설립자가 정관의 가장 중요한 사항인 목적과 자산에 관해서만 규정하고 명칭·사무소의 소재지 또는 이사임면의 방법 등과 같이 비교적 가벼운 사항을 정하지 않고 사망한 경우에는 이해관계인 또는 검사의 청구에 의해서 법원이 그 부분을 보충함으로써 정관을 유효한 것으로 할 수 있도록 하고 있다. 이것은 될 수 있으면 이미 재산을 출연한 사자의 의사를 존중하는 동시에 비영리사업을 조장하고자 하는 취지이다. 사단법인의 경우에는 사원 스스로가 정관을 보충할 수 있기 때문에 이와 같은 규정을 두고 있지 않다.

재단법인의 정관보충에 관한 사건은 법인설립자 사망시의 주소지의 지방법원이 관할한다(비송사건절차법 제32조 제1항). 만약 법인설립자의 주소가 국내에 없을 때에는 그 사망시의 거소지 또는 법인설립지의 지방법원의 관할로 한다(비송사건절차법 제32조 제2항).

제 45 조 [재단법인의 정관변경]

① 재단법인의 정관은 그 변경방법을 정관에 정한 때에 한하여 변경할 수 있다.
② 재단법인의 목적달성 또는 그 재산의 보전을 위하여 적당한 때에는 전항의 규정에 불구하고 명칭 또는 사무소의 소재지를 변경할 수 있다.
③ 제42조 제2항의 규정은 전2항의 경우에 준용한다.

[관련조문] 민법 제40조(사단법인의 정관), 제42조(사단법인의 정관의 변경), 제43조(재단법인의 정관), 제44조(재단법인의 정관의 보충), 제46조(재단법인의 목적 기타의 변경), 제54조(설립등기 이외의 등기의 효력과 등기사항의 공고)

[참고문헌] 박찬주, "정관의 변경", 경희법학 제42권 제1호(2007); 김진우, "재단법인의 목적변경 -대륙유럽법(특히 독일법)과 우리 법의 비교를 통한 고찰 -", 비교사법 제51호(2010); 김진우, 재단법인의 정관변경 -독일법과 우리 법의 비교를 통한 고찰, 서울법학 제19권 제2호(2011)

Ⅰ. 본조의 의미

사단법인은 사원들의 자주적 조직체이므로, 법인설립당시에 제정된 원시정관은 추후에 사원총회의 결의에 의하여 변경될 수 있다. 그에 반해 재단법인은 설립자에 의하여 출연된 재산이 설립당시의 정관에서 정한 목적과 조직에 의해 법인격을 부여받게 되는 타율적인 조직체이므로 재단법인의 정관은 변경할 수 없는 것이 원칙이다. 그러나 민법은 이에 관한 예외로서, 정관에 그 변경방법을 정한 때(본조 제1항), 일정한 경우 명칭이나 사무소소재지를 변경할 때(본조 제2항), 법인목적을 달성할 수 없어서 법인의 목적변경이 불가피할 때(본법 제46조) 등에는 재단법인의 정관변경을 허용하고 있다. 다만 변경된 정관이 효력을 가지기 위해서는 주무관청의 "허가"를 받아야 한다(본조 제3항). 이때 주무관청의 "허가"라는 문언상의 표현에도 불구하고 대법원은 전원합의체 판결에서 이를 "인가"로 해석함을 분명히 하였다.[1]

1 대법원 1996. 5. 16. 선고 95누4810 전원합의체 판결(민법 제45조와 제46조에서 말하는 재단법인의 정관변경 '허가'는 법률상의 표현이 허가로 되어 있기는 하나, 그 성질에 있어 법률행위의 효력을 보충해 주는 것이지 일반적 금지를 해제하는 것이 아니므로, 그 법적 성격은 인가라고 보아야 한다.)

Ⅱ. 정관규정에 의한 변경

원시정관에 이미 정관의 변경방법이 정해져 있는 때에는 그 정관규정에 따라 정관을 변경할 수 있다(본조 제1항). 이것은 엄밀하게 말하자면 정관을 변경하는 것이 아니라 정관내용을 실행하는 것에 불과하므로 본조의 규정이 없더라도 당연히 가능한 것이다.[2] 정관에서 특별히 변경을 금지하는 정관규정이 정하여져 있지 않는 한, 목적을 비롯한 모든 정관규정은 변경방법을 정한 정관규정에 좇아 변경될 수 있다. 다만 이러한 정관변경의 경우에는 주무관청의 허가(즉 인가)를 받아야 그 효력이 생긴다(본조 제3항, 본법 제42조 제2항). 그리고 변경된 사항이 등기사항이면 등기하여야 제3자에게 대항할 수 있다.(본법 제54조 제1항).

Ⅲ. 법인명칭 또는 사무소 소재지의 변경

정관으로 변경방법을 정하지 않은 경우에는 정관변경은 허용되지 않는 것이 원칙이다. 그러나 비록 정관에 변경방법이 규정되지 않았더라도 재단법인의 목적달성 또는 재산의 보전을 위하여 적당한 때에는 주무관청의 허가(즉 인가)를 얻어 재단법인의 명칭 또는 사무소의 소재지를 변경할 수 있다. 이에 관한 변경사항도 등기하여야 제3자에게 대항할 수 있다(본법 제54조 제1항).

Ⅳ. 기본재산의 처분

재단법인은 일정한 목적에 바쳐진 재산이라는 실체에 대하여 법인격이 부연된 것이므로 출연재산, 즉 재단법인의 기본재산은 법인의 실체인 동시에 법인의 목적을 수행하기 위한 가장 기본적인 수단이다. 따라서 법인의 기본재산을 처분하게 되면 법인이 목적을 수행할 수 없게 되는 사태가 발발할 수 있으므로, 법인이 기본재산을 처분할 수 있는지의 여부는 법인이 목적을 변경할 수 있는지의 여부와 같은 선상에서 평가될 수 있다. 이와 같은 시각에서 대법원은 "재단법인의 기본재산의 처분은 결국 재단법인 정관의 변경을 초래하게 됨으로 정관의 변경이 이루어지지 아니한다면 재단의 기본재산에 관한 처분행위는 그 효력을 발생할 수

2 같은 의견 고상룡, 민법총칙, 법문사(2003), 235; 김상용, 민법총칙, 법문사(2003), 253; 이영준, 민법총칙, 박영사(2007), 973; 백태승, 민법총칙, 집현재(2016), 255; 서광민, 민법총칙, 신론사(2007), 219 등.

없다고 할 것이고, 재단법인의 정관의 변경은 주무장관의 허가를 얻지 아니하면, 그 효력이 없는 것"이라고 한다.[3] 나아가 판례는 "법인이 기본재산을 감소시키는 경우는 물론 이를 증가시키는 경우에도 반드시 그 기부행위의 기재사항에 변경을 초래한다 할 것이므로 이 두 경우에는 모두 기부행위의 변경이라 할 것이고, 따라서 이러한 기부행위를 변경하는 경우에는 ... 주무관청의 인가를 받아야만 그 효력이 발생한다"고 한다.[4] 또한 재단법인의 기본재산의 처분은 정관변경을 요하는 것이므로 주무관청의 허가가 없으면 그 처분행위는 물권계약으로 무효일 뿐 아니라 채권계약으로서도 무효라고 하고,[5] 주무관청의 허가없이 행해진 재단법인재산에 대한 경매는 그 효력을 발생할 수 없다고 한다.[6] 한편 재단법인의 기본재산 처분에 대한 주무부장관의 허가는 반드시 사전에 받아야 하는 것이 아니라 이를 처분할 때까지 받으면 족하므로 소유권이전등기청구소송의 경우에는 사실심변론종결시까지 허가를 받으면 된다.[7]

3 대법원 1966. 11. 29. 선고 66다1668 판결.

4 대법원 1969. 7. 22. 선고 67다568 판결. 또한 같은 취지의 대법원 1978. 7. 25. 선고 78다783 판결, 대법원 1978. 8. 22. 선고 78다1038, 1039 판결, 대법원 1982. 9. 28. 선고 82다카499 판결 등.

5 대법원 1974. 6. 11. 선고 73다1975 판결.

6 대법원 1967. 2. 22.자 65마704 결정. 다만 재단법인의 정관변경에 대한 주무관청의 허가는 경매개시요건은 아니고 경락인의 소유권취득에 관한 요건이므로 경매신청시에 그 허가서를 제출하지 아니하였다 하여 경매신청을 기각할 것은 아니라고 한다(대법원 1986. 1. 17.자 85마720 결정).

7 대법원 1974. 4. 23. 선고 73다544 판결.

제 46 조 [재단법인의 목적 기타의 변경]

재단법인의 목적을 달성할 수 없는 때에는 설립자나 이사는 주무관청의 허가를 얻어 설립의 취지를 참작하여 그 목적 기타 정관의 규정을 변경할 수 있다.

[관련조문] 민법 제40조(사단법인의 정관), 제42조(사단법인의 정관의 변경), 제43조(재단법인의 정관), 제44조(재단법인의 정관의 보충), 제45조(재단법인의 정관변경), 제54조(설립등기 이외의 등기의 효력과 등기사항의 공고)

[참고문헌] 박찬주, "정관의 변경", 경희법학 제42권 제1호(2007); 김진우, "재단법인의 목적변경 -대륙유럽법(특히 독일법)과 우리 법의 비교를 통한 고찰 -", 비교사법 제51호(2010); 김진우, 재단법인의 정관변경 -독일법과 우리 법의 비교를 통한 고찰, 서울법학 제19권 제2호(2011)

Ⅰ. 본조의 의미

재단법인은 특정한 목적의 실현을 위해 출연재산에 법인격을 부여한 타율적 조직체이므로, 재단법인의 목적은 다른 정관조항에 비해서 함부로 변경될 수 없는 특징이 있다. 물론 재단법인의 목적도 정관에 미리 변경될 수 있음을 정하고 있는 때에는 변경방법에 좇아 주무관청의 허가(즉 인가)를 얻어 변경될 수 있다(본법 제45조 제1항, 제3항). 그런데 문제는 정관에서 변경방법에 관한 규정을 두지 않았거나, 이를 두었더라도 목적을 변경하지 못하도록 정하고 있을 때이다. 만약 재단법인이 정관에서 정한 당초의 목적을 달성할 수 없게 되었음에도 목적을 변경하지 못하여 법인을 해산하여야 한다면 재단법인의 설립자의 의도나 사회·경제적인 관점에서도 바람직하지 못한 경우가 있다. 이러한 경우에는 재단법인의 목적변경을 허용함으로써 재단법인이 영속적으로 활동을 영위할 수 있도록 해줄 필요가 있다.

Ⅱ. 요건

1. 적용요건

재단법인의 정관에 목적을 포함한 정관규정의 변경에 관하여 정한 바가 있으면 그에 따를 것이므로(본법 제45조), 본조는 정관에 변경방법이 정해지지 않았거나 변경방법이 정해져있더라도 목적이 변경금지사항으로 정해져 있는 경우에 적용된다. 판례도 민법 제46조는 재단법인의 정관에 정관변경방법에 관한 규정유무에 관계없이 적용된다고 한다.[1]

재단법인의 "목적을 달성할 수 없는 때"란 설립당시 제정된 목적이 이미 실현되었거나 실현불가능하여 당초의 목적을 가지고서 재단법인의 활동을 영위할 수 없는 경우를 말한다. 이를테면 특정질병의 퇴치를 목적으로 하는 연구재단에 있어서 그 질병이 완전히 박멸되었거나, 특정국가의 지원을 목적으로 하는 자선재단에 있어서 그 국가가 더 이상 원조를 필요로 하지 않게 된 경우 등이 이에 해당할 수 있다.

2. 정관변경의 대상

정관변경의 대상은 목적에 국한하지 않고 그 밖에 정관에 기재된 모든 규정이 변경될 수 있다. 그렇지만 법인의 목적은 법인의 존립을 위한 가장 중요한 사항이므로 설립의 취지를 참작하여야 한다. 설립의 취지를 참작한다는 의미는 만약 설립자가 법인설립당시에 목적실현이 이미 되었거나 목적실현이 불가능하게 되었음을 알았다면 다른 어떤 목적을 실현하기 위해서 재산을 출연하였을까를 고려하여 판단하라는 의미이다. 이때의 목적변경은 반드시 전의 목적과 비슷한 목적으로 변경하여야 하는 것을 의미하지는 않는다.[2]

3. 정관변경신청자

정관변경을 신청할 수 있는 사람은 재단법인의 설립자 또는 이사이다.

4. 주무관청의 허가

설립자나 이사는 목적이나 기타 정관의 규정이 변경될 수 있는 것인지에 대

1 대법원 1978. 3. 28. 선고 75다1299 판결.
2 곽윤직/김재형, 민법총칙, 박영사(2013), 206.

해서 주무관청의 허가를 얻어야 한다. 특히 주무관청은 목적 등의 변경이 "설립의 취지를 참작하여" 한 것인지에 대한 요건구비를 중요하게 판단하여 한다. 이때 문언상으로는 "허가"라고 표현되어 있지만, 대법원은 이를 "인가"로 해석한다.[3] 이에 대해 본법 제45조 제3항의 허가의 성질은 판례와 같이 인가로 보더라도, 본법 제46조에서 재단법인의 정관목적을 변경하는 것은 새로운 재단법인을 설립하는 것이나 다름없는 것이므로 이 목적변경에 대한 허가의 성질을 인가로 보게 되면 법인설립에 대한 민법의 허가주의와 배치되므로 본조의 허가는 주무관청의 자유재량이 허용되는 순수한 허가로 보아야 한다는 견해가 있다.[4]

Ⅲ. 효과

이상의 요건이 갖추어지면 당초의 재단법인은 동일성을 유지하면서 새로운 목적을 가진 재단법인으로 존속하게 된다. 이때 목적 등의 변경사항은 등기하여야 제3자에게 대항할 수 있다(본법 제54조 제1항).

Ⅳ. 민법개정안

2013년 법무부 민법개정시안에 따르면, 본조에 대해서는 다음과 같은 개정안이 제시되었다.

> 제46조(재단법인의 목적 등의 변경) 재단법인의 설립자나 이사는 재단법인의 목적을 달성할 수 없는 때에는 주무관청의 인가를 받아 설립의 취지를 참작하여 그 목적이나 정관의 다른 규정을 변경할 수 있다.

민법개정시안 제32조에서 법인설립에 관하여 허가주의를 인가주의로 변경한 것에 맞추어, 본조에서도 정관변경에 관한 주무관청의 허가를 인가로 수정하였다.

3 대법원 1996. 5. 16. 선고 95누4810 전원합의체 판결.
4 곽윤직/김재형, 민법총칙, 박영사(2013), 206; 서광민, 민법총칙, 신론사(2007), 220.

제 47 조 [증여, 유증에 관한 규정의 준용]

① 생전처분으로 재단법인을 설립하는 때에는 증여에 관한 규정을 준용한다.
② 유언으로 재단법인을 설립하는 때에는 유증에 관한 규정을 준용한다.

[관련조문] 민법 제555조(서면에 의하지 아니한 증여와 해제), 제557조(증여자의 재산상태변경과 증여의 해제), 제558조(해제와 이행완료부분), 제186조(부동산물권변동의 효력), 제187조(등기를 요하지 아니하는 부동산물권취득), 제188조(동산물권양도의 효력, 간이인도), 제1060조(유언의 요식성), 제1078조(포괄적 수증자의 권리의무), 제1085조(제삼자의 권리의 목적인 물건 또는 권리의 유증), 제1087조(상속재산에 속하지 아니한 권리의 유증), 제1090조(유증의 무효, 실효의 경우와 목적재산의 귀속)

[참고문헌] 고상현, "사인증여에 관한 논고", 민사법학 제48호(2010); 고상현, "재단법인설립행위의 개념, 구조, 법적 성질", 민사법학 제50호(2010)

재산을 출연하여 재단법인을 설립하는 방법은 민법상 두 가지가 있다. 하나는 생전처분으로 하는 방법이고, 다른 하나는 유언으로 하는 방법이다. 민법은 생전처분으로 재단법인을 설립하는 때에는 증여에 관한 규정을 준용하고, 유언으로 재단법인을 설립하는 때에는 유증에 관한 규정을 준용한다. 재단설립을 위해서는 재산출연행위가 필요한데 생전처분으로 하든 유언으로 하든, 모두 출연자의 무상행위로서 한다는 점 그리고 그 성질상 수령을 요하지 않는 출연자의 일방적인 의사표시(단독행위)라는 점에서는 차이가 없다. 다만 생전처분에 의한 재단설립과 유언에 의한 재단설립은 다음과 같은 차이점이 있다. 생전처분으로 재단법인을 설립하는 경우에 설립자는 재산을 출연하고 그 출연된 재산을 기초로 독자적인 권리주체를 생성하는 절차를 밟게 되고 그리하여 성립한 재단법인에게 재산을 이전하게 된다. 그러한 점에서 생전처분에 의한 재단법인설립행위(출연행위)는 설립자가 장차 성립될 재단법인에게 하는 일방적인 재산이전의 의사표시이다. 그러한 출연(증여)의 의사표시는 상대방(즉 장차 성립될 재단법인)에게 도달하기 전에는 철회할 수 있으므로, 재단법인이 성립되기 전까지는 의사표시의 상대방이 확정되지 않았으므로 이를 철회할 수 있지만, 재단법인이 성립되고 난 후에는 설립자는 출연의 의사표시를 철회할 수 없다. 그에 반해 유언으로 재단법인을 설립하는 경우에는 설립자의 사망에 의해 비로소 유언에 따른 재산출연 및 재단설립절차가 진행되고 이에 따라 성립한 재단법인은 설립자의 단독행위(즉 유언)에 의한 수증자의 지위에서 재산을 취득한다는 점에서 차이가 있다.[1] 양자 간의 이러한 특성은 특히 재단법인의 설립을 위하여 출연한 재산이 언제 재단법인의 것으로 귀속되는 것인지에 대해서 차이를 보인다(☞ 본법 제48조 주석 참고).

생전처분에 의한 재단설립의 경우에 증여에 관한 규정이 준용되지만, 계약을 전제로 한 증여에 관한 규정은 단독행위인 재단법인의 설립행위에 그대로 준용될 수는 없다. 재단법인 설립과 관련하여 준용될 수 있는 규정은 출연약정의 서면작성(본법 제555조), 출연자의 재산상태변경과 증여해제(본법 제557조), 해제와 이행완료부분(본법 제558조), 출연자의 담보책임(본법 제559조) 등이다. 그 외 판례는 재단법인 설립을 위하여 서면에 의한 증여(출연)를 한 경우에, 증여의 해제와는 별도로 출연자는 착오에 기한 의사표시를 이유로 출연의 의사표시를 취소할 수 있다고 한다.[2]

유언에 의한 재단설립의 경우에 준용되는 유언에 관한 규정으로는 유언에 방식(본법 제1060조, 제1065조 내지 제1072조) 및 유언의 효력에 관한 규정(본법 제1078조 내지 제1085조, 제1087조, 제1090조) 등이다.

1 유언자가 재단법인을 설립한다는 유언을 철회할 수도 있으나, 이 경우에는 애초부터 유언의 효력이 없으므로 재단법인의 설립절차에 착수하는 것조차 없게 된다.

2 대법원 1999. 7. 9. 선고 98다9045 판결.

제 48 조 [출연재산의 귀속시기]

① 생전처분으로 재단법인을 설립하는 때에는 출연재산은 법인이 성립된 때로부터 법인의 재산이 된다.

② 유언으로 재단법인을 설립하는 때에는 출연재산은 유언의 효력이 발생한 때로부터 법인에 귀속한 것으로 본다.

[관련조문] 민법 제33조(법인설립의 등기), 민법 제47조(증여, 유증에 관한 규정의 준용), 제186조(부동산물권변동의 효력), 제187조(등기를 요하지 아니하는 부동산물권취득), 제188조(동산물권양도의 효력, 간이인도)

[참고문헌] 고상현, "독일민법 제84조와 우리 민법 제48조 제2항의 비교법적 고찰", 민사법학 제46호(2009); 고상현, "재단설립행위의 철회에 관한 소고", 비교사법 제16권 제3호(2009); 곽윤직, "재단법인설립에 있어서의 출연재산의 귀속시기", 법정 제18권 제10호(1963); 김용한, "재단법인의 설립에 있어서의 출연재산의 귀속시기", 사법행정 제21권 제10호(1990); 김용호, "재단법인의 설립을 위한 출연재산의 귀속시기", 법학논총 제36권 제1호(2012); 김학동, "재단법인에서의 출연재산의 귀속시기", 서울법학 제18권 제1호(2010); 서달주, "재단법인의 설립행위에 있어서 출연재산의 귀속시기를 정한 민법 제48조의 입법취지, 문제점 및 보충론", 법률행정논총 제2집(1992); 송호영, "민법상 법인편 개정의 주요 쟁점에 관한 고찰", 법학논고 제34집(2010); 양창수, "재단법인출연재산의 귀속시기에 관한 독일민법의 규정: 민법 제48조의 개정과 관련하여", 저스티스 제74호(2002); 정환담, "민법 제48조의 법리", 민사법학 제9·10호(1993); 홍성재, "부동산 물권변동론의 재정립", 민사법학 제43-2호(2008)

Ⅰ. 총설

민법은 재산을 출연하여 재단법인을 설립하는 방법으로 두 가지를 인정하고 있다. 하나는 생전처분으로 하는 방법이고, 다른 하나는 유언으로 하는 방법이다. 재단법인의 설립을 위하여 출연자가 재산을 출연한다는 것은 자신의 소유로 있던 재산을 내어 놓겠다는 약정의 의미와 함께 출연된 재산을 기반으로 새로운 권리주체(즉 재단법인)를 창설하겠다는 의미를 동시에 가진다. 단순히 재산을 타인에게 증여하거나 유증하는 경우와는 달리, 재단법인의 설립을 위한 재산출연의 경우에는 설립자가 재산을 출연할 당시에는 아직 재산을 수령할 상대방(즉 재단법인)이 아직 존재하지 않는 상태이며, 재단법인의 설립이 완성되었을 때 비로소 재산을 양도받을 상대방이 등장하는 것이다. 설립자의 출연재산을 기반으로 성립한 재단법인은 존립을 위해 반드시 그 출연재산을 자신의 것으로 편입하여야 하는데, 이 때 설립자의 출연재산이 언제 재단법인의 것으로 귀속되는지가 문제된다. 이에 대해 본조는 설립자가 생전처분으로 재단법인을 설립하는 때에는 출연재산은 법인이 성립된 때(즉 법인설립등기가 완료된 때)로부터 법인의 재산이 되고(본조 제1항), 설립자가 유언으로 재단법인을 설립하는 때에는 유언의 효력이 발생한 때(즉 설립자가 사망한 때)로부터 법인에게 귀속하는 것으로 보고 있다(본조 제2항).

Ⅱ. 출연재산의 귀속시기와 물권변동

1. 본조의 문제점

설립자가 재단법인의 설립을 위하여 출연하는 재산의 종류에는 제한이 없다. 따라서 동산·부동산의 소유권을 비롯한 각종의 물권뿐만 아니라, 지명채권·지시채권·무기명채권 등도 출연재산이 될 수 있다. 본조에서 설립자가 출연한 재산은 생전처분으로 재단법인을 설립하는 때에는 법인이 성립된 때로부터 법인의 재산이 되고, 유언으로 재단법인을 설립하는 때에는 유언의 효력이 발생한 때로부터 법인에 귀속한 것으로 보고 있다. 여기서 법인이 성립하는 시기는 법인설립등기가 완료된 때이고 유언의 효력이 발생하는 시기는 유언자가 사망한 때이므로, 결국 본조에 의하면 생전처분으로 출연한 재산은 법인설립등기를 한 때로부터 법인에 귀속하고 유언으로 출연한 재산은 유언자가 사망한 때에 소급하여 법인에게 귀속하는 것으로 보게 된다. 그런데 그러한 시기에 재산이 귀속된다는 것은 법률상 당연히 귀속한다는 것인지 아니면 본조에도 불구하고 우리 민법의 물권변동에 관한 성립요건주의(본법 제186조, 제188조) 및 지시채권·무기명채권양도의 효력발생요건(본법 제508조, 제523조)을 갖추어야만 비로소 귀속하는 것인지에 대해서 논란이 있다. 출연재산의 귀속시기에 관한 본조는 과거 물권변동에 관하여 의사주의를 취하던 구 민법 제42조를 그대로 따른 것인데, 현행민법은 물권변동에 관하여 형식주의로 전환하였기 때문에 본조에서 정한 출연재산의 귀속시기를 물권변동의 원칙과 관련하여 어떻게 이해할 것인가에 대하여 견해의 대립이 있다.

2. 학설

지명채권을 출연하는 경우[1]와 같이 권리이전을 위하여 별도의 공시방법이나 요식행위가 필요하지 않는 재산권은 본조가 정한 시기에 재단법인에게 귀속한다는 것에 대해서는 이론이 없다. 문제는 권리이전을 위하여 공시방법이나 요식행위가 필요한 재산권을 출연한 경우이다.

제1설은 재단설립을 위해 출연한 재산은 재산이전을 위해 별도의 공시방법이나 요식행위가 없어도 본조에서 정한 시기에 재단에 당연히 귀속된다고 주장한다.[2] 이 학설은 본조를 재단설립자의 의사를 존중하는 동시에 재단법인의 재산적 기초를 충실히 하기 위한 특별규정으로 이해한다. 따라서 본조는 본법 제187조의 '기타 법률의 규정'에 해당하므로, 설립자가 예컨대 부동산을 출연하더라도 본법 제186조가 적용되는 것이 아니므로 재단법인은 설립자로부터 부동산이전등기를 하지 않더라도 부동산의 소유권은 본조에서 정한 시기(법인설립등기를 한 때 또는 설립자가 사망한 때)에 당연히 법인에게 귀속한다는 것이다. 또한 출연재산이 채권인 경우에도 마찬가지로 지시채권의 배서·교부(본법 제508조)나 무기명채권의 교부(본법 제523조)는 필요하지 않으며, 본조가 정한 시기에 당연히 법인에게 귀속한다는 입장이다.

이에 반해 제2설은 재단법인의 설립을 위한 재산의 출연행위는 법률행위로 인한 물권의 변동에 해당하므로 재단법인은 물권변동의 일반원칙에 따라 설립자로부터 등기(본법 제186조)나 인도(본법 제188조)를 받아야만 출연재산의 소유권을 취득한다고 주장한다.[3] 이 학설은 본조는 물권변동에 관하여 의사주의를 취하였던 의용민법 제42조를 잘못 답습한 것이므로, 현행 민법에서는 제186조 이하의 형식주의원칙과 조화되도록 해석하여야 한다고 하면서, 제187조의 '기타 법률의 규정'이란 형성적 효력을 갖는 물권의 변동을 규정하는 법률만을 의미하는데 본조의 규정은 여기에 해당하지 않는다고 한다.[4] 또한 양도에 증서의 배서나 교부

1 지명채권의 양도에 있어서 양도인의 통지나 채무자의 승락은 채무자 기타 제3자에 대한 대항요건일 뿐이고 채권양도의 성립 또는 효력발생요건이 아니다.

2 고상룡, 민법총칙, 법문사(2003), 192; 곽윤직/김재형, 민법총칙, 박영사(2013), 176; 김기선, 한국민법총칙, 법문사(1991), 144; 김상용, 민법총칙, 화산미디어(2009), 223; 김용한, 민법총칙론, 박영사(1997), 165; 김주수/김상용, 민법총칙, 삼영사(2013), 210; 장경학, 민법총칙, 법문사(1995), 313.

3 김증한/김학동, 민법총칙, 박영사(2013), 194; 이영준, 민법총칙, 박영사(2007), 941; 백태승, 민법총칙, 집현재(2016), 221; 서광민, 민법총칙, 신론사(2007), 196; 이은영, 민법총칙, 박영사(2009), 267.

4 이영준, 민법총칙, 박영사(2007), 941.

를 요하는 유가증권을 출연한 경우에, 증서의 배서나 교부없이 본조에 의하여 법인성립시 또는 설립자의 사망시에 바로 법인에게 귀속한다면 거래의 안전이 크게 위협받기 때문에 증서의 교부나 배서가 필요하다고 한다.

이에 대해 제1설은 만약 제2설의 주장처럼 법인이 성립된 후에도 법인이 재산권을 취득하기 위해서 등기나 인도 또는 증서의 배서·교부가 필요하다면, 법인은 성립하였더라도 등기나 인도 또는 증서의 배서·교부가 있기 까지는 재산이 전혀 없는 재단법인이 있게 되는데, 이는 재단법인의 본질에 반한다고 비판한다. 이러한 비판에 대해 제2설은 소유권 등 재산권은 이전의 형식이 완료된 때에 귀속하지만, 그러한 형식이 완료되기 전이라도 재단법인은 본조 정한 법인의 성립시 또는 설립자의 사망시에 재산이전청구권이라는 일종의 재산권을 취득하므로 재산이 전혀 없는 재단법인이라고 할 수 없다고 반박한다.[5]

3. 판례

대법원은 처음에는 제1설과 같이 재단법인의 설립자가 출연한 부동산은 등기없이도 재단법인의 설립과 동시에 법인에게 귀속한다고 하였다.[6] 그러나 이후 1979년의 전원합의체판결을 계기로 그 태도를 변경하여, 본조 제1항의 규정은 출연자와 법인과의 관계를 상대적으로 결정하는 기준에 불과하기 때문에 출연재산이 부동산인 경우에 출연자와 법인 사이에는 법인의 성립 외에 등기를 필요로 하는 것은 아니지만, 제3자에 대한 관계에 있어서 출연행위는 법률행위이므로 출연부동산이 법인에게 귀속하기 위해서는 등기를 요한다고 판시하였다.[7] 또한 유언으로 재단법인을 설립하는 경우에도 제3자에 대한 관계에서는 출연재산이 부동산인 경우에 그 법인에의 귀속에는 법인의 설립 외에 등기를 필요로 하는 것이므로, 재단법인이 그와 같은 등기를 마치지 아니하였다면 유언자의 상속인의 한 사람으로부터 부동산의 지분을 취득하여 이전등기를 마친 선의의 제3자에 대하여 대항할 수 없다고 한다.[8]

요컨대 판례는 설립자와 재단법인 사이의 대내적 관계와 재단법인과 제3자

5 김증한/김학동, 민법총칙, 박영사(2013), 197; 이영준, 민법총칙, 박영사(2007), 940; 서광민, 민법총칙, 신론사(2007), 196 등.

6 대법원 1973. 3. 28. 선고 72다2344, 2345 판결, 대법원 1976. 5. 11. 선고 75다1656 판결.

7 대법원 1979. 12. 11. 선고 78다481, 482 판결.

8 대법원 1993. 9. 14. 선고 93다8054 판결.

사이의 대외적 관계를 분리하여, 대내적으로 출연재산은 본조가 정한 시기에 등기 등의 형식없이도 재단법인에게 귀속하지만, 대외적으로는 재단법인이 제3자에게 '대항'하기 위해서 출연재산을 재단법인명의로 등기(인도 기타 배서·교부 등)할 것이 요구된다고 판단하고 있다.

4. 검토

우선 판례를 검토해보면, 판례는 재단법인의 대내적 관계와 대외적 관계를 구분하여 전자에는 등기를 요하지 않고 후자에는 등기를 요한다고 보지만, 이는 우리 민법상 전혀 근거가 없다. 우리 민법은 물권변동의 원인이 법률행위에 의한 것인지(본법 제186조) 아니면 법률행위에 의하지 아니한 것인지(본법 제187조)를 구분할 뿐이지, 대내적 관계와 대외적 관계에 따라 등기의 요부를 결정하지는 않는다. 특히 판례는 대외적으로 제3자에게 '대항'하기 위해서 출연재산을 재단법인명의로 등기하여야 한다고 설시하는데, 이러한 입론은 부동산물권변동에 있어서 대항요건주의를 취하던 구민법에서는 몰라도, 성립요건주의를 취하는 현행민법에는 더 이상 유지될 수 없다.

다음으로 학설을 검토하면, 우선 설립자의 출연행위의 법적 성질이 무엇인지를 살펴볼 필요가 있다. 학설은 재단설립을 위한 출연행위를 물권행위로 본다.[9] 그러나 실무적으로 설립자의 출연행위란 기실 설립자가 재단법인설립을 위해 자신의 재산을 출연하겠다는 약정서[10]를 작성하는 것뿐이다. 설립자(또는 설립담당자)는 이 약정서를 다른 소정의 서류와 함께 법인설립허가를 위하여 주무관청에 제출하고, 주무관청은 이 약정서에 기재된 출연예정재산이 정관에 기재된 사업목적을 수행할 만큼 충분한 지를 판단하여 허가여부를 결정하게 된다. 주무관청마다 법인의 설립허가가 있게 되면 설립자(또는 설립담당자)는 설립등기를 마치고 지체없이 출연재산을 법인소유로 이전하고 이를 증명하는 서류를 주무관청에 제출하도록 하고 있다. 이러한 일련의 과정을 보면 설립자의 재산출연행위라는 것은 장차 설립될 재단법인에 자신의 재산을 이전하겠다는 출연의 약정, 즉 채권행위라고 보는 것이 타당하고, 실제 물권행위는 설립등기를 마친 후 실제 재산을 이전하는 과정에서 나타나게 된다. 이러한 점을 보면 재단법인설립을 위한 재산출연행위는 전형적인 법률행위로

9 가령 곽윤직/김재형, 민법총칙, 박영사(2013), 176.
10 실무적으로 재산출연증서 또는 기부승낙서 등으로 부른다.

인한 물권변동에 해당하므로 출연재산은 등기나 인도 및 증서의 배서·교부가 있는 시점에 비로소 법인에게 귀속한다고 보는 것이 타당하다. 또한 재산출연행위는 법률행위가 명백하고 본법 제187조는 법률행위이외의 '기타 법률의 규정'에 의한 물권변동에 적용되는 것이므로, 재산출연행위를 규정한 본조는 그러한 법률의 규정에 해당한다고 볼 수 없다.[11] 이러한 시각에서 본조를 해석하면 다음과 같다.

먼저 생전처분으로 재단법인을 설립한 경우에 이전에 아무런 형식을 요하지 아니하는 재산권은 법인이 성립한 때로부터 법인에 귀속하지만, 출연재산이 부동산이나 동산일 때에는 등기(본법 제186조) 또는 인도(본법 제188조)가 있어야 하고 출연재산이 지시채권이면 배서·교부(본법 제508조)가 무기명채권이면 교부(본법 제523)가 있을 때에 법인에게 이전한다. 설립자는 재단법인이 성립되기 전까지는 출연의 의사표시를 철회할 수 있다. 또한 설립자는 재단법인의 성립 후에도 착오를 이유로 출연의 의사표시를 취소할 수 있다.[12] 설립자가 재단법인이 성립된 후에 출연약정과는 달리 출연재산을 이전하지 않고 재산을 제3자에게 처분한 경우에는, 마치 2중양도와 같은 상황이 되어 먼저 등기나 양도를 받은 제3자의 권리가 우선한다. 다만 이때 재단법인은 증여의 규정을 준용한 본법 제47조에 기해 설립자에게 증여계약의 이행불능을 원인으로 하는 손해배상청구권을 주장할 수 있다. 만일 설립자가 출연약정을 이행하지 않아 재단법인에게 재산이 없거나 부족하여 목적사업을 달성할 수 없는 때에는 주무관청은 본법 제77조에 따라 재단법인의 설립허가를 취소하고 이에 따라 재단법인은 해산하여야 한다.

유언으로 재단법인을 설립하는 경우에는 유언자의 사망 후에 법인설립절차가 진행될 것이므로 유언의 효력이 발생한 때(즉 유언자가 사망한 때)에는 법인이 존재하지 않아 유언자의 재산을 귀속시킬 수 없는 상황이다. 그럼에도 불구하고 본조 제2항은 유언으로 재단법인을 설립한 때에는 출연재산은 유언의 효력이 발생한 때로부터 법인에 귀속한 것으로 본다고 정하고 있는데, 이는 설립자의 유언으로 말미암아 장차 설립된 재단법인이 마치 유언자의 사망시에 이미 존재하는 것으로 의제하여 수증능력을 인정한 것으로 보아야 한다.[13] 이에 따라 재산출연이 포괄적

11 같은 의견 서광민, 민법총칙, 신론사(2007), 196.

12 대법원 1999. 7. 9. 선고 98다9045 판결.

13 이것은 마치 태아의 지위와 유사하게 태아가 문제된 법률관계가 발생한 시기에 이미 존재한 것으로 보기 위해서는 출생이 전제되어야 하듯이, 장차 설립될 법인에게 수증능력이 인정되려면 장차 적법한 법인성립이 될 것을 전제로 한다.

유증으로 있게 된 경우에는 장차 설립될 법인은 상속인과 동일한 지위에 서게 되므로(본법 제1078조), 재단법인이 설립되면 법인은 이미 유언자가 사망한 시기에 존재한 것으로 의제하여 등기없이도 재산의 이전이 있었던 것으로 보아야 한다(본법 제187조 참고). 이에 대한 침해시 재단법인은 상속회복청구권 내지 물권적청구권을 행사할 수 있다. 그에 반해 재산출연이 특정적 유증으로 있게 된 경우에는 재산은 일단 상속인에게 귀속되고 수증자의 지위에 있는 재단법인은 상속인에 대하여 유증의 이행을 청구할 수 있는 권리를 가진다. 따라서 추후 설립된 재단법인은 유언자가 사망한 시기에 이미 존재였던 것으로 보아, 상속인에 대하여 부동산의 이전등기 또는 동산의 인도를 청구할 수 있고(채권적 청구권), 출연재산은 재단법인이 상속인으로부터 등기나 인도를 받은 때에 비로소 법인에게 귀속된다. 다만 과실취득권은 유언의 효력이 발생한 때로부터 이미 재단법인의 것으로 보아야 하고(본법 제1079조 본문), 마찬가지로 상속인 등 유증의무자는 재단법인에 대하여 유언자의 사망 후 인도시까지 발생한 비용의 상환을 청구할 수 있다(본법 제1080조, 제1081조).

Ⅲ. 민법개정안

2013년 법무부 민법개정시안에 따르면, 본조에 대해서는 다음과 같은 개정안이 제시되었다.

제48조(출연재산의 귀속시기) ① 재단법인을 설립하기 위하여 출연한 재산의 권리변동에 등기, 인도 그 밖의 요건이 필요한 경우에는 그 요건을 갖춘 때에 법인의 재산이 된다. ② 설립자의 사망 후에 재단법인이 성립하는 경우에는 출연에 관하여는 그의 사망 전에 재단법인이 성립한 것으로 본다. ③ 제2항의 경우에 출연재산은 제1항의 요건을 갖추면 설립자가 사망한 때부터 법인에 귀속한 것으로 본다. 재단법인이 성립한 후 설립자가 사망한 경우에도 또한 같다.

앞서 본바와 같이 본조의 해석을 둘러싼 학설대립의 근본적인 원인은 본조가 과거 의사주의를 취하던 의용민법 당시의 조문을 그대로 답습하면서 현재의 형식주의에 입각한 물권변동의 대원칙과 어울리지 않는다는 것에 있다. 그래서 이러

한 논란을 종식시키기 위해 민법개정시안은 본조에 대해서도 일반적인 물권변동의 원칙을 그대로 관철시키고 있다(제1항). 또한 유언에 의하건 생전처분에 의하건 설립자의 사망 후 재단법인이 성립하는 경우나 재단법인이 성립한 후 설립자가 사망한 경우에 있어서도 마찬가지로 현행의 물권변동의 원칙상 물권변동의 요건을 갖추어야 하지만, 설립자의 사망으로 인해 출연재산이 상속인에게 귀속하는 것을 차단하기 위해 출연에 관하여는 설립자의 사망 전에 재단법인이 성립한 것으로 보고 있다(제2항, 제3항). 이는 설립자가 재단설립의 과정 중에 사망했을 경우에 출연재산이 일단 상속인에게 귀속되었다가 설립허가를 받아 설립등기를 마친 때에 법인에게 귀속하는 것으로 한다면 설립자의 의도에 반하는 결과가 생길 가능성이 있으므로 이를 막기 위해 설립자의 사망 전에 재단법인이 성립한 것으로 의제함으로써, 설립자로부터 곧바로 재단법인에게로 출연재산이 이전하도록 하기 위함이다.

제 49 조 [법인의 등기사항]

① 법인설립의 허가가 있는 때에는 3주간내에 주된 사무소소재지에서 설립등기를 하여야 한다.

② 전항의 등기사항은 다음과 같다.

1. 목적
2. 명칭
3. 사무소
4. 설립허가의 연월일
5. 존립시기나 해산이유를 정한 때에는 그 시기 또는 사유
6. 자산의 총액
7. 출자의 방법을 정한 때에는 그 방법
8. 이사의 성명, 주소
9. 이사의 대표권을 제한한 때에는 그 제한

[관련조문] 민법 제32조(비영리법인의 설립과 허가), 제33조(법인설립의 등기), 제40조(사단법인의 정관), 제43조(재단법인의 정관), 제53조(등기기간의 기산), 제60조(이사의 대표권에 대한 제한의 대항요건), 비송사건절차법 제62조(이사·청산인의 등기)

[참고문헌] 김대정, "법인법개정안 해설", 법인·시효 제도 개선을 위한 민법개정안 공청회 자료집(2010); 송호영, "단체의 설립과 권리능력의 취득에 관한 일고", 신세기의 민사법과제: 인제 임정평교수화갑기념(2001)

Ⅰ. 법인설립등기의 기간·장소·신청절차 등

법인설립의 허가가 있는 때에는, 3주간 내에 주된 사무소의 소재지에서 설립등기를 하여야 한다(본조 제1항). 이때 등기기간은 주무관청의 설립허가서가 도착한 날로부터 기산한다(본법 제53조). 주된 사무소란 사무소가 둘 이상 있는 경우에 법인활동의 중심을 이루는 사무소를 말하지만, 설립등기를 함에 있어서는 형식적

으로 정관과 등기부에 주된 사무소로 기재된 사무소를 의미한다.

(☞ 법인설립등기의 신청절차 및 실행절차에 관해서는 본법 제33조 주석 참고)

Ⅱ. 등기사항

본조 제2항은 설립등기시에 기재하여야 할 사항에 대해서 정하고 있다.

1. 목적

법인이 영위 또는 추구하고자 하는 사업이 무엇인지 제3자가 알 수 있을 정도로 표시한다. 그리고 그러한 목적을 위해서 행하는 사업의 종류를 구체적으로 표시한다.

2. 명칭

법인의 명칭은 법령상 사용이 제한되는 명칭을 제외하고는(은행법 제14조, 보험법 제8조 제2항 등) 자유롭게 정할 수 있다. 다만 민법법인 및 특수법인 등기규칙[1] 제4조에서는 민법상 법인의 명칭을 등기하는 때에는 사단법인 또는 재단법인임을 표시하도록 하고 있으므로, 법인명칭의 등기시에 법인의 종류를 부기하여야 할 것이다. 대법원은 동일한 명칭을 가지고 별개로 존속하는 구협회(사단법인 한국자동차매매협회)와 신협회의 구별은 우선 법인의 대표자 또는 사무소소재지를 기준으로 하여야 한다고 판시한 바 있다.[2]

3. 사무소

법인의 사무소의 소재지를 등기하여야 한다. 사무소가 수개인 때에는 그 중 1곳을 주된 사무소로, 나머지를 분사무소로 등기한다. 정관에 사무소의 소재지를 기재할 때에는 최소행정구역까지만 기재하여도 무방하지만, 등기상에는 소재지의 구체적인 지번까지 등기하여야 한다.

4. 설립허가의 연월일

주무관청으로부터 받은 설립허가서에 기재된 일자를 등기하면 된다.

5. 존립시기나 해산사유

법인이 존속하기로 하는 기간을 미리 정하여 놓거나, 법정해산사유 이외에

1 대법원규칙 제25609호.

2 대법원 1984. 9. 25. 선고 84다카493 판결.

일정한 사유가 발생하면 법인이 해산하기로 정한 사유가 있으면 이를 등기하여야 한다.

6. 자산총액·출자방법

자산의 총액이란 정관상의 기본재산은 물론 기타 법인이 보유하는 일체의 적극재산의 총액에서 채무 등의 소극재산을 공제한 순재산액을 말한다. 자산의 총액을 등기사항으로 정한 것은 법인채무의 일반담보가 되는 재산의 현황을 공시하도록 하는 취지이다. 사단법인의 경우에는 설립시에 자산총액이 전혀 없어도 상관이 없지만, 재단법인에 있어서는 자산총액이 반드시 있어야 하고 이를 등기하여야 한다. 다만 사단법인의 경우에도 자산총액이 0원으로 기재될 수는 있지만, 자산총액을 미정 혹은 공란으로 하여 등기할 수는 없다.

출자의 방법에 관한 사항, 예컨대 사단법인의 정관에 발기인이나 사원들의 출자의무에 관한 규정이 있거나, 재단법인의 정관에 설립자가 정기적으로 출연하기로 하는 규정이 있을 때 그러한 사항은 등기하여야 한다. 이를 공시함으로써 법인과 거래하는 제3자는 법인의 지불능력을 가늠할 수 있기 때문이다.

7. 이사의 성명·주소, 이사의 대표권의 제한

법인의 이사의 성명과 주소를 등기하여야 한다. 그 외 비송사건절차법은 이사의 등기시에 주민등록번호도 등기하도록 요구하고 있다(비송사건절차법 제62조). 만약 동일인이 이사에 재선되어 중임이 된 경우에 비록 그의 성명·주소에 변동이 없다 하더라도, 일단 이사자격을 상실하고 새로운 자격을 취득한 것이므로 변경등기를 하여야 한다(본법 제52조 참조).

이사는 법인의 사무에 관하여 각자 법인을 대표하는 것을 원칙으로 하지만 (본법 제59조 제1항 본문), 정관이나 사원총회의 결의에 의해서 이사의 대표권을 제한할 수 있다(본법 제59조 제1항 단서). 그러한 이사의 대표권의 제한에 관한 사항은 등기하여야 하며, 이를 등기하지 않으면 제3자에게 대항하지 못한다(본법 제60조).

Ⅲ. 설립등기의 효력

민법상 법인은 주된 사무소의 소재지에서 설립등기를 함으로써 성립한다(본법 제33조). 법인설립등기는 법인의 성립요건이며, 창설적 효력을 가진다. (☞ 이에 관한 자세한 설명은 본법 제33조 주석 참고)

Ⅳ. 민법개정안

2013년 법무부 민법개정시안에 따르면, 본조에 대해서는 다음과 같은 개정안이 제시되었다.

제49조(법인의 등기사항) ① 법인설립이 인가된 때에는 3주일 안에 주된 사무소 소재지에서 설립등기를 하여야 한다. ② 제1항에 따른 등기사항은 다음 각 호와 같다. 1. 목적 2. 명칭 3. 사무소의 소재지 4. 설립인가의 연월일 5. 존립시기나 해산사유를 정한 경우에는 그 시기 또는 사유 6. 자산의 총액 7. 출자의 방법을 정한 경우에는 그 방법 8. 이사의 성명, 주소 및 주민등록번호. 다만, 법인을 대표할 이사를 정한 경우에는 그 밖의 이사의 주소는 제외한다. 9. 이사의 대표권을 제한한 경우에는 그 제한 10. 감사를 둔 경우에는 그 성명 및 주민등록번호

개정안은 법인설립에 있어서 허가주의에서 인가주의로 전환함에 따라 허가를 인가로 바꾸고 이사의 동일성을 확보하기 위해 주민등록번호를 설립등기사항으로 정하였고 그 외 감사에 관한 사항을 등기사항을 추가하였다.

제 50 조 [분사무소설치의 등기]

① 법인이 분사무소를 설치한 때에는 주사무소소재지에서는 3주간내에 분사무소를 설치한 것을 등기하고 그 분사무소소재지에서는 동기간내에 전조제2항의 사항을 등기하고 다른 분사무소소재지에서는 동기간내에 그 분사무소를 설치한 것을 등기하여야 한다.

② 주사무소 또는 분사무소의 소재지를 관할하는 등기소의 관할구역내에 분사무소를 설치한 때에는 전항의 기간내에 그 사무소를 설치한 것을 등기하면 된다.

[관련조문] 민법 제33조(법인설립의 등기), 제49조(법인의 등기사항), 제51조(사무소이전의 등기), 제52조(변경등기), 제53조(등기기간의 기산), 제54조(설립등기 이외의 등기의 효력과 등기사항의 공고)

[참고문헌] 김대정, "법인법개정안 해설", 법인·시효 제도 개선을 위한 민법개정안 공청회 자료집(2010)

Ⅰ. 해설

분사무소란 법인이 주사무소 이외에 별도로 설치한 사무소를 말한다. 분사무소의 신설이 정관변경사항인 경우에는 소정의 절차에 의하여 정관을 변경하고 주무관청의 허가를 얻어야만 한다. 법인이 분사무소를 설치한 때에는 주사무소 소재지에서는 3주간 내에 분사무소를 설치한 것을 등기하고 그 분사무소 소재지에서는 같은 기간 내에 본법 제49조 제2항의 설립등기사항을 등기하여야 하며, 이미 다른 분사무소가 있는 경우에는 다른 분사무소의 소재지에서는 그 기간 내에 새로운 분사무소가 설치된 것을 등기하여야 한다(본조 제1항). 그러나 주사무소 또는 기존의 분사무소의 소재지를 관할하는 등기소의 관할구역 내에서 분사무소를 신설하는 경우에는 3주간 내에 그 분사무소가 설치된 것을 등기하면 되고 그 밖의 설립등기사항을 등기할 필요는 없다(본조 제2항).

등기기간, 즉 3주간의 기간은 주무관청의 허가를 필요로 하지 아니할 경우에는 실제로 분사무소를 설치한 날로부터, 주무관청의 허가가 필요한 경우에는 그 허가서가 도착한 날로부터 기산한다(본법 제53조).

본조의 분사무소설치등기는 제3자에 대한 대항요건이다(본법 제54조). 따라서 분사무소가 설치된 것에 관하여 등기하지 아니하면 법인은 분사무소의 설치로써 제3자에게 대항하지 못한다. 여기서 '제3자'란 법인의 기관이나 사원 등 법인에 관여하는 자 이외의 자를 의미하는 것으로 해석된다. 따라서 예컨대 사단법인의 사원에 대해서는 법인은 분사무소의 설치등기전이라도 분사무소에 대한 회비납부 등을 청구할 수 있다. "대항할 수 없다"는 것은 법인측에서 그 설치를 제3자에 대하여 주장할 수 없다는 뜻일 뿐이고 제3자로서는 분사무소의 설치를 부인할 수도 있고 아니면 그 설치를 인정하여 어떤 주장을 할 수도 있다.[1]

민법은 등기를 간접적으로 강제하기 위하여 법인의 이사가 본조의 등기를 해태한 때에는 과태료의 제재를 받도록 하고 있다(본법 제97조 제1호).

Ⅱ. 민법개정안

2013년 법무부 민법개정시안에 따르면, 본조에 대해서는 다음과 같은 개정안이 제시되었다.

제50조(분사무소설치의 등기) 법인이 분사무소를 설치한 경우에는 주된 사무소 소재지에서는 3주일 안에 분사무소를 설치한 것을 등기하고, 그 분사무소 소재지에서는 같은 기간 안에 제49조 제2항 각 호의 사항을 등기하여야 한다.

현행민법 제50조에 의하면 법인이 분사무소를 설치하는 경우에는 주사무소 소재지와 새로 설치되는 그 사무소의 소재지에서 분사무소 설치에 관한 등기를 해야 할뿐만 아니라, 다른 모든 분사무소 소재지에서도 새로 설치되는 분사무소 설치의 등기를 하여야 한다. 그러나 등기의 전산화작업이 완료되어 현재 국내 어디에서든지 설립등기를 비롯한 주사무소의 등기를 열람할 수 있고, 그 주사무소의 등기에는 모든 분사무소에 관한 사항이 기재되어 있어 다른 분사무소의 설치사항을 손쉽게 확인할 수 있게 됨에 따라 법인이 분사무소설치등기를 간소화할 필요가 있게 되었다. 이에 따라 현행 민법 제50조 제1항에서 다른 분사무소 소재지에서는 동기간 내에 그 분사무소를 설치한 것을 등기하여야 한다"라고 규정한

[1] 장경학, 민법총칙, 법문사(1995), 353; 김용한, 민법총칙론, 박영사(1997), 158; 이영준, 민법총칙, 박영사(2007), 982; 민법주해 Ⅰ, 총칙(1), 박영사(1992), 646(홍일표).

부분을 삭제하는 대신, 분사무소 설치시 주사무소와 새로 설치되는 그 분사무소 소재지에서만 분사무소설치의 등기를 하도록 하고, 동일 관할구역 내의 분사무소 설치등기에 관한 현행 민법 제50조 제2항을 삭제하였다.

제 51 조 [사무소이전의 등기]

① 법인이 그 사무소를 이전하는 때에는 구소재지에서는 3주간내에 이전등기를 하고 신소재지에서는 동기간내에 제49조 제2항에 게기한 사항을 등기하여야 한다.

② 동일한 등기소의 관할구역내에서 사무소를 이전한 때에는 그 이전한 것을 등기하면 된다.

[관련조문] 민법 제49조(법인의 등기사항), 제51조(사무소이전의 등기), 제52조(변경등기), 제53조(등기기간의 기산), 제54조(설립등기 이외의 등기의 효력과 등기사항의 공고), 제97조(벌칙)

[참고문헌] 김대정, "법인법개정안 해설", 법인·시효 제도 개선을 위한 민법개정안 공청회 자료집(2010)

Ⅰ. 해설

법인이 사무소를 이전하는 때에는, 구소재지에서는 이전한 날로부터 3주간 내에 이전등기를 하고, 신소재지에서는 같은 기간 내에 설립등기사항을 등기하여야 한다(본조 제1항). 다만 동일한 등기소의 관할구역 내에서 사무소를 이전하는 때에는 따로 본법 제49조 제2항의 설립등기사항을 등기할 필요없이 사무소가 이전된 사실만 등기하면 족하다(본조 제2항). 본조에서의 사무소는 주사무소뿐만 아니라 분사무소를 포함한다.[1] 주사무소가 이전하게 되면 모든 분사무소로써는 등기사항의 변경이 있는 것이므로 각각의 소재지에서 변경등기를 하여야 한다(본법 제52조).

사무소의 이전은 대개의 경우 정관의 변경을 필요로 하므로(본법 제40조 참조) 이때에는 소정의 절차에 따라 정관을 변경하고 주무관청의 허가를 얻어야 한다(본법 제42조 제2항 참조). 다만 사무소의 소재지의 표시가 최소행정구역으로 되어 있고 동일한 구역 내에서 사무소가 이전하는 경우에는 정관변경은 필요없다.[2]

등기기간은 사무소의 이전으로 주무관청의 허가가 필요한 경우에는 주무관청의 허가서가 도착한 날로부터(본법 제53조 참조), 주무관청의 허가가 필요하지 않는

1 민법주해 Ⅰ, 총칙(1), 박영사(1992), 647(홍일표).
2 민법주해 Ⅰ, 총칙(1), 박영사(1992), 647(홍일표).

경우에는 현실적으로 사무소가 이전한 날로부터 기산한다. 본조의 등기를 하지 않으면 사무소의 이전으로써 제3자에게 대항하지 못한다(본법 제54조 제1항). 법인의 이사가 본조의 등기를 해태한 때에는 과태료의 제재를 받게 된다(본법 제97조 제1호).

Ⅱ. 민법개정안

2013년 법무부 민법개정시안에 따르면, 본조에 대해서는 다음과 같은 개정안이 제시되었다.

제51조(사무소이전의 등기) 법인이 그 사무소를 이전하는 경우에는 구소재지에서는 3주일 안에 이전등기를 하고, 신소재지에서는 같은 기간 안에 제49조 제2항 각 호의 사항을 등기하여야 한다.

현행 민법 제51조 제2항은 동일한 등기소의 관할구역내에 사무소를 이전한 경우에는 이전사실만을 등기하면 된다고 규정하고 있으나, 이는 단순한 변경등기(본법 제52조)에 해당하는 것으로서 굳이 별도의 조항으로 규정할 필요가 없다는 비판이 있어, 개정안에서는 이를 삭제하였다.

제 52 조 [변경등기]

제49조 제2항의 사항 중에 변경이 있는 때에는 3주간내에 변경등기를 하여야 한다.

[관련조문] 민법 제42조(사단법인의 정관의 변경), 제45조(재단법인의 정관변경), 제46조(재단법인의 목적 기타의 변경), 제49조(법인의 등기사항), 제53조(등기기간의 기산), 제97조(벌칙), 상업등기법 제28조(행정구역의 변경)

[참고문헌] 김대정, "법인법개정안 해설", 법인·시효 제도 개선을 위한 민법개정안 공청회 자료집(2010)

Ⅰ. 변경등기의 의의

변경등기란 등기가 행해진 후에 새로운 사실이 발생하여 후발적으로 등기사항에 변경이 생긴 경우에 변경 후의 사실에 부합하도록 하기 위해 하는 등기를 말한다. 등기할 당초부터 착오나 유루(遺漏)로 인하여 등기사항의 기재가 사실과 불일치하여 이를 바로잡기 위하여 행하는 경정등기와는 구별하여야 한다.

변경등기를 하기 위해서 변경되는 사항에는 기존에 등기된 사항을 고쳐서 등기하는 것(예, 법인명칭의 변경, 주사무소의 이전, 임원의 교체), 기존의 등기사항을 삭제하는 것(예, 기존분사무소의 폐지, 임원의 해임), 새로운 등기사항을 추가하는 것(예, 새로운 분사무소의 설치, 법인의 존립시기나 해산사유를 새로 설정) 및 기타 형식적인 변경(예, 단순한 자구의 수정) 등이 모두 포함된다. 이사가 재임 또는 중임하는 경우에는 그 성명·주소의 변경이 없어도 구자격상실, 신자격취득을 등기하여야 한다. 또한 이사가 사망하고 새로운 이사가 선임된 경우에도 구이사퇴임 및 신이사선임의 변경등기를 하여야 한다.

법인의 사무소의 소재지나 이사의 주소 등이 행정구역 또는 그 명칭의 변경으로 바뀌는 경우도 형식적으로는 변경등기의 사항에 해당하지만, 이 경우에는 등기부에 기록된 행정구역 또는 그 명칭은 당연히 변경된 것으로 보아서 변경등기는 필요없다(상업등기법 제28조 참조).

Ⅱ. 변경등기의 요건 및 효력

본조는 본법 제49조 제2항에 규정된 등기사항 중에 변경이 있을 때에 변경등기를 할 것을 요구한다.

법인의 등기사항과 정관의 기재사항은 반드시 일치하지는 않는다. 따라서 정관변경이 있다고 하더라도 반드시 변경등기절차가 뒤따르는 것은 아니고, 변경등기에 의해서 정관변경이 반드시 있어야 하는 것도 아니다. 그에 반해 변경하고자 하는 등기사항이 정관의 기재사항이라면 반드시 소정의 정관변경절차를 거쳐 주무관청의 허가를 필요로 한다(본법 제42조, 제45조). 변경등기는 본법 제49조 제2항의 사항 중에 변경이 있는 때에는 3주간 내에 하여야 하는데, 주무관청의 허가를 필요로 하는 경우에는 그 허가서가 도착한 날로부터(본법 제53조 참조), 그 밖의 경우에는 현실적으로 변경이 있은 날로부터 기산한다. 이사가 본조의 등기를 해태한 때에는 과태료의 벌칙을 받게 된다(본법 제97조 제1호).

본조의 변경등기는 제3자에 대한 대항요건이므로, 법인은 변경등기후가 아니면 변경된 사항으로써 제3자에게 대항하지 못한다.

Ⅲ. 민법개정안

2013년 법무부 민법개정시안에 따르면, 본조에 대해서는 다음과 같은 개정안이 제시되었다.

제52조(변경등기) 제49조 제2항 각 호의 사항 중에 변경이 있는 때에는 3주일 안에 변경등기를 하여야 한다.

개정안에서 내용상의 변화는 없으며 법문의 표현을 다듬었을 뿐이다.

제 52 조의 2 [직무집행정지 등 가처분의 등기]

이사의 직무집행을 정지하거나 직무대행자를 선임하는 가처분을 하거나 그 가처분을 변경·취소하는 경우에는 주사무소와 분사무소가 있는 곳의 등기소에서 이를 등기하여야 한다. [본조신설 2001.12.29]

[관련조문] 민법 제60조의2(직무대행자의 권한), 상법 제407조(직무집행정지, 직무대행자선임), 제408조(직무대행자의 권한), 제306조(법인임원의 직무집행정지 등 가처분의 등기촉탁)

[참고문헌] 김능화, "단체의 대표자에 대한 직무집행정지·직무대행자선임의 가처분과 본안소송 등에서 그 단체를 대표할 자", 민사소송 제1권(1998); 송인권, "직무집행정지가처분의 효력 : 선임절차의 하자를 원인으로 하는 경우를 중심으로", 법조 제58권 제7호(2009); 이인수, "직무집행정지가처분의 효력", 민사판례연구 제37호(2015); 이홍주, "직무집행정기가처분으로 직무집행이 정지된 대표이사가 한 행위의 효력", 민사판례연구 제32호(2010)

Ⅰ. 본조의 의의

상법은 주식회사 및 유한회사의 이사, 감사 또는 청산인의 지위에 관해 다툼이 있을 때 일시적으로 이들의 직무수행권한을 박탈하기 위하여 법원의 가처분으로써 이들의 직무집행을 정지할 수 있도록 하는 한편, 이들의 직무공백으로 회사의 정상적인 운영이 어려워지는 일이 없도록 하기 위해 그 직무를 대신할 수 있는 직무대행자의 선임을 인정하고 있다(상법 제407조 제1항 참조). 또한 이사 등의 직무집행을 정지하거나 직무대행자를 선임하는 가처분은 법원에 의해 변경 또는 취소될 수 있다(상법 제407조 제2항). 이러한 법원의 직무집행정지 및 직무대행자선임의 가처분은 본점과 지점의 소재지에서 등기를 하도록 하고 있다(상법 제407조 제3항). 이사의 직무대행자는 가처분명령에 다른 정함이 있거나, 법원의 허가를 얻은 경우가 아니면 회사의 상무(常務)에 속하지 아니하는 행위를 하지 못하며(상법 제408조 제1항), 직무대행자가 법원의 허가없이 상무에서 벗어난 행위를 한 경우에도 회사는 선의의 제3자에 대하여 책임을 진다(상법 제408조 제2항). 이러한 내용의 이사 등의 직무집행정지 및 직무대행자의 가처분에 대해서는 상법에는 명문으로 규정되어 있었지만, 민법에는 제정당시부터 그동안 명문의 규정이 없어 민법상 법인 또는 권리능력없는 사단·재단에 대해서는 상법의 동 규정을 준용하여 운영되어 오다가,[1] 2001년에 같은 취지의 본조를 신설하게 되었다. 그리하여 민법은 본조에서 이사의 직무집행정지 및 직무대행자선임의 가처분(그 가처분의 변경·취소를 포함)에 대해서 이를 등기하도록 하고 있고, 본법 제60조의2에서는 직무대행자의 권한범위를 정하고 있다.

Ⅱ. 내용

본조는 이사의 직무집행을 정지하거나 직무대행자를 선임하는 가처분을 하거나 그 가처분을 변경·취소하는 경우에는 주사무소와 분사무소가 있는 곳의 등기소에서 이를 등기하게 함으로써 법인의 직무상 공백을 제거하면서 직무집행으로 인해 당사자와 제3자에게 예기치 못한 손해를 방지케 하고 있다. 법원이 이사에 대하여 직무의 집행을 정지하거나 그 직무를 대행할 사람을 선임하는 가처분을 하거나 그 가처분을 변경·취소한 때에는 법원사무관등은 법인의 주사무소 및 분사무소가 소재한 등기소에 그 등기를 촉탁하여야 한다(민사집행법 제306조). 본조의 등기 역시 제3자에 대한 대항요건이다. 따라서 가처분의 등기없이 법인은 종전이사의 직무가 집행정지된 사실 혹은 새로 직무대행자가 선임된 사실을 가지고 제3자에게 대항할 수 없다.

1 예컨대 서울민사지방법원 1979. 9. 8. 선고 79다카21709 판결에서는 당시 신민당 총재단의 직무집행정지가처분의 근거로 상법 제407조·제408조가 원용되었다.

제 53 조 [등기기간의 기산]

전3조의 규정에 의하여 등기할 사항으로 관청의 허가를 요하는 것은 그 허가서가 도착한 날로부터 등기의 기간을 기산한다.

[관련조문] 민법 제33조(법인설립의 등기), 제49조(법인의 등기사항), 제50조(분사무소설치의 등기), 제51조(사무소이전의 등기), 제52조(변경등기), 제157조(기간의 기산점)

[참고문헌] 김대정, "법인법개정안 해설", 법인·시효 제도 개선을 위한 민법개정안 공청회 자료집 (2010)

Ⅰ. 해설

법인의 정관기재사항 및 정관변경사항이면서 법인의 등기사항인 경우에, 등기의 변경이 유효하기 위해서는 주무관청의 허가가 있어야 한다. 이때 주무관청의 허가로부터 3주간 내에 변경등기를 하여야 하는데, 그 기산점은 주무관청의 허가가 있은 때부터가 아니라, 허가서가 도착한 날로부터 기산한다. 정확히 표현하면 초일불산입의 원칙에 의해 도착일은 산입치 아니하고 그 다음날로부터 기간이 계산된다(본법 제157조 본문). 다만 당일 오전 0시에 허가서가 도착한 경우에는 그 날을 산입한다(본법 제157조 단서).

본조는 법인설립자 또는 등기의 대표권있는 이사 등의 주소 또는 거소가 주무관청의 소재지로부터 원격지에 떨어져 있는 경우를 배려한 것이다.

Ⅱ. 민법개정안

2013년 법무부 민법개정시안에 따르면, 본조에 대해서는 다음과 같은 개정안이 제시되었다.

> 제53조(등기기간의 기산) 제50조부터 제52조까지의 규정에 따라 등기할 사항이 관청의 인가를 받아야 하는 사항인 경우에는 그 인가서가 도달한 날부터 등기의 기간을 기산(起算)한다.

개정안은 허가주의에서 인가주의로의 전환을 전제로 본조에서도 허가를 인가로 바꾸었다.

제 54 조 [설립등기 이외의 등기의 효력과 등기사항의 공고]

① 설립등기 이외의 본절의 등기사항은 그 등기후가 아니면 제삼자에게 대항하지 못한다.

② 등기한 사항은 법원이 지체없이 공고하여야 한다.

[관련조문] 제33조(법인설립의 등기), 제49조(법인의 등기사항), 제50조(분사무소설치의 등기), 제51조(사무소이전의 등기), 제52조(변경등기), 비송사건절차법 제65조의2(등기사항의 공고)

[참고문헌] 김대정, "법인법개정안 해설", 법인·시효 제도 개선을 위한 민법개정안 공청회 자료집 (2010)

Ⅰ. 해설

법인설립등기는 법인성립의 효력발생을 위한 성립요건인데 반해, 그 이외의 분사무소설치등기, 사무소이전등기 및 기타 변경등기 등은 모두 대항요건이다(본조 제1항). 즉 법인은 설립등기를 제외하고는 사무소의 이전이나 이사의 변경 등이 있을 때 이를 등기하지 않았더라도 법인내부적으로는 효력이 인정되지만, 이를 등기하지 않고서는 제3자에게 사항의 변경이 있음을 가지고 대항할 수 없다. 여기서 제3자란 법인의 기관 및 사단법인의 사원을 제외한 기타의 자를 의미한다. 제3자의 선의·악의를 가리지 않으므로 등기없이는 악의의 제3자에게도 대항할 수 없다고 새겨야 한다. 또 대항하지 못한다는 것은 법인측에서 그 등기사항을 제3자에게 주장하지 못한다는 것이지 제3자가 이를 인정하는 것은 무방하다.[1]

법원은 등기한 사항을 지체없이 공고하여야 하는데(본조 제2항), 등기사항을 신문에 1회 이상 게재하여 공고하여야 한다(비송사건절차법 제65조의2).

Ⅱ. 민법개정안

2013년 법무부 민법개정시안에 따르면, 본조에 대해서는 다음과 같은 개정안이 제시되었다.

1 장경학, 민법총칙, 법문사(1995), 354; 김용한, 민법총칙론, 박영사(1997), 168; 이영준, 민법총칙, 박영사(2007), 982.

제54조(설립등기 외의 등기의 효력) 설립등기 외의 이 장(章)의 등기사항은 등기하지 않으면 제3자에게 대항하지 못한다.

현행민법 제54조는 등기사항에 대한 법원의 공고의무를 규정하고 있으나, 등기사항을 공고하는 데는 상당한 비용이 드는 반면 실효성은 거의 없으며 등기의 전산화에 따라 누구든지 쉽게 등기사항을 열람할 수 있게 됨에 다라 등기사항의 공고는 불필요하게 되었다. 이에 개정안은 등기사항의 공고에 관한 규정을 삭제하면서, 일부 표현을 다듬었다.

제 55 조 [재산목록과 사원명부]

① 법인은 성립한 때 및 매년 3월내에 재산목록을 작성하여 사무소에 비치하여야 한다. 사업연도를 정한 법인은 성립한 때 및 그 연도말에 이를 작성하여야 한다.

② 사단법인은 사원명부를 비치하고 사원의 변경이 있는 때에는 이를 기재하여야 한다.

[관련조문] 민법 제33조(법인설립의 등기), 제40조(사단법인의 정관), 제97조(벌칙)

[참고문헌] 주석 민법, 총칙(1)(제3판), 한국사법행정학회(2002), 정환담 집필부분

Ⅰ. 재산목록

재산목록이란 당해법인에 속한 적극·소극 총재산의 종류·수량을 기재한 서면을 말한다. 본조의 취지는 법인에게 재산목록을 작성하여 사무소에 이를 비치하도록 함으로써, 법인의 재산상태를 명확하게 하고 제3자로 하여금 재산의 식별을 용이하게 하고 설립자·이사·사원 등 법인에 관여하고 있는 자들의 개인재산과 법인재산과의 혼동을 방지하며 또한 법인의 업무감독상의 편의를 위한 것으로 이해할 수 있다.

재산목록은 설립시 및 매년 초 3개월 내에 작성하여야 한다(본조 제1항 본문). 법인설립시에 작성하는 것을 기본재산목록이라 하고, 매년 3월내에 작성하는 것을 매년도재산목록이라고 한다. 한편 사업년도를 정한 법인의 경우에는 매년도재산목록을 '그 년도말'에 작성하도록 규정되어 있다(제1항 단서). 매년도재산목록은 전년도의 재산상태를 분명하게 하기 위해서 작성하는 것이므로 제1항 단서에서 '연도말'까지 작성하여야 한다는 의미는 제1항 본문에 비추어 보면 이듬해 사업년도의 최초의 3개월 내에 작성하면 되는 것으로 해석함이 타당하다. 따라서 사업년도를 매년 3월 1일부터 이듬해 2월 말일로 정한 법인의 경우에는 2월 말일까지의 재산상태를 기준으로 하여 이듬해 사업년도의 최초의 3개월 내에 해당하는 5월 말일까지 재산목록을 작성하면 된다.

재산목록의 비치장소는 사무소이며, 주사무소와 분사무소를 포함한다. 재산목록의 기재형식에 관해서는 특별한 규정이 없으므로 제3자가 법인의 재산상태를

충분히 인식할 수 있고 주무관청으로서도 재산상태를 감독함에 충분히 파악할 수 있는 정도로 작성하면 될 것이다. 재산목록의 작성·비치는 이사의 직무에 속하고 이를 태만히 하거나 부정한 기재를 한 때에는 과태료의 제재를 받게 된다(본법 제97조 제2호).

Ⅱ. 사원명부

본조가 사단법인에 대하여 사원명부를 작성·비치하도록 요구하는 이유는 그 사단법인이 어떤 사원들로 구성되어 있는가를 제3자에게 명시하여 일반 제3자가 열람할 수 있도록 하기 위해서이다. 사원명부는 총사원의 명부로서 법인의 설립시와 사원의 변경이 있을 때에 이를 기재하여야 한다(본조 제2항). 사원명부의 비치장소 또한 법인의 사무소이다. 사원명부의 작성·비치는 이사의 직무에 속하고 이를 태만히 하거나 부정기재를 하게 되면 과태료의 제재를 받게 된다(본법 제97조 제2호).

제 56 조 [사원권의 양도, 상속금지]

사단법인의 사원의 지위는 양도 또는 상속할 수 없다.

[관련조문] 민법 제40조(사단법인의 정관), 제49조(법인의 등기사항), 제449조(채권의 양도성), 제1005조(상속과 포괄적 권리의무의 승계), 상법 제335조(주식의 양도성)

[참고문헌] 김대정, "법인법개정안 해설", 법인·시효 제도 개선을 위한 민법개정안 공청회 자료집 (2010); 박상근, "사원의 제명", 사법행정 제39권 제12호(1998); 박종희, "노동조합의 통제권의 법적 기초와 사법심사의 범위", 노동법학 제9호(1999); 송호영, "소속사원에 대한 단체의 징계권에 관한 연구", 재산법연구 제26권 제2호 (2009)

Ⅰ. 사원권의 의의

사단법인(권리능력없는 사단을 포함)의 구성원이 사원이다. 사원은 사원총회라는 최고의결기관을 형성하지만, 개별사원 자체는 사단의 기관이 아니다. 그렇지만 사원은 사단법인의 존립의 기초를 이루고 있기 때문에 사원의 자격으로부터 사단에 대하여 여러 가지의 권리를 가지고 의무를 부담하는 바, 이러한 권리·의무의 총체를 사원권(Mitgliedschaft)이라고 한다.

사원권의 법적 성질에 대해서는 명확하지 않다. 그러나 사원권은 의무적인 요소도 있기 때문에 일반적인 권리개념과는 다름이 분명하며, 통상적인 재산권·가족권 또는 인격권과는 다른 속성을 가진 단체법상 특수한 권리라고 할 수 있다. 따라서 사원권은 하나의 권리(Recht)라기 보다는, 사원으로서 가지는 권리와 의무를 통일적으로 파악하여 사원의 권리·의무의 발생의 기초가 되는 사원과 사단과의 법률관계(Rechtsverhältnis) 내지 사원의 사단에 대한 법적 지위(Rechtsposition)라고 보는 것이 타당하다.[1]

1 곽윤직/김재형, 민법총칙, 박영사(2013), 202; 김증한/김학동, 민법총칙, 박영사(2013), 235; Larenz/Wolf, Allgemeiner Teil des Bürgelichen Rechts, 9. Aufl., S. 197.

Ⅱ. 사원권의 내용

위에서 본 바와 같이 사원권은 다른 일반적인 권리와는 달리 권리적인 요소와 의무적인 요소를 겸유하고 있다. 사원권의 내용은 사단법인이 영리법인인지 비영리법인인지에 따라 차이가 있을 수 있고, 사단자치에 따라 각 사단법인이 정한 정관규정에 따라 달라질 수 있음은 물론이다. 일반적으로 사원권은 다음과 같은 권리와 의무로 구성되어 있다.

1. 사원권상 권리

우선 사원에게는 사단법인의 의사형성에 참여할 수 있는 권리가 있다. 즉 사원총회참석권, 투표권(결의권), 피선거권 등이 그것이다.[2] 그 외 사원은 사단의 공적인 업무를 위임받아 수행할 수 있는 권한이 있는데, 업무집행권, 감독권 등이 그것이다. 이러한 권리들은 사원 개인의 이익보다는 사단의 이익을 함께 고려하여 행사되어야 한다는데 특징이 있다. 이들 권리를 공익권(Organschaftsrecht)이라고 한다. 그에 반해 사원은 사원개인의 이익을 위하여 법인에 대하여 일정한 권리를 행사할 수 있다. 예컨대 영리법인에 있어서 이익배당청구권, 잔여재산분배청구권, 비영리법인의 경우에 법인의 시설이용권 등이 이에 속한다. 이러한 권리를 자익권(Genussrecht)이라고 한다. 비영리법인에 있어서는 공익권이 중심적인 권리이지만, 영리법인에 있어서는 자익권이 중요하게 다루어진다. 사원의 권리는 모든 사원에게 동등하게 대우되어야 하는 것이 원칙이지만, 사단법인의 개별적인 사정에 따라 정관에서 특정의 사원에 대하여 특별한 권한을 부여하는 경우가 있다. 공로이익분배청구권이 그 예이다. 이러한 권리를 고유권(Sonderrecht)이라고 한다. 고유권에 대해서는 독일 민법 제35조에서 해당사원의 동의없이 사원총회의 결의에 의해서 침해될 수 없는 것으로 하여 고유권을 보호하고 있다. 우리 법에서도 충분히 공감할 수 있는 조문이라 할 것이다.[3]

2. 사원권상 의무

사단법인에 있어서 사원의 기본적인 의무는 영리법인의 경우는 출자의무, 비영리법인의 경우는 회비납부의무(Beitragspflicht)이다. 특히 본법 제49조 제2항은

2 ☞ 결의권에 관한 자세한 설명은 제73조 주석 참조.
3 같은 의견 이영준, 민법총칙, 박영사(2007), 971; 민법주해 Ⅰ, 총칙(1), 박영사(1992), 652(홍일표).

출자의 방법을 등기사항으로 정하고 있어서 만약 정관에 사원의 회비납부의무를 정하고 있으면, 이를 등기하여야 한다. 한편 사단법인의 정관은 일반회비납부의무 외에 특별회비납부의무와 같은 특별의무(Sonderpflicht)에 관한 규정을 둘 수 있다. 그러나 정관을 변경하여 특정한 사원에게 특별의무를 부과하고자 할 경우에는 반드시 해당사원의 동의를 필요로 한다.[4]

사단법인의 사원은 사단의 업무에 대하여 공동의 운영의무(Mitverwaltungspflicht)를 진다. 사원총회에 참석할 의무나 사단으로부터 부여된 직책의 수행의무 등이 이에 해당한다.

또한 사원은 사단법인의 목적을 훼손하지 않고 사단활동을 방해하지 아니할 일반적인 충실의무(Treupflicht)를 진다. 사단법인은 이러한 사원권상의 의무를 게을리 하거나 이를 위반한 사원에 대해서 정관에서 정한 징계조치를 취할 수 있다.[5]

Ⅲ. 사원권의 취득과 상실

1. 사원의 자격

사단법인의 구성원인 사원이 될 수 있는 자격에 관하여는 민법에 특별한 규정이 없다. 다만 본법 제40조는 사원자격의 득실에 관한 규정을 사단법인 정관의 필수적 기재사항으로 정하고 있다. 따라서 사단법인에 있어서 누가 사원이 될 수 있는지는 기본적으로 각 사단법인의 정관에서 정해지게 된다. 사원자격의 '득실'에 관하여는 정관에 규정이 있더라도 '사원자격' 자체에 대해 정관에 특별한 규정이 없는 때에는 사원으로 될 수 있는 자격에는 아무런 제한이 없는 것으로 보아야 한다. 예컨대 "본 협회의 설립취지에 동감하는 자는 가입서의 제출로 회원의 자격을 갖는다."라는 정관규정에 의하면 사원자격의 취득은 가입서의 제출로 완성되지만, 사원이 될 수 있는 자격에는 성별·연령·학력·경력 등에 아무런 제한이 없다고 보아야 한다. 사원이 될 수 있는 자른 자연인뿐만 아니라, 법인의 성격에 따라 법인이나 권리능력없는 사단도 사원이 될 수 있다. 예컨대 사단법인 전국은행연합회는 자연인인 은행업에 종사하는 자연인들이 사원이 되는 것이 아니라 은

4 Reichert, Handbuch Vereins- und Verbandsrecht, 10. Aufl., München u.a. 2005, Rz. 885. Sauter/Schweyer, Der eingetragene Verein, 16. Aufl., München 1997, Rz. 347.
5 ☞ 이에 관해서는 제1편 제3장 법인 [총설] Ⅶ. 4. 법인의 징계행위 주석 참조.

행업을 영위하는 금융기관이 사원이 된다.

2. 사원권의 취득

사원권은 사원으로 되고자 하는 자가 처음부터 사단법인의 설립에 참가하여 법인의 성립과 함께 취득할 수도 있고, 법인이 성립된 후 입사계약 또는 입회계약을 통하여 사후적으로 취득할 수도 있다. 사원으로 되려는 자가 입회신청을 한 경우 언제 사원의 지위를 취득하느냐가 문제될 수 있다. 이에 관하여 정관에 사원의 사원자격취득절차에 관한 규정(예, 이사회의 승인 등)이 있으면 그에 따르면 될 것이나, 특별한 규정이 없는 때에는 사원이 되려는 자의 가입신청과 함께 사원으로서 의무의 이행을 한 때(예, 회비의 납부)에 사원자격을 취득하는 것으로 보아야 한다.

한편 종전 사원의 사원권을 양도받거나 상속함으로써 새로운 사원이 사원권을 취득할 수 있는지가 문제된다. 이에 관하여 본조는 사단법인의 사원권의 양도나 상속을 인정하지 않고 있다. 그러나 본조의 적용에는 해석상 다음과 같은 예외가 인정된다. 첫째, 본조는 원칙적으로 공익권을 중심으로 하는 비영리법인에만 해당되고, 자익권을 주내용으로 하는 영리법인에는 해당되지 않는다(상법 제335조 참조). 둘째, 본조는 성질상 임의규정이라고 보아야 한다. 따라서 본조의 규정과는 달리 사단법인이 정관에 사원권의 양도와 상속을 인정하고 있을 때에는 양도·상속이 허용된다.[6]

3. 사원권의 상실

사원은 사원의 사망, 탈퇴, 정관에서 정한 제명, 사단의 해산 등에 의하여 사원권을 상실한다. 사원의 탈퇴(Austritt)에 관하여 민법에는 규정이 없지만, 사원은 언제든지 사단에 대한 일방적 의사표시에 의해 탈퇴를 할 수 있다. 법인의 사원이 되는 것을 일종의 입사계약이라고 한다면 탈퇴는 그 계약의 해지에 해당한다. 탈퇴는 사원의 고유한 권리이므로 정관 또는 총회의 결의에 의하여도 탈퇴를 금지할 수 없다. 참고로 독일 민법은 제39조 제1항에서 "사원은 사단으로부터 탈퇴할 권리가 있다"고 하여 이를 명시하고 있다. 다만 아무 때나 탈퇴하게 되면 법인의 존립을 위태롭게 할 수 있으므로 독일 민법 제39조 제2항은 탈퇴의 효력발생시기를 제한할 수 있도록 정하고 있다. 즉, 탈퇴는 각 업무연도의 말에 또는 해지기간

6 대법원 1992. 4. 14. 선고 91다26850 판결, 대법원 1997. 9. 26. 선고 95다6205 판결 등.

의 경과 후에 비로소 허용될 수 있음을 정관에서 정할 수 있다. 다만 이 경우에도 그 기간이 너무 길면 사원의 이익을 해할 수 있으므로, 해지기간은 최장 2년으로 하고 있다.

제명(Ausschluß)이란 사원의 의사에 반하여 그 사원의 지위를 박탈하는 것을 말하며, 사원에 대한 징계수단으로 사용된다. 제명의 경우에는 정관에 제명사유가 명확히 기재되어 있어야 하며, 다른 징계조치에 대해서 최후적·보충적으로만 행사될 수 있다. 판례도 사단법인 부산시개인택시여객운송연합회의 조합원에 대한 제명처분이 조합정관의 제명처분조항에 부합한 것인지에 대해, 제명은 조합원의 의사에 반하여 그 조합원인 지위를 박탈하는 것이므로 조합의 이익을 위하여 불가피한 경우에 최종적인 수단으로서만 인정되어야 한다고 하면서, 아울러 조합이 조합원을 제명처분한 경우에 법원은 그 제명사유의 존부와 결의내용의 당부 등을 가려 제명처분의 효력을 심사할 수 있다고 판시하였다.[7] 또한 어촌계의 계원이 정관상 제명사유에 해당하는 행위를 하였고 제명결의 외에 달리 제재할 수 있는 방법이 마련되어 있지 않더라도 제명으로 인하여 생계의 터전인 권리를 잃게 된다는 점 등의 제반 사정에 비추어 볼 때, 제명은 위 행위로 인하여 어촌계의 목적달성이 어렵게 되거나 공동의 이익을 위하여 불가피한 경우에 최종적인 수단으로서만 인정된다고 판시하였다.[8]

정관에 제명을 비롯한 사원에 대한 징계조항이 아예 없을 때, 총회의 결의로써 사원권을 박탈하거나 제한할 수 있는 지가 문제될 수 있다. 이 경우에 소수사원의 보호를 위해 총회의 결의에는 한계가 있다고 할 것이다. 총회의 다수결에 의해 이를 허용하게 되면 자칫 다수사원에 의해 소수사원의 지위가 위협받을 수 있기 때문이다. 그렇다고 정관에 그러한 조항이 없다는 이유로 법인의 존립을 위태롭게 한 사원의 지위를 그대로 유지시킨다는 것도 법인을 위해 바람직하지 않다. 이러한 경우에는 본법 제718조를 유추하여 정당한 이유가 있는 때에 한하여 다른 사원의 일치로써 제명을 비롯한 징계를 할 수 있을 것이다.

Ⅳ. 민법개정안

2013년 법무부 민법개정시안에 따르면, 본조에 대해서는 다음과 같은 개정안

7 대법원 1994. 5. 10. 선고 93다21750 판결.
8 대법원 2004. 11. 12. 선고 2003다69942 판결.

이 제시되었다.

제56조(사원권의 양도, 상속 금지) 사단법인의 사원의 지위는 양도하거나 상속할 수 없다. 다만, 정관에 달리 정한 경우에는 그러하지 아니하다.

현행민법 제56조는 사단법인의 사원의 지위는 양도하거나 상속할 수 없다고 규정하고 있다. 그렇지만 이는 임의규정이라는 것이 종래 통설과 판례의 해석이었다. 개정안을 이를 반영하여 정관에서 이를 달리 정함으로써 사원권의 양도나 상속이 가능하도록 명시하였다.

제 3 절 기관

제 57 조 [이사]

법인은 이사를 두어야 한다.

[관련조문] 민법 제689조, 상법 제382조, 제383조, 제385조, 제386조

[참고문헌] 권오복, "민법법인의 임원변경과 등기(I)", 법무사 479호(2007. 5.); 김상연, "정관에 정한 이사 해임사유의 효력", 대법원판례해설 제97호(2014년 하반기); 김진우, "재단법인의 조직과 의사결정", 법조 통권 674호(2012. 11.); 김진우, "재단법인 기관의 임면에 관한 고찰", 인권과 정의 통권 429호(2012); 김진우, "재단법인의 조직: 대륙 유럽법계에서의 논의와 한국법에의 시사점을 덧붙여", 경희법학 48권 1호(2013. 3.); 김진우, "사단법인 이사의 해임 : 대법원 2013. 11. 28. 선고 2011다41741 판결", 비교사법 Vol.22 No.2(2015); 김진우, "학교법인 이사(장)에 대한 해임결의 : 대법원 2014. 1. 17.자 2013마1801 결정", 법학논총 Vol.22 No.3, 조선대학교(2015); 김현룡, "민법상 법인의 이사나 감사의 임기가 만료된 경우 구 이사나 감사가 종전 직무를 계속 수행할 수 있는 경우", 대법원판례해설 제62호(2006 하반기); 박성수, "민법상 법인의 임원에 대한 해임청구의 소를 본안으로 하는 직무집행정지가처분", 실무논단, 서울중앙지방법원(1998); 손제희, "임기만료된 민법상 법인의 이사가 갖는 업무수행권한의 근거 및 한계", 대법원판례해설 제1호, 법원행정처(1987)

Ⅰ. 본조의 의의

법인은 독립된 권리주체이기는 하지만 자연인처럼 그 자체가 활동을 할 수 없기 때문에 법인의 의사를 결정하고 그 의사에 기하여 활동하기 위하여 일정한 조직이 반드시 필요한데, 그 조직을 기관이라고 한다. 법인의 기관을 법인의 제설에서는 법인과 구별되는 존재로서 법인의 대리인이라고 하고, 법인실재설에서는 법인의 구성부분이라고 한다. 법인의 기관은 법인의 종류에 따라 일정하지 않지만 대체로 의사결정기관, 업무집행기관, 감독기관의 3종류로 구분되고, 법률상 반드시 두어야 하는 필요기관과 그렇지 않은 임의기관으로도 구분될 수 있다.

민법이 규정하고 있는 법인의 기관은 의사결정기관인 사원총회, 업무집행기관인 이사, 감독기관인 감사가 있다. 사원총회는 사단법인에는 필요기관이지만, 재단법인에는 존재할 수 없다. 감사는 민법상 임의기관이다. 민법은 상법과 달리 이사회에 관하여는 규정하고 있지 않다.

민법 이외에 비영리법인의 설립 근거 법률인 사립학교법, 사회복지사업법, 공익법인의 설립·운영에 관한 법률 등에서는 이사, 감사 등 임원과 이사회에 관한 규정을 민법과 달리 규정하고 있다.

법인의 기관 중 이사는 대외적으로 법인을 대표하고 대내적으로 법인의 사무를 집행하는 기관으로서 사단법인이든 재단법인이든 반드시 두어야 하고, 정관 또는 사원총회의 결의로써 이사를 폐지할 수 없다. 본조는 강행규정으로서, 법인은 필요기관인 이사를 항상 두어야 하고, 이사가 없게 된 경우에는 빠른 시간 내에 보충하여야 함을 명시적으로 요구하는 규정이라고 할 수 있다.

Ⅱ. 이사의 선임

1. 이사의 자격

가. 정관에 의한 제한

이사가 될 수 있는 자격에 관하여 민법에는 아무런 규정이 없는바, 법인은 정관으로서 이사의 자격에 관하여 규정할 수 있다. 정관에 특별한 규정이 없는 경우, 사원이 아닌 자도 이사가 될 수 있다.[1]

사단법인의 정관에서 이사는 사원 중에서 선임하여야 한다는 취지를 규정하고 있는 경우, 사원인 이사가 제명 또는 그 이외의 사유로 사원의 자격을 상실하면 이사의 지위도 자동적으로 상실하는지에 관하여는 긍정하는 견해[2]가 있다. 판례는 '법인의 정관에 이사가 갖추어야 할 자격을 규정하고 있을 뿐 그 자격이 흠결된 경우의 효과 내지 취급에 관하여 아무런 규정도 두고 있지 아니하다면, 이사회의 적법한 결의를 거쳐 선임된 이사가 정관에서 정한 자격을 흠결한 것으로 사후에 밝혀진다고 하더라도, 이를 이유로 그 이사를 해임함은 별론으로 하고, 그러한 사정만으로는 이미 선임된 이사가 그 지위를 당연히 상실하게 되는 것이라고

1 강태성, 민법총칙, 대명출판사(2017), 295.
2 주석 민법, 총칙(1)(제4판), 한국사법행정학회(2010), 700(주기동).

할 수 없다'고 한다.[3]

나. 법인의 이사 자격

이사의 자격은 성질상 자연인에 한한다는 것이 민법학계의 다수설[4]이다. 상법학계에서도 법인이 주식회사의 이사가 될 수 있는지에 관하여 일부 긍정설이 있으나, 현재 다수설의 입장은 부정설이다.[5] 이에 관한 논의는 법인해산 시에 선임되는 청산인의 자격(본법 제82조)과 관련하여서도 문제가 된다.

협동조합기본법 제4조 제1항은 "협동조합 등은 법인으로 한다."고 규정하고, 제34조 제4항은 "조합원인 법인이 협동조합의 임원인 경우 그 조합원인 법인은 임원의 직무를 수행할 사람을 선임하고, 그 선임한 사람의 성명과 주소를 조합원에게 통지하여야 한다."고 규정하여, 법인도 협동조합의 임원이 될 수 있음을 명시하고 있다. 또, 자본시장과 금융투자업에 관한 법률 제197조는 투자회사는 집합투자업자인 법인이사 1인과 감독이사 2인 이상을 선임하도록 규정하고, 제198조는 투자회사를 대표하고 투자회사의 업무를 집행하는 법인이사의 업무집행에 관하여 규정하고 있다. 또한, 채무자 회생 및 파산에 관한 법률 제74조 제6항은 법인이 관리인으로 선임될 수 있음을, 채무자 회생 및 파산에 관한 법률 제355조 제2항은 법인이 파산관재인으로 선임될 수 있음을 각 규정하고 있고, 예금자보호법 제35조의8 제1항은 "법원은 공사가 보험금 지급 또는 자금지원을 하는 부보금융회사가 해산 또는 파산한 경우 지원자금 등을 효율적으로 회수할 필요가 있을 때에는 공사 또는 그 임직원을 청산인 또는 파산관재인으로 선임한다."고 규정하여 예금보험공사가 청산인이 될 수 있음을 규정하고 있다.

민법학계에서 이사가 자연인이어야만 한다는 주장에는 특별한 근거가 없다. 상법학계에서는 이사들 중에서 선정되는 대표이사는 책임의 성격상 자연인임을 전제로 하고 있으므로 법에 의하여 창조된 허구인 법인이 이사가 된다면 이 요건과 상충된다고 하거나, 위임계약은 성질상 인격, 식견, 지능, 기량 등을 신뢰하는 정신적 요소가 중요하게 고려되어야 하므로 이사는 인적 신뢰관계를 기초로 선임되어야 함은 물론이고, 이사회의 구성원으로서 능력과 개성을 전제로 선임되어야

3 대법원 2007. 12. 28. 선고 2007다31501 판결.

4 고상용, 민법총칙, 법문사(2005), 218; 김주수/김상용, 민법총칙, 삼영사(2013), 229; 김준호, 민법총칙, 법문사(2017), 142; 김증한/김학동, 민법총칙, 박영사(2013), 218; 양창수/김형석, 민법3(권리의보전과 담보), 박영사(2015), 41; 이은영, 민법총칙, 박영사(2009), 271.

5 주석 상법, 회사(3)(제5판), 한국사법행정학회(2014), 194(권재열).

하기 때문에 법인은 회사의 이사가 될 수 없다고 한다.[6]

민법학계에서의 긍정설의 입장에서는, 법률에 이사의 자격이 자연인에 한한다는 명문의 규정이 없고, 구 간접투자자산운용법에서 법인도 다른 법인의 이사가 될 수 있다고 규정하고 있으며, 프랑스, 영국, 네덜란드의 자본회사법은 법인에 의한 회사경영을 허용하고 있다는 이유를 드는 견해,[7] 독일 주식법, 유한회사법, 조합법과 달리 독일 민법에서는 이사를 자연인으로 한정하고 있지 않기 때문에 독일의 통설은 사법상·공법상 법인도 기관이 될 수 있다고 하므로 우리 민법 하에서도 법인의 이사자격을 부정할 이유는 없고, 법인이 행위능력을 가지는 이상 기관능력을 가질 수 있으며, 실제 법인이 기관구성원으로서의 역할을 하는 데에 지장이 없고,[8] 법인을 이사나 청산인으로 하는 것이 오히려 사적 자치와 기관의 직무집행의 계속성을 한층 더 담보할 수도 있다는 견해[9]가 있다.

법인이 이사가 될 수 있음을 규정한 위 각 법률이 민법상 비영리법인과 직접 관련이 있는 것은 아니지만, 특별법상 법인의 이사자격을 인정하고 있는 이상, 이를 금지하는 명문의 규정이 없는 민법 하에서 정관에서 달리 정함이 없는 한, 법인의 이사자격을 부정할 근거는 충분하지 못하다고 생각된다. 법인이 이사 또는 청산인이 되더라도 그 법인의 대표자를 통하여 이사의 사무집행이 가능할 것이므로 법인의 이사자격을 부정할 이유는 없다고 생각한다.

다. 제한능력자

제한능력자도 이사가 될 수 있는지에 관하여는, 본법 제117조에서 대리인은 행위능력자임을 요하지 않는다는 데에 근거하여, 제한능력자도 이사가 될 수 있다는 견해가 통설이다. 미성년자는 법정대리인의 동의를 얻어서 이사로 선임될 수 있고, 피한정후견인의 경우 이사취임행위가 한정후견인의 동의를 받아야 하는 행위의 범위에 포함된 경우에는 한정후견인의 동의가 필요하다.[10] 피성년후견인에 대하여는 의사능력자이면 대리인이 될 수 있다는 견해[11]도 있고, 성년후견개시의 심판이 위임관계의 법정종료사유가 되므로(본법 제690조) 이사가 될 수 없다는 견

6 주석 상법, 회사(3)(제5판), 한국사법행정학회(2014), 194(권재열).
7 강태성, 민법총칙, 대명출판사(2017), 294.
8 김진우, "재단법인의 조직과 의사결정", 법조 통권 674호(2012. 11.), 102-103.
9 김진우, "비영리(공익)법인의 소멸에 관한 몇 가지 법률문제", 외법논집 Vol.39 No.3(2015), 58-59.
10 주석 민법, 총칙(1)(제4판), 한국사법행정학회(2010), 700(주기동).
11 강태성, 민법총칙, 대명출판사(2017), 778; 민법주해 Ⅲ, 총칙(3), 박영사(1992), 187(손지열).

해[12]도 있다.

라. 파산자

파산은 위임의 종료사유가 되므로(본법 제690조) 파산자는 이사가 될 수 없다는 견해[13]가 있다. 그러나 파산자라고 하더라도 타인의 사무를 처리할 수 있음을 이유로 본법 제690조에 규정된 위임의 종료사유로서 '수임인의 파산'은 임의규정으로 해석한다.[14] 또, 본법 제127조 제2호에 규정된 대리권의 소멸사유로서 '대리인의 파산'도 파산자를 대리인으로 선임하는 데에 대한 제한사유가 아니라, 임의대리인이 대리권을 수여받은 후에 파산산고를 받음으로써 재산관리능력과 경제적 신용이 크게 저하되어 본인의 신임관계에 변동이 생긴 것에 근거한 것이라고 해석한다.[15] 따라서 본법 제690조에 근거하여 파산자는 이사가 될 수 없다는 견해는 타당하지 않다고 생각한다.

마. 외국인

비자 없이 언제라도 한국에 입국할 수 있는 외국인은 국내에 주소를 갖지 아니한 때에도 법인의 기관이 될 수 있다는 견해[16]가 있다. 특별법이나 정관의 규정이 없는 한 외국인에 대하여 이사의 자격을 제한할 근거는 없다.[17]

바. 자격정지 내지 자격상실의 형을 받은 자

자격정지 내지 자격상실의 형을 받은 자는 이사가 될 수 없다(형법 제43조, 제44조).

사. 특별법상의 제한

공익법인의 설립·운영에 관한 법률 제5조, 사립학교법 제21조, 제22조, 사회복지사업법 제19조 등은 임원의 자격, 결격사유 등에 관하여 규정하고 있는데, 위 법률상 미성년자, 피성년후견인, 피한정후견인, 파산선고를 받고 복권되지 아니한 사람 등은 임원이 될 수 없다.

12 주석 상법, 회사(3)(제5판), 한국사법행정학회(2014), 195(권재열).
13 김준호, 민법총칙, 법문사(2017), 142; 민법주해 I, 총칙(1), 박영사(1992), 657(최기원).
14 민법주해 XV, 채권(8),박영사(1997), 604(이재홍).
15 민법주해 Ⅲ, 총칙(3), 박영사(1992), 187(손지열).
16 김진우, "재단법인의 조직과 의사결정", 법조 통권 674호(2012. 11.), 104-105.
17 공익법인의 설립·운영에 관한 법률 제5조 제4항, 사립학교법 제21조, 사회복지사업법 제18조 제5항 등은 이사 중에서 외국인의 수에 관하여 규정하고 있다.

2. 이사의 수

이사의 수에 관하여는 민법에서 정하고 있지 않으므로 정관으로 정할 수 있다.[18] 하나의 법인에 수인의 이사가 있을 수 있고, 본법 제58조 제2항은 그러한 경우를 전제로 한 규정이다. 공익법인의 설립·운영에 관한 법률, 사립학교법, 사회복지사업법 등에는 이사 등 임원의 수에 관한 규정이 있다.

3. 이사의 선임

가. 정관의 필요적 기재사항

이사의 임면에 관한 사항은 정관의 필요적 기재사항이므로(본법 제40조 제5호, 제43조), 이사의 선임방법은 정관에 따른다. 사단법인의 경우는 정관에 사원총회의 결의에 의하여 선임하는 규정을 두는 것이 일반적이라고 할 수 있는데,[19] 재단법인의 경우는 설립자가 선임하는 방법, 결원이 발생한 경우에 잔존 이사들로 하여금 결원을 보충하게 하는 방법, 재단 내에 이사 선임기관을 두고 그 기관에 의하여 선출하는 방법, 재단 외부의 제3자에 의하여 선임하는 방법 등이 고려될 수 있다.[20]

판례는, '비법인사단인 주택조합에서 최초 임원은 총회에서 선출하되 결원임원은 임원회의 추천을 받아 조합장이 임명하도록 하는 내용을 규약으로 정한 경우, 그 규약에 따라 조합장에 의한 결원임원의 임명이 사단성의 본질에 반하는 것으로 볼 수 없다'고 한다.[21]

한편, 이사의 선임은 묵시적으로도 행해질 수 있다.[22]

나. 이사선임행위의 성질

종래 판례[23]는, 주식회사의 이사 및 감사의 자격취득시기와 관련하여, '이사

18 강태성, 민법총칙, 대명출판사(2017), 294.
19 민법주해 I, 총칙(1), 박영사(1992), 659(최기원)에서는 특별한 사정이 없는 한 사원총회에서 선임하는 것이 정도라고 한다.
20 김진우, "재단법인 기관의 임면에 관한 고찰", 인권과 정의 통권 429호(2012), 89.
21 대법원 1997. 1. 24. 선고 96다39721 판결.
22 김증한/김학동, 민법총칙, 박영사(2013), 218; 대법원 1970. 9. 17. 선고 70다1256 판결은 "기록을 검토하여도 원고대표자의 유임 내지 중임을 금한 규약이 있음을 발견할 수 없으므로 원고는 임기만료와 동시에 묵시적으로 ○○○을 다시 대표자로 선출하였다할 것이니, 이러한 전제 밑에서 원심이 ○○○의 대표권을 인정한 조처에는 위법이 없다."고 하였다.
23 대법원 1995. 2. 28. 선고 94다31440 판결, 대법원 2005. 11. 8.자 2005마541 결정, 대법원 2009. 1. 15. 선고 2008도9410 판결.

또는 감사의 선임에 관한 주주총회의 결의는 피선임자를 회사의 기관인 이사 또는 감사로 한다는 취지의 회사 내부의 결정에 불과한 것이므로, 주주총회에서 이사 또는 감사선임결의가 있었다고 하여 바로 피선임자가 이사 또는 감사의 지위를 취득하게 되는 것은 아니고, 주주총회의 선임결의에 따라 회사의 대표기관이 임용계약의 청약을 하고 피선임자가 이에 승낙을 함으로써 비로소 피선임자가 이사 또는 감사의 지위에 취임하여 이사 또는 감사로서의 직무를 수행할 수 있게 되는 것이므로, 주주총회에서 이사 또는 감사선임의 결의만 있었을 뿐 회사와 임용계약을 체결하지 아니한 자는 아직 이사 또는 감사로서의 지위를 취득하였다고 할 수 없다'고 하여, 이사 및 감사로 선임되기 위하여는 주주총회의 선임결의 이외에 회사와의 임용계약이 필요하다고 하였다.

그런데 대법원은 최근에 위의 견해를 변경하여 '이사·감사의 지위가 주주총회의 선임결의와 별도로 대표이사와 사이에 임용계약이 체결되어야만 비로소 인정된다고 보는 것은 이사·감사의 선임을 주주총회의 전속적 권한으로 규정하여 주주들의 단체적 의사결정사항으로 정한 상법의 취지에 배치된다.'고 하면서, '이사·감사의 지위는 주주총회의 선임결의가 있고 선임된 사람의 동의가 있으면 취득된다.'고 하였다.[24]

민법상 이사선임행위의 법적 성질에 관하여, 법인과 이사로 되는 사람 사이의 위임계약이라는 견해[25]가 있지만, 위임에 유사한 계약이라고 하는 것이 민법학계의 통설이고,[26] 사단법인의 이사를 정관에 따라 사원총회의 결의에 의하여 선임하는 경우, 사원총회의 결의에 의하여 피선임자가 곧바로 이사의 지위에 취임하는 것은 아니고, 법인과 피선임자간의 위임에 유사한 계약에 의하여 피선임자가 이사로 취임한다는 견해가 있다.[27]

상법 제382조는 주식회사의 이사를 주주총회에서 선임한다고 하면서, 이사와

24 대법원 2017. 3. 23. 선고 2016다251215 전원합의체 판결.

25 이영준, 민법총칙, 박영사(2007), 953; 김소영, 임기만료 후 후임자가 없는 비법인사단의 대표자의 업무권한범위 및 종기, 민사판례연구 31권(2009), 99.

26 강태성, 민법총칙, 대명출판사(2017), 294; 곽윤직/김재형, 민법총칙(제9판), 박영사(2013), 192; 김대정, 민법총칙, FIDES(2012), 442; 김주수/김상용, 민법총칙, 삼영사(2013), 229; 김준호, 민법총칙, 법문사(2017), 142; 김증한/김학동, 민법총칙, 박영사(2013), 218; 백태승, 민법총칙, 집현재(2016), 240; 송덕수, 민법총칙, 박영사(2016), 646; 양창수/김형석, 민법3(권리의보전과 담보), 박영사(2015), 42.

27 곽윤직/김재형, 민법총칙(제9판), 박영사(2013), 192; 주석 민법, 총칙(1)(제4판), 한국사법행정학회(2010), 702(주기동).

회사와의 관계에 관하여 민법의 위임에 관한 규정을 준용한다고 규정하고 있는 점에서, 민법상 법인의 이사에 관하여 규정하고 있는 본조와는 차이가 있다. 그러나 정관에서 사단법인의 이사를 사원총회의 결의에 의하여 선임하도록 규정하는 경우에, 피선임자가 사원총회의 결의에 의하여 이사의 지위를 취득하는 것이 아니라, 법인과 피선임자 사이에 위임에 유사한 계약이 필요하다고 해석하는 것은 이사의 선임을 사원들의 단체적 의사결정사항으로 정한 정관의 취지에 위배된다. 사단법인의 사적 자치의 원칙에 비추어 위와 같은 정관의 취지와 다른 해석을 할 근거는 없으므로, 사단법인의 경우에도 정관에 달리 정함이 없다면 사원총회의 선임결의와 피선임자의 동의에 의하여 이사의 지위를 취득한다고 보아야 한다. 법인이 이사를 선임하는 법률관계는 법인 내부적으로 조직을 구성하는 것이고 사원총회의 이사선임결의는 피선임자의 동의를 정지조건으로 하는 단독행위라고 할 수 있을 것이다.[28]

다. 주무관청의 이사취임승인

공익법인의 설립·운영에 관한 법률 제5조 제2항 및 사립학교법 제20조 제2항 등은 "임원은 주무 관청의 승인을 받아 취임한다."고 규정하고 있다.

판례는 "사립학교법 제20조 제2항에 의한 학교법인의 임원에 대한 감독청의 취임승인은 학교법인의 임원선임행위를 보충하여 그 법률상의 효력을 완성시키는 보충적 행정행위이므로 기본행위인 학교법인의 임원선임행위가 불성립 또는 무효인 경우에는 비록 그에 대한 감독청의 취임승인이 있었다 하여도 이로써 무효인 그 선임행위가 유효한 것으로 될 수는 없다."고 하면서 "기본행위인 임원선임행위의 하자를 이유로 그 선임행위의 효력에 관하여 다툼이 있는 경우 민사쟁송으로서 그 선임행위의 무효 또는 부존재확인을 구하는 것은 변론으로 하고, 기본행위의 불성립 또는 무효를 내세워 바로 그에 대한 감독청의 취임승인처분의 취소 또는 무효 확인을 구하는 것은 특단의 사정이 없는 한 소구할 법률상의 이익이 없다."고 하였다.[29] 또 '당연 무효인 이사회의 결의에 의하여 선임된 이사에 대한 주무관청의 이사취임승인처분은 그 행정처분에 중대한 하자가 있는 경우이므로 이

28 대리에 있어서 단독행위로서 수권행위와 본인과 대리인 사이의 내부관계를 발생시키는 계약을 구별하는 것과 마찬가지로, 단체법적 행위로서 이사선임행위와 법인과 피선임자 사이의 위임계약 또는 위임유사계약은 구별될 수 있을 것이다.

29 대법원 1987. 8. 18. 선고 86누152 판결, 대법원 1995. 4. 14. 선고 94다12371 판결, 대법원 2001. 5. 29. 선고 99두7432 판결 등.

에 대하여 법령에 특별히 취소사유로 규정하고 있지 아니하여도 행정청은 스스로 이를 취소할 수 있다'고 하였다.[30]

라. 등기

이사가 선임되면 주된 사무소 소재지에서 3주일 안에 이사의 성명과 주소를 등기하여야 한다(본법 제52조, 제49조 제2항 제8호). 이사의 주민등록번호도 등기사항이다(비송사건절차법 제62조).

사단법인의 정관에서 이사를 사원총회의 결의로 선임하도록 한 경우에 사원총회의 선임결의와 피선임자의 동의로써 그 피선임자가 이사의 지위를 취득한다고 보면, 그 변경등기기간의 기산일도 사원총회의 선임결의가 이루어진 날 또는 피선임자가 동의한 날 중 후일부터 기산된다고 보아야 할 것이다.

한편, 법인의 임원선임결의의 무효 또는 부존재를 이유로 임원취임등기의 무효를 주장하는 경우, 그 등기의 원인이 되는 임원선임결의의 무효 또는 부존재확인의 소를 제기하여 판결이 확정되면 그 판결을 첨부하여 관할 등기소에 임원선임등기의 말소를 신청할 수 있으므로, 임원선임결의의 무효 또는 부존재확인의 소와 별도로 법인을 상대로 임원취임등기의 무효 확인을 구하는 소는 임원취임에 관한 분쟁을 근본적으로 해결하는 가장 유효·적절한 수단이라고 볼 수 없어서 확인의 이익이 없다.[31]

4. 법인과 이사와의 법률관계

본법 제61조는 "이사는 선량한 관리자의 주의로서 직무를 행하여야 한다."고 규정하고, 민법에는 상법 제382조 제2항과 같은 규정이 없다.

판례는, 민법상 법인과 그 이사와의 관계는 위임자와 수임자의 법률관계와 같은 것이라고 하거나,[32] 법인과 이사의 법률관계는 신뢰를 기초로 한 위임 유사의 관계로 볼 수 있다고 한다.[33] 정관에 달리 정함이 없으면 법인과 이사 사이의 법률관계에는 위임에 관한 규정(본법 제682조 이하)이 준용되는바, 이는 이사의 임기만료, 사임, 해임, 기타 직무의 종료에 대하여도 동일하다.[34]

30 대법원 1987. 3. 24. 선고 85누973 판결, 대법원 1988. 3. 22. 선고 85누884 판결.
31 대법원 2006. 11. 9. 선고 2006다50949 판결.
32 대법원 1996. 12. 10. 선고 96다37206 판결.
33 대법원 2013. 11. 28. 선고 2011다41741 판결 등.
34 양창수/김형석, 민법3(권리의보전과 담보), 박영사(2015), 42.

Ⅲ. 이사의 종임

1. 서론

이사의 임면에 관한 사항은 정관의 필요적 기재사항이므로(본법 제40조 제5호, 제43조), 이사의 종임, 즉 임기만료, 사임, 해임 등에 관하여는 정관에 정함이 있으면 그에 따라야 하지만, 정관에 정함이 없는 부분에 대하여는 민법의 위임에 관한 규정이 준용된다.[35]

2. 임기만료

가. 임기

민법에는 이사의 임기에 관하여 아무런 규정이 없다. 정관에 이사의 임기에 관한 규정이 있는 경우에는 그 임기가 만료함으로써 이사는 퇴임한다. 정관에 임기에 관한 규정이 없는 경우에는 법인과 이사 사이에 위임 유사의 관계가 존속하는 한 이사의 지위는 존속한다.

나. 임기의 만료

사단법인의 정관에서 사원총회의 결의에 의하여 이사를 선임하도록 한 경우에 사원총회의 선임결의와 피선임자의 동의에 의하여 이사의 지위를 취득한다고 보면, 그 임기의 기산일도 사원총회의 선임결의가 이루어진 날 또는 피선임자가 동의한 날 중 후일부터 기산되어, 임기로 정해진 기간의 말일이 종료하는 때에 임기가 만료된다. 임기가 만료된 이사가 임기만료와 동시에 다시 이사로 재임된 경우에도 이사의 임기가 연장되는 것이 아니라 일단 퇴임한 후에 다시 선임되는 것으로 보아야 하므로, 퇴임등기와 선임등기를 별도로 하여야 한다.[36]

3. 사임

가. 위임유사관계의 해지

법인과 이사와의 법률관계는 위임 유사의 관계이므로 원칙적으로 이사는 언제든지 위임유사계약을 해지하여 사임할 수 있다(본법 제689조 제1항). 사임은 이와 같은 위임유사계약관계의 해지의 성질을 갖는 것으로서, 법인에 대한 일방적 의

35 강태성, 민법총칙, 대명출판사(2017), 295; 곽윤직/김재형, 민법총칙(제9판), 박영사(2013), 193.
36 민법주해 I, 총칙(1), 박영사(1992), 661(최기원).

사표시에 의하여 그 효력이 발생하고, 법인의 승인,[37] 이사회의 결의 또는 관할관청의 승인이 있어야 하는 것은 아니다.[38]

나. 방식 및 효력발생시기

사임의 의사표시는 일정한 방식을 필요로 하는 것은 아니지만, 의사표시의 상대방은 그 의사표시를 수령할 수 있는 권한을 가진 법인의 기관이어야 한다. 정관에 이사의 사임절차나 사임의 효력이 발생하는 시기 등에 관한 규정이 있는 경우에는 사임의 의사표시가 법인의 대표자에게 도달한 것에 의하여 곧바로 사임의 효력이 발생하는 것은 아니고, 정관에서 정한 바에 따라 사임의 효력이 발생한다.[39]

다. 사임의사의 철회

사임은 상대방 있는 단독행위이므로 정관에 달리 정함이 없는 한, 그 의사표시가 상대방에게 도달함과 동시에 효력이 발생하고, 그 의사표시의 효력이 발생한 후에는 마음대로 철회할 수 없음이 원칙이다. 다만, 사임서 제출 당시 즉각적인 철회권유로 사임서 제출을 미루거나, 대표자에게 사임서의 처리를 일임하거나, 사임서의 작성일자를 제출일 이후로 기재한 경우 등 사임의 의사가 즉각적이라고 볼 수 없는 특별한 사정이 있을 경우에는, 별도의 사임서 제출이나 대표자의 수리행위 등이 있어야 사임의 효력이 발생하므로 그 이전에 사임의 의사를 철회할 수 있다.[40] 정관에 이사의 사임절차나 그 의사표시의 효력이 발생하는 시기 등에 관하여 특별한 규정이 있는 경우에는 정관의 규정에 따라 사임의 효력이 발생하기 전에는 사임의 의사를 자유롭게 철회할 수 있다.[41]

라. 등기

이사가 사임하면 3주일 안에 그 변경등기를 하여야 한다(본법 제52조). 정관에

37 대법원 1992. 7. 24. 선고 92다749 판결.

38 대법원 2003. 1. 10. 선고 2001다1171 판결.

39 대법원 2008. 9. 25. 선고 2007다17109 판결.

40 대법원 2006. 6. 15. 선고 2004다10909 판결, 대법원 1993. 9. 14. 선고 93다28799 판결은 "피고재단의 이사이던 A가 이사회에 즈음하여 정당한 이사인 원고와 B에게 이사직사임서를 제시하고 이사직에서 사임할 뜻을 밝혔으나 원고의 묵시적인 동의 아래 B의 철회권유를 받고 곧바로 개최된 이사회에 참여하였다가 그 회의가 끝난 후 사임서를 다시 제출하고 피고 재단을 떠난 이상 그 이사직을 사임한다는 의사표시의 표시행위는 당해 이사회결의가 끝난 때까지는 완료되지 않았다."고 한 원심의 판단을 수긍하였다.

41 대법원 2008. 9. 25. 선고 2007다17109 판결.

달리 정함이 없는 한 사임의 효력이 발생하는 시점은 사임의 등기를 한 때가 아니라, 사임의 의사표시가 법인의 권한 있는 기관에 도달한 때이다. 다만, 사임의 등기가 되기 전에는 이사의 사임으로써 제3자에게 대항할 수 없다(본법 제54조 제1항).

마. 이사의 손해배상책임

이사가 부득이한 사유 없이 법인에 불리한 시기에 사임하는 때에는 이로 인하여 법인에게 발생하는 손해를 배상하여야 한다(본법 제689조 제2항).

4. 해임

가. 해임사유

1) 상법 제385조 제1항은 언제든지 주주총회의 특별결의에 의하여 이사를 해임할 수 있다고 규정하고 있다. 민법에는 상법과 달리 이사의 해임에 관하여 아무런 규정이 없으므로 법인이 이사를 일방적으로 해임할 수 있는지가 문제로 된다.

학설상으로는 정관에 이사의 해임에 관하여 정함이 없는 경우에도 위임에 관한 규정(본법 제689조 제1항)을 준용하여 법인이 일방적으로 해임할 수 있다는 견해,[42] 위임에서 인정되는 상호해지의 자유는 법인의 계속성에 비추어 유추적용할 수는 없고 부득이한 사유가 있을 때에만 해임할 수 있다는 견해,[43] 사단법인의 경우는 상호해지의 자유가 인정될 수 있으나 학교법인을 비롯한 재단법인에 대하여는 합리적이고 실체적인 사유가 있는 경우에만 해임할 수 있다는 견해[44]가 대립되어 있다.

판례는 정관에 이사에 대한 해임사유 및 절차를 규정하고 있는 경우와 그러한 규정을 두지 않은 경우를 구별하고 있다. 즉, 정관에 이사에 대한 해임사유 및 절차에 관한 규정이 없는 경우는, 법인과 이사의 법률관계는 신뢰를 기초로 한 위임 유사의 관계이고 위임계약은 원래 해지의 자유가 인정되어 쌍방 누구나 정당한 이유 없이도 언제든지 해지할 수 있으며, 다만 불리한 시기에 부득이한 사유 없이 해지한 경우에 한하여 상대방에게 그로 인한 손해배상책임을 질 뿐이라고 한다.[45] 반면, 정관에 이사의 해임사유 및 절차 등을 따로 정한 경우는, 그러한 규

42 양창수/김형석, 민법3(권리의보전과 담보), 박영사(2015), 42.
43 민법주해 Ⅰ, 총칙(1), 박영사(1992), 663(최기원).
44 김진우, "학교법인 이사(장)에 대한 해임결의 : 대법원 2014. 1. 17.자 2013마1801 결정", 법학논총 Vol.22 No.3, 조선대학교(2015), 708.
45 대법원 2014. 1. 17.자 2013마1801 결정.

정은 법인과 이사와의 관계를 명확히 함은 물론 이사의 신분을 보장하는 의미도 아울러 가지고 있어서 이를 단순히 주의적 규정으로 볼 수는 없으므로 법인으로서는 이사의 중대한 의무위반 또는 정상적인 사무집행 불능 등의 특별한 사정이 없는 이상, 정관에서 정하지 아니한 사유로 이사를 해임할 수는 없다고 한다.[46]

2) 정관에 해임사유 및 절차가 규정되어 있는 경우에도 이사의 중대한 의무위반 또는 정상적인 사무집행 불능의 특별한 사정이 있는 경우에는 정관의 규정과 상관없이, 즉 정관에서 종신이사의 자격을 부여한 이사에 대하여도 해임할 수 있다. 따라서 정관에 규정된 이사의 해임사유는 이사에 대한 해임을 제한하기는 하지만 예시적 의미를 갖는 것이라고 할 수 있다.[47]

이사가 지위 내지 권한을 자신이나 제3자의 경제적 이익을 위하여 남용한 경우, 법령·정관·사단 내부의 결의에 위반한 경우 등은 중대한 의무위반에 해당될 수 있다. 직무집행을 불가능하게 하는 고질적인 질병 또는 장기간의 해외체류 등은 정상적인 직무집행 불능에 해당될 수 있다.[48] 또한 개별사안에서 중대한 의무위반 또는 정상적인 사무집행 불능의 개념에 포섭될 수 없는 중대한 사유, 예를 들어 개인적인 사유로 법인의 명예를 현저히 훼손하거나 법인에 대한 신뢰를 떨어뜨린 행위, 이사들 사이에 협력을 기대할 수 없을 정도의 불화가 있어서 법인의 목적달성이 위태로운 지경에 이른 경우 등도 해임사유가 될 수 있다.

나. 해임권한

이사에 대한 해임 권한은 정관에 달리 정함이 없는 경우에는 이사의 선임기관에 있다.[49] 독일 민법 제27조 제1항과 제40조는 정관에 달리 정함이 없는 경우

46 대법원 2013. 11. 28. 선고 2011다41741 판결, 대법원 1979. 6. 26. 선고 78다1546 판결은 "권리능력 없는 사단에 해당하는 대한불교조계종은 종교단체로서의 특수성이 있어서 대표자인 종정은 그 사단의 최고집행기관일 뿐만 아니라 상징적·정신적 최고지도자로서 그 사단에 있어서는 최고의 존엄성이 부여되는 지위에 있음을 알 수 있으므로 이러한 종정의 지위는 일반사단에 있어서의 대표자의 지위와는 다른 점이 있음을 부인할 수 없어서, 일반사단에 있어서 그 정관에 대표자의 해임에 관하여 규정한 바가 없다 하더라도 그 선임기관이 아무 제한 없이 대표자를 해임할 수 있는 것과는 달리, 조계종의 정관에 해당하는 종헌에서 종정을 해임할 수 있도록 정해진 경우 외에는 종정 선임기관이라 하더라도 함부로 종정을 해임할 수는 없다 할 것이고, 다만 종정에게 중대한 과오가 있어서 이를 그대로 방치하면 종단의 존립이 위태롭게 될 만한 특수한 사정이 있는 경우에 한하여 예외적으로 그 해임이 가능하다고 봄이 타당하다."고 하였다.

47 김진우, "사단법인 이사의 해임 : 대법원 2013. 11. 28. 선고 2011다41741 판결", 비교사법 Vol.22 No.2(2015), 767.

48 김진우, "사단법인 이사의 해임 : 대법원 2013. 11. 28. 선고 2011다41741 판결", 비교사법 Vol.22 No.2(2015), 767-768.

49 민법주해 I 총칙(1), 박영사(1992), 664(최기원); 日本 註釋民法(2), 총칙(2), 364(藤原弘道).

이사회의 선임은 총회의 결의에 의한다고 규정하고 있으므로 정관에 달리 규정이 없는 한 이사회에서 이사를 해임할 수는 없고, 일본의 일반사단법인 및 일반재단법인에 관한 법률 제63조 제1항, 제70조 제1항도 비영리사단의 경우 이사, 감사 등 임원에 대한 임면권은 총회에 있다고 규정하고 있다. 우리 민법에 이와 같은 규정은 없지만, 사단법인의 경우 정관에 달리 정함이 없는 한 최고의사결정기관인 총회가 이사에 대한 해임권한을 갖는다고 해야 할 것이라는 견해[50]가 있다.

정관에 정한 이사의 선임기관이외에도 이사를 해임할 수 있는 기관이 있을 수 있는가. 예를 들어 사단법인의 정관에 이사회가 이사의 선임기관으로 되어 있는 경우에, 사원총회도 해임권한을 가질 수 있는지가 문제로 된다. 이에 대하여는 정관에서 최고의사결정기관이 아닌 다른 기관에 권한을 넘긴 사항에 관하여는 오로지 그 기관만이 권한을 갖고 다른 기관은 전혀 권한을 갖지 않는다고 해석되어야 하고, 이사의 선임권한은 없는 사원총회가 해임권한만 있다고 해석할 근거도 없으므로 부정적으로 해석하는 것이 타당하다.[51]

한편, 재단법인에서 설립자에게 이사에 대한 임의해임권을 부여한 정관의 규정은 독립한 법인격체인 재단의 자치를 보장할 수 없게 되므로 효력이 없다고 보아야 한다.[52]

다. 해임의 효력발생시기

학설은 법인과 이사와의 관계는 위임 유사의 계약관계로서 해임은 그 위임 유사관계의 해지의 성질을 갖는 것이고, 사원총회 또는 이사회의 해임결의는 법인의 내부적 의사표시에 불과하므로 그러한 결의에 의하여 즉시 해임의 효력이 발생하는 것이 아니라, 해임의 의사표시가 이사에게 도달하여야 비로소 효력이 발생한다고 한다.[53] 일본 판례는 주식회사의 대표이사의 해임에 관하여, 이사의 해임결의는 회사의 대표기관인 지위를 박탈하는 것이고 이에 의해 기관인 지위가 상실되는 효과로서 그 대표권한도 당연 소멸하는 것이며 해임결의가 된 것을 고

50 김진우, "사단법인 이사의 해임 : 대법원 2013. 11. 28. 선고 2011다41741 판결", 비교사법 Vol.22 No.2(2015), 770.

51 민법주해 Ⅰ, 총칙(1), 박영사(1992), 664(최기원); 日本 註釋民法(2), 총칙(2), 364(藤原弘道).

52 김진우, "학교법인 이사(장)에 대한 해임결의 : 대법원 2014. 1. 17.자 2013마1801 결정", 법학논총 Vol.22 No.3, 조선대학교(2015), 707.

53 김진우, "사단법인 이사의 해임 : 대법원 2013. 11. 28. 선고 2011다41741 판결", 비교사법 Vol.22 No.2(2015), 775; 민법주해 Ⅰ, 총칙(1), 박영사(1992), 664(최기원); 日本 註釋民法(2), 총칙(2), 364(藤原弘道).

지함으로써 해임의 효과가 발생하는 것은 아니라고 하였다.[54] 정관에 사원총회 또는 이사회의 결의에 의하여 이사를 해임하도록 규정하면서 달리 해임절차에 관한 규정이 없다면, 이사선임의 경우와 마찬가지로 별도의 해임의 의사표시 없이 사원총회 또는 이사회의 결의에 의하여 이사의 지위는 상실한다고 보는 것이 타당하다.

라. 등기

이사를 해임한 경우에도 등기하여야 한다(본법 제52조). 이 등기를 마치지 않으면 제3자에게 대항하지 못한다(본법 제54조 제1항). 따라서 해임당한 이사에 대한 말소등기를 하지 않고 있는 동안에 그 이사가 한 직무행위에 대해서는 제3자에게 대표권의 소멸을 주장할 수 없다. 즉 그 행위는 법인에 대하여 효력이 있다.[55]

마. 법인의 손해배상책임

해임으로 지위를 상실한 이사는 본법 제689조 제2항을 유추적용하여 부득이한 사유 없이 해임당한 경우에는 손해의 배상을 청구할 수 있고, 그 손해액은 통상 임용계약상의 남은 기간에 해당하는 보수가 될 것이다.[56]

바. 이사해임의 소의 허용 여부

판례는, 기존 법률관계의 변경·형성의 효과를 발생함을 목적으로 하는 형성의 소는 법률에 특별한 규정이 있는 경우에 한하여 허용된다고 전제한 다음, 학교법인 ○○○학원의 이사장인 피신청인에 대하여 이사들의 불법 선임, 파행적인 학교 경영, 부당한 학사행정 간여, 정관의 불법 변조, 교단의 분열 촉진, 건축헌금의 용도 외 지출 등의 불법행위를 이유로 그 해임을 청구하는 소송은 형성의 소에 해당하고, 이를 허용하는 법적 근거가 없으므로 이를 피보전권리로 하는 피신청인에 대한 직무집행정지 및 직무집행대행자선임의 가처분은 허용되지 아니한다고 한 원심의 판단을 긍정하였다.[57]

54 日最判 1966. 12. 20.(判例タイムズ 202号 115頁).

55 강태성, 민법총칙, 대명출판사(2017), 296; 명순구, 민법총칙, 법문사(2007), 227; 백태승, 민법총칙, 집현제(2016), 241.

56 김진우, "사단법인 이사의 해임 : 대법원 2013. 11. 28. 선고 2011다41741 판결", 비교사법 Vol.22 No.2(2015), 776.

57 대법원 1997. 10. 27.자 97마2269 결정, 대법원 2001. 1. 16. 선고 2000다45020 판결.

5. 임기만료·사임한 이사의 직무수행권

가. 서론

상법 제386조 제1항은 "법률 또는 정관에 정한 이사의 원수(員數)를 결한 경우에는 임기의 만료 또는 사임으로 인하여 퇴임한 이사는 새로 선임된 이사가 취임할 때까지 이사의 권리의무가 있다."고 규정하고 있다. 민법은 위와 같은 규정을 두고 있지 않다. 그러나 비영리법인에서도 이사의 임기 만료 또는 이사의 사임 후에 후임이사가 선임되지 아니하거나 이사의 수가 부족하여 정상적인 법인의 활동에 장애가 있는 경우가 있다.

판례는 "민법상 법인과 그 기관인 이사와의 관계는 위임자와 수임자의 법률관계와 같은 것으로서 이사의 임기가 만료되면 일단 그 위임관계는 종료되는 것이 원칙이나, 그 후임이사 선임 시까지 이사가 존재하지 않는다면 기관에 의하여 행위를 할 수밖에 없는 법인으로서는 당장 정상적인 활동을 중단하지 않을 수 없는 상태에 처하게 되고, 이는 본법 제691조에 규정된 급박한 사정이 있는 때와 같이 볼 수 있다."고 하면서,[58] "민법상 법인의 이사 전원 또는 그 일부의 임기가 만료되었음에도 불구하고 그 후임이사의 선임이 없거나 또는 그 후임이사의 선임이 있었다고 하더라도 그 선임결의가 무효이고, 임기가 만료되지 아니한 다른 이사로는 정상적인 법인의 활동을 할 수 없는 경우, 임기가 만료된 구 이사로 하여금 법인의 업무를 수행케 함이 부적당하다고 인정할 만한 특별한 사정이 없는 한, 구 이사나 감사는 후임이사가 선임될 때까지 종전의 직무를 수행할 수 있다."고 한다.[59] 이사가 사임한 경우에도 동일한 법리가 적용된다.[60]

임기가 만료되거나 사임한 이사의 위와 같은 직무수행권은 그 이사가 아니고서는 법인이 정상적인 활동을 중단할 수밖에 없는 급박한 사정이 있는 경우에 한정되는 것이고, 그 이사를 제외한 다른 이사들로서 정상적인 법인의 활동을 할 수 있는 경우에는 구태여 임기가 만료되거나 사임한 이사로 하여금 이사로서의 직무

58 대법원 1982. 3. 9. 선고 81다614 판결 등.

59 대법원 1998. 12. 23. 선고 97다26142 판결 등.

60 대법원 1996. 12. 23. 선고 95다40038 판결 등. 한편, 대법원 2003. 1. 10. 선고 2001다1171 판결은 학교법인의 정관에 이사장 궐위 시 이사회 소집절차나 이사장 직무대행자의 선출에 관한 규정이 준비되어 있고, 이사 정수 15명 중 과반수인 8명의 이사가 잔존하는 이상 그들만으로도 정상적인 법인의 활동을 할 수 있으므로 사임한 구 이사장으로 하여금 이사장 또는 이사로서의 직무를 계속 행사하게 할 필요는 없다고 판단한 원심을 수긍하였다.

를 계속 행사케 할 필요는 없으므로 그 이사는 임기만료나 사임으로 당연히 퇴임한다.[61] 법인의 정상적인 활동이 가능한지 여부는 당해 이사의 임기만료시를 기준으로 판단하여야 하고 그 이후의 사정까지 고려할 수는 없다.[62] 또 구 사립학교법(2005. 12. 29. 법률 제7802호로 개정되기 전의 것)상의 임시이사가 선임되기 전에 적법하게 선임되었다가 퇴임한 최후의 정식이사인 종전이사에게는 본법 제690조의 유추적용에 의한 긴급처리권이 없다.[63]

한편, 임기가 만료된 이사가 적법한 후임이사의 선임 시까지 이사로서의 종전의 직무를 계속하여 수행하는 경우에는 그의 직무수행을 배제하고 현재의 임원을 확정하기 위하여 그 이사를 이사로 선임한 당초 이사회결의의 무효 확인을 구할 법률상 이익이 있다.[64]

나. 전임이사의 직무수행권을 인정하기 위한 요건

판례에 따르면, 임기가 만료되거나 사임한 이사의 직무수행권을 인정하기 위하여서는 ① 이사가 없거나 다른 이사들만으로는 정상적인 법인의 활동을 계속할 수 없을 것, ② 임기가 만료된 이사 또는 사임이사에게 업무를 수행케 함에 있어 부적당하다고 인정될 특별한 사유가 없을 것 등의 요건이 충족되어야 한다.

구체적으로 보면, ① 의 요건에는 후임이사의 선임이 없거나 선임이 있었다 하더라도 무효인 경우,[65] 학교법인에 있어서 이사취임승인 취소처분이 있는 경우,[66] 이사의 결원은 없으나 질병, 장기간 부재, 구금 등 사실상·법률상 원인으로 사무를 집행할 수 없는 경우 등의 사유[67]가 해당된다.

② 의 요건과 관련하여, 판례는 법인이 행정관청의 허가를 취소당하여 청산절차가 진행 중인데 이사가 범죄행위로 인하여 수감 중이어서 이사로서의 업무를 수행하는 것이 불가능한 경우,[68] 임기만료 또는 사임으로 인하여 퇴임한 경우가

61 대법원 1996. 12. 23. 선고 95다40038 판결(이사장이 사임하였을 경우에 대비한 이사회의 소집이나 이사장직무대행자의 선출절차가 정관에 준비되어 있는 재단법인의 경우는 사임한 이사장이 직무를 계속 수행하지 아니하고서는 재단법인의 정상적인 활동이 중단될 수밖에 없는 급박한 상태에 있다고 볼 수 없다.)

62 대법원 2014. 1. 17.자 2013마1801 결정.

63 대법원 2007. 5. 17. 선고 2006다19054 전원합의체 판결.

64 대법원 1998. 12. 23. 선고 97다26142 판결.

65 대법원 2005. 3. 25. 선고 2004다65336 판결.

66 대법원 2007. 7. 19. 선고 2006두19297 전원합의체 판결.

67 민법주해 Ⅰ, 총칙(1), 박영사(1992), 689(최기원).

68 대법원 2005. 3. 25. 선고 2004다65336 판결.

아니라 취임승인이 취소된 상태에서 그 임기가 만료된 경우에 그 취임승인의 취소가 무효가 아닌 경우,[69] 비법인사단인 재건축조합에서 임기만료된 대표자가 위법하여 무효인 대의원회 결의를 구실로 연임되었다고 주장하면서 직무를 계속 수행하는 데에 대하여 다른 구성원들이 이의를 제기하면서 그 직무수행의 금지를 구하는 소송을 제기하였고 이미 임기만료 후 몇 년의 장기간이 지나간 경우[70] 등을 임기가 만료되거나 사임한 이사에게 업무를 수행케 함이 부적당한 특별한 사유로서 인정하고 있다.

다. 전임이사의 직무수행권의 행사 범위

임기가 만료되거나 사임한 이사, 즉 전임이사의 업무수행권의 범위가 문제로 된다. 판례는, 전임이사의 직무수행권은 법인이 정상적인 활동을 중단하게 되는 처지를 피하기 위하여 보충적으로 인정되는 것이라고 하면서,[71] 그 직무수행권의 범위는 급박한 사정을 해소하기 위하여 그로 하여금 직무를 수행하게 할 필요가 있는지를 개별적·구체적으로 가려 인정할 수 있는 것이지, 임기만료 후 후임자가 아직 선출되지 않았다는 사정만으로 당연히 포괄적으로 부여되는 것이 아니라고 한다.[72]

판례상으로 전임이사의 직무수행권이 인정되는 경우는, 구 주택건설촉진법에 의하여 설립된 재건축조합의 사임한 재건축조합장이 조합장 변경 인가나 직무대행자 선임이 되지 않은 상태에서 정관에 따라 행한 총회소집,[73] 재단법인의 임기만료된 이사가 적법한 절차에 의하여 이사회에서 한 후임이사의 선임결의,[74] 임기만료된 이사가 직무수행의 일환으로 임기가 만료된 이사장이나 이사 또는 그 후임이사장이나 이사를 선임한 이사회결의의 하자를 주장하여 그 무효 확인의 소제기 행위,[75] 의료법인에서 임기만료 등으로 생긴 결원을 충원하기 위한 이사회를 소집, 결의한 행위[76] 등이 있다. 또한 판례는 '학교법인에서는 민법상 재단법인과

69 대법원 2003. 3. 14. 선고 2002두10568 판결.
70 대법원 2003. 7. 8. 선고 2002다74817 판결.
71 대법원 1982. 3. 9. 선고 81다614 판결 등.
72 대법원 2003. 7. 8. 선고 2002다74817 판결 등.
73 대법원 1996. 1. 26. 선고 95다40915 판결, 대법원 1996. 10. 25. 선고 95다56866 판결.
74 대법원 1963. 4. 18. 선고 63다15 판결.
75 대법원 1998. 12. 23. 선고 97다26142 판결, 대법원 2001. 7. 27. 선고 2000다56037 판결은 "종중의 전임회장은 그 임기만료 이후로도 직무수행의 일환으로서 별도의 회장을 선임한 총회 결의의 하자를 주장하여 그 무효 확인을 구할 법률상의 이익이 있다."고 하였다.
76 대법원 2010. 6. 24. 선고 2010다2107 판결.

마찬가지로 이사를 선임할 수 있는 권한은 이사회에 있으므로 임기가 만료된 이사들의 참여 없이 후임 정식이사들을 선임할 수 없는 경우, 임기가 만료된 이사들이 긴급처리권에 의하여 후임 정식이사들을 선임할 권한도 보유한다'고 하였다.[77]

반면, 전임이사의 직무수행권의 범위를 벗어난 행위의 예로는, 별다른 급박한 사정도 없이 임기만료 전의 현임이사를 해임하고 그 후임자를 선임하기 위한 이사 및 평의원 연석회의를 스스로 소집하여 이를 제안한 경우,[78] 사임한 회장이 법인의 업무용 기본재산을 처분한 경우,[79] 이미 이사회의 결의에 의하여 새로운 임원진이 구성되었음에도 별다른 급박한 사정도 없이 그 구성을 변경하기 위한 임시이사회를 스스로 소집한 경우[80] 등이 있다.

라. 전임이사의 직무수행권의 종기

임기가 만료되거나 사임한 이사의 긴급처리권에 기한 직무수행권의 종기는 후임이사가 실제로 선임될 때까지이다.[81] 따라서 후임이사가 선임되지 않은 이상 임기만료 후 상당한 기간이 지났다거나 전임이사가 통상업무의 범위에 속하지 아니한 업무를 수행하였다는 사정만으로는 전임임사의 직무수행권이 당연히 소멸하는 것은 아니다. 그러나 후임이사가 유효하게 선임된 경우는 그 선임의 효력을 둘러싼 다툼이 있다고 하여 그 다툼이 해결되기 전까지 후임이사에게는 직무수행권한이 없고 임기가 만료된 구 이사만이 직무수행권한을 가진다고 할 수는 없다.[82]

77 대법원 1967. 2. 21. 선고 66다1347 판결, 대법원 2007. 7. 19. 선고 2006두19297 전원합의체 판결.
78 대법원 1982. 3. 9. 선고 81다614 판결.
79 대법원 2003. 3. 14. 선고 2001다7599 판결.
80 대법원 1997. 6. 24. 선고 96다45122 판결.
81 대법원 2007. 6. 15. 선고 2007다6307 판결(비법인사단인 입주자대표회의에서 회장의 임기가 만료되고 상당한 기간 동안 후임 회장이 선출되지 아니하였다는 사정이나, 입주자대표회의가 신의칙에 위반되는 행위를 하였다거나, 그 대표자가 통상업무에 속하지 아니하는 업무를 수행하였다는 등의 사정이 있다고 하더라도 그것만으로 대표권이 당연히 소멸되거나 정지되는 것이라고 할 수 없다).
82 대법원 2006. 4. 27. 선고 2005도8875 판결.

제 58 조 [이사의 사무집행]

① 이사는 법인의 사무를 집행한다.

② 이사가 수인인 경우에는 정관에 다른 규정이 없으면 법인의 사무집행은 이사의 과반수로써 결정한다.

[관련조문] 민법 제55조, 제69조, 제76조, 제79조, 상법 제390조, 제391조

[참고문헌] 김진우, "재단법인의 조직과 의사결정", 법조 통권 674호(2012. 11); 안성포, "비영리법인의 지배구조", 법학논총 28집, 단국대학교 부설 법학연구소(2005)

Ⅰ. 본조의 의의

우리 민법은 이사의 사무집행권과 대표권을 별개의 조문에서 규정하고 있다. 학계에서도 이사의 직무권한을 본조의 내부적인 사무집행권과 본법 제59조의 대외적인 대표권으로 구분하여 설명하는 것이 통설이다. 본조는 법인의 업무집행기관으로서 필요기관인 이사의 사무집행권을 규정하고 있다. 법인의 이사가 1인인 경우에는 단독으로 모든 사무를 집행할 수 있으나, 이사가 2인 이상인 경우에는 이사들 사이에 의견의 대립이 있을 수 있다. 본조는 법인의 이사가 2인 이상인 경우에 정관에 다른 규정이 없으면 원칙적으로 일반적인 다수결의 원리를 도입하여 과반수의 결정에 따라 사무집행을 하도록 규정하고 있다.

Ⅱ. 이사의 사무집행의 범위

사무집행이란 법인의 목적달성을 위하여 직접 또는 간접으로 필요한 모든 법률적·사실적 사무의 처리를 의미한다. 이사의 사무집행의 범위는 법인 설립의 근거가 된 법령과 정관에서 정한 법인의 목적에 의하여 결정된다. 그 외에도 사단법인에서는 사원총회의 결의에 의하여 이사의 사무집행의 범위가 정하여 질 수도 있다.

이사는 법인의 모든 사무를 집행할 권한이 있으나, 정관에서 담당업무를 각

이사별로 지정한 경우에는 각 이사의 사무집행권은 그 업무에 제한된다.[1]

민법에서 예시적으로 규정하고 있는 이사의 사무집행으로서는, ① 법인의 등기(제50조~제52조), ② 재산목록과 사원명부의 작성·비치(제55조), ③ 총회의 소집(제69조, 제70조), ④ 총회회의록의 작성(제76조), ⑤ 파산의 신청(제79조), ⑥ 청산인이 되는 것(제82조) 등이다. 이사가 위 각 사무집행을 해태하는 경우에 과태료에 처해진다.[2]

Ⅲ. 이사가 수인인 경우의 사무집행 방법

본조 제2항에서 이사가 수인인 경우에 정관에 다른 정함이 없으면 법인의 사무집행은 과반수로써 결정하도록 한 것은 내부적인 사무집행의 방법에 관한 것이다.[3] 이사가 2인 이상인 경우 원칙적으로 이사의 과반수의 결정에 따라 사무집행을 하여야 한다. 이때 이사의 과반수는 재적이사의 과반수를 의미한다. 그러나 집행하여야 할 사무의 성질이나 이사의 인원 수 등의 사정에 따라 전원의 동의가 필요하거나 때로는 과반수의 결정을 필요로 하지 않는 경우도 있을 수 있다. 이러한 경우에는 정관에 달리 정할 수 있다.[4] 그리고 우리 민법은 이사가 수인인 경우에도 회의체에서 의사를 결정할 것을 예정하고 있지 않으므로 정관에 달리 정함이 없는 한 반드시 회의를 개최하여 그 결의에 의하여 의사를 결정하여야 하는 것은 아니고 서면결의도 가능하다.[5]

Ⅳ. 이사회

1. 서론

법인의 사무집행에 관한 의사를 결정하기 위하여 이사들 전원으로 구성되는 기구를 이사회라 한다. 이사회는 민법에 규정된 법인의 기관은 아니지만, 대다수

1 김준호, 민법총칙, 법문사(2017), 147.

2 강태성, 민법총칙, 대명출판사(2017), 303에서는 통설에서 이사의 이러한 사무집행을 모두 법인 내부적인 사무의 집행이라고 하는 데에는 비판하면서, 파산신청과 각종 등기신청은 법인 내부의 사무집행이 아니라 제3자(법원)에 대한 행위이고, 청산인이 되는 것은 이사가 법인의 사무를 집행하는 것은 아니라고 한다.

3 김증한/김학동, 민법총칙, 박영사(2013), 219.

4 민법주해 Ⅰ, 총칙(1), 박영사(1992), 667(최기원); 주석 민법, 총칙(1)(제4판), 한국사법행정학회(2010), 711(주기동).

5 안성포, "비영리법인의 지배구조", 법학논총 28집, 단국대학교 부설 법학연구소(2005), 285.

의 법인은 정관에 이사들로 구성된 회의체인 이사회에 관한 규정을 두고, 법인의 중요한 사무에 관하여 이사회의 결의를 거치도록 규정하고 있다. 회사와 달리, 민법의 적용을 받는 비영리법인에 있어서 이사회의 소집, 결의방법, 결의사항, 결의의 하자 등은 정관에 의하여 규율되고 있다. 정관에 이사회를 두도록 규정하면서 그 소집, 결의방법, 결의사항 등에 관한 규정은 없는 경우가 문제인바, 그 경우에는 사원총회에 관한 규정을 유추적용하여야 한다는 견해[6]가 다수설이고, 사원총회에 관한 규정과 함께 주식회사의 이사회에 관한 상법 제390조 이하의 규정을 유추적용하여야 한다는 견해[7]도 있다.

민법상 이사회는 필요기관이 아니고 정관의 규정에 의하여 설치할 수 있는 임의기관이지만, 공익법인과 학교법인의 경우와 같이 개별 법률에서 이사회를 필요기관으로 규정하고 있는 경우도 있다(공익법인의 설립·운영에 관한 법률 제6조 제1항, 사립학교법 제15조 제1항).

민법상 이사회는 임의기관이지만, 정관의 규정에 의하여 일단 이사회가 구성이 되면, 공익법인 등에서와 같이 필수기관으로서의 이사회와 그 기능에서 차이가 없다. 이사회의 핵심적 역할은 회의체인 이사회에서 결정한 사항을 집행할 이사장 등의 사무집행자를 선임하고, 법인의 비일상적인 사항을 결정하며, 사무집행자에 대한 감시를 통하여 공익성이 보장되도록 함으로써 법인의 설립목적이 달성되도록 하는 것이다.[8]

2. 이사회 소집절차

가. 소집통지

이사회를 소집함에 있어서는 이사들 전원이 회의에 출석하여 그 의견을 충분히 밝히도록 하기 위하여 정당한 소집권자가 정관에 정하여진 절차에 따라 모든 이사에게 소집통지를 하여야 한다.

특정 이사에게 소집통지를 누락함으로써 그 이사가 출석하지 않은 채 이사회

6 고상용, 민법총칙, 법문사(2005), 226; 강태성, 민법총칙, 대명출판사(2017), 305; 곽윤직/김재형, 민법총칙(제9판), 박영사(2013), 197; 김주수/김상용, 민법총칙, 삼영사(2013), 233; 백태승, 민법총칙, 집현재(2016), 245; 송덕수, 민법총칙, 박영사(2016), 656; 이영준, 민법총칙, 박영사(2007), 960; 이은영, 민법총칙, 박영사(2009), 271; 김증한/김학동, 민법총칙, 박영사(2013), 231에서는 준용하는 것이 타당하다고 한다.

7 김대정, 민법총칙, FIDES(2012), 449.

8 안성포, "비영리법인의 지배구조", 법학논총 28집, 단국대학교 부설 법학연구소(2005), 290.

가 개최되었다면 그 이사회의 결의는 효력이 없다.[9] 설령 적법한 소집통지를 받지 못한 이사가 출석하여 반대의 표결을 하였던들 이사회결의의 성립에 영향이 없었다고 하더라도 그 이사회결의는 당연무효이다.[10] 정관에 규정된 소집통지에 관한 절차를 거치지 아니한 관계로 소집통지를 받지 못한 이사가 참석하지 아니하였고 이사회를 개최하지도 아니하였으면서 일부 이사들이 이를 개최한 것처럼 의사록만을 작성하거나 일부 이사들만이 모여 이사회를 개최하였다면 이러한 이사회의 결의는 존재하지 않는 것이거나 당연 무효이다.[11]

나. 소집권자

법인의 이사회가 법령 또는 정관이 정하는 바에 따른 정당한 소집권자 아닌 자에 의하여 소집되고 그 이사들 가운데 일부만이 참석하여 결의를 하였다면, 그 이사회의 결의는 부적법한 결의로서 효력이 없다.[12]

이사가 수인인 비영리법인의 정관에 대표권 있는 이사만 이사회를 소집할 수 있다고 규정하고 있는 것은 과반수의 이사가 본래 할 수 있는 이사회 소집에 관한 행위를 대표권 있는 이사로 하여금 하게 한 것에 불과하다. 따라서 정관에 다른 이사가 요건을 갖추어 이사회 소집을 요구하면 대표권 있는 이사가 이에 응하도록 규정하고 있는데도 대표권 있는 이사가 다른 이사의 정당한 이사회 소집을 거절하였다면, 대표권 있는 이사만 이사회를 소집할 수 있는 규정은 적용될 수 없다. 이 경우 이사는 정관의 이사회 소집권한에 관한 규정이 있는 경우에는 그 규정에 따라서, 정관에 그러한 규정이 없는 경우에도 본법 제58조 제2항에 근거하여 과반수의 이사가 법원의 허가를 받을 필요 없이 그 본래적 사무집행권에 기초하여 이사회를 소집할 수 있다.[13]

다. 회의 목적사항의 명시

정관에 이사회의 소집통지 시 '회의의 목적사항'을 명시하도록 정하고 있음에도 일부 이사가 참석하지 않은 상태에서 소집통지서에 회의의 목적사항으로 명시한 바 없는 안건에 관하여 결의하였다면, 적어도 그 안건과 관련하여서는 불출석

9 대법원 1994. 9. 23. 선고 94다35084 판결, 대법원 2005. 5. 18.자 2004마916 결정 등.
10 대법원 2008. 5. 15. 선고 2008다3534 판결.
11 대법원 1992. 7. 24. 선고 92다749 판결.
12 대법원 1987. 3. 24. 선고 85누973 판결, 대법원 1992. 7. 24. 선고 92다749 판결, 대법원 2000. 2. 11. 선고 99두2949 판결, 대법원 2006. 10. 27. 선고 2004다63408 판결 등.
13 대법원 2017. 12. 1.자 2017그661 결정.

한 이사에 대하여는 정관에서 규정한 바대로의 적법한 소집통지가 없었던 것과 다를 바 없으므로 그 결의는 무효이다.[14]

라. 소집방법

이사회의 소집방법은 원칙적으로 정관에 정하여진 절차에 따라야 하지만, 그러한 규정이 없는 경우에는 적절한 방법으로 통지하면 된다. 상법 제390조 제4항에서 규정된 바와 같이 정관에서 규정한 소집절차를 지키지 못한 경우라고 하더라도 이사들 전원이 동의하는 경우에는 그러한 절차를 생략하고 언제든지 회의를 할 수 있다.[15]

공익법인의 설립·운영에 관한 법률 제8조와 사립학교법 제17조는 공익법인과 사립학교의 이사회의 소집방법에 관하여 규정하고 있다.

3. 이사회의 결의방법

법령 및 정관에 이사회의 결의방법에 관하여 특별한 규정이 없는 경우에는 민법 제75조를 유추적용하여 재적이사 과반수가 출석하여 출석이사의 과반수에 의하여 이사회결의를 할 수 있다. 그러나 민법상 이사제도는 회의체로서의 이사회를 예정하고 있는 것은 아니므로 반드시 회의를 개최하여 결의를 하여야 하는 것은 아니고 서면결의도 가능하다. 다만, 법률 또는 정관에 이사회의 결의방식에 관하여 반드시 회의를 개최하여야 한다는 특별한 규정이 있는 경우에는 예외이다.[16] 공익법인에 있어서는 이사회의 의사는 서면결의에 의하여 처리할 수 없다(공익법인의 설립·운영에 관한 법률 제9조 제3항).

판례는, "신용협동조합법(1998. 1. 13. 법률 제5506호로 전문 개정되기 전의 것)은 이사회의 결의를 요하는 사항만을 규정하고 있을 뿐 이사회의 결의 방법에 관하여 아무런 규정을 두고 있지 아니하므로 이사회결의를 요하는 사항에 관하여 이사들에게 개별적으로 결의사항의 내용을 설명하고 동의를 받은 후 미리 작성한 이사회회의록에 날인을 받는 방식으로 의결을 하는, 이른바 서면결의 방식에 의한 이사회결의를 금지하고 있는 것으로 볼 수는 없고, '이사회는 재적이사 과반수의 출석으로 개최하고 출석이사 과반수의 찬성으로 의결한다'는 신용협동조합의 정관 규정은 의사정족수 및 의결정족수에 관한 일반규정이어서 서면

14 대법원 2005. 5. 18.자 2004마916 결정.
15 민법주해 I, 총칙(1), 박영사(1992), 669(최기원).
16 안성포, "비영리법인의 지배구조", 법학논총 28집, 단국대학교 부설 법학연구소(2005), 285.

결의 방식에 의한 이사회의 결의를 금하는 규정이라고 볼 수는 없다."고 하였다.[17]

4. 이익상반 되는 이사의 의결권

본법 제74조는 사단법인과 어느 사원과의 관계사항을 의결하는 경우 그 사원은 의결권이 없다고 규정하고 있다. 본법 제74조를 유추적용하면 민법상 법인의 이사회에서 법인과 어느 이사와의 관계사항을 결의하는 경우에는 그 이사는 의결권이 없다.[18] 이사에 대한 법인재산의 양도, 임대의 승인 등과 같이 이사회의 결의사항과 특별한 이해관계를 가지는 이사는 결의권을 행사할 수 없다. 그러나 이사장의 선임결의, 이사의 해임결의 등과 같이 이사의 개인적 이해관계가 아니라 사단관계에 기한 이해관계는 특별이해관계에 해당되지 않는다.[19]

한편, 공익법인의 설립·운영에 관한 법률 제7조 제2항과 사립학교법 제16조 제2항에는 특별이해관계인에 관한 규정이 있다(공익법인의 설립·운영에 관한 법률 제8조, 사립학교법 제17조).

5. 이사회 결의사항

이사회의 결의사항은 법령 및 정관의 규정에 의하여 정하여진다. 공익법인의 설립·운영에 관한 법률 제7조와 사립학교법 제16조는 이사회의 심의·의결사항을 규정하고 있다.

6. 이사회 결의에 하자가 있는 경우

가. 하자있는 이사회 결의의 효력

공서양속에 반하는 결의, 법인의 목적에 반하는 결의, 기관으로서의 충실의무에 위반하는 결의, 소수사원권을 완전히 박탈하는 내용의 결의 등 이사회의 결의 내용이 법령 또는 정관에 위반되는 경우,[20] 이사회의 소집절차나 결의방법이 정관 또는 유추적용되는 법률의 규정에 위반되는 경우, 그러한 이사회의 결의는 원

17 대법원 2005. 6. 9. 선고 2005다2554 판결.

18 대법원 2009. 4. 9. 선고 2008다1521 판결

19 주석 민법, 총칙(1)(제4판), 한국사법행정학회(2010), 714(주기동); 주석 상법, 회사(3)(제5판), 한국사법행정학회(2014), 195(송옥렬).

20 김진우, "학교법인 이사(장)에 대한 해임결의 : 대법원 2014. 1. 17.자 2013마1801 결정", 법학논총 Vol.22 No.3, 조선대학교(2015), 694.

칙적으로 효력이 없다.[21] 다만, 이사회의 소집절차 또는 결의방법의 하자가 있는 모든 이사회의 결의가 무효라고 하는 것은 법적 안정성의 측면에서 바람직하지 않으므로 구체적인 경우에 따라 판단할 필요가 있다.

판례는 "재단법인의 정식이사로서 국내에 있는 유일한 이사가 소집한 임시이사회에 그와 법원에 의하여 선임된 임시이사 5인이 모두 출석하여 출석한 이사 전원이 소집절차의 적법성 여부를 문제 삼지 않기로 하였다면 정관규정에도 불구하고 임시이사회에서 대표이사를 선임한 결의 또는 위 결의에 따라 대표이사가 소집한 3차례의 임시이사회의 소집절차가 위법한 것이라고 할 수는 없다."고 하였다.[22] 한편 판례는 "사전에 통지되지 아니한 이사해임안건이 이사회에 상정된 경우 그 해임의 대상이 된 이사가 자신을 해임하는 안건을 회의의 목적사항으로 추가하고 이로써 이사회 소집절차위반의 하자가 치유되었다는 점에 동의하지 않는 한, 당해 이사가 우연히 이사회에 출석하고 있어서 재적이사 전원이 출석하여 있다는 사정만으로는 회의의 목적사항이 구체적으로 회의 7일 전에 각 이사에게 통지되지 아니한 이사회 소집절차위반의 하자가 치유될 수는 없고, 당해 이사가 소집권자인 대표이사라고 하더라도 마찬가지이다."고 하였다.[23]

나. 하자있는 이사회 결의를 다투는 소송

판결에 의하여 법률관계의 변동을 요구하는 형성의 소는 명문의 규정이 있는 경우에만 허용되므로 법령상 근거가 없는 이사회결의취소의 소는 허용되지 않는다.[24]

민법상 법인 이사회의 결의에 하자가 있는 경우에 관하여 법률에 별도의 규정이 없으므로 그 결의에 무효사유가 있는 경우에 이해관계인은 언제든지 또 어

21 대법원 1987. 3. 24. 선고 85누973 판결(민법상 비영리법인의 이사회결의가 법령 또는 정관이 정하는 바에 따른 정당한 소집권자가 아닌 자에 의하여 소집되고 적법한 소집절차도 없이 개최되어 한 것이라면 그 결과가 설사 적법한 소집통지를 받지 못한 이사가 출석하여 반대의 표결을 하였던들 이사회 결의의 성립에 영향이 없었다고 하더라도 그 이사회결의는 당연 무효이다).
대법원 1992. 7. 24. 선고 92다749 판결(이사회의 결의가 법령 또는 정관이 정하는 바에 따른 정당한 소집권자 아닌 자에 의하여 소집되고 적법한 소집절차 없이 개최되었으며 총원 9인의 이사 중 7인의 이사만이 참석하여 결의를 한 것이라면, 참석하지 아니한 2인의 이사 중 1인은 이미 이사 사임의 의사를 표시한 자이고, 나머지 1인은 이사로서의 권한을 다른 이사에게 위임하였다고 할지라도 그와 같은 이사회의 결의는 부존재한 결의로서 아무 효력이 없다).

22 대법원 1992. 7. 3.자 91마730 결정.

23 대법원 2008. 7. 10. 선고 2007다78159 판결.

24 이시윤, 제11판 신민사소송법, 박영사(2017), 206.

떤 방법에 의하든지 그 무효를 주장할 수 있다. 이러한 무효주장의 방법으로서 이사회결의 무효확인소송이 제기되어 승소판결이 확정된 경우, 그 판결의 효력은 소송의 당사자 사이에서만 발생하고 대세적은 효력 없다.[25] 따라서 법인에 대하여 이사회결의가 무효라고 주장하기 위하여는 피고를 법인으로 하여야 한다.

판례는, "학교법인 이사회의 이사선임결의는 학교법인의 의사결정으로서 그로 인한 법률관계의 주체는 학교법인이므로 학교법인을 상대로 하여 이사선임결의의 존부나 효력 유무의 확인판결을 받음으로써만 그 결의로 인한 권리 또는 법률상 지위에 대한 위험이나 불안을 유효적절하게 제거할 수 있는 것이고, 학교법인이 아닌 이사 개인을 상대로 한 확인판결은 학교법인에 그 효력이 미치지 아니하여 즉시확정의 이익이 없으므로 그러한 확인판결을 구하는 소송은 부적법하다. 이와 같은 법리는 학교법인을 상대로 이사선임결의의 존부나 효력 유무의 확인판결을 구하면서 아울러 이사 개인을 피고로 하여 이사 지위의 부존재 확인판결 등을 구하는 경우에도 동일하게 적용된다."고 하였다.[26]

25 대법원 2000. 1. 28. 선고 98다26187 판결, 대법원 2000. 2. 11. 선고 99다30039 판결, 대법원 2003. 4. 25. 선고 2000다60197 판결 등, 주주총회결의무효확인소송 등과는 달리 상법 제190조가 준용될 근거가 없는 주식회사의 이사회결의에 대한 무효확인소송의 승소확정판결의 효력도 마찬가지이다.

26 대법원 2010. 10. 28. 선고 2010다30676, 30683 판결.

제 59 조 [이사의 대표권]

① 이사는 법인의 사무에 관하여 각자 법인을 대표한다. 그러나 정관에 규정한 취지에 위반할 수 없고 특히 사단법인은 총회의 의결에 의하여야 한다.
② 법인의 대표에 관하여는 대리에 관한 규정을 준용한다.

[조문연혁] 구 민법 제53조는 "이사는 모두 법인의 사무에 대하여 법인을 대표한다. 다만 정관의 규정 또는 기부행위의 취지에 위반할 수 없으며, 또한 사단법인에 있어서는 총회의 결의에 따라야 한다."고 규정하였었다.

[관련조문] 상법 제209조, 제389조

[참고문헌] 권기훈, "토지구획정리조합이 조합원총회의 의결 없이 자금차입의 방법으로 한 타인의 채무에 대한 연대보증행위의 효력", 대법원판례해설 제40호(2002년 상반기); 권오복, "민법법인의 임원변경과 등기(1)", 법무사 479호(2007. 5.); 문용선, "사회복지법인의 대표자가 이사회의 의결 없이 한 재산처분행위의 효력", 대법원판례해설 제40호(2002년 상반기); 문준섭, "사원총회 결의 없는 비법인사단 금전채무 보증행위의 효력", 저스티스 99호(2007); 양창수, "법인 이사의 대표권 제한에 관한 약간의 문제", 민법연구 제1권; 양창수, "민법 제60조에서 정하는 제3자의 범위", 민법연구 제3권; 이교림, "법인이사의 대표권의 제한", 대법원판례해설 제17호(1992년 상반기); 이학동, "등기되지 아니한 이사의 대표권제한의 대외적 효력", 판례월보 147호(1982. 12.); 장근영, "상법의 관점에서 바라본 민법개정안의 법인제도", 비교사법 제17권 제3호(통권 제50호), 비교사법연구회(2010)

Ⅰ. 본조의 의의

이사의 대표권은 이사의 직무권한 중 대외적으로 법인을 대표할 수 있는 권한을 말한다. 본조 제1항은 정관 또는 사원총회의 의결이 없는 한 이사는 각자 법인을 대표하도록 규정하고 있다. 이사의 대표권은 각자 대표가 원칙이므로 이사가 수인인 경우에도 각 이사는 단독으로 법인을 대표할 수 있다.[1] 이사는 원칙적으로는 법인의 사무집행을 위하여 필요한 모든 사항에 관하여 재판상 또는 재판

외에 있어서 법인을 대표하는 포괄적인 권한을 갖는다. 그러나 실제로는 정관의 규정으로 수인의 이사들 중 특정인을 이사장 또는 회장 등의 명칭으로 법인의 사무를 총괄하여 집행하고 법인을 대표하도록 하는 경우가 많고, 이사의 전원 또는 일부에게 공동대표권을 부여하는 경우도 있으며, 이사가 일정한 행위를 함에 있어서 사원총회 또는 이사회 등의 결의를 거치도록 하는 경우도 있다. 본조 제1항 단서가 대표권의 행사방법에 관한 제한, 즉 각자대표의 원칙에 대한 제한을 규정한 것인지, 법인의 내부적 사무집행권에 관한 제한을 규정한 것인지, 아니면 대표권의 범위에 관한 제한을 규정한 것인지에 대하여는 해석상 논란이 있다.[2]

이사의 대표권의 성질에 관해서는 법인의 본질론에 근거하여 대리권의 일종으로 보는 견해와 대리권과 다른 대표권으로 보는 견해가 나누어져 있는데, 대표권을 대리권과 다른 개념으로 본다고 하더라도 본조 제2항에서 대표에 관하여 대리에 관한 규정을 준용함으로써 결과에 있어서는 차이가 없어서 구별의 실익이 없게 되었다.[3]

Ⅱ. 이사의 대표행위의 방식

1. 대표행위와 대리행위

이사는 법인의 기관으로서 법인의 사무에 관하여 법인을 대표한다. 대리인은 본인과 별개의 인격체로서 본인을 대신하여 그 행위를 하는 것임에 대하여, 대표기관은 법인의 행위를 대신하는 것이 아니라 법인의 구성부분, 즉 기관으로서 법인의 행위 자체를 하는 것이다. 대리는 법률행위에 대하여만 인정됨에 반하여, 대표는 불법행위·사실행위에 관해서도 인정된다. 그러나 대리와 대표는 사실상 행위자와 그 행위의 효과가 귀속되는 자가 다르다는 점에서 그 실질을 같이 한다.[4] 그 점에서 본조 제2항은 법인의 대표에 관하여 대리에 관한 규정을 준용하고 있다.[5]

1 곽윤직/김재형, 민법총칙(제9판), 박영사(2013), 194; 송덕수, 민법총칙, 박영사(2016), 651; 이영준, 민법총칙, 박영사(2007), 956.
2 장근영, "상법의 관점에서 바라본 민법개정안의 법인제도", 비교사법 제17권 제3호(2010), 76.
3 주석 민법, 총칙(1)(제4판), 한국사법행정학회(2010), 716(주기동).
4 김증한/김학동, 민법총칙, 박영사(2013), 209.
5 명순구, 민법총칙, 법문사(2007), 민법총칙, 법문사(2007), 228.

2. 대표행위의 방식

대표행위의 방식에 관하여는 대리에 관한 규정이 준용되므로 대표행위도 대리와 마찬가지로 법인을 위하여 하는 것임을 표시하여야 한다(본법 제114조). 보통 A법인 대표자 이사장 갑, B법인 대표자 이사 을이라고 표시한다.[6] 만약 이사가 법인을 대표하여 행위를 함에 있어서 그것이 법인을 위한 행위임을 표시하지 않은 경우에 그 행위는 이사 개인의 행위로 간주된다(본법 제115조).

Ⅲ. 이사의 대표권의 범위

1. 법인의 사무집행을 위한 모든 사항

이사는 법인의 사무집행을 위하여 필요한 모든 사항에 관하여 재판상 또는 재판 외의 행위를 할 수 있는 권한을 가진다.[7] 이사의 대표권은 원칙적으로 포괄적·전면적인 것으로서 법인의 사무 전반에 미치고, 이는 법인의 권리능력 또는 행위능력과 범위를 같이 한다.[8] 이 경우 어떠한 사항이 법인의 사무에 포함되는지는 법인의 설립근거가 된 법률과 정관에 규정된 법인의 목적에 의하여 정하여진다. 특정의 행위가 법인의 목적범위 내의 행위인가는 거래의 안전보호의 입장에서 그 행위의 객관적 성질에 따라 판단하여야 하고 행위자의 주관적·구체적 의사에 따라 판단하여서는 안 된다. 법인의 목적범위도 법률이나 정관에 목적으로서 명시된 목적 자체에 국한되는 것은 아니고, 그 목적을 달성하는데 직·간접으로 필요하다고 인정되는 모든 행위를 포함한다.[9]

2. 민법 제58조 제2항과 관계

본조 제1항은 이사는 법인의 사무에 관하여 각자 법인을 대표하도록 규정하고 있는데, 본법 제58조 제2항은 이사가 수인인 경우에는 정관에 다른 규정이 없으면 이사의 과반수에 의하여 사무집행을 결정하도록 규정하고 있다. 다수의 이사 중 1

6 김증한/김학동, 민법총칙, 박영사(2013), 209.

7 대법원 2012. 3. 15. 선고 2011다95779 판결은 "도시 및 주거환경정비법에 따라 설립된 조합은 법인에 해당하고, 위 조합에 관하여는 도시정비법에 규정된 것을 제외하고는 민법 중 사단법인에 관한 규정이 준용되므로, 조합을 대표하고 그 사무를 총괄하는 조합장은 도시정비법이나 민법에서 달리 정하지 않는 한 조합의 사무에 관하여 재판상 또는 재판 외의 모든 행위를 할 수 있다."고 하였다.

8 양창수/김형석, 민법3(권리의보전과 담보), 박영사(2015), 42; 김증한/김학동, 민법총칙, 박영사(2013), 221.

9 대법원 1991. 11. 22. 선고 91다8821 판결, 대법원 2001. 9. 21.자 2000그98 결정, 대법원 2013. 11. 28. 선고 2010다91831 판결은 법인의 권리능력과 관련하여 위와 같은 판시를 하고 있다.

인이 다수결로 결정하여야 할 사항에 관하여 그러한 과정을 거치지 않고 대표행위를 한 경우, 그 행위의 효력이 법인에 미치는지가 문제이다. 본법 제58조 제2항에서 이사가 수인인 경우에 정관에 다른 정함이 없으면 과반수로써 법인의 사무집행을 결정하도록 한 것은 내부적인 사무집행의 방법에 관한 것이다. 그러한 내부적 의사수렴과정을 거치지 않았다고 하여 그것이 이사의 대표행위에 영향을 미친다고 할 수는 없다. 다만, 법인의 정관에서 각 이사가 대표행위를 함에 있어서 일정한 사항에 대하여 수인의 이사들 사이에 내부적 의사수렴과정을 거치도록 규정하고 있다면 이는 이사의 대표행위에 대하여 일정한 제한이 있는 경우에 해당할 수 있으므로 아래에서 보는 대표권의 제한에 관한 법리에 따라 효력을 판단할 수 있다.[10]

Ⅳ. 이사의 대표권의 남용

1. 의의

이사가 객관적으로는 대표권의 범위 내에 속하는 행위를 하였으나 주관적으로는 자기 또는 제3자의 이익을 위하여 대표행위를 한 경우, 이를 대표권의 남용이라 한다. 법인의 대표기관이 대표권의 범위 내에서 한 행위는 설령 대표기관이 자기 또는 제3자의 이익을 위하여 그 권한을 남용한 것이라도 법인의 행위로서 유효하다.[11] 이 경우 대표기관은 선관주의의무를 위반한 것으로서 법인에 대하여는 손해배상책임을 진다(본법 제61조, 제65조).

2. 상대방의 악의 또는 과실이 있는 경우

상대방이 그 거래행위가 이사의 대표권 남용행위에 해당함을 알았거나 또는 알 수 있었던 경우에 그 대표권의 남용행위의 효력이 법인에 귀속되는지가 문제이다. 학설 중에는 상대방의 악의 또는 중대한 과실이 있는 경우에 법인이 무효를 주장할 수 있다는 견해[12], 상대방이 악의 또는 과실이 있는 때에는 법인이 무효를 주장할 수 있다는 견해[13]가 있다.[14]

10 주석 민법, 총칙(1)(제4판), 한국사법행정학회(2010), 718(주기동).

11 김주수/김상용, 민법총칙, 삼영사(2013), 231.

12 고상용, 민법총칙, 법문사(2005), 212; 강태성, 민법총칙, 대명출판사(2017), 283; 김증한/김학동, 민법총칙, 박영사(2013), 212.

13 곽윤직/김재형, 민법총칙(제9판), 박영사(2013), 195-196.

14 상법 제389조에 규정된 대표이사의 대표권남용과 관련하여 비진의표시설(심리유보설), 권한남용설, 이익교량설, 대표권제한설 등이 있다. 이에 관한 자세한 논의는 주석 상법, 회사(3)(제5판), 한국사법행정학회(2014), 253(권재열) 참조.

판례는 "대표이사의 대표권한 범위를 벗어난 행위라 하더라도 그것이 회사의 권리능력의 범위 내에 속한 행위이기만 하면 대표권의 제한을 알지 못하는 제3자가 그 행위를 회사의 대표행위라고 믿은 신뢰는 보호되어야 하고, 대표이사가 대표권의 범위 내에서 한 행위는 설사 대표이사가 회사의 영리목적과 관계없이 자기 또는 제3자의 이익을 도모할 목적으로 그 권한을 남용한 것이라 할지라도 일단 회사의 행위로서 유효하고, 다만 그 행위의 상대방이 대표이사의 진의를 알았거나 알 수 있었을 때에는 회사에 대하여 무효가 되는 것이며, 이는 민법상 법인의 대표자가 대표권한을 남용한 경우에도 마찬가지이다."라고 함으로써,[15] 비진의표시에 관한 본법 제107조 제1항 단서의 규정을 유추적용하여 대표행위의 효과가 법인에게 귀속되는 것을 부정하는 입장을 취하고 있다.[16]

3. 법인의 불법행위성립 여부

이사의 대표권 남용행위에 대하여 상대방이 알았거나 알 수 있었음을 이유로 그 행위의 효과가 법인에 귀속되지 않는 경우에 본법 제35조에 기한 법인의 불법행위책임이 인정될 수 있는지의 문제가 남는다. 법인의 불법행위책임은 대표권남용에 의한 법률행위의 효과의 귀속문제와는 별개의 문제이기 때문에, 이사의 대표권남용행위가 본법 제35조의 요건을 충족하고 있다면 법인의 불법행위책임을 인정할 수 있다.[17]

판례는 상대방이 대표권의 남용을 알았거나 중대한 과실로 알지 못한 경우에는 민법 제35조에 의한 불법행위책임도 인정하지 않는다.[18] 판례의 태도에 따르면 대표권남용에 대하여 상대방에게 경과실이 있는 경우에는 대표권남용에 의한 법률행위의 효과가 법인에 귀속되지 않더라도 법인은 불법행위에 기한 손해배상책임을 질 수 있으나, 상대방이 대표권남용에 대하여 악의 또는 중과실이 있는 경우

15 대법원 2004. 3. 26. 선고 2003다34045 판결.

16 대법원 1987. 10. 13. 선고 86다카1522 판결은 "주식회사의 대표이사가 그 대표권의 범위 내에서 한 행위는 설사 대표이사가 회사의 영리목적과 관계없이 자기 또는 제3자의 이익을 도모할 목적으로 그 권한을 남용한 것이라 할지라도 일응 회사의 행위로서 유효하고, 다만 그 행위의 상대방이 그와 같은 정을 알았던 경우에는 그로 인하여 취득한 권리를 회사에 대하여 주장하는 것이 신의칙에 반하므로 회사는 상대방의 악의를 입증하여 그 행위의 효과를 부인할 수 있을 뿐이라고 함이 상당하다."고 판시하여, 신의칙에 근거를 두고 있다.

17 김대정, 민법총칙, FIDES(2012), 434-435.

18 대법원 2004. 3. 26. 선고 2003다34045 판결 등.

에는 법률행위에 따른 효과도 법인에 귀속되지 않고, 법인은 불법행위책임도지지 않는다.

V. 이사의 대표권에 대한 제한

1. 대표권이 제한되는 경우

가. 정관에 의한 제한

본조 제1항은 이사가 법인의 사무에 관하여 각자 법인을 대표한다고 하면서, 정관에 규정한 취지에 위반할 수 없고, 특히 사원총회의 결의에 따라야 한다는 취지로 규정하고 있다. 정관의 규정으로 이사의 각자 대표권을 제한할 수 있다는 것은 문언상으로 명백하다. 다만, 정관에 의하여 이사의 대표권을 제한하더라도 대표권 자체를 박탈하는 제한은 허용되지 않는다.[19]

판례는, 조합의 명칭을 가진 비법인사단에 있어서 대표자의 업무집행의 절차나 이에 대한 제한은 정관이나 총회의 결의 등 조합의 의사결정방식에 따라서 하여야 하고, 일일이 개개 조합원의 위임을 받아서 하여야 하거나 개개 조합원이 이에 제한을 가할 수 있는 것은 아니라고 한다.[20]

나. 사원총회의 결의에 의한 제한

본조 제1항 단서는 이사는 법인의 사무에 관하여 각자 법인을 대표하되, 특히 사단법인은 총회의 의결에 따라야 한다는 취지로 규정하고 있다. 사원총회의 결의에 의하여 이사의 대표권을 제한하는 경우, 본법 제41조는 이사의 대표권의 제한은 정관에 기재하지 않으면 효력이 없다고 규정하고 있으므로 사원총회의 결의 후 정관의 변경을 거쳐야 하는바, 대표권의 제한에 관하여 정관변경절차를 마치면 이는 정관에 의한 대표권의 제한으로 된다.

정관변경절차 없이 본조 제1항 단서에서 규정하고 있는 사원총회의 결의만으로 이사의 대표권의 제한이 가능한지에 관하여는 긍정설과 부정설이 대립한다. 이는 본조 제1항 단서는 구 민법 제53조를 그대로 답습한 것이고, 본법 제41조는 민법 제정 시에 신설된 데에 그 이유가 있다.

긍정설은 본조 제1항 단서의 규정에 근거하여 사단법인에서 이사의 대표권은

19 대법원 1958. 6. 26. 선고 4290민상659 판결[미간행].
20 대법원 1999. 7. 27. 선고 98도4200 판결.

총회의 결의로써 제한할 수 있다고 한다.[21] 반면, 부정설은 본조 제1항 단서는 법인 내부관계에서 이사의 의무를 규정한 것에 불과하고 대외적인 효력이 있는 대표권의 제한은 사원총회의 결의만으로는 제한되지 않는다고 한다. 부정설에 의하면 사원총회의 결의에 위반한 이사의 행위는 대표권의 범위 내의 행위에 해당하고, 이사는 법인에 대하여만 내부관계의 의무위반으로 인한 손해배상책임을 질뿐이라고 한다.[22]

민법상 이사의 대표권제한은 정관에 의하거나 사원총회의 결의에 의하여 가능하지만, 사원총회의 결의에 의한 제한은 정관변경 및 등기되어야 대외적으로 효력이 있으므로(본법 제41조), 본조 제1항 단서의 규정은 선량한 관리자의 주의로 사무를 집행하여야 하는 이사가 법인의 정관 및 최고의사결정기관인 사원총회의 결의에 따를 의무를 진다는 것을 주의적으로 규정한 것에 불과하다.[23]

사원총회의 결의에 의한 대표권의 제한은 사원총회에서 새로이 대표권 있는 이사를 선출함으로써 다른 이사의 대표권을 제한하는 경우와 사원총회의 결의로써 이사의 사무집행권한의 일부를 제한하는 경우의 두 가지로 구분할 수 있다는 견해[24]도 있다.

다. 법인과 이사의 이익상반의 경우

(☞ 후술 본법 제64조 주석 참조)

2. 대표권 제한의 태양

가. 대표권의 제한과 관련된 제 태양

대표권과 관련된 정관의 규정은 이사들 중 특정인에게만 대표권이 있다고 하

21 곽윤직/김재형, 민법총칙(제9판), 박영사(2013), 195; 김주수/김상용, 민법총칙, 삼영사(2013), 231: 백태승, 민법총칙, 집현제(2016), 243; 이영준, 민법총칙, 박영사(2007), 958; 송덕수, 민법총칙, 박영사(2016), 653은 제41조의 규정이 신설된 현행 민법 아래서 사원총회의 결의가 대표권을 제한하는 내용에 관한 것이라고 하더라도 정관에 기재하지 않으면 그 효력이 없다고 하여야 한다고 하면서, 그렇다고 본조 제1항 단서가 대표권제한에 관한 규정이 아니라고 할 수는 없으므로 사원총회의 결의도 대표권제한의 내용을 가질 수 있고 그것이 정관에 기재되면 효력이 생길 수 있다고 한다; 이은영, 민법총칙, 박영사(2009), 278면은 총회의 결의로서 대표권의 일반적인 행사요건을 제한하는 경우에는 반드시 정관변경을 거쳐야 하지만, 총회가 구체적인 사항을 결의하고 이사에게 단지 그 집행만을 위임한 경우 이사는 그 결의에 구속되는데 이사가 그 결의에 따르지 않은 경우에는 표현대표가 되어 표현대리에 관한 규정이 준용된다고 한다.

22 양창수, "법인 이사의 대표권 제한에 관한 약간의 문제", 민법연구 제1권, 130; 강태성, 민법총칙, 대명출판사(2017), 301; 김증한/김학동, 민법총칙, 박영사(2013), 224; 명순구, 민법총칙, 법문사(2007), 230.

23 주석 민법, 총칙(1)(제4판), 한국사법행정학회(2010), 728(주기동).

24 김대정, 민법총칙, FIDES(2012), 407.

거나, 다수의 이사가 공동으로 법인을 대표할 것을 정하는 것, 대표행위 중 일정한 범위(일정 금액 이상의 거래, 특정 부동산에 관한 거래 등)에 대하여 사원총회 또는 이사회의 결의를 거치도록 하거나, 공정증서의 작성 등 일정한 방식을 이행하도록 하는 것 등의 모습으로 나타난다.

특정 이사 1인에게 대표권이 있다거나 공동대표에 관한 정관의 규정이 대표권의 제한에 해당된다는 데에는 이론이 없다. 대표행위 중 일정한 범위에 대하여 사원총회 또는 이사회의 결의를 거치도록 하거나, 일정한 방식을 이행하도록 하는 등의 정관 규정에 관하여는 본법 제60조의 해석과 관련하여 견해의 대립이 있다.

나. 특정 이사에게만 대표권을 부여하는 규정

이사들 중 특정인에게만 대표권이 있다고 하는 정관의 규정은 이사의 대표권을 제한하는 규정에 해당되고,[25] 실무상으로 "이사 갑 외에는 대표권이 없음" 또는 "이사 갑, 을 외에는 대표권이 없음"으로 등기된다.[26]

대표권이 전혀 없는 이사는 본법 제57조 이하의 의미에서는 이사가 될 수 없으므로 정관에서 이사의 대표권을 제한할 수 있으나, 이사의 대표권을 전적으로 박탈하는 것은 허용되지 않는다는 견해[27]도 있다(이 견해에 따르면 민법상의 이사는 적어도 일정 범위에서는 대표권을 가져야 한다).

다. 공동대표에 관한 규정

정관에서 수인의 이사가 공동으로 법인을 대표할 것을 정한 경우, 즉 공동대표의 경우는 수인이 함께 대표자가 되는 것이므로 언제나 수인을 대표자로 표시하여야 한다. 다만, 대표행위 자체를 수인이 함께 하여야 하는 것은 아니다. 수인의 이사가 함께 대표행위에 관한 의사결정을 하고 어느 한 이사에게 실행행위를 위임하여 그 이사가 혼자서 이사 전원의 이름으로 대표행위를 실행한 때에는 적법한 대표행위가 된다. 공동대표규정에 위반한 경우는 권한을 넘는 것으로서 무

25 대법원 2003. 3. 14. 선고 2001다7599 판결(정관에서 법인을 대표하는 이사인 회장과 대표권이 없는 일반 이사를 명백히 분리함으로써 법인의 대표권이 회장에게만 전속되도록 정하고 회장을 법인의 회원으로 이루어진 총회에서 투표로 직접 선출하도록 정한 경우 일반 이사들에게는 처음부터 법인의 대표권이 전혀 주어져 있지 않기 때문에 회장이 궐위된 경우에도 일반 이사가 법인을 대표할 권한을 가진다고 할 수 없고, 사임한 회장은 후임 회장이 선출될 때까지 대표자의 직무를 계속 수행할 수 있다.)

26 상업등기선례 201611-1호(2016. 11. 17. 제정).

27 김진우, "재단법인의 조직과 의사결정", 법조 통권 674호(2012. 11.), 112-113.

권대표행위가 된다. 공동대표에서 요구되는 수인의 공동은 능동행위에 한정되므로 제3자의 법인에 대한 의사표시는 공동대표이사들 중 1인에 대하여 하면 된다.[28]

라. 일정한 사항에 대하여 사원총회 또는 이사회의 결의 등을 거치도록 하는 규정

정관에서 이사가 일정한 행위를 함에 있어서 사원총회 또는 이사회(임원회)의 결의를 거치도록 하는 규정, 즉 대표권의 범위에 관한 제한 규정이 대표권의 제한에 해당되는가? 이에 관하여는 견해의 대립이 있다.

정관에서 일정한 사항에 대하여 사원총회 또는 이사회의 결의 등 사전절차를 거치도록 하는 경우는 법인의 대내적 관계에서 업무처리상의 의무를 정하는 취지인 때에는 대표권의 제한에 해당하지 않고, 이사가 이러한 대표권의 제한에 해당하지 않는 정관의 규정을 위반하여 대표행위를 한 경우에는 본조 제1항에서 규정하는 정관에 규정한 취지에 위반한 행위에 해당될 뿐, 대표행위의 효력에는 영향이 없다고 하는 견해,[29] 위와 같은 정관의 규정은 일반적으로 내부적인 업무집행방법을 규율하는 것으로서 대표자에게 의무를 부과할 뿐이고 대리권 자체를 제한하는 것은 아니지만, 법인의 존립 자체에 영향을 미치는 중요한 행위에 관해서 사원총회의 특별결의를 거치도록 하는 규정은 그러한 결의 없는 대표행위를 금지하려는 취지에 기한 것이므로 대표권의 제한에 해당된다는 견해[30]가 있다.

다수설은 이러한 경우도 대표권의 제한에 해당된다고 한다.[31] 판례는, 사단법인의 대표자가 채무를 인수함에 있어 사원총회와 이사회의 결의를 따로 거치도록 정관에 규정되어 있는 경우,[32] 재단법인의 대표자가 법인의 채무를 부담하는 계약을 함에 있어서 이사회의 결의를 거쳐 노회와 설립자의 승인을 얻고 주무관청의 인가를 받도록 정관에 규정되어 있는 경우,[33] 도시 및 주거환경정비법 제27조에 의하여 민법 중 사단법인에 관한 규정이 준용되는 재건축조합의 조합장이 조

28 김증한/김학동, 민법총칙, 박영사(2013), 219-220.

29 양창수/김형석, 민법3(권리의보전과 담보), 박영사(2015), 43.

30 김증한/김학동, 민법총칙, 박영사(2013), 224.

31 곽윤직/김재형, 민법총칙(제9판), 박영사(2013), 194; 김준호, 민법총칙, 법문사(2017), 145; 송덕수, 민법총칙, 박영사(2016), 652; 이영준, 민법총칙, 박영사(2007), 957; 이은영, 민법총칙, 박영사(2009), 278.

32 대법원 1987. 11. 24. 선고 86다카2484 판결.

33 대법원 1992. 2. 14. 선고 91다24564 판결.

합원의 부담이 될 계약을 체결하기 위하여 총회의 결의를 거치도록 조합규약에 규정되어 있는 경우[34] 등은 법인 대표자의 대표권을 제한하는 것이라고 한다.

3. 대표권 제한의 등기

이사의 대표권에 대한 제한의 등기를 신청할 때에는 대표권의 제한을 증명하는 정관, 총회의사록을 첨부하여야 한다(본법 제41조, 비송사건절차법 제64조). 한편, 등기실무상 대표권의 유무 및 공동대표에 관한 사항은 '민법법인 및 특수법인 등기규칙' 별지 제1호 양식의 '임원에 관한 사항' 란에 등기할 수 있으나, 대표권의 범위 및 그에 관한 제한사항은 위 양식에서 정하고 있지 않아서 등기를 할 수 없는 상황이라고 한다.[35]

4. 무권대표행위에 대한 추인

대표권이 제한된 이사가 한 행위는 법인에 대하여는 효력이 없다. 다만, 법인은 사후적으로 대표권이 없는 이사의 법률행위를 추인할 수 있고 법인이 추인하면 무권대표자의 행위는 유효하게 된다(본법 제59조 제2항, 제133조).[36]

34 대법원 2014. 9. 4. 선고 2011다51540 판결.

35 권오복, "민법법인의 임원변경과 등기(1)", 법무사 제479조(2007. 5.), 22-23.

36 대법원 2004. 1. 15. 선고 2003다56625 판결은 영리법인인 신용협동조합에 관하여, "신용협동조합의 대출에 관한 대표자의 대표권이 이사회의 결의를 거치도록 제한되는 경우 그 요건을 갖추지 못한 채 무권대표행위에 의하여 조합원에 대한 대출이 이루어졌다고 하더라도 나중에 그 요건이 갖추어진 뒤 신용협동조합이 대출계약을 추인하면 그 계약은 유효하게 된다."고 하였다.

제 60 조 [이사의 대표권에 대한 제한의 대항요건]

이사의 대표권에 대한 제한은 등기하지 아니하면 제삼자에게 대항하지 못한다.

[조문연혁] 구 민법 제54조는 "이사의 대표권에 대한 제한은 선의의 제3자에게 대항하지 못한다."고 규정하였었다.

[관련조문] 민법 제49조 제2항, 제9호, 상법 제209조 제2항, 제389조 제3항, 제394조, 제395조

[참고문헌] 김교창, "비법인사단(미등기사단)의 채무보증행위", 판례연구 24집(1), 서울지방변호사회(2010); 김학동, "등기되지 아니한 이사의 대표권제한의 대외적 효력", 판례월보 147호(1982. 12); 권기훈, "토지구획정리조합이 조합원총회의 의결 없이 자금차입의 방법으로 한 타인의 채무에 대한 연대보증행위의 효력", 대법원판례해설 제40호(2002년 상반기); 문용선, "사회복지법인의 대표자가 이사회의 의결 없이 한 재산처분행위의 효력", 대법원판례해설 제40호(2002년 상반기); 문준섭, "사원총회 결의 없는 비법인사단 금전채무 보증행위의 효력", 저스티스 99호(2007); 양창수, "법인 이사의 대표권 제한에 관한 약간의 문제", 민법연구 제1권; 양창수, "민법 제60조에서 정하는 제3자의 범위", 민법연구 제3권; 이교림, "법인이사의 대표권의 제한", 대법원판례해설 제17호(1992년 상반기)

Ⅰ. 본조의 의의

본조는 이사의 대표권에 대한 제한을 등기사항으로 규정한 본법 제49조 제2항 제9호에 대응하여 그 효력을 규정하고 있다. 상법 제389조 제3항, 제209조 제2항에서 "대표자의 대표권에 대한 제한은 선의의 제3자에게 대항하지 못한다."고 규정하고 있는 것과는 달리, 본조도 본법 제54조와 마찬가지로 제3자의 선·악의를 구분하지 않고, 이사의 대표권에 대한 제한은 등기하지 않으면 제3자에게 대항할 수 없다고 규정하고 있다.

Ⅱ. 입법례

정관으로 이사의 대표권을 제한할 경우, 이를 준수할 의무가 있는 이사가 그

제한을 위반한 대표행위를 한 때에 이사와 거래한 제3자를 보호할 것인지, 나아가 어떤 요건에 의하여 보호할 것인지는 입법정책의 문제이고, 각국의 입법례도 상이하다.

독일 민법 제26조 제2항은 "이사회는 재판상 및 재판 외에서 사단을 대표한다."고 하면서 "이사회는 법정대리인의 지위를 가지고, 대표권의 범위는 정관에 의하여 제3자에 대하여 효력이 있는 제한을 받을 수 있다."고 규정하고, 제64조는 사단의 명칭과 주소, 정관작성일자, 이사회의 구성원, 그들의 대표권을 등기사항으로 규정하면서 제67조 제1항은 이사회의 변경이 있을 때마다 이사회는 그 등기를 하여야 한다고 규정하며, 제68조는 "종전의 이사회 구성원과 제3자 사이에 법률행위가 행하여진 경우에, 이사회의 변경이 법률행위 당시 사단등기부에 등기되어 있거나 제3자가 이를 알고 있는 때에만, 이사회의 변경을 제3자에게 대항할 수 있다. 변경이 등기된 경우에, 그가 이를 알지 못하고 또 알지 못한 것이 과실로 인한 것이 아닌 때에는, 제3자는 이를 자신에 대하여 효력이 있는 것으로 할 필요가 없다."고 규정하고, 제70조는 "제68조는 이사회의 대표권을 제한하는 정함이나 이사회의 결의를 제28조 제1항과 달리 규율하는 정함이 있는 경우에도 적용된다."고 규정하였다.

독일 민법은 상대방이 대표권의 제한에 관하여 악의인 경우에는 사단등기부에 대표권제한이 등기되지 않아도 대항할 수 있고, 상대방이 선의·무과실인 경우에는 대표권의 제한이 등기된 경우라 할지라도 대항할 수 없도록 하고 있다.[1]

일본의 일반사단법인 및 일반재단법인에 관한 법률 제77조[2]는 이사회가 설치되지 않은 일반사단법인에 관하여 대표권에 가한 제한은 선의의 제3자에게 대항할 수 없다고 규정하고, 일반사단법인 및 일반재단법인에 관한 법률 제299조 제1항은 "이 법률의 규정에 의하여 등기해야 할 사항은 등기 후가 아니면 이로써 선의의 제3자에게 대항할 수 없다. 등기 후라고 할지라도 제3자가 정당한 사유에

1 김대정, 민법총칙, FIDES(2012), 394-395.

2 일본 일반사단법인 및 일반재단법인에 관한 법률 제77조(일반사단법인의 대표)
①이사는 일반사단법인을 대표한다. 단 달리 대표이사 그 밖의 일반사단법인을 대표하는 자를 정한 경우에는 그러하지 아니하다.
②전항 본문의 이사가 2인 이상 있는 경우에는, 이사는 각자 일반사단법인을 대표한다.
③일반사단법인(이사회가 설치된 일반사단법인을 제외한다)은 정관의 정함에 근거한 이사의 호선 또는 사원총회의 결의에 의하여 이사 중에서 대표이사를 정할 수 있다.
④대표이사는 일반사단법인의 업무에 관한 일체의 재판상 또는 재판 외의 행위를 할 권한을 가진다.
⑤전항의 권한에 가한 제한은 선의의 제3자에게 대항할 수 없다.

의하여 그 등기사실을 몰랐을 때에도 마찬가지이다."고 규정하고 있다.

Ⅲ. 이사의 대표권에 대한 제한의 효력

1. 제3자의 범위

본조는 "이사의 대표권에 대한 제한은 등기하지 아니하면 제삼자에게 대항하지 못한다."고 규정하고 있는바, 본조의 제3자는 이사가 법인을 대표하여 한 법률행위의 상대방을 의미한다.[3] 이사가 법인을 대표하여 법인의 재산을 처분하거나 법인의 채무를 부담하는 계약을 체결한 경우의 그 상대방이 된다. 이사가 법인을 대표하여 체결한 매매계약, 임대차계약 등의 상대방뿐만 아니라, 법인의 피용자 또는 사원도 법인과 사이에 독립한 법률행위를 하는 경우에는 본조의 제3자에 포함된다.[4]

2. 대표권의 제한을 등기하지 않은 경우

가. 구 민법 제54조와 비교

구 민법 제54조는 "이사의 대표권에 대한 제한은 선의의 제3자에게 대항하지 못한다."고 규정하였었다. 1954년 10월 정부제안법률로 제출된 민법안 제56조는 구 민법 제54조와 동일하게 규정하고 있었는데, 심의과정에서 현행 민법 제41조를 신설하고, 대표권의 제한을 임의적 정관기재사항으로 하는 동시에 필요적 등기사항으로 하면서 민법 제56조의 '선의의'를 '등기하지 아니하면'으로 수정하였는데, 그 수정안이 민의원 본회의를 통과하였다.[5]

나. 학설의 대립

본조에 의하여 보호되는 제3자는 선·악의를 구분하지 않는지, 악의의 제3자에게는 등기를 하지 않은 경우에도 대항할 수 있는지와 관련하여 학설이 대립된다.

3 양창수/김형석, 민법3(권리의보전과 담보), 박영사(2015), 44면에서는 '제3란 이사의 제한 없는 대표권을 바탕으로 새로운 이해관계를 맺은 자를 의미한다'고 한다.
4 주석 민법, 총칙(1)(제4판), 한국사법행정학회(2010), 729-730(주기동).
5 개정과정에 관하여 상세히는 양창수, "법인 이사의 대표권 제한에 관한 약간의 문제", 민법연구 제1권, 113-116 및 김대정, 민법총칙, FIDES(2012), 396-400과 409-411 참조.

제3자의 선·악의를 구분하지 않고 대항할 수 없다는 무제한설[6]은, ① 구 민법에서 "선의의 제삼자"라고 규정한 것을 현행 민법에서 "제3자"로 규정한 것은 일정한 사항을 등기하도록 명하고 이를 태만히 한 경우에 획일적으로 제3자에게 대항할 수 없도록 함으로써 등기의 이행을 강제하려는 입법적 결단을 표명한 것으로 보아야 하고, ② 법인에 관한 다른 등기사항에 관한 등기를 선·악의를 불문하고 제3자에 대한 대항요건으로 한 것(본법 제54조)과 균형을 이룰 필요가 있으며, ③ 법률관계를 간명히 할 필요에서 선·악의를 구분하지 않는 것이 타당하다는 것을 근거로 한다.[7]

반면, 악의의 제3자에게는 대항할 수 있다는 제한설[8]의 근거는 다음과 같다. ① 입법과정에서 볼 때 입법자는 이사의 대표권제한에 관하여 등기를 요하지 않았던 제도를 등기를 요하는 제도로 그 입법주의를 전향한 데에 의미를 두었을 뿐, 본조가 등기하지 않은 경우에 대항할 수 없는 제3자의 범위를 선·악의를 불문하고 모든 제3자로 하려는 입법적 결단에 기한 것으로 볼 근거는 충분하지 않다.[9] ② 다른 규정과의 관계를 보면, 상법 제37조는 상업등기의 효력에 관하여 "① 등기할 사항은 이를 등기하지 아니하면 선의의 제3자에게 대항하지 못한다. ② 등기한 후라도 제3자가 정당한 사유로 인하여 이를 알지 못한 때에는 제1항과 같다."고 규정한다. 이와 같이 거래안전이 보다 중시되는 상거래에서도 등기하지 않은 경우에 선의의 제3자에게만 대항할 수 없도록 하는데, 거래안전이 덜 중시되는 민사거래에서 악의의 제3자에게까지 대항할 수 없다고 하는 것은 균형을 잃은

6 강태성, 민법총칙, 대명출판사(2017), 299; 고상용, 민법총칙, 법문사(2005), 222; 곽윤직/김재형, 민법총칙(제9판), 박영사(2013), 194; 김준호, 민법총칙, 법문사(2017), 146면; 송덕수, 민법총칙, 박영사(2016), 652; 양창수/김형석, 민법3(권리의보전과 담보), 박영사(2015), 44면; 이영준, 민법총칙, 박영사(2007), 958; 고상용, 민법총칙, 법문사(2005), 222에서는 악의자에 대하여는 권리남용의 문제로 다룰 수 있다고 한다.

7 김용한, 민법총칙론, 박영사(1997), 184; 고상용, 민법총칙, 법문사(2005), 221; 양창수, "법인 이사의 대표권 제한에 관한 약간의 문제", 민법연구 제1권, 121; 양창수, "민법 제60조에서 정하는 제3자의 범위", 민법연구 제3권, 344에서는 ④ 문리상으로도 선·악의를 구별하지 않는 것이 타당하다는 논거를 추가한다.

8 김주수/김상용, 민법총칙, 삼영사(2013), 231; 김증한/김학동, 민법총칙, 박영사(2013), 222-223; 명순구, 민법총칙, 법문사(2007), 230; 백태승, 민법총칙, 집현제(2016), 243; 민법주해 Ⅰ, 총칙(1), 박영사(1992), 669(최기원).

9 김대정, 민법총칙, FIDES(2012), 411에서는 본조에서 등기를 대표권제한의 대항요건으로 하는 새로운 제도를 도입한 이유는 ① 대표권의 제한을 필요로 하는 법인의 편익을 충족시키기 위한 것이고, ② 신시대의 발달된 제도인 등기제도를 활용함으로써 제3자의 불측의 불이익을 예방하는 동시에 법인의 이익을 충족하여 운영의 묘를 기할 수 있도록 하기 위함이라고 하면서, 414에서는 무제한설에 대하여 본조가 법인의 편의를 위하여 만든 제도이기 때문에 결과적으로 법인의 이익을 희생하고 악의의 제3자를 보호하는 결과를 감수하여야 한다는 모순된 논리에 찬성할 수 없다고 한다.

것이다. ③ 부동산등기는 실제 거래에서도 필수적인 참조사항인데 반하여, 법인등기는 등기사항을 표상하는 것이 아니라 단지 공시하는 것이고 대항요건에 불과하여 실제 거래에서도 참조되지 않는 것이 현실인 점을 고려하여 상업등기와 마찬가지로 선의의 제3자에 대하여만 대항할 수 있다고 해석함이 타당하다.[10]

다. 판례

판례는 "민법상의 사단법인에 있어서는 비록 그 재산이 중요하고 유일한 것이라 하여도 그 처분에 있어 반드시 사원총회의 결의를 필요로 하는 것은 아니고, 법인의 정관에 그와 같은 취지의 기재가 있다 하여도 그것은 내부관계에서 효력을 가지는데 불과하며, 대외적 관계에 있어 정관에 정한 절차를 밟지 아니하였다고 하여 그 효력에 소장이 있는 것은 아니고, 결국 재산의 처분에 총회의 결의가 있어야 유효하다는 것을 대외적으로 주장하려면 법인대표자의 대표권을 제한하여 총회의 결의를 필요로 하는 취지의 대표권 제한을 등기함으로써만 가능하다."고 하였고,[11] "법인의 대표자가 법인의 채무를 부담하는 계약을 함에 있어서 이사회의 결의를 거쳐 노회와 설립자의 승인을 얻고 주무관청의 인가를 받도록 정관에 규정되어 있다면 그와 같은 규정은 법인대표권의 제한에 관한 규정으로서 이러한 제한은 등기하지 아니하면 제3자에게 대항할 수 없다고 할 것인바, 피고 법인의 정관 제10조에 그와 같은 취지의 법인 대표권의 제한에 관한 규정이 있음은 소론과 같으나, 그와 같은 취지가 등기되어 있다는 주장 입증이 없는 이 사건에서 피고 법인은 원고가 그와 같은 정관의 규정에 대하여 선의냐 악의냐에 관계없이 제3자인 원고에 대하여 이러한 절차의 흠결을 들어 이 사건 보증계약의 효력을 부인할 수 없다."고 함으로써,[12] 무제한설의 입장을 취하고 있다.

3. 대표권의 제한을 등기한 경우

법인이 일단 이사의 대표권에 대한 제한을 등기한 경우에는 이를 알지 못하고 대표권이 제한된 이사와 거래한 선의의 제3자에 대하여도 대표권의 제한을 주장할 수 있다.[13]

10 김증한/김학동, 민법총칙, 박영사(2013), 222-223.
11 대법원 1975. 4. 22. 선고 74다410 판결, 대법원 1987. 11. 24. 선고 86다카2484 판결.
12 대법원 1992. 2. 14. 선고 91다24564 판결, 대법원 2014. 9. 4. 선고 2011다51540 판결.
13 양창수/김형석, 민법3(권리의보전과 담보), 박영사(2015), 44; 송덕수, 민법총칙, 박영사(2016), 652는 대표권제한을 등기한 경우에 모든 제3자에게 대항할 수 있다는 데 대하여 다툼이 없다고 한다.

정관에 대표권에 대한 제한이 있다는 것과 대표권의 제한에 관하여 등기가 되어 있다는 것은 모두 대표권의 제한을 주장하는 법인측이 주장·증명하여야 한다.[14]

입법론으로, 본조의 입법 과정 및 법인등기의 의미를 고려할 때 상업등기와 마찬가지로 제3자가 정당한 사유로 몰랐던 경우에는 대항할 수 없다고 하는 것, 즉 상법 제37조 제2항과 마찬가지로 등기 후라도 정당한 사유가 있는 선의의 제3자는 보호함으로써 제3자의 정당한 신뢰보호를 꾀하는 것이 적절하다는 견해[15]가 있다.

4. 이사의 대표권에 대한 제한과 표현대리규정의 준용 여부

가. 학설

본법 제59조 제2항은 "법인의 대표에 관하여는 대리에 관한 규정을 준용한다."고 규정하고 있다. 대표행위의 방식과 관련하여 본법 제59조 제2항에 따라 본법 제115조가 준용됨은 앞에서 본 바와 같다.

이사의 대표권에 대한 제한의 경우에 본법 제126조, 제129조의 준용 여부에 관해서는 학설이 대립한다.

① 준용긍정설로는, 법인 이사의 대표권제한과 관련하여 무권대리·표현대리에 관한 규정도 예외적인 사정이 없는 한 준용한다는 견해,[16] 이사가 대표권 없이 대표행위를 한 경우에는 무권대리 및 표현대리에 관한 민법 규정이 준용되고, 대표권수여의 표시에 의한 표현대표, 권한을 넘은 표현대표, 대표권소멸 후의 표현대표의 요건을 갖춘 경우에는 법인이 그 행위에 대하여 책임이 있다는 견해[17] 등이 있다.

반면, ② 준용부정설로는, 공동대표규정은 대표권을 제한하는 것으로서, 위반행위의 효력의 문제는 일반적인 표현대리제도가 아니라 대표권의 제한에 관한 법리에 의하여 규율되고 공동대표를 등기하지 않은 때에는 무권대리임을 제3자에게 대항할 수 없고,[18] 등기사항에 관하여는 원칙적으로 등기 여부에 따라 대항력 유무

14 대법원 1987. 11. 24. 선고 86다카2484 판결, 대법원 1992. 2. 14. 선고 91다24564 판결 등.

15 김증한/김학동, 민법총칙, 박영사(2013), 223; 장근영, "상법의 관점에서 바라본 민법개정안의 법인제도", 비교사법 제17권 제3호(2010), 82.

16 곽윤직/김재형, 민법총칙(제9판), 박영사(2013), 186; 송덕수, 민법총칙, 박영사(2016), 651; 이영준, 민법총칙, 박영사(2007), 956.

17 이은영, 민법총칙, 박영사(2009), 280.

18 김증한/김학동, 민법총칙, 박영사(2013), 219-220.

를 결정하므로 표현대리에 관한 규정은 적용되지 않는다는 견해,[19] 대표권의 제한이 등기된 때에는 비록 제3자가 선의라도 법인이 이를 주장할 수 없으므로 이 한도에서는 본법 제126조 소정의 표현대리가 성립할 여지가 없다는 견해[20] 등이 있다.

준용긍정설은 본조에 관한 고려 없이 본법 제59조 제2항의 해석론을 전개하고 있는바, 이사의 대표권제한은 상대방의 선·악의 또는 선의에 대한 정당한 사유의 유무와 상관없이 오직 등기 여부에 따라 대항할 수 있는지가 가려진다는 다수설과 판례의 입장을 따르면 이사의 대표권제한에 관하여는 표현대리의 법리가 적용될 여지가 없게 된다.

나. 판례

판례는 대표이사의 퇴임등기와 본법 제129조의 표현대리 성립과 관련하여, "상법에 의하여 등기할 사항은 이를 등기하지 아니하면 선의의 제3자에게 대항하지 못하나, 이를 등기한 경우에는 제3자가 등기된 사실을 알지 못한 데에 정당한 사유가 없는 한 선의의 제3자에게도 대항할 수 있는 점(상법 제37조) 등에 비추어, 대표이사의 퇴임등기가 된 경우에 대하여 민법 제129조의 적용 내지 유추적용이 있다고 한다면 상업등기에 공시력을 인정한 의의가 상실될 것이어서, 이 경우에는 민법 제129조의 적용 또는 유추적용을 부정할 것이다."고 하였다.[21]

Ⅳ. 비법인사단의 경우

비법인사단의 경우에는 대표자의 대표권제한에 관하여 등기할 방법이 없어 본조의 규정을 준용할 수 없다. 비법인사단의 대표자가 정관에서 사원총회의 결의를 거쳐서 하도록 규정한 대외적 거래행위에 관하여 이를 거치지 아니한 경우라도, 사원총회 결의사항은 비법인사단의 내부적 의사결정에 불과하므로, 그 상대방이 그와 같은 대표권제한을 알았거나 알 수 있었을 경우가 아니라면 그 거래행위는 유효하고, 이 경우 거래의 상대방이 대표권제한을 알았거나 알 수 있었음은 이를 주장하는 비법인사단 측이 주장·증명하여야 한다.[22]

19 김증한/김학동, 민법총칙, 박영사(2013), 220-221.

20 김준호, 민법총칙, 법문사(2017), 144; 양창수/김형석, 민법3(권리의보전과 담보), 박영사(2015), 44에서는 제3자는 민법 제126조 등을 원용하여 법률행위의 효력이 법인에 귀속됨을 주장할 수 없다고 한다.

21 대법원 2009. 12. 24. 선고 2009다60244 판결.

22 대법원 2003. 7. 22. 선고 2002다64780 판결, 대법원 2007. 4. 19. 선고 2004다60072, 60089 전원합의체 판결 등.

Ⅴ. 법령에 의한 대표권의 제한

1. 특별법령의 규정

민법에는 법인 이사의 대표권을 직접 제한하는 규정이 없지만, 특별법에는 법인 대표자의 대표권을 제한하는 규정이 있다. 예를 들어, 사립학교법 제16조는 학교법인의 예산·결산·차입금 및 재산의 취득·처분과 관리에 관한 사항은 이사회의 심의·의결사항으로 규정하고 있고, 사립학교법 제28조 제1항은 "학교법인이 그 기본재산을 매도·증여·교환 또는 용도변경하거나 담보에 제공하고자 할 때 또는 의무의 부담이나 권리의 포기를 하고자 할 때에는 관할청의 허가를 받아야 한다."고 규정하고 있다. 또, 공익법인의 설립·운영에 관한 법률 제7조는 공익법인의 예산, 결산, 차입금 및 재산의 취득·처분과 관리에 관한 사항은 이사회의 심의·결정사항으로 규정하고 있다.

2. 법령에 규정된 절차를 거치지 않은 대표권 행사

이러한 법령에 의한 대표권의 제한은 원시적 제한으로서 외부에서 인식이 쉽지 않은 정관 등에 의한 제한과는 그 성질이 다르고, 법령의 부지를 보호할 필요는 없으므로 본조는 적용되지 않는다. 대표권의 제한에 관한 법령의 규정을 위반한 대표행위는 원칙적으로 효력이 없다.[23]

판례는, 구 도시재개발법(1995. 12. 29. 법률 제5116호로 전문 개정되기 전의 것) 제47조는 대지 및 건축시설은 관리처분계획에 의하여 이를 처분 또는 관리하여야 한다고 규정하고 있고, 구 도시재개발법 제23조 제3항 제7호는 관리처분계획은 총회의 결의를 거쳐야 한다고 규정하고 있는데, 재개발조합이 조합원총회의 결의를 거친 관리처분계획에 의하지 아니하고 대지나 건축시설을 처분하거나 관리하는 행위를 한 경우,[24] 구 도시재개발법 제23조 제3항 제5호는 예산으로 정한 사항 이외에 조합원의 부담이 될 계약은 총회의 결의를 거쳐야 한다고 규정하고 있는데, 재개발조합이 조합원총회의 결의를 거치지 아니하고 조합원의 부담이 될 계약을 체결한 경우,[25] 상호신용금고가 상호신용금고법 소정의 절차

23 주석 민법, 총칙(1)(제4판), 한국사법행정학회(2010), 732(주기동).
24 대법원 1996. 11. 15. 선고 95다27158 판결.
25 대법원 2001. 3. 23. 선고 2000다61008 판결.

인 이사회 결의 등을 거치지 않고 한 채무부담행위,[26] 학교법인이 이사회 결의와 감독청의 허가를 받지 아니하고 타인으로부터 금원을 차용한 행위,[27] 사회복지법인의 대표자가 사회복지법인에 관하여 준용되는 공익법인의 설립·운영에 관한 법률 제7조에 규정된 이사회의 결의 없이 한 재산처분행위,[28] 토지구획정리조합이 법률에 규정된 조합원총회의 결의 없이 자금차입의 방법으로 한 타인의 채무에 대한 연대보증행위[29] 등을 모두 무효라고 하였다. 특히, 도시 및 주거환경정비법에 의한 주택재건축조합의 대표자가 그 법에서 정한 강행규정에 위반하여 적법한 총회의 결의 없이 계약을 체결한 경우에는 상대방이 그러한 법적 제한이 있다는 사실을 몰랐다거나, 총회결의가 유효하기 위한 정족수 또는 유효한 총회결의가 있었는지에 관하여 잘못 알았다고 하더라도 그 계약이 무효라고 하였다.[30]

3. 표현대리 규정의 준용 여부

판례는 "사립학교법 제16조에서 학교법인의 재산의 처분에 관한 사항 등을 이사회에서 심의·의결한다고 한 것은 사립학교의 설치 경영을 목적으로 설립된 학교법인의 특수성을 고려하여 그 재정과 사무기능의 적정을 기함으로써 사립학교의 건전한 발달을 도모하려는 데에 목적이 있으므로 학교법인을 대표하는 이사장이라 하더라도 이사회의 심의·의결을 거쳐야 하는 재산의 처분 등에 관하여는 법률상 그 권한이 제한되어 이사회의 심의·의결 없이는 이를 대리하여 결정할 권한이 없으므로 이사장이 한 학교법인의 기본재산 처분행위에 관하여는 민법 제126조의 표현대리에 관한 규정이 준용되지 아니한다."고 하였다.[31]

또 판례는 "학교법인이 사립학교법 제16조 제1항에 의한 이사회의 심의·의결 없이 학교법인 재산의 취득·처분행위를 하거나, 구 사립학교법 제28조 제1항의 규정에 의하여 관할청의 허가 없이 의무부담행위를 한 경우에 그 행위는 효력이 없고, 학교법인이 그 후에 위 의무부담행위를 추인하더라도 효력이 생기지 아니한

26 대법원 1985. 11. 26. 선고 85다카122 전원합의체 판결.
27 대법원 1998. 12. 8. 선고 98다44642 판결.
28 대법원 2002. 6. 28. 선고 2000다20090 판결.
29 대법원 2002. 3. 26. 선고 2001다83197 판결.
30 대법원 2016. 5. 12. 선고 2013다49381 판결.
31 대법원 1983. 12. 27. 선고 83다548 판결.

다."고 하였다.[32] [33]

32 대법원 2000. 9. 5. 선고 2000다2344 판결, 대법원 2016. 6. 9. 선고 2014다64752 판결.

33 송덕수, 민법총칙, 박영사(2016), 654은 학교법인이 기본재산을 매도하는 등의 행위를 하려고 할 때 관할청의 허가를 받도록 하는 사립학교법 제28조 제1항과 같은 효력규정은 법인의 능력을 제한하거나 대표권의 제한이 아니라, 일정한 대표행위에 법률이 요구하는 특별한 유효요건이라고 한다.

제 60 조의 2 [직무대행자의 권한]

① 제52조의2의 직무대행자는 가처분명령에 다른 정함이 있는 경우 외에는 법인의 통상사무에 속하지 아니한 행위를 하지 못한다. 다만, 법원의 허가를 얻은 경우에는 그러하지 아니하다.

② 직무대행자가 제1항의 규정에 위반한 행위를 한 경우에도 법인은 선의의 제3자에 대하여 책임을 진다. [본조신설 2001.12.29]

[조문연혁] 2001년 민법 개정 시에 민법 제52조의2와 함께 신설되었다.

[관련조문] 민법 제52조의2, 상법 제407조, 제408조

[참고문헌] 김능환, "단체의 대표자에 대한 직무집행정지·직무대행자선임의 가처분과 본안소송 등에서 그 단체를 대표할 자", 민사소송 1권(1998); 이우재, "단체의 임원에 대한 직무집행정지가처분-재건축·재개발조합의 경우 해임결의권과 해임청구권", 재판자료 제117집 민사집행법 실무연구Ⅱ(2009); 이효제, "직무집행정지가처분 실무의 단체 유형별 검토", 민사판례연구 32권(2010); 임동진, "가처분에 의한 직무대행자의 권한범위", 민사판례연구 6권(1984); 임재연, "회사의 이사와 기타 단체의 임원에 대한 직무집행정지가처분의 법적 쟁점", 세계화시대의 기업법 :횡천 이기수선생 정년기념, 박영사(2010); 천대엽, "직무대행자가 선임된 상태에서 총회의 결의에 따라 새로 선출된 피대행자의 후임자의 대표권 여부", 대법원판례해설 제83호(2010 상반기)

Ⅰ. 본조의 의의

본조는 종래부터 판례 및 학설에서 지지되어 온 민법상 이사의 직무집행정지 및 직무대행자의 선임에 관하여 상법과 같은 내용으로 규율하기 위하여 2001. 12. 29. 민법 개정 시에 본법 제52조의2와 함께 신설된 조문이다.

이사의 직무대행자는 법원의 가처분명령에 의하여 선임되므로 그의 권한은 가처분명령에 의하여 정하여진다. 직무대행자는 가처분명령에 의하여 직무집행이 정지된 종전 이사의 대행자이므로 종전 이사가 받고 있던 법령 내지 정관상의 제

약을 동일하게 받게 됨은 물론이다. 본조는 이러한 기본적인 범위 내에서 직무대행자의 잠정적 지위를 감안하여 직무대행자가 법인의 통상사무를 벗어난 행위에 대하여는 법원의 허가를 받도록 규정한 데에 그 의의가 있다.

상법상 이사의 직무대행자와 마찬가지로, 민법상 이사의 직무대행자도 가처분명령에서 다른 정함이 없거나 법원의 허가를 받지 않는 한 법인의 통상사무에 속하지 아니한 행위를 하지 못하고, 직무대행자가 이를 위반하여 행위를 한 경우에는 거래의 안전을 위하여 법인은 선의의 제3자에 대하여 책임을 진다.

Ⅱ. 직무대행자의 권한

1. 가처분명령의 내용

직무대행자의 권한은 가처분명령에 근거하므로 그 권한의 범위도 가처분명령의 내용에 의하여 정하여진다. 법원이 가처분명령에서 권한의 범위를 정하지 아니한 경우, 대행자의 권한은 피대행자의 권한과 동일하지만, 그 지위의 잠정적·가정적 성격으로 인하여 제한이 뒤따른다. 즉, 가처분명령에 의하여 법인 이사의 직무를 대행하는 자를 선임한 경우, 그 직무대행자는 단지 피대행자의 직무를 대행할 수 있는 임시의 지위에 놓여 있음에 불과하므로 법인을 종전과 같이 그대로 유지하면서 관리하는 한도 내에서 법인의 통상사무에 속하는 업무만을 행할 수 있고, 법인의 통상사무에 속하지 아니한 행위를 하는 것은 이러한 가처분의 본질에 반하므로 허용되지 않는다.[1]

2. 법인의 통상사무

법인의 통상사무라 함은 이사의 사무집행의 범위 내에서도 법인의 통상적인 업무행위를 말하는 것으로서, 직무대행자가 임시의 지위를 갖는다는 점을 고려할 때 법인의 정상적인 운영을 위하여 최소한으로 필요하고 불가피한 관리업무에 국한된다고 보아야 한다.

판례는 재건축조합의 조합장 직무대행자가 재건축조합을 대표하여 이주를 거부하는 사업구역 소유자와 해당 아파트를 감정가에 매수하기로 한 합의는 통상사무에 속한다고 하였다.[2] 반면, 학교법인 또는 재단법인의 이사회의 구성을 변경하

1 대법원 1995. 4. 14. 선고 94다12371 판결 등.
2 대법원 2000. 2. 22. 선고 99다62890 판결.

는 것,[3] 직무대행자를 선임한 가처분명령의 본안소송인 이사회결의 무효확인소송의 제1심판결에 대하여 항소권을 포기하는 행위,[4] 추완항소 일부취하서의 제출에 의한 항소취하행위[5] 등은 통상사무에 속하지 않는다고 한다.

3. 통상사무 이외의 사항

이사의 직무대행자는 법인의 통상사무에 속하지 아니한 사항에 관한 이사회의 결의에 참여할 수 없고, 대표권을 가지는 이사장의 직무대행자는 통상사무에 속하지 아니한 사항은 집행할 수 없음은 물론, 법인의 대표행위도 할 수 없다. 대표권을 가지는 공동이사장 중 1인에게 직무대행자가 선임되었다면 직무대행자와 직무집행이 정지되지 않은 다른 이사장은 공동으로 대표권을 행사하여야 한다.[6]

4. 직무집행이 정지된 대표자를 선출한 결의의 효력을 다투는 소송에서 법인을 대표하는 자

법인의 대표자를 선출한 결의의 무효 또는 부존재 확인을 구하는 소송에서 청구의 대상이 된 결의에 의해 선출된 대표자에 대해 직무집행정지 및 직무대행자선임 가처분이 된 경우, 그 가처분명령에 특별한 정함이 없는 한 그 대표자는 그 본안소송에서 그 단체를 대표할 권한을 포함한 일체의 직무집행에서 배제되고, 직무대행자로 선임된 자가 대표자의 직무를 대행하게 되므로, 그 본안소송에서 피고로 되어야 할 법인을 대표하는 자도 직무집행을 정지당한 대표자가 아니라 대표자 직무대행자로 보아야 한다.[7]

Ⅲ. 법원의 허가

1. 허가방법

이사의 직무대행자는 법원의 허가를 받으면 통상사무에 속하지 아니한 사무를 집행할 수 있다. 법원이 통상사무 외의 행위를 허가할 것인지 여부는 일반적으로 당해 행위의 필요성과 법인의 지배구조 및 사원들 또는 재산에 미치는 영향

3 대법원 1995. 4. 14. 선고 94다12371 판결, 대법원 1997. 2. 11. 선고 96누4657 판결, 대법원 2000. 2. 11. 선고 99두2949 판결, 대법원 2000. 2. 11. 선고 99다30039 판결.
4 대법원 2006. 1. 26. 선고 2003다36225 판결.
5 대법원 2006. 10. 27. 선고 2004다63408 판결.
6 주석 민법, 총칙(1)(제4판), 한국사법행정학회(2010), 735(주기동).
7 대법원 1995. 12. 12. 선고 95다31348 판결.

등을 종합적으로 고려하여 결정하여야 한다.[8] 법원의 허가는 개개의 행위에 대하여 하여야 하고 포괄적으로 할 수 없다.[9]

2. 허가절차

비송사건절차법은 제85조에서 상법 제408조 제1항 단서에 따른 상무 외 행위에 대한 허가를 받기 위한 신청절차에 관하여 규정하면서, 본조 제1항 단서에 따른 신청절차는 규정하지 않고 있으므로 위 규정을 준용할 수밖에 없다. 상무 외의 행위에 대한 허가신청은 직무대행자가 하여야 하고(비송사건절차법 제85조 제1항), 신청을 인용한 재판에 대하여는 즉시항고를 할 수 있는데, 이 경우 항고기간은 직무대행자가 재판의 고지를 받은 날부터 기산하며(비송사건절차법 제85조 제2항), 위 항에 따른 항고는 집행정지의 효력이 있다(비송사건절차법 제85조 제3항).

직무대행자에 대한 상무 외의 행위에 대한 법원의 허가는 등기사항이 아니다.[10]

비송사건절차법은 위 허가사건의 관할법원에 관한 규정을 두지 않았는바, 직무집행정지 및 직무대행자선임의 가처분명령을 한 법원이 견련사건인 위 허가사건의 관할법원이 될 수 있다.[11]

Ⅳ. 직무대행자의 권한위반 및 법인의 책임

직무대행자가 법원의 허가를 받지 아니하고 법인의 통상사무에 속하지 아니한 행위를 한 경우에는 법인은 선의의 제3자에 대하여만 그 책임을 지게 된다. 직무대행자의 선임 사실은 등기되지만(본법 제52조의2), 직무대행자의 행위가 통상사무에 해당하는가 여부는 반드시 명백한 것이 아니고, 또한 통상사무에 속하지 않는 행위에 대한 법원의 허가는 등기사항이 아니어서 그 유무를 제3자가 알 수 없으므로 거래의 안전을 위하여 선의의 제3자에 대하여는 법인이 책임을 지도록 한 것이다. 제3자의 과실은 묻지 아니한다.[12]

8 대법원 2008. 4. 14.자 2008마277 결정은 주식회사 대표이사의 직무대행자에 대하여 "법원이 당해 상무 외 행위를 허가할 것인지 여부는 일반적으로 당해 상무 외 행위의 필요성과 회사의 경영과 업무 및 재산에 미치는 영향 등을 종합적으로 고려하여 결정하여야 한다."고 하였다.

9 주석 상법, 회사(3)(제5판), 한국사법행정학회(2014), 424(홍복기).

10 권오복, "민법법인의 임원변경과 등기(I)", 법무사 479호(2007. 5.), 32.

11 대법원 2008. 4. 14.자 2008마277 결정.

12 주석 민법, 총칙(1)(제4판), 한국사법행정학회(2010), 736(주기동).

V. 직무대행자의 책임

가처분명령에 의하여 선임된 직무대행자는 이사와 유사한 권리·의무와 책임을 부담한다.

판례는 "법인의 이사장 직무대행자는 법인에 대하여 이사와 유사한 권리의무와 책임을 부담하므로 법인과 사이에 이익이 상반하는 사항에 관하여는 민법 제64조가 준용되고, 법인의 이사장 직무대행자가 개인의 입장에서 원고가 되어 법인을 상대로 소송을 하는 경우에는 민법 제64조가 규정하는 이익상반사항에 해당하므로 위 소송에 관해서는 법인을 대표할 권한이 없다."고 하였다.[13]

VI. 직무대행자의 권한 소멸

이사 직무집행정지 및 직무대행자선임 가처분명령에서 직무집행정지기간을 정하지 않은 경우에도 가처분명령에 의해 직무집행이 정지된 당해이사 등을 선임한 사원총회 또는 이사회 결의무효확인의 소 등 본안소송에서 가처분채권자가 승소하여 그 판결이 확정된 때에는, 가처분은 본안승소판결의 확정과 동시에 그 목적을 달성하고 당연히 효력을 상실하게 되므로,[14] 직무대행자의 권한도 소멸한다. 한편 직무대행자선임 가처분 후에 피대행자를 갈음하는 새로운 이사가 선임되었다고 하더라도 그 가처분이 취소되지 않는 한 직무대행자의 권한은 유효하게 존속한다. 판례는 "직무대행자에 의하여 소집된 임시총회에서 직무집행이 정지된 종전 조합장이 다시 조합장으로 선임되었다 하더라도 직무대행자를 선임한 가처분이 취소되지 아니한 이상 직무대행자만이 적법하게 조합을 대표할 수 있고, 다시 조합장으로 선임된 종전 조합장은 그 선임결의의 적법 여부에 관계없이 대표권을 가지지 못한다"고 하였다.[15] 다만, 이사 직무집행정지 및 직무대행자선임의 가처분 후 소집된 사원총회에서 새로운 대표자를 선임하는 결의가 있었다면, 특별한 사정이 없는 한 위 총회의 결의에 의하여 직무집행정지 및 직무대행자선임의 가처분은 더 이상 유지할 필요가 없는 사정변경이 생겼다고 할 것이므로 그 가처분에 의하여 직무집행이 정지되었던 종전 대표자는 사정변경을 이유로 그 가처분의 취소를 구할 수 있다.[16]

13 대법원 2003. 5. 27. 선고 2002다69211 판결.
14 대법원 1989. 9. 12. 선고 87다카2691 판결.
15 대법원 2000. 2. 22. 선고 99다62890 판결.
16 대법원 1997. 9. 9. 선고 97다12167 판결.

제 61 조 [이사의 주의의무]

이사는 선량한 관리자의 주의로 그 직무를 행하여야 한다.

[관련조문] 민법 제681조, 상법 제382조 제2항, 제382조의3, 제383조의4, 제397조 제1항, 제397조의2, 제398조, 제393조 제4항, 제412조의2

[참고문헌] 김순석, “이사의 감시의무”, 상법판례백선, 법문사(2012); 김진우, “재단법인 이사의 내부책임”, 민사법학 51호, 한국민사법학회(2010); 김태선, “비영리법인 이사의 선관주의의무”, 민사법학 69호, 한국민사법학회(2014); 김효신, “미국 회사법상 이사의 감시의무와 그 시사점”, 법학논총 37권 1호(2013. 3.); 이선희, “비영리법인에 있어서 이사의 선관주의의무”, 성균관법학 30권 1호(2018. 3.)

Ⅰ. 본조의 의의

상법은 제382조 제2항에서 “회사와 이사의 관계는 민법의 위임에 관한 규정을 준용한다.”고 규정하고, 충실의무(제382조의3), 비밀유지의무(제383조의4), 경업금지의무(제397조 제1항), 회사의 기회 및 자산의 유용금지의무(제397조의2 제1항), 자기거래 금지의무(제398조), 보고의무(제393조 제4항, 제412조의2) 등을 규정하고 있으나, 민법은 본조 이외에 이사의 사무집행 또는 대표권행사와 관련한 주의의무에 관한 조항을 두고 있지 않다. 그러나 앞에서 본 바와 같이 통설과 판례는 법인과 이사와의 관계를 위임자와 수임자의 법률관계와 같은 것이라고 하거나, 신뢰를 기초로 한 위임 유사의 관계로 볼 수 있다고 하면서, 정관에 달리 정함이 없으면 법인과 이사 사이의 법률관계에는 위임에 관한 규정이 준용된다고 한다. 따라서 이사는 선량한 관리자의 주의로써 그 직무를 수행할 의무를 진다(본법 제681조). 본조에 관하여는 당연한 내용을 주의적으로 규정한 것에 불과하다는 견해도 있다.[1]

[1] 곽윤직/김재형, 민법총칙(제9판), 박영사(2013), 193; 주석 민법, 총칙(1)(제4판), 한국사법행정학회(2010), 737(주기동); 민법주해 Ⅰ 총칙(1), 박영사(1992), 686(최기원).

Ⅱ. 이사의 선관주의의무

1. 선관주의의무의 내용

선량한 관리자의 주의의무라 함은 거래상 일반적으로 요구되는 주의, 즉 이사라는 직업, 지위에 따라 보통으로 요구되는 정도의 주의를 말하는 것으로서, 개인의 능력에 따른 주의, 즉 자기재산과 동일한 주의(본법 제695조)와는 달리, 객관적으로 판단된다. 이사도 법인의 업무를 수행함에 있어서 자기 개인의 업무와는 달리 객관적으로 명확하고 공정하다고 인정될 수 있을 정도로 성실하게 임하여야 한다. 예를 들어 법인의 부동산을 상당한 이유 없이 시가보다 매우 싼 가격으로 매도하는 행위, 이사의 개인적인 목적을 위하여 법인의 부동산을 담보로 제공하는 행위, 법인의 자금을 이사의 개인용도에 사용하는 행위 등은 선관주의의무에 어긋나는 것이다.[2]

이사가 직무를 수행함에 있어서 부담하는 선관주의의무의 구체적인 내용과 범위는 법인과 이사 사이의 임용계약이 있는 경우에는 그 계약에 따라 정해질 것이고, 그러한 임용계약이 없는 경우에는 본조 및 본법 제681조가 적용될 것이므로 기본적으로 이사가 수행하는 직무의 내용이나 성질에 달려있고, 정관·법률 또는 법인법의 일반원칙에 따라 정하여진다. 이사가 부담하는 선관주의의무의 구체적인 내용과 범위가 정관·임용계약 등에 의하여 수정될 수는 있지만, 그 의무 자체가 전적으로 배제될 수는 없다[3]

판례는, 중소기업협동조합법에 의하여 설립된 협동조합이 공공기관으로부터 공급요청을 받은 물품의 일정량을 특정 조합원에게 배정한 후 그 조합원의 요청에 따라 원자재공급업체로부터 원자재를 구매하여 그 조합원에게 제공함으로써 그 조합원이 이를 가공하여 공공기관에 납품하도록 조력함에 있어서, 협동조합이 조합원을 위하여 원자재를 구매·공급해 주는 업무를 담당하는 임원에 대하여 "구매·공급해 준 원자재가 협동조합의 설립목적과 사업목적에 부합하게 공공기관에 납품하는 데 사용되도록 조치하는 한편, 원자재 구매를 요청한 조합원의 신용도를 조사하고 그 조합원으로부터 담보를 제공받거나 그 밖의 방법으로 합리적인

2 이은영, 민법총칙, 박영사(2009), 281.
3 김진우, "재단법인 이사의 내부책임", 민사법학 51호, 한국민사법학회(2010), 14.

채권회수조치를 취하여야 할 선량한 관리자의 주의의무가 있고, 이러한 주의의무를 게을리한 채 조합원에게 원자재를 구매·공급해 주어 그로 말미암아 협동조합이 손해를 입게 된 경우에는 협동조합에게 그 손해를 배상할 책임이 있다."고 하였다.[4] 또, 한국교직원공제회법에서 정하는 것을 제외하고는 민법 중 사단법인에 관한 규정이 준용되는 한국교직원공제회의 이사장에 대하여, "회원부담금 등으로 조성된 기금을 운용하여 부동산, 주식 등에 투자하는 업무를 통할하면서 투자의 대상과 규모, 방법, 그 회수 구조 등에 비추어 필요한 정보를 합리적인 범위에서 수집하여 투자에 적합한지 검토·심사하는 절차를 거쳐 투자가 공제회의 이익이나 사업 목적에 부합하는지를 판단하여 투자를 결정할 선관주의의무가 있다."고 하였다.[5]

2. 충실의무

주식회사 이사의 충실의무에 관한 상법 제382조의3은 1997년 말 당시 국가적 경제위기를 극복하는 데에 일조를 하기 위하여 기업경영의 투명성을 제고하고 주식회사의 지배구조의 혁신을 도모하는 차원에서 이사의 책임을 강화하는 것을 주된 목적으로 1998. 12. 28. 상법 개정 시에 신설된 조문이다.[6] 이사가 부담하는 선관주의의무와 충실의무의 관계에 관하여, 충실의무는 민법상 추상적인 선관주의의무를 구체적으로 명확히 한 것에 지나지 않는다는 동질설과 충실의무는 회사와 이사 사이에 존재하는 신뢰적 법률관계로부터 유래하는 고도의 의무로서 선관주의의무와는 성질을 달리하는 것이라는 이질설이 있는데,[7] 우리 판례는 충실의무와 선관주의의무를 구별하거나 충실의무에 대하여 특별한 의미를 부여하지 않고 있다.[8]

한편, 일본의 일반사단법인 및 일반재단법인에 관한 법률 제83조는 "이사는 법령 및 정관, 그 밖에 사원총회의 결의를 준수하여 일반사단법인을 위하여 충실하게 직무를 행하지 않으면 안 된다."고 규정하고, 제197조는 일반재단법인에 관

4 대법원 2008. 5. 15. 선고 2006다46094 판결.
5 대법원 2017. 12. 22. 선고 2015다247912 판결.
6 주석 상법, 회사(3)(제5판), 한국사법행정학회(2014), 213(권재열).
7 주석 상법, 회사(3)(제5판), 한국사법행정학회(2014), 215(권재열).
8 대법원 2002. 6. 14. 선고 2001다52407 판결, 대법원 2004. 5. 13. 선고 2002도7340 판결, 대법원 2006. 11. 9. 선고 2004다41651, 41668 판결, 대법원 2013. 9. 12. 선고 2011다57869 판결, 대법원 2017. 9. 12. 선고 2015다70044 판결 등.

하여 위 규정을 준용하고 있다.

우리 민법에는 충실의무에 관한 명문의 규정이 없으나, 판례는 "사단법인의 이사가 근로자를 해고함에 있어서는 근로자를 해고할 당시의 객관적 사정이나 근로자에 대한 해고사유의 내용 또는 경중, 근로자에 대하여 해고를 하게 된 경위 등에 비추어 해고할만한 정당한 사유가 있다고 판단할 상당한 근거가 있고, 소정의 적법한 절차 등을 거쳐서 해고를 하였다면, 비록 그 해고가 무효라는 판단을 받게 되었다고 하더라도 법인에 대한 선량한 관리자로서의 주의의무 또는 충실의무를 위반하였다고 볼 수 없다."고 하여,[9] 비영리법인의 이사에게 선관주의의무 이외에 충실의무를 인정하는 판시를 하였다.

3. 감시의무

대법원은 1985. 6. 25. 선고 84다카1954 판결에서, "주식회사의 업무집행을 담당하지 아니한 평이사는 이사회의 일원으로서 이사회를 통하여 대표이사를 비롯한 업무담당이사의 업무집행을 감시하는 것이 통상적이긴 하나, 평이사의 임무는 단지 이사회에 상정된 의안에 대하여 찬부의 의사표시를 하는 데에 그치지 않으며 대표이사를 비롯한 업무담당이사의 전반적인 업무집행을 감시할 수 있는 것이므로, 업무담당 이사의 업무집행이 위법하다고 의심할만한 사유가 있음에도 불구하고 평이사가 감시의무를 위반하여 이를 방치한 때에는 이로 말미암아 회사가 입은 손해에 대하여 배상책임을 면할 수 없다."고 하여, 주식회사의 업무집행을 담당하지 않는 평이사에 대하여 감시의무해태를 이유로 회사에 대한 손해배상책임을 인정하였고, 이후 선고된 판결에서도 동일한 취지의 판시를 해왔다.[10] 한편, 대법원은 2008. 9. 11. 선고 2006다68636 판결에서는 대표이사의 감시의무위반을 이유로 제3자에 대한 손해배상책임을 인정하면서, "감시의무의 구체적인 내용은 회사의 규모나 조직, 업종, 법령의 규제, 영업상황 및 재무상태에 따라 크게 다를 수 있다."고 전제하고, "고도로 분업화되고 전문화된 대규모의 회사에서 공동대표이사 및 업무담당이사들이 내부적인 사무분장에 따라 각자의 전문 분야를 전담하여 처리하는 것이 불가피한 경우라 할지라도 그러한 사정만으로 다른 이사들의 업무집행에 관한 감시의무를 면할 수는 없고, 그러한 경우 무엇보다 합리적인 정

9 대법원 2009. 2. 12. 선고 2008다74895 판결.

10 대법원 2004. 12. 10. 선고 2002다60467, 60474 판결, 대법원 2007. 9. 20. 선고 2007다25865 판결.

보 및 보고시스템과 내부통제시스템을 구축하고 그것이 제대로 작동하도록 배려할 의무가 이사회를 구성하는 개개의 이사들에게 주어진다는 점에 비추어 볼 때, 그러한 노력을 전혀 하지 아니하거나 위와 같은 시스템이 구축되었다 하더라도 이를 이용한 회사 운영의 감시·감독을 의도적으로 외면한 결과 다른 이사의 위법하거나 부적절한 업무집행 등 이사들의 주의를 요하는 위험이나 문제점을 알지 못한 경우라면, 다른 이사의 위법하거나 부적절한 업무집행을 구체적으로 알지 못하였다는 이유만으로 책임을 면할 수는 없고, 위와 같은 지속적이거나 조직적인 감시 소홀의 결과로 발생한 다른 이사나 직원의 위법한 업무집행으로 인한 손해를 배상할 책임이 있다."고 하였다.[11]

이사의 감시의무는 주식회사의 이사가 다른 이사나 종업원의 직무가 적정하게 이루어지도록 감시하는 의무로서, 이사의 선관주의의무의 일부를 구성하는 것이고, 이사회가 이사의 직무집행을 감독하고, 이사가 대표이사로 하여금 다른 이사 또는 피용자의 업무에 관하여 이사회에 보고할 것을 요구할 수 있는 조항(상법 제393조 제2항, 제3항)을 근거규정으로 든다.[12] 또, 회사의 업무에 깊숙이 관여하고 있어서 이사회에 상정되지 않은 사항에 대하여도 그 위법 여부 및 업무집행의 적절성 여부를 쉽게 파악할 수 있는 대표이사의 감시의무의 범위와 평이사의 감시의무의 범위는 차이가 있다. 판례에 따르면 업무집행을 하지 않는 평이사라고 하더라도 다른 이사의 업무집행이 위법하다고 의심할만한 사유가 있음에도 불구하고 이를 방치하거나, 합리적인 정보 및 보고시스템과 내부통제시스템을 구축하고 그것이 제대로 작동하도록 하는 노력을 전혀 하지 않았거나, 위와 같은 시스템이 구축되어 있는 경우에는 이를 이용한 회사 운영의 감시·감독을 의도적으로 외면한 경우, 즉 지속적이거나 조직적으로 감시를 소홀히 한 경우에는 다른 이사의 위법한 업무집행에 대하여 책임을 지게 된다.

상법학계에서는 이사의 감시의무와 관련하여 많은 연구가 진행되어 왔으나, 주식회사가 아닌 비영리법인에 대하여 위 판례의 판시와 같은 감시의무가 인정될 수 있는지, 선관주의의무를 근거로 인정된다고 한다면 감시의무의 범위는 어떤 기준에서 인정될 수 있는지 등에 관한 논의는 전혀 없는 상황이다.

그런데 판례는 "학교법인의 이사는 이사회의 일원으로서 이사회에 상정된 의

11 대법원 2008. 9. 11. 선고 2007다31518 판결도 동일한 취지이다.
12 김순석, "이사의 감시의무", 상법판례백선, 법문사(2012), 492.

안에 대하여 찬부의 의사표시를 하는 데에 그치지 않고, 담당업무는 물론 다른 업무담당이사의 업무집행을 전반적으로 감시할 의무가 있으므로 학교법인의 이사가 다른 업무담당이사의 업무집행이 위법하다고 의심할 만한 사유가 있음에도 불구하고 이를 방치한 때에는 이로 말미암아 학교법인이 입은 손해에 대하여 배상책임을 면할 수 없다."고 하고,[13] "재단법인의 이사는 비록 비상근이고 당해 업무를 직접 집행하지 않는 경우에도 단지 이사회에 상정된 의안에 대하여 찬부의 의사표시를 하는 데에 그치지 않고 상근 임원의 전반적인 업무집행을 감시할 의무가 있다."고 하여,[14] 학교법인과 재단법인 이사의 감시의무를 인정하였다.

Ⅲ. 선관주의의무 위반의 효과

1. 손해배상책임

이사가 선관주의의무를 해태하면 이사는 법인에 대하여 채무불이행으로 인한 손해배상책임을 진다.[15] 이 경우 이사가 수인 있는 때에는 연대하여 손해배상책임을 진다(본법 제65조).

2. 임원취임승인취소

사립학교법 제20조의2, 공입법인의 설입운영에 관한 법률 제14조 제2항, 사회복지법 제22조 등은 감독관청이 임원의 위법행위를 이유로 임원취임의 승인을 취소하거나 임원의 해임을 명령할 수 있도록 규정하고 있는바, 이러한 특별법상의 임원취임승인취소사유 및 해임명령사유는 비영리법인 이사들의 선관주의의무의 내용을 간접적으로 규정한 것이라고 할 수 있다.[16]

13 대법원 2006. 11. 10. 선고 2005다66947 판결.
14 대법원 2016. 8. 18. 선고 2016다200088 판결.
15 강태성, 민법총칙, 대명출판사(2017), 304; 고상용, 민법총칙, 법문사(2005), 220; 곽윤직/김재형, 민법총칙(제9판), 박영사(2013), 193; 김주수/김상용, 민법총칙, 삼영사(2013), 230; 김증한/김학동, 민법총칙, 박영사(2013), 218; 백태승, 민법총칙, 집현재(2016), 242; 송덕수, 민법총칙, 박영사(2016), 650; 이은영, 민법총칙, 박영사(2009), 281.
16 김태선, "비영리법인 이사의 선관주의의무", 민사법학 69호, 한국민사법학회(2014), 381.

제 62 조 [이사의 대리인 선임]

이사는 정관 또는 총회의 결의로 금지하지 아니한 사항에 한하여 타인으로 하여금 특정한 행위를 대리하게 할 수 있다.

[관련조문] 민법 제120조, 제121조, 제122조

Ⅰ. 본조의 의의

이사는 법인의 기관으로서 원칙적으로 법인 사무를 직접 집행하여야 하지만, 법인의 조직 및 활동범위가 커지게 되면 법인의 모든 사무를 스스로 처리하는 것이 곤란해지는 경우를 예상할 수 있다. 독일 민법은 이러한 상황에 대처하기 위하여 정관으로 업무집행기관인 이사회 외에 일정한 업무에 관하여 특별대리인(Besonderer Vertreter)을 선임할 수 있도록 하고, 이러한 특별대리인을 법인의 기관으로 취급하는 규정을 두고 있다(독일 민법 제30조, 제31조).[1] 우리 민법은 독일과 같은 특별대리인 제도를 채택하지 않고, 본조에서 정관 또는 총회의 결의로써 금지하지 아니한 사항에 한하여 대리인을 선임할 수 있도록 규정하고 있다. 본조의 대리인은 특정한 사항에 관하여 대리권을 수여받아 법인의 기관이 아니라 대리인으로서 특정한 행위에 관하여 법인을 대리하게 된다.

Ⅱ. 대리인의 선임

1. 선임권자

본조에 따른 대리인의 선임권자는 이사이다. 그러나 정관에 의하여 특정한 이사만

[1] 독일 민법 제30조 이사회와는 별도로 일정한 업무에 관하여 특별대리인이 선임될 수 있음을 정관으로 정할 수 있다. 그러한 대리인의 대표권은, 의심스러운 때에는 지정된 업무영역에 통상 수반되는 모든 법률행위에 미친다.
제31조 사단은, 이사회, 이사회 구성원 또는 기타 기본규약에 따라 선임된 대리인이 그 직무의 집행에 관하여 행한 손해배상의무를 발생시키는 행위로 인하여 제3자에게 가한 손해에 대하여 책임을 진다.

이 대표권을 갖는 경우에는 그러한 대표권을 갖는 이사만이 대리인을 선임할 수 있다. 대리인의 자격에는 아무런 제한이 없으므로 대표권 없는 이사도 대리인이 될 수 있다.[2]

2. 대리인 선임권한

이사는 민법상 법인의 필요기관으로 그 대표권이 포괄적인 점에서 법정대리인의 지위와 비슷하지만, 법인과는 위임 유사의 법률관계가 있으므로 임의대리인의 지위와 유사하기도 하다. 민법상 법정대리인은 자신의 책임으로 언제든지 복대리인을 선임할 수 있으나(본법 제122조), 임의대리인은 본인의 승낙이 있거나 부득이한 사유가 있는 때에 한하여 복대리인을 선임할 수 있는데(본법 제120조), 본조는 이사로 하여금 정관 또는 총회의 결의로써 금지하지 아니한 사항에 관하여 그의 책임으로 대리인을 선임할 수 있도록 규정하고 있다. 이러한 이사의 대리인 선임권한을 복임권이라고 하면서 그 범위는 법정대리인과 임의대리인의 복임권의 중간에 해당한다고 설명하는 견해[3]도 있다.

3. 대리인 선임권한의 제한

이사의 대리인 선임권한은 정관 또는 총회의 결의로써 금지하거나 제한할 수 있다. 법인의 목적에 비추어 이사 자신이 직접 대표권을 행사하여야 할 사항이 있을 수 있기 때문이다.[4] 그러한 정관 또는 총회의 결의는 이사의 대표권에 대한 제한으로서, 이에 위반한 이사의 대리인 선임에 관하여는 본법 제41조, 제60조의 규정에 따라 처리하여야 할 것이다.[5]

4. 대리권수여의 범위

이사는 정관 또는 총회의 결의로 금지하지 아니한 사항에 한하여 특정한 행위를 대리하게 할 수 있을 뿐이고, 이사의 사무집행을 포괄적으로 위임하는 것은 허용되지 않는다.[6]

2 송덕수, 민법총칙, 박영사(2016), 654; 주석 민법, 총칙(1)(제4판), 한국사법행정학회(2010), 738(주기동); 민법주해 I, 총칙(1), 박영사(1992), 688(최기원).

3 강태성, 민법총칙, 대명출판사(2017), 301; 김증한/김학동, 민법총칙, 박영사(2013), 227; 백태승, 민법총칙, 집현제(2016), 244; 송덕수, 민법총칙, 박영사(2016), 654.

4 민법주해 I, 총칙(1), 박영사(1992), 688(최기원).

5 주석 민법, 총칙(1)(제4판), 한국사법행정학회(2010), 738(주기동).

6 김준호, 민법총칙, 법문사(2017), 147; 양창수/김형석, 민법3(권리의보전과 담보), 박영사(2015), 43; 곽윤직/김재형, 민법총칙(제9판), 박영사(2013), 195; 대법원 1989. 5. 9. 선고 87다카2407 판결, 대법원 1996. 9. 6. 선고 94다18522 판결, 대법원 2011. 4. 28. 선고 2008다15438 판결은 비법인사단에 관하여도 같은 취지로 판시하였다.

Ⅲ. 대리인의 지위와 권한

1. 대리인의 지위

본조에 의한 대리인은 법인의 기관이 아니다.[7] 따라서 대리인의 직무상 불법행위에 관하여는 본법 제35조가 적용되는 것이 아니라,[8] 본법 제756조의 사용자책임의 문제로 된다.[9] 다만, 이사에 의하여 선임된 대리인도 이사의 대리인이 아니라 법인의 대리인이므로 그 대리행위는 법인의 이름으로 하여야 하고 그 대리행위의 효과도 본인인 법인에게 귀속된다.[10]

2. 대리인의 권한

본조에 의한 대리인의 대리권은 특정한 행위를 대리하는 것에 그친다. 예를 들어, 특정한 소송사건에 관한 소송행위, 특정재산의 관리 등 한 개 또는 수 개의 한정된 사항에 관한 대리이고, 포괄적 대리는 허용되지 않는다. 포괄적 대리를 허용하지 않는 이유는 법인이 특정인을 이사로 선임하여 그에게 법인의 사무를 집행하도록 한 취지에 반하기 때문이다. 다만 특정한 행위라 하더라도 그 자체에만 한정되는 것이 아니라 그 행위를 하는데 필요한 일체의 부수적인 사항에 관하여도 대리권이 미치는 것은 당연하다.[11]

Ⅳ. 대리인의 행위에 대한 이사의 책임

이사는 정관 또는 총회의 결의로써 금지하지 아니한 사항에 관하여 특정한 행위를 대리하게 할 수 있을 뿐이므로 임의대리인의 복대리인 선임에 대한 책임을 유추적용하여, 법인에 대하여 그 대리인의 선임·감독에 관하여 책임을 진다(본법 제121조 제1항).[12]

7 양창수/김형석, 민법3(권리의보전과 담보), 박영사(2015), 43; 주석 민법, 총칙(1)(제4판), 한국사법행정학회(2010), 739(주기동).

8 명순구, 민법총칙, 법문사(2007), 232.

9 김준호, 민법총칙, 법문사(2017), 147.

10 고상용, 민법총칙, 법문사(2005), 224; 김대정, 민법총칙, FIDES(2012), 420; 주석 민법, 총칙(1)(제4판), 한국사법행정학회(2010), 738(주기동).

11 주석 민법, 총칙(1)(제4판), 한국사법행정학회(2010), 739(주기동); 민법주해 I, 총칙(1), 박영사(1992), 688(최기원).

12 강태성, 민법총칙, 대명출판사(2017), 301; 곽윤직/김재형, 민법총칙(제9판), 박영사(2013), 195; 김주수/김상용, 민법총칙, 삼영사(2013), 232; 백태승, 민법총칙, 집현제(2016), 244; 송덕수, 민법총칙, 박영사(2016), 654; 양창수/김형석, 민법3(권리의보전과 담보), 박영사(2015), 43; 이영준, 민법총칙, 박영사(2007), 967.

제 63 조 [임시이사의 선임]

이사가 없거나 결원이 있는 경우에 이로 인하여 손해가 생길 염려 있는 때에는 법원은 이해관계인이나 검사의 청구에 의하여 임시이사를 선임하여야 한다.

[관련조문] 비송사건절차법 제33조, 사립학교법 제25조, 사회복지법인법 제22조의3

[참고문헌] 김호정, "사립학교법상 임시이사 제도와 학교법인의 정상화 - 서울북부지방법원 2011가합10567판결을 중심으로-", 외법논집 제37권 제1호(2013. 2.), 한국외국어대학교 법학연구소(2013); 마용주, "구 사립학교법상 임시이사가 정식이사를 선임할 권한이 있다고 볼만한 특별한 경우를 인정할 수 있는지", 형사재판의 제문제 제7권, 형사실무연구회(2014); 이원범, "임시이사 선임에 관한 민법 제63조가 법인 아닌 사단에 유추 적용되는지 여부와 종교단체에서의 제한 가능성", 사법 11호, 사법연구지원재단(2010); 이재혁, "법인 아닌 사단에서 대표자가 없게 된 경우의 업무수행 - 임시이사와 관련하여 -", 민사판례연구 33-1권(2011); 최윤성, "구 사립학교법상 퇴임이사의 업무수행권과 임시이사의 권한 범위", 판례연구 20집, 부산판례연구회(2009)

Ⅰ. 본조의 의의

이사는 법인의 필요적 상설기관이다. 법인이 성립한 후 일시적으로 이사가 없어도 법인의 존립에는 영향이 없으나, 이사가 사망, 임기만료, 사임 등의 사유로 퇴임함으로써 이사 전부가 없게 되거나 정관에서 정한 인원수에 결원이 생기게 될 수 있다. 이러한 경우 정관에 정하여진 방법으로 후임이사를 선임하는 것이 상례이다. 본조는 이사가 없거나 결원이 있으나 후임이사가 선임되기까지 사이에 긴급한 사무를 처리하지 못하거나 의사표시를 수령하지 못함으로써 법인이나 제3자에게 손해가 생길 염려가 있는 경우에, 법원이 임시이사를 선임하여 임시로 이

사의 업무를 처리하도록 함으로써 그 손해를 방지하도록 한 것이다.[1]

한편, 판례는 이사의 임기가 만료되거나 이사가 사임한 때에 법인에 이사가 없거나 다른 이사들만으로는 정상적인 법인의 활동을 계속할 수 없는 경우에 민법 제691조를 유추적용하여 임기가 만료된 이사 또는 사임한 이사로 하여금 법인의 업무를 수행케 함에 부적당하다고 할 만한 특별한 사정이 없는 한 후임이사가 선임될 때까지 임기가 만료되거나 사임한 구 이사의 직무수행권을 인정하고 있다.[2]

결국 본조에 의한 임시이사의 선임은 이사가 없거나 결원이 되어 손해가 생길 염려가 있고, 그에 대한 조치를 위하여 통상적인 이사선임절차를 기다리거나, 구 이사의 직무수행권으로써 대처할 수 없는 사정이 있는 경우에 인정된다.

Ⅱ. 임시이사의 선임의 요건

1. 이사의 흠결

가. 이사가 없거나 결원이 있는 경우

"이사가 없거나 결원이 있는 경우"라 함은 이사가 전혀 없거나 정관에서 정한 인원수에 부족이 있는 경우를 말한다.[3] 이사의 결원은 없으나 사실상 또는 법률상의 원인으로 그 사무를 집행할 수 없는 경우도 이에 해당된다. 예를 이사가 질병, 해외출장, 장기간의 부재, 구속 등의 사유로 상당히 장기간 사실상 그 사무를 집행할 수 없는 경우와 이사가 특별이해관계로 인하여 법률상 법인의 의사결정에 있어서 의결권을 행사할 수 없는 경우가 여기에 포함된다.[4]

나. 정관상 대표권을 가진 특정이사가 없는 경우

정관에서 이사 중 특정인에게 대표권을 부여하면서도 대표권이 있는 이사가 직무를 수행할 수 없는 때의 직무대행에 관한 규정을 두지 않는 경우에, 본조에 의한 임시이사의 선임이 가능한지, 아니면 대표권이 제한된 다른 이사의 대표권의 제한이 해소되는지에 관하여, 일본 학계에서는 긍정설과 부정설의 대립이 있

1 대법원 2009. 11. 19.자 2008마699 전원합의체 결정.
2 대법원 1982. 3. 9. 선고 81다614 판결 등.
3 대법원 1975. 3. 31.자 74마562 결정, 대법원 2009. 11. 19.자 2008마699 전원합의체 결정.
4 주석 민법, 총칙(1)(제4판), 한국사법행정학회(2010), 741(주기동); 민법주해 I, 총칙(1), 박영사(1992), 689(최기원).

고, 일본의 판결례도 통일적이지 않다. 국내 학계에서는 민법은 이사의 각자 대표권을 원칙으로 하고 있고 이사의 각자 대표권을 제한하는 정관 규정의 취지는 대표권 및 사무집행권을 소수의 이사에게 집중함으로써 사무집행의 능률화를 도모함에 있고 평이사의 대표권의 제한 그 자체를 목적으로 하는 것은 아닌 점을 고려할 때 원래 대표권을 가지고 있는 평이사를 배제하고 임시이사의 선임을 요구하는 것이 본조의 취지라고 할 수 없고, 이사의 대표권의 제한을 등기하여야 한다는 것과 대표권이 있는 이사가 직무를 수행할 수 없는 경우에 다른 이사의 대표권이 부활하는 것과는 직접적인 연관성이 없으므로 대표권이 있는 이사가 직무를 수행할 수 없는 경우에는 다른 평이사의 대표권이 부활한다고 보는 것이 타당하다 등의 이유로 긍정설을 지지하고 있다.[5]

한편, 판례는 비법인사단인 재건축조합의 조합장의 직무수행권과 관련하여, "피고 조합에 있어서와 같이 정관에서 그 조합장을 총회에서 직접 선임하고 조합의 대표권이나 총회의 소집권 또는 소집의무는 조합장에게만 전속되도록 규정하고, 조합장이 궐위된 때의 조합의 대표권행사에 관한 아무런 보충적 규정을 두고 있지 않은 경우에는, 다른 이사들에게는 처음부터 총회의 소집권은 물론 조합을 대표할 권한이 전혀 주어져 있지 아니하기 때문에 조합장이 궐위된 경우에도 이사들이 피고 조합을 대표할 수 있는 권한이나 총회소집권을 가지게 된다고 할 수 없을 것이므로 피고 조합의 조합장은 후임 조합장이 선임될 때까지 조합장의 직무를 계속 수행할 수 있다."고 하였는바,[6] 이는 대표권이 있는 이사가 직무를 수행할 수 없는 경우에도 정관상 대표권이 제한되는 다른 이사들의 대표권이 부활되지는 않는다는 입장에 선 것이라고 볼 수 있다.

2. 손해가 생길 염려

"이로 인하여 손해가 생길 염려가 있는 때"라 함은 통상의 이사선임절차에 따라 후임이사가 선임되기를 기다릴 때에 법인이나 제3자에게 손해가 생길 우려가 있는 것을 의미한다.[7]

이사의 임기가 만료되거나 이사가 사임함으로써 이사가 없거나 결원이 있는

5 주석 민법, 총칙(1)(제4판), 한국사법행정학회(2010), 741-743(주기동); 민법주해 I, 총칙(1), 박영사(1992), 690-691(최기원).
6 대법원 1996. 10. 25. 선고 95다56866 판결.
7 대법원 2009. 11. 19.자 2008마699 전원합의체 결정.

경우에 해당한다 하더라도, 구 이사로 하여금 법인의 업무를 수행하게 하는 것이 부적당하다고 인정될 만한 특별한 사정이 없는 경우에는, 구 이사가 후임이사의 선임 시까지 종전 업무를 수행할 수 있는 직무수행권이 있다. 따라서 이사의 임기가 만료되거나 이사가 사임한 경우에 구 이사가 업무를 수행함에 부적당한 사정이 없는 경우에는 법인에게 손해가 생길 염려가 없을 것이므로 임시이사를 선임할 이유가 없다.[8] 이로 인하여 실제 임시이사의 선임요건에 해당하는 범위는 매우 좁아지게 된다.[9]

Ⅲ. 임시이사의 선임절차

1. 관할법원

임시이사의 선임절차는 비송사건절차법에서 규정하고 있다. 임시이사의 선임은 법인의 주된 사무소 소재지의 지방법원 합의부가 관할한다(비송사건절차법 제33조 제1항).

2. 신청권자

임시이사선임의 신청권자는 이해관계인 또는 검사이다. 이해관계인은 임시이사가 선임되는 것에 관하여 법률상 이해관계를 갖는 다른 이사, 사원, 채권자 등이다.[10] 선임신청은 서면 또는 구두로 하지만 신청 시에 임시이사의 후보자를 열거하는 것도 가능하다. 정관상 이사가 될 자격이 없는 자도 임시이사에 선임될 수 있다.

3. 선임의 재판 및 이에 대한 불복

가. 선임의 재판절차

임시이사의 선임은 결정으로 하고(비송사건절차법 제17조), 그 결정은 고지함으로써 효력이 발생한다(비송사건절차법 제18조). 그러나 피선임자가 법원의 결정에 당연히 구속되는 것은 아니고 위 결정에 따른 피선임자의 취임 승낙이 필요하므로 법원은 임시이사로 선임하려는 사람에 대하여 재판 전에 승낙 의사의

8 이재혁, "법인 아닌 사단에서 대표자가 없게 된 경우의 업무수행 - 임시이사와 관련하여 -", 민사판례연구 33-1권(2011), 60.

9 주석 민법, 총칙(1)(제4판), 한국사법행정학회(2010), 744(주기동).

10 대법원 2009. 11. 19.자 2008마699 전원합의체 결정.

유무를 확인하는 것이 바람직하다.[11] 법원은 재판을 한 후에 그 재판이 위법 또는 부당하다고 인정할 때에는 이를 취소하거나 변경할 수 있다(비송사건절차법 제19조).

나. 선임결정에 대한 불복

임시이사 선임신청에 대한 재판으로 인하여 권리를 침해당한 자는 그 재판에 대하여 항고할 수 있으나(비송사건절차법 제20조),[12] 그 항고는 집행정지의 효력이 없다(비송사건절차법 제21조). 따라서 임시이사 선임결정에 대하여 불복하여 항고를 하면서 그 임시이사 선임결정의 집행을 정지할 필요가 있는 경우에는 비송사건절차법 제23조, 민사소송법 제448조에 의하여 항고법원 또는 원심법원으로 하여금 임시이사 선임결정의 집행을 정지하거나 그 밖에 필요한 처분을 하도록 신청할 수 있다.[13] 등기부상 해임등기가 완료된 이사도 권한 없는 자의 불법에 의하여 해임등기가 되었음을 소명하여 비송사건절차법 제20조의 '권리를 침해당한 자'로서 임시이사 선임결정에 대하여 항고를 할 수 있다.[14]

4. 등기

독일 민법은 임시이사의 선임은 직권으로 등기하여야 한다고 규정하고 있으나(독일 민법 제67조 제2항), 우리 민법에는 임시이사의 등기에 관한 규정이 없고, 실무상으로도 그 등기는 하지 않는다.[15]

5. 보수

임시이사의 보수는 그 선임결정에서 따로 보수를 정하지 아니하고 정관의 규정에 따르기도 하지만, 통상의 실무례는 주식회사의 이사, 감사 직무대행자의 보수에 관한 비송사건절차법 제84조 제2항, 제77조를 유추적용하여 임시이사의 선임결정을 하면서 동시에 보수를 정하기도 하고, 선임결정과 별도로 임시이사의 보수를 정하는 결정을 하기도 한다.[16]

11 법원실무제요 비송, 법원행정처(2014), 80.
12 대법원 1976. 10. 26. 선고 76다1771 판결(법원의 결정에 따른 임시이사선임에 관하여는 비송사건절차법에 의한 항고로서만이 불복이 가능하다).
13 대법원 1963. 12. 12. 선고 63다321 판결.
14 대법원 1964. 8. 17.자 64마452 결정.
15 법원실무제요 비송, 법원행정처(2014), 81.
16 법원실무제요 비송, 법원행정처(2014), 83.

Ⅳ. 임사이사의 지위와 권한

1. 임시이사의 선임자격

임시이사의 선임자격에 관하여는 법률상 명시적인 제한이 없는바, 법인의 성격에 비추어 선임자격이 제한될 수 있다.[17] 대법원 2009. 11. 19.자 2008마699 전원합의체 결정은 비법인사단인 종교단체의 임시이사 선임자격과 관련하여 종교단체의 특수성, 결원된 이사가 지니는 지위 등을 고려할 때 종단대표자가 결원인 경우에는 소속 종단의 신도를 임시이사로 선임하는 것이 원칙이지만, 종단 내부의 총체적인 분규와 전체적인 대립 양상으로 인하여 당해 종단의 신도 중에서 중립적인 지위에서 종단대표자의 업무를 적정하게 수행할 수 있는 적임자를 찾을 수 없는 예외적인 사정이 존재하는 경우에는 신도가 아닌 사람도 임시이사로 선임될 수 있다고 하였다.

2. 임시이사의 권한 범위와 직무내용에 대한 제한

법원은 선임결정시에 임시이사의 구체적인 권한의 범위나 직무내용을 제한할 수 있다. 대법원 2009. 11. 19.자 2008마699 전원합의체 결정은 "종교단체에서 임시이사의 선임요건에 관한 심사결과 당해 종교단체에 장래 발생이 염려되는 손해를 방지하기 위한 조치로서 임시이사의 선임이 불가피한 경우에도, 결원이 된 당해 이사가 지니는 지위, 권한 및 직무내용과 임시이사가 실제로 수행하여야 하는 업무나 역할 등 당해 종교단체에 관한 구체적 사정에 따라서는 종교단체의 종교적인 활동 및 그 자율성에 장해를 주지 않도록 선임자격이나 그 구체적 권한 내지 직무내용을 제한함이 상당하다."고 하였다.

법원이 선임결정에서 임시이사의 권한 및 직무내용을 제한한 경우에 임시이사의 이사로서의 지위는 그 범위에 한정됨은 당연하다.

3. 임시이사의 지위 및 권한

법원이 선임결정에서 임시이사의 권한 및 직무내용에 관하여 제한을 하지 않은 이상, 임시이사의 지위는 일시적 기관인 점을 제외하고는 법인의 대표기관 및 업무집행기관이므로 일반 이사와 동일한 권리와 의무를 갖는다.[18]

17 송덕수, 민법총칙, 박영사(2016), 659.
18 대법원 2013. 6. 13. 선고 2012다40332 판결.

법인이 선임결정에서 제한을 하지 않은 이상, 임시이사에 의한 재단법인의 이사나 이사장의 선임행위를 무효라고 할 수 없고,[19] 임시이사가 적법한 절차에 따라 직권으로 변경한 정관은 유효하며,[20] 법원이 선임한 임시이사도 도시 및 주거환경정비법 제85조 제5호에서 규정한 '조합의 임원'에 해당하여 법률상 규정된 총회의 의결을 거치지 않고 사업을 임의로 추진하는 경우에는 형사처벌의 대상이 된다.[21]

4. 임시이사 선임결정의 취소·변경

비송사건절차법 제19조 제1항은 "법원은 재판을 한 후에 그 재판이 위법 또는 부당하다고 인정할 때에는 이를 취소 또는 변경할 수 있다."고 규정하고 있다. 법원은 임시이사 선임결정을 한 후에 사정변경이 생겨서 그 선임결정이 부당하다고 인정될 때에는 이를 취소 또는 변경(임시이사 선임결정을 취소하고 새로이 임시이사를 선임하는 결정)할 수 있다.[22]

5. 임시이사의 임기 및 사임

임시이사의 임기는 신임이사가 선임될 때까지이고, 정식이사가 선임됨과 동시에 임시이사는 당연히 퇴임한다.[23] 한편, 임시이사는 이사와 동일한 권리와 의무를 가지고 있으므로 언제든지 법인을 대표할 수 있는 자에게 고지함으로써 사임할 수 있으나, 정식이사에게 적용되는 사임절차는 따라야 한다.[24] 판례는, 행정청이 의료법인의 이사에 대한 이사취임승인을 취소하였다가 직권으로 그 취소처분을 취소한 경우, 그 두 처분 사이에 법원에 의하여 선임된 임시이사는 법원의 해임결정이 없더라도 당연히 그 지위가 소멸된다고 한다.[25]

19 대법원 1963. 3. 21. 선고 62다800 판결.

20 대법원 1963. 12. 12. 선고 63다449 판결.

21 대법원 2016. 10. 27. 선고 2016도138 판결.

22 대법원 1968. 6. 28.자 68마597 결정, 대법원 1992. 7. 3.자 91마730 결정.

23 강태성, 민법총칙, 대명출판사(2017), 306; 고상용, 민법총칙, 법문사(2005), 226; 백태승, 민법총칙, 집현제(2016), 245; 송덕수, 민법총칙, 박영사(2016), 660.

24 대법원 1997. 9. 11.자 97마1474 결정[미간행](법인과 이사와의 법률관계는 신뢰를 기초로 한 위임 유사의 관계이므로 원칙적으로 민법 제689조 제1항에 규정한 바에 따라 이사는 언제든지 법인을 대표할 수 있는 자에 대하여 고지함으로써 사임할 수 있다 할 것이고, 이러한 법리는 법원이 선임한 임시이사의 경우에도 마찬가지라 할 것이지만, 이는 임의규정에 불과하므로 당사자 사이의 특약 또는 정관의 규정에 의하여 사임절차를 달리 정하는 것의 유효성을 부정할 수 없다).

25 대법원 1997. 1. 21. 선고 96누3401 판결.

V. 비법인사단에의 유추적용

종래 대법원은 "권리능력 없는 사단이나 재단은 그 실체에 있어서 내부적으로는 법인과 유사한 조직체를 가지고 있다고 하더라도 외부적으로는 민사소송법에서의 소송능력과 등기법상의 등기능력을 인정하는 경우와 같이 특별한 규정이 있는 경우를 제외하고는 일반적으로 인격을 인정하지 아니하므로 법인에 관한 본조의 규정은 준용할 수 없다."고 하였었다.[26]

대법원 2009. 11. 19.자 2008마699 전원합의체 결정은 "민법 제63조는 법인의 조직과 활동에 관한 것으로서 법인격을 전제로 하는 조항은 아니라 할 것이고, 법인 아닌 사단이나 재단의 경우에도 이사가 없거나 결원이 생길 수 있으며, 통상의 절차에 따른 새로운 이사의 선임이 극히 곤란하고 종전 이사의 긴급처리권도 인정되지 아니하는 경우에는 사단이나 재단 또는 타인에게 손해가 생길 염려가 있을 수 있으므로 민법 제63조는 법인 아닌 사단이나 재단에도 유추적용할 수 있다."고 하여 종래 견해를 변경하였다.

VI. 행정기관 등에 의하여 선임된 임시이사의 지위와 권한

1. 사립학교법상의 임시이사

가. 임시이사의 지위 및 권한

구 사립학교법(2005. 12. 29. 법률 제7802호로 개정되기 전의 것) 제25조 제1항은 "교육인적자원부장관은 학교법인이 이사의 결원보충을 하지 아니한 경우에, 이로 인하여 당해 학교법인의 목적을 달성할 수 없거나 손해가 생길 염려가 있다고 인정한 때에는 이해관계인의 청구 또는 직권에 의하여 임시이사를 선임하여야 한다."고 규정하고 있었다.

종래 대법원은, "교육인적자원부장관이 선임한 임시이사는 특히 장관의 결정에 의하여 그 권한에 제한이 없는 이상 정식이사와 동일한 결의권이 있다 할 것이므로 그 임시이사로 구성된 이사회에서 정식이사를 선임하였다 하더라도 무효로 볼 수 없다."는 취지로 판시하였었다.[27]

26 대법원 1961. 11. 16. 선고 4294민재항431 판결.
27 대법원 1970. 10. 30. 선고 70누116 판결 등.

대법원은 2007. 5. 17. 선고 2006다19054 전원합의체 판결에서 종래의 견해를 변경하면서, "학교법인의 기본권과 구 사립학교법의 입법목적, 그리고 구 사립학교법 제25조가 민법 제63조에 대한 특칙으로서 임시이사의 선임사유, 임무, 재임기간 그리고 정식이사로의 선임제한 등에 관한 별도의 규정을 두고 있는 점 등에 비추어 보면, 같은 조 제1항에 의하여 교육인적자원부장관이 선임한 임시이사는 이사의 결원으로 인하여 학교법인의 목적을 달성할 수 없거나 손해가 생길 염려가 있는 경우에 임시적으로 그 운영을 담당하는 위기관리자로서, 민법상의 임시이사와는 달리 일반적인 학교법인의 운영에 관한 행위에 한하여 정식이사와 동일한 권한을 가지는 것으로 제한적으로 해석하여야 할 것이고, 따라서 정식이사를 선임할 권한은 없다고 봄이 상당하다. 위 조항에 의하면, 임시이사의 임기가 만료된 경우에 그 후임 임시이사를 선임할 권한은 교육인적자원부장관에게 있으므로 자신의 후임 임시이사를 선임할 권한도 없는 임시이사에게 정식이사를 선임할 권한이 있다고 보는 것은 무리일 뿐만 아니라, 위 조항의 해석상 임시이사 선임사유가 존속하는지의 판단권도 임시이사가 아닌 교육인적자원부장관에게 있는데, 그 점에서도 임시이사가 스스로 임시이사 선임사유가 소멸하였다고 판단하여 정식이사를 선임할 수 있다는 해석은 가능하지 않다."고 하였다.[28]

한편, 대법원은 학교법인에서 임시이사 선임사유가 해소된 경우의 정상화 방법에 관하여 아무런 규정을 두고 있지 아니하던 구 사립학교법 하에서는 민법의 일반 원칙으로 돌아와 해결함이 상당할 것이라고 하면서, "이는 민법 제63조에 따라 법원이 정식이사를 선임할 권한이 있는 임시이사를 선임한 후 그 임시이사들이 정식이사를 선임하는 방법 등을 의미한다."고 하였다.[29]

28 소수의견은 "학교법인은 기본적으로 민법상 재단법인에 해당하는 것이고, 다만 그 조직·운영에 관하여 법적 규제와 행정감독을 강화함으로써 사학의 공공성을 높이기 위하여 사립학교법이라는 특별법에 의하여 설립·운영되는 특수법인으로 규정하고 있는 것으로 보아야 한다. 따라서 학교법인에 대하여는 사립학교법이 우선 적용되나 그 외 사립학교법에 규정되지 않은 사항에 관하여는 민법의 재단법인에 관한 규정이 적용되어야 한다. 그런데 민법 제63조에 의하여 법원이 선임한 임시이사는 일반 이사와 동일한 결의권이 있다는 것이므로, 비록 그 선임 주체가 다르다 하더라도 사립학교법 소정의 임시이사들 역시 정식이사와 동일한 권한이 있는 것으로 해석하여야 하고 따라서 임시이사들로 구성된 이사회에서 정식이사를 선임한 이 사건 이사회결의를 무효라고 볼 수 없다."고 하였다.

29 대법원 2016. 8. 29. 선고 2013다204287 판결, 대법원 2010. 10. 28. 선고 2010다30676, 30683 판결, 대법원 2011. 9. 8. 선고 2009다67115 판결 등은 "정식이사를 선임할 권한이 없는 구 사립학교법상의 임시이사가 적법하게 선임되었다가 임시이사의 선임 전에 퇴임한 정식이사 등과 협의하여 후임 정식이사를 선임하였다고 하더라도 정식이사 선임행위가 유효하게 될 수는 없다."고 하였다.

나. 본조에 의한 임시이사와의 차이

판례에 따르면 학교법인의 경우, 사립학교법 제25조에 의하여 관할청이 선임하는 임시이사 외에, 본조에 의한 임시이사를 선임할 수 있다. 관할청이 선임한 임시이사는 이사의 결원으로 인하여 학교법인의 목적을 달성할 수 없거나 손해가 생길 염려가 있는 경우에 임시적으로 그 운영을 담당하는 위기관리자로서, 일반적인 학교법인의 운영에 관한 행위에 한하여 정식이사와 동일한 권한을 가질 뿐이므로 정식이사를 선임할 권한은 없다. 그러나 본조에 의하여 법원이 선임한 임시이사는 제한 없이 정식이사와 동일한 권한을 가지므로 결원이 된 정식이사를 선임할 수 있다.

2. 사회복지사업법상의 임시이사

사회복지사업법 제20조는 "이사 또는 감사 중에 결원이 생겼을 때에는 2개월 이내에 보충하여야 한다."고 규정하고, 제22조의3 제1항은 "법인이 제20조에 따른 기간 내에 결원된 이사를 보충하지 아니하여 법인의 정상적인 운영이 어렵다고 판단되는 경우, 시·도지사는 지체 없이 이해관계인의 청구 또는 직권으로 임시이사를 선임하여야 한다."고 규정하고 있다.

판례는 사회복지사업법에 따른 임시이사의 권한과 관련하여서, "민법상의 법인에 대하여 민법 제63조에 의하여 법원이 선임한 임시이사는 원칙적으로 정식이사와 동일한 권한을 가진다. 다만 학교법인의 경우와 같이, 다른 재단법인에 비하여 자주성이 보장되어야 할 특수성이 있고 사립학교법 등 관련 법률에서도 이를 특별히 보장하고 있어 임시이사의 권한이 통상적인 업무에 관한 사항에 한정된다고 보아야 하는 경우가 있을 뿐이다."고 전제하면서, 사립학교법 제25조와 달리 사회복지사업법은 임시이사의 선임사유 및 절차에 관하여만 규정하고 있을 뿐 직무범위, 재임기간, 선임 제한 등에 관하여는 아무런 규정을 두고 있지 아니하고 사회복지사업법에 규정된 것을 제외하고는 민법의 규정을 준용하도록 하고 있는 점 등의 사정을 종합하여 사회복지법인의 임시이사는 정식이사와 동일한 권한을 가지므로 임시이사들에게는 정식이사의 선임에 관한 결의권한도 있다고 판단한 원심이 정당하다고 하였다.[30]

30 대법원 2013. 6. 13. 선고 2012다40332 판결.

Ⅶ. 2014년 법무부 개정안

본조에 대하여는 다음과 같은 개정안이 제시되었다.

> 제63조(임시이사의 선임)
> ① 이사가 없거나 결원이 있는 경우에 이로 인하여 손해가 생길 염려 있는 때에는 법원은 이해관계인이나 검사의 청구에 따라 임시이사를 선임하여야 한다.
> ② 제1항에 따라 임시이사가 선임된 경우에는 주된 사무소와 분사무소의 소재지에서 등기하여야 한다.

2014년 개정안은 임시이사가 선임된 경우에도 이를 등기하여 그 내용을 공시할 필요가 있으므로 제2항을 신설하여 주사무소와 분사무소가 있는 곳의 등기소에 임시이사의 선임에 관한 사항을 등기하도록 하였다.[31]

31 2013년 법무부 민법개정시안 총칙편, 법무부 민법개정자료발간팀, 법무부(2013), 43.

제 64 조 [특별대리인의 선임]

법인과 이사의 이익이 상반하는 사항에 관하여는 이사는 대표권이 없다. 이 경우에는 전조의 규정에 의하여 특별대리인을 선임하여야 한다.

[관련조문] 비송사건절차법 제33조, 민법 제921조, 상법 제398조, 민사소송법 제62조, 제64조

[참고문헌] 김진우, "재단법인의 조직과 의사결정", 법조 통권 674호(2012. 11.)

Ⅰ. 본조의 의의

법인의 이사가 법인을 대표하여 이사 자신과 거래하는 경우도 있다. 그 경우에 항상 법인의 불이익으로 되는 것은 아니므로 이를 당연히 금지할 이유는 없다. 한편, 이사는 법인에 대하여 선량한 관리자의 주의의무를 지므로 법인과 자신과의 거래에 있어서도 법인의 이익을 도모할 의무를 진다. 그러나 법인과 이사의 이익이 상반하는 경우에는 이사 자신의 이익을 위하여 법인의 이익을 희생할 염려가 크다. 본조는 그러한 때에는 이사에게 대표권을 주지 않고 법원이 선임하는 특별대리인이 법인을 대표하도록 한 것이다. 본조는 본법 제124조에서 규정하는 자기계약의 금지와 같은 취지이다.[1] 다만, 본조에 대하여는 본법 제124조에서는 대리행위가 본인과 대리인 사이에 이익이 상반되는 사항에 관한 것인지를 묻지 않고 대리행위가 본인과 대리인 사이의 행위인 경우에는 형식적 기준에 의하여 자기계약을 금지하고 있는데, 본조에서 실질적인 개념인 이익상반사항 여부를 기준으로 대표권을 제한하는 것은 타당하지 않다는 비판적 견해[2]도 있다.

본조는 이사뿐만 아니라 이사와 유사한 권리의무를 부담하는 이사직무대행자 등에게도 준용된다.[3]

1 주석 민법, 총칙(1)(제4판), 한국사법행정학회(2010), 747(주기동).
2 김중한/김학동, 민법총칙, 박영사(2013), 230.
3 대법원 2003. 5. 27. 선고 2002다69211 판결.

독일 민법 제30조는 정관의 규정에 의하여 이사회와는 별도로 일정한 업무에 관하여 특별대리인(Besonderer Vertreter)을 선임할 수 있도록 규정하고 있는바, 독일 민법의 특별대리인은 정관이 허용하는 경우에 한하여 선임할 수 있고, 이사회와는 별도로 일정한 사무에 관하여 선임할 수 있다는 점에서, 법인과 이사의 이익이 상반하는 사항에 관하여 선임되는 우리 민법상의 특별대리인과는 차이가 있고, 오히려 이사에 의하여 선임되는 대리인(본법 제62조)과 그 기능이 유사하지만, 독일 민법상의 특별대리인은 법인의 기관이라는 점에서 차이가 있다.[4]

Ⅱ. 이익상반사항

법인과 이사의 이익이 상반하는 사항의 의미에 관하여, 통설은 해당 사항마다 구체적으로 판단하되, 객관적으로 보아 서로의 이익이 상반될 우려가 있는 사항이면 모두 법인의 이익을 해할 염려가 있는 재산적 거래로서 이에 해당된다고 한다. 예를 들어 법인재산의 양수, 법인에 대한 자기재산의 양도, 법인의 이사 채무인수 등이 이에 해당된다.[5] 법인과 이사의 이익이 상반하는 사항은 이사가 직접 거래의 상대방이 되는 경우뿐만 아니라, 이사의 개인적 이익과 법인의 이익이 충돌하고 이사에게 선량한 관리자로서의 주의의무의 이행을 기대할 수 없는 사항은 모두 포함된다.[6]

판례는, 가처분에 의하여 선임된 사단법인의 이사장 직무대행자가 개인의 입장에서 원고가 되어 법인을 피고로 하여 소송을 하는 경우는 본조의 이익상반사항에 해당된다고 하였고,[7] 형식상 전혀 별개인 법인의 대표를 겸하고 있는 자가 양쪽 법인을 대표하여 계약을 체결하는 경우는 쌍방대리행위로서 특별한 사정이 없는 한 이사의 개인적 이익과 법인의 이익이 충돌할 염려가 있는 경우에 해당한다고 하였다.[8]

한편, 법인과 이사 사이의 법률행위라도 새로운 이익의 교환을 수반하지 않는 것으로서, 예를 들어 채무의 이행, 기존채무의 이행조건을 법인에게 더 유리하게 변경하는 행위, 법인의 채권을 자동채권으로 하여 이사의 채권과 상계하는 행

4 김진우, "재단법인의 조직과 의사결정", 법조 통권 674호(2012. 11.), 127-128.
5 주석 민법, 총칙(1)(제4판), 한국사법행정학회(2010), 747(주기동).
6 대법원 2013. 11. 28. 선고 2010다91831 판결.
7 대법원 2003. 5. 27. 선고 2002다69211 판결.
8 대법원 2013. 11. 28. 선고 2010다91831 판결.

위, 법인이 부담 없이 무상증여를 받는 계약 등은 법인과 이사의 이익이 상반하는 행위라고 볼 수 없다.[9]

Ⅲ. 이익상반사항에 대하여 이사가 법인을 대표하여 한 법률행위의 효력

1. 대표권 없는 자의 행위

이사는 법인과 이사의 이익상반사항에 관하여 대표권을 갖지 않으므로 이러한 사항에 대하여 이사가 법인을 대표하여 한 법률행위는 대표권 없는 자의 행위로서 무권대리행위에 관한 규정이 준용된다.[10] 이사의 대표권 없는 행위에 대하여 법인의 추인이 있으면 처음부터 소급하여 유효한 것으로 되지만(본법 제133조),[11] 법인의 추인이 없으면 그 행위의 효력은 법인에 미치지 않고(본법 제130조), 상대방의 선택에 따라 이사가 이행 또는 손해배상책임을 지게 된다(본법 제135조 제1항).

2. 거래의 상대방이 선의인 경우

상법 제398조는 이사가 자기 또는 제3자의 계산으로 회사와 거래를 하기 위하여 미리 이사회에서 해당 거래에 관한 중요사실을 밝히고 이사회의 승인을 받도록 규정하고 있다. 판례는 이사가 상법 제398조에 위반하여 이사회의 승인을 받지 않고 회사와 거래를 한 경우에 있어서, “회사가 그러한 거래가 무효라는 것을 거래의 상대방인 제3자에게 주장하기 위해서는 거래의 안전과 선의의 제3자를 보호할 필요상 이사회의 승인을 얻지 못하였다는 것 외에 거래의 상대방인 제3자가 이사회의 승인 없음을 알았다는 사실을 주장·증명하여야만 한다.”고 하고,[12] “비록 제3자가 선의였다 하더라도 이를 알지 못한 데 중대한 과실이 있음을 입증한 경우에는 악의인 경우와 마찬가지라고 할 것이며, 이 경우 중대한 과실이라 함은 제3자가 조금만 주의를 기울였더라면 그 거래가 이사와 회사간의 거래로서 이사회의 승인이 필요하다는 점과 이사회의 승인을 얻지 못하였다는 사정을 알 수

9 주석 민법, 총칙(1)(제4판), 한국사법행정학회(2010), 747(주기동); 민법주해 I, 총칙(1), 박영사(1992), 694(최기원).

10 고상용, 민법총칙, 법문사(2005), 224; 김준호, 민법총칙, 법문사(2017), 147; 백태승, 민법총칙, 집현재(2016), 243; 송덕수, 민법총칙, 박영사(2016), 654.

11 대법원 2013. 11. 28. 선고 2010다91831 판결.

12 대법원 1984. 12. 11. 선고 84다카1591 판결 등.

있었음에도 불구하고, 만연히 이사회의 승인을 얻은 것으로 믿는 등 거래통념상 요구되는 주의의무에 현저히 위반하는 것으로서 공평의 관점에서 제3자를 구태여 보호할 필요가 없다고 봄이 상당하다고 인정되는 상태를 말한다."고 하여,[13] 상대적 무효설의 입장이다.

거래의 안전이나 제3자 보호를 요구하는 정도는 상법보다 민법에서 약하고 법인의 보호가 우선이라는 이유로 위 판례는 민법상의 법인에 대하여는 적용되지 않는다는 견해가 우세하다.[14]

3. 거래의 무효를 주장할 수 있는 자

본조는 법인을 보호하기 위한 규정이므로 본조 위반을 이유로 거래의 무효를 주장할 수 있는 것은 법인뿐이고, 거래의 상대방인 이사나 제3자는 이를 주장할 수 없다.[15]

Ⅳ. 특별대리인의 선임

1. 특별대리인의 선임이 필요한 경우

이사는 이익상반사항에 관하여는 법인을 대표할 특별대리인을 선임하여 업무를 집행하여야 한다. 다만, 법인과 이익이 상반되는 이사 외에 대표권을 갖는 다른 이사가 있는 경우에는 그 이사가 당해 사항에 관하여 법인을 대표하면 되므로 특별대리인을 선임할 필요가 없다는 것이 다수설이다.[16] 이에 대하여 수인의 이사들 중에서 일부만이 법인과 이익이 상반되는 사항의 경우에도 이사들 사이의 친밀관계를 고려할 때 다른 이사가 법인을 대표하는 것은 허용되지 않고 특별대리인을 선임하여야 한다는 견해도 있다.[17] 다만, 공동대표인 경우에는 특별대리인을 선임하여 그 특별대리인과 나머지 이사가 공동으로 법인을 대표하여야 한다.[18]

13 대법원 2004. 3. 25. 선고 2003다64688 판결 등.

14 주석 민법, 총칙(1)(제4판), 한국사법행정학회(2010), 749(주기동); 민법주해 I, 총칙(1), 박영사(1992), 695(최기원).

15 주석 민법, 총칙(1)(제4판), 한국사법행정학회(2010), 749(주기동)

16 강태성, 민법총칙, 대명출판사(2017), 300; 곽윤직/김재형, 민법총칙(제9판), 박영사(2013), 195; 김준호 147는 통설이라 한다; 김증한/김학동, 민법총칙, 박영사(2013), 231; 명순구, 민법총칙, 법문사(2007), 231; 백태승, 민법총칙, 집현제(2016), 243; 송덕수, 민법총칙, 박영사(2016), 654.

17 고상용, 민법총칙, 법문사(2005), 223; 김대정, 민법총칙, FIDES(2012), 420; 민법주해 I, 총칙(1), 박영사(1992), 696(최기원).

18 강태성, 민법총칙, 대명출판사(2017), 300.

정관에서 이사와 법인의 이익상반사항에 관하여는 이사회의 승인을 요한다거나 감사가 법인을 대표한다는 등 별도의 규정이 있는 경우는 그러한 정관의 규정에 따르면 되므로 특별한 사정이 없는 한 특별대리인을 선임할 필요가 없다.[19]

2. 특별대리인 선임절차

특별대리인은 본조에 규정된 바와 같이 이해관계인 또는 검사의 청구에 의하여 법원이 선임한다. 선임절차는 임시이사의 선임절차와 마찬가지로 비송사건절차법에 따른다. 관할법원은 법인의 주된 사무소 소재지의 지방법원 합의부이다(비송사건절차법 제33조 제1항). 법원은 특별대리인을 선임하는 재판을 할 때 특별대리인이 대리할 사항을 명시하여야 한다. 특별대리인 선임신청에 대한 재판으로 인하여 권리를 침해당한 자는 그 재판에 대하여 항고할 수 있는데(비송사건절차법 제20조 제1항), 그에 대한 항고, 재항고는 민사소송법의 규정이 준용된다(비송사건절차법 제23조).[20]

특별대리인의 선임등기에 관하여는 규정이 없는바, 특별대리인은 특별한 사항에 관하여 임시로 존재하는 기관이기 때문에 등기가 필요 없기 때문이라고 한다.[21]

3. 특별대리인의 지위 및 권한

특별대리인의 권한은 법원의 결정에서 선임사유로 특정한 이해상반사항에 한정되고, 그 사항에 관한 법인의 대표행위를 종료하면 특별대리인의 지위 역시 상실한다. 특별대리인의 법률상의 지위는 법인의 대리인이 아니라 법인의 기관이다.[22]

19 주석 민법, 총칙(1)(제4판), 한국사법행정학회(2010), 749(주기동); 민법주해 I, 총칙(1), 박영사(1992), 696(최기원).

20 대법원 2014. 5. 7.자 2014마397 결정.

21 권오복, "민법법인의 임원변경과 등기(I)", 법무사 479호 (2007. 5.), 30.

22 곽윤직/김재형, 민법총칙(제9판), 박영사(2013), 237; 김주수/김상용, 민법총칙, 삼영사(2013), 232; 김준호, 민법총칙, 법문사(2017), 147,149; 김증한/김학동, 민법총칙, 박영사(2013), 231; 송덕수, 민법총칙, 박영사(2016), 660.

제 65 조 [이사의 임무해태]

이사가 그 임무를 해태한 때에는 그 이사는 법인에 대하여 연대하여 손해배상의 책임이 있다.

[관련조문] 민법 제61조, 상법 제399조, 제400조, 제401조의2, 제403조

[참고문헌] 김진우, "재단법인 이사의 내부책임", 민사법학 51호, 한국민사법학회(2010); 김태선, "비영리법인 이사의 선관주의의무", 민사법학 69호, 한국민사법학회(2014); 이선희, "비영리법인에 있어서 이사의 선관주의의무", 성균관법학 30권 1호(2018. 3.)

Ⅰ. 본조의 의의

이사는 법인과 위임 유사의 법률관계에 있고, 선량한 관리자의 주의로 그 직무를 행하여야 하므로(본법 제61조), 이사가 그러한 임무를 해태한 때에 법인에 대하여 손해배상책임을 지는 것은 당연하다. 본조는 그러한 내용을 규정하면서 그 임무를 해태한 이사가 여럿인 때에는 연대하여 책임을 지도록 규정하였다. 이는 임무를 해태한 수인의 이사에게 보다 무거운 배상책임을 부과함으로써 이사 각자의 책임의식을 높여 충실하고도 적절한 임무수행을 하게 하여 법인의 이익을 보호하려는 취지에 따른 것이다.[1]

Ⅱ. 법인에 대한 책임

1. 손해배상책임

이사가 사무를 집행하면서 선관주의의무에 위반하여 법인에게 손해를 끼친 경우에는 법인에 대하여 손해배상책임을 진다. 그리고 그 임무를 해태한 이사가 여럿인 때에는 이들은 연대하여 책임을 진다. 수인의 이사 중 일부만이 임무를 해태한 때에는 그 이사들만이 연대하여 배상책임을 진다. 임무를 해태한 수인의 이사들이 법인에 대하여 지는 손해배상책임은 법률의 규정에 의하여 성립되는 연대

1 김증한/김학동, 민법총칙, 박영사(2013), 218.

채무이다. 이사가 수인인 경우 정관에 다른 정함이 없으면 법인의 사무집행은 이사의 과반수로써 결정하므로(본법 제58조 제2항) 이들은 상호 협력과 견제를 통하여 법인의 사무를 집행하여야 할 책임이 있고, 이러한 책임에 근거하여 이사들 상호간에는 (연대채무를 인정할 수 있는 요소로서) 위임 유사의 관계가 성립한다고 볼 수 있으므로 이를 근거로 하여 임무를 해태한 수인의 이사들의 법인에 대한 손해배상책임을 연대채무로 인정할 수 있다고 설명하는 견해[2]가 있다.

판례는, "학교법인의 이사는 이사회의 일원으로서 이사회에 상정된 의안에 대하여 찬부의 의사표시를 하는 데에 그치지 않고, 담당업무는 물론 다른 업무담당이사의 업무집행을 전반적으로 감사할 의무가 있으므로 학교법인의 이사가 다른 업무담당이사의 업무집행이 위법하다고 의심할 만한 사유가 있음에도 불구하고 이를 방치한 때에는 이로 말미암아 학교법인이 입은 손해에 대하여 배상책임을 면할 수 없다."고 하였고,[3] 중소기업협동조합법에 의하여 설립된 협동조합이 공공기관으로부터 공급요청을 받은 물품의 일정량을 특정 조합원에게 배정한 후 그 조합원의 요청에 따라 원자재공급업체로부터 원자재를 구매하여 그 조합원에게 제공함으로써 그 조합원이 이를 가공하여 공공기관에 납품하도록 조력함에 있어서, 협동조합이 조합원을 위하여 원자재를 구매·공급해 주는 업무를 담당하는 임원에 대하여 "구매·공급해 준 원자재가 협동조합의 설립목적과 사업목적에 부합하게 공공기관에 납품하는 데 사용되도록 조치하는 한편, 원자재 구매를 요청한 조합원의 신용도를 조사하고 그 조합원으로부터 담보를 제공받거나 그 밖의 방법으로 합리적인 채권회수조치를 취하여야 할 선량한 관리자의 주의의무가 있고, 이러한 주의의무를 게을리하여 적절한 채권회수조치를 취하지 아니한 채 통상의 업무처리절차와는 달리 조달청으로부터 납품통보를 받지 아니한 상태에서 조합원에게 장기간 원자재를 대량 선공급해 줌으로써 협동조합이 입은 원자재 대금 상당의 손해를 협동조합에게 배상할 책임이 있다."고 하였다.[4] 또, "재단법인 정관에서 일상적 사무를 처리하기 위해 사무총장, 사무국장 등의 명칭으로 상근임원을 따로 두고 있는 경우, 비상근 또는 업무집행을 직접 담당하지 아니하는 이사도 단지 이사회에 상정된 의안에 대하여 찬부의 의사표시를 하는 데에 그치지

2 주석 민법, 채권총칙(2)(제4판), 한국사법행정학회(2013), 483-484(제철웅).

3 대법원 2006. 11. 10. 선고 2005다66947 판결.

4 대법원 2008. 5. 15. 선고 2006다46094 판결.

않고 상근 임원의 전반적인 업무집행을 감시할 의무가 있는 것이므로, 상근 임원의 업무집행이 위법하다고 의심할 만한 사유가 있음에도 불구하고 감시의무를 위반하여 이를 방치한 때에는 이로 말미암아 재단법인이 입은 손해에 대하여 배상책임을 면할 수 없다."고 하였다.[5] 또한, 한국교직원공제회법에서 정하는 것을 제외하고는 민법 중 사단법인에 관한 규정이 준용되는 한국교직원공제회의 이사장으로서는 회원부담금 등으로 조성된 기금을 운용하여 부동산, 주식 등에 투자하는 업무를 통할하면서 투자의 대상과 규모, 방법, 그 회수 구조 등에 비추어 필요한 정보를 합리적인 범위에서 수집하여 투자에 적합한지 검토·심사하는 절차를 거쳐 투자가 공제회의 이익이나 사업 목적에 부합하는지를 판단하여 투자를 결정할 선관주의의무가 있으므로 실무진으로 하여금 투자판단에 필요한 정보를 충분히 수집·조사·분석하도록 하는 등으로 수익성과 손실의 위험성을 면밀히 검토하여 신중하게 의사결정을 하여야 하는데, 그러한 의사결정과정에서 최소한의 선관주의의무를 게을리 함으로써 한국교직원공제회에게 투자 손실액에 해당하는 손해를 입힌 사안에 대하여 이사장의 배상책임을 인정하였다.[6]

2. 손해배상액의 감경

판례는, 학교법인 이사의 손해배상책임의 범위와 관련하여, "이사가 법령 또는 정관에 위반한 행위를 하거나 그 임무를 해태함으로써 법인에 대하여 손해를 배상할 책임이 있는 경우, 그 손해배상의 범위를 정함에 있어서는, 당해 사업의 내용과 성격, 당해 이사의 임무 위반의 경위 및 임무위반행위의 태양, 법인의 손해 발생 및 확대에 관여된 객관적인 사정이나 그 정도, 평소 이사의 법인에 대한 공헌도, 임무위반행위로 인한 당해 이사의 이득 유무, 법인의 조직체계의 흠결 유무나 위험관리체제의 구축 여부 등 제반 사정을 참작하여 손해분담의 공평이라는 손해배상제도의 이념에 비추어 그 손해배상액을 제한할 수 있고, 나아가 책임감경사유에 관한 사실인정이나 그 비율을 정하는 것은 그것이 형평의 원칙에 비추어 현저히 불합리하다고 인정되지 않는 한 사실심의 전권사항에 속한다."고 하였다.[7]

5 대법원 2016. 8. 18. 선고 2016다200088 판결.
6 대법원 2017. 12. 22. 선고 2015다247912 판결.
7 대법원 2016. 8. 18. 선고 2016다200088 판결.

Ⅲ. 제3자에 대한 책임

상법 제401조 제1항은 "이사가 고의 또는 중대한 과실로 그 임무를 게을리 한 때에는 그 이사는 제3자에 대하여 연대하여 손해를 배상할 책임이 있다."고 규정하면서, 같은 조 제2항에서는 "이사의 위 행위가 이사회의 결의에 의한 것인 때에는 그 결의에 찬성한 이사도 연대하여 손해배상책임이 있다."고 규정하고 있다. 일본의 일반사단법인 및 일반재단법인에 관한 법률 제117조 제1항은 일반사단법인에 관하여 "임원 등이 그의 직무를 행함에 있어서 악의 또는 중대한 과실이 있는 경우에는 당해 임원 등은 그것에 의하여 제3자에게 발생한 손해를 배상할 책임이 있다."고 하면서, 제2항에서는 이사 등이 특정서류나 등기·공고 등에 허위의 기재·기록을 한 경우는 그 행위를 한 것에 관하여 주의를 해태하지 않았다는 것을 증명하지 않는 한, 그것에 의하여 제3자에게 발생한 손해를 배상할 책임을 진다고 규정하고 있는데, 이는 일본 회사법 제429조에서 규정하고 있는 주식회사 임원의 제3자에 대한 책임규정과 같은 규정이다.

우리 민법에는 상법 제401조와 같은 규정이 없으므로 법인의 이사가 선관주의의무를 위반하여 한 행위가 제3자에 대하여 불법행위를 구성하지 않는 한, 이사의 제3자에 대한 책임을 인정할 수 없다는 것이 일반적인 견해[8]이다.

8 주석 민법, 총칙(1)(제4판), 한국사법행정학회(2010), 751(주기동); 민법주해 I, 총칙(1), 박영사(1992), 697-698(최기원).

제 66 조 [감사]

법인은 정관 또는 총회의 결의로 감사를 둘 수 있다.

[관련조문] 상법 제409조, 제409조의2, 제410조, 제411조, 제414조, 제415조, 제382조 제2항

[참고문헌] 김진우, "재단법인의 조직과 의사결정", 법조 통권 674호(2012. 11.); 김진우, "재단법인 기관의 임면에 관한 고찰", 인권과 정의 통권 429호(2012); 김진우, "재단법인의 조직: 대륙 유럽법계에서의 논의와 한국법에의 시사점을 덧붙여", 경희법학 48권 1호(2013. 3.)

Ⅰ. 본조의 의의

감사는 법인의 재산상황이나 이사의 사무집행의 상황을 감독하는 기관이다. 본조는 정관 또는 총회의 결의로 감사를 둘 수 있다고 규정하여, 감사를 법인의 임의기관으로 하고 있다. 민법상 법인의 이사는 포괄적인 대리권을 갖고 있음에도 불구하고 이를 감독하는 기관인 감사를 임의기관으로 둔 이유는 민법상 법인은 영리를 목적으로 하지 않을 뿐만 아니라, 주무관청의 검사·감독을 받고 있고 (본법 제37조),[1] 법인의 목적·규모, 기타 사정으로 이사의 사무집행을 감독할 기관을 둘 필요가 없는 경우도 있기 때문이다.[2]

한편, 사립학교, 사회복지법인, 공익법인 등에서는 감사가 필요기관이다(사립학교법 제14조 제1항, 사회복지사업법 제18조 제1항, 공익법인의 설립·운영에 관한 법률 제5조 제1항 등).

Ⅱ. 감사의 임면

감사의 자격, 선임방법, 선임행위의 성질, 해임·퇴임 등은 모두 이사의 경우와 동일하다.[3] 다만, 성질상 이사와 감사는 겸임할 수 없다.[4] 감사의 성명·주소는

1 김준호, 민법총칙, 법문사(2017), 150.
2 고상용, 민법총칙, 법문사(2005), 227; 주석 민법, 총칙(1)(제4판), 한국사법행정학회(2010), 752(주기동).
3 고상용, 민법총칙, 법문사(2005), 227; 김주수/김상용, 민법총칙, 삼영사(2013), 235; 김증한/김학동, 민법총칙, 박영사(2013), 236; 백태승, 민법총칙, 집현재(2016), 246; 송덕수, 민법총칙, 박영사(2016), 662.
4 고상용, 민법총칙, 법문사(2005), 227; 김대정, 민법총칙, FIDES(2012), 452.

등기사항이 아닌바, 감사는 이사와 달리 외부에 대하여 법인을 대표하는 기관이 아니므로 제3자의 이해에 영향을 미칠 염려가 없기 때문이다.[5]

사립학교법 제20조 제3항, 제21조 제4항, 제5항, 제6항, 제22조, 제23조 제2항, 제3항, 사회복지사업법 제18조 제4항, 제7항, 제19조, 제21조 제2항, 공익법인의 설립·운영에 관한 법률 제5조 제3항, 제6항, 제8항 등은 학교법인, 사회복지법인, 공익법인의 감사의 자격, 임기, 결격사유 등에 관련하여 규정하고 있다.

Ⅲ. 감사의 법적 지위와 책임

1. 선관주의의무

상법 제414조는 감사가 그 임무를 해태한 때에는 회사에 대하여 연대하여 손해배상책임을 지고, 감사가 고의 또는 중대한 과실로 인하여 그 임무를 해태한 때에는 제3자에 대하여 연대하여 손해배상책임을 진다고 규정하고 있다. 민법은 감사의 책임에 관하여 아무런 규정을 두고 있지 않다. 그러나 감사도 이사와 마찬가지로 법인과 위임 유사의 법률관계가 있으므로 법인에 대하여 선량한 관리자로서의 주의의무로써 직무를 수행할 의무를 지고,[6] 이러한 의무를 위반한 때에는 법인에 대하여 채무불이행에 기한 손해배상책임을 진다.[7]

임무를 해태한 감사가 여럿인 경우, 법인의 보호를 위하여 서로 연대책임을 진다는 견해[8]와 본법 제65조가 적용되지 않으므로 연대책임을 지지 않는다는 견해[9]가 있다. 감사가 수인인 경우에 감사들은 각자 단독으로 직무를 수행하는바, 주관적 공동관계가 없는 다수의 감사들이 각자 독립하여 법인에 대하여 동일한 내용의 손해배상책임을 지는 경우에 그 책임의 성질은 일반적으로 부진정연대책임이므로 본법 제65조의 준용 또는 유추적용 여부와 상관없이 임무를 해태한 다

5 강태성, 민법총칙, 대명출판사(2017), 308; 고상용, 민법총칙, 법문사(2005), 227; 김주수/김상용, 민법총칙, 삼영사(2013), 236; 김증한/김학동, 민법총칙, 박영사(2013), 236; 송덕수, 민법총칙, 박영사(2016), 662; 민법주해 I, 총칙(1), 박영사(1992), 699(최기원).

6 명순구, 민법총칙, 법문사(2007), 233; 양창수/김형석, 민법3(권리의보전과 담보), 박영사(2015), 47.

7 강태성, 민법총칙, 대명출판사(2017), 309; 고상용, 민법총칙, 법문사(2005), 227; 곽윤직/김재형, 민법총칙(제9판), 박영사(2013), 198; 김준호, 민법총칙, 법문사(2017), 151; 송덕수, 민법총칙, 박영사(2016), 662.

8 주석 민법, 총칙(1)(제4판), 한국사법행정학회(2010), 756(주기동); 민법주해 I, 총칙(1), 박영사(1992), 706(최기원).

9 강태성, 민법총칙, 대명출판사(2017), 309; 고상용, 민법총칙, 법문사(2005), 227; 김주수/김상용, 민법총칙, 삼영사(2013), 236; 송덕수, 민법총칙, 박영사(2016), 662.

수의 감사들은 법인에 대하여 부진정연대책임을 지게 될 것이다.

2. 감사가 수인인 경우 직무수행의 형태

감사가 수인인 때에도 감독기관의 성질상 각자 단독으로 직무를 수행하는 것이 원칙이고,[10] 공동으로 집행할 필요는 없다.

3. 임기가 만료된 감사의 직무수행권

법인의 감사 전원 또는 그 일부의 임기가 만료되었음에도 불구하고, 그 후임 감사의 선임이 없거나 또는 후임감사의 선임이 있었다고 하더라도 그 선임결의가 무효이고, 임기가 만료되지 아니한 다른 감사만으로는 정상적인 법인의 활동을 할 수 없는 경우, 임기가 만료된 구 감사로 하여금 법인의 업무를 수행케 함이 부적당하다고 인정할 만한 특별한 사정이 없는 한, 구 감사는 후임이사나 감사가 선임될 때까지 종전의 직무를 수행할 수 있다.[11]

10 강태성, 민법총칙, 대명출판사(2017), 309; 고상용, 민법총칙, 법문사(2005), 227; 곽윤직/김재형, 민법총칙(제9판), 박영사(2013), 198; 김대정, 민법총칙, FIDES(2012), 453; 김주수/김상용, 민법총칙, 삼영사(2013), 236; 김준호, 민법총칙, 법문사(2017), 150; 김증한/김학동, 민법총칙, 박영사(2013), 237; 백태승, 민법총칙, 집현재(2016), 247; 송덕수, 민법총칙, 박영사(2016), 662; 이영준, 민법총칙, 박영사(2007), 964; 이은영, 민법총칙, 박영사(2009), 272.

11 대법원 1998. 12. 23. 선고 97다26142 판결 등.

제 67 조 [감사의 직무]

감사의 직무는 다음과 같다.

1. 법인의 재산상황을 감사하는 일
2. 이사의 업무집행의 상황을 감사하는 일
3. 재산상황 또는 업무집행에 관하여 부정, 불비한 것이 있음을 발견한 때에는 이를 총회 또는 주무관청에 보고하는 일
4. 전호의 보고를 하기 위하여 필요있는 때에는 총회를 소집하는 일

[관련조문] 상법 제412조, 제412조의2, 제412조의3, 제412조의4, 제412조의5, 제413조, 제413조의2, 제414조, 제415조, 제382조 제2항

[참고문헌] 김진우, "재단법인의 조직과 의사결정", 법조 통권 674호(2012. 11.); 김진우, "재단법인 기관의 임면에 관한 고찰", 인권과 정의 통권 429호(2012); 김진우, "재단법인의 조직: 대륙 유럽법계에서의 논의와 한국법에의 시사점을 덧붙여", 경희법학 48권 1호(2013. 3.)

Ⅰ. 본조의 의의

감사는 법인의 임의기관이면서도 업무감독기관이므로 그 임무수행을 위하여 여러 가지 직무를 하여야 한다. 본조는 그 직무 중 대표적인 것을 예시하고 있다.[1] 따라서 감사는 직무를 수행함에 있어서 필요한 경우에는 본조에 열거된 직무에 한하지 않고 그 외의 행위도 할 수 있다.[2] 정관 또는 사원총회의 결의에 의하여 본조에서 열거하지 아니한 다른 직무권한을 감사에게 부여할 수 있음은 물론이다.[3] 그러나 본조에 열거한 사항은 가장 기본적인 감사의 직무이므로 이를 정관으로 제한하는 것은 허용되지 않는다.[4] 다만, 이러한 감사의 직무는 이사의 사무집행을 세부사항에 이르기까지 또는 이사가 하는 일체의 행위를 감사할 것을 요구하는 것은 아니다.[5]

1 곽윤직/김재형, 민법총칙(제9판), 박영사(2013), 199; 명순구, 민법총칙, 법문사(2007), 233; 양창수/김형석, 민법3(권리의보전과 담보), 박영사(2015), 47; 이영준, 민법총칙, 박영사(2007), 964.
2 김주수/김상용, 민법총칙, 삼영사(2013), 236, 백태승, 민법총칙, 집현재(2016), 247.
3 민법주해 I, 총칙(1), 박영사(1992), 701(최기원).
4 주석 민법, 총칙(1)(제4판), 한국사법행정학회(2010), 753(주기동).
5 주석 민법, 총칙(1)(제4판), 한국사법행정학회(2010), 753(주기동).

Ⅱ. 감사의 직무

1. 본조가 규정하는 감사의 직무권한은 다음과 같다.

가. 법인의 재산상황을 감사하는 일(본조 제1호)

법인의 재산상황을 감사하기 위하여는 법인의 회계장부, 서류를 열람하는 것뿐만 아니라, 법인의 현금, 유가증권, 채권, 부동산 그 외의 재산 및 채무의 상황에 대하여 검사·확인하거나, 필요하다면 이사에게 회계·재산의 상황에 관하여 보고하도록 요구할 수 있다. 감사는 필요한 경우에 회계전문가 등을 보조자로서 사용할 수 있다.[6] [7]

나. 이사의 업무집행의 상황을 감사하는 일(본조 제2호)

감사의 감사대상인 이사의 업무집행은 대내적인 사무집행만이 아니라 대외적인 대표행위도 포함한다. 감사의 이사의 업무집행에 대한 감사는 형식적인 적법성만이 아니라, 실질적인 타당성, 즉 법인의 목적에 적합한가도 그 대상이 된다. 감사는 이사의 업무집행상황을 감사하는 방법으로서 법인의 재산상황에 대한 보고를 요구할 수 있다.[8]

다. 재산상 또는 업무집행에 관하여 부정, 불비한 것이 있음을 발견한 때에는 이를 총회 또는 주무관청에 보고하는 일 및 보고를 하기 위하여 필요한 때에는 총회를 소집하는 일(본조 제3호, 제4호)

감사는 법인의 재산상황 또는 이사의 업무집행에 관하여 부정, 불비한 것이 있음을 발견한 때에는 정기총회에서 이에 관한 보고를 하여야 하는 것은 물론, 감독기관인 주무관청에 보고를 하여야 한다. 감사는 법인의 이익을 현저하게 해할 것으로 우려되고 조속한 조치가 필요한 사안에 대하여는 임시총회를 소집할 수 있다.[9] 감사가 부정, 불비한 사실을 발견하고도 주무관청 또는 총회에 사실 아닌

6 민법주해 I, 총칙(1), 박영사(1992), 702(최기원).

7 김진우, "재단법인의 조직과 의사결정", 법조 통권 674호(2012. 11.), 123은 재단법인에서는 이사회의 경제적·재정적 사무집행에 대한 감독, 예컨대 예산안의 승인과 회계 및 결산의 감사가 민법이 예정하는 감사의 주된 임무라고 한다.

8 주석 민법, 총칙(1)(제4판), 한국사법행정학회(2010), 754(주기동); 민법주해 I, 총칙(1), 박영사(1992), 702(최기원).

9 민법주해 I, 총칙(1), 박영사(1992), 703(최기원).

신고를 하거나 사실을 은폐한 때에는 과태료에 처한다(본법 제97조 제4호).

2. 사립학교법 제19조 제4항은 학교법인에서 감사의 직무를 규정하고 있다.

판례는 "사립학교법 제19조 제4항에 의하면 감사는 이사회의 운영과 업무에 관한 사항을 감사하고 그 결과 부정 또는 불비한 점이 있음을 발견한 때 이사회와 관할청에 보고하는 일을 직무로 하고 있으므로 학교법인의 감사는 그에게 부여된 직무상의 권한과 의무, 즉 직무수행권에 기하여 이사회 결의의 무효 확인을 구할 법률상 이익이 있다."고 하였다.[10]

3. 공익법인의 설립·운영에 관한 법률 제10조는 공익법인에서 감사의 직무를 규정하고 있는데, 특히 제3항은 "이사가 공익법인의 목적범위 외의 행위를 하거나 그 밖에 공익법인의 설립·운영에 관한 법률 또는 위 법률에 따른 명령이나 정관을 위반하는 행위를 하여 공익법인에 현저한 손해를 발생하게 할 우려가 있을 때에는 감사는 그 이사에 대하여 직무집행을 유지(留止)할 것을 법원에 청구할 수 있다."고 규정하고 있다. 이는 주식회사의 이사가 법령 또는 정관에 위반한 행위를 하여 이로 인하여 회사에 회복할 수 없는 손해가 생길 염려가 있는 경우에, 상법 제402조에 의하여 감사 또는 발행주식의 총수의 100분의 1 이상에 해당하는 주식을 가진 주주가 이사에 대하여 그 행위를 유지할 것을 청구할 수 있는 것과 비교될 수 있다. 주식회사의 감사 등은 이사에 대하여 법령 또는 정관에 위반한 행위의 유지를 청구할 수 있는 반면, 공익법인의 감사는 법원에 이사의 직무수행을 유지할 것을 청구할 수 있다는 점에서 차이가 있다.

10 대법원 2015. 11. 27. 선고 2014다44451 판결.

제 68 조 [총회의 권한]

사단법인의 사무는 정관으로 이사 또는 기타 임원에게 위임한 사항외에는 총회의 결의에 의하여야 한다.

[관련조문] 상법 제361조

Ⅰ. 본조의 의의

사원총회는 사단법인의 구성원인 사원에 의하여 구성된 사단법인의 의사결정기관이고 필요기관이므로 정관의 규정에 의하여도 폐지될 수 없다.[1] 그러나 재단법인에는 사원이 없으므로 사원총회는 존재하지 않는다. 사단법인의 이사는 정관 및 사원총회의 결의에 따라 사무를 집행하여야 하고(본법 제59조 제1항 단서), 정관은 사원총회의 결의에 의하여서만 변경할 수 있으며(본법 제42조 제1항), 사단법인의 존립도 사원총회의 결의에 달려있다(본법 제78조). 상법 제361조가 "주주총회는 상법 또는 정관에서 정하는 사항에 한하여 결의할 수 있다."고 규정하고 있는 것과 달리, 본조는 사단법인의 사무는 정관으로 특별히 이사 또는 기타 임원에게 위임한 사항을 제외하고 전부 사원총회의 결의에 의하여야 한다고 규정하고 있는데, 이는 사원총회가 사단법인의 최고의사결정기관임을 선언한 것이다.

사원총회는 법인의 기관이면서도 정관에 정하여진 일정한 절차에 따라 회의를 열지 않으면 활동할 수 없는 기관이다. 그런 점에서 사원총회를 일시적 기관이라고도 할 수 있으나, 회의체로서의 사원총회는 기관으로서의 사원총회의 권한을 행사하는 형식에 불과하므로 사원총회는 상설기관이라고 하여야 한다.[2]

Ⅱ. 사원총회의 권한

사원총회는 사단법인의 최고의사결정기관이므로 정관으로 이사 또는 다른 기관에게 위임한 사항 이외에 사단법인의 일체의 사무를 결의의 형식으로 결정할 권한이 있다. 그러나 강행법규에 위반하는 사항, 사회질서에 위반하는 사항, 법인

1 곽윤직/김재형, 민법총칙(제9판), 박영사(2013), 199; 김준호 151; 송덕수, 민법총칙, 박영사(2016), 663; 양창수/김형석, 민법3(권리의보전과 담보), 박영사(2015), 47; 이은영, 민법총칙, 박영사(2009), 269.
2 주석 민법, 총칙(1)(제4판), 한국사법행정학회(2010), 756(주기동).

의 본질에 반하는 사항을 결의할 권한은 없고, 그러한 사항의 결의는 효력이 없다.[3] 또한, 정관의 규범적인 의미 내용과 다른 해석을 사원총회의 결의라는 방법으로 표명하였다 하더라도 그 결의에 의한 해석은 그 사단법인의 구성원인 사원들이나 법원을 구속하는 효력이 없다.[4] 특히 정관변경 및 해산과 같은 법인운영의 기본에 관한 사항은 사원총회의 전속적 권한에 속하므로, 정관으로 이를 다른 기관의 권한사항으로 하는 것은 허용되지 않는다.[5] 그러한 사항이 아닌 경우에는 정관에 의하여 사원총회의 권한을 다른 기관에 위임할 수 있다.[6] 사원총회의 권한에도 일정한 한계가 있는바, 소수사원권(본법 제70조 제2항) 및 사원의 결의권(본법 제73조)와 같은 고유권은 총회의 결의에 의해서도 박탈할 수 없다.[7]

한편, 사원총회는 의사결정기관으로서 결의에 의하여 사단법인의 내부적 의사를 결정할 뿐이고, 그 의사결정에 따른 법인의 사무집행은 집행기관인 이사의 권한에 속한다. 다만, 법인의 내부적 의사결정만으로 그 효력이 생기는 사항, 예를 들어 정관변경, 해산 등은 사원총회의 결의에 의하여 곧바로 효력이 생긴다.[8]

또, 정관에 의하여 사원총회 이외의 기관의 권한으로 된 사항에 관하여는 정관을 변경하지 않는 한 사원총회가 사단법인의 최고의사결정기관이라고 할지라도 그러한 사항에 관하여 결의를 할 권한은 없다.[9]

3 고상용, 민법총칙, 법문사(2005), 230; 곽윤직/김재형, 민법총칙(제9판), 박영사(2013), 200; 송덕수, 민법총칙, 박영사(2016), 665.

4 대법원 2000. 11. 24. 선고 99다12437 판결.

5 고상용, 민법총칙, 법문사(2005), 230; 곽윤직/김재형, 민법총칙(제9판), 박영사(2013), 200; 김대정, 민법총칙, FIDES(2012), 456; 김준호, 민법총칙, 법문사(2017), 151; 김증한/김학동, 민법총칙, 박영사(2013), 232-233; 명순구, 민법총칙, 법문사(2007), 234; 백태승, 민법총칙, 집현제(2016), 249: 송덕수, 민법총칙, 박영사(2016), 665; 양창수/김형석, 민법3(권리의보전과 담보), 박영사(2015), 47; 이영준, 민법총칙, 박영사(2007), 967; 이은영, 민법총칙, 박영사(2009), 270.

6 대법원 1997. 1. 24. 선고 96다39721, 39738 판결은 "비법인사단에 대하여는 사단법인에 관한 민법 규정 가운데서 법인격을 전제로 하는 것을 제외하고는 이를 유추적용할 것인바, 민법 제40조, 제58조, 제68조에 의하면 법인의 경우 정관의 규정에 따라 이사의 임면이나 수인의 이사의 사무집행이 이루어지는 것이며 총회의 권한을 정관에 의하여 이사 또는 기타 임원에게 위임할 수 있으므로, 실질이 비법인사단인 주택조합에서 최초 임원은 총회에서 선출하되 결원 임원은 임원회의 추천을 받아 조합장이 임명하고, 임원으로 구성된 운영위원회에서의 결의는 총회 결의와 동일한 효력을 가지도록 하는 내용을 규약으로 정한 경우, 그 규약에 정한 바에 따른 조합장에 의한 결원임원의 임명 및 총회 권한의 운영위원회에의 위임이 사단성의 본질에 반하는 것으로 볼 수 없다."고 하였다.

7 고상용, 민법총칙, 법문사(2005), 230; 김준호, 민법총칙, 법문사(2017), 151; 곽윤직/김재형, 민법총칙(제9판), 박영사(2013), 200; 김주수/김상용, 민법총칙, 삼영사(2013), 237; 명순구, 민법총칙, 법문사(2007), 234; 백태승, 민법총칙, 집현제(2016), 249-250; 송덕수, 민법총칙, 박영사(2016), 665.

8 주석 민법, 총칙(1)(제4판), 한국사법행정학회(2010), 757(주기동).

9 주석 민법, 총칙(1)(제4판), 한국사법행정학회(2010), 757(주기동).

제 69 조 [통상총회]

사단법인의 이사는 매년 1회 이상 통상총회를 소집하여야 한다.

[관련조문] 상법 제362조, 상법 제365조 제1항, 제2항

[참고문헌] 강태성, 민법총칙, 대명출판사(2017), "사원총회에 관한 민법총칙의 개정방향", 법조 통권 620호(2008)

Ⅰ. 본조의 의의

사단법인의 사원총회는 통상총회와 임시총회로 나누어진다. 사단법인에서 사원은 정기적으로 사무집행기관인 이사로부터 재산 기타 사무집행에 관한 사항과 감사로부터 감사결과에 관한 사항을 각 보고받고, 중요한 사항에 관하여 결의를 함으로써 사단법인의 내부적 의사를 결정할 필요가 있다. 본조는 이러한 필요에서 사무집행기관인 이사로 하여금 적어도 1년에 1회 이상 통상총회를 소집하도록 규정하였다.[1] [2]

Ⅱ. 통상총회의 소집시기

통설은 통상총회는 적어도 1년에 1회 이상 일정한 시기에 열릴 것이 요구되는 사원총회라고 정의한다.[3] 통상총회의 개최시기와 관련하여, 상법 제365조 제1항에 규정된 정기총회 등과는 달리, 본조는 법문상으로 통상총회를 일정한 시기

1 고상용, 민법총칙, 법문사(2005), 228; 주석 민법, 총칙(1)(제4판), 한국사법행정학회(2010), 758(주기동); 민법주해 I, 총칙(1), 박영사(1992), 709(최기원).

2 강태성, 민법총칙, 대명출판사(2017), "사원총회에 관한 민법총칙의 개정방향", 법조 57권 5호(통권 620호), 법조협회(2008), 19-21에서는, 본조의 통상총회는 정기총회를 의미하는 것인데, 독일 민법 제36조는 "사원총회는 정관에서 정하는 경우 및 사단의 이익이 이를 요구하는 경우에 소집된다."고 규정하고 있고, 일본의 일반사단법인 및 일반재단법인에 관한 법률 제36조는 "정시사원총회는 매사업연도의 종료 후 일정 시기에 소집하여야 한다."고 규정하고 있으며, 또 사단법인들이 사업연도나 활동 등에 있어서 동일하지 않는 경우도 많기 때문에 본조와 같이 1년에 1회 이상 소집하도록 획일적으로 규정하는 것은 바람직하지 않다고 하면서, 본조를 정관에서 규정하고 있는 시기에 정기총회를 소집하도록 개정하는 것이 타당하다고 한다.

3 강태성, 민법총칙, 대명출판사(2017), 310; 고상용, 민법총칙, 법문사(2005), 228; 곽윤직/김재형, 민법총칙(제9판), 박영사(2013), 199; 김대정, 민법총칙, FIDES(2012), 454; 김증한/김학동, 민법총칙, 박영사(2013), 232; 백태승, 민법총칙, 집현재(2016), 247; 이영준, 민법총칙, 박영사(2007), 965.

에 소집하여야 한다는 제한을 두지 않고 있으므로 통상총회가 반드시 일정한 시기에 소집될 필요가 없다는 견해[4]도 있다.

통상총회의 개최시기는 정관에 정하는 것이 보통이나, 정관에 규정이 없으면 사원총회의 결의로써 정할 수 있고, 사원총회의 결의도 없으면 이사가 임의로 결정할 수 있다.[5]

4 송덕수, 민법총칙, 박영사(2016), 663.

5 강태성, 민법총칙, 대명출판사(2017), 310; 고상용, 민법총칙, 법문사(2005), 228; 곽윤직/김재형, 민법총칙(제9판), 박영사(2013), 199; 김주수/김상용, 민법총칙, 삼영사(2013), 236; 김증한/김학동, 민법총칙, 박영사(2013), 232; 백태승, 민법총칙, 집현제(2016), 247; 송덕수, 민법총칙, 박영사(2016), 663.

제 70 조 [임시총회]

① 사단법인의 이사는 필요하다고 인정한 때에는 임시총회를 소집할 수 있다.
② 총사원의 5분의 1 이상으로부터 회의의 목적사항을 제시하여 청구한 때에는 이사는 임시총회를 소집하여야 한다. 이 정수는 정관으로 증감할 수 있다.
③ 전항의 청구있는 후 2주간내에 이사가 총회소집의 절차를 밟지 아니한 때에는 청구한 사원은 법원의 허가를 얻어 이를 소집할 수 있다.

[관련조문] 상법 제365조 제3항, 제366조

[참고문헌] 강태성, 민법총칙, 대명출판사(2017), "사원총회에 관한 민법총칙의 개정방향", 법조 통권 620호(2008)

Ⅰ. 본조의 의의

사원총회에는 1년에 1회 이상 소집되는 통상총회 이외에 필요에 따라 수시로 소집되는 임시총회가 있다. 임시총회는 일시의 필요에 따라 소집된다는 점에서 통상총회와 차이가 있을 뿐, 결의사항 등에서는 통상총회와 차이가 없다.[1] 본조는 임시총회의 소집사유 및 방법을 이사가 소집하는 경우, 사원들의 요구에 의하여 소집하는 경우, 법원의 허가를 얻어 소집하는 경우로 나누어 규정하고 있다.

Ⅱ. 이사에 의한 임시총회의 소집

1. 소집권자

이사는 임시총회의 소집권자로서 필요하다고 인정한 때에 임시총회를 소집할 수 있다. 다른 한편으로 이사는 선량한 관리자의 주의의무로서 법인의 사무를 집

1 고상용, 민법총칙, 법문사(2005), 228.

행할 의무가 있으므로 임시총회의 소집이 필요한 경우에 그 의무의 이행으로서 당연히 임시총회를 소집할 의무를 진다.[2] 이사가 그 의무를 해태함으로써 법인에게 손해가 발생하면 이사는 법인에 대하여 손해를 배상하여야 하고, 그 의무 위반은 해임의 정당한 사유가 된다.[3] 임시총회 소집의 필요 여부는 소집권자인 이사의 판단에 맡겨져 있고, 이사 개인의 권한이자 의무이다.[4]

법인에 수인의 이사가 있는 경우, 정관에 수인의 이사들 중 특정인에게 총회의 소집권이 있다는 규정이 있으면 그에 따르면 된다. 정관에 이에 관한 규정이 없는 경우, 이사의 과반수로 결정한다는 견해[5]와 이사 개개인이 소집권자가 된다는 견해[6]가 대립된다.

2. 소집사유

본조 제1항은 이사가 "필요하다고 인정한 때"를 임시총회 소집사유로 규정하고 있다. 이때의 필요한 경우는 법인의 목적에 비추어 법인의 이익을 위하여 필요한 경우이고, 사원 개인의 이익을 위하여 필요한 경우는 포함되지 않는다.[7] 그러나 그 이익은 재산적 이익과 비재산적 이익을 불문한다.[8]

Ⅲ. 소수사원의 요구에 의한 임시총회의 소집

1. 소집권자

가. 소수사원의 이사에 대한 총회소집청구

임시총회는 원칙적으로 이사에 의하여 소집되어야 하지만, 임시총회의 소집이 필요함에도 이사가 이를 소집하지 아니하는 경우 총사원의 5분의 1 이상은 이사에게 임시총회의 소집을 청구할 수 있다. 본 조항은 사원 각자에게 임시총회 소집요구권을 부여할 경우에 발생할 수 있는 남용의 위험을 방지하고 이사가 임시

2 강태성, 민법총칙, 대명출판사(2017), "사원총회에 관한 민법총칙의 개정방향", 법조 57권 5호(통권 620호), 법조협회(2008), 22와 민법주해 I 총칙(1), 박영사(1992), 712(최기원)에서는 본조 제1항은 '임시총회를 소집할 수 있다'가 아니라 '임시총회를 소집하여야 한다'로 개정되어야 한다고 한다.
3 주석 민법, 총칙(1)(제4판), 한국사법행정학회(2010), 759(주기동); 민법주해 I, 총칙(1), 박영사(1992), 712(최기원).
4 주석 민법, 총칙(1)(제4판), 한국사법행정학회(2010), 759(주기동).
5 민법주해 I, 총칙(1), 박영사(1992), 712(최기원).
6 주석 민법, 총칙(1)(제4판), 한국사법행정학회(2010), 759(주기동).
7 민법주해 I, 총칙(1), 박영사(1992), 712(최기원).
8 주석 민법, 총칙(1)(제4판), 한국사법행정학회(2010), 760(주기동).

총회 소집을 태만히 할 경우 발생할 수 있는 사원의 불이익을 방지하기 위하여, 소수사원의 임시총회 소집요구권을 규정하고 있다.

나. 소수사원의 총회소집청구권

본조 제2항 단서는 임시총회의 소집을 청구하는 데에 필요한 소수사원의 수를 정관에 의하여 증감할 수 있다고 규정하고 있다. 통설은 정관에 의하여 소수사원의 총회소집청구권, 즉 소수사원권은 제한될 수 있으나 박탈할 수는 없다고 한다.[9] 이에 대하여 본조 제2항 단서에 근거하여 정관에 의하여 정수를 늘일 수 있다면 소수사원권의 행사가 어려워지므로 정관에 의하여 정수를 줄이는 것만 가능하다고 해석하여야 하고, 그러한 취지로 본조 제2항 단서를 개정하는 것이 타당하다는 견해[10]도 있다. 따라서 정관으로 총사원 과반수의 청구를 필요로 하는 것과 같이 소수사원의 총회소집청구권을 박탈할 정도로 정수를 증가하는 것은 허용되지 않는다.[11]

다. 총회소집을 청구하는 사원의 정수 산정

임시총회의 소집을 청구할 수 있는 사원의 정수를 산정함에 있어서 의결권을 갖지 못하는 사원을 총사원의 수에 포함시킬지가 문제인바, 국내에서는 임시총회의 소집청구권과 그 소집청구권자가 의결권을 가져야 하는 것과는 직접적인 연관성이 없으므로 의결권이 없는 사원을 포함하여 총사원의 5분의 1 이상이면 임시총회의 소집을 청구할 수 있다는 견해가 유력하다.[12]

2. 소집절차

상법 제366조 제1항은 "발행주식 총수의 100분의 3 이상에 해당하는 주식을 가진 주주는 회의의 목적사항과 소집의 이유를 적은 서면 또는 전자문서를 이사회에 제출하여 임시총회의 소집을 청구할 수 있다."고 규정하고 있다. 민법은 임시총회의 소집청구 방식으로 소집일자와 회의의 목적사항을 제시하는 것 이외에

9 고상용, 민법총칙, 법문사(2005), 229; 김대정, 민법총칙, FIDES(2012), 454; 김상용/김주수, 237; 김증한/김학동, 민법총칙, 박영사(2013), 232; 백태승, 민법총칙, 집현제(2016), 248; 송덕수, 민법총칙, 박영사(2016), 663; 이영준, 민법총칙, 박영사(2007), 965.

10 강태성, 민법총칙, 대명출판사(2017), "사원총회에 관한 민법총칙의 개정방향", 법조 통권 620호(2008), 22.

11 민법주해 I, 총칙(1), 박영사(1992), 714(최기원).

12 주석 민법, 총칙(1)(제4판), 한국사법행정학회(2010), 761(주기동); 민법주해 I, 총칙(1), 박영사(1992), 714(최기원).

달리 규정하고 있지 않다. 소집청구가 남용되는 것을 방지하기 위하여 정관으로 소집이유를 명시하도록 규정하거나 소집청구를 서면 등의 방식으로 하게 규정할 수도 있다.[13]

임시총회의 소집청구는 소집권자에 대하여 행사하여야 하고, 청구를 받은 소집권자인 이사는 총사원의 5분의 1 이상의 청구에 의한 것인지에 관하여만 심사할 권한을 가질 뿐이고, 임시총회의 소집청구가 법인의 이익에 합치되는 여부를 심사할 권한은 없다.[14]

정관으로 소집이유를 명시하도록 규정한 경우에 그 소집이유를 기재하지 않은 소집청구를 거부할 수 있는가에 관하여, 국내에서는 정관에 소집이유를 명시하도록 하는 것은 소수사원의 총회소집청구권을 박탈할 정도로 제한하는 것이 아니어서 허용되므로 거부할 수 있다는 긍정설[15]이 유력하다.

Ⅳ. 법원의 허가에 의한 임시총회의 소집

1. 개요

소수사원의 임시총회 소집청구가 있은 후 2주간 이내에 이사가 임시총회의 소집절차를 밟지 아니한 때[16]에는 청구한 사원은 법원의 허가를 얻어 임시총회를 소집할 수 있다. 본 조항은 사단법인의 최고의사결정기관인 사원총회의 구성원들이 사원권에 기초하여 일정한 요건을 갖추어 최고의사결정기관의 의사를 결정하기 위하여 회의의 개최를 청구하였음에도 집행기관인 이사가 절차를 밟지 아니하는 경우에 법원이 후견적 지위에서 소수사원의 임시총회 소집청구권을 인정한 법률의 취지를 실효성 있게 보장할 수 있게 하기 위하여 규정한 것이다.[17]

13 주석 민법, 총칙(1)(제4판), 한국사법행정학회(2010), 761(주기동); 민법주해 I, 총칙(1), 박영사(1992), 715(최기원).

14 주석 민법, 총칙(1)(제4판), 한국사법행정학회(2010), 761(주기동); 민법주해 I, 총칙(1), 박영사(1992), 765(최기원).

15 주석 민법, 총칙(1)(제4판), 한국사법행정학회(2010), 761(주기동).

16 강태성, 민법총칙, 대명출판사(2017), "사원총회에 관한 민법총칙의 개정방향", 법조 57권 5호(통권 620호), 법조협회(2008), 23에서는 일본의 일반사단법인 및 일반재단법인에 관한 법률 제37조 제2항 제2호와 같이 '사원총회의 소집통지가 발송되지 않은 경우'라는 구체적인 표현으로 개정할 필요가 있다고 한다.

17 대법원 2017. 12. 1.자 2017그661 결정은 "본 조항은 구성과 운영의 원리가 다르고 법원이 후견적 지위에서 관여하여야 할 필요성을 달리하는 민법상 법인의 집행기관인 이사회 소집에 유추적용할 수 없다."고 하였다.

2. 법원의 총회소집 허가절차

가. 법원에 대한 총회소집 허가신청

총회소집의 허가 여부를 결정할 관할법원은 법인의 주된 사무소 소재지의 지방법원 합의부이고(비송사건절차법 제34조 제1항), 이사에 대하여 임시총회의 소집을 청구하였던 소수사원이 신청인이 된다. 이사에 대하여 소집청구절차를 거치지 않은 신청은 기각된다.

소수사원의 정수는 신청요건에 해당하여 재판 시까지 그 요건이 존재하여야 하고 그 정수에 부족이 생긴 때에는 신청이 부적법하게 된다. 선정당사자에 관한 민사소송법 제53조의 규정은 비송사건절차법이 적용되는 비송사건에는 준용되거나 유추적용되지 않으므로, 총회소집의 허가신청을 위하여 다수의 사원들이 선정당사자를 선정하였다고 하더라도 선정당사자가 한 신청은 그가 단독으로 한 것에 불과하여 정수 미달로 부적법하다.[18]

총회소집의 허가신청은 서면으로 하여야 하고, 회의의 목적사항을 제시하여야 하며, 신청인은 이사가 임시총회의 소집을 게을리 한 사실을 서면으로 소명하여야 한다(비송사건절차법 제34조 제2항, 제80조).

나. 재판의 형식

총회소집 허가신청에 대하여 법원은 이유를 붙인 결정으로 재판한다(비송사건절차법 제34조 제2항, 제81조). 법원은 후견적인 입장에서 임시총회소집의 필요성, 소집을 허가하였을 때와 허가하지 않았을 때 법인에 미치는 영향 기타 실질적 요건까지 심리하여 허가 여부를 결정하여야 한다. 그리고 허가신청을 인용하는 재판을 할 때에는 임시총회의 회의목적사항을 명백히 하여야 한다.[19]

다. 재판에 대한 불복

법원이 신청을 각하·기각한 재판에 대하여는 항고로 불복할 수 있으나, 신청을 인용한 재판에 대하여는 불복신청을 할 수 없다(비송사건절차법 제34조 제2항, 제81조).

라. 허가결정의 취소

총회소집 허가결정을 한 후에 그 결정에 의한 임시총회가 개최되기 전에 법

18 대법원 1990. 12. 7.자 90마674, 90마카11 결정.
19 법원실무제요 비송, 법원행정처(2014), 88-89.

인이 어떠한 경위로 임시총회소집의 목적사항을 의결한 사정이 밝혀지면, 그 결정은 부당하게 되므로 법원은 비송사건절차법 제19조 제1항에 따라 결정을 취소할 수 있다.[20]

3. 임시총회에서의 결의

법원의 소집허가에 의하여 개최되는 임시총회에서는 법원의 결정문에 기재된 회의목적사항 뿐만 아니라 이와 관련된 사항에 관해서도 결의할 수 있다. 판례는 종중의 임시총회와 관련하여, 법원이 허가한 임시총회의 소집목적은 종산 매도대금 부정지출의 관련자들에 대한 책임추궁 및 변상조치사항이었는데, 임시총회에서 종산 매도대금 부정지출 안건을 논의하다가 일부 대의원의 발의에 의하여 종중의 집행부 임원 전원이 종산 매도대금 부정지출에 책임이 있다고 보아 집행부 임원 전원을 불신임하여 해임하고 그 후임자를 선임하는 내용의 결의를 한 것은 회의목적인 종산 매도대금 부정지출의 관련자에 대한 책임추궁의 일환으로 이루어진 것이므로 회의의 목적사항이 아닌 사항에 관하여 결의하였다고 볼 수 없다고 한 원심의 판단을 정당하다고 하였다.[21]

한편, 소수사원들이 법원의 허가를 받아서 임시총회를 소집한 경우, 이는 법인의 기관으로서 소집하는 것으로 보아야 하므로, 법인의 대표자는 소수사원들이 법원의 허가를 받아서 소집한 임시총회의 기일과 같은 기일에 다른 임시총회를 소집할 권한이 없게 된다.[22]

V. 감사에 의한 임시총회의 소집

감사의 직무 중의 하나로 감사가 재산상황 또는 업무집행에 관하여 부정·불비한 것이 있음을 발견한 때 이를 총회에 보고하기 위하여 임시총회를 소집할 수 있다(본법 제67조 제4호).

VI. 종중의 경우

판례는 종중의 임시총회소집과 관련하여 "종중원들이 종중재산의 관리 또는 처분 등을 위하여 종중의 규약에 따른 적법한 소집권자 또는 일반 관례에 따른

20 법원실무제요 비송, 법원행정처(2014), 89.
21 대법원 1993. 10. 12. 선고 92다50799 판결.
22 대법원 1993. 10. 12. 선고 92다50799 판결.

종중총회의 소집권자인 종중의 연고항존자에게 필요한 종중의 임시총회의 소집을 요구하였으나 그 소집권자가 정당한 이유 없이 소집하지 아니한 때에는 차석 또는 발기인이 회의를 소집할 수 있고,[23] 반드시 민법 제70조를 준용하여 감사가 총회를 소집하거나 종원이 법원의 허가를 얻어 총회를 소집하여야 하는 것은 아니다."고 하였다.[24]

Ⅶ. 2014년 법무부 개정안

본조에 대하여는 다음과 같은 개정안이 제시되었다.

> 제70조(임시총회)
> ① 사단법인의 이사는 필요하다고 인정하는 경우에는 임시총회를 소집할 수 있다.
> ② 이사는 총사원의 5분의 1 이상이 회의의 목적사항을 제기하여 청구한 경우에는 임시총회를 소집하여야 한다. 이 정수는 정관으로 증감할 수 있다.
> ③ 제2항의 청구가 있은 후 2주일 안에 이사가 총회소집의 절차를 밟지 아니한 경우에는 청구한 사원은 법원의 허가를 받아 총회를 소집할 수 있다.

2014년 개정안은 본조 제3항의 '2주간 내'를 '2주일 안'으로 용어를 수정한 것이다.

23 대법원 1980. 9. 9. 선고 80다1215 판결, 대법원 1993. 3. 12. 선고 92다51372 판결, 대법원 1997. 9. 26. 선고 97다25279 판결 등.
24 대법원 2011. 2. 10. 선고 2010다83199, 83205 판결 등.

제 71 조 [총회의 소집]

총회의 소집은 1주간전에 그 회의의 목적사항을 기재한 통지를 발하고 기타 정관에 정한 방법에 의하여야 한다.

[관련조문] 상법 제362조, 제363조, 제542조의4

[참고문헌] 김현룡, "법인이나 법인 아닌 사단에서 총회소집권자가 이미 소집한 총회의 개최를 연기하거나 소집을 철회·취소할 수 있는 경우 및 법인이나 법인 아닌 사단의 총회소집권자가 총회의 소집을 철회·취소함에 있어 반드시 소집과 동일한 방법으로 구성원들에게 통지하여야 하는지 여부", 대법원판례해설 제67호(2008년 상반기); 박이규, "권한 없는 자가 소집한 총회의 효력", 민사판례연구 27권(2005); 한영표, "관리단의 관리단집회에서 무효인 대표자 등 선임결의가 있은 후 다시 개최된 관리단집회에서 위 종전 결의를 그대로 인준하거나 재차 대표자 등의 선임결의를 한 경우, 최초의 결의로 소집권한을 부여받은 대표자에 의하여 후행 집회가 소집되었다는 사유가 독립된 결의 무효사유에 해당하는지 여부", 판례연구 24집, 부산판례연구회(2013)

Ⅰ. 본조의 의의

사원총회는 사단법인의 내부적 의사결정을 하는 필요기관으로서, 정당한 소집권자가 적법한 소집절차에 의하여 소집하여야만 유효하게 결의를 할 수 있다. 본조는 사원총회의 소집절차와 관련하여 1주일 전에 회의의 목적사항을 기재한 서면통지를 발송하도록 규정하면서 나머지 사항에 관하여는 정관에 정한 방식에 따르도록 규정하고 있다.

Ⅱ. 총회의 소집절차

1. 소집권자

사원총회는 원칙적으로 이사가 소집하고(본법 제69조, 제70조 제1항), 예외적으로 감사 또는 소수사원이 법원의 허가를 얻어 소집할 수 있다(본법 제67조 제4호, 제70조 제2항, 제3항). 소집권자에 의하여 소집되지 아니한 사원총회의 결의는 원칙적으로 무효이다.[1]

정관에 이사 중 특정인을 사원총회의 소집권자로 규정하고 있는 경우에는 그 이사만이 사원총회의 소집권을 갖는다. 정관에 수인의 이사들 중 사원총회의 소집권자에 관한 규정이 없는 경우, 총회의 소집도 이사의 사무집행의 일부이므로 본법 제58조 제2항에 근거하여 이사 과반수로 결정하여야 한다는 견해[2]와 이사 개개인이 소집권자가 된다는 견해[3]가 대립된다.

한편, 판례는 "당초 재개발조합 총회에서 임원을 선임한 결의에 대하여 그 후에 다시 개최된 총회에서 위 종전 결의를 그대로 재인준하는 결의를 한 경우에는 설사 당초의 임원선임결의가 부존재 혹은 무효라고 할지라도 새로운 총회가 당초 임원선임결의에 의하여 선임된 임원에 의하여 소집된 총회이므로 무권리자에 의하여 소집된 총회라는 사유는 이를 독립된 무효사유로 볼 수 없다."고 하면서, "이를 무효사유로 본다면 최초의 임원선임결의의 무효로 인하여 연쇄적으로 그 후의 결의가 모두 무효로 되는 결과가 되어 법률관계의 혼란을 초래하고 법적 안정성을 현저히 해하게 되기 때문이다."고 한다.[4]

2. 소집의 시기 및 장소

사원총회는 통상총회인가, 임시총회인가에 따라 그 소집의 시기가 다르다. 즉 통상총회는 일정한 시기에 소집되지만, 임시총회는 필요에 따라 개최되므로 그 소집시기가 일정하지 않다.[5]

1 주석 민법, 총칙(1)(제4판), 한국사법행정학회(2010), 763(주기동); 민법주해 I, 총칙(1), 박영사(1992), 718(최기원).

2 민법주해 I, 총칙(1), 박영사(1992), 718(최기원).

3 주석 민법, 총칙(1)(제4판), 한국사법행정학회(2010), 763(주기동).

4 대법원 2003. 9. 26. 선고 2001다64479 판결, 대법원 2012. 1. 27. 선고 2011다69220 판결은 관리단집회의 결의에 관하여도 같은 취지의 판시를 하였다.

5 주석 민법, 총칙(1)(제4판), 한국사법행정학회(2010), 763(주기동); 민법주해 I, 총칙(1), 박영사(1992), 719(최기원).

소집장소에 관하여는 정관에 규정이 있는 경우에는 이에 따라야 하고, 정관에 규정이 없는 경우에는 어느 곳을 소집장소로 하여도 무방하지만, 현저하게 교통이 불편하거나, 원격지 또는 출석사원을 수용할 수 없는 협소한 곳이어서 사원들이 출석하기에 상당히 장애가 있거나, 의안에 대한 신중한 토의와 결의를 할 수 없는 곳을 소집장소로 하는 것은 적절하지 않다.[6]

3. 소집통지의 방식

가. 서면 등에 의한 통지

본조는 총회개최의 통지방법에 관하여 "회의의 목적사항을 기재한 통지를 발하고"라고 규정할 뿐, 그 이외의 사항에 관하여는 정관에 위임을 하고 있다. 위 규정은 문언상으로 회의의 목적사항을 기재한 통지를 발송하는 것을 의미하는바, 본조는 사원들에게 개별적으로 서면에 의하여 소집통지를 하는 방식을 규정하고 있다고 할 수 있다.[7] 그러나 본조는 임의규정이므로 정관에서 신문광고, 기관지 게재 등의 방법을 규정할 수 있고,[8] 정관에 아무런 규정이 없는 경우에는 이사가 모든 사원에게 알릴 수 있는 적절한 방법을 선택할 수 있다.[9]

나. 1주일 전 통지의 발송

소집통지는 적어도 회일의 1주간 전에 하여야 한다. 이는 사원에게 회의의 목적인 사항에 관하여 조사·검토하여 사원의 의견을 결정하는데 시간적 여유를 주기 위한 것으로 토의권과 결의권의 행사를 실질적으로 보장하기 위한 것이다. 이때 1주간 전은 '통지를 발하고'라는 문언에 따를 때 소집통지를 발송한 날이 기준이 되므로[10] 소집통지를 발송한 날의 다음날부터 총회일 사이에 1주간의 기간이 있으면 되고, 이 기간은 정관으로 연장할 수는 있으나 단축할 수는 없다.[11]

6 주석 민법, 총칙(1)(제4판), 한국사법행정학회(2010), 763(주기동); 민법주해 I, 총칙(1), 박영사(1992), 719(최기원).

7 김준호, 민법총칙, 법문사(2017), 152.

8 강태성, 민법총칙, 대명출판사(2017), 312; 김증한/김학동, 민법총칙, 박영사(2013), 234.

9 송덕수, 민법총칙, 박영사(2016), 664.

10 고상용, 민법총칙, 법문사(2005), 229; 김증한/김학동, 민법총칙, 박영사(2013), 233에서도 법문상 1주간 전에 통지를 발송하면 충분하다고 한다; 명순구, 민법총칙, 법문사(2007), 235에서도 총회 소집통지와 관련해서는 발신주의를 채택하고 있다고 한다.

11 고상용, 민법총칙, 법문사(2005), 229; 곽윤직/김재형, 민법총칙(제9판), 박영사(2013), 200; 김대정, 민법총칙, FIDES(2012), 454-455; 백태승, 민법총칙, 집현제(2016), 249; 송덕수, 민법총칙, 박영사(2016), 664; 이영준, 민법총칙, 박영사(2007), 966.

판례는, "종중원인 갑을 비롯한 10명의 종원이 1991. 9. 3. 연락 가능한 종원들에게 임시총회 소집통지를 한 다음 1991. 9. 8. 13:00경 종중총회를 개최하여 갑을 종중의 대표자로 선출한 사안에 대하여, 그 종중총회의 소집절차는 '총회의 소집은 1주간 전에 통지를 발하고 기타 정관에 정한 방법에 의하여야 한다.'고 규정한 민법 제71조의 규정에 위반되어, 특별한 사정이 없는 한 그 종중총회의 결의는 그 효력이 없다."고 하였다.[12]

다. 회의의 목적사항 기재

소집통지 시에는 회의의 목적사항을 기재하여야 한다. 이는 사원이 결의를 할 목적사항을 사전에 알고서 회의 참석 여부나 결의사항에 대한 찬반의사를 미리 준비하게 하는 데에 그 취지가 있으므로 회의의 목적사항은 사원이 안건이 무엇인지를 알 수 있을 정도로 구체적으로 기재하면 되고,[13] 의제에 대한 찬부를 결정할 자료까지를 통지할 필요는 없다.

의안 내지 심의사항으로 '기타' 또는 '등'으로 기재한 경우에 결의가 적법한지 여부는 구체적으로 기재된 의제와 관련된 정도, 심의사항의 중요도, 법인의 관행 등을 고려하여 판단하여야 한다.[14]

상법 제542조의4 제2항은 "상장회사가 이사·감사의 선임에 관한 사항을 목적으로 하는 주주총회를 소집통지 또는 공고하는 경우에는 이사·감사 후보자의 성명, 약력, 추천인, 그 밖에 대통령령으로 정하는 후보자에 관한 사항을 통지하거나 공고하여야 한다."고 규정하고 있는바, 이는 비상장회사에는 적용되지 않는다. 민법상 법인의 경우에도 이사·감사의 선임을 위한 총회의 소집통지 시에 이사·감사 후보자들의 인적 사항을 기재할 필요는 없다.[15]

라. 결의권이 없는 사원에 대한 소집통지

회의의 목적사항과 관련하여 사원총회에서 결의권이 제한되는 사원에게 소집통지를 하여야 할 지가 문제로 된다. 상법 제363조 제7항은 회의의 목적사항에 반대주주의 주식매수청구권이 인정되는 사항이 포함되어 있는 예외적인 경우를 제외하고 의결권이 없는 주주에게는 주주총회의 소집통지를 하지 않아도 된다고 규정하고 있

12 대법원 1995. 11. 7. 선고 94다7669 판결.
13 대법원 2015. 2. 16. 선고 2011다101155 판결.
14 김증한/김학동, 민법총칙, 박영사(2013), 234; 송덕수, 민법총칙, 박영사(2016), 664.
15 주석 민법, 총칙(1)(제4판), 한국사법행정학회(2010), 765(주기동).

다. 그러나 민법에는 위 상법 조문과 같은 명문의 규정이 없을 뿐만 아니라, 사원에게 결의권이 제한되는 경우는 당해 사원과 관계되는 사항을 의결하는 때로서(본법 제74조), 다른 어떤 사원보다 총회의 결의에 이해관계를 가지는 자이어서 총회의 참석권은 보장되어야 하므로 결의권이 없는 사원에 대하여도 소집통지는 하여야 한다.[16]

4. 소집의 철회 및 취소

소집된 총회가 개최되기 전에 당초 그 총회의 소집이 필요하거나 가능하였던 기초 사정에 변경이 생겼을 경우에는, 특별한 사정이 없는 한 소집권자는 소집된 총회의 개최를 연기하거나 소집을 철회·취소할 수 있다. 총회의 소집권자가 총회의 소집을 철회·취소하는 경우에는 반드시 총회의 소집과 동일한 방식으로 그 철회·취소를 총회 구성원들에게 통지하여야 할 필요는 없고, 총회 구성원들에게 소집의 철회·취소결정이 있었음이 알려질 수 있는 적절한 조치가 취하여지는 것으로써 충분히 그 철회·취소의 효력이 발생한다.[17]

5. 소집절차 없이 한 결의와 사원 전원의 동의

상법 제573조는 유한회사에서 "총사원의 동의가 있을 때에는 소집절차 없이 총회를 열 수 있다."고 규정하고 있고, 판례는 주식회사의 주주총회에 관련하여 "주식회사의 임시주주총회가 법령 및 정관상 요구되는 이사회의 결의 및 소집절차 없이 이루어졌다 하더라도, 주주명부상의 주주 전원이 참석하여 총회를 개최하는 데 동의하고 아무런 이의 없이 만장일치로 결의가 이루어졌다면 그 결의는 특별한 사정이 없는 한 유효하다."고 한다.[18]

민법이 적용되는 비영리법인의 경우에도 사원 전원이 총회의 개최에 동의하여 총회를 개최한 경우에는 소집절차가 없었다고 하더라도 그 총회의 결의는 유효하다.[19]

Ⅲ. 소집절차에 위반한 사원총회 결의의 효력

총회의 소집절차가 법률 또는 정관의 규정에 위반한 경우의 효과에 관하여

16 주석 민법, 총칙(1)(제4판), 한국사법행정학회(2010), 765(주기동); 민법주해 I, 총칙(1), 박영사(1992), 720-721(최기원).

17 대법원 2007. 4. 12. 선고 2006다77593 판결.

18 대법원 1996. 10. 11. 선고 96다24309 판결, 대법원 2002. 7. 23. 선고 2002다15733 판결, 대법원 2002. 12. 24. 선고 2000다69927 판결.

19 민법주해 I, 총칙(1), 박영사(1992), 721(최기원).

민법에는 아무런 규정이 없으나, 그러한 하자있는 총회의 결의는 원칙적으로 효력이 없다(☞ 후술 본법 제75조 주석 참조).

Ⅳ. 문중·종중의 총회소집에 관한 판례

문중이나 종중은 비법인사단으로서 그 총회의 소집에 관해서는 많은 판례가 집적되어있는바, 간략하게 살펴본다.

1. 종중총회의 소집권자

종중의 대표자는 종중의 규약이나 관례가 있으면 그에 따라 선임하고 그것이 없다면 종장 또는 문장이 그 종원 중 성년 이상의 사람을 소집하여 선출하며, 평소에 종중에 종장이나 문장이 선임되어 있지 아니하고 선임에 관한 규약이나 관례가 없으면 현존하는 연고항존자가 종장이나 문장이 되어 국내에 거주하고 소재가 분명한 종원에게 통지하여 종중총회를 소집하고 그 회의에서 종중 대표자를 선임하는 것이 일반 관습이다. 대표자를 선임하기 위하여 개최되는 종중총회의 소집권을 가지는 연고항존자를 확정함에 있어서 여성을 제외할 아무런 이유가 없으므로, 여성을 포함한 전체 종원 중 항렬이 가장 높고 나이가 가장 많은 사람이 연고항존자가 된다. 다만 이러한 연고항존자는 족보 등의 자료에 의하여 형식적·객관적으로 정하여지는 것이지만 이에 따라 정하여지는 연고항존자의 생사가 불명한 경우나 연락이 되지 아니한 경우도 있으므로, 사회통념상 가능하다고 인정되는 방법으로 생사 여부나 연락처를 파악하여 연락이 가능한 범위 내에서 종중총회의 소집권을 행사할 연고항존자를 특정하면 충분하다.[20]

종회의 소집권자인 연고항존자가 직접 종회를 소집하지 아니하였다 하더라도 그가 다른 종중원의 종회 소집에 동의하여 그 종중원으로 하여금 소집하게 하였다면 그와 같은 종회 소집을 권한 없는 자의 소집이라고 할 수 없다.[21]

종원들이 종중재산의 관리 또는 처분 등에 관하여 대표자를 선정할 필요가 있어 적법한 소집권자에게 종중총회의 소집을 요구하였으나 소집권자가 정당한 이유없이 이를 소집하지 아니할 때에는 차석 연고항존자 또는 발기인이 총회를 소집할 수 있다.[22]

20 대법원 2010. 12. 9. 선고 2009다26596 판결.
21 대법원 2005. 7. 15. 선고 2003다61689 판결 등.
22 대법원 1993. 8. 24. 선고 92다54180 판결 등.

2. 종중총회의 소집통지대상이 되는 종원의 범위확정 방법과 그 소집통지 방법

종중총회는 특별한 사정이 없는 한 족보에 의하여 소집통지 대상이 되는 종원의 범위를 확정한 후 국내에 거주하고 소재가 분명하여 통지가 가능한 모든 종원에게 개별적으로 소집통지를 함으로써 각자가 회의와 토의 및 의결에 참가할 수 있는 기회를 주어야 하며, 그 소집통지의 방법은 반드시 직접 서면으로 하여야만 하는 것은 아니고 구두 또는 전화로 하여도 되고 다른 종원이나 세대주를 통하여 하여도 무방하지만,[23] 소집권자가 지파 또는 거주지별 대표자에게 총회소집을 알리는 것만으로는 총회소집이 적법하게 통지되었다고 볼 수는 없다.[24] 일부 종원에게 소집통지를 결여한 채 개최된 종중 총회의 결의는 그 효력이 없고, 이는 그 결의가 통지 가능한 종원 중 과반수의 찬성을 얻은 것이라고 하여 달리 볼 것은 아니지만, 소집통지를 받지 아니한 종원이 다른 방법에 의하여 이를 알게 된 경우에는 그 종원이 종중 총회에 참석하지 않았다고 하더라도 그 종중 총회의 결의를 무효라고 할 수는 없다.[25]

3. 소집절차가 필요 없는 경우

종중의 규약이나 관례에 의하여 종중원이 매년 1회씩 일정한 일시에 일정한 장소에서 정기적으로 회합하여 종중의 대소사를 처리하기로 미리 약정이 되어 있는 경우에는 따로 위와 같은 소집통지나 의결사항을 통지하지 아니하였다 하여 그 회의의결을 무효라 할 수 없다.[26]

종중총회의 소집 및 통지 등에 관한 법리는 종족 단체라는 근본 성격과 추구하는 목적 및 운영방식 등이 유사한 종중 유사단체에도 마찬가지로 적용된다.[27]

4. 소집절차에 하자가 있어 무효인 종중총회결의에 대한 추인

소집절차에 하자가 있어 그 효력을 인정할 수 없는 종중총회의 결의라도 후에 적법하게 소집된 종중총회에서 이를 추인하면 이는 처음부터 유효로 된다.[28]

23 대법원 2007. 9. 6. 선고 2007다34982 판결 등.
24 대법원 1994. 6. 14. 선고 93다45244 판결 등.
25 대법원 1995. 6. 9. 선고 94다42389 판결, 대법원 2012. 4. 13. 선고 2011다70169 판결.
26 대법원 1987. 10. 13. 선고 87다카1194 판결 등.
27 대법원 2014. 2. 13. 선고 2012다98843 판결.
28 대법원 1995. 6. 16. 선고 94다53563 판결 등.

V. 2014년 법무부 개정안

본조에 대하여는 다음과 같은 개정안이 제시되었다.

> 제71조(총회의 소집) 총회의 소집은 1주일 전에 그 회의의 목적사항을 기재한 통지를 발송하고 그 밖에 정관에 정한 방법에 따라야 한다.

2014년 개정안은 본조의 '1주간 전'를 '1주일 전'으로, '통지를 발하고'를 '통지를 발송하고'로 용어를 수정한 것이다.

제 72 조 [총회의 결의사항]

총회는 전조의 규정에 의하여 통지한 사항에 관하여서만 결의할 수 있다. 그러나 정관에 다른 규정이 있는 때에는 그 규정에 의한다.

[관련조문] 상법 제542조의5

Ⅰ. 본조의 의의

전조는 총회 소집은 1주일 전에 회의의 목적사항을 기재한 통지를 발송하도록 규정하고, 본조는 정관에 다른 규정이 없는 한 전조의 규정에 의하여 통지한 사항에 관하여서만 결의하도록 규정하고 있다. 총회소집 통지 시에 회의의 목적사항, 즉 의안을 기재하도록 하는 것은 사원이 결의를 할 목적사항을 사전에 알고서 회의 참석 여부나 결의사항에 대한 찬반의사를 미리 준비하게 하는 데에 그 취지가 있다.[1] 다만, 모든 법인에게 있어서 미리 통지한 목적사항에 한하여만 결의를 할 수 있다고 하는 것은 불편할 수 있으므로 법인의 목적, 규모, 회의의 목적사항의 경중에 따라 정관에 달리 정함이 있으면 미리 통지하지 아니한 사항에 관하여도 결의할 수 있도록 하였다.[2]

Ⅱ. 회의의 목적사항

1. 회의의 목적사항의 의미 및 그 표시의 정도

전조에서 이미 설명한 바와 같다.

2. 회의의 목적사항에 '기타 사항'이 기재된 경우 결의의 범위

회의의 소집통지를 하면서 회의의 목적사항을 열거한 다음 '기타 사항' 또는

1 대법원 2015. 2. 16. 선고 2011다101155 판결.
2 주석 민법, 총칙(1)(제4판), 한국사법행정학회(2010), 767(주기동).

'기타 필요한 사항'이라고 기재한 경우, 어떤 범위의 사항까지 결의할 수 있는지가 문제이다.

판례는 "회의 소집 통지에 회의의 목적사항을 기재하도록 한 민법 제71조 등 법 규정의 입법 취지에 비추어 볼 때 '기타 사항'이란 회의의 기본적인 목적사항과 관계가 되는 사항과 일상적인 운영을 위하여 필요한 사항에 국한된다."고 하면서, "비법인사단인 재건축조합에서 소집통지 시에 경과보고, 조합장 선임, 기타 사항을 안건으로 한 경우에 조합장 이외의 임원의 선출이나 참여조합원의 선정이 임시총회의 목적사항이나 위 소집통지의 기타 안건에 속하지 않는다."고 하였고,[3] 입주자대표회의의 소집통지를 하면서 부의 안건으로 주차장 공사업체 선정, 온수탱크 보수, 직원급여 조정 등에 관한 안건과 기타 안건을 공고하였는데, 개별난방 세대들에 대한 난방비 면제 여부에 관한 결의를 한 것은 입주자대표회의 소집 통지 당시 목적사항으로 되어 있지 않은 사항에 관하여 결의를 한 것이라고 하였다.[4]

3. 정관에서 달리 규정할 수 있는 범위

본조 단서는 총회에서의 결의사항에 관하여 정관에서 달리 정할 수 있다는 취지를 규정하고 있다. 그러나 본조의 취지에 비추어 중요한 사항을 미리 통지하지 않고 결의할 수 있다는 정관의 규정은 허용되지 않는다. 다만, 통상총회에서의 결의할 사항을 정관에서 미리 정하고 있거나, 법인의 운영을 위하여 통상적으로 필요한 사항은 소집통지 시에 회의의 목적사항으로 기재하지 않더라도 결의할 수 있다는 정관의 규정은 허용된다.[5]

4. 회의의 목적사항의 변경

전 사원이 총회에 출석하여 소집통지 시에 회의의 목적사항으로 기재하지 않은 사항에 관하여 결의하는 것에 동의를 한 경우에는 회의의 목적사항을 변경하여 결의할 수 있지만, 출석한 사원의 의사만으로는 회의의 목적사항을 변경할 수 없다.[6]

3 대법원 1996. 10. 25. 선고 95다56866 판결.
4 대법원 2013. 2. 14. 선고 2010다102403 판결.
5 주석 민법, 총칙(1)(제4판), 한국사법행정학회(2010), 768(주기동); 민법주해 I, 총칙(1), 박영사(1992), 723(최기원).
6 민법주해 I, 총칙(1), 박영사(1992), 623(최기원).

Ⅲ. 본조에 위반한 결의의 효력

정관에 다른 정함이 없이 소집통지에 목적사항으로 기재하지 않은 사항에 관하여 총회에서 결의를 한 때에는 그 결의는 무효이다. 다만, 본조는 사원의 이익을 보호하기 위한 것이므로, 소집통지에 목적사항으로 기재하지 않은 사항에 관하여 총회에서 결의를 하였더라도 구성원 전원이 회의에 참석하여 결의한 경우에는 유효하다.[7]

7 대법원 2001. 9. 25. 선고 2001다23379 판결, 대법원 2013. 2. 14. 선고 2010다102403 판결.

제 73 조 [사원의 결의권]

① 각 사원의 결의권은 평등으로 한다.

② 사원은 서면이나 대리인으로 결의권을 행사할 수 있다.

③ 전2항의 규정은 정관에 다른 규정이 있는 때에는 적용하지 아니한다.

[관련조문] 상법 제368조 제2항, 제368조의2, 제368조의3, 제368조의4, 제369조, 제577조

[참고문헌] 박찬주, "수권행위에 관한 몇 가지 문제", 홍익법학 9권 3호, 홍익대학교(2008); 조윤신, "단체의 임원에 대한 명예훼손과 단체구성원에 대한 제명처분", 대법원판례해설 제51호(2004년 하반기)

Ⅰ. 본조의 의의

사원은 사단법인의 구성원으로 사단법인의 존립의 기초가 되고(본법 제77조), 법인의 기관은 아니지만 법인의 최고의사결정기관인 사원총회의 구성원이다. 사원과 법인 사이에는 일정한 법률관계가 존재하고 그에 기하여 여러 가지 권리와 의무가 발생한다.[1] 사원권은 사원과 사단 사이의 여러 관계를 전체적으로 포함하는 포괄적인 법률관계를 말한다. 사원권에서 파생하는 권리는 자익권과 공익권으로 대별되는데, 사단의 관리·운영에 참여하는 권리로서 결의권, 소수사원권, 업무집행권, 감독권 등이 공익권의 내용이 된다. 민법이 규율하는 비영리법인에 있어서 공익권 중에서도 사단법인의 의사결정을 위한 결의권이 가장 중요하다고 할 수 있는바,[2] 본조는 사원권 중 결의권의 행사에 관하여 규정하고 있다.

Ⅱ. 결의권의 의의

1. 고유권으로서 결의권

결의권이란 사원이 사원총회에서 결의에 참가하여 사단의 의사형성에 참여할

[1] 주석 민법, 총칙(1)(제4판), 한국사법행정학회(2010), 769(주기동).
[2] 주석 민법, 총칙(1)(제4판), 한국사법행정학회(2010), 772-773(주기동).

수 있는 권리를 말한다. 이 결의권은 사원의 공익권 중 가장 중요한 것으로서 정관이나 총회의 결의에 의하여 이를 제한할 수는 있으나, 완전히 박탈할 수는 없다.[3]

판례는 비법인사단인 종중에 관하여, "고유의미의 종중에 관한 규약을 만들면서 특정지역 내에 거주하는 일부 종중원에 한하여 의결권을 주고 그 밖의 지역에 거주하는 종중원의 의결권을 박탈할 개연성이 많은 종중규약은 종중의 본질에 반하여 무효인 것이다."고 하였고,[4] "종중의 구성원인 종원에 대하여 장기간 동안 종중의 의사결정에 참여할 수 있는 모든 권리를 박탈하는 처분은 종원이 가지는 고유하고 기본적인 권리의 본질적인 내용을 침해하는 것으로서 그 효력을 인정할 수 없다."고 하였으며,[5] "종중규약을 개정하면서 '여손(女孫) 본인이 종원 자격을 원할 경우에 한하여 준종원 자격을 주며, 준종원은 총회에서의 결의권을 인정하지 않는다.'는 규정을 두기로 하는 총회결의는 종중의 성격과 법적 성질에 비추어 종중이 그 구성원인 종원이 가지는 고유하고 기본적인 권리의 본질적인 내용을 침해하는 처분을 하는 것으로서 허용되지 않는다."고 하였다.[6]

2. 결의권 평등의 원칙

결의권은 정관에 특별한 규정이 없는 한 평등하다. 즉 1인당 1개의 결의권이 있다. 이는 자본단체인 주식회사에서 주주의 결의권이 1주당 1개인 것과 확연히 대조되는데, 이는 민법상 사단법인에 있어서는 사원의 개성이 중시되기 때문이다.[7] 결의권평등의 원칙은 정관에 의하여 변경될 수 있다(본조 제3항). 즉 사원의 기여정도와 이해관계를 고려하여 사단의 목적과 구조에 비추어 적합하다고 인정되는 범위 내에서 특정한 사원에게 다수의 결의권을 인정하는 정관의 규정도 유효하다.[8] 그리고 총회의 결의사항과 이해관계 있는 사원은 결의권이 없다(본법 제74조).

3 고상용, 민법총칙, 법문사(2005), 230; 주석 민법, 총칙(1)(제4판), 한국사법행정학회(2010), 773(주기동).
4 대법원 1992. 9. 22. 선고 92다15048 판결.
5 대법원 2006. 10. 26. 선고 2004다47024 판결.
6 대법원 2007. 9. 6. 선고 2007다34982 판결.
7 주석 민법, 총칙(1)(제4판), 한국사법행정학회(2010), 773(주기동).
8 주석 민법, 총칙(1)(제4판), 한국사법행정학회(2010), 773(주기동); 민법주해 I, 총칙(1), 박영사(1992), 729(최기원).

Ⅲ. 결의권의 행사

1. 원칙

결의권은 원칙적으로 결의권을 갖는 사원이 스스로 총회에 출석하여 결의사항에 관하여 그 의견을 표명함으로써 행사한다. 결의권의 행사는 거수·기립·투표 등에 의하는 것이 통상적이지만, 반드시 이러한 방법에 한정되는 것은 아니다. 결의권의 행사는 일종의 의사표시이므로 이에 대하여는 의사표시에 관한 일반규정이 적용된다.[9]

2. 서면에 의한 행사

본법 제75조 제1항은 "총회의 결의는 본법 또는 정관에 다른 규정이 없으면 사원 과반수의 출석과 출석사원의 결의권의 과반수로써 한다."고 규정하면서, 제2항에서 "본조 제2항의 경우에는 당해사원은 출석한 것으로 한다."고 규정하고 있다. 결의권은 사원 스스로 출석하여 행사는 것이 원칙이지만, 이러한 원칙을 엄격히 관철한다면 때로는 총회에 출석할 수 없는 사원은 결의권을 행사할 수 없고, 이로 인하여 총회가 유회될 우려도 있으므로, 본조 제2항은 이러한 불합리를 피하기 위하여 예외적으로 서면이나 대리인으로 하여금 결의권을 행사할 수 있도록 규정하고 있다.[10]

본조 제2항에 의하여 서면으로 결의권을 행사하는 경우가 총회의 소집을 전제로 한 것인지, 상법 제577조에서 규정하는 바와 같이 유한회사에서 사원총회를 소집하지 않고 하는 서면결의의 방식도 포함하는 것인지에 관하여는 견해의 대립이 있다. 본조 제2항은 총회의 소집을 전제로 한 경우에 관한 것이라는 견해는, 회의의 목적사항에 관하여 토론을 한 후 결의를 하는 것이 원칙이므로 총회의 소집 없이 서면만으로써 결의를 하는 것은 법률이나 정관이 허용하지 않는 한 인정되지 않기 때문에 본조 제2항의 서면결의는 상법 제577조의 서면결의와는 차이가 있다고 한다.[11] 본조 제2항의 서면결의가 총회의 소집이 없는 경우에도 허용된다

9 주석 민법, 총칙(1)(제4판), 한국사법행정학회(2010), 773-774(주기동); 민법주해 I, 총칙(1), 박영사(1992), 730(최기원).

10 주석 민법, 총칙(1)(제4판), 한국사법행정학회(2010), 773-774(주기동); 민법주해 I, 총칙(1), 박영사(1992), 730(최기원).

11 강태성, 민법총칙, 대명출판사(2017), 315; 민법주해 I, 총칙(1), 박영사(1992), 730(최기원).

는 견해는, 독일 민법 제32조 제2항은 "전 사원이 결의에 동의함을 서면으로 표시한 때에는 사원총회가 개최되지 아니하여도 그 결의는 유효하다."고 규정하고 있는 점에 비추어 비영리법인에서도 총회의 소집 없이 서면결의가 가능하다고 해석할 수 있다고 한다.[12] 본조 제2항은 상법 제577조나 독일 민법 제32조 제2항과 같이 전 사원의 동의를 요건으로 규정하고 있지 않는 점에서 위 조항들과는 내용이 다르므로, 정관에 총회의 소집 없이 서면만에 의한 결의를 허용하는 규정이 없는 경우에도 본조 제2항에 근거하여 총회의 소집 없이 서면만에 의한 결의가 허용된다고 하기는 어렵다고 생각된다.

3. 대리인에 의한 행사

사원은 그의 결의권을 대리인으로 하여금 행사하도록 할 수 있다. 대리권의 수여 시에는 일반적인 수권행위와 같이 통상 위임장이 작성되는데, 대리권의 수여는 개최일시나 회의의 목적사항이 결정된 특정의 총회에 관하여 그 회의의 목적사항에 관하여만 허용되고, 위임장에도 그러한 취지를 표시할 필요가 있다. 위임장에 명백한 위임사항의 기재가 없으면 총회가 결의할 수 있는 사항의 범위와 일치한다고 볼 수 있다.[13]

대리권의 수여를 총회마다 매번 개별적으로 하여야 하는지, 아니면 여러 번의 총회에 대하여 포괄적으로 할 수 있는가에 관하여는 긍정설[14]과 부정설[15]이 대립한다. 대리인에 의한 결의권의 행사는 회의의 목적사항에 대한 사원의 찬반의사를 대리하여 행사하는 것이므로 사원의 개성이 중시되는 민법상의 사단법인에 있어서는 포괄적인 대리권의 수여는 허용할 수 없다고 보아야 한다.

대리인 란을 공란으로 한 백지위임장에 의한 대리권의 수여에 관하여, 학설은 사원의 개성이 중시되는 민법상의 사단법인에 있어서는 이를 부정함이 타당하다고 한다.[16] 반면, 판례는 비영리법인인 새마을금고 총회에서의 결의권행사와 관련하여, "새마을금고의 회원이 다른 회원을 대리인으로 하여 결의권 등을 행사함에 있어 미리 대리인을 지정하지 아니하고 위임장 소지인으로 하여금 대리권을

12 주석 민법, 총칙(1)(제4판), 한국사법행정학회(2010), 774(주기동).
13 주석 민법, 총칙(1)(제4판), 한국사법행정학회(2010), 774(주기동).
14 민법주해 I, 총칙(1), 박영사(1992), 730(최기원).
15 주석 민법, 총칙(1)(제4판), 한국사법행정학회(2010), 774(주기동).
16 주석 민법, 총칙(1)(제4판), 한국사법행정학회(2010), 774(주기동); 민법주해 I, 총칙(1), 박영사(1992), 730-731(최기원).

행사하게 할 의도로 위임장에 대리인의 성명을 기재하지 아니한 경우, 총회 개최시까지 위임장에 대리인의 성명이 보충되지 아니하였다고 하더라도 그 위임장을 소지한 자를 대리인으로 지정한 것으로 보아야 할 것이므로 그 위임장을 소지한 자가 총회에 출석한 이상 그 회원 역시 총회에 출석한 것으로 보아야 할 것이다."고 하면서도, "이는 회원으로부터 대리권을 수여받은 대리인이 총회에 출석하였음을 전제로 하는 것이고, 회원이 새마을금고로 하여금 대리인을 지정하게 하여 그 대리인으로 하여금 결의권 등을 행사하도록 하기 위하여 새마을금고에게 대리인의 성명이 기재되지 아니한 위임장을 제출한 경우에는 회원이 총회에 출석한 것으로 볼 수는 없다."고 하였다.[17]

Ⅳ. 고유권

고유권이란 사원의 사단에 대한 권리 중 사원의 동의 없이는 총회의 결의로서도 박탈할 수 없는 권리를 말한다. 독일 민법 제35조는 "사원의 고유권(Sonderrecht)은 그의 동의가 없으면 사원총회의 결의에 의하여 침해할 수 없다."고 규정하고 있다. 우리 민법에는 이러한 규정이 없지만 다수결 원칙의 한계로서 사원의 고유권을 인정하는데 일치하고 있다. 그러나 사원의 고유권의 구체적인 내용이 무엇인가에 대하여는 논란이 있으나, 적어도 소수사원권(본법 제70조 제2항)과 본조의 결의권이 사원의 고유권에 속한다고 하는 데에는 이론이 없다.[18]

17 대법원 1998. 10. 13. 선고 97다44102 판결.

18 곽윤직/김재형, 민법총칙(제9판), 박영사(2013), 200; 김대정, 민법총칙, FIDES(2012), 456; 김준호 151; 김증한/김학동, 민법총칙, 박영사(2013), 233; 송덕수, 민법총칙, 박영사(2016), 666; 이영준, 민법총칙, 박영사(2007), 967; 이은영, 민법총칙, 박영사(2009), 270.

제 74 조 [사원이 결의권없는 경우]

사단법인과 어느 사원과의 관계사항을 의결하는 경우에는 그 사원은 결의권이 없다.

[관련조문] 상법 제368조 제3항, 제371조 제2항, 제578조

Ⅰ. 본조의 의의

전조에서 본 바와 같이 사원은 사단의 최고의사결정기관인 사원총회의 구성원으로서 총회에 참석하여 그 사단의 의사형성에 참가할 수 있는 결의권이 있고, 이는 사원의 고유권에 포함된다. 그런데 총회의 결의사항이 사원 개인과 관계되는 사항일 경우, 사원은 개인적 입장에서 결의권을 행사할 우려가 있으므로 공정한 결의권의 행사를 기대할 수 없다. 그리하여 본조는 총회에서 어느 사원과 관계되는 사항을 의결하는 경우 그 사원에게 결의권이 없다고 하여 결의의 공정을 도모하였다.[1] 본법 제64조는 "법인과 이사의 이익이 상반하는 사항에 관하여는 이사는 대표권이 없다."고 규정하고, 상법 제368조 제3항도 "주주총회의 결의에 관하여 특별한 이해관계가 있는 자는 의결권을 행사하지 못한다."고 규정하고 있는바, 본조도 동일한 취지의 규정이다.

Ⅱ. 사단법인과 사원과의 관계사항

1. '사단법인과 어느 사원과의 관계사항'의 의미

본조의 입법취지에 비추어 '사단법인과 어느 사원과의 관계사항'의 의미는 사단법인과 사원이 관련되는 모든 사항을 의미하는 것이 아니라, 사원이 사단의 구성원으로서의 입장이 아닌 개인적 입장에서 이해관계를 갖는 사항을 의미한다. 따라서 사원의 지위와 관련되는 사항에 관한 결의를 하는 경우에는 결의권이 제

1 주석 민법, 총칙(1)(제4판), 한국사법행정학회(2010), 777(주기동).

한되지 않는다.[2]

2. 사단과 사원간의 법률행위에 관한 사항

사단과 어느 사원 사이에 매매·소비대차·임대차의 계약을 체결할 것을 결의하는 경우, 사원의 사단에 대한 채무를 면제할 것을 결의하는 경우, 사단과 사원간의 쟁송의 개시 또는 해결에 관한 사항을 결의하는 경우 등이 대표적인 예이다. 그 법률행위가 사단에 실제상 이익이 되는지 여부는 불문한다. 다만, 당해 법률행위의 성질상 사단에 아무런 불이익을 주지 않는 때에는 이에 해당하지 않는다. 예컨대 사원의 재산을 아무런 부담 없이 사단에 증여하는 경우 등을 말한다.[3]

3. 사원의 지위와 관련된 사항

사원의 결의권이 제한되는 것은 사원의 지위와 관계없이 개인적으로 사단과 관계되는 사항을 결의하는 경우이므로, 이사의 해임 또는 선임을 결의하는 경우 당해 사원도 결의권을 갖는다.[4]

Ⅲ. 이해관계 있는 사원의 지위

1. 결의권 행사의 제한

총회의 결의사항에 관하여 개인적 이해관계를 가지는 사원은 그 사항에 대하여 결의권을 행사하지 못한다. 그러나 총회에 출석하여 의안에 대하여 의견을 진술할 수는 있다. 이해관계 있는 사원은 자신의 결의권이 없으므로 대리인으로 하여금 결의권을 행사하게 할 수도 없음은 물론이다. 이해관계 있는 사원이 다른 사원의 의결권을 대리인으로서 행사할 수 있는지에 관하여도 학설은 부정적이다.[5] 판례는, 종중총회의 결의와 관련하여, "의결권이 제한되는 종원이라 하여 다른 종원들의 의결권을 위임받아 행사하는 것까지 제한된다고 볼 근거는 없다."고 하였다.[6]

2 김준호, 민법총칙, 법문사(2017), 153; 주석 민법, 총칙(1)(제4판), 한국사법행정학회(2010), 777(주기동); 민법주해 I, 총칙(1), 박영사(1992), 731-732(최기원).

3 주석 민법, 총칙(1)(제4판), 한국사법행정학회(2010), 777(주기동).

4 강태성, 민법총칙, 대명출판사(2017), 314; 김증한/김학동, 민법총칙, 박영사(2013), 235; 주석 민법, 총칙(1)(제4판), 한국사법행정학회(2010), 777-778(주기동); 민법주해 I, 총칙(1), 박영사(1992), 732(최기원).

5 주석 민법, 총칙(1)(제4판), 한국사법행정학회(2010), 778(주기동).

6 대법원 2012. 8. 30. 선고 2012다38216 판결.

2. 의사정족수 및 의결정수의 산정

이해관계 있는 사원은 의사정족수에는 산입되지만, 의결정족수의 산정에 있어서는 출석한 사원에 산입되지 않는다.[7] 그 이유는 의결정족수를 계산함에 있어서도 출석한 사원으로 계산하면 의결권이 없는 사원이 부동의한 것으로 처리하는 결과가 되기 때문이다.[8]

판례는 법인 이사회의 결의와 관련하여, "민법 제74조의 유추해석상 민법상 법인의 이사회에서 법인과 어느 이사와의 관계사항을 의결하는 경우에는 그 이사는 의결권이 없다."고 하면서, "이때 의결권이 없다는 의미는 구 상법 제368조 제4항, 제371조 제2항의 유추해석상 이해관계 있는 이사는 이사회에서 의결권을 행사할 수는 없으나 의사정족수 산정의 기초가 되는 이사의 수에는 포함되고, 다만 결의 성립에 필요한 출석이사에는 산입되지 아니한다고 풀이함이 상당하다."고 하였다.[9] 또 판례는 본조가 종중총회의 결의에도 유추적용된다고 하면서 "본조에서 의결권이 없다는 의미는 해당 종원이 종중총회에서 의결권을 행사할 수는 없다는 의미로 결의 성립에 필요한 의결정족수 산정의 기초가 되는 종원의 수에 산입되지 않는다는 것이고, 의사정족수 산정의 기초가 되는 종원의 수에는 포함된다."고 하고, 의결권이 없는 해당 종원이 그 결의를 한 회의에 참가하였다는 사정만으로 그 결의가 위법하여 무효라고 할 것은 아니라고 하였다.[10]

3. 본조에 위반한 경우의 효력

본조에 위반하여 이해관계 있는 사원이 결의에 참석한 경우, 그 결의권 행사는 무효이다. 그러나 그 사원이 결의권을 행사하지 않았더라도 의결정족수가 성립되고 그 결의의 성립에 영향을 미치지 않았을 때에는 총회결의는 유효하다.[11]

7 김증한/김학동, 민법총칙, 박영사(2013), 234.

8 주석 민법, 총칙(1)(제4판), 한국사법행정학회(2010), 779(주기동).

9 대법원 2009. 4. 9. 선고 2008다1521 판결.

10 대법원 2012. 8. 30. 선고 2012다38216 판결.

11 민법주해 I, 총칙(1), 박영사(1992), 733(최기원); 대법원 1997. 5. 30. 선고 96다23375 판결, 대법원 1995. 11. 7. 선고 94다5649 판결, 대법원 1995. 11. 21. 선고 94다15288 판결은 이해관계 있는 사원이 결의에 참석한 사안은 아니고, 사원의 자격 없는 자가 총회의 결의에 참석한 사안에 관한 것인데, 위 판결들은 "자격 없는 자의 수나 그 행위의 내용이 결의에 영향을 미칠 정도에 이르지 아니하고, 자격 없는 자의 표결을 제외하더라도 그 결의가 성립함에 필요한 정족수를 충족하는 때에는 그 결의의 효력을 인정할 수 있다."고 하였다.

제 75 조 [총회의 결의방법]

① 총회의 결의는 본법 또는 정관에 다른 규정이 없으면 사원 과반수의 출석과 출석사원의 결의권의 과반수로써 한다.

② 제73조 제2항의 경우에는 당해사원은 출석한 것으로 한다.

[관련조문] 상법 제368조 제1항

Ⅰ. 본조의 의의

본조는 사원총회의 결의에 필요한 정수를 사원 과반수의 출석과 출석사원의 결의권의 과반수로 정하고 있다. 이는 정관의 규정에 의하여 달리 정할 수 있다. 정관변경과 해산결의에 있어서는 정관에 달리 정함이 없는 한 총사원의 3분의 2 이상과 총사원의 4분의 3 이상의 동의가 필요하다(본법 제42조 제1항, 제78조). 본조는 서면 또는 대리인에 의하여 결의권을 행사하는 사원을 의결정족수의 산정에서 출석한 것으로 간주하고 있다.

Ⅱ. 총회에서의 결의

1. 총회의 성립

총회에서 결의가 성립하려면 총회 자체가 성립하여야 한다. 총회가 성립하기 위하여는 정당한 소집권자에 의하여 적법한 소집절차에 따라 소집되어야 한다.

민법은 총회가 성립하기 위한 의사정족수에 관하여 명시적으로 규정하고 있지 않다. 총회를 성립시키는 정족수에 관하여 정관에 규정이 없는 경우, ① 2인 이상의 사원이 출석하면 성립한다는 견해,[1] ② 사원의 과반수가 출석하여야 성립

[1] 고상용, 민법총칙, 법문사(2005), 231; 곽윤직/김재형, 민법총칙(제9판), 박영사(2013), 201; 김주수/김상용, 민법총칙, 삼영사(2013), 238; 백태승, 민법총칙, 집현제(2016), 250; 송덕수, 민법총칙, 박영사(2016), 666; 이영준, 민법총칙, 박영사(2007), 968; 주석 민법, 총칙(1)(제4판), 한국사법행정학회(2010), 780(주기동).

한다는 견해,[2] ③ 총회의 의사는 의결을 위한 것이고 민법이 정한 의결정족수는 의사정족수를 전제로 하는 것으로 해석하여야 하므로 정관변경의 경우에는 총사원 3분의 2 이상 출석(본법 제42조 제1항), 해산결의의 경우에는 총사원 4분의 3 이상 출석(본법 제78조), 그 밖의 경우에는 사원 과반수의 출석이 있어야 총회가 성립한다는 견해[3]로 나누어져 있다. 총회는 반드시 결의를 하기 위하여 개최되어야 하는 것이 아니고 이사 또는 감사의 보고를 위하여 개최되기도 하므로(본법 제67조 제3호, 제4호, 제70조 제1항), 본조 제1항이 의결정족수와 함께 의사정족수를 규정한 것이라고 하거나, 법률상 규정된 의결정족수를 기초로 의사정족수를 판단할 수는 없기 때문에 ① 설이 타당하다.

2. 의장

회의를 진행하기 위하여는 의장이 필요하다. 민법은 제76조에서 총회의 의사록에 의장이 기명날인하도록 규정하고 있을 뿐, 그 선임방법에 관하여는 아무런 규정을 두고 있지 않다. 실제는 정관에 이에 관한 규정을 두고 있는 경우가 많은데, 정관에 규정이 없는 경우에는 출석사원들의 호선에 의하여야 한다. 의장의 직무권한은 총회의 개회 및 폐회의 선언, 의안의 제출, 질의응답, 동의의 제출, 토론, 표결에 관하여 그 진행을 지휘하고 회의장을 정리하는 것이다.[4]

3. 결의

가. 법적 성질

총회의 결의는 단독행위·계약·합동행위의 어느 것에도 속하지 않는 단체법상의 특수한 법률행위이다. 결의도 일종의 법률행위이므로 의사표시에 관한 일반규정이 적용되는지가 문제로 된다. 선량한 풍속 기타 사회질서에 반하는 결의는 본법 제103조에 의하여 무효가 되고,[5] 강행법규에 위반된 결의 역시 무효이다. 그러나 결의는 단체법상의 행위이므로 사원의 개별적인 결의권의 행사를 착오, 사기 및 강박을 이유로 취소한다 하더라도 그로 인하여 곧바로 결의가 무효로 되는 것

2 김증한/김학동, 민법총칙, 박영사(2013), 234; 민법주해 I, 총칙(1), 박영사(1992), 734(최기원), 김대정, 민법총칙, FIDES(2012), 457과 명순구, 민법총칙, 법문사(2007), 235-236은 본조 제1항은 의결정족수만이 아니라 의사정족수를 동시에 규정한 것이라고 한다.

3 강태성, 민법총칙, 대명출판사(2017), 313; 김준호, 민법총칙, 법문사(2017), 152.

4 주석 민법, 총칙(1)(제4판), 한국사법행정학회(2010), 780(주기동).

5 이영준, 민법총칙, 박영사(2007), 968.

은 아니고, 그러한 개개의 결의권의 행사가 무효로 됨으로써 그 결의에 필요한 정족수를 흠결한 경우에만 결의는 무효로 된다.[6]

나. 결의방법

1) 총회결의가 유효하게 성립하기 위하여는 민법 또는 정관에 다른 규정이 없는 한 사원 과반수의 출석과 출석사원의 의결권의 과반수의 찬성이 있어야 한다(본조 제1항). 정관에 다른 규정이 없는 한 법인의 정관변경에는 총사원 3분의2 이상의 동의가 있어야 하며(본법 제42조 제1항), 사단법인의 해산에는 총사원 4분의 3 이상의 동의가 있어야 한다(본법 제78조).

2) 서면 또는 대리인에 의하여 결의권을 행사하는 사원은 출석한 것으로 한다(본조 제2항). 결의권이 없는 사원이 총회에 출석한 경우 의사정족수를 계산함에 있어서는 출석한 사원으로 계산하고, 의결정족수를 계산함에는 출석한 사원으로 계산하지 않는다. 그 이유는 의결권이 없는 사원도 총회에 출석하여 의안에 대하여 자기 방어를 하는 등 의견을 진술할 수 있으나, 의결정족수를 계산함에 있어서도 출석한 사원으로 계산하면 의결권이 없는 사원은 부동의한 것으로 처리하는 결과가 되기 때문인 점은 앞서 설명한 바와 같다.

3) 총회에는 참석하였으나 결의에는 참가하지 아니한 사원을 어떻게 취급할 것인가에 관하여는, 결의권이 없는 사원과 동일하게 취급하면 된다는 견해도 있으나, 결의권이 있는 사원이 결의에 참가하지 않은 경우는 결의권이 없는 사원이 결의에 참가하지 않은 경우와는 구분하여야 하고, 결의권이 있는 사원이 결의에 참가하지 않은 경우는 찬성의 의사표시를 하지 않았다는 점에서 반대의 의사표시를 한 경우와 다르지 않으며, 본조에서 '출석사원의 결의권의 과반수'라고 규정함으로써 출석사원이 결의에 참가하였는지를 묻지 않고 출석사원의 결의권의 과반수의 찬성이 있어야 결의가 성립한다고 규정하고 있으므로, 의결정족수 산정에 있어서 결의에 참가하지 아니한 사원도 출석사원에 포함시켜야 한다.[7] [8]

4) 과반수는 2분의 1을 초과하는 것으로 상대적 다수와는 다르다. 가부동수인

6 주석 민법, 총칙(1)(제4판), 한국사법행정학회(2010), 781(주기동).

7 주석 민법, 총칙(1)(제4판), 한국사법행정학회(2010), 781(주기동).

8 김진우, "재단법인의 조직과 의사결정", 법조 통권 674호(2012. 11.), 136에서는 재단의 기관의 결의와 관련하여 표결에 있어서 기권표나 무효표는 불출석한 것으로 취급하여야 하고 이들 표는 계산에 넣어서는 안된다고 한다.

경우에 의안은 부결된다. 정관에 가부동수인 경우 의장이 결정한다는 규정은 의결정족수에 관한 정관의 특별규정으로서 유효하다.

5) 판례는, "구 주택건설촉진법에 의하여 설립된 재건축조합은 민법상 비법인 사단으로서 민법의 법인에 관한 규정 중 법인격을 전제로 하는 조항을 제외한 나머지 조항이 원칙적으로 준용되므로, 그 창립총회에서는 민법 제75조 제1항에 따라 사원 과반수의 출석과 출석사원 결의권의 과반수로써 유효한 결의를 할 수 있다."고 하였다.[9]

다. 표결 및 집계방법

민법상 사원총회의 표결 및 집계방법에 관하여는 법령에 특별한 규정이 없으므로, 정관에 다른 정함이 없으면 개별 의안마다 표결에 참석한 사원의 성명을 특정할 필요는 없고, 표결에 참석한 사원의 수를 확인한 다음 찬성·반대·기권의 의사표시를 거수, 기립, 투표 기타 적절한 방법으로 하여 집계하면 된다.[10]

Ⅲ. 총회결의의 하자

1. 하자의 태양

사원총회의 소집절차, 결의방법, 결의내용이 법령 또는 정관에 위반된 경우 그 결의의 효력이 문제로 된다. 상법은 주주총회결의에 관하여 결의취소의 소(상법 제376조), 결의무효 및 부존재확인의 소(상법 제380조), 부당결의의 취소·변경의 소(상법 제381조)에 관한 규정을 두고 있으나, 민법은 사단법인의 사원총회결의의 효력과 관련하여 아무런 규정을 두지 않았다. 따라서 사원총회의 하자있는 결의의 효력 및 그 주장방법에 관하여는 해석에 맡겨져 있다.

2. 결의내용이 법령·정관에 위반된 경우

공서양속에 반하는 사항을 내용으로 하는 결의, 총회의 권한에 속하지 아니하는 사항에 관한 결의, 정관 소정의 인원수를 초과하는 이사·감사의 선임결의(정관에 위반된 내용의 결의) 등이 이에 해당한다. 결의의 내용이 법령 또는 정관에 위반된 경우 그 결의는 당연히 무효이고, 누구든지 언제라도 그 무효를 주장할 수

9 대법원 2010. 2. 25. 선고 2009다93299 판결.
10 대법원 2011. 10. 27. 선고 2010다88682 판결.

있으며, 그 무효를 주장하는 방법도 소송으로 제한되지 않는다.[11]

판례는, 종중총회의 결의와 관련하여, "종중의 구성원이 될 수 없는 자에게 종원의 자격을 부여한 총회결의에 따라 제정된 회칙이나 그들이 참가한 가운데 종원 자격이 없는 자를 대표자의 하나로 선임한 대표자선정결의는 종중의 본질에 반하여 부적법하고, 다른 종원들이 결의에 동의하였다 하더라도 결론이 달라질 수 없다."고 하였고,[12] "사단법인의 정관은 이를 작성한 사원뿐만 아니라 그 후에 가입한 사원이나 사단법인의 기관 등도 구속하는 점에 비추어 보면 그 법적 성질은 계약이 아니라 자치법규로 보는 것이 타당하므로, 이는 어디까지나 객관적인 기준에 따라 그 규범적인 의미 내용을 확정하는 법규해석의 방법으로 해석되어야 하는 것이지, 작성자의 주관이나 해석 당시의 사원의 다수결에 의한 방법으로 자의적으로 해석될 수는 없다. 따라서 어느 시점의 사단법인의 사원들이 정관의 규범적인 의미 내용과 다른 해석을 사원총회의 결의라는 방법으로 표명하였다 하더라도 그 결의에 의한 해석은 그 사단법인의 구성원인 사원들이나 법원을 구속하는 효력이 없다."고 하였다.[13]

3. 소집절차 또는 결의방법이 법령·정관에 위반된 경우

사원총회의 결의가 사단의 의사결정으로서 효력이 인정되기 위하여는 그 결의가 적법한 절차에 기초하여 이루어져야 하므로 결의의 성립절차에 하자가 있으면 결의내용에 하자가 있는 경우와 마찬가지로 결의로서 효력을 갖지 못하여 무효라고 할 수 밖에 없다.[14]

사원총회가 소집권한 없는 자에 의하여 소집되었다거나, 일부 사원들에게 소집통지가 누락되었다거나, 1주간의 통지기간을 지키지 않았거나, 소집통지에 회의의 목적사항이 기재되지 않은 경우 등 성립절차에 하자가 있는 결의는 원칙적으로 무효이다. 더 나아가 실제 결의가 없었음에도 결의가 있는 것처럼 총회의사록을 위조한 경우 또는 결의가 존재한다고 할 수 없을 정도로 결의의 성립절차에

11 고상용, 민법총칙, 법문사(2005), 232; 주석 민법, 총칙(1)(제4판), 한국사법행정학회(2010), 783(주기동).

12 대법원 1992. 12. 11. 선고 92다30153 판결, 대법원 1994. 11. 22. 선고 93다40089 판결 등.

13 대법원 2000. 11. 24. 선고 99다12437 판결.

14 고상용, 민법총칙, 법문사(2005), 232; 김대정, 민법총칙, FIDES(2012), 458; 김주수/김상용, 민법총칙, 삼영사(2013), 239는 사원총회의 소집이나 결의절차가 위법하거나 결의내용이 위법한 경우에 상법 제379조, 제380조가 유추적용된다고 한다.

중대한 하자가 있는 경우에 그러한 결의는 법적으로 부존재한다고 평가된다.

4. 소집절차 또는 결의방법 등의 하자가 경미한 경우

가. 학설

소집절차 또는 결의방법에 하자가 있다고 하여 모든 결의가 무효라고 하는 것은 법적 안정성의 측면에서 바람직하지 않다. 총회 소집권에 하자가 있거나, 일부 사원들에게 소집통지가 누락되었다거나, 통지기간을 지키지 않았거나, 소집통지에 회의의 목적사항이 기재되지 않은 경우 등 성립절차에 하자가 있는 결의는 원칙적으로 무효이지만, 구체적인 경우에 따라 판단할 필요가 있다.

학설은 소집절차 또는 결의방법상 하자가 있다고 하더라도 하자가 비교적 경미하고 결의의 결과에 영향을 미치지 않는다고 인정되는 경우,[15] 하자가 비교적 경미하고 하자로 인하여 불이익을 입을 해당 사원이 이의 없이 결의에 찬성한 경우,[16] 결의 후 상당한 시간이 경과하여 해당 사원이 절차규정에 의하여 보호되는 이익을 포기하였다고 볼 수 있는 경우[17] 등은 무효라고 할 수 없다고 한다.

나. 소집절차와 관련된 사례

1) 소집권자

판례는, 비법인사단인 재건축조합에 관하여 "총회의 소집권자인 공동대표 중의 1인이 나머지 공동대표자와 공동하지 않은 채 단독으로 총회를 소집하였다 하더라도 특단의 사정이 없는 한 그 총회의 결의가 부존재라거나 무효라고 할 정도의 중대한 하자라고 볼 수는 없다."고 하였다.[18]

한편, 판례는 종중총회의 결의와 관련하여, "소집권한 없는 자에 의한 총회에 소집권자가 참석하여 총회소집이나 대표자선임에 관하여 이의를 하지 아니하였다고 하여 이것만 가지고 총회가 소집권자의 동의에 의하여 소집된 것이라거나 그 총회의 소집절차상의 하자가 치유되어 적법하게 되지는 않는다."고 하였다.[19]

2) 소집절차

판례는, 전임 회장의 갑작스런 사임으로 신임 회장을 선임해야 하는 긴급한

15 주석 민법, 총칙(1)(제4판), 한국사법행정학회(2010), 785(주기동).
16 김대정, 민법총칙, FIDES(2012), 458; 백태승, 민법총칙, 집현제(2016), 249.
17 고상용, 민법총칙, 법문사(2005), 232.
18 대법원 1999. 6. 25. 선고 99다10363 판결.
19 대법원 1994. 1. 11. 선고 92다40402 판결.

상황에서 소집통지가 전화에 의하여 된 것이지만 정관 소정의 기한 내에 안건을 명시하여 통보되었고, 총회 구성원들 모두가 총회의 결의 등에 관하여 아무런 이의를 제기하지 아니한 사안에 대하여, 총회소집통지가 서면에 의하지 아니하였다는 비교적 경미한 하자만으로 그 결의를 무효라고 볼 수는 없다고 한 원심을 수긍하였고,[20] "비법인사단의 회칙에 총회 개최 시에는 소집통지서에 회의 목적사항을 기재하여 총회일 7일 전까지 소집통지를 발하도록 규정한 취지는 그 구성원의 토의권과 결의권의 행사를 보장하기 위한 것이므로, 회원에 대한 소집통지가 단순히 법정기한을 1일이나 2일 지연하였을 뿐이고 회원들이 사전에 회의의 목적사항을 알고 있는 등의 사정이 있었다면 회원의 토의권 및 결의권의 적정한 행사는 방해되지 아니하였으므로 그 총회결의는 유효하다."고 하였다.[21]

3) 결의방법

판례는, "비법인사단의 이사회 혹은 대의원회의의 결의에 자격 없는 자가 참가한 하자가 있다 하더라도, 자격 없는 자의 수나 그 발언의 내용이 결의에 영향을 미칠 정도에 이르지 아니한다면, 그 결의를 당연히 무효라고 할 것은 아니고, 자격 없는 자의 표결을 제외하더라도 의결정족수를 충족하는 때에는 그 결의의 효력을 인정할 수 있다."[22]고 하였다.

또 판례는 "민법상 사단법인 총회의 표결 및 집계방법에 관하여는 법령에 특별한 규정이 없으므로, 정관에 다른 정함이 없으면 개별 의안마다 표결에 참석한 사원의 성명을 특정할 필요는 없고, 표결에 참석한 사원의 수를 확인한 다음 찬성·반대·기권의 의사표시를 거수, 기립, 투표 기타 적절한 방법으로 하여 집계하면 된다."고 하면서, "정관에 총회의 표결 또는 집계방법에 관하여 별도의 규정을 두지 않은 이상, 결의 당시에 출석사원들의 성명을 확인하지 않았다는 이유만으로 그 결의가 표결 및 집계방법에 중대한 흠이 있어 무효라고 할 수는 없다."고 하였다.[23]

20 대법원 1987. 5. 12. 선고 86다카2705 판결.
21 대법원 1995. 11. 7. 선고 94다24794 판결, 대법원 1999. 6. 25. 선고 99다10363 판결.
22 대법원 1997. 5. 30. 선고 96다23375 판결, 대법원 1995. 11. 7. 선고 94다5649 판결, 대법원 1995. 11. 21. 선고 94다15288 판결.
23 대법원 2011. 10. 27. 선고 2010다88682 판결.

5. 총회결의의 효력을 다투는 소송

가. 소의 종류

판결에 의하여 법률관계의 변경을 요구하는 형성소송인 결의취소소송은 법률상 명문의 규정이 있는 경우에만 허용된다.[24] 사원총회결의의 하자에 대하여 취소소송을 제기할 법률상 근거가 없으므로 결의내용의 하자는 물론 결의성립절차의 하자를 다투는 소송의 형태는 총회결의무효확인의 소 또는 총회결의부존재확인의 소가 된다.[25] 그러한 총회결의무효확인의 소 또는 총회결의부존재확인의 소는 총회결의에 의한 법률관계의 존재 또는 부존재를 확정하여 법률적 불안을 제거하는 것을 목적으로 하므로 그러한 법률적 불안을 제거함에 있어서 확인판결을 받는 것이 가장 유효·적절한 수단이 되는 경우, 즉 확인의 이익이 있는 경우에는 출소기간의 제한 없이 언제든지 소를 제기할 수 있다.

나. 총회결의무효확인의 소의 피고 적격

총회결의무효확인의 소 또는 총회결의부존재확인의 소에서 피고는 당해 사단법인이어야 한다. 사단법인의 총회에서 한 결의는 사단법인의 의사결정을 위한 것으로서 그로 인한 법률관계의 주체는 사단법인이므로 사단법인을 상대로 총회결의의 존부나 효력 유무의 확인판결을 받음으로써 그 결의로 인한 권리 또는 법률상 지위에 대한 위험이나 불안을 유효·적절하게 제거할 수 있다. 따라서 사단법인이 아니라 결의의 대상이 되는 개인을 상대로 한 확인판결은 사단법인에 효력이 미치지 아니하여 즉시 확정의 이익이 없으므로 부적법하다.[26]

24 이시윤, 신민사소송법 제11판, 박영사(2017), 206.

25 대법원 1993. 10. 12. 선고 92다50799 판결.
비법인 사단의 총회에 절차상의 하자가 있으면 원칙적으로 총회결의무효사유가 되고 따로 총회결의취소의 소를 인정할 근거가 없으므로 이 사건 임시총회 결의의취소를 구하는 원고의 예비적 소가 부적법하다는 원심의 판단은 정당하다.

26 대법원 2010. 10. 28. 선고 2010다30676, 30683 판결.

제 76 조 [총회의 의사록]

① 총회의 의사에 관하여는 의사록을 작성하여야 한다.
② 의사록에는 의사의 경과, 요령 및 결과를 기재하고 의장 및 출석한 이사가 기명날인하여야 한다.
③ 이사는 의사록을 주된 사무소에 비치하여야 한다.

[관련조문] 상법 제373조

Ⅰ. 본조의 의의

본조는 사원총회의 의사결정과정의 투명성을 높이고, 사원총회와 이사 및 이사와 사원 사이에 장래에 발생할 분쟁에 대비하기 위하여 총회의 결의과정과 결의내용을 의사록에 기재하고 의장 및 출석한 이사가 기명날인하도록 하였다. 그러나 의사록의 작성이 총회결의의 유효요건은 아니다.[1] 다만, 의사록을 작성하지 아니한 의장과 이사는 사원 및 법인에 대하여 책임을 지게 되며, 특히 이사는 과태료의 처벌을 받게 된다(본법 제97조 제5호).

Ⅱ. 의사록의 증명력

법인의 총회에는 의사록을 작성하여야 하는바, 의사록에는 의사의 경과, 요령 및 결과 등을 기재하여야 하고, 이와 같은 의사의 경과요령 및 결과 등은 의사록을 작성하지 못하였다든가 또는 이를 분실하였다는 등의 특단의 사정이 없는 한 의사록에 의하여서만 증명된다.[2]

민법상 사단법인의 총회 등 결의와 관련하여 당사자 사이에 의사정족수나 의결정족수의 충족 여부가 다투어져 결의의 성립 여부나 그 절차상 흠의 유무가 문제되는 경우에, 사단법인 측에서 의사의 경과, 요령 및 결과 등을 기재한 의사록을 제출하거나 이러한 의사의 경과 등을 담은 녹음·녹화자료 또는 그 녹취서 등

1 주석 민법, 총칙(1)(제4판), 한국사법행정학회(2010), 786(주기동).
2 대법원 1984. 5. 15. 선고 83다카1565 판결, 대법원 2010. 4. 29. 선고 2008두5568 판결.

을 제출한 때에는, 그러한 의사록 등이 사실과 다른 내용으로 작성되었다거나 부당하게 편집, 왜곡되어 그 증명력을 인정할 수 없다고 볼 만한 특별한 사정이 없는 한 의사정족수 등 절차적 요건의 충족 여부는 그 의사록 등의 기재에 의하여 판단하여야 한다.[3] 또, 의사록 등의 증명력을 부인할 만한 특별한 사정에 관하여는 결의의 효력을 다투는 측에서 구체적으로 주장·증명하여야 한다.[4]

Ⅲ. 2014년 법무부 개정안

본조에 대하여는 다음과 같은 개정안이 제시되었다.

> 제76조(총회의 의사록)
> ① (현행과 같음)
> ② 의사록에는 의사의 경과, 요령 및 결과를 기재하고, 의장 및 출석한 이사가 서명 또는 기명날인하여야 한다.
> ③ (현행과 같음)

2014년 개정안은 본조 제2항의 '기명날인'을 '서명 또는 기명날인'으로 함으로써, 의장 및 출석한 이사가 의사록에 기명날인을 서명으로 대체할 수 있도록 하였다. 이는 상법과 보조를 맞추기 위하여 현행법 제40조의 규정을 개정하여 설립자의 서명으로도 정관 작성이 유효하도록 한 것과 맥락을 같이 하는 것으로서, 주주총회 의사록에 관한 상법 제373조, 이사회 의사록에 관한 제391조의3과 전체적인 법체계의 통일성을 증진시키려고 한 것이다.[5]

3 대법원 2011. 10. 27. 선고 2010다88682 판결.
4 대법원 2011. 10. 27. 선고 2010다88682 판결.
5 2013년 법무부 민법개정시안 총칙편, 법무부 민법개정자료발간팀, 법무부(2013), 37.

제 4 절 해산

제 77 조 [해산사유]

① 법인은 존립기간의 만료, 법인의 목적의 달성 또는 달성의 불능 기타 정관에 정한 해산사유의 발생, 파산 또는 설립허가의 취소로 해산한다.
② 사단법인은 사원이 없게 되거나 총회의 결의로도 해산한다.

[관련조문] 상법 제227조, 제229조 제1항, 제269조, 제517조, 제519조, 제610조

[참고문헌] 김민기, "교단변경 결의에 찬성한 교인들이 종전 교회에서 탈퇴한 것인지 여부의 판단 기준", 대법원판례해설 제83호(2010년 상반기); 김진우, "비영리(공익)법인의 소멸에 관한 몇 가지 법률문제", 외법논집 Vol.39 No.3(2015)

Ⅰ. 본조의 의의

법인도 자연인과 마찬가지로 권리 및 의무의 주체로서의 활동을 영구적으로 마쳐야 하는 사유가 있을 수 있다. 이러한 경우 법인에게는 자연인과 같은 상속이 인정되지 않기 때문에 법인은 본래의 활동을 중단하고 재산관계 등을 정리하는 절차를 밟을 필요가 있다. 법인이 일정한 절차를 거쳐서 종국적으로 권리능력의 상실, 즉 소멸에 이르는 중간적인 단계로서 해산과 청산절차가 있다. 법인의 해산은 법인에게 존속할 수 없는 사정이 생겨 그의 본래의 목적수행을 위한 적극적인 활동을 정지하고 청산절차에 들어가는 것을 말하고, 청산은 해산한 법인의 재산관계를 정리하는 절차이다. 해산은 해산사유의 객관적인 발생으로 자동적으로 일어나고, 법원의 재판 등이 필요한 것은 아니다.[1]

본조는 법인의 해산사유를 규정하면서 제1항은 사단법인과 재단법인에 공통되는 사항을, 제2항은 사단법인에 관한 사항을 정하고 있다.

법인에게 해산사유가 발생하면 법인은 본래의 목적을 위한 활동을 중단하고, 잔여업무나 재산관계를 정리하는 청산절차를 이행하기 위하여 청산법인으로 존속

1 양창수/김형석, 민법3(권리의보전과 담보), 박영사(2015), 49.

하게 되며, 이러한 청산절차를 마치고 법인이 더 이상 아무런 권리의무를 가지지 않게 된 때에 비로소 소멸하여 권리능력을 상실한다. 판례는 "사단법인에 있어서 사원이 없게 된다고 하더라도 이는 해산사유가 될 뿐, 막바로 권리능력이 소멸하는 것이 아니므로, 법인 아닌 사단에 있어서도 구성원이 없게 되었다 하여 막바로 그 사단이 소멸하여 민사소송상의 당사자능력을 상실하였다고 할 수는 없고 청산사무가 완료되어야 비로소 그 당사자능력이 소멸한다."고 한다.[2]

법인의 청산절차에 관한 민법 규정은 비영리법인의 청산절차에 관한 기본법이다. 비영리법인의 설립 근거 법률에서 청산절차에 관한 특별규정을 두거나, 민법의 해산에 관한 규정을 준용하도록 규정하고 있는 경우도 있다. 비영리법인의 설립 근거 법률에 청산절차에 관한 특별규정이 없는 경우에도 법인의 해산사유가 발생하여 청산절차에 들어간 때에는 민법의 청산절차에 관한 규정이 유추 적용된다.[3]

또 민법은 조합의 해산의 경우에 청산인의 직무 및 권한에 관하여 법인의 해산에 관한 규정 중 본법 제87조(청산인의 직무)를, 상속재산의 청산절차에 있어서 한정승인의 경우 및 상속인이 없는 재산의 청산의 경우에 법인의 해산에 관한 규정 중 본법 제88조 제2항, 제3항, 제89조(청산법인의 채권신고의 공고·최고)를 각 준용하도록 규정하고 있다(본법 제724조 제1항, 제1032조 제2항, 제1056조 제2항).

Ⅱ. 법인의 해산사유

1. 사단법인·재단법인에 공통된 사유(본조 제1항)

가. 존립기간의 만료, 기타 정관에 정한 해산사유의 발생

1) 법인의 존립 시기나 해산사유를 정하는 경우, 그 시기 또는 사유는 법인의 등기사항인데(본법 제49조 제2항), 사단법인에 있어서는 정관의 필요적 기재사항이고(본법 제40조 제7호), 재단법인에 있어서는 정관의 임의적 기재사항이다(본법 제43조). 위와 같은 규정과 대응하는 것이 본 조항이다.

2) 존립기간의 만료는 정관에서 정한 해산사유 중 가장 일반적인 예에 속한다. 존립기간을 정함에 있어서 해산연도의 월일까지는 기재하지 않아도 되지만,

2 대법원 1992. 10. 9. 선고 92다23087 판결.
3 주석 민법, 총칙(1)(제4판), 한국사법행정학회(2010), 788(주기동).

그 기간을 확정적으로 기재할 필요가 있다. 기타 해산사유로는, 예를 들어 사원의 수가 일정 수 이하가 된 경우 또는 이사의 선임이 불가능하게 된 경우 등이나,[4] 재단법인의 경우 기본재산의 실질적 가치가 일정액 이하로 떨어지는 경우 등이 해당된다.[5] 법인의 해산사유는 정관에서 자유로이 정할 수 있으나, 객관적으로 확정되는 것임을 요한다. 사단법인의 정관에서 회장 또는 이사장 내지 이사회의 결의에 의하여 해산한다고 규정한 것은 사원총회의 전권사항을 침해하기 때문에 효력이 없다.[6] 정관에서 일정한 사유가 발생하면 해산사유의 존부를 확인하기 위하여 총회나 이사회의 결의로써 법인을 해산한다고 규정하는 경우에는, 정관에서 정한 해산사유의 발생 이외에도 해산에 관한 결정권을 가진 기관의 결의가 필요하다.[7]

3) 정관에서 법인의 존립기간이나 해산사유를 규정하는 것은 원시정관에 의하거나, 그 후 정관변경을 통하여도 규정할 수 있다.[8] 정관에 정한 해산사유는 존립기간의 만료 전이나 정관에서 정한 해산사유의 발생 전이라면 정관변경의 방법에 따라 변경할 수 있으나, 일단 존립기간이 만료했거나 정관에 정한 해산사유가 발생하면 당해 법인은 당연히 해산되므로 그 후에는 해산사유를 변경할 수 없다.[9]

4) 상법은 회사의 존립기간의 만료 또는 그 밖에 정관으로 정한 해산사유가 발생한 경우, 합명회사 또는 합자회사의 경우는 사원의 전부 또는 일부의 동의로써(상법 제229조 제1항, 제227조, 제269조), 주식회사의 경우는 정관변경에 필요한 주주총회의 특별결의, 즉 출석한 주주의 의결권의 3분의 2 이상의 수와 발행주식총수의 3분의 1 이상의 수에 의한 결의로써(상법 제519조, 제434조), 유한회사의 경우에는 정관변경에 필요한 사원총회의 특별결의, 즉 총사원의 반수 이상이고 총사원의 의결권의 4분의 3 이상을 가지는 자의 동의에 의한 결의로써(상법 제610조 제1항, 제585조) 회사를 계속할 수 있도록 규정하고 있다.

4 민법주해 I, 총칙(1), 박영사(1992), 736(최기원).

5 김진우, "비영리(공익)법인의 소멸에 관한 몇 가지 법률문제", 외법논집 Vol.39 No.3(2015), 54.

6 주석 민법, 총칙(1)(제4판), 한국사법행정학회(2010), 789(주기동).

7 김진우, "비영리(공익)법인의 소멸에 관한 몇 가지 법률문제", 외법논집 Vol.39 No.3(2015), 54-55

8 민법주해 I, 총칙(1), 박영사(1992), 736(최기원)에서는 사단법인의 존속시기나 해산사유를 정한 때에는 이를 정관에 기재하고 등기를 하여야 한다는 의미일 뿐, 법인의 존속시기나 해산사유를 기재하지 않았다고 하여 정관이 무효가 되는 것은 아니라는 의미에서 상대적 기재사항이라고 하는 것이 타당하다고 한다.

9 주석 민법, 총칙(1)(제4판), 한국사법행정학회(2010), 789(주기동); 민법주해 I, 총칙(1), 박영사(1992), 736(최기원).

민법이 적용되는 비영리법인에 있어서 존립기간이 만료했거나 또는 정관에 정한 해산사유가 발생하면 법인은 당연히 소멸할 수밖에 없는가? 이에 대하여 사단법인의 경우는 상법의 규정을 유추 적용하여 사원총회의 결의로써 사단을 계속할 수 있다는 견해,[10] 재단법인의 경우는 설립자의 설립 당시의 의사를 집행하기 위한 타율적 조직이므로 설립자가 정관으로 정한 존립기간의 만료로 당연히 해산하지만, 사원의 총의에 의하여 자주적으로 활동하는 사단법인의 경우는 청산절차의 종결 전에 사원총회가 법인의 존속을 결의하면 그것이 유효하다는 견해,[11] 비영리법인은 상법상 회사와 달리 해산 후에 다시 법인을 계속할 수 없다는 견해[12]가 있다.

나. 법인의 목적의 달성 또는 달성의 불능

1) 법인은 일정한 목적을 가지고 설립되었으므로(본법 제34조) 그 목적달성은 당연히 법인의 해산사유가 된다. 한편, 법인의 목적달성이 불가능한 경우, 특히 재단법인의 경우는 법인의 목적을 달성할 수 없을 때에 설립자나 이사가 주무관청의 허가를 받아 설립의 취지를 참작하여 법인의 목적을 변경하여 법인을 존속시킬 수도 있고(본법 제46조), 목적의 변경을 원하지 않는 때에는 본조에 따라 해산할 수도 있다. 따라서 재단법인의 경우 목적달성의 불능이 반드시 해산사유가 되는 것은 아니다.

2) 법인의 목적달성은 법인이 예정한 목적이 이루어져 할 일이 없어지는 것을 말하고, 목적달성의 불능은 법률상 또는 사실상으로 목적을 달성할 수 없게 되었음이 확정적인 것을 말한다. 따라서 일시적으로 목적을 달성할 수 없는 상황이 있더라도 장래 목적달성이 가능할 것으로 예상되는 경우는 여기에 해당되지 않는다.[13] 따라서 법인의 목적달성은 실제 법인의 목적이 매우 협소하게 설정된 때에나 가능하다. 예컨대 역사적 의미를 가지는 대형 기념관의 건립을 목적으로 한 법인의 경우에는 그 기념관의 완공으로 목적이 달성되지만, 그것의 사후적 유지 및 관리까지 목적으로 설정되었다면 그 완공만으로는 목적이 달성되었다고 할 수 없다. 재단법인의 경우, 목적을 실현하기 위한 일반적 수단인 기본재산으로부터 발

10 주석 민법, 총칙(1)(제4판), 한국사법행정학회(2010), 794(주기동); 민법주해 I, 총칙(1), 박영사(1992), 736(최기원).

11 김진우, "비영리(공익)법인의 소멸에 관한 몇 가지 법률문제", 외법논집 Vol.39 No.3(2015), 54.

12 권오복, "민법법인 해산·청산종결등기(1)", 법무사 490호(2008. 4.), 6.

13 주석 민법, 총칙(1)(제4판), 한국사법행정학회(2010), 789(주기동).

생하는 수익이 현저히 감소하는 상황이라도 그것만으로는 종국적으로 목적달성이 불가능한 것으로 확정되었다고 보기는 어렵다.[14]

3) 법인의 목적이 달성되었느냐 또는 목적달성이 확정적으로 불가능한 상태에 이르렀느냐는 사회통념에 따라야 한다.[15] 그러나 실제로 이를 판정하기는 매우 곤란하고, 그와 같은 사유가 있다고 하더라도 그 시기를 확정하기는 더욱 힘들다는 점에서, 입법론으로 이를 법인의 당연해산사유로 하기 보다는 총회의 결의에 의하여 비로소 해산된다고 하는 것이 타당하다는 견해,[16] 입법론으로 정관에 기재된 경우에 한하여 해산사유로 하는 것이 바람직할 것이라고 하면서, 현행법 하에서는 정관에서 목적을 달성하였는지 또는 목적달성이 불가능한지에 관한 판단기준을 정하는 것이 좋을 것이라는 견해[17]도 있다.[18]

다. 파산

(☞ 후술 본법 제79조 주석 참조)

라. 설립허가의 취소

1) 법인이 ① 목적 외의 사업을 하거나, ② 설립허가조건을 위반하거나, ③ 공익을 해하는 행위를 한 때에 주무관청은 그 설립허가를 취소할 수 있다(본법 제38조). 주무관청에 의한 설립허가의 취소는 위 세 가지의 경우로 한정되고, 독일 민법 제87조 제1항[19]과 달리 법인의 설립 후 목적달성이 불가능하게 된 것만으로는 설립허가를 취소할 수 없다.[20] 설립허가의 취소는 소급효가 없고 그 취소 시부터 효력이 있다.[21]

2) 비영리법인이 '목적 이외의 사업'을 한 때란 법인의 정관에 명시된 목적사업과 그 목적사업을 수행하는 데 직접 또는 간접으로 필요한 사업 이외의 사업을

14 김진우, "비영리(공익)법인의 소멸에 관한 몇 가지 법률문제", 외법논집 Vol.39 No.3(2015), 52.

15 고상용, 민법총칙, 법문사(2005), 243; 곽윤직/김재형, 민법총칙(제9판), 박영사(2013), 208; 김대정, 민법총칙, FIDES(2012), 477; 김주수/김상용, 민법총칙, 삼영사(2013), 246; 김증한/김학동, 민법총칙, 박영사(2013), 241; 백태승, 민법총칙, 집현제(2016), 258; 송덕수, 민법총칙, 박영사(2016), 677.

16 민법주해 I, 총칙(1), 박영사(1992), 737(최기원).

17 곽윤직/김재형, 민법총칙(제9판), 박영사(2013), 208.

18 일본의 일반사단법인 및 일반재단법인에 관한 법률 제148조는 목적의 달성 또는 달성불능을 일반사단법인의 해산사유로 규정하고 있지 않고, 제202조 제1항 제3호는 '기본재산의 멸실 기타 사유에 의하여 일반재단법인의 목적인 사업의 성공의 불능'을 해산사유로 규정하고 있다.

19 독일 민법 제87조 제1항 재단의 목적 실현이 불가능하게 되거나 재단이 공공복리를 위태롭게 하는 때에는 관할관청은 재단에 새로운 목적을 지정하거나 재단을 폐지할(aufheben) 수 있다.

20 대법원 1968. 5. 28. 선고 67누55 판결.

21 강태성, 민법총칙, 대명출판사(2017), 328.

한 때를 말하고, 이때 목적사업 수행에 필요한지는 행위자의 주관적·구체적 의사가 아닌 사업 자체의 객관적 성질에 따라 판단하여야 한다.[22]

비영리법인이 '공익을 해하는 행위를 한 때'란 법인의 기관이 그 직무의 집행으로서 공익을 침해하는 행위를 하거나 그 사원총회가 그러한 결의를 한 경우를 의미하는데,[23] '공익을 해하는 행위'를 한 때는, 당해 법인의 목적사업 또는 존재 자체가 공익을 해한다고 인정되거나 당해 법인의 행위가 직접적이고도 구체적으로 공익을 침해하는 것이어야 하고, 목적사업의 내용, 행위의 태양 및 위법성의 정도, 공익 침해의 정도와 경위 등을 종합해 볼 때 당해 법인의 소멸을 명하는 것이 그 불법적인 공익 침해 상태를 제거하고 정당한 법질서를 회복하기 위한 제재수단으로서 긴요하게 요청되는 경우이어야 한다.[24] 나아가 '법인의 목적사업 또는 존재 자체가 공익을 해한다'고 하려면 해당 법인이 추구하는 목적 내지 법인의 존재로 인하여 법인 또는 구성원이 얻는 이익과 법질서가 추구하고 보호하며 조장해야 할 객관적인 공공의 이익이 서로 충돌하여 양자의 이익을 비교형량하였을 때 공공의 이익을 우선적으로 보호하여야 한다는 점에 의문의 여지가 없어야 하고, 그 경우에도 법인의 해산을 초래하는 설립허가취소는 헌법 제10조에 내재된 일반적 행동의 자유에 대한 침해 여부와 과잉금지의 원칙 등을 고려하여 엄격하게 판단하여야 한다.[25]

판례는 "비영리법인의 재산은 비영리법인이 목적사업을 수행하는 데 필요한 재원이 되므로, 그 재산을 증여하는 등으로 이를 감소시키는 행위는 비영리법인이 목적사업을 계속 수행하는 데 지장을 줄 수 있고, 경우에 따라서는 그 때문에 목적의 달성이 불가능하게 될 수도 있으나, 비영리법인의 재산이 감소하더라도 이는 비영리법인 자신에게 손해가 될 뿐 특별한 사정이 없는 한 그 자체만으로 공익을 해한다고는 할 수 없으며, 목적의 달성 불능 역시 비영리법인의 해산사유가 될 수는 있겠으나, 그것만으로 설립허가취소사유가 된다고 보기는 어렵다."고 하였다.[26] 또 판례는, 정관상 일련정종의 교의를 신봉하고 이에 의거하여 종교행사, 신도의 교화·육성, 포교를 하며, 일련정종의 이념을 사회에 구현하여 인류사

22 대법원 2014. 1. 23. 선고 2011두25012 판결.
23 대법원 1982. 10. 26. 선고 81누363 판결.
24 대법원 2014. 1. 23. 선고 2011두25012 판결.
25 대법원 2017. 12. 22. 선고 2016두49891 판결.
26 대법원 2014. 1. 23. 선고 2011두25012 판결.

회의 평화와 행복 및 안전에 봉사하고, 평화로운 불국토 건설에 매진하는 것을 목적으로 하며, 이를 위해 필요한 사업을 하는 것으로 되어 있을 뿐, 목적사업이나 종교적 교리가 과거 일본의 침략행위와 군국주의를 찬양하고 신사참배를 장려하는 등의 행위와 관련이 있다거나 현재 원고의 기관이나 구성원들이 그러한 행위를 하였다고 볼 만한 자료는 없는 원고에 대한 법인설립허가취소처분을 적법하다고 본 원심에 대하여 법인설립허가취소에 관한 법리를 오해한 위법이 있다고 하였다.[27]

2. 사단법인에 특유한 해산사유(본조 제2항)

가. 사원이 없게 된 경우

1) 사단법인의 구성원인 사원이 사망·퇴사 기타의 사유로 한 사람도 없게 된 경우를 말한다. 사원이 2인 이상이어야 하는 것은 사단법인의 설립요건에 불과하고 존속요건은 아니다.[28] 학설과 판례상으로 1인 회사를 인정하는 것과 마찬가지로, 1인 사원의 사단의 경우도 사단과 별개의 인격을 갖는 1인의 사원에 의하여 사단의 설립목적을 달성시킬 수도 있고,[29] 또 사원이 증가할 가능성도 있기 때문이다.[30]

본조 제2항에서 사원이 없게 된 경우를 사단법인의 해산사유로 규정한 것에 대하여, 일정한 목적과 조직 하에 결합된 사람의 단체로서 구성원이 전혀 존재하지 아니하면 그 존립의 기초를 잃게 되는 사단법인의 성질상 이를 해산사유로 정한 것은 당연하다고 하거나,[31] 사원이 전혀 없으면 법인의 의사결정기관이 존재하지 않게 되어 법인으로서 활동할 수 없으므로 법인의 존립을 인정할 필요가 없기 때문이라고 하는 견해[32] 등이 있다.

2) 판례는, 비법인사단에 대하여도 본조가 유추 적용된다고 하면서, 백화점 점포임차인들의 모임인 백화점번영회의 구성원들이 정관상의 자격을 모두 상실한 경우,[33] 비법인사단인 교회의 교인이 존재하지 않게 된 경우[34]에는 비법인사단이

27 대법원 2017. 12. 22. 선고 2016두49891 판결.
28 백태승, 민법총칙, 집현재(2016), 259.
29 민법주해 I, 총칙(1), 박영사(1992), 738(최기원).
30 주석 민법, 총칙(1)(제4판), 한국사법행정학회(2010), 791(주기동).
31 김증한/김학동, 민법총칙, 박영사(2013), 242.
32 송덕수, 민법총칙, 박영사(2016), 678; 민법주해 I, 총칙(1), 박영사(1992), 738(최기원.)
33 대법원 1992. 10. 9. 선고 92다23087 판결.
34 대법원 2003. 11. 14. 선고 2001다32687 판결.

해산하여 청산절차에 들어간다고 한다.

3) 사단이 장기간 사원이나 기관의 무관심 또는 설립목적의 사실상의 포기로 말미암아 활동을 하지 아니한 경우, 이른 바 '휴면법인'의 경우도 현행 민법 하에서 사원이 없게 된 때에 준하여 취급할 수 있을 것이라는 견해[35]도 있다.

나. 총회의 결의

(☞ 후술 본법 제78조 주석 참조)

Ⅲ. 2014년 법무부 개정안

본조에 대하여는 다음과 같은 개정안이 제시되었다.

제4절 해산과 청산
제77조(해산사유)
① 사단법인은 다음 각 호의 어느 하나에 해당하는 사유가 있으면 해산한다.
1. 사원이 없게 된 경우
2. 정관에 달리 정하지 아니한 경우에는 총사원 4분의 3 이상의 동의에 의한 해산결의
3. 존립기간의 만료, 그 밖에 정관에서 정한 해산사유의 발생
4. 목적의 달성 또는 달성의 불능
5. 파산
6. 설립인가의 취소
② 재단법인은 제1항 제3호부터 제6호까지의 어느 하나에 해당하는 사유가 있으면 해산한다.
제78조 < 삭제 >

2014년 개정안은 현행 민법 제1편 제3장 제4절의 표제는 "해산"으로 되어 있으나, 그 내용은 법인의 '해산'에 관한 규정뿐만 아니라, '청산'에 관한 규정도 포함되어 있으므로 상법 제3편 제5장 제6절의 예에 따라 "해산과 청산"으로 하였다.[36]

2014년 개정안은 본조와 제78조를 본조로 통합하여 제78조를 삭제하면서 제1항에 사단법인의 해산사유를, 본조 제2항에 재단법인의 해산사유를 나누어 규정

35 김진우, "비영리(공익)법인의 소멸에 관한 몇 가지 법률문제", 외법논집 Vol.39 No.3(2015), 55.
36 송호영, 법인론(제2판), 신론사(2015), 415.

하고, 현행 규정에서 병렬적으로 나열된 해산사유를 각호로 하여 명확히 하였다. 내용상으로는 법인의 설립주의의 변경에 따라 설립허가의 취소 대신 설립인가의 취소를 해산사유로 규정하였고, 사단법인의 해산결의에 관한 본법 제78조를 폐지하는 대신 그 내용을 본조 제1항의 사단법인의 해산사유에서 흡수하였다.[37]

37 송호영, 법인론(제2판), 신론사(2015), 416.

제 78 조 [사단법인의 해산결의]

사단법인은 총사원 4분의 3 이상의 동의가 없으면 해산을 결의하지 못한다. 그러나 정관에 다른 규정이 있는 때에는 그 규정에 의한다.

[관련조문] 상법 제518조

[참고문헌] 강태성, 민법총칙, 대명출판사(2017), "사원총회에 관한 민법총칙의 개정방향", 법조 통권 620호(2008); 김교창, "준사단법인인 교회의 분할", 저스티스 98호(2007); 홍기태, "교인들의 탈퇴에 따른 교회재산의 귀속관계", 민사판례연구 29권(2007); 민유숙, "교인들이 집단적으로 교회를 탈퇴한 경우 법률관계", 대법원판례해설 제60호(2006년 상반기)

Ⅰ. 본조의 의의

해산결의는 사단법인을 해산하는 뜻의 사원총회의 결의로서, 사단법인의 특유한 해산사유이다(본법 제77조 제2항). 사단법인은 원래 사원의 의사에 의하여 설립된 것이므로 총사원의 일치된 의사에 따라 해산할 수 있음은 당연하다. 사단법인의 해산에 사원 전원의 의사가 일치될 것을 요구하는 것은 소수의 의사가 다수를 지배하게 되어 부당하고, 통상의 경우처럼 사원 과반수의 출석과 출석사원의 과반수의 결의에 의하여 법인을 해산할 수 있도록 하는 것은 너무 쉽게 법인의 해산이 이루어져서 법률관계가 복잡하게 될 위험이 있다. 한편, 상법은 주식회사의 경우는 출석한 주주의 의결권의 3분의 2 이상의 수와 발행주식총수의 3분의 1 이상의 수에 의한 특별결의에 의하여(상법 제518조, 제434조), 유한회사의 경우는 총사원의 반수 이상이고 총사원의 의결권의 4분의 3 이상을 가지는 사원의 동의에 의한 특별결의에 의하여(상법 제610조 제1항, 제585조), 합명회사와 합자회사의 경우는 총사원의 동의에 의하여(상법 제227조 제2호, 제269조) 각 해산결의를 할 수 있다고 규정하고 있다. 본조는 사단법인의 정관에 해산결의에 관한 정족수를 별도로 정할 수 있도록 하면서, 정관에 해산결의의 정족수에 관한 정함이 없는 경우에는 총사원 4분의 3 이상의 동의라는 특별결의가 있는 경우만 해산할 수 있도록 규정하였다.

Ⅱ. 해산결의의 방법

1. 해산결의의 권한

해산결의의 권한과 관하여, 통설은 사단법인의 기본성격에 비추어 해산결의는 반드시 사원총회의 결의로써 하여야 하고, 정관에 사원총회가 아닌 다른 기관이 해산결의를 할 수 있다고 규정하는 것은 사원총회의 임의해산권을 박탈하는 것으로서 효력이 없다고 한다.[1] 이에 대하여 독일 민법 제41조는 "사단은 사원총회의 결의에 의하여 해산할 수 있다. 정관에 다른 정함이 없는 한, 그 결의에는 출석사원 4분의 3 이상의 찬성이 필요하다."고 규정하고 있는데, 독일에서는 위 조항에 대한 해석론으로서 사원총회 이외에 정관의 규정에 의하여 다른 기관의 결의에 의하여도 법원이 해산할 수 있다는 견해가 있고, 우리 민법 제42조 단서는 "그러나 정수에 관하여 정관에 다른 규정이 있는 때에는 그 규정에 의한다."고 규정함으로써 정관변경의 결의는 총회의 전권사항임을 규정하고 있지만, 그와 달리 본조 단서는 "그러나 정관에 다른 규정이 있는 때에는 그 규정에 의한다."고 규정함으로써 해산결의의 정족수만이 아니라 해산결의의 권한을 정관에서 달리 정할 수 있음을 규정한 것으로 보아야 한다는 반대의 견해[2]가 있다.[3]

한편, 공익법인의 설립·운영에 관한 법률 제7조 제1항 제3호는 공익법인의 해산에 관한 사항은 이사회의 심의·결정사항으로 규정하고 있다, 이에 대하여는 사단의 임의해산은 총회의 전권사항이고 사단의 해산은 결사의 자유의 본질적 부분에 해당하기 때문에 위 조항은 사단법인의 근본원칙을 깨뜨린 조항이라고 비판하는 견해[4]가 있다.

1 고상용, 민법총칙, 법문사(2005), 230; 곽윤직/김재형, 민법총칙(제9판), 박영사(2013), 200; 김대정, 민법총칙, FIDES(2012), 456; 김준호, 민법총칙, 법문사(2017), 151; 김증한/김학동, 민법총칙, 박영사(2013), 232-233; 명순구, 민법총칙, 법문사(2007), 234; 백태승, 민법총칙, 집현제(2016), 249: 송덕수, 민법총칙, 박영사(2016), 665; 양창수/김형석, 민법3(권리의보전과 담보), 박영사(2015), 47; 이영준, 민법총칙, 박영사(2007), 967; 이은영, 민법총칙, 박영사(2009), 270; 민법주해 I, 총칙(1), 박영사(1992), 740(최기원).

2 강태성, 민법총칙, 대명출판사(2017), "사원총회에 관한 민법총칙의 개정방향", 법조 통권 620호(2008), 31-32.

3 일본의 일반사단법인 및 일반재단법인에 관한 법률 제148조 제3호는 일반사단법인은 사원총회의 결의에 의하여 해산할 수 있다고 규정하고, 같은 법 제35조 제4항은 "이 법률의 규정에 의하여 사원총회의 결의를 필요로 하는 사항에 있어서, 이사, 이사회, 그 밖에 사원총회 이외의 기관이 결정할 수 있다는 것을 내용으로 하는 정관의 정함은 그 효력이 없다."고 규정하고 있다.

4 김진우, "비영리(공익)법인의 소멸에 관한 몇 가지 법률문제", 외법논집 Vol.39 No.3(2015), 57.

2. 의결정족수

가. 정관에 다른 규정이 없는 경우

사단법인의 해산결의는 정관에 다른 규정이 없는 한 총사원 4분의 3 이상의 동의를 얻어야만 할 수 있다. 총사원의 4분의 3 이상이란 출석사원의 4분의 3 이상과 다르다는 점에 특히 유의하여야 한다.

나. 정관에 다른 규정이 있는 경우

해산결의에 필요한 의결정족수에 관하여 정관에 규정이 있으면 그에 따른다. 정관에서 본조에서 규정하고 있는 결의요건보다 가중하는 것은 허용된다. 사원 전원의 동의를 결의요건으로 하는 것에 대하여는 본조의 입법취지에 반하여 허용되지 않는다는 견해[5]와 허용된다는 견해[6]로 나뉜다.

학설 중에는 정관에서 해산결의의 요건을 본조보다 가중하더라도 정관변경의 결의를 통하여 해산결의의 요건을 경감할 수 있으므로 정관에서 해산결의의 요건을 정관변경의 결의요건보다 가중하는 규정은 실익이 없다는 견해[7]도 있다.

본조의 규정보다 의결정족수를 경감하는 정관의 규정을 둘 수 있는지와 관련하여, 판례는 "해산결의의 요건을 정함에 있어 총사원 4분의 3 이상의 동의보다 완화하여 규정하는 것도 가능하고, 그것이 통상의 결의 요건에도 미달하는 등 현저히 타당성이 없는 경우가 아닌 한 유효하다."고 한다.[8]

3. 기한부 또는 조건부 해산결의

해산결의를 함에 있어서 기한부 또는 조건부로 할 수 있는지에 관하여는 긍정설[9]과 부정설이 대립하는데, 부정설이 통설[10]이다. 부정설은, 해산사유는 제3자

5 주석 민법, 총칙(1)(제4판), 한국사법행정학회(2010), 792(주기동).

6 민법주해 I, 총칙(1), 박영사(1992), 740(최기원).

7 강태성, 민법총칙, 대명출판사(2017), 328-329; 주석 민법, 총칙(1)(제4판), 한국사법행정학회(2010), 793(주기동); 강태성, 민법총칙, 대명출판사(2017), "사원총회에 관한 민법총칙의 개정방향", 법조 57권 5호(통권 620호), 법조협회(2008), 34-36에서는 입법론으로서 해산결의의 정족수를 정관변경의 정족수와 같게 하고, 정관의 규정에 의하여도 그보다 하회할 수 없도록 하는 것이 바람직하다고 한다.

8 대법원 2007. 7. 24.자 2006마635 결정.

9 민법주해 I, 총칙(1), 박영사(1992), 741(최기원); 김진우, "비영리(공익)법인의 소멸에 관한 몇 가지 법률문제", 외법논집 Vol.39 No.3(2015), 56-57.

10 고상용, 민법총칙, 법문사(2005), 244; 김대정, 민법총칙, FIDES(2012), 479; 김준호, 민법총칙, 법문사(2017), 민법총칙, 법문사(2017), 159; 김주수/김상용, 민법총칙, 삼영사(2013), 247; 김증한/김학동, 민법총칙, 박영사(2013), 242; 백태승, 민법총칙, 집현제(2016), 259; 송덕수, 민법총칙, 박영사(2016), 678; 주석 민법, 총칙(1)(제4판), 한국사법행정학회(2010), 793(주기동).

의 이해와 밀접히 관계되는 경우가 많기 때문에 반드시 정관으로 정하여 이를 제3자에게 등기로 공시하도록 규정하고 있는데(본법 제77조 제1항, 제49조 제2항 제5호), 만일 사원총회가 기한부 또는 조건부 해산결의를 할 수 있게 한다면 위와 같은 규정의 취지를 해하는 결과가 되어 결국 제3자를 해할 염려가 있다는 것을 이유로 한다. 반면, 긍정설은 해산결의는 정관과 관련이 없는 해산사유이기 때문에 기한부 또는 조건부 결의를 부정할 이유가 없다고 하거나,[11] 사단법인의 해산에 적용되는 민법에 따른 청산절차나 채무자 회생 및 파산에 관한 법률에 따른 파산절차에 관한 규정은 강행규정이고 법원 또는 주무관청의 엄격, 공정한 감독을 받으며, 법률에 해산 및 청산절차에 관한 구체적인 사항들이 규정되어 있어서 제3자의 이익을 해하는 경우를 상정하기 어렵기 때문에, 해산의 효력발생시점에 관한 기한부 결의나 조건부 해산결의도 특별한 사정이 없는 한 그 효력을 부정할 것은 아니라고 한다.[12]

Ⅲ. 해산결의의 효력

1. 청산절차의 개시

사원총회에서 해산결의를 하면 그 결의에 의하여 사단법인의 청산절차가 개시된다. 본법 제33조와 같은 규정이 없는 이상 해산등기(본법 제85조 제1항) 여부와 상관없이 청산법인이 되는바, 사단법인의 목적사업 수행을 위한 적극적인 활동은 중지되고 청산법인으로서 존속하게 된다. 따라서 해산결의에 의하여 사단법인이 즉시 소멸하여 권리능력이 상실되는 것이 아니고, 이른바 청산법인으로서 존속하여 청산 목적의 범위 내에서 권리능력을 갖게 된다.

2. 법인계속의 결의

존립기간의 만료 또는 정관에 정한 해산사유의 발생으로 인한 해산의 경우와 마찬가지로, 상법 제229조 제1항, 제227조, 제269조, 제519조, 제610조 제1항과 같은 규정이 없는 민법의 적용을 받는 비영리법인에 있어서, 해산결의 후 다시 이를 철회하는 결의, 즉 법인계속결의 또는 법인존속결의를 할 수 있는지가 문제로 된다. 다수설은 해산결의는 사원총회의 임의적인 결의이므로 다시 사원총회의 결의

11 민법주해 I, 총칙(1), 박영사(1992), 741(최기원).

12 김진우, "비영리(공익)법인의 소멸에 관한 몇 가지 법률문제", 외법논집 Vol.39 No.3(2015), 56-57.

로써 이를 철회할 수 있다고 하고,[13] 소수설은 상법과 같은 규정이 없는 이상 해산결의 후 법인존속결의를 하더라도 효력이 없다고 한다.[14]

13 김준호, 민법총칙, 법문사(2017), 159; 주석 민법, 총칙(1)(제4판), 한국사법행정학회(2010), 794(주기동); 민법주해 I, 총칙(1), 박영사(1992), 741(최기원).
14 권오복, "민법법인 해산·청산종결등기(1)", 법무사 490호(2008. 4.), 12.

제 79 조 [파산신청]

법인이 채무를 완제하지 못하게 된 때에는 이사는 지체없이 파산신청을 하여야 한다.

[참고문헌] 남준우, "재단법인, 특히 의료재단의 파산과 관련한 몇 가지 쟁점", 사법발전재단(2012); 이동원, "법인의 파산과 청산의 경계에서 생기는 문제들", 회생과 파산1, 한국도산법학회(2012)

Ⅰ. 본조의 의의

채무자 회생 및 파산에 관한 법률은 채무자가 지급을 할 수 없을 때, 합명회사와 합자회사를 제외한 법인에 대하여는 부채의 총액이 자산의 총액을 초과하는 때에도 파산을 선고할 수 있다고 규정하고 있다(채무자 회생 및 파산에 관한 법률 제305조 제1항, 제306조). 채무자 회생 및 파산에 관한 법률에 따르면 비영리법인의 파산원인은 단순한 채무초과로 충분하다. 이는 법인의 자력은 재산의 총화에 그치는 것이 보통이고 채무초과상태인 법인을 존속시키는 것은 제3자에게 손해를 미칠 염려가 있기 때문이다.[1]

민법은 본조에서 법인이 채무를 완제하지 못하게 된 때에 이사로 하여금 지체 없이 파산신청을 하도록 규정하고, 제93조에서는 청산 중 법인의 재산이 그 채무를 완제하기에 부족한 것이 분명한 때에는 청산인으로 하여금 지체 없이 파산선고를 신청하도록 규정하고 있다.[2]

1 강태성, 민법총칙, 대명출판사(2017), 327; 곽윤직/김재형, 민법총칙(제9판), 박영사(2013), 209; 김대정, 민법총칙, FIDES(2012), 478; 김증한/김학동, 민법총칙, 박영사(2013), 242; 김주수/김상용 246에서는 법인의 채무는 법인의 재산만으로 책임을 지고 법인을 구성하는 개인은 책임을 지지 않기 때문이라고 한다.

2 곽윤직/김재형, 민법총칙(제9판), 박영사(2013), 209에서는 '회생절차를 신청한 경우도 파산신청의무를 이행한 것으로 보아야 한다'고 한다.

Ⅱ. 파산원인

1. 지급불능

본조의 '법인이 채무를 완제하지 못하게 된 때'는 채무자 회생 및 파산에 관한 법률상 지급불능과 동일한 의미이다. 채무자 회생 및 파산에 관한 법률의 '채무자가 지급을 할 수 없는 때', 즉 지급불능이라 함은 채무자가 변제능력이 부족하여 즉시 변제하여야 할 채무를 일반적·계속적으로 변제할 수 없는 객관적 상태를 말한다.[3] 지급불능은 채무자에게 유형·무형의 재산, 노무 및 신용의 세 가지로 구성되는 변제능력이 계속적으로 부족하여 즉시에 변제하여야 할 채무를 일반적으로 변제할 수 없는 상태에 이른 것이고, 단순히 소극재산이 적극재산을 초과하는 채무초과가 있다고 하여 지급불능이 되지는 않는다.[4] 채무초과라 하더라도 신용이 있어서 금원차입에 의한 변제가 가능하면 지급불능으로 보기는 어렵고, 부동산 등 재산이 있더라도 이를 환가할 수 없는 때에는 지급불능으로 볼 수 있다. 다만 채무자가 지급을 정지한 때에는 지급불능으로 추정된다(채무자 회생 및 파산에 관한 법률 제305조 제2항).

2. 채무초과

법인의 채무초과는 부채의 총액이 자산의 총액을 초과하는 것을 의미하는데, 법인이 채무초과 상태에 있는지 여부는 법인이 실제 부담하는 채무의 총액과 실제 가치로 평가한 자산의 총액을 기준으로 판단하는 것이지, 대차대조표 등 재무제표에 기재된 부채 및 자산의 총액을 기준으로 판단하여서는 안 된다.[5]

Ⅲ. 파산선고절차

1. 파산선고절차는 채무자 회생 및 파산에 관한 법률의 규정에 따른다.

2. 본조는 지급불능을 사유로 하는 경우에 법인의 이사만을 파산신청권자로 규정하고 있으나, 채권자도 채무자 회생 및 파산에 관한 법률에 따라 파산신청을 할 수 있다(채무자 회생 및 파산에 관한 법률 제294조). 이사가 여러 명인 경우, 이사 전

3 대법원 1999. 8. 16.자 99마2084 결정.
4 강태성, 민법총칙, 대명출판사(2017), 327; 곽윤직/김재형, 민법총칙(제9판), 박영사(2013), 209.
5 대법원 2007. 11. 15.자 2007마887 결정.

원이 파산신청을 하는 것이 아닌 때에는 파산의 원인사실을 소명하여야 한다(채무자 회생 및 파산에 관한 법률 제296조). 이사가 파산선고의 신청을 해태한 때에는 과태료의 제재를 받는다(본법 제96조 제6항). 이사가 고의 또는 과실로 파산신청을 지체함으로써 제3자에게 손해가 발생한 경우에 불법행위가 성립할 수 있다.[6]

IV. 파산선고의 효력

1. 법인의 해산

파산은 선고한 때로부터 그 효력이 발생하고(채무자 회생 및 파산에 관한 법률 제311조), 파산선고는 법인의 해산사유에 해당한다(본법 제77조 제1항). 파산결정에 대하여는 즉시항고를 할 수 있으나, 집행정지의 효력이 없다(채무자 회생 및 파산에 관한 법률 제316조 제1항, 제3항). 해산한 법인은 파산의 목적의 범위 안에서는 존속하는 것으로 본다(채무자 회생 및 파산에 관한 법률 제328조). 즉, 법인은 해산하여도 파산의 목적의 범위 안에서는 존속하게 되는바, 이는 청산절차와의 관계에서 파산법인이 법주체로 존속하는 것을 의미하고, 파산법인은 파산재단 내지는 파산관재인에 대립하는 주체, 즉 파산자로 기능을 한다. 파산법인의 재산에 대한 관리처분권은 파산관재인에게 속하지만, 재산의 소유자·파산채권의 채무자 등으로서 파산법인의 법인격은 그 필요한 범위 내에서 파산절차 종료시까지 존속시켜 두는 것이다. 재산의 환가, 재단채권의 변제, 파산채권의 배당은 '파산의 목적의 범위 안'에 포함된다. 이른바 '현존사무의 종결'도 필요한 범위에 있어서는 계속할 수 있다.[7]

법인에 대하여 파산선고를 한 경우, 그 법인의 설립이나 목적인 사업에 관하여 행정청의 허가가 있는 때에는 법원은 파산의 선고가 있음을 주무관청에 통지하여야 한다(채무자 회생 및 파산에 관한 법률 제314조 제1항). 법원사무관등은 직권으로 지체 없이 촉탁서에 결정서의 등본 또는 초본 등 관련 서류를 첨부하여 법인의 사무소 및 영업소의 소재지의 등기소에 그 등기를 촉탁하여야 한다(채무자 회생 및 파산에 관한 법률 제23조 제1항 제1호).

6 독일 민법 제42조 제2항은 이사회가 도산절차의 개시신청을 지연함으로써 채권자에게 손해가 발생한 경우에 그 손해에 대하여 이사들이 연대하여 책임을 지도록 규정하고 있다.
7 로앤비 온주 제328조 해석 부분.

2. 파산관재인의 권한에 속하지 않는 법인의 사무의 집행

가. 파산선고에 의하여 해산하는 경우

법인에 대하여 파산이 선고되어 해산하는 경우에도 파산의 목적 범위 안에서 회사가 존속하는 것으로 간주되므로(채무자 회생 및 파산에 관한 법률 제328조), 파산법인은 그 기관을 필요로 한다. 파산관재인은 파산법인 그 자체의 기관이 아니다. 채무자 회생 및 파산에 관한 법률상 파산관재인의 권한에 속하지 않는 채무자 법인의 고유사무, 즉 파산선고에 대한 즉시항고(채무자 회생 및 파산에 관한 법률 제316조 제1항), 동시폐지에 대한 즉시항고(채무자 회생 및 파산에 관한 법률 제317조 제3항), 파산관재인의 계산보고에 대한 이의진술(채무자 회생 및 파산에 관한 법률 제365조), 채권조사기일에서의 의견진술(채무자 회생 및 파산에 관한 법률 제451조) 등 법인 자체의 업무에 관하여 파산법인은 자체의 집행 및 대표기관을 갖지 않으면 안 되는데, 파산법인의 집행기관 및 대표기관은 파산선고 전의 법인에 있어서와 마찬가지로 '이사'라는 것이 통설이다. 이는 본법 제82조나 상법 제531조에서 법인 해산의 경우에는 원칙적으로 이사가 청산인이 된다는 취지를 규정하고 있으면서도, 파산의 경우를 제외하고 있기 때문이다. 법인이 파산에 의해 해산한 경우에 청산인은 선임되지 않고, 그럼에도 법인에 집행기관 및 대표기관을 두지 않을 수 없다고 한다면, 이사가 그 지위를 맡는다고 해석할 수밖에 없다. 따라서 법인에 대한 파산절차 진행 중에 당해 법인에 이사가 없게 된 때에는 새로 이사를 선임할 수 있을 뿐 아니라, 이사의 수가 법률 또는 정관 소정의 인원에 미달하는 경우에도 이를 보충하기 위하여 추가로 이사를 선임할 수 있다.[8]

판례는, 재단채권이나 파산채권에 해당하는 조세채권의 납세의무자는 파산관재인이지만, 파산재단에 속하지 않는 재산에 대한 관리처분권은 채무자가 그대로 보유하고 있으므로 파산선고 후에 발생한 조세채권 중 재단채권에 해당하지 않는 조세채권, 즉 '파산채권도 아니고 재단채권도 아닌 조세채권'에 대한 납세의무자는 파산관재인이 아니라 파산채무자라고 하였다.[9]

8 이동원, "법인의 파산과 청산의 경계에서 생기는 문제들", 회생과 파산1, 한국도산법학회(2012), 183-184.

9 대법원 2017. 11. 29. 선고 2015다216444 판결.

나. 청산 중에 파산선고를 받은 경우

법인이 이미 파산 이외의 사유에 의하여 해산하고, 그 청산 중에 파산선고를 받은 경우에는, 기왕에 취임한 청산인이 파산재단에 관계없는 권리의무에 관하여는 청산법인의 집행기관 및 대표기관으로서 지위를 그대로 유지하게 된다.[10]

V. 파산종료 후 적극재산이 있는 경우

1. 청산절차

법인에 대한 파산절차가 잔여재산 없이 종료되면 청산종결의 경우와 마찬가지로 법인의 인격이 소멸하지만, 파산절차가 종료한 이후에도 적극재산이 잔존하고 있다면 법인은 그 재산에 관하여 청산목적의 범위 내에서는 존속하고,[11] 새로이 청산절차를 밟아야 한다.[12]

2. 청산인 선임

파산종료 후 잔여재산 등이 남아 있는 경우, 청산의 목적 범위 내에서 법인이 여전히 존재하므로, 청산절차의 수행을 위하여 법인의 대표자로서 청산인이 필요하게 된다. 누가 청산인이 되는가에 관하여, 본법 제82조는 "법인이 해산한 때에는 파산의 경우를 제하고는 이사가 청산인이 된다. 그러나 정관 또는 총회의 결의로 달리 정한 바가 있으면 그에 의한다."고 하여, 다른 해산사유와는 달리 파산의 경우에는 이사가 당연히 청산인이 되는 것을 배제하고 있다.

학설은 이사청산인설과 청산인선임설로 나뉘어 있는데, 정관 또는 총회의 결의로 달리 정한 바가 없는 경우, 이사청산인설의 입장에서는 근소한 잔여재산에 관하여 새로 청산인을 선임하는 것은 불합리하다는 것을 주된 이유로 종전의 이사가 당연히 청산인이 된다고 하고, 청산인선임설의 입장에서는 종전 이사는 파산선고에 의하여 당연히 그 자격을 상실하므로 청산인이 될 수 없고, 법원에 의하

10 이동원, "법인의 파산과 청산의 경계에서 생기는 문제들", 회생과 파산1, 한국도산법학회(2012), 183-184.

11 대법원 1989. 11. 24. 선고 89다카2483 판결.

12 이동원, "법인의 파산과 청산의 경계에서 생기는 문제들", 회생과 파산1, 한국도산법학회(2012), 173.

여 새로 청산인이 선임되어야 한다고 한다.[13] 일본 판례[14]는 청산인선임설의 입장이다.

3. 구체적인 청산절차의 진행

파산종료 후 잔여재산이 발견되거나 현실적으로 정리할 필요가 있는 법률관계가 남아 있어 청산절차를 진행하여야 한다고 하더라도, 그 청산은 법인해산에 의하여 곧바로 개시되는 청산과는 차이가 있다. 파산종료 후의 청산절차는 파산종료 후 발견된 잔여재산 또는 파산절차에서 포기된 재산 등에 대하여 채권자가 강제집행을 신청하거나 파산종료 후의 법인을 피고로 삼아 소송을 할 필요가 있는 경우에, 청산법인의 대표자로서 청산인을 선임함으로써 청산절차가 개시되고, 강제집행절차나 소송이 종료됨으로써 사실상 그 임무가 종료된다. 그러므로 파산종료 후의 청산절차에서는 청산인에게 취임 후 2월내에 채권자에 대한 채권신고의 최고를 하도록 한 본법 제88조 등의 규정을 곧바로 적용하기는 어렵다. 파산종료 후 청산절차를 개시하도록 만든 당해 사유에 관하여 최종적인 결론이 나서 청산법인이 채권자에게 변제할 수 있는 재원을 확보했을 때 비로소 채권신고의 최고 등의 절차를 진행할 수 있다. 반면, 변제할 수 있는 재원이 일부 마련되었더라도 채권자에 대한 채권신고의 최고 등 청산절차의 비용조차 충당할 수 없는 상황이라면 그와 같은 채권신고의 최고 없이 알고 있는 채권자(파산절차를 거친 후이므로 파산채권신고를 한 채권자는 알고 있는 채권자에 해당할 것이다)에 대하여 변제를 하고 청산을 종결할 수밖에 없을 것이다. 이와 같이 파산종료 후의 청산절차는 본래의 청산절차에 비하여 소극적일 뿐 아니라 청산관련 법률의 적용에 있어서 예외로 보아야 할 경우가 많다.[15]

파산종료 후 법인에 대하여 강제집행을 신청하거나 그 법인을 상대로 소송을 제기하려고 할 때 청산법인에는 대표자가 없는 경우가 대부분이므로, 실무상으로는 본법 제83조에 따라 법원에 청산인선임신청을 하는 것이 일반적이지만, 위와

13 이동원, "법인의 파산과 청산의 경계에서 생기는 문제들", 회생과 파산1, 한국도산법학회(2012), 188-190.

14 日最判 2004. 10. 1.은 '파산재단에서 포기된 재산을 목적으로 하는 별제권의 포기의 의사표시를 수령하고, 그 말소등기절차를 하는 등의 관리처분행위는 청산인이 하여야 하고, 별제권자가 파산선고 전 대표이사에게 한 포기의 의사표시는 재산에 관하여 관리처분권이 없는 자에 대하여 한 것으로서 효력이 없다'고 하였다.

15 이동원, "법인의 파산과 청산의 경계에서 생기는 문제들", 회생과 파산1, 한국도산법학회(2012), 199-201.

같은 강제집행절차나 소송절차의 종결 이후에 따로 청산업무를 남기지 않는 것이 보통이므로 청산인을 선임하기보다는 민사집행법 제23조, 민사소송법 제64조, 제62조에 의하여 파산관재인이나 법인의 이사를 특별대리인으로 선임하는 것이 바람직할 것이라는 견해[16]도 있다.

Ⅵ. 법인격 소멸 시점

1. 파산종결의 경우

파산종결 결정이 공고되면 공고가 있은 때로부터 파산종결의 효과가 발생하고, 파산종결 결정에 대하여는 불복할 수 없으므로, 파산종결 결정의 공고가 있으면 법인격이 소멸한 것으로 취급할 수 있다.[17]

2. 파산폐지의 경우

파산폐지 결정에 대하여는 즉시항고가 가능하므로(동시폐지의 경우 채무자 회생 및 파산에 관한 법률 제317조 제3항, 이시폐지의 경우 채무자 회생 및 파산에 관한 법률 제545조 제3항), 파산폐지의 경우 그 결정이 확정되면 법인격이 소멸하는 것으로 취급할 수 있다.[18] 한편, 파산선고를 받은 법인이 파산폐지신청을 하려고 하는 때에는 사단법인은 정관의 변경에 관한 규정에 따라, 재단법인은 주무관청의 허가를 받아 법인을 존속시키는 절차를 밟아야 한다(채무자 회생 및 파산에 관한 법률 제540조).

Ⅶ. 2014년 법무부 개정안

본조에 대하여는 다음과 같은 개정안이 제시되었다.

> 제79조(회생절차개시 및 파산신청) 이사는 법인이 채무를 모두 변제하지 못하게 된 때에는 지체 없이 회생절차개시신청 또는 파산신청을 하여야 한다.

16 이동원, "법인의 파산과 청산의 경계에서 생기는 문제들", 회생과 파산1, 한국도산법학회(2012), 201-204.

17 이동원, "법인의 파산과 청산의 경계에서 생기는 문제들", 회생과 파산1, 한국도산법학회(2012), 214-215.

18 이동원, "법인의 파산과 청산의 경계에서 생기는 문제들", 회생과 파산1, 한국도산법학회(2012), 215.

2014년 개정안은 법인이 채무를 완제하지 못하게 된 때에 회생절차개시신청과 파산신청을 선택적으로 하도록 개정하였다. 채무자 회생 및 파산에 관한 법률 제35조 제1항은 “채무자의 청산인은 다른 법률에 의하여 채무자에 대한 파산을 신청하여야 하는 때에도 회생절차개시의 신청을 할 수 있다.”고 규정하고 있는바, 개정안은 법인이 채무를 완제하지 못하게 된 때에 이사가 파산신청이 아닌 회생절차개시신청을 할 수 있도록 하기 위하여 본조를 개정하였다.[19]

19 송호영, 법인론(제2판), 신론사(2015), 417.

제 80 조 [잔여재산의 귀속]

① 해산한 법인의 재산은 정관으로 지정한 자에게 귀속한다.

② 정관으로 귀속권리자를 지정하지 아니하거나 이를 지정하는 방법을 정하지 아니한 때에는 이사 또는 청산인은 주무관청의 허가를 얻어 그 법인의 목적에 유사한 목적을 위하여 그 재산을 처분할 수 있다. 그러나 사단법인에 있어서는 총회의 결의가 있어야 한다.

③ 전2항의 규정에 의하여 처분되지 아니한 재산은 국고에 귀속한다.

[관련조문] 상법 제538조

[참고문헌] 김진우, "민사법인의 잔여재산귀속에 관한 고찰", 비교사법 9권 3호(통권 18호), 한국비교사법학회(2002); 김진우, "비영리(공익)법인의 소멸에 관한 몇 가지 법률문제", 외법논집 Vol.39 No.3(2015); 조인호, "민법상 청산법인의 잔여재산귀속과 대표권 제한", 대법원판례해설 제35호(2000년 하반기); 연기영, "민법상 청산법인의 잔여재산귀속과 대표권 제한", Jurist 409호(2006)

Ⅰ. 본조의 의의

비영리법인이 청산절차를 거친 뒤 남은 재산을 어떻게 귀속시킬 것인가는 입법정책의 문제이다. 본조는 이러한 잔여재산의 귀속권리자를 정하는 순서를 규정하고 있다. 우선 사적 자치의 원칙에 따라 정관의 규정에 따르고, 정관으로 귀속권리자를 지정하지 아니하거나 이를 지정하는 방법을 정하지 아니한 때에는 주무관청의 허가를 얻어 그 법인의 목적에 유사한 목적을 위하여 잔여재산을 처분할 수 있도록 하였으며, 마지막으로 위와 같은 방법에 의하여도 처분되지 아니한 재산에 대하여는 국고에 귀속하도록 한다.

본조는 제3자의 이해관계에 중대한 영향을 미치는 사항으로서 강행규정이고, 이에 반하는 잔여재산의 처분행위는 효력이 없다.[1]

1 대법원 1980. 4. 8. 선고 79다2036 판결.

Ⅱ. 잔여재산의 귀속 방법

1. 정관의 지정

가. 지정방식

해산한 법인의 재산은 우선 정관으로 지정한 자에게 귀속한다(본조 제1항). 정관에 의하여 귀속자를 지정하는 방법에는 정관에서 직접 귀속자를 지정한 경우와 간접적으로 귀속자를 지정하는 방법을 정한 경우가 모두 포함된다. 간접적으로 지정하는 방법은 사원총회나 이사회의 결의에 따라 잔여재산의 귀속자를 정하도록 하는 것이다. 판례는, "이사 전원의 의결에 의하여 잔여재산을 처분하도록 한 정관 규정은 성질상 등기하여야만 제3자에게 대항할 수 있는 청산인의 대표권에 관한 제한이라고 볼 수 없다."고 하였다.[2]

나. 귀속권리자

귀속권리자는 자연인은 물론 법인, 법인 아닌 사단이나 재단, 그 밖의 인적 단체라도 상관없다. 태아도 본법 제1003조 제3항을 유추 적용하여 귀속권리자가 될 수 있다.[3]

다. 귀속권리자의 지위

법인은 해산한 뒤에도 청산의 목적범위 내에서 권리능력을 가지므로 법인의 재산은 해산과 동시에 청산법인에 귀속한다. 따라서 잔여재산에 대한 권리귀속자는 청산법인에 대하여 청산절차의 종료 후에 잔여재산을 인도해 줄 것을 청구할 수 있는 채권적 청구권을 갖는다는 것이 통설적 입장이다.[4] 반면 귀속권리자는 청산 종료 전까지는 일종의 기대권을 갖는 것에 불과하고 청산이 종료되어 종국적으로 귀속자로 확정되어야 구체적인 권리를 가진다는 견해[5]도 있다.

라. 정관의 변경에 의한 귀속권리자의 변경

잔여재산의 귀속자에 관한 정관의 규정을 변경할 수 있다는 데에는 이견이

2 대법원 1995. 2. 10. 선고 94다13473 판결.
3 김진우, "비영리(공익)법인의 소멸에 관한 몇 가지 법률문제", 외법논집 Vol.39 No.3(2015), 60.
4 주석 민법, 총칙(1)(제4판), 한국사법행정학회(2010), 801(주기동); 민법주해 I, 총칙(1), 박영사(1992), 749(최기원).
5 김진우, 민사법인의 잔여재산귀속에 관한 고찰, 비교사법 9권 3호(2002), 98-99.

없으나, 종전 정관에 의하여 지정되었던 귀속권리자의 동의를 받아야 하는지에 대하여는 견해가 나뉜다. 정관에 따른 귀속권리자의 잔여재산에 대한 인도청구권은 민법 제90조, 제88조에 따른 변제금지기간이 경과하여 채권자가 변제를 받은 후에야 발생하고 청산법인은 청산과정에 귀속권리자를 변경하거나 계속하여 통상적인 법인으로 존속할 것을 결의할 수 있으므로 기존 정관상 귀속권리자의 동의가 필요하지 않다는 견해,[6] 귀속권리자의 동의 없이 일방적인 권리의 박탈은 불가능하다는 견해, 법인이 해산하기 전에는 종전 귀속권리자의 동의 없이도 정관변경이 가능하지만 법인이 해산하여 청산절차가 개시된 경우에는 귀속권리자의 잔여재산에 대한 구체적인 인도청구권이 이미 발생하였으므로 정관변경을 통하여 귀속권리자를 변경하려고 하는 때에는 귀속권리자의 동의가 있어야 한다는 견해[7] 등이 있다.

마. 잔여재산의 인도시기

현행 민법은 청산인이 잔여재산을 인도하여야 할 시기에 대하여 특별한 제한을 두고 있지 않지만, 청산인이 알고 있는 채권자나 채권신고기간 내에 신고한 채권자에 대한 변제를 완료하면 즉시 잔여재산을 귀속권리자에게 인도하여야 한다.[8] 채권자 보호의 견지에서 입법론으로 독일 민법 제51조[9]의 규정과 같이 해산등기 후 또는 채권신고기간 경과 후 일정기간 내에는 잔여재산을 귀속권리자에게 인도할 수 없도록 함이 바람직하다는 견해[10]도 있다.

바. 청산법인이 잔여재산을 처분한 경우

해산한 법인이 잔여재산의 귀속자에 관한 정관규정에 위반하여 잔여재산을 처분할 경우 그 처분행위는 청산법인의 목적범위 외의 행위로서 특단의 사정이 없는 한 무효이다.[11]

한편, 해산한 법인이 잔여재산의 귀속자에 관한 민법 및 정관의 규정에 따라 구체적으로 확정된 잔여재산이전의무의 이행으로서 그 귀속권리자에게 잔여재산

6 김진우, "비영리(공익)법인의 소멸에 관한 몇 가지 법률문제", 외법논집 Vol.39 No.3(2015), 61.
7 김준호, 민법총칙, 법문사(2017), 163; 주석 민법, 총칙(1)(제4판), 한국사법행정학회(2010), 800(주기동); 민법주해 I, 총칙(1), 박영사(1992), 747(최기원).
8 민법주해 I, 총칙(1), 박영사(1992), 774(최기원).
9 독일 민법 제51조 사단의 해산 또는 권리능력 박탈의 공고로부터 1년이 경과하지 아니하면 재산은 귀속권리자에게 인도될 수 없다.
10 주석 민법, 총칙(1)(제4판), 한국사법행정학회(2010), 833(주기동).
11 대법원 1980. 4. 8. 선고 79다2036 판결, 대법원 1995. 2. 10. 선고 94다13473 판결 등.

을 이전하는 것은, 정관에서 이사회 또는 청산인회의 심의·의결을 요하도록 규정하고 있는 법인재산의 처분에 해당하지 않는다.[12]

2. 유사목적을 위한 잔여재산의 처분

정관으로 귀속권리자를 지정하지 아니하거나 지정하는 방법을 정하지 아니한 때에는 이사[13] 또는 청산인은 주무관청의 허가를 얻어 그 법인의 목적에 유사한 목적을 위하여 잔여재산을 처분할 수 있다(본조 제2항). 비영리법인의 설립자는 공공의 이익, 기타 비영리적 목적사업의 수행을 위하여 사재를 출연하였으므로 잔여재산을 어느 특정인에게 귀속시키기보다는 그 법인의 목적과 유사한 다른 목적을 위하여 처분하는 것이 설립자의 의사를 더욱 충실히 이행하는 것이 된다는 점을 고려한 규정이다.[14]

법인의 목적에 유사한 목적인지 여부는 구체적으로 청산인이 결정하지만, 그 결정이 유효하기 위하여는 주무관청의 허가를 얻지 않으면 안 된다(본조 제2항 단서). 그리고 사단법인에 있어서는 사원총회의 결의를 거쳐야 한다. 이 경우 사원총회의 결의에 관해서는 특별한 제한을 두고 있지 아니하므로 일반적 결의와 같이 사원 과반수 출석과 출석사원의 결의권의 과반수 찬성을 얻으면 된다.[15]

3. 국고귀속

이상과 같은 방법에 의하여서도 그 귀속권리자가 지정되지 아니한 때에는 잔여재산은 국고에 귀속한다(본조 제3항). 이는 비영리법인의 재산은 원래 공익목적 기타 비영리목적에 제공된 것이므로 구성원 등에의 분배는 그 목적에 반하고, 이를 공익사업의 대표자인 국고에 시키는 것이 법인의 설립자 의사에 가장 충실하다는 생각이 뒷받침된 것이다.[16] 독일 민법 제46조는 "사단재산이 국고에 귀속되

12 대법원 2000. 12. 8. 선고 98두5279 판결은 "해산한 법인이 해산 시 잔여재산이 지정한 자에게 귀속한다는 정관 규정에 따라 구체적으로 확정된 잔여재산이전의무의 이행으로서 잔여재산인 토지를 그 귀속권리자에게 이전하는 것은 채무의 이행에 불과하므로 그 귀속권리자의 대표자를 겸하고 있던 해산한 법인의 대표청산인에 의하여 잔여재산 토지에 관한 소유권이전등기가 그 귀속권리자에게 경료되었다고 하더라도 이는 쌍방대리금지 원칙에 반하지 않는다."고 한다.

13 강태성, 민법총칙, 대명출판사(2017), 335에서는 이사가 법인의 해산 전에 잔여재산을 처분할 수 없으므로 '이사 또는 청산인'을 '청산인'으로 개정하는 것이 옳다고 한다.

14 주석 민법, 총칙(1)(제4판), 한국사법행정학회(2010), 800(주기동); 민법주해 I, 총칙(1), 박영사(1992), 741(최기원).

15 주석 민법, 총칙(1)(제4판), 한국사법행정학회(2010), 800(주기동); 민법주해 I, 총칙(1), 박영사(1992), 748(최기원).

16 주석 민법, 총칙(1)(제4판), 한국사법행정학회(2010), 801(주기동).

는 때에는 국고가 법정상속인으로서 상속재산에 관한 규정이 준용된다. 국고는 가능한 한 사단의 목적에 맞는 방법으로 재산을 사용하여야 한다."는 규정을 두고 있으나, 우리 민법은 이러한 규정을 두고 있지 않으므로 국고귀속되는 잔여재산은 국고에 특정 승계되고, 국고는 이를 일반수입으로 하여 그 사용에 아무런 제한이 없다.[17]

그러나 공익법인의 설립·운영에 관한 법률 제13조는 "해산한 공익법인의 잔여재산은 정관으로 정하는 바에 따라 국가나 지방자치단체에 귀속되고, 국가나 지방자치단체에 귀속된 재산은 공익사업에 사용하거나 이를 유사한 목적을 가진 공익법인에 증여하거나 무상대부(無償貸付)한다."고 규정하고, 사립학교법 제35조 제3항은 "국가 또는 지방자치단체는 국고 또는 지방자치단체에 귀속된 재산을 사립학교교육의 지원을 위하여 다른 학교법인에 대하여 양여·무상대부 또는 보조금으로 지급하거나 기타 교육사업에 사용한다."고 규정하고 있다.

4. 잔여재산의 분배 문제

통설은 주식회사와 달리(상법 제538조), 비영리법인에 있어서는 구성원에게 잔여재산을 분배할 수는 없는 점이 특색이라고 설명한다.[18] 이에 대하여 정관에서 '해산한 경우에 구성원에게 분배한다'는 규정이 있는 경우에는 정관으로 지정한 자에 해당하므로 구성원에게 분배할 수 있고, 이것이 비영리법인의 본질에 반하지 않는다는 견해[19]가 있다. 또 내부구성원의 사교(社交)나 그 밖의 상호부조(相互扶助) 등 오로지 소속 사원들의 이익증진을 목적으로 하여 활동하기 때문에 세제혜택을 받지 못하는 공익사단의 경우에 잔여재산을 국고에 귀속시킬 정당한 이유가 없다고 하면서, 이러한 유형의 비영리사단의 경우는 독일 민법 제45조 제3항과 같이[20] 사단의 해산 시에 잔여재산을 원칙적으로 현존 사원에게 균분 귀속하는 것으로 민법을 개정하되, 다만 사원이 1인도 없게 된 경우에는 국고로 귀속시키고, 세제혜택 또는 그 밖의 공적 지원을 받은 공익사단의 경우에는 국고귀속방

17 민법주해 I, 총칙(1), 박영사(1992), 749(최기원).

18 김증한/김학동, 민법총칙, 박영사(2013), 246; 송덕수, 민법총칙, 박영사(2016), 682; 백태승, 민법총칙, 집현재(2016), 263; 이영준, 민법총칙, 박영사(2007), 980.

19 강태성, 민법총칙, 대명출판사(2017), 336.

20 독일 민법 제45조 제3항 귀속권리자에 대하여 정함이 없는 경우에 재산은 사단이 정관상 그 사원의 이익만을 위한 것인 경우에는 해산 또는 권리능력 박탈 당시의 사원에게 균등한 비율로, 기타의 경우에는 사단이 주소를 둔 주의 재정(Fiskus des Bundesstaats)으로 귀속된다.

식을 유지하도록 하여야 한다는 견해[21]도 있다.

Ⅲ. 2014년 법무부 개정안

본조에 대하여는 다음과 같은 개정안이 제시되었다.

제80조(잔여재산의 귀속)
① (현행과 같음)
② 이사 또는 청산인은 정관으로 귀속권리자를 지정하지 아니하거나 이를 지정하는 방법을 정하지 아니한 경우에는 주무관청의 인가를 받아 그 법인의 목적에 유사한 목적을 위하여 그 재산을 처분할 수 있다. 다만, 사단법인의 경우에는 총회의 결의가 있어야 한다.
③ 제1항과 제2항에 따라 처분되지 아니한 재산은 국고에 귀속한다.

2014년 개정안은 본조 제2항의 '정하지 아니한 때에는'을 '정하지 아니한 경우에는'으로, '주무관청의 허가를 얻어'를 '주무관청의 인가를 받아'로 용어를 수정하였는데, '허가'를 '인가'로 변경한 것은 개정안에서 법인설립주의의 전환에 따른 것이다.

21 김진우, "비영리(공익)법인의 소멸에 관한 몇 가지 법률문제", 외법논집 Vol.39 No.3(2015), 61-62.

제 81 조 [청산법인]

해산한 법인은 청산의 목적범위내에서만 권리가 있고 의무를 부담한다.

[참고문헌] 고상룡, "청산법인의 능력범위와 청산종결등기후의 청산법인의 존속", 법률신문 제1382호(1981); 김교창, "청산중인 비법인사단의 권리능력", 법률신문 제3672호(2008); 송진훈, "청산법인의 권리능력 및 청산종결등기의 효력", 법조 29권 9호(1980)

Ⅰ. 본조의 의의

법인에게는 자연인과 같은 상속이 인정되지 않기 때문에 법인이 해산사유의 발생 즉시 바로 소멸한다면 법인과 법률행위를 한 상대방은 법인의 소멸에 의하여 권리를 잃거나 의무를 면하게 되어 심히 부당한 결과에 이르게 된다. 이러한 부당한 결과를 피하기 위하여 해산한 법인은 본래의 활동을 정지하고 재산관계를 정리하는 청산절차를 밟을 필요가 있다. 본조는 법인의 청산절차가 끝날 때까지 해산한 법인을 존속시키되, 그 법인의 권리능력이 청산의 목적범위 내로 제한됨을 규정하고 있다.

Ⅱ. 청산의 의의

청산은 해산한 법인이 업무를 종결하고 그 재산관계를 정리하는 절차이다. 청산절차에는 두 가지가 있는데, 하나는 파산을 해산사유로 하는 경우로서 이는 채무자 회생 및 파산에 관한 법률에 따라 파산절차가 행해진다. 다른 하나는 파산을 제외한 나머지 해산사유에 의한 것으로서 청산인에 의한 청산절차이다. 민법은 후자를 규정하고 있다.

본조를 비롯한 청산절차에 관한 규정은 모두 제3자의 이해관계에 중대한 영향을 미치기 때문에 소위 강행규정이고, 청산법인이나 청산인이 청산법인의 목적범위 외의 행위를 한 때는 무효이다.[1]

[1] 대법원 1980. 4. 8. 선고 79다2036 판결; 김증한/김학동, 민법총칙, 박영사(2013), 243에서는 민법 제34조와 마찬가지로 민법 제81조도 청산법인의 권리능력을 제한하는 규정이 아니라 청산인에게 의무를 부과하는 규정이라는 입장에서, 청산법인은 해산 전과 동일한 권리능력을 가지고, 단지 청산인 대표자는 청산의 목적에 부합하는 행위를 할 의무를 질뿐이라고 한다.

Ⅲ. 해산 후 법인의 지위

1. 청산법인의 기관

법인이 해산한 후에 청산이 종결할 때까지 존속하는 법인을 청산법인이라 한다. 이러한 청산법인은 새로이 설립행위를 필요로 하는 것도 아니고, 이사가 청산인의 역할을 하는 외에는 법인의 다른 기관, 즉 해산 전의 감사와 사원총회는 그대로 청산법인의 기관이 된다.[2] 감사는 청산법인의 재산상황을 감사하고 청산인의 직무를 감독하는 등 고유의 업무를 계속 수행하고, 사원총회도 청산법인의 최고의사결정기관으로서의 지위와 역할을 계속하여 수행한다.[3]

2. 청산법인의 동일성

법인의제설은 법인은 해산으로 소멸하나 해산 후에는 법률의 규정, 즉 본조에 의하여 법인으로 의제됨으로써 해산 전의 법인과 동일성을 가지면서 청산의 범위에서 권리능력을 가진다고 설명한다. 한편, 법인실재설은 법인은 해산으로 소멸하는 것이 아니라 그 권리능력이 청산의 목적범위 내로 제한되는 것이므로 청산법인은 해산 전의 법인과 동일성을 가지고, 단지 권리능력이 제한되는 것에 불과하다고 한다.[4] 그러나 두 입장 모두 청산법인이 해산 전의 법인과 동일성을 가지고 청산의 목적범위 내에서 권리능력을 가진다고 하는 점에서 결과적으로 동일하다. 청산법인은 종래 법인의 능력이 청산의 목적의 범위내로 축소될 뿐이고, 해산 전의 법인과 동일성이 있다.[5] [6]

Ⅳ. 청산법인의 능력

청산법인은 '청산의 목적범위 내'에서만 권리가 있고 의무를 부담하는바, 법

2 고상용, 민법총칙, 법문사(2005), 246; 백태승, 민법총칙, 집현제(2016), 260.

3 김대정, 민법총칙, FIDES(2012), 485; 백태승, 민법총칙, 집현제(2016), 262.

4 강태성, 민법총칙, 대명출판사(2017), 330.

5 강태성, 민법총칙, 대명출판사(2017), 330; 고상용, 민법총칙, 법문사(2005), 245; 곽윤직/김재형, 민법총칙(제9판), 박영사(2013), 210; 김준호, 민법총칙, 법문사(2017), 160: 백태승, 민법총칙, 집현제(2016), 260.

6 대법원 2007. 11. 16. 선고 2006다41297 판결은 비법인사단에 대하여 "비법인사단에 해산사유가 발생하였다고 하더라도 곧바로 당사자능력이 소멸하는 것이 아니라 청산사무가 완료될 때까지 청산의 목적범위 내에서 권리·의무의 주체가 되고, 이 경우 청산 중의 비법인사단은 해산 전의 비법인사단과 동일한 사단이고 다만 그 목적이 청산 범위 내로 축소된 데 지나지 않는다."고 하였다.

인의 해산사유가 발생하여 청산절차가 진행되면 법인으로서 원래 가지고 있던 권리능력은 청산을 목적으로 하는 것으로 바뀐다. 이러한 청산법인이 갖는 권리능력 내지 행위능력의 범위는 민법 제34조의 법인의 능력에 관한 '목적의 범위 내'의 경우에 준하여[7] 법인의 본질과 청산의 성질에 비추어 넓게 해석되어야 하고,[8] 청산목적과 직접 관련이 있는 것에 한정할 것은 아니다.[9]

학설로는 청산의 목적달성에 필요한 모든 사항은 포함시켜야 한다는 견해,[10] 청산의 목적달성에 반하지 않는 사항은 청산의 목적범위 내에 속하는 것으로 보아야 한다는 견해[11]도 있고, 본조의 '청산의 목적범위 내'란 청산의 목적에 위반하지 않는 범위 내를 의미하는 것이라는 견해[12]도 있다. 구체적으로는 청산에 필요한 자금을 차용한다거나 청산에 필요한 범위에서 경매에 참가하는 것은 허용되지만,[13] 청산이라는 목적을 변경하거나 청산 전의 본래의 적극적인 활동을 청산과 관계없이 행하는 것은 목적의 범위를 벗어난다.[14]

판례는, "청산사무 종결 전에 발생한 인정상여소득에 대한 사업양도인의 납세의무는 여전히 존속되고 있어서 사업양수인의 세금납부에 의하여 사업양도인이 원래 부담하여야 할 조세채무의 발생이 확정적으로 소멸된 이상 사업양도인은 그 금액 상당의 부당이득반환의무를 진다."고 하였고,[15] 주택조합이 민영주택건설사업계획의 승인을 받아 아파트 건설을 완료하고 이를 조합원들에게 분양한 다음 해산하여 설립인가가 취소되었는데 그 후 구청장이 해산된 주택조합에 개발부담금을 부과하는 처분을 한 경우, 주택조합이 해산되었다 하여도 권리·의무관계가 남아 있다면 그 범위 안에서 아직 소멸하지 않고 존속하는 것이므로 주택조합에 대하여 개발부담금을 부과한 처분은 무효가 아니라고 하였다.[16]

7 대법원 1991. 11. 22. 선고 91다8821 판결 등은 "법인의 권리능력은 법인의 설립근거가 된 법률과 정관상의 목적에 의하여 제한되나, 그 목적 범위 내의 행위라 함은 법률이나 정관에 명시된 목적 자체에 국한되는 것이 아니라 그 목적을 수행하는 데 있어 직·간접으로 필요한 행위는 모두 포함되는 것이다."고 한다.
8 백태승, 민법총칙, 집현재(2016), 260; 송덕수, 민법총칙, 박영사(2016), 679.
9 곽윤직/김재형, 민법총칙(제9판), 박영사(2013), 210.
10 김주수/김상용, 민법총칙, 삼영사(2013), 248.
11 김대정, 민법총칙, FIDES(2012), 480.
12 강태성, 민법총칙, 대명출판사(2017), 329.
13 고상용, 민법총칙, 법문사(2005), 245.
14 백태승, 민법총칙, 집현재(2016), 260; 송덕수, 민법총칙, 박영사(2016), 679; 민법주해 I, 총칙(1), 박영사(1992), 752(최기원).
15 대법원 2003. 2. 11. 선고 99다66427, 73371 판결.
16 대법원 1998. 10. 27. 선고 98다18414 판결.

제 82 조 [청산인]

법인이 해산한 때에는 파산의 경우를 제하고는 이사가 청산인이 된다. 그러나 정관 또는 총회의 결의로 달리 정한 바가 있으면 그에 의한다.

[관련조문] 상법 제255조, 제287조, 제531조, 제542조, 제613조

[참고문헌] 이동원, "법인의 파산과 청산의 경계에서 생기는 문제들", 회생과 파산1, 한국도산법학회(2012)

Ⅰ. 본조의 의의

법인은 해산사유가 발생하더라도 즉시 소멸하지 않고 청산의 목적범위 내에서 청산법인으로서 존속한다. 청산법인에서는 청산사무를 집행할 기관이 필요하다. 청산법인의 기관인 청산인의 선임방법에 관련하여 본조는 해산 전의 이사로 하여금 청산사무를 처리하도록 하는 것이 효과적이라는 취지에서 정관이나 총회의 결의로 달리 정하지 않으면 해산 당시의 이사가 청산인이 되도록 규정하고 있다.

Ⅱ. 청산법인의 기관

1. 집행기관

법인의 해산 후에도 종래 법인의 기관, 즉 사원총회, 이사, 감사는 그대로 존속한다. 다만, 법인에 대한 파산선고가 있는 경우, 종전 이사 또는 감사가 그대로 지위를 유지하는지에 관하여는 학설이 대립된다. 자격상실설은 이사 또는 감사는 법인과 위임 유사관계이므로 법인이 파산하면 본법 제690조에 의하여 당연히 자

격을 상실한다는 입장이다. 반면 자격유지설은 본법 제690조는 위임인인 법인이 파산한 경우에는 파산재단과 관련한 위임관계는 종료하지만 그 이외의 법인의 사무에 관한 위임관계는 존속한다고 보는 입장이다. 일본 판례[1]는 확고하게 자격유지설의 입장을 취하고 있고, 실무는 파산법인의 총회에서 이사를 다시 선임하는 사례가 거의 없기 때문에 자격유지설의 입장에서 종전 이사를 파산법인의 대표자로 취급하여 운영되고 있다고 한다.[2]

정관 또는 총회의 결의로 달리 정한 바가 없으면, 법인의 사무집행기관인 이사가 청산법인의 집행기관으로서 청산인이 되어 청산사무를 집행하게 된다. 파산의 경우를 제외하고 청산인이 되는 사람을 이사로 한 것은 잔무처리를 위하여 편리하고 적합하기 때문이다.[3]

2. 감사, 사원총회 등 다른 기관

민법은 청산법인의 기관 중 청산인에 대하여서만 규정하고 다른 기관에 대하여서는 아무런 규정을 두고 있지 않으나, 사원총회, 감사도 청산의 목적범위 내에서 존속한다. 감사는 계속하여 청산인의 직무를 감독하고, 사원총회는 청산법인의 최고의사결정기관으로서의 지위를 갖는다. 그러나 청산법인의 사원총회의 권한 또한 청산의 목적범위 내로 제한되므로 그 범위 내에서 청산인의 사무집행을 지시하고 청산인을 임면하며 그 보수를 결정하는 등 소극적 기능을 수행하게 된다. 사원이 없게 됨을 이유로 하여 해산한 사단법인의 경우에는 사원총회는 존재할 수 없다.[4]

Ⅲ. 청산인의 법률상 지위

1. 이사와 동일한 지위

상법은 청산인의 지위에 관한 규정을 두고 있으나(상법 제255조, 제287조, 제542조, 제613조), 민법에는 그러한 규정이 없다. 그러나 청산인은 청산법인의 사무

1 日最判 2004. 6. 10.은 법인이 보험계약자 또는 피보험자인 화재보험계약에 적용되는 약관에서 그의 이사의 고의 등에 의하여 발생한 손해를 전보하지 않는다는 면책조항의 적용과 관련하여, 유한회사의 파산절차개시결정 시의 이사는 개시결정에 의하여 그 지위를 당연히 상실하는 것은 아니기 때문에 위 면책조항의 이사에 해당한다고 판시하였다.

2 자세히는 이동원, "법인의 파산과 청산의 경계에서 생기는 문제들", 회생과 파산1, 한국도산법학회(2012), 185-188.

3 김준호, 민법총칙, 법문사(2017), 160.

4 주석 민법, 총칙(1)(제4판), 한국사법행정학회(2010), 805(주기동).

집행기관 및 대표기관으로서 본래 법인의 이사와 같은 지위에 있다는 데에는 이견이 없다.[5] 청산인은 이사와 마찬가지로 청산법인의 재판상 및 재판 외의 행위에 대하여 법인을 대표하고 청산사무를 집행하므로 이사에 관한 사무집행방법(본법 제58조 제2항), 대표권, 대표권에 대한 제한의 대항력, 주의의무, 대리인 선임(본법 제59조 내지 제62조), 특별대리인 선임(본법 제64조), 임무해태(본법 제65조), 임시총회의 소집(본법 제70조)의 규정은 청산인에게 준용된다(본법 제96조). 따라서 청산인이 수인이 있는 경우 각자 단독으로 법인을 대표함이 원칙이지만, 정관 또는 사원총회의 결의로써 공동으로 법인을 대표하도록 정할 수 있고, 법원이 청산인을 선임하는 경우에도 공동으로 대표하도록 정할 수 있다. 청산인의 대표권 제한은 등기사항이다(본법 제85조).

청산인이 직무를 집행함에 있어서 타인에게 손해를 가한 때에는 청산법인이 이를 배상할 책임이 있다(본법 제35조). 청산인의 사무집행은 청산의 목적범위 내로 제한되므로 구체적인 직무에 관한 규정이 있다(본법 제87조).

2. 청산인의 취임과 종임

청산인의 취임에 관한 본조와 제83조, 법원에 의한 청산인의 해임에 관한 제84조를 제외한 청산인의 종임, 해임 등에 관한 사항은 이사의 종임, 해임에 준한다.[6] 따라서 청산인의 선임기관은 그 해임도 할 수 있으므로 사원총회에서 청산인을 선임한 경우에는 사원총회에서 청산인에 대한 해임결의도 할 수 있다.

청산인의 직무는 청산의 종결 내지 법인의 소멸과 함께 당연히 종료되지만, 청산인의 사망, 파산선고, 성년후견개시, 해임 또는 사임에 의하여 청산 종결 전에도 종료될 수 있다(본법 제689조, 제690조).

청산인은 언제라도 그 직을 사임할 수 있고, 청산인의 사임의 효력은 원칙적으로 사임의 의사표시가 선임기관에 도달함으로써 발생한다.[7]

3. 법인의 청산인 자격

법인이 청산인이 될 수 있는가의 문제는 법인의 이사 자격과 동일한 문제이

5 독일 민법 제48조 제2항은 "청산인은 청산의 목적에 비추어 달리 해석되지 않는 한 이사회의 법적 지위를 갖는다."고 규정하고 있다.

6 주석 민법, 총칙(1)(제4판), 한국사법행정학회(2010), 806(주기동); 민법주해 I, 총칙(1), 박영사(1992), 754(최기원).

7 김진우, "비영리(공익)법인의 소멸에 관한 몇 가지 법률문제", 외법논집 Vol.39 No.3(2015), 59.

다.(☞ 전술 본법 제57조 중 해당부분 주석 참조)

4. 청산인의 결격사유

비송사건절차법 제36조, 제121조에 의하여 미성년자, 피성년후견인 또는 피한정후견인, 자격이 정지되거나 상실된 자, 법원에서 해임된 청산인, 파산선고를 받은 자는 법원에 의하여 청산인으로 선임될 수 없다. 위 규정이 법원에 의한 청산인선임에 있어서 그 결격사유를 규정한 것을 넘어서 청산인의 일반적인 결격사유라는 견해가 있으나,[8] 이사의 자격과 동일하게 보아야 한다.(☞ 전술 본법 제57조 중 해당부분 주석 참조)

Ⅳ. 청산인의 선임방법

1. 정관 또는 사원총회의 결의에 의하여 정한 자

정관으로 이사 이외의 자가 청산인이 된다는 뜻을 정한 경우에는 해산과 동시에 그 자만이 청산인이 된다. 정관에 다른 정함이 없는 경우에도 해산 전 또는 해산에 즈음하여 사원총회의 결의로써 이사 이외의 자를 청산인으로 선임한 경우에는 그 자가 청산인이 된다.[9]

판례는 "비법인사단인 교회의 교인이 존재하지 않게 된 경우 그 교회는 해산하여 청산절차에 들어가서 청산의 목적범위 내에서 권리·의무의 주체가 되고, 이 경우 해산 당시 비법인사단의 총회에서 향후 업무를 수행할 자를 선정하였다면 민법 제82조 제1항을 유추하여 그 선임된 자가 청산인으로서 청산 중의 비법인사단을 대표하여 청산업무를 수행하게 된다."고 하면서 묵시적인 방법에 의한 청산인의 선임도 유효하다고 보았다.[10]

2. 정관 또는 사원총회의 결의에 의하여 정하지 않은 경우

정관 또는 사원총회의 결의에 의하여 달리 정함이 없는 경우에는 본조에 의하여 이사가 청산인이 된다. 정관에 의하여 다수의 이사들 중 회장, 이사장 등의 명칭을 사용하는 특정의 이사만이 사무집행권과 대표권을 갖는 경우에는 해산 후

8 주석 민법, 총칙(1)(제4판), 한국사법행정학회(2010), 808(주기동); 권오복, "민법법인 해산 · 청산종결 등기(I)", 법무사 490호(2008. 4), 21.

9 주석 민법, 총칙(1)(제4판), 한국사법행정학회(2010), 807(주기동); 민법주해 I, 총칙(1), 박영사(1992), 754(최기원).

10 대법원 2003. 11. 14. 선고 2001다32687 판결.

에도 그 특정의 이사만이 청산법인의 사무집행권과 대표권을 갖는다.[11]

3. 법원에 의한 선임

(☞ 후술 본법 제83조 주석 참조)

4. 법인의 파산과 청산인 선임

본조는 법인의 해산사유 중 파산의 경우를 제하고 정관 또는 총회의 결의에 의하여 달리 정한 바가 없으면 이사가 청산인이 된다고 규정하고 있다. 법인에 대하여 파산선고가 있는 경우 법인은 파산재단에 속하는 법인의 재산에 대하여 관리 처분권을 상실하고 채무자 회생 및 파산에 관한 법률에 따라 파산관재인을 통한 엄격한 파산절차가 진행된다.

한편, 법인에 대하여 파산이 선고된 경우에도 파산의 목적 범위 안에서 회사가 존속하는 것으로 간주된다(채무자 회생 및 파산에 관한 법률 제328조). 파산관재인은 파산법인 그 자체의 기관이 아니므로 파산재단에 관한 것이 아닌 사무집행을 위하여 파산법인의 기관이 필요하다. 법인에 대한 파산선고 후 종전 이사가 자격을 상실하느냐, 유지하느냐와 관련하여서는 앞에서 본 바와 같이 자격상실설과 자격유지설이 대립한다. 자격상실설은 법인이 파산하면 민법 제690조에 의하여 이사는 당연히 자격을 상실하므로 파산법인의 경우 청산인이 될 이사가 없고, 따라서 민법 제83조에 의하여 법원이 청산인을 선임하여야 한다고 한다.[12]

Ⅴ. 청산인의 직무권한

(☞ 후술 본법 제87조 주석 참조)

Ⅵ. 청산인의 책임

1. 청산법인에 대한 책임

청산인은 이사와 같이 청산법인에 대하여 선량한 관리자의 주의로써 충실하게 청산사무를 집행할 의무를 진다(본법 제96조, 제61조). 따라서 청산인이 위 의무에 위반하여 청산법인에게 손해를 입히면 채무불이행을 이유로 한 손해배상책임

11 주석 민법, 총칙(1)(제4판), 한국사법행정학회(2010), 807(주기동); 민법주해 I, 총칙(1), 박영사(1992), 754(최기원).

12 주석 민법, 총칙(1)(제4판), 한국사법행정학회(2010), 741(주기동).

을 지는 것은 당연하다(본법 제96조, 제65조).

청산인의 위와 같은 책임은 직접적으로 청산법인에 대한 것이고, 제3자에 대한 것은 아니다. 다만 청산인의 주의의무위반으로 청산법인에 손해를 입힌 경우, 이는 잔여재산의 귀속권리자에게 귀속할 잔여재산을 감소시킨 것이 되고 청산법인의 청산인에 대한 손해배상청구권은 청산법인의 적극재산을 구성하므로 귀속권리자는 청산법인으로부터 그 손해배상청구권을 양수하여 손해전보를 받을 수 있다.[13] 법인의 채권자는 일반적인 법리에 따라 청산법인의 청산인에 대한 손해배상청구권을 대위행사하거나 이에 대하여 강제집행을 할 수 있다.

2. 제3자에 대한 책임

청산인은 제3자와의 사이에 어떤 법률관계도 존재하지 아니하므로 원칙적으로 청산법인 이외의 제3자에 대하여는 직접적인 채무불이행책임을 지지 않는다. 그러나 청산인의 의무위반행위가 동시에 제3자에 대한 불법행위의 요건을 충족하면 그로 인하여 손해를 입은 제3자에게 불법행위로 인한 손해배상책임을 지게 된다. 청산인의 직무상의 행위로 인하여 청산법인이 본법 제35조 제1항의 규정에 의하여 책임을 지게 되는 경우에는 청산인도 이로 인하여 자신의 손해배상책임을 면하지 못한다(본법 제35조 제1항 후단).

13 주석 민법, 총칙(1)(제4판), 한국사법행정학회(2010), 808(주기동); 민법주해 I, 총칙(1), 박영사(1992), 756(최기원).

제 83 조 [법원에 의한 청산인의 선임]

전조의 규정에 의하여 청산인이 될 자가 없거나 청산인의 결원으로 인하여 손해가 생길 염려가 있는 때에는 법원은 직권 또는 이해관계인이나 검사의 청구에 의하여 청산인을 선임할 수 있다.

[관련조문] 상법 제542조 제1항, 제252조

[참고문헌] 조상희, "민법상 사단법인, 비법인사단의 임원의 해임청구권을 피보전권리로 하는 가처분", 일감법학 10권, 건국대학교 법학연구소(2005)

Ⅰ. 본조의 의의

본법 제82조는 법인이 해산하는 경우에 누가 청산인이 되는가에 관하여 규정하고 있으나, 위 규정에 의하더라도 청산인이 될 자가 없는 경우가 있다. 예컨대, 해산 당시 이사가 사망·사임·해임 등 사유로 존재하지 않는데, 정관이나 사원총회의 결의에 의하여 이사 이외의 청산인이 될 자를 정하지 아니한 경우 등이다. 본조는 이러한 경우를 대비하여 법원이 직권 또는 이해관계인이나 검사의 청구에 의하여 청산인을 선임할 수 있도록 규정하였다. 또 청산은 파산을 제외하고 청산인에 의하여서만 행하여져야 하므로 청산 중에는 항상 청산인을 필요로 하는데, 선임된 청산인이 사망·사임·해임 등의 사유로 존재하지 않거나 결원이 생김으로써 청산이 제대로 진행되지 못하면 청산법인, 채권자, 잔여재산 귀속권리자 등 모두에게 손해를 입힐 뿐만 아니라, 사회경제에도 좋지 못한 결과를 줄 염려가 있다. 본조는 그와 같은 경우에도 법원이 청산인을 선임할 수 있도록 하여 위와 같은 부적절한 결과의 발생을 방지하려고 한 것이다.[1] 본조는 청산인에 대한 특별규정으로서, 청산은 제3자에 대하여 미치는 영향력이 크므로 법원의 감독권을 강화

1 주석 민법, 총칙(1)(제4판), 한국사법행정학회(2010), 810(주기동); 민법주해 I, 총칙(1), 박영사(1992), 757(최기원).

한 것이라고 할 수 있다.[2]

Ⅱ. 선임방법

1. 선임요건

법원이 청산인을 선임하는 것은 본법 제82조의 규정에 의하여 청산인이 될 자가 없는 경우와 청산인의 결원으로 인하여 손해가 생길 염려가 있는 경우이다.

본법 제82조의 규정에 의하여 청산인이 될 자가 없는 경우에는 청산절차가 진행되지 않으므로 법원에 의하여 청산인을 선임하여 청산절차를 진행시킬 필요가 있다.

청산인의 결원이라 함은 청산인이 한 명도 없는 경우가 아니라, 청산인의 정원에 부족함이 있는 경우로서, 해산 당시는 물론 해산 후의 결원도 포함한다. 청산인의 결원이 있는 경우에는 통상의 방법에 따라 청산인을 선임할 수 있을 뿐만 아니라, 청산인회의 다수결에 따라 사무를 집행할 수 있기 때문에 그로 인하여 손해가 발생할 염려가 있을 것을 추가적 요건으로 한 것이다.[3] 손해가 생길 염려가 있는 때라 함은 법인 자체에 손해가 생길 염려가 있는 때와 채권자, 잔여재산 귀속권리자, 이해관계인 등에게 손해를 생기게 할 염려가 있는 때를 모두 포함한다.[4]

2. 선임절차

법원은 직권 또는 이해관계인이나 검사의 청구에 의하여 청산인을 선임할 수 있는바, 본조에 의한 청산인의 선임은 비송사건절차법에 따른다. 관할법원은 법인의 본점 소재지의 지방법원이고(비송사건절차법 제36조, 제117조 제1항), 법원은 결정으로 청산인을 선임한다. 미성년자, 피성년후견인 또는 피한정후견인, 자격이 정지되거나 상실된 자, 법원에서 해임된 청산인, 파산선고를 받은 자는 청산인으로 선임될 수 없다(비송사건절차법 제36조, 제121조).

3. 청산인의 등기

주식회사에서의 청산인의 선임등기에 관한 상법 제542조 제1항, 제253조 제1

2 김증한/김학동, 민법총칙, 박영사(2013), 244.

3 주석 민법, 총칙(1)(제4판), 한국사법행정학회(2010), 811(주기동); 민법주해 I, 총칙(1), 박영사(1992), 757-758(최기원).

4 주석 민법, 총칙(1)(제4판), 한국사법행정학회(2010), 811(주기동).

항이나 청산임 선임등기의 촉탁에 관한 비송사건절차법 제107조 제4호와 같은 규정이 없어서, 법원에 의하여 선임된 비영리법인의 청산인에 대하여는 실무상으로도 등기를 하지 않는다.[5]

4. 불복

청산인 선임의 결정에 대하여는 불복할 수 없다(비송사건절차법 제36조, 제119조). 신청을 각하한 결정에 대하여는 비송사건절차법 제20조 제2항에 의하여 항고할 수 있다. 판례는, 법원의 청산인 선임의 재판에 대하여는 불복의 신청을 할 수 없으므로, 그러한 불복이 허용됨을 전제로 청산인 해임청구권을 피보전권리로 한 청산인 직무집행정지 및 직무대행자선임의 가처분신청은 부적법하다고 한다.[6]

5. 청산인의 보수

법원이 청산인을 선임한 경우에는 청산법인으로 하여금 보수를 지급하게 할 수 있는데, 그 금액은 잔존한 청산인 및 감사의 진술을 청취하여 법원이 결정하고(비송사건절차법 제37조, 제77조), 그 결정에 대해서는 즉시항고를 할 수 있다(비송사건절차법 제37조, 제78조).

Ⅲ. 법원에 의하여 선임된 청산인의 지위

법원에 의하여 선임된 청산인의 지위와 관련하여, 선임요건이 본법 제63조의 임시이사와 같으므로 사원총회가 정식으로 청산인을 선임할 때까지 일시적으로 권한을 행사하는 것으로 보는 견해와 사원총회가 다시 청산인을 선임할 수 있는 경우에도 법원이 일단 청산인을 선임하면 사원총회는 다시 청산인을 선임할 수 없다고 하는 견해가 대립된다. 본조의 청산인 선임은 법원의 직권에 의하여도 가능하므로 임시이사와는 선임절차를 달리하는 면이 있을 뿐만 아니라 청산절차의 특수성에 비추어, 본조에 의한 청산인은 임시이사와 지위가 다르다고 보아야 한다.[7]

정관의 규정에 의하여 사원총회가 청산인의 해임권을 갖는 경우에도 법인이 선임한 청산인은 법원만이 해임권을 갖는다(상법 제539조 제1항 참조).[8]

5 법원실무제요 비송, 법원행정처(2014), 93.
6 대법원 1982. 9. 14.자 81마33 결정.
7 주석 민법, 총칙(1)(제4판), 한국사법행정학회(2010), 812(주기동).
8 법원실무제요 비송, 법원행정처(2014), 92.

IV. 2014년 법무부 개정안

본조에 대하여는 다음과 같은 개정안이 제시되었다.

> 제83조(법원에 의한 청산인의 선임) 법원은 다음 각 호의 어느 하나에 해당하는 경우에는 직권 또는 이해관계인이나 검사의 청구에 따라 청산인을 선임하여야 한다.
> 1. 제82조에 따른 청산인이 될 자가 없는 경우
> 2. 청산인의 결원으로 인하여 손해가 생길 염려가 있는 경우

2014년 개정안은 현행 조문과 달리 "청산인이 될 자가 없는 경우"와 "청산인의 결원으로 손해가 생길 염려가 있는 때"를 구별하여, 제1호에서 청산인이 될 자가 없는 경우에는 법원이 반드시 청산인을 선임하여야 하는 것으로 하고, 제2호에서는 청산인의 결원으로 손해가 발생할 것으로 판단하면 청산임을 선임하여야 하는 것으로 개정하였다.[9]

9 송호영, 법인론(제2판), 신론사(2015), 418.

제 84 조 [법원에 의한 청산인의 해임]

중요한 사유가 있는 때에는 법원은 직권 또는 이해관계인이나 검사의 청구에 의하여 청산인을 해임할 수 있다.

[관련조문] 상법 제539조

[참고문헌] 조상희, "민법상 사단법인, 비법인사단의 임원의 해임청구권을 피보전권리로 하는 가처분", 일감법학 10권, 건국대학교 법학연구소(2005)

Ⅰ. 본조의 의의

법원은 법인의 해산 및 청산에 대하여 검사·감독할 수 있는 권한을 가지고 있으므로(본법 제95조), 그 감독권에 기하여 청산인을 해임할 수 있다. 청산인은 청산사무를 집행하는 중심적 기관이므로, 본조는 이해관계인들에게 영향을 미칠 만큼 중요한 사유가 있는 경우에는 법원이 감독권을 행사하여 청산인을 해임할 수 있도록 규정하였다.

Ⅱ. 해임방법

1. 해임요건

가. 해임의 대상

해임의 대상이 되는 청산인은 본법 제83조에 의하여 법원이 선임한 청산인뿐만 아니라, 본법 제82조에 의하여 선임된 청산인도 포함된다.

나. 중요한 사유

중요한 사유가 있는 경우에만 직권 또는 이해관계인이나 검사의 청구에 의하여 청산인을 해임할 수 있다. '중요한 사유'라 함은 청산인이 직권을 남용하여 부정행위를 행하거나, 이해관계인에게 현저히 불공평하게 업무를 처리하는 것, 청산인으로서의 선량한 관리자로서의 의무를 현저히 위반하는 것 등과 같이 청산인의 지위를 그대로 갖게 하여서는 아니 될 중대한 이유가 있는 것을 뜻한다.[1] 예를 들어, 청산인이 청산법인의 재산관리에 소홀하거나,[2] 청산법인의 재산을 횡령하거나, 일부 채권자의 이익을 꾀하거나, 중병으로 직무를 수행할 수 없게 되거나,[3] 청산인이 채권신고기간 내에 신고한 채권자나 알고 있는 채권자에게 변제를 하지 않은 채 청산법인의 적극재산을 잔여재산 귀속권리자에게 인도한 경우[4] 등이 해당될 수 있다. 이사의 사무집행행위로 인하여 법인의 설립허가가 취소됨으로써(본법 제38조) 법인이 해산을 하게 되어 그 이사가 청산인이 된 경우는 그것이 청산인의 해임사유가 될 수 있다는 견해[5]가 있다.

다. 후임 청산인의 선임

법원이 청산인을 해임한 경우에는 후임자의 선임은 청산인 선임의 일반 절차에 따라 행하여지는 것이 원칙이지만, 본법 제83조의 요건에 해당되는 경우에는 법원이 청산인의 해임과 동시에 후임자를 선임할 수 있다.[6]

2. 해임절차 및 불복

가. 비송사건절차법의 적용

청산인의 해임절차는 전조의 청산인 선임절차와 같다. 즉 청산인의 후임은 비송사건절차법에 따른다. 청산인 해임절차의 관할법원은 법인의 본점 소재지의 지방법원이고(비송사건절차법 제36조, 제117조 제1항), 법원은 결정으로 청산인을 해임한다.

나. 청산인 해임재판의 성격

민법상 비영리법인의 청산인을 해임하는 법원의 재판은 청산인의 청산사무집행의 효율성과 적정성을 확보하기 위한 것으로서 사법절차 내에서 청산절차에 관한 감독권에 근거한 것이다. 이는 청산인으로서 부적당한 사유가 있는지에 관한 사실을 확정하고 법을 해석·적용한 결과로 이루어지며, 청산절차의 감독권자

1 민법주해 I, 총칙(1), 박영사(1992), 759(최기원); 송덕수, 민법총칙, 박영사(2016), 680.
2 강태성, 민법총칙, 대명출판사(2017), 331.
3 고상용, 민법총칙, 법문사(2005), 246; 김주수/김상용, 민법총칙, 삼영사(2013), 250; 백태승, 민법총칙, 집현재(2016), 261; 이영준, 민법총칙, 박영사(2007), 978.
4 주석 민법, 총칙(1)(제4판), 한국사법행정학회(2010), 834(주기동); 민법주해 I, 총칙(1), 박영사(1992), 775(최기원).
5 주석 민법, 총칙(1)(제4판), 한국사법행정학회(2010), 807(주기동).
6 주석 민법, 총칙(1)(제4판), 한국사법행정학회(2010), 813(주기동); 민법주해 I, 총칙(1), 박영사(1992), 759(최기원).

인 법원에 부여된 합목적적 재량에 터잡은 비송사건 재판으로서의 성격을 갖는다.[7]

다. 청산임 해임결정에 대한 불복

민법상 비영리법인의 청산인을 해임하는 재판에 대하여는 그 재판에 영향을 미친 헌법 위반이 있다거나 그 재판의 전제가 된 명령·규칙·처분의 헌법 또는 법률 위반 여부에 대한 판단이 부당하다는 것을 이유로 하여 대법원에 특별항고를 제기할 수 있고(민사소송법 제449조 제1항), 청산인 해임 청구를 배척하는 재판에 대하여는 그 청구인이 항고를 제기할 수 있으나(비송사건절차법 제20조 제2항), 청산인 해임의 결정에 대하여는 불복할 수 없다(비송사건절차법 제36조, 제119조).

헌법재판소는, "민법상 비영리법인의 청산인을 해임하는 재판에 대하여 불복신청을 허용하는 경우에는, 청산절차에서 법인의 신속하고 완전한 법적 소멸과 채권자 등 이해관계인의 이익의 공평한 보호를 통하여 달성하려는 법적 안정성의 실현에 지장이 초래될 수 있으므로, 그 재판에 대하여 불복신청을 허용하지 않을 필요성이 인정된다. 민법상 비영리법인의 청산인이 법원의 해임 재판에 의하여 청산인 지위에서 해임됨으로써 입게 되는 불이익은 그 해임 재판에 대한 불복신청의 허용을 통하여 보호되어야 할 정도로 법적 이익이 침해된 것이라고 보기 어렵고, 그 해임 재판에 대하여는 민사소송법 제449조에 따라 대법원에 특별항고를 제기할 수 있어 대법원에 불복할 수 있는 기회가 근본적으로 박탈된 것도 아니다. 따라서 청산인을 해임하는 재판에 대하여 불복신청을 할 수 없도록 규정한 비송사건절차법 제36조 중 제119조 전문의 청산인 해임 재판에 관한 부분은 재판에 의하여 해임된 청구인의 재판을 받을 권리를 침해하지 아니한다."고 하였다.[8]

7 헌법재판소 2013. 9. 26. 선고 2012헌마1005 결정.
8 헌법재판소 2013. 9. 26. 선고 2012헌마1005 결정.

제 85 조 [해산등기]

① 청산인은 파산의 경우를 제하고는 그 취임후 3주간내에 해산의 사유 및 연월일, 청산인의 성명 및 주소와 청산인의 대표권을 제한한 때에는 그 제한을 주된 사무소 및 분사무소소재지에서 등기하여야 한다.
② 제52조의 규정은 전항의 등기에 준용한다.

[참고문헌] 권오복, "민법법인 해산·청산종결등기(I)", 법무사 490호(2008. 4); 권오복, "민법법인 해산·청산종결등기(II)", 법무사 491호(2008. 5)

Ⅰ. 본조의 의의

본법 제49조는 거래의 안전을 위하여 법인 설립 시에 법인의 목적 등 일정한 사항에 대하여 등기를 하도록 규정하고 있는바, 법인의 해산은 제3자에게 미치는 영향이 크므로 공시할 필요성이 있다, 본조는 그러한 취지에서 해산과 관련된 일정한 사항을 등기하도록 규정하고 있다.

Ⅱ. 해산등기

1. 해산등기의 절차

청산인은 파산의 경우를 제외하고는 그 취임 후 3주간 내에 해산의 사유 및 연월일, 청산인의 성명 및 주소와 청산인의 대표권을 제한한 때에는 그 제한을 주된 사무소 및 분사무소소재지에서 등기하여야 하고, 위 등기사항에 변경이 생긴 경우에도 3주간 내에 변경등기를 하여야 한다. 실무상 해산등기와 청산인 취임등기를 동시에 1건으로 신청하는 것이 일반적이다.[1]

법인의 해산등기 신청서에는 해산의 사유를 증명하는 서면을 첨부하여야 하고, 이사가 청산인으로 된 경우를 제외하고는 청산인의 자격을 증명하는 서면을

1 권오복, 권오복, "민법법인 해산·청산종결등기(II)", 법무사 490호(2008. 5.), 6.

첨부하여야 한다(비송사건절차법 제65조). 해산사유를 증명하는 서면은, 정관에서 정한 해산사유의 발생으로 해산한 경우에는 그 사유발생을 증명하는 서면, 목적 달성 또는 달성불능으로 해산하는 경우에는 그 달성 또는 달성불능을 확인하는 사단법인의 회의록이나 재단법인의 이사회의사록이 되고, 존립기간의 만료로 해산하는 경우에는 그 기간이 등기부상 명백하므로 별도의 서류를 첨부할 필요가 없다. 설립허가가 취소되어 해산하는 경우에는 주무관청의 설립허가취소서나 그 통지서, 사원총회의 결의에 의하여 해산하는 경우에는 그 사원총회 의사록 등을 첨부하여야 한다. 청산인의 자격을 증명하는 서면은 정관으로 청산인을 정한 경우에는 정관, 사원총회나 이사회에서 청산인을 선임한 경우에는 그 사실을 증명하는 사원총회나 이사회의 의사록이 되는데, 공증인의 인증을 받은 것이어야 하며, 법원이 청산인을 선임한 경우에는 법원의 청산인 선임결정서등본을 첨부하여야 한다.[2]

등기한 사항을 신문에 한 차례 이상 공고하여야 한다(비송사건절차법 제65조의2).

주무관청에 의하여 설립허가가 취소됨으로써 해산한 경우에도 법률에 등기의 촉탁규정이 없으면 청산인이 해산등기를 신청하여야 하고, 법원이 직권으로 등기를 할 수는 없다.[3]

2. 해산등기의 효력

해산등기의 효력에 관해서는 명문의 규정이 없으나, 본법 제54조의 입법취지와 본법 제60조에서 이사의 대표권제한에 관한 등기를 대항요건으로 규정한 점을 감안할 때 해산등기도 제3자에 대한 대항요건으로 보는 것이 타당하다. 판례도 "민법 제54조 제1항, 제85조 제1항의 규정에 비추어 보면 법인이 해산한 경우에 청산인은 파산의 경우를 제외하고 해산등기를 하여야 하고 해산등기를 하기 전에는 제3자에게 해산사실을 대항할 수 없음이 명백하므로 피고 구 협회가 해산결의를 하고 잔여재산 등을 신 협회에 승계시켰다고 하여도 해산등기를 마친 바 없는 이상, 제3자인 원고에 대하여 구 협회의 소멸을 주장할 수 없다."고 하였다.[4]

2 권오복, 권오복, "민법법인 해산·청산종결등기(II)", 법무사 490호(2008. 5.), 8-9.
3 권오복, 권오복, "민법법인 해산·청산종결등기(I)", 법무사 490호(2008. 4.), 10.
4 대법원 1984. 9. 25. 선고 84다카493 판결.

3. 청산인의 등기 해태

청산인이 해산등기를 해태한 때에는 과태료의 처벌을 받는다(본법 제97조 제1호).

4. 파산에 의한 해산의 경우

(☞ 전술 본법 제79조 해당부분 주석 참조)

Ⅲ. 2014년 법무부 개정안

본조에 대하여는 다음과 같은 개정안이 제시되었다.

> 제85조(해산등기)
> ① 청산인은 파산의 경우를 제외하고는 그 취임 후 3주일 안에 다음 각 호의 사항을 주된 주된 사무소 및 분사무소 소재지에서 등기하여야 한다.
> 1. 해산의 사유 및 연월일
> 2. 청산인의 성명, 주소 및 생년월일, 다만, 법인을 대표할 청산인을 정한 경우에는 그 밖의 청산인의 주소는 제외한다.
> 3. 청산인의 대표권을 제한한 때에는 그 제한
> ② 제1항의 등기에 관하여는 제52조를 준용한다.

2014년 개정안은 본조 제1항의 '파산의 경우를 제하고'를 '파산의 경우를 제외하고'로, '3주간 내'를 '3주일 안'으로 용어를 수정하고, 현행 규정에서 병렬적으로 나열된 등기사항을 각 호로 분리함으로써 명확히 하였다. 제2호에서 청산인의 성명과 주소 외에 생년월일을 추가하고, 대표청산인이 있는 경우에 그 밖의 청산인의 주소를 제외하도록 한 것은 본법 제49조 제2항 제8호의 개정안과 마찬가지로 비송사건절차법 제62조, 법인의 등기사항에 관한 특례법 제2조를 반영한 것이다.[5]

5 송호영, 법인론(제2판), 신론사(2015), 419.

제 86 조 [해산신고]

① 청산인은 파산의 경우를 제하고는 그 취임후 3주간내에 전조 제1항의 사항을 주무관청에 신고하여야 한다.
② 청산중에 취임한 청산인은 그 성명 및 주소를 신고하면 된다.

[관련조문] 상법 제532조

Ⅰ. 본조의 의의

법인이 파산 이외의 사유로 해산한 때에는 청산인은 그 취임 후 3주일 내에 해산의 사유 및 연월일, 청산인의 성명 및 주소와 그 대표권을 제한한 경우에는 그 제한 등을 주무관청에 신고하지 않으면 아니된다. 설립허가의 취소에 의하여 해산하는 경우처럼 해산 사실이 주무관청에 명백한 경우에도 신고하여야 한다. 청산인이 변경된 경우에도 새로 취임한 청산인이 그의 성명 및 주소 등을 주무관청에 신고하여야 한다. 본조 제2항은 신고기간에 대한 아무런 규정이 없으나, 제1항과의 균형상 3주일 내에 신고하여야 한다.[1] 청산인이 주무관청에 대하여 사실 아닌 신고를 하거나 사실을 은폐한 때에는 과태료의 처벌을 받는다(본법 제97조 제4호).

Ⅱ. 2014년 법무부 개정안

본조에 대하여는 다음과 같은 개정안이 제시되었다.

> 제86조(해산신고)
> ① 청산인은 파산의 경우를 제외하고는 그 취임 후 3주일 안에 제85조 제1항 각 호의 사항을 주무관청에 신고하여야 한다.
> ② 청산중에 취임한 청산인은 제85조 제1항 제2호의 사항을 신고하면 된다.

2014년 개정안은 현행 제1항의 '파산의 경우를 제하고'를 '파산의 경우를 제외

1 주석 민법, 총칙(1)(제4판), 한국사법행정학회(2010), 816(주기동); 민법주해 I, 총칙(1), 박영사(1992), 762(최기원).

하고'로, '3주간 내'를 '3주일 안'으로, '전조 제1항의 사항'을 '제85조 제1항 각 호의 사항'으로 용어를 수정하고, 제2항에서는 제85조 제1항 제2호의 개정 취지를 반영하여 청산 중에 취임한 청산인이 제85조 제1항 제2호의 사항을 신고하도록 개정하였다.

제 87 조 [청산인의 직무]

① 청산인의 직무는 다음과 같다.

1. 현존사무의 종결
2. 채권의 추심 및 채무의 변제
3. 잔여재산의 인도

② 청산인은 전항의 직무를 행하기 위하여 필요한 모든 행위를 할 수 있다.

[관련조문] 상법 제533조, 제534조

Ⅰ. 본조의 의의

본조 제1항은 청산인의 직무의 내용을 열거하고, 제2항은 그 직무를 행하는 권한을 규정하고 있다. 청산인은 청산법인의 사무집행기관 및 대표기관으로서 그 활동범위가 청산의 목적범위 내로 제한될 뿐, 청산 전의 이사와 마찬가지로 청산목적 범위 내에 속한 모든 사항을 처리할 직무와 권한이 있다. 본조 제1항은 청산인의 직무 중 대표적인 것을 열거한 것에 불과하고,[1] 청산의 본질상 필요한 사항은 모두 청산인의 직무권한에 포함된다.[2]

Ⅱ. 청산인의 직무내용

1. 현존사무의 종결(제1호)

현존사무라 함은 해산 전에 이미 착수되었으나 해산 시까지 완결되지 아니한 사무를 말한다. 현존사무의 종결은 통상 해산 전에 체결하였지만 해산 시까지 이행되지 아니한 계약을 이행하는 경우가 예상되나, 반드시 법률행위로 제한되지 않는다. 해산 전에 법인의 재산에 관하여 집행한 가처분에 대하여 해산 후에 그

1 곽윤직/김재형, 민법총칙(제9판), 박영사(2013), 211; 김준호, 민법총칙, 법문사(2017), 161.

2 고상용, 민법총칙, 법문사(2005), 246; 강태성, 민법총칙, 대명출판사(2017), 332; 김증한/김학동, 민법총칙, 박영사(2013), 244; 송덕수, 민법총칙, 박영사(2016), 680; 이영준, 민법총칙, 박영사(2007), 978.

취소를 신청한 것은 현존사무의 종결에 해당한다.[3] 또한 현존사무의 종결을 위하여 필요한 때에는 새로운 법률행위를 할 수 있다.[4] 독일 민법 제49조 제1항은 그러한 취지를 명문으로 규정하고 있다.[5] 그러한 행위는 본조 제2항의 '필요한 모든 행위'에 포함된다고 할 수 있다.[6]

2. 채권의 추심(제2호)

채권의 추심은 청산절차의 주목적인 채권자의 만족 및 잔여재산귀속의 전제가 되는바, 본래 의미의 추심뿐만 아니라 채권적 재산을 청산목적에 적합한 물권적 재산으로 변형시키는 일체의 행위를 포함한다.[7] 단순한 채권의 추심뿐만 아니라 대물변제의 수령, 상당한 대가를 취득하기 위한 채권양도, 화해계약의 체결 등도 포함된다.[8] 기한미도래 채권이나 조건부채권과 같이 즉시로 추심할 수 없는 채권은 청산을 위하여 필요하다면, 양도·매각 등 적당한 방법으로 환가하거나,[9] 그대로 잔여재산에 포함시킬 수밖에 없다.[10] 또한 추심이 불가능하거나 극히 곤란한 채권은 경우에 따라서는 포기하는 것도 허용된다.[11]

3. 채무의 변제(제2호)

청산절차의 가장 주요한 목적은 채무의 변제, 즉 채권자의 만족에 있다. 민법은 법인의 채무확정과 채권자의 법인에 대한 채권의 확보를 위하여 청산인에게 특별한 의무를 지우는 한편, 절차의 신속한 종결과 제3자의 이익을 위하여 민법 제88조 내지 제92조에 자세한 규정을 두고 있다. 자세한 것은 해당 부분에서 설명한다.

3 고상용, 민법총칙, 법문사(2005), 247; 김대정, 민법총칙, FIDES(2012), 483.
4 고상용, 민법총칙, 법문사(2005), 247.
5 독일 민법 제49조 ①청산인은 현재의 업무를 종결하고, 채권을 추심하고 기타의 재산을 금전으로 환가하고, 채권자를 만족시키고, 잉여를 귀속권리자에게 인도하여야 한다. 청산인은 진행 중인 업무를 종결하기 위하여 새로운 행위를 할 수 있다. 채권의 추심과 기타 재산의 금전전환은 그것이 채권자의 만족 또는 귀속권리자에게 잔여재산을 인도하는 데에 필요한 것이 아닌 한, 하여서는 아니 된다.
6 주석 민법, 총칙(1)(제4판), 한국사법행정학회(2010), 818(주기동).
7 민법주해 I, 총칙(1), 박영사(1992), 763(최기원).
8 김준호, 민법총칙, 법문사(2017), 161.
9 곽윤직/김재형, 민법총칙(제9판), 박영사(2013), 211-213; 송덕수, 민법총칙, 박영사(2016), 681; 이영준, 민법총칙, 박영사(2007), 979.
10 김준호, 민법총칙, 법문사(2017), 161; 강태성, 민법총칙, 대명출판사(2017), 333면에서는 적극재산이 소극재산보다 많은 경우에는 잔여재산으로 남겨놓을 수도 있다고 한다.
11 주석 민법, 총칙(1)(제4판), 한국사법행정학회(2010), 818(주기동); 민법주해 I, 총칙(1), 박영사(1992), 763(최기원).

4. 잔여재산의 인도(제3호)

잔여재산은 채무의 변제를 완료한 후에 잔존한 적극재산이다. 그 귀속권리자가 누구인가는 본법 제80조에 자세히 규정되어 있다. 현행 민법은 잔여재산을 인도하여야 할 시기에 대하여 특별한 제한을 두고 있지 않은바,[12] 알고 있는 채권자나 채권신고기간 내에 신고한 채권자에 대한 변제를 완료하면 즉시 잔여재산을 귀속권리자에게 인도하여야 한다.[13]

청산인의 직무인 잔여재산의 인도를 단순히 점유의 이전으로 볼 것인지, 권리의 양도로 볼 것인지는 잔여재산귀속권의 성질을 어떻게 볼 것인지에 따라 달라진다.[14] 이를 채권적 청구권의 귀속으로 보는 이상, 귀속재산의 인도는 권리의 양도, 즉 물권의 경우 동산은 인도, 부동산은 소유권이전등기를 마쳐주고, 지명채권인 때에는 채권양도와 양도통지, 지시채권인 때에는 배서와 증서의 교부, 무기명채권인 때에는 증서의 교부를 이행하여 주는 것으로 해석함이 상당하다. 잔여재산의 인도는 원상대로 함이 원칙이나 원상대로 인도할 수 없거나 현저히 곤란한 경우에는 이를 금전으로 환가하여 인도할 수도 있다.[15]

변제하여야 할 채무의 존부에 관하여 다툼이 있는 경우에 이를 무시하고 잔여재산을 인도하는 것은 타당하지 않다. 독일 민법 제52조 제2항은 채무에 관하여 다툼이 있는 경우에 채권자에게 담보가 제공된 때에 한하여 귀속권리자에게 재산을 인도할 수 있다고 규정하고 있다. 이러한 규정이 없는 현행 민법 하에서는 채무를 변제할 정도의 적극재산을 공제하고 나머지 부분의 재산을 귀속권리자에게 인도할 수밖에 없다.[16]

5. 기타(제2항)

청산인은 본조 제1항의 직무를 수행하기 위하여 필요한 모든 행위를 할 수 있다. 청산의 본질상 필요한 사항은 모두 청산인의 직무권한에 속한다. 재산의 환

12 독일 민법 제51조는 '사단의 해산 또는 권리능력 박탈의 공고로부터 1년이 경과하지 않으면 재산은 귀속권리자에게 인도할 수 없다'고 규정하고 있다.

13 주석 민법, 총칙(1)(제4판), 한국사법행정학회(2010), 833(주기동).

14 강성태, 332에서는 잔여재산의 인도는 잔여재산의 처분(양도)를 뜻하고, 입법으로 잔여재산의 처분으로 개정하는 것이 옳다고 한다.

15 주석 민법, 총칙(1)(제4판), 한국사법행정학회(2010), 819(주기동); 민법주해 I, 총칙(1), 박영사(1992), 764(최기원).

16 주석 민법, 총칙(1)(제4판), 한국사법행정학회(2010), 819(주기동); 민법주해 I, 총칙(1), 박영사(1992), 764-765(최기원).

가, 소송행위, 화해계약 등은 여기에 포함될 수 있다. 본조 제2항에 의한 행위가 본조 제1항 각호의 청산사무를 행하기 위하여 필요한 것으로 인정받으려면, 객관적으로 본조 제1항의 청산사무와 제2항에 의한 행위와의 사이에 일정한 관련성이 인정되고, 주관적으로는 청산인이 청산사무의 수행을 위하여 필요하고 유익한 것으로 판단하여 한 것임을 요한다. 객관적 관련성은 간접적인 경우에도 허용되고, 그 행위가 현실적으로 청산목적을 위하여 필요하고 유익한 것임을 요건으로 하지 않는다.[17]

Ⅲ. 청산인의 직무범위

청산인은 그 청산사무의 집행을 위하여 대외적으로 청산법인을 대표한다. 청산인의 대표권의 범위도 청산의 목적에 제한되고, 청산의 목적과 관계없는 행위에 대하여는 대표권이 없다. 그런데 특정한 행위가 청산 목적범위 내에 포함되는지를 판단하는 것은 쉽지 않다. 거래의 안전을 보호하기 위하여 청산인의 직무범위도 어느 정도는 넓게 해석할 필요가 있다. 독일의 통설과 판례는 어떤 거래행위가 객관적으로 보아 청산의 목적을 위한 것으로서의 성질을 갖는 때에는 구체적인 경우에 그 범위를 일탈하였다 하더라도 청산인의 대표권이 그와 같은 거래행위에도 미치고, 단지 상대방이 그 거래가 청산의 목적 이외의 목적을 위한 것이었음을 알았거나 알 수 있었을 때에만 그 거래의 효력은 법인에게 미치지 않는다고 한다.[18]

17 주석 민법, 총칙(1)(제4판), 한국사법행정학회(2010), 819(주기동); 민법주해 I, 총칙(1), 박영사(1992), 765(최기원).

18 주석 민법, 총칙(1)(제4판), 한국사법행정학회(2010), 821(주기동); 민법주해 I, 총칙(1), 박영사(1992), 765(최기원).

제 88 조 [채권신고의 공고]

① 청산인은 취임한 날로부터 2월내에 3회 이상의 공고로 채권자에 대하여 일정한 기간내에 그 채권을 신고할 것을 최고하여야 한다. 그 기간은 2월 이상이어야 한다.

② 전항의 공고에는 채권자가 기간내에 신고하지 아니하면 청산으로부터 제외될 것을 표시하여야 한다.

③ 제1항의 공고는 법원의 등기사항의 공고와 동일한 방법으로 하여야 한다.

[관련조문] 상법 제535조

Ⅰ. 본조의 의의

본조부터 제92조까지는 제87조 제1항에 규정된 청산인의 직무권한 사항 중 채무의 변제와 관련한 절차 및 변제의 내용에 관하여 규정하고 있다. 법인의 채권자가 반드시 법인의 장부 등을 통하여 확인할 수 있는 것은 아니기 때문에 법인이 해산한 사실을 채권자들에게 널리 알리는 동시에, 일정한 기간 내에 채권을 신고하게 하여 가능한 한 신속하게 모든 채권자로 하여금 공평하게 변제를 받게 하고, 일정한 기간 내에 채권을 신고하지 않은 채권자는 청산에서 제외시켜 청산절차를 지연시키지 않고 신속하게 마치기 위하여 본조를 둔 것이다.[1]

Ⅱ. 채권신고의 최고

1. 제외공고의 의의

가. 취임한 날로부터 2개월 안에 3회 이상 공고

청산인은 취임한 날로부터 2개월 안에 적어도 3회 이상 2개월 이상으로 정한

1 주석 민법, 총칙(1)(제4판), 한국사법행정학회(2010), 822(주기동); 민법주해 I, 총칙(1), 박영사(1992), 766(최기원).

채권신고기간 안에 채권을 신고하지 아니하면 청산으로부터 제외된다는 공고를 하지 않으면 안 된다.

취임한 날로부터 2개월 안으로 한 것은 청산인에게 재산상황을 조사하는 데 있어서 시간적 여유를 주는 의미도 있으나, 2개월 안에 적어도 최초의 공고를 하면 된다는 취지가 아니라, 3회 이상의 공고를 모두 2개월 안에 다 마치지 않으면 안 된다는 뜻으로 풀이하여야 한다.[2] 이러한 제외공고는 설령 청산인이 법인의 채권자를 모두 알고 있다고 하더라도 생략하여서는 안 된다. 그 이유는 법인이 알고 있는 채권자 이외의 다른 채권자가 있을 가능성은 항상 있기 때문이다. 청산인이 2개월 안에 제외공고를 하는 것을 게을리 하거나 부정한 공고를 한 때에는 과태료의 제제를 받는다(본법 제97조 제7호).

나. 2개월의 신고기간

공고는 2개월 이상의 신고기간을 정하여 하여야 하는데, 2개월 이상의 신고기간은 제척기간이다.[3] 최초로 정한 그 기간은 연장되거나 축소될 수 없다. 이를 연장하면 신고하는 채권자가 늘어나게 되어 처음에 기간에 맞춰 신고한 채권자들이 불리하게 될 염려가 있고, 불필요하게 청산절차를 지연시키는 결과가 되기 때문이다. 제1회의 공고에 2개월 이상의 신고기간을 정한 경우에는 그 이후의 공고에는 최초의 공고 시에 정한 기간 안에 채권을 신고할 것을 최고하면 된다.[4]

2. 제외공고의 방법

제외공고는 법원의 등기사항의 공고와 동일한 방법으로 하여야 한다. 따라서 공고는 신문에 한 차례 이상 하여야 한다(비송사건절차법 제65조의2). 지방법원장은 그 관할구역에 공고를 게재할 적당한 신문이 없다고 인정할 때에는 신문에 게재하는 공고에 갈음하여 등기소와 그 관할구역의 시·군·구의 게시판에 공고할 수 있다(비송사건절차법 제65조의4).

3. 제외공고의 기재내용

제외공고에는 2개월 이상의 일정한 기간 안에 채권을 신고할 것을 최고하고,

2 주석 민법, 총칙(1)(제4판), 한국사법행정학회(2010), 822(주기동); 민법주해 I, 총칙(1), 박영사(1992), 766-767(최기원).

3 김준호, 민법총칙, 법문사(2017), 162; 곽윤직/김재형, 민법총칙(제9판), 박영사(2013), 212; 송덕수, 민법총칙, 박영사(2016), 682.

4 주석 민법, 총칙(1)(제4판), 한국사법행정학회(2010), 823(주기동).

채권자가 그 기간 내에 신고를 하지 않으면 그 채권은 청산으로부터 제외된다는 뜻을 표시하여야 한다. 만일 그 기간 안에 신고하지 아니하면 그 채권은 청산에서 제외된다는 뜻을 표시하지 아니한 공고가 있을 수 있지만 이를 무효라고 보기는 어려울 것이다.[5]

4. 규정에 위반한 제외공고의 효력

신고기간이 2개월 미만인 경우, 공고를 2회 밖에 하지 아니한 경우 또는 법원의 등기사항의 공고와 동일한 방법으로 공고하지 아니한 경우에는 그 공고 자체가 무효이다.[6]

Ⅲ. 채권신고최고의 효력

(☞ 후술 본법 제92조 주석 참조)

Ⅳ. 2014년 법무부 개정안

본조에 대하여는 다음과 같은 개정안이 제시되었다.

> 제88조(채권신고의 공고)
> ① 청산인은 취임한 날로부터 2개월 안에 1주일 이상의 간격을 두어 3회 이상의 공고로 채권자에 대하여 일정한 기간 안에 그 채권을 신고할 것을 촉구하여야 한다. 이 경우 채권신고기간은 2개월 이상이어야 한다.
> ② 제1항의 공고에는 채권자가 기간 안에 신고하지 아니하면 청산으로부터 제외될 것을 표시하여야 한다.
> ③ 제1항의 공고는 법원의 등기사항의 공고와 동일한 방법으로 하여야 한다.

2014년 개정안은 본조 제1항의 '2월 내'를 '2개월 안'으로, '일정한 기간 내'를 '일정한 기간 안'으로, '최고'를 '촉구'로, '2월 이상'을 '2개월 이상'으로 용어를 수정하면서, 2개월의 기간 안에 3회 이상의 공고를 함에 있어서 각 공고 사이에 적어도 1주일 이상의 시간적 간격을 두도록 하여, 채권자를 보호하려는 본조의 입법

5 주석 민법, 총칙(1)(제4판), 한국사법행정학회(2010), 823(주기동); 민법주해 I, 총칙(1), 박영사(1992), 768(최기원).

6 주석 민법, 총칙(1)(제4판), 한국사법행정학회(2010), 823(주기동); 민법주해 I, 총칙(1), 박영사(1992), 768(최기원).

취지에 충실하게 개정하였다. 현행 본조 제3항은 법원의 등기사항의 공고에 관한 제54조 제2항을 삭제하기로 함에 따라 삭제되었다.[7]

7 2013년 법무부 민법개정시안 총칙편, 법무부 민법개정자료발간팀, 법무부(2013), 44-45.

제 89 조 [채권신고의 최고]

청산인은 알고 있는 채권자에게 대하여는 각각 그 채권신고를 최고하여야 한다. 알고 있는 채권자는 청산으로부터 제외하지 못한다.

[관련조문] 상법 제535조 제2항

Ⅰ. 본조의 의의

본법 제88조의 채권신고최고제도는 청산인이 알지 못하는 일반 채권자에 대한 채권신고를 독촉하기 위하여 마련한 규정인데 반하여, 본조는 청산인이 알고 있는 채권자에 대하여 하여야 하는 개별적인 최고에 관하여 규정하고 있다. 법인에 대하여 채권이 있음을 주장한 자를 포함하여 법인이 알고 있는 채권자는 채권신고기간 안에 신고를 하지 않더라도 청산에서 제외할 수 없다.

Ⅱ. '알고 있는 채권자'의 범위

법인이 비치하고 있는 장부 기타 자료로부터 법인에 대하여 채권을 가지고 있는 것으로 청산인이 알고 있는 채권자가 '알고 있는 채권자'에 포함됨은 당연하다. 그러한 자료로부터 확인은 되지 않지만, 법인에 대하여 채권이 있다는 뜻을 주장하는 자도 '알고 있는 채권자'의 범위에 포함시켜야 한다. 이는 설령 채권의 존재가 이후에 부정될 가능성이 있다고 하여 그것 때문에 현재 채권이 확정적으로 존재하지 아니한 것으로 취급한다는 것은 올바르지 않기 때문이다.[1]

판례는 "민법 제89조에서 말하는 알고 있는 채권자는 손해배상채권으로서 당사자 사이에 그 액에 대하여 다툼이 있는 채권이 제외되어야 한다는 근거가 없을 뿐더러, 법인해산결의 전에 이미 본소를 제기한 원고는 응당 피고가 알고 있는 채권자라 할 것이므로 청산인의 채권신고의 제척기간 내에 채권신고를 하지 않았다 하여 청산으로부터 제외될 것이 아님이 위 법조의 취지에 비추어 명백하다."고 하

1 송덕수, 민법총칙, 박영사(2016), 681; 주석 민법, 총칙(1)(제4판), 한국사법행정학회(2010), 825(주기동); 민법주해 I, 총칙(1), 박영사(1992), 767(최기원).

였다.[2]

개별적인 최고는 채권액이 확정된 채권의 권리자에게 한정할 것이 아니라, 불법행위에 기한 채권, 조건부채권, 기한부채권 등의 권리자에게도 하여야 한다.[3]

Ⅲ. 최고의 방법

최고의 방식에는 제한이 없으므로 구두로 하여도 무방하다. 최고의 회수는 1회만 하면 된다. 시기는 될 수 있는 한 빨리하는 것이 바람직하다.[4]

Ⅳ. 최고의 효력

본조에 따른 최고에도 불구하고 채권신고를 하지 아니할 경우에도 일반 채권자에 대한 제외공고제도와 달라서 그 채권이 청산으로부터 제외되는 것은 아니다. 채권자가 그 최고에 응하여 채권신고를 하면 소멸시효 중단사유인 재판 외의 청구에 해당하여 시효가 중단된다.[5] 청산인이 본조에 따라 한 최고가 채무승인에 의한 시효중단사유가 되는 것은 아니다.[6]

2 대법원 1964. 6. 16. 선고 64다5 판결[미간행].
3 주석 민법, 총칙(1)(제4판), 한국사법행정학회(2010), 825(주기동); 민법주해 I, 총칙(1), 박영사(1992), 769(최기원) .
4 주석 민법, 총칙(1)(제4판), 한국사법행정학회(2010), 825(주기동); 민법주해 I, 총칙(1), 박영사(1992), 769(최기원).
5 고상룡, 248; 김상용 268; 주석 민법, 총칙(1)(제4판), 한국사법행정학회(2010), 826(주기동).
6 주석 민법, 총칙(1)(제4판), 한국사법행정학회(2010), 826(주기동); 민법주해 I, 총칙(1), 박영사(1992), 770(최기원).

제 90 조 [채권신고기간내의 변제금지]

청산인은 제88조 제1항의 채권신고기간내에는 채권자에 대하여 변제하지 못한다. 그러나 법인은 채권자에 대한 지연손해배상의 의무를 면하지 못한다.

[관련조문] 상법 제536조

Ⅰ. 본조의 의의

본조는 법인의 모든 채권자에 대하여 공평한 변제를 하기 위하여 채권신고기간 내에는 채권을 변제하지 못하도록 하였다. 이는 채권신고기간 안에 변제를 하면 그 기간을 둔 취지에 반할 뿐만 아니라, 변제 도중에 신고된 채권의 전부를 변제할 수 없는 상태가 생기면 채권자들의 공평을 해칠 수도 있으며,[1] 채권신고기간에 신고를 받은 결과 채무초과상태로 판명되면 파산신청을 하여야 하는(본법 제93조) 데에서 의미가 있다. 또 본조에서 법인에게 채권자에 대한 지연손해배상의무를 지도록 한 것은 법인의 해산 및 청산이 법인의 사정으로 인한 것이므로 채권자에게 그로 인한 불이익을 주지 않으려는 취지에 기인한 것으로 이해할 수 있다.[2]

Ⅱ. 변제의 금지

1. 청산인의 변제금지의무

청산인은 채권신고기간 내에는 채권자에 대하여 채무를 변제하지 못한다. 이는 채권신고기간 만료 전에 변제기가 도래한 채권에 대하여도 동일하다. 청산인이 본조에 위반한 경우에는 과태료를 부담하게 된다(본법 제97조 제5호).

1 김주수/김상용, 민법총칙, 삼영사(2013), 251; 김증한/김학동, 민법총칙, 박영사(2013), 245.
2 김증한/김학동, 민법총칙, 박영사(2013), 245.

2. 상법 제536조 제2항의 유추 적용 여부

소액의 채권, 담보가 있는 채권, 기타 변제로 인하여 다른 채권자를 해할 염려가 없는 채권에 대하여 청산인이 법원의 허가를 얻어 변제할 수 있다는 상법 제536조 제2항을 유추적용할 수 있는가에 관하여는 견해의 대립이 있다. 위 상법 규정은 소액 채권자에 대하여서는 사회정책적 고려에 기하여, 담보부채권자에 대하여서는 우선변제권이 있음을 고려한 데에 그 취지가 있는데, 위와 같은 사정은 민법이 적용되는 비영리법인의 경우에도 동일하게 요구되고, 법원의 허가를 조건으로 하므로 적절한 통제도 이루어 질 수 있어서 유추적용할 수 있다는 견해[3]와 명문의 규정이 없는 한 예외규정은 확대해석이나 유추적용을 함부로 하여서는 안 된다는 이유로 위 상법 규정은 비영리법인에는 유추적용이 허용되지 않는다는 견해[4]가 있다.

3. 변제금지의무 위반의 효과

청산인이 본조에 위반하여 채무를 변제한 경우에 그 변제의 효력이 문제이다. 본조에 위반하여 한 변제를 무효라고 하더라도 변제금지기간이 경과한 후에는 채권자에 대하여 반환을 구할 수는 없고, 법인의 재산상태가 채무초과인 경우에는 본법 제93조에 의하여 파산신청을 한 다음 부인권 행사를 포함하여 파산에 관한 특별규정에 따라 청산절차를 진행하면 되므로, 본조에 위반하여 한 변제를 무효라고 할 실익은 없다.[5]

Ⅲ. 채권신고기간 안의 채권자의 지위

본조는 청산인이 채권신고기간 안에 채무를 변제하는 것을 금지하고 있는바, 본조에 의하여 채권자가 채권신고기간 안에 권리행사를 하는 것이 제한되는지가 문제이다.

일본 판례는 일찍부터 본조와 동일한 내용을 규정하고 있는 상법 제536조 제1항과 관련하여, 채권신고기간 중이라도 채권자가 상계권을 행사하는 것은 허용된다고 하였고,[6] 또 담보권의 실행도 가능하다고 하였으며,[7] 강제집행을 개시하는

3 주석 민법, 총칙(1)(제4판), 한국사법행정학회(2010), 827(주기동).

4 민법주해 I, 총칙(1), 박영사(1992), 771(최기원).

5 주석 민법, 총칙(1)(제4판), 한국사법행정학회(2010), 827(주기동); 민법주해 I, 총칙(1), 박영사(1992), 771(최기원).

6 日大判 1902. 10. 9.

7 日大判 1918. 4. 20.

것도 허용되고,[8] 청산법인에 대하여 소를 제기하여 급부판결을 받을 수 있다고 하면서, 위 조항이 법인의 채무변제를 유예하기 위한 규정이 아니라는 것을 이유로 들었다.[9]

일본의 학설은, i)본조의 변제금지는 청산인 측의 임의변제에 국한되고 채권자의 권리행사까지를 구속하는 것은 아니기 때문에 채권자는 채권신고기간 내에도 채권자가 법인을 상대로 소를 제기하여 조건 없이 급부판결을 받을 수 있다는 견해, ii)법원은 채권신고기간이 경과할 때까지 판결을 연기하여야 하고, 특히 집행문을 부여하여서는 안 된다는 견해, iii)법원은 급부판결을 할 수 있으나, 본조의 변제금지는 임의변제이든, 강제집행에 의한 변제이든 관계가 없으므로 채권신고기간 중의 강제집행은 부정되어야 하고, 판결에서 채권신고기간경과 후에 지급하여야 한다는 취지의 명령을 부기하여야 한다는 견해 등으로 나누어져 있다.[10] 국내 학설은 일본 판례의 입장을 지지한다.[11]

우리 판례는 채권신고기간 안에 강제집행을 개시한 사안에 관한 것인지는 명확하지 않으나, "채무자에 대한 청산절차개시가 집행의 장애사유가 되지 않는다."고 판시한 것이 있다.[12] [13]

Ⅳ. 지체손해배상의무의 부담

청산인이 채권신고기간 안에 채권자에 대하여 채권을 변제하지 못한다면 위 기간의 경과 전에 변제기가 도래한 채권을 가진 채권자에 대하여 변제의 지연으

8 日大判 1918. 4. 20.

9 日大判 1934. 1. 24.

10 자세히는 松岡正美, 債權申告催告其間內における給付判決, 別冊ジュリスト 29號(1970. 4), 221-222 참조.

11 주석 민법, 총칙(1)(제4판), 한국사법행정학회(2010), 828(주기동); 민법주해 I, 총칙(1), 박영사(1992), 772(최기원).

12 대법원 1999. 8. 13.자 99마2198, 2199 결정.

13 임치용, 파산법연구2, 박영사(2006), 25-26에서는 청산절차 중에는 강제집행을 불허하여야 한다고 하면서, 첫째, 본조나 상법 제536조가 청산절차 중 채권신고기간 내에는 변제를 금지하는 취지가 다수의 채권자에 대한 청산절차의 특성을 고려하여 편파변제를 막기 위한 것이라는 점, 둘째, 강제집행을 인정하면 집행권원을 얻은 채권자와 일반채권자가 차등하여 변제받게 되어 편파변제가 허용되고 신고기간을 설정한 취지가 무색해지는 점, 셋째, 청산절차에 관한 원칙적 규정인 본조가 일본 민법이나 우리 상법 제536조와 달리 채권신고기간 내에 광범위한 변제금지를 규정하고 있는 점, 넷째, 일본은 회사법에 일반적인 청산절차 외에 별도로 특별청산절차를 인정하여 특별청산절차가 개시되면 강제집행을 중지할 수 있음에 반하여 우리나라에서는 청산절차 중에 강제집행의 중지를 명할 수 있는 절차가 없는 점을 근거로 든다.

로 인한 손해가 발생하게 되는데, 그 손해를 법인에 대한 배상책임으로 귀속시킬지, 법률이 정한 변제의 금지로서 변제가 지연됨을 이유로 하여 법인은 배상책임을 지지 않는다고 할 것인지가 문제된다. 본조는 채권자에 대한 지연손해배상의 의무를 면하지 못한다고 규정하였다. 이는 채권신고기간 경과 전에는 총채권자의 이익을 위하여 변제를 일시적으로 금지하게 하고 있으나, 그 사이에 변제기가 도래한 채권을 가진 채권자로 하여금 변제의 지연으로 인한 손해까지 감수하게 함은 형평에 반하고, 본조가 채무의 변제를 유예한 것은 아니기 때문이다. 법인은 기한이 도래한 금전채무에 대하여는 약정 또는 법정이율에 의한 지연배상을 할 의무를 진다.[14]

14 주석 민법, 총칙(1)(제4판), 한국사법행정학회(2010), 829(주기동); 민법주해 I, 총칙(1), 박영사(1992), 772(최기원).

제 91 조 [채권변제의 특례]

① 청산 중의 법인은 변제기에 이르지 아니한 채권에 대하여도 변제할 수 있다.
② 전항의 경우에는 조건있는 채권, 존속기간의 불확정한 채권 기타 가액의 불확정한 채권에 관하여는 법원이 선임한 감정인의 평가에 의하여 변제하여야 한다.

[관련조문] 민법 제153조, 상법 제259조, 비송사건절차법 제38조, 제124조, 제125조

Ⅰ. 본조의 의의

본조는 청산사무를 신속하게 종료시키기 위하여 변제기 전의 채권의 변제를 할 수 있게 함과 동시에 조건부 채권, 존속기간 불확정 채권, 기타 가액불확정 채권의 평가방법을 정하고 있는 데에 그 의의가 있다.

Ⅱ. 변제기 전의 채권의 변제

청산 중의 법인은 변제기에 이르지 아니한 채권에 대하여도 변제할 수 있다(본조 제1항). 변제기 전의 채권은 미리 변제할 필요는 없지만, 본조는 청산사무의 신속한 종결을 위하여 편의상 변제할 수 있게 하였다.[1] 일반적으로 기한의 이익은 채무자인 법인을 위하여 있는 것으로 추정되고 기한의 이익은 포기할 수 있다(본법 제153조). 그런데 기한의 이익이 채권자에게 있을 때에는 변제기 전의 변제는 채권자의 이익을 해할 수 있으므로, 본조에 의한 변제로 말미암은 채권자의 손해는 배상하여야 한다(본법 제153조 제2항 단서).

한편, 상법 제259조 제2항은 이자 없는 채권을 변제기 전에 변제할 경우에는 변제기에 이르기까지의 법정이자를 가산하여 그 채권액에 달할 금액을 변제하여야 하고, 같은 조 제3항은 이자있는 채권으로서 그 이율이 법정이율에 달하지 못하는 것에 대하여 제2항을 준용한다고 규정하고 있다. 비영리법인의 청산에 관하

1 고상용, 민법총칙, 법문사(2005), 247.

여도 상법 제259조 제2항 및 제3항을 유추 적용하여야 한다는 견해[2]도 있다.

Ⅲ. 조건부 채권, 존속기간 불확정 채권 및 기타 가액불확정 채권의 평가방법

조건부 채권, 존속기간 불확정 채권 및 기타 가액불확정 채권에 관하여서는 법원이 선임한 감정인의 평가에 의하여야 한다. 감정인의 선임절차·선임비용에 관하여서는 비송사건절차법 제38조, 제124조, 제125조의 규정에 따른다.

Ⅳ. 2014년 법무부 개정안

본조에 대하여는 다음과 같은 개정안이 제시되었다.

제91조(채권변제의 특례) ① (현행과 같음) ② 제1항의 경우에는 조건 있는 채권, 존속기간이 불확정한 채권 그 밖에 가액이 불확정한 채권에 관하여는 법원이 선임한 감정인의 평가에 따라 변제하여야 한다.

2014년 개정안은 본조 제2항의 '전조의 경우'를 '제1항의 경우'로, '존속기간의 불확정한 채권'을 '존속기간이 불확정한 채권'으로, '기타 가액의 불확정한 채권'을 '그 밖에 가액이 불확정한 채권'으로, '평가에 의하여'를 '평가에 따라'로 용어를 수정하였다.

2 주석 민법, 총칙(1)(제4판), 한국사법행정학회(2010), 831(주기동).

제 92 조 [청산으로부터 제외된 채권]

청산으로부터 제외된 채권자는 법인의 채무를 완제한 후 귀속권리자에게 인도하지 아니한 재산에 대하여서만 변제를 청구할 수 있다.

[관련조문] 상법 제537조

Ⅰ. 본조의 의의

본조는 본법 제88조의 제외공고의 효력에 관하여 규정하고 있다.

Ⅱ. 채권신고기간 경과 후 제외공고 효력

채권자가 채권신고기간 내에 채권신고를 하지 아니하면 원칙적으로 그 채권은 청산으로부터 제외된다. 이는 2개월 이상의 채권신고기간을 붙여 3회 이상이나 채권을 신고하도록 최고하고 그 신고기간 안에 신고를 하지 않으면 청산에서 제외된다는 점을 공개적으로 고지하였음에도 불구하고 채권자가 신고를 하지 아니한 경우에 청산절차를 지연시키는 것을 방지하기 위하여 그 채권을 제외하고 청산절차를 종결하기 위함이다.[1]

Ⅲ. 청산으로부터 제외된 채권자에 대한 변제

1. 청산으로부터 제외한 채권자

청산으로부터 제외된 채권자는 본법 제88조의 규정에 의하여 채권신고기간 안에 그 채권을 신고하지 아니한 채권자로서 청산인에게 알려지지 아니한 채권자

1 주석 민법, 총칙(1)(제4판), 한국사법행정학회(2010), 832(주기동); 민법주해 I, 총칙(1), 박영사(1992), 774(최기원).

를 말한다. 청산으로부터 제외된 채권자라고 하더라도 채권신고기간 경과 후 즉시 그 권리를 상실하는 것이 아니다. 청산인이 알고 있는 채권자와 신고기간 안에 신고를 한 채권자에 대하여 채무를 완제한 후, 아직 귀속권리자에게 양도하지 아니한 잔여재산이 있을 때에는, 채권신고기간 후에 신고한 채권자도 그 잔여재산에 대하여 변제청구를 할 수 있다.

2. '잔여재산에 대하여만 변제청구를 할 수 있다'는 의미

'잔여재산에 대하여만 청구할 수 있다'는 의미는 책임재산이 잔여재산에 한정된다는 것으로서 채권 자체가 소멸 또는 감액된다는 의미는 아니다. 그 채권에 대하여 상계를 금지하는 규정이 없으므로 채권자는 그 채권을 자동채권으로 하여 상계할 수 있다.[2] 다만, 채권자는 잔여재산이 귀속권리자에게 인도된 이후에는 변제를 청구할 수 없다.[3]

3. 청산으로부터 제외된 채권자들에 대한 변제방법

채권신고기간 후에 신고한 여러 채권자의 채권총액이 잔여재산을 초과한 경우에도 청산인은 파산신청을 할 필요가 없고 적절하게 변제하면 된다. 왜냐하면 이러한 채권자들에 대하여는 평등적, 비례적 만족을 주어야 할 필요가 없기 때문이다. 채권신고기간 경과 후에 여러 채권자가 채권신고를 한 경우에 청산인은 잔여재산이 없을 때까지 순차적으로 변제하면 되고, 미리 신고한 채권자에게 변제하지 아니한 사이에 다른 채권자로부터 채권의 신고가 있고 잔여재산을 가지고서는 신고된 채권 전액을 완제할 수 없는 경우에도 청산인은 파산신청을 할 필요없이 나머지 잔여재산에 대하여 채권신고기간 후에 신고한 채권자들에게 각 채권액에 따라 안분하여 변제함이 타당하다.[4]

Ⅳ. 귀속권리자에게 잔여재산을 양도한 후 채권자의 구제

1. 문제의 제기

청산인이 채권자에 대한 변제를 완료하기 전에 귀속권리자에게 모든 적극재

2 주석 민법, 총칙(1)(제4판), 한국사법행정학회(2010), 832(주기동).
3 강태성, 민법총칙, 대명출판사(2017), 334; 김대정, 민법총칙, FIDES(2012), 484; 김증한/김학동, 민법총칙, 박영사(2013), 246; 이은영, 민법총칙, 박영사(2009), 293.
4 주석 민법, 총칙(1)(제4판), 한국사법행정학회(2010), 833(주기동); 민법주해 I, 총칙(1), 박영사(1992), 774(최기원).

산을 양도하였을 경우 또는 귀속권리자에게 일부 적극재산을 양도함으로써 잔존한 적극재산으로는 채권자를 만족시킬 수 없는 경우에 채권자에 대한 어떤 법률상 구제방법이 있는지가 문제이다.

2. 알고 있는 채권자 또는 채권신고기간 안에 신고를 한 채권자

귀속권리자는 모든 채권자에 대한 변제가 완료된 후에 잔존한 재산에 대하여서만 그 양도를 청구할 수 있는 권리를 가지므로 채권자들에 대한 변제가 되지 아니하였는데도 법인의 모든 적극재산을 양도받았을 경우에는 그 변제되지 아니한 부분에 대하여는 법률상 원인 없이 이득을 하였다고 볼 수 있으므로 귀속권리자는 그 부분의 이득을 법인에 대하여 반환할 의무가 있다. 채권자들은 청산법인을 대위하여 그 반환을 청구할 수 있다.[5]

3. 청산으로부터 제외된 채권자

채권신고기간 내에 신고를 하지 않은 채권자는 청산에서 제외되고, 본조에 의하여 귀속권리자에게 양도되지 아니한 잔여재산에 대하여만 변제를 청구할 수 있을 뿐이므로, 채권신고기간 내에 신고를 하지 않은 채권자에 대한 변제 전에 잔여재산이 귀속권리자에게 양도되었다고 하더라도 부당이득이 되지 않는다. 결국 채권신고기간 내에 신고를 하지 않은 채권자는 귀속권리자에게 양도하지 아니한 잔여재산이 있는 경우에 한하여 구제를 받을 수 있고 다른 방법은 없다.[6]

V. 2014년 법무부 개정안

본조에 대하여는 다음과 같은 개정안이 제시되었다.

第92조(청산으로부터 제외된 채권) 청산으로부터 제외된 채권자는 법인의 채무를 모두 변제한 후 양도되지 않은 재산에 대하여 변제를 청구할 수 있다.

2014년 개정안은 본조의 '완제'를 '모두 변제'로 수정하고, '인도'를 '양도'로 용어를 수정하였는바, 이는 본법 제87조 제1항 제3호의 '잔여재산의 인도'를 '잔여재

5 주석 민법, 총칙(1)(제4판), 한국사법행정학회(2010), 834(주기동); 민법주해 I, 총칙(1), 박영사(1992), 775(최기원).
6 주석 민법, 총칙(1)(제4판), 한국사법행정학회(2010), 835(주기동); 민법주해 I, 총칙(1), 박영사(1992), 776(최기원).

산의 양도'로 수정함에 따른 것이다.

제 93 조 [청산중의 파산]

① 청산중 법인의 재산이 그 채무를 완제하기에 부족한 것이 분명하게 된 때에는 청산인은 지체없이 파산선고를 신청하고 이를 공고하여야 한다.
② 청산인은 파산관재인에게 그 사무를 인계함으로써 그 임무가 종료한다.
③ 제88조 제3항의 규정은 제1항의 공고에 준용한다.

[관련조문] 상법 제254조 제4항, 제542조 제1항, 제613조 제1항

[참고문헌] 이동원, "법인의 파산과 청산의 경계에서 생기는 문제들", 회생과 파산1, 한국도산법학회(2012)

Ⅰ. 본조의 의의

법인의 파산원인에는 지급불능과 채무초과가 있다. 본조는 청산 중에 채무초과의 사실을 발견한 때에 청산인으로 하여금 파산선고를 신청을 하도록 하여 엄격한 파산절차에서 채권자들이 공평한 변제를 받도록 하고, 이해관계인의 주의를 환기시키기 위하여 파산선고를 신청한 것을 공고하도록 하였다.

Ⅱ. 청산 중 파산

1. 파산의 신청과 공고

법인은 해산사유가 발생하더라도 곧바로 권리능력을 상실하는 것은 아니라 청산법인으로서 청산의 목적범위 내에서 존속하므로, 청산 중의 법인이라도 파산사유가 발생한 경우에는 파산선고를 할 수 있다.

청산 중 법인의 파산절차도 근본적으로는 청산 전 법인의 파산절차와 다를 바가 없지만, 청산 중 법인이 파산한 경우에는 상대적으로 간이한 청산절차에서 엄격한 청산절차로 전환되므로 이해관계인에게 주의를 환기시키기 위하여 파산선

고를 신청한 것을 공고하여야 한다. 청산인이 이 공고를 게을리 하거나 부정한 공고를 하면 과태료의 제재를 받는다(본법 제97조 제6호).

청산인 전원이 파산신청을 하는 것이 아닌 때에는 파산의 원인사실을 소명하여야 한다(채무자 회생 및 파산에 관한 법률 제296조).

한편, 채무자 회생 및 파산에 관한 법률 제35조 제1항은 "채무자의 청산인은 다른 법률에 의하여 채무자에 대한 파산을 신청하여야 하는 때에도 회생절차개시의 신청을 할 수 있다."고 규정하고 있다. 따라서 청산법인이 채무초과의 상태에 있어 청산인이 파산을 신청하여야 할 의무가 있는 경우에도, 회생절차개시를 신청할 수 있고, 이로써 파산신청을 하여야 할 의무에서 일응 벗어날 수 있다. 그러나 이 경우에도 회생절차개시의 신청이 기각되거나 회생절차가 폐지되는 때에는 청산인이 파산신청을 하여야 할 것이다.[1]

2. 파산신청원인

가. 채무초과

본조에 규정된 파산신청원인은 법인의 재산이 그 채무를 완제하기에 부족한 것이 분명한 때, 즉 채무초과이다. 청산인은 채무초과의 사실이 분명하게 된 때에는 반드시 파산신청을 하여야 한다. 청산인이 고의 또는 과실로 파산신청을 지체하여 채권자에게 손해를 입힌 때에는 이를 배상할 책임을 진다.[2]

나. 채무초과가 청산에서 제외된 채권에 기한 경우

청산절차에서 채권신고기간 안에 채권신고를 하지 않았을 뿐만 아니라 청산인이 알고 있지도 않은 채권자는 청산에서 제외되고, 청산에서 제외된 채권자는 양도되지 아니한 잔여재산에 대하여서만 변제를 청구할 수 있다(본법 제88조, 제89조, 제92조). 청산에서 제외된 채권자라도 양도되지 아니한 잔여재산에 대하여는 변제를 청구할 수 있다는 것은 책임재산이 잔여재산에 한정된다는 의미이지, 채무 자체가 감축되는 것을 말하는 것은 아니다. 청산에서 제외된 채권의 총액이 잔여재산을 초과하더라도 책임재산은 잔여재산에 한정되므로, 채무초과를 이유로 파산신청을 할 필요가 없고 적절하게 변제를 하면 된

1 이동원, "법인의 파산과 청산의 경계에서 생기는 문제들", 회생과 파산1, 한국도산법학회(2012), 194-195.

2 주석 민법, 총칙(1)(제4판), 한국사법행정학회(2010), 836(주기동); 민법주해 I, 총칙(1), 박영사(1992), 777-778(최기원).

다.[3]

Ⅲ. 청산인의 임무종료

1. 파산재단에 관한 사무

청산법인에 대한 파산이 선고됨과 동시에 파산관재인이 선임되면 채무자 회생 및 파산에 관한 법률의 규정에 따른 파산절차가 개시된다. 파산절차가 개시되더라도 본래의 청산인은 바로 그 지위와 권한을 상실한 것은 아니고 파산관재인에게 파산재단에 관한 사무를 인계할 때까지는 그 지위와 권한을 그대로 가진다. 본조 제2항에서 "청산인은 파산관재인에게 그 사무를 인계함으로써 그 임무가 종료한다."라고 한 것은 파산재단에 관한 사무에 국한된다.

2. 파산재단에 관한 사무를 제외한 사무

파산관재인의 직무권한은 파산재단에 관한 사무이며, 파산선고가 된 후에도 파산자인 청산법인이 자유롭게 관리처분할 수 있는 재산이 존재할 여지가 있고, 청산인이 처리하여야 할 사무가 남게 된다. 결국 청산인의 직무가 종료한 것은 파산재단에 관한 사무이고, 그 밖의 사무는 청산인이 처리하여야 할 사무로 남게 된다. 따라서 청산인은 파산재단에 관한 사무를 제외한 사무에 관하여서는 여전히 이를 집행하고 청산법인을 대표한다(통설).[4]

일본 판례는 청산중 파산이 선고되더라도 파산재단에 속하지 않는 소송은 청산인이 회사를 대표하여야 하는데, 주주총회 결의무효확인소송의 수행은 파산재단에 관한 사무가 아니기 때문에 청산인이 파산관재인에게 사무를 인도한 후에도 여전히 청산인의 직무권한에 속하는 것이라고 하였다.[5]

3 이동원, "법인의 파산과 청산의 경계에서 생기는 문제들", 회생과 파산1, 한국도산법학회(2012), 195; 주석 민법, 총칙(1)(제4판), 한국사법행정학회(2010), 833(주기동); 민법주해 I, 총칙(1), 박영사(1992), 774(최기원).

4 고상용, 민법총칙, 법문사(2005), 248; 강태성, 민법총칙, 대명출판사(2017), 338; 곽윤직/김재형, 민법총칙(제9판), 박영사(2013), 213; 김대정, 민법총칙, FIDES(2012), 485; 김준호, 민법총칙, 법문사(2017), 163; 김주수/김상용, 민법총칙, 삼영사(2013), 252; 김증한/김학동, 민법총칙, 박영사(2013), 246; 백태승, 민법총칙, 집현제(2016), 264; 송덕수, 민법총칙, 박영사(2016), 683; 주석 민법, 총칙(1)(제4판), 한국사법행정학회(2010), 837(주기동); 민법주해 I, 총칙(1), 박영사(1992), 778(최기원).

5 日大判 1915. 2. 16.

Ⅳ. 청산 중 파산과 파산재단의 범위

파산재단을 이루는 재산은 파산선고 시에 청산법인이 가진 모든 적극재산이다(채무자 회생 및 파산에 관한 법률 제382조 제1항). 청산법인이 파산선고 전에 채권자에게 이미 변제하였거나 또는 귀속권리자에게 양도된 재산은 파산선고 당시에 이미 법인에 귀속되어 있지 아니한 것이므로 그 재산은 파산재단을 이루지 못하고, 청산법인의 각 행위가 채무자 회생 및 파산에 관한 법률 제391조의 각호에 해당하여 부인할 수 있는 행위가 아닌 한 이를 원상회복시킬 수도 없다.[6]

Ⅴ. 채무초과임에도 파산으로 이행되지 아니한 경우

청산법인이 채무초과의 상태에 있음에도 청산인이 파산선고를 신청하지 아니한 채 일반 청산절차를 진행하여 청산종결의 등기를 하였다고 하더라도, 청산에서 제외할 수 없는 채권에 관하여 채무초과로 인하여 정상적인 변제를 하지 못하였으므로 청산사무를 종결하였다고 할 수 없고, 청산인이 파산선고의 신청이라고 하는 의무를 이행하지 않음으로써 현실적으로 정리할 필요가 있는 권리관계가 남아있다고도 볼 수 있어서, 청산법인의 법인격은 존속한다고 보아야 한다.[7]

Ⅵ. 청산 중 파산절차가 종료된 후 다시 청산절차를 진행하여야 하는 경우

청산 중 파산으로 이행하였다가 파산이 종료된 후에 다시 청산절차를 진행하여야 하는 경우에는, 파산으로 인하여 제한된 청산인의 관리·처분권한이 회복되어 그가 청산사무를 처리하게 된다.[8]

Ⅶ. 2014년 법무부 개정안

본조에 대하여는 다음과 같은 개정안이 제시되었다.

6 주석 민법, 총칙(1)(제4판), 한국사법행정학회(2010), 837(주기동).
7 이동원, "법인의 파산과 청산의 경계에서 생기는 문제들", 회생과 파산1, 한국도산법학회(2012), 198.
8 이동원, "법인의 파산과 청산의 경계에서 생기는 문제들", 회생과 파산1, 한국도산법학회(2012), 196-197.

제93조(청산 중의 파산)
① 청산인은 청산 중 법인의 재산이 그 채무를 모두 변제하기에 부족한 것이 분명하게 된 때에는 지체없이 파산선고를 신청하고 그 사실을 공고하여야 한다.
② (현행과 같음)
③ 제1항의 공고에 관하여는 제88조 제1항 및 제3항을 준용한다.

2014년 개정안은 본조 제1항의 '완제'를 '모두 변제'로, '파산선고를 신청하고'를 '파산신청을 하고'로, '이를'을 '그 사실을'로 용어를 수정하고, 본조 제3항에서 제1항의 공고에 관하여는 제88조 제1항 및 제3항을 준용하도록 하였다.

제 94 조 [청산종결의 등기와 신고]

청산이 종결한 때에는 청산인은 3주간내에 이를 등기하고 주무관청에 신고하여야 한다.

[관련조문] 상법 제540조, 제542조 제1항, 제264조

[참고문헌] 권오복, "민법법인 해산 · 청산종결등기(I)", 법무사 490호(2008. 4); 권오복, "민법법인 해산 · 청산종결등기(II)", 법무사 491호(2008. 5)

Ⅰ. 본조의 의의

법인은 청산의 종결에 의하여 소멸하므로 제3자를 위하여 이를 공시할 필요가 있고, 법인이 주무관청의 허가를 받아서 설립된 이상, 그 소멸의 사실을 주무관청에도 알리기 위하여 이를 신고하는 것은 당연하므로 본조는 그러한 취지를 규정한 것이다.

Ⅱ. 청산종결의 등기

1. 청산의 종결

청산이 종결한 때는 청산인의 주요한 직무인 현존사무의 종결, 채권의 추심 및 채무의 변제, 잔여재산의 양도 등(본법 제87조) 모두를 완료한 것을 말한다. 즉, 청산사무가 종결된다는 것은 법인에게 아무런 권리나 의무도 존재하지 않게 된다는 것을 뜻한다.[1]

상법상 회사의 청산인은 청산사무를 종료한 후 지체 없이 결산보고서를 작성하고 주주총회에 제출하여 승인을 얻어야 하고(상법 제540조 제1항), 주주총회의 결산보고서에 대한 승인이 있은 날로부터 본점소재지에서는 2주간 안에, 지점소재지에서는 3주간 안에 청산종결의 등기를 하여야 한다(상법 제542조 제1항, 제264조). 민법에는 위와 같은 규정이 없으나, 민법상 사단법인의 경우는 사원총회에, 재단

1 김증한/김학동, 민법총칙, 박영사(2013), 246.

법인의 경우는 청산인회에 각각 청산종결의 보고하여 승인을 받도록 하여야 한다는 견해[2]가 있다.

2. 청산종결의 등기와 법인의 소멸

청산인은 청산이 종결한 때로부터 3주간 안에 이를 등기하여야 하고, 청산인이 이러한 등기의무를 해태한 때에는 과태료의 처분을 받는다(본법 제97조 제1호).

청산종결의 등기는 청산종결의 사실을 공시한 것에 지나지 않고, 법인의 법인격을 소멸시키는 창설적 효력은 없다. 법인에 관하여 청산종결등기가 마쳐진 때에도 청산사무가 종료되었다고 할 수 없는 경우에는 청산법인으로서 소송상 당사자능력이 있다.[3] 청산종결등기는 법인의 소멸과 관련하여 대항요건에 불과하다(본법 제54조 제1항).

판례는 "피고 법인이 청산종결등기를 하였으나 본건 재산을 해산 전에 원고에게 증여하고 그에 따른 소유권이전등기의무를 아직 이행하지 아니하고 있으므로 청산사무가 종료되었다 할 수 없으니 실질적으로는 피고 법인은 청산법인으로 존속하고 있다."고 하였고,[4] "사단법인의 구성원들이 구 법인을 해산하고 신 법인을 결성한 경우 구 법인과 신 법인의 구성원이 동일하고 그 두 법인의 임원과 대표자가 일시 부분적으로 중복된 때가 있으며 두 법인의 설립목적이 같고 구 법인이 해산하면서 그 재산을 신 법인에 승계시키기로 결의하고 신 법인이 구법인의 재산을 사실상 인수하여 관리한 바 있더라도, 구 법인이 그 청산절차를 종료하지 않은 이상 의연히 법인으로 존속하므로 구 법인과 신 법인과는 별개의 법인으로 보아야 한다."고 하였다.[5]

Ⅲ. 청산종결의 주무관청에의 신고

민법상 법인은 주무관청의 허가를 받아 설립되었으므로(본법 제32조) 청산절차가 종결되어 법인이 소멸하면 그 뜻을 주무관청에게 신고하도록 하였다. 이 신고는 청산인의 직무행위로서 그 신고기간은 청산이 종결한 때로부터 3주일 안이다. 청산인이 고의로 신고하지 아니하거나 청산이 종결되지 아니하였음에도 청산

2 권오복, "민법법인 해산 · 청산종결등기(II)", 법무사 491호(2008. 5), 11.
3 대법원 1968. 6. 18. 선고 67다2528 판결, 대법원 1997. 4. 22. 선고 97다3408 판결 등.
4 대법원 1980. 4. 8. 선고 79다2036 판결.
5 대법원 1989. 8. 8. 선고 88다카26123 판결.

종결 신고를 한 때에는 과태료의 제재를 받는다(본법 제97조 제4호).

Ⅳ. 2014년 법무부 개정안

본조에 대하여는 다음과 같은 개정안이 제시되었다.

제94조(청산종결의 등기와 신고) 청산인은 청산이 종결된 때에는 3주일 안에 등기하고 주무관청에 신고하여야 한다.

2014년 개정안은 본조의 '청산이 종결한 때'를 '청산이 종결된 때'로, '3주일 내'를 '3주일 안'으로 용어를 수정하였다.

제 95 조 [해산, 청산의 검사, 감독]

법인의 해산 및 청산은 법원이 검사, 감독한다.

[관련조문] 비송사건절차법 제33조, 제35조

Ⅰ. 본조의 의의

민법상 비영리법인의 청산절차는 청산인에 의한 청산사무의 집행을 통하여 해산된 법인의 법적 소멸에 이르기 위한 것으로 채권자 등 이해관계인의 이해와 직접적인 관계가 있다. 청산절차의 기능은 해산된 법인의 신속하고 완전한 소멸을 통하여 그 법인의 장기간의 존속에 따른 법적 불안정성을 제거하고 채권자 등 이해관계인의 개별적인 이익이 부당하게 침해됨이 없이 공평하게 보호되도록 하여 궁극적으로 민법상 비영리법인의 청산과 관련하여 법적 안정성을 적정하게 실현하는 것이다. 이를 위해서 청산인의 청산사무 집행의 효율성과 적정성에 관한 감독이 이루어질 필요가 있다.[1]

본조는 법인의 해산 및 청산에 관하여 법원의 검사, 감독을 받도록 규정하고 있는데, 이는 법인의 목적에 따라서 법인의 업무가 다르기 때문에 존속중인 법인의 업무에 대하여는 주무관청의 검사, 감독을 받도록 한 것(본법 제37조)과는 달리, 해산 및 청산은 법인의 목적과는 관계없이 재산의 정리에 관한 것으로서 이해관계인의 이익의 공평한 보호를 목적으로 하기 때문이다.[2]

Ⅱ. 해산 및 청산의 검사, 감독

1. 법인의 검사, 감독의 목적

해산 및 청산의 검사, 감독은 해산사유가 없음에도 해산하였다고 하여 청산절차를 개시하거나, 그와 반대로 해산사유가 있는데도 청산절차를 개시하지 아니

1 헌법재판소 2013. 9. 26. 선고 2012헌마1005 결정.
2 곽윤직/김재형, 민법총칙(제9판), 박영사(2013), 216; 김증한/김학동, 민법총칙, 박영사(2013), 247; 송덕수, 민법총칙, 박영사(2016), 686; 이영준, 민법총칙, 박영사(2007), 983.

하거나, 또 청산사무에 부정행위가 없도록 함으로써[3] 해산 및 청산절차가 적법·공정하게 진행되도록 하는 데에 목적이 있다.[4]

2. 검사인 선임절차

법인의 해산 및 청산에 대한 감독은 그 주된 사무소 소재지의 지방법원이 관할한다(비송사건절차법 제33조 제2항). 법원은 스스로 그 감독에 필요한 검사를 하되, 특별히 검사인을 선임하여 법인의 감독에 필요한 검사(檢査)를 하게 할 수 있다(비송사건절차법 제35조). 청산인이 법원의 검사, 감독을 방해한 때에는 과태료에 처한다(본법 제97조 제3호).

3. 검사의 방법

검사의 방법·내용에는 특히 제한이 없으나 재산상황·장부 등의 검사가 주된 내용일 것이다. 검사의 결과 어떤 부정·결함 등을 발견한 경우에는, 감독권의 행사로서 청산인에게 부정·결함을 시정하도록 명령하고, 중요한 사유가 있는 때에는 청산인을 해임할 수 있다(본법 제84조).[5]

3 주석 민법, 총칙(1)(제4판), 한국사법행정학회(2010), 840(주기동).
4 강태성, 민법총칙, 대명출판사(2017), 343.
5 주석 민법, 총칙(1)(제4판), 한국사법행정학회(2010), 841(주기동); 민법주해 I, 총칙(1), 박영사(1992), 781(최기원).

제 96 조 [준용규정]

제58조 제2항, 제59조 내지 제62조, 제64조, 제65조 및 제70조의 규정은 청산인에 이를 준용한다.

[관련조문] 민법 제87조

Ⅰ. 본조의 의의

청산인은 해산 전 법인의 이사와 같은 지위를 갖기 때문에, 본조는 청산인에 대하여 이사에 관한 규정을 준용하여 청산인의 법률적 지위에 관하여 부족한 규정을 보충하였다.

Ⅱ. 준용규정의 내용

1. 제58조 제2항, 제70조의 준용(청산인의 사무집행 등)

청산인은 본법 제87조의 범위 내에서 청산법인의 직무를 집행한다. 따라서 청산인으로서 그 직무를 행하기 위하여 필요한 모든 행위를 할 수 있는데, 사단법인에 있어서는 청산에 필요하다고 인정할 경우 또는 일정수의 사원이 청구할 경우에는 청산인이 사원총회를 소집할 수 있다. 그리고 이사가 수인인 경우에 정관에 다른 규정이 없으면 청산인의 사무집행은 청산인의 과반수로써 결정한다.

2. 제59조·제60조·제62조·제64조의 준용(대표권의 제한)

청산인은 법인의 시무에 속하는 모든 사항에 대하여 대외적으로 각자 청산법인을 대표한다. 청산인이 수인이 있는 경우에도 단독대표를 원칙으로 한다. 청산인의 대표권은 제한할 수 있으나, 반드시 정관에 기재하여야 하고 만일 정관에 기재하지 아니하면 무효이다. 또 청산법인과 청산인의 이익이 상반하는 사항에 관하여도 청산인은 대표권이 없으며, 이 경우에는 이해관계인이나 검사의 청구에 의하여 법원이 선임하는 특별대리인이 해당 사항에 한하여 청산법인을 대표한다.

청산인은 정관 또는 총회의 결의로 금지하지 아니한 사항에 한하여 청산법인의 대리인을 선임할 수 있다.

3. 제61조·제65조의 준용(선관주의의무)

청산인은 청산법인의 기관으로서 그 관계는 단체법적인 관계라 할 것이나, 해당 법인과 그 기관을 구성하는 기관담당자로서 청산인과의 관계는 위임 유사관계이다. 따라서 청산인은 선량한 관리자의 주의로써 충실하게 그의 직무를 수행할 의무를 진다. 만일 선량한 관리자의 주의의무에 위반하면 법인에 대하여 채무불이행에 의한 손해배상책임을 진다. 민법은 특히 법인의 이익을 보호하려는 뜻에서 청산인이 그 임무를 해태한 때에는 연대하여 법인에 대하여 손해배상책임을 진다고 규정하였다.

찾아보기

사항색인

(ㅂ)

(ㅇ)

(ㅈ)

(ㅊ)

(ㅌ)

(ㅍ)

(ㅎ)

(U)

판례색인

(日)

주석 민법 [총칙 1]

1972 년 1 월 20 일 제 1 판 1 쇄 발행
1985 년 4 월 20 일 제 2 판 1 쇄 발행
2002 년 2 월 20 일 제 3 판 1 쇄 발행
2010 년 8 월 20 일 제 4 판 1 쇄 발행
2019 년 5 월 15 일 제 5 판 1 쇄 인쇄
2019 년 5 월 31 일 제 5 판 1 쇄 발행

편집대표 김 용 덕
발 행 인 이 종 균
발 행 처 韓國司法行政學會

서울특별시 서대문구 충정로 2 가 69-18
전 화 (02) 362-2045~8
팩 스 (02) 312-2070
등 록 1965 년 8 월 27 일 9-94

정가 95,000 원

ISBN 978-89-8109-797-4
세 트 978-89-8109-796-7